HANDBOOKS IN OPERATIONS RESEARCH AND
MANAGEMENT SCIENCE Vol.11

SUPPLY CHAIN MANAGEMENT:
DESIGN, COORDINATION AND OPERATION

A.G. de Kok　S.C. Graves
Editors

サプライチェーン
ハンドブック

黒田　充
大野勝久

監訳

朝倉書店

Handbooks in Operations Research and Management Science Vol. 11

SUPPLY CHAIN MANAGEMENT: DESIGN, COORDINATION AND OPERATION

Edited by

A. G. de Kok
Technische Universiteit Eindhoven

Stephen C. Graves
Massachusetts Institute of Technology

© 2003 Elsevier B.V. All rights reserved.

This work is protected under copyright by Elsevier, and the following terms and conditions apply to its use:

Photocopying
Single photocopies of single chapters may be made for personal use as allowed by national copyright laws. Permission of the Publisher and payment of a fee is required for all other photocopying, including multilple or systematic copying, copying for advertising or promotional purposes, resale, and all forms of document delivery. Special rates are available for educational institutions that wish to make photocopies for non-profit educational classroom use.

Permissions may be sought directly from Elsevier's Science & Technology Rights Department in Oxford, UK; phone: (+44) 1865 843830, fax: (+44) 1865 853333, e-mail: permissions@elsevier.com. You may also complete your request on-line via the Elsevier home page (http://www.elsevier.com), by selecting 'Customer Support' and then 'Obtaining Permissions'.

Derivative Works
Tables of contents may be reproduced for internal circulation, but the permission of Elsevier is required for external resale or distribution of such material.
Permission of the Publisher is required for all other derivative works, including compilations and translations.

Electronic Storage or Usage
Permission of the Publisher is required to store or use electronically any material contained in this work, including any chapter or part of a chapter.

Except as outlined above, no part of this work may be reproduced, stored in a retrieval system or transmitted in any form or by any means, electronic, mechanical, photocopying, recording or otherwise, without prior written permission of the Publisher.
Address permissions requests to: Elsevier's Science & Technology Rights Department, at the phone, fax and e-mail addresses noted above.

Notice
No responsibility is assumed by the Publisher for any injury and/or damage to persons or property as a matter of products liability, negligence or otherwise, or from any use or operation of any methods, products, instructions or ideas contained in the material herein. Because of rapid advances in the medical sciences, in particular, independent verification of diagnoses and drug dosages should be made.

Author asserts the moral rights.

This edition of Supply Chain Management: Design, Coordination and Operation edited by A. G. de Kok and S. C. Graves is published by arrangement with Elsevier Ltd, The Boulevard, Langford Lane, Kidlington, Oxford, OX5 1GB, England.

The Japanese translation was undertaken by a control of Asakura Publishing Co., Ltd.

監 訳 者 序

　本書は，2000年代初頭までに行われたサプライチェーンマネジメント（SCM）に関する研究の成果をまとめて解説した書物である"Supply Chain Management: Design, Coordination and Operation"（Handbooks in Operations Research and Management Science, Volume 11）の翻訳書である．産業界でSCMという言葉が広く用いられるようになってから原著の出版まで10数年が経過したにすぎないという事実を考えると，この書物で紹介された豊潤な研究成果に接し，意外な思いを覚える人は多いに違いない．それは全くもっともであり，SCMという言葉は新しいけれども，その本質を取り上げたさまざまな問題が以前から研究されていたという背景を思い浮かべる必要がある．オペレーションズ・リサーチ（OR）に関心のある読者の多くは，輸送計画，配送計画はいうに及ばず，おそらく鞭打ち現象（ブルウィップ効果），新聞売り子問題，多段階在庫管理などについて何らかの知識をおもちのことと思う．これらの問題の歴史は古く，一部の研究者の手によって研究が脈々と続けられてきた．ところが，サプライチェーンへの関心が高まった1980年代の後半を境にして問題の現実的な意味が改めて見直され，1990年代に入ると産業界におけるSCM概念の浸透に刺激され，それらの古典的な問題領域は新しい装いの下で一気に研究が加速し，大きな発展を遂げたといえよう．無数の論文が発表され，理論としての深化が試みられ，またそれまでは独立して行われていた各研究間の関連性が明らかにされるようになった．

　原著の刊行が企画されたのは，折しもこのような時期である．おそらく，途方もなく膨大でかつ錯綜する研究成果をいかに整理し，体系付け，SCM研究の実態を読者に正しく伝えるにはどうすればよいか，編者は大いに苦心されたに違いない．編者の一人はTechnische Universiteit EindhovenのA. G. de Kok教授であり，他の一人はMassachusetts Institute of TechonologyのStephen C. Graves教授である．ともに第1章の執筆を分担し，その冒頭で，原著の目次（本書の目次と寸分変わるところがない）自体が現在のSCM研究の体系化を反映したものになっているという趣旨を手短に述べている．目次からわかるとおり，第2章から第13章までの12の章がⅠ～Ⅲの3つの編に分けられ，最初の編に「サプライチェーンの設計」，2番目の編に「サ

プライチェーンの協調」、最後の編に「サプライチェーンの運用」というタイトルが付けられて、編ごとにそのタイトルにふさわしい問題領域を取り上げた複数の章が掲載されている．各章の著者はそれぞれの問題領域で研究に携わってきた研究者であり、その内容は主として1990年代に発表された研究成果を体系的に整理し、展望し、解説を加えたものになっている．それぞれの章で参照されている論文の数は合わせると1200編以上にもなり、また、中には原著で70ページを超える大部の章もあり、読んでいると著者の著作にかける意気込みがひしひしと伝わってくる．各章の内容に関する簡潔で適確な紹介が、第1章の章末に示されている．

　本書の特徴は、章によって若干異なってはいるが、取り上げられた個々の問題のモデリングにあるといえよう．問題が何であるか、またどのようにして解析が行われるかが、モデリングを通して具体的に示される．ときには現実を無視していると思われるような大胆な仮定が示されて一瞬たじろぐこともあるが、そのためにモデル自体は明快になって問題の本質がみやすくなり、読者の関心が高まるように思われる．数式の展開が行われることもあるが、複雑な解析過程は省略され、結論のみが示されていることが多い．概して、結論には現実的な意味がある．つまり、モデルを単純化する一方、現実的に意味のある結論を導くという方法論が用いられている．

　一般的にいえることは、1つのモデルの解説が終わると、前提や仮定の異なる別のモデルが紹介され、前述のモデルと同様に式の展開と結論の導出が行われるということである．読んでいるうちに用いられている方法論に慣れ、多数の研究者が得た知見を徐々にではあるが体系的にわかるようになってくる．内容に関する高い論理性と強い現実性の両極をつなぐスペクトルにおける各章の占める位置は同一ではないが、それぞれの著者が論理性を尊重するとともに現実性を指向する姿勢が感じられる．読み進む過程で共感を覚え、興味がつきないという思いをしばしば体験した．

　監訳者は、他の訳者と翻訳を分担するとともに全章の訳を精読し、気付いた点はすべて訳者に伝え、よりよい翻訳の完成を期した．しかし、なにぶん大部の著作であるため、見落としがないとは言い切れない．監訳者のもう一つの役割は、用語や表現の統一である．以下に、統一に関する原則を示す．

　①社名や人名はカタカナを用いずに原著に示された表記をそのまま用いることにした．手法に人名が付いている場合もこの原則に従う．たとえば、「ナッシュ均衡」のような一般に知られている学術用語であっても、「Nash均衡」という書き方をしている．

　②ERPやVMIなどの通常知られていると思われる略語は、enterprise resource planningやvendor managed inventoryのような省略しない表記を最初に示すことがあっても、通常その和訳を行わず、原文に示された略語をそのまま用いるようにした．

　③訳語が確立されていないSCMの専門用語は、訳を1つに定めて本書を通してそれを用いるようにした．たとえば、postponementの訳として「延期戦略」を、

base stock policy の訳として「基点在庫政策」を用いている．

④ 専門用語とはいいがたいが，SCM の用語としてよく使用されるものは，訳を1つに定めてなるべくそれを用いるようにしている．ただし，同じ単語であっても意味が変わる場合は別の訳を用いることがある．たとえば，distribution center は「配送センター」としている．procurement, production, distribution, sale のように4つの単語が組として用いられる状況では，「調達」，「生産」，「配送」，「販売」としている．ただし，production と distribution が対になって使用されている場合には，「生産」と「物流」と訳すこともある．別の例として，原著のタイトルに使用されている design, coordination, operation は，「設計」，「協調」，「運用」と訳している．この coordination は，サプライチェーンを対象としている限り，訳語を「協調」に統一している．サプライチェーン以外を対象としている場合，たとえば，channel coordination の訳は，「チャネル調整」としている．

⑤ 当然のことながら，学術用語として他の分野で用いられているものは，なるべくその訳語を採用するようにした．たとえば，「情報の経済学」の分野で用いられる「シグナリング」，「スクリーニング」を，本書においても signaling, screening の訳語として用いている．

監訳者序を書き終えるに当たって，本書は SCM の研究者にとって，現在のところほかに並ぶものがない貴重な存在であることを述べておきたい．研究に役立つという理由により，必ず満足していただけるものと信じている．また，SCM に関する実際の仕事に携わっている方々には，実務では気付かなかったような視点に本書を通して触れられるという意味で，ともかく本書を手にとり，関心のある章を見つけ出し，読んでいただくことをすすめたい．きっと得るところは少なくないと思う．最後に，長期にわたって本書の刊行に携わり，ご尽力いただきました朝倉書店編集部に厚く感謝いたします．

2008年10月

黒 田　　充
大 野 勝 久

訳　　者 （ ）は担当章番号

黒田　充　　青山学院大学名誉教授，工学博士（1・7）
田村　隆善　名古屋工業大学大学院工学研究科社会工学専攻・教授，工学博士（2・4）
勝呂　隆男　（株）TSCコンサルティング・代表取締役社長，工学修士（3）
竹田　賢　　青山学院大学経営学部経営学科・准教授，博士（工学）（5）
松井　正之　電気通信大学電気通信学部システム工学科・教授，工学博士（6）
山下　英明　首都大学東京大学院社会科学研究科経営学専攻・教授，工学博士（6）
中出　康一　名古屋工業大学大学院工学研究科社会工学専攻・教授，博士（工学）（8・11）
伊呂原　隆　上智大学理工学部情報理工学科・准教授，博士（工学）（9）
大野　勝久　愛知工業大学経営情報科学部経営情報専攻・教授，工学博士（10・12）
中島　健一　大阪工業大学工学部技術マネジメント学科・准教授，博士（工学）（13）

原　著　者 （ ）は担当章番号

A. G. de Kok： Technische Universiteit Eindhoven, Netherlands（1）
Stephen C. Graves： Massachusetts Institute of Technology（1・3）
Ana Muriel： University of Massachusetts（2）
David Simchi-Levi： Massachusetts Institute of Technology（2）
Sean P. Willems： Boston University School of Management（3）
J. W. M. Bertrand： Technische Universiteit Eindhoven, Netherlands（4）
Jayashankar M. Swaminathan： University of North Carolina（5・8）
Hau L. Lee： Stanford University（5）
Gérard P. Cachon： University of Pennsylvania（6）
Fangruo Chen： Columbia University（7）
Sridhar R. Tayur： Carnegie Mellon University（8）
Bernhard Fleischmann： Universität Augsburg, Germany（9）
Herbert Meyr： Universität Augsburg, Germany（9）
Sven Axsäter： Lund University, Sweden（10）
Jing-Sheng Song： University of California, Irvine（11）
Paul Zipkin： Duke University（11）
Ton G. de Kok： Technische Universiteit Eindhoven, Netherlands（12）
Jan C. Fransoo： Technische Universiteit Eindhoven, Netherlands（12）
Warren B. Powell： Princeton University（13）

目　　次

第1章　序　　　論 ……………………………………………………（黒田　充）…1
　1．はじめに ……………………………………………………………………………1
　2．サプライチェーンマネジメントをもたらした主要なビジネストレンド ………2
　　2.1　コアコンピタンス ……………………………………………………………2
　　2.2　ブルウィップ効果 ……………………………………………………………5
　　2.3　グローバルな財貨としての製造 ……………………………………………6
　　2.4　情 報 技 術 ………………………………………………………………………8
　3．本書の概要 ………………………………………………………………………12

I．サプライチェーンの設計

第2章　サプライチェーンの設計と計画：戦略的モデルと戦術的モデルに対する
　　　　最適化技法の応用 …………………………………………（田村隆善）…17
　1．はじめに …………………………………………………………………………17
　A．生産/物流システム ………………………………………………………………19
　2．はじめに …………………………………………………………………………19
　3．区分的線形で凹の費用 …………………………………………………………22
　　3.1　小口扱いトラック輸送荷主問題 …………………………………………24
　　3.2　集合分割問題によるアプローチ …………………………………………25
　　3.3　構造的性質 …………………………………………………………………29
　　3.4　求解の手順 …………………………………………………………………30
　　3.5　数値計算の結果 ……………………………………………………………33
　4．全量割引のある輸送費用 ………………………………………………………38
　　4.1　単一品目の経済ロットサイジング問題 …………………………………40
　　4.2　単一倉庫・多小売店問題 …………………………………………………50
　B．サプライチェーンの性能を改善するための価格設定 ………………………61
　5．はじめに …………………………………………………………………………61
　6．価格設定と在庫の意思決定の間の調整 ………………………………………62
　　6.1　有限計画期間モデル ………………………………………………………63
　　6.2　無限計画期間 ………………………………………………………………68
　　6.3　特殊なケース：固定費用が0の場合 ……………………………………69
　7．有限な生産能力をもつ価格設定モデル ………………………………………69

| 8. 計算結果と考察……………………………………………………72
| C. ロジスティクスネットワークの設計…………………………………73
| 9. はじめに……………………………………………………………73
| 10. 単一ソース・容量有限の施設配置問題…………………………74
| 10.1 問題 P_1^j の解法……………………………………………76
| 10.2 上　　界………………………………………………………76
| 10.3 計 算 結 果………………………………………………………77
| 11. 物流システムの設計問題…………………………………………77
| 11.1 問題 P_1 の解法……………………………………………80
| 11.2 問題 P_2 の解法……………………………………………80
| 11.3 上　　界………………………………………………………81
| 11.4 計 算 結 果………………………………………………………81
| 12. 結　　論……………………………………………………………82

第3章 サプライチェーンの設計①：安全在庫配置とサプライチェーン構成
………………………………………………………………（勝呂隆男）…88

1. はじめに……………………………………………………………88
2. 安全在庫配置アプローチ…………………………………………90
   2.1 確率サービスモデルのアプローチ…………………………92
   2.2 保証サービス時間のアプローチ……………………………93
3. モデルの定式化……………………………………………………95
   3.1 確率サービスモデル…………………………………………95
   3.2 保証サービスモデル…………………………………………97
4. 重工業製品と梱包消費財製品の例………………………………99
   4.1 ブルドーザーの組立・製造…………………………………99
   4.2 電池製造と配送………………………………………………106
5. サプライチェーンの構成…………………………………………112
   5.1 オプション定義………………………………………………113
   5.2 モデルの定式化………………………………………………115
   5.3 例………………………………………………………………116
6. 結　　論……………………………………………………………121

第4章 サプライチェーンの設計②：柔軟性の考慮 ………（田村隆善）…124

1. はじめに……………………………………………………………124
2. 製造の柔軟性に関する概念研究…………………………………126
3. 柔軟性の高い機械設備への投資問題：生産量と混合の柔軟性…133
4. 資源の柔軟性・範囲・機動性・均一性・スループット時間 ……142

	5. 柔軟性に関する調査実証研究 ……………………………………151
	6. サプライチェーンの柔軟性 ……………………………………154
	6.1 サプライチェーンの柔軟性に関する研究……………………157
	6.2 強制承諾 vs 自由承諾 …………………………………………159
	6.3 議　　　論……………………………………………………160
	7. サプライチェーンの柔軟性の設計 ……………………………162
	7.1 サプライチェーンのモデル化…………………………………164
	7.2 プロセスレベルでの設計………………………………………167
	7.3 サプライチェーンレベルでの設計……………………………172
	7.4 議　　　論……………………………………………………177
	8. 結　　　論 ………………………………………………………180

第5章　延期戦略の設計 ………………………………（竹田　賢）…187

1. は じ め に ………………………………………………………187
2. 延期戦略のイネーブラ …………………………………………189
3. プロセスの標準化 ………………………………………………190
　　3.1 差別化ポイントが単一の場合…………………………………190
　　3.2 差別化ポイントが複数の場合…………………………………194
　　3.3 バニラボックス…………………………………………………195
　　3.4 プロセス標準化の適用…………………………………………198
4. プロセスの順序変更 ……………………………………………200
　　4.1 線形プロセスの順序変更………………………………………200
　　4.2 組立順序設計……………………………………………………201
　　4.3 プロセス順序変更の適用………………………………………204
5. コンポーネントの標準化 ………………………………………204
　　5.1 共通化と在庫管理………………………………………………204
　　5.2 共通化と延期戦略………………………………………………205
　　5.3 コンポーネント標準化の適用…………………………………206
6. 関連する戦略とその他の効用 …………………………………207
　　6.1 延期戦略・情報・価格設定……………………………………208
　　6.2 延期戦略・モジュール化・置換………………………………208
7. 結　　　論 ………………………………………………………209

II．サプライチェーンの協調

第6章　契約によるサプライチェーンの協調 ………（松井正之・山下英明）…215

1. は じ め に ………………………………………………………215

目　次

- 2. ニュースベンダー問題の調整 …………………………………………… 219
  - 2.1 モデルと分析 ………………………………………………………… 219
  - 2.2 卸売価格契約 ………………………………………………………… 223
  - 2.3 買戻し契約 …………………………………………………………… 227
  - 2.4 収益分与契約 ………………………………………………………… 231
  - 2.5 数量柔軟契約 ………………………………………………………… 232
  - 2.6 売上割戻し契約 ……………………………………………………… 236
  - 2.7 数量割引契約 ………………………………………………………… 238
  - 2.8 議　　論 ……………………………………………………………… 239
- 3. 価格依存需要におけるニュースベンダー問題の調整 ………………… 241
  - 3.1 モデルと分析 ………………………………………………………… 241
  - 3.2 議　　論 ……………………………………………………………… 246
- 4. 努力依存需要をもつニュースベンダー問題の調整 …………………… 246
  - 4.1 モデルと分析 ………………………………………………………… 248
  - 4.2 議　　論 ……………………………………………………………… 250
- 5. 複数ニュースベンダー問題の調整 ……………………………………… 253
  - 5.1 固定小売価格の下でのニュースベンダー競争 …………………… 254
  - 5.2 市場売りつくし価格を考慮したニュースベンダー競争 ………… 258
  - 5.3 議　　論 ……………………………………………………………… 262
- 6. 需要更新が行われる場合のニュースベンダー問題の調整 …………… 266
  - 6.1 モデルと分析 ………………………………………………………… 266
  - 6.2 議　　論 ……………………………………………………………… 270
- 7. 1か所の基点在庫モデルの調整 ………………………………………… 272
  - 7.1 モデルと分析 ………………………………………………………… 273
  - 7.2 議　　論 ……………………………………………………………… 276
- 8. 2か所の基点在庫モデルの調整 ………………………………………… 276
  - 8.1 モ デ ル ……………………………………………………………… 277
  - 8.2 費 用 関 数 …………………………………………………………… 278
  - 8.3 分散ゲームにおける振る舞い ……………………………………… 279
  - 8.4 線形な振替支払による調整 ………………………………………… 282
  - 8.5 その他の調整方法 …………………………………………………… 285
  - 8.6 議　　論 ……………………………………………………………… 289
- 9. 内部市場との調整 ………………………………………………………… 290
  - 9.1 モデルと分析 ………………………………………………………… 290
  - 9.2 議　　論 ……………………………………………………………… 293
- 10. 情報の非対称性 …………………………………………………………… 294
  - 10.1 生産能力調達ゲーム ………………………………………………… 295

| 10.2 完全情報 …………………………………………………296
| 10.3 需要予測の共有 ……………………………………299
| 10.4 議　　論 ……………………………………………303
| 11. 結　　　論 …………………………………………………306

第7章　情報共有とサプライチェーンの協調 ……………（黒田　充）…317
| 1. は じ め に ……………………………………………………317
| 2. 情報の価値 ……………………………………………………319
| 2.1 下流の情報 ……………………………………………319
| 2.2 上流の情報 ……………………………………………342
| 2.3 情 報 伝 達 ……………………………………………346
| 3. 情報共有とインセンティブ ………………………………351
| 3.1 スクリーニング ………………………………………352
| 3.2 シグナリング …………………………………………363
| 3.3 競争的環境における情報共有 ………………………377
| 4. 今後の研究課題 ………………………………………………385
| 4.1 完全情報・集中的管理 ………………………………385
| 4.2 分散的情報・共有されたインセンティブ …………386
| 4.3 分散的情報・独立した企業 …………………………387
| 4.4 限られた合理性と頑健なサプライチェーン設計 …387

第8章　サプライチェーンマネジメントにおける戦術的計画モデル…（中出康一）…397
| 1. は じ め に ……………………………………………………397
| 2. 使用する記号について ………………………………………401
| 3. 定常かつ独立な需要 …………………………………………401
| 3.1 単一期間モデル ………………………………………402
| 3.2 多期間動的モデル ……………………………………405
| 4. 需要に関するその他の仮定 …………………………………408
| 4.1 非定常需要 ……………………………………………408
| 4.2 Bayes型需要更新 ……………………………………410
| 4.3 需要予測の進化 ………………………………………410
| 4.4 需要の依存性 …………………………………………411
| 5. 一 般 化 ………………………………………………………412
| 5.1 多階層在庫 ……………………………………………412
| 5.2 複 数 製 品 ……………………………………………414
| 5.3 複数のサプライヤー …………………………………416
| 5.4 確率的な生産過程 ……………………………………417

5.5　近　　　似 ………………………………………………………………417
　6．応　　用 ………………………………………………………………………418
　7．結論と今後の方向 ……………………………………………………………420

III．サプライチェーンの運用

第9章　階層的計画・モデル化・先進的計画システム ……………（伊呂原　隆）…429
　1．サプライチェーンのタイプ …………………………………………………430
　　1.1　サプライチェーンの属性 ………………………………………………431
　　1.2　例 …………………………………………………………………………434
　2．サプライチェーン計画 ………………………………………………………439
　　2.1　サプライチェーンにおける計画業務 …………………………………440
　　2.2　例 …………………………………………………………………………442
　　2.3　階層的計画 ………………………………………………………………445
　3．先進的計画システム①：一般的構造 ………………………………………449
　　3.1　共通の構造 ………………………………………………………………450
　　3.2　典型的なモジュール ……………………………………………………454
　4．先進的計画システム②：特定のシステム …………………………………478
　　4.1　Baan ………………………………………………………………………479
　　4.2　i2 Technologies …………………………………………………………480
　　4.3　J. D. Edwards ……………………………………………………………482
　　4.4　Manugistics ………………………………………………………………483
　　4.5　SAP ………………………………………………………………………484
　　4.6　ケーススタディ …………………………………………………………486

第10章　サプライチェーンの運用①：直列および分配在庫システム
　　　　　 …………………………………………………………（大野勝久）…494
　1．はじめに ………………………………………………………………………494
　　1.1　多階層在庫システム ……………………………………………………494
　　1.2　さまざまなシステム構造 ………………………………………………494
　　1.3　目　　　的 ………………………………………………………………495
　　1.4　消費可能な品目と修理可能な品目 ……………………………………496
　　1.5　本章の概要 ………………………………………………………………496
　2．さまざまな発注政策 …………………………………………………………496
　　2.1　連続観測と周期観測 ……………………………………………………497
　　2.2　最　適　政　策 …………………………………………………………497
　　2.3　拠点在庫政策 vs 階層在庫政策 ………………………………………498

目次

- 2.4 その他の発注政策 ……………………………………… 502
- 3. 直列システム ……………………………………………… 504
  - 3.1 Clark-Scarf モデル ……………………………………… 504
  - 3.2 バッチ発注政策 ………………………………………… 508
- 4. 分配システムにおける補充点 S 政策 …………………… 509
  - 4.1 分配システムに対する Clark-Scarf アプローチ ……… 509
  - 4.2 METRIC アプローチ …………………………………… 511
  - 4.3 倉庫における受注残の分解 …………………………… 514
  - 4.4 反 復 手 順 ……………………………………………… 515
- 5. 分配システムにおけるバッチ発注 ……………………… 517
  - 5.1 基本的事実 ……………………………………………… 517
  - 5.2 METRIC タイプの近似 ………………………………… 519
  - 5.3 倉庫における受注残の分解 …………………………… 519
  - 5.4 供給品目のシステム内の追跡 ………………………… 520
- 6. 結　　論 …………………………………………………… 520
  - 6.1 最適解はどのようにみえ，どのように実用化されるか… 520
  - 6.2 今後の研究方向 ………………………………………… 521

第11章　サプライチェーンの運用②：受注組立生産システム ……… (中出康一) … 526

1. はじめに …………………………………………………… 526
2. 単一期間モデル …………………………………………… 528
3. 多期間・離散時間モデル ………………………………… 532
   - 3.1 最適政策の特徴付け …………………………………… 533
   - 3.2 性 能 評 価 ……………………………………………… 537
4. 連続時間モデル …………………………………………… 539
   - 4.1 最適政策の特徴付け …………………………………… 539
   - 4.2 性 能 評 価 ……………………………………………… 540
   - 4.3 一定のリードタイム …………………………………… 541
   - 4.4 能力制約のない確率的リードタイム ………………… 544
   - 4.5 能力制約付き確率的リードタイム …………………… 550
5. システム設計に関する研究 ……………………………… 553
6. 要約と今後の方向 ………………………………………… 554
   - 6.1 最 適 政 策 ……………………………………………… 554
   - 6.2 大規模システムに対する扱いやすい方法 …………… 554
   - 6.3 需 要 分 布 ……………………………………………… 555
   - 6.4 サプライチェーンの構造と費用に関する変化 ……… 555
   - 6.5 製品設計の意味 ………………………………………… 555

目　次

第12章　サプライチェーン運用計画：計画概念の定義と比較………（大野勝久）…559

1. はじめに………………………………………………………………559
   - 1.1　サプライチェーン運用計画問題………………………………561
   - 1.2　部品表構造………………………………………………………562
   - 1.3　工程表構造………………………………………………………563
   - 1.4　計画されたリードタイム概念…………………………………564
   - 1.5　比較の基礎としての性能尺度…………………………………565
   - 1.6　顧客注文デカップリングポイント概念………………………567
   - 1.7　本章の概要………………………………………………………568
2. サプライチェーン計画の階層的性質………………………………569
   - 2.1　計画における階層………………………………………………569
   - 2.2　実施リードタイム………………………………………………572
   - 2.3　サプライチェーン計画における非対称性……………………574
   - 2.4　管理の必要性……………………………………………………576
   - 2.5　階層におけるサプライチェーン運用計画の位置付け………577
3. サプライチェーン運用計画の制約条件……………………………579
   - 3.1　資材制約とその表現……………………………………………579
   - 3.2　資源制約とその表現……………………………………………582
   - 3.3　計画されたリードタイムと $\{r_i(t)\}$，$\{q_i(t)\}$，$\{p_i(t)\}$ 間の関係…584
   - 3.4　要　　約…………………………………………………………584
4. サプライチェーン計画に対する数理計画モデル…………………585
   - 4.1　ローリングスケジュール文脈…………………………………585
   - 4.2　サプライチェーン計画問題の線形計画法による定式化……586
   - 4.3　サプライチェーン運用計画問題に対する数理計画問題の
     もう一つの定式化…………………………………………………589
5. サプライチェーン計画に対する確率需要モデル…………………592
   - 5.1　階層概念…………………………………………………………592
   - 5.2　純粋基点在庫政策………………………………………………593
   - 5.3　純粋組立システムに対する修正基点在庫政策………………595
   - 5.4　分岐システムに対する最適および近似最適基点在庫政策…596
   - 5.5　一般サプライネットワークに対する同期化基点在庫政策…598
   - 5.6　純粋基点在庫政策と同期化基点在庫政策の比較……………602
   - 5.7　一般ネットワーク構造の発見的解析…………………………605
   - 5.8　サプライチェーン計画に対する結合されたかんばん政策と
     基点在庫政策………………………………………………………610
   - 5.9　結　　論…………………………………………………………611
6. 一般サプライチェーンに対するサプライチェーン計画概念の比較………612

- 6.1 サプライチェーン計画概念と予測 ……………………………………612
- 6.2 線形計画法に基づくサプライチェーン運用計画概念と同期化基点在庫概念の比較 ……………………………………613
- 6.3 線形計画法と同期化基点在庫の定量的比較 ……………………………618
- 6.4 管理上の洞察 ……………………………………621
- 7. 要約と今後の研究課題 ……………………………………623
  - 7.1 サプライチェーン運用計画モデルの実証的妥当性 ……………………625
  - 7.2 非定常需要の組込み ……………………………………625
  - 7.3 確率需要をもつ生産能力制約付きモデル ……………………………626
  - 7.4 サプライチェーン運用計画概念の比較 ……………………………626

第13章 輸送作業の動的モデル ……………………………(中島健一)…632
1. 輸送における運用面の課題 ……………………………………636
   - 1.1 トラック輸送 ……………………………………638
   - 1.2 集荷と配送のための自家用車両の運用 ……………………………640
   - 1.3 小口扱いトラック輸送 ……………………………………642
   - 1.4 鉄　道 ……………………………………647
   - 1.5 複合一貫コンテナの運用 ……………………………………650
2. 一般的なモデル化のフレームワーク ……………………………………651
   - 2.1 資　源 ……………………………………652
   - 2.2 プロセス ……………………………………654
   - 2.3 管　理 ……………………………………656
3. アルゴリズム的戦略 ……………………………………660
   - 3.1 動的問題に対する戦略 ……………………………………660
   - 3.2 非線形値関数と多期間移動時間 ……………………………………665
   - 3.3 マルチエージェント問題に対するアルゴリズム的メタ戦略 ……………668
   - 3.4 決定関数のクラス ……………………………………669
   - 3.5 ハイブリッドモデル ……………………………………674
4. 運用問題のモデル化 ……………………………………674
   - 4.1 単一階層資源割当 ……………………………………675
   - 4.2 2階層資源割当 ……………………………………687
   - 4.3 多階層 ……………………………………693
   - 4.4 貨物集約 ……………………………………693
5. 運用モデルに対する実施上の課題 ……………………………………700
6. 要　約 ……………………………………700

索　引 ……………………………………705

第1章
序　　論

1.　はじめに

　サプライチェーンマネジメント（SCM）は，20世紀最後の10年間にあっては，オペレーションズ・リサーチ（OR）の分野において無視のできない，また，大きな影響力のある領域として注目を集めた．現実のビジネスの中で生み出された問題と培われた経験が多くの研究者を啓発し，実在する現象と因果関係をより深く理解するために研究が行われた．SCMはORの応用対象としての大きな役割も果たしており，これまで知られていなかった問題の新しいモデルに，古くからあって再び注目された問題の新しいモデルに，古い問題の以前から知られているモデルに，現存するORの方法と手法が適用された．この最後に述べたケースでは，進歩が手中にある知見をより豊かにし，さらに知見の一層の拡充を求めて進歩が触発された．

　サプライチェーンマネジメントという用語の定義から本書を始めるのが自然であると思われる．ところが，今やあまりにも多くの定義が競い合っているため，この誘惑を振り切ることにした．また，新しい定義を示す試みや優れた定義を集めてそれらを統合する試みに価値があるとも思えない．SCMはすでに戦略的，戦術的，運用上のマネジメント問題を包含する概念にまで成長している．ここで取り上げる試みは，本書の章立てを通してこの領域の構造化を図るというものである．SCMの一部分として通常理解されているマネジメント問題をすべて取り上げるつもりはない．本書は，数学的モデルを用いて定式化され，解析されうる広範囲のSCM問題を漏らすことなく取り上げたものになっていると確信している．

　ORハンドブックシリーズのうちの一巻として［訳注：監訳者序参照］ふさわしいように，OR手法とモデルが適用されるコンテクストとしてのサプライチェーンに焦点を絞る．その結果，SCMで生じ，経営的かつ経済的配慮が導く意思決定過程を取り扱うことになる．とりわけ，サプライチェーンの設計・計画・運用における意思決定をORがいかに支援するかを研究し，探ることになる．そうすることにより，ORの応用対象としてのSCMの豊饒さを，また今後の10年間が今までの10年間と同様に再び研究の黄金時代となることを，確認しよう．

この序論では，OR の適用分野としての SCM を展望する．本書の多くの章で SCM の特定の側面が経営・経済のコンテクストにおいて注意深く位置付けられるため，ここではごく簡単に概略を述べるにとどめている．それによって，20 世紀最後の 10 年間における SCM の繁栄の主たる起動力となった経営環境におけるいくつもの重要な傾向について論じることが可能になる．そのような概観は，経営のコンテクストの中で SCM を位置付け，本章に引き続く各章を関連付けて理解し，位置付けるフレームワークを提供するのに役立つであろう．

2. サプライチェーンマネジメントをもたらした主要なビジネストレンド

本節では，SCM を育てる肥沃な土壌をもたらした 1980 年代と 1990 年代の主要なビジネストレンドについて述べる．

2.1 コアコンピタンス

Prahalad and Hamel (1990) は，多くの企業が少数のコンピタンス，つまりコアコンピタンスに焦点を絞り，他の非コアコンピタンスをそれらの仕事を得意とする企業にアウトソーシングすることにより，競争相手の企業をはるかにしのぐ業績を達成していると述べている．この経営論は，Philips Electronics, Unilever, P&G, General Motors などの高度の垂直統合をすでに行っている大企業の関心を集め，驚くほどのスピードでそれらの企業に採択された．ERP (enterprise resource planning) システムのような企業規模の情報システムの導入には，上記のような規模の企業では 3～7 年を費やすのに対し，コアコンピタンス戦略の導入は通常 1～2 年で成し遂げられている．グローバル企業による採択を前提としたコアコンピタンス戦略の成功を理解するために，1980 年代の終盤を特徴付けると思われるいくつかの企業環境を示そう．

2.1.1 短期的視点

西側経済圏において，1980 年代は相対的に低成長と高失業率に見舞われた時代であった．そのような経済情勢の下で，短期的視点が支配的となった．コアコンピタンス戦略は，投資利益率（return on investments：ROI）と関連する業績指標の増加を，その採択企業に直ちにもたらした．つまり，非コアコンピタンスのアウトソーシングにより，ROI の分母に含まれる関連する固定費用の削減がなされ，必然的に ROI の増加が生じた．その経済情勢が多国籍企業をして高費用業務の低費用企業へのアウトソーシングを可能とした．たとえば，労働組合との契約により高賃金を支払う必要のある業務を有する企業は，組合のないコストフレキシビリティの高い企業にそれらの業務をアウトソーシングする，という変化が生じよう．このようにして，企業は実質的に固定費用のみならず製品の変動費用も削減できた．

コアコンピタンス戦略をいちはやく採択した企業は，貸借対照表を直ちに改善し，株式価値を急速に高めた．多くの企業が同様の利潤を求める決断をして，アウトソーシングを開始した．

2.1.2 高額の資本投資を促す技術の改良

1980年代末までは，エレクトロニクス，大型家庭用品，自動車，消費者用パッケージ商品のような，資本集約型製造の伝統を有する多国籍企業は，30年間にわたって生産の機械化と自動化に投資をしてきた．このような投資過程を通して資本による労働の置き換えは，化学や金属のような装置工業にみられる資本労働投入量比率に接近する程度まで進んだといえよう．実際に，これらの垂直統合企業の大部分は，生産における付加価値が，組立から加工へと，サプライチェーンの上流にますます移ってきたことに気付いていた．その結果，一層の労働生産性の上昇と生産能力の継続的増進のために投資が必要となった．そのような資本投資の要求が最も顕著であった分野は半導体産業であり，1970年代初頭に始まって，1980年代にはもはや限界に到達した．多国籍のエレクトロニクス製品製造業の多くは，企業ごとに半導体部門を所有するようになった．

これらの資本投資の要求は，戦略的な評価を必要とした．多くの企業がそれぞれのブランドに資本を集中するという選択をしている．つまり，購買力を強化する必要から，購買はもとより，マーケティング，販売，製品ポートフォリオの研究開発の諸活動に資本を集中し，上流の製造活動は下請契約者にアウトソーシングされた．興味深いことに，しかし論理的にも，これらの多くの下請契約者は自分たちのコアコンピタンスを製造と見なす決意を固め，契約を次々と取り続け，それを今日まで続けている．エレクトロニクス産業では，これらの企業は今や電子製造サービス（electronics manufacturing services：EMS）業と呼ばれている．これは，明らかにグローバルなブランド企業が耐えられなかった資本投資の負担をこれらの企業が担っているということになる．株式市場のアナリストの分析によれば，新しい製造複合企業のROIの予測値は，ブランド企業と比べて低いものとなるということである．

多国籍ブランド企業がマーケティング，販売，研究開発，購買に資本を集中し，多国籍「サービス企業」が製造とロジスティクスに資本を集中するという現状が経済的均衡状態であるかどうかということは，今後明らかになるであろう．技術的な革新に基づく競争に刺激され，その一方では大規模な垂直統合企業がもたらす内部的な沈滞に促進され，現在の企業環境は垂直統合と分離の絶えざる過程を呈するというFine（1998）の理論を裏付ける実際例が，『クロックスピード』という啓発的な著書の中で述べられている．

2.1.3 コアコンピタンスとしてのサプライチェーンマネジメント

1990年代初めのころ，Hewlett-Packard（HP）社のような企業の多くが，SCM

はそれぞれの企業にとってコアコンピタンスであることを認識した．HP 社は 1950 年代から 1990 年代初頭まで検査・計測産業であるとともにコンピュータ産業として事業を展開してきたが，パソコンやプリンタをディーラーのネットワークを通して消費者に納めるビジネス・トゥ・コンシューマ（B to C）企業へと，すでにかつてのビジネス・トゥ・ビジネス（B to B）企業から進化していた．HP 社は研究開発（特にソフトウェアと印刷技術），マーケティング，販売，製造のアウトソーシングに莫大な資本を投入するともに，「ワールドクラス」の SCM の技能を開発した．また，市場への素早い供給と製品の多様化をともに可能にすることと，それは伝統的な製造資産を保有することなくなされうることが差別化を図るカギであることを認識した．Lee and Billington（1993，1995）は，HP 社のアプローチの背後にある主なアイディアは何であるかを論じている．2 人は，製品の多様化を消費者にできるだけ近いところで行うという意味を表すために，延期戦略［訳注：postponement の訳］という用語を SCM の領域で初めて使用し，これはサプライチェーンの上流における効率化を可能にすると述べている．延期戦略の概念は第 5 章で取り上げられる．

　Dell 社も SCM をコアコンピタンスとした企業である．Dell 社に先立って，各メーカーはパソコンをディーラーのネットワークを通して販売した．しかしこれは，ディーラーが実質的に在庫への資本投資を肩代わりし，メーカーの陳腐化リスクがディーラーに押し付けられることを意味している．対照的に，Dell 社はマーケティング・販売チャネルとしてインターネットを用い，消費者に直接売るという方法を選択した．その結果，Dell 社はそれぞれの顧客のパソコンに対して受注組立生産（assemble-to-order：ATO）を実現し，最終製品在庫の必要を取り除いている．Dell 社のビジネスモデルでは，自社の組立工場あるいはその近くでサプライヤーにコンポーネントの在庫保有を委託している．このようにして，帳簿上，サプライチェーンでの在庫の最小化が実現されている．

　やや理想的に描きすぎたかもしれないが，同業他社に比べてサプライチェーン中の在庫が相当に少ないことは確かであり，その一方で短いリードタイムでカスタマイズした製品を消費者に供給している．Dell 社の例は「ワールドクラス」の SCM のショーケース中の陳列品と考えてよい．これは，少ない在庫，高い融通性，カスタマイズ製品の SCM の可能性を示している．パソコンのセクターより多様性がはるかに低いセクターが多く存在するという事実を考えれば，多くの産業セクターでの SCM の可能性は計り知れないものがあるといえよう．

2.1.4　オペレーションズ・リサーチのサプライチェーンへの応用適合性

　ブランド保有企業の今述べたような分解は，ブランド企業とその下流チャネルのパートナー間に加えてブランド企業と下請企業やサプライヤーの間における膨大な数の契約関係をもたらした．契約は，ブランド企業が買い手の力にものをいわせて安価な購入価格，製品の高品質，納入のより高い信頼性とスピードを生み出すメカニズムで

ある.そのため,綿密に考え抜いた契約を結ぶことによって,ブランド企業の収益性は卓越したものになる.これらの契約はまた,規模と範囲の経済を得る必要を十分認識したサプライヤーや下請企業を確実に支える上で欠かせないものである.さらに,これらの契約によって,リスクをサプライチェーンの全体に分散させるための最も効率的な方法の発見に欠かせないメカニズムがもたらされる.第6章と第7章において,サプライチェーンの契約が広範囲にわたって論じられる.第6章では,リスクの共有に重点を置いた契約の一般的な設計に焦点が絞られ,第7章では,需要と供給に関する情報共有と関連した契約設計が検討される.

日用品から消費者までも含む1つのサプライチェーンの運用に携わる法的に独立した企業間に存在するおびただしい数の関係の存在自体が,各関連企業に対して構造的に複雑なネットワークをいかに設計するかという問題を投げかけている.契約関係がその定義からして一対一であるのに対して,ネットワーク設計問題は多対多の問題である.工場と倉庫の立地に関する問題は従来から取り上げられているが,安全在庫の配置,設備の余力の配置,輸送方式の選択は,研究を要する問題である.ORはこれらの問題に対して広範囲にわたって応用可能であり,意思決定に当たって非常に有用な支援をしてきた.本書では,第2章においてサプライチェーンの設計問題への最適化モデルと最適化技法の適用についての全貌を解説し,第3章では安全在庫の戦略的な配置について論じ,一方,第4章においては顧客サービス,市場の多様化,サプライチェーンの柔軟性を高める投資の間で戦略的なトレードオフがなされるように,サプライチェーン全体の諸資源に対して行う投資に焦点を絞る.

2.2 ブルウィップ効果

産業界と学界でこれまで大きな関心を集めてきた現象といえば,それはブルウィップ(鞭打ち)効果を置いてほかにない.1950年代末にForrester(1958)は実験的研究を行い,サプライチェーンの上流へ,つまり,消費者から原材料に向かって,鎖の輪を遡るにつれて需要変動が増幅することを明らかにした.シミュレーションによって,この変動の増幅をもたらす原因が情報の歪みと遅れであることを突き止めた.

Lee et $al.$(1997)は,Forresterの考えを土台にしてその拡張を試み,ビジネスにおけるごく普通の営みが情報の歪みと遅れを導くことを確認した.この論文に啓発され,その現象の理解とそれを防ぐ手段を求めて膨大な数の研究が行われた.そこでは,ORの文献から得た概念である多階層(マルチエシェロン)在庫,在庫プーリング,将来の需要の最良の予測値を導く方法などが取り上げられ,適用されている.最後にあげた方法は実施されて当然のように思われるが,部門間の連携がうまくできないことが多く,現実には希望的観測あるいは販売目標が予測値として用いられる.VMI(vendor managed inventory)は,多階層在庫と在庫プーリングの考え方に刺激されて実施されたものであるといえる.

これらの概念の実施と普及は,SCMに関する知識ベースの全体を豊かにしてい

る．概して，ブルウィップ効果とすべての部門に潜んでいるその原因が明らかにされたことによって，部門間と企業間における相互理解は深まったと結論付けることができる．それぞれの企業がサービスあるいは製品に関して顧客に満足をもたらすというゲームに携わっている数多くのプレイヤーのうちの1プレイヤーにすぎないことを，多くの企業が理解するに至った．

2.2.1 オペレーションズ・リサーチのサプライチェーンへの応用適合性

ブルウィップ効果は，今日ではよく理解されているが，背後にあるダイナミクスが広く研究されている多階層在庫管理問題とマルチサイト生産計画問題に関連付ける場合に，1つの挑戦に値する数学的問題が投げかけられていることを述べておこう．その主な理由は，ブルウィップ効果に関連するダイナミクスは，過渡的過程の解析と同様に，とりわけ非定常的なランダム需要の発生と生産能力の変動を前提として取り扱わなければならないという事実による．そのような非定常的な確率過程は，通常，単純で精緻でない解析では手に負えるものではない．今もなお，非定常的な問題には多くの課題がある．本書でもいくつかの章で，初期にあげられた成果が紹介されている．第2章では，サプライチェーン設計と価格設定における非定常過程の影響が論じられている．第4章では，柔軟性すなわち設備の余力に対する投資に及ぼす，非定常過程の影響が取り上げられている．第9章と第12章では，非定常過程の実際の取扱いにおいて一般に用いられるローリングスケジューリングの概念が広範囲に論じられている．そして第13章では，輸送作業の動的モデルが定式化され，一般的で新しい方法を用いて解かれている．現実世界の問題に適用できるモデルと方法を提供する実質的な研究が望まれている．

2.3 グローバルな財貨としての製造

2.3.1 最終組立は単純に

資本は，たとえば自動車産業における溶接作業やエレクトロニクス産業におけるプリント基盤への部品の取付けなど，きわめて多くの労働集約型の作業をこれまで取り除いてきたが，製品を顧客に納める前には依然として多くの手作業が行われている．これらの作業の大部分は，最終組立，検査，製品の包装に関するものである．しばらくの期間，製造業者はこれらの作業はオートメーションによって置き換えられると信じ，FAS（flexible assembly system）（Suri et al., 1993）なる概念が生み出された．しかし，まもなくそのようなフレキシブルなシステムは，製品の一定の品質が厳しく要求される複雑な組立作業や，人間の手によって行われること自体が受け入れがたい組立作業に関してのみ，経済的な意味で実行可能であることに気付いた．残ったものは，比較的単純な労働集約型の組立作業にすぎず，ベストプラクティス製造業で現在具体化されている日本の常識的な製造概念と技術（Chase et al., 1999）によってそれらの製品の品質は管理され，維持されているのが現状である．

Chase et al. (1999) に示された所見によれば，最終組立という経済活動はアウトソーシングが可能であり，それらは遊牧民的経済活動，つまり，グローバルな視点で労務費用が安い地域で組立活動を開始し，他の地域における労務費用がそれより安くなれば直ちに止めるべきであると企業は考えるようになった．組立に必要な設備の固定的投資は低く抑えられ，製造のインバウンドとアウトバウンドの輸送に要する費用は他の諸費用に比べれば安いと考えられるゆえ，これは一つの経済的な意味で実行可能な製造概念である．労務費用の安さはさておき，ある地域での最終組立活動を終了する理由になるものとして，他の地域から提供される政府の財政的支援あるいは労務費用の不利を十分に補う優遇措置などもある．

移動可能な製造がもたらす大きな影響は，製造活動の地理的な広がりである．これは物流活動の複雑さ，それゆえサプライチェーンの計画と管理活動の複雑さを増大してきた．通常は顔と顔を突き合わせることが迅速でインフォーマルな情報伝達を可能にするが，今やサプライチェーンに携わるプランナー，スケジューラー，進捗係，グループリーダー，その他の多くの人々が情報システムとフォーマルな情報伝達に頼らざるをえなくなっている．さらに，生産地点が消費地点あるいは需要の発生地点から遠く隔たっているのが普通であり，ロジスティクスの機能は一層複雑化している．

2.3.2 物流は安価に

物流機能のアウトソーシングと，顧客サービスへのその増大する影響力が相まって，サードパーティロジスティクス（3 PL）サービスプロバイダの出現が促進された．これは，OEM（original equipment manufacturers）が行っていた物流に含まれる実際の計画と管理の機能を引き継ぐものである．その結果，3 PL サービスプロバイダによって物流機能のパフォーマンスは改良され，規模の経済により物流コストが引き下げられる．

3 PL サービスプロバイダの出現は，2つの法律的に独立した実体，つまり製造業者（あるいはサプライヤー）と顧客の間にもう一つの接触面をつくり出す．その出現によって，パフォーマンスを確かなものにする契約関係が必要になる．このコンテクストの下では，3 PL プロバイダが規模の経済を求めて複数の OEM との間で契約関係を結び，それぞれの OEM に対するサービスに要する実際の費用が他の OEM のためのサービスの費用と分離できないところに，問題が存在する．多くの場合，3 PL プロバイダはそれぞれの顧客との力関係で決まるリベートが絡んだ運賃体系に基づいてサービスを行っている．第2章では，他の3 PL 問題とともに，3 PL の運賃体系に関連する問題が取り上げられる．

2.3.3 オペレーションズ・リサーチのサプライチェーンへの応用適合性

複数の組織の境界を越えて地理的に散らばったサプライチェーンの計画と管理の複雑性は，限りのないものであって，現実的な観点からすれば，現在のところ大部分は

未解決である．ORはサプライチェーンの設計と計画に貢献してきたが，さまざまな組織体を継ぎ目なくつなぐ情報システムが欠如しているために情報の完全な透明性が実現されておらず，管理原則どおりに行って成功した例はほとんどない．大部分のサプライチェーンは，依然として周期的に情報を交換している情報サイロから構成されている．情報の交換はよくても不完全ながら実施されているというのが実情であり，ごく限られたマネジメントの関心を集めているにすぎない．CiscoやDellのような企業は，そのような継ぎ目のない統合を提供するITアーキテクチャーを所有していると公言しているが，それは第1階層のサプライヤーに関したものであることを知るべきである．OEMと第1階層のサプライヤーとのこの接触面は，サプライチェーンにおいて創出される付加価値の一部をもたらすにすぎない．ただし，この接触面で積み重ねられる付加価値は，最終製品費用のほぼ100%になる．

　サプライチェーンの計画と管理の根底にある管理原則は，第9～第13章において言及される．地理的に散らばったサプライチェーンの資産マネジメントに含まれる戦略的問題と戦術的問題は，第3～第5，第8章で取り上げられる．

2.4　情報技術

2.4.1　ERPシステム

　1980年代半ば以降，いわゆるERPシステムの全社的な導入は，新しいビジネスプロセスを導入する手段として行われた．ある企業とその競争関係にある企業でのベストプラクティスの確認に多くの関心が集まった．ERPシステムの導入は，外部のコンサルタントの支援を得て進められた．導入プロジェクトの典型的な所要期間は，企業の規模や変革についての経営風土によって異なり，2～6年が費やされている．1990年代には，ERPの導入過程で生じた問題についての多くのぞっとするような話が，学術誌やマスメディアで紹介された．多くの場合，その導入によってもたらされる利益の多くは，ITシステム自体によるよりは，むしろビジネスプロセスの改善によってもたらされることが述べられている．しかし，情報とERPシステムが所有するトランザクションの処理能力がなければ，グローバル企業が効果的かつ効率的に操業できないことを強調しておきたい．世界中で操業している企業に対して横断的に導入されたERPシステムが存在しなければ，適確な判断を下すために情報を利用することなどはおおよそ不可能であろう．その上，機能的にも構造的にもシステムは複雑でありながら，ソフトウェアの標準化とメンテナンスが可能であることを，ERPシステムのベンダーは示してきた．ERPシステムのベンダーが保有するコアコンピタンスは，産業セクターとパブリックセクターを含む広い範囲にまたがるあらゆるビジネスプロセスを支援する標準的なソフトウェアの開発と保全にあり，そのために個々の企業ではとうてい不可能といえる人的資源への投資を行うことができる．

　ERPは，オーダーの処理，送り状の作成，輸送，倉庫のピッキング，生産指示，購買指示のようなすべてのビジネスプロセスの実施を可能にするシステムである．ま

た，在庫管理，生産計画，予測のような種々の意思決定過程を支援するトランザクショナルシステムでもある．このようなトランザクショナルシステムと意思決定過程支援システムが混ざり合ったものであることが，ERPシステムの厳密な定義を難しくしている．意思決定支援に焦点を絞った，いわゆるAPS（advanced planning and scheduling）［訳注：2.4.2ではadvanced planning systemの省略形として用いられている］システムの出現によって，ERPシステムはもっぱら1企業のトランザクショナルITの背骨として見なされることが多くなっている．

ERPシステムは，企業内外のSCM実施の「必要条件」となっている．また，トランザクショナルバックボーンとして，将来の販売計画，顧客オーダー，現実の在庫，仕掛品，利用可能な資源，費用，価格に関する情報に必要なデータを提供する役割を負っている．しかしながら，ERPシステムは，社内SCMを単に目的とするにしても十分ではない．SCMにとっては，ERPシステムを通した他社との情報交換が不可欠である．ITの視点に立てば，このことはインターフェイスと関連するデータモデルの標準化を意味する．1980年代末近くなって，EDIFACTにみられるような，送り状や購買オーダーのようなトランザクショナルデータの取り交わしに焦点を絞った先駆的な試みが現れた．ごく最近には，CPFR（collaborative planning, forecasting and replenishment）の概念が提出され，販売計画や生産計画に関する計画データの取り交わしの必要性が論じられている．技術的な観点からすれば，これはトランザクショナルデータの取り交わしに類似している．しかしながら，計画データには企業戦略にかかわる情報が含まれる．この種のデータは偶発的であろうとなかろうと競争相手に漏れることがあるため，大部分の企業はこの種のデータをサプライヤーあるいは顧客と共有することに関して全く消極的である．情報のプライバシーの問題は未解決であり，また，解決の見込みもない．

2.4.2 APS

1970年代と1980年代において，ORの応用としてサプライチェーンのためのテイラーメイドの意思決定支援システム（decision support system：DSS）の導入が行われた．最初，DSSはメインフレーム上で動かされたが，やがてパソコンが出現すると，そのようなアプリケーションはこのプラットフォーム上で操作されるようになり，DSSは生産計画，在庫管理，輸送計画を支援した．必要な入力データはITのバックボーンシステムからダウンロードされ，出力データは手作業かITインターフェイスを用いて再びアップロードされた．ManugisticsやNumetrixのような企業が，1980年代の初めのころからシステムの開発を手がけたが，これらのDSSはERPシステムのようにトップマネジメントの関心を高めるまでには至らなかった．それにもかかわらず，DSSはすべてのビジネス業務全体に広がったということ，また，一般には今述べたような認識はされていないことを，あえてここに記しておく．実質的には，各種の計画担当者，製品マネージャー，R&Dマネージャーや管理者なら誰しも

Excel のようなスプレッドシートプログラムを用いて，何らかの DSS を開発してきた．とりわけ，しばしば自社製のスプレッドシートを用いて計画業務の支援が行われた．多くの場合，そのようなスプレッドシートは計画担当者の支援に役立ち，きわめて複雑な計画問題の解決に寄与した．

1990 年代の初めに APS の概念が DSS のそれに取って代わったとき，DSS に関するトップマネジメントの無関心は根底から払拭されてしまった．APS ソフトウェアの初期における成功のカギとなったものは，APS ソフトウェアベンダーの主張，つまり ERP ベンダーと同様に自分たちは標準的なソフトウェアを売るという点にあった．さらに，APS ソフトウェアベンダーはトップマネジメントに焦点を絞って宣伝を行い，全社的な APS ソフトウェアの導入をすれば莫大な利益がもたらされるとうたい上げた．2001 年も終わりのころ，その約束は実現されなかったし，その導入は複数のビジネス機能を支援する統合的な APS としてではなく，スタンドアローン的モジュール（すなわち，生産計画モジュールとサプライチェーン計画（SCP）モジュール）としてのものであるという結論を，AMR リサーチは下した．

OR の研究者にとって，この結論は意外なものではなかった．APS システムはもともと DSS であったからである．意思決定を支援するには，対象になるビジネスプロセスを，その特徴はもちろんのことすべてについて慎重に研究しなければならない．多くの場合，関連するすべての入力を既知であると仮定し，本来不可能であってもなんとか定式化し，関連する一部の入力は確率的に表されると仮定し，ビジネスプロセスの特徴は取り扱う決定変数の制約に反映し，その結果，つくられた問題は NP 困難と呼ばれるものになる．それゆえ，そのような問題を解くために利用する DSS を開発するに当たっては，テイラーメイドのアルゴリズムを慎重に構築することと，おいそれとは得られない貴重な人的資源が必要である．第 9 章では，APS がいろいろな角度から論じられる．どの章も SCM 関連問題の複雑さを取り上げ，将来研究されるべき問題が多く残されていることを指摘している．APS ソフトウェアベンダーのトップマネジメントに対してなされた約束が，SCM に関連する意思決定支援問題のいずれもがルーチン的解決の対象になりうる，つまり，すべてが最適化でき，OR の研究者が従来行ってきたような問題駆動型の研究への投資は無用であるという主旨のものであったことを，知っているべきである．

この懐疑的な態度にもかかわらず，APS ソフトウェアベンダーは，トップマネジメントの関心を OR に向かわせた．さらに，APS ソフトウェアベンダーは，直接的あるいは間接的に OR 研究者の雇用者となっている．APS ソフトウェア導入は線形計画法や混合整数計画法を用いたソルバーエンジン開発の後押しを行い，大規模問題解決のために最先端の OR の科学的知識を必要としている．不確実性下のビジネス問題に携わって最先端を走っていた APS ソフトウェアベンダーが残した谷間を埋めたのは，確率的 OR 領域の多数の研究者であった．

2.4.3 インターネットとワールドワイドウェブ

　SCMと情報技術の関係を論じる場合に，インターネットとワールドワイドウェブの影響を無視できない．ワールドワイドウェブの存在によって，企業は消費者に直接接することができるようになった．実際のところ，消費者はオーダーの作成やオーダーエントリーを通して企業内の活動に加わるようになった．ニューエコノミーの溶融にもかかわらず，Web上での販売は多くの企業の売上の増加に少なからず貢献し，その影響は将来さらに増大すると期待されている．企業は消費者との直接的な接触によって個人情報を手に入れることが可能となった．その結果として，そのような個人情報はマスカスタマイゼーションとともに販売予測の改善に役立っている（第5章参照）．さらに，企業は消費者の個人情報の利用によって正当な製品に正当な価格を，需要のピーク時には高い価格を，製品の陳腐化が始まると低い価格を設定するという動的価格設定を行えるようになった．B to Cの市場では，ワールドワイドウェブはオークションのような多対多の市場を創出した．

　B to B環境においては，ワールドワイドウェブによって顧客サービスと購買オーダー処理にかかる費用が削減され，新規の顧客を獲得する機会が増大した．また，Webは，企業が共同して研究開発プロジェクトを進める過程で，企業の境界を越えた情報共有を可能にした．しかし，最も重要なことは，インターネットによって標準的で公共的な低費用のITのインフラストラクチャーがもたらされたという事実であり，その結果，地球上至るところで情報の伝達が自由にできるようになった．情報の機密保持の問題については，暗号学に基づいた方法を利用した研究と応用が行われている．残された問題はメッセージとインターフェイスの標準化に関するものである．その意味で，EDIに関する前述の問題が，今まさに取り組まれている．XMLのような，自発的な標準の開発に多くの労力が費やされており，大きな進歩がみられる．また，RossetaNetのような，要求標準を開発するコンソーシアムに企業が参加している．

　以上の事柄は，つなぎ目のない，安全な，低費用のITのインフラストラクチャーを構築するためにはもっと多くの努力が必要であり，ITがSCMの発展を妨げるようであってはならないことを示している．

2.4.4 オペレーションズ・リサーチのサプライチェーンへの応用適合性

　ORの興味深い問題を取り扱う際には，構造的な複雑さ，あるいは不確実性のために相当な量のデータが必要とされ，そのために確率変数の累積分布や発生プロセスを設定したり，その妥当性を実証したりしなければならない．1990年代になってようやく，時間的にも労力的にも妥当な費用でデータが求められるようになったといわれている．ERPシステム，これは集中的なデータベースとデータウェアハウスを意味するが，その導入によって詳細なトランザクショナルデータの取得が可能になった．
　インターネットは，SCMの導入において重要な役割を果たしてきた．SCMは，

多くの場合に，異なった組織間，また異なった企業間での情報交換の必要性を意味する．今日，これは低費用でかつ高い信頼性をもって実現できる．インターネットを用いたデータの取り交わしは，OR のアプリケーションがサービスとして提供される場合にも行われる．典型的な場合には，アプリケーションはサーバー内に記憶されており，そのサービスを利用する顧客は各自のデータをサーバーに入力し，所定の処理が終わると出力データを受け取る．アプリケーションサービスプロバイダ（ASP）は，そのルーツを OR にもっているとよくいわれる．本書で論じられている OR の研究成果が，そのようなサービスの対象として近い将来に取り扱われることは十分ありうる．

3. 本書の概要

　本書は，3 部からなる．第 I 部では，サプライチェーン設計が取り扱われる．第 2 章では，Muriel と Simchi-Levi が，価格設定と統合生産，在庫，輸送政策に関する戦術的問題とともに，倉庫と工場の最適立地について論じている．これらのモデルは，第 13 章でオペレーショナルな輸送政策を展開する場合の基礎となるインフラストラクチャーを提供している．第 3 章では，Graves と Willems が，不確実性の下において損失を防ぐための在庫資本への投資決定に際して考えなければならないさまざまな戦略的・戦術的問題を論じている．また，サプライヤーの柔軟性と変動する資材費用のトレードオフのコンテクストの下でサプライヤーの選択問題が詳しく議論されている．第 4 章では，Bertrand によって，サプライチェーン設計の背景となる柔軟性の問題を取り上げた文献の展望が行われている．文献展望を通して柔軟性概念のほとんどにおいて，正しいリンクでの柔軟性の創出を考えたサプライチェーン全体を通した資産の割当が論じられていないことを指摘している．Bertrand は，この問題を取り扱うモデリングのフレームワークを提案している．このモデリングのフレームワークは，第 6 章と第 7 章で文献が紹介される契約設計においてみられるモデリング概念ときわめて類似したものである．第 I 部の最終章である第 5 章において，Swaminathanと Lee は，製品/プロセス設計とサプライチェーン設計の関係を検討している．核心となる概念は，先ほど簡潔に紹介した延期戦略である．

　第 II 部では，サプライチェーンの協調が取り上げられる．ここでは協調はサプライヤーと買い手の間の情報交換とともに両者間での契約の設計を意味する．サプライヤーと買い手の異なったインセンティブがゲーム理論のコンテクストの下で定式化され，インセンティブの適切な計画がなければ，サプライチェーンは，集中的に管理されたサプライチェーンに比べて効率的でなくなることを示している．比較的単純なモデルを用いてサプライチェーンの協調についての基本的な洞察を与えており，その成果は今日の現実のビジネスにこれまで大きな影響を及ぼしている．第 6 章で Cachonは，種々の振替支払を認める契約に焦点を絞り，そのような振替支払がサプライチェ

ーンの適正な協調をもたらす条件を明らかにしている．第7章でChen は，情報交換と情報共有の価値を研究している．サプライチェーンのリンク間で情報を共有するための対案の比較により，どの情報が，また，いかなる環境の下で最も価値があるかについての洞察ができることを示している．第6章と第7章の結果から，サプライチェーンの協調のためには，利用できる情報のみならず，費用と価格も入力として求められることがわかる．だが，サプライチェーンを実施するには，ほかにも多くのパラメータを考える必要がある．第8章において Swaminathan と Tayur は，予測の精度，リードタイムの平均と分散，稼働率のような戦術的な計画パラメータの役割を理解するためのフレームワークを示している．また，サプライチェーンの構造的複雑性を強調している．現実の問題には並外れた構造的複雑性があり，閉じた形の数式を用いて問題を手際よく解くという希望がほとんどもてなくなってきている．それゆえ，Swaminathan と Tayur は，この複雑性を処理する代替的方法を提案している．

SCM の複雑性については，第Ⅲ部においてサプライチェーンの運用に焦点を絞ってより明白に示される．第9章では，FleischmannとMeyrが，全般的なサプライチェーン計画（SCP）のフレームワークを提供している．このフレームワークは，現実の SCM の階層的性質を示すとともに，SwaminathanとLeeによって論じられた構造的複雑性を一層明らかにしている．そのSCP フレームワークは，APS の最新の状況を知る手段を提供するものである．第10章では，Axsäterが，多階層構造の直列および分岐型の［訳注：divergentの訳］在庫システムの解析に関して1990年代に成し遂げられた進歩について解説している．分岐型在庫システムの最適政策構造が最も簡単に取り扱えるランダム需要過程の場合でさえ未だに明らかにされていないという事実によって動機付けられ，種々の制御政策の開発と解析が行われている．前述したように，Dell 社は B to B 環境，すなわち，受注組立生産の状況下のみで通常用いられていたビジネスモデルを消費者市場に新たに導入した．このことはそのような環境下での在庫管理を表すモデルへの関心を呼び起こした．SongとZipkinは，第11章でこの領域で成し遂げられた重要な進歩について報告している．第12章において de Kok と Fransoo は，第9章を引き継いで，任意の多階層在庫システム，すなわち制御対象であるリンク間での多対多の相互関係に適用されるサプライチェーン運用計画（SCOP）について論じている．文献に示されたサプライチェーン管理概念の実現性を評価するフレームワークを提案し，そのようなシステムにみられる反直観的な振る舞いを明らかにする定量的な結果を示している．最後に，第13章において，効果的な SCM のためのロジスティクスサービスプロバイダの役割が取り上げられている．Powell は，需要，価格などの不確実性の下で輸送の最適化を取り扱う場合に生じる広範囲の問題をモデル化するための一般的なフレームワークを提出している．このフレームワークから創出されたモデルは，適応型動的計画法と呼ばれる一般的な方法を用いて解析できる．基本になっている考え方は，不完全状態の概念と近似法の提出を可能にする近似値関数を用いるというものであり，いくつかの試験的な問題に

ついて，期待できる結果が示されている．さらに，Powell は，本書で取り上げられているすべての問題と関係のあるデータの質について言及している．

　謝辞：本書の出版に当たり，多くの研究者に寄稿いただいた．まず，1つの研究領域の成果をまとめ上げるという並々ならぬ知識と才能を要する仕事をされ，過去において研究者が成し遂げた成果，また，今後取り組まれなければならない課題について展望していただいた各章の著者に御礼を申し上げたい．著者らの希望によって何人もの方々が各章の草稿について所見を寄せられたが，期せずしていただいたこれらの方々のご尽力によって本書が受けた利益が少なくないことをここに記しておく．最後に，版元である North-Holland 社には，われわれの要望を忍耐強くお聞き入れくださったことに対して感謝する．良質の書として読者が本書を受け入れてくださるよう切に願っている．　　　　　　（A. G. de Kok and Stephen C. Graves/黒田　充）

参 考 文 献

Chase, R.B., N.J. Aquilano, F.R. Jacobs (1999). *Production and Operations Management: Manufacturing and Services*, McGraw-Hill, Irwin.
Fine, C.H. (1998). *Clockspeed: Winning Industry Control in the Age of Contemporary Advantage*, Perseus Books, Reading, Massachusetts.
Forrester, J.W. (1958). System dynamics: a major breakthrough for decision makers. *Harvard Business Review* 36(4), 37–66.
Lee, H.L., C. Billington (1993). Hewlett-Packard gains control of inventory and service through design for localization. *Interfaces* 23, 1–11.
Lee, H.L., C. Billington (1995). The evolution of supply-chain-management models and practice at Hewlett-Packard. *Interfaces* 25, 42–63.
Lee, H.L., V. Padmanabhan, S. Whang (1997). Information distortion in a supply chain. *Management Science* 43, 546–558.
Prahalad, C.K. and G. Hamel (1990). The core competence of the corporation. *Harvard Business Review* 68, May–June, 79–91.
Suri, R., J.L. Sanders, M. Kamath (1993). Performance evaluation of Production Networks, in: S.C. Graves, A.H.G. Rinnooy Kan, P.H. Zipkin (eds.), *Logistics of Production and Inventory*, North-Holland, Amsterdam, pp. 199–286.

I. サプライチェーンの設計

第2章

サプライチェーンの設計と計画：

戦略的モデルと戦術的モデルに対する最適化技法の適用

1. はじめに

　近年，産業界でも学界でも，ロジスティクス分野への関心が復活してきている．多くの主要な組織がこのトレンドに寄与してきた．第1に，産業界は，複雑なロジスティクスシステムをよりうまく計画し管理することで，大きな費用節減を実現している．第2に，多くの企業が伝統的な組織上の境界を取り除き，それによって，異なった部門間での協調を生み出し，ロジスティクスシステムが対象とする範囲を広げてきた．同時に，情報通信システムが広く使われるようになり，サプライチェーンのすべての構成部門からデータアクセスができるようになった．最後に，運送業の規制緩和が多様な輸送形態の発展を促し，輸送費用の低減を実現させる一方，ロジスティクスシステムの複雑性を大きく増加させた．
　これらの発展によって，ロジスティクスネットワークにおけるさまざまなレベルの間の相互作用を考慮し，大量の情報を使用する最適化ベースの意思決定支援システム（decision support system：DSS）の利用が求められている．
　あいにく，多くの他の複雑なビジネスシステムと同様，ロジスティクスやサプライチェーンマネジメント（SCM）の問題は，完全にコンピュータ処理が可能な定型的な形で定義できる良構造のものではない．その代わり，ほとんどすべての場合において，人間固有の特質である柔軟性と直感と知恵が，システムを効率的に運営する上で必要である．しかしながら，これらシステムのもつ多くの特性は，コンピュータの支援によってのみ効率的に解析し，理解することができる．まさにこのタイプの支援のために，DSSが設計される．その名が示すように，それらシステムは，意思決定をするのではない．人間の意思決定者を，その意思決定プロセスの中で，補助し支援するのである．
　SCMをつくり上げる種々の方法の中で，最適化ベースのDSSは，ロジスティクスネットワークの設計のような戦略的問題から，在庫と運送の意思決定を調整するような戦術的問題まで，広い範囲の問題に対して使用される．ここでいう戦術的問題とは，生産スケジュール，配送方式の選択，配送計画といった日々の運用にかかわるあ

らゆる問題である．これらの問題の多くが固有にもっている問題の規模と複雑さは，最適化ベースの DSS を効率的な意思決定のために不可欠なものとしている．実際，最適化ベースの DSS は，最近の数年間で，ロジスティクスとサプライチェーンの効率を飛躍的に改善するために広く使われるようになった．

本章では，最適化モデルについて記述する．これは，サプライチェーンの計画と設計に関する種々の意思決定上の調整を効率的に行い，この分野での DSS の発展の基礎を約束するものである．また，本章は，A〜Cの3つの部分に分割されており，それぞれ，以下のような3つの異なった問題領域に焦点を絞る．

A「生産/物流システム」では，1組の製造工場と倉庫と小売店に対して，適切な生産，在庫，輸送の政策決定を支援するために設計されたいくつかのモデルを紹介する．工場と倉庫と小売店の配置，生産と在庫と輸送の費用，および各小売店での需要予測が与えられたとき，目的は，システムの総費用を最小化する政策を決定することである．後述するように，規模の経済を考慮した現実の生産と輸送の費用関数は，それらの問題の解法を難しくしている．

もちろん，予測需要量は，効率的な在庫政策の決定に十分ではない．需要の不確実性がまた，解析の中で考慮されなければならない．実際には，これは通常，問題を2つの部分に分けて扱うことになる．第1段階は，与えられた計画期間中の予測需要量を前提として，在庫維持費用と固定費用がバランスする在庫政策を求めることである (Stenger, 1994 参照)．第2段階は，安全在庫水準を決定し，毎期首に維持すべき在庫水準にこれらを加えることである．このため，ここで解析されるモデルは，在庫水準の最適意思決定を支援するもので，実務で使用される分割アプローチの第1段階に関するものである．

B「サプライチェーンの性能を改善するための価格設定」．収益管理のような動的価格設定技法は，腐敗化しやすい在庫品をもつ種々の産業，たとえば，航空会社やレンタカーの代理店に対してうまく適用されてきた．ここでは，腐敗化しない在庫品をもつ，より一般的なサプライチェーンへ動的価格設定技法を拡張する．特に，有限計画期間，あるいは無限計画期間，単一製品という条件の下で，製品の価格設定と生産と在庫の意思決定を同時に行うことを考える．目的は，期ごとに変化する在庫維持費用，生産費用，価格弾力性のある確率的需要の条件の下で，利益を最大化することである．

あいにく，古典的在庫モデルにおいて効果があると証明されている凸性や k-凸性のような概念は，一般的で価格依存的な確率需要過程をもつサプライチェーンモデルには適用できない．それゆえ，価格設定を考慮したモデルを解析するため，対称 k-凸関数の概念を導入する．この概念は，一般的な価格依存的確率需要関数をもつ単一製品，有限計画期間と無限計画期間，周期観測のモデルに対する最適政策の構造を特徴付ける手助けとなる．

興味ある点として，動的価格設定戦略がサプライチェーンの性能を格段に改善する

可能性を秘めていることを示す．実際，Bで述べる計算結果は，変わりやすい需要曲線を経験している企業，あるいは有限な生産能力をもつ企業が，動的価格設定によってかなり大きな利益が得られる可能性のあることを示唆している．

C「ロジスティクスネットワークの設計」．ネットワークの構成は，工場，倉庫，小売店の配置に関係した問題を含んでいる．これらは，戦略的意思決定である．これらの決定が長期間にわたって企業に影響を与えるからである．Cでは，カギとなる以下の戦略的意思決定に焦点を絞る．

① 倉庫の適切な数を決定する．
② 各倉庫の配置を決定する．
③ 各倉庫の大きさを決定する．
④ 各倉庫からどの製品を顧客が受け取るかを決定する．

このため，ここでは，工場と小売店の配置は変化させないと仮定する．目的は，システムの年間総費用を最小化するようにロジスティクスネットワークを設計もしくは再構成することである．費用には，生産費用，購入費用，在庫維持費用，施設費用（保管費用，マテリアルハンドリング（マテハン）費用，固定費用），輸送費用が含まれ，サービス水準の多様な要求が制約条件となる．

A. 生産/物流システム

2. はじめに

最近の10年間で，多くの企業は，サプライチェーン全体にわたって生産計画と在庫管理と輸送政策を効果的に統合化することによって，大きくコストを節約し，サービス水準を改善できることを認識するようになった．2～4節では，サードパーティの運送会社を利用している会社における，サプライチェーン上の意思決定を統合化する計画モデルに関して焦点を絞る．

これらの節で述べるモデルは，多くの競合する輸送形態の飛躍的発達と成長（それらは主に運輸産業の規制緩和の結果によるものであるが）に一部動機付けられたものである．これは，サードパーティの運送会社に支払う物流費用の大幅な節減を実現し，それゆえ，製品の輸送をサードパーティの運送会社に頼る会社の数を恒常的に増やしてきた．

小売業や食料雑貨販売業や電子機器産業で用いられる1つの重要な輸送形態は，小口扱いトラック輸送（less-than-truckload：LTL）形態である．この形態は，輸送量がトラックの積載容量よりかなり小さいときに魅力的である．典型的には，LTL輸送会社は，より大量でより利益の上がる輸送ができるよう需要を喚起するために，

(a) 逓増的割引   (b) 全量割引

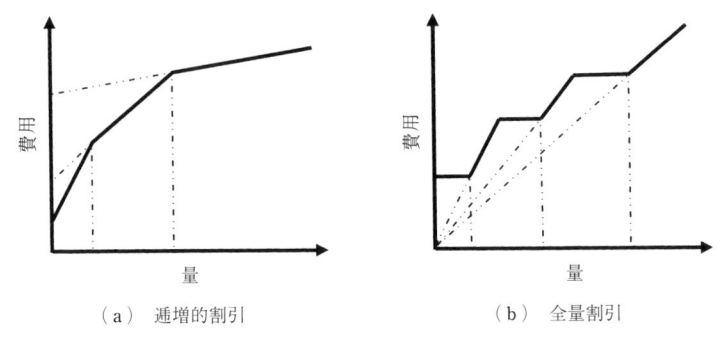

図 2.1　一般的小口扱いトラック輸送の量依存割引費用構造

顧客に輸送量に依存した割引を提供する（図 2.1）．

輸送量に依存した割引には，次の2つのタイプが存在する．① 逓増的割引（輸送量に関して凹で区分的線形関数としてモデル化できる），② 全量割引（後述するように，連続で区分的線形関数となる）．これらの費用関数は，ほとんどの LTL 輸送会社が利用している CZAR（southern motor carrier's complete zip auditing and rating engine）と呼ばれる業界の標準輸送評価エンジンによって支持されている．

同様に，生産費用はしばしば，生産量に関して区分的線形凹関数によって近似される．この関数は，たとえば，段取り費用と線形の製造費用の和である．これら規模の経済は，システムの総費用を最小化するために，荷主が輸送ネットワーク上にある生産と輸送経路と輸送のタイミングを調整する動機となる．以下では，この一般的問題を荷主問題と呼ぶことにする．

この計画モデルは，かなり一般的であるとしても，近代的ロジスティクスネットワークの視点と整合性をもついくつかの仮定を設けている．実際，このモデルは，すべての施設が同じロジスティクスネットワークの一部であり，システム全体の最適化を担う中央の意思決定者が情報を利用できるような状況を取り扱う．それゆえ，小売業と食料雑貨業における物流問題は，ロジスティクスネットワークが製造施設を含まないここでのモデルの特殊なケースである．

モデルはまた，サプライヤー（供給業者）と小売店が戦略的パートナーとして提携する状況にも適合する．たとえば，供給側が在庫を管理する VMI（vendor managed inventory）のパートナーシップにおいて，販売時点データはサプライヤーに伝えられ，サプライヤーは小売店の在庫管理と輸送スケジュールを含めた生産と物流の調整に責任を負う．それゆえ，この場合のモデルは，工場，倉庫，小売店を含む．

運送会社の視点から物流問題を解析する関連モデルが，Farvolden et al. (1993)，Farvolden and Powell (1994) で議論されている．前者は，能力制約のある大規模・線形な多品種ネットワークフロー問題を解くための高速アルゴリズムを開発している．後者は，サービスネットワークの中の異なったリンクで使用される車両数を決

定する問題に対するヒューリスティック（発見的）戦略を示唆している．それらネットワークの設計と管理において，LTL 輸送会社が直面している現実の困難な課題，種々の解法のサーベイについては，Crainic and Laporte (1997), Crainic and Roy (1992), Braklow et al. (1992), Powell and Sheffi (1989), Powell (1986), Crainic and Rosseau (1986) と，本書第 13 章を参照するとよい．

本節の締めくくりとして，一般に用いられるほかの輸送モデルや物流モデルを簡単にレビューしておく．在庫管理政策と配送計画戦略を統合したモデルが，広く解析されてきた．配送計画問題および在庫/配送計画問題に関する最近のレビューについては，Bramel and Simchi-Levi (1997), Anily and Bramel (1998), Toth and Vigo (2001) を参照するとよい．これらのモデルは，輸送費用の構造とこれらのほとんどが以下の仮定を置いているという事実によって，本節で解析するモデルとかなり異なっている．ここでいう仮定とは，運送会社は，自身の保有する車両群を運用するというものである．また最近，Lee, Çentikaya, and Jaruphongsa (2000) によって研究されたモデルとも違っている．彼らのモデルは，単一の小売店にサービスする単一倉庫における在庫補充と配車スケジュールの調整に焦点を絞っている．この倉庫の発注は，固定費用を発生させ，小売店への輸送にかかる費用関数は，輸送 1 回あたりの固定費用と配車される車 1 台あたりの費用の和である．ここで述べた費用と以下で述べる費用を含む，より一般的な区分的線形輸送費用は，混載輸送における異なった輸送モードと輸送経路の選択をモデル化するために，Croxton et al. (2000) によって考察された．この場合，1 組の倉庫が，多数のサプライヤーから複数の小売店への商品の流れを，混載による費用削減を目的として調整する．

最後に，物流管理の新しいトレンドは，オークションを通してトラック輸送サービスを獲得することである．Caplice (1996) を参照のこと．特に，種々の輸送積替サイトが，荷主，サードパーティロジスティクス（3 PL）仲介業者，運送会社を互いにリンクし，オークションあるいは入札の過程を通して経済効率を高める．この積替えに依存して，運送会社が入札を行い，荷主が個々の荷に運送会社を割り当てるか，あるいは，荷主が入札を行い，運送会社がサービスしたい荷を選択するかのいずれかである．前者の場合，運送会社は，入札に参加する荷の組を選択し，適切な入札価格を決定し，新しい荷を運ぶために現在の運用をリアルタイムで調整しなければならない．入札価格が与えられると，荷主は，費用が最小となるよう荷への運送会社の割当を決定しなければならない．後者の場合，運送会社は，どの荷をどんな価格で受け入れるかを検討し，それらの荷をサービスするための運用を，利益が最大となるように調整しなければならない．運送会社が輸送する荷を入札することができる荷主の例には，Sears Roebuck, Ford Motor, Wal-Mart, K-Mart のような企業がある．de Vries and Vohra (2000) を参照のこと．結合価値オークションに関する文献が，急速に増えている．たとえば，DeMartini et al. (1999), Rothkopf et al. (1998), Ledyard (2000), Ledyard et al. (2000), Sandholm (1999, 2000), Fujishima et al. (1999),

Leyton-Brown et al. (2000), Kelly and Steinberg (2000) を参照されたい.

次節では，上述した2つの一般的輸送費用関数各々の下での，荷主問題のモデル化の方法といくつかの結果を述べる.

3. 区分的線形で凹の費用

本節では，区分的線形で凹の生産費用と輸送費用をもつ荷主問題に焦点を絞り，費用関数が凹であることから導かれる性質を利用して，効率的アルゴリズムを開発する.

荷主の目的は，総費用を最小化し，かつすべての需要を満たすような生産計画と在庫政策と配送計画を見つけることである．需要の受注残は許されるかもしれない．ただし，品切れ期間と品切れ量の関数である既知のペナルティコストが課せられる．この場合，4つの異なった費用が全体最適な政策を得るためにバランスされることになる．すなわち，生産費用，LTL費用，ある施設で在庫を保持する場合に発生する在庫維持費用，配送遅れに対するペナルティコストである.

Chan et al. (1999) は，この戦術的問題を凹の費用をもつ多品種ネットワークフロー問題として定式化している．あいにく，ネットワークフロー問題に関する文献のほとんどは，費用がアーク（エッジ）上の輸送量の線形関数であるような最小費用ネットワークフロー問題の解析に関するものである（Ahuja et al., 1993 参照）．しかし実際には，段取り費用や規模の経済による割引があり，そのために凹関数で表現される費用が生じる．この場合，すべての端点を網羅的に探索することによって最適なフローが得られる．凹関数は，実行可能な凸領域の端点で最小値を実現するからである．しかし，そのようなアプローチは，最も単純な問題を除いて実際的でない．もちろん，これは驚くに値しない．エッジを利用する費用が単に輸送量に独立な固定費用である固定費用ネットワーク設計モデルは，凹の費用をもつネットワークフロー問題の特殊な場合であって，NP完全である（Johnson et al., 1978 参照）．結果として，開発された厳密解法は，特定の構造をもつネットワークに対してのみ有効であるか，もしくは一般的な場合には解くのに指数時間を要するかのいずれかである.

たとえば，Zangwill (1968) は，凹の費用をもつ最小費用ネットワークフロー問題を解析した最初の研究者の一人である．彼は，単一の始点（もしくは単一の終点），a 個のエッジ，n 個のノード，$d+1$ 個の終点（終点が単一のときは複数始点）をもつ非周期的ネットワークについて，計算量が $O(an^d)$ のアルゴリズムを提案した．このアルゴリズムは，単一始点もしくは単一終点のいずれかをもつ多品種の商品の問題にも適用可能である．この問題は，単一品種のネットワークフロー問題に変換できるからである．単一品種で凹の費用をもつ一般的最小費用問題に対して，Erickson et al. (1987) は，輸送・分割法と呼ばれる DP (dynamic programming) アルゴリズムを開発している．この DP アルゴリズムは，すべての需要ノードが有界な数の面

の内にある平面ネットワークについて，多項式時間で問題を解くことができる．基本ネットワークが強直並列の性質を有するとき，Ward (1999) は，凹の統合費用をもつ多品種ネットワークフロー問題を多項式時間で解くアルゴリズムを開発している．このアルゴリズムは，多項式時間で問題を解く最初のアルゴリズムである．

上述したアルゴリズムは，すべて厳密解を求めるものであり，いずれも DP アプローチを使っているのに対して，Falk and Soland (1969) や Soland (1971) は，凹関数を線形近似した分枝限定法を使った発見的解法を提案した．Gallo and Sodini (1979) は，容量制約をもたないネットワークに関して，凹の費用をもつ多品種ネットワークフロー問題について局所最適の条件を見出し，また，局所最適解を決定するための頂点移動アルゴリズムを提案した．Yaged (1971) は，局所最適解を見つけるための別の方法を提案した．この方法では，Kuhn-Tucker 条件を満たす点が，逐次近似・固定点アルゴリズムによって見つけられる．局所最適解の質は，より強い最適条件と欲張り法的アルゴリズムの利用によって改善できる．結果と解法のサーベイは，Minoux (1989)，Guisewite and Pardalos (1990) を参照のこと．

Balakrishnan and Graves (1989) は，本節で解析される方法とよく似た多品種ネットワークフロー問題について研究した．ただしこの問題では，エッジに割り当てられた費用は，区分的線形な凹関数である．彼らは，特定の形で定式化した問題の Lagrange 緩和問題を解くことによって，よい下界と効率的発見的解法の解を組み合わせる複合アルゴリズムを開発した．同様に，Amiry and Pirkul (1997) は，少しだけより精緻な下界を得るため，同じ問題の Lagrange 分解を利用した．しかし，固定費用ネットワーク問題（Gendron and Crainic, 1994 参照）に関して，Muriel and Munshi (2002) は，これら Lagrange 緩和と Lagrange 分解によって生成される下界が，容量制約の有無にかかわらず，問題を線形緩和して得られる下界よりよいとはいえないことを示した．

最後に，区分的線形で凹の費用をもつ多品種ネットワークフロー問題は，通信や輸送やロジスティクスや生産計画などにおける種々の応用において生じる固定費用ネットワーク設計問題に広く適用することを指摘しておきたい．この点に関しては，たとえば，Magnanti and Wong (1984)，Balakrishnan et al. (1991, 1997)，Gavish (1991)，Minoux (1989) を参照されたい．これらのモデルは，特にネットワーク負荷問題との関連で通信関係の文献において広く研究されてきた．この場合，有限容量をもつ施設が，決められた地点間の通信量を満たすために，通信ネットワークのエッジ上に設置される．たとえば，Stoer and Dahl (1994)，Bienstock et al. (1998) を参照のこと．レビューに関しては，Gendron et al. (1999) を参照されたい．これらネットワーク設計問題を解くために使われる一般的アプローチ法は，Lagrange 双対問題を最適化するための双対山登り法，劣勾配最適化法，束法，Lagrange 緩和法である．Crainic et al. (2001) は，異なった緩和法と双対最適化法の性能について報告している．

以下では，最初に拡張ネットワークを構成することによって，モデルの中に時間の次元を組み込む．この拡張ネットワークは，荷主問題を集合分割問題として定式化するために使用される．この定式化は，驚くべき性質をもつことが知られており，この性質が，効率的アルゴリズムを開発し，集合分割問題の線形緩和がある種の特殊ケースにおいてよい近似となることを示すために利用される（3.4項参照）．1組のテスト問題に対する計算結果が，アルゴリズムの性能を示すために，3.5項で紹介される．

3.1 小口扱いトラック輸送荷主問題

一般的な輸送ネットワーク $G=(N,A)$ を考えよう．ここで，N は，サプライヤーや倉庫や顧客を表すノードの集合である．以後，T 期間中における顧客需要量は，確定的と仮定され，また，それら需要の一つ一つは，始点と終点，大きさ，需要のある時期によって特徴付けられた個々の商品とする．ここでの問題は，これらの需要を満たし，生産費用と輸送費用と在庫維持費用とペナルティコストの総計を最小化するよう，計画期間中の生産量と各ルートの輸送量を計画することである．

時間の次元をモデルの中に効率的に組み入れる標準的方法は（たとえば，Farvolden *et al*., 1993 参照），以下に示す拡張ネットワークを構成することである．$\tau_1, \tau_2, \cdots, \tau_T$ をモデルにおける時間列としよう．もとのネットワーク G における各ノード i は，ノードの集合 $i_1, i_2, \cdots, i_T$ で置き換えられる．$\tau_v - \tau_u$ が，ノード i から j へ行くのにかかる時間であるとき，またそのときに限り，ノード i_u とノード j_v を結ぶ．このため，エッジ $i_u \to j_v$ は，時刻 τ_u に i を出発し，時刻 τ_v に j へ到着する貨物を表す．そういったエッジを輸送リンクと呼ぶ．輸送の遅れに対するペナルティを考慮するため，新しいノードが各商品に対して設定され，これが商品の終点として機能する．与えられた商品のある特定の期に対して，その商品に関連のある小売店を表すノードと対応する終点ノードとの間のエッジは，その期の輸送にかかるペナルティコストを表す．このエッジをペナルティリンクと呼ぶ．最後に，エッジ (i_l, i_{l+1})，$l=1,2,\cdots,T-1$ を加える．これらのエッジは，在庫リンクと呼ばれる．$G_T=(V,E)$ を拡張ネットワークとしよう．図 2.2 は，1つの単純なシナリオに対する拡張ネットワークを図示したものである．ただし，輸送費用と在庫維持費用は，3期間の計画期間でバランスさせなければならず，品切れは許されないとする．単純化のために，輸送時間は 0 と仮定している．

拡張ネットワークを使用することによって，荷主問題は，凹の費用をもった多品種ネットワークフロー問題として定式化できることに注意しよう．生産の意思決定は，容易にこのモデルに組み込むことができる．この目的のために，拡張ネットワークでは，特定の期の各生産施設は，1つのリンク（エッジ）で結合された2つのノードで表現され，このリンクの費用は，凹（たとえば，段取り費用＋線形費用）の生産費用を表す．このリンクは，最初のモデルにおける輸送リンクと違ったものではなく，したがって，一般性を失うことなく，われわれの議論を純粋な配送問題に限定すること

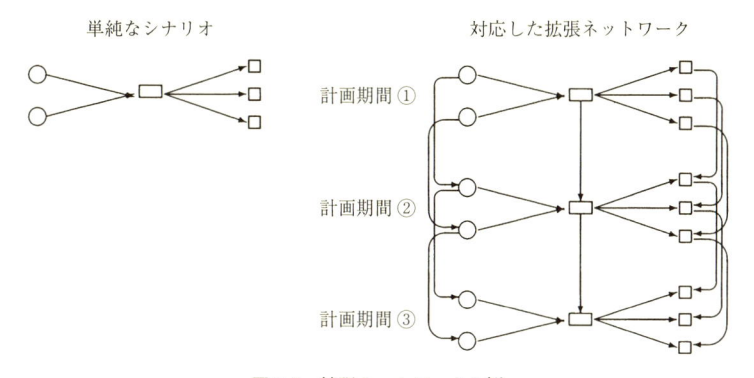

図 2.2 拡張ネットワークの例

ができる．

3.2 集合分割問題によるアプローチ

モデル化のために，以下の記号を導入する．$\mathcal{K}=\{1,2,\cdots,K\}$ は，すべての商品，あるいは既定の始点と終点をもつ異なった需要の添字集合，w_k はそれらの大きさとする．ただし，$k=1,2,\cdots,K$．たとえば，商品 $k=1$ は，$w_1=100$ ユニットの需要をもち，それらは，1つのサプライヤーから1つの小売店へ輸送されなければならず，特定の時期までに到着するか，さもなければ遅れのペナルティを負う必要がある．商品 k に対するすべての可能なパス（輸送路）の集合を P_k，商品 k がパス $p\in P_k$ に沿って輸送されるときに課せられる在庫維持費用とペナルティコストの和を c_{pk} で表すことにする．1つのパスに関する輸送費用は，各輸送リンクに沿って運ばれるすべての商品の総量に依存し，結果として，その費用は，前もってパスの費用 c_{pk} に加えることができないことに注意しよう．このため，各輸送エッジの費用は，総量をみて計算しなければならないし，各輸送エッジを別々に考慮する必要がある．すべての輸送エッジの集合を SE，各エッジ $e\in SE$ の上を運ばれる商品の総量を z_e で表す．

拡張ネットワーク $G_T(V,E)$ の輸送リンク $e(e\in SE)$ の費用は，これを $F_e(z_e)$ と書くとき，区分的線形で凹の費用関数であって，エッジ e を共用する商品の総量 z_e に関して非減少であると仮定する．Balakrishnan and Graves (1989) に示されているように，この特殊な費用構造によって，問題を混合整数計画問題として定式化することができる．その目的のため，区分的線形な凹関数は，以下のようにモデル化される．費用関数の異なった勾配の数を R とする．一般性を失うことなく，煩雑な記号の使用を避けるため，この数 R は，すべてのエッジについて同数とする．エッジ e の費用関数の r 番目の勾配に対応する輸送量の下限値と上限値をそれぞれ M_e^{r-1} と $M_e^r(r=1,\cdots,R)$ で表す．$M_e^0=0$，M_e^R はエッジ e を通る可能性のある全商品の総量に設定する．r 番目の区間における単位変動費用は，a_e^r で表す．これは，対応する

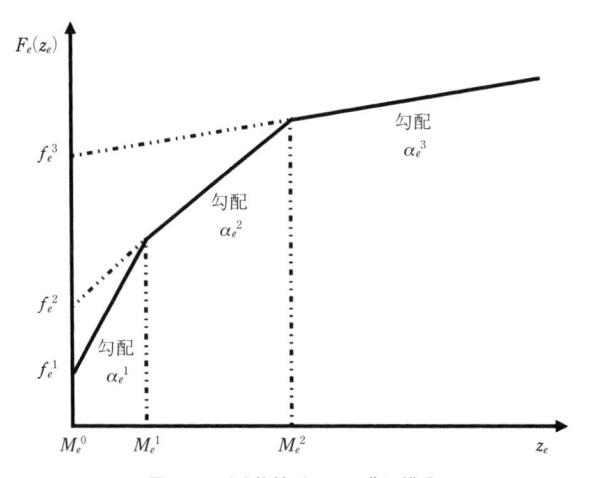

図 2.3 区分的線形で凹の費用構造

線分の勾配に等しい．また，その線分の固定費用 f_e^r は，線分の延長線が y 軸と交わる切片として定義される．これらの関係を図 2.3 に図示する．ある区間において任意の量を輸送するのにかかる費用は，すべてのユニットを輸送するのにかかる固定費用と線形費用の和となる．すなわち，エッジフローの費用関数 $F_e(z_e)$ は，$z_e \in (M_e^{r-1}, M_e^r)$ とするとき，次式で与えられる．

$$F_e(z_e) = f_e^r + \alpha_e^r z_e$$

明らかに次の性質が成り立つ．

性質 1 関数 F_e が凹で単調であるとき，次の性質が成り立つ．

① $\alpha_e^1 > \alpha_e^2 > \cdots > \alpha_e^R \geq 0$
② $0 \leq f_e^1 < f_e^2 < \cdots < f_e^R$
③ $F_e(z_e) = \min_{r=1,\cdots,R} \{f_e^r + \alpha_e^r z_e\}$．この最小値は，$z_e$ が区分点 M_e^s でない限り，唯一の添字 s において実現する．z_e が区分点 M_e^s の場合は，2 つの連続した添字 s と $s+1$ で最小費用は同じ値となる．

この特殊な費用構造をもつ荷主問題を整数線形計画問題として定式化する用意が整った．z_e がエッジ e の総流量を表すことを思い出そう．さらに，z_{ek} は，そのエッジ e を通る商品 k の輸送量とする．すべての $e \in SE$ と $r = 1, \cdots, R$ に対して，区間変数を以下のように定義する．

$$x_e^r = \begin{cases} 1, & z_e \in (M_e^{r-1}, M_e^r) \text{ のとき} \\ 0, & \text{そうでないとき} \end{cases}$$

さらに，すべての $k (k \in \mathcal{K})$ について，輸送量を表す変数を以下のように設定する．

$$z_{ek}^r = \begin{cases} z_{ek}, & z_e \in (M_e^{r-1}, M_e^r) \text{ のとき} \\ 0, & \text{そうでないとき} \end{cases}$$

これらエッジフローをパスフローに関係付けるために，すべての $e \in SE$ と $p \in \cup_{k=1}^K P_k$ に関して，次の変数を定義する．

$$\delta_p^e = \begin{cases} 1, & \text{輸送リンク } e \text{ がパス } p \text{ の上にあるとき} \\ 0, & \text{そうでないとき} \end{cases}$$

最後に，すべての $k \in \mathcal{K}$ と $p \in P_k$ に対して，次の変数を定義する．

$$y_{pk} = \begin{cases} 1, & \text{最適解において商品 } k \text{ がパス } p \text{ を通るとき} \\ 0, & \text{そうでないとき} \end{cases}$$

これらの変数 y_{pk} は，パスフロー変数と呼ばれる．これらの変数を 0-1 変数として定義することは，各商品 k について，変数 y_{pk} の 1 つだけが正の値となることを意味する．これは，通常のビジネス実務を反映していて，そこでの各商品，すなわち拡張ネットワークにおいて同じ始点と同じ終点をもつ商品は，単一のパスに沿って輸送される．これらの整数制約は，しかしながら，下記に示す性質2で指摘されるように，制約条件とはならない．問題は容量制約をもたず，かつ費用関数が凹だからである．

LTL 荷主問題を集合分割問題として定式化することで，目的は，費用最小で実行可能なパスの集合を選択することになる．このため，区分的線形で凹のエッジ費用をもつ LTL 荷主問題を，以下の混合整数線形計画問題として定式化し，この問題を問題 P と呼ぶ．

問題 P: $\min \sum_{k=1}^K \sum_{p \in P_k} y_{pk} c_{pk} + \sum_{e \in SE} \sum_{r=1}^R \left[f_e^r x_e^r + a_e^r \left(\sum_{k=1}^K z_{ek}^r \right) \right]$

s.t.

$$\sum_{p \in P_k} y_{pk} = 1, \quad \forall k = 1, 2, \cdots, K \tag{3.1}$$

$$\sum_{p \in P_k} \delta_p^e y_{pk} w_k = \sum_{r=1}^R z_{ek}^r, \quad \forall e \in SE, \quad k = 1, \cdots, K \tag{3.2}$$

$$z_{ek}^r \leq w_k x_e^r, \quad \forall e, r, k \tag{3.3}$$

$$\sum_{k=1}^K z_{ek}^r \leq M_e^r x_e^r, \quad \forall e \in SE, \quad r = 1, \cdots, R \tag{3.4}$$

$$\sum_{k=1}^K z_{ek}^r \geq M_e^{r-1} x_e^r, \quad \forall e \in SE, \quad r = 1, \cdots, R \tag{3.5}$$

$$\sum_{r=1}^R x_e^r \leq 1, \quad \forall e \in SE \tag{3.6}$$

$$y_{pk} \in \{0, 1\}, \quad \forall k = 1, 2, \cdots, K, \quad p \in P_k \tag{3.7}$$

$$\left. \begin{array}{l} x_e^r \in \{0, 1\}, \quad \forall e \in SE, \quad r = 1, 2, \cdots, R \\ z_{ek}^r \geq 0, \quad \forall e \in SE, \quad \forall k = 1, 2, \cdots, K, \quad r = 1, 2, \cdots, R \end{array} \right\} \tag{3.8}$$

この定式化において，制約条件 (3.1) は，各商品に対してただ1つのパスが選択されることを保証する．制約条件 (3.2) は，エッジ e を通るフローの総量がそのエッジを利用するすべてのパスのフローの総量と等しくする．制約条件 (3.3)〜(3.6)

は，区分的線形凹関数をモデル化するのに使用されている．制約条件 (3.3) は，ある商品 k が費用添字 r のエッジ e を通って輸送されるとき，対応する区間変数 x_e^r が1に設定されることを記述している．制約条件 (3.4) と (3.5) は，費用添字 r がエッジ e で使用されるとき，そのエッジを通るフローの総量が対応する区間 $[M_e^{r-1}, M_e^r]$ の間になければならないことを保証する．最後に，制約条件 (3.6) は，たかだか1つの費用添字が各エッジにおいて選択できることを表す．

Z^* を問題 P の最適解としよう．また，Z_{R_x} と Z_{R_y} を問題 P の緩和問題に対する最適解とする．ただし，前者は区間変数 x の整数制約が，後者はパスフロー変数 y の整数制約がそれぞれ落とされた緩和問題に対するものである．性質1から次の結果が得られる．

性質2 次の関係が成り立つ．
$$Z^* = Z_{R_x} = Z_{R_y}$$

問題 P に対する頑健で効率的な発見的解法を得るために，整数制約と冗長な制約条件を除いた問題 P の緩和問題の性能について検討する．制約条件 (3.3) は，混合整数計画問題としてもとの問題を正確に定式化するのに必要ではないが，それら制約が問題 P を線形緩和したときの性能を大きく改善することから，それらはそのまま使用することにする．事実，Croxton et al. (2000) は，それらがなくても，このモデルの線形緩和問題が，区分的線形費用関数をそれらの下方凸包によって近似することを示している．さらに，性質1③の直接的結果として，これら制約条件の使用が，正確な混合整数計画問題の定式化において，制約条件 (3.4)～(3.6) を冗長なものにする．後述する補題3が示すように，問題 P の線形緩和問題においても同様に冗長となる．このことは，線形緩和問題の精度を維持しつつ，問題の定式化のサイズをかなり減少させるのに役立つであろう．

問題 P_{LP}^R は，整数制約と制約条件 (3.4)～(3.6) を緩和して問題 P から得られる線形計画問題とする．すなわち，

問題 P_{LP}^R: $\quad \min \sum_{k=1}^{K} \sum_{p \in P_k} y_{pk} c_{pk} + \sum_{e \in SE} \sum_{r=1}^{R} \left[f_e^r x_e^r + a_e^r \left(\sum_{k=1}^{K} z_{ek}^r \right) \right]$

s.t.
式 (3.1)～(3.3)
$y_{pk} \geq 0, \quad \forall k=1,2,\cdots,K, \quad p \in P_k$
$x_e^r \geq 0, \quad \forall e \in SE, \quad r=1,2,\cdots,R$
$z_{ek}^r \geq 0, \quad \forall e \in SE, \quad \forall k=1,2,\cdots,K, \quad r=1,2,\cdots,R$

この問題に関して，Chan et al. (1999) は，以下の補題を証明した．

補題3 問題 P_{LP}^R の最適値は，問題 P の線形緩和問題の最適値に等しい．

3.3 構造的性質

緩和問題を解析するため,解が小数であるパスフローを固定し,そこで得られる線形計画問題の特性について検討する.線形緩和問題 P_{LP}^R の実行可能解におけるパスフローのベクトルを $y=(y_{pk})$ とする.

パスフローのベクトル y が与えられたとき,各エッジ上を輸送される各商品の量は既知であり,それゆえ,問題 P_{LP}^R は,エッジごとの部分問題に分割できる.各部分問題は,線形計画法によって対応するエッジフローの費用を決定する.エッジ e に関する部分問題を,エッジ e に関する固定フロー部分問題あるいは問題 FF_y^e と呼ぶ.

エッジ e に沿って輸送される商品 k の割合を,次の γ_{ek} によって表す.

$$\gamma_{ek} = \sum_{p \in P_k} \delta_p^e y_{pk}$$

式 (3.2) を用いると,明らかに等式 $\sum_{r=1}^R z_{ek}^r = w_k \gamma_{ek}$ が成立しなければならない.すなわち,エッジ e の上の異なった費用区間における商品 k のフローの総計は,そのエッジの上を輸送される商品 k の総量 $w_k \gamma_{ek}$ に等しくなければならない.

問題 P_{LP}^R の与えられたパスフローベクトル y に関して,各エッジ e の総輸送費用および変数 z_{ek}^r と x_e^r の値は,次のエッジ e 上の固定フロー部分問題を解いて求められる.

問題 FF_y^e: $\quad \min \sum_{r=1}^R \left[f_e^r x_e^r + a_e^r \sum_{k=1}^K z_{ek}^r \right]$

s.t.
$$z_{ek}^r \leq w_k x_e^r, \quad \forall k=1,\cdots,K, \quad r=1,\cdots,R \tag{3.9}$$

$$\left. \begin{array}{l} \sum_{r=1}^R z_{ek}^r = w_k \gamma_{ek}, \quad \forall k=1,\cdots,K \\ z_{ek}^r \geq 0, \quad \forall k=1,\cdots,K, \quad r=1,\cdots,R \\ x_e^r \geq 0, \quad \forall r=1,\cdots,R \end{array} \right\} \tag{3.10}$$

$C_e^*(y) \equiv C_e^*(\gamma_{e1},\cdots,\gamma_{eK})$ は,与えられたパスフローベクトル y に対するエッジ e での固定フロー部分問題の最適解,言い換えると,そのエッジを通って輸送される商品の与えられた輸送比率 $\gamma_{e1},\cdots,\gamma_{eK}$ に対する固定フロー部分問題の最適解であるとする.

次の定理は,この部分問題に対する解を決定する.

定理4　任意に与えられたエッジ $e \in SE$ に対して,このエッジ e 上を輸送される商品 $k(k=1,2,\cdots,K)$ の比率 γ_{ek} は既知で一定とする.また,これら商品は,その比率の非減少順に番号が付けられているとする.すなわち,

$$\gamma_{e1} \leq \gamma_{e2} \leq \cdots \leq \gamma_{eK}$$

このとき,エッジ e に関する固定フロー部分問題の最適解は,次式で与えられる.

$$C_e^*(\gamma_{e1},\cdots,\gamma_{eK}) = \sum_{k=1}^{K} F_e\left(\sum_{i=k}^{K} w_i\right)[\gamma_{ek} - \gamma_{e,k-1}] \tag{3.11}$$

ただし，$\gamma_{e0} := 0$．

　直観的に，上の定理は，単に以下のことを述べているにすぎない．すなわち，任意のエッジ e に関する固定フロー部分問題の最適解では，できるだけユニットあたり最小費用で輸送されるように，輸送される商品の比率がまとめられる．最初に，すべての商品 $k(k=1,2,\cdots,K)$ の中から比率 γ_{e1} が利用できる．このため，商品は，ユニットあたり費用が $F_e(\sum_{k=1}^{K} w_k)/\sum_{k=1}^{K} w_k$ を実現するよう，すなわち，K 種類の商品をすべてそのエッジ上で輸送するときのユニットあたり費用を実現するようまとめられ，利用できる比率 γ_{e1} が，$\gamma_{e1} F_e(\sum_{k=1}^{K} w_k)$ の費用負担で輸送される．この時点で，商品1の比率は残っておらず，比率 $(\gamma_{e2}-\gamma_{e1})$ が残りの全商品 $2,\cdots,K$ から同時に利用できる最大量となる．再び，これら商品をまとめ，各商品の比率 $(\gamma_{e2}-\gamma_{e1})$ が費用 $(\gamma_{e2}-\gamma_{e1}) F_e(\sum_{k=2}^{K} w_k)$ で輸送される．このプロセスは，すべての商品について要求された比率がすべて輸送されるまで続けられる．

　この結果を容量制約のあるネットワークへ一般化した結果が，最近得られている．これに関しては，Muriel and Munshi（2002）を参照のこと．

3.4　求解の手順

　定理4は，任意に与えられた小数値のパスフローに対して，緩和問題 P_{LP}^R が割り当てる費用の単純な表現型を与える．したがって，特定のパスにおけるフローを修正したときの影響を効率よく計算することができる．この点が，本項で紹介するアルゴリズムのカギである．実際，このアルゴリズムは，線形計画問題 P_{LP}^R の最適な小数解を，パスフローを修正することによって整数解に変換する．この修正は，各商品に対して，線形計画問題の目的関数値が最小増加となるパスを選択して行われる．

3.4.1　線形計画問題ベースの発見的解法

Step 1：　線形計画問題 P_{LP}^R を解く．$k=1$ と初期化する．
Step 2：　各エッジに対して限界費用を計算する．ただし，ここでいう限界費用は，商品 k の解の小数部分を1にすることによる，固定フロー部分問題における費用増加である．
Step 3：　限界費用に等しいエッジ費用をもつ拡張ネットワーク上の最小費用パスを見つけ，これを商品 k のパスとする．
Step 4：　そのパスに沿って輸送される商品 k に関し，再度定理4を適用して，各エッジ上のフローと費用を更新する．
Step 5：　$k=k+1$ とおく．$k=K+1$ になるまで，Step 2〜5を繰り返す．

　明らかに，この発見的解法の効率は，問題 P の線形緩和問題の精度に依存してい

る．このため，問題 P の整数解と小数解の差を検討する．Chan *et al.* (1999) は，いくつかの特殊なケースで，問題 P_{LP}^R の最適な小数解から費用を増加させることなく整数解が構成できることを示した．特に，定理4を用いて次の定理を証明した．

定理5　次のケースを考える．
① 単一期間，複数サプライヤー，複数小売店，2つの倉庫の場合．
② 2期間，単一サプライヤー，複数小売店，単一倉庫の場合．
③ 2期間，複数サプライヤー，複数小売店，交叉結合戦略を用いる単一倉庫の場合．
④ 多期間，単一サプライヤー，単一小売店，交叉結合戦略を用いる単一倉庫の場合．

これらの場合，問題 P の線形緩和問題の解は，荷主問題の最適解となる．すなわち，

$$Z^* = Z^{LP}$$

さらに，最初の3つのケースにおいて，線形計画問題のすべての端点解は整数値となる．

最後の2つのケースで用いられる交叉結合戦略は，在庫を保持しない複数の中央倉庫によって，各小売店が品物の供給を受けるという戦略である．すなわち，この戦略での倉庫は，供給過程の調整者として，さらには外部の販売店から入ってくる注文の中継点としての役割を果たす．

それゆえ，この定理は，いくつかの特殊なケースにおける線形緩和の，そして結果的に，発見的解法の有効性を示している．ここで，これらの結果が一般化できるものであるかどうか，という疑問が自然と出てくる．一般的には，答えはノーである．このことを示すために，Chan *et al.* (1999) は，単一サプライヤー，単一倉庫，複数小売店，多期間の例で，小売店と期の数が増加すると，

$$\frac{Z^*}{Z^{LP}} \to \infty$$

となる例を複数作成した．

補題6　単一サプライヤー，単一倉庫，複数小売店の場合において，小売店における需要が計画期間を通して一定の場合でさえ，問題 P の線形緩和は，任意に精度を悪くすることができる．

発見的解法の解が任意に悪くなるようなインスタンスは，輸送費用が非現実的な構造をもつという特徴付けができることを指摘しておくことは重要である．これらのインスタンスでは，2つの施設の間の輸送費用は，ある期では輸送量に依存しない純粋

な固定費用，またある期では固定費用のない線形費用，それ以外の期では何も輸送できないほど高い費用の場合である．以下の例は，この構造を示している．

線形計画問題の解がよくない場合の例 3期間からなる単一倉庫のモデルを考えよう．このモデルでは，単一サプライヤーが単一倉庫に商品を配送し，計画期間中，この倉庫が3つの小売店の在庫を補充する．倉庫は，交叉結合戦略を用い，それゆえ，倉庫は，在庫を保持しない．任意の期において，サプライヤーから倉庫への輸送費用は，固定費用100だけとする．倉庫から小売店 $i(i=1,2,3)$ への輸送費用は，期 i の輸送については非常に大きく（言い換えると，小売店 i は期 i に供給を受けられない），それ以外の期 $j \neq i$ では無視できるほど小さいとする．在庫維持費用は，すべての小売店ですべての期について無視でき，各小売店での需要量は，1期と2期では0ユニット，3期は100ユニットとする．

3つの小売店の需要を満たすには，少なくとも異なる2つの期でサプライヤーから倉庫へ輸送を行わなければならないことに注意しよう．倉庫が在庫を保持しないこと，および毎期1つの小売店に輸送ができないためである．それゆえ，最適な整数解での費用は200となる．しかし，線形計画問題の解では，各期に輸送できる小売店それぞれへ50ユニットを送り，それによる各期の輸送費用は50となる（定理4で述べたように，商品の1/2の部分がエッジ上を輸送され，それに対して固定費用が課されるためである）．それゆえ，最適な小数解に対する費用は150となり，小数解に対する整数解の費用の比は3/2となる．

このインスタンスでは，小数解と整数解は違っているが，線形計画問題ベースの発見的解法（linear programming based heuristics：LPBH）は，最適な整数解をつくり出す．しかし，発見的解法によって得られた解と最適な整数解の差が任意の大きさをもつインスタンスを，上記シナリオを拡張してつくることができる．

発見的解法の解が劣解となる場合の例 この目的のため，上記の例に n 期間を新たに追加しよう．追加した期間の最初の期である第4期において，サプライヤーから倉庫への輸送費用は，線形で費用勾配 $1/3$ とし，倉庫から3つの小売店それぞれへの輸送費用は0とする．ほかの $n-1$ 期間のすべてについて，輸送費用は高額とし，このため，5期以降に輸送は行われない．在庫維持費用は，すべての小売店ですべての期について無視できるとする．3つの小売店それぞれでの需要量は，追加した n 期間のすべてについて100とし，最初の3期間における需要は0とする．最適な整数解と小数解はそれぞれ，3期間の場合の解と同じとなり，200と150であることが容易にわかる．しかしながら，発見的解法は，第4期に各商品を輸送するような決定を常に行う．対応するパスの費用増加が $1/3 \times 100$ であるのに対して，最初の3期間のいずれにおいても，少なくとも費用は50となるからである．それゆえ，発見的解

法で得られる解の総費用は，$1/3 \times 100 \times n$ となり，最適な整数解との差は，任意の大きさをもつ．

次節では，乱数を用いて生成した1組のインスタンスを用いて，アルゴリズムの実際的性能について述べる．

3.5 数値計算の結果

実施した数値実験は，以下の3つのカテゴリーに分けられる．
① 単一期間の階層化ネットワーク
② 一般的なネットワーク
③ 多期間・単一倉庫の物流問題
・純粋な物流問題
・生産/物流問題

カテゴリー①，②は，Balakrishnan and Graves (1989)（以後，B&G (1989)と記す）の研究結果とここでの結果とを比較できるという理由で，特に興味深いものである．③の問題集合は，各小売店が単一倉庫に割り当てられ，期間中の生産費用と輸送費用を在庫維持費用とバランスさせなければならない実際状況をモデル化している．

これら3つのカテゴリーでの実験は，Sun SPARC 20 を用いて実行され，線形計画問題 P_{LP}^R を解くために CPLEX が用いられた．ただし，線形計画問題は，パスフロー変数をフローバランス式で置き換えた等価な定式化によるものが利用された．この計算を実行する中で，非常に退化が起こりやすいこれらの問題を解くには，双対単体法が主単体法より効率的であることがわかった．この観察は，Melkote (1996) によってもなされている．これは，制約条件 $z_{ek}^r \leq w_k x_e^r$ のような可変上界制約をもつ問題において常に起こるケースである．これらの実験における CPU 時間の大半は，線形計画問題を解くのに要した時間であるということも指摘しておこう．それゆえ，アルゴリズムの計算性能を高め，取り扱える問題のサイズを大きくするには，線形計画問題を効率的に解く研究が今後必要である．たとえば，もとの集合分割問題 P_{LP}^r は，列生成法によってより高速に解くことができる．しかし，本節の実験では，発見的解法によって得られる整数解の質，ならびに線形緩和の精度について評価した．

それでは，問題の各クラス，およびこのアルゴリズムの効率について議論しよう．

3.5.1 単一期間の階層化ネットワーク

B&G (1989) は，単一期間の階層化ネットワークに対する興味深い計算結果を示した．これらのインスタンスにおいて，商品は，製造施設から配送センターへ流れ，そこで，それら商品は，ほかの配送品と混載される．その後，これら配送品は，多くの倉庫に送られ，そこで荷分けされ，最終仕向地へ輸送される．それゆえ，各商品

は，中間点である2つの階層，すなわち，配送センターと呼ばれる集積地と，荷分け地あるいは倉庫を通らなければならない．

アルゴリズムの性能をテストし，B&G (1989) のアルゴリズムと性能比較をするため，B&G (1989) で与えられた方法に従って，階層化ネットワークのインスタンスを作成した．この計算実験においては，LTL 1～5 という5つの異なった問題のクラスが考慮される．

表2.1は，各クラスの問題のサイズを示す．これらのクラスの各々に対して，表2.2中，B&Gとした第2列は，B&G (1989) によって提案された発見的解法によって生成された上界（upper bound：UB）と最適解の下界（lower bound：LB）との比を，ランダムに作成した5例について平均した値である．これらの数値は，B&G (1989) からとってきたものである．平均CPU時間については載せていない．彼らが使ったコンピュータはわれわれのものとは全く違っているし，彼らは，アルゴリズム全体についての総計算時間を報告していないからである．表2.2の第3列と第4列は，線形計画問題ベースの発見的解法（LPBH）についての，最適値からの平均偏差と平均計算時間である．ただし，これらは，問題のクラスそれぞれについて，ランダムに作成した10例の平均である．これらの数値例すべてについて，本節のアルゴリズムは，最適な整数解を見つけている．さらに，アルゴリズムの最初のステップにお

表 2.1 Balakrishnan and Graves (1989) において作成されたテスト問題

ノード数	問題のクラス				
	LTL 1	LTL 2	LTL 3	LTL 4	LTL 5
製造施設	4	5	6	8	10
集積地	5	10	12	15	20
荷分け地	5	10	12	15	20
仕向地	4	5	6	8	10
エッジ	42～47	131～141	190～207	309～312	358～372
商品	10	20	30	50	60

表 2.2 階層化ネットワークに対する計算結果

Balakrishnan and Graves (B&G) の結果に対する，線形計画問題ベースの発見的解法 (LPBH) の結果．

問題のクラス	B&G	LPBH	
	LB/UB (%)	LP/発見的解法 (%)	平均CPU時間（秒）
LTL 1	99.8	100	1.04
LTL 2	100	100	7.94
LTL 3	99.6	100	20.74
LTL 4	99.1	100	55.72
LTL 5	99.5	100	100.48

ける線形計画問題の解は整数値となり，問題の最適解が得られたことになる．

もちろん，これらの数値例のすべてにおいて，線形計画問題が最適な整数解を生成したからといって，ここで提案したアルゴリズムの性能が，真にテストされたわけではない．次項で，線形計画問題に対する解が常に整数値になるとは限らない問題のクラスに対する計算結果を示す．

3.5.2 一般的なネットワーク

本項では，一般的なネットワークに対する本節のアルゴリズムの性能について述べる．ただし，このネットワークにおける各ノードは，始点もしくは終点，あるいはその両方になりうるものであり，B&G（1989）と同様にして生成された．結果は，B&G（1989）による結果とともに表2.3に示す．この問題カテゴリーにおいて，B&G（1989）では，GEN 1〜5 という5つの異なった問題のクラスを考え，それらの各クラスについて，5例をランダムに生成した．一方，LPBH では，問題の各クラスについて10例をランダムに生成して解いた．ここでもまた，上述の理由から，B&G（1989）による実験の平均 CPU 時間は載せていない．

3.5.3 多期間・単一倉庫の物流問題

ここでは，単一倉庫モデルを考える．ただし，1組のサプライヤーは，計画期間にわたって多くの小売店の在庫を補充する．われわれは，2つの異なったタイプのインスタンス，すなわち，輸送のルートと時期を決定する純粋な物流問題のインスタンスと，生産スケジュールと輸送と在庫の意思決定を統合化した生産/物流問題のインスタンスについてテストする．

純粋な物流問題のインスタンス　品切れは許されないと仮定し，以下の3つの異なったカテゴリーについて解析する．

①古典的在庫/物流戦略：　資材はいつも，サプライヤーから単一の倉庫を通して

表2.3　一般的なネットワークに対する計算結果
Balakrishnan and Graves（B&G）の結果に対する，線形計画問題ベースの発見的解法（LPBH）の結果．

問題のクラス	問題の規模			B&G	LPBH	
	ノード数	エッジ数	商品数	LB/UB (%)	LP/発見的解法 (%)	平均CPU時間（秒）
GEN 1	10	47〜54	10	99.9	100	2.18
GEN 2	15	109〜136	20	98.7	99.53	24.04
GEN 3	20	196〜235	30	98.4	99.88	139.83
GEN 4	30	364〜428	50	96.2	98.59	1313.06
GEN 5	40	340〜370	60	98.5	99.98	159.57

流れる．資材は，倉庫で在庫として保持される．

②交叉結合戦略：　すべての資材は倉庫を通して流れる．倉庫で配送品は再荷造りされ，直ちに小売店へ送られる．

③直送を許す物流戦略：　品物は，倉庫を通して小売店に配送することも，倉庫を通さずに直送することも可能である．倉庫は，在庫を保持できる．

各戦略に対して，サプライヤーの数は1と2と5，小売店の数は10と12と20，期の数は8と12の異なった状況を解析する．表2.6に示すサプライヤー数と小売店数と期数の各組合せに対して，10例が生成される．小売店とサプライヤーは，1000×1000の格子点上にランダムに配置される一方，倉庫は，中央の400×400の格子点上にランダムに配置される．需要は，サプライヤー数が5の場合を除いて，期ごとに小売店-サプライヤーの各組に対して生成される．5サプライヤーの場合，それら各組は，確率1/3の結合需要をもつ．これらの需要は，区間 [0, 100) 上で一様分布する整数値から生成される．

すべてのサプライヤーと小売店は，倉庫とリンクしており，対応する距離は，格子のノード間のユークリッド距離とする．直送を許す物流戦略においては，各サプライヤーから各小売店への輸送エッジが加えられる．単位保管費用は，倉庫と小売店で異なり，表2.5に与えられている．サプライヤーでの単位保管費用はすべて0に設定する．品目あたり，単位距離あたりの費用を表現する，次の2種類の輸送費用関数が考慮される．サプライヤーから倉庫への輸送費用関数と，倉庫から小売店への品物の輸送費用関数である．直送に関する費用関数（単位はドル/ユニット/マイル）は，倉庫から小売店への輸送費用関数と同じに設定する．これら2つの費用関数は，エッジの使用によって課せられる初期段取り費用と，輸送量によって勾配が異なる3つの線形費用からなる（表2.4）．しかし，これら線形費用のとる区間は，問題のクラスごとに違っている．それは，最適解において，混載輸送が行われ，それゆえ，凹の費用関数が解析において重要な役割を演じるようにするためである．これらの区間および対応する問題のクラスを表2.5に示す．

表2.6から，テストされたインスタンスのほとんどで，線形計画問題の近似精度は高く，最適な整数解を与えることがわかる．生成された150例のうち3例についてのみ線形計画問題の解は整数値とならなかったが，その場合には，ここで示したアルゴリズムが最適な小数解から0.8%以内にある整数解を見つけている．

表2.4　すべてのテスト問題で使用される線形費用と段取り費用

エッジの型	α_e^1	α_e^2	α_e^3	段取り
サプライヤー-倉庫	0.15	0.105	0.084	25
倉庫-小売店	0.25	0.20	0.16	10

生産/物流のインスタンス　ここでは，生産/物流システム，すなわち，生産計画と在庫管理と輸送戦略を計画期間にわたって調整しなければならないシステムに対する，本節におけるアルゴリズムの効率について述べる．この目的のため，前述した古

表 2.5 異なったテスト問題に対する単位保管費用と線形費用の区間

問題のクラス	単位保管費用		サプライヤー-倉庫の費用		倉庫-小売店の費用	
	倉庫	小売店	区間 1	区間 2	区間 1	区間 2
I 1	5	10	800	1500	200	400
I 2					300	600
I 3					300	600
I 4	10	20	1000	2000	150	300
I 5					200	400
I 6					200	400
C 1	10	20	800	1500	200	400
C 2					300	600
C 3					300	600
C 4	10	20	1000	2000	150	300
C 5					200	400
C 6					200	400
D 1	10	20	500	1000	150	300
D 2					200	400
D 3					200	400

表 2.6 単一倉庫問題に対する計算結果

戦略	問題のクラス	サプライヤー数	小売店数	期数	LP/発見的解法（％）	CPU 時間（秒）
古典的在庫/物流戦略	I 1	1	10	12	100	65.21
	I 2	2			100	187.37
	I 3	5			100	163.23
	I 4	1	20	8	99.946	83.5
	I 5	2			100	210.51
	I 6	5			99.953	200.68
交叉結合戦略	C 1	1	10	12	100	60.0
	C 2	2			100	174.13
	C 3	5			100	159.06
	C 4	1	20	8	100	79.73
	C 5	2			100	202.83
	C 6	5			100	186.0
直送を許す物流戦略	D 1	1	12	8	100	51.23
	D 2	2			100	165.83
	D 3	5			99.921	117.27

典的在庫/物流戦略の問題と同じ問題セットⅠ1〜Ⅰ3を考え，各サプライヤーでの生産の意思決定を追加する．これは，3.1項で説明したモデルに組み込まれる．

各期の生産においては，固定費用である段取り費用とユニットあたりの費用がかかるとする．段取り費用は，{50, 100, 500, 1000} の中で変化させることとし，線形の生産費用は1に設定する．生産を完了した品物のサプライヤー側での単位保管費用は，倉庫における値の1/2とする．異なった60例が作成されたが，それらに対する線形緩和問題の解は，いつも整数解となった．

4．全量割引のある輸送費用

本節では，輸送費用が全量割引の構造をもつときの，生産と在庫と輸送の間の調整について考察する．特に，図2.4に示した輸送費用関数は，Q を輸送量とするとき，次式で与えられる．

$$G(Q) = \begin{cases} 0, & Q=0 \text{ のとき} \\ c, & 0<Q<M_1 \text{ のとき} \\ \alpha_1 Q, & M_1 \leq Q < M_2 \text{ のとき} \\ \alpha_2 Q, & M_2 \leq Q < M_3 \text{ のとき} \\ \vdots \\ \end{cases}$$

ただし，$\alpha_1 > \alpha_2 > \cdots \geq 0$，$\alpha_1 M_1 = c$ とする．このため，c は，少量輸送に対する最小費用，すなわち，輸送量が M_1 より多くないときの総輸送費用である．興味深い点

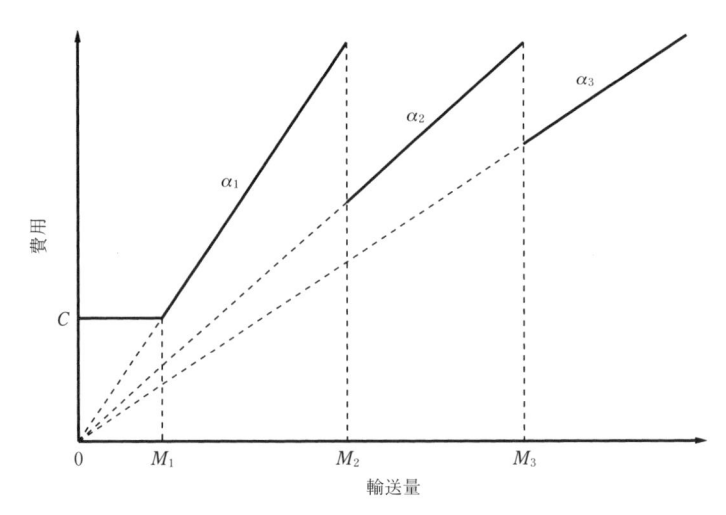

図2.4　全量割引費用の構造

は，実際に荷主が Q ユニット（ただし，$M_i \leq Q < M_{i+1}$）を輸送しようと計画したとき，費用が次式で計算されることである．

$$F(Q) = \min\{G(Q), G(M_{i+1})\} = \min\{\alpha_i Q, \alpha_{i+1} M_{i+1}\}$$

すなわち，発注量がある値より大きければ，荷主は，M_{i+1} ユニットの輸送費用を支払おうとする．これを産業界では，「輸送量 Q で M_{i+1} を申告する」という．一般に用いられるこのやり方は，真の輸送費用関数 $F(\cdot)$ が図 2.5 の太線で描かれた構造をもつことを意味している．点線が示すように，勾配のある実線は，点 (0, 0) を始点にもつ．

図 2.5 のような費用関数を，修正された全量割引費用関数と呼ぶことにする．このような費用関数は，以下の性質を満たす．

(p 1) 輸送量に関して非減少である．
(p 2) 単位あたり費用は，輸送量の非増加関数である．

次項で述べるように，これら 2 つの性質から，以下に示す結果が導ける．

この費用関数を考える正当性は，ほとんどの LTL 輸送会社が，CZAR と呼ぶ業界標準の輸送費用評価エンジンを用いている点にあることを指摘しておこう．このエンジンによって荷主は，すべての荷の輸送費用を知ることができる．ただし，この費用は，出発地，目的地，製品のクラス，割引の関数である．運送会社と荷主は，製品クラス（典型的にはクラス 100）と割引水準で契約し同意する．ただし割引水準とは，荷主が評価エンジンによって計算した費用の一定割合だけ，たとえば 90% を支払うといった意味である．この入力情報が与えられると，輸送費用は，輸送量の関数として，われわれのモデルで記述された関数構造をもつ．

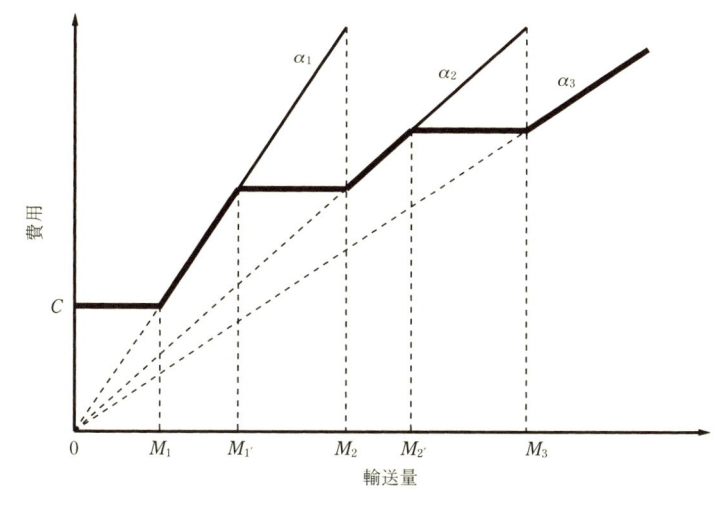

図 2.5 修正された全量割引費用の構造

この場合における凹性の欠如は，問題の複雑性を大幅に増加させる．このため，ここでのアプローチは，単純な以下の2つのシナリオを考慮することによって，問題をより深く理解できるようにすることである．① 単一品目のロットサイジング問題（単一の小売店が，計画期間中の需要を満たすために，1つの倉庫へ注文を出す），② 単一倉庫・多小売店の問題（単一倉庫が，外部のサプライヤーに注文して，複数の小売店の在庫を補充する）．

4.1 単一品目の経済ロットサイジング問題

単一品目の経済ロットサイジング問題は，以下のように記述できる．倉庫や小売店のような施設は，有限計画期間中にわたって既知の需要をもっている．各期の発注費用関数（あるいは，ここでの問題における輸送費用関数），および在庫維持費用関数は所与で，それらは期ごとに違っているかもしれない．受注残は許されない．目的は，品切れを起こすことなく，有限計画期間中の発注費用と在庫維持費用の総和を最小化するように，ユニットをいつ，どれだけ発注するかを決定することである．

単一品目の経済ロットサイジング問題は，最初に Wagner and Whitin (1958) によって解析された．この問題は，最近強い関心を集めた研究課題である．研究のほとんどは，発注量に関して凹関数を仮定した発注（あるいは輸送）費用に焦点を絞っている．たとえば，Aggarwal and Park (1993)，Federgruen and Tzur (1991)，Wagelmans et al. (1992) は，モデルのもつ特定の費用構造を利用し，高速に厳密解が求まるアルゴリズムを開発することができることを示した．より一般的な費用構造について考察した者もいる．Federgruen and Lee (1990) は，全量割引（本節のものとは異なる）と増分割引の両者の費用構造について研究した．特に，全量割引のある費用構造の場合，最適解の構造的性質を明らかにし，多項式時間のアルゴリズムを開発した．しかし，これらの性質は，本節のモデルでは成り立たない．Shaw and Wagelmans (1998) と Van Hoesel and Wagelmans (2001) は，擬似多項式時間のアルゴリズムと近似アルゴリズムを，より一般的な能力制約のある経済ロットサイジング問題に対して開発した．特に，Shaw and Wagelmans (1998) は，一般的で区分的線形な費用関数をもつ問題の最適解を求めるアルゴリズムを開発している．このアルゴリズムの計算時間は，能力の大きさに依存せず，平均需要量および計画期間の期の数の2乗に比例する．それゆえ，このアルゴリズムは，修正全量割引費用関数をもつ経済ロットサイジング問題を解くのにも使うことができる．Van Hoesel and Wagelmans (2001) は，能力制約のある経済ロットサイジング問題に対して，完全に多項式時間の近似アルゴリズムを開発した．そこで要求されるのは，発注費用に関する単調性のみである．このアルゴリズムの複雑性は，計画期間の期の数，総需要量の対数値，各期の能力の総和の対数値に比例する．しかし，このアルゴリズムの効率が能力の大きさに依存しているということは，本項で考察する能力制約のない問題を解くのには不適当であろう．

修正全量割引費用をもつ単一品目の経済ロットサイジング問題への最初の挑戦は，問題の複雑性を決定することである．Chan, Muriel, Shen, and Simchi-Levi（2002）は，2分割問題が，有限な数の折点を有し，一定でない修正全量割引発注費用関数をもつ単一品目の経済ロットサイジング問題に変形できることを示した．在庫維持費用と発注費用の関数は，計画期間を通して変化しないが，2分割問題のアイテムの数の増加に伴って費用関数の折点の数が増加する問題に対して，類似の変形手続きが実行できる．いずれの場合においても，2分割問題はNP困難であるから（Karp，1972；Garey and Johnson，1979参照），次の結果が得られる．

定理7 修正全量割引費用をもつ単一品目の経済ロットサイジング問題は，NP困難である．

それゆえ，この定理は，この問題に対する研究が，最悪の場合でも魅力的性能をもち，容易に適用可能な政策を見つけることに焦点を絞るべきことを示唆している．そういった政策の1つのクラスは，無在庫発注（zero-inventory-ordering：ZIO）政策のクラスであり，この政策を使用する小売店は，在庫が0になったときにだけ発注する．最良のZIO政策は，最短経路アルゴリズム（Bramel and Simchi-Levi, 1997：166-167参照）を使って$O(T^2)$の時間で見つけられることがよく知られている．もちろん，ZIO政策での最適解の費用が最適政策の費用とどれだけ違っているかという疑問が湧く．次項でその疑問に答える．

4.1.1 無在庫発注政策の最悪ケースに対する解析

T期間の中で，期とともに需要量が変化する単一施設を考える．t期（$t=1,2,\cdots,T$）の需要量は既知で，d_tで表されるものとする．t期から$t+1$期（$t=1,2,\cdots,T-1$）に繰り越されるすべての品物に，単位保管費用をh_tとする在庫維持費用がかかる．t期首に発注量Qを発注するときの発注費用を$F_t(Q)$で表す．発注費用関数$F_t(\cdot)$は，修正全量割引費用関数のクラスに属すると仮定する．

目的は，品切れを起こすことなく，計画期間中の発注費用と在庫維持費用の総和を最小化するように発注時期と発注量を決めることである．以下では，この問題をロットサイジング問題と呼ぶこととし，最適政策をとったときの費用をZ^*で表す．すなわち，Z^*はシステムの最小総費用であり，このロットサイジング問題に対する最良の発注政策の下での費用である．さらに，Z^{ZIO}は，最良のZIO政策の下での総費用であり，特定の発注政策Sによって実現される総費用を$Z(S)$と書く．

ロットサイジング問題の解の構造的性質を明らかにすることから始める．

実行可能な政策Sが与えられたとき，Rを計画期間中の発注回数，t_jをj番目の発注が行われる期とする．ただし，$j=1,2,\cdots,R$．以下では，一般性を失うことなく，需要は到着順に満たされるものと仮定する．それゆえ，t_j期に行われる発注は，

ある s_j 期の需要の一部を満たし，次の s_j+1 期から s_j+r_j-1 期までの全需要 $d_{s_j+1}+d_{s_j+2}+\cdots+d_{s_j+r_j-1}$ をカバーし，さらに次の s_j+r_j 期の需要の一部をカバーする．ただし，$j=1,2,\cdots,R$，$r_j\in\{0,1,\cdots,T-s_j\}$．明らかに，$s_j$ は，t_j より前の期になされた発注によって完全には満たせなかった需要をもつ最初の期である．

政策 S が与えられたとき，t_j 期の発注量を Q_j，その発注に関連したユニットあたり費用を TC_j とする．ただし，$j=1,2,\cdots,R$．

本項の残りの部分では，各期において，発注費用を発注量で除した平均費用を考える．すなわち，t_j 期の発注量 Q_j によって満たされる需要には，1単位あたり $TC_j\equiv[(F_{t_j}(Q_j))/Q_j]$ の発注費用が課せられると仮定する．最後に，H_j は，1単位の品物を t_j 期から t_{j+1} まで在庫保持するのにかかる費用とする．すなわち，
$$H_j=h_{t_j}+h_{t_j+1}+\cdots+h_{t_{j+1}-1}$$
ここで設定したパラメータのいくつかは，特定の政策 S に関連したものであり，それらの値は，政策によって違ってくる．簡単化のために，最適政策に関する場合を除き，特定の政策に記号を対応付けることはしない．この場合，最適政策 S^* と関連のあるパラメータは，記号 $*$ を付けて表す．

補題 8　任意の実行可能な政策 S が与えられたとき，以下の性質を満たし，それより費用が小さいかもしくは等しい実行可能な政策が存在する．

① すべての $j(j=1,2,\cdots,R-1)$ に対して $s_j<t_{j+1}$．すなわち，j 番目の発注量が消費される最初の期は，$(j+1)$ 番目の発注量が発令される期よりも前である．

② $s_j+r_j\geq t_{j+1}$ のとき，$TC_j+H_j>TC_{j+1}$．すなわち，t_j 期に発令する発注量が，次の発注が行われる t_{j+1} 期以降の需要をカバーするならば，それらのユニットあたり発注費用と在庫維持費用の和は，より大きくなる．

証明　現在の政策 S は，最初の性質を満たさないと仮定する．すなわち，$s_j\geq t_{j+1}$ である発注時期 t_j が存在するとする．t_j 期と t_{j+1} 期に発令される2つの発注量が，t_{j+1} 期もしくはそれ以降に発生する需要をカバーすることになるから，2つの発注量は，総費用が小さくなる t_j もしくは t_{j+1} のいずれかの期に合わせて発注することができる．発注を一緒にし，t_{j+1} 期まで在庫したときの総費用は，次式の左辺より大きくはならない．
$$(Q_j+Q_{j+1})\min\{TC_j+H_j, TC_{j+1}\}\leq Q_j(TC_j+H_j)+Q_{j+1}TC_{j+1}$$
右辺は，現在の政策 S において，Q_j と Q_{j+1} を発注し，Q_j を t_{j+1} 期まで在庫したときの総費用である．発注量 Q_j と Q_{j+1} をまとめても，ほかのすべての費用は変わらないから，ここでの議論は，性質①を満たし，費用が小さいか等しい政策が常に得られることを示している．

同様に，$s_j+r_j\geq t_{j+1}$ かつ $TC_j+H_j\leq TC_{j+1}$ ならば，t_{j+1} 期の発注量を，費用を増加させることなく，t_j 期の発注量に加えることができることを示している．これは，性質②が成り立つことを証明する．　■

最悪ケースの結果を示すために，補題8の性質を満たす政策 S について，t_j 期の発注量 $Q_j (j=1,2,\cdots,R)$ を次のように2つに分割する．

$$Q_j = \alpha_j Q_j + (1-\alpha_j) Q_j$$

ただし，$\alpha_j Q_j (0 < \alpha_j \leq 1)$ は j 番目の発注量の一部であり，これによって，ある期 $s_j < t_{j+1}$ から ($j+1$) 番目の発注が行われる期までの間の需要が満たされる．同様に，$(1-\alpha_j) Q_j$ は，t_{j+1} 期およびそれ以降の需要を満たすための分である．

この表記法に従うとき，最適政策 S^* に関する総費用は，以下のように書ける．

$$Z^* = Z(S^*) = TC_1^* \alpha_1^* Q_1^* + \sum_{j=2}^{R} ((TC_{j-1}^* + H_{j-1}^*)(1-\alpha_{j-1}^*) Q_{j-1}^* + TC_j^* \alpha_j^* Q_j^*) + H^* \quad (4.1)$$

ただし，H^* は，政策 S^* によって発生する全在庫維持費用から，すべての $j (j=1, 2,\cdots,R-1)$ に関して，t_j^* における発注量の中で t_{j+1}^* 以前に使用されない，すなわち t_j^* から t_{j+1}^* の間で使用されない部分の在庫維持費用を差し引いた値である．すなわち，

$$H^* = 総在庫維持費用 - \sum_{j=1}^{R-1} H_j^* (1-\alpha_j^*) Q_j^*$$

S^* は，補題8の条件を満たす最適解であるとしよう．以下では，この最適解を修正することで，ZIO 政策 $\bar{S}$ を導く．

4.1.2 変換手順

Step 0： $S = S^*$ とおく．

Step 1： $\alpha_{k-1} < 1$ を満たす最小の k を見つける．すなわち，t_k は，在庫が完全にカラになる前に，発注が行われる最早の期である．

Step 2： 下記操作の中で，費用が小さくなる方を実行する．
・結合1： t_{k-1} 期の発注量のうち，$(1-\alpha_{k-1})Q_{k-1}$ を t_k 期の発注量に移す．
・結合2： t_k 期の発注量のうち，$\alpha_k Q_k$ を t_{k-1} 期に移し，さらに，$(1-\alpha_k)Q_k$ を t_{k+1} 期の発注に回す．

Step 3： もし，Step 2 における発注量の結合が，補題8の第2番目の性質を損なうようであれば，この条件が満たされるまで，補題の証明で示した方法で，総費用を増加させることなく，発注量を結合する．

Step 4： S を得られた新しい政策とする．政策 S におけるすべての期が ZIO 政策の性質を満たすならば，$\bar{S} = S$ とする．そうでなければ，Step 1～3 を繰り返す．

結合手順の図解を図 2.6～2.8 に示す．Z^{ZIO} は，すべての ZIO 政策の中の最良値であるから，$Z(\bar{S}) \geq Z^{ZIO}$ が成り立つ．したがって，Z^{ZIO} に関する最悪ケースの性能のバウンドは，$[Z(\bar{S})/Z(S^*)]$ を検討することによって得られる．

変換手順のイテレーションで，もし t 期において ZIO の性質が現在の政策 S で満たされないとすると，S^* においても満足されないことになる．このため，結合ステ

ップ k(添字 k で Step 2 を実行)で考慮される t_k 期に関して,$j \geq k$ が存在し,最適解 S^* において,繰り越し在庫がなくなる前に,$t_k = t_j^*$ 期で発注が行われる.

次の 3 つの補題は,各イテレーションにおける Step 2 での費用増加量が,ある値でバウンドできることを述べたものである.

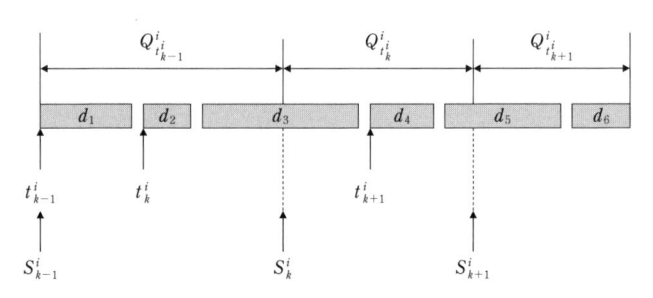

図 2.6 初期政策

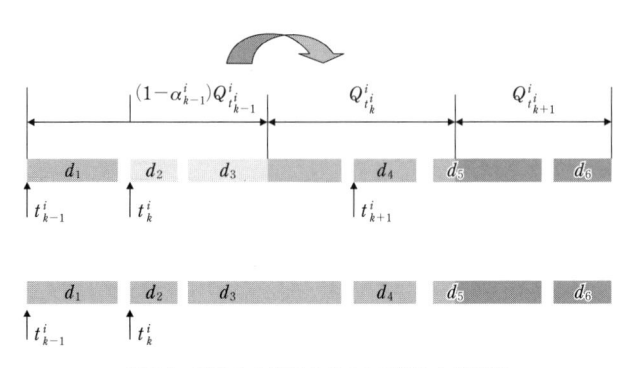

図 2.7 結合 1 を実行することで得られる政策

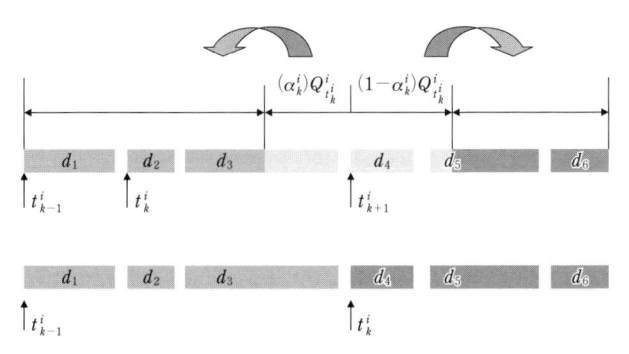

図 2.8 結合 2 が実行されたときに得られる政策

補題 9　結合ステップ k での費用増加は，以下の値より大きくはならない．
① もし結合 1 が実行されるならば，$TC_k(1-\alpha_{k-1})Q_{k-1}$．
② もし結合 2 が実行されるならば，$(TC_{k-1}+H_{k-1}-TC_k)\alpha_k Q_k$．

この結果は，費用関数の性質（p 1）と（p 2）から得られる．それゆえ，変換手順のStep 2 において，もとの政策 S^* から現在の政策 S への費用増加は，次の値より大きくはならない．
$$\min\{TC_k(1-\alpha_{k-1})Q_{k-1},(TC_{k-1}+H_{k-1}-TC_k)\alpha_k Q_k\}$$
この費用増加量は，次の結果を用いてバウンドできる．

補題 10　次の不等式が成り立つ．
$$\min(A\alpha, B\beta) \leq \frac{1}{3}(A(\alpha+\beta)+B\alpha), \quad \text{for all } B,A,\alpha,\beta \geq 0$$

証明
$$\min(A\alpha, B\beta) \leq \frac{\alpha-\beta+\max(\alpha,\beta)}{3\max(\alpha,\beta)}B\beta + \frac{2\max(\alpha,\beta)-\alpha+\beta}{3\max(\alpha,\beta)}A\alpha$$
ここで，次の 2 式が成り立つ．
$$\{\alpha-\beta+\max(\alpha,\beta)\}\beta \leq \max(\alpha,\beta)\alpha$$
$$\{2\max(\alpha,\beta)-\alpha+\beta\}\alpha \leq (\alpha+\beta)\max(\alpha,\beta)$$
これより，次式が得られる．
$$\min(A\alpha, B\beta) \leq \frac{1}{3}(B\alpha+A(\alpha+\beta)) \qquad ■$$

補題 11　結合ステップ k の各イテレーションでの費用増加は，式（4.1）で与えられる最適費用の第 j 項の 1/3 より大きくはならない．ただし，j は $t_k=t_j^*$ を満たす j である．すなわち，次の不等式が成り立つ．
$$\min\{TC_k(1-\alpha_{k-1})Q_{k-1},(TC_{k-1}+H_{k-1}-TC_k)\alpha_k Q_k\}$$
$$\leq \frac{1}{3}\left[(TC_{j-1}^*+H_{j-1}^*)(1-\alpha_{j-1}^*)Q_{j-1}^*+TC_j^*\alpha_j^*Q_j^*\right]$$

証明　k 番目の発注に対する結合ステップでの費用増加は，次の値より大きくはならない．
$$\min\{TC_k(1-\alpha_{k-1})Q_{k-1},(TC_{k-1}+H_{k-1}-TC_k)\alpha_k Q_k\}$$
今，$A=Q_{k-1}(1-\alpha_{k-1})$，$B=Q_k\alpha_k$，$\alpha=TC_k$，$\beta=TC_{k-1}+H_{k-1}-TC_k$ と設定し，補題 10 を適用すると，次の不等式が得られる．
$$\min\{TC_k(1-\alpha_{k-1})Q_{k-1},(TC_{k-1}+H_{k-1}-TC_k)\alpha_k Q_k\}$$
$$\leq \frac{1}{3}\left[(TC_{k-1}+H_{k-1})(1-\alpha_{k-1})Q_{k-1}+TC_k\alpha_k Q_k\right]$$
$$\leq \frac{1}{3}\left[(TC_{j-1}^*+H_{j-1}^*)(1-\alpha_{j-1}^*)Q_{j-1}^*+TC_j^*\alpha_j^*Q_j^*\right]$$

最後の不等式は，現在の解 S と最適解 S^* を比較し，かつ以下の2点を考慮することで容易に得られる．

① 2つの解は，$t_k=t_j^*$ 期以降は等しい．それ以降の期での発注量は，それまでのイテレーションにおいてまだ修正されていないからである．ゆえに，$TC_k\alpha_k Q_k = TC_j^*\alpha_j^* Q_j^*$．さらに，これらの発注量によってカバーされていない t_k 期およびそれ以降の期の需要は，2つの解のいずれもそれ以前の発注量によって満たされなければならない．すなわち，$(1-\alpha_{k-1})Q_{k-1}=(1-\alpha_{j-1}^*)Q_{j-1}^*$ である．

② $t_{k-1}=t_{j-1}^*$ であり，この期の発注量は，$TC_{k-1}+H_{k-1}\leq TC_{j-1}^*+H_{j-1}^*$ となるように，前のイテレーションで増やされたかもしれない． ∎

この補題によって，$Z(\bar{S})\leq(4/3)Z(S^*)$ が証明される．イテレーションの実行に伴って添字 j は確実に増加し，すべての j についての項の和は，最適値 Z^* より大きくはならないから，したがって，次の定理が成り立つ．

定理 12 ロットサイジング問題，すなわち修正全量割引費用関数をもつ単一品目の経済ロットサイジング問題に関するすべてのインスタンスについて，

$$Z^{\text{ZIO}}\leq\frac{4}{3}Z^*$$

が成り立ち，しかもこのバウンドはタイトである．

バウンドがタイトであることを示すことが残されている．これは，最悪ケースのときの比が 4/3 に収束する例を作成することで証明される．

補題 13 Z^{ZIO}/Z^* の値が任意に 4/3 に近付けられるロットサイジング問題のインスタンスが存在する．

証明 1期と2期の需要量がそれぞれ $d_1=\delta$ $(\delta<1)$，$d_2=2$ の経済ロットサイジング問題を考える．ただし，これらの需要は満たさなければならないとする．在庫維持費用はかからず，発注費用は，期によって異なる修正全量割引費用関数によって記述されるとする．1期では，1以下の輸送量に対して2の固定費用が，その他の輸送量については，ユニットあたり2の費用がかかる．2期の費用関数は，ユニットあたり1の線形費用とする．

この場合，1期に1ユニット，2期に $1+\delta$ ユニットを発注するのが最適であり，総費用は $Z^*=3+\delta$ となる．しかし，最良 ZIO 政策は，1期に δ ユニット，2期に2ユニットを発注し，総費用は $Z^{\text{ZIO}}=4$ となる．したがって，$\delta\to 0$ のとき，

$$\frac{Z^{\text{ZIO}}}{Z^*}=\frac{4}{3+\delta}\to\frac{4}{3}$$

∎

定理12を証明するためにChan et al. (2002)が使用した修正全量割引費用関数の性質は，輸送量に関して非減少，および輸送量あたりの単位費用が輸送量に関して非増加の2点，すなわち性質（p1）と（p2）だけである．それゆえ，定理は，これらの性質を満たす任意の輸送費用関数に対して成り立つ．同様にして，在庫維持費用は，それら2つの性質を満たす任意の関数に一般化できる．

最悪ケースのバウンドがタイトであることを示すために，補題13で設定した例題では，2つの期で異なった発注費用関数を用いた．このことは，発注費用関数が期によって変わらないとき，最悪ケースのバウンドを改善できる可能性のあることを示唆している．実際，その場合，Chan et al. (2002)は，補題8で与えた性質を満たす最適政策をZIO政策に再度変換し，この変換による費用増加が最適政策の費用の1/4.6倍より大きくならないことを示した．

定理14　発注費用関数が計画期間中のすべての期において同じであるようなロットサイジング問題のすべての例題について，次の不等式が成り立つ．

$$Z^{\text{ZIO}} \leq \frac{5.6}{4.6} Z^*$$

ここで，$(Z^{\text{ZIO}}/Z^*) \leq (5.6/4.6) \approx 1.217$ がタイトなものであるかどうか，という疑問が当然生じてくる．この問題は未解決であるが，Chan et al. (2002)は，発見的解法によってつくられた解と最適解の比が $1/[2(\sqrt{2}-1)] \approx 1.207$ へ収束する例を示した．

補題15　期によって発注費用関数が変化しないロットサイジング問題に関して，Z^{ZIO}/Z^* が $1/[2(\sqrt{2}-1)]$ に任意に近付くようなインスタンスが存在する．

4.1.3　計 算 結 果

この議論を締めくくるに当たって，最良ZIO政策の経験的性能を解析する必要がある．目的は，以下の2つの質問に答えることである．① 種々のテスト問題において，最良ZIO政策のときの費用は，最適解での費用とどの程度離れているか，② 最適解を見つけることができる既知の擬似多項式時間のアルゴリズムと比較して，ZIO政策を使う利点は何か，そして，それら擬似多項式時間の厳密解法をもとにして開発された多項式時間の近似アルゴリズムと比較して，最良ZIO政策の性能はどの程度か．

これらの質問に答えるために，既知の最良な厳密解法と比較することで，最良ZIO政策の性能を総費用と計算スピードの点から評価する．厳密解法として，Shaw and Wagelmans (1998) によって開発されたDPアプローチを使用する．この解法の実行時間は，データの大きさに関して線形的である．もっと具体的にいうと，アルゴリズムの複雑性は，$O(T^2 \bar{q} \bar{d})$ である．ただし，T は期の数，$\bar{q}$ は費用関数を表現す

るための区分的線形の平均区間数，$\bar{d}$ は平均需要量である．このアルゴリズムは，発注費用が任意のタイプの区分的線形関数である経済ロットサイジング問題に適用できる．

表2.7に示すように，多様な問題規模を表現する4つの異なったクラスのインスタンスを取り上げる．各クラスについて，修正全量割引輸送費用をもつ経済ロットサイジング問題を10例，ランダムに作成する．各期の需要は，表2.7に示す平均値と標準偏差をもつ正規乱数によって生成する．輸送費用関数は，表2.8に記述する．いずれの場合も段取り時間は考慮しない．単位保管費用は，区間 $[0.2, 0.7]$ の一様乱数によって生成する．

各クラスに対する結果を表2.9に示す．この表には，最適解と最良ZIO政策の費用との比の平均値と最大値，これら発見的解法と厳密解法の平均計算時間（Sun Workstation Ultra 1を使用）が記載されている．クラス4の問題の厳密解を求めるには，Shaw and Wagelmansアルゴリズムに，メモリーの動的割当を行うサブルーチンを組み込まなければならなかったことを指摘しておこう．

これらの計算結果から，ZIO政策に解を制約することは，平均需要量が大きいときに特に効果のあることがわかる．つまり，需要量が大きくなると，相対誤差は減少す

表2.7 異なった問題クラスとその規模

問題のクラス	期数	輸送費用関数の折点の数	需要量の平均	需要量の標準偏差
クラス1	10	4	40	20
クラス2	12	4	300	100
クラス3	12	8	1500	500
クラス4	12	8	6000	800

表2.8 異なった問題クラスに対する輸送費用関数

費用の区間		1	2	3	4	5	6	7	8
クラス1	折点	0	40	80	120				
	固定費用	40	0	80	0				
	費用勾配	0	1	0	0.6667				
クラス2	折点	0	300	600	900				
	固定費用	600	0	1200	0				
	費用勾配	0	2	0	1.3333				
クラス3	折点	0	1500	3000	4500	6000	7500	9000	10500
	固定費用	2250	0	4500	0	6000	0	7200	0
	費用勾配	0	1.5	0	1	0	0.8	0	0.6857
クラス4	折点	0	1000	5000	10000	15000	20000	25000	30000
	固定費用	2500	0	12500	0	18750	0	23437.5	0
	費用勾配	0	2.5	0	1.25	0	0.9375	0	0.78125

表2.9 無在庫発注（ZIO）政策の性能に関する計算結果

問題の クラス	Z^{ZIO}/Z^* の 平均値	Z^{ZIO}/Z^* の 最大値	厳密解法の平均 CPU 時間（秒）	発見的解法の平均 CPU 時間（秒）
クラス1	1.0104	1.0344	0.12	<0.01
クラス2	1.0044	1.0179	1.13	<0.01
クラス3	1.0029	1.0080	10.14	<0.01
クラス4	1.0001	1.0004	42.71	<0.01

る一方，最良 ZIO 政策を得るまでにかかる時間は，すべてのケースについて0.01秒以下で，無視できる程度に小さいままである．他方，Shaw and Wagelmans アルゴリズムの実行時間は，需要量の増加に伴って急速に増加する．

それゆえ，結論として，ZIO 政策に探索空間を限定することで，需要量が大きく，輸送費用関数の折点の数が大きい問題を扱うことが可能になる．これらの問題はまさに，厳密解法では計算費用が高額となる場合である．このことは，重要な視点である．多品目・多段階のロジスティクスシステムに対する多くの階層的計画モデルが，Lagrange 緩和法によって解かれるからである．この技法を用いるとき，問題は，一般的に多くのロットサイジング問題に分割され，それら各々が，非常に多くの Lagrange 乗数の組合せに対して解かれる．古典的経済ロットサイジング問題と多品目・多段階生産計画問題の間の関係に関する議論については，Federgruen and Tzur (1991) を参照するとよい．

需要量が大きいときの経済ロットサイジング問題を効率的に解くもう一つのアプローチは，ある種の約数を使って，需要のスケール変換を行い，この問題に Shaw and Wagelmans の厳密解法を適用し，最後にもとの需要に適合させるよう解を変換することである．この解法をスケーリングアルゴリズムと呼ぶ．以下では，そのような解法の性能と最良 ZIO 政策の性能を比較する．スケーリングアルゴリズムを実行するためには，各期の需要量を選択されたスケーリングの約数で割り，もとの問題の実行可能性を確保するためにその数を切り上げる．さらに，スケーリングされた需要での経済ロットサイジング問題に対する解が得られると，もとの需要量の問題に対する解は，発注量にスケーリングの約数を掛け，切上げによる過剰な発注量を除くために，下記の手続きを実行して求める．

R をスケーリングされた問題の解での発注回数，t_k を k 番目の発注が行われる期，Q_{t_k} をそのときの発注量とする．さらに，$D_{t_k,T}$ を t_k 期から計画期間の終わりまでの総需要量，$Q_{t_k,T}$ をその期間中の総発注量とする．$k=R$ から開始し，発注時期の集合に含まれる各期に関して逆方向に，もし $Q_{t_k,T} > D_{t_k,T}$ ならば $Q_{t_k} = Q_{t_k} - (Q_{t_k,T} - D_{t_k,T})$ に順次修正を行う．

平均60000ユニット，標準偏差8000ユニットの正規乱数を使って，10例を作成し，テストした．表2.10は，異なったスケーリングの約数を使ったスケーリングア

表 2.10 最良無在庫発注 (ZIO) 政策とスケーリング
アルゴリズムの性能比較に関する計算結果

政策	ZIO	スケーリングアルゴリズム		
スケーリングの約数		100	1000	10000
平均相対誤差 (%)	0.02	0	0.01	0.89
CPU 時間 (秒)	0.003	3.4	0.35	0.037

ルゴリズムの解と ZIO 政策との平均性能を比較したものである．

明らかに，スケーリングアルゴリズムが最適解に近い値を生成する能力は，スケーリングの約数の大きさに依存し，解は，約数が大きくなると急速に悪化する．大きなスケーリングの約数の場合でも，スケーリングアルゴリズムの実行にかかる時間より，最良 ZIO 政策を得るための計算時間はかなり小さい．

4.2 単一倉庫・多小売店問題

本項では，輸送費用の構造が増分割引費用関数と全量割引費用関数の両方の場合に対して，多期間配送問題の 1 つのクラスについて検討する．特に，単一倉庫が単一サプライヤーから在庫品を受け取り，n 小売店の在庫を補充する古典的在庫・配送問題を考察する．これらの状況下では，サプライヤーから倉庫への輸送は，しばしばトラック運送会社によって行われ，その費用は，区分的線形凹関数で近似される．以下では，サプライヤーから倉庫への輸送費用関数は増分割引費用タイプと仮定する．もちろん，この関数はまた，区分的線形凹関数の生産費用を含んでもよい．対照的に，倉庫から小売店への輸送量は，相対的に小さいことから，これらの輸送は，概して LTL 輸送会社によって行われ，その費用は，修正全量割引費用の構造をもつ．目的は，輸送量に依存した割引効果を生かし，同時に，最終小売店における在庫維持費用をコントロールする最適な輸送計画を見つけることである．

品切れと受注残は，倉庫でも小売店でも許されないと仮定する．さらに，倉庫は，交叉結合と呼ぶ共通のロジスティクス戦略を使用すると仮定する．この交叉結合戦略において，倉庫は，供給過程で調整者の役割を果たすことはほとんどなく，サプライヤーから入ってくる荷の積替拠点としての役割を果たし，在庫は一切保持しない．中央在庫をもつシステムへの拡張については，4.2.4 で議論する．

ここで述べる単一倉庫・多小売店問題は，共同補充問題をモデル化するのにも使われることに留意しよう．この問題に関しては Joneja (1990) を参照のこと．この問題では，単一施設が，有限期間にわたって複数品目の品物を補充する．この施設がそれら品目の部分集合について注文を出すとき，共同発注費用と品目に依存した発注費用という 2 つのタイプの費用が発生する．共同補充問題の目的は，計画期間中の在庫維持費用と発注費用の総和を最小化するように，各品目の発注時期と発注量を決定することである．明らかに，この問題における凹の固定発注費用関数は，修正全量割引

費用関数の特殊な場合である．Arkin *et al.* (1989) が示すように，共同補充問題はNP困難であるから，すべての輸送費用が凹関数であっても，単一倉庫・多小売店問題は NP 困難である．

興味のもたれる点は，小売店の数が固定された場合でも，この問題が NP 困難であるかどうかである．この質問には前項ですでに答えた．そこでは，倉庫への輸送費用は 0, 小売店への輸送費用は修正全量割引費用とし，これらの下で，単一小売店が単一倉庫によって補充される特殊な問題が NP 困難であることを示した．それゆえ，上述した単一倉庫・多小売店問題は，小売店の数が固定されたときでさえ NP 困難である．

n を倉庫からサービスを受ける小売店の数，T を計画期間の長さとする．各 $t=1,2,\cdots,T$ において，$K_0^t(\cdot)$ は，t 期にサプライヤーから倉庫へ送られる品物の輸送費用関数であって，区分的線形凹関数とする．同様に，各 $i=1,2,\cdots,n$ と $t=1,2,\cdots,T$ に対して，t 期に倉庫から小売店 i へ送られる品物に関する修正全量割引輸送費用関数を $K_i^t(\cdot)$ と記述する．最後に，各 $i=1,2,\cdots,n$ と $t=1,2,\cdots,T$ に対して，h_i^t は，t 期末に小売店 i で品物 1 単位を保管する費用，d_i^t は，t 期における小売店 i での需要量とする．

ここでも目的は，輸送費用と在庫維持費用の総和を最小化するように輸送量とその時期を決定することである．ただし，すべての需要は，品切れを起こすことなく満たされるものとする．以下では，この問題を単一倉庫・多小売店問題と呼ぶ．Z^* は，この問題の最適解に対する費用，Z^H は，発見的解法 H によって得られた解に対する費用とする．

最初に，$P=NP$ でない限り，多項式時間で実行できるアルゴリズムを開発することができないことを示し，任意のインスタンスについて，最適値から $O(\log n)$ 倍の範囲内にある解をつくり出す．

定理 16 単一倉庫・多小売店問題のすべてのインスタンスに対して，次式を満たす $\gamma>0$ と多項式時間の発見的解法 H が存在するならば，$P=NP$ である．

$$\frac{Z^H}{Z^*} \leq \gamma \log n$$

証明 集合被覆問題が単一倉庫・多小売店問題に変形できることを示すことで定理が証明できる．集合被覆問題に関して，$P=NP$ でない限り，最悪ケースのバウンドが $\gamma \log n (\gamma>0)$ より優れた多項式時間のアルゴリズムは存在しないことが広く知られている（Feige, 1998；Arora and Sudan, 1997 参照）．

集合被覆問題のインスタンス $\min(\sum_{t=1}^m x_t : Ax \geq 1)$ を考える．ただし，$A=(a_{i,t})$ は，0-1 要素のみをもつ $n \times m$ 行列である．この問題は，以下のように，n 個の小売店と $m+1$ 期間の単一倉庫・多小売店問題に変換できる．今，以下のように設定する．

$$K_i^t(x) = \begin{cases} M\delta(x), & a_{i,t}=0 \text{ のとき} \\ 0, & a_{i,t}=1 \text{ のとき} \end{cases} \text{ for all } i \text{ and } t=1,2,\cdots,m$$

$$K_i^{m+1}(x) = M\delta(x), \quad \text{for all } i$$

$$K_0^t(x) = \delta(x), \quad \text{for } t=1,2,\cdots,m,m+1$$

$$d_t^i = \begin{cases} 0, & t=1,2,\cdots,m \text{ のとき} \\ 1, & t=m+1 \text{ のとき} \end{cases} \text{ for all } i$$

$$h_t^i = 0, \quad \text{for all } i,t$$

ただし，M は，m より小さくない大きな数，$\delta(x)$ は，$x>0$ のとき 1，それ以外は 0 の値をとる関数である．

$m+1$ 期における発注費用が大きいと，小売店は早い時期に発注しようとする．加えて，$a_{i,t}=1$ のときにだけ，小売店 i は t 期に発注する．$a_{i,t}=0$ の期に輸送すると高い固定費用がかかるからである．それゆえ，この状況下での最良の在庫発注政策は，発注時期の数を最小化することと等価であり，それは，サービスを受けるいくつかの小売店をある1つの期に一緒にまとめることで決定される．　■

このことは，単一倉庫・多小売店問題が集合被覆問題を特殊ケースとして含んでいること，したがって，最悪ケースのバウンドが一定である多項式時間のアルゴリズムが存在しないことを示している．それゆえ，Chan, Muriel, Shen, Simchi-Levi, and Teo (2002) は，擬似多項式時間で，最適解からの誤差がある決まった割合 (%) 内に収まる解を与えるシンプルな政策について考察した．特に，彼らは，手持ち在庫量が完全にカラになったときにだけ発注を行う ZIO 政策について考察した．Z^{ZIO} は，最適な ZIO 政策によって実現される費用とする．4.1項の議論と同じ方法で，Chan et al. (2002) は，次の結果を示した．

定理17　単一倉庫・多小売店問題のすべてのインスタンスに対して，次式が成立する．

$$Z^{ZIO} \le \frac{4}{3} Z^*$$

また，このバウンドはタイトである．

現実には，発注費用関数は，期ごとに変わることはない．すなわち，すべての $i=1,2,\cdots,n$ について，$K_0^t(\cdot) = K_0(\cdot)$，$K_i^t(\cdot) = K_i(\cdot)$ である．この場合，Chan et al. (2002) は，このアルゴリズムによって生成された解の費用と最適解の費用の比は，$(5.6/4.6) \approx 1.22$ より大きくはならないことを示した．すなわち，

定理18　輸送費用関数が期によって変わらない単一倉庫・多小売店問題のすべてのインスタンスに対して，次式が成立する．

$$Z^{ZIO} \leq \frac{5.6}{4.6} Z^*$$

最適な ZIO 政策は，小売店の数を固定した問題に対して，以下に示すアルゴリズムによって多項式時間で見つけることができる．これは，驚くに当たらない．このアルゴリズムの計算の複雑性は，小売店の数の増加に伴って指数的に増加する．この問題を克服するために，続いて多項式時間で実行できる線形計画問題ベースの発見的解法を提案する．このアルゴリズムは，非常に効率的であることが数値実験によって示される．

4.2.1 最適無在庫発注政策

小売店の数を固定したとき，対応した最短路問題を定式化することによって，T に関して多項式時間で，また，小売店の数 n に関して指数時間で最良 ZIO 政策を見つけることができる．

$\mathcal{T} = \{1, 2, \cdots, T+1\}$ は，異なった期の集合とする．ただし，$T+1$ は，便宜上使用する．$N = \{1, 2, \cdots, n\}$ は，小売店の集合とする．巡回路をもたないグラフ $G = (V, A)$ を以下のように構成する．

$$V = \{\bar{u} = \langle u_1, \cdots, u_n \rangle | u_i \in \mathcal{T}, i=1, \cdots, n\} = \underbrace{\mathcal{T} \times \mathcal{T} \times \cdots \times \mathcal{T}}_{n \text{ 回}}$$

$A = \{\langle u_1, \cdots, u_n \rangle \to \langle v_1, \cdots, v_n \rangle | v_i \geq u_i,$ for all i；$u_i < v_i$ である要素 i が少なくとも 1 つは存在；$u_i < v_i$ であるすべての i について，$u_i = \min_{\{j=1,2,\cdots,n\}} u_j \equiv u$（すなわち，チャージされるすべての要素は同じ値 u をもつ）$\}$

エッジ $\langle u_1, \cdots, u_n \rangle \to \langle v_1, \cdots, v_n \rangle$ もしくは $\bar{u} \to \bar{v}$ が与えられたとき，$\bar{u}$ と $\bar{v}$ の間で異なった要素の数を k とし，それら要素の添字集合を $I = \{i_1, i_2, \cdots, i_k\}$ で表す．すなわち，各 $l = 1, 2, \cdots, k$ について，$u_{i_l} < v_{i_l}$ を満たす i_l のことである．ここに，$k \geq 1$ および $u_{i_1} = u_{i_2} = \cdots = u_{i_k} = u$ である．エッジ $\bar{u} \to \bar{v}$ は，各小売店 $i_l (l=1, 2, \cdots k)$ において u 期から $v_{i_l} - 1$ 期までの需要を満たすために，u 期に発注を行うことを表す．それゆえ，このエッジに関する費用は，u 期にそれらユニットを発注するのにかかる費用と，それらが消費されるまでの在庫維持費用からなる．正確に記述すると，このエッジの費用は，次式で与えられる．

$$K_0^u(d_{u,v_{i_1}}^{i_1} + d_{u,v_{i_2}}^{i_2} + \cdots + d_{u,v_{i_k}}^{i_k}) + C_{u,v_{i_1}}^{i_1} + C_{u,v_{i_2}}^{i_2} + \cdots + C_{u,v_{i_k}}^{i_k}$$

ただし，

- $d_{u,v}^i$ は，小売店 i における u 期から $v-1$ 期までの総需要量．
- $K_0^u(d_{u,v_{i_1}}^{i_1} + d_{u,v_{i_2}}^{i_2} + \cdots + d_{u,v_{i_k}}^{i_k})$ は，サプライヤーから倉庫へ，u 期に $d_{u,v_{i_1}}^{i_1} + d_{u,v_{i_2}}^{i_2} + \cdots + d_{u,v_{i_k}}^{i_k}$ のユニットを輸送するのにかかる費用．
- $C_{u,v}^i$ は，小売店 i において，u 期〜$v-1$ 期の需要を満たすために，u 期に発注を行ったときの輸送費用と在庫維持費用の総和である．すなわち，$C_{u,v}^i = K_i^u(d_{u,v}^i) +$

$\sum_{t=u}^{v-2} h_t^i d_{t+1,v}^i$.

$G=(V,A)$ における $\langle 1,1,\cdots,1\rangle$ から $\langle T+1,T+1,\cdots,T+1\rangle$ に至る最短路が，最良 ZIO 政策を見つけることに対応しているというのは容易にわかる．

ここでの方法を説明するために，単一倉庫と 2 つの小売店からなる次の例を考えよう．この場合，G は，$i,j=1,2,\cdots,T+1$ に対して，ノード $\langle i,j\rangle$ をもち，次の 3 つの異なったタイプのエッジをもつ．

  タイプ a： $\langle i,j\rangle \to \langle i,k\rangle,\quad \forall i>j,\quad k>j$
  タイプ b： $\langle i,j\rangle \to \langle k,j\rangle,\quad \forall i<j,\quad k>i$
  タイプ c： $\langle i,i\rangle \to \langle k,l\rangle,\quad \forall k>i,\quad l>i$

タイプ a のエッジの費用は $K_0^i(d_{j,k}^2)+C_{i,k}^2$，タイプ b のエッジの費用は $K_0^i(d_{i,k}^1)+C_{i,k}^1$ である．タイプ c のエッジの費用は，$K_0^i(d_{i,k}^1+d_{i,l}^2)+C_{i,k}^1+C_{i,l}^2$ に等しい．

このネットワーク G における 1 つのパスは，単一倉庫・多小売店問題の実行可能解であると解釈できる．タイプ a（あるいは b）のエッジは，小売店 2（あるいは 1）だけが特定の期に発注する状態に対応しており，タイプ c は，両方の小売店が同時に発注を行う状況に対応している．図 2.9 は，$T=4$ のときのネットワークの例である．この図に描かれているパスは，次の発注政策に対応している．小売店 1 は，1 期，3 期，4 期に発注し，小売店 2 は，1 期，2 期，4 期に発注している．

最短路決定アルゴリズムは，求解に $O(|V|\log|V|+|A|)$ の時間を要する．ただし，$|V|=O((T+1)^n)$，$|A|=O(T^{2n})$，n は小売店の数である．最初の項 $O(|V|\log|V|)$ は，ネットワーク構成の複雑性に関するバウンドを与え，第 2 項の $O(|A|)$ は，位相幾何学的にソートされたネットワーク上で最短路を見つけるのにかかる時間である．あいにく，この厳密解法の計算時間は，小売店数の増加とともに，指数的に大きくなる．このため，次項では，多項式時間で良好な ZIO 政策が見つけられる発見的解法を開発する．

4.2.2　線形計画問題ベースのアルゴリズム

ここでは，線形計画問題ベースの発見的解法（LPBH）を紹介する．この解法は，単一倉庫・多小売店問題に対する近似最適な ZIO 政策の解を効率よくつくり出す．

最適な ZIO 政策を見つける問題を整数計画問題として定式化することから始める．アルゴリズムは，このモデルの線形緩和問題を解き，得られた小数解を整数解に変換することを基本としている．これは，区分的線形凹関数の費用をもった荷主問題に対して 3 節で示したアルゴリズムと似た考え方である．

サプライヤーから倉庫への区分的線形凹関数の輸送費用は，3.1 項で示したようにモデル化できる（図 2.3 参照）．この場合，サプライヤーから倉庫への毎期の輸送を表し，凹関数の輸送費用をもつエッジは，T 個だけである．それゆえ，3.1 項におけるモデル化で用いた添字 e に代えて t を用いる．Q_t^0 は，t 期における倉庫の発注量とする．この発注量に対する輸送費用を $K_0^t(Q_t^0)$ で表す．ただし，$K_0^t(Q_t^0)=f_t^T+a_t^T Q_t^0$,

第2章 サプライチェーンの設計と計画：戦略的モデルと戦術的モデルに対する最適化技法の適用

図中のノード配置：
(1,1) (1,2) (1,3) (1,4) (1,5)
(2,1) (2,2) (2,3) (2,4) (2,5)
(3,1) (3,2) (3,3) (3,4) (3,5)
(4,1) (4,2) (4,3) (4,4) (4,5)
(5,1) (5,2) (5,3) (5,4) (5,5)

(1,1)→(3,2)：タイプcのエッジ
(3,2)→(3,4)：タイプaのエッジ
(3,4)→(4,4)：タイプbのエッジ
(4,4)→(5,5)：タイプcのエッジ

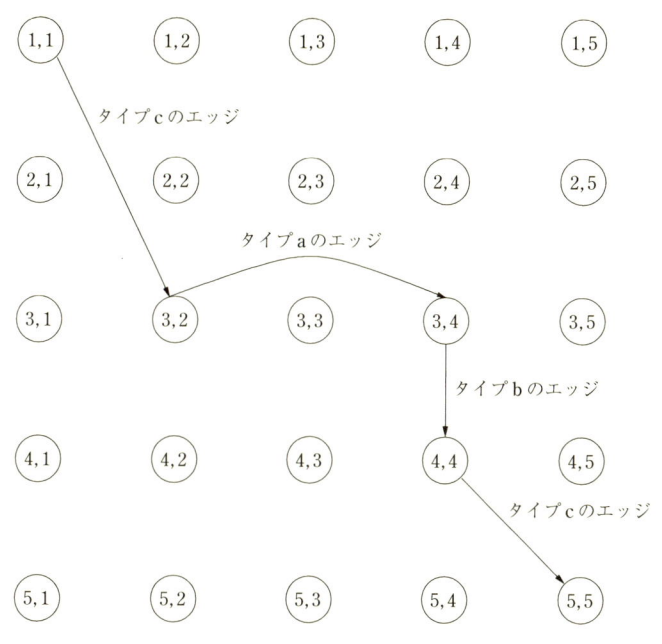

図 2.9 最短路決定アルゴリズムの例

r は $Q_t^0 \in (M_t^{r-1}, M_t^r]$ を満たす．

ここで，3.1項で導入した区間変数と量の変数に似た，次の変数を定義する．

$$X_t^r = \begin{cases} 1, & Q_t^0 \in (M_t^{r-1}, M_t^r] \text{ のとき} \\ 0, & \text{そうでないとき} \end{cases}$$

ただし，$t=1,2,\cdots,T$, $r=1,2,\cdots,R$. 各小売店 $i=1,2,\cdots,n$ および各期 $1 \leq t \leq k \leq T$ において，Z_{tk}^i は，小売店 i が期 $k \geq t$ の需要を満たすために t 期に発注する量とし，

$$Z_{tk}^{ri} = \begin{cases} Z_{tk}^i, & Q_t^0 \in (M_t^{r-1}, M_t^r] \text{ のとき} \\ 0, & \text{そうでないとき} \end{cases}$$

と設定する．ただし，$r=1,2,\cdots,R$. 以下では，区間に関する変数を X 変数，量に関する変数を Z 変数と呼ぶ．

小売店レベルにおける発注費用と在庫維持費用をモデル化するために，ダミーの期 $T+1$ を導入する．また，t 期から $k-1$ 期までの需要を満たすため，t 期に発注するときの発注費用とそれらを使い切るまでにかかる在庫維持費用の総和を c_{tk}^i とすると，これは次式で与えられる．

$$c_{tk}^i = K_i^t \left(\sum_{j=t}^{k-1} d_j^i \right) + \sum_{j=t}^{k-2} h_j^i \left(\sum_{l=j+1}^{k-1} d_l^i \right)$$

ただし，$i=1,2,\cdots n$, $1\leq t<k\leq T+1$．

小売店 i における ZIO 政策は，ノード $\{1,2,\cdots,T+1\}$ をもつネットワーク上で，1 から $T+1$ に至るパスと解釈することができ，また，エッジ (t,k) の費用が c_{tk}^i である．ただし，$1\leq t<k\leq T+1$．以下では，このネットワークを小売店 i のネットワークと呼び，G_i と書く．

このため，小売店 i での発注費用と在庫維持費用を計算するために，以下の変数および流れの保存制約を使って，G_i 上での最短路モデルを定式化する．

$$Y_{tk}^i = \begin{cases} 1, & t\text{ 期から }k-1\text{ 期までの需要を満たすために }t\text{ 期に小売店 }i\text{ が発} \\ & \text{注するとき} \\ 0, & \text{そうでないとき} \end{cases}$$

ここで，$Y=(Y_{tk}^i)$ をパスフローベクトルと呼ぶ．

最良 ZIO 政策は，以下の整数計画問題を解くことによって得られる．

問題 SW： $\min \sum_{t=1}^{T}\sum_{r=1}^{R}\left[f_t^r X_t^r + a_t^r \sum_{i=1}^{n}\sum_{k=1}^{T}Z_{tk}^{ri}\right] + \sum_{i=1}^{n}\sum_{t=1}^{T}\sum_{k=t+1}^{T+1}c_{tk}^i Y_{tk}^i$

s.t.

$Z_{tk}^{ri} \leq d_k^i X_t^r$, $\forall r=1,2,\cdots R$, $i=1,2,\cdots,n$, $1\leq t\leq k\leq T$ (4.2)

$\sum_{r=1}^{R} Z_{tk}^{ri} = d_k^i \sum_{l=k+1}^{T+1} Y_{tl}^i$, $1\leq t\leq k\leq T$, $i=1,2,\cdots,n$ (4.3)

$\sum_{j:j>l} Y_{lj}^i - \sum_{j:j<l} Y_{jl}^i = \begin{cases} 1, & l=1\text{ のとき} \\ -1, & l=T+1, \forall i=1,2,\cdots,n\text{ のとき} \\ 0, & 1<l\leq T\text{ のとき} \end{cases}$ (4.4)

$Z_{tk}^{ri} \geq 0$, $\forall r=1,2,\cdots,R$, $i=1,2,\cdots,n$, $1\leq t\leq k\leq T$

$X_t^r \in \{0,1\}$, $\forall r=1,2,\cdots,R$, $t=1,2,\cdots,T$

$Y_{tk}^i \in \{0,1\}$, $\forall i=1,2,\cdots,n$, $1\leq t\leq k\leq T+1$

最初の制約条件 (4.2) は，t 期にある小売店によって発注が出され，それが区間 r の輸送費用で輸送されるとき，対応する区間変数 X_t^r が 1 となることを記述している．これら制約式と変数 X が整変数であるという制約条件は，区分的線形凹関数の費用をモデル化するために必要である．3 節の補題 3 が，ここでの定式化に対して容易に拡張できるからである．明らかに，制約条件 (4.2) は，すべての k について総計をとることができる．しかし，そうすることは，問題 SW の線形緩和の精度をかなり悪くする．式 (4.3) は，もし，小売店 i の k 期の需要を満たすために，t 期にその小売店へ正の量が輸送されるならば，その小売店は，t 期からある $l-1\geq k$ 期までの需要をカバーする量を t 期に発注しなければならないことを保証する．制約条件 (4.4) は，小売店 i に対するネットワーク G_i 上で，0 から $T+1$ に至るパスを見つけることに対応する．

あいにく，この整数計画問題は，小さな規模の問題を除いて解くことが難しい．この困難性を克服するために，この定式化と 3 節で述べた区分的線形凹関数の費用をも

つ荷主問題との類似性を考慮して，そこで導いた構造的性質，すなわち定理4を利用する．それによって，問題 SW の線形緩和問題の解をもとに，精度のよい ZIO 政策を見つける多項式時間の発見的解法を開発することができる．定理4は，ベクトル Y が整数解の探索において変更されるたびに，線形計画問題の解の費用増加を計算するために，アルゴリズムにおいて繰り返し使用される．

もちろん，このような発見的解法の効率は，問題 SW の線形緩和の精度に依存する．今，Z^{LP} を問題 SW の線形緩和問題の最適値とする．最近，Shen et al.（2000）は，無作為概数法および区分的線形凹関数費用を近似する新しい方法を利用し，以下の結果を証明した．

定理 19　単一倉庫・多小売店問題のすべてのインスタンスについて，次の不等式が成り立つ．

$$Z^{LP} \leq \frac{8}{3}(\log 2 + \log T + \log n) Z^*$$

定理 16 は，単一倉庫・多小売店問題に対する任意の多項式時間の発見的解法 H および任意の $\gamma > 0$ に対して，$P \equiv NP$ でない限り，不等式 $Z^H > [\gamma \log n] Z^*$ を満たすインスタンスが存在することを意味している．このことと定理 19 とから，そのようなインスタンスについて，次式が成り立つ．

$$\frac{Z^H}{\gamma \log n} > Z^* \geq \frac{3 Z^{LP}}{8(\log 2 + \log T + \log n)}$$

ゆえに，定理 19 で与えられるバウンドは，$P \equiv NP$ でない限り，単一倉庫・多小売店問題の最適値に対する可能な最良のバウンドとなる．

ここで，単一倉庫・多小売店問題のアルゴリズムを提示する用意が整った．

線形計画問題ベースのアルゴリズム

Step 1：　問題 SW の線形緩和問題を解く．その最適値を $Y^* = (Y_{tk}^{i*})$ とする．$i = 1$ に初期化する．

Step 2：　ネットワーク G_i における各エッジ $t \to k$（$1 \leq t < k \leq T+1$）に対して，以下の方法で限界費用 c_{tk}^i を計算する．この限界費用は，線形計画問題の解に関して，エッジ上のフローを小数 Y_{tk}^{i*} から 1 に増加させることによって生じる増加費用となる．すなわち，

$$c_{tk}^i = W_{tk}^i + (1 - Y_{tk}^{i*}) c_{tk}^i$$

ただし，W_{tk}^i は，線形計画問題のフローを Y_{tk}^{i*} から 1 へ修正することによって発生する倉庫への輸送費用の増加分である．この費用増加は，定理4を用いて容易に計算できる．

Step 3：　ネットワーク G_i 上で，この限界費用と等しいエッジ費用をもつ1から

$T+1$ に至る最小費用パスを見つけ，小売店 i の発注時期を決定する．

Step 4： 小売店 i の発注政策を反映するため，各期の倉庫の発注量と発注費用を更新する．

Step 5： $i=i+1$ とし，Step 2～5 を $i=n+1$ となるまで繰り返す．

4.2.3 計算結果

線形計画問題ベースのアルゴリズムの性能について，計算時間と最適 ZIO 政策からの相対偏差の両面から検討する．この目的のため，2 つのタイプの問題に上記アルゴリズムを適用する．最初のタイプの問題は，小売店の発注費用が修正全量割引費用関数である単一倉庫・多小売店問題である．タイプ 2 の問題は，小売店の発注費用が凹関数で表現される単一倉庫・多小売店問題である．いずれのタイプの問題に関しても，倉庫の発注費用は，区分的線形凹関数とする．小売店の発注費用が凹関数であるタイプ 2 の場合は，最適な ZIO 政策が存在し，それゆえ，問題 SW の最適な整数解は，対応する単一倉庫・多小売店問題の最適解となる．

タイプ 1 の数値例　小売店の数が 5, 25, 50, 100 からなる 4 つの問題のクラスを考える．計画期間は 12 期間で，各小売店での需要量は，平均が 100, 標準偏差が 20 の正規分布から生成する．単位保管費用は，区間 $[0.1, 0.6]$ の間の乱数によって生成する．サプライヤーから倉庫への輸送費用は，輸送量が 0 から最大可能量の間で 3 つもしくは 5 つの折点をもつ区分的線形凹関数で表現される．これらの折点，および固定費用と費用勾配の初期値を表 2.11 に示す．ここでは，折点数を固定し，固定費用と費用勾配は，区間 $(0.5, 3)$ 上の一様分布から生成したパラメータと初期値の積によってランダムに変化させる．同様に，各小売店に対する倉庫からの輸送費用は，5～6 個，あるいは 7 個の折点と固定費用をもつ修正全量割引関数とし，費用勾配は，上記と同様の方法でランダムに変化させる．各折点の値と最初の区間の固定費用を設定すれば，全量割引費用関数の全体が構成できることに留意しよう．折点の値を表 2.12 に示す．最初の区間に対する固定費用の初期値は，区間 $(50, 500)$ 上の一様乱数によって生成する．

表 2.13 は，各問題クラスについて作成された 200 例に対して，線形計画問題ベースのアルゴリズムを適用したときの平均計算時間を示す．テストされた中規模の例に対しては，整数計画（integer programming：IP）問題 SW を解くことによって最適な ZIO 政策を得ることができ，これを発見的解法の性能評価のために利用する．最適な ZIO 政策のときの費用と発見的解法での費用との比較を，表 2.13 の最後の 2 列に示す．2 列のうち最初の列は，問題 SW の線形緩和問題の解が整数値とならないケースでの平均値を示しており，第 2 列は，テストされた全例題についての平均値である．

タイプ 2 の数値例　ここでは，すべての輸送費用が区分的線形凹関数である数値

表 2.11　タイプ 1 の数値例で考慮された凹の輸送費用関数

費用の区間		1	2	3	4	5	6
5～25 小売店	折点	0	1000	3000	12000		
	固定費用	500	1000	1750	2350		
	費用勾配	1	0.5	0.25	0.2		
50 小売店	折点	0	6000	10000	20000	35000	50000
	固定費用	550	9550	10590	13190	17090	20990
	費用勾配	1.5	1.24	0.98	0.72	0.46	0.2
100 小売店	折点	0	12000	20000	40000	70000	100000
	固定費用	700	2780	5380	10580	18380	26180
	費用勾配	1.5	1.24	0.98	0.72	0.46	0.2

表 2.12　タイプ 1 の数値例における全量割引費用関数の折点の値

費用の区間	1	2	3	4	5	6	7
7 折点	200	300	450	600	750	900	1050
6 折点	200	300	450	750	900	1050	
5 折点	200	400	650	850	1000		

表 2.13　倉庫-小売店間が全量割引費用のときの計算結果（タイプ 1）

問題のクラス	小売店数	CPU 時間（秒）	整数計画でのCPU 時間（秒）	小数解の頻度	Z^H/Z^{ZIO} 小数解のケース	Z^H/Z^{ZIO} 全ケース
クラス 1	5	≈0	3	4/200	1.010	1.0002
クラス 2	25	≈0	27	5/200	1.013	1.0004
クラス 3	50	2	124	3/200	1.037	1.0006
クラス 4	100	23	507	2/200	1.025	1.0003

例に対する線形計画問題ベースのアルゴリズムの性能を議論する．

再度，異なった問題のクラスを考える．ただし，小売店の需要量は，平均が 100 で標準偏差が 20 の独立で同一な正規分布とし，各クラスに対して 10 例を生成する．単位保管費用は，ユニットあたり・期あたり 0.2 に設定する．ここでの輸送費用は区分的線形かつ凹であり，輸送量 0 からそのリンクを使って満たされる最大可能量の範囲で 3 つの折点をもつ（すなわち，異なった勾配をもつ 4 つの線分からなる）．対応した固定費用と変動費用は，タイプⅠの数値例におけるように，表 2.14 の初期値に区間 (0.5, 5) 上の一様乱数で生成したパラメータを乗じてランダムに生成する．

表 2.15 は，6 つの問題のクラス，各クラスについて 5 つの数値例を解いたときの平均計算時間，ならびに最適値に対する発見的解法で得た値の比の平均値を示す．ここで示したすべての数値例について，線形緩和問題の解が最適な整数解と一致する．

表2.14 タイプ2の数値例で考慮された凹輸送費用関数の初期値

費用の区間		1	2	3	4
サプライヤー―倉庫	折点	0	1000	3000	12000
	固定費用	500	1000	1750	2350
	費用勾配	1	0.5	0.25	0.2
倉庫-小売店	折点	0	200	400	800
	固定費用	100	200	400	480
	費用勾配	1.5	1	0.5	0.4

表2.15 すべてのエッジに関する輸送費用が凹であるときの計算結果 (タイプ2)

問題のクラス	期数	小売店数	CPU 時間 (秒)	$Z^H/Z^{ZIO}=Z^H/Z^*$
クラス1	6	5	≈ 0	1
クラス2	12	5	1	1
クラス3	6	10	≈ 0	1
クラス4	12	10	4	1
クラス5	6	25	2	1
クラス6	12	25	5	1

4.2.4 中央に在庫をもつシステムへの拡張

作成されたZIO政策の性能に関するバウンドは,中央に在庫をもつより一般的な物流問題に容易に拡張できる.この倉庫は,在庫を保持することができる.このことを示すために,サプライヤーから倉庫への輸送費用が凹関数であるとき,この倉庫はZIO政策に従うのが最適であることをみることにしよう.この場合,x期における倉庫の発注量 $Q_x^0>0$ は,期 $a(x)\geq x$ から期 $b(x)\geq a(x)$ までの小売店の発注量のすべてをカバーし,次式で与えられる.

$$Q_x^0 = \sum_{i=1}^{n}\sum_{t=a(x)}^{b(x)} Q_t^i$$

この計算において,期 $a(x)$ から期 $b(x)$ までに小売店が行う各発注は,x 期において倉庫が行う発注に対応している.この観察から,定理12と定理14は,もとの問題における証明とほとんど同じ方法で証明することができる.

この拡張を概観するために,中央倉庫をもつモデルがRoundy (1985) の萌芽的研究と直接関連付けられることを指摘しておくのは適切であろう.その中で,Roundyは,凹関数の発注費用,無限計画期間,一定の需要速度をもつ単一倉庫・多小売店モデルを解析した.この問題に対して,Roundyは,ZIO政策のクラスに属する2のベキ(巾)乗政策が高い性能を有することを示した.本節の結果もまた,有限な計画期間,期ごとに変わる需要量と修正全量割引費用の条件下で,ZIO政策が非常に高い性能を有することを示している.実際,解集合をZIO政策に制限することによって,

費用が最適値の 4/3 倍より大きくない解を得ることができ，しかもこのバウンドはタイトである．もし輸送費用関数が期ごとに変わらなければ，最適値の 5.6/4.6 倍以上とならない ZIO 政策が存在する．あいにく，このモデルの最適 ZIO 政策を見つける問題は，NP 困難である．この点は，最良の 2 のベキ乗政策を非常に効率よく見つけることができる Roundy のモデルと異なっている．

B. サプライチェーンの性能を改善するための価格設定

5. はじめに

近年，多くの小売企業や製造企業が，自らの諸活動，そして最終的には経営基盤を改善する努力の中で，革新的価格設定戦略を探求し始めた．工場は，価格やリードタイムに対する顧客の鋭敏さに基づいて，それら顧客を層別するのと同様，在庫水準や生産スケジュールに基づいて，時間とともに動的に価格調整を行っている．

たとえば，どの企業も Dell 社ほどには，製品の価格設定戦略に関して，インターネットの影響度を重視していない．同社の Web サイトでは，購入する者が個人ユーザーか，小規模企業か，中規模企業か，大規模企業か，連邦政府か，教育機関か，医療・福祉施設かによって，全く同じ製品が異なった価格で販売される．Dell 社の戦略のより詳細なレビューは，Agrawal and Kambil（2000）にみられるように，同じ産業の同じ製品の価格でさえ，固定したものではなく，時間とともにかなり大きく変化することがあることを示唆している．

洗練された価格設定戦略を利用するのは，Dell 社だけではない．以下を考えよう．
・Boise Cascade Office Products 社は，オンラインで多くの製品を販売している．同社は，オンラインで最も頻繁に注文の入る 12000 品目の価格が日ごとに変わるといっている（Kay, 1998）.
・Ford Motor 社は，需要と供給を一致させ，特定の顧客層をターゲットにするために，価格設定戦略を用いている．同社の重役は，1995〜1999 年の間の成長において，その努力が 30 億ドル相当寄与したと信じている（Leibs, 2000）．

これらの発展は，生産の意思決定と在庫管理と価格設定戦略を統合化したモデルの出現を要請している．そのようなモデルと戦略は，航空業界を変えた収入管理と同様，サプライチェーンの効率を大きく改善する潜在力を有している（Belobaba, 1987；McGill and Van Ryzin, 1999 参照）．実際，航空業界においては，収入管理が成長をもたらし，5%の収入増につながった（Belobaba, 1987）．事実，収入管理と航空機のスケジュール計画システムの複合的寄与がなければ，American Airlines 社（Cook, 2000）は，1990 年に始まる 10 年間で，わずか 1 年間だけ黒字となったこと

であろう．もう一つの例をあげると，小売業界における動的価格設定商品によって，Gallego and Van Ryzin（1994）が述べているように，収益性の大幅な改善がもたらされた．

価格設定と生産と物流に関する意思決定の調整は，伝統的組織の垣根を乗り越えようと努めている産業界における最近の努力と整合する．実際，ほとんどの企業において，価格設定と販売促進の意思決定は，会社内のマーケティング部門と販売部門によって行われるのが典型的で，サプライチェーンの性能へのそれら意思決定の影響は，通常ほとんどない．しかし，上で観察したように，より多くの企業が，自らの利益を増大させ，サプライチェーンの効率を改善しようと努力する中で，革新的価格設定戦略を探求している．したがって，次節で述べるようなモデルが，この新しいトレンドを支援するために明らかに重要である．

6. 価格設定と在庫の意思決定の間の調整

多くの先行研究は，在庫の補充戦略と価格設定政策の間の調整に関するものであり，これらは，需要が価格に依存する有名な新聞売り子（ニュースベンダー）問題に関するWhitin（1955）の研究に始まる．レビューは，Eliashberg and Steinberg（1991），Petruzzi and Dada（1999），Federgruen and Heching（1999），Chan et al.（2001）でなされている．

これまでの研究は，主に次のモデルのいずれかに限定されてきた．①発注費用が変動費用だけで，固定費用を考慮しないモデル，②在庫が次の期に持ち越せないモデル，③在庫補充の決定は，計画期間の最初にだけ行うことができるモデルである．これらに関しては，Federgruen and Heching（1999）を参照のこと．しかし最近，Chen and Simchi-Levi（2002a, b）は，かなり一般的な在庫/価格設定モデルについて解析を行った．特にChen and Simchi-Levi（2002a）は，有限計画期間，周期観測，単一製品，確率需要のモデルについて考察している．異なった期の需要量は，互いに独立で，その分布は製品価格に依存する．価格設定と発注量の意思決定は，各期首に行われ，すべての品切れは，繰り越される．発注費用は，固定費用と，発注量に比例した変動費用を含む．在庫維持費用と品切れ費用は，次の期へ繰り越される量に関して凹とする．目的は，有限な計画期間中の期待利益を最大にする在庫政策と価格設定戦略を見つけることである．

このモデルは，Federgruen and Heching（1999）によって解析されたモデルと似ている．ただし，後者での発注費用は，発注量に比例した変動費用だけで，固定費用要素を含んでいない．加えて，需要関数は価格に関して線形と仮定されている．この点に関しては，Federgruen and Heching（1999）の補題1を参照のこと．

Thomas（1974）の論文はまた，Chen and Simchi-Levi（2002a）の論文と似たモデルを考察したものである．すなわち，周期観測，有限計画期間，固定発注費用，確

率的で価格依存の需要量をもつモデルである．論文は，Thomas が (s, S, p) 政策と呼ぶ，以下に述べるシンプルな政策を仮定している．この在庫政策は一種の (s, S) 政策である．すなわち，期首の在庫水準が発注点 s_t を下回ると，在庫水準が補充点 S_t となるように発注が行われる．s_t を下回っていなければ，発注は行われない．価格 p は，期首の初期在庫量に依存する．Thomas は，2～3 の候補価格だけを考慮するとき（すなわち，価格が離散値の集合に制限されるとき），この政策が最適とはならないことを示す反例を与え，次のように述べている．

ある範囲内ですべての価格が考慮されるならば，(s, S, p) 政策は，かなり一般的な条件の下で最適であると推測される．

6.1 項では，Chen and Simchi-Levi（2002a）によって解析されたモデルの主な仮定を概観する．6.1.1 では，加法的需要関数に対して最適な在庫政策と価格設定政策の特徴について述べる．この場合，Thomas によって示された政策が実際に最適であることが示される．6.1.2 では，必ずしも付加的であるとは限らない一般的需要関数を解析する．この場合，累積利益関数は，必ずしも k-凹関数とはならず，(s, S, p) 政策が必ずしも最適でないことを示す．ここで，対称 k-凸関数の概念を導入し，最適政策の性質がもつ特徴を記述するためにそれを利用する．6.2 項では，有限計画期間のモデルに対する Chen and Simchi-Levi（2002a）の結果を，無限計画期間の場合に拡張する．ただし，評価基準は，割引費用を考慮した場合と平均費用の両方を取り上げる．最後に，6.3 項では，固定費用が 0 のモデルにそれらの結果を適用し，Chen and Simchi-Levi（2002a, b）によって開発された解法が，Federgruen and Heching（1999）の結果をより一般的な需要過程へ拡張するのに役立つことを示す．

6.1 有限計画期間モデル

有限な T 期間にわたる在庫と価格設定に関して意思決定をしなければならない会社を考えよう．異なった期における需要は，互いに独立とする．各 t 期（$t=1, 2, \cdots, T$）について，d_t を t 期の需要量，p_t を t 期の販売価格，$\underline{p_t}$ と $\overline{p_t}$ をそれぞれ，p_t の下限と上限とする．

Chen and Simchi-Levi（2002a）は，以下の形の需要関数に焦点を絞っている．

仮定 20　各 t 期（$t=1, 2, \cdots, T$）における需要関数は，次式を満たすと仮定する．
$$d_t = D_t(p_t, \varepsilon_t) := \alpha_t D_t(p_t) + \beta_t \tag{6.1}$$
ただし，$\varepsilon_t = (\alpha_t, \beta_t)$ であり，α_t と β_t はそれぞれ $E\{\alpha_t\} = 1$ と $E\{\beta_t\} = 0$ を満たす確率変数である．ランダムな摂動 ε_t は，時間 t に関して独立とする．

スケーリングと移動によって，一般性を失うことなく $E\{\alpha_t\}=1$ と $E\{\beta_t\}=0$ の仮定が成り立つようにできることに注意しよう．この需要関数の特殊な場合が加法的需要関数であり，6.1.1 で解析される．この需要関数は，$d_t = D_t(p_t) + \beta_t$ の形になる．すなわち，β_t のみが確率変数であって，$\alpha_t = 1$ である．6.1.2 では，一般的な需要関数 (6.1) が解析される．6.1.2 で解析されるモデルの特殊な場合が乗法的需要関数をもつモデルであることに注意しよう．この場合の需要関数は，$d_t = \alpha_t D_t(p_t)$ の形になる．ただし，α_t は確率変数である．最後に，関数 $D_t(p_t)$ の特殊な場合は，加法的ケースとして $D_t(p_t) = b_t - a_t p_t$ ($a_t > 0, b_t > 0$)，乗法的ケースとして $D_t(p_t) = a_t p_t^{-b_t}$ ($a_t > 0, b_t > 0$) を含むことに留意しよう．なお，両者は，経済学の分野でよく用いられる (Petruzzi and Dada, 1999 参照)．

Chen and Simchi-Levi (2002a) は，以下の仮定を設けている．

仮定 21 すべての t ($t = 1, 2, \cdots T$) について，D_t の逆関数（価格）は，連続で狭義の減少関数であり，これを D_t^{-1} と書く．さらに，期待収入
$$R_t(d) := d D_t^{-1}(d)$$
は，期待需要量 d の凹関数であるとする．

この仮定は，期待需要量が価格の単調減少関数であることを意味し，おそらく，ある種の贅沢品を除いて，多くの製品について成り立つ仮定である (Federgruen and Heching, 1999)．単調性と凹性の2つの仮定は，マーケティングや経済学の文献で一般に使用される多くの需要関数において満たされている．

x_t は，t 期首における発注直前の在庫水準とする．同様に，y_t は，t 期首における発注直後の在庫水準とする．発注費用関数は，固定費用と変動費用を含み，すべての t ($t = 1, 2, \cdots, T$) について次式で計算される．
$$k_t \delta(y_t - x_t) + c_t(y_t - x_t)$$
ただし，
$$\delta(u) := \begin{cases} 1, & u > 0 \text{ のとき} \\ 0, & \text{そうでないとき} \end{cases}$$
標準的な在庫管理モデルで一般に設けられる仮定（固定費用 k_t は時間に関して非増加関数）を，ここでも使用する．

満たされなかった需要は繰り越される．記号 x は，t 期から $t+1$ 期に繰り越される在庫水準としよう．受注残を許すことから，x は，正値も負値もとる．費用 $h_t(x)$ は，t 期末に課せられる費用であって，$x > 0$ ならば在庫維持費用，$x < 0$ ならば受注残のペナルティコストである．次の仮定は，ほとんどの在庫モデルで一般に使用される．

仮定 22 すべての t ($t = 1, 2, \cdots, T$) について，$h_t(x)$ は，t 期末における在庫

水準 x の凸関数である.

目的は,計画期間中の総期待利益を最大化するように発注政策と価格設定政策を決定することである.すなわち,目的は,次の式(6.2)を最大化するように y_t と p_t を選択することである.

$$E\left\{\sum_{t=1}^{T} -k_t\delta(y_t-x_t) - c_t(y_t-x_t) - h_t(x_{t+1}) + p_t D_t(p_t, \varepsilon_t)\right\} \quad (6.2)$$

ただし,$x_{t+1} = y_t - D_t(p_t, \varepsilon_t)$.

在庫水準が x のときの t 期以降の利益関数を $v_t(x)$ で表す.式(6.2)を最大化する問題の動的計画(DP)問題は,次のように与えられる.$t = T, T-1, \cdots, 1$ について,

$$v_t(x) = c_t x + \max_{y \geq x, \overline{p}_t \geq p \geq \underline{p}_t} -k_t\delta(y-x) + f_t(y, p) \quad (6.3)$$

ただし,

$$f_t(y, p) = -c_t y + E\{pD_t(p, \varepsilon_t) - h_t(y - D_t(p, \varepsilon_t)) + v_{t+1}(y - D_t(p, \varepsilon_t))\} \quad (6.4)$$

および $v_{T+1} = 0$.今,$p_t(y)$ を,次のように定義する.

$$p_t(y) \in \operatorname{argmax}_{\overline{p}_t \geq p \geq \underline{p}_t} f_t(y, p) \quad (6.5)$$

このとき,利益関数 $v_t(x)$ は,次のように書ける.

$$v_t(x) = c_t x + \max_{y \geq x} -k_t\delta(y-x) + f_t(y, p_t(y))$$

ここで,この問題を Scarf(1960)によって議論された有名な在庫管理問題に関連付けよう.Scarf の問題における需要量は,外生的に決定されると仮定されているが,ここでの問題の需要量は価格に依存する.モデルのフレームワークに関する他の仮定は,Scarf(1960)のものと類似している.

古典的な確率的在庫問題に関して,Scarf(1960)は,(s, S) 政策が最適であることを示した.この政策の下で,t 期における最適意思決定は,発注点 s_t と補充点 S_t という2つのパラメータによって特徴付けられる.t 期首における初期在庫量 x_t が s_t より小さければ,$S_t - x_t$ の量が t 期首に発注される.そうでなければ,発注は行われない.

(s, S) 政策が最適であることを証明するため,Scarf(1960)は,k-凸性の概念を用いている.

定義23 任意の $z \geq 0$,$b > 0$,および任意の y に対して次の不等式が成り立つとき,実数値関数 f は,$k \geq 0$ に関して k-凸であると呼ばれる.

$$k + f(z+y) \geq f(y) + \frac{z}{b}(f(y) - f(y-b)) \quad (6.6)$$

$-f$ が k-凸であるとき,関数 f は k-凹であると呼ばれる.

問題 (6.3) を解析するために, Chen and Simchi-Levi (2002a) は, k-凸性に関して他の等価な定義を用いる方が便利であることに気付いた[1].

定義 24 任意の $x_0 \leq x_1$ および $\lambda \in [0,1]$ に対して次の不等式が成り立つとき, 実数値関数 f は, $k \geq 0$ に関して k-凸であると呼ばれる.
$$f((1-\lambda)x_0+\lambda x_1) \leq (1-\lambda)f(x_0)+\lambda f(x_1)+\lambda k \tag{6.7}$$

命題 25 定義 23 と定義 24 は等価である.

定義 24 は, k-凸性と通常の凸性 (すなわち 0-凸性) との間の違いを強調している. この定義から, k-凸性と通常の凸性の間の重要な違いの一つは, 明らかに, 式 (6.7) が x_0 と x_1 に関して対称でないことである.

この非対称性が, 加法的でない需要関数をもつ問題 (6.3) の最適政策を決定しようとするとき, 主な障害となって現れる. 実際, 6.1.2 では, 一般の需要過程について累積利益関数が必ずしも k-凹とはならず, (s,S,p) 政策が必ずしも最適とならないことを示す. このことが, 新しい概念, 対称 k-凹関数の導入を動機付けるもととなり, それによって, Chen and Simchi-Levi (2002a) は, 一般の需要過程における最適政策を特徴付けることが可能となった.

しかし, 6.1.1 で解析される加法的需要モデルの場合, この概念は必要とされない. 特に加法的需要過程では, 累積利益関数は k-凹となり, それゆえ, 問題 (6.3) の最適政策は (s,S,p) 政策, 正確には Thomas (1974) によって推察された政策となることを, Chen and Simchi-Levi (2002a) は証明している.

6.1.1 加法的需要関数

ここでは, 加法的需要関数, すなわち次の形の需要関数に焦点を絞る.
$$d_t = D_t(p_t) + \beta_t$$
ただし, β_t は確率変数である.

この場合の最適政策を特徴付けるために, Chen and Simchi-Levi (2002a) は, 次の性質を証明した.

補題 26 任意の y について, 式 (6.5) を最大化する有限な値 $p_t(y)$ が存在すると仮定する. このとき, $y - D_t(p_t(y))$ は y の非減少関数である.

この補題は, t 期首の在庫水準 y_t が高ければ高いほど, t 期末の在庫水準 $y_t - D_t(p_t(y_t))$ の期待値も高いことを意味する. この性質を k-凸関数の新しい定義 24 とともに用いることで, Chen and Simchi-Levi (2002a) は, 次の定理を証明した.

注 [1]: Paul Zipkin 教授によると, k-凸性に関するこの等価性は Porteus (1971) によって最初に示されたとされる.

定理 27　任意の $t(t=T,T-1,\cdots,1)$ について，以下が成り立つ．
① $f_t(y,p_t(y))$ と $v_t(x)$ は，k-凹である．
② $x_t<s_t$ であるときは，S_t-x_t の量を発注し，販売価格を $p_t=p_t(S_t)$ に設定し，$x_t\geq s_t$ のときは，発注を行わずに販売価格を $p_t=p_t(x_t)$ に設定するのが最適となるような s_t と S_t（ただし，$s_t\leq S_t$）が存在する．

定理は，Thomas（1974）によって導入された (s,S,p) 政策が加法的需要過程に対して実際に最適であることを意味している．$p_t(y)$ が y の非増加関数であるかどうかは，興味のもたれる問題である．あいにく，この性質は，6.3項で示すように，固定費用のないモデルには成り立つが，ここでのモデルについては成り立たない．

命題 28　最適価格 $p_t(y)$ は，必ずしも y の非増加関数とは限らない．

6.1.2　一般的需要関数

ここでは，式（6.1）で与えた一般的需要関数に焦点を絞る．目的は2つに分けられる．第1は，一般的需要関数の下で，$v_t(x)$ が k-凹とはならず，(s,S,p) 政策が問題（6.3）に対して必ずしも最適とはならないことを示すことである．第2は，式（6.1）で与えた一般的需要関数に対して，最適政策の構造の特徴を示すことである．

特に，Chen and Simchi-Levi（2002a）によって証明された次の補題29は，累積利益関数が必ずしも k-凹とはならないことを示している．

補題 29　乗法的需要関数であって，時間独立なパラメータをもつ問題（6.3）のインスタンスの中に，関数 $f_{T-1}(y,p_{T-1}(y))$ と $v_{T-1}(x)$ が k-凹でないものが存在する．

関数 $f_t(y,p_t(y))$ と $v_t(x)$ がある t 期において k-凹とはならなくても，(s,S,p) 政策が最適政策となることはもちろん可能である．Chen and Simchi-Levi（2002a）によって証明された補題30は，このことが一般的に成立しないことを示している．

補題 30　乗法的需要関数をもつ問題（6.3）のインスタンスの中に，(s,S,p) 政策が最適とはならないものが存在する．

これらの困難性を克服するために，Chen and Simchi-Levi（2002a）は，対称 k-凸性と呼ぶより弱い k-凸性の定義を提案した．

定義 31　実数値関数 f は，任意の x_0, x_1 および $\lambda\in[0,1]$ に対して次式が成り立つとき，$k\geq 0$ に関して対称 k-凸な関数であると呼ばれる．

$$f((1-\lambda)x_0+\lambda x_1)\leq (1-\lambda)f(x_0)+\lambda f(x_1)+\max\{\lambda,1-\lambda\}k \tag{6.8}$$

関数 f は，$-f$ が対称 k-凸ならば，対称 k-凹な関数であるという．

k-凸性，したがって凸性は，対称 k-凸性の特別な場合である．面白いことに，対称 k-凸関数の解析によって，これらの関数が k-凸関数と似た性質をもつことが明らかになる．これに関しては，Bertsekas (1995) を参照のこと．特に，これら関数の性質をもとに，Chen and Simchi-Levi (2002a) は，次の定理を証明した．

定理 32 任意の $t (t = T, T-1, \cdots, 1)$ に対して，以下の性質が成り立つ．
① $f_t(y, p_t(y))$ と $v_t(x)$ は対称 k-凸である．
② $x_t < s_t$ もしくは $x_t \in A_t$ のときは，発注量を $S_t - x_t$，価格を $p_t = p_t(S_t)$ に設定し，それ以外のときは，発注を行わず，価格は $p_t = p_t(x_t)$ に設定するのが最適であるような s_t，S_t および集合 $A_t \subset [s_t, (s_t + S_t)/2]$ が存在する．ただし，$s_t \leq S_t$．

定理 32 はこのため，一般的需要過程をもつ問題 (6.3) に関して，(s, S, A, p) 政策が最適であることを意味している．このような政策における最適在庫政策は，2つのパラメータ s_t と S_t および 1 つの集合 $A_t \subset [s_t, (s_t + S_t)/2]$ （場合によるとこれは空集合）によって特徴付けられる．t 期首の在庫水準 x_t が s_t より小さいか，あるいは $x_t \in A_t$ ならば，$S_t - x_t$ の量が発注される．そうでなければ，発注は行われない．それゆえ，問題のインスタンスによっては，在庫水準が $x_t \in [s_t, (s_t + S_t)/2]$ のときに発注が行われることもある．他方，もし $x_t \geq (s_t + S_t)/2$ ならば発注は行われない．価格は，期首の在庫水準に依存する．

6.2 無限計画期間

前項で解析した有限計画期間のモデルは，明らかに短いライフサイクルの製品，たとえば，パソコン，プリンタ，ファッション関係の品物に対して適切であろう．しかし，これらのモデルは，長いライフサイクルの製品，たとえば，ファッションとは関係のない品物に対しては，あまり適切でない．この場合は，無限計画期間での最適政策の特徴を議論することが重要となる．

それゆえ，無限計画期間であること，およびすべてのパラメータが時間独立という違いを除いて，前項で解析したモデルと類似したモデルについて考察する．もちろん，有限計画期間で一般的需要をもつモデルに対する (s, S, A, p) 政策の最適性を保証した定理 32 の結果を，無限計画期間の場合に適用し，また拡張することは魅惑的である．驚くべきことに，Chen and Simchi-Levi (2002a) によって証明された定理 33 は，この直感が間違っていることを示している．

定理 33 定常 (s, S, p) 政策は，平均費用基準ならびに割引費用基準の下で，加法的需要モデルと一般需要モデルの両者に対して最適である．

この定理は，したがって，需要が加法的であるかどうかにかかわらず，無限計画期間の場合の最適政策が (s,S,p) 政策であることを示唆している．興味深いことは，一般的需要モデルに対する最適政策の証明が，次の2点をカギとしていることである．まず，長期の平均（あるいは割り引かれた）利益関数は，対称 k-凹であり，定常 (s,S,A,p) 政策が最適であることを示唆している点．そして，驚くべきことに，無限計画期間の場合における集合 A は空集合となる点である．

6.3 特殊なケース：固定費用が0の場合

前項で述べた結果は，発注費用関数が変動費用のみからなり，固定費用を含まない，すなわち，すべての $t(t=1,\cdots,T)$ について $k_t=0$ である特殊ケースにも適合する．実際，定理32によって，関数 v_t と $f_t(y,p_t(y))$，$t=1,2,\cdots,T$ は，対称0-凹であり，したがって，定義31からそれらは凹関数である．さらに，固定費用をもつモデルと違って，Chen and Simchi-Levi (2002a) は，この場合の $p_t(y)$ が y の非増加関数であることを示した．それゆえ，次の系が得られる．

系34 固定費用が0で，一般的需要関数 (6.1) をもつ問題 (6.3) に対して，基点在庫・カタログ記載価格政策が最適である．

基点在庫・カタログ記載価格政策は，Federgruen and Heching (1999) によって提案された．この場合の各期の最適政策は，基点在庫水準と呼ばれる補充点と期首における初期在庫水準に依存する価格によって特徴付けられる．初期在庫水準が基点在庫水準以下であるとき，在庫水準を基点在庫水準にまで上げるよう発注が行われる．そうでなければ，発注は行われず，割引価格が提示される．この割引価格は，初期在庫水準に関する非増加関数である．

このため，系34は，Federgruen and Heching (1999) の結果を，より一般的な需要過程に拡張している．実際，Federgruen と Heching は，固定費用が0のモデルを，有限計画期間の場合と無限計画期間の場合の両方について解析した．補題26から推察されるように，彼らの論文における重要な仮定は，需要関数 d_t が価格の線形関数であるとしたことである．系34は，この政策が需要過程に関してはるかに一般的な仮定の下でも成り立つことを示唆している．

7. 有限な生産能力をもつ価格設定モデル

有限な生産能力を明示的に考慮した価格設定モデルはほとんど存在しない．ただ1つの例外は，Chan et al. (2001) による研究であり，彼らは，部分的更新戦略，すなわち遅延生産戦略と遅延価格設定戦略について解析した．最初の遅延生産戦略では，価格設定政策についての決定が計画の期初に行われ，生産と在庫の決定は期ごと

に決められる．このため，この戦略における計画立案者は，需要と供給をよりうまくマッチさせる手段として，定期的に生産と在庫を意思決定する方法を用いる．他方，遅延価格設定戦略では，生産水準の決定が計画の期初に行われ，価格設定と在庫の決定が期ごとに行われる．

以下の例は，Chan et al.（2001）によるもので，2つの計画戦略が適合する状況を説明したものである．

① 主な販売チャネルがカタログによる小売業者は，宣伝とカタログ印刷のために価格を前もって設定する．生産量の決定は，在庫量とともに現在から将来にわたる需要分布をもとに，期ごとに決定される．

② サプライヤーは，非定常な需要に対応しなければならず，各期の期待需要量と供給量をうまくマッチさせるため，最初に期間価格を設定する．サプライヤーは，計画期間にわたって製造業者と契約を結ぶ．ただしそこでは，計画目的のために，これらの固定価格を前もって提示するものの，製造業者での高い在庫維持費用と予測できない需要のために，製造業者が各期に発注を行うことを許容する．サプライヤーは，前の期の在庫と期待される注文量に基づいて，各期の生産量を調整する．

③ 製造業者は，年のはじめに，次の12か月間の調達戦略を決定する必要がある．このため，製造業者は，月ごとの生産水準を前もって決定し，サプライヤーが部品をジャストインタイム（just-in-time：JIT）に配送するよう委託する．製造業者は，製品を電話やインターネットを通して販売し，生産量と需要量がほぼマッチするように，また過去の在庫が一掃されるように，各期の価格を設定する．

これらの例は，上述の2つの計画モデルを例示している．最初の2つの例では，会社は，前もって計画期間中の価格を設定し，システムの状態と将来の需要状況に基づいて生産量を決定する．この会社は，現在から将来にわたる需要量とともに，過去から繰り越された在庫量を考慮して生産水準を変化させる．

第3の例は，2番目の計画モデルを例示している．製造業者は，計画期間のはじめに生産計画を作成するが，価格の設定は，期ごとに行う．この場合，価格は，過去からの在庫を処分するための市場清算メカニズムとして利用できる．

上記の例で，決定によって現時点では販売の機会損失が生じても，将来の需要を満たすために在庫を保持することが利益につながるかもしれない．販売の機会損失を選ぶことは，利益を生むことに反するようにみえるが，留保した在庫が将来においてより大きな収入を生むかもしれない．このことは，特に，価格が将来高騰したり，将来の生産費用が高くなったりするときに起こるであろう．これが，後で紹介する「留保水準」の概念の背後にある直観的視点である．

ここで，価格設定が計画期間のはじめにすでになされた遅延生産戦略を考えよう．挑戦しようとしていることは，期待利益を最大化する最良の生産・在庫政策の性質を見つけることである．特に，t期の需要量が価格に依存し，一般の確率需要関数 $D_t(p_t, \varepsilon_t(p_t))$ に従うときの生産・在庫モデルを考える．ただし，$\varepsilon_t(p_t)$ は，既知の

分布をもつ確率変数とする．**P** を計画期間のはじめに設定された価格ベクトルとしよう．すなわち，$\mathbf{P} = \{p_1, p_2, \cdots, p_T\}$，$T$ は計画期間の長さである．

生産設備は有限な能力 q_t $(t=1, 2, \cdots, T)$ を有し，生産費用は変動要素だけで固定費用は含まず，在庫維持費用は，ある期から次の期に繰り越される在庫量にかかるものとする．すべてのパラメータは時間依存とする．最後に，品切れは機会損失となり，在庫がある場合でも，需要は必ずしも満たされるとは限らない．すなわち，意思決定者は，将来の潜在的なより高い収入のために，現在の収入を諦める決定をするかもしれない．

Chan *et al.* (2001) は，次の結果を証明した．

補題35 価格ベクトル **P** が与えられたとき，遅延生産戦略に対する最適政策が存在し，それは，最適補充点 Y_t^* と最適留保水準 S_t^* で構成される．

このため，t 期の期首における生産量 X_t は，有効在庫量を最適補充点 Y_t^* にまで増加させるか，もしくは，もし生産能力の制約を受けるならば（すなわち，$X_t = q_t$ ならば），Y_t^* にできるだけ近くなるように有効在庫量を大きくしなければならない．留保水準 S_t^* は，たとえ t 期において販売の機会損失が生じても，将来の需要を満たすために t 期に留保されるべき量である．補題は，補充点政策と留保政策の両者が期首在庫水準 I_{t-1} に独立であることを意味していることに留意しよう．

もちろん，補題は，意思決定者が固定価格政策，すなわち，製品がすべての期にわたって同一価格で販売される価格政策を採用する特殊な場合にも適合する．この場合，補題は，意思決定者が与えられた固定価格政策に対して期待利益を最大化する最良の生産・在庫政策を決定することを可能にする．それゆえ，すべての可能な価格を探索することで，最適な固定価格が設定できる．

ここで，生産量 X_t が計画期間のはじめに決定される遅延価格設定戦略を考えよう．目的は，価格設定政策と在庫戦略を，期待利益が最大となるように決定することである．在庫政策は，期ごとに，販売される製品数量と次の期に繰り越される最小在庫量によって規定される．

あいにく，このケースは，前に議論した遅延生産戦略より複雑であり，実際，次の点が観察できる．

・特定の期の留保水準は，その期の期首在庫水準に依存する．

・価格は，在庫が減少したとき，必ずしも上昇しない．つまり，受注残のあるモデルと違って，期首在庫量が増加したとき，価格も高くなることが起こりうる．

関連した研究には，Van Mieghem and Dada (1999) の論文があり，遅延生産戦略に対する遅延価格設定戦略について明示的に考察がなされている．彼らは，単一期間で2段階の意思決定過程に焦点を絞っている．この意思決定過程は，需要の実現値に従う最初の意思決定，たとえば生産の意思決定ともう一つの意思決定（たとえば価

格設定の意思決定)からなる.それゆえ,Van Mieghem and Dada (1999)によって概説されているように,価格設定(あるいは生産)の遅延は,Chan et al. (2001)における遅延価格設定(遅延生産)と異なっている.特に,Van Mieghem and Dada (1999)によって解析されたモデルにおいて,遅延のある意思決定は,需要が実現した後になされる.

8. 計算結果と考察

動的価格設定戦略を考えるときの重要な仕事は,この戦略が(最良の)固定価格戦略より顕著に大きな利益を生み出す条件を見つけることである.この目的のため,Federgruen and Heching (1999) と Chan et al. (2001) は,大規模な数値実験を実施した.これらの論文では,固定費用のない変動的発注費用をもつ周期観測モデルに焦点が絞られた.これらの数値実験から,次の点が明らかとなった.
・利用可能な能力: 他のすべてが同じであると仮定するとき,平均需要量に比べて生産能力が小さいほど,動的価格設定による利益は大きい (Chan et al., 2001).
・需要の変動性: 変動係数で測った需要の不確実性が高いほど,動的価格設定の利益は増加する (Federgruen and Heching, 1999).
・需要パターンの季節性: 需要の季節性が大きいほど,動的価格設定の利益は増大する (Federgruen and Heching, 1999 ; Chan et al., 2001).
・計画期間の長さ: 計画期間が長いほど,動的価格設定の利益は小さくなる (Federgruen and Heching, 1999).

全体として,Federgruen and Heching (1999) と Chan et al. (2001) の研究は,データとモデルの仮定に依存するものの,動的価格設定によって利益が2〜6%だけ増加することを示している.動的価格設定による利益の増加は,粗利益の低い産業,たとえば小売業やコンピュータ産業において非常に重要である.

7節で構築した計画モデルの効率を評価するため,Chan et al. (2001) は,さらに数値実験を行った.この実験の目的は,以下の2つである.

① 一部の決定を遅らせた計画,すなわち遅延生産あるいは遅延価格設定のいずれかは,固定価格戦略に比べて期待利益を顕著に増加させる状況を特定する.
② ある戦略がほかの戦略より優れた性能を示す条件を確定する.

そしてこの数値実験から得られた結果に対する考察のまとめを,以下に示す.

・遅延価格設定戦略と遅延生産戦略は,解析されたほとんどの場合において,期待利益をかなり増大させる.
・部分的更新戦略,すなわち遅延価格設定戦略あるいは遅延生産戦略の性能は,需要の季節性が大きいときや能力制約がより厳しくなったとき,高い傾向がみられる.
・遅延価格設定戦略が,通常,遅延生産戦略より性能がよい.例外であるのは,生産費用が高いときか,需要にある種の季節性があるときである.

遅延価格設定戦略と遅延生産戦略の性能比較に関する最後の考察は，多少関連のある2工程の問題に関する Van Mieghem and Dada (1999) の結果と整合するものである．前節でみたように，彼らは，需要の実現後に遅延された決定が行われる単一期間モデルを考察した．そして，多くのインスタンスにおいて，遅延価格設定戦略が遅延生産戦略より性能が高いこと，1つの例外は，生産費用が高い場合であることを明らかにした．

C. ロジスティクスネットワークの設計

9. はじめに

ロジスティクスにおける最も重要な問題の一つは，小売店や倉庫や工場のような新施設をどこに配置するかを決定することである．これら戦略的意思決定は，物が物流システムによって効率的に流れるかどうかを決定付ける重要な要素である．

ここでは，2つの重要な倉庫配置問題，すなわち，単一ソース・容量有限の施設配置問題と，物流システム設計問題を考える．いずれの場合においても，問題は，物流ネットワークの中に1組の倉庫を配置することである．ある特定のサイトに1つの倉庫を配置する費用には，固定費用（たとえば，建設費用や賃借費用など）と輸送にかかる変動費用が含まれると仮定する．この変動費用には，工場から倉庫へ製品を移送する費用と，小売店へ製品を輸送する費用が含まれる．一般に，目的は，以下に示すような多様な制約条件の下で，1組の施設を総費用が最小となるように配置することである．

・各倉庫は容量制約をもち，このため，それら倉庫がサービスできるエリアは制限される．

・各小売店は，ただ1つの倉庫から商品の供給を受ける．

・各小売店は，供給を受ける倉庫から一定の距離内でなければならない．これは，倉庫からの合理的配送リードタイムを確保するためである．

配置問題は，オペレーションズ・リサーチ（OR）分野の発展に，重要な役割を担ってきた．OR の最も簡潔な結果と理論のいくつかがこの分野に存在する．ここでは，Cornuéjols et al. (1977) の論文と，2冊の優れた書物，Mirchandani and Francis (1990) と Daskin (1995) をあげておこう．

ここでは，Bramel and Simchi-Levi (1997) のテーマを以下の構成で取り上げる．最初に，単一ソース・容量有限の施設配置問題に対する効率的アルゴリズムを示す．この問題では，1組の小売店は，容量制約をもつ複数の倉庫からサービスを受ける必要がある．11節では，より一般的なモデルを示す．ただしそこでは，物流システム

のすべてのレベル，すなわち工場と小売店が，倉庫の配置を決定するときに考慮される．

ここで開発するアルゴリズムはいずれも，広い範囲の配置問題に対して成功裏に利用されてきた Lagrange 緩和法ベースのものである．

10. 単一ソース・容量有限の施設配置問題

ある所与の領域内に地理学的に広く分布した小売店の集合を考えよう．問題は，その領域のどこに1組の倉庫を配置するかを決定することである．これら倉庫に対して，あらかじめ選択された m 個の配置可能なサイトが存在すると仮定する．倉庫の配置が決まると，n 個の小売店それぞれは，1つの倉庫からのみ供給を受ける．ここで，以下の仮定を設ける．

もしある倉庫がサイト j に配置されたならば，
・固定費用 f_j が課せられる．
・それがサービスできる需要の総量は，能力 q_j 以下である．

小売店の集合を N とする．ただし，$N=\{1,2,\cdots n\}$．また，倉庫を配置できるサイトの集合を M とする．ただし，$M=\{1,2,\cdots,m\}$．$w_i(i\in N)$ は，小売店 i の需要量，あるいはその店と倉庫の間のフローとする．製品を w_i ユニットだけ倉庫 j から小売店 i へ輸送するのにかかる費用は c_{ij} で表す．ただし，$i\in N$, $j\in M$．

問題は，総費用が最小となるように，1組の倉庫をどのサイトに配置し，各倉庫へどの小売店を割り当てるかを決定することである．倉庫のもつ能力制約のため，各小売店を最も近い倉庫に割り付けることが必ずしもできるとは限らないことが容易に確かめられる．

この問題は，単一ソース・容量有限の施設配置問題 (single-source capacitated facility location problem：CFLP)，あるいは，容量有限の集約施設の配置問題 (capacitated concentrator location problem：CCLP) と呼ばれる．

問題を整数線形計画問題として定式化するために，以下の決定変数を定義する．

$$Y_j = \begin{cases} 1, & \text{ある倉庫がサイト } j \text{ に配置されたとき} \\ 0, & \text{それ以外のとき} \end{cases}$$

$$X_{ij} = \begin{cases} 1, & \text{小売店 } i \text{ がサイト } j \text{ にある倉庫からサービスを受けるとき} \\ 0, & \text{それ以外のとき} \end{cases}$$

for $i,j \in M$

CFLP は，以下のように定式化される．

問題 P： $\min \sum_{i=1}^{n}\sum_{j=1}^{m} c_{ij} X_{ij} + \sum_{j=1}^{m} f_j Y_j$

s.t.

$$\sum_{j=1}^{m} X_{ij} = 1, \quad \forall i \in N \tag{10.1}$$

$$\sum_{i=1}^{n} w_i X_{ij} \leq q_j Y_j, \quad \forall j \in M \tag{10.2}$$

$$X_{ij}, Y_j \in \{0,1\}, \quad \forall i \in N, \quad j \in M \tag{10.3}$$

制約条件(10.1)は,整数条件(10.3)とともに,各小売店がただ1つの倉庫に割り当てられることを保証する.制約条件(10.2)は,供給量が倉庫の能力を超えないこと,さらにもし倉庫がサイトjに配置されないときには,いかなる小売店もそのサイトへ割り当てることがないことを保証する.

Z^*は,CFLPに対する最適な目的関数値とする.割当を表現する変数Xは,整変数であると仮定した.この仮定を緩和した問題を,単に,(多ソースで)容量有限の施設配置問題と呼ぶ.この問題では,1つの小売店の需要が複数の倉庫に分けて満たされる.CFLPでは,各小売店は,ただ1つの倉庫から供給を受けることが求められる.多くのロジスティクスへの応用において,この仮定は現実的である.なぜなら,この制約を課さない最適解において,各小売店は,同じ製品を複数の倉庫から(理論上,ごく少量ずつ)受け取ることになるかもしれないからである.明らかに,経営や販売活動,会計の視点からすると,1つの倉庫だけから配送されるように制約を設けるのが,より適切な物流戦略であろう.

CFLPを解くためのアルゴリズムがいくつかの文献で提案されている.それらはいずれも,Lagrange緩和法に基づくものである.文献には,Neebe and Rao (1983),Barcelo and Casanovas (1984),Klincewicz and Luss (1986),Pirkul (1987) がある.本節で紹介するアルゴリズムは,最も効率的と考えられるPirkulのものに似たアルゴリズムである.

制約条件(10.1)を目的関数の中に入れ,Lagrange緩和法を適用する.任意の実数ベクトル$\lambda \in R^n$を用いて,次の問題P_λを定義する.

$$\min \sum_{i=1}^{n} \sum_{j=1}^{m} c_{ij} X_{ij} + \sum_{j=1}^{m} f_j Y_j + \sum_{i=1}^{n} \lambda_i \left(\sum_{j=1}^{m} X_{ij} - 1 \right)$$

s.t. 式 (10.2)〜(10.3)

Z_λをこの問題の最適値とするとき,次の不等式が成り立つ.

$$Z_\lambda \leq Z^*, \quad \forall \lambda \in R^n$$

問題P_λを解くために,この問題をサイトごとに分解する.与えられた$j \in M$に対して,次の問題P_λ^jを定義し,目的関数の最適値をZ_λ^jと書く.

$$\min \sum_{i=1}^{n} (c_{ij} + \lambda_i) X_{ij} + f_j Y_j$$

s.t.

$$\sum_{i=1}^{n} w_i X_{ij} \leq q_j Y_j, \quad X_{ij} \in \{0,1\}, \quad \forall i \in N, \quad Y_j \in \{0,1\}$$

10.1 問題 P_λ^j の解法

問題 P_λ^j は，効率よく解くことができる．P_λ^j の最適解では，Y_j は0か1の値をとる．もし $Y_j=0$ ならば，すべての $i\in N$ について $X_{ij}=0$ となる．$Y_j=1$ ならば，問題は，制約をもつ0-1ナップサック問題より難しくはなく，効率的アルゴリズムが存在する．たとえば Nauss (1976) を参照のこと．最適なナップサック解が $-f_j$ より小さいならば，P_λ^j の最適解は，$Y_j=1$ と設定し，小売店 i をサイト j に割り当てるかどうかの変数 X_{ij} の値は，ナップサック問題の解から求められる．もし最適なナップサック解が $-f_j$ より大きいならば，P_λ^j の最適解は $Y_j=0$，すべての $i\in N$ について $X_{ij}=0$ に設定することで得られる．

このとき，P_λ の解は，次式で与えられる．

$$Z_\lambda \equiv \sum_{j=1}^m Z_\lambda^j - \sum_{i=1}^n \lambda_i$$

任意のベクトル $\lambda\in R^n$ に対して，この値は，最適解 Z^* の下界となる．そういった下界の最良値を見つけるには，Bramel and Simchi-Levi (1997) で述べられている劣勾配法を利用することができる．

10.2 上界

所与の1組の乗数に対して，変数 $\{X\}$ の値が式 (10.1) を満たす場合，問題 P の最適解が得られたことになり，計算は終了する．そうでなければ，P の実行可能解を見つけるために，単純なサブルーチンを実行することになる．その手続きは，P_λ を解くときに得られるナップサック解が，1つのサイトに倉庫を配置する利益（現在の λ に関係する）に関して，ある種の情報を与えるという観察に基づくものである．もし，たとえば，与えられたサイトに対応したナップサック解が0，すなわち，最適ナップサック解が空であれば，このサイトは，この時点において選択すべき優れたサイトとはとうてい思えない．逆にもし，ナップサック解が負の大きな費用をもつならば，このサイトは優れたサイトといえるであろう．各 $j\in M$ に対して Z_λ^j の値が与えられたとき，π は，次式を満たす順列とする．

$$Z_\lambda^{\pi(1)} \leq Z_\lambda^{\pi(2)} \leq \cdots \leq Z_\lambda^{\pi(m)}$$

ここで実行する手続きは，近視眼的方法で小売店をサイトへ割り当てることである．W を問題 P の最適解で使用される倉庫の最小可能数としよう．この数は，ビンの容量を q_j とするとき，価値 w_i をそれらビンに詰めるビンパッキング問題を解くことで求められる．「最良」のサイト（この場合は $\pi(1)$）から出発し，最適ナップサックに入る小売店をこのサイトへ割り当てる．ナップサック解の順列に従って，次の「最良」のサイト（サイト $j\equiv\pi(2)$）を取り上げ，新しいナップサック問題を解く．ただし，この問題では，まだ割り当てられていない小売店 i の j への割当費用は，$\bar{c}_{ij}\equiv c_{ij}+\lambda_i$ で定義される．このナップサック解の中のすべての小売店をサイト j に

割り当てる．もし，この最適ナップサックがカラならば，倉庫はそのサイトに配置せず，次のサイトに進む．この手順を，W個の倉庫がすべて配置されるまで続ける．

得られた解は，まだ問題Pの実行可能解でないかもしれない．サイトに割り当てられなかった小売店が存在するかもしれないからである．その場合，サイトに割り当てられていない小売店は，これまでに検討されたサイトの中で，最小の追加費用で需要を満たすことのできるサイトに割り当てる．もし必要なら，πの順に倉庫が追加される．この解を改善するために，局所改良の発見的解法が利用できる．これは，小売店を単純に交換する方法である．

10.3 計算結果

ここでは，このアルゴリズムを用いた多くの数値実験について述べる．小売店は，単位正方形の上に一様に配置する．簡単のため，各小売店の位置は倉庫が配置可能なサイトとする，すなわち，$m=n$とする．倉庫をあるサイトに割り付けるときの固定費用は，0〜10の間の数値からランダムに選択する．小売店をあるサイトに割り当てたときにかかる費用は，それら2つの位置の間のユークリッド距離で設定する．w_iの値は，単位区間上の値をランダムに選択して設定する．上述のアルゴリズムを多くの問題に適用し，最良下界（Z_kの最大値）に対する最良解（上界）の誤差と，計算にかかった時間を記録した．アルゴリズムは，相対誤差が1%以下となったとき，あるいはあらかじめ設定した繰返し数に達したときに終了させた．表2.16の「誤差」の列の数字は，ランダムに生成された5例の平均相対誤差であり，「CPU時間」の列は，それら5例についての平均CPU時間である．すべての計算時間は，IBM Risc 6000 Model 950を使ったときの時間である．

11. 物流システムの設計問題

これまで考察してきた配置モデルは，倉庫と小売店の間の製品輸送費用の最小化にかかわるモデルであった．ここでは，製造施設から倉庫への製品輸送費用を考慮したより現実的なモデルを示す．

以下の倉庫配置問題を考えよう．工場と小売店の集合は，ある地域の中で地理的に分散して存在している．各小売店では，有限な生産能力をもつ工場で製造された多様

表2.16 単一ソース・容量有限の施設配置問題に関する計算結果

n	m	誤差（%）	CPU時間（秒）
10	10	1.1	10.2
20	20	1.9	21.3
50	50	3.4	192.8
100	100	4.8	426.7

な製品に対しての需要が存在する．容量制約をもつ1組の倉庫を，物流ネットワークの中の配置可能なサイトに配置しなければならない．

1つの倉庫を配置する費用には，倉庫から小売店へのユニットあたり輸送費用と，工場から倉庫へのユニットあたり輸送費用が含まれる．加えて，単一ソース・容量有限の施設配置問題（CFLP）におけるように，各倉庫を配置するためにサイトに依存した固定費用がかかる．

問題のデータは，以下のとおりである．

L：工場の数．$L=\{1,2,\cdots,L\}$ とも表す．
J：倉庫を配置できるサイトの数．$J=\{1,2,\cdots,J\}$ とも表す．
I：小売店の数．$I=\{1,2,\cdots,I\}$ とも表す．
K：製品の種類．$K=\{1,2,\cdots,K\}$ とも表す．
W：配置する倉庫の数．
c_{ljk}：工場 l からサイト j の倉庫へ製品 k を1単位輸送するのにかかる単位費用．
d_{jik}：サイト j の倉庫から小売店 i へ製品 k を1単位輸送するのにかかる単位費用．
f_j：サイト j に倉庫を配置するときの固定費用．
v_{lk}：工場 l における製品 k の供給量．
w_{ik}：小売店 i での製品 k の需要量．
s_k：製品 k のユニットあたり容積．
q_j：サイト j に配置した倉庫の容量（単位は容積）．

さらに，各小売店は，1種類の製品を1つの倉庫だけから配送サービスを受けると仮定する．この仮定は，1つの小売店は，異なった複数の倉庫から供給を受けることができるが，それら供給は異なった製品についてでなければならないといった解を排除するものではない．他方，倉庫は，任意の工場から（生産能力の範囲内で）任意の量だけ製品を受け取ることができると仮定する．

問題は，どのサイトに倉庫を配置し，工場から倉庫へ製品をいかに輸送し，倉庫から小売店へ製品をいかに配送するかを決定することである．この問題は，Pirkul and Jayaraman (1996) によって解析されたものと似た問題である．

再度，数理計画アプローチを利用する．以下の決定変数を定義しよう．

$$Y_j = \begin{cases} 1, & \text{倉庫がサイト } j \text{ に配置されるとき} \\ 0, & \text{そうでないとき} \end{cases} \quad \text{ただし，} j \in J$$

$U_{ljk}=$工場 l から倉庫 j への製品 k の輸送量　ただし，$l \in L, j \in J, k \in K$

$$X_{jik} = \begin{cases} 1, & \text{小売店 } i \text{ が倉庫 } j \text{ から製品 } k \text{ の供給を受けるとき} \\ 0, & \text{そうでないとき} \end{cases} \quad \text{ただし，} j \in J, i \in I, k \in K$$

このとき，物流システム設計問題は，以下の整数計画問題として定式化できる．

$$\min \sum_{l=1}^{L}\sum_{j=1}^{J}\sum_{k=1}^{K} c_{ljk} U_{ljk} + \sum_{i=1}^{I}\sum_{j=1}^{J}\sum_{k=1}^{K} d_{jik} w_{ik} X_{jik} + \sum_{j=1}^{J} f_j Y_j$$

s.t.

$$\sum_{j=1}^{J} X_{jik} = 1, \quad \forall i \in I, \quad k \in K \tag{11.1}$$

$$\sum_{i=1}^{I}\sum_{k=1}^{K} s_k w_{ik} X_{jik} \le q_j Y_j, \quad \forall j \in J \tag{11.2}$$

$$\sum_{i=1}^{I} w_{ik} X_{jik} = \sum_{l=1}^{L} U_{ljk}, \quad \forall j \in J, \quad k \in K \tag{11.3}$$

$$\sum_{j=1}^{J} U_{ljk} \le v_{lk}, \quad \forall l \in L, \quad k \in K \tag{11.4}$$

$$\sum_{j=1}^{J} Y_j = W \tag{11.5}$$

$$Y_j, X_{jik} \in \{0,1\}, \quad \forall i \in I, \quad j \in J, \quad k \in K \tag{11.6}$$

$$U_{ljk} \ge 0, \quad \forall l \in L, \quad j \in J, \quad k \in K \tag{11.7}$$

目的関数には,工場と倉庫の間の輸送費用,倉庫と小売店の間の輸送費用,倉庫の配置にかかる固定費用が考慮されている.制約式 (11.1) は,1対の小売店と製品が1つの倉庫に割り当てられることを保証する.制約式 (11.2) は,倉庫の容量制約である.制約式 (11.3) は,各倉庫において製品のフローが保存されること,すなわち,工場から倉庫に到着する各製品の量は,その倉庫から小売店へ配送される量に等しいことを保証する.制約式(11.4)は,工場の供給量に関する制約式である.式(11.5)は,配置される倉庫の数を W とするための制約である.

ここで示したモデルにおける輸送費用は,輸送量に関して線形である.実際,前節以前で述べた戦術レベルと違って,このような戦略レベルでは,年間の輸送費用は,平均輸送量に基づいて評価される.すなわち,戦略レベルのモデルのみが,輸送費用関数,したがって輸送費用を線形式で近似する.

このモデルは,倉庫での運用費用やエッジの距離に関する制限のような拡張がいくつか可能である.もう一つの興味ある拡張は,倉庫に決まった数のタイプがあって,そこから選択する問題への拡張である.各タイプの倉庫は,特定の容量をもち,特定の費用がかかる.モデルは,このような状況を取り扱えるように容易に拡張できる.

前節で議論した問題のときのように,Lagrange 緩和法を用いる.乗数 λ_{ik} を用いて制約式 (11.1) を,乗数 θ_{jk} を用いて制約式 (11.3) をそれぞれ緩和する.この結果,問題は以下のようになる.

$$\min \sum_{l=1}^{L}\sum_{j=1}^{J}\sum_{k=1}^{K} c_{ljk} U_{ljk} + \sum_{j=1}^{J}\sum_{i=1}^{I}\sum_{k=1}^{K} d_{jik} w_{ik} X_{jik} + \sum_{j=1}^{J} f_j Y_j$$
$$+ \sum_{j=1}^{J}\sum_{k=1}^{K} \theta_{jk}\Big[\sum_{i=1}^{I} w_{ik} X_{jik} - \sum_{l=1}^{L} U_{ljk}\Big] + \sum_{i=1}^{I}\sum_{k=1}^{K} \lambda_{ik}\Big[1 - \sum_{j=1}^{J} X_{jik}\Big]$$

s.t. 式 (11.2),(11.4)〜(11.7)

この問題の最適解を $Z_{\lambda,\theta}$ とする.この問題は,以下に示す2つの問題 P_1 と P_2 に分解できる.

問題 P_1 : $\quad Z_1 \equiv \min \sum_{l=1}^{L} \sum_{j=1}^{J} \sum_{k=1}^{K} [c_{ljk} - \theta_{jk}] U_{ljk}$

s.t.

$$\sum_{j=1}^{J} U_{ljk} \leq v_{lk}, \quad \forall l \in L, \quad k \in K \tag{11.8}$$

$U_{ljk} \geq 0, \quad \forall l \in L, \quad j \in J, \quad k \in K$

問題 P_2 : $\quad Z_2 \equiv \min \sum_{j=1}^{J} \sum_{i=1}^{I} \sum_{k=1}^{K} [d_{jik} w_{ik} - \lambda_{ik} + \theta_{jk} w_{ik}] X_{jik} + \sum_{j=1}^{J} f_j Y_j$

s.t.

$$\sum_{i=1}^{I} \sum_{k=1}^{K} s_k w_{ik} X_{jik} \leq q_j Y_j, \quad \forall j \in J \tag{11.9}$$

$$\sum_{j=1}^{J} Y_j = W, Y_j, X_{jik} \in \{0, 1\}, \quad \forall i \in I, \quad j \in J, \quad k \in K \tag{11.10}$$

11.1 問題 P_1 の解法

問題 P_1 は，1対の工場-製品ごとに分けて解くことができる．また，これら部分問題の各々の目的関数は，次の制約条件を加えることによって，(計算時間のロスなしに) 改善することができる．

$$s_k U_{ljk} \leq q_j, \quad \forall l \in L, \quad j \in J, \quad k \in K \tag{11.11}$$

工場-製品の各組（工場 l と製品 k とする）について，J 個の値 $\bar{c}_j \equiv c_{ljk} - \theta_{jk}$ をソートする．最小の $\bar{c}_j$ ($\bar{c}_{j'}$ とする) から始めたとき，もし $\bar{c}_{j'} \geq 0$ ならば，この工場 l から製品 k を輸送しないことが解となる．もし $\bar{c}_{j'} < 0$ ならば，制約条件 (11.8)，(11.11) の下で，エッジ (l, j') に沿ってこの製品をできるだけ多く輸送する．このとき，もし供給量 v_{lk} の一部が輸送されていないならば，次に最小の縮約費用 $\bar{c}_j$ に対して，それが負値である限り，同じ手順を実行する．すべての製品が輸送されたか，もしくは縮約費用が負値でなくなるまで，この手順を続ける．この後，次の工場-製品の組に進み，この手順を繰り返す．この手順を工場-製品のすべての組が調べつくされるまで続ける．

11.2 問題 P_2 の解法

問題 P_2 の解法は，CFLP における部分問題の解法に類似している．さし当たって，制約式 (11.10) は無視する．このとき，問題は倉庫ごとに分割できる．倉庫 j に対応した問題に対して，$Y_j = 0$ か $Y_j = 1$ のいずれかとなる．もし $Y_j = 0$ ならば，すべての $i \in I$ と $k \in K$ について，$X_{jik} = 0$ である．もし $Y_j = 1$ ならば，小売店-製品の各組に対して 1 つの項，計 IK 個の項をもつナップサック問題が得られる．Z_2^j は，Y_j が 1 に設定され，対応するナップサック問題が解かれたときの目的関数の値とし，これら各々を解いた後で，昇順に並べる．すなわち，π を，次式を満たす数 $1, 2, \cdots, J$ の順列とするとき，

$$Z_2^{\pi(1)} \leq Z_2^{\pi(2)} \leq \cdots \leq Z_2^{\pi(J)}$$

P_2 の最適解 Z_2 は，W 個の最小値を選ぶことによって求まる．

$$Z_2 \equiv \sum_{j=1}^{W} Z_2^{\pi(j)}$$

固定したベクトル λ と θ に対して，Lagrange 関数の下界は次式で与えられる．

$$Z_{\lambda,\theta} = Z_1 + Z_2 + \sum_{i=1}^{I}\sum_{k=1}^{K} \lambda_{ik}$$

この下界を最大化する，すなわち $\max_{\lambda,\theta}\{Z_{\lambda,\theta}\}$ のために，再び劣勾配最適化法を用いる．

11.3 上　　界

劣勾配法の各イテレーションにおいて，問題の実行可能解を構成する．問題 P_2 を考える．この問題の解は，いくつかの倉庫に割り当てられた小売店-製品の1つの組合せである．まず，ただ1つの倉庫に割り当てられる小売店-製品の組合せの集合を決定し，これらを固定する．ほかの小売店-製品の組合せは，以下の方法で倉庫に割り当てる．残っている小売店-製品の各組合せに対して，それを特定の倉庫に割り当てたときの費用を計算する．この割当が，倉庫容量の視点から実行可能であることを確認した後，割り当てることで生じる費用を計算する．その費用は，この小売店-製品の組合せに対して，すべての需要分をその倉庫から輸送するのにかかる費用と，（工場の能力制約を満たしつつ，工場から倉庫へ1つ以上のエッジを経由して最小費用で実現できる）工場から倉庫へその需要分を輸送する費用との和である．小売店-製品の各組合せに対して，最良の倉庫の代わりに次善の倉庫へ輸送を割り当てることに対するペナルティを決定する．その後，このペナルティが最も大きい小売店-製品の組合せを割り当て，すべてのエッジのフローと残っている容量を更新する．小売店-製品の組合せのすべてが倉庫に割り当てられるまで，この手順を繰り返す．

11.4 計 算 結 果

IBM PC 166 MHz のパソコンを使って多様な規模の問題を解いたときの計算時間を表 2.17 に示す．結果は，多くのパラメータの関数として与えられる．すべてのケースで，倉庫を配置できるサイトの数は 32，サプライヤーの数は 9，製品品種は 9，倉庫がサービスできる顧客までの距離は 100 マイル（約 161 km）以下に設定した．最適化は，生成された解の費用と下界との相対誤差が決められたギャップ以下となったときに終了することとした．そのため，「実行時間 5%」は，そのギャップが 5% のとき，「実行時間 1%」は，そのギャップが 1% のときの実行時間である．なお，これら 6 つのテスト問題は，実際データであって，アメリカ北東地区にあるソフトドリンクメーカーと運送会社から得たデータである．

表2.17　実行時間

顧客（小売店）数	倉庫数	実行時間5%（秒）	実行時間1%（秒）
144	6	64	106
144	5	95	209
144	4	99	227
73	6	31	60
73	5	19	54
73	4	20	37

12. 結論

ここ数年来，情報通信システムの発達と利用は，著しい進展をみせた．これらシステムによって，企業は，顧客需要，在庫，生産施設の可動状態を監視できるようになった．もちろん，Shapiro (1998) が指摘しているように，トランザクションデータへのアクセスが容易になっても，自動的によりよい意思決定ができるようになるわけではない．サプライチェーンのより望ましい設計と管理のために大量の情報を利用する最適化モデルと新しい解法が，サプライチェーンの性能を改善するカギである．

ここでは，サプライチェーンにおける種々の戦術的意思決定と戦略的意思決定を統合化するための多様な最適化モデルと解法について述べた．取り上げた問題は，価格設定と生産に関する戦略的意思決定を通して生産と在庫と輸送の調整を図る問題から，サプライチェーンの設計モデルに至る範囲に及ぶ．モデルのほとんどは，確定的モデルであったが，そのいくつかは，顧客需要に関する不確実性を含むものであった．すべてのケースにおいて，計算効率の高いアルゴリズムを開発し，実際的なインスタンスを解くために，最適政策のもつ固有の構造を利用した．さらに，いくつかの問題に対して，理論的に最適性を証明し，あるいは種々のアルゴリズムの性能に関して最悪ケースのバウンドを導いた．結果は，最適化技法の威力や高い潜在能力が，DSS で利用されたときに発揮されることを示している．

もちろん，挑戦すべき多くの課題が残っている．たとえば，A で解析された生産/物流モデルにおいて挑戦すべき点として，いくつかのモデルで生産能力と倉庫容量と輸送能力を組み込むこと，モデルを組立システムへ拡張すること，異なった輸送形態を解析すること，さらに，最も重要なこととして，意思決定者が不確実な需要や供給に直面している実際的状況へと解析を拡張することである．同様に，価格設定モデルとその結果は，価格とリードタイムに対する感度によって顧客を複数のクラスに区分したモデルに拡張すべきであり，自由裁量販売のできるモデルや多段階サプライチェーンモデルに拡張すべきである．最後に，C で解析したサプライチェーンの設計問題は，需要の不確実性を組み込んで一般化すべきである．

本章では，ロジスティクスネットワーク全体の情報に完全にアクセスし，管理でき

る単一の意思決定者に焦点を絞った．しかし，多くの実際状況では，サプライチェーンの設計と計画における重要な問題は，情報の流れを管理することである．いかに情報が異なった場所や組織の間で共有されるか，また，いかに意思決定の権限が複数のエージェントに分与されるかといったことは，サプライチェーンの性能に重要な影響を及ぼす．この効果は，産業界で観測され，種々の条件下でアカデミックな解析が行われた．これに関しては，Tayur et al. (2000)，Lee, So, and Tang (2000), Chen et al. (2000) がある．サプライチェーンの中での情報の流れと，分散した意思決定者の協調は，ごく最近の研究課題であるが，本章の範疇外である．

謝辞：本研究の一部は，ONR 契約番号 N 00014-90-J-1649，N 00014-95-1-0232 および NSF 契約番号 DDM-9322828，DMI-9732795，DMI-0134175 の支援を受けている． **（Ana Muriel and David Simchi-Levi/田村隆善）**

参 考 文 献

Aggarwal, A., J. K. Park (1993). Improved algorithms for economic lot-size problems. *Operations Research* 41, 549–571.
Agrawal, V., A. Kambil (2000). *Dynamic Pricing Strategies in Electronic Commerce*, Working paper. Stern Business School, New York University.
Ahuja, R. K., T. L., Magnanti, J. B. Orlin (1993). *Network Flows: Theory, Algorithms and Applications*, Prentice Hall, Englewood Cliffs, New Jersey.
Amiry, A., H. Pirkul (1997). New formulation and relaxation to solve a concave-cost network flow problem. *Journal of the Operational Research Society* 48, 278–287.
Anily, S., J. Bramel (1998). S. Tayur, R. Ganeshan, M. Magazine (eds.), *Vehicle Routing and the Supply Chain. Quantitative Models for Supply Chain Management*, Kluwer Academic Publishers, Boston. Chapter 6, pp. 147–196.
Arkin, E., D. Joneja, R. Roundy (1989). Computational complexity of uncapacitated multi-echelon production planning problems. *Operations Research Letters* 8, 61–66. North-Holland.
Arora, S., M. Sudan (1997). Improved low-degree testing and its applications. *Proceedings of the 29th Annual ACM Symposium on the Theory of Computing*, 485–496.
Balakrishnan, A., S. Graves (1989). A composite algorithm for a concave-cost network flow problem. *Networks* 19, 175–202.
Balakrishnan, A., T. L. Magnanti, P. Mirchandani (1997). Network design, in: M. Del'Amico, F. Maffioli, S. Martello (eds.), *Annotated Bibliographies in Combinatorial Optimization*, John Wiley & Sons, New York, pp. 311–334. Chapter 18.
Balakrishnan, A., T. L. Magnanti, A. Shulman, R. T. Wong (1991). Models for planning capacity expansion in local access telecommunication networks. *Annals of Operations Research* 33, 239–284.
Barcelo, J., J. Casanovas (1984). A heuristic lagrangian algorithm for the capacitated plant location problem. *European Journal of Operations Research* 15, 212–226.
Belobaba, P.P. (1987). Airline yield management: An overview of seat inventory control. *Transportation Science* 21, 63–73.
Bertsekas, D. (1995). *Dynamic Programming and Optimal Control*, Volume One, Athena Scientific.
Bienstock, D., S. Chopra, O. Günlük (1998). Minimum cost capacity installation for multi-commodity network flows. *Mathematical Programming Series B* 81(3-1), 177–199.

Braklow, J. B., W. Graham, S. Hassler, K. Peck, W. B. Powell (1992). Interactive optimization improves service and performance for yellow freight system. *Interfaces* 22(1), 147–172.

Bramel, J., D. Simchi-Levi (1997). *The Logic of Logistics: Theory, Algorithms, and Applications for Logistics Management*. Springer Series in Operations Research, Springer-Verlag, New York.

Caplice, C.G. (1996). *An Optimization Based Bidding Process: A New Framework for Shipper–Carrier Relationships*. Ph.D. Thesis, Massachusetts Institute of Technology.

Chan, L.M.A., A. Muriel, D. Simchi-Levi (1999). *Production/Distribution Planning Problems with Piece-Wise Linear and Concave Cost Structures*. Northwestern University.

Chan, L. M. A., A. Muriel, Z. J. Shen, D. Simchi-Levi (2002). An approximation algorithm for the economic lot sizing model with piece-wise linear cost structures. *Operations Research* 50, 1058–1067.

Chan, L. M. A., A. Muriel, Z. J. Shen, D. Simchi-Levi, C. P. Teo (2002). Effective zero inventory ordering policies for the single-warehouse multi-retailer problem with piecewise linear cost. *Management Science* 48, 1446–1460.

Chan, L.M.A., D. Simchi-Levi, J. Swann (2001). *Effective Dynamic Pricing Strategies with Stochastic Demand*. Massachusetts Institute of Technology.

Chen, Y. F., Z. Drezner, J. K. Ryan, D. Simchi-Levi (2000). Quantifying the Bullwhip effect in a simple supply chain: the impact of forecasting, lead times and information. *Management Science* 46, 436–443.

Chen, X., D. Simchi-Levi (2002a). Coordinating inventory control and pricing strategies with random demand and fixed ordering cost: The finite horizon case. Massachusetts Institute of Technology.

Chen, X., D. Simchi-Levi (2002b). Coordinating Inventory Control and Pricing Strategies with Random Demand and Fixed Ordering Cost: The Infinite Horizon Case. Massachusetts Institute of Technology.

Cook, T. (2000) Creating Competitive Advantage in the Airline Industry. Seminar sponsored by the MIT Global Airline Industry Program and the MIT Operations Research Center.

Cornuéjols, G., M. L. Fisher, G. L. Nemhauser (1977). Location of bank accounts to optimize float: An analytical study of exact and approximate algorithms. *Management Science* 23, 789–810.

Crainic, T.G., A. Frangioni, B. Gendron (2001). Bundle-based relaxation methods for multicommodity capacitated fixed charge network design problems. *Discrete Applied Mathematics*, 112, 73–99.

Crainic, T. G., G. Laporte (1997). Planning models for freight transportation. *European Journal of Operational Research* 97(3), 409–438.

Crainic, T. G., J. M. Rosseau (1986). Multicommodity, multimode freight transportation: A general modeling and algorithmic framework for the service network design problem. *Transportation Research B: Methodology* 20B, 225–242.

Crainic, T. G., J. Roy (1992). Design of regular intercity driver routes for the LTL motor carrier industry. *Transportation Science* 26(4), 280–295.

Croxton, K. L., B. Gendron, T. L. Magnanti (2000). A comparison of mixed-integer programming models for non-convex piecewise linear cost minimization problems. Publication CRT-2000-31, Centre de recherche sur les transports, Université de Montréal.

Croxton K. L., B. Gendron, T. L. Magnanti (2003). Models and methods for merge-in-transit operations. *Transportation Science* 37, 1–22.

Daskin, M. (1995). *Network and Discrete Location: Models, Algorithms and Applications*, New York, John Wiley & Sons.

DeMartini, C., A. M. Kwasnica, J. O. Ledyard, D. Porter (1999). A New and Improved Design for Multi-Object Iterative Auctions. Working paper 1054, Division of the Humanities and Social Sciences, California Institute of Technology.

Eliashberg, J., R. Steinberg (1991). Marketing-production joint decision making, in: J. Eliashberg, J.D. Lilien (eds.), *Management Science in Marketing*, Volume 5 of *Handbooks in Operations Research and Management Science*, North Holland, Amsterdam.

Erickson, R., C. Monma, Veinott, A., Jr. (1987). Send-and-split method for minimum-concave-cost network flow. *Mathematics of Operations Research* 12, 634–664.

Falk, J., R. Soland (1969). An algorithm for separable nonconvex programming problems.

Management Science 18, B378-B387.
Farvolden, J. M., W. B. Powell, I. L. Lustig (1993). A primal partitioning solution for multi-commodity network flow problem. *Operations Research* 41, 669-693.
Farvolden, J. M., W. B. Powell (1994). Subgradient methods for the service network design problem. *Transportation Science* 28, 256-272.
Federgruen, A., A. Heching (1999). Combined pricing and inventory control under uncertainty. *Operations Research* 47(3), 454-475.
Federgruen, A., C. Y. Lee (1990). The dynamic lot size model with quantity discount. *Naval Research Logistics* 37, 707-713.
Federgruen, A., M. Tzur (1991). A simple forward algorithm to solve general dynamic lot sizing models with n periods in O(n log n) or O(n) time. *Management Science* 37, 909-925.
Feige, U. (1998). A threshold of ln n for approximating set cover. *Journal of the ACM* 45(4), 634-652.
Fujishima, Y., K. Leyton-Brown, Y. Shoham (1999). Taming the Computational Complexity of Combinatorial Auctions: Optimal and Approximate Approaches. Working paper, Stanford University.
Gallego, G., G. van Ryzin (1994). Optimal dynamic pricing of inventories with stochastic demand over finite horizons. *Management Science* 40, 999-1020.
Gavish, B. (1991). Topological design of telecommunications networks-local access design methods. *Annals of Operations Research* 33, 17-71.
Gallo, G., C. Sodini (1979). Concave cost minimization on networks. *European Journal of Operations Research* 3, 239-249.
Garey, M. R., D. S. Johnson (1979). *Computers and Intractability*, New York, W.H. Freeman and Company, p. 223.
Gendron, B., T. G. Crainic (1994). Relaxations for multicommodity capacitated network design problems, publication CRT-965, Centre de recherche sur les transports. Université de Montréal, 1994.
Gendron, B., T. G. Crainic, A. Frangioni (1999). Multicommodity capacitated network design, in: B. Sansó, P. Soriano (eds.), *Telecommunications Network Planning*, Kluwer Academic Publishers, Boston, pp. 1-19.
Guisewite, G. M., P. M. Pardalos (1990). Minimum concave-cost network flow problems: applications, complexity, and algorithms. *Annals of Operations Research* 25, 75-100.
Johnson, D. S., J. K. Lenstra, A. H. G. Rinnooy Kan (1978). The complexity of the network design problem. *Networks* 8, 279-285.
Joneja, D. (1990). The joint replenishment problem: new heuristics and worst case performance bounds. *Operations Research* 38(4), 711-723.
Karp, R. M (1972). Reducibility among combinatorial problems, in: R. E. Miller, J. W. Thatcher (eds.), *Complexity of Computer Computations*, New York, Plenum Press, pp. 85-103.
Kay, E. (1998). Flexed pricing. *Datamation* 44(2), 58-62.
Kelly, F., R. Steinberg (2000). A combinatorial auction with multiple winners for universal service. *Management Science* 46(4), 586-596.
Klincewicz, J. G., H. Luss (1986). A lagrangian relaxation heuristic for capacitated facility location with single-source constraints. *Journal of the Operational Research Society* 37, 495-500.
Ledyard, J.O. (2000). A Brief History of Combined Value Auction Mechanisms: Theory and Practice. California Institute of Technology.
Ledyard, J.O., M. Olson, D. Porter, J.A. Swanson, D.P. Torma (2000). The First Use of a Combined Value Auction for Transportation Services. Working paper 1093, Division of the Humanities and Social Sciences, California Institute of Technology.
Lee, C.-Y., S. Çentikaya, W. Jaruphongsa (2000). A Dynamic Model for Inventory Lot-Sizing and Outbound Shipment Consolidation at a Third Party Warehouse. Texas A&M.
Lee, H. L., K. C. So, C. Tang (2000). The value of information sharing in a two-level supply chain. *Management Science* 46(5), 626-643.
Leibs, S. (2000). Ford heads the profits. *CFO The Magazine* 16(9), 33-35.
Leyton-Brown, K., Y. Shoham, M. Tennenholtz (2000). An Algorithm for Multi-Unit Combinatorial Auctions. *Conference Proceedings of the American Association for Artificial Intelligence*. Austin,

Texas.
Magnanti, T. L., R. T. Wong (1984). Network design and transportation planning: models and algorithms. *Transportation Science* 18, 1–55.
Melkote, S. (1996). Integrated Models of Facility Location and Network Design. Ph.D. Thesis, Northwestern University.
McGill, J. I., G. J. Van Ryzin (1999). Revenue management: research overview and prospects. *Transportation Science* 33, 233–256.
Minoux, M. (1989). Network synthesis and optimum network design problems: models, solution methods and applications. *Networks* 19, 313–360.
Mirchandani, P. B., R. L. Francis (1990). *Discrete Location Theory*, New York, John Wiley & Sons.
Muriel, A., F. Munshi (2002). Capacitated Multicommodity Network Flows with Piecewise Linear Concave Costs. Working paper, University of Massachusetts, Amherst.
Nauss, R. M. (1976). An efficient algorithm for the 0-1 knapsack problem. *Management Science* 23, 27–31.
Neebe, A. W., M. R. Rao (1983). An algorithm for the fixed-charged assigning users to sources problem. *Journal of the Operational Research Society* 34, 1107–1113.
Petruzzi, N. C., M. Dada (1999). Pricing and the newsvendor model: a review with extensions. *Operations Research* 47, 183–194.
Pirkul, H. (1987). Efficient algorithms for the capacitated concentrator location problem. *Operations Research* 14, 197–208.
Pirkul, H., V. Jayaraman (1996). Production, transportation and distribution planning in a multicommodity tri-echelon system. *Transportation Science* 30, 291–302.
Porteus, E. (1971). On the optimality of the generalized (s, S) policies. *Management Science* 17, 411–426.
Powell, W. B. (1986). A local improvement heuristic for the design of less-than-truckload motor carrier networks. *Transportation Science* 20(4), 246–257.
Powell, W. B., Y. Sheffi (1989). Design and implementation of an interactive optimization system for network design in the motor carrier industry. *Operations Research* 37(1), 12–29.
Rothkopf, M. H., A. Pekeč, R. M. Harstad (1998). Computationally manageable combinational auctions. *Management Science* 44(8), 1131–1147.
Roundy, R. (1985). 98%-Effective integer-ratio lot-sizing for one-warehouse multi-retailer systems. *Management Science* 31, 1416–1430.
Sandholm, T. (1999). An algorithm for winner determination in combinatorial auctions. *Proceedings of the Sixteenth International Joint Conference on Artificial Intelligence (JCAI)*, Stockholm, Sweden.
Sandholm, T. (2000). Approaches to winner determination in combinatorial auctions. *Decision Support Systems* 28(1–2), 165–176.
Scarf, H. (1960). The optimality of (s, S) policies for the dynamic inventory problem. *Proceedings of the 1st Stanford Symposium on Mathematical Methods in the Social Sciences*, Stanford University Press, Stanford, CA.
Shapiro, J.F. (1998). Bottom-up vs. top-down approaches to supply chain modeling, in: Tayur, Ganeshan, Magazine (eds.), *Quantitative Models for Supply Chain Management*, Kluwer Academic Publishers, Boston, pp. 737–760.
Shaw, D. X., A. P. M. Wagelmans (1998). An algorithm for single-item capacitated economic lot sizing with piecewise linear production costs and general holding costs. *Management Science* 44(6), 831–838.
Shen, Z.J., D. Simchi-Levi, C.P. Teo (2000). Approximation Algorithms for the Single-Warehouse Multi-Retailer Problem with Piecewise Linear Cost Structures. National University of Singapore.
Soland, R. (1971). Optimal facility location with concave costs. *Operations Research* 22, 373–382.
Stenger, A.J. (1994). Distribution resource planning, in: Robeson and Copacino (eds.), *The Logistics Handbook*, Free Press, New York, pp. 391–410.
Stoer, M., G. Dahl (1994). A polyhedral approach to multicommodity survivable network design. *Numerische Mathematik* 68, 149–167.
Tayur, S., R. Ganeshan, M. Magazine (2000). *Quantitative Models in Supply Chain Management*, Kluwer Academic Publishers, Boston.

Thomas, L. J. (1974). Price and production decisions with random demand. *Operations Research* 26, 513–518.

Toth, P., D. Vigo (2001). The Vehicle Routing Problem. *SIAM Monographs on Discrete Mathematics and Applications*.

Van Hoesel, C. P. M., A. P. M. Wagelmans (2001). Fully polynomial approximation schemes for single-item capacitated economic lot-sizing problems. *Mathematics of Operations Research* 26(2), 339–357.

Van Mieghem, J. A., M. Dada (1999). Price versus production postponement: capacity and competition. *Management Science* 45(12), 1631–1649.

de Vries, S., R. Vohra (2000). Combinatorial auctions: A survey. *INFORMS Journal of Computing* 15.

Wagelmans, A., S. Van Hoesel, A. Kolen, (1992). Economic lot sizing – An O(n log n) algorithm that runs in linear time in the Wagner–Whitin case. *Operations Research* 40, S145–S156 Suppl. 1, Jan–Feb 1992.

Wagner, H. M., T. M. Whitin (1958). Dynamic version of the economic lot sizing model. *Management Science* 5, 89–96.

Ward, J. A. (1999). Minimum-aggregate-concave-cost multicommodity flows in strong-series-parallel networks. *Mathematics of Operations Research* 24(1), 106–129.

Whitin, T. M. (1955). Inventory control and price theory. *Management Science* 2, 61–80.

Yaged, B. (1971). Minimum cost routing for dynamic network models. *Networks* 1, 139–172.

Zangwill, W. I. (1968). Minimum concave cost flows in certain networks. *Management Science* 14, 429–450.

第3章

サプライチェーンの設計①：

安全在庫配置とサプライチェーン構成

1. はじめに

　本章の中心課題は，サプライチェーン設計における安全在庫配置と，サプライチェーン最適構成によるサプライチェーンの総費用最小化である．本章だけでサプライチェーン設計のすべてを述べるつもりはないので，最初にサプライチェーン設計について述べている他章との関連を示しておく必要がある．また，安全在庫配置問題の論じ方を，多階層（マルチエシェロン）在庫システムを扱っている他章と関連させて述べておかなければならない．

　幅広い分野にわたる意思決定問題が，サプライチェーン設計に関して存在しており，それは大きく3つのカテゴリーに分けられる．

　第1は，伝統的なネットワーク設計問題のサプライチェーン設計への適用である．ノード選択は，設備の数と配置と規模を決定する問題に対応する．アークの選択は，配送や生産をどこで行ってどこに対して行うかを決めるという意味での，一般的なロジスティクス戦略を設定する問題に対応する．MurielとSimchi-Leviは，これらのモデルを第2章で扱っている．

　第2は，サプライチェーンの経済性だけでなく，そのトポロジーも左右する製品設計における意思決定である．理想をいえば，製品設計とサプライチェーン設計は，最良のパフォーマンスを有するサプライチェーンによって製品が市場の要求を満足するように，同時並行的に進められるべきである．第5章においてLeeとSwaminathanは，よく運用されたサプライチェーンによる製品シェア拡大を実現する方法としての，延期戦略の理解に焦点を絞った，サプライチェーンへの製品設計の影響に注目している．

　第3に，本章において筆者らは，不確実性と変動に対応するサプライチェーン設計について述べる．第4章においてBertrandは，契約のメカニズムによってだけでなく，たとえばフレキシブルな（柔軟性のある）設備とバッファー能力の双方またはどちらかをもつという手段によって，いかにしてサプライチェーンのフレキシビリティ（柔軟性）を実現させるかという一般的な問題を扱っている．本章ではこれとは全く異なる方法，つまり，安全在庫の配置によって需要の不確実性に対応することを試み

る．特に，サプライチェーン全体にわたる戦略的な安全在庫配置問題を考察する．

本章ではまた，サプライチェーンの構成方法に関する新しい設計概念を導入する．構成を決めることは，サプライチェーンの各階層・段階において部品や材料を調達する方法の選択を意味し，リードタイムや費用を変化させる選択の問題となる．たとえば，構成決定問題には，原材料供給業者（サプライヤー）の選択や物流業者の選択，技術や能力の違いをもたらす可能性のある加工方法の選択が含まれる．

本章の大部分はサプライチェーン上の安全在庫配置問題について述べているので，本章と多階層在庫システムに関する論文の中身との間には密接な関係がある．本書では，多階層在庫モデルに大きく焦点を絞っている章が3つある．すなわち，Axsäter（第10章），Song and Zipkin（第11章），Kok and Fransoo（第12章）である．これら他章で扱われているような多階層在庫システムに関する一般的な論文と，本章で焦点を絞るものとの間には，3つの違いが見出せる．

第1の相違は，本章で最も強調されているアプローチはサプライチェーン設計のための意思決定支援に関するものであり，サプライチェーンの運用に関するものではないという点である．つまりわれわれの意図しているのは，需要の不確実性を吸収するためのサプライチェーン全体の安全在庫最適配置の決定である．特に，サプライチェーン上の安全在庫最適配置箇所と，チェーン防御のための安全在庫量をいかに決定するかという問題に強い関心を抱いている．多くの多階層在庫の論文とは対照的に，サプライチェーン運用のための在庫管理方策を決定しようという意図はない．

第2の相違は，多くの多階層在庫の論文が，直列型の組立システムや配送システムのような，特定のネットワークトポロジーに焦点を絞っている点である．一般的なネットワーク構造を適用対象とする多階層在庫アルゴリズムが，KokとFransooによって第12章で述べられている．この章の目的は，現実世界におけるサプライチェーンの安全在庫配置の最適化のために設計された多階層在庫モデルを考察することである．現実世界におけるサプライチェーンのネットワークトポロジーのほとんどは組立システムでも配送システムでもないので，異なるアプローチが必要とされる．安全在庫最適配置問題のより複雑なシステムの研究を前進させるためには，単純化や，時には思い切った仮定を置くことが必要である．そのため，これらの安全在庫モデルには多階層在庫システムの論文にみられるような厳密性をいくぶん欠くことになる．しかしその結果，現実への適用において現実的な成功をおさめるという，よい面もある．

第3の相違は，ローカル（局所的）な情報とローカルな意思決定に基づく在庫管理および在庫補充による，サプライチェーン全体の在庫方策を想定している点である．他の3章ではこれとは対照的に，中央の意思決定者にサプライチェーン全段階の管理と調整をさせている．

本章の構成は次のようになる．はじめに，確率サービスモデルと保証サービスモデルと呼ばれている安全在庫配置の2アプローチについて考察する．この2つのアプローチは，安全在庫設定のためのモデル化とサプライチェーン分析に通常用いられる方

法とを比べて，興味深い対照を示している．次いで，サプライチェーンをいかにして最適に構成するのかという問題を扱う．筆者らは，オプション概念を導入し，サプライチェーンのそれぞれの段階においてリードタイムや費用を変化させる．この研究が安全在庫配置モデルの上にどのように展開されるかを示し，サプライチェーンの総費用を最小化するオプションの選択と安全在庫配置を見出す最適化モデルを述べる．最後に，研究の発展可能性についての見解とともに，この考察に対するいくつかの評価と適用可能性および実践面での価値を述べて章を締めくくる．

2. 安全在庫配置アプローチ

本節では，多階層のサプライチェーンにおいて安全在庫を最適化する2つのアプローチについて考察する．この2つのアプローチを，前提としている制約条件，モデル化とコンピュータ実装およびもたらされた結果に関して比較し，その違いを明らかにする．どちらのアプローチも，サプライチェーンをネットワークで表す方法を採用している．ネットワークのノードは，サプライチェーン上のステージに相当し，アークはステージ間の先行関係を示す．ステージはサプライチェーン上の処理や変換の活動を示している．分析の範囲とどこまで精密に分析するかによって，あるステージが製造や配送の単一工程を表したり，工程が集まって形成された組立・検査プロセスの全体を表したりすることになる．モデル作成者の選んだ詳細レベルのいかんにかかわらず，1つのステージは単一品目あるいは単一の品目グループの物の流れに対応しており，それぞれのステージは安全在庫の配置先候補となる．同一ロケーション（拠点）における別品目の安全在庫を区別する必要があるときは，ステージを別に設ける必要がある．たとえば，もし2つの製品が1つの配送センターを流れるとしたら，その配送センターにおける保管単位（stock-keeping unit：SKU）に対応するステージによってサプライチェーンマップ上の製品をそれぞれモデル化することになる．

どちらのアプローチもともに，サプライチェーン全体を通しての分散的管理を想定している．つまり，サプライチェーン上の全ステージにおける活動を管理し調整するような，中央の意思決定者は存在しない．その代わりに，安全在庫を決定する目的で，サプライチェーンの各ステージは，その上流側と下流側に隣接するステージからの情報に基づいた単純な方策によって在庫管理を行う．それゆえ，安全在庫モデルが実際に使われるようになるためには，サプライチェーン全体に共通する管理方策に変換しなければならない．この問題に関して留意しなければならないのは，サプライチェーンが分散的管理を必要としているということは，サプライチェーンの局所的な最適化を意味するものではないという点である．最適化の文脈において，モデルは分散的管理の前提条件下で，サプライチェーン全体の安全在庫費用を最小化するような安全在庫水準を求める．これを実現するためには，最適化とシステムパフォーマンス尺度の計算に用いるグローバルな情報が求められる．特に，需要情報はチェーンの中を

製品段階から原材料段階まで流れ，費用データとリードタイムデータは逆方向に流れる．

　2つのアプローチは，サプライチェーン上の各ステージ間の補充メカニズムをどのようにモデル化するかという点で異なっている．筆者らはこの2つのアプローチを，それぞれ確率サービスモデルと保証サービスモデルと呼んでいる．確率サービスモデルは，ステージ間の配送時間あるいはサービス時間を，サプライヤー側にある資材の利用可能性に基づいて変動できることを想定している．保証サービスモデルは，それぞれのステージで常に満足できるような配送時間またはサービス時間が設定できることを想定している．

　確率サービスモデルでは，サプライチェーンのそれぞれのステージは目標サービス水準を達成するのに十分な安全在庫を保持する．このような環境では，1社あるいはそれ以上の数のサプライヤーを1段階上流側にもつステージは，そのステージの補充リードタイムを決定する際に，サプライヤーが在庫で補充要求に応えられる可能性に留意しなければならない．上流側のサプライヤーはいつでも在庫を保有して需要に即応できるわけではないので，それぞれのステージは，時折，上流側からの供給の遅延を経験することになる．この確率的に発生する遅延のために，たとえ加工処理時間が一定であっても補充リードタイムもまた確率変動することになる．目標サービス水準を満たすために各ステージで必要とされる在庫水準は，そのステージの補充リードタイムによって決まる．ここで解決しなければならない課題は，あるステージが上流側に複数のサプライヤーをもち，そのサプライヤー自身も同じく上流のサプライヤーをもち，しかも確実とはいえないサプライヤーに依存しているという状況下で，補充リードタイムをいかに決定するかというものである．

　保証サービスモデルでは，それぞれのステージは顧客側のステージに対してサービスを保証する．この環境下で，サプライヤー側のステージは下流側の顧客に対してサービス時間を設定する．そして約束したサービス時間を常に守れるように十分な在庫を保有しなければならない．このモデルのカギとなる前提は，サービス時間保証を実現するために需要が制限されることを想定している点である．したがって，サービス時間保証は有限量の在庫によって実現される．これらのサービス時間保証という性質は，下流段階に対する補充リードタイムの予測可能性と確定性を保証している．そしてこのことは，下流段階がその顧客に対するサービス時間を保証できるようにする在庫計画の作成を可能にしている．ここでの課題は，顧客からのサービス要求を満たしながらサプライチェーンの総在庫を最小化するように，サービス時間選択を最適化することである．

　確率サービスモデルと保証サービスモデルはいずれも，扱いやすいモデルを作成するために思い切った仮定を要する．確率サービスモデルは，あらゆる需要条件下でシステムの振る舞いが同一であるということを想定している．すなわち，在庫が十分にあろうが欠品を起こそうが各ステージは想定範囲内の振る舞いをし，サプライチェー

ン上の需要と供給の不確実性に対処する唯一の方策は在庫であるということである．もし雑貨店のレジ係にたとえるならば，確率サービスモデルは，レジの前の行列に1人しか並んでいなくても50人並んでいても，レジ係の振る舞いが同じであることを想定している．

保証サービスモデルも同様に，思い切った仮定を置いている．保証されたサービスを提供するために，保証サービスモデルにおける安全在庫方策は需要限界によって制限された特定の需要にしか対応できないように策定されている．需要が限界を超えたとき，このモデルではシステムが特別な対応を試みることはない．基本的には，保証サービスモデルではある水準の不確実性を扱うために在庫保有がなされ，しかもこの水準を超える需要または供給の不確実性に対しては，他の対応策や戦術が用いられる．ここでも雑貨店のレジ係のたとえを使って説明しよう．もし，システムが最大処理顧客数が1時間あたり20人として設計されていたとすると，1時間あたり25人の顧客が現れたときには，このモデルでは予想外の顧客がどのようなサービスを受けるのかについて関知しない．基本的には，予定された枠内でこれらの顧客には外的手段によってサービスを提供することが仮定されている（ここで，第12章で提案されている管理のフレームワークでは，リードタイムが長引いたときには他の方策が適用されることを前提としていることを記しておく）．

以下の2項では，両研究の論文をより詳細に議論する．

2.1 確率サービスモデルのアプローチ

Lee and Billington (1993) は，Hewlett-Packard 社のデスクジェットプリンタのサプライチェーンにみられる分散サプライチェーン構造を反映した多階層在庫モデルを提出している．この研究の目標は，製造・資材マネージャーが新製品のサプライチェーン立上げにかかわる戦略的意思決定の評価に使えるモデルを作成することにある．ここではサプライチェーンを SKU ロケーションの集合としてモデル化しており，その場合，サプライチェーンの各ステージは，サービス水準目標あるいは基点在庫方策を外生変数として受け入れるものとする．サービス水準目標が与えられる場合に，単一ステージの基点在庫計算アルゴリズムが開発されており，これは近似解を求めるものであるが，扱いやすいものとなっている．単一ステージの基点在庫水準は，そのステージにおける補充リードタイムの関数であり，その補充リードタイムには製造リードタイムが含まれ，生産停止時間と部材の欠品によるランダムな遅延の影響が加味されている．Lee と Billington は，上流ステージの基点在庫方策に起因する欠品によって生ずる下流ステージのランダム遅延を示す方程式を提出することを通して，単一ステージモデルを複数ステージモデルに拡張する方法を示している．

Ettl et al. (2000) もまた，Lee and Billington (1993) の研究と，その精神においてきわめて似通ったサプライチェーン状況について考察している．Ettl et al. (2000) の単一ステージ基点在庫モデルは，ステージで参照する名目リードタイムと実際に経

験する実際リードタイムを区別する．実際リードタイムは，サプライヤーで欠品が生ずると，名目リードタイムよりも大きくなる．この論文では実際リードタイムを表す確率変数の近似式が示されている．その近似式はある瞬間にたかだか1サプライヤーしか欠品を起こさず，サービス水準目標と前提からサプライヤーごとの欠品率が決まるという仮定に基づいている．そして，欠品により発生する遅延時間の期待値の限界を示すために，サプライヤーの補充プロセスのモデルとして$M/M/\infty$モデルを用いる．各サプライヤーの欠品率をもとにした遅延の重みと名目リードタイムを関連付けて，単一ステージの実際リードタイムのモデルが与えられる．リードタイムが求められることによって，そのステージに所与のサービス水準目標を保証するための基点在庫水準が決定される．Lee and Billington (1993) が取り上げた仮定の下では，単一ステージモデルは直ちに多ステージサプライチェーンに拡張できる．サプライチェーン上の各ステージのサービス水準目標が所与であるとき，多ステージシステムのパフォーマンス分析は単一ステージ基点在庫システムの連鎖への分解を通して実際上可能になる．

パフォーマンス分析に付け加えて，Ettl et al. (2000) は，そのサプライチェーンモデルの最適化を試みている．目的関数は，仕掛在庫＋安全在庫として定義されるサプライチェーンの総在庫への投資を最小化することである．意思決定変数は各ステージの安全係数（またはサービス水準）であり，安全係数に関する目的関数の偏微分方程式を導いている．この定式化により，その結果生じる非線形計画問題を共役勾配法によって解くことができる．

Glasserman and Tayur (1995) は，Lee and Billington (1993) および Ettl et al. (2000) の研究に非常に近い状況を取り上げ，彼らの多階層モデルには能力制限を導入している．各ステージでは，生産能力の導入に基づきそれらの最小量を発注して在庫ポジションを基点在庫水準まで引き下げる，修正基点在庫方策による運用が行われる．Glasserman and Tayur (1995) の問題定式化は，Clark and Scarf (1960) のフレームワークに能力概念を付け加えて，これを引き継いでいる．最初に，ステージ在庫，生産水準，パイプライン在庫を求める再帰関数を提出している．無限小摂動法に基づいて，基点在庫水準に関する在庫所要量の導関数の推定式が導かれている．費用関数の勾配ベクトルを生成するためにこのような推定式を用いており，それにより最適基点在庫方策を見出すための勾配ベクトル探索を行うことが可能となる．

2.2 保証サービス時間のアプローチ

保証サービス時間のアプローチは，1988年に再版されたKimballの1955年の著書 (Kimball, 1988) まで遡ることができる．その論文の中でKimballは，一定範囲内で確率変動する需要に対応する基点在庫方策によって運用される，単一ステージのメカニズムについて述べている．特に，そのステージで仮定されている確定的な生産時間以外に，そのステージのサプライヤーによって提示される供給時間を表す流入サー

ビス時間と，そのステージが顧客に対して提示する供給時間を表す流出サービス時間の2つの時間を考慮している．さらに Kimball は，時期を超える需要はないことを仮定している．これらの仮定により，あるステージの基点在庫は正味補充時間（流入サービス時間＋生産時間－流出サービス時間と定義される）中の最大需要に等しくなるように設定される．

　Simpson（1958）は，直列的なサプライチェーンにおける最適安全在庫を決定するモデルを開発している．Simpson は，サービス時間の消費を通じて隣接ステージを連結するという Kimball の研究成果を自分の研究の構成要素として用いている．特に，下流側ステージの流出（あるいはアウトバウンド）サービス時間は，上流側ステージつまりサプライヤーの流入（あるいはインバウンド）サービス時間と等しいという関係を利用している．それゆえ，サプライチェーン上の最適在庫配置は，サプライチェーン内の最適サービス時間の決定を通し見出すことができる．Simpson は，直列的なサプライチェーンにおける最適サービス時間の組合せが，あるステージの流出サービス時間が0あるいは，流入サービス時間＋生産時間となるような端点の性質を満足することを証明している．在庫の観点からの最適方策とは，「オール・オア・ナッシング」方策であり，安全在庫を1つももたないか，デカップリング安全在庫を保有するかのどちらかである．デカップリング在庫を保有するとは，すなわち上流ステージから下流ステージを分離するのに十分な在庫をもつことを意味している．Simpson は，最適サービス時間を見出す手続きとして列挙を推奨している．

　Simpson はまた，限界需要プロセスについて掘り下げて説明している．限界需要はステージが体験する最大の需要を示すものというより，企業が安全在庫で対応することを望む最大需要量を反映しうるものであるといっている．この説明の下では，需要が最大需要量を示す値を超えたときには，ステージは非常手段に訴えなくてはならない．安全在庫によるのではなく，たとえば，特急処理や残業などの非常手段によってである．

　Graves（1988）は，Simpson（1958）が定式化した連続ライン問題を，DP（dynamic programming：動的計画法）問題として解くことが可能であるという見通しを示している．Inderfurth（1991），Inderfurth and Minner（1998），Graves and Willems（1996, 2000）は，Simpson の研究成果を，組立ネットワーク，配送ネットワークと全域木としてモデル化されたサプライチェーンに拡張している．いずれの場合も，最適化問題はサプライチェーン上の安全在庫の総費用を最小にするサービス時間を決定する問題になる．ここでの課題は，DP の状態空間を効率的に探索する方法を決定するという点にある．サービス時間の定義も，あるステージが上流または下流の2つ以上のステージを調べることができるように拡張されなくてはならない．複数の上流ステージが単一の下流ステージに供給する場合について，それらの論文では，下流ステージは最大サービス時間をもつ品目が到着するまで待たねばならないという仮定を置いている．単一の上流ステージが複数の下流ステージに供給する場合には，上流ステ

ージは隣接下流ステージすべてに対して同じサービス時間を適用するという仮定を置いている．

3. モデルの定式化

単一ステージの基点在庫方策は，本章の論文すべてに共通する構成要素である．それぞれのアプローチの違いは，隣接ステージがどう影響し合っているかという点と，個々のステージにおける運用に関する仮定の置き方に関係がある．本節では，保証サービスモデルと確率サービスモデルの両方で利用される，基点在庫方策から導かれる計算式とその結果として生ずる多階層問題の定式化について述べている．

本節の目標は，読者が2つのアプローチの類似点と相違点を理解できるように，2つのモデルをできる限り単純化し，それらの要点を抽出することである．文献調査の結果を改めて紹介するつもりも，それぞれのモデルの特徴を詳しく説明するつもりもない．むしろ，それぞれのアプローチの本質に光を当てる1つの完結した解説をしたいと考えている．それぞれのモデルの利用に当たって知らねばならない詳しい点や重要な事柄については，章末に掲げた文献を参照されたい．

はじめに，2つのアプローチの重要な類似点を示す．どちらのモデルも，サプライチェーン上のそれぞれのステージは基点在庫方策に従って運用される．ステージでは毎期，需要を観測して，在庫を補充するために需要量に等しい量をサプライヤーに発注する．生産能力の制約は考えない．サプライチェーン上の全ステージにとって点検の時期は共通である．需要は定常的であり，期に関して独立である．期平均 μ と標準偏差 σ をもつ．それぞれのステージは確定的な処理時間（あるいはリードタイム）によって特徴付けられ，処理時間にはそのステージでの各品目の変換に必要な時間がすべて含まれる．ステージが必要とする入力情報のすべてが収集可能である限り，処理時間には，そのステージで生じるあらゆる待ち時間，製造時間，輸送時間が含まれる．

3.1 確率サービスモデル

確率サービスモデルにおいては，各ステージはサービス水準目標を満たすように基点在庫を設定する．つまり，いかなる期においてもステージで欠品が生じないような確率に基づいて決められる上限値である．それゆえ，顧客の需要を手持ち在庫によって直接満たすことはできない．外部の顧客に対するサービス水準目標は，モデルの外生入力情報であり，通常は市場条件として示される．内部の顧客に対するサービス水準目標は，モデルがパフォーマンス評価に使われる際の入力情報であり，あるいは，モデルが最適化を目的として利用されるときの決定変数である．つまり，ステージは確率的なサービスを提供するということをいっているのである．需要オーダーは手持ち在庫があるときには直ちに満たされるが，欠品を起こしたときにはランダムな遅延

が生じる．

補充時間は，そのステージでの処理時間に上流ステージからの遅延を加えた時間となる．確率変数としてステージ j における補充時間を τ_j，定数として処理時間を L_j，確率変数としてサプライヤー i による遅れを Δ_i とすると，ステージ j における補充時間は次式で示される．

$$\tau_j = L_j + \max_{i:(i,j)\in A} \{\Delta_i\} \tag{3.1}$$

ここで，A はサプライチェーンを表すネットワークの有向アークの集合である．

最悪の場合，この遅れは最遅サプライヤーの全補充時間に等しくなる．

$$\tau_j = L_j + \max_{i:(i,j)\in A} \{\tau_i\} \tag{3.2}$$

τ_j を正確に表す式を提出することは容易ではない．サプライヤーの数を N で示すと，いずれかの期で欠品を起こすサプライヤーの組合せが，2^N-1 通り存在する．欠品を起こしているステージで，遅延がどれくらいになるかを決定するためには，最初の資材の不足がその補充プロセスのどこで発生しているかを考えることが必要である．結局，サプライヤーのサプライヤーが欠品を起こすときの，多階層分枝が存在することになる．したがって，このモデルでの分析をより扱いやすくするために，何らかの単純化が必要である．ここでは，Ettl et al. (2000) の成果におおむね基礎を置くアプローチについて述べる．

説明目的のために，1期あたりの欠品発生は最大でも1サプライヤーでしか起こらず，遅延はそのサプライヤーの処理時間に等しくなるという仮定を置く（この仮定の集合は第12章でも扱っている）．この結果，ステージ j における補充時間の期待値は次式で示される．

$$E[\tau_j] = L_j + \sum_{i:(i,j)\in A} \pi_{ij} L_i \tag{3.3}$$

ここで，π_{ij} は，ある期において，ステージ j がステージ i の欠品を引き起こす確率である．Ettl et al. (2000) は，この方程式を期待補充時間予測に用いているが，式 (3.3) において行っているようにサプライヤーの処理時間ではなく，期待遅延限界値を使っている．彼らは，サプライヤーの補充プロセスに M/M/∞ モデルを適用して，期待遅延の限界値を導いている．

ここでは，補充時間中の需要が平均 $\mu_j E[\tau_j]$，標準偏差 $\sigma_j \sqrt{E[\tau_j]}$ の正規分布に従い，基点在庫が，$B_j = \mu_j E[\tau_j] + k_j \sigma_j \sqrt{E[\tau_j]}$ で与えられることを仮定する．ただし，k_j はサービス水準目標の達成に必要な安全係数である．

式 (3.3) によって与えられる期待補充時間を決定するためには，π_{ij} を式で表さなければならない．Ettl et al. (2000) は，次のような π_{ij} の計算式を提案している．

$$\pi_{ij} = \frac{1-\Phi(k_i)}{\Phi(k_i)} \left(1 + \sum_{h:(h,j)\in A} \frac{1-\Phi(k_h)}{\Phi(k_h)}\right)^{-1} \tag{3.4}$$

ここで，k_i は，ステージ i の安全係数であり，$\Phi(k_i)$ は標準正規確率変数の累積分布関数を表している．式 (3.4) で，( ) 内の項は欠品の発生確率ないしは非発生確

率を正規化しており，式の最初の部分はステージ i のみによって生じる．

補充リードタイム中の需要が正規分布に従うという仮定の下で，Ettl *et al.* (2000) の結果を用いて，ステージ j の手持ち在庫の期待値を示す次式を得る．

$$E[I_j] = k_j \sigma_j \sqrt{E[\tau_j]} + \sigma_j \sqrt{E[\tau_j]} \int_{z=k_j}^{\infty} (z-k_j) \Phi(z) dz \quad (3.5)$$

ここで，τ_j は式（3.3）と式（3.4）で定義されたものであり，$\Phi(\ )$ は標準正規変数の確率密度関数である．初項はステージ j における期待在庫水準で，期待需要のみを考慮した基点在庫水準に等しい．手持ち在庫水準がマイナスになることは許されないので，欠品または受注残の期待値と一致する第2項を，初項に加える必要がある．

このようにして，サプライチェーン全体にわたる総安全在庫費用を表現する方法を手に入れた．ステージ j における1単位あたりの安全在庫維持費用を c_j^s によって示す．c_j^s は一般的には，ステージ j における製品の累積費用と，単位時間あたりの在庫維持費用の積により決定される．このような考え方により，確率サービスモデルの総安全在庫費用 $\mathbf{C}^{ssm}$ が次式によって求められる．

$$\mathbf{C}^{ssm} = \sum_{j=1}^{N} C_j^s \sigma_j \sqrt{E[\tau_j]} \left(k_j + \int_{z=k_j}^{\infty} (z-k_j) \Phi(z) dz \right) \quad (3.6)$$

式（3.6）は，サプライチェーンのパフォーマンス評価に用いることができる．すなわち，所与のサービス水準目標あるいは安全係数に対する，在庫所要量と在庫維持費用を計算できるようになった．また，式（3.6）を最適化のフレームワークの中にも位置付けることもできる．その場合の目標は安全在庫維持費用の最小化であり，意思決定変数はサプライチェーンの各ステージにおけるサービス水準目標，あるいはこれと等価の安全係数である．

3.2　保証サービスモデル

保証サービスモデルにおいては，顧客に約束しているサービス時間の実現を保証するために，それぞれのステージは基点在庫を設定する．すなわち，それぞれのステージは保証されたサービスあるいは配送の時間を，この約束が確実に実現できると考えている下流側の顧客に示す．外部顧客に対するサービス時間は，確率サービスモデルにおけるサービス水準目標と同様に，外生的な入力情報である．内部顧客に対するサービス時間は，モデルをパフォーマンス評価に用いるか最適化に用いるかによって，入力情報あるいは意思決定変数のどちらにもなりうる．

すでに述べたように，保証サービスモデルも限界需要プロセスを仮定する．ステージ j にサービス時間の約束を保証する t 期の連続する期間中の最大需要を表す関数 $D_j(t)$ を指定する．需要の時系列が，$D_j(t)$ で与えられる需要限界内に常におさまる限り，サービス時間の約束を満たす基点在庫がステージ j において設定される．典型的な適用例では，確率サービスモデルと同じように，ステージ j における実需要は期平均 μ_j と標準偏差 σ_j をもつ正規分布に従うと仮定する．したがって，需要限界は

通常，次のように設定される．
$$D_j(t) = t\mu_j + k_j \sigma_j \sqrt{t}$$
ここで，k_j は所与の安全係数である．需要が需要限界を超えるときは，システム内の安全在庫はサービス時間を保証する量として十分ではない．例外的な需要の場合，需要に応じられるように例外的な手段によって安全在庫を増加する．あるいは，需要限界を超える量を損失として見なすか，外部調達により対応する．

保証サービスモデルにおいては，ステージの補充時間が基点在庫の所要量を導くのではなく，正味の補充時間が重要である．正味の補充時間を理解するために，まずサービス時間の概念を定義する．サービス時間とは，下流側ステージが上流側ステージに発注を行った時点から，上流側ステージによって資材が下流側ステージまで配送されて加工可能となる時点までの総経過時間である．サプライチェーン上の各ステージは，下流側ステージ（顧客）に対してサービス時間を提示し，上流側ステージ（サプライヤー）からサービス時間が提示される．ステージ j が，流出サービス時間としてその顧客に示すサービス時間を s_j^{out} で記し，ステージ j の流入サービス時間を s_j^{in} で記す．ステージ j は，すべての要求入力を受け取るまでは加工を開始できないので，ステージ j の流入サービス時間はそのサプライヤーの流出サービス時間によって次式のように示すことができる．
$$s_j^{in} = \max_{i:(i,j)\in A} \{s_i^{out}\} \tag{3.7}$$
それゆえ，保証サービスモデルにおけるステージ j の補充時間は次式で示される．
$$\tau_j = s_j^{in} + L_j \tag{3.8}$$
（仮定により）サービス時間と処理時間はともに確定的な定数であるので，このモデルの補充時間もまた確定的なものとなる．ステージ j の正味補充時間は，補充時間からそのステージの流出サービス時間を引いた値，つまり，$s_j^{in} + L_j - s_j^{out}$ となる．このモデルでは，以下に示すように，正味補充時間中の最大需要に対応できる基点在庫をそれぞれのステージに設定する．

各ステージ j は，時刻 0 において初期在庫 $I_j(0) = B_j$ をもつものとする．保証サービスの仮定とサービス時間の定義により，時刻 t における在庫 $I_j(t)$ は次式によって示される．
$$I_j(t) = B_j - \sum_{v=0}^{t-s_j^{out}} d_j(v) + \sum_{w=0}^{t-L_j-s_j^{in}} d_j(w) \tag{3.9}$$
ここで，$d_j(t)$ は期間 t における需要を示す．t 期において，ステージ j は $t-L_j-s_j^{in}$ 期に受けた補充オーダーを完成させて在庫に追加する．同様に，t 期においてステージ j は $t-s_j^{out}$ 期に受けた顧客からの補充オーダーに応じなくてはならない．式(3.9) は，次のように簡略化される．
$$I_j(t) = B_j - \sum_{v=t-L_j-s_{j+1}^{in}}^{t-s_j^{out}} d_j(v) \tag{3.10}$$
サービス時間保証を満たすために，手持ち在庫が一時期もマイナスにならないように

基点在庫 B_j を設定する必要がある．つまり，次式が求められる．

$$B_j \geq \sum_{v=t-L_j-s_{j+1}^{in}}^{t-s_j^{out}} d_j(v) \tag{3.11}$$

簡単にいえば，基点在庫は正味補充時間の間の考えられうる最大需要に等しい（あるいは超える）ことが必要である．しかし，限界需要プロセスの仮定により，$B_j = D_j(s_j^{in}+L_j-s_j^{out})$ と設定することができ，式 (3.11) が満たされる．

説明のために，前述した需要限界を仮定する．そして，初期在庫として $B_j = (s_j^{in}+L_j-s_j^{out})\mu_j + k_j\sigma_j\sqrt{s_j^{in}+L_j-s_j^{out}}$ を設定する．すると，ステージ j における手持ち在庫の期待値は，次式のようになることが直ちにわかる．

$$E[I_j] = k_j\sigma_j\sqrt{s_j^{in}+L_j-s_j^{out}} \tag{3.12}$$

式 (3.12) は，サプライチェーンに与えられたサービス時間に応じた在庫所要量の決定に利用できる．また，この式を最適サービス時間を求める最適化に利用することも可能である．最適化に用いる目的関数 $\mathbf{C}^{\text{gsm}}$ は，次式に示す総安全在庫維持費用が考えられる．

$$\mathbf{C}^{\text{gsm}} = \sum C_j^s k_j \sigma_j \sqrt{s_j^{in}+L_j-s_j^{out}} \tag{3.13}$$

最適化モデルにおいては，流入サービス時間と流出サービス時間に関する制約式 (3.7) と正味補充時間が負の値をとらないという制約の下で，サプライチェーン上の各ステージのサービス時間を意思決定変数として，式 (3.13) に示された目的関数を最小化する．

4. 重工業製品と梱包消費財製品の例

本節では，2つの事例に前述した2つの安全在庫配置アプローチを適用する．これには二重の意味がある．第1のものは，これらのアプローチの異なった産業への適用可能性を示すことである．Lee and Billington (1993), Ettl *et al.* (2000), Graves and Willems (2000) らの示した事例は，いずれもハイテク業界についてのものであった．ここでは，それとは異なる2業種，つまり重工業製品と梱包消費財製品の事例を示すので，それぞれのサプライチェーンの特徴と最適化ソリューションの構造の違いが明らかにされるであろう．第2の目的は，2つのアプローチの結果がどのように異なるかを示して，これらのモデルを使用する意味について論じることである．

4.1 ブルドーザーの組立・製造

本項では，ブルドーザーの組立と製造工程について述べる．図3.1 はブルドーザーのサプライチェーンのステージを示している．

ブルドーザーは，3種類の主要な作業を経て組み立てられる．共通サブ組立の段階プでは，トランスミッション，ドライブトレイン，ブレーキシステムがケースとフレームに組み付けられる．次にメイン組立で，シャシーとエンジンが共通サブ組立に取

り付けられる．最終組立では，キャタピラーとサスペンションが取り付けられる．実際のサプライチェーンマップは，図3.1に示されたステージ以外にも1000を超えるステージから構成されている．サプライチェーンの概略を表すために多くのステージをまとめて表したにもかかわらず，その構造はブルドーザーの製造工程と順序を正確に表現している．さらに，サプライチェーンの構造に関して2つの大きな単純化が行われている．その第1は，カスタマイゼーション工程をこの分析から除いていることである．実質的に，われわれのモデルでは，ブルドーザーはディーラーで保管されている間にカスタマイゼーションが行われるものとしている．第2に，ブルドーザーの

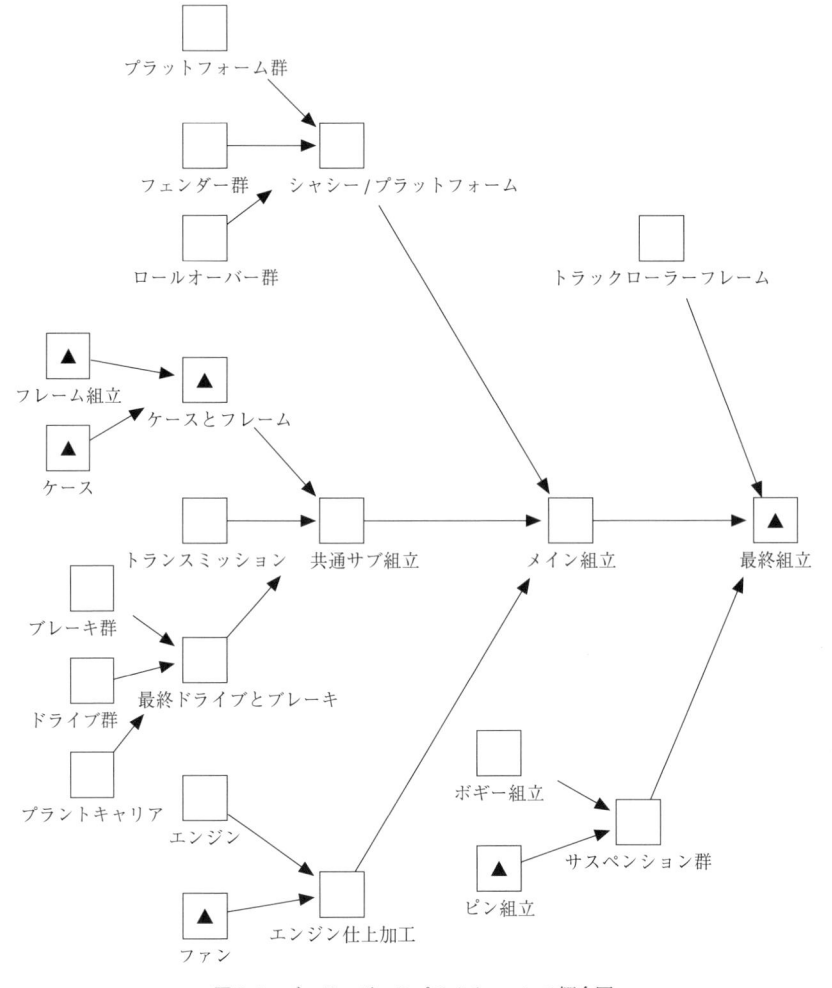

図3.1 ブルドーザーサプライチェーンの概念図

第3章 サプライチェーンの設計①：安全在庫配置とサプライチェーン構成

バリエーションをすべて含めるところまではモデル化していない．異なるバリエーションを追加すると複雑さが増してもはやネットワークは全域木でなくなり，Humair and Willems（2003）が示したようなソリューション技術が必要になるからである．表 3.1 は，サプライチェーン各ステージの費用と名目リードタイムを示している．

累計製造費用は，共通サブ組立が完了した時点で，すでに 28990 ドルに達している．シャシー/プラットフォームとエンジンサブコンポーネントはそれぞれ，7095 ドルと 9250 ドルずつ製品コストを上昇させており，最終組立完了までのブルドーザーの総費用は 72600 ドルとなる．リーン生産戦略によりリードタイムは製品の複雑さが制限されてきわめて小さく抑えられている．需要の日あたりの平均は 5 で，標準偏差は 3 である．年間稼働日を 260 日とし，年間の総売上中に占める製造費用は 9438 万ドルである．在庫維持費用を計算する際に用いる会社の年間資本費用率は 30% である．

保証サービスモデルでは，需要の 95% 点に相当するように限界需要を設定し，安全係数が $k=1.645$ となる．図 3.1 は，保証サービスモデルによって求められた最適安全在庫配置を示している．▲を付けたステージで，安全在庫が保有される．ネット

表 3.1　ブルドーザーサプライチェーンのパラメータ

ステージ	名目リードタイム	ステージあたりの費用（ドル）
ボギー組立	11	575
ブレーキ群	8	3850
ケース	15	2200
ケースとフレーム	16	1500
シャシー/プラットフォーム	7	4320
共通サブ組立	5	8000
エンジン仕上加工	10	4100
ドライブ群	9	1550
エンジン	7	4500
ファン	12	650
フェンダー群	9	900
最終組立	4	8000
最終ドライブとブレーキ	6	3680
フレーム組立	19	605
メイン組立	8	12000
ピン組立	35	90
プラントキャリア	9	155
プラットフォーム群	6	725
ロールオーバー群	8	1150
サスペンション群	7	3600
トラックローラーフレーム	10	3000
トランスミッション	15	7450

ワークは 22 のノードと 21 のアークから構成されているので，Graves and Willems (2000) のアルゴリズムによって最適化できる．その結果求められた最適サービス時間と安全在庫維持費用が，表 3.2 に示されている．

最適在庫方策は，保証サービスモデルにおいてよくみられるデカップリング方策のこの最適配置に関しては明確に説明していない．最終組立には大量の安全在庫が存在しており，それは会社の配送部門に迅速なサービスを提供するために必要とされるものである．最終組立の安全在庫は，ステージの 28 日間という正味補充時間中の需要変動に対応するために大きくなっている．その他の大部分のステージでは，安全在庫は存在しない．例外は，いくつかの長リードタイムをもつステージである．そこでは，28 日という正味補充時間から最終組立を守るために安全在庫が保有されている．合計すると，サプライチェーンの総安全在庫維持費用は，633000 ドルになる．

ソリューションをよりよく理解するために，最適化を再び持ち出したが，それは共通サブ組立工程のサービス時間を 0 にして安全在庫を保有するという制約条件を伴った場合である．演繹的に考えると，そこがチェーンを切り離す論理的なポイントであると思われるために，それが最適解でなくても，共通サブ組立ステージに安全在庫を保有することがよい結果をもたらすかどうかについて関心が寄せられる．最適化の結

表 3.2　保証サービスモデルにおける最適サービス時間と安全在庫費用

ステージ	最適サービス時間	ステージの安全在庫費用（ドル）
ボギー組立	11	0
ブレーキ群	8	0
ケース	0	12614
ケースとフレーム	15	6373
シャシー/プラットフォーム	16	0
共通サブ組立	20	0
エンジン仕上加工	20	0
ドライブ群	9	0
エンジン	7	0
ファン	10	1361
フェンダー群	9	0
最終組立	0	607969
最終ドライブとブレーキ	15	0
フレーム組立	0	3904
メイン組立	28	0
ピン組立	21	499
プラントキャリア	9	0
プラットフォーム群	6	0
ロールオーバー群	8	0
サスペンション群	28	0
トラックローラーフレーム	10	0
トランスミッション	15	0

果によれば，シャシー/プラットフォーム工程とエンジン仕上加工工程がともに，値が0のサービス時間をとり，それゆえにデカップリングポイントになることがわかった．しかし，年間安全在庫維持費用は10％近く上昇して，633000ドルから693000ドルになる．ハイテク製品のサプライチェーンで体験したこととは対照的に，この事例は，コンポーネントがきわめて高価であって，リードタイムが相対的に短いために，ローカルなデカップリングポイント設定が不経済なものになっていることを示している．

　ステージごとの許容サービス目標範囲を決定することにより，確率サービスモデルの分析を始める．保証サービスモデルの説明との一貫性を保つために，最終組立ステージにおける95％のサービスレベルを，再度仮定する．他のステージにとっては，サービスレベルは，設定されているものか，最適化において意思決定変数として扱われるパラメータである．そのサービス水準の結果は，期待補充時間の計算式（3.3）の仮定との間で一貫性を保つ必要がある．とりわけ，次のような仮定が必要とされる．すなわち，それぞれのステージに対してたかだか1つの供給ステージしか，いずれの期においても欠品を起こさないという仮定である．この仮定を実現可能なものとするために，ある期において2つ以上の供給ステージが欠品を起こす確率の上限値，具体的には，10％を設定する．それゆえ，サービス水準の選択範囲は，欠品を起こすサプライヤーが2つ以上になる確率が10％以上にならないように制限される．

　ブルドーザーのサプライチェーンにおいては，ステージは1〜3社のサプライヤーをもっている．3社のサプライヤーをもつステージの場合，サービス水準の下限値80％をそれぞれのサプライヤーに課す．2社のサプライヤーをもつステージの場合，サービス水準の下限値68％をそれぞれのサプライヤーに課す．これらの下限値が正しいことの証明として，サプライヤーの欠品が独立に起こることを仮定して，たかだか1社のサプライヤーしか欠品を起こさないという確率90％を実現するようにサービス水準の下限値が設定される．確率サービスモデルの実施が最良の方策であるとは断言できず，むしろモデルの構築を可能とし，本章の目的も与えているその仮定に基礎を置くモデルの利用が合理的な方策であると考えられる．最後に，単一サプライヤーの場合のサービス水準の下限値68％を用いる．

　表3.3は，各ステージのサービス水準を下限値に設定した場合の，確率サービスモデルの結果を報告する．表には，ブルドーザーのサプライチェーンにおける，期待リードタイムと安全在庫の年間維持費用が示されている．これが，この事例における確率サービスモデルの最良解である保証はない．しかし，大規模なグリッドサーチをサービス水準について実施した結果，サービス水準の下限が常に収束していることが見出されている．

　予測どおり，全ステージは期待リードタイムを実現するのに十分な安全在庫を保有している．パーセンテージ基準で，2つのタイプのステージが名目タイムと大きく異なる予測リードタイムをもっている．第1のタイプは，短い名目リードタイムをもつ

表 3.3 確率サービスモデルにおける名目および期待リードタイム

ステージ	名目リードタイム	サービス水準(%)	期待リードタイム	ステージの安全在庫維持費用（ドル）
ボギー組立	11	68	11.00	1160
ブレーキ群	8	80	8.00	9342
ケース	15	68	15.00	5181
ケースとフレーム	16	80	24.24	18184
シャシー/プラットフォーム	7	80	10.29	19521
共通サブ組立	5	80	10.29	79764
エンジン仕上加工	10	80	14.61	30328
ドライブ群	9	80	9.00	3989
エンジン	7	68	7.00	7240
ファン	12	68	12.00	1369
フェンダー群	9	80	9.00	2316
最終組立	4	95	7.57	299472
最終ドライブとブレーキ	6	80	9.71	24693
フレーム組立	19	68	19.00	1604
メイン組立	8	80	11.14	164194
ピン組立	35	68	35.00	324
プラントキャリア	9	80	9.00	399
プラットフォーム群	6	80	6.00	1524
ロールオーバー群	8	80	8.00	2791
サスペンション群	7	80	18.15	15589
トラックローラーフレーム	10	80	10.00	8139
トランスミッション	15	80	15.00	24754

ステージである．最終組立はこの種類のステージの例である．第2のタイプは，長い名目リードタイムをもつサプライヤーを有するステージである．サスペンション群は，この種のステージの例である［訳注：表3.3によれば，最終組立のリードタイムは長く，サスペンション群のリードタイムは短いので，本文の記述と矛盾している］．

最終組立の安全在庫は保証サービスモデルの場合と比べて十分に少なくなっているのに対し，全確率サービスモデルの場合の総在庫維持費用はおよそ12%も多くなっている．確率サービスモデルにおいては，安全在庫はサプライチェーン内需要の変動性を吸収する唯一の方策である．保証サービスモデルにおいては，安全在庫は需要変動性を限界需要まで対応するよう設定されている．さらにこのモデルでは，需要が限界需要を超えたときに特急処理と残業を含む他の抑止策を利用することが仮定されている．保証サービスモデルは他の抑止策の費用を取り上げないので，2つのモデルの間の相違を理解する際，抑止策として安全在庫のみを用いて，他のオペレーション戦術に使用しないという利点を考慮すべきである．図3.2は，それぞれのモデルの2つの異なったタイプに関する外部顧客へのサービス水準関数としての，総年間安全在庫維持費用を示している．

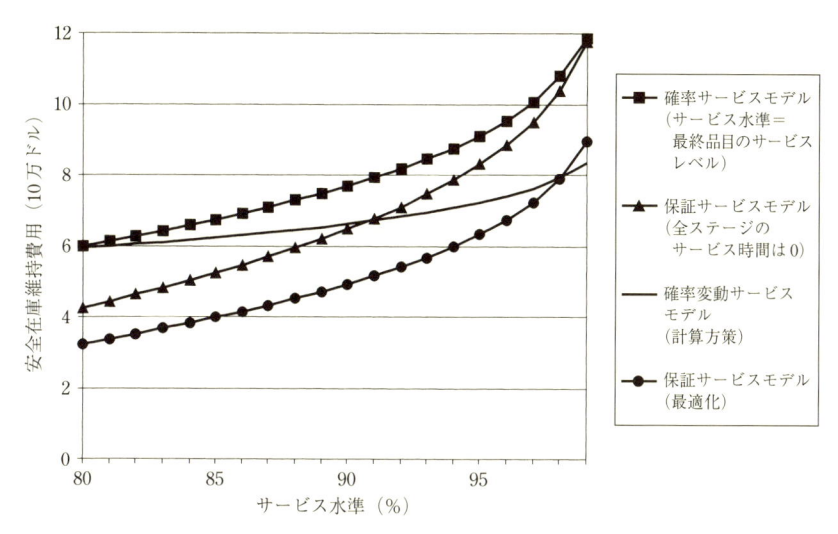

図3.2 ブルドーザーサプライチェーンにおけるサービス水準の関数としての安全在庫維持費用

　上の2本の曲線は，それぞれのモデルの基本ケースと考えられる結果を示している．確率サービスモデルでは，それぞれのステージは最終組立のサービス水準と同じサービス水準が保たれている．保証サービスモデルでは，それぞれのステージはサービス時間として0を仮定している．両モデルとも，基本ケースでは各ステージをサプライチェーン上の他のステージと分離するために必要とされる量の安全在庫が保有される．極端に高いサービス水準に対してはほとんど違いはないが，このことはそれぞれのモデルに置かれている仮定を考えれば驚くべきことではない．確率サービスモデルにおいてはサプライヤーがもたらす遅延によって補充時間が長くなるという事実に基づき，サービス水準の低下とともに両モデル間での費用の相違が大きくなる．この事例では，多くのステージでの補充時間の増加が，ステージの在庫所要量に大きな影響を及ぼしている．これは，高価な製品が相対的に短い名目リードタイムをもつために引き起こされた結果である．下の2本の曲線は，最良の在庫方策は確率サービスモデルであり，最適な在庫方策は保証サービスモデルであるということを示している．2つの方策の違いを考慮することにより，マネージャーは在庫以外の抑止策を用いる費用を決めることができる．たとえば，95％サービス水準における費用差は8万ドルであるが，85％サービスではその違いは224000ドルとなる．表3.4に，それぞれ4方策の違いを示す数値が示されている．

　表3.4はまた，適正な限界需要の設定にも役立つ．これらの計算により，安全在庫維持費用と，需要を満たすためにとられる特急処理や外注などの他の戦術とのトレードオフを評価することが可能になる．もし，これらの他の戦術の方が高水準の安全在庫保有よりも安価であれば，財政的な判断に基づき95％ないしそれ以下の需要の

表 3.4 ブルドーザーサプライチェーンにおけるサービス水準の関数としての安全在庫維持費用

サービス水準(%)	確率サービスモデル (サービス水準＝最終品目のサービス水準)	保証サービスモデル (全ステージのサービス時間は 0)	確率サービスモデル (計算方策)	保証サービスモデル(最適化)
80	596618	425062	593788	323743
81	611063	443382	599044	337697
82	625931	462306	604532	352110
83	641281	481902	610279	367035
84	657215	502252	616330	382534
85	673780	523452	622711	398680
86	691037	545616	629459	415562
87	709091	568885	636623	433284
88	728073	593428	644268	451977
89	748150	619459	652469	471803
90	769527	647249	661322	492969
91	792481	677150	670952	515742
92	817409	709633	681531	540483
93	844880	745350	693297	567686
94	875651	785240	706570	598068
95	911043	830735	721877	632719
96	953156	884186	740048	673429
97	1006022	949896	762629	723477
98	1078523	1037248	792955	790007
99	1185142	1174924	836583	894866

実現に応じるだけの安全在庫方策が選択されよう．

4.2 電池製造と配送

図 3.3 は，電池製造ラインのサプライチェーンの概要を示している．このサプライチェーンは，3 つの地域でそれぞれ異なった 3 通りの包装形態をとって販売されている，同サイズの電池の製造工程と包装工程を表している．サプライチェーンのこの設定において電池製造ステージは，AAA, AA, C, D のような単一サイズの製造を行うステージを示している．電池サイズは 1 つのバルク製造設備でつくられる．それら完成した電池は特定のパッケージを生産する 3 つのロケーションへ送られる．たとえば，最終品目 SKU を構成するパッケージは，梱包本数やパッケージの図柄，RFID (radio frequency identification) タグ［訳注：いわゆる IC タグのこと］やハンガーやバーコードや値札を付けたかどうかによって分類される．それぞれの SKU は，地方市場に配送するために，アメリカ国内にある 3 つの配送センター (distribution center：DC) に送られる．各ステージの名目リードタイムと直接費用は，表 3.5 に示されている．この表は，日用品のビジネス特性をよく表している．資材は比較的短いリードタイムを有し，品目ごとの費用は非常に小さい．ブルドーザーの累積費用が

第3章 サプライチェーンの設計①：安全在庫配置とサプライチェーン構成

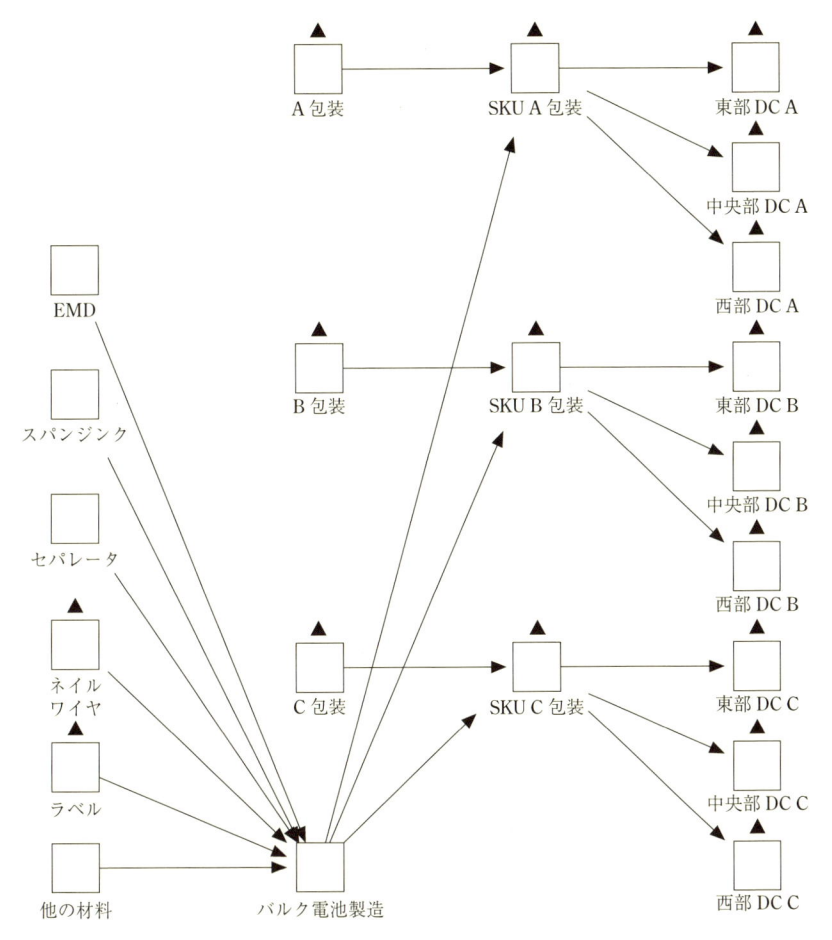

図 3.3 電池サプライチェーンの概念図

72600 ドルもあったのに対して，電池 1 単位の総費用は 1 ドルにも満たない．実際，資材費用と電池包装費用は電池費用と同じオーダーになっている．

会社の在庫維持費用率は 25%である．1 日あたりの需要パラメータは表 3.6 に示されている．年間 260 日稼働を仮定すると，年間販売費用の期待値は 53569000 ドルになる．1 日あたりの需要は大きく変動し，ある例では変動係数が 2 以上になることがわかっている．1 つの DC における 1 つの SKU の日あたり需要は，正規分布でうまく表せないことがわかっている．それにもかかわらず，それぞれのモデルにおいて，1 つのステージの補充リードタイム中の需要を正規分布と仮定している．これは名目リードタイムを範囲で与えるよりも妥当性があると考えられたためである．さらに，

すべての上流ステージについては、いくつかの地域と、包装を除くすべてのSKUの需要が求められている。それゆえ、正規分布の仮定は、当面する目的に適ったものと思われる。

保証サービスモデルでは、需要プロセスの95%点に対応する限界需要をこの事例の場合も設定する。図3.3は、保証サービスモデルによって最適化された安全在庫配

表3.5 電池サプライチェーンのパラメータ

ステージ	名目リードタイム	ステージあたりの費用（ドル）
バルク電池製造	5	0.07
中央部DC A	6	0.02
中央部DC B	6	0.01
中央部DC C	4	0.01
東部DC A	4	0
東部DC B	4	0.01
東部DC C	4	0.01
EMD	2	0.13
ラベル	28	0.06
ネイルワイヤ	24	0.02
他の材料	1	0.24
SKU A 包装	11	0.07
SKU B 包装	11	0.12
SKU C 包装	9	0.24
A 包装	28	0.16
B 包装	28	0.24
C 包装	28	0.36
セパレータ	2	0.02
スパンジンク	2	0.05
西部DC A	5	0.01
西部DC B	8	0.03
西部DC C	6	0.06

表3.6 電池サプライチェーンの需要情報

ステージ	需要の平均	需要の標準偏差
中央部DC A	43422	67236
中央部DC B	16350	39552
中央部DC C	5536	11213
東部DC A	67226	109308
東部DC B	15765	34079
東部DC C	6416	14125
西部DC A	65638	119901
西部DC B	10597	23277
西部DC A	3519	6576

置を示している．▲は，そのステージが安全在庫を保有していることを意味している．サービス時間の最適化の結果は，表3.7に表示されている．ここで興味深い結果が示されている．バルク製造設備では安全在庫を保有せず，その代わりに，3つの包装ロケーションがサプライチェーンのデカップリングポイントになっている．直観的に，包装ロケーションが3つのDCの需要変動を吸収するとともに，バルク製造工場からのリードタイム中需要の変動を吸収する能力があることがわかる．これは，バルク工場で在庫を保有するよりも，地方のDCがそこのリードタイムだけでなく，包装リードタイム分に対応する安全在庫を保有することが費用効率において優れていることを意味している．最適化年間安全在庫維持費用は，853000ドルである．

確率サービスモデルでは，各地域DCのSKUについてそれぞれ95％のサービス水準目標を設定する．ブルドーザーの例と同じように，各サプライヤーによって決まるサービス水準の下限値を前提とする．つまり，下限値はサプライヤーの数によって決まることになる．電池のサプライチェーンでは，6社のサプライヤーがバルク電池製造工場に供給している．1つの期においてたかだか1つのステージしか欠品を起こさないという確率である90％を維持するために，サプライヤーのそれぞれは少なくと

表3.7 保証サービスモデルによる最適サービス時間

ステージ	サービス時間	ステージの安全在庫維持費用（ドル）
バルク電池製造	7	0
中央部 DC A	0	56889
中央部 DC B	0	38245
中央部 DC C	0	11066
東部 DC A	0	73716
東部 DC B	0	26907
東部 DC C	0	13940
EMD	2	0
ラベル	2	23361
ネイルワイヤ	2	7163
他の材料	1	0
SKU A 包装	0	251253
SKU B 包装	0	94741
SKU C 包装	0	37573
A 包装	7	52953
B 包装	7	25852
C 包装	7	13022
セパレータ	2	0
スパンジンク	2	0
西部 DC A	0	91507
西部 DC B	0	26531
西部 DC C	0	8279

も91%のサービス水準を維持する必要がある。バルク電池はそれぞれの包装ロケーションで包装資材と合体される。包装ロケーションに対するこれら2つの入力についてサービス水準の下限値68%を設定する。3つの包装ロケーションはそれ自身が最終製品ロケーションであるので,包装ロケーションと9つのDC-SKUの対はいずれも顧客サービス水準と等しいサービス水準95%を設定する。ここで再び,確率サービスモデルの最良解が,各ステージについてサービス水準をその下限に設定することが見出される。表3.8には,電池サプライチェーンの名目リードタイムおよび予測リードタイムが示されている。

パーセンテージ基準でみると,バルク製造ステージと3つの包装ステージは,名目リードタイムと予測リードタイムの間の差が最も大きい。これは,これらのステージで1つかそれ以上の数の大きな名目リードタイムをもつサプライヤーをもっていることによる。確率サービスモデルの場合の総安全在庫維持費用は,927000ドルとなる。

異なった抑止策がこのサプライチェーンで演じる役割について考えるために,図3.4に最終品目についてのサービス水準に対する2つのモデルの費用を示している。保証サービルモデルについては,すべての最終品目のサービス水準を変えても,最適

表3.8 確率変動サービスモデルにおける予測リードタイムと安全在庫維持費用

ステージ	名目リードタイム	サービス水準(%)	予測リードタイム	ステージの安全在庫維持費用(ドル)
バルク電池製造	5	68	8.66	54467
中央部 DC A	6	95	6.55	60191
中央部 DC B	6	95	6.55	40465
中央部 DC C	4	95	4.32	11649
東部 DC A	4	95	4.55	79616
東部 DC B	4	95	4.55	29060
東部 DC C	4	95	4.32	14674
EMD	2	91	2.00	11799
ラベル	28	91	28.00	20375
ネイルワイヤ	24	91	24.00	6288
他の材料	1	91	1.00	15402
SKU A 包装	11	95	19.00	261404
SKU B 包装	11	95	19.00	98568
SKU C 包装	9	95	17.00	39220
A 包装	28	68	28.00	25117
B 包装	28	68	28.00	12263
C 包装	28	68	28.00	6177
セパレータ	2	91	2.00	1815
スパンジンク	2	91	2.00	4538
西部 DC A	5	95	5.55	97628
西部 DC B	8	95	8.55	27775
西部 DC C	6	95	6.32	8606

第3章 サプライチェーンの設計①：安全在庫配置とサプライチェーン構成

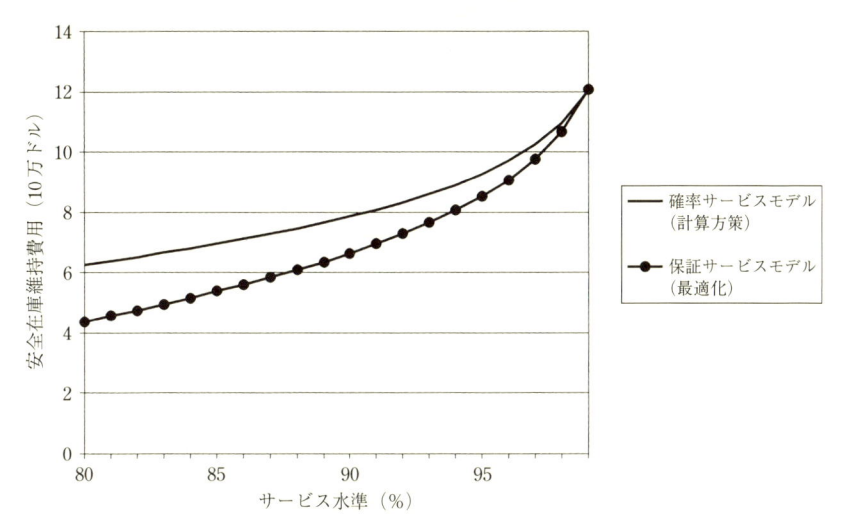

図3.4 電池サプライチェーンにおけるサービス水準の関数としての安全在庫維持費用

表3.9 電池サプライチェーンにおけるサービス水準の関数としての安全在庫維持費用

サービス 費用(%)	確率サービスモデル (計算方策)	保証サービスモデル (最適化)
80	627155	436454
81	639637	455266
82	652624	474696
83	666184	494818
84	680421	515713
85	695400	537481
86	711203	560239
87	727950	584132
88	745791	609333
89	764911	636061
90	785539	664596
91	807974	695298
92	832635	728652
93	860105	765326
94	891159	806285
95	927098	853000
96	969960	907883
97	1023570	975355
98	1096198	1065047
99	1201556	1206414

方策の構造は変わらない．確率サービスモデルでは，9つのDCと3つの包装ロケーションで，現状の最終品目サービス水準と等しくなるようにサービス水準とは変わっており，他のすべてのステージのサービス水準は表3.8の水準を維持している．安全在庫維持費用は，図3.4に示され，表3.9に数値が記されている．確率サービスモデルの場合に，需要の全範囲に対応するために安全在庫という手段によって追加させた費用は，両者の費用の差異に表れている．

5. サプライチェーンの構成

Lee and Billington（1993），Ettl et al.（2000），Graves and Willems（2000）は，サプライチェーン安全在庫の最適化を取り扱った事例を報告している．これらの事例では，実際に在庫水準を最適化した場合の経営効果が算定されており，安全在庫維持費用の20〜25%が削減されている．しかし，この最適化はネットワーク配置，主要費用，リードタイムなどのパラメータが決定された，つまりサプライチェーンのほとんどの意思決定がなされた後に，行われている．実際，これらのモデルは実在するサプライチェーンに適用されたため，安全在庫をあるステージに配置するかどうか，その量をどうするかという選択が許されたにすぎない．

第2章で，MurielとSimchi-Leviがネットワーク設計問題としてサプライチェーン設計問題のある範疇を取り上げて考察している．多くのネットワーク設計問題が目指していることは，企業の全生産ラインを対象として製造/配送ネットワークの最適化を行うことである．最も一般的なアプローチは，設備と主要製品群のそれぞれについてと固定費と変動費を取り扱う大規模な混合整数線形計画問題を定式化することである．固定費は通常，投資と設備の運転開始と運用のための経営費の両方あるいはそのどちらかに，あるいは製品群の設備への割当に関連している．変動費は，製造，調達，配送にかかる費用だけではなく，ネットワーク設計に依存する関税や税金の一部として含まれる．ネットワーク設計は，多品種のサプライチェーンの主要な2〜3の階層に限って行われている．その性質のゆえに，ネットワーク設計問題は2〜5年に1回の割合で解かれることが多い．

本節では，サプライチェーンのネットワーク設計完了後に発生する別のタイプのサプライチェーン設計問題を考察する．これらの意思決定では，サプライチェーンの総費用で決定される．この費用は，販売製品費用（cost of good sold：COGS）と定義するものに加えて，パイプライン在庫と安全在庫の維持費用から構成される．たとえば，前述したブルドーザーのサプライチェーンでは，サプライチェーンの総費用は，年間COGS 9438万ドルに加えて年間パイプライン在庫維持費用2007000ドルと年間安全在庫維持費用633000ドルから構成される．電池のサプライチェーンでは，ほぼ匹敵する額の年間COGS 55364000ドルとパイプライン在庫費用942000ドルと安全在庫の年間維持費用の853000ドルから構成される．どちらの例でも，COGSは総在

庫維持費用に比べて桁違いに大きく，パイプライン在庫維持費用は安全在庫維持費用を上回っている．

企業が始めるサプライチェーンのすべてに関して，ネットワーク設計の後に行われ，ネットワークの各ステージの構成を決める一連の意思決定が存在する．特にこれらの意思決定の結果は，リードタイムやステージの費用を含むステージの運用パラメータを決定するカギとなる．そして，これらの意思決定はサプライチェーンの総費用を決定する．たとえば，企業は部品を国内から調達するか海外から調達するかを決定しなければならない．企業は，製造設備を1つの製造ラインで専用させるか，汎用的な製造ラインで使用するかの決定をしなければならない．また，製品を配送チャネルへ移動させる輸送方法も決定しなければならない．これらの意思決定は，安全在庫維持費用以上に大きな影響を及ぼす．それらはまた，販売製品費用，パイプライン在庫維持費用，品質費用，市場投入スピード費用に影響を及ぼす．

これらの意思決定に関して，サプライチェーン構成問題と呼ぶ概念を導入する．この問題には，製品設計がすでに終わり，サプライチェーンネットワークの形が決まっている新製品のサプライチェーンをいかに構成するか，つまり，サプライチェーンの各ステージについて，サプライヤー，部品，工程，輸送方法を決定することである．各ステージにおいて，1セットのオプションがある．それは，リードタイムと直接費を最小化する選択を示す．このサプライチェーン設計のフレームワークは，サプライチェーンの総費用を考慮するということであり，それは，販売製品費用に安全在庫維持費用とパイプライン在庫維持費用を加えたものに等しい．サプライチェーン構成問題は，これらの費用の総和を最小にするように，サプライチェーンの各ステージにおいて調達に関するオプションの選択を行うことである．

次項では，サプライチェーン構成問題の要素であるオプションについて論じる．次に，サプライチェーン構成問題のモデルの定式化を示す．最後の項では，前述したブルドーザーの組立・製造への適用事例を示す．

5.1 オプション定義

サプライチェーン構成問題は，安全在庫最適化問題で用いたものと同じ仮定に基づいているが，大きな相違点が存在する．安全在庫最適化問題においては，1つのステージは処理工程あるいは輸送活動を表している．言い換えれば，ステージは，単位時間あたり一定の費用のかかる時間経過を伴う活動を示している．サプライチェーン構成問題においては，依然として，サプライチェーンをステージのネットワークとしてモデル化しているが，1つのステージは提供されるべき機能を表現している．構成問題の本質は，サプライチェーン全体の前後関係の中でこの機能をいかにしてよりよく選択するかという点にある．

各ステージについて，ステージが求める活動を満たす1つ以上のオプションがあるという仮定を置く．たとえば，あるステージが金属ハウジングの調達を意味している

場合，オプションの1つは高コストの国内サプライヤーからの調達であり，もう一つは低コストの海外調達となる．

各ステージについて1つのオプションを選ぶという仮定が置かれるため，1つの活動あるいはステージが2つ以上の複数の供給源をもつことは認められない．これは，今後の研究課題となるであろう．

ステージのオプションを，付加される直接費と処理時間あるいはリードタイムで特徴付ける．オーダーが示されたときに，すべての入力が利用可能であれば処理時間あるいはリードタイムがそのステージにおける入力である品目の処理に要する時間を意味する．オプションの直接費は，関連する直接材料費と直接労務費を表している．もしオプションがベンダーからの原材料調達であるならば直接費は，輸送費と開梱・検査作業に要する直接労務費を含む購入価格直接費となるであろう．

実際には，異なるオプションを評価する他の次元や属性が存在するであろう．たとえば，サプライヤーが異なれば供給製品の品質も異なる．同様に，製造活動の異なるオプションは，サプライチェーンに対して提供できる能力に違いをもたらすであろう．しかし，これらのものを提供できる他の属性であるとは考えない．基本的には，ステージにおける異なるオプションはリードタイムと費用以外は同じであると仮定する．明らかにこれは現実の単純化である．ここに示された問題は，今後の研究課題として残しておく．

構成問題を保証サービスの場合について示す．また，ステージが確率サービスを提供するという仮定の下で，サプライチェーンの構成モデルを展開することが可能であるが，ここではそうしない．むしろ，Graves and Willems (2002) が行ったように保証サービスモデルとして，サプライチェーン構成問題を展開する．

サプライチェーン構成問題に用いるモデルの仮定は，本章のはじめに述べた，保証サービスの安全在庫問題のものと同じである．ステージ j が内部であれ外部であれ顧客からの需要を満たすような保証サービス時間 s_j^{out} を約束するという仮定を置く．同様に，ステージ j に対してサプライヤーから示されるサービス時間の最大値に等しくなるような，流入サービス時間として s_j^{in} を定義する．また，それぞれのステージが共通の点検期間に基づく，定期点検方式に従って運用を行うと仮定する．最終製品の需要は安定しており，期あたりの平均需要 μ と標準偏差 σ をもつという仮定を置く．安全在庫を決めるという目的のために，各ステージが需要の限界値を与えられるものとする．

n がステージ j の n 番目のオプションを示すものとすると，L_{jn} と C_{jn} は，ステージ j の n 番目のオプションによる処理時間と費用を表している．ステージにおけるオプションの選択は，そのステージにおける，販売製品費用，安全在庫とパイプライン在庫の，総量と維持費用に影響を及ぼす．与えられたオプション n に対して，ステージの COGS への寄与は，毎期 $C_{jn}\mu_j$ となる．前述したように，ステージの安全

在庫は，$k_j\sigma_j\sqrt{s_j^{in}+L_{jn}-s_j^{out}}$ を用いて求められる．ステージのオプション選択によりステージのリードタイムが決まるので，仕掛在庫あるいはパイプライン在庫は，オプション選択に依存して定まることになる．特に，ステージのパイプライン在庫は，オプション n が選択された場合，$\mu_j L_{jn}$ に等しい．最終的に，オプション選択は，ステージの累積費用に依存するので，在庫維持費用率に影響を及ぼす．つまり，そのステージと上流のサプライヤーのオプション選択が，ステージの累積費用を決定し，その結果として在庫維持費用率が求められる．

5.2 モデルの定式化

サプライチェーン構成問題は，混合整数非線形計画の最適化問題として定式化できる．ただし，意思決定変数はオプション選択の 0-1 変数とサービス時間である．

問題 P : $\quad \min \sum_{i=1}^{N}\left[\alpha c_i[D_i(s_i^{in}+t_i-s_i^{out})-(s_i^{in}+t_i-s_i^{out})\mu_i]+\alpha\left(c_i-\frac{x_i}{2}\right)t_i\mu_i+\beta x_i\mu_i\right]$

s.t.

$$\sum_{n=1}^{O_i} L_{in}y_{in} - t_i = 0, \quad \text{for } i=1,2,\cdots,N \tag{5.1}$$

$$\sum_{n=1}^{O_i} C_{in}y_{in} - x_i = 0, \quad \text{for } i=1,2,\cdots,N \tag{5.2}$$

$$c_i - \sum_{j:(j,i)\in A} c_j - x_i = 0, \quad \text{for } i=1,2,\cdots,N \tag{5.3}$$

$$s_i^{in} \geq s_j^{out}, \quad \text{for } i=1,2,\cdots,N, \quad j:(j,i)\in A \tag{5.4}$$

$$s_i^{in} + t_i - s_i^{out} \geq 0, \quad \text{for } i=1,2,\cdots,N \tag{5.5}$$

$$s_j^{out} \leq S_j, \quad \text{for all demand nodes } j \tag{5.6}$$

$$s_i^{in}, s_i^{out} \geq 0 \text{ and integer}, \quad \text{for } i=1,2,\cdots,N \tag{5.7}$$

$$\sum_{n=1}^{O_i} y_{in} = 1, \quad \text{for } i=1,2,\cdots,N \tag{5.8}$$

$$y_{in} \in \{0,1\}, \quad \text{for } i=1,2,\cdots,N, \quad 1\leq n \leq O_i \tag{5.9}$$

ここで，O_i はステージ i で選択可能なオプションの数，C_{in} はステージ i で n 番目のオプションを選択する発生する直接費，L_{in} はステージ i における n 番目のオプションのリードタイム，$D_i(\ )$ はステージ i の最大需要関数，α は在庫維持費用率を表すスカラー量，β はモデルで用いられている時間単位を企業の会計年度に変換するスカラー量，μ_i はステージ i の平均需要速度，c_i はステージ i の累積費用，t_i はステージ i の選択されたオプションのリードタイム，x_i はステージ i の選択されたオプションの費用，y_{in} はステージ i の n 番目のオプションが選択されるときに 1 をとり，選択されないときに 0 をとる変数，S_j は需要ノード j に対して許容される最大サービス時間である．

目的関数は，サプライチェーンの総費用の構成要素に関する 3 つの項からなっている．第 1 項は，ステージ i の安全在庫維持費用を表すもので，ステージの補充時間と

需要特性の関数である．ステージ i の在庫維持費用は，ステージ i の累積製品費用に維持費用率を掛けた値に等しくなる．第2項は，パイプライン在庫維持費用であり，これは，在庫維持費用率とステージの平均製品費用とパイプライン在庫総量の期待値の積によって表される．第3項は，企業が定義する期間中に顧客に配送された全ユニットの総費用を表すCOGSである．COGSの増分は，平均需要量，オプション費用とスカラー β の積をステージごとに計算して求められる．それは，同一ユニットについてのパイプライン在庫維持費用と安全在庫維持費用の和を表している（たとえば，α と β はすべての項がサプライチェーンの年間費用あるいはライフサイクルの総費用として表せるように設定される）．

各ステージのオプション選択に関する費用と時間は，式 (5.1) と式 (5.2) によって与えられる．制約条件 (5.3) は，各ステージの累積費用を計算する．制約条件 (5.4)～(5.7) はサービス時間が実現可能であることを保証している．特に，全ステージにおける流入サービス時間は少なくともそのステージに示された最大サービス時間と同じ大きさになる．また，各ステージの正味補充時間は非負となり，顧客に対する最大サービス時間はユーザーが定義する最大値より大きくなることはなく，サービス時間は非負の整数値をとる．最後の2つの制約条件 (5.8)，(5.9) は，サプライヤーからオプションが提供されることを保証している．

Graves and Willems (2002) は，ネットワークが全域木の場合に問題 P を DP で解く方法について述べている．

問題 P は安全在庫の最適化を基本的な手続きとして用いているが，この問題の計算に当たっては単なる安全在庫の最適化に比べるとはるかに複雑な挙動を必要としている．安全在庫最適化にとって，サプライチェーンの中の1つのステージにおける在庫保有の意思決定は，下流ステージの正味補充時間を通じて，下流側の隣接ステージに影響を及ぼす．サプライチェーン構成問題にとって，在庫に関する意思決定は，再度下流側の隣接ステージに影響を及ぼすが，現ステージの費用は，単なる隣接ステージに対してだけでなく，下流側の全ステージに影響を及ぼす．直観的な言い方をすれば，問題 P はCOGSの増加と在庫関連費用の削減とのバランスをとっていると見なせる．在庫関連費用をよりよいオプション選択によって削減しても，COGSの費用は増加する．重要なのは，ある時点における1つのステージの問題を取り出して問題 P を解いてもトレードオフを適切に行うことはできず，大域的最適解を生成するためにはサプライチェーン全体の構成への影響を考慮する必要性が欠かせないということである．問題 P の解決は，COGSの潜在的な増加と在庫維持費用削減によって得る利益との間の大域的なバランスをとることによって達成できる．

5.3 例

サプライチェーン構成問題への一層深い洞察をするために，本章のはじめに取り上げたブルドーザーのサプライチェーンについて再度考察する．ブルドーザーのサプラ

イチェーンには2つのタイプのステージがある．調達ステージと組立ステージである．調達ステージは流入アークをもたず，サプライチェーンの外部からの資材購入を表している．調達ステージを除くサプライチェーン内にあるすべてのステージは組立ステージであり，1つ以上のコンポーネントが工程内で組み合わせられる．

たとえば，各ステージには2つのオプションがあるものとしよう．もとの表現でのステージのリードタイムと費用は，各ステージの標準オプションを表している．調達ステージならば，現在行っている調達計画であり，社内組立ステージならば，従来の製造方法である．すべての調達ステージは，サプライヤーがブルドーザーラインに対して即納責任を負っている預託（託送）と呼ぶオプションをもっている．それぞれの組立ステージは，企業がステージのリードタイムの短縮を目的として工程改善に投資する，特急処理と呼ぶオプションをもっている．2番目のオプションは，企業における実際のデータによる裏付けをもたないが，類似のサプライチェーンでの経験からそのオプション費用を推定する．

預託オプションの費用は，次のように計算する．サプライヤーリードタイム短縮1週間あたり0.75%の割合で部品調達価格を上乗せする．これは，以前実際に読んだ文献に示されたものとほぼ同じ構造をもつものである．Graves and Willems（2002）とWillems（1999）を参照されたい．おおむね，1週間の短縮に対して，本来の購買価格の0.5～1%の範囲で価格が上昇している．価格上昇は，サプライヤーの在庫保有の追加負担費用を表している．

組立の特急処理オプションについては，ステージにおいて必要とされる改善活動を，容易，普通，困難に分類する．容易な改善活動には，業務への作業者の追加や小規模設備の導入などが含まれるであろう．分析のため，容易な改善の費用を，97500ドルとする．これを年間平均需要で割ることにより，単位期間あたりの費用の上昇の近似値に変換できる．年間75ドルである．ほとんどの上流側組立ステージは容易に改善可能な組立作業の範疇に分類される．普通改善の費用は，単位期間あたり150ドル，困難改善の費用は300ドルである．改善費用が上昇するに従い，重要な設計変更や労働力が通常必要とされる．

各オプションに対する費用とリードタイムは，表3.10に示されている．

図3.5は，サプライチェーン構成問題の最適解として得たサービス時間をネットワーク内の各ステージについて記したものである．サプライチェーン構成の最適解は，22ステージ中，6つのステージに対してのみ，より高いコストでより短いリードタイムのオプション選択が行われている．高コスト短リードタイムオプションの調達ステージは，ブレーキ群とフェンダー群とプラントキャリアである．高コスト短リードタイムオプションの組立ステージは，共通サブ組立とエンジン仕上とメイン組立である．他のステージはすべて前に求められたオプションを継続して用いている．

在庫最適化方策も，異なったオプション選択に応じて変化することになる．前に行った安全在庫最適化では，共通サブ組立とエンジン仕上は安全在庫を保有せず，それ

表3.10 ブルドーザーサプライチェーン構成のオプション値

ステージ	オプション	オプション時間	オプション費用（ドル）
ボギー組立	標準調達	11	575
	預託	0	584
ブレーキ群	標準調達	8	3850
	預託	0	3896
ケース	標準調達	15	2200
	預託	0	2250
ケースとフレーム	標準調達	16	1500
	特急組立	4	1575
シャシー/プラットフォーム	標準調達	7	4320
	特急組立	2	4395
共通サブ組立	標準調達	5	8000
	特急組立	2	8075
エンジン仕上加工	標準調達	10	4100
	特急組立	3	4175
ドライブ群	標準調達	9	1550
	預託	0	1571
エンジン	標準調達	7	4500
	預託	0	4557
ファン	標準調達	12	650
	預託	0	662
フェンダー群	標準調達	9	900
	預託	0	912
最終組立	標準調達	4	8000
	特急組立	1	8300
最終ドライブとブレーキ	標準調達	6	3680
	特急組立	2	3755
フレーム組立	標準調達	19	605
	預託	0	622
メイン組立	標準調達	8	12000
	特急組立	2	12150
ピン組立	標準調達	35	90
	預託	0	95
プラントキャリア	標準調達	9	155
	預託	0	157
プラットフォーム群	標準調達	6	725
	預託	0	732
ロールオーバー群	標準調達	8	1150
	預託	0	1164
サスペンション群	標準調達	7	3600
	特急組立	2	3675
トラックローラーフレーム	標準調達	10	3000
	預託	0	3045
トランスミッション	標準調達	15	7450
	預託	0	7618

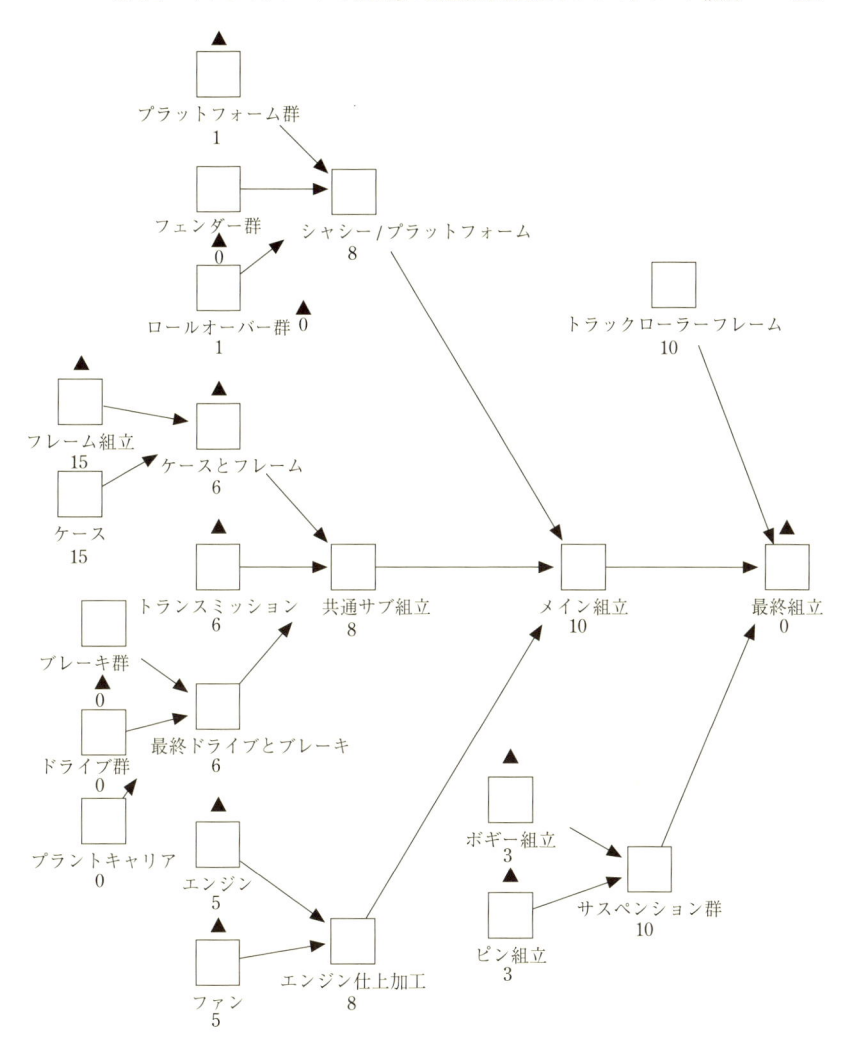

図3.5 ブルドーザーサプライチェーンの最適サービス時間

ぞれメイン組立に対するサービス時間を20時間とする結果が得られている．シャシー/プラットフォームも安全在庫を保有しないが，サービス時間は許容される最大値である16日間が与えられている．共通サブ組立，ブレーキ群，プラントキャリアにおける処理時間短縮により，共通サブ組立は今やメイン組立に対するサービス時間として8日間を示すことができるようになった．この8日間のサービス時間を達成するために，トランスミッション，ケースとフレームの2つのサプライヤーが安全在庫を保有しなければならなくなっている．さらに，メイン組立に供給している他の2つの

サブネットワークも，メイン組立への流入サービス時間を8日間に維持できるように，安全在庫を保有している．これは，いくつかのステージの構成上の小さな変化がいかに劇的な影響を安全在庫維持方策の適用結果に及ぼしているかを示す好例となっている．

表3.11は，サプライチェーン構成の最適化結果を要約したものであり，各ステージの前に求められたオプションを維持して，保証サービスモデルを最適化した結果と比較されている．

安全在庫を最適化すると，各ステージが安全在庫を保有してサービス時間を0にするような4.1項で述べたブルドーザーの事例に比べて，年間在庫維持費用にして198000ドルの節減効果をみることができる．構成を最適化すると，サプライチェーン総費用にして371000ドルのさらに追加の節減がみられる．予想されたように，サプライチェーン構成を最適化すると，実際にCOGSは増加するが，在庫維持費用は減少しているために，総費用は削減されている．

Graves and Willems（2002）とここで示された研究に基づき，サプライチェーン構成最適化の挙動に関する，いくつかの初期仮定が定式化できる．その第1は，サプライチェーンの上流であればあるほど，高コストオプションの選択がなくなるという点である．高コストオプションはステージの費用を上昇させ，COGSだけでなく下流ステージのパイプライン在庫維持費用と安全在庫維持費用を上昇させる．さらに，上流ステージでの累積費用が多くの場合比較的小さくなり，上流ステージでのデカップリング安全在庫保有は費用がかかりにくくなる．その結果，残りのサプライチェーンでの有効リードタイムを0にすることができる．それゆえ，上流ステージにおける高コストオプションの選択は，在庫削減によってサプライチェーンの高コスト化を劇的にするものでなくてはならない．

これとは反対に，高コストではあるがリードタイムを短縮するオプションは，下流側にとって魅力的であるように思われる．たとえば，最終顧客に完成品を輸送するステージがあるが，そこでは，在庫削減によって高速で高コストの輸送の選択が可能になっている．

第2は，サプライチェーンが次のような構造をもつ場合に最も大きな潜在能力が発揮されるという点である．つまり，チェーン内のオプション選択が異なるサブネットワークに似通った応答をもたらす場合，すなわち，同じサービス時間をもたらす場合

表3.11 最適安全在庫と最適サプライチェーン構成の比較

費用分類	安全在庫最適化結果（ドル）	最適サプライチェーン構成（ドル）	差（ドル）	差（％）
販売製品の費用	94380000	94848000	468000	0.50
総安全在庫維持費用	632719	499786	(132933)	-21.01
総パイプライン在庫維持費用	2006843	1300328	(706514)	-35.21
サプライチェーン総費用	97019561	96648114	(371447)	-0.38

である.1例として,あるサブ組立の応答を非常によくすることは,他の部品の応答が同様によくなるか,在庫によってそれらを分離することが費用の点で有効でなければ,費用に関して有効とはいえない.その結果,事実上そのレベルのサブ組立はすべて同じ程度の応答のよさをもつようになる.もし,ステージの一つでよりよい応答が得られないのであれば,サプライチェーンのパフォーマンスに関してペナルティを負わないような,それよりも費用のかからないオプションをその高コストのサブ組立に対して提案することになるだろう.

6. 結 論

本章では,安全在庫配置に関する2つの一般的なアプローチを提示し,さらにサプライチェーン構成問題を紹介した.安全在庫配置研究は,いくつかの論文で示されている応用例から明らかなように,実践的な価値をもっている.どのアプローチもサプライチェーンにおいて需要の不確実性がもつ影響を定量化している.これらのモデルは,問題に対してシステムを広くとらえる視点をもつことで,費用対効果のフレームワークの中で不確実性がもたらす影響の軽減ができる.

サプライチェーン構成において,アウトソーシングと在庫意思決定とともに考えた最適化により,サプライチェーン総費用を削減する大きな機会があることが見出された.これらのサプライチェーンに対する検討を,より早い時期に製品とアウトソーシングの意思決定に組み入れることで,一層大きな効果を得ることができる.本章ではこの事実を,安全在庫のみを取り上げる最適化との比較を通して,サプライチェーンの構成を正しく行う場合の価値を求めて確認した.

将来の研究課題についての見解を示して本章を締めくくりたい.

製品ファミリーの中の製品が絶え間なく生まれては消えていき,製品ライフサイクル(製品寿命)はますます短命化している.サプライチェーンはこの事実に対応して設計されなくてはならない.特に,需要は決して安定せず,大きな不確実性と製品ライフサイクル全体にわたるリスクが存在する.特に,チェーン内の在庫維持費用だけでなく,予想を超えた需要の発生によってチェーン中の在庫がなくなることを避けるために必要な在庫投資にもリスクは適用される.数世代の製品を取り扱うサプライチェーンの進化発展の意思決定に役立つようなモデルやアプローチの必要性がある.

多くの製品には,季節性のある,あるいは周期的な需要変動がみられる.さらに,サービス目標,在庫維持費用率,欠品費用のそれぞれ,あるいはそのすべてが期によって異なる値をもつことがしばしばである.サプライチェーンと季節的な周期両方にまたがる安全在庫計画のための,最適アプローチと合理的アプローチは,価値のある研究テーマとなる.

サプライチェーンの不確実性は需要に限られないことは,明白である.他の種類の不確実性,たとえばリードタイム,能力,歩留りの変動も同じように重要である.本

章では，これらの種類の不確実性を取り上げなかったが，前述したモデルは仮定を設けるか，あるいは特別な方法を用いれば，これらの問題にも適用可能である．それでもやはり，より一般的で包括的な手法を開発して，サプライチェーンの不確実性を広範囲に扱うことには，大きな意義がある．

契約設計はもう一つの課題である．これは，構成設計の別の姿として考察できる．この場合は，サプライチェーン全体のパフォーマンスを最良にするような契約をチェーンを通して確立することが望まれる．特に，いわゆるサプライヤーとの間で，需要増（あるいは需要減）に対してサプライチェーンが対応する方法に一貫性をもたせられるような契約の設計が必要である．さらに，多数のサプライヤーやチャネルパートナーの間でリスクと利益を最も経済的に分配するような，サプライチェーンの設計と協調を行うための契約をいかにすればよいかを理解することが期待できる．

われわれは経験的に，サプライチェーンとプロジェクトマネジメントのネットワークに興味深い類似性があることを発見している．また，保証サービスモデルを適用したときに，プロジェクトマネジメントネットワークと同じクリティカルパスが，最適な安全在庫方策に関して存在することを見出している．その違いは，リードタイムで重み付けたクリティカルパスの代わりに，累積費用と，最大補充時間，安全在庫方策によって決まるクリティカルパスがあるという違いである．たとえば，リードタイムの長い部品を適切にその影響から保護するために，システムにとっての有効リードタイムを0に設定することが求められる．サプライチェーンの中のクリティカルパスの要素を特定し，そのパラメータ値を決定することが，新たなソリューションアプローチの開発のきっかけとなる豊穣の潜在的研究領域の存在を示唆している．

最後に，本章のモデルが実践の場で引き続き利用されることを望む．これにより，実験，テスト，妥当性検証がこれらのモデル設定に当たって置かれている仮定について行われる機会が提供される．確率サービスモデルと保証サービスモデルは，異なる2つの世界観を示している．どちらが正しいかを決めることはできるのか．どちらがより一般的であるかについて何かをいうことができるか．どちらかの一方が正しいか，あるいは，よりよい視点があるか．今後，注意深い実証研究を通して，どちらのモデルがより現実的であるか，同時に，その意思決定がどれだけ優れているかが示されることを期待している．

謝辞：本研究の一部は，Massachusetts Institute of Technology（MIT）とアメリカ主要製造企業との間のパートナーシップである Manufacturing Program の MIT 側のリーダー National University of Singapore と，Nayang Technological University と MIT の間の工学教育と研究に関する協同プロジェクトである Singapore-MIT Alliance の支援を受けている．第2著者もまた，Boston University School of Management の Junior Faculty Research Program の支援を受けている．

(Stephen C. Graves and Sean P. Willems/勝呂隆男)

第3章 サプライチェーンの設計①：安全在庫配置とサプライチェーン構成

参 考 文 献

Axsäter, S. (2003). Supply Chain Operations: Serial and Distribution Inventory Systems, in: A. G. de Kok, S. C. Graves (eds.), *Handbooks in Oper. Res. And Management Sci, Supply Chain Management: Design, Coordination and Operation*, Vol. 11. Amsterdam, The Netherlands, North-Holland Publishing Company. Chapter 10.
Bertrand, W. (2003). Supply Chain Design: Flexibility Considerations, in: A. G. de Kok, S. C. Graves (eds.), *Handbooks in Oper. Res. And Management Sci. Supply Chain Management: Design, Coordination and Operation*, Vol. 11. Amsterdam, The Netherlands, North-Holland Publishing Company. Chapter 4.
Clark, A. J., H. Scarf (1960). Optimal Policies for a Multi-Echelon Inventory Problem. *Management Science* 6, 475–490.
de Kok, A. G., J. Fransoo (2003). Planning Supply Chain Operations: Definition and Comparison of Planning Concepts, in: A. G. de Kok, S. C. Graves (eds.), *Handbooks in Oper. Res. And Management Sci. Supply Chain Management: Design, Coordination and Operation*, Vol. 11. Amsterdam, The Netherlands, North-Holland Publishing Company. Chapter 12.
Ettl, M., G. E. Feigin, G. Y. Lin, D. D. Yao (2000). A Supply Network Model with Base-Stock Control and Service Requirements. *Operations Research*. 48, 216–232.
Glasserman, P., S. Tayur (1995). Sensitivity Analysis for Base-Stock Levels in Multiechelon Production-Inventory Systems. *Management Science* 41, 263–281.
Graves, S. C. (1988). Safety Stocks in Manufacturing Systems. *Journal of Manufacturing and Operations Management* 1, 67–101.
Graves, S. C., S. P. Willems (1996). Strategic Safety Stock Placement in Supply Chains, *Proceedings of the 1996 MSOM Conference*, Hanover, NH.
Graves, S. C., S. P. Willems (2000). Optimizing Strategic Safety Stock Placement in Supply Chains. *Manufacturing & Service Operations Management* 2, 68–83.
Graves, S. C., S. P. Willems (2002). Optimizing the Supply-Chain Configuration for New Products, MIT Working Paper, January, 32 pages.
Humair, S., S. P. Willems (2003). Optimal Inventory Placement in Networks with Clusters of Commonality, Working Paper, January, 19 pages.
Inderfurth, K. (1991). Safety Stock Optimization in Multi-Stage Inventory Systems. *International Journal of Production Economics* 24, 103–113.
Inderfurth, K., S. Minner (1998). Safety Stocks in Multi-Stage Inventory Systems under Different Service Levels. *European Journal of Operational Research* 106, 57–73.
Kimball, G. E. (1988). General Principles of Inventory Control. *Journal of Manufacturing and Operations Management* 1, 119–130.
Lee, H. L., C. Billington (1993). Material Management in Decentralized Supply Chains. *Operations Research* 41, 835–847.
Muriel, A., D. Simchi-Levi (2003). Supply Chain Design and Planning – Applications of Optimisation Techniques for Strategic and Tactical Models, in: A. G. de Kok, S. C. Graves (eds.), *Handbooks in Oper. Res. And Management Sci. Supply Chain Management: Design, Coordination and Operation*, Vol. 11. The Netherlands, North-Holland Publishing Company, Amsterdam. Chapter 2.
Simpson, K. F. (1958). In-Process Inventories. *Operations Research* 6, 863–873.
Song, J.-S., P. Zipkin (2003). Supply Chain Operations: Assemble-to-Order Systems, in: A. G. de Kok, S. C. Graves (eds.), *Handbooks in Oper. Res. And Management Sci. Supply Chain Management: Design, Coordination and Operation*, Vol. 11. Amsterdam, The Netherlands, North-Holland Publishing Company. Chapter 11.
Willems, S. P. (1999), Two papers in supply-chain design: supply-chain configuration and part selection in multigeneration products. MIT Ph.D. Dissertation, Cambridge MA.

第4章

サプライチェーンの設計②：

柔軟性の考慮

1. はじめに

　費用，品質，信頼性の次に，柔軟性（フレキシビリティ）が，ここ20年間で，オペレーションシステムにおける第4の重要な性能尺度として認識されるようになった．研究者は誰しも，オペレーションの柔軟性の重要性が，1980年代以降，ほとんどすべての産業の市場において起きている劇的な変化からもたらされるものであると考えている．市場が成熟すると，企業は，製品の差別化と製品革新の競争を始めた．結果として，同じ時期に市場に供給される製品仕様の種類や，新製品の市場への投入速度は，著しく増加した．製品の革新と新製品開発は，重要な研究分野となり，コンカレントエンジニアリングが，製品革新プロセスを組織化し，管理するための新しいアプローチ法として開発された．これは，より短い期間に，より低いコストで，より品質の高い製品を市場に送り出すことをねらったものである（Clark and Wheelwright, 1993：Chap. 7～9）．1990年代初頭には，「市場までの時間」が，産業界における既定概念となり，これは，競争のための武器として製品革新の速度を産業界全体が意識していたことを示している（Stalk and Hout, 1990：Chap. 1）．しかしながら，そのころ，製品の多様化と製品革新によって競争しようと意思決定していた企業は，製品バリアント（製品ファミリーを構成する個別の製品モデルで，主要な製品仕様は確定している）の水準で，需要の不確実性が急激に増加したことから，この戦略の欠陥に直面していた．

　市場に提供すべき各製品バリアントについて，一定水準の速度でそれら製品を市場に供給できるようにするためには，生産能力（キャパシティ）が確保されなければならず，また仕掛在庫や製品在庫も保持しなければならない．このため，先行投資が，製品ファミリーに対するサプライチェーンを準備するために必要となる．それらの投資は，売上からの利益によって回収されなければならない．

　製品バリアントに対する新規需要にサプライチェーンを適合させる柔軟性が最初に欠如すると，しばしばいくつかの製品バリアントに関して販売の機会損失（ロストセール）を生み，他の製品バリアントについて製品価格の値下げや不良在庫の廃棄が発

生する．このため，供給の柔軟性は，生産システムの重要な特性となってきた．サプライチェーンの柔軟性と需要の不確実性の間のアンバランスを経験したことのあるサプライチェーンにおいて，メーカーとサプライヤーは，彼らの柔軟性を高めることに強い圧力を受けてきた．

　製造における柔軟性は，主に以下の3つから生じる．第1は，利用される製造技術に多様性が存在することである．技術の多様性によって，非常に多様な製品をつくることができる．第2は，生産に利用できる生産能力の柔軟性である．融通のきかない生産能力は，市場に供給できる製品の量を制限する．第3は，生産の時期と頻度における柔軟性の欠如である．生産時期と頻度は，（切替費用と段取り費用により）経済性の観点からしばしば制約を受ける．製品生産の時期と頻度における柔軟性の欠如は，高水準の仕掛在庫と製品在庫を生み出し，新しい製品バリアントを市場に送り出すのにリードタイムが長くかかることになる．

　本章では柔軟性を次の3つの次元で扱う．量の柔軟性，混合の柔軟性，新製品への柔軟性である．柔軟性は，システムの中にルールとして設計されなければならない．それは，投資を必要とし，柔軟性によって得られる潜在的利益をもとにその合理性が評価されるべきである．それゆえ，ここでは，投資という観点から柔軟性の問題を扱うことにする．すなわち，特定のサプライチェーンにおいて，量の柔軟性，混合の柔軟性，新製品への柔軟性の価値が何であるか，また柔軟な生産能力にどの程度投資すべきかを議論する．

　サプライチェーンの柔軟性は，広く研究されてきたテーマではない．実際，柔軟性に関する研究のほとんどは，工場レベルでの製造の柔軟性を，より一般的な問題として扱っているにすぎない．サプライチェーンの観点からみて適切な研究は，むしろそれらとは独立な研究分野で発展してきた．この辺りの事情は，本章の中に反映される．すなわち，多くの異なる研究分野で得られた研究結果を議論する．これらは，柔軟性，特に製品ファミリーに対する量の柔軟性，混合の柔軟性，新製品への柔軟性を考慮して，いかにサプライチェーンを設計するのかを理解するのに役立つであろう．われわれは，文献にみられる柔軟性の概念定義から始め，サプライチェーンの観点から妥当と考えられる柔軟性の次元と柔軟性の特質を選び出す．次に，これら柔軟性の次元と特質に関連した研究成果を概観し，最後にこれらの研究成果を主な入力として用いることで，サプライチェーンの柔軟性決定問題のモデルを開発する．本章を通して，期待できそうな研究に関する示唆が与えられよう．

本章の概要

　2〜5節では，この分野で出版された研究論文を選び出し，それらに基づいて柔軟性に関する研究を概観する．2節では，製造の柔軟性に関する概念研究を扱い，柔軟性概念の不確定で多次元的な特性について述べる．3節では，柔軟性に関するモデル研究の成果を述べる．製品の需要水準に対する将来の不確実性に対処するため，すな

わち製品の量の柔軟性と製品混合の柔軟性を生み出すために，柔軟な生産能力に投資する問題を扱ったいくつかの研究が議論される．4節では，生産の時間的柔軟性，すなわち納期の短い需要に対する生産の適応性に関して，機械設備と手順計画と作業者の柔軟性，また，それら柔軟性の使用の効果について，いくつかの研究論文が議論される．5節では，製造の柔軟性に関する実証研究について報告したいくつかの論文について議論する．それらの論文は，戦略的オプションとして柔軟性を使用すること，また，柔軟性と観測された性能との間の関係について，情報を提供している．

6節と7節では，サプライチェーンの柔軟性について議論する．6節では，数は少ないがいくつかの論文を通して，サプライチェーン設計問題の議論にとって重要な結果を提供する．7節では，量の柔軟性と混合の柔軟性と新製品への柔軟性を生み出すという観点から，サプライチェーン設計問題を定式化するため，2〜6節で議論した要素を結合する．8節では，結論を述べる．

2. 製造の柔軟性に関する概念研究

製造の柔軟性に対するわれわれの概念的理解に大きく寄与した研究には，以下のものがあげられる．Slack (1983, 1987), Browne et al. (1984), Gerwin (1987, 1993), Carlsson (1989), De Meyer et al. (1989), Gupta and Buzacott (1989), Gupta and Goyal (1989), Mandelbaum and Brill (1989), Sethi and Sethi (1990), Ramasesh and Jayakumar (1991), Hyun and Ahn (1992), Chandra and Tombak (1992), Chen et al. (1992), Dixon (1992), Gaimon and Singhal (1992), Nagurar (1992), Gupta and Somers (1992, 1996), Das and Nagendra (1993), De Groote (1994a), Upton (1994), De Toni and Tonchia (1998), Parker and Wirth (1999), Koste and Malhotra (1999), Beach et al. (2000), D'Souza and Williams (2000), Pereira and Paulré (2001). これらの研究はそれぞれ，先行研究で得られた成果の上に成り立つものであり，柔軟性の概念に関する理論的解析の見地，あるいは生産環境における柔軟性の次元と特徴に関する同定の見地，あるいは柔軟性の次元の間にみられる関係の同定の見地のいずれかにおいて寄与するものである．この文脈における研究に関して，本節では，上記論文を主要な参考文献として使用し，主な成果を要約する．

製造の柔軟性に関する概念研究は，1980年代に始まった．Slack (1987) は，10の製造組織の管理者に対して，製造の柔軟性に対する認識についてインタビューを行った．ただし，これらの製造組織は，大量組立工業からバッチ生産/個別生産工業までの範囲に及ぶ．彼は，ほとんどの管理者が自社で必要とする柔軟性に関して，ごく限定された視点しかもっていないことを発見した．資源を供給する管理者は，柔軟性が計画に乗らない変動に対処するための手段であることを強調する．製造の管理者は，柔軟性が生産性を高める助けとなるものであると考えている．需要側の管理者

は，柔軟性によって，つくることのできる品物の範囲が広がり，あるいは供給リードタイムが短縮でき，商品供給の可能性が高められるものとみている．管理者はまた，彼らが識別する柔軟性の次元を示す．この情報から，Slack（1987）は，柔軟性の次元と柔軟性の規定要素についての階層的構造を導いた．

柔軟性に関する一般的で抽象的な定義が，Upton（1994）によって行われ，柔軟性を「時間，努力，コスト，性能にほとんど損失を生じることなく，変化あるいは対応できる能力」と特徴付けている．変化は，異なった複数エリアで生じるかもしれないし，企業の環境や企業の内部プロセスの異なった側面に関係するかもしれない．さらに変化は，違った水準の強さでやってくるかもしれないし，違った水準の驚きを伴うかもしれない．De Groote（1994a）は，「特定の技術は，環境の多様性の増加が同じ状況下で，他の技術によって得られる変化より，性能においてより望ましい変化を生むならば，他の技術より柔軟であると呼ぶ」と述べている．それゆえ柔軟性は，人が対応したい環境の多様性しだいであるし，システムのあるアウトプットを他のアウトプットよりどの程度選好するかの条件しだいでもある．その意味するところは，特定の技術の柔軟性は，特定の環境の文脈で評価されるだけでなく，特定のアウトプットに対する選好からも評価されるということである．

Upton（1994）は，柔軟性の概念は柔軟性の問題が生じている文脈に依存して記述されるべきだと述べている．また，システムの境界（機械，販売店，会社，サプライチェーン）は明確に定義されなければならないと述べており，また，システムの柔軟性は，以下の3つの規定要素で特徴付けられるとしている．

① 柔軟性の次元： 柔軟性が必要とされるのは厳密に何なのか．変化させたり適応させるには何が必要か．

② 計画期間： 変化を起こさせなければならない期間は通常どれだけか．分ごとか，数日ごとか，数週間ごとか，数年ごとか．

③ 要素： 管理あるいは改良しようとしているのは，範囲なのか，範囲を超えての均一性なのか，機動性なのか．柔軟性の次元の例として，Upton（1994）は，圧延工場の厚板の厚さ，化学処理プロセスが許容すべき投入原材料の変化，製造される製品混合をあげている．

範囲と均一性と機動性は，システムの柔軟性を得る異なった方法である．範囲は，考慮あるいは実施されるオプションや代替案の集合の大きさに伴って大きくなる．例として，処理できる部品の大きさの範囲，工場が利益を上げることができる生産量の範囲がある．

機動性は，範囲内で変更することに対する変更のペナルティのことをいう．変更のペナルティが低い値であるということは，機動性が高いことを意味する．機動性は，変化にかかる時間や費用によって測られるだろう．たとえば，生産ラインに要求される機動性は，生産している製品タイプを変更するために必要な段取り時間や段取り費用により測られ，また工場における生産量の機動性は，ある生産水準から他の水準へ

生産量を変化させるのにかかる時間や費用によって測られる.

均一性は，システムが運用される範囲内で，どの特定の水準においても，製品品質や生産費用のような一般的性能基準があまり変化しない，そのような範囲の大きさをいう．たとえば，ある範囲内でユニットあたり費用が同じ値で個々の製品を生産することができる生産ラインは，同じ範囲の製品を同じ平均費用で生産できるが，ある製品は平均より低い費用で，ある製品は平均より高い費用で生産するラインより柔軟であると見なされる．

柔軟性は，不確実性と変化にうまく対処するために必要とされる．Gerwin (1993) は，市場の不確実性を4つのタイプに，プロセスの不確実性を2つのタイプに分けている．まず，市場の不確実性は，以下のとおりである．
・市場が受け入れる製品の種類
・製品のライフサイクル（製品寿命）の長さ
・特定の製品オプションに対する需要量
・製品の総需要
また，プロセスの不確実性は，以下のとおりである．
・資源の利用可能性
・資材の利用可能性

彼は，これら6つのタイプの不確実性をそれぞれ，柔軟性における異なった6つのタイプの次元と関連付けている．ここでいう柔軟性の次元とは，混合の柔軟性，製品革新の柔軟性，製品改良の柔軟性，生産量の柔軟性，手順計画の柔軟性，資材の柔軟性である．Slack (1987) と Upton (1994) によって指摘されているように，柔軟性に関するこれらの次元は，それぞれが3つの規定要素，すなわち，範囲と均一性と機動性をもつ．

製造の柔軟性は，投資を必要とする．それゆえ，企業が直面している不確実性が何であるか，注意深く検討すべきである．企業は，戦略レベルで，それら不確実性にいかに対処するかの決定をしなければならない．たとえば，可能性のある一つの選択肢は，柔軟性に何も投資をしないことである．この文脈の中で，Gerwin (1993) は，「故意でない偏見は，経済的に適切だと考えるよりも，柔軟性に対する選好から生じる」と述べている．Gerwin (1993) は，不確実性に対処するための一般的戦略を以下の4つに区分している．

① 不確実性の低減： 顧客とサプライヤーとの長期契約，予防保全，全社的品質管理，製造性を考慮した設計のような変動低減への投資による不確実性の低減．

② バンク余裕： 需要変動のような確率論的意味でわかっているタイプの不確実性（「わかっている不知」と呼ばれる）に適応するための柔軟性の使用．生産・在庫システムにおける安全在庫の利用がバンク余裕の一例である．

③ 適応性： ストライキ勃発のような確率論的意味においても知られていない不確実性（「わかっていない不知」と呼ばれる）に適応するための柔軟性の防御的使用．

④ 変更： 顧客の期待を高め，競争相手にとっての不確実性を増加させ，競争優位を得るために，柔軟性を先行的に利用すること．新製品投入のリードタイムの短縮は，その一例である．

これら戦略のそれぞれが，システムレベルで要求される柔軟性を実現するかもしれない．それはまた，（仕事の組織，情報システム，運用管理手法のような）柔軟性を実現する方法と組み合わさって，要求された製造の柔軟性をもたらす．

Gerwin (1993) は，製造の柔軟性を製造戦略の要素として，戦略的意思決定のフレームワークの中に位置付けた．製造戦略の意思決定は，環境の不確実性と既存の製造の柔軟性の使用からもたらされるシステム性能を入力とし，環境の不確実性を減少あるいは再定義するために，製造の柔軟性の要求水準と尺度を明確化する計画立案プロセスとみることができる．運用のレベルでは，柔軟性を実現する方法が，既存の柔軟性をシステム性能に変換するために利用される．Gerwin (1993) によると，柔軟性はまた，競争相手が扱えない不確実性を創出する際の先駆的機能をもっている．それゆえ，適切な柔軟性の次元，次元ごとの適切な柔軟性の水準（範囲，均一性，機動性）と，柔軟性を実現する方法の決定は，戦略的レベルで行わなければならない．投資が必要であろうし，性能への影響は長期にわたりうるからである．要求された性能を実現するため，利用可能な柔軟性を使用することは，戦術的運用に関する意思決定の範疇に属する．

戦略の選択と柔軟性のオプションとの間の詳細な関係は，未だ明らかでなく，工業のタイプ（大量生産，バッチ生産，個別生産）と市場の革新性に依存しているように思われる．しかしながら，柔軟性のさまざまな次元で，技術の選択と柔軟性の効果との間の定性的関係を同定する努力が払われてきた．そのような柔軟性概念の分類が，Browne et al. (1984)，Gupta and Goyal (1989)，Sethi and Sethi (1990)，Beach et al. (2000) によって展開されてきた．

Koste and Malhotra (1999) は，製造の柔軟性の次元を解析するための理論的フレームワークを用意した．彼らは，柔軟性の次元に関する1組の定義を示し，それら柔軟性の次元の間の因果関係を議論している．それら次元の各々はさらに，性能に大きな変移損失や大きな変化を引き起こすことなく実現できる次元の値の範囲によって特徴付けられる．それゆえ，柔軟性の各次元は，その範囲内で，ある状態から他の状態へ変化するときの変移損失またはそのスピード（これは機動性として知られる）によって，さらにその範囲での生産性能の均一性によって特徴付けることができる．

Koste and Malhotra (1999) は，さまざまな柔軟性の次元の間の関係について，以下のように結論付けている．

・生産システムの柔軟性の基礎は，機械設備の柔軟性，作業者の柔軟性，マテリアルハンドリング（マテハン）の柔軟性により形成される．これらの柔軟性のすべては，製品をつくるために利用される手順計画の範囲に関係している．ここで，手順計画とは，製品に至る機械設備での一連の作業順序である．

・作業の柔軟性と加工経路の柔軟性は，機械設備の柔軟性，作業者の柔軟性，マテリアルハンドリングの柔軟性に依存するが，製品設計やプロセス設計によっても影響を受ける。それゆえ，製品設計とプロセス設計は，製造の柔軟性の重要な出発点となる。また，要求される加工経路の柔軟性と作業の柔軟性が与えられたとき，この加工経路の柔軟性と作業の柔軟性を達成するために，機械設備と作業者とマテリアルハンドリングシステムを選択することが可能となる。

・機械設備と作業者とマテリアルハンドリングシステムのタイプと数量，さらに製品に対する加工手順が与えられたとき，職場は，一定レベルで生産量の柔軟性と混合の柔軟性をもつ。自動化の水準，労働契約，作業組織，管理技術は，生産量の柔軟性と混合の柔軟性を達成するための重要な要素となる。これらは，Gerwin (1993) が「柔軟性を生み出すためのシステム」と呼ぶものの構成要素である。

・生産量の柔軟性と混合の柔軟性は，アウトプットの柔軟性の次元である。アウトプットの柔軟性には，このほか2つの次元が存在し，それらは，製品改良の柔軟性と新製品への柔軟性である。どちらも，製品の柔軟性の次元であり，生産できる製品品種の幅のことである。製品改良とは，変更されない機能特性はそのままにして，改良設計によって製品を変化させることである。一方，新製品は，機能特性が変化する。いずれの柔軟性も，機械設備の柔軟性，作業者の柔軟性，マテリアルハンドリングの柔軟性に依存するが，また製品設計部門とプロセス設計部門の能力と仕事の組織にも依存する。

製品の幅に加えて，新製品への柔軟性のスピードもまた重要である。これは，新製品あるいは改良された製品を市場へ送り出すのに必要な時間と費用を指す。1つの製品を市場に送り出すスピードと費用は，製品設計とプロセス設計の段階で必要な時間と資源によって，また市場において計画された供給水準を維持するのに必要な水準にまで，プロセス間仕掛量と新製品在庫量を積み上げるのにかかる時間と費用によって決まる。それゆえ，少ないプロセス間仕掛量と在庫量とで経済的に稼動できる生産システムは，製品の柔軟性の次元でより高い能力をもつことになる。

・Koste and Malhotra (1999) が述べているアウトプットの柔軟性の最後の次元は，拡張の柔軟性である。拡張の柔軟性は，システムのアウトプットの総量を大きくするため，生産システムの資源を増やしたり新しい資源を追加することを意味している。それら資源には，機械設備，労働力，マテリアルハンドリングシステムが含まれる。ここではまた，範囲，機動性，均一性が，適切な規定要素となる。拡張の柔軟性は，企業における戦略的レベルで作成され，資本財や資材供給，広範な人的資源，広範な下請に関するオプションの計画と統制を必要とし，さらに，拡張に必要な財務資源の計画と統制を必要とする。

議　論

ここ数十年間に発表された研究を概観すると，研究者は，適切な柔軟性の次元の集

合と次元ごとの適切な規定要素に関しては合意に達しているようである.したがって,われわれは,短期間でこの分野に多くの新しい貢献がなされるとは思っていない.定量的研究は,柔軟性に関する次元の間の正確な関係と,柔軟性と性能との間の正確な関係を同定するのに必要である.

工場レベルで関連のある柔軟性の次元は,生産量の柔軟性,混合の柔軟性,新製品や製品改良への柔軟性,拡張の柔軟性である.機械設備,作業者,マテリアルハンドリング,作業と手順計画についての柔軟性は,すべて,工場での内的柔軟性の,あるいはショップフロアの柔軟性の次元である.内的柔軟性の次元は,工場レベルでの柔軟性の次元に影響を与える.しかし,内的柔軟性と外的柔軟性の間の厳密な関係は,生産システムの詳細な柔軟性の特性(機械設備,作業者,マテリアルハンドリングシステム),製品を生産するのに必要な活動の詳細な柔軟性の特性(作業や手順計画),工場の操業計画と管理システムの詳細な特性に依存するであろう.これらの詳細な特性は,工場ごとに違っており,したがって,われわれが柔軟性の次元と柔軟性の規定要素とそれらの関係を定量化しない限り,異なる工場間の比較は難しいであろう.

製造の柔軟性に関する定量的研究は,システムにおける1つまたはそれ以上の柔軟性の次元における柔軟性の総計と,そのシステムの性能との間の厳密な関係を同定するねらいがある.形式的方法が結果を得るために利用されることから,研究の対象となるモデルは,規模が小さく,1つか2つだけの柔軟性の次元を含み,1つか2つの性能次元への柔軟性の影響を研究する.

柔軟性に関するモデルベースの研究は,一般に,異種の機械設備の集合と多くの作業者から構成される生産システムに関するモデルを扱う.マテリアルハンドリングシステムは,時々話題にされはするが,ほとんど明示的にはモデル化されない.1つの例外は,FMS (flexible manufacturing system) に関する多数の論文であり,そこでは,(統合化された) FMS の生産能力が,しばしば,プロセスをつなぐマテリアルハンドリングシステムの特性によって制約を受ける.本章では,統合化されたFMS に対して特に注意は払わない.

モデルベースの研究では,一般に,各機械設備はある一定範囲の作業が遂行でき,各作業者はある範囲の機械設備を操作できると仮定している.さらに,1つの作業は,特定の材料に,特定の変換を行って別のものに変えることと定義される.Koste and Malhotra (1999) による作業の柔軟性の定義は,製品をつくる手順計画が複数存在するとき,すなわち,システム内の1つの機械設備で1つの作業を遂行できるとして,複数の作業順序が存在するときに,製品が作業の柔軟性を有することを意味する.モデルベースの研究(たとえば,Jordan and Graves, 1995)において,製品を完成させるのに必要な作業の順序は,プロセスと呼ばれる.IE (industrial engineering) の文献において,製品のプロセス計画は,プロセスごとに作業を完了させ,材料を製品へと仕上げる一連の作業手順の計画と定義される (Tanner, 1985).作業は,機械設備で遂行され,さらに各タイプの機械設備は,できる作業の範囲に限りが

あることから，生産システムに配置された1組の機械設備は，できる作業の範囲を完全に規定し，したがって，つくることのできる製品の範囲も決まる．しかし，製品と作業の間には，一対多の関係が存在する．ある製品は，その技術的製品仕様によって一意的に定義されるが，与えられた原材料から同じ製品をつくり出すための作業手順は，1つの生産システムにいくつも存在する．

　自動化の水準に依存して，作業を遂行することが作業者に求められる．これは，機械設備を使う作業者によって遂行される作業から，全自動のマテリアルハンドリングシステムによって位置決めと搬送がなされるパレタイズされた部品を処理する機械設備によって遂行される作業にまで範囲の広がりがある．全自動のマテリアルハンドリングシステムにおいては，パレットへの積み降ろしをする作業者だけが必要となる．作業者の柔軟性は，作業者の計画的欠勤や離職といった変動に対するヘッジの役を担い，全く同様に，手順計画の柔軟性が，設備故障からくる変動に対するヘッジの役を担っている．作業者の柔軟性はまた，生産システムにおける異なるタイプの機械設備間での需要変動に対する能力の違いに対応するために利用できる．本章では，作業者の柔軟性に関する後者の側面に焦点を絞ることにする．

　生産システムにおいて利用できる技術の広がり（異種の機械設備，異なるマテリアルハンドリングシステム，異なる作業者）は，生産できる製品品種の範囲を決定する．つまり，保有する技術の範囲が広ければ広いほど，生産できる製品品種の範囲は広くなる．さまざまな工作機械をもつ汎用機械職場は，変速装置の工場において特定の部品を製造している職場より，明らかに多様な製品を生産することができる．したがって，技術の範囲が広ければ広いほど，生産システムによって支援できる製品改良と製品革新の柔軟性は高くなる．

　しかし，幅広い技術を保有することは，代償を生じる．というのは，より専用化され，特化された工場での単位生産費用に比べ，幅広い技術を保有する生産システムでは，単位生産費用が増加するためである．それゆえ，生産システムにおける異なった技術の範囲について決定しようとするとき，トレードオフが生じる．特定の範囲の作業と手順計画だけを必要とする，特定の範囲の製品生産へ生産システムを専用化することは，機械設備，作業者，工具，マテリアルハンドリングシステム，作業の方法の選択において，専用化を認めることになる．これは，学習効果を高め，一定額の資本投資に対するアウトプットを増加させ，それゆえ，単位生産費用を低減させる．これらは，専用化された工場から得られる利益として知られている（Skinner，1974）．

　生産システムの技術範囲は，低い単位生産費用から生じる利益と，システムの経済的ライフサイクルにわたって，そのシステムで生産される製品に対して十分な需要が得られない危険との間のトレードオフに基づいて決定されるべきである．したがって，技術範囲の決定では，将来の製品改良と将来の製品革新から生じるプロセスへの要求に関する不確実性が主に考慮される．われわれの知る限りでは，生産システムにおいて利用可能とすべき技術範囲に関する戦略的問題を提起した研究は，オペレーシ

ョンズ・マネジメントの文献には報告されていない．この問題は明らかに，運用戦略の領域に属し，オペレーションズ・マネジメントの領域には属さない．

サプライチェーンは，各プロセスが工場の中でなされる，複数の変換プロセスのネットワークから構成される．それゆえ，サプライチェーンの文脈において，われわれは主に，サプライチェーンに含まれる各工場レベルでの製造の柔軟性の次元に興味をもつ．柔軟性に関してサプライチェーンを設計するときには，各工場の適切な柔軟性の次元について考慮しなければならない．工場レベルでの柔軟性は，工場で生産される品物の生産量，製品混合，タイミングに関する制約条件として表現される．次節では，需要水準（量と製品混合）における不確実性に対処するため，機械設備の柔軟性を利用したモデルベースの研究について議論する．新製品と製品改良の柔軟性はまた，サプライチェーンを構成する工場での生産のスループット時間に依存する．4節では，生産のスループット時間へ，したがって，新製品への柔軟性に対して機械設備，作業者，手順計画の柔軟性が与える影響について議論する．

3. 柔軟性の高い機械設備への投資問題：生産量と混合の柔軟性

ここでは，需要量の不確実性に対処するため，機械設備の柔軟性を最適に使用する研究について議論する．ただし，Andreou (1990)，Fine and Freund (1990)，Gupta (1993)，Jordan and Graves (1995)，Boyer and Keong Leong (1996)，Van Mieghem (1998) による研究に限定する．これら研究のすべてが，多製品で多機械設備のモデルを考察している．ただし，各製品はただ1つの作業を必要とし（つまり，製品に必要な処理は，1つの作業のみからなる），いくつかの製品は異なった機械設備でつくることができるとしている．それゆえ，いくつかの機械設備は，複数の作業または処理を行うことができる．これらすべての文献において，機械設備は，「資源」と呼ばれているが，本節でも同じ呼び方を採用することにしよう．問題は，投資問題として研究される．ここでいう問題とは，生産されるべき製品について需要量の不確実性が与えられたとき，複数の作業を遂行できる資源にどれだけ多くの投資をすべきかの問題である．

Andreou (1990) は，製品間に相関のある確率需要をもつ2製品の生産システムに対し，柔軟な資源の経済的価値を計算するための投資モデルを提案した．彼は，専用資源と柔軟な資源の混合からなる生産システムを考察し，柔軟な生産能力（キャパシティ）のオプション価値を需要量の不確実性，専用の生産能力と柔軟な生産能力の費用，販売による収益の関数として計算した．解析は，柔軟性の価値がかなり大きく，特に，需要量の不確実性が高いとき価値が大きくなることを示している．解析はまた，製品混合の柔軟性から得られる利益のほとんどは，生産能力全体のある割合だけを柔軟にすることによって獲得できることを示している．ただし，最適な割合は，需要量の変動と2つの製品間の需要の相関に依存する．

Fine and Freund (1990) は,製品に対して柔軟性を有する製造資源への投資に関して,費用対柔軟性のトレードオフのモデルを提案している.彼らは,2段階確率計画問題として,問題の定式化を行っている.第1段階では,需要量の不確実性を解決する前に,生産能力を決定する.第2段階では,製品の需要量が明らかになった後,企業は,第1段階で決定した資源量を制約条件として,生産量の決定を行う.彼らは,n 種類の異なった製品ファミリーについて,各製品ファミリーは専用の資源を有し,さらに,どの製品ファミリーも共通に処理できる1つの柔軟な資源が存在する状況について考察した.この問題は,専用の資源の量 $K_j(j=1,\cdots,n)$ と柔軟な資源の量 K_F を決定することである.

・資源の量 K_j を設定するための費用は,K_j の線形関数と仮定する.
・生産費用は,専用資源または柔軟な資源で生産される生産量に関して線形関数と仮定する.
・収益は,製品販売量に関して狭義凹関数と仮定する.
・変動生産費用は,技術に関して独立で線形と仮定する.
・製品ファミリーごとの需要量に関して確率情報が与えられていると仮定する.

需要量の不確実性は,k 個の可能な状態 $i(i=1,\cdots,k)$ でモデル化される.ただし,各状態は,製品ごとの需要量のベクトルに対応し,確率 $p_i>0, \sum_i p_i=1$ で生起する.それゆえ,需要の不確実性は,離散的需要量と製品の収益性の2つの分離したシナリオからなる離散集合としてモデル化される.

Fine and Freund (1990) は,線形制約をもった最適化モデルを提案した.このモデルは,上述の問題を解くことができると同時に,各需要シナリオの下で,生産すべき製品の最適生産量を決定する.彼らは,2製品の問題に関して,専用資源に割り当てる生産量と柔軟な資源に割り当てる生産量が一意的に決まることを示した.ただしこの一意性は,3製品以上の問題では保証されない.このモデルはまた,実現可能な総需要量に対して,柔軟な生産能力を最適に利用することで得られる期待利得がその費用を上回るとき,柔軟な生産能力が設定されるべきことを示すために利用される.使用されたモデルに関して,この結果は,驚くに値しないが,経営の視点から重要である.最も実現性の高いシナリオだけで評価する代わりに,実現される可能性のあるものを含んだ将来のすべてのシナリオに基づいて,オプションの価値が評価されるべきことを意味しているからである.

Fine and Freund (1990) はまた,最適な生産能力の水準について成果を得ている.2製品ファミリー(ファミリー A と B)の場合において,A の専用資源の生産能力費用が増加すると,K_A が減少し,柔軟な資源の量 K_{AB} が増加し,K_B が減少する.したがって,柔軟な資源は,専用資源 A だけでなく,専用資源 B の代用にもなる.さらに,K_A の減少量は K_{AB} の増加量を上回り,一方,K_{AB} の増加量は K_B の減少量を上回る.これらの結果は,一方では問題のパラメータ間の複雑な相互関係を,また他方では専用資源と柔軟な資源への最適投資水準の間の複雑な相互関係を例証し

ている.

2つの数値例について，Fine and Freund (1990) はまた，需要の変動と相関がモデルの解に与える影響を感度解析している．彼らは，対称的な2製品 A と B がそれぞれ高・中・低の需要をもつ場合を考慮している．完全に負の相関をもつ需要，完全に正の相関をもつ需要，無相関の需要をモデル化し，これら3つのケースそれぞれに対して，需要の不確実性の水準を変えて研究している．その結果，柔軟な生産能力の必要量は，完全に負の相関をもつ需要の場合，不確実性の水準が高くなると増加し，完全に正の相関をもつ需要の場合は不確実性の存在にもかかわらず，柔軟な生産能力の必要量は0である．無相関な需要についての解析は，柔軟な生産能力の必要量が，需要の不確実性が適度に小さいときは0となり，需要の不確実性がそれより増加するのに伴ってある最大値までいったん増加し，それから，減少することを示している．この直感に反するような結果は，需要における相関の向きと不確実性の水準が，柔軟な生産能力の必要量を予測するための情報として十分でないことを示している．

Fine and Freund (1990) は，資源が製品それぞれに専用的であるか，すべての製品を処理できる（柔軟な資源である）かのいずれかであるモデルについて研究を行った．Gupta (1993) は，柔軟な資源だけのモデルに関して，Gupta and Buzacott (1991) において得られた結果をもとに，不確実な需要をもつ N 種類の製品が，M 台の資源で生産される場合を考察した．ただしそこでは，各資源は同じ生産能力 Q をもち，たかだか K 種類（$1 \leq K \leq N$）の製品を処理できるとしている．彼は，需要の不確実性と販売収益と資源費用の関数として，M, Q, K の最適値を決定するため，2段階の確率計画問題として問題を定式化した．

このモデルは，2つの定式化，P_1 と P_2 から構成されている．最初のモデルは，資源 j でつくられる製品 i の生産量 P_{ij} の値を決定するためのものである．目的関数は，実現された需要量 $d_1, \cdots, d_N$ と，M と Q と K が与えられたとき，総利益を最大化することである．総費用を差し引いた製品単位あたりの収益を r とし，これは製品タイプに依存しないと仮定する．問題 P_1 は次のように与えられる．

$$P_1 : \max \phi(d_1, d_2, \cdots, d_N) = \sum_i \left\{ r \sum_j P_{ij} \right\}$$

s.t.

$$g_1 : K - \sum_i \delta(P_{ij}) \geq 0, \quad \forall j = 1, \cdots, M$$

$$g_2 : d_i - \sum_j P_{ij} \geq 0, \quad \forall i = 1, \cdots, N$$

$$g_3 : Q - \sum_i P_{ij} \geq 0, \quad \forall j = 1, \cdots, M$$

$$g_4 : \sum_i \sum_j P_{ij} = \min\left(MQ, \sum_i d_i\right)$$

$$g_5 : P_{ij} \geq 0, \quad \forall i = 1, \cdots, N, \quad j = 1, \cdots, M$$

ここで，制約条件 g_1 における関数 $\delta(x)$ は，$x > 0$ のとき 1，$x = 0$ のとき 0 の値をと

る．第2のモデルは，需要の実現値が得られた後に問題 P_1 の最適解を求めて得られる総利益の期待値が最大となるように，M,Q,K を求める．第2のモデルでの需要量は，確率変数として与えられ，$D_1,\cdots,D_N$ と表す．すなわち，

$$P_2 : \max[\psi(M,Q,K)] = E[\phi(D_1, D_2, \cdots, D_N)] - C(M,Q,K)$$

ただし，$E(\cdot)$ は総期待利益，$C(\cdot)$ は投資費用とする．規模の経済を扱う多くの文献を考慮すると，$C(\cdot)$ は，引数 M と Q に関して凹と仮定するのが合理的であろう．しかし，同じことは引数 K に関してはいえない．投資費用は，1つの資源で生産される製品の種類 K の関数として，一定の増加率で増加するであろう．

P_1 の解析は，問題が組合せ困難であることを示している．Gupta (1993) は，問題 P_1 を解くための発見的解法を開発し，M,Q,K の関数として平均収益の95%信頼区間を計算するためにシミュレーションを用いた．次に，適応ランダム探索法が，所与の投資関数 $C(M,Q,K)$ に対して，M,Q,K の最良な組合せを見つけるために使用された．

計算手順が，10 製品からなる多くの問題例に適用された．ただし，次の投資費用関数を使用する．

$$C(M,Q,K) = M^a(\beta_0 + \beta_1 Q + \beta_2 \ln K)$$

この関数は，すべての引数に関して凹である．研究された例題について，柔軟性によって得られる相対的利益は，規模の経済に依存することが明らかになった．特に，規模の経済が大きい（a の値が小さい）とき，柔軟性の利益は限定される．データはさらに，ある費用構造をもち，限定された柔軟性をもつ資源を重複して保有することが，高い柔軟性をもつ資源への投資と同程度に，需要量と需要混合の変動に対処できる高い能力を有することを示している．

Fine and Freund (1990) の研究では，資源のもつ柔軟性のすべてがただ1つの資源に集中されているのに対し，Gupta (1993) の研究では，すべての資源に等しい柔軟性をもたせている．Gupta (1993) は，資源の柔軟性の最適水準を決定する問題は，組合せ困難であって，それゆえ，大規模な問題の最適解を求めるのは難しいことに気付いた．Jordan and Graves (1995) は，資源の柔軟性の最適な構成に関して，直観的に編み出した原理に基づいて，資源の柔軟性をいかに構成するかを特に研究している．望ましい柔軟性の構成をいかに作成するかを理解するために，彼らは，10 製品・10 資源の例を考えた．各製品の期待需要量は 100，各資源の生産能力も 100 と設定している．需要量は，標準偏差が 40，最小値と最大値はそれぞれ 20 と 180 となるよう両側が切れた正規分布に従う．製品需要は独立である．シミュレーションモデルが利用され，そこでは，各製品について需要をランダムに生成し，生産能力制約の下で最大限需要が満たされるよう（満たされない需要は失われる）需要を資源に割り当て，販売量と販売の機会損失と生産能力利用率の統計量が集められた．彼らは，最初に，各資源を1つの製品に排他的に割り当てた柔軟性のない場合を研究し，さらに，各資源がすべての製品を生産できる完全な柔軟性をもつ場合を研究した．柔軟性

のない場合，期待販売量は853ユニットで，期待利用率は85.3%となった．完全な柔軟性のある場合の結果は，それぞれ954ユニット，95.4%であった．柔軟性のない場合から出発して，Jordan and Graves (1995) は，システムへ柔軟性を徐々に加えていった．彼らは，(たとえば，製品1は資源2でも生産できるように) 1回に1つの「リンク」を加え，販売量と利用率への影響を計測した．最初に，製品1を資源2に加え，次に製品2を資源3に加え，次に製品3を資源4へと順に加えた．10番目のリンクは，製品10を資源1に加えるためのものである．その結果は，柔軟性がうまく構成されていると，限定された柔軟性であっても，販売量と利用率に関して，完全な柔軟性から得られる利益のほぼすべてを達成できることを示している．

Jordan and Graves (1995) は，資源の柔軟性をいかに構成するかの原理を定式化するため，「チェーンによる連結」の概念を導入した．1本のチェーンは，資源と製品についての1つのグループであり，それらはすべて，製品を資源に割り当てることで，直接的または間接的に結ばれている．チェーンに属するどの製品も，そのチェーンの外にある資源によって生産されることはない．また，チェーンに属するどの資源も，そのチェーンの外にある製品を生産することはできない．Jordan and Graves (1995) は，ある数の「リンク」が与えられたとき，システムの性能は，最長の1つのチェーンをつくることで最大化されることを示した．したがって，例題の場合，利用可能な10個の付加的リンクによって，長さが10の1本のチェーンをつくる方が，それぞれの長さが2のチェーンを5本つくるよりもよい性能が得られる．

Jordan and Graves (1995) は，多品種・多資源システムでの資源の柔軟性をつくり出すために，以下の指針をまとめている．

・チェーンの中で直接連結された資源の数 (総ユニット数で測った生産能力の値) を等しくするように努める．

・チェーンの中の各資源と直接連結された製品の数 (期待需要量の総数で測った値) を等しくするように努める．

・できるだけ多くの資源と製品を含む巡回路をつくるよう努める．

チェーンによる連結の背後にあるカギは，チェーンに含まれるすべての製品が，そのチェーンに含まれるすべての資源の生産能力を共有するようにすることである．10製品・10資源の場合の研究での期待売上数は，生産能力と等しかった．資源の生産能力が変化したとき，柔軟性の値がどのように変化するかをみるために，Jordan and Graves (1995) は，10資源の総生産能力を500〜1500ユニットの範囲で変化させた．ただし，生産能力は，各資源に等しく分割した．彼らの結果は，生産能力によって柔軟性を加えることによる利益が，総生産能力の広い範囲にわたって無視できないことを示している．生産能力が，期待需要量を25%上回ると，期待売上数は5%以上増加した．

Jordan and Graves (1995) はまた，与えられた製品・資源の構成における非柔軟性の尺度を開発した．この尺度は，以下のように定義される．ある製品グループ M

については需要を満たすことができない一方,他の製品をつくるための資源に関して生産能力に余裕が生じる確率を求め,その値を最大化する製品グループの確率を$\pi(M^*)$と書き,非柔軟性の尺度とした.この尺度は,製品・資源構成にさらに柔軟性を付加することが,産出量の期待値を高めることになるかどうかを示している.

彼らの結果は,需要の不確実性が高く,製品と資源の種類が多いときは,資源ごとに2種類の製品だけを割り当てる限定された資源柔軟性では,不確実な需要にうまく対処する能力を,完全な柔軟性を有するときほどには提供できないことを示している.しかし,需要の不確実性が比較的高く,製品と資源の種類が多い場合でも,資源ごとにたかだか4品種の製品を割り当てる限定的柔軟性で,完全な柔軟性の利益のほとんどすべてを提供することはできる.

Jordan and Graves (1995) によって研究されたモデルでは,生産能力の費用と柔軟性の費用を考慮していない.Boyer and Keong Leong (1996) は,ある製品から他の製品への資源切替費用を考慮するため,Jordan and Graves (1995) の使用したモデルを拡張した.切替費用の考慮はもちろん,機動性を制約する (Upton, 1994).切替費用は,生産能力損失としてモデル化される.すなわち,資源が2種類の製品に対して使われるとき,利用可能な生産能力のある割合が失われる.彼らは,この問題を0-1整数計画問題として定式化した.ただしこの問題は,異なった製品と所与の資源構成に対して,確率需要の下で産出量の期待値を最大化するため,シミュレーションモデルに組み込まれた.自動車産業における2つの事例に対して,このモデルが,産出量の期待値への資源の柔軟性と切替費用の効果を研究するために使用された.Jordan and Graves (1995) によって研究された10製品・10資源構成の問題について,Boyer and Keong Leong (1996) は,製品あたりの需要量が100,資源あたりの生産能力が100と設定し,資源柔軟性をもつことによる産出量の期待値の改善率が,切替費用が増加するとき,資源柔軟性がない場合に比べて減少すること,また,切替費用が50%より小さい範囲で,改善率の減少は切替費用の増加量に比例していることを示した.切替費用がかなり高いときでさえ,限定された資源柔軟性の利益はかなり大きい.すなわち,切替費用が100%へと大きくなるとき,資源柔軟性を有する構成は,資源柔軟性をもたない構成より,より高い期待産出量をもつ.なぜなら,資源柔軟性を有することによって,どの製品を柔軟性のある資源でつくるかの意思決定が可能であり,柔軟性のない資源ではこれが不可能だからである.

Boyer and Keong Leong (1996) の結果は,完全な柔軟性を追求することがあまり有益でないことを示している.もし製品・資源構成を1つのチェーンで結ぶことができるなら,この限定された柔軟性によって,完全な柔軟性の生み出す利益のほぼ95%が提供できるからである.

Van Mieghem (1998) は,製品マージン,投資費用,多次元需要量の不確実性の関数として,柔軟な生産資源への最適投資決定問題を研究している.既存の識見への彼の貢献は,製品が異なったマージンをもつケースを研究したことである.彼は,2

製品を生産する企業が,各製品専用の資源への投資と柔軟性のある資源への投資のオプションをもつ場合を考察し,問題を2段階の多次元新聞売り子(ニュースベンダー)問題としてモデル化している.最初に,その企業は,製品需要ベクトル $D \in \Re_+^2$, $D=(d_1,d_2)$ が観測される以前に,非負のベクトルで表現される資源容量の水準 $K \in \Re_+^3$, $K=(k_1,k_2,k_3)$ を決定しなければならない.需要が確定した後,企業は,資源ごとの生産量 $x=(y_1,y_2,z_1,z_2) \in \Re_+^4$ を決定する.ただし,y_i+z_i は製品 i の総生産量,y_i は専用資源でつくられる製品 i の生産量,z_i は柔軟な資源で生産される製品 i の量である.企業は,運用利益を最大にするような生産ベクトル x を選択する.この問題は,次のように定式化される.

$$\max_{y,z \in \Re_+^2} p_1(y_1+z_1)+p_2(y_2+z_2)$$

s.t.

$$y_1 \leq k_1 \quad (3.1)$$
$$y_2 \leq k_2 \quad (3.2)$$
$$z_1+z_2 \leq k_3 \quad (3.3)$$
$$y_1+z_1 \leq d_1 \quad (3.4)$$
$$y_2+z_2 \leq d_2 \quad (3.5)$$

ただし,$p \in \Re_+^2$ は単位利益ベクトルである.

D は,連続な確率ベクトルで,定義域上で正となる同時確率密度関数 g をもつと仮定する.投資費用は,生産能力の線形関数で,$C(K)=c'K$ で表現する.ただし,$c \in \Re_+^3$ は,限界投資費用ベクトルであり,c' はその転置を表す.

投資の意思決定は,次式でモデル化される.

$$\max_{K \in \Re_+^3} V(K)=E\pi(K,D)-C(K)$$

ただし,$E\pi(K,D)$ は,運用利益の期待値である.

この問題の特性を数学的に解析することによって,Van Mieghem(1998)は,最適な投資が費用と価格にいかに依存するかを示した.最初に,不確定な生産の意思決定 $x(K,D)$ について最適化を行い,製品混合問題における生産能力制約(3.1)～(3.3)に対応する最適な双対変数の値の3次元ベクトル $\lambda(K,D)$ を求めた.生産能力ベクトル $K \in \Re_+^3$ が与えられたとき,需要量の空間 $\Re_+^2$ は,5つの領域 $\Omega_0, \Omega_1, \Omega_2, \Omega_3, \Omega_4$ に分割される.ここに,Ω_0 は企業の生産能力の領域を表し,Ω_1～Ω_4 は企業が満たすことのできない需要の実現値の集合をすべてカバーする,分離した領域を表す(詳細は文献参照).

Van Mieghem(1998)は,双対変数を使って最適性を表す方程式を定式化している.

投資ベクトル $K^* \in \Re_+^3$ が最適であるための必要十分条件は,次式を満たす $V \in \Re_+^3$ が存在することである.

$$\begin{pmatrix}0\\p_2\\p_2\end{pmatrix}P(\Omega_1(K^*))+\begin{pmatrix}p_2\\p_2\\p_2\end{pmatrix}P(\Omega_2(K^*))+\begin{pmatrix}p_1\\p_2\\p_1\end{pmatrix}P(\Omega_3(K^*))+\begin{pmatrix}p_1\\0\\p_1\end{pmatrix}P(\Omega_4(K^*))$$

$$=C-V \tag{3.6}$$

$$V'K^*=0 \tag{3.7}$$

ただし，$P(\Omega_j(K^*))$ は，領域 $\Omega_j(K^*)$ における総需要量の確率関数を表す．

　最適投資は，多次元需要分布をその生産能力モデル上に投影し，最適性方程式 (3.6) におけると同様，4 つの領域 $\Omega_1,\cdots,\Omega_4$ の確率が限界投資費用 C を相殺するように，実行可能領域を制約する線を調整することによって見つけることができる．Van Mieghem (1998) は，相関のない需要の下で，専用資源のみに投資するのが最適となる条件，1 つの専用資源と柔軟性をもつ資源に投資するのが最適となる条件，3 つの資源すべてに投資するのが最適となる条件を導いた．さらに，最適値 $V^*(K)$ が価格ベクトル p の非増加凸関数であることを示している．また，需要の不確実性のパラメータが最適投資に与える影響について研究している．完全に正の相関をもつ需要と完全に負の相関をもつ需要の両方に対して，彼は，専用資源にだけ投資するのが最適となる場合，1 つの専用資源と柔軟な資源に投資するのが最適となる場合，3 つの資源すべてに投資するのが最適となる場合それぞれ関して，限界費用と限界価格の条件を導いている．そして，価格に関して，柔軟性をもつ資源への投資が最適となる条件が存在すること，また，正の相関がある需要の下では，製品が同じ価格であるとき，その条件が当てはまらないことを示している．これらの結果の詳細については，論文を参照願いたい．

議　論

　上述の議論であげた文献は，1 つの製品グループにおける需要水準の不確実性に対処する上での，資源の柔軟性が有する価値を示している．資源の柔軟性は，専用生産能力に対する代替である．専用生産能力と柔軟な生産能力の最適配分は，2 種類の資源の間での生産能力費用の違い，製品間での価格の違い，需要の不確実性，製品需要の間の相関に依存する．同一資源で生産される製品の間での切替費用は，資源の柔軟性から得られる利益を減少させるが，利益をなくするわけではない．与えられた柔軟性の構成に対して，システムに柔軟性を追加するときの限界価値は，減少関数となる．言い換えると，資源の柔軟性から得られる利益の大部分は，そのときまでに設定された柔軟性によってすでに得られているということである．柔軟性の構成は，一つの重要な要素であることが示された．すなわち，製品・資源のリンクの数が与えられたとき，最良の性能は，できるだけ最長なチェーンを形成することで得られ，チェーンで完全に連結されたシステムの性能は，完全に柔軟なシステムの性能に非常に近くなる．

　上述の議論で使った論文は，経営上の重要な知見を与えるものであり，それらのい

くつかはまた，現実の産業界における研究成果の利用に関して言及している．この分野における一つの重要な今後の研究課題は，さまざまな条件の下で，未使用の生産能力を他の組織に販売するオプションを加えた問題へと最適投資問題を拡張するところに見出すことができる．もう一つの興味ある拡張は，異なった契約で，異なった顧客に供給する製品を生産するための資源構成に，投資家が投資しなければならない場合の研究である．この状況は，異なったサプライチェーンが1つの共通サプライヤーを利用し，供給契約の交渉が資源への投資の意思決定と並行して行われなければならないときに生じる．この研究は，契約理論，ゲーム理論，投資理論の知識を併用する．3番目に見込みがある研究分野として，柔軟な資源への投資決定問題において，切替費用低減への投資と在庫維持費用への投資の間のトレードオフを考慮することであろう．柔軟な資源に切替費用が存在するとき，生産はバッチで行われ，結果として，システムを運営する総費用には，切替費用と在庫維持費用が含まれなければならない．われわれの知る限り，そういった柔軟資源モデルは，まだ研究されていない．

　サプライチェーン設計に対するこの種の研究の妥当性とは，一体何であろうか．この研究は，1つの製品グループについて，不確実な将来の需要量を予測し，柔軟な資源へ投資する意思決定に関して論じている．サプライチェーン設計レベルで意味のある柔軟性の尺度は，生産量の柔軟性，製品混合の柔軟性，製品改良もしくは新製品への柔軟性である．製品ファミリーに関する生産量の柔軟性と製品混合の柔軟性は，サプライチェーン内の各工場において，余分な生産能力を設けることによって，または余分な生産能力と余分な資材供給を契約することによってつくり出すことができる．これは，需要の不確実性が各工場の資源レベルでプールできない限り，費用が高くつき，そのため，経済的に妥当なものとはならない．不確実性をプールすることは，柔軟な資源に投資することによって達成できる．それゆえ，サプライチェーンを構成するとき，そのサプライチェーン内にある各工場の資源構成が，各工場が準備できる生産量の柔軟性と製品混合の柔軟性に関して慎重に評価されなければならない．したがって，資源費用と製品単価，単位変動費用，需要の不確実性が与えられたとき，既与の資源構成によってどのようなアウトプットが実現できるかだけでなく，投資のためには，どのような資源構成が最適であるかも知っておくことが重要である．製品ファミリーの最終組立工場への投資の意思決定に対して，ここで議論されたモデルは直接適用可能である．モデルの大半は，このタイプの事例から影響を受けたものである．しかし，サプライチェーンは，最終組立工場だけからなるのではなく，多くの1次と2次のサプライヤーを含んでいるであろう．これら各サプライヤーの工場において，生産能力が，サプライチェーンのために設定もしくは確保されなくてはならないであろう．資源構成に関して，異なったオプションがサプライチェーンにおける特定の潜在的供給能力を実現するために利用できるかもしれない．サプライチェーンの設計では，そのサプライチェーン内にある工場全体の資源構成を調整することが求められる．工場ごとの資源構成のオプション，ならびにそれによってもたらされる供給への

影響に関する情報は,設計への入力データとなる.

サプライチェーンレベルでの第3の柔軟性の次元は,製品改良もしくは新製品への柔軟性である.これは,改良製品または新製品を市場へ投入するのにかかる時間(新製品リードタイム)である.本章の文脈においては,サプライチェーンで使用される資源構成が製品改良もしくは新製品に必要なプロセスを実行できると仮定することによって,新製品リードタイムを製品ファミリーに属する仕様の異なった新製品を市場へ投入するのに必要な時間に限定する.新製品リードタイムにおいて重要な要素は,サプライチェーンにおける生産のスループット時間である.生産のスループット時間が短ければ,新製品リードタイムは短くできる.資源の柔軟性が,生産のスループット時間に大きな影響を及ぼすことが示されている.次節において,資源の柔軟性(範囲と機動性と均一性の尺度を含む)と生産のスループット時間の間の関係に関する文献について議論する.

4. 資源の柔軟性・範囲・機動性・均一性・スループット時間

本節では,ある製品から他の製品へと生産を切り替えることで生じる費用と生産能力損失との関連において,生産を指示してから製品が完成するまでのスループット時間への,機械設備の柔軟性と作業者の柔軟性が与える影響について議論する.

この分野の文献では一般に,製品ごとの需要は,平均が既知で定常な確率変数によってモデル化できると仮定されている.需要は,確率変数であって,製品需要の到着時間間隔の確率変数,もしくは単位時間あたりの要求量に関する確率変数のどちらかで表現される.また,生産システムの生産能力は既与で,需要の平均値を満たすのに必要な生産能力より大きいと仮定される.それゆえ,長期的にみれば,すべての需要は満たすことができ,生産システムの柔軟性は主に,短期的需要変動にシステムを適応させるのに役立つことになる.いくつかの生産システムにおいては,需要への適応性が在庫を保持することによってもつくり出せることに留意すべきであろう.そのような生産システムにおいて,資源柔軟性と在庫の両者が,短期的需要変動に対する適応性を実現する手段となる.

短期的需要変動への適応性に対する資源柔軟性の効果は,生産管理の文献において広く研究されてきた.本節では,これらの中からいくつかの文献を選んで議論する.特に,Wayson (1965), Nelson (1967, 1970), Fryer (1973, 1974, 1975), Treleven and Elvers (1985), Porteus (1985), Park and Bobrowski (1989), Vander Veen and Jordan (1989), Malhotra and Ritzman (1990), Malhotra et al. (1993), Malhotra and Kher (1994), Kher (2000), Garavelli (2001) らによって行われた研究について議論する.

他の研究成果は,以下の文献に見出すことができる.Weeks and Fryer (1976), Hogg et al. (1979), Gunther (1981), Treleven (1989), Corbey (1991), Park

(1991), Bernardo and Mohamed (1992), Bobrowski and Park (1993), Felan et al. (1993), Nandkeolyar and Christy (1992), Wisner and Pearson (1993), Morris and Terinze (1994), Benjaafar (1994), Hutchinson and Pflughoeft (1994), Fry et al. (1995), Benjaafar and Ramakrishnan (1996), Daniels et al. (1996), Ho and Moody (1996), Jensen et al. (1996), Das and Negendra (1997), Shafer and Charnes (1997), Kher et al. (1999), Jensen (2000), Smunt and Meredith (2000), Garg et al. (2001), Nam (2001).

この問題に関するほとんどの研究は，ツールとしてコンピュータシミュレーションをうまく使っている．使用されたシミュレーションモデルについて，以下の各議論の中で簡単に述べることにする．

スループット時間に対する資源柔軟性の影響について行った最初の研究の一つに，Wayson (1965) によるものがある．これは，単純なジョブショップについてシミュレーション研究を行ったものである．ショップは，9つのワークセンターからなり，その各々が1台の機械から構成される．オーダーの到着は，Poisson 到着である．各オーダーあたりの作業の数 $g=1,2,\cdots$ は，確率 $(1/9)(8/9)^{g-1}$ の幾何分布に従う．計画された作業手順は，以下のように生成される．すべてのワークセンターは，最初に訪問するワークセンターとして等しい確率をもつ．次の作業を行うワークセンターは，前後の作業が異なったワークセンターで行われるという条件の下で，等しい確率で選択される．この手順は，多様性の大きいオーダー処理手順をモデル化する．

このモデルはさらに，搬送時間は0，作業者は制約なし，資源の可動率は100%と仮定している．各ワークセンターにおける作業時間は，同じパラメータを有する指数分布とする．オーダーの到着率は，ショップの稼働率が90%となるよう設定する．これは典型的なジョブショップモデルである．ワークセンターでの処理規律を先着順サービス (first come first served：FCFS) と仮定するとき，オーダーのスループット時間の特性値は，基礎的な待ち行列理論を使って計算することができる．

資源の柔軟性は，実変数 $z(0 \leq z \leq 8)$ によってモデル化される．たとえば $z=2.4$ のとき，各作業は，計画されたワークセンター以外に，3つのワークセンターで実施することができ，計画されたワークセンター以外に，確率40%で3つのワークセンターで実施できることを意味する．このため，$z=0$ は，資源に柔軟性がないことを意味する．すなわち，各作業は，計画されたワークセンターだけで実施しなくてはならない．$z=8$ は，完全な資源柔軟性が存在することを意味する．

資源の柔軟性は，以下のように使用される．もしあるワークセンターであるオーダーの作業が終了し，行わなければならない次の作業が存在するならば，次の作業を行うことができるワークセンターの集合の中から，次に行くワークセンターが選択される．それら選択可能なワークセンターの中からは，その時点で，待ち行列内のオーダー数が最も少ないワークセンターが選ばれる．ワークセンターでのオーダーの処理は，FCFS 規律で行われる．代替ワークセンターにおける作業時間は，計画されたワ

ークセンターでの処理時間に等しい（完全な均一性）と仮定する．

性能は，平均待ち行列長さ（平均スループット時間に比例する）で測られる．Wayson (1965) の結果は，オーダーの平均スループット時間に対して資源柔軟性が強い影響を与えることを示している．各作業が2つのワークセンター（計画されたものと1つの代替ワークセンター）で実施可能ならば，平均待ち行列長さは，資源柔軟性のない9.8に比べて，わずか3.4となる．作業を代替資源で実施できる確率がわずか40%（$z=0.4$）の場合でも，平均待ち行列長さは9.8から5.4にまで短くなる．この結果はまた，資源柔軟性の単位増分から得られる限界利益が柔軟性の増加に伴って大きく減少することを示している．柔軟性を3つの代替ワークセンターから8つに増やしても，平均待ち行列長さはほとんど減少しない．上述したように，柔軟性がうまく構成されているならば，柔軟性によって得られる利益の大部分は，少しの柔軟性で得ることができる．Wayson (1965) はまた，代替資源が作業のために使用された時間割合（制御努力を表す）を計測した．0.4の柔軟性に対して，約20%の作業が代替ワークセンターで実施される．それゆえ，限定された柔軟性の場合でさえ，無制約の方法でこの柔軟性を使うことは，かなり制御費用がかかることになる．

Wayson (1965) の結果は，現実の生産システムがもつ2～3の要素だけを取り入れたモデルに対して得られたものである．たとえば，代替資源が計画された資源と同等な効率を有すると仮定されている．すなわち，忘却と再習熟が生じるといったような，柔軟性を行使するための費用が無視されている．また，機械設備能力が唯一の制約資源であると仮定されている．

Nelson (1967) は，作業者と機械設備に制約をもつ生産システムにおける作業者の柔軟性に関する最初の研究の一つである．彼は，コンピュータシミュレーションを使って，各ワークセンターが2台の同一機械をもつ2つのワークセンターが配置されたジョブショップについて研究した．このショップにおける到着時間，処理時間，処理手順に関する特性値は，Wayson (1965) で用いられたモデルと類似したものである．Nelson (1967) は，システムの形態を変化させ，1～4名の作業者を有するシステムについて研究した．ただし，各作業者は，各ワークセンターにおいて等しい能率で働くことができる．彼は，中央集権的制御と分散的制御を研究している．中央集権的制御では，各作業者は，仕事を完了した後，次のジョブへの割当のために中央のプールへ戻る．分散的制御における作業者は，現在のワークセンターで仕事がなくなるまで，そこで仕事を続け，それから，やるべき仕事をもっている他のワークセンターに移動する．FCFS規律，システムへの到着順規律，SPT (shortest processing time) 規律の3つの待ち行列制御規律が，5つの作業者配置規律と組み合わせて使用されている．作業者配置規律は，ランダム規律と待ち行列内の最長ワーク数規律である．シミュレーション研究の結果は，作業者の柔軟性がオーダーのスループット時間の平均と分散を大きく減少させることと，影響の強さが作業者配置規律と待ち行列制御規律に依存することを示している．中央集中的な作業者配置は，分散的な作業者配

置より,結果的によい性能を与える.

作業者の能率がワークセンターによって異なる場合は,中央集中的な作業者配置は特に重要となる.その場合,作業者は,最も能率的に働けるワークセンターで,やるべき仕事がなくなるまで仕事をすべきであり,そのワークセンターでやるべき仕事が十分にできしだい,すぐにそこへ戻るべきである.しかし,作業者の移動費用(交代時間,作業の忘却の影響)はまた,作業者の移動頻度を制限することになるであろう(Nelson, 1970).

各部門がそれぞれ4つのワークセンターを有し,各ワークセンターには2台の同一機械設備が配置された3部門からなる生産システムについて,Fryer (1973, 1974, 1975) は,オーダーのスループット時間に対する種々の作業者配置規律の効果について研究を行っている.この生産システムには,12名の作業者が配置され,全員が,すべての機械設備において等しい能率で働くことができる.オーダーの到着時間,オーダーの処理手順,オーダーの処理時間は,すべて確率変数であって,作業者の平均稼働率が90%となるようにパラメータが設定されている.Fryer (1973) は,部門間での作業者の(再)配置と部門内での作業者の(再)配置の違いを区別し,また,作業者の柔軟性の効果に対する(再)配置の遅れの影響を研究している.作業者は,すべてのワークセンターにわたって完全に柔軟である.彼は,部門内の柔軟性とは対照的に,部門間の柔軟性が性能に著しい影響を及ぼすこと,さらに,12のワークセンターの各々に1人の作業者が配置され,決して再配置が行われない場合と比較して,部門間の柔軟性によってオーダーの平均スループット時間が,約40%短縮することを見出した.この結果は,再配置の遅れが0のときのものである.彼はまた,オーダーの平均スループット時間の短縮が,再配置の遅れに強く依存することを見出した.平均作業時間と等しい遅れがある場合,平均スループット時間は23%だけ短縮する.しかし,作業者が現在のワークセンターで仕事がなくなってから,彼を再配置するのに平均作業時間の2倍の時間がかかるならば,スループット時間は3%だけしか短縮しない.このため,作業者の(再)配置は,その効果を得るために,素早く行われる(または事前に計画される)必要がある.

Treleven and Elvers (1985) は,異なった11の作業者配置規律(どこに配置するか)の効果について研究している.性能尺度には,待ち時間の平均と分散,ジョブの遅れ時間の平均と分散,遅れたジョブの割合,移動した作業者の総数が設定され,対象とした生産システムは,9つのワークセンターからなるジョブショップで,各ワークセンターには2台の機械設備が配置され,作業者数は9人と12人,オーダーの到着と作業手順と作業時間は乱数で生成され,必要なパラメータは,作業者の稼働率が90%となるように設定された.作業者は,彼らが作業できるワークセンターにおいて等しい能率を有する.このモデルを使った総合的シミュレーション研究の統計解析は,作業者の移動総数を除いて,11の作業者配置規律の下で達成されたシステム性能の間に大きな差異がないことを示している.それゆえ,作業者をどこに配置するか

の意思決定は，オーダーに関連したショップの性能尺度にほとんど影響を及ぼさないようにみえる．したがって，作業者配置規律は，再配置に費用がかかることから，再配置の数を最小化するように選択されるべきである．この点を考慮した最良規律は，最長の待ち行列をもつワークセンターに作業者を配置することである．

Park and Bobrowski (1989) は，5つのワークセンター，1ワークセンターあたり2台の機械設備，5名の作業者から構成されるジョブショップについてシミュレーション研究を行い，作業者の柔軟性の効果に対して，オーダー指示のメカニズムがどのような影響を与えるかを研究している．彼らは，4つの異なる水準の作業者柔軟性に対して，中央集中的な作業者配置と分散的な作業者配置を取り上げて考察した．彼らの結果は，システム性能への作業者柔軟性の効果に対して，オーダー指示のメカニズムがほとんど影響を与えないことを示し，柔軟性の増加に伴って単位増加あたりの限界価値が急速に減少するという上述の知見を確認している．

Malhotra and Ritzman (1990) は，システムのスループット時間に関する性能向上のために利用する資源柔軟性の効果に影響を与える生産システムの環境因子について研究した．異なった水準の機械設備の柔軟性と作業者の柔軟性を表現するため，多くの加工ショップと1～2の組立ショップを含む3つの異なったショップ構成を用いた．彼らは，MRP (material requirements planning) で運用される生産システムにおいて，望ましいショップ性能を得るために利用する機械設備の柔軟性の効果に対し，産出量の不確実性，生産能力の余裕，ロットサイズがどのように影響するかについて研究している．ただし，ショップ性能は，顧客満足，仕掛在庫と製品在庫，労務費で測られている．コンピュータシミュレーションが研究のツールとして使われている．結果は，高い不確実性，余裕のない生産能力，大きなバッチサイズによって特徴付けられた環境の下で，機械設備の柔軟性が特に有効であることを示している．特に，ロットサイズとショップ稼働率が増加するに従って，機械設備の柔軟性あるいは作業者の柔軟性の効果が，顧客サービスの性能尺度に関して大きくなる．小さいバッチサイズと低いショップ稼働率のときは，柔軟性による改善はあまり大きくない．また，機械設備の柔軟性と作業者の柔軟性を同時に用いたときの改善は，一方の柔軟性だけを用いたときに比べてわずかな改善にとどまる．

Malhotra et al. (1993) は，機械設備の制約と作業者の制約をもつジョブショップの性能に対する作業者の柔軟性の効果に関して，習熟と作業者の自然減の影響について研究している．彼らは，6つのワークセンター，1ワークセンターあたり4台の同一機械，柔軟性の水準が異なる12名の作業者から構成されるショップについて研究した．オーダーは，ランダム到着で，各ワークセンターを1回だけ訪問する．一方，作業時間は指数分布である．そこでのパラメータは，作業者の稼働率が85%となるように設定されている．オーダーには，そのオーダーの総作業時間に比例した納期が設定される．作業者は，現在のワークセンターで仕事がなくなるとすぐ，最も長時間システム内にとどまっているジョブをもつワークセンターに再配置される．また，オ

ーダーは，EDD (earliest due date) 規律に従って差し立てされる．Malhotra et al. (1993) は，2つの習熟率の水準 (75%と85%)，あるワークセンターへ移動した作業者がそこで最初のオーダーを処理するのにかかる時間について2つの水準 (標準作業時間の2倍と4倍) を設定し，作業者の柔軟性を獲得する費用の影響について考察している．それらのパラメータは，3水準の作業者移動と自然減 (0%，8%，16%)，6水準の作業者柔軟性 (作業者が作業できるワークセンターの数) と組み合わせて用いられた．性能尺度として，オーダーの平均スループット時間，平均納期遅れ，納期遅れジョブの割合，新しい仕事の習熟に作業者が費やした時間割合が使用された．彼らの結果は，作業者の移動と自然減が性能尺度に重要な影響を与えることを示している．ただし，この影響は主に，高い習熟損失の環境 (低い習熟率と長い最初の処理時間) において存在する．彼らはまた，高い習熟率の場合と低い習熟率であっても最初の処理時間が短い場合について，オーダーの平均スループット時間が柔軟性の水準の増加とともに (上述したような減少割合で) 減少することを示した．しかし，低い習熟率で最初の処理時間が長くかかるときの平均スループット時間は，柔軟性の水準が3 (各作業者は，3つの資源で作業ができる) 以上になると再び増加した．このことは，ここでの習熟環境において，習熟に費やす時間割合が大きいことから説明される．完全な柔軟性の下で，習熟に費やす時間割合は，作業者の自然減が0%のときの5%から，自然減が16%のときの30%にまで大きくなる．

次いで，Malhotra and Kher (1994) は，Malhorta et al. (1993) が使用したのと同じモデル，同じ実験条件，同じ性能尺度を用い，異なったワークセンターで作業するときの能率に違いが存在し，作業者の移動に有限な遅れが存在する条件の下で，作業者配置政策の効果を研究した．能率の範囲は0.75～1.0，移動遅れは平均作業時間の15%と30%が考慮されている．彼らは，再配置する時期については中央集権的な意思決定と分散的な意思決定を，どのワークセンターへ(再)配置するかについては5つの規律を設定し，研究した．そして，移動遅れが0のとき，中央集権的な意思決定が最良のものとなるが，配置規律の間ではほとんど差異がないことを見出した (これは，Treleven and Elvers (1985) によって示された結果を裏付けるものである). しかし，移動遅れがある場合の最良性能は，最も能率的なワークセンターもしくは最も長い待ち行列をもつワークセンターのいずれかへ配置することと，分散的な意思決定 (移動の数を制限する) を組み合わせることで得られる．最も能率的なワークセンターへ配置することによって，すべての条件の下でオーダーのスループット時間の範囲が178～225であり，その平均が182という許容できる低い値が得られた．

Malhotra and Kher (1994) の研究に続いて，Kher (2000) は，習熟と忘却の影響を同時に受け，機械設備の制約と作業者の制約をもつジョブショップについて，ショップの性能に対する柔軟性の影響を研究した．彼は，Malhotra et al. (1993) と同じショップモデル，同じ性能尺度を用いた．習熟は，対数線形モデルによってモデル化し，忘却は，同じタイプのジョブを最後に行ってからの経過時間の関数とし，こ

れを処理したジョブの数で下方に修正することによってモデル化している．さらに，各ワークセンターにおいて，その資源で最初のジョブをスタートするのに先立って，訓練が求められると仮定している．実験計画において，3つの柔軟性政策，3つの忘却率，5レベルの作業者移動と自然減の組合せが考慮されている．その結果は，高い忘却率（85%）のときに作業者の柔軟性を獲得し使用することは，オーダーの平均スループット時間と平均納期遅れに負の影響を与えることを示している．より低い忘却率（90%と95%）のときは，オーダーの平均スループット時間と平均納期遅れは，作業者の自然減が高率であっても，柔軟性を使うことで改善する．これらの結果は，作業者の柔軟性によって得られる利益が，習熟と忘却の水準に強く依存することを示している．

上記で議論したすべての研究において，段取り時間とバッチサイズの影響は考慮されていない．オーダーが外部から与えられ，オーダーの各作業について作業時間が与えられる．さらに，ショップの稼働率は，入力パラメータとして考慮される．しかし，バッチサイズとショップの稼働率が，スループット時間に大きく影響を及ぼすことが知られている．したがって，新製品への柔軟性に対してサプライチェーンを設計するとき，バッチサイズとショップの稼働率は，重要な設計パラメータであり，それらは，機械設備の柔軟性や作業者の柔軟性と並行して考慮されるべきである．

バッチサイズと生産能力利用率がオーダーのスループット時間にどう影響するかについて，多くの研究が報告されている．これらの研究のほとんどで，待ち行列モデルが使われている．概観するために，Graves et al. (1993)の第5章（Suriら）と第6章（Karmarkar）が参考になる（Lambrecht et al., 1998も参照のこと）．本節では，3つの論文について議論する．これらは，経済性を考慮し，システム設計レベルにおける生産能力の最適設定，生産能力の最適利用，最適バッチサイズを扱ったものである．

Porteus (1985) は，段取り時間短縮のために投資すべきかどうかの問題について研究した．この研究では，在庫関連費用の削減については考慮しているが，柔軟性向上や生産能力利用率の向上への効果については考慮していない．彼は，単一品種で確定的パラメータをもった問題を考察している．すなわち，販売速度を m，段取り費用を k，単位生産費用を c，単位時間あたりの資本の機会費用を b，単位時間あたりの在庫維持費用を h，製品単位あたりの資本の機会費用を i とし，段取り費用が次式で与えられる費用の影響を受けると仮定している．

$$a(k) = a - b \ln(k), \quad 0 \leq k \leq k_0$$

ただし，k_0 は段取り費用の初期値である．

Porteus (1985) は，この費用モデルに対して，総費用が区間 $[0, k_0]$ の上で凸-凹関数であり，次式で与えられる一意的な最小値をもつことを示した．

$$k^* = \min\left(k_0, \frac{2b^2 i^2}{m(ic+h)}\right)$$

この結果は，大規模生産企業が小規模生産企業より段取り費用の削減に対してより多額の投資をすべきことを意味している．さらに，大量生産品について，最適値は，販売速度に依存せず，総費用は，販売速度に関して狭義凹関数となる．このことは，通常の規模の経済が成り立つことを意味している．Porteus（1985）はまた，販売速度と製品価格の間に線形関係が成り立つという条件の下で，最適な販売速度と最適な段取り費用の同時決定に関する成果を導いている．

Porteus（1985）のこの成果は，ここ数十年にわたって，なぜ段取り時間や段取り費用の削減が，主として大量生産方式をとる産業，特に大規模な組立産業において取り組まれてきたかを明らかにしている．小規模の資本財生産企業では，段取り時間と段取り費用はほとんど変化していない．小規模のサプライチェーンでは，大きなバッチサイズが生産ルールとして残るであろうし，短いスループット時間は，過剰な生産能力もしくは資源柔軟性のいずれかによって達成されるであろう（Malhotra and Ritzman，1990）．

Vander Veen and Jordan（1989）は，機械設備の柔軟性，機械設備の生産能力，生産予測，投資と在庫と段取りと資材と労務に関連した費用を考慮した機械設備への投資決定問題を解析している．この論文は，機械設備への投資決定と稼働率の決定の間のトレードオフに焦点を絞ったものである．

彼らは，加工速度を決定変数と仮定し，製品あたりの需要速度は既与と仮定して，異なった N 種類の製品を生産するための最適な機械設備台数 M，それらへの製品の割当，生産バッチサイズを同時に決定する方法を開発している．この方法は，機械設備への投資費用を考慮しているが，投資費用は，加工速度と段取り費用に依存している．一方，在庫維持費用と労務費は，加工速度に依存する．

この方法は，板金プレス工場のデータを使って説明されており，段取り時間に対する感度分析も行われている．この事例では，段取り時間が投資決定と総費用にかなり影響を与えることを示している．この方法によって得られたデータは，段取り時間短縮のために会社はどの程度投資すべきかを示している．

Jordan and Graves（1995）によって得られた結果をもとに，Garavelli（2001）は，N 種類の製品ファミリーを生産しなければならない N 個の資源をもつ生産システムについて，3つの異なった柔軟性の構成法によって生じる運用費用について研究を行った．非柔軟型（no-flexibility：NF）構成，限定柔軟型（limited flexibility：LF）構成，完全柔軟型（total-flexibility：TF）構成である．NF 構成は，各資源が1つの製品ファミリーだけを処理できる場合であり，TF 構成は，各資源がすべての製品ファミリーを処理可能な場合である．LF 構成では，各製品ファミリーは，2つの資源で処理を受けることができる．Jordan and Graves（1995）において，LF 構成は，TF 構成より小さい費用で，生産量の柔軟性と混合の柔軟性において完全に近い柔軟性を与えることが示されている．Garavelli（2001）は，これら3つの構成間におけるオーダーのスループット時間の違いについて研究している．彼は，オーダー

が指数時間間隔で既与の到着率をもって到着する場合を考察している．すべての製品ファミリーは，同じ到着率をもつ．すべてのオーダーの処理時間は，同じ平均値をもつ指数分布で，それらは処理する資源に依存しない．ある1つの資源において，ある製品ファミリーの生産から他のものへ切り替えるとき，段取り時間が必要で，それは確定的である．TF構成とLF構成において，オーダーの資源への割当は，以下の方法で実行される．製品ファミリーごとに標準資源を設定することで，資源への製品ファミリーの割当は一対一となる．1つのオーダーが到着すると，それが属する製品ファミリーの標準資源に並んでいる待ち行列長を調べ，その長さが閾値（value of the threshold：TV）を超えていない限り，そのオーダーを標準資源へ割り当てる．TVを超えている場合は，そのオーダーを処理可能で待ち行列が最も短い資源に割り当てる．オーダーは，到着順に資源で処理される．

この処理手続きは，以下のデータを使って考察された．すなわち，オーダー到着率は5つの水準，資源の利用率（段取り時間を除く正味利用率）は60％，70％，80％，90％，段取り時間（set-up time：ST）はオーダーの平均処理時間の0％（ベンチマークとして使用）と30％，2つのTV（3と10），製品ファミリーないし資源の数 N は5と10である．Garavelli（2001）は，コンピュータシミュレーションを用い，80例のそれぞれについてスループットとスループット時間に関する性能について検討した．この研究は，段取り時間の影響に焦点を絞っている．ST＝0，TV＝3，N＝5の場合について，LF構成とTF構成は，NF構成と比較して，平均スループット時間を約10％（正味資源利用率が60％のとき）～約60％（正味資源利用率が90％のとき）の範囲で短くする．ST＝0，TV＝10，N＝5の場合，これらの値は，約1～約38％の範囲の短縮となる．推察されるように，資源柔軟性は，より短いスループット時間を実現し，機動性を改善する．このことは，ST＝0.3の場合に大きく変化する．ST＝0.3，TV＝3のとき，TF構成におけるスループット時間は，80％の資源利用率で非常に大きな値となり，90％の資源利用率で無限大となる（すべてのオーダーを処理できるだけの十分な資源がない）．LF構成は，このような悪い性能を示すことはないが，LF構成とNF構成との間の性能差は，ST＝0のときより小さくなり，0～28％の範囲となる．類似の結果が N＝10 に対して得られる．これらの結果は，段取り時間が存在する場合，資源柔軟性は，注意深く使用されるべきであり，生産システムを構成するとき，段取り時間短縮のための投資を考慮する別の議論を用意すべきことを示している．

議　　論

本節で議論した研究は，生産システムにおける資源の柔軟性（特に範囲と機動性と均一性）とオーダーのスループット時間の間の関係について知見を与えるものである．これらの知見は，サプライチェーンを設計する上で重要となる．まず，サプライチェーン内の工場におけるオーダーのスループット時間は，サプライチェーンにおけ

る製品改良の柔軟性と新製品への柔軟性を決定付ける．次に，オーダーのバッチサイズとともに，オーダーのスループット時間は，計画した市場への供給水準を維持するため，サプライチェーン内に保持する仕掛品と在庫量の大半を決定付ける．サプライチェーンにおける仕掛品と在庫量に関係した資本費用は，そのサプライチェーンを設定するための投資費用に含まれなければならないし，柔軟な資源への投資費用に対応した重み付けがなされなければならない．

高い生産能力利用率，大きな需要変動，大きなバッチサイズの状況下にある生産システムに対して，柔軟性がうまく構成されるなら，少しの資源柔軟性によってスループット時間を大きく減少させられることを，機械設備と作業者の柔軟性に関する研究は明らかにしている．資源柔軟性の利益は，より低い水準ではあるが，ある程度の習熟と忘却が存在する場合にも維持される．しかし，作業者の柔軟性に関して，作業者配置の決定は遅延すべきでなく，再配置の頻度は制御すべきである．それゆえ，高い（再）習熟度，高い頻度での再配置，高い段取り費用のような負の効果を避ける一方で，利用可能な資源柔軟性から得られる利益を実現するため，運用の計画と管理のシステム（柔軟性を生み出すためのシステム）が設計されるべきである．研究は，この仕事を遂行できる比較的単純な運用の計画と管理のシステムが存在することを明らかにしている．

資源の余裕と柔軟性はまた，前節で議論したように，生産量の柔軟性と混合の柔軟性を確保するため，サプライチェーンシステムの設計において１つの役割を演ずる．サプライチェーン設計の意思決定は，実際の需要水準がわかるかなり前に行われる．短期の資源余裕や短期の資源柔軟性は，長期間にわたって利用可能な資源の下で，実際の需要水準に対してとられる短期的対応のために必要となるものである．ここでの短期的対応には，価格調整，販売促進活動，需要の一部だけを受け入れる（システムが処理しなければならない実際の販売水準となる）などがある．利用可能な資源の使用を販売量に最適適応させる，あるいはその逆の適応を行うために短期的対応策を利用することは，今後の重要な研究領域である．

5. 柔軟性に関する調査実証研究

本節では，柔軟性に関する調査実証研究に関する論文をいくつか選択して議論する．これらの論文は，戦略的オプションとして柔軟性を利用することについての情報や，さまざまなタイプの柔軟性を利用することと企業業績との間の関係についての情報を与えるものである．

Swamidass and Newell (1987) は，調査実証研究を行い，製造戦略，環境の不確実性，業績の間の関係を研究するため，アメリカの機械工業および工作機械工業における 35 の製造企業からデータを収集した．彼らの研究の成果の一つは，製造の柔軟性が大きくなればなるほど，使用されている製造プロセスのタイプにかかわらず，業

績がよいということを見つけたことである．

　Ettlie and Penner-Hahn（1994）は，製造戦略と工場内でみられるさまざまなタイプの製造の柔軟性との間の関係を研究するため，アメリカの耐久消費財製造業において調査研究を行った．まず，FMS あるいは FAS（flexible assembly system）を最近導入した企業を選び出した．そして，柔軟性が戦略的視点で強調されればされるほど，工場は部品ファミリーごとの平均切替時間をより短縮しなければならない傾向にあることを発見した．彼らはまた，企業が，生産計画において，切替時間あたりに処理する部品ファミリー数をより多くすることで，柔軟性を得ようとしていることを見出した．FMS の利益の実現は，製品の部分的再設計を必要としているようである．

　Suarez et al.（1996）は，アメリカ，日本，ヨーロッパにある 14 の電子機器製造会社における 31 の PCB（printed circuit board）工場について研究した．彼らは，柔軟性の 3 つの次元との関係をみるため，5 つの要素について仮定を設けた．5 つの要素とは，生産技術，生産管理技術，サプライヤーや下請業者との関係，労務管理，製品開発のプロセスであり，3 つの次元とは，混合の柔軟性，生産量の柔軟性，新製品への柔軟性である．彼らは，より新しく，より自動化されたプロセスほど，混合の柔軟性と新製品への柔軟性が低く，生産量の柔軟性が高いことを見出した．リーン生産の管理技術は，混合の柔軟性や新製品への柔軟性と正の相関をもっていなかった．サプライヤーや下請業者との緊密な関係は，3 つの柔軟性の次元すべてについてよい影響があった．さらに，工場の業績とリンクした賃金構造をもつ工場は，生産量の柔軟性に優れており，製造のしやすさの原則（特に，部品の再利用）に従って設計された工場は，混合の柔軟性と新製品への柔軟性において優れていた．

　Upton（1995，1997）は，非塗工紙産業に属する 11 社 52 工場における製品切替の柔軟性について調査した．調査は，管理者と作業者に対して詳細で体系的なインタビューを行ったもので，工場ごとに 1 日で全体の調査を終えるように企画されていた．結果は，工場間での切替の柔軟性（または，プロセスの機動性）の差異のほとんどが，工場における人々の作業経験と，管理者が切替の柔軟性をどれほど重要視しているかによって説明できることを明らかにした．工場の規模とコンピュータ技術は，その工場の機動性を決定する重要な要素ではなかったし，コンピュータ統合が工場の柔軟性にとって有害であるようにさえみえる．

　Gupta and Somers（1996）は，戦略と柔軟性と業績との間の関係に関して 3 つの仮説を設け，269 社から収集した調査データをもとにそれらの仮説について検証した．これらの企業は，精密機械，電気・電子，産業機械，金属製品，自動車と自動車部品の産業に属する企業である．調査データは，これらの企業における戦略，柔軟性，それらの関係についての回答者の意見を集めたものである．この調査結果は，ビジネス戦略における積極性の次元が，柔軟性のすべての次元と強く関係があることを明らかにした．積極性をもつ組織は，市場占有率を上げるために短期的利益を犠牲に

しがちであり，それゆえ，変化する市場に適応できるようにさまざまな形の柔軟性をつくり出そうとしがちである．調査結果はまた，保守的な戦略に従う組織は，あまり柔軟性を求めない傾向があることを明らかにした．さらにこの研究は，FMS技術の利用が，成長と財務面の業績の両方に負の影響を与えること，また，製品の柔軟性が成長面の業績と負の関係をもつことを明らかにした．最後に，生産量の柔軟性は，成長面の業績と正の関係をもつことが明らかにされた．このことは，成長によって利益を得ようとする企業は，生産量の柔軟性に投資し，一方，市場における製品の差別化によって利益を得ようとする企業は，製品の柔軟性とプロセスの柔軟性に投資するよう推測できることを示している．

Cagliano and Spina（2000）は，柔軟な生産を戦略的に実現する上で，先端的製造技術が果たす役割について研究した．戦略的柔軟性は，同じ生産システムの中で，ある目標群から他の目標群へ，競争上ならびに製造上の優先度を迅速にシフトさせる能力として定義される．戦略的に柔軟な生産は，多元的目標とプロセス統合とプロセス所有権を基礎としている．彼らは，戦略的に柔軟な生産と先端的製造技術の適用の間の関係に関して，6つの仮説を設定した．それらの仮説は，ヨーロッパとアメリカと日本の計20か国における392社を調査して検証された．彼らは，戦略的に柔軟な生産の採用が，コンピュータ化された設備あるいはソフトウェアアプリケーションの多用と相関がないことを見出した．しかし，戦略的に柔軟な生産へと完全に向かうために要求される水準の高い組織統合は，しばしば，より大規模なコンピュータベースの多部門統合へと進んだ．さらに，彼らは，組立ロボットの利用と製造品質の間，MRP-Ⅱソフトウェアの使用と製造リードタイムの改善との間に望ましい関係のあることを見出した．しかし，製造の自動化技術の使用は，製造性能の改善に単独では影響を与えないことが見出された．すなわち，技術単独では製造性能を改善できないようである．

戦略的に柔軟な生産を採用することによって，製造リードタイムが大幅に改善されること，さらにその改善は，部門間にまたがるコンピュータ統合によって促進されることが明らかにされた．コンピュータ統合は，製品多様化の中での改善に大きく寄与することも明らかにされた．

製造の柔軟性に関する調査実証研究の全体を概観するには，Vorkurka and O'Leary-Kelly（2000）を参照するとよい．この文献は，一連の調査実証研究を問題分野で整理し，今後可能な研究の方向を提示している．さらにこの文献は，製造の柔軟性の研究に関するいくつかの重要な方法論上の問題点を検討し，測定法の有効性，測定法の信頼性と汎用的設計に関して繰り返し議論されてきた方法論上の問題点を指摘し，解決法を示唆している．

結　論

3～5節でレビューした文献における主な成果は，以下のように要約できる．

・資源柔軟性が小さくても，それらをうまく構成すると，完全な資源柔軟性から得られる利益のほぼすべてを達成することができる．このことは，生産量の柔軟性，混合の柔軟性，新製品への柔軟性についてもいえる．

・再配置の遅れ，切替にかかる時間と費用，習熟と忘却は，資源柔軟性から得られる利益を大きく減少させるか，もしくはその利用を妨げることがある．このことは特に，新製品への柔軟性に関して問題となる．それゆえ，切替時間短縮への投資が，資源のタイプと量への投資とともに考慮されるべきである．さらに，作業者の柔軟性を利用しようとするとき，それによる作業者効率と労務費への影響が，設備資源のタイプと量に関する投資の意思決定とともに，投資決定問題のモデル化で考慮されるべきである．

・運用の計画と管理に関する政策は，資源と手順計画の柔軟性，切替の費用と時間，および作業者効率が生産システムの性能に及ぼす影響を大きく左右する．管理政策は特に，性能に対する柔軟性の貢献利益が大きく減少する場合，製品の柔軟性と効率に影響を与える．管理政策は，切替の時間と費用，および作業者効率の違いが性能に及ぼす負の影響を軽減するために効果的に利用できる一方，資源と手順計画の柔軟性から得られる利益の大部分は失わない．

・柔軟性への戦略的重視は，必要な資源柔軟性と手順計画の柔軟性を生み出し，かつ目的とするシステム柔軟性を生み出すための重要な条件となるようである．戦略的重視は，資源柔軟性と手順計画の柔軟性に対する投資に結び付く管理者の姿勢（3節）と，作業者の姿勢の双方に影響を与えるように思える．それはまた，4節で議論したように，柔軟性を配備する効率的なシステムにより，潜在的な資源柔軟性と手順計画の柔軟性を産出量の柔軟性へ変換するのに必要な知識の獲得と知識の展開を動員するように思われる．

6. サプライチェーンの柔軟性

1つの例外を除いて，前節でレビューした研究はすべて，生産システムによって生み出される柔軟性を扱ったものである．そこでの生産システムは，1つの製品グループを生産するために設置された1組の資源から構成され，各製品は，1つもしくは複数の資源で処理される．サプライチェーンそれ自体の柔軟性を研究した論文は，これまでのところ公表されていない．このことは，1つの製品または1つの製品ファミリーの生産に関係した工場（あるいは生産ユニット）の間の供給関係をモデル化することが求められる一方，生産ユニットそれぞれの柔軟性（生産量と製品混合と部品の生産時期に関係する）とサプライチェーン全体の柔軟性の間の関係を研究することが求められるからであろう．利用可能なモデルは存在しないが，柔軟性に関する文献は，生産量の柔軟性と製品混合の柔軟性と新製品への柔軟性に関連して，工場レベルでの製造の柔軟性とサプライチェーンの柔軟性について，次元の間の主要な因果関係を明

らかにしている．

7節では，サプライチェーンモデルを与える．これは，生産量の柔軟性と混合の柔軟性と新製品への柔軟性に対して，サプライチェーンを設計する際の意思決定オプションを解析するために使うことができる．3節と4節でレビューした文献で使用されているのと類似した視点とアプローチをここでも用いるであろう．生産量の柔軟性と混合の柔軟性に対しては，投資問題を研究した文献で使われたタイプのモデルを基礎に議論を進めるであろう．新製品への柔軟性に対しては，資源柔軟性と生産オーダーのスループット時間の関係を扱った文献をもとに議論を進める．

1つのサプライチェーンを構成する工場（あるいは生産ユニット）の間の関係は，さまざまである．いくつかの工場は，同じ会社に属し，その他の工場は，別の会社に属しているかもしれない．いくつかの工場は，標準品を見込み生産し，複数の顧客に供給しているかもしれないし，その他の工場では，受注生産品，もしくは受注設計・生産した品物を供給しているかもしれない．また，それらの供給は，複数の顧客に対するものであるかもしれないし，そうでないかもしれない．工場とそれらが関係しているサプライチェーンの間の関係や，供給契約は，相対的な力関係，マーケットポジションなどに依存するであろうし，これらの関係と契約は，サプライチェーンを協調させられるかどうかに影響を与えるであろう．それゆえ，次節では，供給契約に関するオペレーションズ・マネジメント分野で出版された多くの研究論文についてレビューする．これらは，サプライチェーンの設計と柔軟性に関する情報を提供するであろう．この分野全体のレビューがCachonによる本書の第6章とChenによる第7章で与えられている．

これまでのところ，産出量の柔軟性に関するすべての研究は，事実上，工場レベルでの柔軟性を扱ったものである．公表されている文献で，サプライチェーンレベルでの柔軟性を明示的に扱った論文はわずかである（Tsay and Lovejoy, 1999；Cachon and Lariviere, 2001）．幸い，工場レベルの柔軟性を扱ったほとんどの研究の成果はまた，サプライチェーンレベルにも当てはまる．しかし，サプライチェーンの柔軟性を研究するときの解析単位は，工場レベルの柔軟性を研究するときの解析単位とは異なる．さまざまな研究成果の全体像をとらえるために，問題を以下のように位置付ける．

① サプライチェーンレベルでの解析単位：
・製品バリアントの集合から構成される1つの製品ファミリー．
・生産システム．サプライチェーンで必要な処理（最終製品の生産，半製品の生産，部品の生産）を行う工場の集合から構成される．
・原材料をそれら工場に供給するサプライヤーの集合．
② 工場レベルでの解析単位：
・工場で生産される品目の集合．それらは，最終製品，もしくは半製品や部品であるかもしれないし，複数の製品ファミリーに属しているかもしれない．

・工場の資源の構成．
・品物を生産するために使われるプロセス．

　サプライチェーンレベルに関係した柔軟性の次元は，量の柔軟性，混合の柔軟性，新製品への柔軟性であることを思い起こそう．工場レベルに関係した柔軟性の次元は，機械設備の柔軟性，作業者の柔軟性，マテリアルハンドリングの柔軟性である．

　工場レベルで使える柔軟性（機械設備の柔軟性，作業者の柔軟性，マテリアルハンドリングの柔軟性）は，サプライチェーンのために生産される品物に関する量の柔軟性，混合の柔軟性，新製品への柔軟性の形で，サプライチェーンレベルで使うことができる．しかし，特定のサプライチェーンに属する各工場は，必ずしもこのサプライチェーンだけに属するとは限らないということを理解すべきである．工場は，さまざまなサプライチェーンにかかわっているかもしれないし，その工場自身，関係している各サプライチェーンの要求に適合するよう柔軟性を高め，それを利用しなければならない．それゆえ，工場は，コストや品質やスピードや柔軟性に関して工場が製造上重視している点とサプライチェーンの要求とが一致するよう，サプライチェーンを注意深く選択しなければならない．同様に，サプライチェーンは，サプライチェーンに関係する工場を選択する際，サプライチェーンレベルでの要求事項に基づいて，工場によって提供されるコスト，品質，スピード，柔軟性を注意深く考慮しなければならない．

　サプライチェーンの柔軟性は，工場の柔軟性に依存するが，注意深く工場の柔軟性と区別されるべきである．サプライチェーンは，最も弱いリンクより強くはなれないから，サプライチェーン上で最も柔軟性の低い工場が，サプライチェーン全体としての柔軟性（量と混合と新製品の柔軟性）を決定する．それゆえ，サプライチェーンは，チェーン上の個々の工場の性能に比べてかなり脆弱である．すなわち，契約した供給水準に常に応えることができない工場が，サプライチェーンに対し，市場での販売の機会損失と半製品の過剰在庫を同時に引き起こし，「サプライチェーンオーナー」に2つの損失を与え続けるかもしれない．それゆえ，サプライチェーンは，各工場の柔軟性がバランスするように設計されるべきである．しかし，サプライチェーンにおける工場の柔軟性のバランスがとれているということは何を意味するのであろうか．このことは，最初から明白というものではない．柔軟性の概念が異なる次元をもち，サプライチェーン上の各工場が，市場における最終製品の柔軟性を実現するのに異なった影響を与えるためである．

　7節では，製品ライフサイクルの成熟期にある製品ファミリーに対するサプライチェーンを設計するために使用できる概念的フレームワークを与える．市場への製品ファミリーの導入に先立って，設計上の意思決定がなされると仮定する．成熟期にある製品ファミリーに属する製品バリアントの需要量に関して，確率論的情報をもっていると仮定する．さらに，サプライチェーン上の各工場について，異なる供給能力を得るために，資源への投資が行われると仮定する．柔軟性の3つの次元について考慮す

る．これらは，製品バリアントに関する量の柔軟性と混合の柔軟性，製品ファミリーのライフサイクルの中で新しい製品バリアントを導入することに対する新製品への柔軟性である．短期的な供給の柔軟性，すなわち，需要水準の周辺での短期的需要変動に対する適応性については考慮しない．短期的な供給の柔軟性を生み出す重要な源泉は在庫である．短期的需要変動に対処するために，部品と半製品と最終製品の在庫を適切に保持することに関しては，Kok と Fransoo による本書第12章で議論されている．

サプライチェーンの設計と柔軟性に関するサプライチェーンの研究について，簡単な議論を行って本節を終える．1956～1998年の間のサプライチェーン研究の総体的レビューは，Tayur et al.（1999）の第27章（Ganeshan ら）で与えられている．

6.1 サプライチェーンの柔軟性に関する研究

サプライチェーンマネジメント（SCM）は，生産管理における新しい研究分野として1990年代に現れた．この用語自体は新しいが，研究されている題材は新しいものではない．生産活動のチェーンは，以前にも，特に1950年代に研究されていた．Clark and Scarf（1960）は，多階層在庫システムを研究し，定常的確率需要で在庫補充リードタイムが定数であるチェーンの制御方式として，基点在庫政策を開発した．Clark and Scarf（1960）のアプローチは，規範的合理的意思決定論の代表とされてきた．Forrester（1961）は，非定常な需要を含むさまざまな種類の動態的需要をもつ生産・在庫システムのチェーンについて，その動的な振る舞いを研究した．Clark and Scarf（1960）は，中央の管理者がチェーンの在庫情報を完全に知っているという中央集権的制御の仮定の下で，チェーンの研究を行ったのに対し，Forresterは，システムの在庫位置に関する局所的情報に基づき，局所的目的を達成するよう意思決定することによって，チェーンの各要素が局所的に制御されるという仮定の下でチェーンを研究した．制御理論の基礎知識を使って，Forrester（1961）は，システムの分散的制御構造から，最終製品に対する需要の小さな変動が上流に向かって拡大することを説明することができた．その後，これは，「Forrester 効果」と名付けられた．1990年代において，Forrester 効果は，鞭打ち（ブルウィップ）効果と呼ばれるようになった．Lee et al.（1997）は，鞭打ち効果の根本原因について解析している．Forrester（1961）のアプローチは，合理的説明研究の代表とされる．実際に，ほぼ30年の間，Forrester は，チェーン内の各要素がそれ自身の局所的目的を追求するという仮定の下で，サプライチェーンの研究を行った数少ない研究者の一人であった．

1980年代において，市場の飽和によって競争が激しくなり，消費財メーカーは，製品ファミリーに属する製品バリアントの種類を増加させるとともに，製品革新の速度を加速させた．後者は，製品ライフサイクルをさらに短くさせる結果となる．1990年代の初頭，経済のグローバル化は，生産活動をサードパーティへアウトソーシング

する企業を増加させた．短ライフサイクルをもつ数百の製品バリアント（それらの多くは地域仕様もしくは国仕様）からなる製品ファミリーは組立ラインでつくられ，それに必要な部品やサブ組立は，外部のアウトソーシング企業から供給を受ける．結果としてサプライチェーンの複雑さは途方もなく増加することとなり，研究者たちは，出現したサプライチェーン協調問題の，次のような新しい側面に力点を移し始めた．

・サプライチェーンにおけるバイヤーとサプライヤーの関係
・サプライチェーンにおける情報の非対称性

サプライチェーンにおける柔軟性の設計という本章の議論の範囲内では，バイヤー（買い手）とサプライヤーの関係の研究が最も重要である．バイヤーとサプライヤーの関係の研究は，供給契約に関するものが中心である．ゲーム理論からの概念を使うことによって，ある特定の契約がサプライチェーンの協調にいかに効果的であるかを確定するために，異なるタイプの供給契約が研究されてきた．サプライヤーとバイヤーの双方が契約の下で合理的に行動するとき，サプライチェーン全体の利益が，最適な中央集権的管理の下で得られる総利益と等しければ，完全な（チャネルの）協調が得られていることになる．

サプライヤーが，ある契約の下で，顧客仕様の部品を生産し配送したいと考えるとき，通常，（少なくとも部分的に）生産プロセスを（再）設計しなければならないし，新しい製造設備や新しい工具，作業者の教育訓練に投資しなければならないであろう．契約の期間が，将来の受注に対する不確実性の観点から，サプライヤーの負うリスクを決定する．投資のリスクと需要の不確実性と価格をバランスさせることで，契約がサプライヤーにとって十分魅力的なものとなるようにすべきである．それゆえ研究では，バイヤーとサプライヤーの状態は，2期間・2プレイヤーの意思決定システムとして記述されてきた．ただし，バイヤーとサプライヤーのどちらかが，主導権を握ることができる．主導権がバイヤー側にあるとき，バイヤーは，最初の期に，将来の（不確実な）需要情報をサプライヤーに伝え，供給契約について交渉する．サプライヤーは，価格と供給の期間とコストが与えられたとき，その契約を受け入れるかどうかの意思決定をしなければならない．その契約は，固定価格または変動価格，契約の頭金や量的割引，購買や配送の約定を含んでいるかもしれない．逆に，サプライヤーがバイヤーに契約を提供するかもしれない．もし，ある契約が同意されれば，サプライヤーは，生産能力を確保し，資材を購入し，生産の準備を行うことによって，サプライヤーは第2期の準備を行う（しばしば，契約の強制承諾が仮定される）．

第2期において，バイヤーは実需要がわかり（あるいは，将来の需要についてより正確な情報を獲得し），同意された契約の下でオーダーを発行する．次に，サプライヤーはできる限りの輸送を行い，バイヤーは輸送された量を知って実需要に応える．

サプライチェーンの文献は，供給契約において取り決めるべき以下の要素について言及している．すなわち，契約期間の長さ，価格設定，発注間隔，量の約定，柔軟性，配送の約定，品質，情報の共有である．サプライチェーンの研究の中で，契約を

扱った文献の総体的レビューが，Agrawalら（Tayur *et al.*, 1999：Chap. 10）とCachon（本書の第6章）に与えられている．

柔軟なサプライチェーンの設計の文脈においては，われわれは特に，量の約定，配送の約定，契約の柔軟性の側面に関心をもっている．量の約定と量に柔軟な契約，もしくはそのいずれかについての研究が，Bassok and Anupindi (1997)，Eppen and Iyer (1997)，Parlar and Weng (1997)，Graves *et al.* (1998)，Tsay and Lovejoy (1999)，Li and Kouvelis (1999)，Cachon and Lariviere (2001) によって行われている．これらの研究の大半は，配送の約定，価格設定，需要情報の共有に関するさまざまな条件の下で，契約のチャネル最適性を研究したものである．結果は，サプライチェーンにおける分散的意思決定が，サプライチェーン全体の性能を低下させうることを示している．よい性能が得られない主な理由は，二重限界性および異なった組織が異なった情報をもとに意思決定することによるものである．

Tsay (1999) は，最終顧客需要が価格に敏感なバイヤーとサプライヤーがいる状況の下で，これらの問題が，量に柔軟な契約によって部分的に軽減できることを示した．量に柔軟な契約においては，バイヤーが，購買量の下限を約束し，サプライヤーが，最大の供給可能量を保証する（これらは，バイヤーの当初の予測値からの偏差をパーセント表示したものである），と同時にユニットあたりの固定価格が合意される．このタイプの契約は，技術集約型産業の商取引に対応している（Farlow *et al.*, 1995）．ほかの研究者たちは，第1期になされた最初のオーダーの見直しを行うために差別価格を設けた契約，あるいはある価格で第2期に返品することを許す契約について研究を行った．これらの契約は，小売チェーン，特に短ライフサイクルをもつ消費財におけるメーカーと小売業者との間の関係における商取引とよく調和しているようにみえる（Parlar and Weng, 1997；Iyer and Bergen, 1997）．サプライチェーンを協調させる別の契約形式には，買戻し契約と収益分与契約がある（Cachonによる本書第6章参照）．

6.2 強制承諾 vs 自由承諾

契約を扱ったほとんどの研究で設けられている仮定に，契約の強制承諾があるが，これは，モデル解析の観点から非常に強い仮定であり，多くの実務において全く非現実的なものであるかもしれない．それは，契約が結ばれた後でのサプライヤーの自由を奪うものである．この仮定は，バイヤーが非常に強力なときには正当化されるかもしれないが，ほとんどの状況下で，サプライヤーは，複数の顧客に供給を行い，それら顧客からの需要の不確実性をプールできるような生産能力を保有する傾向がある．実際に，生産の一部を下請契約する決定は，以下の2つのいずれかに基づいてなされる．第1は，バイヤーがもっていないサプライヤーの技術的能力に基づく場合であり，このとき，バイヤーには選択の自由がない．第2は，外部のサプライヤーがより安い値段で仕事を遂行でき，規模の経済を実現し，需要の不確実性をプールする能力によ

って，自社よりうまく対応することができると期待されるときである．それゆえ，自由承諾は，供給契約におけるサプライヤーの行動として，より現実的な仮定である．

Van Mieghem (1999) は，メーカーとサプライヤーが別々に生産能力への投資水準を意思決定するときの2段階動的確率計画について研究している．需要の不確実性が解消された後で，彼らの生産量について意思決定するとき，両者は，所与の契約または供給の下で下請契約する選択肢をもつ（自由承諾を意味する）．Van Mieghem は，以下の3つの契約タイプに対して，アウトソーシングの条件を示している．すなわち，①価格だけを考慮した契約（厳密な譲渡価格が，下請によって供給される各ユニットに対して決められる），②不完全な契約（両者が，事後の交渉力に基づいて余剰生産能力の配分について交渉する），③状態依存で価格だけを考慮した契約．Van Mieghem (1999) は，状態依存で価格だけを考慮した契約だけが，分散化に伴う費用増加をなくすことができ，設備投資決定に関してサプライチェーンの協調を実現させることができることを示している．彼はさらに，いくつかの契約パラメータを事前に決めずに残しておき，事後に交渉することで，企業は時々優位に立てることを見出した．また，下請を管理するために，価格中心の戦略を使うことが逆効果となることがあることを示している．低い譲渡価格が下請企業での投資を減退させ，メーカーの利益を減少させることがあるためである．最後に，市場がより不確実であるか，もしくはより強い負の相関をもつとき，下請契約のオプション価値が増加することを示している．

Cachon and Lariviere (2001) は，強制承諾と自由承諾の下で，2つの関係組織からなるサプライチェーンにおける需要予測情報の共有について研究している．ただし，バイヤーは，確約とオプションからなる契約をサプライヤーに提供する．彼らは，完全な情報共有と自由承諾の下での契約において，バイヤーは，確約もオプションも提供せず，ただ契約における価格のみを用いることを示している．また，生産能力，コスト，需要の不確実性の条件があまり厳しくないとき，自由承諾の下で，バイヤーの利益を最大にする価格に対するサプライヤーの生産能力は，強制承諾の下での生産能力より小さいものとなることも示している．さらに，非対称な情報と需要予測値の共有の下で，確約は，情報伝達の手段としての役割を果たすことになる．ただし，ある価格でもって．この方法において，予測値の信頼性を得ようとする要求は，メーカーの利益を小さくするが，サプライチェーン全体の収益性は増加する．より大きな生産能力が設定されるからである．

6.3 議　　論

供給契約に関するほとんどの研究は，協調的チャネルを取り上げている．これは，サプライチェーン全体の最適な供給の意思決定を評価基準として用いる．サプライチェーン全体の経済性の観点から，これは意味をもつであろう．しかし，サプライチェーンの総利益が最適化されたとき，この利益の大半，あるいはすべてが，関係組織の

第4章 サプライチェーンの設計②:柔軟性の考慮

一つで得られるならば(このことは,研究されたモデルのいくつかで起こっている),その最適解を現実の場に適用できるのかどうかの疑問が生じる.チェーンに含まれる各組織が,投資と改善を行い,成長ができるように,それぞれが十分な利益を得る必要がある.それゆえ,協調的サプライチェーンの概念が意味する,最適なサプライチェーンの協調は,制限が強すぎて,たとえば,技術集約型産業におけるバイヤーとサプライヤーの間の関係のすべての側面を扱うことはできないであろう.そのような産業でのメーカーは,彼らのサプライヤーが将来より水準の高いサプライヤーになるよう,サプライヤーの能力を改善することに関心をもっているようである.これらの側面をモデルの中に取り入れると,分析はかなり難しくなる.バイヤーは,短期的にサプライヤーへの利益配分をより多くすることが,将来のコストにどう影響するかを評価しなければならないからである.

サプライチェーンにおける契約に関して,現在の研究で考慮されていないもう一つの側面は,複数のサプライヤーが存在する場合と,ほとんどの製造サプライチェーンがもつような多階層構造の場合についてである.通常,サプライチェーンを組織化しているメーカーは,チェーンの中で,1品目につき1社以上のサプライヤーと供給契約を結んでいる(Kamien and Li, 1990 参照).いくつかの品目は最終製品であるかもしれないし,他の品目は標準部品であるかもしれない.また,いくつかの品目は高額であるかもしれないし,他の品目は安価であるかもしれない.あるいは,いくつかのサプライヤーは強い力をもっているかもしれないし,他のサプライヤーはそうでないかもしれない.それゆえ,1つのサプライチェーンの中には,異なったタイプの依存関係が,メーカーとサプライヤーの間に存在することになる.自由承諾は,バイヤーとサプライヤーの間の関係についての支配的形態であるかもしれない.また,最終顧客の需要情報は,サプライヤーによってその重要性は違ってくるであろう.1つの製品ファミリーに対して1つのサプライチェーンを設定する製造企業は,一般に多くのサプライヤーをもっていて,各サプライヤーは,一般に多くの顧客をもっており,それら顧客はまた,他のサプライチェーンに属している.これらの事実が与えられたとき,「協調的チャネル」の概念は,ある特定の製品ファミリーに対するサプライチェーンのどの関係者にとっても,ほとんど直接的意味をもたないであろう.しかし,協調的チャネルは,単一のバイヤーとサプライヤーの間の契約に関して,その効率を解析するための非常に簡潔な理論的概念である.

本章では,1つの製品ファミリーに対するサプライチェーンの設計に焦点を絞って議論している.既存の文献に沿って,メーカーの視点からサプライチェーンをモデル化し,サプライチェーンが工場のネットワークから構成されると仮定している.これらの工場は,部品,半製品,最終製品を供給し,また製造プロセスに対して,原材料,部品,半製品の供給を要求する.ここでは,個別仕様の品物や高額な標準品のような重要品目についてだけ考慮する.「ボルトとナット」の類の品物は考慮されない.それらの供給は,製品ファミリーの設計段階において,まだ契約する必要がないから

である．

中央集権的制御，完全な情報共有，強制承諾の仮定の下で，サプライチェーンをモデル化しよう．これは，非現実的にみえるが，本章は設計問題を考察しているのであり，中央集権的制御，完全な情報共有，強制承諾の仮定は，サプライチェーンにおける製造プロセスと供給関係の設計に対するよい基準点を提供する．さらに，Van Mieghem (1999) は，設備投資の決定に関して，サプライチェーンを協調的にさせる供給契約が存在することを示した．サプライチェーンを協調的にさせることができる多くの契約タイプを考慮して，われわれは，複数のバイヤーとサプライヤーの関係を含むサプライチェーンにおいても，チャネルを調整できるチェーン内組織間の契約構成を見出すことができると期待している．本章の残りの部分では，この点に関する見通しを述べ，中央集権的意思決定問題としてサプライチェーンの設計について考察する．

次節では，前節で論じた研究結果をもとにサプライチェーン設計問題の定式化を行う．まず最初に，設計，ならびに新製品設計プロセスの中でのサプライチェーン設計問題の位置付けに関して，2～3の所見を述べることから始める．

7. サプライチェーンの柔軟性の設計

設計は，オブジェクトを創出する情報処理活動と見なすことができる．設計はまた，多目的の意思決定プロセスとみることもできる (Kusiak, 1999：Chap. 9)．設計の手法と方法論は，製品設計とプロセス設計に対して開発されてきた．その範囲は，コンカレントエンジニアリングのような設計プロセスを構造化するための手法から，品質の機能展開のような設計ツール，すなわち，多階層の解析プロセスと制約ベースの設計にまで及ぶ．製品設計プロセスにおいて，通常，次の段階が区別される．
・顧客の要求仕様
・機能上の製品仕様
・技術上の製品仕様

設計の難しさは，意思決定空間の複雑さによるものであり，この意思決定空間は，本質的に，すべての可能な機能上の製品仕様と，すべての可能な技術上の製品仕様から構成される．問題は，第1に，所与の機能上の仕様集合を満たす実現可能なすべての技術上の製品仕様の集合が何であるかを知ること，第2に，この集合の中から，所与の資源制約と設計プロセスで使える時間の下で，機能要件を最適化する1組の仕様を選択することから構成される．

設計プロセスの開始時に，機能に関する初期の製品仕様が設定され，設計プロセスの期間を通して管理される．また，この初期製品仕様の設定に当たって，与えられた期間内で特定の機能をもつ製品を提供することによる市場での期待成果と，この特定の機能をもつ製品を開発するために要求される資源量と時間の期待値が考慮される

(Huchzermeier and Loch, 2001). 設計プロセスのもつ複雑さと多目的の性質から，顧客の要求を機能上の製品仕様へ転換することと，機能上の製品仕様を技術上の製品仕様へ転換する2つのプロセスは，重複しながら反復される．これらのプロセスは，生産費用，製品品質，製品の製造しやすさ，製品の保全性，製品回収といったすべての関連事項を見通しながら管理されなければならない（Kusiak, 1999：Chap. 9）．

　サプライチェーンの設計は，1つの製品ファミリーに関する製品設計プロセスの1つの要素である．Fine（1998：Chap. 8）は，サプライチェーンの開発をサプライチェーンの構造決定とロジスティクス/協調システムの決定に分割している．サプライチェーンの構造決定には，部品をつくるかそれとも購買するかの決定，部品外注先の決定，契約方法の決定が含まれる．製品のサプライチェーンにおける特定のサプライヤーやメーカーにとっての意思決定では，意思決定の範囲，為替リスク，会社の存続，現在の会社顧客ベース，製品品質のリスク，共同開発の能力など，多くの異なる側面が関係する．これらすべての側面は，設計プロセスを構成する多目的の意思決定において考慮されなければならない．それゆえ，新製品ファミリーに対するサプライチェーン設計問題は，新製品の全体設計問題に埋め込まれ，上述したすべての異なった角度から検討されるべきである．Fine（1998：Chap. 8）は，FAT 3-DCE意思決定モデルを提案している．このモデルは，製品，プロセス，サプライチェーンの意思決定機能を記述し，技術の選択を通しての製品設計とプロセス設計の相互依存性，製品アーキテクチャーの選択を通しての製品とサプライチェーン設計の相互依存性，製造システムの集約化に関する意思決定を通してのプロセス設計とサプライチェーン設計の相互依存性を表現できる．

　本節においては，新製品ファミリーに対するサプライチェーン設計問題について研究する．ただし，原材料，部品，半製品，最終製品の主要な技術仕様は意思決定されており，製品設計プロセスは，生産技術を選択し，サプライヤーを選び，生産能力を設定する段階にあると仮定する．

　このため，ここでのサプライチェーン設計問題は，以下に示す2つの主立った質問に答えることである．

　①部品表（製品構造）に含まれる各品目について，柔軟性のオプションを含めた供給水準はどの程度にすべきか．

　②部品表に含まれる各品目を生産するために，どのような技術とどの程度の生産能力を設定すべきか．

　大半の設計問題において，これら2つの質問は，別々に答えられるものではない．品目あたりの供給水準を設定するためには，その品目を生産するためのプロセスを運転できる技術的能力と費用に関する情報が必要となる．また，プロセスごとの技術と生産能力の選択は，要求される供給水準に関する情報を必要とする．この供給水準はまた，最終製品の需要量や，チェーン内の他のすべての品目の供給水準に依存する．それゆえ，サプライチェーンの設計は，反復プロセスとなるので，それを反映した構

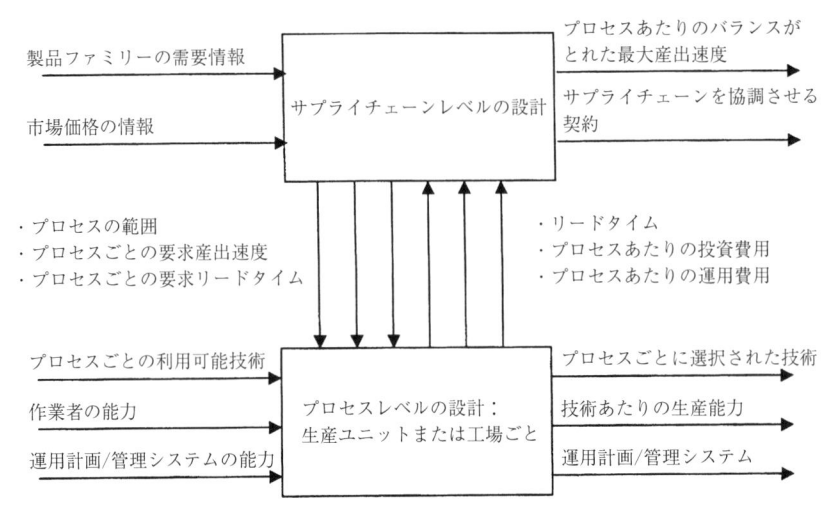

```
                                    ┌─ プロセスあたりのバランスが
  製品ファミリーの需要情報 ──→       │   とれた最大産出速度
                         ┌──────────┴──┐
                         │サプライチェーン│ ── サプライチェーンを協調させる
  市場価格の情報     ──→ │ レベルの設計  │    契約
                         └──────┬──────┘
```

・プロセスの範囲   ・リードタイム
・プロセスごとの要求産出速度   ・プロセスあたりの投資費用
・プロセスごとの要求リードタイム   ・プロセスあたりの運用費用

```
  プロセスごとの利用可能技術 ──→                    ── プロセスごとに選択された技術
                              ┌────────────────┐
  作業者の能力           ──→ │プロセスレベルの設計：│── 技術あたりの生産能力
                              │生産ユニットまたは工場ごと│
  運用計画/管理システムの能力→└────────────────┘── 運用計画/管理システム
```

図 4.1　サプライチェーンの反復的設計プロセス

造にしなければならない（図 4.1）．

　そのため，まず，複数品目の供給水準の調整について議論しよう．これをサプライチェーンのモデル化と呼ぶ（7.1 項）．次に，1つの品目を生産するための技術の選択について議論する（7.2 項）．そして，サプライチェーンレベルの設計に関するより詳細な議論によって，技術選択の問題を締めくくる（7.3 項）．

7.1　サプライチェーンのモデル化

　サプライチェーンは，異なった観点から研究することが可能であり，各観点に対して，サプライチェーンの異なった側面がサプライチェーンモデルに組み込まれることになる．たとえば，サプライチェーンの動的な振る舞い（鞭打ち効果）を研究するとき，中央集権（あるいは分散）的な意思決定，補充リードタイム，情報共有，需要の不確実性といった側面がモデル化されなければならない．サプライチェーンにおける最適な資材在庫の位置と量を研究するとき，資材所要量の構造，補充リードタイム，在庫維持費用，発注費用，需要の不確実性がモデル化されなければならない．本節では，サプライチェーンにおける納入の柔軟性をつくり出す問題をモデル化する．したがって，サプライチェーンの運用管理を抽象化し，サプライチェーンの運用管理システムは，サプライチェーンの設計段階につくられた柔軟性を，十分に利用できると仮定する．それゆえ，ここでは，1つの製品ファミリーに対するサプライチェーンにおける生産技術と生産能力に関する意思決定に焦点を絞る．本節で使われるモデル化のアプローチは，Fine and Freund (1990), Jordan and Graves (1995), Van Mieghem (1998) において，柔軟性への投資を解析するために使われたモデルの影

響を受けている．ここでは最初に製品ファミリーをモデル化し，次に需要プロセスをモデル化し，最後に，サプライチェーンをモデル化する．

7.1.1 製品ファミリー

ここでの解析の単位は，1つの製品ファミリーに対するサプライチェーンである．製品ファミリーは，製品バリアントのグループとして定義され，各製品バリアントは，基準製品の派生品である．製品ファミリーがもつ次の2つの特性は，サプライチェーンを設計する上で重要となる．

① 製品ファミリーに属する製品バリアントの需要は，互いに相関をもつであろう．特に負の相関が，製品ファミリーに属するバリアントの相対需要の間に存在するかもしれない．

② 半製品，部品，資材の共用が，製品ファミリーに属する製品バリアント間に存在するかもしれない．

相関のある需要と部品の共通化は，製品ファミリーの生産費用と製品ファミリーの運用管理費用に強い影響を及ぼす（Baker, 1985；Baker $et\ al.$, 1986；Lee, 1996；Swaminathan と Lee による本書第5章も参照）．さらにまた，それらは，サプライチェーンで利用できる柔軟性にも強い影響を与える．したがって，製品設計の中で部品の共通化を考慮するとき，サプライチェーンの設計とサプライチェーンの柔軟性に対する部品の共通化の影響が考慮されるべきである．

7.1.2 製品の需要モデル

製品バリアント $i=1,\cdots,|I|$ から構成される製品ファミリーを考えよう．ただし，I は，製品バリアントの集合を表す．ここでは，問題を2段階意思決定問題としてとらえる．フェーズ1のはじめで，製品設計プロセスは，以下のステージまで進んでいる．

・製品バリアントは既知．
・各製品バリアントの部品表（製品構造）は既知．
・フェーズ2を通して，各製品バリアントの将来の需要は，同時分布関数 $F(D_1, D_2, D_3, \cdots, D_{nl})$ の形をしているという知識を有している．ただし，D_i は，フェーズ2における製品バリアント i の需要水準を表す．さらに，F は連続で微分可能，任意の i について $D_i \leq 0$ のとき，$F(D_1, \cdots, D_i, \cdots, D_{nl})=0$，かつ $0 < D_i < D_{max}$ のとき，$F(D_1, \cdots, D_i, \cdots, D_{nl}) > 0$ と仮定する．製品バリアントの間での需要の（負の）相関は，需要量に関する同時分布関数に包含されている．

フェーズ2は，当該製品ファミリーの市場への導入後に始まり，製品ライフサイクルにおける成熟期をカバーすると仮定する．さらに，各製品バリアントの成熟期は，一定需要水準 d_i によって特徴付けられると仮定する．成熟期における実際の需要量は，次式でモデル化される．

$$d'_i(t) = d_i + \varepsilon_i(t), \quad t = 1, \cdots, H \tag{7.1}$$

ここで H は，成熟期の期数を表す．1期間の長さは，通常，1週間または1か月であって，サプライチェーンの運用管理の基準となる．変数 $\varepsilon_i(t)$ は，製品バリアント i の短期的需要の不確実性を表す．サプライチェーンの運用管理は，主に安全在庫量を設定し，短期需要 $d'_i(t)$ の実現値に対応して補充オーダーを出すことに関連した業務である．ここでは，運用管理システムが，$d'_i(t) \le d_i^m$ の条件の下で，成熟期期間中の任意の需要パターンを満たすことができるようになっていると仮定する．ただし，処理能力は，成熟期の始まる時点に設定されて既与であり，d_i^m は成熟期を通して満たすことができる，製品バリアント i の最大需要水準を表すとする．サプライチェーンに対する運用の計画と管理の概念は，本書の第12章で de Kok と Fransoo によって考察されている．

7.1.3 サプライチェーンモデル

製品ファミリーに対するサプライチェーンは，プロセスの順序集合としてモデル化できる．各プロセスは，資材や部品や半製品をより高いレベルの品目へと変換する．資材供給の関係は，製品ファミリーの部品表によって関連付けられたプロセス間で存在する．J は，サプライチェーン内のプロセスの集合であり，$j \in J$ はサプライチェーン内の任意のプロセスを表すものとする．ここでのサプライチェーンモデルの定義では，品目とプロセスの間に一対一対応が存在するものとする．各品目（資材，部品，半製品，最終製品）は，1つのプロセスで生産され，各プロセスは，ただ1つの品目だけを生産する．この定義におけるプロセスは，サプライチェーンの中で，構成部品から1つの品目を製造する手段の抽象概念である（Jordan and Graves, 1995 による）．「プロセス」という用語は，ある品目を部品表の中でより高いレベルにある品目へと変換することを意味する．1つのプロセスは，多様な技術を用いて，多様な方法で実現させることができる．それらの方法は，必要な投資，運用費用，運用の柔軟性に関して固有の特性を有している．サプライチェーンにおいて，種々の品目を製造するために使われる技術の選択と，最終製品納入の柔軟性に関する意思決定を関連付けることができるサプライチェーンモデルを開発する．抽象的概念である「プロセス」は，それを可能にする．

ここでの各プロセス j は，技術集合の中のいずれかによって実現可能と仮定する．ただし，各技術 $\tau \in K_j$ は，投資費用，加工費用，柔軟性の尺度（範囲，機動性，均一性）によって特徴付けられるものとする．

ここでのプロセスは，サプライチェーンにおける品目に対応することから，サプライチェーンの中で識別される異なる品目の数は，プロセスの数に等しい．このため，添字 j は，品目とそれを生産するプロセスの双方を表す．サプライチェーンにおける最終製品とプロセスの間の所要量の関係は，$|I| \times |J|$ 行列 R によってモデル化できる．ただし，$r_{i,j}$ は，最終製品バリアント i の1ユニットを得るために，プロセス j

で生産しなければならない品目 j のユニット数を表す.

ここで,任意の最終製品バリアント $i \in I$ を考えよう.行ベクトル r_i は,製品バリアント i の1ユニットを出荷するために,サプライチェーンにおける(購買プロセスを含む)すべてのプロセスにおいて処理しなければならないユニット数を与える.それゆえ,$r_{i,j} = 0$ は,プロセス j で生産される品目が製品バリアント i の部品でないことを意味する.定義より,$r_{k,k} = 1$ である.2つの製品バリアント i_1, i_2 の間の共通化は,行ベクトル r_{i_1}, r_{i_2} の間の対応関係から完全に決定される.これら2つの行ベクトルの対応する非ゼロ要素が,資材とプロセスの共通化を表す.

今,サプライチェーンにおける各プロセス j が最大産出速度,すなわち時間あたりに処理できる品目 j の最大ユニット数について制約をもつと仮定しよう.y_j によって,この最大ユニット数を表す.このとき,最終製品バリアント i の単位時間あたり販売ユニット数 s_i は,次式で制約される.

$$\sum_{i \in I} r_{ij} s_i \leq y_j, \quad \forall j \in J \tag{7.2}$$

サプライチェーン設計問題はまた,各プロセス j にどのような技術をどの規模で導入するか(購買プロセスに関しては,どのような供給契約を結ぶか)の意思決定を含んでいる.この問題は,2つのレベルで考察されなければならない.第1のレベルは,サプライチェーンのレベルである.このレベルでは,サプライチェーンの制約 $\{y_j\}$ が与えられた下で,成熟期に得られる運用上の成果が評価されなければならない.ここでの主な関心は,最終製品の売上から期待される運用上の成果が,制約 $\{y_j\}$ によって生じる投資費用で重み付けされるように,制約 $\{y_j\}$ を調整することである.第2のレベルは,プロセスのレベルである.そこでは,各プロセス j での利用可能技術が,最適な技術を選択するために,そのプロセスでの最大産出速度 y_j の関数の視点で評価される.どのような設計プロセスにおいても,全体設計と詳細設計(ここでの場合,サプライチェーンレベルの設計と工場レベルの設計)は,相互依存的であり,最終設計は,それらの反復的手続き(図4.1参照)によって実現される.次項では,工場レベルでの設計問題の性質について詳しく述べる.

議論を容易にするために,最大産出速度 y_j は1回だけ設定することができ,製品ファミリーの成熟期を通じて固定されると仮定する.最大産出速度の再設定は,(たとえば,新しい需要情報に応じて)成熟期の間で可能かもしれないが,その場合,本章の残りの部分で論じるように,新しい最大産出速度を導入するのにかかる実施リードタイムを考慮した方法で行われなければならない.

7.2 プロセスレベルでの設計

製造プロセスは,生産システムの中に実現される.生産システムは,「訓練された作業者,生産設備(工具や治具や取付け具を含む),マテリアルハンドリング機器,その他の補助設備を含み,生産性の最大化をねらいとして,生産のプロセス要素,特

に原材料を最終製品に変換できる統合化されたハードウェアの集合」と定義される (Dorf and Kusiak, 1994：Chap. 21)．プロセス設計の主な意思決定問題は，ワークフロー（作業手順）の設定，作業者の選択と訓練，生産計画と管理システムの設定とに関連付けて，技術を選択することである．技術は，選択肢の中から品質，コスト，リードタイム，柔軟性に関して最高の性能を与えるものが，経済性を考慮して選択される．プロセス設計のレベルでは，サプライチェーンのレベルで実現しなければならない産出速度（単位期間あたりの処理ユニット数）y_j の関数として，最適な技術タイプだけが決定できる．生産経済学の理論は，異なる技術の間での単位生産量あたりの費用の基本的関係を，生産速度の関数として提供している．すなわち，専用技術は，汎用技術より大きな投資を必要とするが，生産速度は大きい．このため，産出速度が，どの技術が最適であるかを決める．図4.2は，機械職場で部品を生産するための3つの異なる技術水準について，それらの中からの選択が単位生産量あたりの費用に与える影響を図示したものである．これら3つの技術の間で，要求された産出速度を実現するのに必要な投資費用と，単位生産量あたりの変動費用が異なっている．

より小さな変動費用を実現する技術は，より高い投資を必要とする．その結果，技術は，産出速度によって順序付けることができる．図4.2において，要求された生産速度が範囲Aにあれば汎用機が，範囲BではNC (numerically controlled：数値制御) 機が，範囲Cでは専用機が選択されることになる．投資費用と変動費用に関してパレート最適な技術の集合だけを考えるとき，この図は，総費用が生産速度の凹関数となることを示している．

類似した製品が，規模の経済を得るために同じ技術で生産されるとき，この技術の

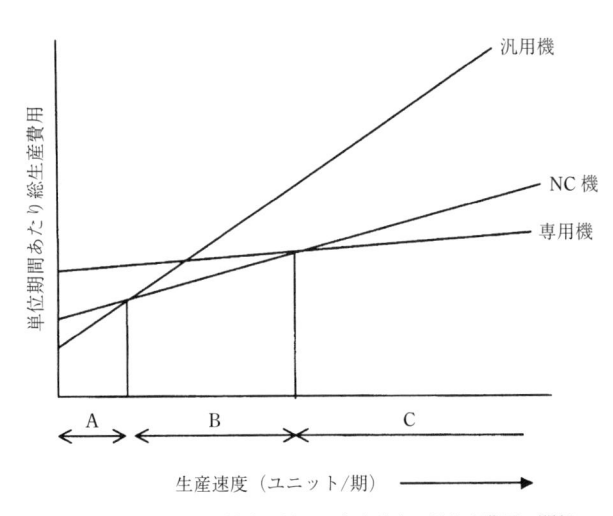

図4.2 3つの異なる技術に対する生産速度と総生産費用の関係

重要な側面は,範囲と機動性と均一性を尺度とする柔軟性である.これら柔軟性の尺度は,サプライチェーンの設計段階において考慮されなければならない.それらがサプライチェーンの新製品への柔軟性と製品改良の柔軟性を決定するからである.広い範囲,高い機動性,高い均一性をもつ技術によって,切替時間なしに,プロセスにわたって均一な費用で,多様な処理を遂行できる.機動性は,サプライチェーンにおける生産バッチサイズ,仕掛量,生産スループット時間を決定する.

7.2.1 範囲

汎用技術は,広範囲の処理を行うことができる一方,専用技術は,1つまたは狭い範囲の処理しか行うことができないのは明らかである.一般に,専用化が進めば進むほど,1つの技術で経済的に遂行できるプロセスの範囲は狭くなる.一方,製品とプロセスは,同じ生産技術を共有できるように共通設計が行われ,規模の経済を生み出している.それゆえ,2つの製品とそれらの生産プロセスに関して,両方のプロセスで同じ技術が使えるように設計できれば,2つのプロセスを合計した産出速度に基づいて,より高い技術での専用化が経済的に正当化される.このことは,FMS技術が導入された1980年代に実際に起こったことである.FMSでは,違った部品であるが技術的に類似した生産量の少ない部品が加工された.FMS利用の効果に関する実証的研究は,FMSの真の経済的利益は,製品とプロセスがFMSの能力にうまく適合するように再設計されたときで,FMSの設置後のある限られた期間だけしか得られなかったことを明らかにしている(Ettlie and Penner-Hahn, 1994).

組立プロセスについてもまた,技術は,そのような機会を提供する.1980年代に,多くの自動車メーカーは,製品バリアントの間での切替時間なしに,同一ラインで多様な最終製品が組み立てられるよう,車体部品と最終組立ラインの共通設計を始めた.このため,組立ラインは,複数のプロセスを行うことができる(これは,以前からすでに可能であった)だけではなく,これを切替時間も切替費用も発生させずに行うことができる.これは,資源柔軟性の2番目の尺度である切替の柔軟性,すなわち機動性へとつながる.

7.2.2 機動性

切替時間や切替費用がかかる技術であっても,範囲の柔軟性を維持することができる.しかし,切替に時間も費用も必要としない技術と同じ産出速度を実現するためには,より多くの生産能力を必要とするか,仕掛量と在庫量に追加投資を行う必要がある(Gupta, 1993;Boyer and Keong Leong, 1996).

4節で議論したように,ある産出速度を実現するために必要な仕掛量と在庫量への投資を,技術それ自体に必要な投資に加えることで,産出速度 y_j でプロセスを運用するのに必要な総投資額が得られる.その理由は,切替費用と切替時間が存在するとき,生産は,あるバッチサイズで行われるためである.これらのバッチサイズは,総

変動費用を最小化することで求められ，与えられた技術への投資と生産能力に対して，このバッチサイズが，プロセス運用費用，在庫維持費用，仕掛在庫費用，最大産出速度をもたらすことになる．最適生産バッチサイズを設定するための方法と技法は，ここ数十年間にわたって開発されてきた（たとえば，Karmarkar, 1987；Graves et al., 1993：Chap. 5(Suri ら)；Buzacott and Shanthikumar, 1993：Chap. 5〜8；Lambrecht et al., 1998 参照）．

プロセス j を産出速度 y_j で運用するためには，技術への投資，作業者訓練への投資，生産計画/管理への投資，在庫量と仕掛量への投資の組合せが必要となる．産出速度 y_j を実現するための仕掛量と在庫量は，成熟期の始まる前に確保され，産出速度 y_j が達成されるべき速度である限り，成熟期を通して維持されなければならない．仕掛量と在庫量を確保するために要する費用は，特定技術の選択に関連する投資と考えなければならない．さらに，仕掛量と在庫量は，かなりの程度，新製品への柔軟性を決定する．新製品が市場で供される前に，産出速度 y_j を実現するのに必要な水準まで，サプライチェーンにおける新製品バリアントの仕掛量と在庫量を最初に積み上げることが必要だからである．

設計段階では，製品設計とプロセス設計におけるサプライヤーとメーカーの早い段階からの参画が，最も重要である．早い段階からの参画は，技術に関して，サプライヤーもしくはメーカーで利用できる知識の優位性を最大限生かすために必要である．サプライヤーあるいはグループメーカーがすでに生産しているか，他のサプライチェーンのために生産しようとしている品目と，プロセスを共通化できるよう部品などの設計を行うことによって多くの利点が得られる．異なる顧客に対して，異なっているが技術的に似たプロセスを結合できるサプライヤーもしくはメーカーにとって，低いコストと高い柔軟性を結合した生産システムの設計が可能であり，高い柔軟性が，各サプライチェーンに利益をもたらす．Jordan and Graves (1995) や Boyer and Keong Leong (1996) の研究は，限定されたプロセス柔軟性をもつ技術が，完全なプロセス柔軟性（すなわち，各プロセスは，1つの技術で遂行できる）を有する1組の技術と実質的に同等な機能を果たすことを示している．選ばれたサプライヤーは，ある水準の柔軟性をもって，完全に連結された生産資源構成の中のプロセスに追加される．この柔軟性の水準は，資源構成の上で製造されるすべての品目が直面する需要の不確実性とバランスのとれたものである（Jordan and Graves, 1995）．

製品ファミリーを設計している間，部品や半製品や最終製品を設計するための設計ガイドラインが存在すべきである．それは，共通の技術で部品や半製品や最終製品が容易に生産できるようにするためのものである．そのための機会は，製品ファミリーを設計するとき，特に，半製品や最終製品を製造する生産構造の上位レベルにおいて広く存在する．たとえば，製品仕様確定の遅延（Lee, 1996 参照）は，品目間の共通化水準を高め，したがって，部品構成におけるプロセスの共通化を高めることになる．このことは，総費用の低減を実現し，柔軟性を高めることとなる．異なった製品

ではあるが技術的に似た製品を生産するために，技術的特殊性を避けることは，さらに生産費用を低減し，柔軟性を高めることになる．このことは，第1に，市場へ販売するときの制約条件の数を少なくする．第2に，生産費用の低減によって，同じ設備投資額で実現できるプロセスの産出速度 y_j をより大きくすることができる．このことは，共通の技術で遂行されるプロセスについて，生産費用が産出速度の凹関数であることから直接わかる．第3に，生産システムの産出速度が大きいと，段取り時間や段取り費用の低減に対してより大きな投資を行うことが可能となり（Porteus, 1985；De Groote, 1994b 参照），その結果，バッチサイズは小さくなり，生産のスループット時間は短くなる．それによって，新製品への柔軟性が改善される．

De Groote（1994b）は，生産能力制約をもつ多品種ロットサイズ決定モデルの中で，資源柔軟性（範囲と機動性）の役割について研究している．彼の解析は，生産システムの範囲と機動性の意思決定に関して，有益な視点を提供している．資源柔軟性の尺度である範囲と機動性を，プロセス設計の段階でどのように考慮できるかを説明するため，彼のモデルと結果について簡単に概要を述べることにする．

De Groote（1994b）は，n 種類の製品を生産する1本の生産ラインについて考察した．ただし，各製品 $i=1,\cdots,n$ の平均需要量を記号 d_i で表す．技術の特性値は，公称段取り時間 S，単位段取り時間あたりの段取り費用 c_s，（単位時間あたりの）固定費用 f である．各製品は，有限な生産速度 r_i と段取り時間比率 q_i をもつ．したがって，製品ごとの段取り時間と段取り費用は，それぞれ q_iS と c_sq_iS で与えられる．最後に，単位生産費用（労務費と材料費）を c_i，単位時間あたりの資本の機会費用を r で表す．

この問題は，生産能力制約を満たしつつ，単位時間あたりの平均費用を最小化するバッチサイズ Q_i を見つけることである．De Groote（1994b）は，生産のために必要な時間の割合として，$a=\sum_{i=1}^{n}d_i/r_i$ を定義している．結果として，単位時間あたりの最大公称段取り回数は，$(1-a)/S$ となる．

問題は，次のように定式化される．

$$\min_{Q_i} \sum_{i=1}^{n}\left(\frac{c_sSd_iq_i}{Q_i}+\frac{rc_iQ_i}{2}+c_id_i\right)$$
$$\text{s.t. } \sum_{i=1}^{n}\frac{d_iq_i}{Q_i}\leq\frac{1-a}{S}$$

この問題に対する解は，Parsons（1966）によって与えられている．De Groote（1994b）は，Spence and Porteus（1987）によって与えられたのと同じ単位時間あたりの最適費用について研究している．最適費用は，次式で与えられる．

$$\begin{cases} \sum_{i=1}^{n}\sqrt{2c_sSrc_id_iq_i}+\sum_{i=1}^{n}c_id_i+f, & \sum_{i=1}^{n}\sqrt{\frac{rc_id_iq_i}{2c_sS}}\leq\frac{1-a}{S} \text{のとき} \\ \frac{(\sum_{i=1}^{n}\sqrt{2Src_id_iq_i})^2}{4(1-a)}+c_s(1-a)+\sum_{i=1}^{n}c_id_i+f, & \text{それ以外のとき} \end{cases}$$

De Groote (1994b) は，この生産システムの集約特性値を変化させたときの最適費用について感度分析を行っている．集約特性値は，以下の値である．

$$d = \sum_{i=1}^{n} d_i$$

$$v = \frac{\left(\sum_{i=1}^{n} \sqrt{c_i d_i q_i}\right)^2}{\sum_{i=1}^{n} c_i d_i}$$

特性値 v は，均一性と切替の側面を混合した製品の多様性の尺度と解釈できる．

De Groote (1994b) は，このモデルにおける最小費用が多様性の尺度 v の凹関数であることを示した．それゆえ，多様性は，代価を支払っていることになる．さらに彼は，労働集約型ジョブショップ (JS)，自動トランスファーライン (TL)，FMSの3つの技術について比較を行っている．JS は，低い設備費用，比較的短い切替時間，高い単位生産費用という特徴をもつ．TL は，高い設備費用，はるかに長い切替時間，非常に低い単位生産費用を示す．FMS は，最大の設備投資を必要とするが，瞬時の切替と低い単位生産費用を実現する．TL と FMS の間の主な違いは，切替時間と切替費用であって，その違いが FMS への投資費用を TL より大きくさせている要因であることに注意しよう．

De Groote (1994b) は，d と v をどのように組み合わせれば，それら3つの技術のそれぞれが最小費用を実現するか（もちろん，最適ロットサイズ $Q_i(i=1,\cdots,n)$ を仮定している）を示した．彼は，JS が低い需要に対して，TL は多様性が小さく多量の需要に対して，FMS は多様性が大きく多量の需要に対して選好されることを示した．

Porteus (1985)，Spence and Porteus (1987)，De Groote (1994b) によって使用されたモデルと似た工場設計の集約モデルが，サプライチェーンの設計段階において，異なった技術が資源の総費用に及ぼす影響を評価するために利用できる．この費用は，製品（もしくはプロセス）の多様性の関数であり，最適バッチサイズがサプライチェーンの運用管理に使用されることを想定して評価される．4節で議論したようなモデルが，工場ごとの生産スループット時間を評価するために利用できる．

プロセス設計段階では，品目 $j(j \in J)$ ごとの投資費用 $\psi_j^k(y_j)$，運用費用 δ_j^k，スループット時間を結果として求めることになる．ただしこれらは，技術 k を有するプロセス j を，産出速度 y_j で運用した結果である．これらの費用関数は，最良技術と最適な産出速度 $y_j(j \in J)$ を決定するために，サプライチェーンレベルで使用される．これは，次項のテーマである．

7.3　サプライチェーンレベルでの設計[1]

本項で，サプライチェーン設計問題を締めくくる．また，読みやすいように，これまでの節（項）で導入した多くの用語や定式化を再度用いることにする．

第4章 サプライチェーンの設計②:柔軟性の考慮

　ある製品ファミリーを市場に供給しているサプライチェーンを考えよう．サプライチェーン設計問題は，生産ユニットで構成されるネットワーク全体に資源を配置することにかかわる意思決定問題である．資源の配置は，製品ファミリーの各バリアントを，その製品ファミリーの成熟期におけるある期間，最大速度で供給できるようにすることを目的とすると仮定する．この成熟期の中で，あるバリアントのいくつかのバージョンが互いにその地位を取って代わるという可能性は考慮しない．このことは，もし，これらバリアントの各々が，成熟期において製品単位あたり同量の資源を必要とすると仮定できるとき，何らの制約を生むものではない．

　成熟期におけるバリアントごとの可能最大供給速度は，この成熟期における各バリアントの需要速度に関する情報から導かれる．製品バリアントの集合を I とする．バリアント $1 \sim |I|$ の需要水準を，$(D_1, D_2, \cdots, D_{|I|})$ で表す．$(D_1, D_2, \cdots, D_{|I|})$ は，多変量正規分布とし，したがって，可能な代用効果と相補効果を考慮した分布であると仮定する．各製品バリアントは，多くの品目から構成される．品目の集合を J と定義する．(r_{ij}) は，「フラット部品表」を表すとしよう．すなわち，

$$r_{ij}: バリアント i を生産するのに必要な品目 j の数 (i \in I, j \in J)$$

　製品バリアント i の供給速度を s_i で維持するよう決定したと仮定する．この供給速度を可能にするためには，バリアント i に必要な品目 j の供給速度を，$r_{ij}s_i$ に維持しなければならない．成熟期にわたって，各バリアントの供給速度を同時に s_i で維持したいから，品目 j の供給速度は，次式を満たす y_j に維持しなければならない．

$$\sum_{i \in I} r_{ij}s_i \leq y_j, \quad j \in J \tag{7.3}$$

成熟期が始まるときに，需要水準 $\{d_i\}_{i \in I}$ がわかっていると仮定すれば，製品バリアントの供給速度 $\{s_i\}_{i \in I}$ は，次式を満たさなければならない．

$$s_i \leq d_i, \quad i \in I \tag{7.4}$$

品目 j は，ある技術によって生産されると仮定する．サプライチェーンの設計段階において，品目 j をつくるプロセス技術について意思決定しなければならない．大概の状況において，品目 j をつくるために利用できる候補技術の数は限られている．このため，利用できる技術は選択されていると仮定する．所与の技術の中から，成熟期間の利益を最大化する最大供給速度 $\{y_j\}_{j \in J}$ が得られる技術を選択する．最適な技術の選択は，各品目について，技術オプションの空間を探索することで得られる．この探索は，最適な技術オプションと最適な供給速度 $\{y_j\}_{j \in J}$ の両方を見つけることになる．この設計段階での決定事項は，技術オプションと最大供給速度だけであるということに気付くことが重要である．バリアントの実際の供給速度についての意思決定は，成熟期が始まり，成熟期間中の各バリアントの実際需要量について，より信頼できる情報が利用可能となったときに行われる．そこでは，生産資源を配置するのにかかる実施リードタイムの関係から，供給速度を決定しなければならない品目について

注 [1]：本項で述べるサプライチェーン設計問題の定式化に関して A.G. de Kok 氏に謝意を表したい．

だけ考える，と暗黙のうちに仮定している．

以下で行うもう一つの重要な仮定は，品目とそれら品目をつくるプロセスが等価であること，すなわち，各品目は，プロセスと一対一対応していることである．明らかに，導入される技術は，複数のプロセスに対応することができ，それによって費用，特に，規模の経済，すなわち費用関数の凹性を通して，品目相互の関係を生み出す．これらをさらに明確にするために，以下の費用関数を定義しよう．

$\hat{\psi}_k(y)$：供給速度を y に維持するときの技術 k の成熟期間中の固定費用

$\psi_j(y)$：供給速度を y に維持するときのプロセス j の成熟期間中の固定費用

J_k を技術 k によって処理される品目の集合とし，すべての $j \in J_k$ について，供給速度が y_j であると仮定するとき，技術 k に関連した総費用は，$\hat{\psi}_k(\sum_{j \in J_k} y_j)$ に等しくなる．解析を単純化するために，次式を仮定する．

$$\hat{\psi}_k\left(\sum_{j \in J_k} y_j\right) = \sum_{j \in J_k} \psi_j(y_j)$$

この仮定の背後にある主な考え方は，サプライチェーンの設計での意思決定に責任ある立場の経験に富んだ技術者が，真の規模の経済が $\hat{\psi}_k(y)$ に関係しているとしても，妥当な規模の経済の効果を関数 $\psi_j(y_j)$ に組み込むことができるということである．それゆえ，品目 j の供給速度 y_j に関連した固定費用が，$\psi_j(y_j)$ に等しいと仮定する．また，関数 ψ_j は凹であり，それによって規模の経済を表していると仮定する．

品目 j に関する変動生産費用を記号 δ_j で表す．この変動費用は，式 (7.3) によって y_j に依存する．供給速度 $\{y_j\}_{j \in J}$ と $\{s_i\}_{i \in I}$ が与えられたとき，成熟期間中の総費用は，次式で与えられる．

$$\tilde{c}(\{y_j\}_{j \in J}, \{s_i\}_{i \in I}) = \sum_{j \in J}\left(\psi_j(y_j) + \delta_j \sum_{i \in I} r_{ij} s_i\right) \tag{7.5}$$

バリアント i の販売価格は β_i に等しいと仮定する．ここで，供給速度 $\{y_j\}_{j \in J}$ と $\{s_i\}_{i \in I}$ が与えられたとき，成熟期間中における製品ファミリー全体の利益 Π に関して，次式が得られる．

$$\Pi = \sum_{i \in I} \beta_i s_i - \sum_{j \in J}\left(\psi_j(y_j) + \delta_j \sum_{i \in I} r_{ij} s_i\right) = \sum_{i \in I}\left(\beta_i - \sum_{j \in J} \delta_j r_{ij}\right) s_i - \sum_{j \in J} \psi_j(y_j) \tag{7.6}$$

製品バリアントは，$\beta_i - \sum_{j \in J} \delta_j r_{ij}$ の値の降順に番号が付けられていると仮定しよう．このときまず，製品バリアント 1 の需要をできるだけ満たし，次いで製品バリアント 2 へと順次需要を満たしていくのが望ましいことは明らかである．したがって，式 (7.3)〜(7.5) から，供給速度 $\{y_j\}_{j \in J}$ と実際の需要量 $\{d_i\}_{i \in I}$ が与えられたとき，製品バリアントの最適供給速度 $\{s^*_i(\{y_j\}_{j \in J})\}_{i \in I}$ は，次式を満足しなければならないことがわかる．

$$s^*_i(\{y_j\}_{j \in J}) = \min\left(d_i, \min_{j \in J}\left(\frac{y_j - \sum_{m=1}^{i-1} r_{jm} s^*_m}{r_{ij}}\right)\right), \quad i = 1, \cdots, |I| \tag{7.7}$$

ゆえに，製品バリアントの最適供給速度は，$\{d_i\}_{i \in I}$ とサプライチェーン設計における決定変数 $\{y_j\}_{j \in J}$ とによって表すことができる．このため，サプライチェーン設計

問題が以下のように定式化できることになる．

7.3.1 サプライチェーン設計問題

$$\max_{\{y_j\}_{j\in J}} E_{(D_1,\cdots,D_{|I|})}\left[\sum_{i\in I}\left(\beta_i-\sum_{j\in J}\delta_j r_{ij}\right)s_i^*(\{y_j\}_{j\in J})-\sum_{j\in J}\psi_j(y_j)\right]$$

このサプライチェーン投資決定問題は，Van Mieghem (1998) によって研究された問題のように，2段階意思決定問題として定式化できる．

たとえば，すべての製品バリアントが共通の組立ラインで組み立てられるように，異なったプロセスが共通技術によって遂行されるならば，以下のタイプの制約条件が使用されなければならない．

J_s は，最大産出速度 y_s をもつ共通技術によって遂行されるプロセスの部分集合を表すものとしよう．このとき，この部分集合に対して，以下の制約条件を設定する．

$$\sum_{j\in J_s} y_j \leq y_s$$

また，共通投資費用関数は $\psi_s^R(y_s)$ となる．

もし，プロセスの部分集合 J_s に対する共通技術が，組立ラインでなく，Andreou (1990) や Fine and Freund (1990) によって議論されたような，最大産出速度 y_j をもつ専用資源や産出速度 y_F をもつ柔軟な資源構成であるときは，以下のタイプの制約式を使用する．

$$\sum_{i\in I} r_{ij} s_i \leq y_j'$$
$$y_j' = y_j + y_F, \quad j\in J_s$$
$$y_j' = y_j, \quad j\notin J_s$$
$$\sum_{j\in J_s} y_j' = \sum_{j\in J_s} y_j + y_F$$

また，品目集合 J のプロセスの部分集合を遂行できるより複雑な資源構成は，Jordan and Graves (1995) によって考察された資源構成のように，このモデルに含めることができる．しかし，制約条件集合の複雑性は，急速に増加するであろう．それゆえ，1つのより現実的なアプローチは，もしうまく配置されている（たとえば，完全に連結されている）ならば，完全に柔軟な資源構成のもつ性能が，小さな柔軟性によってほぼすべて達成できるという観察を利用することである．これは，最適化において，J_s のプロセスの総産出量に関して，1つの集約制約だけを考慮すればよいことを意味する．

Graves and Tomlin (2001) は，Jordan and Graves (1995) によって研究された単一工場モデルを多段階サプライチェーンへと拡張した．これは，F ステージ，I 種類の異なった製品から構成され，各製品は，各ステージで処理する必要がある．ステージ f ($f=1,\cdots,F$) は，K_f の異なった工場をもつ．ただしここでいう工場は，有限能力をもつ生産資源のことである．ステージ f における製品と工場のリンク (i,k) の集合は，アーク（エッジ）集合 A_f で表現される．ステージ f にある工場 k が，

このステージで製品 i を処理できるための必要十分条件は，$(i,k)\in A_f$ が成り立つことである．$P^f(i)$ は，製品 i を処理できるステージ f の工場の集合と定義する．すなわち，$(i,k)\in A_f$ ならばそのときに限り，$k\in P^f(i)$ である．同様に，製品集合 M に属するいくつかの製品を処理できるステージ f の工場の集合を $P^f(M)=\{k: (i,k)\in A_f, i\in M\}$ で定義する．彼らは，$(i,k)\in A_f$ である製品 i のすべてについて，ユニットあたりの処理に必要なステージ f での工場の生産能力は等しいと仮定し，計画期間中にステージ f の工場 k で処理できる製品ユニット数を c_k^f で定義する．ただし，これは，完成品で測った数量である．

Graves and Tomlin (2001) は，2 段階の逐次決定プロセスを仮定した．最初のステップでは，各ステージにおける各工場でどの製品品目を処理するかを決定する．2 番目のステップでは，需要が実現し，需要を満たすために生産量が工場に割り当てられる．

柔軟性の構成を評価するために，Graves and Tomlin (2001) は，単一期間の生産計画問題を定義した．この問題では，サプライチェーンによって満たすことができない需要量を最小化する．与えられた需要の実現値 $\boldsymbol{d}=\{d_1,\cdots,d_I\}$ と柔軟性の構成 $\boldsymbol{A}=\{A_1,\cdots,A_F\}$ に対して，生産計画問題は，以下の線形計画問題となる．

$$x(\boldsymbol{d},\boldsymbol{A})=\min\left\{\sum_{i=1}^{I}x_i\right\}$$

s.t.

$$\sum_{(i,k)\in A_f}s_{i,k}^f+x_i\geq d_i,\quad i=1,\cdots,I,\quad f=1,\cdots,F$$

$$\sum_{(i,k)\in A_f}s_{i,k}^f\leq c_k^f,\quad k=1,\cdots,K_f,\quad f=1,\cdots,F$$

$$s_{i,k}^f, x_i\geq 0$$

ただし，$x(\boldsymbol{d},\boldsymbol{A})$ は需要に対する総品切れ量，x_i は製品 i の品切れ量，$s_{i,k}^f$ はステージ f にある工場 k で処理される製品 i の総ユニット数である．

所与の資源構成 $\boldsymbol{A}$ は，品切れ量の期待値 $E[X(\boldsymbol{D},\boldsymbol{A})]$ で評価される．ただし，この期待値は，既知の分布をもつ確率需要ベクトル $\boldsymbol{D}=\{D_1,\cdots,D_I\}$ に関して求められる．

Graves and Tomlin (2001) は，構成の非効率性 (configuration inefficiency：CI) の概念を，次式で導入した．

$$\text{CI}=100\times\left(\frac{E[X(\boldsymbol{D},\boldsymbol{A})]-E[X_1(\boldsymbol{D},\boldsymbol{A}_1)]}{E[X_1(\boldsymbol{D},\boldsymbol{A}_1)]}\right)$$

ただし，$E[X_1(\boldsymbol{D},\boldsymbol{A}_1)]$ は，より大きな品切れ量をもつステージが，チェーン内に唯一存在するとしたときの，ステージ単独での品切れ量の期待値である．

Graves and Tomlin (2001) によると，構成の非効率性は，浮動ボトルネックとステージ連結ボトルネックという 2 つの現象によって引き起こされる．浮動ボトルネックは，需要の不確実性から直接引き起こされる結果である．ステージ連結ボトルネックは，需要が確定的であっても現れ，サプライチェーンにおける異なったステージ間

で，柔軟性の構成に整合性がないことから起こる結果である．Graves and Tomlin (2001) は，サプライチェーンの柔軟性の尺度 g を，生産能力の均等配分と比較して，製品の任意の部分集合に対して利用可能となる生産余力に基づいて考案した．この尺度を用いて，ステージごとに異なる資源の特性値が，構成の非効率性に及ぼす影響に関する知見を得るため，連結の非効率性と浮動の非効率性に対する解析的尺度を開発している．また，コンピュータシミュレーションを用いて，これらの知見を検証している．この解析結果とシミュレーション結果とから，g の値が1より大きいサプライチェーンは，うまく機能すること，特に各ステージにおいて工場と製品のリンクが連結しているとき，効率が高いと結論付けている．連結は，付加的な利益を生じる．各ステージが連結政策を使用する限り，ステージ間で厳格な生産能力調整を行うことなく，サプライチェーンを効率的に機能させることができる．それゆえ，設計ステージあたりの連結度を考慮することは，サプライチェーンにおけるステージ間で，製品（あるいは製品バリアント）あたり生産能力を調整することに対する代替手段として使用できる．

7.4 議　　論

サプライチェーン設計問題は，総投資費用を差し引いた成熟期間中の総期待利益を最大化するように，最大産出速度 y_j を選択することである．投資費用が y_j の線形関数であるとき，サプライチェーン投資問題は，実際に Fine and Freund (1990) あるいは Van Mieghem (1998) の研究で用いられた技法によって原理的に解くことができる．今後は，投資費用が凹関数となる問題を解くための研究が必要である．経済学分野の文献は，投資費用が産出速度に関して凹となりがちであることを明らかにしているからである．

また，異なったタイプのプロセスに対し，柔軟な資源構成への投資の費用構造についても実証研究が必要である．特に，費用構造を生産速度，プロセスの範囲，機動性の関数として詳細に表現することである．これら費用構造は，サプライチェーンのタイプの違いによって，異なったものになると推測される．たとえば，消費者向け電子機器のサプライチェーンは，食品産業における変化の速い消費者向け商品のサプライチェーンや資本財のサプライチェーンとは違ったプロセスを使用し，違った費用構造をもつであろう．費用構造におけるこれらの違いは，それら産業間のダイナミクスの違いを表しているかもしれない．

もう一つの重要な研究課題は，機動性の欠如（切替時間や切替費用）からくる仕掛品や在庫品を投資費用に含めることである．このことは，バッチサイズ，生産速度，稼働率の間の関係を考慮し，また，生産リードタイムや仕掛量あるいは負荷を考慮することで，Porteus (1985) や De Groote (1994b) によって研究されたモデルを拡張することである（Karmarkar, 1987；Lambrecht et al., 1998 参照）．

製品開発の意思決定が，下記の制約集合の構造に及ぼす影響についても，研究が必

要である．

$$\sum_{i\in I} r_{ij}s_i \leq y_j, \quad j\in J$$

7.4.1 サプライチェーンの制約集合の管理

$|I|$ 種類の製品バリアントからなる製品ファミリーのサプライチェーンにおいて，アクティブとなりうる制約条件の最大数は，集合 $\{1,2,\cdots,|J|\}$ の要素について，すべての可能な組合せの数の和となる．これは非常に大きな数である．しかし幸運にも，製品ファミリーは一般に，モジュール設計，製造の容易な設計，仕様の確定遅延などの設計原理に基づいて，システマティックに開発される．サプライチェーンの成果をよくわきまえて，これらの原理が適用されるならば，かなりわかりやすいサプライチェーンプロセスの構造が得られる．このサプライチェーンプロセスの仕様は，大部分，製品仕様によって決定される（Fine, 1998：Chap. 8 参照）．

理想的なサプライチェーンにおいては，製品ファミリーに属するすべての製品バリアントは，同じ原材料を必要とし，同じ（汎用的）プロセス集合を必要とする．しかし現実には，製品ファミリーに属する異なったバリアントは，購入品に関して，しばしば違いがある．このとき，各製品バリアントに対して，少なくとも1つの特定する制約条件が必要になる．

制約のバランス化は，1つの製品バリアントに必要なすべてのプロセスが，同じ最大産出速度をもたなければならないことを要求する．そのため，これらプロセスに用いられる製造技術の実装と利用に関して，管理を行うことは意味がある．このとき，理想的には，サプライチェーンは，すべての共通プロセスを遂行する生産システムと，バリアント固有のプロセスを遂行する多くの生産システムから構成される．それによって，製品ファミリーレベルで1つの制約条件を，製品バリアントレベルで1組の制約条件を含む制約条件構造が得られる．このような単純な制約条件構造は，サプライチェーン設計の経済性評価を容易にする．しかし，製品ファミリーを構成する製品バリアントの部分（全体でない）集合に共通したプロセスが存在するかもしれない．もし，そのような部分集合の共通性が，その構造をできるだけ単純なものに維持したままで，他の製品バリアントグループに適合するのであれば，サプライチェーンの透明性は改善される．

Graves and Tomlin (2001) によって研究されたサプライチェーンモデルは，特別なケースである．彼らの方法によると，サプライチェーン設計問題は，2段階で解かれる．最初の段階では，サプライチェーンの各ステージについて，構成の非効率性を取り除くために，そのステージのリソース（工場）の間に，資源の柔軟性をどの程度設定しなければならないかが決定される．そこでの仮定は，一定の水準をもつ資源柔軟性を得るために必要となる投資が，後に，資源柔軟性を利用することによって避けられる品切れによって正当化されるというものである．第2段階では，サプライチェーンの各ステージに，全体でどの程度の生産能力を設定するかが決定される．最終製

品換算で,各ステージの総生産能力は,同じでなければならないし,それによって,ステージあたりの産出速度に関して,バランスのとれた制約条件となる.それゆえ,生産能力への投資問題は,製品ファミリーレベルでの総売上高と総需要量をもつ単一ステージの生産能力への投資問題としてモデル化することができ,すべてのステージについて総和をとった総投資額と総変動生産費用をパラメータにもつ.

7.4.2 サプライチェーンの設計と新製品のリードタイム

4節における議論では,サプライチェーンは,製品ファミリーに対して設計され,すべての製品バリアントは,製品ライフサイクルの成熟期間中,市場に同時に存在し,入手できると仮定している.このことは,実在の製品ファミリーに関して,必ずしも現実的な仮定ではない.ほとんどの製品ファミリーは,製品バリアントの初期集合から始まって,徐々に新しいバリアントを導入し,そして市場からいくつかのバリアントを退場させる.もし新製品バリアントが,サプライチェーンの中に存在する技術で(効率的に)遂行できない新しいプロセスを必要とするならば,新製品導入の速度は,大きく阻害されることになるであろう.それゆえ,サプライチェーンはまた,製品ファミリーについて,予見される将来の製品革新から求められる異種のプロセス要求を満たせるよう,十分柔軟性をもつ必要がある.このことは,製品ファミリーの概念設計段階において,その製品ファミリーのライフサイクル全期間にわたって稼動する全プロセスに,境界条件を設定することを求めている.これらプロセスは,特定の品目に関係するのではなく,品目の特性値が変化する範囲,ならびに関連したプロセスが変化する範囲を表すパラメータをもった包括的品目に関係したものである.この包括的プロセスに対して選択される製造技術は,効率的な手段で,関連のあるプロセスを遂行できなければならない.それゆえ,1つの製品ファミリーに対するサプライチェーンの設計は,その製品ファミリーの製造に必要なプロセスの包括的記述をもとに行われなければならない.このとき,サプライチェーンは,包括的製造チャネルとして設定され,新製品バリアントは,サプライチェーンで利用できるプロセスのもつパラメータ値の範囲内で開発される.このことは,新製品導入のスピードを高め,サプライチェーンにおける生産システムに対して,生産の継続性を促進する.新製品の開発が,(能力と最大産出速度の両方において)利用可能技術の範囲内で行われるならば,新製品設計のリードタイムと新製品のリスクは小さくなり,生産能力の利用,特に古い製品バリアントの段階的廃止と新製品バリアントの段階的導入ははるかにスムーズに行われるであろう.この分野の研究は,始まったばかりである.たとえば,Peters and McGinnis(2000)は,重複したライフサイクルをもつ製品ファミリーに利用できる多くの資源へ,製品を割り当てる動的製品(再)割当問題に対する結果を提供している.彼らは,非負の再割当費用を仮定し,また,すべての資源がすべての製品に対する処理を等しい効率で遂行できると仮定している.それゆえ,彼らの研究は,製品ファミリーの中で開発されるすべての製品バリアントを,効率的につく

ることができる技術を想定している．

多くの工場での実証研究において，Suarez et al. (1996) は，混合の柔軟性の水準と，新製品への柔軟性の水準の間に正の相関があることを見出した．この結果は，本章における柔軟性の解析と矛盾しない．混合の柔軟性と新製品への柔軟性はいずれも，明確に定義された範囲のプロセスを遂行できる技術へ投資することで生まれる．一方，量の柔軟性は，製品ファミリーレベルにおける需要の不確実性に対するヘッジとして，生産余力を設定することのみで達成できる．

8. 結 論

本章では，柔軟性を目的としたサプライチェーンの設計について議論した．この文脈の中で，1つの製品ファミリーに対するサプライチェーンの柔軟性（量の柔軟性，混合の柔軟性，新製品への柔軟性）に焦点を絞ってきた．また，問題を投資問題として考察してきた．製品ファミリーの製品設計段階における投資の意思決定は，その製品ファミリーの部品表に載っている品目を生産するための資源に関して行わなければならない．サプライチェーンレベルでの柔軟性は，サプライチェーンに含まれる生産システムの柔軟性から得られるものであるから，最初に，生産の柔軟性の概念を扱った文献をレビューした．生産の柔軟性は多くの次元をもち，それら次元の間に階層的関係が認められる．特に，量と混合と新製品それぞれの柔軟性は，機械設備，作業者，マテリアルハンドリングの柔軟性に依存することが示された．さらに，各柔軟性の次元は，範囲（異なった利用可能オプション），範囲内での機動性（あるオプションから他のオプションへの切替の容易さ），および範囲内での一様性（範囲内の各オプションの費用効果の等しさの程度）によって特徴付けられる．

これらの概念から出発して，不確実な需要水準の下での単一工場・単一製品ファミリーに対する資源投資問題の文献についてレビューを行った．この研究は，専用資源への投資と柔軟な資源への投資の間の複雑な関係を明らかにし，それが，需要の不確実性の水準，需要の相関，製品間での販売粗利益の違いに依存することを明らかにした．さらにこの研究は，線形投資費用のような特別な条件の下で，単一工場・単一製品ファミリーの資源投資問題を解くための基本的知見を提供している．この研究から得られた重要な知見は，柔軟性がうまく構成されていると，小さな柔軟性でも，完全な柔軟性から得られる利益のほとんどすべてが達成できること，また，最も効率的に柔軟性を得るためには，製品と資源をできるだけ強く連結すべきである，という点である．

次に，ある既知の水準の周辺で不規則変動する需要の下で，資源（機械設備と作業者）の柔軟性とその尺度である範囲，機動性，均一性が，生産スループット時間に及ぼす影響を研究した文献をレビューした．この文献は，小さな資源柔軟性が生産スループット時間を大幅に短縮することを明らかにした．しかし，その効果の大きさは，

習熟と忘却の効果，同じ製品に対して異なった資源を利用する場合の効率の違い，代替資源へ作業者を再配置する際の遅延の存在によって制約される．さらに，加工物や作業者をほかの資源に移すとき，費用が課せられるかもしれない．これらの効果が存在するとき，生産計画/管理システムは，最小費用で最大の効果を実現するために，資源柔軟性が慎重に利用されるよう設計されなければならない．

　製造の柔軟性に関する実証研究は，製品混合の柔軟性が高い工場は，新製品への柔軟性も高い傾向にあることを明らかにした．これは，モデルベースでの研究の知見と整合している．また，FMS の利用は，量の柔軟性を高めるものの，混合の柔軟性と新製品への柔軟性を高めないということも明らかにした．さらに，部門横断型コンピュータ統合の新製品への柔軟性に対するポジティブな効果は別にして，情報技術の利用は，高い柔軟性とは関係がないようである．最後に，実証的研究により，柔軟性に対する戦略的重視は，管理者の姿勢（資源柔軟性への投資につながる）と作業者の姿勢の両方に影響を与える傾向があり，さらに，潜在的資源柔軟性を実際の産出量の柔軟性へと変換するのに必要な知識の獲得と展開を容易にする傾向のあることが明らかにされた．

　サプライチェーンは，プロセスの一部を外部のサードパーティに下請させるかもしれないし，また，外部のサプライヤーから部品や原材料を購入する必要があるかもしれない．サプライチェーンの産出量は，外部のサプライヤーと，チェーン内に含まれる工場とサプライヤーの各々から制約を受ける．それゆえ，ここでは，選択した文献をもとに，供給契約について議論した．文献は，2 人のプレイヤーの状況に対して，分散的な意思決定と自由承諾の条件の下で，サプライチェーンを協調させることができる，すなわち，サプライチェーンの最適性能を達成できる供給契約が存在することを明らかにした．この観察は，サプライチェーン設計問題の議論を，より簡単に解くことができる，強制承諾で中央集権的な意思決定に限定することをすすめている．

　文献の中に報告されている結果をもとに，サプライチェーン設計問題を反復的意思決定過程として定式化した．ただし問題は，部品表の中の品目を生産するのに必要な処理技術を選択することと，部品表の中のすべての品目の最大供給速度を調整することから構成される．ただしそこでは，投資費用，変動生産費用，需要量の不確実性，製品販売価格が考慮される．後者の問題は，2 段階確率決定問題として定式化された．そこでは，この設計問題の性質，すなわち，プロセスの産出速度に関する制約のバランス化や，技術の選択と 1 つの技術でつくられる製品の量と多様性の間の関係について議論した．本章を通じて，今後の研究に対する有望なテーマが示されている．

（J.W.M. Bertrand/田村隆善）

参 考 文 献

Andreou, S.A. (1990). A capital budgeting model for product-mix flexibility. *Journal of Manufacturing and Operations Management* 3, 5–23.
Baker, K.R. (1985). Safety stocks and component commonality. *Journal of Operations Management* 6(1), 13–32.
Baker, K.R., M.J. Magazine, H.L.W. Nuttle (1986). The effects of commonality on safety stock in a simple inventory model. *Management Science* 32, 982–988.
Bassok, Y.B., R. Anupindi (1997). Analysis of supply contracts with total minimal commitment. *IIE Transactions* 29, 373–381.
Beach, R., A.P. Muhlemann, D.H.R. Price, A. Paterson, J.A. Sharp (2000). A review of manufacturing flexibility. *European Journal of Operational Research* 122, 41–57.
Benjaafar, S. (1994). Models for performance evaluation of flexibility in manufacturing systems. *International Journal of Production Research* 32, 1383–1402.
Benjaafar, S., R. Ramakrishnan (1996). Modeling, measurement and evaluation of sequencing flexibility in manufacturing systems. *International Journal of Production Research* 34, 1195–1220.
Bernardo, J.J., A. Mohamed (1992). The measurement use of operational flexibility in loading flexible manufacturing systems. *European Journal of Operational Research* 60, 144–155.
Bobrowski, P.M., P.S. Park (1993). An evaluation of labor assignment workers are not perfectly interchangeable. *Journal of Operations Management* 11, 257–268.
Boyer, K.K., G. Keong Leong (1996). Manufacturing flexibility at the plant level. *Omega* 24(5), 495–510.
Browne, J., D. Dubois, K. Rathmill, S.P. Sethi, K.E. Stecke (1984). Classification of flexible manufacturing systems. *The FMS Magazine* April, 114–117.
Buzacott, J.A., J.G. Shanthikumar (1993). *Stochastic models of manufacturing systems*, N.J, Prentice Hall.
Cachon, G.P., M.A. Lariviere (2001). Contracting to assure supply: how to share demand forecasts in a supply chain. *Management Science* 47(5), 629–646.
Cagliano, R., G. Spina (2000). Advanced manufacturing technologies and strategically flexible production. *Journal of Operations Management* 18, 169–190.
Carlsson, B. (1989). Flexibility and the theory of the firm. *International Journal of Industrial Organisation* 7, 179–203.
Chandra, P., M.M. Tombak (1992). Models for the evaluation of routing and machine flexibility. *European Journal of Operational Research* 60, 156–165.
Chen, I.J., R.J. Calantone, C.H. Chung (1992). The marketing in manufacturing interface and manufacturing flexibility. *Omega* 26, 431–443.
Clark, A., H. Scarf (1960). Optimal policies for a multi-echelon inventory problem. *Management Science* 6, 475–490.
Clark, K.B., S.C. Wheelwright (1993). *Managing new product and process development; text and cases*, New York, The Free Press.
Corbey, M. (1991). Measurable economic consequences of investments in flexible capacity. *International Journal of Production Economics* 23, 47–57.
Daniels, R.L., J.B. Hooper, J.B. Mazzola (1996). Scheduling parallel manufacturing cells with resource flexibility. *Management Science* 42, 1260–1276.
Darlar, H., Z.K. Weng (1997). Designing a firm's coordinated manufacturing and supply decisions with short product life cycles. *Management Science* 43(10), 1329–1344.
Das, S.K., P. Nagendra (1993). Investigations into the impact of flexibility on manufacturing performance. *International Journal of Production Research* 31, 2337–2354.
Das, S.K., P. Nagendra (1997). Selection of routes in a flexible manufacturing facility. *International Journal of Production Economics* 48, 237–247.

第4章 サプライチェーンの設計②：柔軟性の考慮 183

De Groote, X. (1994a). The flexibility of production processes: A general framework. *Management Science* 40(7), 945–993.
De Groote, X. (1994b). Flexibility and product variety in lot-sizing models. *European Journal of Operational Research* 75, 264–274.
De Meyer, A., J. Nakana, J.G. Miller, K. Ferdows (1989). Flexibility: the next competitive battle. *Strategic Management Journal* 10, 135–144.
De Toni, A., S. Tonchia (1998). Manufacturing flexibility: a literature review. *International Journal of Production Research* 30, 1587–1617.
Dixon, J.R. (1992). Measuring manufacturing flexibility: an empirical investigation. *European Journal of Operational Research* 60, 131–143.
Dorf, R.C., A. Kusiak (1994). *Handbook of Design, Manufacturing and Automation*, Chichester, Wiley-Interscience.
D'Souza, D.E., F.P. Williams (2000). Towards a taxonomy of manufacturing flexibility dimensions. *Journal of Operations Management* 18, 577–593.
Eppen, G.D., A.V. Iyer (1997). Backup agreements in fashion buying: the value of upstream flexibility. *Management Science* 43, 1469–1484.
Ettlie, J.H., J.D. Penner-Hahn (1994). Flexibility ratios and manufacturing strategy. *Management Science* 40(11), 1444–1454.
Farlow, D., G. Schmidt, A. Tsay (1995). Supplier management at Sun microsystems. Case study Graduate School of Business, Stanford University, Stanford, CA.
Felan, J.T., T.D. Fry, P.R. Philipoom (1993). Labor flexibility and staffing levels in a dual resource constrained job shop. *International Journal of Production Research* 31, 2487–2506.
Fine, C.H. (1998). *Clockspeed*, Reading, Massachusetts, Pereus Books.
Fine, C.H., R.M. Freund (1990). Optimal investment in product flexible manufacturing capacity. *Management Science* 36, 449–460.
Forrester, J.W. (1961). *Industrial Dynamics*, New York, John Wiley and Sons Inc.
Fry, T.D., H.V. Kehr, M.K. Malhotra (1995). Managing worker flexibility and attrition in dual resource constrained job shops. *International Journal of Production Research* 33, 2163–2179.
Fryer, J.S. (1973). Operating policies in multi-echelon dual-constraint job shops. *Management Science* 19(9), 1001–1012.
Fryer, J.S. (1974). Labor flexibility in multi-echelon dual-constraint job shop. *Management Science* 20(7), 1073–1080.
Fryer, J.S. (1975). Effects of shop size and labor flexibility in labor and machine limited production systems. *Management Science* 21(5), 507–515.
Gaimon, C., V. Singhal (1992). Flexibility and the choice of manufacturing flexibilities under short product life cycles. *European Journal of Operational Research* 60, 211–223.
Garavelli, C.A. (2001). Performance analysis of a batch production system with limited flexibility. *International Journal of Production Economics* 69, 39–48.
Garg, S., P. Vrat, A. Kanda (2001). Equipment flexibility vs. inventory: a simulation study of manufacturing systems. *International Journal of Production Economics* 70, 125–143.
Gerwin, D. (1987). An agenda for research on the flexibility of manufacturing processes. *International Journal of Operations and Production Management* 7, 38–49.
Gerwin, D. (1993). Manufacturing flexibility in a strategic perspective. *Management Science* 39, 395–410.
Graves, S., D. Kletter, W. Hetzel (1998). A dynamic model for requirements planning with application to supply chain optimization. *Operations Research* 46, S35–S49.
Graves, S.C., B.T. Tomlin (2001). *Process Flexibility in Supply Chains*, A.P. Sloan School of Management, MIT, Cambridge, MA.
Graves, S.C., A.H.G. Rinnooy Kan, P.H. Zipkin (1993). *Logistics of Production and Inventory, Handbooks in Operations Research and Management Science*, Vol. 4. Amsterdam, North Holland.
Gunther, R.E. (1981). Dual-resource parallel queues with server transfer and information access delays. *Decision Sciences* 12, 97–111.

Gupta, D. (1993). On measurement and valuation of manufacturing flexibility. *International Journal of Production Research* 31, 2947–2958.
Gupta, D., J.A. Buzacott (1989). A framework for understanding flexibility of manufacturing systems. *Journal of Manufacturing Systems* 8(2), 89–97.
Gupta, Y.P., S. Goyal (1989). Flexibility of manufacturing systems: concepts and measurements. *European Journal of Operational Research* 43, 119–135.
Gupta, Y., T. Somers (1992). The measurement of manufacturing flexibility. *European Journal of Operational Research* 60, 166–182.
Gupta, Y.P., T.M. Somers (1996). Business strategy, manufacturing flexibility and organizational performance relationships: a path analysis approach. *Production and Operations Management* 5(3), 204–233.
Ho, Y.C., C.L. Moody (1996). Solving all formation problems in a manufacturing environment with flexible processing and routing capabilities. *International Journal of Production Research* 34, 2901–2923.
Hogg, G.L., D.T. Philips, M.J. Maggard (1979). Parallel-channel dual-resource constrained queuing systems with heterogeneous resources. *AIIE Transactions* 9, 352–362.
Huchzermeier, A., C.H. Loch (2001). Project management under risk: using the real options approach to evaluate flexibility in R&D. *Management Science* 47, 58–101.
Hutchinson, G.K., V.A. Pflughoeft (1994). Flexible process plans: their value in flexible automation systems. *International Journal of Production Research* 32(3), 707–719.
Hyun, J.H., B.H. Ahn (1992). A unifying framework for manufacturing flexibility. *Manufacturing Review* 5, 251–260.
Iyer, A.V., M.E. Bergen (1997). Quick response in manufacturing–retailer channels. *Management Science* 43(4), 559–570.
Jensen, J.B. (2000). The impact of resource flexibility and staffing decisions on cellular and departmental shop performance. *European Journal of Operational Research* 127, 279–296.
Jensen, J.B., M.K. Malhotra, P.R. Philipoom (1996). Machine dedication and process flexibility in a group technology environment. *Operations Management* 14, 19–39.
Jordan, W.C., S.C. Graves (1995). Principles in the benefits of manufacturing process flexibility. *Management Science* 41, 577–594.
Kamien, M.I., L. Li (1990). Subcontracting, coordination, flexibility and production smoothing in aggregate planning. *Management Science* 36(11), 1352–1363.
Karmarkar, U.S. (1987). Lot sizes, lead times and in-process inventories. *Management Science* 33, 409–423.
Kher, H.V. (2000). Examination of flexibility acquisition policies in dual resource constrained job shops with simultaneous worker learning and forgetting effects. *Journal of Operational Research Society* 51, 592–601.
Kher, H.V., M.K. Malhotra, P.R. Philipoom, T.D. Fry (1999). Modeling simultaneous worker learning and forgetting in dual resource constrained system. *European Journal of Operational Research* 115, 158–172.
Koste, L.L., M.K. Malhotra (1999). A theoretical framework for analyzing the dimensions of manufacturing flexibility. *Journal of Operations Management* 18, 75–93.
Kusiak, A. (1999). *Engineering Design: Products, Processes and Systems*, London, Academic Press.
Lambrecht, M.R., P.L. Ivens, N.J. Vandaele (1998). ACLIPS: A capacity and lead time integrated procedure for scheduling. *Management Science* 44(11), 1548–1561.
Lee, H.L. (1996). Effective management of inventory and service through product and process redesign. *Operations Research* 44, 151–159.
Lee, H., P. Padmarabhan, W. Whang (1997). Information distortion in a supply chain: the bullwhip effect. *Management Science* 43, 546–558.
Li, C., P. Kouvelis (1999). Flexible and risk-sharing supply contracts under price uncertainty. *Management Science* 45(10), 1378–1398.
Malhotra, M.K., T.D. Fry, H.V. Kher, J.M. Donohue (1993). The impact of learning and labor attrition and worker flexibility in dual resource constrained job shop. *Decision Sciences* 24(3),

第4章 サプライチェーンの設計②:柔軟性の考慮 185

641–663.
Malhotra, M.K., H.V. Kher (1994). An evaluation of worker assignment policies in dual resource-constrained job shops with heterogeneous resources and worker transfer delays. *International Journal of Production Research* 32(5), 1087–1103.
Malhotra, M.K., L.P. Ritzman (1990). Resource flexibility issues in multistage manufacturing. *Decision Sciences* 21, 673–690.
Mandelbaum, M., P.H. Brill (1989). Examples of measurement of flexibility and adaptivity in manufacturing systems. *Journal of Operations Research Society* 40, 603–609.
Morris, J.S., R.J. Terinze (1994). A simulation comparison of process and cellular layouts in a dual resource constrained environment. *Computer and Industrial Engineering* 26, 733–741.
Nagurar, N. (1992). Some performance measures of flexible manufacturing systems. *International Journal of Production Research* 30, 799–809.
Nam, I. (2001). Dynamic Scheduling for a flexible processing network. *Operations Research* 49(2), 305–315.
Nandkeolyar, U., D.P. Christy (1992). An investigation of the effect of machine flexibility and number of part families on system performance. *International Journal of Production Research* 30, 513–526.
Nelson, R.T. (1967). Labor and machine limited production systems. *Management Science* 13(9), 648–671.
Nelson, R.T. (1970). A simulation of labor efficiency and central assignment in a production model. *Management Science* 17(2), B97–B106.
Park, P.S. (1991). The examination of worker cross-training in a dual resource constrained job shop. *European Journal of Operational Research* 51, 291–299.
Park, P.S., P.M. Bobrowski (1989). Job release and labor flexibility in a dual resource constrained job shop. *Journal of Operations Management* 8(3), 230–249.
Parker, R., A. Wirth (1999). Manufacturing flexibility. Measures and relationships. *European Journal of Operational Research* 118, 429–440.
Parlar, M., Z.K. Weng (1997). Designing a firm's coordinated manufacturing and supply decisions with short product life cycle. *Management Science* 43(10), 1329–1344.
Parsons, J.A. (1966). Multiproduct lot sizes determination when certain restructions are active. *Journal of Industrial Engineering* 27, 360–365.
Pereira, J., B. Paulré (2001). Flexibility in manufacturing systems: A relational and dynamic approach. *European Journal of Operational Research* 130, 70–82.
Peters, B.A., L.F. McGinnis (2000). Modeling and analysis of the product assignment problem in single stage electronic assembly systems. *IIE Transactions* 32, 21–31.
Porteus, E.L. (1985). Investing in reduced set-ups in the EOQ model. *Management Science* 31, 998–1010.
Ramasesh, R.V., M.D. Jayakumar (1991). Measurement of manufacturing flexibility: a value based approach. *Journal of Operations Management* 10, 446–468.
Sethi, A.K., S.P. Sethi (1990). Flexibility in manufacturing a survey. *International Journal of Flexibility Management Systems* 2, 289–328.
Shafer, S.M., J.M. Charnes (1997). Offsetting lower routing flexibility in cellular manufacturing due to machine dedication. *International Journal of Production Research* 35(2), 551–567.
Skinner, W. (1974). The focussed factory. *Harvard Business Review* 52(3), 113–121.
Slack, N. (1983). Flexibility as a manufacturing objective. *International Journal of Operations and Production Management* 3, 4–13.
Slack, N. (1987). The flexibility of manufacturing systems. *International Journal of Operations and Production Management* 7, 35–45.
Smunt, T.L., J. Meredith (2000). A comparison of direct cost savings between flexible automation and labor with learning. *Production and Operations Management* 9(2), 158–170.
Spence, A.M., E.L. Porteus (1987). Set-up reduction and increased effective capacity. *Management Science* 33, 1291–1301.
Stalk, G., T.M. Hout (1990). Competing against time, New York, the Free Press.
Suarez, F.F., M.A. Cusumano, C.H. Fine (1996). An empirical study of manufacturing flexibility

in printed circuit board assembly. *Operations Research* 44(1), 223–240.
Swamidass, P.M., W.T. Newell (1987). Manufacturing strategy, environmental uncertainty and performance: a path analytic model. *Management Science* 33, 509–524.
Tanner, J.P. (1985). *Manufacturing Engineering*, New York, Marcel Dekker Inc.
Tayur, S., R. Ganeshan, M. Magazine (1999). *Quantitative Models for Supply Chain Management*, Boston, Kluwer Academic Publishers.
Treleven, M. (1989). A review of dual resource constrained research. *IIE Transactions* 21, 279–287.
Treleven, M.D., D.A. Elvers (1985). An investigation of labor assignment rules in a dual constrained job shop. *Journal of Operations Management* 6(1), 51–68.
Tsay, A.A. (1999). The quantity flexible contract and supplier–customer incentives. *Management Science* 45(10), 1339–1358.
Tsay, A.A., W.S. Lovejoy (1999). Quantity flexibility contracts and supply chain performance. *Manufacturing and Service Operations Management* 1(2), 89–111.
Upton, D.M. (1994). The management of manufacturing flexibility. *California Management Review* Winter, 72–89.
Upton, D.M. (1995). Flexibility as process mobility: the management of plant capabilities for quick response manufacturing. *Journal of Operations Management* 12, 205–224.
Upton, D.M. (1997). Process range in manufacturing: an empirical study of flexibility. *Management Science* 43, 1079–1092.
Van Mieghem, J. (1998). Investment strategies for flexible resources. *Management Science* 44(8), 1071–1078.
Van Mieghem, J. (1999). Coordinating investment, production and subcontracing. *Management Science* 45(7), 954–971.
Vander Veen, D., W. Jordan (1989). Analyzing trade-offs between machine investments and utilizations. *Management Science* 35(10), 1215–1226.
Vorkurka, R.J., S.W. O'Leary-Kelly (2000). A review of empirical research on manufacturing flexibility. *Journal of Operations Management* 18, 485–501.
Wayson, R.D. (1965). The effects of alternative machines on two priority dispatching disciplines in the general job shop, Master Thesis Cornell University, New York.
Weeks, J.K., J.S. Fryer (1976). A simulation study of operating policies in a hypothetical dual constrained job shop. *Management Science* 22, 1362–1371.
Wisner, J.D., J.N. Pearson (1993). An exploratory study of the effects of operator relearning in dual resource constrained job shops. *Production and Operations Management* 2, 55–68.

第5章

延期戦略の設計

1. はじめに

　昨今のグローバリゼーションの進展や製品のライフサイクル（製品寿命）の短縮により，企業はグローバルな顧客の多様な要求を満足するために，製品多様化を増大するという要求に直面している．事実，マスカスタマイゼーションは多くのハイテク企業にとってビジネス要件となっている．しかしながら，製品多様化の対応には代償が伴う．需要予測がより困難となり，製品サポートの間接費用が高くなり，在庫管理が難しくなって，製造の複雑性が増大し，そして販売後のサポートが複雑になる．革新的な企業が開発した一つの解決策は，製品多様化の急激な増大を管理できるように，製品とプロセスの設計をサプライチェーンの運用と統合するというものである．

　設計は常に製造費用を決定する主要な要因であると見なされている．過去の研究では，製品の製造費用の80%が，製品設計や製品が製造されるプロセスの設計で決まることが示されている．設計はまた，マスカスタマイゼーションの問題に対応する上での手段となりうる（Martin *et al.*, 1998）．製品構成，製造，サプライチェーンプロセスを適切に設計することで，製品の最終的な個性が形成される時期を遅らせることができ，それによって，絶えず変化する多品種の製品需要を取り扱うための柔軟性が増大する．このアプローチは延期戦略（postponement）[1]と呼ばれる．Alderson (1950) は，この用語を最初に用いた人物であり，販売費用を削減する手段として延期戦略をとらえている．彼は，マーケティングシステムの効率性を促進するための最も一般的な方法は，差別化の延期であり，形と同一性の変化を，マーケティングフローの中で可能な限り遅い時期まで遅らせることであるとしている．つまり，延期は，遅延が生じないという前提の下で在庫を保有する位置をできる限り後方にずらすことであると述べている．彼は，このアプローチによって，販売業務に関係する不確実性を削減できると考えていた．Bucklin (1965) は，Aldesrsonによって認識された延期戦略がいかに有効な考え方であるかについて論じる一方，特に見込み生産（make-

---

注 [1]: delayed product differentiation, late customization とも表現される．

to-stock) ベースであらかじめ定めた方法に従って運用する製造環境では，チャネルを通して実行するのは困難であるという見通しを示した．彼は，チャネル上のいくつかの企業が，製品多様化に関連するリスクを許容しなければならず，延期戦略は，このリスクをチャネル上の他のパートナーにシフトすることに役立つにすぎないと考えた．しかしながら，製造工場は，伝統的な見込み生産環境から脱却し始めたので，延期戦略は魅力的な選択肢となった．

Zinn and Bowersox（1988）は，実行可能なさまざまな種類の延期戦略を述べている．具体的には，ラベル貼り延期戦略，包装延期戦略，組立延期戦略，製造延期戦略，時間延期戦略である．ラベル貼り延期戦略は，標準品が在庫されており，実際の需要に基づいて異なったラベルが貼り付けられる状況である．包装延期戦略は，最終のオーダーを受け取るまで，製品を包装しない場合である．組立延期戦略と製造延期戦略は，需要が発生した後，顧客に製品を出荷する直前に，追加的な組立や製造を組立設備あるいは倉庫で行う状況を指している．最後に，時間延期戦略では，製品は小売倉庫には出荷されず，中央倉庫に保管された後に顧客に直接届けられるという場合を指している．

明らかに，延期戦略が異なれば，それらに関連する費用と効用が異なったものになる．たとえば，包装延期戦略では，標準品を在庫しているための在庫費用は削減されるが，包装費用は，大きなバッチにまとめて包装できないために規模の経済が損なわれ，より高額になる．同様にして，製造延期戦略と組立延期戦略では，コンポーネントの費用が増大し，そして場合によっては，より複雑な工程を用いなければならないかもしれない．さらに，延期戦略を遂行するにはさまざまな方法があり，それぞれによって費用とサービスパフォーマンスが異なる．

基本的に，延期戦略に関連した便益と費用に影響を及ぼす要因として，市場要因，プロセス要因，製品要因の3つがある．市場要因は，顧客の需要とサービス要求に関連したものである．これらのパラメータには，需要の不安定性や分散，異なる製品間での需要の相関，リードタイム，カスタマイゼーションに対するサービス要求が含まれ，これらは在庫切れや配送遅れによるペナルティコストに影響する．プロセス要因は，企業の管理下にある製造と配送プロセスに関係する．これらには，製品をカスタマイズするために実行される作業の順序付け，サプライチェーンのネットワーク構造（製造と配送の各サイト），在庫（コンポーネント，中間組立品，最終製品）をサプライチェーン上のどの場所にどれぐらい保有するかということと同時に，製品を受注生産（make-to-order）と見込み生産のどちらで製造するかということが含まれている．製品要因は，製品設計や製品ラインに関係する．これらには，最終製品が別の製品の需要にどの程度置き換えることができるかのみならず，コンポーネントの標準化の程度，コンポーネントの標準化に関連する費用，製品設計のモジュール化が含まれる．

延期戦略を成功裏に実行するための会社の能力は，プロセスと製品の特徴を市場の要求にいかに合わせられるかにかかっている．主として，これらは延期戦略の実行が

より容易に,かつよりコスト効率的になるような製品あるいはプロセスの設計変更と関連している.主として2つのタイプの変更があり,一つはプロセス延期と呼ばれるプロセス設計の変更に関連したもので,もう一つは製品延期と呼ばれる製品設計の変更に関連したものである.プロセスの延期は,通常,① プロセスの標準化,言い換えれば,異なる製品バリアントがプロセスを共有できるように,プロセスの部分を標準化すること,そして,② プロセスの順序変更,言い換えれば,製品が明確な機能と特徴を帯びるカスタマイゼーションステップの順序を変更することが必要である.製品の延期では,いくつかの主要コンポーネントを標準化したり,製品構造に部品の共通化を導入することがしばしば必要である.

本章では,延期という選択肢を評価するための解析的なモデルについて述べる.Garg and Lee (1998) や,Swaminathan and Tayur (1998b) などのこの分野を取り上げた初期の解説論文に基づく.本章の残りの部分の構成は次のとおりである.2節では,3つの延期戦略を実行するための主要なイネーブラ,すなわち,プロセスの標準化,プロセスの順序変更,コンポーネントの標準化を紹介する.これら3つのイネーブラと関連するパフォーマンスの評価モデルを,3〜5節で詳しく述べ,さらに,これらのイネーブラを用いた産業への適用例を紹介する.6節では,製品多様化を取り扱うための他の技術,たとえば,モジュール化や下流への置換について論じ,価格設定や情報処理に関する延期戦略がもっている追加的な便益を探る.7節では,結論を述べる.

2. 延期戦略のイネーブラ

延期は製造/配送プロセス,あるいは製品アーキテクチャーの変更を通して可能となる.本節では,延期戦略の3つのイネーブラである,プロセスの標準化,プロセスの順序変更,コンポーネントの標準化について説明する.プロセスの標準化は,製品ラインを通してそれらのプロセスの最初の数ステップを標準化することであり,これらのステップでは製品の差別化が行われず,製品それぞれの際立った個性は後の段階で付加される.製品ライン(あるいはその部分集合)に属するすべての製品は,これらの標準ステップにおいて処理される.プロセスの標準化に対する補完的なアプローチは,プロセスの順序変更である.この場合,順序は,より多くの共通コンポーネントがプロセスのはじめの方で製品に組み付けられるように変更される.製品差別化を生み出すコンポーネントや特徴は後で付加される.前述した両アプローチの主要な利点は,プロセスの最初の段階で差別化があまり行われず,共通プロセスの最後で製品を部分的に完成することができるという点にある.これによって,変化する製品需要がもたらすリスクを吸収し,必要在庫量をより低い水準に抑えられる.明らかに,前述したアプローチの成功は,プロセスがどの程度モジュール化されているかに大きく依存する.プロセスのモジュール化は,製品モジュール化の考え方をプロセスに適用

表 5.1 本章で用いる記号

記号	意味
D_i	製品 i の実需要
μ_i	製品 i の平均需要
σ_i	製品 i の需要の標準偏差
ρ_{ij}	製品 i と製品 j の需要間の相関係数
S_i	製品 i の基点在庫水準
s_i	製品 i の安全在庫量
$E(x)$	x の期待値
$Var(x)$	x の分散
z	安全係数
h	1単位あたりの在庫維持費用
U	バニラボックスのコンポーネント構成

したものである．もし，プロセスが切り離されたサブステップに分割可能であり，これらのサブステップが並列的に実行できるか，順序を変えて実行できるのであれば，それはモジュラープロセスとして分類される．たとえば，製品のテストプロセスは，多数の試験と慣らし運転が必要である．ある場合では，全体のテストプロセスを連続的に実行しなければならないのに対して，別の場合では，プロセスは部分テストに分解して実行できる．プロセスのモジュール化は，プロセスの柔軟性に非常に深く関係しており，柔軟性の高いプロセスはほとんどモジュラープロセスと同じである．プロセスのモジュール化に加えて，プロセスの順序変更の実行可能性は，製品ラインを通して共通コンポーネントあるいは標準コンポーネントがどれだけあるかに依存する．実際，延期戦略の3番目のイネーブラはコンポーネント標準化である．

3つのすべてのイネーブラは，延期戦略を実行するために，個別に，あるいは組み合わせて用いることができる点に留意すべきである．次節では，これらのイネーブラのそれぞれについて開発されたモデルを述べる．本章を通して用いられる諸記号を表5.1にまとめておく．

3. プロセスの標準化

プロセスの標準化アプローチでは，在庫は，最終製品として保管されるとともに，プロセスの共通ステップ後の中間的な段階（差別化ポイントとして知られている）で保管される．ここで開発したモデルは，差別化ポイントが単一であるか複数であるかによって区別される．

3.1 差別化ポイントが単一の場合

Lee（1996）は，このモデルの最も基本的なバージョンである，M 種類の製品があり，在庫が最終的な形態で保管される場合について述べている．すべての製品はプロ

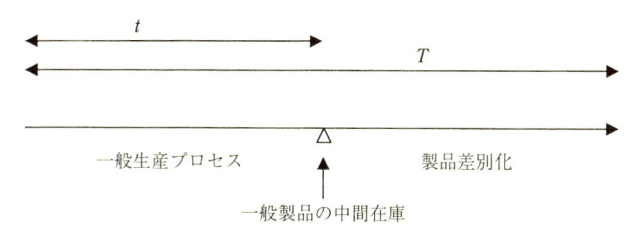

図 5.1 差別化ポイントが1か所の場合の延期戦略

セスの標準的ステップの最終段階で利用できる在庫品を用いてカスタマイズされる。カスタマイゼーションのために一般的な生産プロセスから送られてくる差別化ポイントにおいて，無視できる程度の量の一般製品が保管されていると仮定する。基本的な仮定は，プロセスの標準部分の完成に t 期間かかり，残りの $T-t$ 期間はカスタマイゼーションのための時間である（図5.1）。これは，倉庫までのリードタイムが t 期間で，倉庫から小売業者までの輸送時間が $T-t$ 期間に対応すると考えてよい。全製品の需要は独立であり，1期間あたりの需要が平均 μ_i，標準偏差 σ_i であって，1期ごとに点検する補充政策を用い，満たせなかった需要は受注残として処理するものと仮定する。Eppen and Schrage (1981) は，中間段階での最終製品への在庫割当が等分位割当規則，すなわち，割当後に各製品の在庫ポジションが，$T-t$ 期間中の平均需要と同期間中の最終製品需要の標準偏差に製品間で共通の安全係数を掛けたものの合計に等しくするという規則に従うと仮定した。在庫バランスがとれていない確率，言い換えれば，異なる製品在庫が割当後に等分位割当規則を満足するように割り当て直すことができない確率は無視できる程度に小さいと仮定した。これらの仮定の下で，段階で諸費用が同一であるとき，補充点政策によって，最終製品の在庫水準を基点在庫水準 S_i に戻す管理が最適であることを示した。Erkip et al. (1990) は，需要の相関が倉庫間であるとともに時系列が自己相関をもっている場合に解析を拡張した。Lee (1996) は，需要が製品 (j, k) 間で相関する場合（その相関係数を ρ_{jk} で表す）を研究した。そのようなシステムでは，定常状態での製品 i の期末在庫 I_i は次のように与えられる。

$$E(I_i) = A_i - R_i T \sum_j \mu_j \tag{3.1}$$

$$Var(I_i) = R_i^2 t \left\{ \sum_j \sigma_j^2 + \sum_{j \neq k} \rho_{jk} \right\} + (T-t) \sigma_i^2 \tag{3.2}$$

ここで，A_i は S_i と μ_i の関数であるが，t に関して独立であり，$R_i = \sigma_i / \sum_j \sigma_j$ である。これらの式を用いて，充足率などのサービス尺度を導くことができる。S_i の値は，目標サービス率を満足するように決定する。Lee (1996) は，上記プロセスが標準化されたシステムを解析し，パラメータ t が延期戦略に及ぼす影響を求めている。明らかに，$E(I_i)$ は t と独立であるが，$Var(I_i)$ は所与の S_i の下で t が増加するにつれて減少する。

$$\frac{\partial Var(I_i)}{\partial t} = R_i^2 \left\{ \sum_j \sigma_j^2 + \sum_{j \neq k} \rho_{jk} \right\} - \sigma_i^2$$

$$= \sigma_i^2 \left\{ \frac{\sum_j \sigma_j^2 + \sum_{j \neq k} \rho_{jk}}{\left(\sum_j \sigma_j\right)^2} - 1 \right\} \quad (3.3)$$

すべての i と j に対して $\rho_{ij} \leq \sigma_i \sigma_j$ であり,それゆえ $\sum_j \sigma_j^2 + \sum_{j \neq k} \rho_{jk} \leq (\sum_j \sigma_j)^2$ である.したがって,製品 i の期末在庫の定常状態における分散は,延期の程度に応じて減少していく.そのため,延期戦略は最終製品の在庫削減を導く.さらに,在庫の削減は,最終製品間で負の相関があるときにより大きくなる.同一で独立な製品需要の場合,$Var(I_i)$ の式は次のように単純化できる.

$$Var(I_i) = \left[\frac{t}{M} + (T-t) \right] \sigma^2 \quad (3.4)$$

明らかに,この場合には(t に関する導関数を求めると)分散の減少は製品数が多くなるほど大きくなることがわかる.

Lee and Whang (1998) は,需要が独立で同一分布 (independently and identically distributed:i.i.d.) でないと仮定した拡張モデルを検討している.i.i.d. でない需要の下では,延期戦略の価値は,実需要が提示された後で製品をつくることができるというだけのものではない.加えて,実需要は将来の需要予測の改善に役立つ.彼らはこれら2つの価値を,不確実性の解決の価値と予測改善の価値と呼んでいる.2つの異なった価値を表現するために,より先の予測をするにつれて,需要の分散が大きくなる特徴をもつランダムウォーク需要モデルを用いた.それゆえ,現在から t 期後の最終製品 i の需要を $D_i(t)$ とするとき,需要は,次のように表される.

$$D_i(t) = \mu_i + \sum_{k=1}^{t} \varepsilon_{ik} \quad (3.5)$$

ここで,ε_{ik} は平均 0,標準偏差 σ_{ik} の正規分布に従う.同一の平均と標準偏差の需要をもつ製品を対象とし,すべての i と k に関して $\sigma_{ik} = \sigma$ のとき,Lee (1996) の最初のモデルでは,最終製品レベルで保有すべき安全在庫量は次のようになる.

$$s_i^*(t) = z\sigma \sqrt{\frac{M}{6}(T+1)(T+2)(2T+3) + \frac{M(M-1)}{6}(T+1-t)(T+2-t)(2T+3-2t)} \quad (3.6)$$

ここで,z は安全係数である.この場合,延期戦略を用いない($t=0$ に相当)ときと比較して,延期戦略によって得られる安全在庫の節約の割合(%)は,以下の式で示される.

$$V_i(t) = 1 - \frac{s_i^*(t)}{s_i^*(0)} = 1 - \sqrt{\frac{1}{M} + \left(1 - \frac{1}{M}\right) \frac{(T+1-t)(T+2-t)(2T+3-2t)}{(T+1)(T+2)(2T+3)}} \quad (3.7)$$

この式から,必要な安全在庫量は t が増加するにつれて減少し,延期戦略による節約の割合は t に関して増加かつ凸である.この場合,延期戦略による安全在庫の削減

第5章 延期戦略の設計

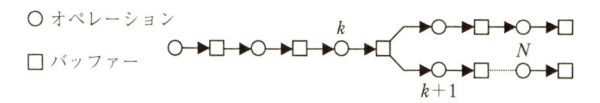

○ オペレーション
□ バッファー

図5.2 差別化ポイントが1か所で離散的な製造ステップを取り扱う延期戦略

は，需要が定常的な場合よりも大きい．その理由として，需要が定常的な場合には，延期戦略により，共通プロセスが実行されている期間中に最終製品の実需要が明らかになり，(共通する中間製品の複数の最終製品に対する) 割当の決定ができるからである．将来の需要がより変動的なランダムウォーク過程によって生成される場合，最終製品に対して割当を行わなければならない時期を遅らせることによって，(予測の改善により) 全体の生産プロセスを開始するときよりさらに将来の需要発生時期に近づくため，最終製品の需要変動を削減できるというもう一つの価値が延期戦略に認められる．このように，延期戦略は，需要が時間に従属する場合に一層価値が高まる．

上記のモデルでは，生産/物流プロセスが連続的で，かつ在庫が最終製品の形態でのみ保管されるという暗黙の仮定がある．一般的に，製造環境は離散的な作業の集合からなっており，在庫はこれらの作業を実施した直後どこでも保管できる．さらに，差別化を遅らせることによって生じる費用は，上記モデルでは考慮されていない．中間的なバッファー在庫をもつ多段階の製造ステップを前提として，プロセスの順序変更に関する費用を直接モデルに取り込むという，標準的な延期モデルを拡張する一連の研究がある．

Lee and Tang (1997) は，N 回の直列作業を行って2種類の製品を完成するモデルを取り扱っている (図5.2)．各作業後にバッファーとして在庫を保管することができ，N 番目の作業が終わったときに，最終製品は完成する．最初の k 個の作業は標準的なものであり，k 番目の作業後のバッファー在庫は，それぞれの製品にカスタマイズするために用いられると仮定している．$k+1$ から N までの作業は，2種類の製品間で異なる．それゆえ，差別化ポイントは，k 番目のステップの右側となる．2種類の製品の需要は正規分布，離散的であるという仮定の下で，標準化の段階で生じる費用を考慮している．作業 i が両製品の共通作業に変わった場合，Z_i を単位期間あたりの平均投資費用とする．作業の標準化が全体の費用削減につながるとき，$Z_i < 0$ が可能となる．$L_i(k)$，$p_i(k)$，$h_i(k)$ はそれぞれ，最初の k 個の作業が標準化されたときの作業 i のリードタイム，作業 i のプロセス費用，作業 i に続くバッファーでの半製品あるいは製品の期間あたりの在庫維持費用を表している．さらに，同じ安全係数 z をプロセスのすべての段階に用い，基点在庫政策を適用するものとしている．それゆえ，どの段階の平均バッファー在庫も次のように与えられる．

$$\frac{\mu}{2} + z\sigma\sqrt{(L+1)} \tag{3.8}$$

ここで，μ と σ は各段階における需要の平均と標準偏差である．最初の k 個の作業

が標準化されているときの期あたりの関連費用は，次の式で表される．

$$C(k) = \sum_{i=1}^{k} Z_i + \sum_{i=1}^{N} p_i(k)(\mu_1+\mu_2) + \sum_{i=1}^{N} h_i(k)[L_i(k)(\mu_1+\mu_2)]$$
$$+ \sum_{i=1}^{k} h_i(k)\left[\frac{(\mu_1+\mu_2)}{2} + z\sigma_{12}\sqrt{L_i(k)+1}\right]$$
$$+ \sum_{i=k+1}^{N} h_i(k)\left[\frac{(\mu_1+\mu_2)}{2} + z(\sigma_1+\sigma_2)\sqrt{L_i(k)+1}\right] \quad (3.9)$$

この式には，平均投資費用，プロセス費用，仕掛在庫とバッファー在庫の維持費用が含まれている．

各段階のリードタイムと在庫維持費用が差別化ポイントの位置によって影響されず，$p_i(k) = p_i + \beta_i$，すなわち β_i が作業標準化のための追加的なプロセス費用を表している特殊な場合を考える．$C(k)$ が凸あるいは凹のどちらになるかという条件を導くことができる．$C(k)$ が k に関して凸である場合には，最適な k^* は2種類の製品間での需要相関 Z_i，β_i，平均需要に関して減少し，$h_i\sqrt{L_i+1}$ に関して増加する．需要の相関が減少するにつれて，結果として在庫費用の節減額は増加する．節減を有利に進めるためには，共通作業を遅らせることが望ましい．作業の標準化費用 Z_i，あるいは差別化を遅らせることによって生じる追加費用 β_i が増加するとき，差別化を遅らせるのは望ましくない．平均需要が増加するにつれて（ただし，分散を一定に保つ場合），その結果生じる需要は不安定さが減少するため，差別化を遅らせることは望ましくない．$h_i\sqrt{L_i+1}$ の増加は，差別化を遅らせることでより高い在庫の節約につながり，最適な遅延位置はさらに下流となる．もし，さらに①Z_i，β_i，h_i が同一，②S_i と β_i が h_i に比例し L_i が一定，③Z_i，β_i が同一で，h_i が i に関して線形であるならば，$C(k)$ は k に関して凹である．

3.2 差別化ポイントが複数の場合

今までみてきたモデルはすべて，差別化ポイントを1つに限定していた．Garg and Tang (1997) は，差別化ポイントが2つあるシステムを取り上げている．最初

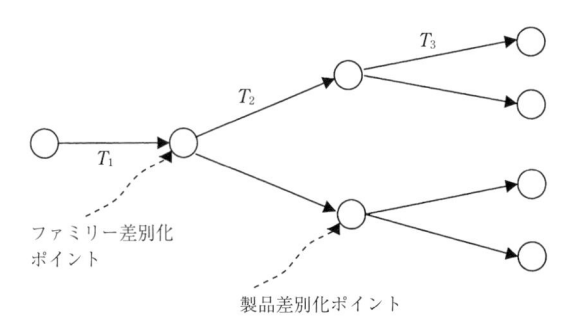

図 5.3 差別化ポイントが2か所ある場合の延期戦略

のポイントは，ファミリーの差別化であり，2つ目は製品の差別化である（図5.3）．彼らのシステムでは，プロセスが3段階ある．最初の段階ではすべての製品は共通の形態をもっており，第2段階でファミリーの差別化が発生し，ここで，共通の形態をもつ製品に特定のコンポーネントが組み付けられて異なったファミリーとなる．製品の差別化は第3段階で起こり，ここで，特定のコンポーネントが中間製品をそのファミリーに属する異なる製品にカスタマイズするために用いられる．差別化ポイントは，特定のコンポーネントを組み付けるところであることに留意されたい．各段階のリードタイムを T_1, T_2, T_3 と仮定する．共通製品をどのファミリーにカスタマイズするにも製造リードタイム T_2 は変わらず，どのファミリーからどの製品にカスタマイズするにも製造リードタイム T_3 は変わらないと仮定する．最初の延期戦略は，T_2 を T_2-1 に減少させる一方で，T_1 を T_1+1 に増加させ，後の延期戦略は，T_2 を T_2+1 へ増加させ，T_3 を T_3-1 へ減少させると定める．上記システムに関して，彼らは2つの可能なシナリオを取り上げている．一つは，在庫が最終製品の形態でのみ保管される場合（集中システムと呼ぶ）であり，もう一つは，在庫が最終製品レベルだけでなく，各々の差別化ポイントでも保管される場合（分散システムと呼ぶ）である．集中システムは，Eppen and Schrage (1981) によって研究されたモデルを，3段階に，また，相関の需要にモデルを拡張したものである．最終製品の需要は，製品間で独立な正規分布に従うものとする．各期の最終製品需要は相関している．システムは定期的に点検し，基点在庫戦略を用いる．第1段階と第2段階で等分位割当が行われるものとする．集中システムの場合，等分位割当規則や，ファミリーレベルでの需要相関に関する同一の相当性（完全な相関をもつ需要の分散とファミリー需要に対する実際の分散の比として定義される）の下では，最初と後の延期のいずれも総在庫量の削減につながることが示されている．さらに，ファミリー間の製品需要がより強い負の相関をもつならば，後の延期戦略は最初の延期戦略と比較してより望ましい．分散モデルでは，すべての場所で在庫を保管し，各段階でのサービス水準は，システムが独立した単一在庫システムから構成されていると見なせるほど十分高いと仮定している．そのような環境の下で，最初の延期戦略と後の延期戦略がもたらすネットワーク全体の在庫削減について解析し，$T_1 > T_2 > T_3$ であれば，最初と後のどちらの延期戦略も有効であることを示している．さらに，T_2 が，T_1 と T_3 より十分小さければ（大きければ），最初の（後の）延期戦略が有効であることを示している．

3.3 バニラボックス

前述の論文では，生産/物流プロセスにおいて，能力制約はないものと仮定している．Swaminathan and Tayur (1998a) は，最終組立プロセスに生産能力があり，ここで在庫が中間的な形態（バニラボックス：vanilla box）で保管される場合を解析している．中間的な形態に加えて，コンポーネントと最終製品という2つの両極端の形態もバニラボックスに含まれている．それゆえ，このモデルでは特別な場合とし

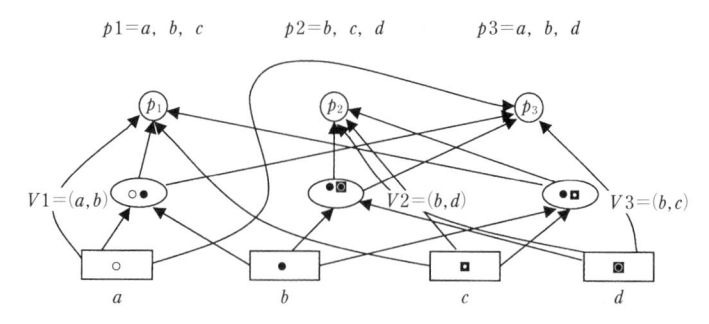

$p1 = a, b, c$　　　$p2 = b, c, d$　　　$p3 = a, b, d$

図 5.4 バニラボックスを用いた差別化ポイントが 2 か所ある場合の延期戦略

て，見込み生産（在庫が製品形態でのみ保管される）と受注組立生産（assemble-to-order：コンポーネントを在庫し，受注発生後にコンポーネントから製品が組み立てられる）の両方が取り扱われている．このアプローチでは，在庫可能なバニラボックスのタイプには制限がなく，複数の差別化ポイントを考えることができる．たとえば，図 5.4 は a, b, c, d のコンポーネントから 3 つの製品 $p1, p2, p3$ がつくられる製品ラインを示している．バニラボックス $V1 = (a, b)$ は，製品 $p1$ と $p3$ の組立に使用でき，バニラボックス $V3 = (b, c)$ は，$p1$ と $p2$ の組立に使用できる．一般に，あらゆる製品 $i(1, \cdots, M)$ は，コンポーネントから直接組み立てられるか，あるいは，製品 i にとって必要なコンポーネントの部分集合であるバニラボックスから組み立てられるため，それら以外のコンポーネントが不要である．一般性を失うことなく，コンポーネントは 0-1 部品表を用いて示すことができる．

　最終製品の需要はランダムであるが，L 通りのシナリオのうちの一つに従って生じる．バニラボックス在庫は，期ごとに基点在庫政策を用いて基点在庫水準まで戻され，その後，需要が発生して，製品が生産能力制限内で他のコンポーネントを組み付けてバニラボックスから組み立てられると仮定する．対応できなかった需要は失われ，ペナルティが生じ，使い残されたバニラボックスには維持費用が発生する．明らかに，バニラボックスの主な効用は，カスタマイゼーションのために必要なリードタイムの長さが，コンポーネントレベルからカスタマイズするよりも非常に短くなることである．また，カスタマイゼーションのための能力に限界がある点が，問題を取り組み甲斐のあるものにしている．上記のような設定の下で，単一期間あるいは複数期間で維持費用とペナルティコストの期待値を最小化する在庫水準の決定と最適なバニラボックスのタイプを決定するために確率的整数計画問題を開発した．最初の段階で使用する変数は，どのコンポーネントを用いて異なるバニラボックスを構成すべきかを決定するためと，バニラボックスの基点在庫水準を決定するためのものである．2 番目の段階で使用する変数は，製品需要の発生に応じて，それらのバニラボックスをどのように異なる製品に割り当てるかを決定するためのものである．

C はバニラボックスあるいはコンポーネントから製品を組み立てるために利用可能な能力，t_{i0} と t_{ik} はそれぞれ，コンポーネントあるいはバニラボックス k から製品 i を1個組み立てるための所要時間（製品 i がバニラボックス k からつくることができない場合は $t_{ik}=\infty$），π_i は製品 i の単位期間・1個あたりの品切れ費用，h_k は単位期間・1個あたりのバニラボックス k の維持費用，$\mathbf{S}=(S_1,\cdots,S_K)$ はバニラボックス k （1, $\cdots$, K）の基点在庫水準のベクトル，D_l はシナリオ l のときの製品需要 （$D_{1l},\cdots,D_{Ml}$）の実現値，$D_1,\cdots,D_M$ は結合分布 F の確率変数，r_{ikl} はシナリオ l においてバニラボックス k を用いてつくられる製品 i の数量（$k=0$ は製品 i がコンポーネントから直接組み立てられる場合）である．バニラボックスの構成 $\mathbf{U}$ に対応する2段階の確率的問題は，以下のように定式化できる．

$$P1(\mathbf{U}) = \min_{\mathbf{S}} E_l Q(\mathbf{S},\mathbf{U},D_l)$$

ここで，

$$Q(\mathbf{S},\mathbf{U},D_l) = \min_{r_l} \sum_{i=1}^{M}\left(\pi_i\left(D_{il}-\sum_{k=0}^{K}r_{ikl}\right)\right) + \sum_{k=1}^{K}\left(h_k\left(S_k-\sum_{i=1}^{M}r_{ikl}\right)\right) \quad (3.10)$$

s.t.

$$\sum_{i=1}^{M}\sum_{k=0}^{K} t_{ik} r_{ikl} \leq C, \quad \forall l \quad (3.11)$$

$$\sum_{i=1}^{M} r_{ikl} \leq S_k, \quad \forall k \geq 1, \; \forall l \quad (3.12)$$

$$\sum_{k=0}^{K} r_{ikl} \leq D_{il}, \quad \forall i, \; \forall l \quad (3.13)$$

$$r_{ikl}, \; S_j \in R_+ \quad (3.14)$$

上記のフレームワークの利用と効率的なシミュレーションベースアルゴリズムの開発を通して，さまざまな設定の下でバニラボックスを通した延期戦略の効果について調べている．とりわけ，バニラボックスを用いた延期戦略は，組立能力に余裕が十分あるか，あるいはほとんどない（実際の環境を表している）というような極端な場合を除けば，受注組立生産と見込み生産のどちらについても際立った効果が認められることを明らかにしている．さらに，バニラボックスアプローチは，分散が大きく，製品需要間に負の相関がある場合に特に有効であることを見出している．最後に，2つのタイプのバニラボックスを在庫すれば，10種類の製品からなる1つの製品ファミリーに対して十分であり，パフォーマンスは見込み生産アプローチよりも（10種類の製品すべてについて）優れているという例をいくつか示している．

Graman and Magazine (2002) は，中間的な形態で在庫を保管する設備に能力制約がある延期戦略モデルを取り上げている．需要の発生に応じてまずすべての最終製品が使われ，その後で，能力制約を考慮して需要を満たすべく中間製品が用いられる．この問題は，バニラボックスのタイプが1つに限られる特別な場合として位置付けられる．このモデルのためにサービスを計測する解析式を導き，さらに在庫計算と

数値研究を通して，非常にわずかな延期能力が在庫削減に関するあらゆる効用を提供しうることを示している．

Benjafer and Gupta（2000）は，製品差別化の延期に見込み生産と受注生産の両方の環境が利用されるシステムを解析するために，待ち行列近似モデルを提出している．生産プロセスは2段階からなり，最初の段階で，在庫するために製品が生産され，2つ目の段階でオーダーに従って製品がつくられる．2つの段階は中間製品を保有するバッファーによって分離されている．2つの段階への分離によって待ち行列近似が可能となり，それぞれが M/M/1 型待ち行列モデルのように挙動をすると仮定している．上記の近似によって，在庫とサービスに関する解が求められ，以下に述べる最適化問題がそれらを用いて構成されている．中間製品の在庫水準と差別化の程度を変数として，サービス水準に関する制約条件の下で目的関数である総費用を最小化する．いくつかの数値的な考察が行われ，延期決定の総費用に及ぼす影響が論じられている．

3.4 プロセス標準化の適用

Lee *et al.* （1993）は，Hewlett-Packard 社のデスクジェットプリンタビジネスへのプロセス標準化の試みについて述べている．プリンタラインは，ヨーロッパ，アメリカ，極東に3つの配送センターがあり，それぞれの国に応じた電圧，電源，異なった言語で書かれたマニュアルなどのローカリゼーション（現地化）が必要である．従来のオペレーションでは，各国の配送センターに出荷する前に，アメリカの工場で製品がローカリゼーションされるというものであった．アメリカでの製造は，海外の配送センターへの輸送リードタイムが1か月であることを考慮しながら，各配送センターでの目標安全在庫水準に基づいて引っ張り方式によって実施されていた．結果として，海外の配送センターでは高い在庫水準が必要となる．物流プロセスのリエンジニアリングにより，輸送とローカリゼーションの順序が変更され，現在，ローカリゼーションが配送センターで行われるようになっている．これは，製品設計を変更することによって達成され，その結果，電源供給と取扱説明書が各国の配送センターで追加することが可能となった．製品再設計の形態，包装の再設計，配送センター能力の強化のための追加投資が必要であるが，それは延期戦略の結果生じる在庫削減によって相殺される．追加的な効用として，輸送在庫に対して少ない資本投資で済む，安い航空輸送費用（最終プリンタのための包装とは違って，共通のプリンタを対象とする大量包装のため），海外市場における最終組立を現地で行うことがあげられる．詳細なモデル化と解析によって，Hewlett-Packard 社はインクジェットビジネスにプロセス標準化を採用し，莫大な費用削減と顧客サービスの改善を実現した．

Swaminathan and Tayur（1998b）は，IBM 社が生産する RS 6000 というサーバ機の最終組立段階を解析している．製品ラインの各モデルには，10 の主要な特徴，あるいはコンポーネントによって主として差別化される 50～75 の最終製品がある．

コンポーネントは最終組立に直接用いられる部品として定義され，したがって，コンポーネントは本質的に，たとえばプレイナーカードのようなサブ組立品である．製品ライン間をまたがる異なった最終製品については，コンポーネントの共通性が高いことがわかった．最終製品の需要が高度に確率的であり，また，製品間で相関関係が強いので，従来のオペレーションの方式は，最終的な顧客オーダーを受け取ってから，最終組立していた．最終組立における典型的なステップは，コンポーネントを結合する（キッティング），それらを正しい場所に固定する（組立），テストする，ソフトウェアをロードする（プレローディング），最終製品を包装するというものである．研究時点において，このプロセスはしばしば顧客の要求納期より後で完了し，遅延オーダーのかなり大きな割合を占める．このオーダーの遅延問題は，ますます厳しいものになっている．1か月以内の納品を一度経験して満足した顧客は，オーダーを出してから7〜10日以内に製品を出荷するように今では要求するためである．顧客の要求の変化は，主として産業内の競争とサービスへの期待が増大していることによる．差別化の延期戦略に基づいて設計されたバニラ組立プロセスでは，バニラボックス（中間製品在庫）を在庫した．明らかに，バニラボックスを利用できるようにするためのラインの再設計，作業訓練，プロセス中に資本を圧迫するバニラボックス在庫を保有することなどによる追加費用が必要である．しかしながら，そのようなアプローチの効用は，顧客が今まで経験してきたリードタイムが，バニラボックスから開始されるカスタマイゼーション時間に限定され，その結果，ほとんどの顧客オーダーが納期に間に合うということであった．プロセス変化の費用と便益についての解析を行った後，バニラ組立プロセスは2つの組立工場（そこには，バニラボックスを生産するために設計し直されたサテライト工場が附属している）のうちの一つに導入された．

　Brown *et al.* (2000) は，プロセス標準化を伴ったXilinx社の延期アプローチについて述べている．プログラム論理ビジネス分野におけるリーダーとして，Xilinx社は思い切った費用削減とサービス改善を行うために，延期戦略を適用した．集積回路の製造は，2つの主なステップから構成される．すなわち，台湾にある外注製造業での前工程のウェハ製造と，フィリピンその他のアジアの工場に外注された後工程の組立や組立工場でのテストである．前工程のプロセスは標準化され，複数種類のデバイスは同一のプロセスを共有している．このように，製品は前工程が終わった段階で高度に差別化されている必要はない．製造ウェハは基盤として知られている中間製品在庫として保管され，顧客オーダーが到着してから初めて製品をオーダーどおり最終デバイスにカスタマイズする後工程を実行する．このようにして，顧客へのリードタイムは後工程のプロセス時間だけになり，（全体を通して受注生産プロセスを用いる場合のリードタイムである）前工程と後工程のプロセス時間を合計した時間よりもはるかに短い．しかし，顧客オーダーの柔軟性は，見込み生産プロセスが用いられて最終製品在庫を保管している場合に比べて大きくなっている．

　Zara社は，（有名ブランドの一つであるInditexを対象として）プロセス標準化と

製品寿命の設計段階にバニラボックスを利用している（Harle *et al.*, 2001；Fraiman and Singh, 2002）．Zara 社は，新製品を短い間隔で導入し，実際のところ，典型的な場合に製品の 70% が 2 週間ごとに入れ替わる．豊富な品揃え，ならびに，顧客への迅速な対応をするために，工場は設計モジュールの標準化を含むいくつかの戦略を採用している．各販売シーズンのはじめに，デザイナーはモデルのライブラリーを製作し，それを後で必要になるモデルのプラットフォームとして利用する．20 人のデザイナーが街を歩き，ディスコへ行って最新のファッション傾向を感じ取る．Zara 社のデザイナーは，ライブラリー（それがバニラボックスに当たる）をモデルに適用（カスタマイゼーションに当たる）し，なんと毎日 5〜8 の新しいデザインを製作している．そうして，毎年約 12000 に上る新製品やデザインが製作されるのである．

4. プロセスの順序変更

プロセスの順序変更は，延期戦略を実行可能かつより効果的なものにするための，もう一つのアプローチである．基本的な考え方は，後ろのプロセスで製品を差別化できるように，プロセスにおける作業順序をできる限り変更することである．しかしながら，作業の順序変更に関連する費用があり，費用と便益に関する見通しを提供するモデルが欠かせない．

4.1 線形プロセスの順序変更

Lee and Tang（1998）は，各段階において明確な特徴を製品に組み込む 2 段階のシステムを取り上げている．2 つの各段階の例として，衣服の編立工程と染色工程を想定している．各特徴にはさまざまなオプションがあり，たとえば，衣服の場合，異なる縫い方をすることや，異なる色に染色することがあげられる．各特徴がそれぞれ 2 つの代替的なオプションをもつ場合を解析している（図 5.5）．それゆえ，顧客が選択できる製品は 4 種類ある．図 5.5 (a) は，先に染色して，その後に編立する場合を表しており，同図 (b) は，編立工程が先で染色工程が後の場合を表している．

このようなシステムでは，作業（製品に最初に組み込まれる特徴を決定する）の順

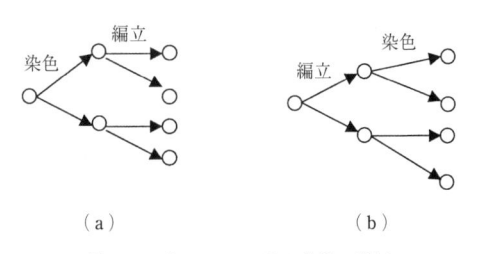

図 5.5 プロセスにおける作業の逆転

序変更は，プロセスの入口と出口（原材料と最終製品）に影響しないが，最初の段階の後に保管する在庫に影響を与える．分散はシステムの必要在庫量に影響するので，2つの中間バッファーの分散の総計を最小化するという目的が考えられる．分散の総計を目的関数に利用することは，よくある仮定であり，著者は，残業や特急処理などの製造費用が，生産要求量の分散（この場合，中間バッファーの分散と等しくなる）に直接かかわることを示している．実際のところ，以下で考察するように，目的関数を変えれば異なる結果が導かれる．各期の総需要量（4製品についてのもの）が，平均 μ, 標準偏差 σ の乱数に従うものと仮定する．最終製品に対する需要は，パラメータ N, θ_{11}, θ_{12}, θ_{21}, θ_{22} をもつ多変量正規分布としてモデル化できる．ここで，θ_{11} は，両方の特徴の中から最初のオプションを購入する顧客の割合を表している．もし，

$$(\mu - \sigma^2)[p(1-p) - q(1-q)] < 0 \tag{4.1}$$

であるなら，特徴 B の前に特徴 A を順序付けるのが最適であることが示されている．ここで，p は顧客が特徴 A をもったオプション1を購入する確率であり，q は顧客が特徴 B をもつオプション1を購入する確率である．もし，$p(1-p)$ で与えられる特徴 A に関する分散が，$q(1-q)$ で与えられる特徴 B に関する分散よりも小さければ，特徴 A を先に順序付けるべきと考えるであろう．しかしながら，$\sigma^2 > \mu$ であれば，直感に反して逆の結論が正しい．2つの特徴についてより多くのオプションが選択可能で，これらのオプションがそれぞれおおよそ同じぐらいの割合で購入される場合には，$\mu > \sigma^2$ であれば，少ない数のオプションをもつ作業を最初に順序付けるべきであり，それ以外の場合は逆が正しい．Kapuscinski and Tayur (1999) は，目的が中間段階での分散の和より標準偏差の和を最小化することであるならば，2特徴・2オプションの場合，$\mu < \sigma^2$ の場合に対応する結論は成立しないことを示している．

4.2 組立順序設計

作業順序は，延期戦略の実現において重要な役割を果たし，それによって必要在庫量の削減ができることは前述のモデルから明らかである．しかしながら，物理的な組立順序はしばしば，異なる作業間の先行関係の複雑な組合せに基づいて定義される．一般的な組立設計順序問題は，主としてエンジニアリング分野の研究者によって研究されている（Nevins and Whitney, 1989 参照）．たとえば，図5.6は4製品と6つのコンポーネントからなる製品ラインを表している．組立順序 $FAS\,1$ と $FAS\,2$ は，その製品ラインの可能な順序を表している．$FAS\,1$ は，コンポーネント a が最初に組み付けられ，b がその後に続き，さらに，c あるいは d が続くという組立順序を表している．いったんコンポーネント c が組み付けられたら，e あるいは f をサブ組立品に組み付けることができる．$FAS\,2$ はもう一つの組立順序を表しており，コンポーネント a は，b あるいは c が組み付けられる前にまず組み付けられる．いったん c が組み付けられたら，e と f はどの順序でも組み付けられ，b が組み付けられた

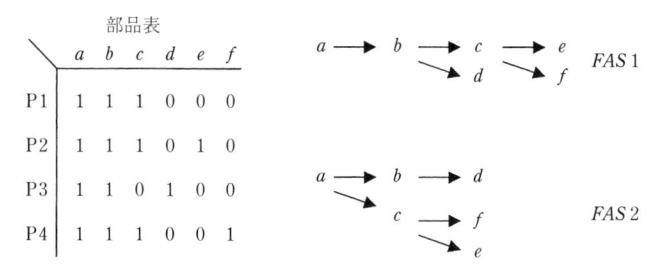

```
        部品表
        a b c d e f         a ⟶ b ⟶ c ⟶ e
P1     1 1 1 0 0 0              ↘   ↘   ↘     FAS 1
                                  d     f
P2     1 1 1 0 1 0
P3     1 1 0 1 0 0         a ⟶ b ⟶ d
P4     1 1 1 0 0 1              ↗
                           c ⟶ f                FAS 2
                              ↘
                                e
```

図 5.6 代替的な実行可能な組立順序

らコンポーネント d はサブ組立品に組み付けることができる．$FAS\,1$ では，コンポーネント b はコンポーネント c に先行して組み付ける必要があるが，$FAS\,2$ ではその先行関係が緩和されていることに留意されたい．

Gupta and Krishnan (1998) は，バニラボックスの概念に類似した，一般サブ組立 (generic subassembly：GSA) の考え方を提案している．GSA は，コンポーネント間のすべての先行関係を満たすサブ組立品であり，実行可能なサブ組立品である．上記の例 $(a,\ c,\ f)$ は $FAS\,2$ の GSA であるが，$FAS\,1$ の GSA ではない．$FAS\,1$ ではコンポーネント b はコンポーネント c を組み付ける前に行っておく必要があるからである．MGSA (maximal GSA) は，サブ組立品のコンポーネント数や，それがサポートできる最終製品数のような評価基準に基づく最大一般組立品である．上記の例では，GSA である $(a,\ b,\ c)$ は，3つの製品 P1, P2, P4 をサポートし，3つのコンポーネントで構成されている．それはコンポーネント数によれば MGSA である．一方，P1, P2, P3, P4 (4 種類のすべての製品) をサポートする $(a,\ b)$ は，製品をサポートする数から考えれば MGSA である．所与の実行可能な組立順序に対して，Gupta and Krishnan (1998) は，サポートされる最終製品数の最大化を評価基準とする製品ファミリーのための MGSA 生成アルゴリズムを示した．正しい方向に沿った有益なステップであるが，上記モデルでは組立順序設計に関する費用-便益分析は行われていない．

Swaminathan and Tayur (1999) は，有益な経営上の知見を得るために，組立順序設計モデルと方向を同じくする前述のバニラボックスモデルを用いている．組立順序設計問題 (assembly sequence design problem：ASDP) において，有益な組立順序をつくるためのコンポーネント設計に関連する費用を考慮して，最も優れた順序を生成する数理計画モデルを示している．つまり，実行中に代替先行関係条件を満足するような柔軟な方法でコンポーネント設計ができる状況をモデル化している．バニラボックスモデルと組み合わせることにより，作業の順序変更に用いる2つのアプローチを考案している．①最良のバニラボックスをまず決定し，最小の設計費用でバニラボックスと最終製品の組立ができるような順序計画を作成する．②最終製品の集合に対して最も効率的な組立順序を決定し，その後で，組立制約を考慮して最良のバ

ニラボックスを見つけ出す．以前の研究と違って，このアプローチは組立順序決定と延期決定を統合しているため，プロセス順序変更に関連するさまざまな'what-if'問題の分析が可能である．

　数理計画モデルで用いる記号は，次のとおりである．製品は $i=1, \cdots, M$ で，コンポーネントは $j=1, \cdots, n$ で，バニラボックスは $k=1, \cdots, K$ で示す．u_{kj} はコンポーネントについての k 番目のバニラボックスの内容を，$\mathbf{U}$ はバニラ構成（u_{kj} の行列）を，$\mathbf{U}_k$ は k 番目のバニラボックスの構成を表す．a_{ij} はコンポーネントによる製品の部品構成を，g_{pq} はコンポーネント q の前にコンポーネント p を組み付ける場合の費用を，e_{pq} はコンポーネント p と q の間に独立性を認める場合の費用を，$\mathbf{Y}$ はブーリアン変数 y_{pq}（コンポーネント p が q より前に組み立てられる場合は1によって，そうでない場合は0の値をもつ）によって定義される組立順序を表すものとしよう．固定的先行関係と独立的先行関係の設計費用の相違は，$c_{pq}=g_{pq}-e_{pq}\leq 0$ によって与えられ，目的関数は発生する総費用の最小化である．特定のバニラボックス構成 $\mathbf{U}$ に対して，問題は以下のように定式化できる．

$$ASDP(\mathbf{U}): \min_{\mathbf{Y}} \sum_{p=1}^{n}\sum_{q=1}^{n} c_{pq}y_{pq}$$

s.t.

$$1-y_{qp} \geq u_{kp}(1-u_{kq}), \quad \forall p,q,k \tag{4.2}$$

$$1-y_{qp} \geq a_{ip}(1-a_{iq}), \quad \forall i,p,q \tag{4.3}$$

$$y_{pq}+y_{qp} \leq 1, \quad \forall p,q \tag{4.4}$$

$$y_{pq}+y_{qr}-y_{pr} \leq 1, \quad \forall p,q,r \tag{4.5}$$

$$y_{pp}=0, \quad \forall p \tag{4.6}$$

$$y_{pq}\in\{0,1\}, \quad \forall p,q \tag{4.7}$$

この定式化では，制約条件（4.2）は，コンポーネント q がバニラボックスで使用されない（$u_{kq}=0$）ならば，バニラボックス中のいかなるコンポーネント p（$u_{kp}=1$）の先行コンポーネントにはなりえないことを表している．制約条件（4.3）は，コンポーネント q が製品に使用されない（$a_{iq}=0$）なら，製品中のいかなるコンポーネント p（$a_{ip}=1$）も先行コンポーネントになりえないことを表している．これらの制約条件は，すべてのバニラボックスと製品が組立順序 $\mathbf{Y}$ に従って組立可能であることを保証している．制約条件（4.4）は，2つのコンポーネントが組立順序に関して制約がない（$y_{pq}=y_{qp}=0$）か，ただ1つの制約がある（$y_{pq}=1$ あるいは $y_{qp}=1$ であるが，同時に1にはならない）かのどちらかであることを示している．制約条件（4.5）は，コンポーネント間の組立順序の推移を保証し，制約（4.6）は，同じタイプのコンポーネントは，組立順序に関して同一レベルであることを示している．

　さらに，需要の分散と相関の役割に関する前述した考察の妥当性に加えて，広範囲の数値実験を通して次のような追加的洞察を行っている．すなわち，より大きな分散をもつ特徴はプロセスの後ろに順序付けることが好ましい．また，すべての特徴を通

して提供されるオプションの総数が一定ならば，特徴の種類を少なくしてより多くのオプションを提供することが望ましい．

4.3 プロセス順序変更の適用

Benetton社（Dapiran, 1992）は，筆者らが知る限り，プロセス順序変更の最も早期の適用例である．伝統的に，セーターはまず毛糸を異なる色に染めてからその毛糸を編んで製品を製造する．衣服は最終製品の形で在庫され，小売店に出荷される．Benetton社は需要変動のほとんどが特定のシーズンにおける顧客の色の好みの不確実性によると考えたときに，どのように染色と編立の作業を入れ替えたかについてDapiranは述べている．編立と染色の作業入れ替えによって，同社は，そのシーズンの需要が明らかになってから染色できるように，染めていない状態のニットウェアを在庫として保管でき，それによって延期戦略の適用と在庫削減が可能となった．Benetton社は，衣料の質がプロセス変更のために低下しないように，染色技術を改善するための投資をしなければならなかった．

Swaminathan and Tayur（1998b）は，逆浸透ポンプ製造業者のUS Filter社の組立順序付け問題について述べている．最終組立の作業順序は，顧客へのより迅速な対応をする必要から変更された．最終組立での作業者の再教育と同様に，製品-プロセスの再設計に要する費用を考慮しなければならなかった．プロセス順序アプローチは，Garg（1999）によって，通信産業向けの製品を受注に基づいてつくる大規模電子機器製造業に成功裏に適用された．プロセスには，基盤挿入と組立，異なるモジュールの結合，最終製品をつくるためのアクセサリーや他のコンポーネントの包装が含まれる．代替的なプロセス順序によって，在庫や製品製造のための待ち時間が異なる．Gargはこれらの代替案を評価するために，待ち行列ネットワークモデルを用いている．延期戦略のこのほかの適用例については，Lee et al. (1997)やLee (1998)を参照されたい．

5. コンポーネントの標準化

5.1 共通化と在庫管理

コンポーネントの共通化は，従来，見込み生産あるいは受注組立生産システムを背景として研究されてきた．オペレーションズ・マネジメントにおける一連の流れにおけるコンポーネント共通化に関する従来の研究では，主として共通化によってコンポーネント在庫を削減することに焦点が絞られていた．Collier (1982)は，共通化指標，すなわち製品ラインにおける共通化の程度を測る尺度についての考え方を紹介した．Gerchak and Henig (1986)は，コンポーネントが組み合わされる（標準化される）場合に，製品固有のコンポーネントの必要在庫量は常に増加することを示した．

さらに，コンポーネント共通化を前提とする動的な多期間在庫問題については，近視眼的な在庫政策が最適であることを示した．Baker *et al.* (1986)，続いて Gerchak *et al.* (1988) は，在庫削減あるいはサービスの向上に関して共通コンポーネントをもつことの便益を検討した．特に，2種類の製品がそれぞれ2つのコンポーネントをもつ場合を取り上げ，コンポーネントの一つを標準化する影響を解析した．それ以降，Eynan and Rosenblatt (1996) や Thonemann and Brandeau (2000) などが，異なる状況下でコンポーネントの共通化がもたらす便益について調べている．Fisher *et al.* (1999) は，自動車産業における共通化問題を研究している．

5.2 共通化と延期戦略

Lee (1996) は，コンポーネントの標準化による延期戦略の便益に関する完全な解析を行うためには，以下に述べる側面を考慮したモデルが必要であることを指摘している．それらは，① 部品在庫の低減，② 共通部品の材料費用の増加，③ 技術的な変更に関する追加的な費用，④ 最終製品在庫の低減である．延期戦略に関する解析の多くは ④ に，部品の共通化に関する解析は ① に焦点を絞っている．Lee and Tang (1998) は，プロセスのステップを標準化することに伴う費用を考慮したモデルを示している．プロセスのステップを標準化するには，ステップに関連する部品の標準化や，費用をプロセスに関連付ける必要がある．最適な延期の程度を解析する際に，これらの費用をモデルに組み込んでいる．

コンポーネント標準化の価値は，製品ライフサイクルの段階において異なる．これは，需要不確実性の動的な変化，品切れ費用，やり直し（ある製品を別の製品に変換する）費用のためである．たとえば，需要の不確実性は，成熟期よりも製品導入期と最終期で高い．品切れ費用は製品導入期で最も高く，一方，在庫費用は，製品が陳腐化したために売れ残った在庫を廃棄処分しなければならないときには，最終期で最も高くなる．したがって，これらの動的特性をとらえたモデルが，コンポーネント標準化の価値を評価する上で必要である．Lee and Sasser (1995) は，需要に関するすべての動的特性と費用特性が与えられたとき，延期戦略にとって標準化の価値は製品導入期と最終期で高くなり，成熟期で低くなることを簡単なモデルを用いて示している．

Swaminathan (1999) は，共通化の水準をより高くすることで得られる在庫低減の便益と共通化費用を同時に考慮しながら，共通化の水準を最適化する問題を解析している．特に，共通のサブ組立品がある2製品システム1つと，2つの製品固有のサブ組立品がある2製品システムを取り上げている．最適化されるパラメータは，共通サブ組立品の共通化の水準である．共通コンポーネントの費用が共通化の程度に応じて凸関数に従って増加し，一方，製品固有のコンポーネントの費用は線形の関数に従って減少すると仮定した．共通コンポーネントと製品固有のコンポーネントの在庫を将来の需要に備えて保管する．上記の仮定，在庫維持費用とペナルティコストに関連した標準在庫の仮定，共通化に要する費用が線形であるという仮定の下で，2つの製

品が完全に共通性をもつか，あるいは共通性を全くもたないかのいずれかの場合に最適となることを示している．さらに，共通化の最適水準は，共通化の導入費用が高い製品ラインでは低くなる．数値実験の結果によれば，延期戦略を用いる場合における共通化の最適水準は，製品在庫が独立に管理されているときの最適水準と比較して常に高くなることが示されている．さらに，共通化の費用は，延期戦略の下において最適な共通化と在庫といったオペレーショナルな要因に影響を及ぼす．その影響は，共通化に要する費用が非常に高いときか低いときに限られる．

Van Mieghem（2002）は，Swaminathan（1999）のモデルに類似した，各製品が2つのコンポーネントから組み立てられる2製品モデルを解析している．しかしながら，Van Mieghem（2002）は，共通コンポーネントと製品固有のコンポーネントのどちらも在庫すると仮定し，どの共通化を採用すべきか決定する条件を導いている．この条件は，財務データと，需要相関のみによって予測した需要に依存する共通化初期費用の閾値によって示される．共通化費用が高い場合，共通化と延期のどちらも最適でない．しかし，各製品が共通のコンポーネントを用いて組み立てられる純粋な共通化戦略は，複雑な関係をもつ費用が導入されない限り決して最適とはならない．最後に，共通化戦略の価値が製品需要間の相関のために減少するにもかかわらず，2つの製品間で十分に利益の差があるならば，製品間で需要が連動している（完全に相関している）場合であっても，共通化は最適となることを示している．

5.3 コンポーネント標準化の適用

Lee（1996）は，カラープリンタとモノクロプリンタを製造している大きなコンピュータ用プリンタメーカーの事例について報告している．2つの製品の製造プロセスは，使用する材料を除いて非常に類似している．プリント配線回路組立と最終組立の2つの主要な生産段階がある．これらの段階のそれぞれにおいて，別個のコンポーネント（プリントメカニズムインターフェイスあるいはヘッドドライバー基盤）が，製品を2つにタイプ分けするために挿入される．製品の差別化は，ヘッドドライバー基盤がプリント配線回路に挿入された直後に行われた．需要はどちらの製品も不確実性が高く，しばしば大きな予測誤差が生じるという相関関係があることが知られている．企業は，延期戦略の適用につながるヘッドドライバー基盤あるいはヘッドドライバー基盤とプリントインターフェイスメカニズムの両方を標準化する可能性の分析を行った．しかしながら，共通コンポーネントにするための追加機能の設計費用を考慮する必要が認められた．

Lee and Petrakian（2000）[訳注：章末の文献リストには掲載されていない] は，Xilinx社で用いられたコンポーネント標準化アプローチについて述べている．Xilinx社では，最終製品は実際に文献で述べられたとおりの方法で設計され，カスタマイゼーションは，顧客サイトでソフトウェアを配置することによって行われた．結果として，フィールドごとにプログラム可能な集積回路が生み出された．この場合では，

最終製品が標準化されたため，共通化，標準化がともに行われた先端的な例である．
　Thonemann and Brandeau (2000) は，複数製品環境において，最適なコンポーネント標準化の程度を決定するモデルを記述した．このモデルは，製品ファミリーで用いられるワイヤハーネスの共通性がどの程度であれば最適であるかを決定するものであり，大きな自動車メーカーで成功裏に利用された．モデルは，次世代コンポーネントの設計のための意思決定支援用にも提供された．Hewlett-Packard 社は，このアプローチをネットワークプリンタの再設計に用いた（Lee, 1997）．ネットワークプリンタは日本でつくられており，2つの異なる電源が用いられていた．一つは 110 V の国（たとえば，北アメリカ）向けであり，もう一つは 220 V の国（たとえば，ヨーロッパやアジア）向けである．異なる電源をもつプリンタは，別々の国で変化する要求に対応するような互換性がない．代替設計では，世界共通の電源供給とヒューズが用いられ，その結果，世界共通プリンタが出現した．こうして，日本でつくられたプリンタが，多くの市場で使用できるようになった．製品ライフサイクルの最終期では，このやり方は特に有利である．1大陸での過剰在庫を廃棄処分にする必要がなく，代わりに，もし需要と供給のバランスがとれていない他の大陸に積み替えて出荷することができるからである．
　昨今，スペインにある Lucent Technology 社は，大きな成功を勝ち得るためにコンポーネント標準化戦略を利用した（Hoyt and Lopez-Tello, 2001）．1998 年に，電気通信スイッチシステムを製造している Tres Cantos 工場は，数百万ドルというサウジアラビアでの莫大な潜在的売上の機会に直面していた．しかしながら，サウジ政府の希望が Y2K（2000年問題）に先行してすべてのシステムを導入したいという理由で，通常に比べて，リードタイムの要求が極端に短かった．要求される仕様に合った製品構成は，詳細ないくつかの技術的作業が実行されてからでなければ知ることができなかった．受注組立プロセスにおける，完成までの製造時間は，サウジの顧客が望んでいるよりもかなり長かった．加えて，Tres Cantos 工場には実際のところ，サウジからのこの大きなオーダーを満たすだけの十分な製造能力がなかった．共通の組立ブロックをもつように製品を再設計することで，Lucent 社は，① 詳細ないくつかの技術的作業が終了する前に共通のブロックをあらかじめ製造することができ，② オクラホマ州にあるアメリカ工場を使い，製造能力の不足を解決することができた．結果として，Lucent 社は契約を勝ち取り，製品を約束した時期に引き渡すことができた．

6. 関連する戦略とその他の効用

　以上において，延期戦略の在庫に関連する便益を主として研究するモデルについて取り上げてきた．しかしながら，延期戦略の決定は，価格設定や情報流の決定に深く関係すると思われる．本節では，これらを取り扱ったモデル，さらに，製品多様化の

管理にかかわる戦略についてのモデルを紹介する.

6.1 延期戦略・情報・価格設定

　延期戦略による主要な便益は在庫削減であるが，延期戦略がかかわるその他の重要な問題がある．延期戦略がかかわる主要な便益は，差別化の決定時期を遅らせることによって，最終的な約束が生じる前に，より多くの需要情報が得られる点にある．延期戦略の便益は，需要の発生時期に近付くために，将来の予測が改善される場合に生成されるよりよい予測によってもたらされるともいえる．前述したように，Lee and Whang (1998) は，延期戦略の価値を「不確実性の解決」と「予測の改善」に区別した．Anand and Mendelson (1998) は，需要が0-1需要分布に従い，情報にノイズがある多品種のサプライチェーンにおいて，生産を遅らせることによる柔軟性の増大と便益の蓄積について研究している．Aviv and Federgruen (1999) は，需要分布が未知の状況下で，延期戦略に関連する便益の詳細な特徴を述べている.

　リスクの保留に勝る延期戦略の別の便益は，現存する生産能力をより効果的に使用することにある．Swaminathan and Tayur (1998a) は，バニラボックスを用いた延期戦略の便益は，利用可能な生産能力が中程度の（高くもなく低くもない）ときに，特に高くなることを示した．これは，そのような条件の下では，延期戦略は生産能力の利用に有効であり，影響するからである．Gavirneni and Tayur (1999) は，地理的に離れ，あるいは配送段階まで差別化を先送りするような選択肢をもつ製造業の2種類のシステムを取り上げて，この問題を研究している．製造業で現在用いている発注政策に関する情報の仮定を取り替えて，延期戦略の便益について分析している.

　今まで，製品の生産に関する延期戦略がもたらす柔軟性にのみ焦点を絞ってきたが，企業が価格設定を通して同様の柔軟性を得ようとする試みについて考察することもできる．Van Mieghem and Dada (1999) は，価格，生産，能力決定に関する比較分析を行っている．競争，不確実性，オペレーション上の決定のタイミングは，生産能力と在庫に関する企業の投資決定に影響を及ぼすことを示している．需要（ランダム変動を仮定している）が不確実である単純なモデルを用いて，生産の延期戦略とは対照的に価格設定の延期は，需要の不確実性から相対的に影響を受けにくい生産能力と在庫に関する投資決定を可能とすることを示している.

6.2 延期戦略・モジュール化・置換

　延期戦略は，しばしば製品構造の決定によって大きな影響を受ける．そのような決定は，製品構造が示すモジュール化の程度と関連する．最近，いくつかの企業では，モジュラーコンポーネントの代替的な組合せとして各製品を識別する「ファミリー」思考を用いて設計し始めている．たとえば，パソコン，電子機器，自動車などの産業である．製品設計の観点からすればこれは重要な概念であるが，延期戦略との関係を解析的に研究しているモデルは非常に限られている．

製品多様化を管理するための延期戦略に関連するもう一つの概念は,置換である.置換は,製造業が製品の注文に在庫で対応できない場合に,代替製品を顧客に提供する戦略であり,その過程で一種の信用コスト(顧客に対してよりよい製品を提供する,あるいは何らかの贈り物をすることによる実際コスト)が発生する.これは,いくつかの産業で長年にわたって用いられてきた有力な方法である.Ignall and Veinott(1969)による最適政策に関する初期の分類に従ったいくつかのタイプの問題が研究されている(Jordan and Graves, 1995;Bassok $et\ al.$, 1990;Rao $et\ al.$, 2002 参照).いくつかの企業は,延期戦略と同様の考え方に従って置換戦略を利用している.Swaminathan and Kukukyavuz(2000)は,バイオ産業でこれらの戦略が用いられる環境について分析し,戦略の相対的な便益を示している.顧客が自主的に代用製品を買うという置換に関する代替的な状況も研究されている(詳細は,Mahajan and Van Ryzin, 1999 参照).Swaminathan(2001)は,延期戦略,置換戦略,製品の共通化,プロセスのモジュール化のような,製品多様化戦略に関する管理のフレームワークを示すとともに,異なる条件の下で何が最も適切なアプローチであるのを明らかにしている.

7. 結　　論

ニーズが多様で製品ライフサイクルが劇的に短くなりつつあるグローバル市場を考えると,効果的な製品多様化管理に大きな期待を置かざるをえない.結果として,延期戦略を用いることを可能にするための製品設計に高い優先度が置かれる.学際的かつ複雑な特徴をもつその問題は,費用と延期の価値に関する複数の見通しを提供できるモデルの必要性を生み出した.本章では,オペレーションズ・マネジメントの視点から行われている研究の展望を行った.特に,3つの延期戦略のイネーブラである,プロセスの標準化,プロセスの順序変更,コンポーネントの標準化に焦点を絞った.これらの戦略の産業への応用事例とともに,それらがもつ便益について洞察しているモデルを示した.

明らかに,今後進むべき2つの新しい方向に沿った研究とモデルが必要である.第1に,意思決定に基づいたモデルからの効用をマネージャーに与える意思決定支援システムに組み込むことのできるモデルが必要である.これを達成するためには,実環境の本質的な特徴をとらえた大規模なモデルと,素早くかつ効率的な方法でモデルを解くためのアルゴリズムの開発の必要性がますます強調される.第2に,これまで開発されたモデルの大部分は製品延期戦略についてのものである.多くの企業がサービス中心のビジネスに向かって動きつつあり,そのような環境において,延期戦略の便益を補えるモデルは一層有用になるであろう.

インターネットを介して顧客とやりとりすることが当たり前になるのと同様に,インターネット技術をビジネスのオンライン化に利用する企業が多くなるにつれて,企

業は顧客の好みについてのより豊富で詳細な情報を集め始めている．これは，顧客の好みに合わせて自分たちの製品やサービスを仕立てるという，カスタマイゼーションの機会を企業に提供することを意味する．延期戦略は，製品多様化の爆発的な進展に伴って発生する莫大な運用費用をかけずに，マスカスタマイゼーションを遂行する強力な手段を企業に提供する．実際，Feitzinger and Lee（1997）が述べているように，延期戦略によって企業は費用対効果的にマスカスタマイゼーションを実行することができる．その結果，延期戦略に関する新しいモデルや，効果的な製品多様化管理のための他の戦略が，今後，研究者によって研究され，分析されることが何よりも重要である．

謝辞：第1著者の研究の一部は，NSF CAREER Award #0296081 の支援を受けている． (Jayashankar M. Swaminathan and Hau L. Lee/竹田　賢)

参　考　文　献

Alderson, W., Marketing Efficiency and the Principle of Postponement, *Cost and Profit Outlook*, September 1950.
Anand, K., JH. Mendelson, Postponement and Information in a Supply Chain, Technical Report, Northwestern University, July 1998.
Aviv, Y., A. Federgruen (1999). The Benefits of Design for Postponement, in: S. Tayur *Quantitative Models for Supply Chain Management*, Norwell, MA, Kluwer Academic Publishers, pp. 553–586.
Baker, K.R., M.J. Magazine, H. Nuttle (1986). The Effect of Commonality on Safety Stock in a Simple Inventory Model. *Management Science* 32(8), 982–988.
Bassok, Y., R. Anupindi, R. Akella (1999). Single Period Multiproduct Inventory Model with Substitution. *Operations Research* 47(4), 632–642.
Benjafer, S., D. Gupta, Make-to-Order, Make-to-Stock or Delay Product Differentiation? – A Common Framework for Modeling and Analysis, *Working Paper*, Department of Mechanical Engineering, University of Minnesota, Minneapolis, MN, 2000.
Brown, A.O., H.L. Lee, R. Petrakian, Xilinx Improves its Semiconductor Supply Chain using Product and Process Postponement, *Interfaces*, 30(4), July–August 2000, 65–80.
Bucklin, L.P. (1965). Postponement, Speculation and the Structure of the Distribution Channel. *Journal of Marketing Research* 2, 26–31.
Collier, D.A. (1982). Aggregate Safety Stocks and Component Part Commonality. *Management Science* 28(11), 1296–1303.
Dapiran, P. (1992). Benetton – Global Logistics in Action. *International Journal of Physical Distribution and Logistics Management* 22(6), 7–11.
Eppen, G., L. Schrage, Centralized Ordering Policies in a Multi-Warehouse System with Lead Times and Random Demand, *Multi-Level Production Inventory Control Systems: Theory and Practice* (ed. L.B. Schwartz), North Holland, Amsterdam, 1981, 51–58.
Erkip, N., W. Hausman, S. Nahmias (1990). Optimal centralized ordering policies in multi-echelon inventory systems with correlated demands. *Management Science* 36(3), 381–392.
Eynan, A., M. Rosenblatt (1996). Component Commonality Effects on Inventory Costs. *IIE Transactions* 28, 93–104.
Feitzinger, E., H.L. Lee (1997). Mass Customization at Hewlett-Packard: the Power of Postponement. *Harvard Business Review* 75(1), 116–121.

Fisher, M., K. Ramdas, K. Ulrich (1999). Component Sharing in the Management of Product Variety: A Study of the Automotive Braking System. *Management Science* 45(3), 297–315.
Fraiman, N., M. Singh, "Zara," *Columbia Business School Case*, 2002.
Garg, A. (1999). An Application of Designing Products and Processes for Supply Chain Management. *IIE Transactions* 31, 417–429.
Garg, A., H.L. Lee, Effecting Postponement through Standardization and Process Sequencing, *IBM Research Report RC 20726*, IBM T.J. Watson Research Center, Yorktown Heights, NY, 1996.
Garg, A., H.L. Lee (1998). Managing Product Variety: An Operational Perspective, in: S. Tayur *Quantitative Models for Supply Chain Management*, Norwell, MA, Kluwer Academic Publishers, pp. 467–490.
Garg, A., C.S. Tang (1997). On Postponement Strategies for Product Families with Multiple Points of Differentiation. *IIE Transactions* 29, 641–650.
Gavirneni S., S. Tayur, Delayed Product Differentiation and Information Sharing, *Working Paper*, GSIA, Carnegie Mellon University, 1999.
Gerchak, Y., M. Henig (1986). An Inventory Model with Component Commonality. *Operations Research Letters* 5(3), 157–160.
Gerchak, Y., M.J. Magazine, A.B. Gamble (1988). Component Commonality with Service Level Requirements. *Management Science* 34(6), 753–760.
Graman, G.A., M.J Magazine (2002). A Numerical Analysis of Capacitated Postponement. *Production and Operations Management* 11(3), 340–357.
Gupta, S., V. Krishnan (1998). Product Family Based Assembly Design Sequencing Methodology. *IIE Transactions* 30(10), 933–945.
Harle N., M. Pich, L. Van der Hayden, Mark & Spencer and Zara: Process Competition in the Textile Apparel Industry, INSEAD case, 2001.
Hoyt D. and E. Lopez-Tello, Lucent Technologies – Provisioning and Postponement, Stanford University Case No. GS-02, 2001.
Ignall, E., A. Veinott (1969). Optimality of Myopic Inventory Policies for Several Substitute Products. *Management Science* 15, 284–304.
Jordan, W., S. Graves (1995). Principles on the Benefits of Manufacturing Process Flexibility. *Management Science* 41, 579–594.
Kapuscinski R., S. Tayur (1999). Variance vs. Standard Deviation: Variability Reduction through Operations, *Management Science*, 45(5), 765–767.
Lee, H.L. (1993). Design for Supply Chain Management: Concepts and Examples, in: R. Sarin *Perspectives in Operations Management*, Norwell, MA, Kluwer Academic Publishers.
Lee, H.L. (1996). Effective Management of Inventory and Service Through Product and Process Redesign. *Operations Research* 44, 151–159.
Lee H.L., "Hewlett-Packard Company: Network Printer Design for Universality," *Stanford University Case*, 1997.
Lee, H.L. (1998). Postponement for Mass Customization: Satisfying Customer Demands for Tailor-made Products, in: J. Gattorna *Strategic Supply Chain Alignment*, England, Gower Publishing Ltd, pp. 77–91.
Lee, H.L., C.A. Billington, B. Carter (1993). Hewlett Packard Gains Control of Inventory and Service through Design for Localization. *Interfaces* 23(4), 1–11.
Lee, H.L., E. Feitzinger, C. Billington (1997). Getting Ahead of Your Competition Through Design for Mass Customization. *Target* 13(2), 8–17.
Lee, H.L., M. Sasser (1995). Product Universality and Design for Supply Chain Management. *Production Planning and Control: Special Issue on Supply Chain Management* 6(3), 270–277.
Lee, H.L., C.S. Tang (1997). Modeling the Costs and Benefits of Delayed Product Differentiation. *Management Science* 43(1), 40–53.
Lee, H.L., C.S. Tang (1998). Variability Reduction through Operations Reversal. *Management Science* 44(2), 162–172.
Lee, H.L., S. Whang (1998). Value of Postponement from Variability Reduction Through Uncertainty Resolution and Forecast Improvement, in: T. Ho, C. Tang (eds.), *Product Variety Management:*

Research Advances, Boston, Kluwer Publishers,pp, pp. 66–84. Chapter 4.

Mahajan, S., G. Van Ryzin (1999). On the Relationship between Inventory Costs and Variety Benefits in Retail Assortments. Management Science 45(11), 1496–1509.

Martin M., W. Hausman, K. Ishii, Design for Variety, Product Variety Management: Research Advances (ed. T. Ho and C. Tang), Kluwer Academic Publishers, 1998, 103–122.

Nevins, J.L., D.E. Whitney (1989). Concurrent Design of Products and Processes: A Strategy for the Next Generation in Manufacturing, New York, McGraw Hill Publishing Company.

Rao U.S., J.M. Swaminathan, J. Zhang, A Multi-Product Inventory Problem with Set-up Costs and Downward Substitution, 2002, to appear, IIE Transactions.

Swaminathan J.M., Optimizing Commonality for Postponement, Working Paper, University of California, Berkeley, 1999.

Swaminathan J.M., Enabling Customization using Standardized Operations, California Management Review, 43(3), Spring 2001, 125–135.

Swaminathan J.M., S. Kukukyavuz, A Perishable Inventory Problem with Postponement and Substitution, Working Paper, University of California, Berkeley, 2000.

Swaminathan, J.M., S.R. Tayur (1998a). Managing Broader Product Lines through Delayed Differentiation using Vanilla Boxes. Management Science 44(12.2), S161–S172.

Swaminathan, J.M., S.R. Tayur (1998b). Managing Design of Assembly Sequences for Product Lines that Delay Product Differentiation. IIE Transactions 31(4), 1015–1026.

Swaminathan, J.M., S.R. Tayur (1999). Stochastic Programming Models for Managing Product Variety, in: S. Tayur Quantitative Models for Supply Chain Management, Norwell, MA, Kluwer Academic Publishers, pp. 485–622.

Thonemann, U., M. Brandeau (2000). Optimal Commonality in Component Design. Operations Research 48(1), 1–19.

Van Mieghem J., Component Commonality Strategies: Value Drivers and Equivalence with Flexible Capacity Strategies, Working Paper, Kellogg School of Management, Northwestern University, 2002.

Van Mieghem J., M. Dada (1999). Price versus Product Postponement: Capacity and Competition, Management Science, 45(12), 1631–1649.

Zinn W., D.J. Bowersox, Planning Physical Distribution with the Principle of Postponement, Journal of Business Logistics, 9, 1988, 117–136. Optimal centralized ordering policies in multi-echelon inventory systems with correlated demands, Management Science, 36(3), 1990, 381–392.

II. サプライチェーンの協調

第6章

契約によるサプライチェーンの協調

1. はじめに

　サプライチェーンの最大のパフォーマンスは，一連の正確な行動の実行を必要としている．残念ながら，それらの行動によってサプライチェーン上のメンバーは，常に最大の利益を得るわけではない．すなわち，サプライチェーンの各メンバーは，自身の目標の達成を最優先に配慮し，そして，その利己的な視点はしばしば低いパフォーマンスをもたらすことになる．しかしながら，もし各企業が一連の振替支払価格を契約として結び，各企業の目標とサプライチェーンの目標を同調させるように調整すれば，最大のパフォーマンスを達成することは可能である．

　本章は，契約により対立のインセンティブを管理するサプライチェーンの文献について概観し，それを拡張する．多くのサプライチェーンモデルが論じられ，複雑さが増す順に紹介する．それぞれのモデルにサプライチェーンの最適な行動が確認できる．それぞれのケースで各企業は，それらの行動を実行することができた．すなわち，各企業が最適な行動を決定するために必要とされる情報にアクセスし，そして，その最適な行動はほかの企業でも実行可能なのである[1]．しかしながら，企業がそれらの行動を実行するインセンティブが欠けている．そのインセンティブをつくるために，企業は振替支払案を確立する契約によって，取引条件を調節することができる．多くの異なった契約タイプが分類され，それらの利点と欠点が説明される．

　2節で最初に取り上げるモデルは，単一の供給業者が単一の小売業者に販売するニュースベンダー（新聞売り子）問題に直面する．そのモデルでは，小売業者が1つの製品を販売期間の前に需要予測の下に供給業者に発注する．供給業者は小売業者の発注を受けてから生産し，そして販売期間のはじめに製品を小売業者に配達する[2]．小売業者は追加補充する機会がないとする．小売業者がいくら発注するかの選択は，交

注 [1]：非対称情報モデルでさえ，すべての企業が最適な政策を評価できるように，企業が情報を共有できると仮定している．それにもかかわらず，企業は情報の共有を要求しない．Anand and Mendelson (1997) の，企業がそうしたいというインセンティブをもったとしても情報共有できないとしたモデルを参照されたい．

易条件,すなわち小売業者と供給業者の間の契約によって決まる.

ニュースベンダーモデルは複雑ではないが,サプライチェーンの3つの重要な問題を研究するには十分である.まずは,どの契約がサプライチェーンの協調を可能にするかである.契約は,もしサプライチェーンの一連の最適な行動がNash均衡であれば,サプライチェーンの協調を可能にするといわれている.すなわち,サプライチェーンの一連の最適な行動の下では,一方的に高い収益をもつといった傾向の企業はない.理想的に,最適な行動は唯一のNash均衡でもあるべきである.さもなければ,企業は一連の準最適行動によって「調整」されるかもしれない.ニュースベンダーモデルでは,調整するための行動は小売業者の発注量である(いくつかの場合では,後述のように供給業者の生産量も調整する必要がある).次は,どの契約がサプライチェーンの各部分の企業の利益を考慮するのに,十分な柔軟性(調節パラメータにより)をもつかである.調整契約は任意に使用料を割り当てることができ,そしてPareto関係が非調整契約を支配するような契約は,常に存在する.すなわち,各企業の利益は悪くなることなく,そして少なくとも1つの企業が調整契約によって確実によくなる.3番目は,どの契約が採用に値するかである.調整することと使用料を柔軟に割り当てることが望ましい機能であるが,それらの性質をもつ契約の運営は,高価である傾向がある.その結果,たとえサプライチェーンのパフォーマンスが最適化されなくても,契約の設計者は簡単な契約を提供するのを好むかもしれない.もし,契約の効率(サプライチェーンの最大利益の契約によるサプライチェーンの利益率)が高く,そして契約設計者がサプライチェーンの利益の最も大きい部分を得るのであれば,簡単な契約が望ましい.

3節では,小売業者に在庫量に加えて小売価格の選択を許すことにより,ニュースベンダー問題が拡張される.この設定では,1つの行動(たとえば発注量)の調整が他の行動(たとえば価格)の歪みを引き起こすかもしれないので,調整が一層複雑になる.驚くまでもなく,この設定では,基本的なニュースベンダーモデルを調整する契約のあるものはもはや機能しなくなるが,その他の契約は機能する.

4節では,小売業者に需要を増やすための費用のかかる活動を許すことにより,ニュースベンダー問題が拡張される.小売業者の活動を制限できないために,調整はやりがいのあるものになる.すなわち,企業は選ばれた活動を基準にして契約を作成することができない(後で議論される理由による).その上に,小売価格のように,小売業者の発注量決定と同じ動きをするインセンティブが小売業者の活動決定によって歪められる可能性があるという事実により,調整が複雑になる.

5節では,競争関係にある複数の小売業者が製品を販売する供給業者を取り上げた2つのモデルについて示される.調整は複数の企業によって実行される複数の行動を

注 [2]:筆者は,(最初にMartin Lariviereによって提示された)以下の便法を採用している.契約を提供する企業は女性名詞で,受け入れる企業は男性名詞で表す.どちらの企業も契約を提供しない場合には,上流企業は女性名詞で,下流企業は男性名詞で表す.

連合させるために必要である．3〜4節で取り上げる価格モデルと努力モデルとは全く異なっていて，1つの企業（小売業者）によって複数の行動が実行される．具体的にいうと，5節のモデルでは調整は下流の競争を緩和するために行われる．

6節では，不確実需要に直面し，2回の補充機会をもつ1つの小売業者を取り上げる．早い生産（最初の補充）は遅い生産（次の補充）より安く上がるが，需要予測は2回目の補充の前に更新されるので，有益ではない．調節は，そのトレードオフを釣り合わせるために，小売業者に適切なインセンティブを与える必要から行われる．

7節では，小売業者が供給業者から，一定のリードタイムが経過した後に補充を受ける，無限期間の不確実需要モデルを取り上げており，前節の単一期間販売損失モデルから説明が始められる．行動モデルのように，調節の必要から小売業者はこのモデルにおいてより大きい基準在庫水準を意味する「大きな行動」を選択する．この大きな行動の費用は平均して多くなる在庫から生じるが，努力モデルと違って，供給業者は小売業者の在庫を確認し，したがって小売業者とより多くの在庫を抱えるのに要する保持費用を分担することができる．

8節では，供給業者に小売業者よりも低い保持費用ではあるが，在庫をもたせることにより，単一拠点基点在庫モデルに複雑さが付与される．前節の視点は主に下流の行動を調整することに当てられていたが，このモデルでは供給業者の行動も調整が行われ，この調整はささいなものではない．さらに具体的に説明すれば，単一拠点モデルではサプライチェーンにおける在庫量が唯一重要であるが，ここでは供給業者と小売業者の間にあるサプライチェーンの在庫の配分もまた重要である．

9節では，企業は一連の振替価格を条件として，契約に同意するという仮定から始められる．多くのサプライチェーンでは，企業は関連情報を認識する前に契約上の取り決めに同意する．企業はあらゆる可能な偶発事件のための振替支払を定めることができたが，それらの契約はかなり複雑である．その代わりに，企業は関連情報を確認した後，域内市場を経た振替価格の設定に同意することもできよう．

10節では，ある企業に他の企業がもっていない重要な情報，すなわち，非公開情報を提供する場を取り上げる．たとえば，製造業者は供給業者より，製品の需要を正確に予測することができよう．前のモデルのように，サプライチェーンの協調はそれぞれの企業が最適な行動を実行するために行われる．しかし，それらの最適な行動は非公開情報に依存しているもので，サプライチェーンの協調は情報の正確な共有が必要である．情報共有は挑戦的な課題である．行動に影響を与える偽りの情報を提供するインセンティブがありうるからである．たとえば，製造業者は供給業者がさらに生産能力を増やすよう，ばら色の需要予測を提供するかもしれない．

最後の11節では，これらの文献についてなされた主な考察をまとめ，一般的な指針を今後の研究のために提供する．

それぞれの節で単純なモデルを1つあるいはいくつか示したのは，その分析をわかりやすくし，サプライチェーン内の潜在的なインセンティブの対立を強調するためで

ある．同一の分析手段が用いられており，それは，以下のとおりである．サプライチェーンの協調を可能にする契約のタイプを示し，協調を実現する1組のパラメータを契約のタイプごとに決定し，そして調整契約のタイプごとに利益配分の可能な範囲，すなわち，調整契約によって，サプライチェーン上の各メンバーがサプライチェーン全体の利益のうちどれだけを受け取ることができるかについて評価する．次に，実行上の問題，つまり，契約タイプは法律に抵触しないか，契約条件を守れなかった場合はどうするか，契約管理上の負担はいかほどか（たとえば，どのタイプのデータをどのくらいの頻度で集めるか）を検討する．各節は今後の拡張と関連する研究を述べて終わる．

本章は，サプライチェーンの契約に関する文献を幅広く扱っているが，分類法に影響する可能性のある文献をすべて取り上げていない．特に，次の6つのタイプ（少なくとも）に関連する論文について直接述べていない．①いくつかの素晴らしい解説論文があるので割愛した，数量割引に関する広範囲にわたる文献．Dolan and Frey (1987) と Boyaci and Gallego (1997) を参照のこと．②特定の契約条件の下で，1つの企業が最適な調達決定をする論文．たとえば，Scheller-Wolf and Tayur (1997) の最低数量責任契約の下での調達の研究，Duenyas et al. (1997) のジャストインタイム (just-in-time：JIT) 契約による調達の研究，Bassok and Anupindi (1997a) の総最低責任のある調達の研究，Anupindi and Akella (1993)，Moinzadeh and Nahmias (2000) の継続発注契約の下での調達に関する研究である．③契約をしないサプライチェーンの協調に関する研究．たとえば，クイックレスポンスの利益 (Iyer and Bergen, 1997)，正確なレスポンス (Fisher and Raman, 1996)，協働による計画と予測 (Aviv, 2001)，VMI (vendor managed inventory) (Aviv and Federgruen, 1998)，サプライチェーン内の情報共有 (Gavirneni et al., 1999) に関する論文である．④協調を明示的に取り扱わない分散的サプライチェーンの運用に関する論文．たとえば，Cachon and Lariviere (1997, 1999)，Corbett and Karmarkar (2001)，Erhum et al. (2000)，Ha et al. (2000)，Majumder and Groenevelt (2001) である．⑤フランチャイズに関する幅広い文献．これらは，一般的に文献が運用上の詳細について触れていないことが，直接取り上げない主な理由である（それらの文献に関しては，最近の解説論文である Lafontaine and Slade (2001) を参照）．⑥社会事業と向かい合う垂直的取引制限と独占禁止法に関する論文．Katz (1989) を参照されたい．

契約によるサプライチェーンの協調に関する初期の解説論文は，Whang (1995)，Tayur et al. (1998) に掲載されているこのトピックに焦点を絞った3つの章 (Cachon, 1998；Lariviere, 1998；Tsay et al., 1998) を参照されたい．

2. ニュースベンダー問題の調整

本節では,単一の供給業者と単一の小売業者からなるサプライチェーンの協調について取り上げる.ある確率的需要をもつ販売期間があり,小売業者はその販売期間が始まる前に供給業者に1回限り発注できる.標準的な卸売価格契約では,小売業者は自分の行動が供給業者の利益に与える影響を無視するため,サプライチェーン全体の利益を最大にするだけの十分な量を発注しないことが知られている.したがって,小売業者がもっと多く発注するような刺激策を与える調整が必要である.

サプライチェーンの協調を通して利益を随意配分する,いくつかの契約タイプが示される.それらは,買戻し契約,収益分与契約,数量柔軟契約,売上割戻し契約,数量割引契約である.

コンプライアンス支配の概念が紹介される.このコンプライアンス支配は契約を遵守しない結果を規定するものであり,たとえば,供給業者が小売業者に小売業者の発注量より多くの製品を強制的に受け入れさせることができないと想定する.すなわち,小売業者はそのような企みを法廷で阻止することができる.しかし,供給業者は小売業者の発注量のすべてを供給する必要があるかどうかを考えることができる.このコンプライアンス支配と契約の間には重要な関係がある.というのは,サプライチェーンの協調を可能にする契約のタイプに影響を及ぼす,つまり,1つのコンプライアンス支配によって調整される契約もあれば,調整されない契約もある.

2.1 モデルと分析

このモデルでは,2つの企業,すなわち,供給業者と小売業者が存在する.小売業者はニュースベンダー問題に直面する.つまり,小売業者は確率的需要をもつ販売期間が始まる前に発注量を選択しなければならない.期間内の需要を$D>0$,Fは需要の分布関数,fは需要の密度関数とする.Fは微分可能な単調増加関数で,$F(0)=0$である.$\bar{F}(x)=1-F(x)$とし,$\mu=E[D]$で表す.小売価格をpとする.供給業者の単位あたりの生産費用をc_sとし,小売業者の単位あたりの限界費用をc_rとする.ここで,$c_s+c_r<p$である.小売業者が製品を調達するとき(売るときではなく)限界費用が発生する.どのような需要においても,小売業者の需要が満たされない場合は信用ペナルティコストg_rが発生し,供給業者において同様な費用をg_sとする.表示の便宜上,$c=c_s+c_r$,$g=g_s+g_r$とする.小売業者は期末に売れなかった商品に対し,単位あたり$v<c$を得る.そのvは正味残存価値であり,供給業者の正味残存価値はvより小さいと仮定する.したがってサプライチェーン全体からすれば小売業者の売れ残りを回収するのが最善である.その後の分析結果に基づく定性的な考察において,小売業者あるいは供給業者のどちらが売れ残りを回収した方がよいかは一概に決められないと述べている(サプライチェーンの契約の文献は一般に,どち

らの企業にとっても商品の正味残存価値は等しいと仮定し，この議論を避けている．ただし，Tsay（2001）は例外である）．ニュースベンダーモデルに関するより広範囲な解説は，Silver et al.（1998）あるいは Nahmias（1993）を参照のこと．

以下の一連の事象がこのゲームで生じる．供給業者から小売業者に契約の提示があり，小売業者は契約の受け入れあるいは拒否を決定する，小売業者が契約を受け入れる場合は小売業者が供給業者に発注量 q を提示する，供給業者が販売期間に入る前に生産し小売業者に納入する，需要が生じる，最後に合意した契約に基づき振替支払が行われる．小売業者が契約を拒否する場合は，ゲームは終了し，それぞれの企業が前もって定めた報酬を得る．

小売業者ではなく，供給業者を契約提示する側に指定したのは，単に説明の都合にすぎず，すなわち，その後の分析には何の影響も与えない．契約を提示する企業は問題ではない．ここで確認しようとしているものは，サプライチェーンの協調を可能にし，利益を随意に配分する契約の存在である．もし一方の企業が実際にただ1つの提案をするように指定される場合，その企業はもう一方の企業が受け入れると思われる最も好ましい契約を提示するであろう．さらに，どちらの企業も最終的なものとして，たった1つの提案をつくることは，実際にはありそうもない．むしろ，合意に達する前にそれぞれの企業が多くの提案と対案をつくることであろう．交渉過程の詳細は一般的に，サプライチェーンの文献では対象として取り上げられておらず，また，研究もされていない．

実際には契約は交渉過程の最終段階で，企業の相対的な交渉力によって決まる．交渉力という概念を理解するのは容易であるが，定量化は難しい．力とは，美しさと同様に，「みる人の眼の中」にあるもの，あるいはもっと具体的なものである．力をモデル化する標準的な方法は，どちらかの企業に外生的な保留利益水準の存在を仮定することである．すなわち，企業は保留水準をもたらす契約のみを受け入れる．その保留水準が高ければ，その企業の力も強い[3]．次のような Ertogral and Wu（2001）の値切り過程においては，より明確である．値切りはどちらかの企業から時機をみて提案される．しかし，交渉の結果，最終的に提案が受け入れられなかったら，交渉は失敗に終わり，その固定確率が存在する．すなわち，それぞれの企業には保留利益が残される．しかし，その保留水準アプローチは十分満足のいくものではない．というのは，研究が行われている関係の外側にある企業機会が，関係内の企業機会と独立であるとは思えないからである．また，企業の外部機会の価値が確信をもって予測できるとは考えにくい（van Mieghem, 1999；Rochet and Stole, 2002）．保留水準アプローチに加え，何人かの研究者は，契約を提示する企業を変えることによって，あるいはアクションを起こす時期を変えることによって力を調節している．一般に，一方の

注 [3]：Webster and Weng（2000）は，より強い制約を課している．需要をすべて満たすというような履行不能な契約が少なくとも採択されないように，契約を提示する側の企業にも受け入れる側の企業にも求めていると決めている．

企業が,最初に「受け入れるか,拒否するか」という種類の提案を出すとき,あるいは最初の行動を選び,これからそれにかかわるという意思を示すとき,より強い力をもっている.ここでは行っていないが,交渉過程の結果を正確に予想したい場合,これらの選択には問題がある.この問題点については,今後の研究が間違いなく必要である.

モデルの記述についてさらに続けよう.それぞれの企業はリスク中立的であるとする.したがってそれぞれの企業は期待利益を最大化する.そして,完全情報を仮定する.それは両方の企業がゲーム開始時に同じ情報をもつことを意味する.すなわち,それぞれの会社はすべての原価,パラメータ,ルールを知っている.ゲーム理論の専門家はまた,より高い水準の知識の共有に関心がある,たとえば,企業Aは企業Bがすべての情報を知っていることを承知しており,企業Aは企業Bがすべての情報を知っていることを承知していることを企業Bは知っている.サプライチェーン契約に関する文献はこの問題をまだ取り上げていない.完全な知識の共有ではないが反直観的という意味合いのモデルについては,Rubinstein (1989) を参照のこと.

小売業者の発注量より多く納入された製品に対して,供給業者が支払を小売業者に強要することはできないと仮定することは合理的である.しかし,供給業者は小売業者が発注した量より少なく納入することができるだろうか.供給業者のコントロールできない多くの理由(たとえば,予想外の生産障害あるいは重要部品の供給不足.不足の原因は利己心によるかもしれない)で小売業者の発注量すべてを納入することができないかもしれない.その動機付けを認識するに当たり,小売業者は供給業者が自発的コンプライアンスに基づいて活動していると仮定することができよう.それは供給業者との契約条件の下で,利益を最大化する(小売業者の発注量を超えない)量を供給業者は納入することを意味する.あるいは,小売業者は,供給業者が小売業者の発注量を下回る量を納入したくないと信じることができよう.発注量を下回る量しか納入できなければ,非常に重大な結果(たとえば,訴訟行為や評判の低下)がもたらされるからである.その支配を強制的コンプライアンスと呼ぶ.

実際には,コンプライアンス支配はほとんどの場合,それらの両極端の間のどこかに落ち着く.しかし,強制的コンプライアンス以外の支配では,契約の条件が供給業者にそうしたくなるインセンティブを与える場合,供給業者の納入量は多少不足気味になると予想できる.言い換えれば,自発的コンプライアンスを用いてサプライチェーンの協調を可能にする契約であれば,強制的コンプライアンスを用いて確実に協調できる.ただし,(契約は供給業者の行動を調整できないことがあるため)その逆は正しくない.したがって,(保守的でありすぎるかもしれないが)自発的コンプライアンスはより保守的な仮定[4]である.

本節で用いるアプローチは,強制的コンプライアンスを仮定している.それは供給業者が提案された契約事項に反するインセンティブをもっているかどうかをチェックするためである.この一見相反する態度は,表記法の単純化のためにとられている.

自発的コンプライアンスの場合は，2つの行動の軌跡，つまり，小売業者の発注量と供給業者の生産量を辿る表記法が必要である．強制的コンプライアンスではそのうちの1つの表記法のみがあればよい．コンプライアンス支配に関するさらに進んだ検討は，Cachon and Lariviere（2001）を参照のこと[5]．

期待販売量を $S(q)$ とする．そのとき，

$$S(q) = q(1-F(q)) + \int_0^q yf(y)dy = q - \int_0^q F(y)dy$$

上記の式は部分積分に従う．期待残存在庫を $I(q)$ とすると，$I(q) = (q-D)^+ = q - S(q)$．販売損失関数を $L(q)$ とすると，$L(q) = (D-q)^+ = \mu - S(q)$．小売業者から供給業者への期待振替支払を T で示す．後でわかるように，その関数は多くの観察値（たとえば，発注量，残存在庫）に基づいて決まる．

小売業者の利益関数は，

$$\pi_r(q) = pS(q) + vI(q) - g_rL(q) - c_rq - T$$
$$= (p-v+g)S(q) - (c_r-v)q - g_r\mu - T$$

供給業者の利益関数は，

$$\pi_s(q) = g_sS(q) - c_sq - g_s\mu + T$$

となる．サプライチェーンの利益関数は，

$$\Pi(q) = \pi_r(q) + \pi_s(q) = (p-v+g)S(q) - (c-v)q - g\mu \quad (2.1)$$

である．上記の利益関数が与えられるとき，いくつかの変数は基準化することができる．たとえば，調整価格を $\hat{p} = p-v+g_r$，調整生産原価を $\hat{c} = c-v$，調整振替支払を $\hat{T} = T+(c_r-v)q$，小売業者の調整利益関数を $\tilde{\pi}_r(q) = \pi_r(q)+g_r\mu$，供給業者の調整された利益関数を $\tilde{\pi}_s(q) = \pi_s(q)+g_s\mu$ とする．それらの調整利益関数を簡素化すると，$\tilde{\pi}_r(q) = \hat{p}S(q) - \hat{T}$，$\tilde{\pi}_s(q) = g_sS(q) - \hat{c}q + \hat{T}$ になる．それらの関数はさらに簡潔に表記できるが，所与の契約振替支払を定義するときには注意が必要である．契約条件（たとえば，卸売価格，買戻し費用）が，調整されたパラメータを用いて表さなければならないからである．しかし，調整された契約条件が含まれる場合，これ

注 [4]：本章では，卸売価格は強制的コンプライアンスによって操作されるのに対し，納入量は自発的コンプライアンスによって操作されるものとする．したがって，契約に示されるパラメータは異なったコンプライアンス支配の下で操作できる．それは法廷で異なる条件を検証するときその違いを容易に示すことができるのに似ている．Fangruo Chen が示唆したように，すべての契約が鉄壁契約と見なすことができる（すなわち，すべてが強制的コンプライアンスによって操作される）が，契約条件の内容が制限されるかもしれない．たとえば，契約には小売業者の発注量が供給業者の納入量の限界を超えてはならないというような条文が記されているとする．この場合，限界に関する強制的コンプライアンスが，特定の量に関する自発的コンプライアンスに類似している．これらの解釈上の区別が重要かどうかは，今後の研究による判断が必要である．

注 [5]：契約当事者がコンプライアンス支配を選ぶモデルについては，Krasa and Villamil（2000）を参照のこと．Milner and Pinker（2001）は明確にコンプライアンス支配を定義していないが，それは彼らの研究結果に影響を与えている．彼らは，ある企業がほかの企業の逸脱を確認し，実質的なペナルティが遂行される場合には，サプライチェーンの協調が可能であることを示した．逸脱が確実に確認できない場合，サプライチェーンの協調は可能ではない．Baiman et al.（2000）は，コンプライアンス支配が供給業者に質を改善するインセンティブと，買い手に検査するインセンティブを与えてその結果がどのように現れるかに焦点を絞った研究をしている．

らの調整によって得られた表記上の明確さがしばしば失われる．それゆえ，本章は未調整の利益関数を用いる．

サプライチェーンの最適発注量を q^0，すなわち $q^0 = \mathrm{argmax} \prod(q)$ とする．望ましくない状況を避けるため，$\prod(q^0) > 0$ と仮定する．F は単調に増大するので，$\prod$ は常に凹で，最適発注量は一意的である．さらに，q^0 は次式を満たす．

$$S'(q^0) = \bar{F}(q^0) = \frac{c-v}{p-v+g} \tag{2.2}$$

q_r^* を小売業者の最適発注量とする．すなわち，$q_r^* = \mathrm{argmax}\, \pi_r(q)$ である．小売業者の発注量は選ばれた振替支払案 T によって異なる．

これまで多くの契約タイプがこのモデルに適用されてきている．最も簡単なのは卸売価格契約であり，供給業者は小売業者に単位あたりの固定卸売価格のみを提示する．2.2項はこの契約について検討する．卸売価格契約の場合は一般にサプライチェーンの協調は可能でないことが示される．したがって，分析は次の2つの問題について行われる．つまり，卸売価格契約の効率性とは何か（最適利益に対するサプライチェーン利益の比率）ということと供給業者のサプライチェーン利益の取り分である．

より複雑な契約は，卸売価格と一般的に実需要に依存する調整を含む（ただし，数量割引契約は例外である）．1節で言及したように，それらの契約の分析手法はすべて同じである．つまり，小売業者の活動を調整する契約パラメータを決定し，企業間の利益配分の可能な範囲を評価し，契約は自発的コンプライアンスの下で調整されるかどうか，すなわち，供給業者には小売業者の発注量より少なく納入するインセンティブがあるかどうかをチェックする．

2.2 卸売価格契約

卸売価格契約では，供給業者が小売業者に納入単位あたり w を請求する．つまり，$T_w(q,w) = wq$．ニュースベンダー問題におけるこの種の契約のより完全な分析については，Lariviere and Porteus (2001) を参照のこと．Bresnahan and Reiss (1985) は，需要が確定的な場合の卸売価格契約について研究している．

$\pi_r(q,w)$ は q に関して凹であるので，小売業者の唯一の最適発注量は次式を満たしている．

$$(p-v+g_r)S'(q_r^*) - (w+c_r-v) = 0 \tag{2.3}$$

$S'(q)$ は負の値をとるので，次式が成り立つ場合に限り，$q_r^* = q^0$ となる．

$$w = \left(\frac{p-v+g_r}{p-r+g}\right)(c-v) - (c_r-v)$$

を $w \leq c_s$，すなわち，供給業者が非正の利益を得る場合のみ，卸売価格契約はチャネルを調整することは容易に確認できる．したがって，供給業者は明らかに高い卸売価格を好む．その結果，卸売価格契約は一般的に調整契約とは考えられない（Cho and Gerchak (2001)，Bernstein et al. (2002) で述べられているように，限界費用

が一定ではない場合,限界費用の設定の仕方によっては,供給業者の利益が0になるとは限らない).Spengler (1950) は最初に「二重マージン化」の問題を確認した.つまり,2つのマージンがあり,意思決定を行うとき,どちらの企業もサプライチェーン全体のマージンを考慮しないために,この直列的なサプライチェーンでは協調失敗が生じうる.

卸売価格契約はサプライチェーンの協調を可能にしないにしても,実際に広く観察されているので,卸売価格契約は研究する価値がある.その事実だけが,その卸売価格契約に弁済本来の性質があることを示唆している.たとえば,卸売価格契約は管理が容易である.その結果,調整契約に関する付加的な管理上の負担が供給業者の潜在的利益増加を超える場合,供給業者は調整契約よりも卸売価格契約を好むことが生じうる.

式 (2.3) から,次式に示す小売業者の最適発注量が導かれる.

$$F(q_r^*) = 1 - \frac{w + c_r - v}{p - v + g_r}$$

F は単調増加で連続であるので,w と q_r^* の間に 1:1 の写像関係がある.したがって,小売業者が q_r^* を発注するとき,唯一の卸売価格として次式に示す $w(q)$ がある.

$$w(q) = (p - v + g_r)\bar{F}(q) - (c_r - v)$$

この場合に供給業者の利益関数は,次式のように表せる.

$$\pi_s(q, w(q)) = g_s S(q) + (w(q) - c_s)q - g_s \mu \tag{2.4}$$

コンプライアンス支配はこの契約にとって重要ではないことはすぐわかる.c_s 以上の固定卸売価格では,供給業者の利益は q に関して減少することはないので,供給業者は小売業者がいかなる量を発注しても,生産し納入する.

供給業者の限界利益は,次式のようになる.

$$\frac{\partial \pi_s(q, w(q))}{\partial q} = g_s S'(q) + w(q) - c_s + w'(q)q$$

$$= (p - v + g_r)\bar{F}(q)\left(1 + \frac{g_s}{p - v + g_r} - \frac{qf(q)}{\bar{F}(q)}\right) - (c - v)$$

上式が減少している場合,供給業者の利益関数は単峰である.$\bar{F}(q)$ は減少するので,$qf(q)/\bar{F}(q)$ が増加する場合,$\pi_s(q, w(q))$ は q に関して減少する.その特性をもつ需要分布は増加一般化故障率関数(increasing generalized failure rate:IGFR)と呼ばれる[6].幸いにも,正規分布,指数分布,Weibull 分布,ガンマ分布,ベキ分布(巾分布)といった,一般に利用されている需要分布の多くは IGFR である.したがって,IGFR 需要分布の場合には供給業者の利益を最大化する唯一の販売量 q_s^* が求められる(実際に,供給業者は小売業者の発注量 q_s^* を知ってから卸売価

注 [6]:需要分布の故障率関数は $f(x)/\bar{F}(x)$ である.増加故障率関数(increasing failure rate:IFR)をもつ需要分布はいかなるものも明らかに IGFR である.しかし,IFR ではない IGFR 分布もある.詳しい説明については,Lariviere and Porteus (2001) を参照のこと.

格 $w(q_s^*)$ を設定する).

供給業者が望む最良の利益が $\pi_s(q_s^*, w(q_s^*))$ である限り,小売業者は実際 $\pi_r(q_s^*, w(q_s^*))$ 以上の利益を得ることを望んでもよいのである.たとえば,小売業者は自分の店舗で他の製品を販売し,より多くの利益を得てもよい.すなわち,小売業者の機会費用は $\pi_r(q_s^*, w(q_s^*))$ より大きい.その場合,供給業者は小売業者がその製品を店で販売するために,より寛大な条件を提示する必要がある.卸売価格契約の下では,小売業者の利益は q に関して増加する.

$$\frac{\partial \pi_r(q, w(q))}{\partial q} = -w'(q)q = (p-v+g_r)f(q)q > 0$$

したがって,供給業者が卸売価格を下げることによって,(全く驚くべきことではないが)小売業者の利益を上げることができる.小売業者がサプライチェーンの最適利益より少ない利益を望む限り,小売業者の最小利益要求は実際にサプライチェーンの総利益を増加させている.つまり,$q \in [q_s^*, q^0]$ の範囲では,サプライチェーンの利益は q の増大とともに増加し,小売業者の利益も同様である.したがって,販売力の強化は実際にサプライチェーンのパフォーマンスを改善する(これは多少意外なことで,議論の余地がある).しかし,その改善は供給業者の出費を伴う.掘り下げた説明および販売力がいくつかの市場においていかに変わってきたのに関する実証的検証については,Messinger and Narasimhan (1995), Ailawadi (2001), Bloom and Perry (2001) を参照のこと.

卸売価格契約に適用される2つのパフォーマンス指標は,契約の効率 $\prod(q_s^*)/\prod(q^0)$ および供給業者の利益の取り分 $\pi_s(q_s^*, w(q_s^*))/\prod(q_s^*)$ である.供給業者の見込みから,それらの指標がともに高い場合,卸売価格契約は魅力的なオプションである.というのも,それらの比率の積は,サプライチェーンの最適利益における供給業者の利益の取り分となるからである.

$$\frac{\pi_s(q_s^*, w(q_s^*))}{\prod(q^0)} = \left(\frac{\pi_s(q_s^*, w(q_s^*))}{\prod(q_s^*)}\right)\left(\frac{\prod(q_s^*)}{\prod(q^0)}\right)$$

それがいつありそうかを示すために,$g_r = g_s = 0$ を仮定し,需要はベキ分布に従うものとする.すなわち,$F(q) = q^k (k>0, q \in [0,1])$.その場合,卸売価格契約の効率は $(k+1)^{-(1+1/k)}(k+2)$,供給業者の利益の取り分は $(k+1)/(k+2)$,変動係数は $(k(k+2))^{-1/2}$ である(詳細は,Lariviere and Porteus, 2001参照).変動係数は k の増大とともに減少するが,2つの指標は k の増大とともに増加することに注意されたい.実際,$k \to \infty$ の場合,変動係数は0に近付き,2つの指標は1に近付く.しかし,表6.1は,サプライチェーンの利益における供給業者の取り分がサプライチェーンの効率よりも速く増加することを示している.

このパターンに関する1つの説明は,小売業者の利益はリスクの補償を表すというものである.つまり,卸売価格契約の場合,供給業者の利益変動はないが,小売業者の利益は現実の需要によって変わる.変動係数が減少するにつれて,小売業者が直面

表6.1 需要がパラメータ k のベキ分布に従う場合の卸売価格契約のパフォーマンス

需要分布パラメータ k	0.2	0.4	0.8	1.6	3.2
効率 $\Pi(q_s^*)/\Pi(q^o)$ (%)	73.7	73.9	74.6	76.2	79.1
供給業者の取り分 $\pi_s(q_s^*,w(q_s^*))/\Pi(q_s^*)$ (%)	54.5	58.3	64.3	72.2	80.8
変動係数	1.51	1.01	0.67	0.42	0.25

するリスクは少なくなり,補償が減る.しかし,小売業者がリスクを回避すれば,補償はない(リスク回避モデルについては,Tsay (2002) を参照のこと).小売業者がリスクを受け入れる場合,供給業者はより多くの補償を用意しなければならない.その代わり,小売業者は需給が一致しないリスクに対して償われる.Lariviere and Porteus (2001) は,この議論がさまざまな需要分布に対しても成り立つことを実証している.

Anupindi and Bassok (1999) は,このモデルに関する興味深い拡張について研究している.供給業者は,無限に繰り返される需要の発生が同一の販売期間に直面する小売業者に供給するものとしよう[7].期末に残った在庫は,保持費用をかけて次の期間に持ち越すことができる.小売業者は期間と期間の間に発注し,供給業者は直ちに補充することができる.それぞれの期間中に小売業者は,トレードオフの関係をもつ販売損失と在庫維持費用が生じるニュースベンダー問題に直面する.したがって,小売業者の最適在庫量政策は,ニュースベンダー問題の解決策で,ある一定水準に在庫量を戻すように発注することである.しかし,在庫は次の期間に繰り越されるので,供給業者の期間あたりの平均販売量は小売業者の期間あたりの平均販売量に等しい.すなわち,供給業者の利益関数は $(w(q)-c)S(q)$ である.この設定での供給業者の最適卸売価格に関する分析は複雑である.というのは,供給業者の利益は小売業者の発注量 q よりむしろ,販売量 $S(q)$ に比例するからである.しかし,$S(q)/S'(q) > q$ なので,供給業者の最適卸売価格は単一期間モデルより低い($S(q)/S'(q) > q$ は,$qF(q) > \int_0^q F(y)dy$ を簡略化したものである).したがって,卸売価格契約の効率は単一期間モデルよりもよくなる.

Debo (1999) は,在庫を繰り越すことのない販売機会が1期間限りのニュースベンダーモデルの繰返しバージョンを研究し,サプライチェーンの協調は,供給品の割引率があまり高くない場合,卸売価格契約のみで可能であることを実証した.すなわち,供給業者も小売業者も将来の利益に関心がある.調整は,契約不履行者を罰するトリガー戦略の使用によって達成される.

このモデルを無限期間に拡張したものでは,期間末効果,すなわち,在庫の残存価値を考慮する必要がない.Cachon (2002) は,過剰在庫と需要更新がある2期間バージョンのモデルを研究した.小売業者は販売期間前に発注し,供給業者に対して単

注 [7]:実際には,このモデルでは2つの小売業者がいる.しかし,取り上げたモデルの1つのバージョンでは,小売業者は独立した需要に直面するので,実質的には単一の小売業者がいるモデルと変わらない.

位あたり w_1 を支払う．供給業者は販売期間が始まる前に，小売業者の最初の発注分を生産し納入する．販売期間中に小売業者は供給業者に追加発注ができる．供給業者は在庫がある場合，小売業者に納入し，単位あたり w_2 を請求する（$w_2 > w_1$）．サプライチェーンは3つのモデルのうちの1つに対応して運用される．最初のものは，Lariviere and Porteus（2001）が研究した単一期間モデルに当てはまる．このモデルでは，期間が始まる前にのみ発注が許される．この操作モードは「プッシュ」と呼ばれて，小売業者は在庫リスクのすべてを背負わされる（すなわち，小売業者は残った在庫を処理する費用を負担する）．その対極のモードは「プル」と呼ばれ，小売業者は販売期間中のみ発注し，供給業者がすべての在庫リストを背負う．プッシュとプルの組合せは高度な仕入割引を用いることによって達成できる（$w_1 < w_2$）．小売業者は高度な仕入割引を利用するために最初の発注を行い，供給業者は販売期間内の小売業者の発注を見計らって，最初の発注より多く生産する．もし，小売業者と供給業者がプッシュあるいはプルだけではなく，プッシュとプル両方を含む契約を考慮する場合，サプライチェーンの効率はより高くなることが示される．さらに，高度な仕入割引を用いてサプライチェーンの協調を可能にし，利益を随意に配分するにはいくつかの条件が必要であることが知られている．小売業者が発注するタイミングについての研究は，Ferguson et al.（2002），Taylor（2002b），Yüksel and Lee（2002）を参照のこと．調整契約における需要更新モデルについては，6節を参照されたい．

Dong and Rudi（2001）は，卸売価格契約において，2つのニュースベンダーモデルが互いの在庫を積み替える場合について研究している．供給業者は一般に積替えのすべての利益を得ることができるが，小売業者にとって積替えは不利益となることが見出されている．それらは，Lariviere and Porteus（2001）が比較的変動の少ない需要の下では供給業者が有利で小売業者は不利であることを見出したことと一致する（しかし，おそらく同一ではない）．積替えに関連して，Chod and Rudi（2002）は，供給業者が単一の資源を下流の企業に供給し，そこでその資源を用いて複数製品を生産するモデルを研究している．

Gilbert and Cvsa（2000）は，不確実的な需要および高額投資の下で生産費用を下げる卸売価格契約を研究している．市場の需要に応じて卸売価格を調整する柔軟性と，生産費用を下げるインセンティブを与える必要性の間に，トレードオフ関係が存在することを実証している．この論文の詳しい説明は，4節で行う．

2.3 買戻し契約

買戻し契約では，小売業者が発注した製品に対して供給業者は単位あたり w を請求するが，期末に残った製品には小売業者に b を支払って買い戻す．

$$T_b(q, w, b) = wq - bI(q) = bS(q) + (w-b)q$$

小売業者は，売れ残り製品から利益を得るべきではないので，$b \leq w$ と仮定する．ニュースベンダー問題における買戻し契約に関する詳細な分析は，Pasternack（1985）

を参照のこと．

　買戻し契約は返品方策とも呼ばれるが，いずれも期末に供給業者に物理的に返品が行われることを暗示するので，多少誤解を招きやすい．供給業者の正味残存価値が小売業者の正味残存価値より大きい場合は，期末に返品される．しかし，小売業者の残存価値の方が高い場合は，小売業者が返品し，供給業者が小売業者に「値下げ額」とも呼ばれる額を入金する（Tsay, 2001 参照）．重要な暗黙の仮定は，供給業者は売れ残り製品の数を確認することができ，また，それに要する監視費用が契約によって生み出される利益を打ち消すことはないというものである．

　買戻し契約の下での小売業者の利益は，次式のようになる．
$$\pi_r(q, w_b, b) = (p - v + g_r - b)S(q) - (w_b - b + c_r - v)q - g_r\mu$$
今，買戻しのパラメータ集合 $\{w_b, b\}$ を考えて，$\lambda \geq 0$ に対して以下とする．
$$p - v + g_r - b = \lambda(p - v + g) \tag{2.5}$$
$$w_b - b + c_r - v = \lambda(c - v) \tag{2.6}$$
式 (2.1) と比較すると，以上の契約による小売業者の利益関数は，以下となる．
$$\begin{aligned}\pi_r(q, w, b) &= \lambda(p - v + g)S(q) - \lambda(c - v)q - g_r\mu \\ &= \lambda\prod(q) + \mu(\lambda g - g_r)\end{aligned} \tag{2.7}$$
$q_r^* = q^0$ が小売業者にとって最適であることはすぐわかる．供給業者の利益関数は，以下となる．
$$\pi_s(q, w_b, b) = \prod(q) - \pi_r(q, w, b) = (1 - \lambda)\prod(q) - \mu(\lambda g_s - (1 - \lambda)g_r)$$
したがって，買戻し契約は $\lambda \leq 1$ である限り，自発的コンプライアンスと調和して働く．供給業者（あるいは小売業者）にとって q^0 は最適であるが，利益が片方にのみ生じるので，$\lambda = 1$（あるいは $\lambda = 0$）の場合には意味が不明確になる．したがって，調整は可能であるが，最適解はもはや唯一の Nash 均衡ではない．

　興味深いことに，自発的コンプライアンスは実際にサプライチェーンの頑健性を強める．小売業者が論理を無視して，$q > q^0$ を発注すると仮定する．供給業者は小売業者の発注量以下を納入することを許されるので，q^0 しか納入しないことによって小売業者の誤りを訂正する．しかし，小売業者は発注した量より多く納入される場合にそれを拒否できるが，小売業者が q^0 以下を発注する場合は，供給業者はその誤りを訂正できない．不合理な発注に対する調整計画の頑健性に関する詳しい議論は，Chen (1999a)，Porteus (2000)，Watson (2002) を参照のこと[8]．

注 [8]：これは興味をそそる考えであるが，不合理な振る舞いに基づいた理論を構築するのは困難である．おそらく比較的よい説明は，システムで生じる衝撃は1人のメンバーにのみ観察可能であるというものである．たとえば，q^0 が定常的な最適発注量である場合，供給業者は，実際に $q' < q^0$ が本当の最適であることを示す情報を知るかもしれない．したがって，小売業者の明らかに不合理な極端な発注は実際に情報不足によって起こる．興味深い研究はこれらの考えを引き継ぎうる．おそらく，Stidham (1992) から着想を得たものであろう．マネージャーがある限られた期間内のアクションを決定するが，その期間の実際の期待需要がマネージャーの期待に反するかもしれない場合の待ち行列規則を研究している．そして，不安定な均衡が存在しうることを示している．すなわち，システムに対する小さな衝撃が，システムを均衡状態から外してしまう．

小売業者の利益はλに関して増加し,そして供給業者の利益はλに関して減少する.したがって,パラメータλは小売業者と供給業者のサプライチェーンにおける利益配分に作用する.小売業者が,サプライチェーン全体の利益である$\pi_r(q^o, w_b, b)$ $=\Pi(q^o)$を得るときのλは,

$$\lambda = \frac{\Pi(q^o) + \mu g_r}{\Pi(q^o) + \mu g} \leq 1 \tag{2.8}$$

であり,供給業者がサプライチェーン全体の利益$\Pi(q^o)$を得るときのλは,

$$0 \leq \lambda = \frac{\mu g_r}{\Pi(q^o) + \mu g} \tag{2.9}$$

である.したがって,この調整契約によって,$\lambda=0$と$\lambda=1$が実行可能であると仮定すれば,考えられるすべての利益配分が実行可能である.

サプライチェーンの協調には,卸売価格と買戻しレートの両方を同時に調整することが必要である点は興味深い.これは交渉過程に影響を及ぼす.たとえば,小売業者と供給業者が特定の卸売価格に合意すると仮定する.どんな固定卸売価格を与えられるにしても,調整した買戻しレートは,供給業者あるいは小売業者の利益を最大化する買戻しレートではない.言い換えれば,両方のプレイヤーは非Pareto最適(すなわち,非調整)契約に賛成するインセンティブをもつことであろう.もし両方のプレイヤーが非Pareto最適契約について合意するのなら,両方のプレイヤーがもっと儲かるようにすることのできるいくつかの調整契約が存在するために,それは不面目なことである.しかし,その調整契約は異なる卸売価格を示すであろう.マネージャーにとって重要な教訓は,これらのパラメータを交渉すべきではない(すなわち,1つのパラメータについて合意に達し,次に2つ目のパラメータを検討するというように)ということである.そうではなくて,交渉においては常に卸売価格と買戻しレートを同時に変更することを認めるべきである.

式(2.7)から,パラメータλはサプライチェーン全体の利益の小売業者の取り分としておおよそ説明でき,$g_r = g_s = 0$の場合にはそれが正確に小売業者の取り分になる.パラメータλは実際,買戻し契約の一部ではないことに注意されたい.これは説明を明確にするために導入されている.サプライチェーンの協調に関する文献のほとんどは,比較可能なパラメータを明確に定義していない.むしろ,他の観点から1つの契約パラメータを示すのが一般的である.たとえば次式がそうである.

$$w_b(b) = b + c_s - (c-v)\left(\frac{b+g_s}{p-v+g}\right)$$

さらに,調整パラメータは通常,1次式によって示される.このアプローチはより一般的なので好まれる.たとえば,たとえそれらの条件のすべてがこのモデルにおいて満たされても(これこそ,1次式のアプローチが用いられる理由である),戦略空間は連続的である必要はなく,唯一の最適解が存在する必要がない.また,サプライチェーンの費用関数は連続的である必要はない.

一般に，各企業の利益がサプライチェーン利益のアフィン関数である場合，契約は常に小売業者と供給業者の活動を調整する．事実上，小売業者と供給業者は結局，利益配分の取り決めのようなことをして終わる．Jeuland and Shugan (1983) は，利益配分はサプライチェーンの協調を可能にできると述べているが，利益配分の達成のための具体的な契約を提案していない．Caldentey and Wein (1999) は，それぞれの企業がすべての他の企業の効用の一定部分を受け取る場合，利益配分が行われることを示している．それぞれの企業がすべての他の企業と交渉を行うというアプローチでは，企業の数が大きい場合は管理上の負担が生じよう．

買戻し契約に関する現実的な文献がある．Padmanabhan and Png (1995) は，ニュースベンダーモデルで取り扱われていない，返品条件におけるいくつかの動機について述べている．供給業者は，小売業者が売れ残り製品を値引きして販売することを防止するために，返品方針を提示するかもしれない．値引きによって供給業者のブランドイメージが低下するからである．たとえば，最新流行の衣服の供給業者は，商品の人気を高めるために，巨額のマーケティング予算をもっている．季節の終わりに値引棚に残っている服をみるようなことがあれば，消費者に最新流行服のイメージが損なわれる．また，供給業者は小売業者間でのリバランス在庫の返品の受け入れを望むかもしれない．集中システムにおけるストック・リバランシングを取り扱っている論文は多くある (Lee, 1987; Tagaras and Cohen, 1992)．Rudi et al. (2001) と Anupindi et al. (2001) は，分散システムのストック・リバランシングについて取り上げている．

Padmanabhan and Png (1997) では，供給業者は小売業者の競争を操作するために買戻し契約を使用している (5.2項参照)．Emmons and Gilbert (1998) は，小売価格設定ニュースベンダー問題における買戻し契約を研究している (3節参照)．Taylor (2002a) は，努力依存型の需要をもつニュースベンダー問題を調整する売上割戻し契約に，買戻し契約を組み入れて研究している (4節参照)．Donohue (2000) は，複数の生産機会および強化されていく需要予測能力をもつモデルにおける買戻し契約を研究している (6節参照)．Anupindi and Bassok (1999) は，在庫を見つけるために小売業者の間を消費者が往来する，2つの小売業者からなるサプライチェーンが買戻し契約によって協調を可能にできることを実証している[9]．Lee et al. (2000) のモデルの価格保護政策は，買戻しに非常に類似している[10]．ただし，Taylor (2001) では，価格保護は買戻しと異なる．小売価格が時間とともに下がる場合，利益を任意に配分できる調整が，買戻しに加えて価格保護を必要とすることを

注 9：Anupindi らのモデルでは，供給業者は残存の在庫の保持費用に対して助成が行われており，買戻しに類似している．

注 10：Lee らの最初のモデルでは，需要が2つの期間にわたって生じても，小売業者は1回限り購入の決定を行う．価格保護は，最初の期間の終わりに売れ残った商品のクレジットとしてモデル化されており，買戻しに類似している．次のモデルは，小売業者は各期間の最初に発注が可能である．また，価格保護は，最初の期間末に売れ残り商品のクレジットとしてモデル化される．買戻しによって行うのと同様に，価格保護は小売業者の供給過剰費用を削減するのである．

実証している[11]．

資本集約産業の環境において，Wu *et al.* (2002) は，買戻し契約に類似した契約を研究している．単一の供給業者と単一の買い手がいて，買い手は s を支払い，商品 Q 単位の生産能力を予約し，Q 単位使われた生産能力に対して別料金で g を支払う．これは，卸売価格 $w=s+g$ および買戻しレート $b=g$ の買戻し契約に類似している．つまり，買い手は予約し，使われた生産能力に対し $s+g$ を支払い，使っていない生産能力に対し g を受け取る．また，買い手の需要は，追加の生産能力における契約パラメータと，不確実なスポット価格に依存して変化する．つまり，スポット価格が g より小さい場合，買い手はスポット市場を占有して需要を満たすが，スポット価格が高い場合，買い手は予約する製品能力およびスポット市場の最適ミックスを用いる．

2.4 収益分与契約

収益分与契約では，供給業者は小売業者に購入量1単位あたり w_r を請求し，小売業者は収益の一部を供給業者に支払う．収益がすべて共有されると仮定する．すなわち，売れ残り品を処分して得た収益も企業間で共有される（通常収益のみ共有する収益分与契約を調整することも可能である）．ϕ を小売業者が取得するサプライチェーン収益の一部とする．したがって，$1-\phi$ は供給業者の取得分になる．収益分与契約は，最近ビデオレンタル産業に適用され，多くの成功をおさめている．Cachon and Lariviere (2000) は，より一般的な前提の下でこれらの契約を分析した．

収益分与の振替支払は，

$$T_r(q,w_r,\phi)=(w_r+(1-\phi)v)q+(1-\phi)(p-v)S(q)$$

小売業者の利益関数は，

$$\pi_r(q,w_r,\phi)=(\phi(p-v)+g_r)S(q)-(w_r+c_r-\phi v)q-g_r\mu$$

である．今，収益分与契約のパラメータ $\{w_r,\phi\}$ を，$\lambda\geq 0$ および，

$$\phi(p-v)+g_r=\lambda(p-v+g)$$

$$w_r+c_r-\phi v=\lambda(c-v)$$

とする．これらの条件の下で，小売業者の利益関数は，

$$\pi_r(q,w_r,\phi)=\lambda\Pi(q)+\mu(\lambda g-g_r) \tag{2.10}$$

である．したがって，q^o は小売業者の最適発注量であることがわかる．供給業者の利益は，

$$\pi_s(q,w_r,\phi)=\Pi(q)-\pi_r(q,w_r,\phi)=(1-\lambda)\Pi(q)-\mu(\lambda g-g_r)$$

となり，q^o は $\lambda\leq 1$ である限り，供給業者の最適生産量である．λ が増大するにつれて，小売業者の利益が増加するのに対し，供給業者の利益は減少する．式 (2.8) の場合，小売業者の利益がサプライチェーンの利益に等しくなるパラメータ値，式

注[11]：このモデルでは，小売業者は最初の期間末に追加量を発注するか，あるいは供給業者にユニットを返品することができる．価格保護は，現在保有されている商品のクレジットである．したがって，価格保護は在庫を保持するための助成金に対し，買戻しは在庫を準備するための助成金である．

(2.9) の場合，供給業者の利益がサプライチェーンの利益に等しくなるパラメータ値が求められることは容易に確認できる．したがって，それらの収益分与契約はサプライチェーンの協調を可能にし，その利益を随意に配分する．

式 (2.10) と式 (2.7) の類似点は，収益分与契約と買戻し契約の間の強い関連性を意味する．実際，この前提の下では，それらは変わりがない．調整された買戻し契約 $\{w_b, b\}$ を考える．その契約の下では，小売業者は購入した製品に対し，単位あたり $w_b - b$ を支払い，販売したものに対し，b を追加する（買戻し契約の共通の説明は，小売業者が購入した製品に対し w_b を支払い，売れなかった製品に対し b を請求する．それは，購入した製品に対し $w_b - b$ を支払い，製品が売れた後にさらに b を支払うのと同じである）．収益分与契約の下では，小売業者は，購入した製品に対し単位あたり $w_r + (1-\phi)v$，売れた製品に対し単位あたり $(1-\phi)(p-v)$ を支払う．したがって，収益分与契約と買戻し契約は以下の場合に，同等である．

$$w_b - b = w_r + (1-\phi)v$$
$$b = (1-\phi)(p-v)$$

言い換えれば，収益分与契約 $\{w_r, \phi\}$ はいかなる需要に対しても，小売業者と供給業者に以下の買戻し契約と同一の利益をもたらす．

$$w_b = w_r + (1-\phi)p$$
$$b = (1-\phi)(p-v)$$

以上に述べた前提の下ではこれらの契約は同等であるが，3節および5.2項ではより複雑な前提の下で異なった道筋を辿ることを実証する．

収益分与契約に関する調査論文はいくつかある．Mortimer (2000) は，ビデオレンタル産業における収益分与契約がもたらす影響を，計量経済学の観点から詳細に研究し，これらの契約を採用することにより，サプライチェーンの利益は 7% 増えることを見出している．Dana and Spier (2001) は，完全競争の小売市場におけるこれらの契約を研究している．Pasternack (1999) は，小売業者が一部を収益分与契約で購入し，残りの量を卸売価格契約で購入する単一ニュースベンダーモデルを研究している．ただし，サプライチェーンの協調は検討されていない．Gerchak et al. (2001) は，ビデオを何本購入し，どのくらいの期間にわたって所有するかを決定するビデオの小売業者を取り上げている．収益分与契約はサプライチェーンの協調を可能にするが，一通りの利益配分を提供するにすぎない．そのため，ライセンス料と追加して利益を再配分している．Wang et al. (2001) は，委託販売の場合（すなわち，$w_r = 0$）における収益分与を取り上げている．

2.5 数量柔軟契約

数量柔軟契約では，供給業者は購入単位あたり w_q を請求し，小売業者の売れ残り損失を補償する．具体的には，小売業者は期末に供給業者から $(w_q + c_r - v)\min(I, \delta q)$ に等しい額のクレジットを受け取る．ここで，I は残りの在庫量，q は製品の購入

第6章 契約によるサプライチェーンの協調　　233

量, $\delta\in[0,1]$ は契約パラメータである（戻ってくる金額を決める閾値が，小売業者の購入量の割合ではなく，絶対量であるモデルについては，Yüksel and Lee（2002）参照）．したがって，買戻し契約は小売業者の全購入量に対して一部分を保護するのに対し，数量柔軟契約は，小売業者の購入量の一部分を完全に保護する（小売業者は売れ残りの在庫を処分するので，クレジットには残存価値は含まれない）．供給業者が購入量について単位あたり c_r を補償しない場合は，小売業者は購入量の一部分に限った部分的補償を受け取ることになるが，これはバックアップ契約と呼ばれる．Pasternack（1985），Eppen and Iyer（1997），Barnes-Schuster et al.（2002）がそれらの契約について研究している[12]．

　Tsay（1999）は，これに似たモデルを用いて，数量柔軟契約の下でのサプライチェーンの協調について研究している．小売業者は最終発注をする前に（すなわち，ちょうどどれだけの量を返品するかについて決める前に），不完全な需要シグナルを受け取るのに対し，Tsay（1999）のモデルでは，小売業者は完全なシグナルを受け取る，すなわち，小売業者が需要を観測する．しかし，需要情報がわかる前に生産は終了しているので，Tsay（1999）で取り扱われる中心的な課題はやはりニュースベンダー問題である．小売業者が期末にのみ製品を返す場合，需要シグナルの分析，あるいはその結果は重要ではない．そのときには，需要シグナルはもはや価値がない．しかし，小売業者が需要シグナルを観測した後で，また販売期間が始まる前に製品を返品できる場合需要シグナルは重要である．いったん生産された在庫はほかに仕様がないので，サプライチェーンの最適解は，いかなるシグナルを受け取っても小売業者で在庫をすべて保持することである．小売業者が在庫を返品するのを認める（あるいは，小売業者が初期発注の一部分を取り消すことを認める）ことは，「立ち往生する在庫問題」を引き起こす．つまり，需要を満たすために使われなかった在庫は，供給業者のところで立ち往生する．その状況で，Tsay（1999）において指摘されているように，数量柔軟契約は実際に，サプライチェーンの協調を妨げるかもしれない．もう一つの問題については，Tsay（1999）は，強制的コンプライアンスを仮定しており，それはある重要性をもっている[13]．

　数量柔軟契約の下では，振替支払 $T_q(q,w_q,\delta)$ は次式で示される．
$$T_q(q,w_q,\delta)=w_q-(w_q+c_r-v)\int_{(1-\delta)q}^{q}F(y)\mathrm{d}y$$
ここで，第2項は δq 単位の限界まで，小売業者の売れ残りに対する補償である．小

注 [12]：Eppen and Iyer（1997）は，チャネルの調整を取り上げないで，代わりに小売業者の発注量の決定を検討している．しかし，そのモデルは複雑であり，たとえば，需要の更新，在庫費用，顧客の返品が取り扱われている．

注 [13]：両者の間には，性質上重要にはみえないいくつかの小さな違いがほかにもある．Tsay は，需要が正規分布に従うと仮定している．加えて，小売業者の最終的な発注量は，$[q(1+a),q(1-w)]$ の範囲内になければならない．ここで，q は最初の予測量で，a および w は契約パラメータである．このモデルでは，小売業者の最終発注量は，$[\delta q,q]$ の範囲内になければならない．この場合，q は初発注量で，δ は契約パラメータである．供給業者の信用ペナルティコストも小売業者の限界原価 c_r も考慮されていない．

売業者の利益関数は，
$$\pi_r(q, w_q, \delta)$$
$$= (p-v+g_r)S(q) - (c_r-v)q - T_q(q,w_q,\delta) - \mu g_r$$
$$= (p-v+g_r)S(q) - (w_q+c_r-v)q + (w_q+c_r-v)\int_{(1-\delta)q}^{q} F(y)\,dy - \mu g_r$$

である．サプライチェーンの協調を達成するために，小売業者の q^o に関する1次微分

$$(p-v+g_r)S'(q^o) - (w_q+c_r-v)(1-F(q^o)+(1-\delta)F((1-\delta)q^o)) = 0$$
$$(2.11)$$

は，必要条件である（が，十分条件ではない）．$w_q(\delta)$ が式（2.11）を満たす卸売価格とすると，

$$w_q(\delta) = \frac{(p-v+g_r)(1-F(q^o))}{1-F(q^o)+(1-\delta)F((1-\delta)q^o)} - c_r + v$$

となる．小売業者の利益関数が凹の場合，$w_q(\delta)$ は確かに調整卸売価格である．

$$\frac{\partial^2 \pi_r(q, w_q(\delta), \delta)}{\partial q^2}$$
$$= -(p+g_r-w_q(\delta)-c_r)f(q) - (w_q(\delta)+c_r-v)(1+(1-\delta)^2 f((1-\delta)q))$$
$$\leq 0$$

この式は，$v-c_r \leq w_q(\delta) \leq p+g_r-c_r$ の場合に成り立つ．その範囲は $\delta \in [0,1]$ を満たす．なぜなら，

$$w_q(0) = (p-v+g_r)\bar{F}(q^o) + v - c_r$$
$$w_q(1) = p + g_r - c_r$$

であり，$w_q(\delta)$ は δ の増大につれて増加するからである．

サプライチェーンの協調のために，供給業者も小売業者に q^o を供給することを望まなければならない．供給業者の利益関数は，

$$\pi_s(q, w_q(\delta), \delta) = g_s S(q) + (w_q(\delta) - c_s)q - (w_q(q) + c_r - v)\int_{(1-\delta)q}^{q} F(y)\,dy - \mu g_s$$

そして，

$$\frac{\partial \pi_s(q, w_q(\delta), \delta)}{\partial q}$$
$$= g_s(1-F(q)) + (w_q(\delta)-c_s) - (w_q(\delta)+c_r-v)(F(q)-(1-\delta)F((1-\delta)q))$$
$$= g_s(1-F(q)) - c + v + (w_q(\delta)+c_r-v)(1-F(q)+(1-\delta)F((1-\delta)q))$$

である．供給業者の q^o に関する1次微分条件は満たされる．

$$\frac{\partial \pi_s(q^o, w_q(\delta), \delta)}{\partial q} = g_s(1-F(q^o)) - c + v + (p-v+g_r)(1-F(q^o)) = 0$$

しかし，q^o に関する2次微分条件の符号は状況に応じて異なる．

$$\frac{\partial^2 \pi_s(q^o, w_q(\delta), \delta)}{\partial q^2} = -w_q(\delta)(f(q)-(1-\delta)^2 f((1-\delta)q)) - g_s f(q)$$

つまり，q^o は局所最小値を示す解である（すなわち，上記式の値は正である）かも

しれない．それは，$g_s=0$ および $(1-\delta)^2 f((1-\delta)q^o)$ が $f(q^o)$ より大きい場合に生じ，それは，δ が小さく，$f((1-\delta)q^o)$ が大きく，$f(q^o)$ が小さい場合に可能である．2次微分条件は，$(1-\delta)q^o \approx \mu$ が成り立ち，需要に変動がほとんどない（すなわち，密度関数の変数が平均値の近傍に集中している）場合に生じる．$f(q^o)$ が分布の後部にある場合，すなわち限界フラクタイルが大きい場合，3次微分条件が生じる．たとえば，q^o は以下のパラメータの下で局所最小値を示す解になる．すなわち，D は正規分布に従い，$\mu=10$, $\sigma=1$, $p=10$, $c_s=1$, $c_r=0$, $g_r=g_s=v=0$, $\delta=0.1$. したがって，たとえ卸売価格が $w_q(\delta)$ であっても，自発的コンプライアンスに基づくサプライチェーンの協調は，数量柔軟契約の下では保証されない．チャネル調整は，供給業者の行動とは無関係なので，強制的コンプライアンスによって達成される．

ある数量柔軟 $(w_q(\delta),\delta)$ 契約がチャネルを調整すると仮定し，それがどのように利益を配分するかを考えてみよう．$\delta=0$ のとき，小売業者はサプライチェーンの最適利益に関して，少なくとも以下の額を得る．

$$\pi_r(q, w_q(0), 0) = (p-v+g_r)S(q) - \left(\frac{q-v+g_r}{p-v+g}\right)(c-v)q^o - \mu g_r$$
$$= \prod(q^o) + g_s(\mu - S(q^o) + \bar{F}(q^o)q^o)$$
$$\geq \prod(q^o)$$

$\delta=1$ のとき，供給業者はサプライチェーンの最適利益に関して，少なくとも以下の額を得る．

$$\pi_s(q, w_q(1), 1) = g_s S(q^o) + (p+g_r-c)q^o - (p+g_r-v)\int_0^q F(y)dy - \mu g_s$$
$$= \prod(q^o) + \mu g_r$$
$$\geq \prod(q^o)$$

利益関数が δ に関して連続的であれば，$\prod(q^o)$ のあらゆる配分が可能である．

数量柔軟契約，あるいはそれに密接にかかわる契約を研究している論文がほかにも多数ある．Tsay and Lovejoy (1999) は，より複雑な設定（多数の場所，多数の需要期間，リードタイム，需要予測の更新）の下で数量柔軟契約を研究している．Bassok and Anupindi (1997b) は，Tsay and Lovejoy (1999) より一般的な仮定の下に，単一段階システムに関する契約を綿密に分析している（それらの契約は期間更新柔軟契約と呼ばれている）．複数期間モデルにおいては，これらの契約はサプライチェーン発注の可変性を抑制することが観察されている．それは単一期間モデルにおいてはみられない潜在的に有用な特徴である．

Cachon and Lariviere (2001), Lariviere (2002) は，数量柔軟契約と予測共有の相互作用について研究している．Cachon and Lariviere (2001) のモデルでは，下流の企業は上流の供給業者よりもよい需要予測をしているが，上流の供給業者にその予測が信頼できることを納得させる必要がある．数量柔軟契約における最小限のかかわり合いが，この問題の非常に有用な解決策である（10節参照）．Lariviere (2002)

では，需要予測を改善するために下流企業がより多くの努力を払うよう，上流企業が下流企業に働きかける．

Plambeck and Taylor (2002) は，1つ以上の下流企業および事後の再交渉ができる数量柔軟契約を研究している．小売業者が多数の場合，ある小売業者は初期発注量 q より多くを必要とし，また別の小売業者は最小限の発注量 δq より少ない発注を望むことが生じる．これは，契約の再交渉をする機会をつくり，署名される最初の契約と実際にとられる行動に影響を及ぼす．

2.6 売上割戻し契約

売上割戻し契約の下では，供給業者は購入製品単位あたり w_s を請求するが，閾値 t 以上の売上に対し，単位あたり r を小売業者に与える．この契約方式は，Taylor (2002a)，Krishnan *et al.* (2001) によって研究され，後者は「値下げ手当て」と名付けた．両モデルとも，ここで説明するものより複雑であるが，両論文において，特に小売業者が需要を増加するための努力を払わせている．Taylor (2002a) のモデルでは，努力の大きさは発注量と同時に決めるものとしているが，Krishnan *et al.* (2001) のモデルでは，小売業者が発注量を決め，需要シグナルを観測してから努力の大きさを決めることができる．したがって，需要シグナルが発注量より多い場合，小売業者はそれほど努力する必要はない．小売の努力が取り扱われる場合の調整についてのより詳しい説明は，4節を参照されたい．

売上割戻し契約における振替支払は，

$$T_s(q, w_s, r, t) = \begin{cases} w_s q, & q < t \\ (w_s - r)q + r\left(t + \int_t^q F(y)\,dy\right), & q \geq t \end{cases}$$

であり，$q \geq t$ の場合，小売業者は購入したすべての製品に対し，単位あたり $w_s - r$ を支払い，購入する最初の t 単位の製品に対し単位あたり r を加え，さらに閾値 t より多い部分で売れない製品に対し単位あたり r を加える．小売業者の利益関数は，次式によって示される．

$$\pi_r(q, w_s, r, t) = (p - v + g_r)S(q) - (c_r - v)q - g_r\mu - T_s(q, w_s, r, t)$$

この契約でサプライチェーンの協調を達成するために，q^o は少なくとも局所最大値でなければならない．

$$\frac{\partial \pi_r(q^o, w_s, r, t)}{\partial q} = (p - v + g_r)\overline{F}(q^o) - (c_r - v) - \frac{\partial T_s(q^o, w_s, r, t)}{\partial q} = 0 \tag{2.12}$$

$t \geq q^o$ の場合，上記の条件式は $w_s = c_s - g_s \overline{F}(q^o)$ の場合にのみ満たされ，それは明らかに供給業者に受け入れられるものではない．しかし，この契約が興味深いのは，サプライチェーンの協調は $t < q^o$ の場合にのみ達成されるのかどうかという点である．したがって，$t < q^o$ と仮定する．

第6章 契約によるサプライチェーンの協調

$w_s(r)$ を式 (2.12) を満たす卸売価格と定義する.
$$w_s(r) = (p - v + g_r + r)\overline{F}(q^o) - c_r + v \tag{2.13}$$

卸売価格が与えられ，$q(q>t)$ に関する2次微分条件から $\pi_r(q, w_s(r), r, t)$ が厳密な凹であると確認できる．したがって，q^o は局所最大値を与える点である．しかし，$\pi_r(q, w_s(r), r, t)$ は $q \le t$ に関して厳密な凹で，そして $q = t$ において「節点」となり，$\pi_r(q, w_s(r), r, t)$ は q に関して単峰である必要はない．$\bar{q} = \mathrm{argmax}_{q \le t}\pi_r(q, w_s(r), r, t)$ とする．したがって，$\bar{q}$ より q^o の方が小売業者に好まれるような調整契約が存在することを示す必要がある．$w_s(r)$ を小売業者の利益関数に代入すると，

$$\pi_r(q, w_s(r), r, t) = \Pi(q) + g_s(\mu - S(q) + q\overline{F}(q^o)) - rq\overline{F}(q^o)$$
$$+ \begin{cases} 0, & q < t \\ rq - r\left(t + \int_t^q F(y)\,\mathrm{d}y\right), & q \ge t \end{cases}$$

そして，

$$\pi_r(q^o, w_s(r), r, t) = \Pi(q^o) + g_s(\mu - S(q^o) + q^o\overline{F}(q^o))$$
$$+ r\left(q^o F(q^o) - t - \int_t^{q^o} F(y)\,\mathrm{d}y\right)$$

となる．$t = 0$ の場合，小売業者は $\Pi(q^o)$ より多く得るので，q^o は確かに最適である．$t = q^o$ の場合，小売業者の利益関数は $t \ge q^o$ において減少する．$\bar{q}$ は，小売業者にとって少なくとも q^o と同じ程度によい．$\pi_r(q, w_s(r), r, t)$ が t に関して減少するならば，$\pi_r(q^o, w_s(r), r, t) = \pi_r(\bar{q}, w_s(r), r, t)$ となるような t が範囲 $[0, q^o]$ の中に必ず存在する.

利益配分について述べる．$t = 0$ において小売業者は $\Pi(q^o)$ を得ることはすでに示した．したがって，$\pi_r(q^o, w_s(r), r, t) = \Pi(q^o)$ を満たす t は必ず存在する．その場合，小売業者はサプライチェーンの全利益を得る．$t = q^o$ の場合，小売業者は $\pi_r(\bar{q}, w_s(r), r, t)$ を得る．そして，r が十分大きければ利益は0になり，供給業者がサプライチェーンの全利益を得る．実際，売上割戻し契約はパラメータが多いので，一般にどんな利益配分も可能な契約が締結できる．これら3つのパラメータがあれば，1つの行動を調整し，料金を再配分するのに十分である．

供給業者の生産意思決定について述べる．調整された売上割戻し契約の下での供給業者の利益関数は，

$$\pi_s(q, w_s(r), r, t) = -g_s(\mu - S(q)) - c_s q + T_s(q, w_s(r), r, t)$$

である．$q > t$ の場合，

$$\frac{\partial \pi_s(q, w_s(r), r, t)}{\partial q} = g_s \overline{F}(q) - c_s + w_s(r) - r + rF(q)$$
$$= (r - g_s)(F(q) - F(q^o))$$

となる．上式は，$r < g_s$ のときのみ，$q \le q^o$ において正である．しかし，もし $r \le g_s$ であれば，$w_s(r) \le c_s$ となり，$r < g_s$ では供給業者は利益を得ることはできない．そ

の結果，$r>g_s$ は，供給業者が t を超える量の製品を小売業者に供給すれば，その分損失をこうむることを意味する．小売業者は，閾値 t を超えて販売される量の製品に対し単位あたり $w_s(r)-r$ を供給業者に支払う．式（2.13）から，

$$w_s(r)-r=c_s-v-g_s\bar{F}(q^0)-rF(q^0)<c_s$$

となる．したがって，売上割戻し契約は自発的コンプライアンスの下でサプライチェーンの協調はできない．

2.7 数量割引契約

数量割引には多くのタイプがある[14]．本項では，「すべての量」を対象とした数量割引について述べる．すなわち，振替支払は $T_d(q)=w_d(q)q$ である．ここで，$w_d(q)$ は単位あたりの卸売価格で，q の増加につれて減少する．小売業者の利益関数は，

$$\pi_r(q,w_d(q))=(q-v+g_r)S(q)-(w_d(q)+c_r-v)q-g_r\mu$$

である．協調を達成する一つの方法は，小売業者の利益がサプライチェーンの利益の一定部分になるような支払スケジュールを選ぶことである．具体的には，

$$w_d(q)=((1-\lambda)(p-v+g)-g_s)\left(\frac{S(q)}{q}\right)+\lambda(c-v)-c_r+v$$

とする．$\lambda\leq\bar{\lambda}$ の場合，上式は q の増加につれて減少する．ただし，

$$\bar{\lambda}=\frac{p-v+g_r}{p-v+g}$$

である．したがって，$S(q)/q$，すなわち，発注量の単位あたりの売上は q の増加につれて減少する．小売業者の利益関数は，

$$\pi_r(q,w_d(q))=\lambda(p-v+g)S(q)-\lambda(c-v)q-g_r\mu$$
$$=\lambda(\Pi(q)+g\mu)-g_r\mu$$

となる．したがって，q^0 は小売業者と供給業者の両者にとって最適である．買戻し契約や収益分与契約のように，パラメータ λ はサプライチェーンの2つの企業に利益を配分する役割を果たしている．しかし，λ の上限は，数量割引によってあまりにも多くの利益が小売業者に配分されることを防ぐ．技術的には，$\lambda\geq\bar{\lambda}$ の場合も，$w_d(q)$ はスケジュールの上で調整し続け，$w_d(q)$ は q とともに増加する．その場合，小売業者は数量プレミアムを支払う．数量割引および数量プレミアムの両方の契約の下でのモデルについては，Tomlin（2000）を参照されたい[15]．

注 [14]：数量割引契約を大ざっぱにいえば，小売業者の限界収益曲線が変化していない限り，小売業者の限界費用曲線を操作することによって協調を達成する．限界収益曲線と限界費用曲線が最適発注量において交差する場合，協調が達成される．したがって，1点上で限界収益曲線に交差する限界費用曲線は無限にある．なぜ多くの調整数量割引スケジュールが存在するのかについては，Moorthy（1987）でより詳しい説明がなされている．異なったタイプの数量割引に関する議論については，Kolay and Shaffer（2002）を参照されたい．また，非線形価格決定に関するより幅広い議論は，Wilson（1993）を参照のこと．

注 [15]：Tomlin（2000）は，2つの企業がともに，能力拡張費用と生産費用をこうむる，供給業者-製造業者サプライチェーンについて研究している．

2.8 議論

　本節では，5つの契約について述べた．その中の2つ（収益分与契約と買戻し契約）は，ニュースベンダー問題を調整し，サプライチェーンの利益分配に関しては等価である．これらの契約は，小売業者が卸売価格契約の場合に比べてより多くを発注するように誘って調整する．収益分与契約および数量柔軟契約は，もし需要が q より少ないならば払戻しを得るという，小売業者にとって下向きの保護を与えることにより調整する．売上割戻し契約は上向きのセンシティブ，つまり，需要が t より多い場合，小売業者は生産費用より安く t を超えて売られる製品を効果的に購入できるというものを与えて調整する．数量割引は契約，供給業者の単位あたりの利益が漸次低減するように，小売業者の限界費用曲線を修正することより調整する．しかし，なぜある契約書式が他のものと見比べられなければならないかについては，今のところ説明はできていない．

　さまざまな調整契約を運用することは，管理者にとってコスト高になるとは限らない．卸売価格契約は記述が簡単で，企業間で単一の取引を必要とするにすぎない．数量割引契約もまた単一取引で済むが，記述はより複雑である．他の調整契約を運用するのはよりコスト高になる．たとえば，供給業者は，小売業者が期末に売り残した製品の棚卸をしなければならず，あるいは，売れ残りの製品を処分するため，供給業者のもとに配送しなければならない．したがって，運用費用に比べて，買戻し契約，収益分与契約，数量柔軟契約のどれが望ましいかについてはできないが，数量割引契約あるいは卸売価格契約のどちらが望ましいかについては説明ができるかもしれない．

　リスク中立の仮定にもかかわらず，リスクは契約によって異なる．数量割引契約を例外として，調整契約は小売業者と供給業者の間でリスクのやりとりをする．つまり，小売業者の利益の取り分が減少するときリスクが減り，供給業者のリスクが増加する．したがって，これらの契約はリスクを好まない小売業者に補償を提供することができるが，リスクを好まない供給業者にとっては費用が高くつく．単一企業のニュースベンダーモデルのリスクの議論については，Eeckhoudt et al. (1995)，Schweitzer and Cachon (2000)，Chen and Federgruen (2000) を参照されたい．Agrawal and Seshadri (2000) は，サプライチェーン契約のリスク回避の影響について研究している．論文の中で，小売業者間のリスク回避は配送業者にリスク仲介サービスを提供するインセンティブをもたらすと述べている．そのモデルでは，小売業者の発注量より多い需要を満たすための緊急の注文に備えて，固定料金，卸売価格，返却率，手数料を含めた契約を配送業者が提示している．最後に，Plambeck and Zenios (2000) は，リスク回避を組み込んだプリンシパル-エージェントモデルを提唱している．

　小売業者が q^o 以外の発注量を選ぶ場合，いくつかの調整契約の下での不確実な需要の危険性は，供給業者にとって重要となる．たとえば，供給業者が小売業者に寛大

な買戻しを提示する場合，供給業者は小売業者があまり多くの製品を発注することは望まない．自発的コンプライアンスの下では，供給業者は q^0 の量を限って出荷することにより過度発注がもたらす間違いを回避することができるが，強制的コンプライアンスでは，供給業者は不合理な小売業者のすべてのリスクを背負うこととなり，そのリスクはリスク中立的な供給業者でさえ避けようとするのである．しかし，自発的コンプライアンスでは，小売業者と供給業者が十分合理的であっても，供給業者は小売業者の発注量より少ない量を出荷するかもしれない．収益分与契約および数量割引契約は，自発的コンプライアンスによって，供給業者の行動を常に調整し，数量柔軟契約は一般に，常にではないが，供給業者の行動を調整するが，売上割戻し契約は調整しない．

競争しないさまざまな小売業者を，すなわち，地理的に分散しているために互いに影響を与えない小売業者にこれらの契約を適用することを考える．一般に，供給業者は小売業者に同じ契約条件を提示するように法律上義務付けられている．したがって，供給業者はすべての小売業者に同じ契約，あるいは，少なくとも同じ契約の選択条件を提示することが望ましい[16]．1つの契約が提示される場合，一連の調整契約が複数の小売業者の間で変化することに左右されない限り，それはすべての小売業者を調整する．たとえば，調整した収益分与契約は需要分布に依存しないが，小売業者の限界費用に依存する．したがって，単一の収益分与契約はさまざまな需要をもつ小売業者を調整することができるが，小売業者は必ずしも異なる限界費用をもってはいない．しかし，場合によっては，多様性があっても1つの契約で適応できる．需要分布に依存する数量柔軟契約を，スケール因子によって需要が異なる2人の小売業者にすることを考える．ここで，小売業者 i の需要分布は $F_i(x|\theta_i) = F(x|\theta_i)$ とする．ただし，θ_i はスケールパラメータである．したがって，同じ卸売価格は異なる小売業者を調整し，$w_q(\delta|\theta_i) = w_q(\delta|\theta_j)$ となる．

契約のパラメータに対する独立性は，供給業者側にパラメータに関する情報がない場合においても有利である．たとえば，供給業者は収益分与契約によってサプライチェーンの協調を可能にする際に，小売業者の需要分布を知る必要はないが，数量柔軟契約，売上割戻し契約，数量割引契約による場合は，小売業者の需要分布を知る必要がある．

しかし，供給業者は契約条件の提供によって，小売業者を分類することを望む状況であるかもしれない．たとえば，Lariviere (2002) は，供給業者が小売業者に製品を提供し，小売業者の需要予測を改善する努力を促すモデルについて研究している．この論文では，販売に努力する小売業者のためと，努力しない小売業者のための，2種類の契約を用意することの有用性について考察している．調整した買戻し契約は需要分布に依存しないので，この区別は供給業者が調整していない買戻し契約を提示す

注 [16]：実際には，供給業者は競争しない小売業者に，それぞれ異なる契約を提示することができる．

る必要があるという結果が得られている.すなわち,予測を行うためには,サプライチェーンの効率を犠牲にしなければならない.数量柔軟契約は需要分布に依存するので,2つの調整した数量柔軟契約の中から選択できるようにして,サプライチェーンの効率を犠牲にしないようにする必要がある.驚くべきことに,予測を行うことが非常に高くつかない限り,供給業者はたとえ効率を犠牲にしても,買戻し契約の中から選択する方がまだよいことがわかった.

要約すると,一連の調整契約を構成するその要因は非常に多く,また,ほかにもいろいろな種類の調整契約が存在することであろう.これらの契約の違い(たとえば,異なった運用費用,異なったリスクの危険度など)を確認することは可能であるが,それらのどれもが,なぜほかのものではなく,ある特定の条件が採用されなければならないのかを説明するだけの十分な力をもっていない.おそらく,理論が増えても答えは示されないであろう.今,われわれが必要としているのは,データと実証的な分析である.

3. 価格依存需要におけるニュースベンダー問題の調整

ニュースベンダーモデルでは,小売業者は在庫の意思決定によってのみ販売に影響を与えているが,実際には,小売業者はさまざまな行動によって販売に影響を及ぼすことができる.おそらく,最も影響力をもつものは小売業者の価格設定であろう.本節では,価格に依存する小売需要をもつニュースベンダーモデルの調整を取り上げる.ここで,最も重要な問題は,小売業者の発注量を調整する契約が価格設定も調整できるかどうかである.買戻し契約,数量柔軟契約,売上割戻し契約は,この設定においては調整しないことが示されている.小売業者の発注量決定を調整するためのインセンティブが,小売業者の価格設定を歪めるので,これらの契約は,深刻な問題に行き当たる.信用ペナルティがない場合($g_s = g_r = 0$)ならば,収益分与契約の下で調整することができる.信用ペナルティがある場合には,サプライチェーン利益の唯一の配分をもたらす,単一調整収益分与契約が存在する.数量割引契約はさらに上手に行う.それは,たとえ $g_r \geq 0$ の場合でも調整し,利益を配分するが,$g_s = 0$ の条件は必要である.ここで,新たに価格割引契約が用いられる.利益を任意に調整し,配分することが示される.それは本質的に,価格適合パラメータを備えた買戻し契約,すなわち,小売業者が価格を決定した後に設定するパラメータを備えた買戻し契約である.信用ペナルティがある場合,価格適合契約の考え方は収益分与契約にも適用できる.

3.1 モデルと分析

このモデルは,小売業者が発注量に加えて価格を決定する以外は,2節で取り上げたモデルと変わらない.$F(q|p)$ を需要の分布関数とする.ただし,p は小売価格で

ある.需要は価格の増加につれて確率的に減少すると仮定してよい.すなわち,$\partial F(q|p)/\partial p > 0$ である.現実的なモデルでは,おそらくは各調整に要する手数料が理由で,小売業者は販売期間を通して価格を調整するであろう.そのような動的価格設定戦略の下では,小売業者は需要状況と考慮した価格調整をすることになる.たとえば,予想より需要が少ない場合,小売業者は値引きを加速するであろう.この動的価格設定問題は,サプライチェーンの協調を目的としない場合でさえ相当複雑である.したがって,最初の洞察を得るために,小売業者が在庫量を決定するときに価格を同時に設定し,またその価格は販売期間中では固定されるものとする[17].

統合チャネルの利益は,
$$\Pi(q,p) = (p-v+g)S(q,p) - (c-v)q - g\mu$$
である.$S(q,p)$ は,所与の在庫量 q と価格 p の下での期待販売量であり,次式で示される.
$$S(q,p) = q - \int_0^q F(y|p)\,dy$$
統合チャネルの利益関数は,凹または単峰性の必要はない(Petruzzi and Dada, 1999 参照).有限の(しかし,必ずしも唯一ではない)最適な在庫量-価格の対 $\{q^o, p^o\}$ が存在すると仮定する.

$p^o(q)$ を,所与の q におけるサプライチェーンの最適価格とする.次の1次微分条件式は調整の必要条件である(しかし,十分条件ではない).
$$\frac{\partial \Pi(q, p^o(q))}{\partial p} = S(q, p^o(q)) + (p^o(q)) + (p^o(q) - v + g)\frac{\partial S(q, p^o(q))}{\partial p} = 0 \tag{3.1}$$

契約が $p^o(q)$ における1次微分条件式を満たさないならば,あるいは,在庫量の決定を調整できないパラメータによって $p^o(q)$ における1次微分条件式を満たすならば,契約はサプライチェーンの協調はできない.

数量柔軟契約について考察する.小売業者の利益関数は,
$$\pi_r(q, p, w_q, \delta) = (p-v+g_r)S(q,p) - (w_q + c_r - v)q + (w_q + c_r - v)\int_{(1-\delta)q}^q F(y|p)\,dy - \mu g_r$$
である.価格調整のためには,次に示す1次微分条件式が成り立たねばならない.
$$\frac{\partial \pi_r(q, p^o(q), w_q, \delta)}{\partial p} = S(q, p^o(q)) + (p^o(q) - v + g_r)\frac{\partial S(q, p^o(q))}{\partial p}$$
$$+ (w_q + c_r - v)\int_{(1-\delta)q}^q \frac{\partial F(y|p^o(q))}{\partial p}\,dy$$
$$= 0 \tag{3.2}$$

注 [17]:ハイブリッドモデルが扱いやすいかもしれない.たとえば,小売業者は在庫量を q と決めてから,需要シグナルを観測し,価格を決めるものと仮定する.van Mieghem and Dada (1999) は,それに関連した単一企業のモデルを研究している.5.2項で述べる多数小売業者モデルも密接に関連している.発注量が最初に選ばれてから,需要が観察され,それから市場で在庫品を販売しつくすように価格が設定される.すなわち,価格は企業が直接制御できない変数である.

式 (3.2) の第 2 項は式 (3.1) の第 2 項より大きいので,第 3 項が非正である場合のみ,1 次微分条件式が成立する.しかし,第 3 項は調整した w_q に関しては非負なので,$g_s=0$ および $w_q=v-c_r$ あるいは $\delta=0$ の場合のみ,調整が起こりうるが,どちらも望ましくない.$w_q=v-c_r$ の場合,供給業者は損失をこうむり ($w_q<c_s$),したがって,供給業者はそのような調整契約で業績を上げることはできない.$\delta=0$ の場合には,数量柔軟計画は単に卸売価格契約なので,小売業者の発注量に対する行動は最適ではない(供給業者が黒字利益を望むと仮定する).したがって,数量柔軟契約は価格依存需要をもつニューズベンダーモデルを調整しない.

売上割戻し契約もこの設定ではうまくいかない.その契約の下で次式を得る.

$$\frac{\partial \pi_r(q, p^o(q), w_s, r, t)}{\partial p} = S(q, p^o(q)) + (p^o(q) - v + g_r)\frac{\partial S(q, p^o(q))}{\partial p}$$
$$- r\int_t^q \frac{\partial F(y|p^o(q))}{\partial p}\mathrm{d}y$$
$$= 0$$

$r>0$ および $t<q$ の場合,末項は負であるので,小売業者の価格は最適価格を下回る.小売業者の価格をより高く設定するように促す何かを,売上割戻し契約に加えれば,調整は達成できるかもしれない.買戻し契約はそれをバランスさせることができる.買戻し契約は残存在庫の費用を減らすことができるので,小売業者は販売を積極的に促進するような価格設定をする必要がないのである.

さて,買戻し契約をそのままで考察する.小売業者の利益関数は,

$$\pi_r(q, p, w_b, b) = (p - v + g_r - b)S(q, p) - (w_b - b + c_r - v)q - g_r\mu$$

である.調整のために,サプライチェーンの最適価格は次の 1 次微分条件式を満たす必要がある.

$$\frac{\partial \pi_r(q, p^o(q), w_b, b)}{\partial p} = S(q, p^o(q)) + (p^o(q) - v + g_r - b)\frac{\partial S(q, p^o(q))}{\partial p} = 0 \tag{3.3}$$

しかし,式 (3.3) と式 (3.1) を比較すると,式 (3.3) は明らかに,$b \geq 0$ の制約を破る,$b=-g_s$ の場合にのみ成立する.さらに,$b=-g_s$ での調整卸売価格は供給業者に受け入れられず,$w_b(-g_s)=c_s-g_s$ となる.したがって,買戻し契約は価格依存需要をもつニューズベンダーモデルを調整しない[18].その結果は Marvel and Peck (1995), Bernstein and Federgruen (2000) によって証明されている.Emmons and Gilbert (1998) は,買戻し契約はこのモデルを調整しないことを認識しながらも,$b=0$ の買戻し契約は卸売価格契約よりよい結果をもたらすことを証明している.

調整契約のパラメータは価格に依存するので,買戻し契約はこの設定の下では調整しない.式 (2.5),(2.6) より,調整パラメータは次のようになる.

$$b = (1-\lambda)(p - v + g) - g_s$$

注 [18]:$g_s=0$ の場合には,買戻し契約は $w_b=c_s, b_s=0$ に限って調整する.しかし,この契約は供給業者に黒字利益をもたらさない.

$$w_\mathrm{b} = \lambda c_\mathrm{s} + (1-\lambda)(p+g-c_\mathrm{r}) - g_\mathrm{s}$$

固定したλに関しては，調整買戻しレートおよび卸売価格はpに関して線形である．したがって，bおよびw_bが決定された小売価格の影響を受ける場合，あるいは，bおよびw_bを，小売業者が価格にかかわってから（ただし，小売業者がqを決める前に）決定する場合，買戻し契約は価格依存需要をもつニュースベンダーモデルを調整する．これは，Bernstein and Federgruen (2000) によって研究された契約であり，価格割引共有契約と名付けられ，実際に「請求書裏書き」とも呼ばれている．この契約の名称を理解するには，小売業者が価格を下げる場合に，卸売価格も引き下げられ，供給業者は小売業者と価格割引のための費用を共有することを知る必要がある．この契約がサプライチェーンの協調を可能にできることを確認するために，小売業者の利益関数に上記の契約パラメータを代入する．

$$\pi_\mathrm{r}(q,p,w_\mathrm{b},b) = \lambda(p-v+g)S(q,p) - \lambda(c-v)q - g_\mathrm{r}\mu$$
$$= \lambda(\Pi(q,p) + g\mu) - g_\mathrm{r}\mu$$

したがって，小売業者と供給業者のどちらにとっても，$\lambda \in [0,1]$である限り，$\{q^\mathrm{o}, p^\mathrm{o}\}$が最適である．

今，収益分与契約を考察する．収益分与契約の場合，小売業者の利益は，

$$\pi_\mathrm{r}(q,p,w_\mathrm{r},\phi) = (\phi(p-v)+g_\mathrm{r})S(q,p) - (w_\mathrm{r}+c_\mathrm{r}-\phi v) - g_\mathrm{r}\mu$$

である．これを調整するには，次式を満たす必要がある．

$$\frac{\partial \pi_\mathrm{r}(q,p^\mathrm{o}(q),w_\mathrm{r},\phi)}{\partial p} = S(q,p^\mathrm{o}(q)) + \left(p^\mathrm{o}(q)-v+\frac{g_\mathrm{r}}{\phi}\right)\frac{\partial S(q,p^\mathrm{o}(q))}{\partial p} = 0 \tag{3.4}$$

2つの重要な場合を考察する．一つは，$g_\mathrm{r} = g_\mathrm{s} = 0$の場合で，もう一つは，少なくとも信用ペナルティが1つ存在する場合である．最初の$g_\mathrm{r} = g_\mathrm{s} = 0$の場合から始める．この条件の下では，

$$\frac{\partial \pi_\mathrm{r}(q,p,w_\mathrm{r},\phi)}{\partial p} = \frac{\partial \Pi(q,p)}{\partial p}$$

がいかなる任意収益分与契約についても成り立つ．それゆえ，どの収益分与契約が選ばれても小売業者は$p^\mathrm{o}(q)$を選ぶ．パラメータϕおよびw_rの値にかかわらず，小売業者の価格が固定されているとき，同様の一連の契約を正確に適用することによって，収益分与契約は小売業者による発注量の決定を調整する．

固定価格のニュースベンダーモデルでは，収益分与契約は買戻し契約と等価であることを思い出すと，すべての調整収益分与契約について，需要の完全な実現をする場合に同じ利益配分をもたらす買戻し契約がそれぞれ1つ存在する．ところで，生じる結果は契約によって異なる．買戻し契約では小売業者の収益の取り分$(1-b/p)$は価格に依存することに対し，収益分与契約は価格に依存しないので，定義からすれば違いが生じる．しかし，後で決まる価格に影響を受ける買戻し契約（価格割引契約としても知られる）が，収益分与契約等価であることには変わりない．$g_\mathrm{r} = g_\mathrm{s} = 0$の場

合，調整収益分与契約の下での小売業者の利益は，
$$\pi_r(q,p,w_r,\phi)=\lambda\Pi(q,p)$$
となり，価格適合買戻し契約は，任意の発注量と価格に対して同じ利益をもたらす．
$$\pi_r(q,p,b(p),w_b(p))=\lambda\Pi(q,p)$$

第2の場合（$g_r>0$ あるいは $g_s>0$）については，収益分与契約はそれほど成功しない．式（3.4）から明らかなように，$\phi=g_r/g$ の場合のみ協調が達成される．たった1つの調整契約の下では，収益分与契約は1つの利益配分しか提供できないが，両方の企業は結果として黒字利益を享受でき，それは買戻し契約の単一調整結果とは対照的である．また，調整パラメータは次式が示すとおり，一般に小売価格に依存するので，調整に関する障害が生じる．

$$\phi=\lambda+\frac{\lambda g-g_r}{p-v}$$
$$w_r=\lambda(c-v)-c_r+\phi v$$

しかし，小売価格への依存は，特別な場合である $\phi=\lambda=g_r/g$ の下では除去される．

すべての利益配分のための調整は，買戻し契約のように収益分与契約のパラメータが，小売業者の価格に基づいて設定される場合に，復旧する．その場合の収益分与契約の下では，価格割引契約と同等の利益が生じる．価格割引契約は偶発的な買戻し契約で，偶発的な買戻し契約は偶発的な収益分与契約と等価である．

検討すべき最後の契約は，数量割引契約である．数量割引契約では，小売業者はすべての収益を得るので，小売業者の限界費用曲線のみが調節される．その結果，数量割引契約は小売業者の価格設定を歪められない．多くの場合に，これが理想的である．説明のために，数量割引契約の下における小売業者の利益関数を，

$$\pi_r(q,w_d(q),p)=(p-v+g_r)S(q,p)-(w_d(q)+c_r-v)q-g_r\mu$$

として，もし $g_s=0$ であれば，

$$\frac{\delta\pi_r(q,w_d(q),p)}{\partial p}=\frac{\partial S(q,p)}{\partial p}(p-v+g_r)+S(q,p)=\frac{\partial\Pi(q,p)}{\partial p}$$

である．したがって，$p^o(q)$ は小売業者にとって最適である．他方，$g_s>0$ の場合，調整のためには小売業者の価格設定を歪める必要があるが，数量割引契約はそれを行わない（$g_s>0$ の場合，数量割引契約の下でその歪みを修正するように設計することは可能であるが，今後の研究課題としてより入念な分析が必要である）．

$g_s=0$ と仮定しても，在庫量の決定は今までと同様に調整される．固定した小売価格の下でも同じスケジュールは使えるが，この場合は，スケジュールは最適価格が決定していると仮定して次式が示すように設計される．

$$w_d(q)=((1-\lambda)(p^o-v+g)-g_s)\left(\frac{S(q,p^o)}{q}\right)+\lambda(c-v)-c_r+v$$

ここで，$p^o=p^o(q^o)$ なので，
$$\pi_r(q,w_d(q),p)=(p-v+g_r)S(q,p)-\lambda(c-v)q-g_r\mu$$

$$-((1-\lambda)(p^0-v+g)-g_s)S(q,p^0)$$

となり，したがって，p^0 は小売業者にとって最適であり，次式が成立する．

$$\frac{\partial \pi_r(q,w_b(q),p)}{\partial p}=\frac{\partial \Pi(q,p)}{\partial p}$$

p^0 が選択され，次式を得る．

$$\pi_r(q,w_d(q),p^0)=\lambda(p^0-v+g)S(q,p^0)-\lambda(c-v)q-g_r\mu$$
$$=(\Pi(q,p^0)+g\mu)-g_r\mu$$

となり，したがって，q^0 は小売業者および供給業者にとって最適である．小売業者の価格設定は歪められず，そして，小売業者の在庫量は選択された p^0 に影響を受けて修正され，調整が行われる．

3.2 議　　論

　小売業者が価格設定に対して行うコントロールは，多くの状況で確実に存在する．しかし，小売業者の在庫量の決定を調整するインセンティブが，小売業者の価格設定を歪めるかもしれない．これは，買戻し契約，数量柔軟契約，売上割戻し契約で発生する．数量割引契約は小売業者にすべての収益を与えるので，そのような歪みが生じない．小売業者の価格設定を歪める必要がない場合，すなわち，$g_s=0$ の場合，それは利点である．$g_r=0=g_s$ の場合，収益分与契約は小売業者の価格設定を歪めない．それらの状況で，固定した価格の下での在庫量の決定を調整する一連の収益分与契約は，変動する価格の下で在庫量の決定を調整していく．しかし，信用ペナルティがある場合，調整収益分与パラメータは一般に小売価格に依存する．その依存関係は，単一の収益分与契約下でのみ取り除かれる．したがって，調整は単一の利益配分に限って達成される．調整は，パラメータを選択された小売価格に依存して決めることによって，任意の利益配分法の下で回復する．たとえば，収益分与契約の条目は，選択される価格に依存していくつか提示される．この手法はまた，買戻し契約にも適用できる．価格割引共有契約とも呼ばれる，価格に依存する買戻し契約は，価格設定ニュースベンダーモデルを調整する．実際，固定小売価格の場合に買戻し契約と収益分与契約が等価であるように，信用ペナルティがない場合，価格依存買戻し契約は，収益分与契約と等価である．信用ペナルティが存在する場合，価格依存買戻し契約は，価格依存収益分与契約と等価である．

4.　努力依存需要をもつニュースベンダー問題の調整

　小売業者は，価格を下げることによって製品の需要を増やすことができるが，需要を刺激するために他の処置を講ずることもできる．たとえば，従業員を増やしたり，訓練の方法を改善したり，広告を増やしたり，製品展示方法をより魅力的にしたり，(豪華な資材を使用する，通路を広くするなどして)店内の環境をよくしたり，製品

を店内のよりよい位置に置いたりすることが考えられる．しかし，それらの行動はすべて費用がかかる．その結果，供給業者と小売業者の間に対立が生じる．小売業者がどんなにそのような努力をしても，供給業者はさらなる努力を要求しがちである．問題は，それらの行動は両方の企業に役立っているが，費用は一方，つまり小売業者のみにかさむことである．

努力に伴う費用の分担は努力協調問題の1つの解決策である．たとえば，供給業者が小売業者の広告費用の一部を支払うこと，あるいは，小売業者の訓練費用の一部を補償することが考えられる．費用の分担を有効な戦術とするためには，いくつかの条件が必要である．供給業者は，小売業者が実際に費用のかかる活動を行っていることを（面倒をかけずに）観測しなければならない（そうすれば供給業者が小売業者にどれほど報いるべきかを知ることができる）．（どのような費用分担も強制できるように）小売業者の努力は法廷で証明できるものでなければならない．そして，その活動は供給業者に直接利益をもたらすものでなければならない[19]．多くの場合に，それらの条件は満たされる．たとえば，供給業者は一般に，小売業者が地方新聞に広告を掲載したかどうかを確認することができる．さらに，広告が主として供給業者の製品を主に取り上げる場合，広告の利益は供給業者に主としてもたらされる．Netessine and Rudi（2000a）は，本節のものと非常に似たモデルの中で，広告費用の分担を含む調整契約を提出している．Wang and Gerchak（2001）の論文では，小売業者の棚スペースが努力変数として取り扱われている．またモデルにおいて，在庫助成金の形で供給業者が小売業者の努力を補償することが行われている．Gilbert and Cvsa（2000）は，努力を観測できるがその証明ができないモデルについて研究した．

費用分担が有効でない状況も多くある．たとえば，供給業者はただ小売業者のブランドイメージを高めるためだけの広告には，補償金を支払わないであろう．そのような広告は，その供給業者の製品のみならず，小売業者の扱う全製品の需要を強めるからである．また，供給業者がそれらの需要促進行動を観測するのは，非常に費用がかかる．たとえば，供給業者の製品の展示が供給業者にとって満足できるかどうかを確かめるために頻繁に店を訪れていては，高くつきすぎる[20]．

本節では，直接振替支払のない行動の調整に関する問題について研究する．小売業者の発注量意思決定を調整するためのインセンティブは努力意思決定を歪めるので，標準的なニュースベンダーモデルの設定では，調整契約のほとんどは協調を可能にしないことが示されている．数量割引契約のみがサプライチェーンの協調を可能にする．実際，数量割引契約は，発注量，価格，努力水準を決定する小売業者の調整に関して有効である．

注 [19]：企業間の付き合いが長ければ，その行動がたとえ証明不能でも観測できれば十分であろう．すなわち，費用分担は，訴訟行為の恐れではなく，関係性を失うことの恐れから実施される．
注 [20]：しかし，場合によっては店を訪れない方が高くつく．たとえば，スナック菓子のような商品に関しては，供給業者が小売業者の棚に直接補充するのは一般的である．

4.1 モデルと分析

小売の努力をモデル化するために，単一の努力水準 e が小売業者の活動を集約するものとし，$g(e)$ を小売業者が努力水準 e における努力費用とする．ただし，$g(0)=0$，$g'(e)>0$，$g''(e)>0$ である．混乱を避け，表記を単純化するために，信用ペナルティはないものとし，$g_r=g_s=0$，$v=0$，$c_r=0$ とする．$F(q|e)$ を，所与の努力水準 e の下での需要分布とする．需要は努力の大きさに応じて確率的に増加する．すなわち，$\partial F(q|e)/\partial e < 0$ である．小売業者が，努力水準の決定と発注量の決定を同時に行うものとする．最後に，供給業者は小売業者の努力水準を確認できないと仮定するが，それは小売業者が特定の努力水準を決定することを約束するような契約は結べないことを意味する．この小売努力のアプローチは，今まで多くのマーケティング論文に採用された．たとえば，Chu and Desai (1995)，Desai and Srinivasan (1995)，Desiraju and Moorthy (1997)，Gallini and Lutz (1992)，Lal (1990)，Lariviere and Padmanabhan (1997) を参照されたい．

統合チャネルの利益は，

$$\Pi(q,e) = pS(q,e) - cq - g(e)$$

である．$S(q,e)$ は，努力水準 e が与えられたときの期待販売量であり，

$$S(q,e) = q - \int_0^q F(y|e)\,dy$$

である．統合チャネルの利益関数は，凹および単峰である必要はない．扱いやすくするために，統合チャネルの解は都合よく挙動すると仮定する．すなわち，$\Pi(q,e)$ は単峰で，ある変数の下で最大化される（たとえば，$S(q,e)$ は e とともに素早く増加し，$g(e)$ が凸でない場合，非現実的ではあるが，無限の大きさの努力が最適になりうる）．q^o および e^o を最適な発注量および努力水準とする．

所与の発注量に関する最適な努力水準 $e^o(q)$ は，正味努力費用を考慮したサプライチェーンの収益を最大化する．それは，

$$\frac{\partial \Pi(q, e^o(q))}{\partial e} = p\frac{\partial S(q, e^o(q))}{\partial e} - g'(e^o(q)) = 0 \tag{4.1}$$

のとき生じる．買戻し契約では，小売業者の利益関数は，

$$\pi_r(q, e, w_b, b) = (p-b)S(q,e) - (w_b - b)q - g(e)$$

である．すべての $b>0$ に関して，

$$\frac{\partial \pi_r(q,e,w_b,b)}{\partial e} < \frac{\partial \Pi(q,e)}{\partial e} \tag{4.2}$$

が成り立つ．したがって，$b>0$ のとき，e^o は小売業者の最適努力水準にはなりえない．しかし，$b>0$ は小売業者の発注量を調整するために必要であるので，買戻し契約はこの設定の下で調整できないことになる．

数量柔軟契約の場合には，小売業者の利益関数は，

$$\pi_{\mathrm{r}}(q,e,w_{\mathrm{q}},\delta) = pS(q,e) - w_{\mathrm{q}}\left(q - \int_{(1-\delta)q}^{q} F(y|e)\,\mathrm{d}y\right) - g(e)$$

である．すべての $\delta>0$（小売業者による発注量の意思決定を調整するために必要である）に関して，

$$\frac{\partial \pi_{\mathrm{r}}(q,e,w_{\mathrm{q}},\delta)}{\partial e} < \frac{\partial \Pi(q,e)}{\partial e}$$

となり，その結果，小売業者は最適水準より低い努力水準を選ぶ．すなわち，数量柔軟契約もこの設定の下ではサプライチェーンの協調を可能にはできない．

収益分与契約も売上割戻し契約もうまくいかない．それは $\phi<1$ の下で次式が成立する．

$$\frac{\partial \pi_{\mathrm{r}}(q,e,w_{\mathrm{r}},\phi)}{\partial e} < \frac{\partial \Pi(q,e)}{\partial e}$$

したがって，小売業者の最適努力水準はサプライチェーンのそれより低い．売上割戻し契約の場合には，$r>0$ および $q>t$ に関して次式が成立する．

$$\frac{\partial \pi_{\mathrm{r}}(q,e,w_{\mathrm{s}},r,t)}{\partial e} > \frac{\partial \Pi(q,e)}{\partial e}$$

これは小売業者の努力が多すぎることを意味する．売上割戻し契約だけでは調整はできないが，Taylor（2002a）は，それを買戻し契約と併用する場合，チャネルを調整することを示している．つまり，買戻し契約は小売業者の努力するインセンティブを減らし，それは売上割戻し契約がもたらす過度の努力をするインセンティブを打ち消す．しかし，4つのパラメータは契約を複雑化する．Krishnan et al.（2001）も買戻し契約と売上割戻し契約の連携について研究している．しかし，それらの契約の下で小売業者は需要を観察してから努力水準の決定を行うことになる．

検討すべき最後のものは，数量割引契約である．価格設定モデルのように，小売業者は努力費用のすべての負担を負わされるので，小売業者が払った努力に対するすべての報酬，つまり収益関数を獲得できるようにする，努力モデルにおいて調整は達成される．したがって，数量割引契約は小売業者に収益を与えるが，最適努力を条件とした期待収益に基づく限界費用を課する．説明の便宜上，振替支払を $T_{\mathrm{d}}(q) = w_{\mathrm{d}}(q)q$ と仮定する．ただし，

$$w_{\mathrm{d}}(q) = (1-\lambda)p\left(\frac{S(q,e^{\mathrm{o}})}{q}\right) + \lambda c + (1-\lambda)\left(\frac{g(e^{\mathrm{o}})}{q}\right)$$

であり，$\lambda \in [0,1]$ である．$S(q,e^{\mathrm{o}})/q$ は，q の増加につれて減少するならば，それは確かに数量割引スケジュールである．すでに述べたように，調整を可能にする数量割引は1つだけではないことはほぼ確実である．

数量割引契約の場合おける小売業者の利益関数は，

$$\pi_{\mathrm{r}}(q,e) = pS(q,e) - (1-\lambda)pS(q,e^{\mathrm{o}}) - \lambda cq - g(e) + (1-\lambda)g(e^{\mathrm{o}})$$

である．価格依存ニュースベンダー問題と同様に，小売業者は実現できる収益のすべてを所有するので，サプライチェーンの最適努力水準を選択する．最適努力水準 e^{o}

が与えられると，小売業者の利益関数は，

$$\pi_r(q,e^0) = \lambda p S(q,e^0) - \lambda c q - \lambda g(e^0) = \lambda \Pi(q,e^0)$$

で示される．したがって，小売業者の最適発注量は q^0 であり，すべての利益配分が実現可能である．また，供給業者の最適生産量も q^0 である．

このアプローチは十分強力であり，価格と努力水準に依存する需要をもつニュースベンダー問題を調整する数量割引契約を設計するのは非常に簡単であり，次式が得られる．

$$w_d(q) = (1-\lambda) p^0 \left(\frac{S(q,e^0)}{q} \right) + \lambda c + (1-\lambda) \frac{g(e^0)}{q}$$

繰り返しになるが，小売業者がすべての収益を所有し，価格と努力水準を最適化する．さらに，数量割引のスケジュールは選ばれた価格と努力水準ではなく，最適な価格と努力水準に依存するので，発注量の意思決定は歪められない．

4.2 議　　論

小売業者の努力水準について小売業者と供給業者が直接契約を結ぶことができない場合，努力依存需要モデルの調整は複雑である．すなわち，小売業者の努力水準を具体的に述べる契約はいずれも実証することも実施することもできない．買戻し契約，収益分与契約，数量柔軟契約，売上割戻し契約は，小売業者が努力する限界インセンティブを歪めるので，小売業者の行動を調整しない（Krishnan et al. (2001) が述べているように，小売業者が需要シグナルを観察してから努力水準を選ぶ場合も，歪みは生じる）．数量割引では，小売業者は努力の総費用を負担するだけでなく，努力がもたらす全利益を得るので，このシステムを調整する．

マーケティングおよびフランチャイジングの文献に掲載された多くの論文は，基礎的な小売努力モデルを提出している．たとえば，Chu and Desai (1995) においては，供給業者は需要を増やすために，高価な努力（たとえば，ブランド構築の広告）をすることが考えられている．その場合，努力の効果は遅れて現れる．2期間モデルが取り上げられ，供給業者の期間1での努力は，期間2の需要の増加に役立つ．さらに，小売業者の努力モデルを2種類の努力を含むモデルに拡張している．それは，短期的な販売（すなわち，当期の販売量）を増やす努力と長期的な顧客満足と需要（すなわち，期間2の販売量）を増やす長期的な努力である．供給業者は小売業者の努力費用の一部の支払，および（または）小売業者に努力の結果に基づいての支払，すなわち，高い顧客満足度に対する賞与の支給をすることによって小売業者に補償する．問題となるのは2つのタイプの補償の適切な構成である．Lal (1990) もまた供給業者の努力を取り上げているが，この場合も努力は強制できない．収益分与契約（ロイヤリティを支払う形式）は，小売業者の努力水準の意思決定を歪めるが，供給業者の努力を促すような有用なインセンティブをもたらす．つまり，供給業者の利益が小売業者の売上高に直接依存しなければ，供給業者は努力しない．Lal (1990) はまた，

複数の小売業者を取り上げ，小売業者が水平的影響をもつモデルについて考察している．つまり，ある小売業者の需要を増やす努力は，他の小売業者の需要を増やすという結果をもたらしうる．その水平的影響はただで利益を得ようとする行動を導く可能性がある．すなわち，ある小売業者は自分で努力せずに，他の小売業者の努力により高い需要を享受する．Lal は，フランチャイズの権利をもつ親会社が，高額なモニタリングに取り組み，また，十分な努力をしないフランチャイズの権利が与えられた子会社にペナルティを科すことにより，ただで利益を得ようとする子会社の行動を阻止できると述べている．

以上に述べたモデルは，努力によって需要が増加し，努力はサプライチェーンの他の部分を改良する．危険な資材の消費を減らす努力，製品品質を改善する努力についても論じられている．

Corbett and DeCroix (2001) は，危険物の供給業者とその危険物を使って生産する製造業者の節減分担契約を研究している．製品は間接材料であると仮定している．すなわち，製造業者の収益は製品が使用される量と関係がない．たとえば，自動車メーカーが車に使用する塗料の量を増やしても（塗料の増加分は品質改良として受け取らないと仮定するならば），収益が増大することはない．しかし，従来の契約では，供給業者の収益は，使われた資材の量に依存する．たとえば，塗料の供給業者の収益は，製造業者が購入した塗料の量に比例する．Corbett と DeCroix は，供給業者と製造業者の両方が，製造業者の各製品を生産するのに必要な資材の量を減らすために，費用をかけて努力ができると仮定した．製造業者の場合は，より少ない資材の使用は調達費用を減らすので，明らかに努力するインセンティブは存在するが，供給業者の場合は，資材の消費によって収益が増加するならば，製造業者の消費を減らすインセンティブはありえない．しかし，資材の消費を減らすのに，供給業者が努力することは理に適っている．さらに，資材の消費を減らすことにおいては，供給業者は製造業者より効率がよい（すなわち，同じ消費量を減らす場合，供給業者の努力費用は製造業者の努力費用より低い）かもしれない．したがって，サプライチェーンの最適努力水準は，両方の企業が資材の消費を減らす努力をすることによって，非常によい状態になる可能性がある．

Corbett and DeCroix (2001) のモデルでは，努力依存需要をもつニュースベンダーモデルに，いくつかの工夫が加えられている．すなわち，両方の企業は，それぞれ異なった努力をすることができ，努力は一つの企業に損害をもたらし，もう一つの企業を助ける．一方，ニュースベンダーモデルでは，両方の企業が努力して利益を得る．その構造では，努力のすべての費用とすべての利益は，（数量割引契約がニュースベンダーモデルで行うように）もはや1つの企業に割り当てられることはない．したがって，節減分担契約（それは収益分与契約と関係がある）はサプライチェーンの協調をもたらさないことを示した．しかし，残念なことに，そのモデルではどの契約の下で協調ができるかを確認していない．

いくつかの論文は，サプライチェーンにおける努力が，いかに品質に影響を及ぼすかについて研究している．Reyniers and Tapiero（1995）のモデルでは，1人の供給業者と1人の買い手がおり，供給業者は2つの製造工程が選べる．一つは費用はかかるが，製品は高品質であり（欠陥率が低い），もう一つは費用は安いが，製品は低品質である（欠陥率が高い）．製造工程の選択は，努力を置き換えたものとして見なされる．買い手は，供給業者が納入した製品を検査することはできるが，検査は費用がかかる．検査によって発見される欠陥品は修理され，供給業者には追加費用，すなわち，内部不良費用が課される．買い手が検査せず，製品に欠陥がある場合，買い手は外部不良費用をこうむる．内部不良および外部不良の補償のための卸売価格割戻しを含めた契約が結ばれる．すなわち，供給業者が買い手に，買い手の外部不良費用の一部を支払う．供給業者にとって，内部不良（修理費用＋割戻し費用）は外部不良（買い手への補償金）より安くつく．したがって，買い手が多く検査をすれば，供給業者には有利である．

Baiman et al.（2000）のモデルでは，供給業者は費用をかけて努力することによって品質を改善でき，買い手は検査に努力し，品質の不完全シグナルをもたらすことができる．両者の努力水準は，Reyniers and Tapiero（1995）のモデルの離散的努力水準と異なり，連続変数である．製品に欠陥があることを検査が示した場合，買い手は内部不良費用をこうむる．製品に欠陥がないことを検査が示し，（したがって，買い手は製品を受け入れる）場合に，製品に実際は欠陥があれば，買い手は外部不良費用をこうむる．両者の努力水準を契約で定めることができる場合，最適なサプライチェーンパフォーマンスは達成可能であることが示されている．また，両者が外部・内部不良を確認することができ，その結果，それらの不良に基づいた振替支払が約束される場合，最適なパフォーマンスは達成可能である．Baiman et al.（2001）は，製品構成の問題を含めるように，モデルを拡張している．モジュール設計によって，両者は外部不良を特定企業のせいにすることができる．つまり，供給業者が欠陥のあるコンポーネントをつくった場合，よいコンポーネントをつくって，買い手が下手な取扱いあるいは組立によって欠陥を引き起こす場合がそうである．しかし，統合設計が行われる限り，製品の失敗を非難することはできない．したがって，製品構成は契約設計およびサプライチェーンパフォーマンスに影響を及ぼす．品質不良の原因と責任に関する問題を取り上げた別のモデルと経験的な研究については，Novak and Tayur（2002）［訳注：章末の文献リストには掲載されていない］を参照されたい．

品質に関する文献は，潜在的な観測可能性あるいは実証可能性のある問題の解決策として，企業は努力を取り上げて直接契約することができないが，努力に代わる尺度（内部・外部不良の頻度）に基づく契約は可能であることを示唆している．道徳的危険および努力シグナルに関する別のモデルについては，Holmstrom（1979）を参照されたい．

Gilbert and Cvsa（2000）は，観測可能であるが，実証できない費用のかかる努力

に関するモデルを検証している．すなわち，サプライチェーンの中の企業は，行われた努力の量を観測できるが，法廷では実証できないので，契約は結べない．そのモデルのように，この区別は重要である．そのモデルでは，供給業者が卸売価格を設定し，買い手は限界費用を減らすための投資ができる．供給業者が卸売価格を設定する前に，両企業は，限界費用を減らすための投資を観測することができる．供給業者は観察した努力に基づき，卸売価格を調節するので，買い手は原価削減による利益をすべて得ることができない．したがって，買い手は最適水準より少ない額の投資をして原価を低減する．供給業者は買い手が原価削減を行う前に，卸売価格を設定すれば，もっとうまくいく．しかし，そのモデルでは，需要はランダムであるので（需要の観測と同時に，買い手の原価削減が観測される），約束した卸売価格がもたらす励みになる利益と矛盾しないように需要を観測してから，卸売価格を決める方がよい．GilbertとCvsaは，混合型の解決策の有用性を実証している．つまり，供給業者は，買い手の努力と需要の実現値を観察する前に，卸売価格の上限を決め，そして，観測後に，卸売価格の上限を超えないように卸売価格を決める．すなわち，部分的な卸売価格の決定と部分的な柔軟性が存在する．

5. 複数ニュースベンダー問題の調整

本節では，1人の供給業者と競争する複数の小売業者からなる，2つのモデルについて考察する．最初のモデルでは，小売価格が固定されており，小売業者の在庫に比例して，需要が割り当てられることにより競争は生じる．需要取得効果によって，小売業者には最適な在庫より多く発注する傾向がみられる．小売業者が発注量を増やす場合，他の小売業者は需要の減少については説明できない．その結果，卸売価格契約の場合に限り，供給業者によるサプライチェーンの協調は可能になり，黒字利益が得られる．しかし，その契約の調整には制限がある．それは，サプライチェーン利益の一部しか引き出せない．そして，供給業者の最適な卸売価格契約に劣る．買戻し契約では，それらの制限はなく，供給業者はサプライチェーンの協調ができ，最適な卸売価格契約より多くの利益を得ることができる．

小売業者の競争を取り扱う次のモデルは，質的に非常に異なった結果をもたらす．このモデルでは，次のような一連の事象が生じる．小売業者が在庫を発注し，市場の需要が観測され，市場売りつくし価格が設定される．市場売りつくし価格とは，消費者が喜んで小売業者の在庫をすべて購入する価格である．したがって，市場の実現需要が低い場合，小売業者は損失をこうむる．小売業者はその可能性を予想し，対応策として，最適量より少なく発注する．その結果，最初の数量割当競争モデルとは対照的に，供給業者は小売業者の在庫を増加させるための手段を必要とする．2つの契約が考えられる．すなわち，再販価格維持契約と買戻し契約である．そのどちらかによって，供給業者によるサプライチェーンの協調が可能になり，サプライチェーンの利

5.1 固定小売価格の下でのニュースベンダー競争

単一小売業者ニュースベンダーモデル（2節参照）を，以下のように修正する．$c_r=g_r=g_s=v=0$ とし，小売業者の数を $n>1$ に増やす．D を全小売需要とし，F を D の分布関数とする．そして，n 小売業者のそれぞれの在庫量に比例して小売需要を割り当てる．すなわち，小売業者 i の需要 D_i は，

$$D_i = \left(\frac{q_i}{q}\right)D$$

である．ここで，$q=\sum_{i=1}^{n} q_i$，$q_{-i}=q-q_i$ である．確定需要の比例割当を行うモデルについては，Wang and Gerchak (2001) を参照のこと．

小売業者の需要は，完全に比例割当モデルに基づいて決定する．したがって，すべての小売業者は，需要過剰（$D>q$ の場合）であるか，在庫過剰（$D<q$ の場合）のいずれかである．顧客が十分な市場調査費用をもっていない場合，それが合理的なモデルになりうる．すなわち，システム中に製品がある場合，製品を求める顧客が製品を探し出す．その調査はすべての顧客による全販売店を対象とする調査である必要はない．たとえば，日常活動で自然に生じる，偶発的な社会的つながりによる，顧客間での入手可能性に関する情報交換であってもよい．モデルはまた，消費者はどの小売業者から買うかについて特に気にかけないと仮定する．すなわち，小売業者のブランドの選別を行わない．

ほかにも，一定の小売価格維持を前提とする需要割当モデルがある．Parlar (1988)，Karjalainen (1992)，Anupindi and Bassok (1999)，Anupindi et al. (2001) は，各小売業者に独立でランダムな需要を割り当て，小売業者の過剰な需要を再割当している．Netessine and Shumsky (2001) もまた，各小売業者の過剰需要を再割当しているが，ある工夫をこのモデルでは加えた．小売業者は航空会社であって，2つの料金クラスがあるものとしている．Lippman and McCardle (1997) は，独立でランダムな需要発生モデルを含む，需要割当のより一般的なアプローチを用いている．1つの確率変数によって総需要を表し，次に，（小売業者の発注量に基づくのではなく）需要の実現値に基づく分割ルールを用いて，小売業者に需要を割り当てる．小売業者の過剰需要は，その後で再割当される．このモデルでは，再割当された需要のうちの一部は失われるかもしれない．すなわち，顧客によっては，最初に訪れた小売業者が在庫をもっていない場合，買い物をやめることがある．その結果，総売上高は，小売業者の総在庫量と在庫が小売業者の間でどのように割当されるかによって異なる．比例割当モデルを用いる場合は，全体の売上は，小売業者間の在庫の分布に依存しない．したがって，比例割当モデルの分析は，より簡単である[21]．しかし，比例割当モデルは，Lippman and McCardle (1997) に採用された割当モデルの特別なケースではない．とはいえ，モデルから得る質的な洞察は一致している．

また，需要を動的に割り当てるモデルがある．Gans (2002) では，顧客は小売業者の在庫水準についての正確な知識をもたずに小売業者の間を探し求める[22]．Lippman and McCardle (1997)，Gans (2002) がチャネル間の調整を考慮していないように，van Ryzin and Mahajan (1999) は，顧客が小売業者に違う好みをもち，在庫が利用可能な最も好きな小売業者から購入することがあるとしている．

比例割当規則の下では，統合サプライチェーンは単一のニュースベンダーの問題に直面する．したがって，最適な発注量はよく知られている次式によって定義される．

$$F(q^0) = \frac{p-c}{p} \tag{5.1}$$

統合した問題の解法は，単一拠点のニュースベンダーモデルとなるので，比例割当の複数小売業者モデルは，単一小売業者モデルの一般化をしたものになる．

分散システムでは，卸売価格契約あるいは買戻し契約のいずれかの下での，小売業者の振る舞いを調べたい（小売価格は固定されているので，この場合，買戻し契約と収益分与契約は同じものになる）．小売業者 i の，買戻し契約における利益関数は，

$$\pi_i(q_i, q_{-i}) = (p-w)q_i - (p-b)\left(\frac{q_i}{q}\right)\int_0^q F(x)\,dx$$

である．この式はまた，卸売価格契約の下での小売業者の利益を与える（すなわち，$b=0$ と設定する）．2次微分条件は，各小売業者の利益関数が発注量において，厳密に凹であることを追認する．したがって，各 q_{-i} について小売業者 i の最適発注量が存在する．ゲーム理論の用語で述べると，小売業者 i は，他の小売業者の戦略（すなわち，発注量）に対する唯一の最適な応答をもっている．$q_i(q_{-i})$ を小売業者 i の応答関数とする．すなわち，q_{-i} と小売業者 i の最適な応答の間の写像である．小売業者の利益関数は対称的であるので，$q_j(q_{-j}) = q_i(q_{-i})$，ただし，$i \neq j$．

各小売業者の発注量が最良の応答である場合，一連の発注量 $\{q_1^*, \cdots, q_n^*\}$ は，分散システムの Nash 均衡解になる．すなわち，すべての i において，$q_i^* = q_i(q_{-i}^*)$，ただし，$q_{-i}^* = q^* - q_i^*$，$q^* = \sum_{j=1}^n q_j^*$．Nash 均衡は存在しないか，あるいは，複数存在するかもしれない．唯一の Nash 均衡がある場合，それは分散ゲームの予見した結果と考えられる．

どんな Nash 均衡も，各小売業者の1次微分条件を満たす必要がある．すなわち，

$$\frac{\partial \pi_i(q_i, q_j)}{q_i} = q^*\left(\frac{p-w}{p-b}\right) - q_i^* F(q^*) - q_{-i}^*\left(\frac{1}{q^*}\int_0^{q^*} F(x)\,dx\right) = 0$$

上式に $q_{-i}^* = q^* - q_i^*$ を代入し，所与の q^* について q_i^* を求める．

注[21]：複数の小売業者の需要割当は，取り揃え問題として知られる，一連の製品の需要割当に類似している．この問題はかなり複雑である．その展望論文としては，Mahajan and van Ryzin (1999) を参照．
注[22]：Gans (2002) は，より一般的なモデルを提出している．あるサービスを提供する複数の供給業者が質の違いによって競争し，それを充足率と呼ぶ．しかし，顧客は供給業者のサービス水準に関しては，不完全な情報しかもっていないので，探索戦略をつくる必要がある．供給業者は，顧客が限られた情報の下で，競争する．

$$q_i^* = q^* \left(\frac{\dfrac{p-w}{p-b} - \dfrac{1}{q^*}\int_0^{q^*} F(x)\,\mathrm{d}x}{F(q^*) - \dfrac{1}{q^*}\int_0^{q^*} F(x)\,\mathrm{d}x} \right) \tag{5.2}$$

上式は,均衡下での総発注量であることを条件付きとした,各小売業者の均衡発注量を与える.したがって,上式は $q^* = nq_i^*$ の場合に限り,均衡解を表す.式 (5.2) を $q^* = nq_i^*$ に代入し,変形すると,

$$\frac{1}{n}F(q^*) + \left(\frac{n-1}{n}\right)\left(\frac{1}{q^*}\int_0^{q^*} F(x)\,\mathrm{d}x\right) = \frac{p-w}{p-b} \tag{5.3}$$

になる.式 (5.3) の左辺は q^* の変形につれ,0 ($q^*=0$ の場合) から 1 ($q^*=\infty$ の場合) まで増加する.したがって,$b<w<p$ の場合,式を満たす唯一の q^* が存在する.言い換えれば,このゲームで,式 (5.3) で無条件に与えられた総発注量 q^* において,唯一の Nash 均衡が存在する.そして,各小売業者の発注量は,$q_i^* = q^*/n$ となる.

均衡発注量は n によってどのように変わるかを考察する.式 (5.3) の左辺は n の増加につれて減少する.したがって,q^* は以下の固定された契約条項の下で,n の増大につれて増加する.市場需要 D に直面する 1 人の小売業者は,同じ需要(比例割当モデルの場合)に複数の小売業者が直面する場合より少なく購入する(Lippman and McCardle (1997) が実証したように,この効果は比例割当モデル以上に広範囲に成り立つ).需要取得効果があるので,競い合って小売業者はより多くの在庫を発注する.多くの発注は,他の小売業者の需要が確率的に減少することを意味する,という事実を各小売業者は無視する.Anupindi and Bassok (1999) と Mahajan and van Ryzin (2001) も,その効果に注目した.しかし,この効果は普遍的に当てはまらない.Netessine and Rudi (2000b) は,小売業者が 2 以上で,需要が非対称である場合,競争がきっかけになって,一部の小売業者は在庫の仕入れを控えることを発見した.さらに,小売業者が代替製品ではなく,補完製品を販売する場合に,需要取得効果は逆転することが見出されている.つまり,各小売業者は,他の小売業者のことを考えて追加需要を避けるので,在庫の仕入れを控える.

需要取得効果により,供給業者がサプライチェーンの協調を行うことが可能になり,卸売価格契約の下に限って黒字利益を得る.説明の便宜上,卸売価格契約(すなわち,$b=0$)の下で小売業者の q 単位の発注を促す,卸売価格を $\widehat{w}(q)$ で表す.式 (5.3) から,

$$\widehat{w}(q) = p\left(1 - \left(\frac{1}{n}\right)F(q) - \left(\frac{n-1}{n}\right)\left(\frac{1}{q}\right)\int_0^q F(x)\,\mathrm{d}x\right)$$

定義により,$\widehat{w}(q^0)$ は調整卸売価格である.$F(q^0) = (p-c)/c$ が与えられ,そして,

$$\frac{1}{q}\int_0^q F(x)\,\mathrm{d}x < F(q)$$

ならば,$n>1$ の場合に $\widehat{w}(q^0) > c$ の成立を示すことができる.したがって,供給業者はその調整契約で黒字利益を得る.単一小売業者のモデルでは,供給業者の利益が

0 の場合に，すなわち，限界費用に等しい卸値価格設定である $\widehat{w}(q^0)=c$ の場合のみ，チャネル調整が達成される．

供給業者は卸売価格契約をサプライチェーンの協調に利用することができるが，その契約は供給業者にとって最適ではない．卸売価格契約の下での供給業者の利益関数は，

$$\pi_\mathrm{s}(q, \widehat{w}(q)) = q(\widehat{w}(q) - c)$$

である．$n>1$ と仮定し，$\pi_\mathrm{s}(q, \widehat{w}(q))$ を q で微分し，$\widehat{w}(q^0)$ における導関数の値で求めると，

$$\frac{\partial \pi_\mathrm{s}(q^0, \widehat{w}(q^0))}{\partial q} = -\frac{q^0 p f(q^0)}{n} < 0$$

となる．したがって供給業者は，卸売価格 $\widehat{w}(q^0)$ でサプライチェーンの協調を望まず，$n>1$ の場合，より高い卸売価格と，q^0 より少ない販売量を選ぶ．

供給業者は，サプライチェーンの協調を行うために，卸売価格契約の使用を望まないが，調整買戻し契約を用いると，供給業者の利益は，最適な卸売価格契約を使用する場合の利益を超える可能性がある．$w_\mathrm{b}(b)$ を，買戻しレートを与えられたサプライチェーンの協調に用いる卸売価格とする．買戻しレートは小売業者に，発注量を増やすインセンティブを与えるので，$w_\mathrm{b}(b) > \widehat{w}(q^0)$ になるはずである．すなわち，サプライチェーンの協調を行うために，供給業者は，調整卸売価格契約より高い卸売価格を使わなければならない．ただし，それは供給業者の最適卸売価格よりは低くなる．式 (5.1)，(5.3) から，

$$w_\mathrm{b}(b) = p - (p-b)\left[\frac{1}{n}\left(\frac{p-c}{p}\right) + \left(\frac{n-1}{n}\right)\left(\frac{1}{q^0}\int_0^{q^0} F(x)\mathrm{d}x\right)\right]$$

である．$q_i^* = q^*/n$ が与えられるとき，調整買戻し契約の下における小売業者 i の利益は，

$$\begin{aligned}
\pi_i(q_i^*, q_{-i}^*) &= \left(\frac{p-w(b)}{n}\right)q^0 - (p-b)\left(\frac{1}{n}\right)\int_0^{q^0} F(x)\mathrm{d}x \\
&= \left(\frac{p-b}{pn^2}\right)q^0\left[p - c - \frac{p}{q^0}\int_0^{q^0} F(x)\mathrm{d}x\right] \\
&= \left(\frac{p-b}{pn^2}\right)\Pi(q^0)
\end{aligned}$$

であり，その調整契約の下における供給業者の利益は，

$$\pi_\mathrm{s}(q^0, w_\mathrm{b}(b), b) = \Pi(q^0) - n\pi_i(q_i^*, q_{-i}^*) = \left(\frac{p(n-1)+b}{pn}\right)\Pi(q^0)$$

となる．したがって，供給業者は $b=p$ の場合におけるサプライチェーンの全利益を引き出すことができる．前に示されたように，$b=0$ の調整契約は供給業者の利益の下限をもたらす（供給業者が $w_\mathrm{b}(0)$ より高い卸売価格でもうまくいくため）．供給業者の最大利益 $\Pi(q^0)$ の下界に対する割合は，買戻し契約の使用によって，どれぐらい改善できるかを示す尺度をもたらす．

$$\frac{\pi_s(q^0, w_b(0), 0)}{\Pi(q^0)} = \frac{n-1}{n}$$

したがって，n が増加するとき，供給業者の潜在的な利益は，最適卸売価格契約というより，むしろ調整買戻し契約の使用によって減少する．実際，供給業者は卸売価格契約を使って，小売業者数が比較的少ないサプライチェーンの最適利益の大部分を獲得することができる．$n=5$ の場合，供給業者は最適利益のうち，少なくとも 80% を獲得する．また，$n=10$ の場合は，供給業者は少なくとも 90% を獲得する．Mahajan and van Ryzin (2001) もまた，下流の競争は調整契約の必要性を減らすことができると述べている．

5.2 市場売りつくし価格を考慮したニュースベンダー競争

先ほどのモデルでは，小売業者の競争が需要の割当に及ぼす影響を分析した．このモデルでは，最初に Deneckere et al. (1997) によって分析されたように，競争が小売価格に及ぼす影響を取り上げる．具体的には，市場価格は，需要の実現値と在庫の仕入れ量に依存する．

需要は，高いか低いかの 2 つの状態のどちらかになると仮定する．q を小売業者の全発注量とする．需要が低い場合，市場売りつくし価格は，

$$p_l(q) = (1-q)^+$$

であり，需要が高い場合，市場売りつくし価格は，

$$p_h(q) = \left(1 - \frac{q}{\theta}\right)^+$$

である．ただし，$\theta > 1$ であって，それぞれの需要状況は同じ確率で生じるものとする．

小売業者の全発注量は指標化され，$[0,1]$ の範囲内の値として表される．需要が観測される前に，小売業者が単一の供給業者に在庫を発注しなければならない．需要が観測されてから，市場売りつくし価格が決定される．完全競争であることが仮定される．それは，期待利益が 0 になるまで，小売業者が在庫商品を発注し続けることを意味する．残存在庫は処分価値をもたず，供給業者の製造原価は 0 であると仮定する．Deneckere et al. (1997) は，連続的な需要状態空間，一般的な供給業者の費用関数，一般的な需要関数を用いて，このモデルについて，定性的考察を行っている．別の論文で，Deneckere et al. (1996) は，需要を実現する前に小売業者が価格を設定することを前提として，定性的考察を行っている（そのモデルでは，需要はすべて，価格が最も低い小売業者に割り当てられ，需要に残りが生じる場合には 2 番目に価格が低い小売業者に割り当てられる，以下同様）のルールが用いられる．

基準を設定するために，占売者がシステム全体をコントロールすると仮定する．この状況で，占売者は需要を観測してから，いかなる量の在庫を市場に売るかを決める．その場合に，在庫費用が低く抑えられるので，占売者は収益を最大化する．低需要状況では，占売者は価格 $p_l(1/2) = 1/2$ で $q = 1/2$ を売り，高需要状況では，同じ価

格 $q_h(\theta/2)=1/2$ で $q=\theta/2$ を売る．したがって，在庫の発注量は1つにしなくてはならない．製造原価は0なので，$\theta/2$ を発注するのが最適である[23]．さらに，高需要状況では，占売者は全在庫を売るが，低需要状況では，占売者は在庫の一部を売る．占売者の期待利益は，

$$\Pi^\circ = \left(\frac{1}{2}\right)p_l\left(\frac{1}{2}\right)\left(\frac{1}{2}\right)+\left(\frac{1}{2}\right)p_h\left(\frac{\theta}{2}\right)\left(\frac{\theta}{2}\right)=\frac{1+\theta}{8}$$

である．

供給業者が卸売価格契約のみを用いて，完全競争下にある小売業者に在庫を供給するシステムを考察する．小売業者の期待利益は，

$$\frac{1}{2}p_l(q)q+\frac{1}{2}p_h(q)q-wq=\begin{cases}\frac{1}{2}q\left(2-q-\frac{q}{\theta}\right)-wq, & q\leq 1 \\ \frac{1}{2}q\left(1-\frac{q}{\theta}\right)-wq, & q>1\end{cases}$$

である．$q_1(w)$ を，$q\leq 1$ のときに利益を0にする量とする．それは完全競争がもたらす均衡状態の結果である．そして，

$$q_1(w)=\frac{2\theta}{1+\theta}(1-w)$$

である．$q_1(w)\leq 1$ が成立するためには，$w\geq (1/2)-1/(2\theta)$ とならねばならない．$q_2(w)$ を $q>1$ のときに，利益を0にする量とすると，

$$q_2(w)=\theta(1-2w)$$

である．$q_2(w)>1$ が保てるため，$w<(1/2)-1/(2\theta)$ となるはずである．

$\pi_s(w)$ を供給業者の利益とする．上式の結果により，

$$\pi_s(w)=\begin{cases}q_1(w)w, & w\geq \frac{1}{2}-\frac{1}{2\theta} \\ q_2(w)w, & \text{それ以外}\end{cases}$$

となる．$w^*(\theta)$ を供給業者の最適卸売価格とすると，

$$w^*(\theta)=\begin{cases}\frac{1}{2}, & \theta\leq 3 \\ \frac{1}{4}, & \text{それ以外}\end{cases}$$

となる．そして，

$$\pi_s(w^*(\theta))=\begin{cases}\frac{\theta}{2(1+\theta)}, & \theta\leq 3 \\ \frac{1}{8}\theta, & \text{それ以外}\end{cases}$$

である．したがって，$\theta\leq 3$ の場合，小売業者は，

注 [23]：占売者は，発注量を $\theta/2$ より大きくすることには無関心である．実際には正の製造原価がそれによって得る利益を帳消しするであろう．しかし，それは興味のある課題ではない．重要な結果は，サプライチェーンにおける最適発注量は，それより大きい量であるという点である．

$$q_1(w_i(\theta)) = \frac{\theta}{1+\theta}$$

を発注し,市場売りつくし価格は,

$$p_l(q_1(w^*(\theta))) = \frac{1}{1+\theta}, \quad p_h(q_1(w^*(\theta))) = \frac{\theta}{1+\theta}$$

となる. $\theta>3$ の場合に,小売業者は,

$$q_2(w^*(\theta)) = \frac{\theta}{2}$$

を発注し,市場売りつくし価格は,

$$p_l(q_2(w^*(\theta))) = 0, \quad p_h(q_2(w^*(\theta))) = \frac{1}{2}$$

となる.

θ がいかなる値であっても,$\pi_s(w^*(\theta)) < \Pi^o$ なので,供給業者は卸売価格契約を用いて実現可能な最大利益を獲得することはない.$\theta \leq 3$ の場合,小売業者は低需要状態で売りすぎることになり,商品が不足する.その損失を軽減するために,小売業者は最適な量より抑えて発注するが,高需要状況下では需要を満たすだけの販売はできない.$\theta>3$ の場合,小売業者は,たとえ高需要状態で最適量を販売しても,低需要状況下では売りすぎるので,供給業者が商品不足になる.したがって,いずれの場合にしても問題は,競争の結果,小売業者は低需要状況下で売りすぎることである.繰り返すが,占売者は低需要状況下ではすべての在庫を売らないが,完全競争の状況下での小売業者はそのように抑制することはできない.

高い利益を得るために,供給業者は低需要状況下での市場売りつくし価格が,1/2 以下に低下することを防ぐ仕組みを考案しなければならない.要するに,供給業者はシステムニーズより多くの在庫をもつことによって,引き起こす破壊的競争を抑えなければならない.Deneckere et al. (1997) は,小売業者は契約価格以下で売らないという再販価格維持を供給業者が実施することを提案している.(再販価格維持に関する他の研究については,Ippolito (1991),Shaffer (1991),Chen (1999b) を参照).$\bar{p}$ を再販価格とする.$\bar{p}$ が市場売りつくし価格を上回る場合,小売業者には売れていない在庫があるので,需要が小売業者に割り当てられる.各小売業者は発注量の一定の割合を売る,すなわち,比例割当になるように需要を割り当てる.

最適な市場売りつくし価格が常に 1/2 と与えられる場合に,最適な再販価格維持契約に規定する再販価格の探索は $\bar{p}=1/2$ から始めるべきである[24].$q(t)$ を t 番目の小売業者の発注量とし,$\pi_r(t)$ を t 番目の小売業者の期待利益とする.小売業者の全発注量を $\theta/2$ であると仮定すると,

---

注 [24]:需要モデル $q=\theta(1-p)$ は,乗法的ショック θ をもつので,最適な市場売りつくし価格は需要の実現に依存しない.加法的ショックをもつ場合,たとえば,需要モデルが $q=\theta-p$ の場合,最適な市場売りつくし価格は状況によって異なる.再販価格維持は,再販価格が高需要状況か低需要状況かの場合のみ,サプライチェーンの協調を可能にする.

$$\int_0^1 q(t)\,dt = \frac{\theta}{2} \tag{5.4}$$

となる．したがって，どちらの需要状況下でも市場価格は1/2である．均衡状態の下で，小売業者が確かに$\theta/2$の量を発注することは後で確認する．t番目の小売業者の期待利益を求めると，

$$\pi_r(t) = -q(t)w + \frac{1}{2}\left(\frac{\frac{1}{2}}{\frac{\theta}{2}}q(t)\right)\bar{p} + \frac{1}{2}q(t)\bar{p}$$

となる．小売業者は低需要状況下で$(1/2)q(t)/(\theta/2)$を売り，高需要状況下で$q(t)$を売る．上式をわかりやすく書き換えると，

$$\pi_r(t) = q(t)\left(\frac{1+\theta}{4\theta} - w\right)$$

となる．したがって，供給業者は，

$$\bar{w} = \frac{1+\theta}{4\theta}$$

を請求することができる．小売業者がその卸売価格で，確かに$\theta/2$を発注することは確認できるはずである．小売業者が$1/2 < q < \theta/2$の範囲で発注するならば，t番目の小売業者の期待利益は，

$$-q(t)w + \frac{1}{2}\left(\frac{\frac{1}{2}}{q}q(t)\right)\bar{p} + \frac{1}{2}q(t)\left(1 - \frac{q}{\theta}\right)$$

となる．上式は卸売価格の増加につれて減少し，卸売価格が$\bar{w}$の場合に0となる．それで，$(\bar{p}, \bar{w})$再販価格維持契約の下で，小売業者は$q = \theta/2$を発注し，最適な量はどちらの状況下でも販売でき，そして，小売業者の期待利益は0である[25]．したがって，供給業者はその契約の下でΠ^0を得る．

再販価格維持は，低需要状況下での破壊的競争を防ぐが，同じ目的を達成する別のアプローチがある．供給業者が$b = 1/2$の買戻し契約を提示するものとする．小売業者は単位あたりの在庫から$b = 1/2$を得るので，市場価格は1/2以下にすることはない．市場価格を1/2より下げるためには，一部の小売業者が進んで1/2以下の価格で売る必要があるが，供給業者に売れ残りの在庫を1/2の価格で買い取る意思がある限り，それは合理的でない．したがって，小売業者はたかだか，低需要状況下では1/2, 高需要状況下では$\theta/2$の価格で販売する．

買戻し契約における小売業者の利益は，

$$\frac{1}{2}\left(p_l\left(\frac{1}{2}\right)\left(\frac{1}{2}\right) + b\left(q - \left(\frac{1}{2}\right)\right)\right) + \frac{1}{2}(p_h(q)q) - qw$$

注[25]：所与の$(\bar{p}, \bar{w})$の下で式 (5.4) を満たす$q(t)$は，1つの均衡を行っている．すなわち，無数の均衡が存在する．著者は，特定の均衡がどのように選ばれるのかを明らかにしていない．

であり，書き換えると，

$$q\left(\frac{3}{4} - w - \frac{q}{2\theta}\right)$$

になる（その利益は，$1/2 < q < \theta/2$ であることを仮定している）．供給業者は小売業者が $q = \theta/2$ 量を発注することを望む．上式から，小売業者は $w = 1/2$ の場合，$q = \theta/2$ で利益が 0 になる．したがって，供給業者は，全額に相当する払戻し金を買戻し契約で提示することによって，システムの利益を最大化する．

再販価格維持契約と買戻し契約は同じ目的を達成するが，供給業者は買戻し契約の下でより高い卸売価格を設定する．すなわち，$1/2 > (1+\theta)/4\theta$ である．小売業者には，低需要状況下の場合，買戻し契約では過剰在庫の費用が生じないが，再販価格維持契約では過剰在庫の費用が生じる．買戻し契約もまた，この状況で収益分与契約と異なる（2 節では，この 2 つの契約は，単一ニュースベンダーモデルに関しては同価であることを実証している）．買戻し契約は，市場売りつくし価格が低需要状況下で 1/2 以下になることを防ぐが，収益分与契約は破壊的競争を防ぐことはできない．低需要状況下で，小売業者は在庫について使用する選択肢がないので，すべての製品の売却を試みる（しかし，Dana and Spier（2001）では，小売業者は，仕入れに当たってではなく，販売に当たって限界原価費用が生じるため，収益分与は破壊的な価格競争を防ぐ）．それらの契約はまた，価格依存需要の単一ニュースベンダーモデルの場合と異なる（3 節参照）．しかし，そのモデルでは，収益分与契約はサプライチェーンの協調を可能にするが，買戻し契約については可能ではない．重要な区別は，単一ニュースベンダーモデルの場合，小売業者が市場価格をコントロールするのに対し，競争モデルの場合には，小売業者はコントロールが不可能である．

興味深いことは，買戻し契約は，最初のモデルの場合には供給業者が小売業者の過剰発注を抑制し，次のモデルの場合には供給業者が小売業者により多くの発注を奨励しなければならないのに，その競争モデルのどちらのサプライチェーンにおいても協調を可能とする点である．この明らかな矛盾を説明すると，契約における卸売価格は常に小売業者の発注量を減らし，買戻しは常に小売業者の発注量を増やすという働きをするからである．したがって，その 2 つの要因の相対的な強さを変えることによって，買戻し契約は小売業者の発注量を増減できる．

5.3 議　　論

小売競争は，サプライチェーンの協調に関するいくつかの課題をもたらす．各小売業者の決定がどの程度競争相手の需要を減らすかについて考察はされていないため，各小売業者はサプライチェーンの最適量より多く発注するという，需要取得効果が存在する．協調を実現するには，供給業者は小売業者の発注量を「減らす」必要があり，それは限界費用も取り扱う卸売価格契約によるほかはない．しかし，その卸売価格契約は，単にサプライチェーンの利益の一部を考慮に入れているにすぎず，供給業

者にとっての最適な卸売価格契約にさえなっていない．供給業者は買戻し契約を用いてより適切に振る舞って，サプライチェーンの協調を実現することができる．しかし，より単純な卸売価格契約を上回るその改善は，小売競争の激化につれて，急速に減少する．需要取得効果とは対照的に，破壊的競争効果がある状態で，供給業者は小売業者の発注量を増やす必要がある．需要が不確実で，市場売りつくしのための小売価格を設定する場合，これが生じる．需要が多い場合，小売業者は利益を得るが，需要が少ない場合は，在庫を処分するための大幅な値引きによって損失が生じる．小売業者はこの問題を予想し，在庫の仕入れを削減して対応する．再販価格維持と買戻し契約の両方が大幅な値引きを防ぎ，その問題を緩和する．

競争関係にある小売業者から構成されたサプライチェーンの協調を研究する論文は，ほかにもいくつかある．Padmanabhan and Png (1997) は，確定需要および完全ではない小売競争の環境の下で，供給業者が買戻し契約を用いて，小売競争の軽減によって利益を得ることができることを実証している．このモデルでは，2社の小売業者が，まず製品を仕入れ，次に価格を設定する．小売業者 i が $q_i = \alpha - \beta p_i - \gamma p_j$ の量を販売し，ここで，α, β, γ は定数で，$\beta > \gamma$ である．卸売価格契約 ($b=0$) の下では，在庫はなくなるので，小売業者は収益を最大化するように価格を設定する．供給業者が全額返品方針 ($b=w$) を提示するとき，売れ残り在庫はすべて返品できるので，小売業者が利益を最大化するように価格を設定する．小売業者は収益を最大化するとき，価格設定に当たりより積極的になる．発注量を決めるとき，小売業者はこの振る舞いに対して先手を打ち，より激しい価格競争が予想されると，控え目に発注する[26]．したがって，どんな卸売価格が与えられても，小売業者は全額返品方針で，さらに発注する．需要は確定であるので，いずれの場合も，供給業者は返品を受け入れなければならない．したがって，需要が確定の場合，供給業者は全額返品方針を実施した方がよい[27]．需要が確率的な場合，供給業者は全額返品方針を好まない．なぜなら，その方針は小売業者の過剰発注を引き起こすかもしれないからである．しかし，その状況の下で，供給業者が一部の返品を認めること，すなわち，$b<w$ とすることによって，利益を得るかもしれない[28]．確定需要および競争関係にある小売業者についての複雑なモデルは，Bernstein and Federgruen (1999) を参照のこと．価格とサービスで競争する2社の小売業者のモデルについては，Tsay and Agrawal (2000)，Atkins and Zhao (2002) を参照されたい．

複数の小売業者が寡占的競争，すなわち，均衡状態で0でない利益を得られるかも

注 [26]：収益を最大化するとき，小売業者は限界収益が0となるように価格を設定する．利益を最大化するとき，小売業者は限界収益が限界原価と等しくなるように，価格を設定する．したがって，利益が最大化される場合，小売業者の最適価格はより高くなる．
注 [27]：Padmanabhan and Png (1997) は，小売競争をより激しくすることにより，全額返品方針は製造業者を支援すると述べている．ここでは，価格設定の段階ではなく，発注段階の競争について言及している．価格設定段階で予想される競争は少ないので，小売業者はより正確に発注できる．
注 [28]：2社の小売業者の間で不完全競争がある，少し異なったモデルに関して，Butz (1997) は，供給業者が買戻し契約でチャネルの調整ができることを実証している．

しれない状況に直面する場合について，協調に関する研究を数人の著者が行っている．たとえそれがタイプの異なる競争であっても，需要取得効果が認められるならば，その存在とできれば均衡の唯一性を証明することは，一般に，大きな課題である．Cachon and Lariviere (2000) は，収益分与契約は，数量競争あるいは価格競争のような，1次元の尺度で競争する小売業者を調整できることを実証している．小売業者が数量と価格の両方で競争する場合は，収益分与契約は成功しない（たとえば，1企業の需要は，価格と数量の代替尺度である充足率に依存する）．しかし，Dana and Spier (2001) は，収益分与契約が，価格に関して完全競争下にあるニュースベンダーモデルを調整することを発見している．Bernstein and Federgruen (2000) は，非線形型価格割引契約は，数量と価格で競争する小売業者を調整できることを示している．

Rudi et al. (2001) は，2社の小売業者が，あるニュースベンダー問題に直面するモデルを研究している．在庫は小売業者の間で料金を付けて出荷することができる．出荷は，需要が観測されてから，需要が失われる前に行われる．したがって，小売業者iが過剰在庫をもち，小売業者jが過剰需要をもっていれば，小売業者jの過剰需要を満たすために，小売業者iは過剰在庫の一部を小売業者jに送ることができる．ひと目みて，このモデルで生じる在庫の再配送は，Lippman and McCardle (1997) のモデルで生じる過剰需要の再割当と，質的に等価にみえる．しかし，違いがあり，一つは，需要再割当モデルの企業は，小売業者間で引き渡される需要については1単位あたりいくらという料金は明示的に生じるという点である．もう一つは，在庫再配送モデルの企業は，再配送過程を管理し，総需要が在庫の合計を超える場合のみ，需要が失われるという点である（Pareto的な取引の改善が常に生じるように，企業が振替価格を設定すると仮定している）．

Rudi et al. (2001) は，このモデルで，小売業者によって過多のあるいは過少の在庫発注が行われるかは，再割当される在庫の振替価格に依存することを実証している．受け取る側が最大の料金を払わなければならない場合（したがって，在庫を受け取ることと販売の機会を失うこととの間の関係について無関心である），企業は過多の在庫を発注する．企業は，他の企業に在庫を売ることによって利益を得るので，各企業は過多の在庫を発注しがちである．受け取る側が最小の料金を払う場合（したがって，在庫を譲渡する会社は，過剰在庫を処分することと他の企業に在庫を譲渡することとの間の関係について無関心である），企業は過少の在庫を発注しがちである（どちらの企業も過剰在庫から利益を得ないが，他の企業の在庫を頼ることができる）．これらの両極端がある限り，それらの企業にとって最適である在庫を発注する一連の中間振替価格が存在する．

Rudi et al. (2001) のモデルには，供給業者が取り扱われていないが，供給業者は在庫再配送の促進役でありうる．たとえば，このモデルで，一方の企業が過剰在庫を売る価格は，もう一方の企業が過剰在庫を買う価格と同一である．しかし，供給業者

にとって,その価格は同一である必要はない.供給業者は過剰在庫をある価格で買うことができ(買戻し),そして,異なった価格(最初の卸売価格と異なったものにしてもよい)で再配送することができる.供給業者を取り扱うと,各小売業者の在庫問題も変わったものになる.もとのモデルでは,各小売業者は,別の小売業者は単に過剰需要をただ満たすために仕入れるので,過剰在庫の一部を販売することだけを考える.買戻し契約では,供給業者は一定価格で,すべての過剰在庫の購入が行われる(Dong and Rudi (2001) は,供給業者による過剰在庫の売買を研究しているが,卸売価格契約のみを取り上げている).

Anupindi et al. (2001) は,複数の拠点間での一般在庫の再配送ゲームを研究している.彼らは「協力的・競争的」分析を用いている.一部の決定は協力的ゲーム理論の概念で分析されるが,他の決定は非協力的ゲーム理論で行われている.

Lee and Whang (2002) では,供給業者が,販売期間中に中間地点で在庫を自由に再配送する (Rudi et al. (2001) では,再配送は期末,すなわち,完全な需要シグナルを受け取った後に行われる).このモデルでは,再配送振替価格は,小売業者あるいは供給業者が決めた価格ではなく,市場の売りつくし価格である.現金取引市場は,供給業者にとって,低マージン商品は有利であるが,高マージン商品はそうでないことを見出している.現金取引市場を管理できない場合,供給業者は,最小発注量の必要条件あるいは返品条件によって現金取引市場に影響を及ぼすことができる.たとえば,返品条件は現金取引市場から在庫を取り除き,そのことによって価格を上げることができよう.これは5.2項で論じられた,破壊的な価格競争を防ぐ買戻し契約の使用に似ている.

Gerchak and Wang (1999),Gurnani and Gerchak (1998) は,複数の下流企業ではなく,複数の上流企業を取り扱うサプライチェーンについて考察している.これらの組立システムでは,上流企業は異なる供給業者で,(下流企業である)製造業者の製品構成品を製造する.全生産量は最も小さな生産能力をもつ供給業者によって制限され,また,他の供給業者の過剰生産量は無駄になる.したがって,破壊的競争でのように,供給業者は少量しか生産しない傾向にある.供給業者の生産量を増加させるように働きかける契約をいくつも取り上げている.Bernstein and DeCroix (2002) も,組立システムの協調について研究し,組立構造の構成がどのようにサプライチェーンに影響を及ぼすかについて論じている.

Bernstein et al. (2002) は,卸売価格契約による競争関係にある小売業者の調整は,標準的な運用である小売業者による価格と在庫政策の設定により,供給業者が小売業者の在庫政策を管理し,小売業者が価格を設定するVMIの方が容易であることを実証している.これは協調のための異なるアプローチを意味する.つまり,契約によって,インセンティブを調整する代わりに,企業は決定権を譲渡する.正式な契約との関連におけるこのアプローチの優劣は,まだ明らかにされていない.

本節を通して,供給業者はすべての小売業者から独立していると仮定された.しか

し，一部の市場では，供給業者は自分の小売業者を所有するか，消費者に直接販売することがある．Tsay and Agrawal（1999）は，そのような動向が生み出すチャネルの対立を研究している．そのモデルで，供給業者が同時にすべての小売業者に1つの契約を提示し，その契約はすべての小売業者が観測できると仮定している．しかし，McAfee and Schwarz（1994）［訳注：章末の文献リストには掲載されていない］は，供給業者は，順次に小売業者に契約を提示して，契約条件を機密事項とするインセンティブをもっていると論じている．小売業者はそのような行為を予想し，それに対応するため，一部の契約はその有効性が損なわれる．この問題に関する追加的な議論については，O'Brien and Shaffer（1992），Marx and Shaffer（2001a, b, 2002）を参照のこと．

6. 需要更新が行われる場合のニュースベンダー問題の調整

標準的なニュースベンダー問題では，小売業者が在庫を発注する機会は1回限りである．しかし，小売業者に2回目の在庫の発注機会を与える方が合理的である．さらに，小売業者の需要予測は発注期間中に改善されるかもしれない（Fisher and Raman, 1996）．したがって，他の条件がすべて同じであれば，小売業者は発注を2回目の発注時期まで遅らせることを望むであろう．しかし，このことは供給業者の問題をつくり出す．リードタイムは長くなり，供給業者は部品を安く調達でき，残業を回避することができるようになる．供給業者が小売業者の発注を満たす十分な能力を常にもっている場合，小売業者の遅い発注よりも，早い発注を好む[29]．したがって，サプライチェーンの協調には，早い生産による低コストと，遅い生産で与えられるよりよい情報との間でバランスをとることが，企業にとって必要になる．供給業者が各発注時期に，卸売価格の決定を委託する限り，買戻し契約によって協調が実現され，利益の配分ができることが示される．

6.1 モデルと分析

Donohue（2000）に基づき，小売業者が販売期間が始まる前に1回だけ，予測更新を受け取るモデルについて考察する．$\xi \geq 0$ を需要シグナルの実現値とする．$G(\cdot)$ を分布関数とし，$g(\cdot)$ をその密度関数とする．$F(\cdot|\xi)$ を需要シグナル観測後の需要の分布関数とする．需要は需要シグナルに関して確率的に増加する．すなわち，すべての $\xi_h > \xi_l$ に対して，$F(x|\xi_h) < F(x|\xi_l)$ である．便宜上，期間1は需要シグナルを受け取る前の時間とし，期間2は需要シグナルを受け取ってから販売期間が始まるまでの時間とする．

q_i を期間 i における小売業者の全発注量とする．すなわち，q_1 は期間1における

注 [29]：この好みは収入の時間価値によるものではない．すなわち，供給業者は，小売業者が配達に応じて支払う限り，早い発注を好む．

小売業者の発注量で，q_2-q_1 は期間2における小売業者の発注量である．小売業者の期間2の発注は，需要シグナルを観測してから出される．各期間において，供給業者は小売業者の発注を受けてから，生産を決める．初期の生産費用は後の生産費用より安いので，c_i を期間 i の単位あたり生産費用とすると，$c_1 < c_2$ である．小売業者が期間 i に発注した製品に対し，供給業者は単位あたり w_i を請求する．さらに，供給業者は買戻し価格として，売れ残り在庫に対し，単位あたり b を提示する．供給業者は期間1のはじめに，これらの条件を提示し，変更しない旨を約束する[30]．p を小売価格とする．残存在庫の処分価値および品切れに関するすべての間接費用を，0に規準化する．

供給業者はどちらの期間についても能力制約がなく，各期の期末に小売業者に製品を納入する．供給業者は自発的コンプライアンスの下で活動し，小売業者の発注量より少ない量を納入するかもしれない[31]．しかし，その一方，供給業者は，期間1で小売業者の発注量より多い量を生産するかもしれない．問題を単純化するため，期間1から期間2までの在庫維持費用は生じないと考える．

情報はすべて共有されている．たとえば，両企業は $G(\cdot)$ と同様に $F(\cdot|\xi)$ を知っている．特に，両企業は期間2のはじめに需要シグナルを観測する[32]．両方の企業は期待利益の最大化のために努力する．

まず，期間2について説明する．$\Omega_2(q_2|q_1,\xi)$ を，サプライチェーンの期待収益から期間2の生産費用を引いたものとする．

$$\Omega_2(q_2|q_1,\xi) = pS(q_2|\xi) - c_2 q_2 + c_1 q_2 \tag{6.1}$$

$q_2(q_1,\xi)$ を，q_1 と ξ が与えられたときのサプライチェーンの最適な q_2，ただし，$q_2(\xi) = q_2(0,\xi)$ とする．すなわち，$q_2(\xi)$ は，小売業者が期間2のはじめに在庫をもっていない場合の最適な発注量である．$\Omega_2(q_2|q_1,\xi)$ が q_2 に関して厳密に凹である場合，

$$F(q_2(\xi)|\xi) = \frac{p-c_2}{p} \tag{6.2}$$

となる．$q_2(\xi)$ は ξ に関して増加するので，関数 $\xi(q_1)$ を以下のように定義することができる．

注 [30]：需要シグナルを受け取った後，条件を変更するいくつかのインセンティブがあるかもしれない．仮に，よいニュースがあるとする．その場合，供給業者はサプライチェーンの利益に関してあまり寄与しない小売業者を無視したがるかもしれない（小売業者が一定の許容しうる最小利益をもつならば）．あるいは，供給業者はよい製品を生産したことに対する報酬として，より大きな利益を得ることがふさわしいと主張するかもしれない．再交渉およびその契約設計への影響に関して，多数の経済学の文献がある（Tirole, 1986；Demougin, 1989；Holden, 1999 参照）．

注 [31]：Donohue (2000) では，強制的コンプライアンスを仮定している．また，供給業者は買戻し契約を提示するものとする．

注 [32]：供給業者が $F(\cdot|\xi)$ を知っていれば，シグナルを直接観測する必要はない．その場合，$F(\cdot|\xi)$ は ξ について厳密に減少するので，供給業者は小売業者の発注量から ξ を推測することができる．上流企業が，下流企業の需要シグナルを正確に推測するために，下流の発注量を使うことができないモデルに関しては，Brown (1999) を参照のこと．

$$F(q_1|\xi(q_1)) = \frac{p-c_2}{p} \tag{6.3}$$

$\xi(q_1)$ は需要シグナルを2つに集合に分割する．すなわち，$\xi > \xi(q_1)$ の場合は，期間2の最適発注量は正であり，そうでない場合は，期間2で生産しないことが最適である．

　小売業者は期間2においても標準的なニュースベンダー問題に直面する．ただし，小売業者がすでにある程度の在庫をもっている可能性があるという修正が加えられる．$\pi_2(q_2|q_1,\xi)$ を小売業者の，期待利益より期間2における調達費用を引いたものとする．

$$\pi_2(q_2|q_1,\xi) = (p-b)S(q_2|\xi) - (w_2-b)q_2 + w_2 q_1$$

ここで，供給業者が小売業者の発注をすべて納入することを仮定している（表記法を単純化するため，契約パラメータは本節で考察する関数の変数中に含まれていない）．期間2における小売業者の決定を調整するため，契約パラメータ $\lambda \in [0,1]$ を選び，下記の関係を定める．

$$p - b = \lambda p$$
$$w_2 - b = \lambda c_2$$

当然のことながら，それらのパラメータは，単一期間のニュースベンダーモデルにおける調整買戻しパラメータに類似している．それらの契約のいずれについても，

$$\pi_2(q_2|q_1,\xi) = \lambda(\Omega_2(q_2|q_1,\xi) - c_2 q_1) + w_2 q_1$$

である．したがって，$q_2(q_1,\xi)$ もまた，小売業者の最適発注量である．すなわち，契約は期間2における小売業者の決定を調整する．

　供給業者が確実に期間2における小売業者の総発注量を，満たすことができるかどうかを考える．x を期間2のはじめの，サプライチェーンの総在庫量とする．ただし，$x \geq q_1$ である．期間2のはじめにおける供給業者の在庫量は，$x - q_1$ である．y を供給業者による期間2の納入が終わった後の小売業者の在庫量とする．$y = q_2$ のとき，供給業者は小売業者の発注をすべて満たす．$x \geq q_2$ のとき，小売業者の発注の一部を満たし，残存在庫を保有する理由はないので，供給業者は明らかに小売業者の発注どおり納入する．$q_2 > x$ であれば，供給業者は小売業者の発注量をすべて納入するには，追加生産を行わなければならない．$x \leq y \leq q_2$ のとき，$\Pi_2(y|x,q_1,q_2,\xi)$ を供給業者の利益とすると，

$$\Pi_2(y|x,q_1,q_2,\xi) = bS(y|\xi) - by + w_2(y-q_1) - (y-x)c_2$$
$$= (1-\lambda)(\Omega_2(y|q_1,\xi) - c_2 q_1) + c_2 x - w_2 q_1$$

である．上式は契約条件 $w_2 = \lambda c_2 + b$ に従うものである．$q_2 > x$ ならば，供給業者は $q_2 \leq q_2(q_1,\xi)$ である限り，小売業者の発注をすべて満たせる．すなわち，小売業者が理屈に合わない過大の発注をするようなことがあれば，供給業者は小売業者の注文を満たせない．したがって，たとえ自発的コンプライアンスに従って，供給業者が期間1の終了時にいかなる量の在庫をもっていても，小売業者は期間2においてサプラ

イチェーンの最適量を発注し，供給業者はその発注を完全に満たす．

期間1で，$\{w_2, x\}$ の調整対が選択されると仮定すると，小売業者の期待利益は，
$$\pi_1(q_1) = -(w_1 - w_2 + \lambda c_2)q_1 + \lambda E[\Omega_2(q_2(q_1, \xi)|q_1, \xi)]$$
であり，サプライチェーンの期待利益は，
$$\Omega_1(q_1) = -c_1 q_1 + E[\Omega_2(q_2(q_1, \xi)|q_1, \xi)]$$
である．以下のように w_1 を選ぶ．
$$w_1 - w_2 + \lambda c_2 = \lambda c_1$$
その結果，
$$\pi_1(q_1) = \lambda \Omega_1(q_1)$$
となる．小売業者の最適発注量は，サプライチェーンの最適発注量 q_1^0 に等しいことになり，またサプライチェーンの利益はその一部がいかなる量であっても小売業者に配分することができる．$\Omega_1(q_1)$ が厳密に凹であれば，q_1^0 は次式を満たす．
$$\frac{q\Omega_1(q_1^0)}{\partial q_1} = -c_1 + c_2(1-G(\xi(q_1^0))) + \int_0^{\xi(q_1^0)} pS'(q_1^0|\xi)g(\xi)\mathrm{d}\xi = 0 \quad (6.4)$$

集中的運用により，期間1において在庫が供給業者側にあるかどうかとは関係なく，期間2においてサプライチェーンの在庫はすべて小売業者側になくてはならない．つまり，供給業者側の在庫には販売の機会がない．分散的管理の下では，サプライチェーンの協調は，供給業者が期間1の終了時に在庫を保持しない場合のみ達成される．たとえ，小売業者が期間2の最適量すなわち供給業者の総在庫量に等しい量を発注しても，保証はない．しかし，供給業者は期間2によって生じる発注によって利益を得るため，より生産費用の安い期間1の生産を試みることは十分ありうる．

供給業者は，（すでに供給業者の行動を確認したように）小売業者の期間2の発注をすべて満たすものとする．供給業者の期間2における利益は，
$$\Pi_2(x, q_1, q_2, \xi) = bS(q_2|\xi) - bq_2 - (q_2-x)^+ c_2$$
$$= (1-\lambda)\Omega_2(q_2|q_1, \xi) - w_2 q_2 + xc_2 - (q_2-x)^+ c_2$$
である．$q_2 \geq q_1$ ならば，上式は $x \leq q_1$ の範囲内で，x の増大とともに厳密に増加する．したがって，供給業者は間違いなく，（$q_1 \leq q_1^0$ である限り）小売業者の期間1の発注を生産し，納入する．供給業者の期間1の期待利益は，
$$\Pi_1(x|q_1) = c_1 x + E[\Pi_2(x, q_1, q_2, \xi)]$$
$$= -c_1 x + E[(1-\lambda)\Omega_2(q_2|q_1, \xi)] - w_2 q_2$$
$$+ xc_2 - c_2 \int_0^{\xi(x)} (x-q_2(\xi))g(\xi)\mathrm{d}\xi$$
である．上式より，
$$\frac{\partial \Pi_1(x|q_1)}{\partial q_1} = -c_1 + c_2(1-G(\xi(x)))$$
が求められ，式 (6.4) から，
$$\frac{\partial \Pi_1(q_1^0|q_1^0)}{\partial q_1} = -c_1 + c_2(1-G(\xi(q_1^0)))<0$$

となる．したがって，調整された $\{w_1, w_2, b\}$ 契約の下で，供給業者は小売業者の期間1の発注を満たすために，必要最小限の量を生産する．全面的に，これらの契約はサプライチェーンの協調を可能にし，適切に利益を配分する．

興味深いことに，調整契約の下での供給業者の期間2における利ざやは，期間1よりも実際には低くなる．

$$w_2 - c_2 = w_1 - (\lambda c_1 + (1-\lambda) c_2) < w_1 - c_1$$

直観的に，小売業者に対して初期の生産において便宜を提供しているので，供給業者が後の生産について，より高い利ざやを請求することは想像できる．しかし，その直感は，サプライチェーンの協調と（少なくとも，買戻し契約の下では）矛盾する．

6.2 議　論

予測の改良には，サプライチェーンの協調の実現に関するいくつかの課題を示している．より単純な単一期間モデルでのように，小売業者に対して予測更新によって与えられることになる正確な量の在庫を発注しようとするインセンティブを与える必要がある．さらに，供給業者は，生産費用の安い初期の生産と，高い後の生産のバランスを，正確にとらなければならない．最後に，分散的サプライチェーンは，集中的管理と違って，在庫は必ずしもサプライチェーンの最適な場所に移されない，すなわち，在庫は供給業者側に「足止め」されるため，在庫配置に留意することが大切である．

単一拠点モデルと同様に，買戻し契約は，自発的コンプライアンスの下でさえ，サプライチェーンの協調を実現し，利益を適切に配分する．多少意外なことに，たとえ後で行う生産が小売業者に価値あるサービスを提供しても，供給業者の後で行う生産の利ざやは初期の生産のそれよりも少ない．

この研究については多くの有用な拡張がある．以下のような調整を行うモデルを考える．期間1のはじめに，供給業者が生産能力 K を選定し，製品単位あたりの生産能力の取得費用 c_k がかかると仮定する．供給業者は2期間にわたって，最大 K 単位生産することができる．c を1単位の生産能力を1単位の製品に変換する費用とする．この設定の下では，サプライチェーンの最適解は，期間1において生産しないことである．初期の生産が後の生産より安くないとすれば，サプライチェーンとしては製品の生産を最良の需要予測をした後に遅らせることが望ましい．このモデルを少し修正し，供給業者が各期間において K 単位の製品を生産するものとする．その場合，期間2に利用できる在庫量の総計が増加するので，早期に生産を行うインセンティブがある．

質的に似たモデルとして，Brown and Lee (1998) が，遅延支払契約を取り上げて研究したものがある．その契約の下で，小売業者は，期間1において供給業者の m 単位の生産能力を単位あたり一定の費用で予約する．それは，小売業者が期間2において少なくとも m 単位の購入を約束することになる．両企業が最小購買量協定を含

まない契約に比べて，遅延支払契約の下でより多くの利益が上げられることを示している．しかし，遅延支払契約はサプライチェーンの協調を実現するものではない．その理由は単純であり，最小購買量協定の下で情報シグナルで与えられる最適な生産量よりも多く生産するという結果が生じるからである．悪い需要シグナルが観測される場合には，最小購買量協定で示された量より少ない量がサプライチェーンにとって最適になることがある．

Brown and Lee (1998)，Donohue (2000) によると，情報の獲得は外生的に生じ，販売期間が始まる前に情報が学習される場合に限り，それが合理的である．しかし，企業が販売期間の中ごろに補充機会をもっているならば，その場合，初期の販売は後の販売に役立つ情報を提供する．ただし，小売業者が販売期間の前半に在庫を使い果たす場合でない限り，売上は需要に等しい．需要シグナルが販売損失によって打ち切られることができるかもしれないモデルについては，Barnes-Schuster et al. (2002) を参照のこと．しかし，それが唯一のモデルを複雑にする要素ではない．最適解は，供給業者が期間1の終了時に在庫を保有することであり，したがって，協調のためには，在庫がその後，供給業者にとどまっていないことが必要である．販売期間中に補充機会のある別のモデルについては，Lu et al. (2002) を参照のこと．

Kouvelis and Gutierrez (1997) のモデルでは，需要は各期間で生じ，期間1の需要は1次市場の需要で，期間2の需要は2次市場の需要である．期間1の経過後に残っている在庫は，1次市場で処分するか，あるいは，2次市場で販売することができる．その決定は，2つの市場の通貨間の為替レート相場に依存する．したがって，Donohue (2000) のような，期間内で学習された情報は需要シグナルではなく，期間2の実際生産費用の実現値である．非線形計画法を用いて，サプライチェーンの協調が図られる（各市場の決定は，1人のマネージャーが責任を負う）．Kouvelis and Lariviere (2000) は，内部市場がサプライチェーンの協調を実現することを示している（10節参照）．

van Mieghem (1999) は，複数回にわたって修正が加えられる予測更新について研究している．このモデルでは，下流企業は製造業者であり，上流企業は下請業者である．問題は，製造業者の製品の一部である1つの構成品の生産が取り上げられることである．製造業者の製品は，1つの市場でしか販売できないが，下請業者は構成品を製造業者，あるいは，別の市場で販売することができる（しかし，下請業者は，製造業者を通さずに，製造業者の市場で販売することは不可能である．すなわち，その市場での直接の販売はできない）．両市場の需要はランダムである．両企業は期間1で生産能力の水準を決定し，この期間中に製造業者の生産能力を用いて構成品を生産する．期間2のはじめに，両企業はそれぞれの市場の需要を観測し，生産能力を最終産出物に変換する．したがって，Donohue (2000) のモデルのように，企業は初期の決定（どれだけの生産能力を構築すべきか）と後の決定（どれだけ生産すべきか）を行う間に需要シグナルを受け取る．ただし，van Mieghem (1999) のモデルでは，

それは完全な需要シグナルである．Donohue（2000）との違いは，van Mieghem（1999）では，下流企業は生産能力をもち，上流企業は下流企業に対して販売できない生産能力についてのランダムな機会損失をもっている．また，買戻し契約は考慮されていない．早い期の能力決定および後の期の予測調節に関する別のモデルは，Milner and Pinker（2001）を参照のこと．

また，van Mieghem（1999）と Donohue（2000）では，将来の行動を委ねる企業の力に関する仮定が異なっている．Donohue（2000）では，供給業者は期間2の卸売価格を約束するのに対し，van Mieghem（1999）では，両企業は期間1の終了時に協定について再交渉する．Anand *et al.*（2001）は，将来の価格を約束することが供給業者によってできないために，純粋に戦略的な理由に基づき小売業者が在庫を保有するという結果が生じることを実証している．これは，確定需要をもつ2期間モデルにおいて生じる．供給業者の期間2の卸売価格は，小売業者の期間1の在庫の増大とともに減少する．このことが小売業者に在庫を保有する動機を与える．将来の卸売価格を約束する能力に関する異なるモデルについては，Gilbert and Cvsa（2000）を参照のこと．

今後の研究では，内生的な情報獲得を取り扱うモデルを考察すべきである．すなわち，企業は需要予測の改良のために努力しなければならない．予測改良活動は，一方の企業がすべきなのか，それとも両方の企業がすべきなのか．筆者の知る限りでは，その問題はまだ研究されていない．また，2つの企業が異なる予測をする可能性がある．つまり，企業によって払われる予測に対する努力の程度が異なるかもしれないし，企業が得る予測情報の出所が異なるかもしれない．非対称の予測があるならば，サプライチェーンのパフォーマンスは予測共有によって改良されるかもしれない．この問題の議論については，10節を参照のこと．

7. 1か所の基点在庫モデルの調整

本節では，絶え間なく需要があり，補充機会も多いモデルを考える．それゆえ，ここで扱うモデルは，ニュースベンダーモデルにはそぐわない．むしろ，企業がその在庫ポジション（発注済在庫量＋輸送中の在庫量＋手持ち在庫量－受注残量）をある一定の基点在庫水準に維持しようとする基点在庫政策が最適である．ここでは，簡単のため，需要は在庫切れのときでも受注残として取り扱われる．すなわち，必ず販売されると仮定する．この結果，期待需要量は一定となる（すなわち，期待需要量は小売業者の基点在庫水準には依存しない）．このとき，最大利益は，サプライチェーンの総費用である，在庫維持費用と受注残に対するペナルティコストを最小化することによって達成される．このモデルでは，供給業者は在庫維持費用を負担しないが，小売業者において供給業者の製品が販売可能かどうかを管理しなくてはならない．このことをモデル化するために，小売業者において生じる受注残の費用は供給業者にかかる

と仮定する．小売業者は基点在庫水準を選択するとき，この費用を考慮に入れないので，小売業者はサプライチェーンにとって最適であるよりも低い基点在庫水準を選択することが示され，このことは小売業者が少なすぎる在庫をもっていることを意味する．そして，小売業者により多くの在庫を保持するようなインセンティブを提供することによって，相互調整が図られ，費用が随意，双方に割り当てられる．

このモデルはまた，次節で扱う2か所の基点在庫モデルに有用な基礎的知見を提供する．

7.1 モデルと分析

供給業者が1つの製品を，小売業者である1社に販売する場合を考える．まず，L_r を小売業者から注文を受け，補充するまでのリードタイムとする．供給業者は無限の生産能力をもち，供給業者は在庫を一切もたないものとし，小売業者からの注文水準によらず，小売業者への補充リードタイムは常に L_r とする（ただし，ここでは1か所の在庫モデルを考えるので，2社のうち小売業者のみが在庫をもつものとする）．また，$\mu_r = E[D_r]$ とし，F_r と f_r は D_r の分布関数と密度関数とする．つまり，F_r は単調増加かつ微分可能で，$F_r(0)=0$（これにより，在庫をもたないことが最適となる場合を除外する）を仮定する．

小売業者は，在庫1単位あたり率 $h_r > 0$ の在庫維持費用がかかる．分析を簡単にするために，在庫がない場合，需要は受注残として取り扱われるものとする（品切れがある多重の需要期間を扱った論文として，Moses and Seshadri (2000)，Duenyas and Tsai (2001)，Anupindi and Bassok (1999) がある）．小売業者は，受注残1単位あたり率 $\beta_r > 0$ のペナルティコストがかかる．供給業者は，無限の生産能力をもつので，在庫をもつ必要はないが，ここでは，供給業者は小売業者の受注残1単位あたり率 $\beta_s > 0$ のペナルティコストがかかるものとする．つまり，顧客が小売業者から特定の供給業者のある製品を購入しようとして，小売業者がその製品の在庫をもっていないとき，常にその供給業者に費用がかかる．この費用は，顧客がその製品をサプライチェーンの小売業者からいつでも購入できるようにしたいという供給業者の希望を反映している．$\beta = \beta_r + \beta_s$ とすると，β はサプライチェーンで発生する総受注残費用率を意味している．Cachon and Zipkin (1999) は，小売業者に同様の選好構造を採用したが，このモデルでは供給業者も有限の在庫を保持する．このモデルについては，次節で説明する．Narayanan and Raman (1997) は，異なる選好構造を採用している．つまり，ある供給業者の製品を購入しようとして在庫切れだった顧客のうち，ある一定の割合の顧客は，同じ小売業者で別の供給業者の製品を購入すると仮定している．したがって，供給業者の受注残費用は，その製品の販売利益の損失に相当するが，小売業者の受注残費用は，その供給業者の製品の販売と他の製品の販売における利益の差に相当する（実際には，他の製品を売っても小売業者は利益を得る）．

受注残を仮定すると，供給業者の在庫管理がどうであれ，製品は一定の率 μ_r で販

売される．その結果，小売業者と供給業者はそれぞれの企業の費用だけを考えるようになる．両企業ともにリスク中立的である．小売業者の目的は，単位時間あたりの期待在庫維持費用と期待受注残費用の最小化であり，供給業者の目的は，単位時間あたりの期待受注残費用の最小化である．

小売業者の在庫水準を「小売業者に輸送中の在庫量＋小売業者の手持ち在庫量－小売業者の受注残」と定義する（これは，有効在庫ポジションとも呼ばれる）．小売業者の在庫ポジションは，「在庫水準＋注文中の在庫（発注済ではあるが未出荷の在庫）」に等しい．ここでは，供給業者はすべての注文をすぐに出荷するため，小売業者の在庫水準と在庫ポジションは同一のものである．

時刻 t において小売業者の在庫水準が y であるとき，$I_r(y)$ を時刻 $t+L_r$ における小売業者の期待在庫水準とすると，

$$I_r(y) = \int_0^y (y-x) f_r(x) \mathrm{d}x = \int_0^y F_r(x) \mathrm{d}x \tag{7.1}$$

となる．また，$B_r(y)$ を小売業者の期待受注残を表す同様な関数とする．すなわち，

$$B_r(y) = \int_y^\infty (x-y) f_r(x) \mathrm{d}x = \mu_r - y + I_r(y) \tag{7.2}$$

となる．在庫は継続的に監視されるので，小売業者は在庫ポジションを一定に維持することができる．その場合，基点在庫政策は最適であることを示すことができる．この政策を用いて，小売業者は在庫ポジションが常にその業者の基点在庫水準 s_r に等しくなるように次々と製品を注文する．

小売業者が基点在庫政策を用いて在庫水準を s_r に保持するとき，小売業者の単位時間あたりの期待費用を $c_r(s_r)$ とすると，

$$c_r(s_r) = h_r I_r(s_r) + \beta_r B_r(s_r) = \beta_r(\mu_r - s_r) + (h_r + \beta_r) I_r(s_r)$$

となり，小売業者の基点在庫政策が用いられる場合，供給業者の期待費用関数は，

$$c_s(s_r) = \beta_r B_r(s_r) = \beta_s(\mu_r - s_r + I_r(s_r))$$

となる．サプライチェーンにおける単位時間あたりの期待費用を $c(s_r)$ とすると，

$$c(s_r) = c_r(s_r) + c_s(s_r) = \beta(\mu_r - s_r) + (h_r + \beta) I_r(s_r) \tag{7.3}$$

となり，$c(s_r)$ は狭義の凸関数であるから，サプライチェーンの最適基点在庫水準 s_r^o はただ1つ存在し，s_r^o は，以下の限界比方程式を満たす．

$$I'_r(s_r^o) = F_r(s_r^o) = \frac{\beta}{h_r + \beta} \tag{7.4}$$

小売業者の最適基点在庫水準を s_r^* とすると，小売業者の費用関数も狭義の凸関数になるので，s_r^* は以下の式を満たす．

$$F_r(s_r^*) = \frac{\beta_r}{h_r + \beta_r}$$

$\beta_r < \beta$ ならば，上記の2式より $s_r^* < s_r^o$ となり，小売業者はサプライチェーンの最適な基点在庫水準より少ない基点在庫水準を選択する．したがって，供給業者に小売業者の基点在庫水準を引き上げるインセンティブを提供することが，企業間調整に求め

られる.

任意の時刻 t において,小売業者の費用のうち,
$$t_\mathrm{I} I_\mathrm{r}(y) + t_\mathrm{B} B_\mathrm{r}(y)$$
だけを供給業者に振替支払する契約が結ばれたとしよう.ここで,y は時刻 t における小売業者の在庫水準で,t_I と t_B は定数である.さらに,t_I と t_B はパラメータ $\lambda \in (0,1]$ によって,以下のように決められるものとする($\lambda = 0$ のときはどんな基点在庫水準も最適になるので,この場合は除外される).
$$t_\mathrm{I} = (1-\lambda) h_\mathrm{r}$$
$$t_\mathrm{B} = B_\mathrm{r} - \lambda \beta$$
1つの契約が結ばれると,つまり契約パラメータ λ の値が決まると,小売業者の期待費用関数は,
$$c_\mathrm{r}(s_\mathrm{r}) = (\beta_\mathrm{r} - t_\mathrm{B})(\mu_\mathrm{r} - s_\mathrm{r}) + (h_\mathrm{r} + \beta_\mathrm{r} - t_\mathrm{I} - t_\mathrm{B}) I_\mathrm{r}(s_\mathrm{r}) \tag{7.5}$$
となるので,契約パラメータは以下の式を満たすように選ばれる.
$$\beta_\mathrm{r} - t_\mathrm{B} = \lambda \beta > 0, \quad h_\mathrm{r} + \beta_\mathrm{r} - t_\mathrm{I} - t_\mathrm{B} = \lambda(h_\mathrm{r} + \beta) > 0$$
このとき,式 (7.3),(7.5) より,以下の関係が成り立つ.
$$c_\mathrm{r}(s_\mathrm{r}) = \lambda c(s_\mathrm{r}) \tag{7.6}$$
したがって,s_r^0 は小売業者の費用を最小化し,これらの契約はサプライチェーンの協調を実現する.さらに,これらの契約は,パラメータ λ の増加により小売業者の費用分担が増える形で,随意に,企業間に費用を割り当てる.ただし,パラメータ λ は明示的に契約に取り入れられているわけではなく,ただ説明を明確にするために使っただけである.

ここで,パラメータ t_I と t_B の符号を考えよう.契約により小売業者が高めの基点在庫水準を選ぶようにしなければならないので,当然,$t_\mathrm{I} > 0$ が推測される.つまり,供給業者が小売業者の在庫維持費用を補助する.実際,$\lambda \in (0,1]$ のときこの推測は妥当である.$t_\mathrm{B} < 0$ についても容易に推測される.つまり,供給業者は小売業者に受注残のペナルティを科す.ただし,$\lambda \in (0,1]$ の範囲では $t_\mathrm{B} \in [-\beta_\mathrm{s}, \beta_\mathrm{r})$ となり,ある契約($t_\mathrm{B} > 0$)の下では供給業者は小売業者の受注残に対して助成する.つまり,このような状況では,多大な在庫維持費用の補助が小売業者を $s_\mathrm{r}^* > s_\mathrm{r}^0$ に導くので,供給業者は $t_\mathrm{B} > 0$ と設定することにより受注残を促進させる.

以上の解析は,買戻し契約の下でのニュースベンダーモデルの分析を思い起こさせるが,これは偶然の一致ではなく,このモデルがニュースベンダーモデルと定性的には同一であるからである.説明の便宜上,はじめに $c_\mathrm{r} = g_\mathrm{r} = g_\mathrm{s} = v = 0$ を仮定して,ニュースベンダーモデルにおける小売業者の利益関数を考える.
$$\pi_\mathrm{r}(q) = pS(q) - wq = (p-w)q - pI_\mathrm{r}(q)$$
小売業者の利益には,q に関して線形的に増加する項と,需要分布に依存する項の2つがある.今,$p = h_\mathrm{r} + \beta_\mathrm{r}, w = h_\mathrm{r}$ とすると,
$$\pi_\mathrm{r}(q) = \beta_\mathrm{r} q - (h_\mathrm{r} + \beta_\mathrm{r}) I_\mathrm{r}(q) = -c_\mathrm{r}(q) + \beta_\mathrm{r} \mu_\mathrm{r}$$

となり，$\pi_r(q)$ の最大化と $c_r(s_r)$ の最小化とは同じことになる．

ここで，買戻し契約における振替支払が $wq-bI(q)$ であることを思い出そう．つまり，小売業者の決定 q に関して線形に振替支払に影響を与えるパラメータ w や，小売業者の決定や需要分布に依存する関数 $I(q)$ を通して振替支払に影響を与えるパラメータが存在する．このモデルでは，

$$t_1 I_r(y) + t_B B_r(y) = (t_1 + t_B) I_r(y) + t_B(\mu_r - y)$$

であり，t_B は線形パラメータとなり，$t_1 + t_B$ は別のパラメータとなる．買戻し契約では，これらのパラメータは独立に作用する．基点在庫モデルでこれと同じ効果を得るためには，供給業者は小売業者の在庫ポジション s_r と小売業者の在庫水準に依存する振替支払を採用すればよい．このような契約の下でも，同じ結果を得ることになるであろう．

7.2 議　　論

無期限の基点在庫モデルにおける調整は，定性的には1期間のニュースベンダーモデルの場合の調整と同じものである．特に，維持費用や受注残費用の振替支払による調整は，買戻し契約による調整と類似している．数量柔軟契約や売上割戻し契約なども，このような設定の下で調整になりうるのではないかと考えられる．Choi *et al.* (2002) は，生産能力に制約を加えた同様なモデルを取り上げている．その論文では，標準的なサービス水準の設定は，企業の在庫管理にとって十分な管理能力を提供しないことが示されている．

8. 2か所の基点在庫モデルの調整

ここでは，前節で扱った，1か所の基点在庫モデルをもとに，2か所の基点在庫モデルを構築する．このモデルでは，供給業者は無限の生産能力をもたない．その代わりに，供給業者はその供給元に補充の注文を出さなければならず，その補充は常に L_s 時間内に完了する（つまり，供給元は無限の生産能力をもつ）．このモデルでは，供給業者には確実な補充が行われるが，小売業者の補充リードタイムは供給業者の在庫管理に依存する．つまり，供給業者が注文に応えられるだけの十分な在庫をもつ場合だけ，小売業者はその補充を L_r 時間で受け取ることができる．さもなければ，小売業者は不足分を受け取るのに L_r 時間以上待たなくてはならない．この遅れは，小売業者の受注残を増やし，小売業者と供給業者の双方の費用を増加させるか，あるいは，小売業者の在庫を減らし，小売業者を利する可能性がある．

1か所モデルでは，サプライチェーンの在庫量だけが重要であった．このモデルでは，小売業者と供給業者間にサプライチェーンの在庫をどのように割り当てるかも重要である．サプライチェーンの総在庫量を固定する場合，供給業者は在庫が小売業者により多く割り当てられることを希望する．それによって供給業者の在庫維持費用と

受注残費用がともに減少するからである（供給業者には小売の受注残費用が課せられることを思い出してほしい）．一方，在庫の減少は在庫維持費用の削減につながるが，同時に受注残費用の増大を招くので，小売業者の行動には供給業者ほど明白な傾向はない．また，サプライチェーンの総在庫量に関する複雑な相互作用も存在する．小売業者は，小売業者の在庫維持費用をすべて負担するが，在庫の恩恵は一部しか受けない（すなわち，供給業者の受注残費用が削減されても利益を受けない）ので，小売業者は在庫を非常に少なくしようとする．これに対し，次の2つの要因で，供給業者の行動の傾向は明らかではない．第1に，供給業者は供給業者の在庫維持費用を負担し，小売業者の受注残費用の削減からは利益を受けないことから，在庫を非常に少なくしようとする．第2に，供給業者は供給業者の在庫の増加に伴って増える小売業者の在庫維持費用を負担しないので，非常に多く在庫をもとうとする．どちらの要因が支配的になるかは，モデルのパラメータによって決まる．

分散化サプライチェーンが在庫を多くもつ傾向があるのか，少なくもつ傾向があるのかは明らかでないとしても（一般には在庫を少なくする傾向にあるが），最適政策が分散ゲームの Nash 均衡にならないこと，すなわち，分散化政策は最適にはならないことが示されている．しかし，競争ペナルティ（分散化意思決定によるサプライチェーンの利益の損失の割合）は，少ない場合は5%以下，多い場合には40%を超え，かなり変動する．つまり，すべての場合において契約の調整が必要というわけではない．

8.1 モデル

h_s ($0 < h_s < h_r$) を供給業者の手持ち在庫1単位あたりの維持費用率とする（$h_s \geq h_r$ の場合，供給業者は在庫をもたないことが最適政策となり，$h_s \leq 0$ の場合は，供給業者が無限の在庫をもつことが最適政策になるが，どちらの場合も興味がない）．供給業者や小売業者の発送中の在庫には維持費用がかからないので，輸送中在庫量は企業の運用上の意思決定に影響をもたない．$D_s > 0$ を期間 L_s 中の需要量とする（1か所モデルの場合と同様，$D_s > 0$ ならば供給業者は最適政策に基づき，在庫をもつことになる）．F_s と f_s を需要の分布関数と密度関数とし，小売業者の場合と同様に F_s は微分可能な増加関数と仮定し，$\mu_s = E[D_s]$ とする．小売業者の注文が供給業者において受注残となる場合に，この受注残については費用がかからない．しかし，前節と同様に，小売業者における受注残に対し，供給業者に1単位あたり β_s の費用がかかり，小売業者に β_r の費用がかかる．これらは，供給業者における受注残に直接の影響を与えないが，小売業者の在庫量が減少すると小売業者の受注残が増加するという，間接的影響がある．

双方の企業が在庫管理に基点在庫政策を用いる．基点在庫政策を用いる企業 $i \in \{r, s\}$ は，在庫ポジションが基点在庫水準 s_i に等しくなるように在庫を発注する（在庫水準＝手持ち在庫量－受注残＋輸送中の在庫量，在庫ポジション＝在庫水準＋

発注済の未出荷在庫量である).これら基点在庫政策は,局所的な情報によってのみ運用されるので,どちらの企業も互いの在庫ポジションを知る必要がない.

企業は同時に1回だけ基点在庫水準を選択し,それぞれの企業の単位時間あたりの期待費用を最小化しようとする(一方の企業が基点在庫政策を使用すると,他方の企業にとっても基点在庫政策を使用することが最適となる).これらの企業はともにリスク中立的である.そして,サプライチェーンの総費用を最小化する基点在庫水準の対 $\{s_r^o, s_s^o\}$ が存在する(Chen and Zheng (1994) は,上記の政策が可能な政策の中で最適であることを証明している).したがって,双方の企業がサプライチェーンを最適化することは実現可能であるが,インセンティブの衝突がその妨げになる可能性がある.

本節のモデルは,基本的には Cachon and Zipkin (1999)[33] のモデルと同じである.ただし,表記法が少し異なる(ある場合には表記法に矛盾が生じる).

このモデルを分析するに当たり,最初に各企業の期待費用を求める.次に,基点在庫水準の Nash 均衡を求める.そして,最適在庫水準を求め,Nash 均衡と比較する.最後に,サプライチェーンの協調を実現するインセンティブ構造を研究する.本節の残りの部分では,調整手法についていくつか述べ,結果をまとめ,関連するモデルの研究について論述する.

8.2 費用関数

1か所モデルでは,時刻 t における小売業者の在庫水準を y とするとき,$c_r(y)$,$c_s(y)$,$c(y)$ は,時刻 $t+L_r$ において小売レベルで発生する企業やサプライチェーンの期待費用であった.しかし,2か所モデルでは,小売業者の在庫水準は常に在庫ポジション s_r に等しいわけではない.供給業者が在庫切れを起こすかもしれないからである.ここで,小売レベルで発生する企業 i の単位時間あたりの期待費用を $c_i(s_r, s_s)$ で表し,$c_i(s_r, s_s) = c_r(s_r, s_s) + c_s(s_r, s_s)$ とする.c_i を求めるとき,供給業者は基点在庫政策を用いるので,任意の時刻 t における供給業者の在庫ポジションは s_s であることに注意する.時刻 $t+L_s$ では,供給業者は手持ち在庫が $(s_s - D_s)^+$ であるか,受注残が $(D_s - s_s)^+$ であるかのどちらかである.すなわち,時刻 $t+L_s$ における小売業者の在庫水準は $s_r - (D_s - s_s)^+$ である.したがって,

$$c_i(s_r, s_s) = F_s(s_s) c_i(s_r) + \int_{s_s}^{\infty} c_i(s_r + s_s - x) f_s(x) \mathrm{d}x$$

注 [33]:Cachon and Zipkin (1999) は定期的な在庫水準の点検を仮定しているが,本節のモデルでは連続的な在庫水準の点検を仮定している.この違いは重要ではない.Cachon と Zipkin のモデルでは,企業の在庫ポジションの評価に局所的在庫だけではなく,エシェロン在庫が用いられている(企業のエシェロン在庫ポジションは,その企業とサプライチェーンの下流の企業の総在庫量+発注済在庫量−小売業者の受注残である).小売業者にとって,局所的在庫とエシェロン在庫は同じであるが,供給業者にとっては違いがある.$\beta_s = 0$ や $\beta_r = 0$ の場合も考えているが,このような特別な場合はここでは扱わない.また,発送中の在庫の維持費用も費用関数に組み入れている.最後に,(企業が同時ではなく,交互に基点在庫水準を設定する)交互ゲームも研究している.

となる.すなわち,時刻 $t+L_s$ において,供給業者は小売業者の在庫水準を確率 $F_s(s_s)$ で s_r に引き上げることが可能であり,そうでなければ小売業者の在庫水準は $s_r+s_s-D_s$ になる.

同様の議論により,基点在庫水準が所与のもので,小売業者の平均在庫量と受注残量をそれぞれ $I_r(s_r, s_s)$,$B_r(s_r, s_s)$ とすれば,以下のようになる.

$$I_r(s_r, s_s) = F_s(s_s) I_r(s_r) + \int_{s_s}^{\infty} I_r(s_r + s_s - x) f_s(x) \mathrm{d}x$$

$$B_r(s_r, s_s) = F_s(s_s) B_r(s_r) + \int_{s_s}^{\infty} B_r(s_r + s_s - x) f_s(x) \mathrm{d}x$$

企業 i の期待総費用率を $\pi_i(s_r, s_s)$ で表すと,小売業者の費用は小売レベルにおいてのみ発生するので,

$$\pi_r(s_r, s_s) = c_r(s_r, s_s)$$

となる.供給業者の平均在庫量を $I_s(s_s)$ とする.前節で定義した小売業者の関数と同様な議論より,

$$I_s(y) = \int_0^y F_s(x) \mathrm{d}x$$

となり,供給業者の期待費用率は,

$$\pi_s(s_r, s_s) = h_s I_s(s_s) + c_s(s_r, s_s)$$

となる.サプライチェーンの総費用を $\prod(s_r, s_s)$ で表すと,$\prod(s_r, s_s) = \pi_r(s_r, s_s) + \pi_s(s_r, s_s)$ となる.

8.3 分散ゲームにおける振る舞い

企業 j が決定した基点在庫水準が与えられた場合の,企業 i の最適基点在庫水準を $s_i(s_j)$ とする.つまり,$s_i(s_j)$ は企業 j の戦略に対する企業 i の最適な戦略である.各企業の費用関数の微係数より,各企業の費用は基点在庫水準に関して凸関数であり,それぞれの企業が唯一の最適戦略をもつ.

基点在庫の Nash 均衡 $\{s_r^*, s_s^*\}$ においては,どちらの企業も片側にずれることによって有利になることはない.つまり,

$$s_r^* = s_r(s_s^*), \quad s_s^* = s_s(s_r^*)$$

である.Nash 均衡の存在は断定できないが,このゲームでは,Nash 均衡の存在は企業の費用関数の凸性から導くことができる (Friedman (1986) 参照.なお,理論的には,企業の戦略空間が上界をもつことも必要である.上界を課すことは分析には影響しない).実際には,唯一の Nash 均衡が存在する.Nash 均衡が唯一であることを証明するために,まず各企業の実行可能な戦略空間,つまりプレイヤーが選択できる戦略集合を制限する.$\hat{s}_r$ を,$c_r(y)$ を最小にする小売業者の基点在庫水準とする.すなわち,

$$F_r(\hat{s}_r) = \frac{\beta}{h_r + \beta}$$

とすると，小売業者にとって $s_r(s_s)>\hat{s}_r>0$ を示すことは難しいことではない．言い換えると，小売業者が常に確実に補充を受けられるならば，小売業者は $\hat{s}_r$ を選ぶ．したがって，その補充が確実でない場合，$s_r \leq \hat{s}_r$ を選択しないことは確かである（つまり，$\hat{s}_r$ は，前節で議論した1か所モデルの小売業者の最適基点在庫水準である）．また，供給業者にとっては，$F_s(s_s)=0$ と $c_s'(y)<0$ が所与の下では $\partial \pi_s(s_r, s_s)/\partial s_s < 0$ となるので，$s_s(s_r)>0$ である．

実行可能戦略に関して $s_r>\hat{s}_r$ および $s_r>0$ であり，最適な応答関数は縮小写像である（Friedman, 1986 参照），つまり，

$$|s_i'(s_j)|<1 \tag{8.1}$$

の場合に，Nash 均衡の唯一性が成り立つ．

陰関数の定理より，

$$s_r'(s_s) = -\frac{\int_{s_s}^{\infty} c_r''(s_r+s_s-x) f_s(x) \mathrm{d}x}{F_s(s_s) c_r''(s_r) + \int_{s_s}^{\infty} c_r''(s_r+s_s-x) f_s(x) \mathrm{d}x}$$

および，

$$s_s'(s_r) = -\frac{\int_{s_s}^{\infty} c_s''(s_r+s_s-x) f_s(x) \mathrm{d}x}{[h_s - c_s'(s_r)] f_s(s_s) + \int_{s_s}^{\infty} c_s''(s_r+s_s-x) f_s(x) \mathrm{d}x}$$

であるから，$s_r>\hat{s}_r$ と $s_s>0$ のとき，$c_r''(x)>0$，$c_s'(y)<0$，$c_s''(y)>0$，$F_s(s_s)>0$ が成り立つ．したがって，式 (8.1) は供給業者と小売業者の双方に対して成立する．

Nash 均衡の唯一性は，分散ゲームの結果を妥当に予測できるので，非常に便利である（複数の均衡が存在すると，プレイヤーは異なる均衡から戦略を選ぶ可能性があるので，ゲームの結果が均衡であるかどうかさえもはっきりしない）．ゆえに，競争ペナルティは，最適な利益と分散ゲームでの利益との差を評価する適切な尺度であり，次のように定義される．

$$\frac{\prod(s_s^*, s_r^*) - \prod(s_s^0, s_r^0)}{\prod(s_s^0, s_r^0)}$$

実際，常に正の競争ペナルティが存在する．つまり，分散化した運用はこのゲームにおいて常に準最適利益を導く[34]．このことは，小売業者の限界費用は常にサプライチェーンの限界費用よりも高いことから説明できる．

$$\frac{\partial c_r(s_r, s_s)}{\partial s_r} > \frac{\partial c(s_r, s_s)}{\partial s_r}$$

ただし，上式は $c_r'(s_r)>c'(s_r)$ により成り立つ．$c_r(s_r, s_s)$ と $c(s_r, s_s)$ はともに狭義の凸関数であり，任意の s_s に対して，小売業者の最適基点在庫は常にサプライチェーンの最適基点在庫よりも小さくなることがわかる．したがって，供給業者が s_s^0 を

注 [34]：しかし，$\beta_s=0$ ならば，最適政策は適当なパラメータの下では Nash 均衡になる．詳細については，Cachon and Zipkin (1999) を参照．

選択したとしても,小売業者は s_r^o を選択しない.すなわち,$s_r(s_s^o) < s_r^o$ となる.

Nash均衡が最適でないことから,Cachon and Zipkin (1999) は,競争ペナルティの大きさはモデルのパラメータに依存することを数値的に示している.企業の受注残ペナルティが同じとき ($\beta_r/\beta_s=1$),競争ペナルティのサンプルの中央値は5%で,95%のサンプルにおいて競争ペナルティは8%以下であった.しかし,$\beta_r/\beta_s < 1/9$ や $\beta_r/\beta_s > 9$ の場合は,非常に大きな競争ペナルティがみられる.$\beta_r/\beta_s < 1/9$ の場合,小売業者は顧客サービスに強い関心がなく,最適な在庫よりもはるかに少ない在庫しかもたない傾向にある.また,供給業者は直接顧客と接触しているわけではないので,この状況下では受注残を避ける手立てをもたない.したがって,サプライチェーンの総費用は必要以上に高くなる.一方 $\beta_r/\beta_s > 9$ では,供給業者は顧客サービスにほとんど関心を示さないので,十分な在庫はもたない.この状況下では,小売業者は受注残を避けることは可能であるが,そのためには供給業者の長いリードタイムを補うための十分な在庫を必要とする.したがって,もし供給業者が小売業者への確実な補充をするために在庫をもつことが最適政策なら,サプライチェーン総費用は最適な費用よりかなり高くなる.しかし,供給業者が多くの在庫をもつことが最適政策でない状況もある.つまり,供給業者の在庫維持費用が小売業者とほぼ同じ場合(供給業者側で在庫を保持することが,在庫維持費用の点でほとんど利がない場合)や供給業者のリードタイムが短い場合(供給業者の在庫切れによる遅れが無視できる場合)などである.これらの場合には,競争ペナルティは比較的小さい.

1か所モデルにおける分散化は常に,サプライチェーンの最適在庫よりも少ない在庫量を導いた.2か所モデルでは企業間の相互作用が複雑であり,分散化は常にではないが,一般には非常に少ない在庫量を導く.小売業者の受注残1単位あたりの費用率は供給業者よりも低いので,ある決められた s_s の下では,小売業者は常にごく少量の在庫しかもたない.これが,サプライチェーンシステムの在庫量が最適在庫量より少なくなる原因であると考えられる.しかし,小売業者はサプライチェーンの一部である.実際,Cachon and Zipkin (1999) の数値的研究では,小売業者が在庫をほとんどもたなくても,供給業者の在庫が多くなることで,分散したサプライチェーンの総在庫量は最適在庫量を超える場合がある.β_r がかなり小さく,β_s がかなり大きいと仮定すると,小売業者はごく少量の在庫しかもたない.小売レベルでの受注残を減らそうとすると,供給業者は小売業者に確実な補充を行う必要があり,そのためには多くの在庫を必要とされ,その結果,サプライチェーンの最適在庫量よりも多くの在庫をもつことになる.

分散ゲームの解析による主な結果は,競争ペナルティは常に正であるが,ある状況に限って非常に大きくなることである.このような状況においては,2つの企業が行動を調整するインセンティブを設けることにより利益が得られることは明らかである.

8.4 線形な振替支払による調整

この設定でのサプライチェーンの協調は，$\{s_r^o, s_s^o\}$ が Nash 均衡になったとき達成される．Cachon and Zipkin (1999) は，この目的を達成するための契約を提案したが，彼らは2つの重要な問いには答えていない．それは，その契約がサプライチェーンの総費用を任意の割合に分配することができるかという問いと，最適解が唯一のNash均衡であるかという問いである．本項ではこの契約を解析し，これら2つの問題点を明らかにする．

1か所モデルでは，供給業者は，小売業者の在庫量と受注残に関して線形の振替支払を取り入れた契約によりサプライチェーンの協調を実現した．2か所モデルにおいて，供給業者の受注残に対する振替支払を追加し，以下のような線形の振替支払を供給業者が提案すると仮定する．

$$t_1 I_r(s_r, s_s) + t_B^s B_r(s_r, s_s) + t_B^s B_s(s_s)$$

ここで，t_1, t_B^s, t_B^s は定数，$B_s(s_s)$ は供給業者の平均受注残である．

$$B_s(y) = \mu_s - y + I_s(y)$$

上式が正の値をとることは，供給業者から小売業者への支払を意味し，負の値をとることは小売業者から供給業者への支払を意味している．どちらの企業も容易に $B_s(s_s)$ を観測できる一方，供給業者は小売業者の在庫量と受注残を照合するための情報システムが必要である．

解析のはじめに，最適解を求める．次に，契約集合を定義し，これらの契約がサプライチェーンの協調を実現することを確認する．そして，費用の割当を考える．最後に，最適解が唯一の Nash 均衡であることを示す．

最適解を得るための従来の方法は，総費用を変えないように費用を再割当することを伴う．このとき，基点在庫政策は最適であり，簡単に求められる[35]．しかし，最適政策と分散ゲームの Nash 均衡との比較を容易にするためには，従来の費用再割当を用いないで最適基点在庫政策を求めるのが有用となる[36]．

$\Pi(s_r, s_s)$ が連続であれば，$s_s > 0$ なるいかなる最適政策も，以下の2つの限界費用を0にしなければならない．

$$\frac{\partial \Pi(s_r, s_s)}{\partial s_r} = F_s(s_s) c'(s_r) + \int_{s_s}^{\infty} c'(s_r + s_s - x) f_s(x) dx \qquad (8.2)$$

$$\frac{\partial \Pi(s_r, s_s)}{\partial s_s} = F_s(s_s) h_s + \int_{s_s}^{\infty} c'(s_r + s_s - x) f_s(x) dx \qquad (8.3)$$

$F_s(s_s) > 0$ より，$s_s > 0$ なる最適政策 $\{\tilde{s}_r^1, \tilde{s}_s^1\}$ はただ1つ存在する．ここで，$\tilde{s}_r^1$ は次

注 [35]：Clark and Scarf (1960) は，有限期間問題に対する方法を発見し，Federgruen and Zipkin (1984) は，無限期間問題に拡張した．
注 [36]：この手段は，基点在庫政策が最適であることを証明するわけではなく，単に，最適基点在庫政策を求めるにすぎない．さらに，$\Pi(s_r, s_s)$ が連続であることを利用しているので，離散的な需要には拡張できないことは自明である．

式を満足する．
$$c'(\tilde{s}_r^1) = h_s \tag{8.4}$$
さらに，$\tilde{s}_s^1$ は，$\partial \Pi(\tilde{s}_r^1, \tilde{s}_s^1)/\partial s_s = 0$ を満たす．式 (8.4) を単純化すると，
$$F_r(\tilde{s}_r^1) = \frac{h_s + \beta}{h_r + \beta}$$
となるので，$\tilde{s}_r^1$ が唯一存在するのは明らかであり，$\Pi\{\tilde{s}_r^1, s_s\}$ は s_s に関して狭義の凸関数であるから，$\tilde{s}_s^1$ も唯一存在する．

また，$s_s \leq 0$ なる最適政策も存在するかもしれない．このような最適政策の候補となりうるのは，$\bar{s}$ が式 (8.5) を満たすとしたとき，$\tilde{s}_s^2 \leq 0$ かつ $\tilde{s}_r^2 + \tilde{s}_s^2 = \bar{s}$ を満たす $\{\tilde{s}_r^2, \tilde{s}_s^2\}$ である．
$$\int_0^\infty c'(\bar{s} - x) f_s(x) \, dx = 0 \tag{8.5}$$
上記を単純化すると，
$$P_r(D_r + D_s \leq \bar{s}) = \frac{\beta}{h_r + \beta}$$
となるので，$\bar{s}$ は唯一存在する．

$\Pi(\tilde{s}_r^1, s_s)$ が s_s に関して狭義の凸関数であるとき，$\partial \Pi(\tilde{s}_r^1, 0)/\partial s_s < 0$ ならば常に $\Pi(\tilde{s}_r^1, \tilde{s}_s^1) < \Pi(\tilde{s}_r^2, \tilde{s}_s^2)$ である．式 (8.5) より，$\partial \Pi(s_r, 0)/\partial s_s$ は s_r の増加関数であるので，$\tilde{s}_r^1 < \bar{s}$ の場合は条件 $\partial \Pi(\tilde{s}_r^1, 0)/\partial s_s < 0$ が成り立つが，それ以外は成り立たない．つまり，$\tilde{s}_r < \bar{s}$ のとき $\{\tilde{s}_r^1, \tilde{s}_s^1\}$ は唯一の最適政策であり，それ以外は，どんな $\{\tilde{s}_r^2, \tilde{s}_s^2\}$ も最適である．

$$\{s_r^0, s_s^0\} = \begin{cases} \{\tilde{s}_r^1, \tilde{s}_s^1\}, & \tilde{s}_r^1 < \bar{s} \\ \{\tilde{s}_r^2, \tilde{s}_s^2\}, & \tilde{s}_r^1 \geq \bar{s} \end{cases}$$

ここで，$\lambda \in (0, 1]$ でパラメータ化された以下の契約集合に従う企業の行動を考える．
$$t_l = (1 - \lambda) h_r \tag{8.6}$$
$$t_B^r = \beta_r - \lambda \beta \tag{8.7}$$
$$t_B^s = \lambda h_s \left(\frac{F_s(s_s^0)}{1 - F_s(s_s^0)} \right) \tag{8.8}$$

Cachon and Zipkin (1999) もこれらの契約を提案したが，パラメータ λ を含まないものである．

上記の契約が適用された小売業者の費用関数は，
$$c_r(y) = (h_r - t_l) I_r(y) + (\beta_r - t_B^r) B_r(y) - t_B^s B_s(s_s) = \lambda c(y) - t_B^s B_s(s_s)$$
であるから，以下の式が成り立つ．
$$\pi_r(s_r, s_s) = \lambda \Pi(s_r, s_s) - t_B^s(s_s) \tag{8.9}$$
$c(s_r, s_s) = c_r(s_r, s_s) + c_s(s_r, s_s)$ であるので，$\pi_r(s_r, s_s)$ は以下のようになる．
$$\pi_s(s_r, s_s) = h_s I_s(s_s) + (1 - \lambda) c(s_r, s_s) + t_B^s B_s(s_s)$$
$$= (h_s + t_B^s) I_s(s_s) + (1 - \lambda) c(s_r, s_s) + t_B^s B_s(\mu_s - s_s) \tag{8.10}$$
ここでは，$s_s^0 > 0$ と $s_s^0 = 0$ の2つの場合を考える．まず，最初の場合，$s_s^0 > 0$ なら

ば式 (8.4) は次式を意味する．

$$\frac{\partial \pi_{\mathrm{r}}(s_{\mathrm{r}}^{\mathrm{o}}, s_{\mathrm{s}}^{\mathrm{o}})}{\partial s_{\mathrm{r}}} = \left(\frac{\lambda}{1-\lambda}\right) \frac{\partial \pi_{\mathrm{s}}(s_{\mathrm{r}}^{\mathrm{o}}, s_{\mathrm{s}}^{\mathrm{o}})}{\partial s_{\mathrm{s}}} = \lambda \frac{\partial \Pi(s_{\mathrm{r}}^{\mathrm{o}}, s_{\mathrm{s}}^{\mathrm{o}})}{\partial s_{\mathrm{s}}} = 0$$

さらに，$\pi_{\mathrm{r}}(s_{\mathrm{r}}, s_{\mathrm{s}})$ は s_{r} に関して狭義の凸関数であり，$\pi_{\mathrm{s}}(s_{\mathrm{r}}^{\mathrm{o}}, s_{\mathrm{s}})$ は s_{s} に関して狭義の凸関数であるから，$\{s_{\mathrm{r}}^{\mathrm{o}}, s_{\mathrm{s}}^{\mathrm{o}}\}$ は Nash 均衡であり，実際，これは唯一の Nash 均衡である．陰関数の定理より，$s_{\mathrm{r}}(s_{\mathrm{s}})$ は s_{s} の減少関数である．

$$\frac{\partial s_{\mathrm{r}}(s_{\mathrm{s}})}{\partial s_{\mathrm{s}}} = -\frac{\int_{s_{\mathrm{s}}}^{\infty} c''(s_{\mathrm{r}} + s_{\mathrm{s}} - x) f_{\mathrm{s}}(x) \mathrm{d}x}{f_{\mathrm{s}}(s_{\mathrm{s}}) c''(s_{\mathrm{r}}) + \int_{s_{\mathrm{s}}}^{\infty} c''(s_{\mathrm{r}} + s_{\mathrm{s}} - x) f_{\mathrm{s}}(x) \mathrm{d}x} \leq 0$$

ここで，契約のない分散ゲームの場合と同様に，$s_i(s_j)$ は企業 j の戦略に対する企業 i の最適政策である．ゆえに，$s_{\mathrm{r}} = s_{\mathrm{r}}(s_{\mathrm{s}})$ かつ $\lambda \leq 1$ ならば，供給業者の限界費用は s_{s} の増加関数となる．

$$\frac{\partial \pi_{\mathrm{s}}(s_{\mathrm{r}}(s_{\mathrm{s}}), s_{\mathrm{s}})}{\partial s_{\mathrm{s}}} = F_{\mathrm{s}}(s_{\mathrm{s}})(h_{\mathrm{s}} - (1-\lambda) c'(s_{\mathrm{r}}(s_{\mathrm{s}})) + t_{\mathrm{B}}^{\mathrm{s}}) - t_{\mathrm{B}}^{\mathrm{s}}$$

したがって，$s_{\mathrm{s}}(s_{\mathrm{r}}(s_{\mathrm{s}})) = s_{\mathrm{s}}$ を満たす唯一の s_{s} が存在し，唯一の Nash 均衡が存在する．

ここで，$s_{\mathrm{s}}^{\mathrm{o}} \leq 0$ の場合を考えると，すべての $\{\tilde{s}_{\mathrm{r}}^2, \tilde{s}_{\mathrm{s}}^2\}$ の対が企業の 1 次と 2 次の微分条件を満たすことは容易に確認できるので，これらすべてが Nash 均衡である．Nash 均衡が唯一でなくても，企業の費用はどの均衡についても一致する．

これらの契約は，このシステムにおいて，企業に小売レベルの費用を自由に割り当てることを可能にするが，サプライチェーンの総費用を自由に割り当てることはできない．これは $\lambda \leq 1$ の制約，つまり，この契約では小売レベルの最適費用よりも多く費用を小売業者に割り当てることができないことによる．一方，$\lambda > 1$ の場合には，小売業者の費用関数はうまく振る舞うが，供給業者の費用関数はそうはいかない．なぜなら，$\lambda > 1$ のとき供給業者には小売レベルの費用を増やす強いインセンティブが働くからである．もちろん，必要があれば，これらの割当を達成するために一定の額を支払うことも可能である．しかし，小売業者はそのような負担に同意しないので，この制限はあまり有効ではない．

これらの契約の興味深い特徴は，t_1 と $t_{\mathrm{B}}^{\mathrm{s}}$ の振替支払が 1 か所モデルのものと同一であることである．小売業者の限界比がモデルによって異なることを考えると，この特徴は注目に値する．すなわち，小売業者は，1 か所モデルでは，

$$F_{\mathrm{r}}(s_{\mathrm{r}}) = \frac{\beta}{\beta + h_{\mathrm{r}}}$$

を満たす s_{r} を選択するのに対し，2 か所モデルでは，

$$F_{\mathrm{r}}(s_{\mathrm{r}}) = \frac{\beta + h_{\mathrm{s}}}{\beta + h_{\mathrm{r}}}$$

を満たす s_{r} を選択する．

8.5 その他の調整方法

$\beta_\mathrm{s}=0$, すなわち供給業者が小売業者の受注残費用を負担しない特別な場合において，類似したサプライチェーンの協調を実現するために，Cachon と Zipkin による線形の振替支払の代替案が研究されている．その選好構造は，各部署が異なる管理者によって運用されている社内サプライチェーンに最も適している．たとえば，サプライチェーンの第 2 段階は，供給業者の代わりに倉庫管理者が管理すると仮定する．その管理者は，小売レベルへの製品の安定供給には直接関心がない．

Lee and Whang (1999) は，Clark and Scarf (1960) による研究（定期点検モデルにおいて，企業が平均費用ではなく割引費用を最小化する場合を取り上げている）をもとに，調整のフレームワークを形成している．Clark and Scarf (1960) はシステム全体のパフォーマンスに焦点を絞り，基点在庫政策が最適であることと，この基点在庫政策のパフォーマンスが，システムにおける費用を各部署に再割当した後に，一連の単純な 1 か所モデルの最適化問題から求められることを示している．Lee and Whang (1999) は，Clark と Scarf の費用再割当法を用いて，分散化した運用を調整できることを示している．この研究では，供給業者は率 h_s で小売業者の在庫維持費用を助成し，1 単位あたりの受注残のペナルティコストを率 h_s で小売業者に追加負担させるとしている．これらの振替支払の下で，時刻 t での小売業者の在庫水準を y としたとき，時刻 $t+L_\mathrm{r}$ での小売業者の期待費用 $g_\mathrm{r}(y)$ は，以下のようになる．

$$g_\mathrm{r}(y)=(h_\mathrm{r}-h_\mathrm{s})I_\mathrm{r}(y)+(\beta+h_\mathrm{s})B_\mathrm{r}(y)=(h_\mathrm{r}+\beta)I_\mathrm{r}(y)+(\beta+h_\mathrm{s})(\mu_\mathrm{r}-y)$$

ここで，$\beta_\mathrm{s}=0$ より $\beta=\beta_\mathrm{r}$ である．$g_\mathrm{r}(y)$ は狭義の凸関数であり，s_r^o によって最小化される．しかし，供給業者の欠品により，小売業者の在庫水準 IL_r は在庫ポジション IP_r よりも少なくなってしまうことがある．供給業者に欠品に対するペナルティを科すために，供給業者は時刻 t に小売業者に $g^\mathrm{p}(IL_\mathrm{r},IP_\mathrm{r})$ を振替支払する．

$$g^\mathrm{p}(x,y)=g_\mathrm{r}(x)-g_\mathrm{r}(y)$$

この振替支払額は負の値になるかもしれない．つまり，小売業者が非合理的な理由で，$IP_\mathrm{r}>s_\mathrm{r}^\mathrm{o}$ を注文し，供給業者がこの要求を完全に満たさない場合（$IL_\mathrm{r}<IP_\mathrm{r}$），小売業者は供給業者に支払わなくてはならない．さらに，この振替支払は小売業者の在庫ポジションの線形関数ではない．

小売業者の最終費用関数は，$\pi_\mathrm{r}(s_\mathrm{r})=g_\mathrm{r}(s_\mathrm{r})$ である．すなわち，供給業者は，小売業者の注文どおりに納入できないことによって生じる期待損失費用を小売業者に補償してくれるので，小売業者からみると，供給業者は小売業者に確実に注文どおり納入することになる．ゆえに，s_r^o は小売業者の最適基点在庫水準である．

供給業者の費用関数に上記の契約を考慮すると，

$$c_\mathrm{s}(s_\mathrm{r},s_\mathrm{s})=h_\mathrm{s}[I_\mathrm{s}(s_\mathrm{s})+I_\mathrm{r}(s_\mathrm{r},s_\mathrm{s})-B_\mathrm{r}(s_\mathrm{r},s_\mathrm{s})]+\int_{s_\mathrm{s}}^\infty g^\mathrm{p}(s_\mathrm{r}+s_\mathrm{s}-x,s_\mathrm{r})f_\mathrm{s}(x)\mathrm{d}x$$

$$= h_\mathrm{s}[s_\mathrm{s}+s_\mathrm{r}-\mu_\mathrm{r}-\mu_\mathrm{s}] - (1-F_\mathrm{s}(s_\mathrm{s}))g_\mathrm{r}(s_\mathrm{r})) + \int_{s_\mathrm{s}}^{\infty} g_\mathrm{r}(s_\mathrm{r}+s_\mathrm{s}-x)f_\mathrm{s}(x)\mathrm{d}x$$

となり，微分すると，

$$\frac{\partial c_\mathrm{s}(s_\mathrm{r}, s_\mathrm{s})}{\partial s_\mathrm{s}} = h_\mathrm{s} + \int_{s_\mathrm{s}}^{\infty} g'_\mathrm{r}(s_\mathrm{r}+s_\mathrm{s}-x)f_\mathrm{s}(x)\mathrm{d}x$$

$$= -\beta + (h_\mathrm{s}+\beta)\left[F_\mathrm{s}(s_\mathrm{s}) + \int_{s_\mathrm{s}}^{\infty} F_\mathrm{r}(s_\mathrm{r}+s_\mathrm{s}-x)f_\mathrm{s}(x)\mathrm{d}x\right]$$

$$\frac{\partial^2 c_\mathrm{s}(s_\mathrm{r}, s_\mathrm{s})}{\partial s_\mathrm{s}^2} = (h_\mathrm{s}+\beta)\left[f_\mathrm{s}(s_\mathrm{s})(1-F_\mathrm{r}(s_\mathrm{r})) + \int_{s_\mathrm{s}}^{\infty} f_\mathrm{r}(s_\mathrm{r}+s_\mathrm{s}-x)f_\mathrm{s}(x)\mathrm{d}x\right] > 0$$

のようになる．供給業者の費用関数は狭義の凸関数で，小売業者の基点在庫水準が s_r^0 ならば，供給業者の最適基点在庫水準は s_s^0 となり，$\{s_\mathrm{r}^0, s_\mathrm{s}^0\}$ が Nash 均衡となる．$\{s_\mathrm{r}^0, s_\mathrm{s}^0\}$ が唯一の Nash 均衡であることを示すことも難しくはない（$s_\mathrm{s}^0 > 0$ が最適と仮定する）[37]．しかし，この契約はサプライチェーンの利益のある1つの分配を提供するにすぎない．支払額を一定にすることによって，各種の費用の異なった再割当を行うことができる．

この振替支払契約と，Cachon と Zipkin の契約には，いくつかの相違点がある．Lee と Whang は，受注残に対して供給業者に非線形の費用を課すのに対し，Cachon と Zipkin は線形の費用を課している．線形の契約では，小売業者は供給業者の欠品の責任を負わなくてはならない（つまり，小売業者は欠品に対して直接補償を受けない）のに対し，非線形の契約では，小売業者は供給業者の在庫管理についての意思決定を問題にする必要がない．言い換えると，線形の契約では $s_\mathrm{r}(s_\mathrm{s})$ は s_s と独立ではないのに対し，非線形の契約では独立である．さらに，両契約ともに，I_r と B_r に関して線形の振替支払を含んでいるが，これらの振替支払は異なるものである．すなわち，非線形の契約では $t_l = h_\mathrm{s}$ と $t_B = -h_\mathrm{s}$ であるが，このパラメータ設定は線形の契約にはならない（$t_B = -h_\mathrm{s}$ なら $\lambda = (\beta_\mathrm{r}+h_\mathrm{s})/\beta$ であるのに対し，$t_l = h_\mathrm{s}$ より $\lambda = 1 - h_\mathrm{s}/h_\mathrm{r}$ となる）．

Chen (1999a) は，直列型サプライチェーンの協調を実現するために，会計上の在庫アプローチを用いている[38]．まず，他のすべての企業の実費用を補償する1つの企業を選択する[39]．この場合，その企業を供給業者と仮定する．そして，在庫1単位あたり供給業者が小売業者に振替支払する額は h_r とし，受注残1単位あたりは β_r とする．このことは，小売業者に実費用を課さず，それゆえ s_r^0 を選択するインセンティブもない．このインセンティブを与えるために，供給業者は小売業者に会計上の在庫

注 [37]：小売業者の最適応答関数は s_s と独立であり，陰関数定理より，供給業者の反応関数は s_r に関して減少関数である．ゆえに，Nash 均衡がただ1つ存在する．

注 [38]：ここで扱うモデルと Chen のモデルには，いくつかの相違点がある．Chen のモデルでは，段階間における注文処理の遅延を扱っているのに対し，ここでは，注文は即座に受け取るものと仮定している．さらに，Chen のモデルは2段階以上のサプライチェーンに適合する．最後に，需要が離散的な場合の定期点検モデルを扱っている．

注 [39]：Chen は，運用上の意思決定を全くしないサプライチェーンの所有者がいる場合も考えている．この場合，意思決定は管理者が行い，所有者はサプライチェーン費用のすべてを負担する．

1単位あたり t_I^a と，会計上の受注残1単位あたり t_B^a を負担させる．ここで，小売業者の会計上の在庫とは，供給業者が常に小売業者の注文をすべて納入する場合にもつ在庫と等しい．したがって，小売業者の単位時間あたりの供給業者への期待支出は，以下のとおりである．

$$t_I^a I_r(s_r) + t_B^a B_r(s_r) = (t_I^a + t_B^a) I_r(s_r) + t_B^a(\mu_r - s_r)$$

小売業者の最適基点在庫水準 s_r^* は，この支出を最小化するものであり，

$$F_r(s_r^*) = \frac{t_B^a}{t_I^a + t_B^a}$$

が成り立つ．

ここで，$\lambda > 0$ に関して，

$$t_I^a = \lambda(h_r - h_s)$$
$$t_B^b = \lambda(h_s + \beta)$$

とおくと，以下の関係式が成り立つ．

$$\frac{t_B^a}{t_I^a + t_B^a} = \frac{h_s + \beta}{h_r + \beta}$$

したがって，式 (8.4) より小売業者は s_r^o を選択し，これらの契約の下では，小売業者の期待支出は以下のとおりになる．

$$\lambda(h_r + \beta)[I_r(s_r) + F_r(s_r^o)(\mu_r - s_r)]$$

ゆえに，小売業者の行動を調整することが可能であり，費用を小売業者に割り当てることができる．(いったん取引条件が決められたら) 供給業者は受領される振替支払額を管理することはできない．それゆえ，供給業者は自分たちの管理下にある費用，すなわちサプライチェーンの総費用を最小化する．したがって，$\{s_r^o, s_s^o\}$ は Nash 均衡である．

これまでに述べた調整に対する2つのアプローチにかかわるものとして，Chen の会計上の在庫は，Lee と Whang のアプローチに最も密接に関係している．事実，用いられている設定に関しては両者は本質的に等しい．両アプローチにおいて，小売業者の費用関数は，小売業者の注文は常にすぐ満たされるという仮定に基づいて構築されている．次に，Lee と Whang では，在庫1単位あたりの小売業者の有効維持費用は $h_r - h_s$ であり，Chen では $\lambda(h_r - h_s)$ である．同様に，受注残1単位あたりのペナルティコストは $\beta + h_s$ と $\lambda(\beta + h_s)$ である．つまり，$\lambda = 1$ なら，両者は同じである．$\lambda \neq 1$ を前提とすることによって，会計上の在庫アプローチでは利益の分配が可能になるが，(パラメータを欠いているため) Lee と Whang のアプローチはその柔軟性をもっていない．最後に，両アプローチとも供給業者がサプライチェーンにおける残りのすべての費用を負担するので，供給業者の費用関数はどちらのアプローチも変わらない．

Chen の会計上の在庫と，Lee と Whang の非線形の契約が等価であることは，驚くべきことである．なぜなら，Chen は受注残に対し供給業者に負担をさせていない

ように思えるのに対して，Lee と Whang は非線形のペナルティ関数を課しているからである．しかし，会計上の在庫では，供給業者は小売業者の実費用を補償しているので，実は非線形のペナルティコストを負担している．つまり，会計上の在庫と Lee と Whang のアプローチは，同じ振替支払を表現する2つの異なる方法である．これはおそらく一般的な結末であると思われるが，モデル間の違いの論理的な関係を明らかにした後，この憶測を確認するための研究を行う必要がある．

　Porteus (2000) は，サプライチェーンの協調を実現するための負担トークンを提案している．この方法は，Lee と Whang のアプローチと密接な関係がある[40]．Lee と Whang 同様，Porteus のモデルでは供給業者から小売業者への振替支払率は，$h_s I_r - h_s B_r$ である．しかし，Porteus は B_s に関連する請求を陽的には扱っていない．その代わりに，供給業者は，供給業者が満たすことのできない小売業者からの注文1単位ごとに，実在庫の代わりとなる負担トークンを発行する．小売業者からみれば，負担トークンは在庫と等価であり，小売業者は単位時間1トークンあたり $h_r - h_s$ の維持費用を負担し，トークンを需要を満たすために使うことができるならば，受注残に対するペナルティコストは負担しない．もしトークンが需要を満たすために使われたら，供給業者はその需要を満たすために必要なすべての実在庫を納入するまで受注残費用の全額を負担する．同様に，サプライチェーンにはこのような架空のトークンに対する維持費用は発生しないので，供給業者は各トークンに関する小売業者の維持費用を受け取る．したがって，このシステムを用いると，Lee と Whang と同様，小売業者は供給業者から確実に完全な供給を受け，供給業者は受注残の負担を負う．

　しかし，負担トークンを用いて供給業者は実際に生じた費用を払うのに対して，Lee と Whang のモデルでは，供給業者は受注残費用の期待値を支払う．会計上の在庫においても Lee と Whang のモデルと同様である．すべてのプレイヤーがリスク中立的であるならば，この差異は問題ではない．

　Watson (2002) は，AR (1) の需要をもつ直列型サプライチェーンの協調について考察している．AR (1) は独立した需要をもたらすので，この需要過程の下ではサプライチェーンの各段階での最適注文量は需要と等しくない．したがって，局所的なペナルティを用いる計画（たとえば，Chen (1999a) の会計上の在庫や，Cachon and Zipkin (1999) の線形な振替支払）では，各段階で直下流の段階の注文過程を予測することが必要とされる．この予測は，この需要過程の下では簡単ではなく，特に最上流段階にとっては複雑である．Watson は，計算に適した代替的な方法を提案している．この方法を用いる場合，各段階にエシェロン在庫を管理するインセンティブが与えられるので，各段階では需要過程を観測するだけでよい．

注 [40]：Porteus は，複数企業からなる直列型サプライチェーンにおいて，定期点検を実施する有限期間モデルを扱っている．

8.6 議　　論

　2か所の基点在庫モデルにおいて，分散化した運用は，常に準最適のパフォーマンスを導くが，パフォーマンスの低下（すなわち競争ペナルティ）の程度は，サプライチェーンのパラメータに依存する．2つの企業の受注残費用が同程度であれば，競争ペナルティは多くの場合，適度に小さい．競争ペナルティは，供給業者が顧客サービスに注意を払わなくても小さくすることが可能で，それはおそらくサプライチェーンにおける供給業者の役割が（たとえば，h_s が大きい場合や L_s が小さい場合），それほど重要でないからである．

　小売業者の行動を調整するために，企業は単一期間のニュースベンダーモデルにおける買戻し契約のような役割を果たす線形の振替支払に同意しなければならない．Cachon and Zipkin（1999）は，供給業者の行動を調整するために，供給業者の受注残高に関して線形の振替支払を提案している．これらの契約では，最適政策が唯一の Nash 均衡である．また，このモデルでは，小売レベルの費用を任意に分配することが可能である．Lee and Whang（1999），Chen（1999a），Porteus（2000）は，供給業者が小売レベルの受注残を勘案しない特殊な場合に関する他の調整案を提案している．

　このほかにも，いくつかの有効な2か所基点在庫モデルへの拡張が提案されている．Caldentey and Wein（1999）は，ここで扱ったものと同じ2か所モデルであるが，供給業者が在庫政策ではなく生産速度を選択する場合を研究している．この論文において，Cachon and Zipkin（1999）の研究で得られた定性的洞察の多くはこのモデルでも成り立つことを示している．Cachon（1999）は，品切れの生じる2段階エシェロン（2階層）の直列型サプライチェーンに関して，同様な結果を得ている．Duenyas and Tsai（2001）も，品切れの生じる2段階エシェロンの直列型サプライチェーンの研究を行い，いくつかの点で変更を加えている．第1に，ただの基点在庫政策でなく，動的な政策を考慮している．第2に，上流在庫は下流の企業が需要を満たすために必要とされるが，同時に，外部市場の需要を満たすためにも使われる．この2つの需要の選択を迫られた場合，サプライチェーンは下流企業の要求を満たすために在庫を利用することを選択する．しかし，需要は確率的であるので，外部の需要をいくらか満たす方が最適になることがある．Duenyas と Tsai は，卸売価格固定契約は，サプライチェーンの協調を行わないにもかかわらずかなり効果的であること，つまり，パラメータ設定によって競争ペナルティが小さくなることを示した．最後に，Parker and Kapuscinsky（2001）は，生産能力の制限がある直列型サプライチェーンの協調を図る難しい問題に取り組んでいる．

　直列型サプライチェーン研究の次の段階として，複数の小売業者がいるサプライチェーンを考えることは自然である．しかし，このモデルでは，集中的運用を行う場合でさえ解析的に複雑になることから，課題が多い．Cachon（2001）は，スーパーモ

ジュラーゲームの理論（Topkis, 1998）を用いて，複数の小売業者がいて，離散確率需要のある2段階エシェロンモデルを解析し，複数のNash均衡が存在しうるが，最適政策もまたNash均衡になりうることを示している．それゆえ，分散化した運用は必ずしも準最適利益になるとは限らない[41]．Andersson and Marklund (2000) とAxsäter (2001) は同様のモデルに対する別の調整方法を取り上げている．

Chen et al. (2001)（CFZ）は，単一の供給業者と複数の競合しない小売業者からなる需要一定のモデルを研究した（Berstein and Federgrun (1999) は，競合する小売業者のいる，これと非常に関連したモデルを研究している）．固定価格の場合，すなわち固定需要の場合は集中的なモデルの解は扱いにくいので，Roundy (1985) は近似的に最適な政策群を求めている．Chenらはこの政策群の中から集中的な解を見つけている．また，単一の注文を扱い，数量割引を行う政策が異種の小売業者の行動を調整するのは不可能であることを示し，サプライチェーンの協調を行う一連の振替支払を提案している．このモデルにおける調整問題は，すでに述べた確率的需要を伴うマルチエシェロン（多階層）モデルとは全く異なる．たとえば，2か所モデルでは，小売業者の行動は供給業者の在庫維持費用に影響を与えないのに対し，CFZモデルでは，小売業者の行動は供給業者の在庫維持費用と注文処理費用に影響を与える．さらに，CFZモデルでは，確率的需要の場合と異なり，すべての顧客需要は受注残を通さずに満たされ，供給業者は決して遅れることなく出荷する．

9. 内部市場との調整

前述の各モデルでは，たとえば買戻し率が b とか収益分与が ϕ のように，企業は振替支払を陽に規定した契約に同意する．しかし，より柔軟性が必要とされる状況は多く，振替支払率は，契約が交わされた後に起こるランダムな事象の実現によって変化する．本節では，内部市場を通してこのような偶発事象が与えられるモデルを扱う．

9.1 モデルと分析

ここでは，供給業者1社，製造管理者1人，小売業者2社からなるモデルを仮定する．製造管理者は供給業者の従業員であり，小売業者は独立の企業である．そして，以下の一連の事象が起こるものとする．① 製造管理者は生産入力値 e を選択する．ここで，$Y \in [0,1]$ は確率変数で，これによって最終製品が $Q = Ye$ だけ製造される．② 製造管理者は費用 $c(e)$ を負担する．$c(e)$ は狭義の凸増加関数である．③ 小売業者 i は，確率変数 $A_i > 0$ の実現値 a_i を観測する．④ 各小売業者は供給業者に注文量を提示し，供給業者は小売業者 i に q_i 単位配分する．ここで，供給業者は配分量 q_i が小売業者の注文量を超えていないことや，$q_1 + q_2 \leq Q$ が満たされているこ

注[41]：上記のサプライチェーンの真の最適政策は知られていないので，このサプライチェーンの利益は，発注点政策群中の最適政策と比較して評価される．

とを確認する．⑤最後に，小売業者 i は収益 $q_i p_i(q_i)$ を得る．ここで，$p_i(q_i)=a_i q_i^{-1/\eta}$ で，$\eta>1$ は一定の需要弾力性である．θ を確率変数 Y の実現値とし，$A=\{A_1, A_2\}$，$\alpha=\{\alpha_1, \alpha_2\}$ とする．表記方法は異なるが，このモデルは，Porteus and Whang (1991)により展開されたモデルの改良型である Kouvelis and Lariviere (2000) のモデルと密接な関連がある[42]．関連するモデルについては，Agrawl and Tsay (2001) と Erkoc and Wu (2002b) を参照のこと．

企業間の振替支払に先立って，サプライチェーンの最適な行動を考える．各小売業者の収益が配分量に関して狭義の増加関数であるとすると，すべての生産量を小売業者に配分することが常に最適となる．したがって，Q に対する小売業者1への配分率を γ とし，小売業者1に γQ を配分し，小売業者2に $(1-\gamma)Q$ に配分したときの小売業者の総収益を $\pi(\gamma, \alpha, Q)$ とすると，

$$\pi(\gamma, \alpha, Q) = (\alpha_1 \gamma^{(\eta-1)/\eta} + \alpha_2 (1-\gamma)^{(\eta-1)/\eta}) Q^{(\eta-1)/\eta}$$

となる．小売業者2社への最適な生産配分は，需要の実現値には依存するが，生産量には依存しない．さらに，収益は γ の凹関数であり，小売業者1への最適な配分率 $\gamma^0(\alpha)$ は，

$$\gamma^0(\alpha) = \frac{\alpha_1^\eta}{\alpha_1^\eta + \alpha_2^\eta} \tag{9.1}$$

となる．したがって，最適配分時の小売業者の総収益は，

$$\pi(\alpha, Q) = \pi(\gamma^0(\alpha), \alpha, Q) = (\alpha_1^\eta + \alpha_2^\eta)^{1/\eta} Q^{(\eta-1)/\eta}$$

となり，サプライチェーンの総期待利益 $\Pi(e, A, Y)$ は，

$$\Pi(e, A, Y) = E[\pi(A, Ye)] - c(e)$$

となる．利益は e の凹関数であることから，唯一の最適な生産努力水準 e^0 は次式を満たす．

$$\Pi'(e^0) = \left(\frac{\eta-1}{\eta}\right)(e^0)^{-1/\eta} E[(A_1^\eta + A_2^\eta)^{1/\eta} Y^{(\eta-1)/\eta}] - c'(e^0) = 0 \tag{9.2}$$

ここで，分散した運用を考える．流通経路調整を達成するには，小売業者が供給業者の生産物すべてを購入し，適切に小売業者に配分しなくてはならない．ここで，単位生産量あたりの卸売価格を固定すると，これらの調整を達成できないことは明らかである．どんな固定卸売価格に対しても，小売業者が供給業者の生産物すべてを購入しないような Y の実現値が存在するからである．さらに，固定卸売価格を用いると，小売業者は供給業者の生産量以上を要望する場合が考えられ，何らかの配分規則を講じなくてはならない．定量の割当は小売業者に戦略的な注文提示をさせ，これは生産量の非効率的な配分を導きかねない (Cachon and Lariviere, 1999 参照)．これらの

注[42]：Kouvelis and Lariviere (2000) は，プレイヤーを「供給業者」や「小売業者」と名付けていない．さらに重要なことは，生産に責任をもつエージェントが2人存在し，エージェント i が行動 q_i をとったとき，生産量は $\theta q_1 q_2$ となる．Porteus and Whang (1991) のモデルは，1人の生産エージェントと N 人の需要エージェント（本節のモデルの小売業者に相当する）からなる．生産エージェントは，乗法的ではなく加法的な生産変動に直面し，需要エージェントは，努力に依存する需要をもつニュースベンダー問題に直面する．

問題を緩和するために,供給業者は A や Q の実現値に基づく振替支払を設定することができるものとする.具体的には,供給業者が小売業者に単位量あたり w 負担させるものと仮定する.小売業者 i が q_i 単位受け取ったならば,小売業者 i の利益は,
$$\pi_i(q_i, w) = a_1 q_i^{(\eta-1)/\eta} - w q_i$$
となる.小売業者 i の最適量 q_i^* は,以下を満たす.
$$\frac{\partial \pi_i(q_i^*, w)}{\partial q_i} = 0 = \left(\frac{\eta-1}{\eta}\right) a_i (q_i^*)^{-1/\eta} Q^{-1/\eta} - w$$
したがって,$w = w(a, Q)$ であるとき,$q_i^* = \gamma^0(a) Q$ となり,次式を得る.
$$w(a, Q) = \left(\frac{\eta-1}{\eta}\right) (a_1^\eta + a_2^\eta)^{1/\eta} Q^{-1/\eta}$$
ゆえに,供給業者が $w(a, Q)$ を課すならば,小売業者は全部で Q 単位だけ注文し,供給業者・小売業者間の在庫割当の違いによってサプライチェーンの総利益は最大化される.ここで,$w(a, Q)$ が追加生産の限界費用をちょうど表しているならば,次式が成り立つ.
$$\frac{\partial \pi(a, Q)}{\partial Q} = w(a, Q)$$
供給業者は,A や Y の実現値に基づく卸売価格として $w(a, Q)$ を定める契約を小売業者に提案することができる.しかし,これは(範囲や複雑さの点で)扱いにくい契約である.さらに,この契約の実施には,供給業者が A の実現値を正確に知る必要があり,これはほとんど不可能である.しかし幸いなことには,より単純な代替案が存在する.それは,小売業者が需要の実現値を観測した後,供給業者は単にゲームの開始に当たって,製品市場の保持を約束する.唯一の市場売りつくし価格は $w(a, Q)$ であり,供給業者による A の観測がなくても,市場がサプライチェーンの利益を最適化する.

ここでまだ,供給業者の製造管理者に対する補償案を決定する問題が残っている.問題が複雑になるが,供給業者は,製造管理者の努力水準を観測できない,つまり e を小さくできないと仮定する.しかし,供給業者は企業の最終製品の生産量が Ye であることを観測できるので,供給業者は製造管理者に完成した製品 1 単位あたり,
$$\left(\frac{\eta-1}{\eta}\right)(e^0)^{-1/\eta} \frac{E[(A_1^\eta + A_2^\eta)^{1/\eta} Y^{(\eta-1)/\eta}]}{E[Y]} = \frac{E[Qw(A,Q)|e^0]}{E[Q|e^0]} \tag{9.3}$$
を支払う.したがって,供給業者は製造管理者に,生産能力の期待潜在価格を支払い,小売業者には実際の潜在価格で生産能力を売る.この案の下で,製造管理者の期待効用は,
$$u(e) = \left(\frac{\eta-1}{\eta}\right)(e^0)^{-1/\eta} E[(A_1^\eta + A_2^\eta)^{1/\eta} Y^{(\eta-1)/\eta}] e - c(e)$$
となり,限界効用は,
$$u'(e) = \left(\frac{\eta-1}{\eta}\right)(e^0)^{-1/\eta} E[(A_1^\eta + A_2^\eta)^{1/\eta} Y^{(\eta-1)/\eta}] - c'(e)$$

となる．この結果と式（9.2）を比較することによって，製造管理者の最適努力水準が e^0 であることが明らかになる．

供給業者は内部市場から期待利益 0 を得る．すなわち，$E[Qw(A,Q)|e^0]$ は小売業者からの期待収益であり，式（9.3）から，同時にこれは製造管理者への期待支払額でもある．供給業者は，正の利益を得るために製造管理者や小売業者に固定料金を請求しなくてはならない．実際，Kouvelis and Lariviere (2000) は，さらに一般的な設定でサプライチェーンの協調に内部市場を考慮するアプローチを用いると，供給業者は損得なしに終わるか，損失を出すことを示している[43]．したがって，この政策は，固定料金と組み合わせる場合に限り，供給業者にとって現実味のある戦略になる．

9.2 議　　論

このモデルでは，サプライチェーンのある代理業者が，サプライチェーンのもう一つの部分（すなわち，小売業者）にとって不確定な価値をもつ物資（生産物）を生産する．したがって，調整には物資を消費するのに適切なインセンティブだけでなく，物資を生産する適切なインセンティブを必要とする．生産物は単一価格（生産物の期待価値）に調整することが可能であるが，その消費には，市場メカニズムによって提供される状態に依存した価格が必要になる．興味深いことに，市場を通して物資を売ることから得る期待収益は，物資を購入するための期待費用よりも少ない場合がある．それゆえ，その物資の製造者と消費者の間に立つマーケットメーカーが不可欠で，そのマーケットメーカーはこの市場で損をする覚悟ができていなければならない．したがって，マーケットメーカーは，（固定手数料のような）利益が得られる何らかの手段がある場合に限って参画する．言い換えると，マーケットメーカーは，インセンティブを調整するために市場を用いるが，市場から直接利益は得ない．

Donohue (2000) のモデルは，期間 1 の生産物の価値が不確定で，期間 2 のはじめに示される需要の実現値に依存するという点で，本節のモデルと類似している．このモデルでは，小売業者にとって供給業者の期間 1 の生産物をすべて購入することが最適であることから，市場は必要でない．ここで，在庫には維持費用がかかり，小売業者の維持費用は供給業者の維持費用より高いと仮定する．この場合，サプライチェーンにとって，小売業者の注文以上に期間 1 で生産すること，つまり，期間 2 で必要になるまで過剰製品を供給業者の倉庫で保持することが最適となる．そして，供給業者が保持する在庫は需要を満たすことはできないので，期間 1 に生産した生産物すべてを期間 2 に小売業者に移すことが最適である．しかし，$w_2=0$ の場合だけは，小売業者が供給業者の在庫すべてを注文することが確かである．あいにく，この価格設定

注 [43]：たとえば，製造管理者が 2 人，生産量が Ye_1e_2 と仮定する．ただし，e_i は製造管理者 i の努力水準である．Kouvelis and Lariviere (2000) は，この場合，供給業者やマーケットメーカーはその市場で損をすることを示している．調整や収支均衡に関するより詳しい議論については，Holmstrom (1982) を参照のこと．

では，期間2にどんな注文量を出しても小売業者にとっては最適である．それゆえ，各期において固定卸売価格で買い戻す契約は，もはやサプライチェーンにとって現実的な協調案ではない．この議論についてのより詳しい取扱いについては，Barnes-Schuster et al. (2002) を参照のこと．

10. 情報の非対称性

これまで考えてきたすべてのモデルでは，企業には完全な情報が与えられている．つまり，意思決定時において，すべての企業は同じ情報を共有する．それゆえ，調整の失敗はもっぱらインセンティブの対立が原因であり，企業が最適政策を求められないことが原因ではない．しかし，現実には完全情報をもつことはほとんどない．現代のサプライチェーンのほとんどが複雑で地理的に広がっていることを考えると，ある企業が，他の企業が保有する情報の重要な部分を保有していないとしても不思議ではない．たとえば，製品の製造業者は，その製品の主要部品の供給業者よりも正確な需要予測ができるであろう．この場合，サプライチェーンの最適なパフォーマンスは，行動の調整だけでは得られない．サプライチェーンの各企業が最適な行動を正確に決定できるように，情報を共有することも必要である．

情報の共有は，時には困難なことではない．たとえば，行動の決定に関連する情報が，定常的な確率需要をもつ製品の需要分布であるとする．このとき，過去の売上データを共有することで，需要予測を共有することができる（技術的な課題があるかもしれないが，予測の信頼性が上がることは確かである）．この場合，興味深い問題は，サプライチェーンのパフォーマンスを向上させるためにこの情報をいかに利用するか，また，どれだけパフォーマンスが向上するかである (Cachon and Fisher, 2000; Chen, 1998; Gavirneni et al., 1999 参照)．

残念ながら，情報共有には便乗行動の可能性がある．たとえば，製造業者は供給業者に十分な生産能力を構築させようとして，需要が非常に大きいと伝えるかもしれない．これは，需要予測が多様で，かつ立証できない情報に基づいて行われるとき，特に問題がある．新製品の需要予測について考えてみる．製造業者のセールスマネージャーは消費者のパネルデータを需要予測に組み込み，供給業者と共有するが，その予測には業界における長年の経験から得た無数の情報をもとにした主観的意見も含まれているかもしれない．セールスマネージャーが市場に精通しているなら，これらの推測や勘は有益であるが，期待需要が x と述べる以外に，セールスマネージャーがその情報を供給業者に伝える適切な手立てはない．言い換えると，セールスマネージャーは供給業者が簡単に確認できない情報をもっているので，供給業者にとっては，xが実際のセールスマネージャーの最適予測であると確信することは難しい．さらに，供給業者は予測を事後的に確認することさえ難しい．つまり，予測 x が正確だったとしても需要が予測を下回ることもあるので，需要が実際に x より少ないことがわ

かった場合でも，セールスマネージャーが偏った予測をしたことを供給業者が確認することはできない．

本節では，Cachon and Lariviere (2001)[44]らによる非対称な需要予測を伴うサプライチェーンの契約モデルを取り上げる．これまでと同様に，主題はサプライチェーンの協調を達成する契約があるとすれば，それはどのようなものなのか，これら契約によって割り当てられる使用料はいくらか，ということである．このモデルの調整には，①供給業者は正しい行動をとる，②正確な需要予測が共有される，という2点が必要となる．

このモデルでは，情報の共有に加えて，2節で最初に述べたように，契約コンプライアンス（同意）問題に焦点を絞る．強制的コンプライアンスの場合（すなわち，すべての企業が契約に基づき行動しなければならない場合），サプライチェーンの協調や正確な需要予測の共有が可能になる．しかし，自発的コンプライアンスの場合（すなわち，各企業は契約にある行動と異なるものであっても最適な行動を選択する場合）は，サプライチェーンの最適パフォーマンスを犠牲にした場合に限って，情報の共有が可能になる．

10.1 生産能力調達ゲーム

生産能力調達ゲームにおける製造業者 M は，需要が不確定な新製品を開発する．主要な部品は供給業者 S が供給する．つまり，製造業者 M はこの部品をつくることはできない（下流企業は自らの生産能力を備えているが，需要が大きいときは上流企業の生産能力をあてにするという非対称情報のない生産能力契約モデルについては，Milner and Pinker (2001) を参照のこと）．D_θ を需要，$F(x|\theta)$ を需要の分布関数とする（ただし，$\theta \in \{h, l\}$）．ただし，すべての $x<0$ に対し $F(x|\theta)=0$ で，すべての $x \geq 0$ に対し $F(x|\theta)>0$ であり，$F(x|\theta)$ は微分可能な増加分布関数とする．さらに，D_h は D_l を確率的に支配する．つまり，すべての $x \geq 0$ に対し，$F(x|h)<F(x|l)$ が成立する．

完全情報とは，双方の企業がパラメータ θ を知っていることで，情報の非対称性とは，パラメータ θ を知ることができるのは製造業者のみであるということである．このような場合，供給業者の事前に知っている確率は，$\Pr(\theta=h)=\rho$ かつ $\Pr(\theta=l)=1-\rho$ である．製造業者も ρ のみ知っているので，事前確率は共有認識となる．

製造業者 M と供給業者 S の相互関係は，2つの段階に分けられる．第1段階では，M は S に需要予測を提供し，初期注文 q_i を含んだ契約を S に提示する．S が契約を受け入れると仮定すると，S は1単位あたり費用 $c_k>0$ で，生産能力 k を構築する．第2段階では，M は需要 D_θ を観測し，S に最終注文 q_f を行う．ただし，

注 [44]：同様なモデルについては，Riordan (1984) を参照のこと．このモデルでは，需要に関する非対称な情報と供給業者の費用に関する非対称な情報があり，さらに生産能力と生産決定が連結している，つまり生産量は常に生産能力に等しい．

契約には可能な最終注文の集合が明記される．そして，Sは1単位あたり費用$c_p>0$で$\min\{D_\theta, k\}$単位製造し，Mに納入する．最後に，MはSに合意契約に基づき支払をし，Mは，満たされた需要1単位あたり$r>c_p+c_k$を得る．使われなかった生産設備の回収価値は0に正規化される．Mが第2段階で不完全な需要情報を観測した場合でも，このモデルの定性的振る舞いは変化しない．

2節で研究したニュースベンダーモデルのように，このモデルは，需要期間が1期間である．しかし，ニュースベンダーモデルでは実際の需要が明らかになる前に生産が始まるのに対し，本節のモデルでは，初期の生産能力の選択が制約にはなるが，実際の需要が明らかになった後に生産が始まる．また，このモデルは，6節の2段階ニュースベンダーモデルとも異なっている．6節のモデルでは，一部の生産を需要情報がわかるまで延期することができるが，延期した生産は当初の生産よりも費用が高くなる．本節のモデルでは，生産費用はどの段階で生産しても同じであり，それゆえ，6節のモデルと違って，需要情報がわかる前に生産することは最適になりえない．

10.2 完全情報

評価基準を作成するために，本節では，双方の企業がθを観測し，サプライチェーンの最適解の分析を始めるものとする．サプライチェーンとしては構築する生産能力kと生産量の2つを決めなくてはならない．後者は簡単で，需要がわかると$\min\{D_\theta, k\}$だけ生産すればよい．したがって，実質的な問題は，生産能力kを決めることだけである．生産能力をx単位としたとき，期待販売量$S_\theta(x)$は，

$$S_\theta(x) = x - E[(x-D_\theta)^+] = x - \int_0^x F_\theta(x)\,dx$$

であるので，生産能力がkの場合に，サプライチェーンの総期待利益$\Omega_\theta(k)$は，

$$\Omega_\theta(k) = (r-c_p)S_\theta(k) - c_k k$$

となる．$\Omega_\theta(k)$は凹関数であるから，最適生産能力k_θ^0は，ニュースベンダー限界比を満たす．

$$\bar{F}_\theta(k_\theta^0) = \frac{c_k}{r-c_p}$$

このとき，$\bar{F}_\theta(x)=1-F_\theta(x)$である[45]．$\Omega_\theta^0 = \Omega_\theta(k_\theta^0)$とする．このとき，供給業者が生産能力$k_\theta^0$単位を構築し，製造業者の最終注文を受け終えるまですべての生産を延期すれば，サプライチェーンの協調は達成される．

次に，製造業者Mと供給業者S間のゲームについて考える．製造業者が供給業者に提示できる契約には，種々のものがあるが，以下のオプション契約について考える．すなわち，第1段階でMは単位あたりw_oでオプションをq_i購入する．そして，第2段階で各オプションの行使にw_eを支払う．したがって，総期待振替支払額

注 [45]: $F_\theta(0)>0$とするなら，$k_\theta^0=0$が生じうるが，この場合はほとんど興味がない．よって，$k_\theta^0>0$と仮定する．今後の分析では，境界条件は無視する．

は，

$$w_\mathrm{o} q_i + w_\mathrm{e} S_\theta(q_i)$$

となる．この契約は，以下のような買戻し契約としても記述できる．すなわち，第1段階で M は注文 q_i に対して単位注文量あたり $w = w_\mathrm{o} + w_\mathrm{e}$ を支払い，第2段階で M が返済した注文，すなわち実際には納入されなかった注文に対して，S が単位量あたり $b = w_\mathrm{e}$ を支払う．また，この契約は，第2段階で M がキャンセルした注文1単位に対してキャンセル料 w_o を請求する卸売価格契約としても記述できる．ただし，$w_\mathrm{o} + w_\mathrm{e}$ は卸売価格とする．Erkoc and Wu (2002a) は，凸の生産能力費用がかかる生産能力調達ゲームにおける予約契約について研究している．予約契約とは，M は需要がわかる前に生産能力を特定量予約し，需要がわかった時点で，予約しておきながら利用されない生産能力に対し，M が S に対して手数料を支払う契約である．この契約は，本節では取り上げていない．

供給業者が製造業者のオプションを満たすのに十分な生産能力 ($k = q_i$) を構築すると仮定すると，製造業者の期待利益は，

$$\prod\nolimits_\theta(q_i) = (r - w_\mathrm{e}) S_\theta(q_i) - w_\mathrm{o} q_i$$

となる．もし，契約パラメータが $(r - w_\mathrm{e}) = \lambda(r - c_p)$ かつ $w_\mathrm{e} = \lambda c_k$ (ただし，$\lambda \in [0,1]$) を満足するように選択されるなら，

$$\prod\nolimits_\theta(q_i) = \lambda \Omega_\theta(q_i)$$

となる．ゆえに，$q_i = k_\theta^0$ は製造業者の最適注文であり，サプライチェーンの協調は達成され，サプライチェーンの利益は企業間に任意の割合に配分することができる．実際，供給業者の利益は $(1 - \lambda) \Omega_\theta(q_i)$ であり，最初の仮定 $k = q_i$ より，k_θ^0 も供給業者の利益を最大化する．

しかし，上記の分析には重大な警告が必要である．製造業者は，供給業者が実際に $k = q_i$ の生産能力をもつことについて確信できるのだろうか．製造業者は，供給業者の実際の生産能力が $k = q_i$ であることを確かめられないと仮定する．供給業者の生産能力が，製造業者には確認が難しい要因（労働者の熟練度，生産計画，構成部品の産出量）に依存するとき，製造業者が供給業者の生産能力が q_i より小さいことを立証できない状況があるとしても，驚くべきことではない．これを踏まえて，$k < q_i$ と仮定し，需要が τ と信じている供給業者の利益関数を以下のように考える．

$$\pi(k, q_i, \tau) = (w_\mathrm{e} - c_p) S_\tau(k) + w_\mathrm{o} q_i - c_k k = (1 - \lambda)(r - c_p) S_\tau(k) - c_k(k - \lambda q_i)$$

これより，以下の式が成り立つ．

$$\frac{\partial \pi(k_\theta^0, k_\theta^0, \theta)}{\partial k} < 0$$

つまり，$q_i = k_\theta^0$ であるとき，k_θ^0 は供給業者の利益を最大化しない．問題なのは，上記の費用関数が，構築された生産能力によらずオプションあたり w_o を製造業者が支払うと仮定していることである．よって，契約パラメータ w_e だけが，限界収益点において供給業者の意思決定に影響を与える．つまり，供給業者は，ちょうど卸売価格

契約が示された場合と同様に,生産能力を決定する.

　Cachon and Lariviere (2001) は,強制的コンプライアンスを,供給業者が $k=q_i$ を選択しなくてはならない場合と定義し,自発的コンプライアンスを,製造業者がオプション q_i に対して w_0q_i を支払うが,$k<q_i$ を選択することが可能である場合と定義している.双方の状況は両極端な状況を表している.つまり,強制的コンプライアンスでは,供給業者は k が q_i から少しでも異なると費用が無限に発生するかのように行動するのに対し,自発的コンプライアンスでは,供給業者はこの差異は全く重要でないかのように行動する.現実は強制的コンプライアンスと自発的コンプライアンスの間に位置する(この説明は,現実には完全に契約可能でもないが完全に契約不可能でもない小売業者の販売努力を述べたものに類似している).それでもなお,自発的コンプライアンスは研究の価値がある.供給業者は,たとえそうすることによってペナルティがかかっても,生産能力 k を q_i より少なくしたいからである.たとえば,製造業者が購入し,供給業者が実行できないオプションに対し,供給業者が製造業者に払戻しを行わなくてはならない場合を考える.つまり,もし $D_\theta>k$ であったなら,供給業者は製造業者に $(\min\{q_i, D_\theta\}-k)^+ w_0$ を払い戻す.このようなペナルティがあっても,供給業者は生産能力 k を生産業者が購入したオプション q_i より少なくし,オプション (q_i-k) 分のペナルティを着服できる可能性が $F(k)$ ある.つまり,$D_\theta<k$ であったなら,供給業者は製造業者が行使するオプションを実行できるので,製造業者は供給業者がすべてのオプション分だけ生産能力を構築していなかったことを知ることはない.このようなインセンティブは,供給業者に $k<q_i$ を選択させるのに十分である.Erkoc and Wu (2002a) は,予約契約の状況において,代替的アプローチを提案している.予約しておきながら納入されなかった単位生産能力に対して供給業者がペナルティを支払うゲームを研究し,双方のコンプライアンスを得るのに十分なペナルティを求めている.

　以上をまとめると,強制的コンプライアンスの下では,製造業者はサプライチェーンの協調を行い,利益を分配するために,いくつかの契約を使用することができる.しかし,これらの契約に基づく調整は,強制的コンプライアンスほど確実ではない.この結果,自発的コンプライアンスは(たとえ慎重でありすぎる可能性はあるにしても),より用心深い仮定である[46].

　本節の残りの部分では,自発的コンプライアンスの下で製造業者が提示する契約について考える.上述の議論からもわかるように,自発的コンプライアンスの下では,製造業者の初期注文量は供給業者の生産能力の決定に影響しない.したがって,初期注文量に基づいた振替支払も,供給業者の生産能力の決定に影響しない.供給業者の

注 46:一般に,$1-F(k)$ は k の凹関数でも凸関数でもなく,コンプライアンスがないペナルティは k の下で機能しないので,強制的コンプライアンスと自発的コンプライアンスの中間のコンプライアンス制は,研究するに値する問題である.コンプライアンス制が内生変数であるモデルについては,Krasa and Villamil (2000) を参照のこと.すでに述べたように,コンプライアンスを得るためのアプローチについては,Erkoc and Wu (2002a) を参照されたい.

決定に影響を与えるためには，製造業者は最終注文量 q_f に基づく契約に委ねる必要があり，卸売価格契約は明らかにその候補になる．

卸売価格契約による供給業者の利益は，

$$\pi_\theta(k) = (w - c_p) S_\theta(k) - c_k k$$

である．ここで，供給業者は，θ は確かな需要パラメータであるという仮定の下で期待利益を算出している．供給業者の利益は k に関する狭義の凹関数であり，供給業者にとって最適である任意の k に対し，卸売価格が唯一存在する．$w_\theta(k)$ を卸売価格とすると，

$$w_\theta(k) = \frac{w_\theta}{\overline{F}_\theta(k)} + c_p$$

となる．このとき，製造業者の利益関数は，以下のように記述できる．

$$\prod\nolimits_\theta(k) = (r - w_\theta(k)) S_\theta(k)$$

つまり，製造業者は卸売価格契約 $w_\theta(k)$ を提示することによって，望ましい生産能力を選ぶことができる．製造業者の利益関数を微分すると，

$$\prod\nolimits_\theta'(k) = (r - w_\theta(k)) S_\theta'(k) - w_\theta'(k) S_\theta(k)$$
$$\prod\nolimits_\theta''(k) = (r - w_\theta(k)) S_\theta''(k) - w_\theta''(k) S_\theta(k) - 2 w_\theta'(k) S_\theta'(k)$$
$$= -\left(r - c_p + \frac{c_k}{\overline{F}_\theta(k)}\right) f_\theta(k) - w_\theta''(k) S_\theta(k)$$

となる．もし $w_\theta''(k) > 0$ ならば $\prod_\theta(k)$ は狭義の凹関数であるので，議論を簡単にするために，$w_\theta''(k) > 0$ を仮定する．この仮定は，増加倒産率をもつ，つまりハザード率 $f_\theta(x)/(1 - F_\theta(x))$ が x の増加関数であるような任意の需要分布において成り立つ．正規分布，指数分布，一様分布はこの条件を満たすし，あるパラメータ制約の下ではガンマ分布や Weibull 分布もこの条件を満たす（Barlow and Proschan, 1965）．したがって，最適生産能力 k_θ^* が唯一存在し，この生産能力を引き出す卸売価格 $w_\theta^* = w(k_\theta^*)$ も唯一存在する．$\prod_\theta^{*\prime}(k_\theta^*) = 0$ より，$k_\theta^* < k_\theta^0$ となり，サプライチェーンの協調は実現されず，以下の式が成り立つ．

$$\overline{F}_\theta(k_\theta^*) = \frac{c_k}{r - c_p}\left(1 + \frac{f_\theta(k_\theta^*)}{\overline{F}_\theta(k_\theta^*)^2} S_\theta(k_\theta^*)\right) = \overline{F}_\theta(k_\theta^0)\left(1 + \frac{f_\theta(k_\theta^*)}{\overline{F}_\theta(k_\theta^*)^2} S_\theta(k_\theta^*)\right)$$

10.3 需要予測の共有

本項では，供給業者は θ がわからないものと考える．供給業者は θ に関する事前予測をもつが，供給業者は製造業者には θ がわかっていることを知っているので，より正確な予測を得るために製造業者に需要予測をたずねるであろう．製造業者が需要が大きいことを知らせた場合は，供給業者はその需要予測を信じるべきである．需要予測が大きければ，製造業者は予測を下げようとは思わないからである．しかし，需要が大きいという予測は疑わしい．需要予測が小さいと，製造業者は，供給業者に多くの生産能力を構築させようとするため，需要が大きいという予測を提示する可能

性があるからである．つまり，製造業者は，代金を支払う必要がなければ，常により多くの生産能力を求める．したがって，見識のある供給業者は製造業者の口頭の予測は無視し，代わりに，製造業者が提示した契約から製造業者の需要を推測する．以上のことから，適切な契約を提示することによって，供給業者と製造業者は需要予測を共有することができる．

　この議論を続けるために，このモデルでは需要予測の共有を，シグナリング均衡を通して行われるものとする．シグナリング均衡を用いて，供給業者は製造業者が提示する可能性のあるそれぞれの契約，すなわち，需要が大きい製造業者だけから提示されうる契約，需要が小さい製造業者だけから提示されうる契約，そして，両方の製造業者から提示されうる契約に信頼度を割り当てる．シグナリング均衡には，さまざまな種類のものがある．分離均衡では，供給業者は契約を前者の2つに分類する．つまり，需要が大きい製造業者から提示されうる契約と需要が小さい製造業者から提示されうる契約で，両方のタイプの製造業者から提示されうる契約は考えない．一方，プーリング均衡では，契約は後者の2つ，すなわち需要が小さい製造業者から提示されうる契約と両方のタイプの製造業者から提示されうる契約に分類される．プーリング均衡の場合，（需要が大きい製造業者だけから示される契約は考えないので）需要が大きい予測は共有する意味がなく，（需要が大きい製造業者も小さい製造業者も，両方のタイプの製造業者に指定される契約を選択するので，製造業者の需要に関する情報は伝わらず）小さい予測は均衡が成立しない場合にのみ共有される．つまり，予測の共有は分離均衡の場合にのみ行われる．すなわち，需要が大きい製造業者は，需要が大きい製造業者に指定される契約の中から最適な契約を提案し，需要が小さい製造業者は，需要が小さい製造業者に指定される契約の中から最適な契約を提案する．

　需要が大きい製造業者が，実際に小さいタイプの契約よりも大きいタイプを選択するならば，分離均衡は合理的である．需要が大きい製造業者は，小さいタイプの契約を提示すると，供給業者は需要が実際に小さいという想定の下に生産能力を構築するものと認識する．同様に，分離均衡では，需要が小さい製造業者は必ず大きいタイプの契約よりも小さいタイプを提示するようにならなければならない．言い換えると，需要が小さい製造業者は大きいタイプの契約を選択することによって，需要が大きい製造業者のふりをする選択をしてはならない．需要が小さい製造業者が大きいタイプの契約を提示すると，供給業者は需要が大きいという想定の下で生産能力を構築するので，この状況はもっと厄介である．これらの状況の正確な記述については，Cachon and Lariviere (2001) を参照のこと．

　まず，強制的コンプライアンスを伴う分離均衡を考える．前述のように，製造業者はオプション契約によりサプライチェーンの協調が実現でき，これらの契約のパラメータは需要分布に依存しない．これらのうちある1つの契約の下では，タイプ θ の製造業者の利益は $\lambda \Omega_\theta(q_i)$ である．つまり，強制的コンプライアンスの下では，供給業者は契約を受け入れると生産能力 $k=q_i$ を構築しなくてはならないので，契約を

受け入れるという条件の下では，需要に関する供給業者の信頼度は生産能力の選択に影響を与えない．供給業者の利益は，$(1-\lambda)\Omega_\theta(q_i)$ である．$\hat{\pi}$ を供給者の許容最低利益とする．つまり，供給業者は期待利益が $\hat{\pi}$ を下回る場合は契約を拒否する[47]．需要が大きい製造業者も小さい製造業者も，サプライチェーンの総利益の大きな配分を求めることは明らかであり，利益の配分率が固定されるのならば，どちらのタイプの製造業者もサプライチェーンの総利益最大化を求める．しかし，製造業者は最適利益が少しだけ配分されるよりも，準最適利益であっても多く配分されるのを好む．したがって，供給業者は偏りのある予測に対して勤勉になる．

需要が小さい製造業者は，以下のパラメータのオプション契約を提示すると仮定する．

$$\lambda_l = 1 - \frac{\hat{\pi}}{\Omega_l^0}$$

また，需要が大きい製造業者は，$\min\{\lambda_h, \tilde{\lambda}_h\}$ を提示すると仮定する．ただし，

$$\lambda_h = 1 - \frac{\hat{\pi}}{\Omega_h^0}$$

および，

$$\tilde{\lambda}_h = \frac{\Omega_l^0 - \hat{\pi}}{\Omega_l(k_h^0)}$$

である．$\min\{\lambda_h, \tilde{\lambda}_h\} > \lambda_l$ より，需要が大きい製造業者は，小さいタイプの契約を提示することには関心がない．製造業者は，この契約の下では，より少ない利益（$\Omega_h(k_l^0)$ 対 Ω_h^0）のうちのより少ない配分（λ_l 対 $\min\{\lambda_h, \tilde{\lambda}_h\}$）しか得られないからである．同様に，需要の小さい製造業者は大きいタイプの契約には関心がない．小さい需要の製造業者は，小さいタイプの契約利益 $\Omega_l^0 - \hat{\pi}$ を得ることと，大きいタイプの契約利益 $\Omega_l(k_h^0)$ の $\tilde{\lambda}_h\%$ を得ることは，どちらでも構わないと解釈できる．需要が小さい製造業者は，大きいタイプの契約におけるサプライチェーンの利益の $\lambda_h\%$ 以上が得られない限り，需要が大きい製造業者のふりをすることに無関心である．つまり，上記契約は分離均衡である．

小さい需要の場合，供給業者は $\hat{\pi}$ を得る．大きい需要の場合，供給業者は $\lambda_h < \tilde{\lambda}_h$ なら同じ利益，つまり $\hat{\pi}$ を得るが，それ以外はより多くの利益を得る．$\lambda_h > \tilde{\lambda}_h$ のとき，製造業者は供給業者からより多くの配分を得ようとするが，供給業者は製造業者の予測を信用しない（需要が小さい製造業者は，利益の大きな配分を得る代わりに，サプライチェーンの利益が準最適になってしまうことを喜んで受け入れるからである）．製造業者は供給業者の利益を $\hat{\pi}$ には下げられないとしても，サプライチェーンはあらゆる状況の下で協調が実現される．したがって，強制的コンプライアンスの下

注 [47]：$\hat{\pi}$ は θ に独立であると仮定する．しかし，供給業者の外部の市場機会は，製造業者の需要と相互に関係していることは確かにもっともらしい．もし，製造業者の需要が大きいなら，他の製造業者の需要も大きいと考えられ，供給業者の機会費用は平均的な額よりも大きくなる．この問題の究明には，今後の研究が必要である．

では,情報は契約の形によって交換されるのではなく,契約のパラメータを通して交換される.

次に,自発的コンプライアンスを考え,製造業者は卸売価格契約を提案するものとする.分離均衡では,需要が小さい製造業者は w_l^* を提案し,需要が大きい製造業者は w_h^* を提案しようとする.$w_h^* > w_l^*$ のとき,需要が小さい製造業者が需要が大きい製造業者をまねることはないであろう.この模倣によって需要が小さい製造業者は生産能力を拡大できるが,より高い単価を支払わなくてはならないからである.しかし,もし $w_h^* \leq w_l^*$ なら,模倣は間違いなく起こる.というのは,小さい需要の製造業者は生産能力を拡大できる上に,より高い単価を支払う必要がないからである.このような場合には,需要が大きい製造業者は,需要が大きい製造業者だけが進んで支払うような追加的な振替支払によって卸売価格契約を補う必要がある.

需要が大きい製造業者 M にとっての1つの提案は,供給業者にも固定料金 A を提供することである.小さい需要の製造業者は自ら需要が小さいことを示した場合,$\Pi_l(w^*, l)$ を得る.ここで,$\Pi_\theta(w, \tau)$ は供給業者が需要のタイプを $\tau \in \{l, h\}$ と信じた場合の,タイプ θ の製造業者の利益である.需要が小さい製造業者が(大きいタイプの契約を提案するなど)大きいタイプをまねるとき,$\Pi_l(w_h^*, h) - A$ を得る.したがって,需要が小さい製造業者は,以下のとき模倣を望まない.

$$\Pi_l(w_l^*, l) \geq \Pi_l(w_h^*, h) - A$$

また,需要が大きい製造業者は,以下のとき,需要が小さいタイプの契約を提案するよりも固定料金を提供することを選ぶ.

$$\Pi_h(w_h^*, h) - A \geq \Pi_h(w_l^*, l)$$

したがって,

$$\Pi_h(w_h^*, h) - \Pi_h(w_l^*, l) \geq \Pi_l(w_h^*, h) - \Pi_l(w_l^*, l)$$

のとき,両方の条件を満たす固定料金が存在する.上記の式は,需要が大きい製造業者は需要が小さい製造業者に比べて,供給業者が需要が大きいと信じることによる利益の増分が大きいことを示している.

固定料金は効果があるが,需要が大きい製造業者にとって,シグナルを送るのにもっと安価な方法があるかもしれない.理想的なシグナルは,需要が大きい製造業者にとって費用がかからず,需要が小さい製造業者には非常に費用がかかるものである.固定料金は両タイプに同じ費用がかかるので,理想的でないことは明らかである.需要が大きい製造業者にとって,よりよいシグナルは,より高い卸売価格を提案することである.高い卸売価格は,需要が小さい製造業者には費用がかかるが,需要が大き製造業者にとっては初期には全く費用はかからない.つまり,

$$\frac{\partial \Pi_h(w_h^*, h)}{\partial w} = 0$$

である一方,もし $w_h^* \geq w_l^*$ なら,

$$\frac{\partial \Pi_1(w_h{}^*, h)}{\partial w} < 0$$

である．需要が大きい製造業者のもう一つのオプションは，買取引受契約を提案することである．すなわち，製造業者は，第2段階で少なくともm個の部品を購入することを第1段階で確約することである．つまり，$q_f \geq m$であり，残りの部品も卸売価格wで購入する．この契約は，生産能力予約契約とも呼ぶことができる．つまり，製造業者は，第2段階で完全に利用することを確約するm単位の供給業者の生産能力を，第1段階に予約する．買取引受契約は，$D_\theta \geq m$なら費用がかからないが，$D_\theta < m$の場合は費用がかかる．$D_l < m$は$D_h < m$よりも起こりうる可能性が高いので，買取引受契約は，需要が大きい製造業者よりも小さい製造業者にとってより費用がかかる．ゆえに，固定料金よりずっと安価なシグナルである．興味深いことに，買取引受契約は，完全情報が得られる場合は望ましくない．$D_\theta < m$のとき$m - D_\theta$単位の生産が無駄になるという，事後的に非効率な活動が生じるからである．しかし，非対称な情報の下では，本質的な情報の確かな伝達によって，これらの契約がサプライチェーンのパフォーマンスを高めることができる．タイプの異なるシグナリング手段の詳細な分析については，Cachon and Lariviere（2001）を参照のこと．

10.4　議　　論

本節では，サプライチェーンのあるメンバーが，他のメンバーよりも優れた需要予測をするモデルを考える．サプライチェーンの協調には，供給業者の生産能力が需要予測に依存することが必要であるので，サプライチェーンの協調は，需要予測が正確に共有された場合にのみ達成される．強制的コンプライアンスの下では，製造業者は供給業者の活動を調整し，情報を共有するためにオプション契約を用いることができる．しかし，情報の共有は，自発的コンプライアンスの下では，より多くの費用がかかる．それにもかかわらず，確実に需要予測を共有するいくつかの技術は，他の手段に比べてより安価である．特に，買取引受契約は，完全情報の下では最適ではないが，需要が大きいという予測が本物であることを供給業者に信じさせる必要がある製造業者には，効果的である．

需要予測の共有が最適なシグナリング手段と費用的に等価であるとすると，需要が大きい製造業者は，シグナリング以外の選択を考えるであろう．第1の選択は，第1段階，つまり需要が明らかになる前に，製造業者は供給業者に部品代を支払い，部品を受け取る．この場合，供給業者の利益は製造業者の需要分布に依存しないので，情報共有の必要はない．しかし，この選択は，需要が明らかになるまで部品の生産を延期できるという利点を完全に無視している．第2の選択は，製造業者がプーリング均衡と組み合わせてある契約を選ぶことである．この場合，供給業者は典型的な製造業者と取引を行うかのように，契約を評価する．この条件は，完全情報をもつ需要が大きい製造業者が手にする条件ほどよいものではないが，製造業者が大きな需要を知ら

せるのに相当な費用がかかる場合，この選択は魅力的である（たとえば，非常に健康な人が，単に非常に健康であること示す健康診断を受ける煩わしさを避けたいがためだけに，団体生命保険の標準的に健康な人向きのプランを選ぶようなものである）．これらの選択の統合についてはさらなる研究が待たれる．

非対称情報の下で契約するサプライチェーンに関する論文は，ほかにもいくつかある．Cohen et al. (2001) は，半導体装置のサプライチェーンにおける予測過程の研究を行っている．この設定では，供給業者が1台の半導体装置の完成にかかるリードタイムは長く，製造業者が望む完成期日は不確かである．製造業者は希望納入日の内部予測をもち，供給業者にその予測を伝えることはできる．しかし，製造業者は納入が遅れてほしくないので，実際に必要な期日よりも早い納入日に偏った予測を行う（製造業者はこのサプライチェーンで最も影響力があり，装置が実際に必要になるまで，完成品の受取を拒むことができる）．供給業者はこの偏りについてよく承知しているが，研究上の問題は，供給業者は予測に偏りがあるものとして行動するかどうかである．たとえば，製造業者が装置は第3四半期に必要であると伝えてきたときに，供給業者は翌年の第1四半期に製造業者が実際に必要だとして行動するかどうか．供給業者のデータからすると，予測に偏りがあるものとして供給業者が行動したことがわかる．Terwiesch et al. (2002) は，この結果を拡張し，偏りのある予測を行うとして知られている製造業者に対しては，供給業者の納入リードタイムが長くなりがちであることを実験的に示している．Terwiesch and Loch (2002) は，顧客に価値ある設計を考案する未知の能力をもつ製品設計者について，シグナリングを研究している．

Porteus and Whang (1999) は，契約を提案するのは製造業者ではなく供給業者であることを除いて，本節のモデルに非常に類似したモデルを研究している．したがって，彼らはシグナリング（情報を所有する者が情報を伝達する契約を立案すること）より，むしろスクリーニング（情報を所有しない者が情報を得るために契約を立案すること）を研究している．その結果，供給業者は，各契約が各タイプの製造業者に合わせて立案されている契約表を提示することを行っている．

Ha (2001) も，スクリーニングモデルを研究している．このモデルでは，供給業者が確率的需要のある製造業者に契約を提案する（Corbett and Tang (1999) は，確定的需要のある場合の同様のモデルを研究している）．製造業者は自社の費用を知っているが，この費用は供給業者には知られていない．供給業者が契約を提示した後，製造業者は q 単位を注文し，小売価格を決める．サプライチェーンの協調は，完全情報の下で可能である．しかし，調整パラメータは製造業者の費用に依存する（調整の契約は，製造業者が指定基準以下に価格設定することを禁止している．すなわち，再販価格維持規定）．Ha は，もし供給業者が製造業者の費用を知らないのならば，供給業者に契約表を提示することを提唱している．すなわち，各注文量に対し，供給業者は振替支払と最低再販価格を規定する．各契約は特定の製造業者を対象にしてつくられる．つまり，異なる費用をもつ製造業者は異なる契約を選び，各製造

業者は自社の費用に合った契約を選ぶ．後者の特性は，顕示願望に基づいている（Myerson, 1979)[48]．残念なことに，サプライチェーンの協調はもはや可能ではない．完成品の質が異なる生産者を分類するスクリーニングモデルについては，Lim (2001)を参照のこと．

　Corbett and de Groote (2000) は，1人の買い手と1人の供給業者からなり，確定的需要があり，サプライチェーンの各段階で固定注文費用がかかるモデルを研究している．Porteus and Whang (1999) や Ha (2001) の研究のように，契約の設計者は他の企業の費用について事前に知っており，企業は自分の企業の費用を正確に把握している．このモデルに関して，契約表と類似した数量割引計画が提案されている．すなわち，買い手が選択した量に対し，唯一の単価が決まる．Ha (2001) の研究のように，サプライチェーンの協調は，情報が非対称な場合には達成されない．Corbett (2001) は，1人の買い手と1人の供給業者からなり，確定的需要があり，固定発注費用がかかり，固定発注費用もしくは受注残に対するペナルティコストについての非対称な情報があるサプライチェーンの協調を研究している．あるときは有益な方法として，あるときは有害な方法として，委託在庫がインセンティブに影響を与えることを見出している（委託在庫は，下流企業の在庫所有権を上流企業へ譲渡する）．

　Brown (1999) は，生産能力調達モデルを取り扱っている．単一の供給業者と単一の製造業者からなる，確率的需要をもつ単一期間モデルである．しかし，このモデルには重要な違いが存在する．第1に，強制的コンプライアンスだけを考えていること，第2に，製造業者が供給業者に予測を知らせると直ちに最終注文を行うこと．つまり，初期注文と最終注文の間に供給業者が生産能力を構築する中間段階がないのである．Brown は，製造業者の注文が通知した予測に一致すること，つまり，予測が正しいと仮定して製造業者の注文は最適であることを要求している．供給業者は予測と注文量の不一致を確実にすぐに確認できるので，この制約は理に適っている．生産能力調達モデルでは，供給業者は偏りのある予測が与えられたかどうか確認することは全くできないので，この制約は疑問の余地がある．さらに，製造業者にとって，注文量と予測の両方を提供することが必要である．同じ最適注文量をもたらす連続的な予測（ただし，予測は平均値と標準偏差を含んでいる）がいくつも存在するからである．言い換えると，このモデルでは，製造業者は予測に関して無数の案（タイプ）が認められている．

　Brown は，2つの関連する契約，すなわち，買戻し契約と呼ばれているオプション契約と，オプションの先物契約について研究している．後者は，製造業者が返品を

注 [48]：Kreps (1990：691) は，顕示原理を「いったん理解してしまえば明らかであるが，説明は難しい……」と記述している．Kreps の著書をメカニズムデザインの入門書として参照のこと．要するに顕示原理は，最適なメカニズムが存在し，そのメカニズムがプレイヤーのタイプを完全には明らかにできないのなら，このようなメカニズムの結果はプレイヤーのタイプを明らかにするメカニズムによって模写できることを述べている．つまり，最適メカニズムは，真実を誘導するメカニズムに限定して探索することができる．

することのできる最大閾値をもつ買戻し契約である．つまり，製造業者は z 単位を注文して，最初の y 単位に対して c_r を支払い，残りの $z-y$ 単位に対して $w>c_r$ を支払い，そして貸付金額 $b<w$ で $z-y$ 単位まで返品をすることができる．ゆえに，オプションの先物契約は買取引受方式を含んでいる．

どちらのタイプの契約とも完全情報によってサプライチェーンの協調を実現し，任意の配分案に従って利益を配分する．Brown は，非対称な情報の下では，契約が最小期待利益を示しているときに限り，供給業者は契約を受け入れると仮定している．しかし，買戻し契約では，この固定利益基準は製造業者に偏った予測を告げさせるようなインセンティブを誘い出す．このことを説明するため，$\bar{\pi}$ を利益基準とし，$\{\mu(\sigma),\sigma\}$ を製造業者の最適な注文量の平均と標準偏差の組とし，$\Omega\{\mu(\sigma),\sigma\}$ をその注文量におけるサプライチェーンの総利益とする．製造業者は，サプライチェーンの総利益のうち供給業者の取り分の割合 $1-\lambda$ が少なくても $\bar{\pi}/\Omega^0\{\mu(\sigma),\sigma\}$ であるという契約を提案しなくてはならない．ニュースベンダーモデルにおいては，$\Omega\{\mu(\sigma),\sigma\}$ は σ の減少関数，つまり $1-\lambda$ は σ の増加関数であり，製造業者への配分率 λ は σ の減少関数である．ゆえに，実際には $\sigma>0$ であっても $\sigma=0$ が製造業者の最適予測である．供給業者がこの契約を受け入れるなら，供給業者の期待利益は実際上 $\bar{\pi}$ 以下となる．Brown は，製造業者がオプションの先物契約を提案するなら，つまり，オプションの先物契約の集合と製造業者のタイプの集合に一対一の関係が存在し，製造業者が常に自社のタイプに合わせて設計された契約を選択するなら，このインセンティブが排除されることを示している．生産能力調達モデルにおいてもそうであったように，買取引受方式は情報伝達には有用な手法である．Brown のモデルにおいては準最適なパフォーマンスに陥らないので，買取引受方式は Brown のモデルにおいて特に魅力的である．

11. 結 論

ここ10年にわたり，サプライチェーンの契約に関する研究の正当性は確立され，多くの研究の流れが打ち出されてきた．そして，いくつかの重要な結果が明らかになった．まず，調整に失敗することはよくある，つまり，インセンティブの対立が広範囲の運用状況下で起こるべくして起こるということ．その結果，サプライチェーンが準最適パフォーマンスに陥るのは，必ずしも無能な管理者や愚直な運用政策によるものではない．むしろサプライチェーンのパフォーマンスの低さは，インセンティブの対立のためである可能性が高く，これらのインセンティブの対立は避けることが可能である．2番目に，多くの状況において，調整を達成し，任意の割合に利益を配分する契約が複数存在すること．したがって，実際の契約選択過程は，十分には探求されていない基準もしくは目的に依存するに違いない．つまり，さまざまな調整契約の中の微妙な，しかしおそらくかなり重要な違いを明らかにするさらなる研究が必要であ

る．3番目に，調整の失敗結果の背景はさまざまであるということ，つまり，サプライチェーンのパフォーマンスが愚直かつ単純な契約により準最適になってしまう状況もあるし，適切なインセンティブ管理がない分散した運用が相当なパフォーマンスの悪化を招く状況もあるということ．これらの状況を対比するのに役立つ理論を確立することは，かなり有益である．4番目に，この研究の趣旨は，インセンティブの対立を管理することは，Pareto 改善（実際には「ウィン-ウィン」と呼ばれる状況）の実現を強調することにある．この洞察は，サプライチェーンの管理者の間で当然のことながらかなり普及していて，サプライチェーンの進歩に大きな障害となる「ゼロサムゲーム」の思考方法を打ち破るのに役立つであろう[49]．常に用心には用心を重ねる一方，賢明なサプライチェーンの管理者は，すべての提案が偽善的なものではないことに気付いている．

　残念ながら，この領域の理論は，実際の現場に追随してきただけである．すなわち，実際の現場は理論的研究の動機として使われてきたが，理論的研究は実際に貢献できないできた．しかし，必ずしもそうではない．すでに述べたように，この研究の驚くべき点の一つは，多くの異なる契約形態を考慮することによって調整が達成されることである．これら契約の微妙な違いを理解することにより，研究者は，たとえその契約形態が業界にとって先進的なものではないにしても，その業界に特に適した契約形態を特定することができる．遅延差別化（Lee, 1996）や的確な反応（Fisher and Raman, 1996）のような革新的な進歩が成文化されているが，インセンティブの設計における技術革新を通して，同じくらい価値のある進歩を生み出すことは可能である．

　より広範囲の適用に向けての第1歩として，この研究は，実証と理論のフィードバックループをつくり出すことが必要である．本章で説明したように，理論的論文は膨大な量に上るのに対し，経験的論文は微々たるものである．したがって，今，理論がどの方向に進むべきかという手引きがほとんどない．たとえば，ここでは，供給業者の販売を調整する契約をニュースベンダーモデルに関係付けたが，なぜある種の契約がある業界においてのみ採用され，他の業界には採用されないかを説明できるのだろうか．なぜそれに代わる契約が Pareto 劣等の卸売価格契約を完全に排除していないかを説明できるのだろうか．一般的な議論では卸売価格契約は管理費用が安価であるが，より複雑な契約の管理費用の大きさについての裏付けが欠けている．また，買戻し契約や収益分与など，調整契約が採用されたとしても，実際に調整パラメータが選択されるだろうか．たとえば，収益分与契約の集合は，調整型収益分与契約の集合よりはるかに大きい．もし，企業が非調整型契約を選択することが観察されたら，説明が必要となる．管理者側の非合理的もしくは無能な振る舞いは都合のよい説明である

注 [49]：ゼロサムゲームでは，あるプレイヤーの利得は他のプレイヤーの利得の減少関数であるので，あるプレイヤーは他のプレイヤーの利得を悪くさせることだけが，自分の利得をよくすることができる手段となる．

が，非合理的振る舞いに関する理論を構築することは十分ではない．理論は，理論の誤りを証明でき，非合理的振る舞いの誤りは証明できないようなものであってこそ興味深い．もっとよい方法は，理論の仮定や分析に挑戦することである．経験主義によって，理論のどの部分は信用でき，どの部分はもっと吟味する必要があるかを特定できるようになるべきである．

　フランチャイズ契約に関する文献は，サプライチェーン契約の分野の研究者に有益な指針を提供する．最初に読む文献としては，Lafontaine and Slade（2001）が最もふさわしい．フランチャイズ契約における広範な理論的，実証的結果が調査され，比較されている．確かにいくつかの理論的予測は膨大な実証研究によって裏付けられているが，他の部分は不足している．しかし，理論とデータ間のギブアンドテイクが，この研究の大部分に関しては非常に成功したことは明らかである．

　楽観的に述べると，実証領域における予備的活動は幸いにもすでに始まっている．Mortimer（2000）は，レンタルビデオ業界における収益分与契約の分析を提供している．Cohen et al.（2001）らは，半導体設備産業における需要予測の共有を慎重に評価している．彼らの発見は，Cachon and Lariviere（2001）の前提と一致している．つまり，もし予測があてにならないのなら，その予測は無視され，サプライチェーンは損害をこうむる．彼らの研究によれば，悪い予測が与えられると，将来の信頼性が低くなり，供給業者から低いサービスしか受けられなくなる．Novak and Eppinger（2001）は，製品の複雑さと製造または購入の意思決定間の相互作用を実証的に評価し，垂直統合における財産所有権の理論を支持している．最後に，Randall et al.（2002）は，電子小売業者が製品を店に卸すか在庫として保持するかについて研究している．Netessine and Rudi（2000a）の理論的研究から予測されるように，小売業者の適切な戦略は製品や業界の特徴に依存し，実際に適切な戦略を選んだ電子小売業者は破産しにくいことを見出した．

　現在，われわれの価値のある活動はデータ収集に見出されるが，今後の研究が必要な理論領域に言及することも有益である．最近のモデルは単発の契約に依存しすぎている．ほとんどのサプライチェーンの相互作用は長期にわたって起こり，再交渉や現物市場との相互作用の多くの機会が存在する．この方向に沿った試みとしては，販売者-供給業者ネットワークとその長期間にわたる関係については Kranton and Minehart（2001）を，量的柔軟性の契約に対する再交渉のモデルについては Plambeck and Taylor（2002）を，生産能力契約や在庫調達に対する現物市場の影響については，それぞれ Wu et al.（2002）と Lee and Whang（2002）を参照されたい．

　複数の供給業者が，複数の小売業者の好意をどのように獲得するかについて，さらなる研究が必要である．つまり，多対一あるいは多対多のサプライチェーンの構造を重要視する必要がある．オークション理論を背景にして，Jin and Wu（2002）と Chen（2001）は多対一構造の調達について研究し，Bernstein and Véricourt（2002）は多対多構造のサプライチェーンに関する最初の研究を提供している．予測や他のタ

イプの情報共有については，より多くの関心を払うことが必要である．Lariviere (2002) は，最近のこの領域の研究を提供している．最後に，生産能力不足をどのようにサプライチェーンに配分するか，生産能力不足がサプライチェーンの活動にどのような影響を与えるかについて，さらに研究する必要がある．Zhao et al. (2002), Deshpande and Ryan (2002), Deshpande and Schwarz (2002) によって，この領域に関して研究がごく最近発表されている．

要するに，研究の機会は非常に多いのである．

謝辞：この原稿の最初の2稿を慎重に読み，コメントしていただいた，以下の多くの方々に感謝を申し上げる．Ravi Anupindi, Fangruo Chen, Charles Corbett, James Dana, Ananth Iyer, Ton de Kok, Yigal Gerchak, Mark Ferguson, Paul Kleindorfer, Howard Kunreuther, Marty Lariviere, Serguei Netessine, Ediel Pinker, Nils Rudi, Leroy Schwarz, Sridhar Seshadri, Greg Shaffer, Yossi Sheffi, Terry Taylor, Christian Terwiesch, Andy Tsay, Kevin Weng. 残存するすべての誤りの責任は，もちろん筆者にある．

(Gérard P. Cachon/松井正之・山下英明)

参 考 文 献

Agrawal, N., A.A. Tsay (2001). Intrafirm incentives and supply chain performance, in: J.S. Song, D.D. Yao (eds.), *Supply Chain Structures: Coordination, Information and Optimization (Volume 42 of the International Series in Operations Research and Management Science)*, Norwell, MA, Kluwer Academic Publishers, pp. 44–72.

Agrawal, V., S. Seshadri (2000). Risk intermediation in supply chains. *IIE Transactions* 32, 819–831.

Ailawadi, K. (2001). The retail power-performance conundrum: what have we learned. *Journal of Retailing* 77, 299–318.

Anand, K., H. Mendelson (1997). Information and organization for horizontal multimarket coordination. *Management Science* 43, 1609–1627.

Anand, K., R. Anupindi, Y. Bassok (2001). Strategic inventories in procurement contracts. University of Pennsylvania Working Paper, Philadelphia, PA.

Andersson, J., J. Marklund (2000). Decentralized inventory control in a two-level distribution system. *European Journal of Operational Research* 127(3), 483–506.

Anupindi, R., R. Akella (1993). An inventory model with commitments. University of Michigan Working Paper.

Anupindi, R., Y. Bassok (1999). Centralization of stocks: retailers vs. manufacturer. *Management Science* 45(2), 178–191.

Anupindi, R., Y. Bassok, E. Zemel (2001). A general framework for the study of decentralized distribution systems. *Manufacturing and Service Operations Management* 3(4), 349–368.

Atkins, D., X. Zhao (2002). Supply chain structure under price and service competition. University of British Columbia Working Paper.

Aviv, Y. (2001). The effect of collaborative forecasting on supply chain performance. *Management Science* 47(10), 1326–1343.

Aviv, Y., A. Federgruen (1998). The operational benefits of information sharing and vendor managed

inventory (VMI) programs. Washington University Working Paper, St. Louis, MO.
Axsäter, S. (2001). A framework for decentralized multi-echelon inventory control. *IIE Transactions* 33, 91–97.
Baiman, S., P. Fischer, M. Rajan (2000). Information, contracting and quality costs. *Management Science* 46(6), 776–789.
Baiman, S., P. Fischer, M. Rajan (2001). Performance measurement and design in supply chains. *Management Science* 47(1), 173–188.
Barlow, R.E., F. Proschan (1965). *Mathematical Theory of Reliability*, John Wiley & Sons.
Barnes-Schuster, D., Y. Bassok, R. Anupindi (2002). Coordination and flexibility in supply contracts with options. *Manufacturing and Service Operations Management* 4, 171–207.
Bassok, Y., R. Anupindi (1997a). Analysis of supply contracts with total minimum commitment. *IIE Transactions* 29(5).
Bassok, Y., R. Anupindi (1997b). Analysis of supply contracts with commitments and flexibility. University of Southern California Working Paper.
Bernstein, F., G. DeCroix (2002). Decentralized pricing and capacity decisions in a multi-tier system with modular assembly. Duke University Working Paper.
Bernstein, F., A. Federgruen (1999). Pricing and replenishment strategies in a distribution system with competing retailers. Forthcoming *Operations Research*.
Bernstein, F., A. Federgruen (2000). Decentralized supply chains with competing retailers under demand uncertainty. Forthcoming *Management Science*.
Bernstein, F., F. Véricourt (2002). Allocation of supply contracts with service guarantees. Duke University Working Paper.
Bernstein, F., F. Chen, A. Federgruen (2002). Vendor managed inventories and supply chain coordination: the case with one supplier and competing retailers. Duke University Working Paper.
Bloom, P., V. Perry (2001). Retailer power and supplier welfare: the case of Wal-Mart. *Journal of Retailing* 77, 379–396.
Boyaci, T., G. Gallego (1997). Coordination issues in simple supply chains. Columbia University Working Paper, New York, NY.
Bresnahan, T., P. Reiss (1985). Dealer and manufacturer margins. *Rand Journal of Economics* 16(2), 253–268.
Brown, A. (1999). A coordinating supply contract under asymmetric demand information: guaranteeing honest information sharing. Vanderbilt University Working Paper, Nashville, TN.
Brown, A., H. Lee (1998). The win-win nature of options based capacity reservation arrangements. Vanderbilt University Working Paper, Nashville, TN.
Butz, D. (1997). Vertical price controls with uncertain demand. *Journal of Law and Economics* 40, 433–459.
Cachon, G. (1998). Competitive supply chain inventory management, in: S. Tayur, R. Ganeshan, M. Magazine (eds.), *Quantitative Models for Supply Chain Management*, Boston, Kluwer.
Cachon, G. (1999). Competitive and cooperative inventory management in a two-echelon supply chain with lost sales. University of Pennsylvania Working Paper, Philadelphia, PA.
Cachon, G. (2001). Stock wars: inventory competition in a two echelon supply chain. *Operations Research* 49(5), 658–674.
Cachon, G. (2002). The allocation of inventory risk and advanced purchase discounts in a supply chain. University of Pennsylvania Working Paper.
Cachon, G., M. Fisher (2000). Supply chain inventory management and the value of shared information. *Management Science* 46(8), 1032–1048.
Cachon, G., M. Lariviere (1997). Capacity allocation with past sales: when to turn-and-earn. *Management Science* 45(5), 685–703.
Cachon, G., M. Lariviere (1999). Capacity choice and allocation: strategic behavior and supply chain performance. *Management Science* 45(8), 1091–1108.
Cachon, G., M. Lariviere (2000). Supply chain coordination with revenue sharing: strengths and limitations. Forthcoming *Management Science*.
Cachon, G., M. Lariviere (2001). Contracting to assure supply: how to share demand forecasts in a supply chain. *Management Science* 47(5), 629–646.

第6章 契約によるサプライチェーンの協調

Cachon, G., P. Zipkin (1999). Competitive and cooperative inventory policies in a two-stage supply chain. *Management Science* 45(7), 936–953.
Caldentey, R., L. Wein (1999). Analysis of a production-inventory system. Massachusetts Institute of Technology Working Paper, Cambridge, MA.
Chen, F. (1998). Echelon reorder points, installation reorder points, and the value of centralized demand information. *Management Science* 44(12), S221–S234.
Chen, F. (1999a). Decentralized supply chains subject to information delays. *Management Science* 45(8), 1076–1090.
Chen, Y. (1999b). Oligopoly price discrimination and resale price maintenance. *Rand Journal of Economics* 30(3), 441–455.
Chen, F. (2001). Auctioning supply contracts. Columbia University Working Paper.
Chen, F., A. Federgruen (2000). Mean-variance analysis of basic inventory models. Columbia University Working Paper.
Chen, F., Y.S. Zheng (1994). Lower bounds for multi-echelon stochastic inventory system. *Management Science* 40(11), 1426–1443.
Chen, F., A. Federgruen, Y. Zheng (2001). Coordination mechanisms for decentralized distribution systems with one supplier and multiple retailers. *Management Science* 47(5), 693–708.
Cho, R., Y. Gerchak (2001). Efficiency of independent downstream firm could counteract coordination difficulties. University of Waterloo Working Paper.
Chod, J., N. Rudi (2002). Resource flexibility with responsive pricing.
Choi, K.S., J.G. Dai, J.S. Song (2002). On measuring supplier performance under vendor-managed inventory programs. University of California at Irvine Working Paper.
Chu, W., P. Desai (1995). Channel coordination mechanisms for customer satisfaction. *Marketing Science* 14(4), 343–359.
Clark, A.J., H.E. Scarf (1960). Optimal policies for a multi-echelon inventory problem. *Management Science* 6, 475–490.
Cohen, M., T. Ho, J. Ren, C. Terwiesch (2001). Measuring inputed costs in the semiconductor equipment supply chain. University of Pensylvania Working Paper.
Corbett, C. (2001). Stochastic inventory systems in a supply chain with asymmetric information: cycle stocks, safety stocks, and consignment stock. *Operations Research* 49(4), 487–500.
Corbett, C., G. DeCroix (2001). Shared savings contracts in supply chains. *Management Science* 47(7), 881–893.
Corbett, C., X. de Groote (2000). A supplier's optimal quantity discount policy under asymmetric information. *Management Science* 46(3), 444–450.
Corbett, C., U. Karmarkar (2001). Competition and structure in serial supply chains. *Management Science* 47(7), 966–978.
Corbett, C., C. Tang (1999). Designing supply contracts: contract type and information asymmetry, in: S. Tayur, R. Ganeshan, M. Magazine (eds.), *Quantitative Models for Supply Chain Management*, Boston, Kluwer Academic Publishers.
Dana, J., K. Spier (2001). Revenue sharing and vertical control in the video rental industry. *The Journal of Industrial Economics* 49(3), 223–245.
Debo, L. (1999). Repeatedly selling to an impatient newsvendor when demand fluctuates: a supergame theoretic framework for co-operation in a supply chain. Carnegie Mellon University Working Paper.
Demougin, D.M. (1989). A renegotiation-proof mechanism for a principal-agent model with moral hazard and adverse selection. *Rand Journal of Economics* 20(2), 256–267.
Deneckere, R., H. Marvel, J. Peck (1996). Demand uncertainty, inventories, and resale price maintenance. *Quarterly Journal of Economics* 111, 885–913.
Deneckere, R., H. Marvel, J. Peck (1997). Demand uncertainty and price maintenance: markdowns as destructive competition. *American Economic Review* 87(4), 619–641.
Desai, P., K. Srinivasan (1995). Demand signalling under unobservable effort in franchising. *Management Science* 41(10), 1608–1623.
Deshpande, V., L. Schwarz (2002). Optimal capacity allocation in decentralized supply chains. Purdue University Working Paper.
Desiraju, R., S. Moorthy (1997). Managing a distribution channel under asymmetric information with

performance requirements. *Management Science* 43, 1628–1644.
Dolan, R., J.B. Frey (1987). Quantity discounts: managerial issues and research opportunities/commentary/reply. *Marketing Science* 6(1), 1–24.
Dong, L., N. Rudi (2001). Supply chain interaction under transshipments. Washington University Working Paper.
Donohue, K. (2000). Efficient supply contracts for fashion goods with forecast updating and two production modes. *Management Science* 46(11), 1397–1411.
Duenyas, I., C.-Y. Tsai (2001). Centralized and decentralized control of a two-stage tandem manufacturing system with demand for intermediate and end products. University of Michigan Working Paper, Ann Arbor, MI.
Duenyas, I., W. Hopp, Y. Bassok (1997). Production quotas as bounds on interplant JIT contracts. *Management Science* 43(10), 1372–1386.
Eeckhoudt, L., C. Gollier, H. Schlesinger (1995). The risk-averse (and prudent) newsboy. *Management Science* 41(5), 786–794.
Emmons, H., S. Gilbert (1998). Returns policies in pricing and inventory decisions for catalogue goods. *Management Science* 44(2), 276–283.
Eppen, G., A. Iyer (1997). Backup agreements in fashion buying – the value of upstream flexibility. *Management Science* 43(11), 1469–1484.
Erhun, F., P. Keskinocak, S. Tayur (2000). Spot markets for capacity and supply chain coordination. Carnegie Mellon Working Paper, Pittsburgh, PA.
Erkoc, M., S.D. Wu (2002a). Managing high-tech capacity expansion via reservation contracts. Lehigh University Working Paper.
Erkoc, M., S.D. Wu (2002b). Due-date coordination in an internal market via risk sharing. Lehigh University Working Paper.
Ertogral, K., D. Wu (2001). A bargaining game for supply chain contracting. Lehigh University Working Paper.
Federgruen, A., P. Zipkin (1984). Computational issues in an infinite-horizon, multiechelon inventory model. *Operations Research* 32(4), 818–836.
Ferguson, M., G. DeCroix, P. Zipkin (2002). When to commit in a multi-echelon supply chain with partial information updating. Duke University Working Paper.
Fisher, M., A. Raman (1996). Reducing the cost of demand uncertainty through accurate response to early sales. *Operations Research* 44, 87–99.
Friedman, J. (1986). *Game Theory with Applications to Economics*, Oxford, Oxford University Press.
Gallini, N., N. Lutz (1992). Dual distribution and royalty fees in franchising. *The Journal of Law, Economics, and Organization* 8, 471–501.
Gans, N. (2002). Customer loyalty and supplier quality competition. *Management Science* 48(2), 207–221.
Gavirneni, S., R. Kapuscinski, S. Tayur (1999). Value of information in capacitated supply chains. *Management Science* 45(1), 16–24.
Gerchak, Y., Y. Wang (1999). Coordination in decentralized assembly systems with random demand. University of Waterloo Working Paper, Waterloo, Ontario, Canada.
Gerchak, Y., R. Cho, S. Ray (2001). Coordination and dynamic shelf-space management of video movie rentals. University of Waterloo Working Paper, Waterloo, Ontario.
Gilbert, S., V. Cvsa (2000). Strategic supply chain contracting to stimulate downstream process innovation. University of Texas at Austin Working Paper.
Gurnani, H., Y. Gerchak (1998). Coordination in decentralized assembly systems with uncertain component yield. University of Waterloo Working Paper, Waterloo, Ontario, Canada.
Ha, A. (2001). Supplier-buyer contracting: asymmetric cost information and the cut-off level policy for buyer participation. *Naval Research Logistics* 48(1), 41–64.
Ha, A., L. Li, S.-M. Ng (2000). Price and delivery logistics competition in a supply chain. Yale School of Management Working Paper, New Haven, CT.
Holden, S. (1999). Renegotiation and the efficiency of investments. *Rand Journal of Economics* 30(1), 106–119.
Holmstrom, B. (1979). Moral hazard and observability. *Bell Journal of Economics* 10(1), 74–91.
Holmstrom, B. (1982). Moral hazard in teams. *Bell Journal of Economics* 13(2), 324–340.

第6章 契約によるサプライチェーンの協調

Ippolito, P. (1991). Resale price maintenance: economic evidence from litigation. *Journal of Law and Economics* 34, 263–294.
Iyer, A., M. Bergen (1997). Quick response in manufacturer-retailer channels. *Management Science* 43(4), 559–570.
Jeuland, A., S. Shugan (1983). Managing channel profits. *Marketing Science* 2, 239–272.
Jin, M., S.D. Wu (2002). Procurement auctions with supplier coalitions: validity requirements and mechanism design. Lehigh University Working Paper.
Karjalainen, R. (1992). The newsboy game. University of Pennsylvania Working Paper, Philadelphia, PA.
Katz, M. (1989). Vertical contractual relations, in: R. Schmalensee, R. Willig (eds.), *Handbook of Industrial Organization*, Vol. 1. Boston, North-Holland.
Kolay, S., G. Shaffer (2002). All-unit discounts in retail contracts. University of Rochester Working Paper.
Kouvelis, P., G. Gutierrez (1997). The newsvendor problem in a global market: optimal centralized and decentralized control policies for a two-market stochastic inventory system. *Management Science* 43(5), 571–585.
Kouvelis, P., M. Lariviere (2000). Decentralizing cross-functional decisions: coordination through internal markets. *Management Science* 46(8), 1049–1058.
Kranton, R., D. Minehart (2001). A theory of buyer-seller networks. *American Economic Review* 91(3), 485–508.
Krasa, S., A. Villamil (2000). Optimal contracts when enforcement is a decision variable. *Econometrica* 68(1), 119–134.
Kreps, D.M. (1990). *A Course in Microeconomic Theory*, Princton, Princeton University Press.
Krishnan, H., R. Kapuscinski, D. Butz (2001). Coordinating contracts for decentralized supply chains with retailer promotional effort. University of Michigan Working Paper.
Lafountaine, F. (1992). Agency theory and franchising: some empirical results. *Rand Journal of Economics* 23(2), 263–283.
Lafontaine, F., M. Slade (2001). Incentive contracting and the franchise decision, in: K. Chatterjee, W. Samuelson (eds.), *Game Theory and Business Applications*, Boston, Kluwer Academic Publishing.
Lal, R. (1990). Improving channel coordination through franchising. *Marketing Science* 9, 299–318.
Lariviere, M. (1998). Supply chain contracting and co-ordination with stochastic demand, in: S. Tayur, R. Ganeshan, M. Magazine (eds.), *Quantitative Models for Supply Chain Management*, Boston, Kluwer.
Lariviere, M. (2002). Inducing forecast revelation through restricted returns. Northwestern University Working Paper.
Lariviere, M., V. Padmanabhan (1997). Slotting allowances and new product introductions. *Marketing Science* 16, 112–128.
Lariviere, M., E. Porteus (2001). Selling to the newsvendor: an analysis of price-only contracts. *Manufacturing and Service Operations Management* 3(4), 293–305.
Lee, H. (1987). A multi-echelon inventory model for repairable items with emergency lateral transshipments. *Management Science* 33(10), 1302–1316.
Lee, H. (1996). Effective inventory and service management through product and process redesign. *Operations Research* 44(1), 151–159.
Lee, H., S. Whang (1999). Decentralized multi-echelon supply chains: incentives and information. *Management Science* 45(5), 633–640.
Lee, H., S. Whang (2002). The impact of the secondary market on the supply chain. *Management Science* 48, 719–731.
Lee, H., V. Padmanabhan, T. Taylor, S. Whang (2000). Price protection in the personal computer industry. *Management Science* 46(4), 467–482.
Lee, H., K.C. So, C. Tang (2000). The value of information sharing in a two-level supply chain. *Management Science* 46, 626–643.
Lim, W. (2001). Producer-supplier contracts with incomplete information. *Management Science* 47(5), 709–715.

Lippman, S., K. McCardle (1997). The competitive newsboy. *Operations Research* 45, 54–65.
Lu, X., J.S. Song, A. Regan (2002). Rebate, returns and price protection policies in supply chain coordination. University of California at Irvine Working Paper.
Mahajan, S., G. van Ryzin (1999). Retail inventories and consumer choice, in: S. Tayur, R. Ganeshan, M. Magazine (eds.), *Quantitative Models for Supply Chain Management*, Boston, Kluwer.
Mahajan, S., G. van Ryzin (2001). Inventory competition under dynamic consumer choice. *Operations Research* 49(5), 646–657.
Majumder, P., H. Groenevelt (2001). Competition in remanufacturing. *Production and Operations Management* 10(2), 125–141.
Marvel, H., J. Peck (1995). Demand uncertainty and returns policies. *International Economic Review* 36(3), 691–714.
Marx, L., G. Shaffer (2001a). Bargaining power in sequential contracting. University of Rochester Working Paper.
Marx, L., G. Shaffer (2001b). Rent shifting and efficiency in sequential contracting. University of Rochester Working Paper.
Marx, L., G. Shaffer (2002). Base contracts in games with ex-post observability. University of Rochester Working Paper.
Messinger, P., C. Narasimhan (1995). Has power shifted in the grocery channel. *Marketing Science* 14(2), 189–223.
Milner, J., E. Pinker (2001). Contingent labor contracting under demand and supply uncertainty. *Management Science* 47(8), 1046–1062.
Moinzadeh, K., S. Nahmias (2000). Adjustment strategies for a fixed delivery contract. *Operations Research* 48(3), 408–423.
Moorthy, K.S. (1987). Managing channel profits: comment. *Marketing Science* 6, 375–379.
Mortimer, J.H. (2000). The effects of revenue-sharing contracts on welfare in vertically separated markets: evidence from the video rental industry. University of California at Los Angeles Working Paper, Los Angeles, CA.
Moses, M., S. Seshadri (2000). Policy mechanisms for supply chain coordination. *IIE Transactions* 32, 245–262.
Myerson, R. (1979). Incentive compatibility and the bargaining problem. *Econometrica* 47, 399–404.
Nahmias, S. (1993). *Production and Operations Analysis*, Boston, Irwin.
Narayanan, V., A. Raman (1997). Contracting for inventory in a distribution channel with stochastic demand and substitute products. Harvard University Working Paper.
Netessine, S., N. Rudi (2000a). Supply chain structures on the internet: marketing-operations coordination. University of Pennsylvania Working Paper, Philadelphia, PA.
Netessine, S., N. Rudi (2000b). Centralized and competitive inventory models with demand substitution. Forthcoming, *Operations Research*.
Netessine, S., R. Shumsky (2001). Revenue management games. University of Pennsylvania Working Paper, Philadelphia, PA.
Novak, S., S. Eppinger (2001). Sourcing by design: product complexity and the supply chain. *Management Science* 47(1), 189–204.
O'Brien, D., G. Shaffer (1992). Vertical control with bilateral contracts. *Rand Journal of Economics* 23, 299–308.
Padmanabhan, V., I.P.L. Png (1995). Returns policies: make money by making good. *Sloan Management Review* Fall, 65–72.
Padmanabhan, V., I.P.L. Png (1997). Manufacturer's returns policy and retail competition. *Marketing Science* 16(1), 81–94.
Parker, R., R. Kapuscinsky (2001). Managing a non-cooperative supply chain with limited capacity. University of Michigan Working Paper.
Parlar, M. (1988). Game theoretic analysis of the substitutable product inventory problem with random demands. *Naval Research Logistics Quarterly* 35, 397–409.
Pasternack, B. (1985). Optimal pricing and returns policies for perishable commodities. *Marketing Science* 4(2), 166–176.
Pasternack, B. (1999). Using revenue sharing to achieve channel coordination for a newsboy type

inventory model. CSU Fullerton Working Paper, Fullerton.
Petruzzi, N., M. Dada (1999). Pricing and the newsvendor problem: a review with extensions. *Operations Research* 47, 183–194.
Plambeck, E., T. Taylor (2002). Sell the plant? The impact of contract manufacturing on innovation, capacity and profitability. Stanford University Working Paper.
Plambeck, E., S. Zenios (2000). Performance-based incentives in a dynamic principal-agent model. *Manufacturing and Service Operations Management* 2, 240–263.
Porteus, E. (2000). Responsibility tokens in supply chain management. *Manufacturing and Service Operations Management* 2(2), 203–219.
Porteus, E., S. Whang (1991). On manufacturing/marketing incentives. *Management Science* 37(9), 1166–1181.
Porteus, E., S. Whang (1999). Supply chain contracting: non-recurring engineering charge, minimum order quantity, and boilerplate contracts. Stanford University Working Paper.
Randall, R., S. Netessine, N. Rudi (2002). Inventory structure and internet retailing: an empirical examination of the role of inventory ownership. University of Utah Working Paper.
Reyniers, D., C. Tapiero (1995). The delivery and control of quality in supplier-producer contracts. *Management Science* 41(10), 1581–1589.
Riordan, M. (1984). Uncertainty, asymmetric information and bilateral contracts. *Review of Economic Studies* 51, 83–93.
Rochet, J., L. Stole (2002). Nonlinear pricing with random participation. *Review of Economic Studies* 69, 277–311.
Roundy, R. (1985). 98%-effective integer ratio lot-sizing for one-warehouse multi-retailer systems. *Management Science* 31, 1416–1430.
Rubinstein, A. (1989). The electronic mail game: strategic behavior under 'almost common knowledge'. *American Economic Review* 79(3), 385–391.
Rudi, N., S. Kapur, D. Pyke (2001). A two-location inventory model with transhipment and local decision making. *Management Science* 47(12), 1668–1680.
Scheller-Wolf, A., S. Tayur (1997). Reducing international risk through quantity contracts. Carnegie Mellon Working Paper, Pittsburgh, PA.
Schweitzer, M., C. Cachon (2000). Decision bias in the newsvendor problem: experimental evidence. *Management Science* 46(3), 404–420.
Shaffer, G. (1991). Slotting allowances and resale price maintenance: a comparison of facilitating practices. *Rand Journal of Economics* 22, 120–135.
Silver, E., D. Pyke, R. Peterson (1998). *Inventory Management and Production Planning and Scheduling*, New York, John Wiley and Sons.
Spengler, J. (1950). Vertical integration and antitrust policy. *Journal of Political Economy*, 347–352.
Stidham, S. (1992). Pricing and capacity decisions for a service facility: stability and multiple local optima. *Management Science* 38(8), 1121–1139.
Tagaras, G., M.A. Cohen (1992). Pooling in two-location inventory systems with non-negligible replenishment lead times. *Management Science* 38(8), 1067–1083.
Taylor, T. (2001). Channel coordination under price protection, midlife returns and end-of-life returns in dynamic markets. *Management Science* 47(9), 1220–1234.
Taylor, T. (2002a). Coordination under channel rebates with sales effort effect. *Management Science* 48(8), 992–1007.
Taylor, T. (2002b). Sale timing in a supply chain: when to sell to the retailer. Columbia University Working Paper.
Tayur, S., Ganeshan, R., Magazine, M. (eds.) (1998). *Quantitative Models for Supply Chain Management*, Boston, Kluwer.
Terwiesch, C., C. Loch (2002). Collaborative prototyping and the pricing of custom designed products. University of Pennsylvania Working Paper.
Terwiesch, C., J. Ren, T. Ho, M. Cohen (2002). An empirical analysis of forecast sharing in the semiconductor equipment supply chain. University of Pennsylvania Working Paper.
Tirole, J. (1986). Procurement and renegotiation. *Journal of Political Economy* 94(2), 235–259.
Tomlin, B. (2000). Capacity investments in supply chain: sharing-the-gain rather than sharing-the-

pain. University of North Carolina Working Paper.
Topkis, D. (1998). *Supermodularity and Complementarity*, Princeton, Princeton University Press.
Tsay, A. (1999). Quantity-flexibility contract and supplier-customer incentives. *Management Science* 45(10), 1339–1358.
Tsay, A. (2001). Managing retail channel overstock: markdown money and return policies. *Journal of Retailing* 77, 457–492.
Tsay, A. (2002). Risk sensitivity in distribution channel partnership: implications for manufacturer return policies. *Journal of Retailing* 78, 147–160.
Tsay, A., N. Agrawal (1999). Channel conflict and coordination: an investigation of supply chain design. Santa Clara University Working Paper, Santa Clara, CA.
Tsay, A., N. Agrawal (2000). Channel dynamics under price and service competition. *Manufacturing and Service Operations Management*. 2(4), 372–391.
Tsay, A., W.S. Lovejoy (1999). Quantity-flexibility contracts and supply chain performance. *Manufacturing and Service Operations Management* 1(2), 89–111.
Tsay, A., S. Nahmias, N. Agrawal (1998). Modeling supply chain contracts: a review, in: S. Tayur, R. Ganeshan, M. Magazine (eds.), *Quantitative Models for Supply Chain Management*, Boston, Kluwer.
van Mieghem, J. (1999). Coordinating investment, production and subcontracting. *Management Science* 45(7), 954–971.
van Mieghem, J., M. Dada (1999). Price vs production postponement: capacity and competition. *Management Science* 45(12), 1631–1649.
van Ryzin, G., S. Mahajan (1999). Supply chain coordination under horizontal competition. Columbia University Working Paper, New York, NY.
Wang, Y., Y. Gerchak (2001). Supply chain coordination when demand is shelf-space dependent. *Manufacturing and Service Operations Management* 3(1), 82–87.
Wang, Y., L. Jiang, Z.J. Shen (2001). Consignment sales, price-protection decisions and channel performances. Case Western Reserve University Working Paper.
Watson, Noel (2002). Execution in supply chain management: dynamics, mis-steps and mitigation strategies. University of Pennsylvania Dissertation.
Webster, S., S.K. Weng (2000). A risk-free perishable item returns policy. *Manufacturing and Service Operations Management* 2(1), 100–106.
Whang, S. (1995). Coordination in operations: a taxonomy. *Journal of Operations Management* 12, 413–422.
Wilson, R. (1993). *Nonlinear Pricing*, Oxford, Oxford University Press.
Wu, D.J., P. Kleindorfer, J. Zhang (2002). Optimal bidding and contracting strategies for capital-intensive goods. *European Journal of Operational Research* 137, 657–676.
Yüksel, O., H. Lee (2002). Sharing inventory risks for customized components. Stanford University Working Paper.
Zhao, H., V. Deshpande, J. Ryan (2002). Inventory sharing and rationing in decentralized dealer networks. Purdue University Working Paper.

第7章

情報共有とサプライチェーンの協調

1. はじめに

　サプライチェーンのパフォーマンスは，そのメンバーがどのように協調を通して各自の決定を行うかに大きく依存している．また，協調は何らかの形式の情報共有を実現することなく実施できるとは思えない．サプライチェーンマネジメント（SCM）研究のかなりの部分は，サプライチェーンにおける協調の実現にとって情報の役割がいかに重要であるかの理解を助けるものである．本章の目的は，この領域における過去の研究業績を展望することにある[1]．

　本章の2節ではまず，共有した情報の価値を理解するために役立つ論文を取り上げる．最初に，サプライチェーンの下流においてみられる情報について，次に，上流においてみられる情報を取り上げる．最後に，情報の不完全な伝達がもたらす影響を研究した論文について論じる．いずれの論文もその目標はサプライチェーン全体のパフォーマンスを最適化することにあるというセントラルプランナーの視点に立ったものである．

　3節では，情報共有のインセンティブの問題を取り上げた論文について考察する．ここでは，サプライチェーンが，共有されていない情報をそれぞれが保有する独立した企業から構成されている状況を前提にしている．目標は，情報共有のインセンティブがあるのか，それともないのか，もしなければどのようにしてインセンティブが創出できるかを理解することにある．この節は，3項からなっている．ある企業が有力な情報を所有している場合，戦略的に優位な立場に立つためにそれを隠蔽するか，協力を得るためにそれを公開するかのどちらかであろう．前者の場合，情報を十分もっていない企業は，情報をもっている企業にその情報を提示するようにインセンティブを提供する試みを企てるであろう．この行為はスクリーニングと名付けられており，3節の最初に取り上げられる．もし，情報をもっている企業が非共有情報の伝達を試みる場合，信頼を得るために「金をかけても伝える」という行い，つまりシグナリン

　注 [1]：サプライチェーンにおける情報の流れの改善を行う現代の産業の取り組みについては，Lee and Whang（2000）を参照のこと．

グがしばしば行われる．これが，3節で取り上げる2番目のテーマである．3節の最後においてサプライチェーンのメンバーが比較的多くの情報をもっているのか，それとも少ししかもっていないのか，より具体的に述べれば両者がともに関心のある事柄，たとえばある製品の潜在的な市場の大きさについてただ単に異なった情報を保有しているにすぎないのか，その判断ができないような状況を取り上げる．この場合でのよく知られた問いは，非協力的ゲームにおける均衡的結末として情報共有が現れるかどうかというものである．

そして，今後の研究方向に関するいくつかの考えを4節で示して本章を締めくくる．

本章の構成は，サプライチェーンの情報共有に関する研究で用いられている思考法の一つの潜在的分類法を提示している．特に，節・項は，関連する研究のそれぞれの発端を（望むらくは）示す範疇を提供するような構成になっている．番号の付いていない太字の見出しは，1つの範疇に属する例を示しているが，すべての例を取り上げたものでないことを述べておきたい．たとえば2.2項は上流における情報の価値を取り扱っており，この中の各細目でいくつかの例（すなわち，費用，リードタイム，生産能力についての情報）が取り上げられている．これらが上流から入手するすべての情報であり，それらが上流のみからもたらされるものとは理解しないでほしい．たとえば，（製造業者のような）上流のサプライチェーンのメンバーが，（下流の）小売業者が所有していない需要に関する未共有の情報をもっており，需要情報は上流から入手する情報である場合もありうる．一方，売手は買い手の費用構成を知らず，費用情報は下流から得ることのできる情報である場合もある．言い換えれば，番号の付いていない見出しは，分類法に基づくものではない．

どのようにして論文を選び，それらをどう用いるかについて，一言述べておきたい．本章で重点を置いているのはモデリングであり，解析ではない．それゆえ，論文はモデリングの新規性に基づいて選び，限られた字数内でできる限りの多様性を求めている．「モデリングの新規性」に関して差がほとんどみられない論文がいくつかある場合には，1点を取り上げて他のものは参考文献として示した．論文間で論理の展開に関して前後の関係が明らかでない場合は，刊行順に紹介をしている．しばしば仮定をすべて述べずにモデルを示すようにしている．多くの場合，結果の記述は簡潔に述べ，原論文に対する読者の興味をそそるようにしている．時にはあるモデルを（一流誌の査読者（レフェリー）ならとうてい認めないような仮定を設けるなどして）立ち入って論じ，意図的にありふれたものに変えて扱うこともある．これによって説明が容易になり，細部にはまり込むという危険を避け，主要なアイディアを明確にしていることに，読者には気付いていただけると思う．表記法については，原論文のものを用いるようにしている．その結果，たとえば卸売価格を示す記号が論文によってまちまちであるという見苦しさは，容認していただく必要がある．しかし，どの記号がどの論文のものであるかについては容易にわかるよう十分に配慮したつもりである．

いうまでもなく，本章で取り上げた論文は，筆者のある時期の知識と好みを反映する

ものであるが，前者は当然のことながら完全ではありえないし，後者は絶えず移ろいゆくものである．

2. 情報の価値

この領域の文献で採択されている視点は，サプライチェーン全体のパフォーマンスを最適化する意思決定規則を定めるセントラルプランナーのそれである．意思決定規則は，規則を実行する管理者が利用できる情報を反映するものである．たとえば，サプライチェーンのあるステージにおける在庫管理者は固有の在庫情報に限って利用可能であるので，この管理者からみれば，（セントラルプランナーが定めた）意思決定規則は，固有情報［訳注：local information の訳］に基づくものでなければ無意味である．明らかに，管理者が利用できる情報を（たとえば，サプライチェーン上の異なった位置における在庫情報を提供することによって）増やすことができるならば，利用可能な意思決定規則の集合は拡大し，サプライチェーンのパフォーマンスは改良されるに違いない．その結果として生じる改良が追加された情報の価値である．本節では，さまざまなサプライチェーンの設定の下で情報の価値の定量化を試みる論文について展望する．

2.1 下流の情報

この領域の文献のかなりの部分がサプライチェーンの下流（すなわち，最終顧客により近い部分）でみられる情報の価値を取り扱っている．最初にサプライチェーン内での情報共有を扱っている論文を取り上げる．その場合の典型的な状況は，あるサプライチェーンのメンバーが，もちろん他の情報も論じられているが，現実の需要あるいは最新の予測情報のような最終顧客需要を共有するというものである．次に，サプライチェーンの顧客が自分たちが保有する需要を事前に提示するという情報共有がサプライチェーンのステージ間の境界で生じるモデルを展望する．大部分の研究者がパフォーマンスの尺度としてサプライチェーン全体の費用を使用するのに対して，ブルウィップ（鞭打ち）効果（サプライチェーンの上流に遡るにつれて増大するオーダー変動の増幅）を用いる一連の論文がある．これらの論文については，本項の最後で取り上げる．

サプライチェーン内での情報共有 サプライチェーンの上流に位置するメンバーに，POS（point-of-sale）データや下流のメンバーが使用する管理規則に関する情報などの下流情報を提供することの価値について研究した論文を，以下において紹介する．顧客の需要発生過程には，定常的なものも非定常的なものもある．また，サプライチェーンの構造は，直列的なものも分岐状のものもある．

Chen（1998a）は，直列的なサプライチェーンにおける需要/在庫情報の価値につ

いて研究している。モデルは N 段階のステージからなり、ステージ1はステージ2に、ステージ2はステージ3に、以下同様にしてステージ N は在庫を無限に保有している外部の供給業者にオーダーする。連続するステージ間のリードタイムは一定であり、生産や輸送による遅れを表すものとする。顧客需要の発生過程は、複合Poisson分布に従うものとする。ステージ1で品切れが生じると、需要は受注残として取り扱われる。システム中の各ステージで在庫維持費用が、また、ステージ1では受注残費用が発生し、いずれの費用も線形を仮定している。目的関数はシステムで生じる総費用の長期にわたって求めた平均を最小化することである。

在庫の補充政策は、(R, nQ) 型である。それぞれのステージでステージごとに定めた (R, nQ) 政策に従って在庫を補充する。つまり、在庫水準が発注点 R に等しいかそれより少なくなったときに、在庫水準を R より大きくするために Q（基準量）の最小整数倍の量を上流のステージに発注する。上流のステージが注文を満たすのに必要な手持ち在庫がない場合には、一部が出荷されて残りの量はその上流のステージで受注残として取り扱われる。基準量は固定されているため、発注点が唯一の決定変数となる。さらに、Q_i $(i=1,\cdots,N)$ によって示されたステージ i の基準量は、次の整数比制約を満たす必要がある。

$$Q_{i+1}=n_iQ_i, \quad i=1,\cdots,N-1$$

ここで、n_i は正の整数である。この仮定は解析を単純にするために設けられているが、包装や積荷分割のようなマテリアルハンドリングを単純化することを目的とした現実的な配慮も反映している。さらに、基準量の選択の仕方に関してシステム全体の費用は敏感でないという研究結果が示されている[2]。

上記の (R, nQ) 政策については、2つの変形が考えられる。一つは、エシェロン在庫に基づくものである。つまり、この場合はそれぞれのステージはそのエシェロン在庫をエシェロン発注点に基づいて補充する。あるステージのエシェロン在庫はそのステージはもちろんのこと、その下流にあるすべてのステージからなるサブシステム中の在庫ポジションである。在庫ポジションはそのステージでの現在の発注量、それには直接つながった上流のステージにおいて運搬中のものと受注残になっているものが含まれ、それにサブシステム中の手持ち在庫あるいは運搬中のものを加え、さらにステージ1における顧客オーダーの受注残を差し引いたものである。R_i $(i=1,2,\cdots,N)$ をステージ i におけるエシェロン発注点としよう。それゆえ、(R, nQ) エシェロン在庫政策の下においてステージ i は、そのエシェロン在庫が R_i に等しいかそれより小さくなるたびに、ステージ $i+1$ に Q_i に一定倍数を乗じた量をオーダーする。

注 [2]：そのような鈍感性を示す結果は、単一ロケーションモデルについて見出されたものである。Zheng (1992), Zheng and Chen (1992) を参照のこと。この性質は複数ステージモデルにおいても現れるものと思われる。また、(R, nQ) 政策の最適性については、基点発注量が外生変数として与えられるシステムについての Chen (2000b) の研究で明らかにされている。

二者択一的に補充は，インストレーション在庫に基づいて行うことができる．すなわち，それぞれのステージはインストレーション発注点を用いてインストレーション在庫を管理する．あるステージのインストレーション在庫はそのステージにおける在庫ポジションであり，そのステージでの現在の発注量（上流のステージにおいて運搬中のものも受注残になっているものも含まれる）に手持ち在庫を加え，さらに直接つながった下流ステージからのオーダーについての受注残を差し引いたものである．r_i ($i=1,2,\cdots,N$) をステージ i におけるインストレーション発注点としよう．それゆえ，(R, nQ) インストレーション在庫政策の下においてステージ i はインストレーション在庫が R_i に等しいかそれより小さくなるたびに，ステージ $i+1$ に Q_i に一定倍数を乗じた量をオーダーする．(R, nQ) エシェロン在庫政策は集中的な需要情報を用いるのに対し，(R, nQ) インストレーション在庫政策は需要に関する固有情報，つまり下流の直接つながっているステージからのオーダーのみを用いる点に留意されたい．それぞれの顧客が１単位量だけオーダーする場合，つまり需要発生過程が単純 Poisson 分布に従う場合は，ステージ i からの需要はちょうど Q_i ($i=1,\cdots,N$) となり，(R, nQ) 政策はより単純な (R, Q) 政策になる．

Axsäter and Rosling (1993) 以来，(R, nQ) インストレーション在庫政策は，(R, nQ) エシェロン在庫政策の特殊な場合であることが知られており，2つの政策は，次の条件が満たされるときに一致する．

$$R_1=r_1, \quad R_i=R_{i-1}+Q_{i-1}+r_i, \quad i=2,\cdots,N$$

r_i は Q_{i-1} の整数倍の値であることに留意されたい．この等式がもつ意味を理解するには，需要発生過程が単純 Poisson 分布に従い，(R, nQ) 政策が (R, Q) 政策に単純化できる場合を仮定するとよい．(R, Q) インストレーション在庫政策の下では，ステージ i の異なった時期になされたそれぞれのオーダーは，ステージ $i-1$，$i-2$，…，1 の同じ時期になされたそれぞれのオーダーと一致するという意味でオーダーは「組をつくっている」．それぞれのオーダーが出された後のステージ j におけるインストレーション在庫はすべての j について r_j+Q_j になる．したがって，ステージ i でオーダーが出される直前において，ステージ 1 から i までのインストレーション在庫の合計であるエシェロン在庫は $\sum_{j=1}^{i-1}(r_j+Q_j)+r_i$ となる．このエシェロン在庫の大きさを R_i ($i=1,\cdots,N$) で表す．これらの記号を用いて定義された発注点は前述した等式を満たし，その結果として示されるエシェロン在庫政策はインストレーション在庫政策に一致する．

(R, nQ) エシェロン在庫政策は，取り扱いやすい性質をもっている．そのため，最適なエシェロン在庫発注点は，ステージ 1 から始めて順々に積み上げていけば求められる．基本的には適切な変換をすれば，そのようなバッチトランスファーモデルは Clark and Scarf (1960) の基点在庫モデルに単純化できる．一方，(R, nQ) インストレーション政策の取扱いは容易でない．そのため，計算を容易にするいくつかの界値に基づく発見的（ヒューリスティック）アルゴリズムを用いて，最適なインスト

レーション在庫発注点が求められている．

前述したようにエシェロン在庫政策は集中的な需要情報を必要とするのに対し，インストレーション在庫政策は固有情報のみを用いる．両者の相対的費用の差が集中化された需要情報の価値を表す尺度になる．広範囲にわたる数値計算（1536件の例題を扱っている）の結果，情報の価値は平均1.75％，範囲が0〜9％であることが示されている．

Gavirneni et al. (1999) の研究では，小売業者と供給業者間の異なった情報流が取り扱われている．小売業者は，独立で同一分布に従う（independently and identically distributed：i.i.d.）需要に対して (s, S) 政策を用いて補充を行っている．各期首において小売業者は在庫水準（手持ち在庫－顧客の受注残）を調べ，それが s よりも小さければ在庫水準を S に引き上げるために供給業者にオーダーする．供給業者はこのオーダーを可能な限り満たすようにする．供給業者が小売業者のオーダーを満たすだけの十分な手持ち在庫を保有していない場合，小売業者に対しできる範囲内で出荷が行われ，小売業者は他の供給業者からオーダーの残りの分を調達する．顧客の需要は期中に小売業者の下で発生し，品切れの場合はすべて受注残として取り扱う．解析は供給業者に焦点を絞って行われる．つまり，供給業者は期首において小売業者の需要を（部分的にあるいはすべて）満たした後，その期中にどれだけ生産を行うかを決定する必要がある．生産には1期を要し，能力制限があるものとする．供給業者の費用としては在庫維持費用と小売業者への売り損ないから生じるペナルティコストが考えられており，ともに量に比例して増加する線形費用を仮定している．サプライチェーンの下流部分に関して供給業者が所有する情報に応じて異なるシナリオの下で供給業者の費用を最小化する生産戦略を決定することが目的である[3]．

第1のシナリオでは，過去において小売業者が出したオーダーを除いて小売業者に関する情報を供給業者は所有していないと仮定する．なおまた，小売業者からのオーダーは i.i.d. であると単純に仮定している．この仮定の下では，供給業者がとるべき最良の戦略は，期ごとに同一の在庫水準に戻す修正基点在庫政策を用いるというものになる．

第2のシナリオでは，小売業者が最後にオーダーを出してからどれだけの期数 i が経過しているかを各期首において供給業者は知っているという仮定が設定される．それに加えて，小売業者で生じている需要分布，小売業者が (s, S) 政策を用いているという事実，小売業者が用いている政策パラメータの値などを知っていると仮定する．この情報があれば，小売業者が来期にオーダーを出す確率とオーダー量の分布を供給業者は決定できる．このことは，現在行おうとしている生産決定の内容を左右す

注 [3]：同一の在庫水準 z に戻す修正基点在庫政策は，以下のように実施する．在庫ポジション（手持ち在庫＋仕掛量－受注残）が z より少なければ，z に戻すべく能力制約の下で可能な限り生産する．在庫ポジションが z より大きければ，生産は行わない．Gavirneni らの研究では，供給業者において受注残はなくて品切れのみが生じ，また，いかなる調査時点においても仕掛量は存在しない．そのような政策の最適性は，Federgruen and Zipkin (1986a, b) によって明らかにされている．

る．この場合の供給業者にとっての最適戦略は，状況に依存した在庫水準 z_i に戻す修正基点在庫政策を用いるというものになる．

3番目の，そして最後のシナリオでは，供給業者は2番目のシナリオで利用しているすべての情報を入手できるとともに，小売業者が最後にオーダーを出してからどれだけの量 j が売れたかを各期首において供給業者は知っているという仮定が設定される．この場合の供給業者にとっての最適戦略は，やはり期ごとに状況に依存した在庫水準 z_j に戻す修正基点在庫政策を用いるというものになる[4]．

これらの3つのシナリオ間の違いを明らかにするために，数値計算が Gavirneni らによって行われている．最初のシナリオと2番目のシナリオとの間では，供給業者の費用の減少率が10%から90%に変化している．そして，費用の削減は生産能力の増大とともに増えている．2番目のシナリオと最後のシナリオとの間では，費用の減少率が1%から15%に変化している．また供給業者の生産能力，供給業者の費用パラメータ，小売業者の需要分布，小売業者の政策パラメータの関数としての費用の削減に対する感度分析の結果が報告されている．主要な結果は，次のとおりである．① 小売業者の需要変動が大きいか，$S-s$ の値が非常に大きいあるいは小さい場合に，情報の価値は小さくなる傾向がある．② 小売業者の需要変動が顕著でなく，また $S-s$ の値が特に大きくもなく小さくもない場合には，情報は非常に有用である．

Lee et al. (2000) は，需要の発生過程が非定常的な場合のサプライチェーンモデルにおいて需要情報を共有する価値について研究している．そのサプライチェーンは2つの企業，つまり小売業者と製造業者から構成されており，小売業者が取り扱う顧客の需要は，次に示す AR(1) 過程に基づいて発生する．

$$D_t = d + \rho D_{t-1} + \varepsilon_t$$

ここで，$d>0$，$-1<\rho<1$，ε_t は平均値0，分散 σ^2 の通常の正規分布に従う独立した確率変数である．小売業者と製造業者は需要発生過程のパラメータである d，ρ，σ の値を知っているものとする．小売業者は毎期における需要の実現値を知ることができるが，製造業者が得る情報は，小売業者の提供するものに限られる．

小売業者は，各期末に在庫を調べる．今，ある期を t で表す．小売業者は手持ち在庫によって期中に生じた需要 D_t に応じ，在庫によって満たせない場合は受注残として取り扱う．期末に小売業者は製造業者に Y_t を仕入れるオーダーを行う．製造業者は手持ち在庫量によってこれに対応し，不足する場合はその量を受注残として取り扱

注 4：小売業者が何らかの電子的手段を用いて供給業者に需要データを伝達するものとしよう．供給業者は j の値を入手し，（状態依存政策に基づいて）生産上の決定にその情報を利用することができる．小売業者から得たタイムリーな需要情報の供給業者による最適な活用については，他の論文の中で報告されている．たとえば，Gallego et al. (2000) には，生産能力制限のない場合の連続的なモデルの問題が取り上げられている．また，需要情報を共有することが必ずしも小売業者の関心事でないことがそこで述べられている．別の文献として，コンポーネントの工場（売手）と最終組立工場（買い手）を取り上げたサプライチェーンモデルを研究している Bourland et al. (1996) がある．この場合，2つの工場の生産サイクルは一致しない．伝統的には情報共有は買い手がオーダーを出すときにのみ生じており，買い手の需要データをリアルタイムに伝達することの影響が述べられている．

う[5]。次の $t+1$ 期の期首において製造業者は，在庫を補充するために十分な量の在庫を保持している供給業者にオーダーする。説明を簡単にするために，両業者の調達リードタイムは0であるとする。すなわち，供給業者から製造業者への，製造業者から小売業者への輸送は瞬間に行えるものとする（Y_tの一部が受注残となった場合，製造業者の補充リードタイムが0であっても受注残は製造業者の手元に $t+1$ 期の期末までとどまる。これは，製造業者が期末においてのみ小売業者のオーダーを満たすことができるために生じる。異なった事象連鎖が生じる場合も，同様に解析する）。

小売業者のオーダーの決定から始める。今，t 期末であるとする。$t+1$ 期における小売業者の理想的な在庫水準とは，いかほどになるだろうか。納入リードタイムが0であるので，小売業者は近視眼的になるに違いない。つまり，$t+1$ 期における在庫維持費用と受注残費用の総和の期待値を最小化することを考える。$t+1$ 期の需要は $D_{t+1}=d+\rho D_t+\varepsilon_{t+1}$ であり，平均値が $d+\rho D_t$，標準偏差が σ の正規分布に従う（D_t は，t 期の期末における需要の実現値である）。それゆえ，$t+1$ 期の期首における理想的な在庫は，次のようになる。

$$S_t = d + \rho D_t + k\sigma$$

ここで，k は小売業者の在庫維持費用と受注残費用のパラメータによって変わる係数である（これは，需要が正規分布に従うニュースベンダー（新聞売り子）モデルでよく知られている公式である）。発注量 Y_t を求めるために，t 期の期首における小売業者の在庫量は S_{t-1} であるとしよう。したがって，

$$S_{t-1} - D_t + Y_t = S_t$$

あるいは，

$$Y_t = D_t + S_t - S_{t-1}$$

となる。この式は，製造業者が対面する需要の発生過程を示している（Y_t は，望ましいことではないが，負の値をとることがある。これは，近視眼的戦略によって生じる部分的最適化の結果を示すものであるが，これはめったに生じないものとしよう）。

今，製造業者におけるオーダーの決定を考えよう。$t+1$ 期の期首において小売業者からオーダー Y_t を受け，それに対応したとしよう（受注残があってもなくてもよい）。$t+1$ 期における小売業者の理想的な在庫水準とは，いかほどになるだろうか。製造業者の補充リードタイムは0であり，供給業者は十分な在庫を保有しているので，製造業者は近視眼的になり，$t+1$ 期のみの在庫維持費用と受注残費用の期待値を最小化するに違いない（この議論は前と同様に完璧ではない。ある期における製造

注 [5]：Leeらの論文で置かれている仮定は，製造業者の手持ち在庫によって小売業者のオーダーを満たせない場合は，製造業者が外注によってその不足分を補うというものである。この仮定の解析上の利点は小売業者のオーダーが常に満たされることであるが，これは実際には売り損ないが生じるという状況の下で効果的な運用を行う製造業者が用いる需要発生過程を複雑にする。正の補充リードタイムと売り損ないを同時に考えるとき，リードタイム中における全体需要（この場合は満たされた小売業者のオーダー）の分布を求めることは非常に難しい。この問題については，Leeらの論文において言及されていない。後で簡単に紹介する Raghunathan (2001) についても同様のことがいえる。

業者の近視眼的な在庫水準は，次の期における製造業者の近視眼的な在庫水準の実現を妨げる，つまり，在庫が多くなりすぎるからである．もしそうならば，近視眼的な戦略は最適ではない．このことについてここでこれ以上考えるのはやめよう）．$t+1$期の期首における小売業者の発注量 Y_{t+1} は，次式によって示される．

$$Y_{t+1}=D_{t+1}+S_{t+1}-S_t=D_{t+1}+\rho(D_{t+1}-D_t)$$

$D_{t+1}=d+\rho D_t+\varepsilon_{t+1}$ であるから，

$$Y_{t+1}=(1+\rho)d+\rho^2 D_t+(1+\rho)\varepsilon_{t+1} \qquad (2.1)$$

となる．$t+1$期の製造業者の理想的な在庫水準は，次のようになる．

$$T_t=E[Y_{t+1}]+K\,Std[Y_{t+1}]$$

ここで，K は製造業者の在庫維持費用と受注残費用によって変わる係数である．さらに，製造業者の（1期あたりの）最小期待費用は $Std[Y_{t+1}]$ に比例し，この値は $t+1$期の期首において小売業者が対面する需要発生過程について製造業者が知っていることの内容によって変化する．

前述したように，製造業者はいかなる場合も Y_t の値を知っている．小売業者と製造業者の間で需要情報の共有が行われていない場合，製造業者は D_t を知ることができない．$Y_t=D_t+\rho(D_t-D_{t-1})$ であり，$D_t=d+\rho D_{t-1}+\varepsilon_t$ であるから，

$$D_t=\frac{Y_t-d-\varepsilon_t}{\rho}$$

となり，これを式（2.1）に代入すると，次式が求められる．

$$Y_{t+1}=d+\rho Y_t-\rho\varepsilon_t+(1+\rho)\varepsilon_{t+1}$$

それゆえ，情報共有をしない場合の Y_{t+1} の標準偏差は，次式によって与えられる．

$$Std[Y_{t+1}|\text{no sharing}]=\sigma\sqrt{[\rho^2+(1+\rho)^2]} \qquad (2.2)$$

一方，需要情報が小売業者と製造業者の間で共有される場合には，製造業者は D_t の値を知ることができ，式（2.1）を用いて次式が求められる．

$$Std[Y_{t+1}|\text{sharing}]=\sigma(1+\rho) \qquad (2.3)$$

式（2.2），（2.3）より，情報共有の結果として製造業者の費用がどれだけ減るか知ることができる（製造業者の費用はリードタイム期間中の需要量，つまり Y_{t+1} の標準偏差に比例することを思い出してほしい）．Lee らは，解析と数値計算の結果からその差額が大きなものになりうることを示している．

Lee らの研究について述べた小論文の中で，Raghunathan (2001) は，情報共有をしなくてもさらによい結果が得られることについて論じている．そのアイディアは，製造業者が小売業者からのオーダーの履歴情報を利用すれば精度の高い需要予測ができるというものである．どのようにしてそれが行われるかについて述べよう．$Y_t=D_t+\rho(D_t-D_{t-1})$ より次式を得る．

$$D_t=\frac{Y_t}{1+\rho}+\frac{\rho D_{t-1}}{1+\rho}$$

この式を繰り返し用いると，次式を得る．

$$D_t = \frac{1}{1+\rho}\sum_{i=1}^{t-1}\left(\frac{\rho}{1+\rho}\right)^i Y_{t+1-i} + \left(\frac{\rho}{1+\rho}\right)^t D_0$$

ここで，$D_0 = d + \varepsilon_0$ と仮定する．この式を式 (2.1) に代入すると，次式が求められる．

$$Y_{t+1} = (1+\rho)d + \frac{\rho^2}{1+\rho}\sum_{i=1}^{t-1}\left(\frac{\rho}{1+\rho}\right)^i Y_{t+1-i} + \frac{\rho^{t+2}}{(1+\rho)^t}D_0 + (1+\rho)\varepsilon_{t+1}$$

また，Y_{t+1} の標準偏差は次式で与えられる．

$$Std[Y_{t+1}|\text{no sharing}] = \sigma\sqrt{\left[\frac{\rho^{2t+4}}{(1+\rho)^{2t}} + (1+\rho)^2\right]}$$

上式が式 (2.2) より小さいことは明らかである．つまり，Lee らによって報告されているものより情報の価値は小さくなることを示している．さらに，t が無限大に接近するにつれて情報の価値は減少し，最終的に消滅することがわかる．

Cachon and Fisher (2000) は，1倉庫・複数小売業者システムにおける下流在庫情報の価値を定量化するモデルを提出している．倉庫側が小売業者の在庫状況にリアルタイムでアクセスするとき，小売業者のオーダーのみに基づく場合に比べてよりよいオーダーができ，小売業者に対する製品の割付もうまくできる．その結果，サプライチェーンは便益を得るが，その大きさはいかほどになるのか（倉庫を供給業者と見なすのではなく，セントラルプランナーとしての視点をここではとるものとしている）[6]．

モデルは1つの倉庫と複数の全く同じ小売業者から構成されている．周期的に顧客から小売業者に届く需要は i.i.d. であり，小売業者間でも対象期間によっても変わらない．小売業者の在庫は倉庫業者が順番に行う外部業者へのオーダーよって補充され，外部業者での在庫の品切れはないものとする．受注残は小売業者と倉庫業者において生じ，オーダーの取消しはない．線形の在庫保維費用が倉庫業者と小売業者で生じ，線形のペナルティコストが小売店での受注残に対して発生する．目的は，システム全体での在庫保持と受注残に関する，長期的にみた平均費用を最小にすることであ

注 [6]：1倉庫・複数小売業者システムに関する多数の文献がある．この文献を分類する1つの方法は，在庫を輸送するときに規模の経済があるかないかというものである．ないということであれば，次にみる視点はいわゆる一対一の補充政策が行われているかということである．この領域における主要な文献は，連続的モデルとしては Sherbrooke (1968), Simon (1971), Graves (1985, 1996), Axsäter (1990), Svoronos and Zipkin (1991), Forsberg (1995) があり，離散的モデルとしては Eppen and Schrage (1981), Federgruen and Zipkin (1984a, b), Jackson (1988), Diks and de Kok (1998) がある．規模の経済がある場合は，バッチ移送政策がとられているかどうかという点に注目したい．主要な論文で連続的モデルを扱っているものとしては，Deuermeyer and Schwarz (1981), Moinzadeh and Lee (1986), Lee and Moinzadeh (1987a, b), Svoronos and Zipkin (1988), Axäter (1993b, 1997, 1998, 2000), Chen and Zheng (1997) があり，離散的モデルについては Aviv and Federgruen (1998), Chen and Samroengraja (1999, 2000a), Cachon (2001) がある．上記の文献についての総説としては，Axsäter (1993a), Federgruen (1993), Axsäter による本書第10章がある．補充政策についての大部分の研究は固有の在庫情報に基づいており，集中的な需要/在庫情報を用いているものは2点にすぎない．これらの論文の典型的な目的は，所与の政策の下でシステム全体において生じる費用をどのようにして決定するかについて示すことにある．需要/在庫情報の価値を理解しようとする研究は，最近の論文に見出される．

る(つまり,セントラルプランナーの視点に基づいている).

倉庫業者から小売業者への在庫品の輸送は,外部的要因によって決まる基準量 Q_r の整数倍に制限される.同様に倉庫業者が外部の業者に対して行うオーダーも Q_sQ_r の整数倍でなくてはならず,Q_s は正の整数であり,外部的要因が決めるもう一つのパラメータである.小売業者の決定は,倉庫業者にオーダーする時期とバッチ数(各バッチサイズは Q_r)であり,倉庫業者の決定は外部業者にオーダーする時期とバッチのセット数(各セットは Q_s バッチからなり,各バッチサイズは Q_r)である.

伝統的な情報共有のシナリオでは,倉庫業者は小売業者のオーダーのみを観測してオーダーする.このようにして,補充政策は固有情報のみに基づいて行われる.具体的にいえば,それぞれの小売業者は (R_r, nQ_r) 政策に従って,つまり,在庫ポジション(現在オーダーしている量,輸送中の在庫,倉庫業者における受注残,手持ち在庫の総計から小売業者の受注残を差し引いたもの)が R_r 以下になったときに,在庫ポジションを R_r 以上に戻すために必要な Q_r の最小整数倍数の量をオーダーする.同様に倉庫業者も (R_s, nQ_s) 政策に従ってオーダーする.つまり,在庫ポジション(現在オーダーしている量+手持ち在庫量-小売業者からのオーダーの受注残)が R_sQ_r 以下になったときに,Q_sQ_r の整数倍の量をオーダーする.決定変数は発注点 R_r と R_s である.

倉庫業者が1期中に各小売業者のオーダーを満たせない場合には,割付政策を用いる.それは,以下のように機能するバッチ優先政策である.仮にある期に小売業者が b バッチのオーダーをしたとする.そのとき,そのオーダーの最初のバッチに優先度 b が割り当てられ,2番目のバッチには優先度 $b-1$ が割り当てられるという処理を,以下同様に行うというものである.1つの期において,(すべての顧客から受けた)バッチのすべてが出荷のための待ち行列を形成するが,バッチは優先度の高い順にその先頭から並ぶ(この政策の合理性はその期中に最も多くのバッチをオーダーした小売業者が,在庫に対する最も高い必要性をもっていると考えることにある).複数のバッチが同じ優先度を所有する場合には,無作為に待ち行列に並ぶ順序を決定する.出荷の待ち行列は,期ごとにつくられる.出荷待ち行列は,つくられた順に同じ待ち行列では先着順に小売業者のオーダーに対して出荷が行われる.倉庫業者の在庫割付は,オーダーが生じた時期における小売業者の「必要性」に基づいて行われる.

完全情報共有と呼ばれる第2のシナリオは,倉庫業者がリアルタイムに小売業者の在庫状況にアクセスできるというものである.この場合,小売業者は前述した (R_r, nQ_r) 政策を使用し続けるものとする.しかしながら,倉庫業者はオーダーと在庫割付に関してより手の込んだ規則を使用する.正確にその政策を述べると複雑になるので,新しい政策の背後にある考えを述べよう.倉庫業者は1つのオーダーに加えるバッチのセットごとにある種の費用-便益分析を行い,費用としては追加の必要が生じる倉庫業者の在庫維持費用を,便益としては小売業者のオーダーについての遅れの減少を取り上げている.一方,倉庫業者は小売業者の在庫状況に即時にアクセスするこ

とにより，出荷時においての小売業者の「必要性」に基づき，(小売業者からの受注残を解消する) 在庫割付が行える．

伝統的な情報共有と完全な情報共有の下でのシステム全体で生じる費用を比較することにより，下流における需要情報の価値が測定できる．768 の例を取り扱っている数値計算では，情報共有により平均して 2.2％の，最大で 12％のサプライチェーン費用が削減できるという結果を得ている[7]．

Aviv and Federgruen（1998）は，単一の供給業者と複数の小売業者からなるサプライチェーンのモデルを研究している．サプライチェーンのメンバーは独立した企業である．この分散的な設定の下で，小売レベルでのリアルタイムデータに供給業者がアクセスする場合におけるサプライチェーン全体の費用の削減額を販売情報の価値として求める試みをしている[8]．さらに，リアルタイム情報の共有ができ，供給業者をサプライチェーンのセントラルプランナーとして考える，VMI（vendor managed inventory）プログラムの影響を考察している．主要な結論は次の3つのモデル，すなわち，情報共有が行われていない分散的モデル，情報共有が行われている分散的モデル，情報共有が行われている集中的モデルを用いて求められている．

基本モデルの説明から始めよう．J 社の小売業者があって，顧客情報は確率的であり，小売業者においてのみ生じる．小売業者はそれぞれ定期的に在庫を調査する．需要の発生過程は i.i.d. であり，小売業者ごとに異なるある分布に従う．需要が手持ち在庫を上回る場合には，満たされなかった需要は受注残として取り扱われる．小売業者は在庫を供給業者から補充し，供給業者は生産を通して在庫を補充する．輸送リードタイムは一定であるが，小売業者によってその長さは異なる．また，供給業者の生産リードタイムは一定である．供給業者が期首に決定する生産量は，一定の能力制約に従う．各小売業者が供給業者にオーダーする際には固定費用が発生し，在庫の保持に当たっては線形の在庫維持費用が，顧客に受注残が生じる場合は線形のペナルティコストが生じる．これらの費用パラメータは期間中変化しないが，小売業者によって異なりうる．供給業者では手持ち在庫について線形の維持費用が，小売業者の注文が受注残となる場合は線形のペナルティコストが生じる．後者の費用要素は契約に関するパラメータであり，外生的であって小売業者の収入になる．供給業者で生産を開始するときに固定費用は発生しない．

小売業者の在庫補充政策は（m, β）タイプであり，小売業者は m 期ごとに在庫ポジションを調査し，β に満たない分を発注する．政策パラメータ β の値は小売業

注 [7]：Cachon と Fisher はまた，完全な情報共有の下でシステム全体の費用の下界を求め，伝統的な情報共有の下で求めた費用と比較している．これには重要な意味があり，情報の価値の姿を変えることなく，提案された完全情報政策が近似的に最適となることを示している．さらに，再び数値計算によって，リードタイム，あるいは（固定費用によって制約を受ける）バッチサイズが削減されるときにはかなりの額の節約が可能であり，それはよりよい情報結合によって期待できることを示唆している．同様の結果が Chen（1998b）において報告されている．
注 [8]：この論文は，それゆえ，集中的モデルにおいて情報の価値を定量化するという一般的なアプローチから外れたものになっている．

者によって異なるため,小売業者 j の政策は,(m_j, β_j), $j=1,\cdots,J$ となる.M を $m_1,\cdots,m_J$ の最小公倍数とすると,M 期間の大補充周期が経過するごとに,各小売業者のオーダーを統合した発注過程が繰り返される.概して各小売業者の補充周期の間に協調はみられない.この点について,Aviv と Federgruen は,2つの極端な場合を考察している.一つは「団子」と呼ばれるもので,すべての小売業者が大補充周期の最初の期にオーダーを行う場合であり,もう一つは「時差」と呼ばれるもので,小売業者の補充周期が M 期中に散らばるように供給業者へのオーダーの発生が均̇さ̇れる場合である(時差のパターンは,小売業者の補充周期が同一であれば自明であるが,そうでなければ「均す」という言葉の意味を定義する必要がある.単一倉庫・複数小売業者システムに関して,Chen and Samroengraja (2000a) が時差方策を提案し,研究している).

供給業者が受け取る需要発生過程が周期的であれば,供給業者の生産政策も周期的になると期待するのは理に適っている.Ariv と Federgruen は,供給業者が一定の水準に在庫ポジションを周期的に引き上げる修正基点在庫政策の使用を仮定している.供給業者はその政策に基づいて能力制限の下で生産ランを開始し,t 期が大周期中の m 番目の期($m=0,1,\cdots,M-1$)ならば在庫状況を β^m に引き上げるように生産を実施する[9].供給業者が1期中にすべての小売業者のオーダーを満たすことができなければ,小売業者の期待必要度を考慮した尺度に基づく割付メカニズムが用いられる.小売業者がオーダーを行った期でなくても,小売業者に出荷される(小売業者のオーダーは間欠的に生じることを思い出してほしい).当然,小売業者からのオーダー(あるいはその一部)に供給業者がその期中に応じられず,次の期に満たすときにこれは行われる.

各企業は協調することなくそれぞれの長期的な平均費用を最小化する.理想的には,この非協調的ゲームの解は,従来から知られている均衡概念を用いれば求められる.これは,実際には利用できないため,Aviv と Federgruen は2段階アプローチを用いている.まず,小売業者は供給業者が十分な在庫を保有していることを仮定してそれぞれ最適化を行い,次に,小売業者の決定に基づき供給業者が最適化を行う.基本モデルの説明は以上のとおりである.

第2のモデルは,以上に述べた分散的な構造はそのままにして供給業者が小売業者側で実際に生じている需要を即座に知りうることを仮定したものである.この情報を用いれば,供給業者は小売業者が将来の期に行うオーダーをより正確に予測できる.結果として,供給業者は状況依存型の修正基点在庫政策を採用することができ,その状況の中には現在の期が大周期のどこに当たるかだけでなく,小売業者側の販売情報の集約が含まれている.

注 9:Aviv と Federgruen は,定期的に在庫を一定の水準に引き上げる政策を研究している.単一ロケーションのシステムを前提としたその周期的基点在庫政策の最適性については,Aviv and Federgruen (1997) と Kapuscinski and Tayur (1998) を参照のこと.

第3のモデルは，VMIプログラムの実施を仮定するものである．つまり，小売業者側における販売データへの即座のアクセスが供給業者にとって可能となり，各小売業者にいつどれだけ出荷するかを決める権限が供給業者に与えられる．VMIの契約は，サプライチェーン全体の費用を最小化することが供給業者の利益に適っていることを仮定したものである．AvivとFedergruenはこの集中的な計画問題を解くための発見的方法を提案している．

数値計算の結果から，以下のことが示されている．第1のモデルを第2のモデルに変えることによるサプライチェーン全体の費用の削減は平均して約2%，範囲は0〜5%である．削減額の大部分は供給業者側で生じる．第2のモデルを第3のモデルに変えることによるサプライチェーン全体の費用の削減は平均して約4.7%，範囲は0.4〜9.5%である．また，情報共有とVMIの価値は，小売業者の均一性が増すほど，リードタイムが長くなるほど，生産能力の余力が乏しくなるほど，増大することが見出されている．最後に，小売業者の発注は，団子パターンの場合に比べ，時差のある場合にシステムのパフォーマンスは改良される傾向が認められる．

生産・在庫計画の意思決定における重要な要因として，需要予測がある．企業は，ある定められた期において，運用環境や計画活動に関する情報に基づき，将来の数期にわたる一連の需要予測を行う．時間が経過するにつれて，また新しい情報を入手すると，企業は需要予測を更新する．生産・在庫計画の観点からの重要な問いは，変わり続ける需要予測をいかにして計画の決定に織り込めばよいかというものである．以下において，この問いに答えているいくつかの論文を要約して示そう．

Gullu (1997) は，中央デポと N か所の小売業者からなる，2段階のサプライチェーンを研究している．デポは，外部の供給業者から届いたオーダーを即座に小売業者に配分する仲介センターとしての役割をもっている（つまり，デポは在庫を保有していない）．顧客の需要は小売業者側においてのみ生じ，満たされなかった需要はすべて受注残になる．目的はシステム全体の費用を最小化するデポの補充/配分政策を決定することである．そのモデルの特徴は，各小売業者が将来の数期にわたる需要予測のベクトルを保有しているという点にあり，このベクトルは1期ごとに更新される．Gulluは2つのモデルを取り扱っている．一つは補充/配分の決定において需要予測を利用するものであり，もう一つはその予測を無視するものである．2つのモデルの比較を通して，（予測に用いられる）需要情報の価値を知ることができる．

需要予測の更新について予測進化のマルチンゲール（胸懸）モデル（martingale model of forecast evolution：MMFE）[10] を用いて述べている．D_t^j を小売業者 j ($j=1,\cdots,N$) の $t, t+1, \cdots$ の t 期末の需要予測とする．すなわち，

$$D_t^j = (d_{t,t}^j, d_{t,t+1}^j, \cdots)$$

注 [10]：MMFEモデルの発展については，Hausman (1969)，Graves et al. (1986, 1998)，Heath and Jackson (1994) を参照のこと．Hausman (1969)，Heath and Jackson (1994) は，乗法モデルについても研究している．

ここで，$d_{t,t}^j$ は t 期における需要の実現値であり（それゆえこれは予測値でない），$d_{t,t+k}^j$ （$k \geq 1$）は小売業者によって t 期末になされた $t+k$ 期の需要の予測値である．加法モデルにおいては，D_t^j は D_{t-1}^j のそれぞれの要素に誤差項（あるいは調整値）を加えることによって求められる．つまり，

$$d_{t,t}^j = d_{t-1,t}^j + \varepsilon_{t,1}^j$$
$$d_{t,t+1}^j = d_{t-1,t+1}^j + \varepsilon_{t,2}^j$$
$$\vdots$$

$\bar{\varepsilon}_t^j = (\varepsilon_{t,1}^j, \varepsilon_{t,2}^j, \cdots)$，また，$\bar{\varepsilon}_t = (\bar{\varepsilon}_t^1, \cdots, \bar{\varepsilon}_t^N)$ とする．Gullu はすべての $k > M$（M は正の整数），すべての t と j について $\varepsilon_{t,k}^j = 0$ を仮定している．言い換えれば，期 t において集められた新しい情報は M 期（すなわち，現在の期と，引き続く $M-1$ 期）の需要予測にのみ影響すると仮定している．さらに，すべての t について $\bar{\varepsilon}_t$ は独立であり，平均値 0 の同一の多変量正規分布に従うものとする．しかしながら，所与の t に関して $\bar{\varepsilon}_t$ の要素が相関関係をもつことはありうる．そのため，需要が時系列に関して，また小売業者間で相関関係がもてるようにモデルが構成されている．最後に，M 期以上離れている期における需要の初期予測値は一定としている．つまり，次式で与えられる．

$$d_{t,t+k}^j = \mu^j, \quad \forall t, \forall k \geq M$$

初期予測値 μ^j は小売業者 j の期あたりの平均需要となっている．その結果，

$$d_{t,t}^j = d_{t-1,t}^j + \varepsilon_{t,1}^j = \cdots = \mu^j + \sum_{i=1}^M \varepsilon_{t-i+1,i}^j$$

となる．$\sigma_{j,i}^2$ を $\varepsilon_{t,1}^j$ の分散とすると，$d_{t,t}^j$ の分散は次式で与えられる．

$$Var[d_{t,t}^j] = \sum_{i=1}^M \sigma_{j,i}^2$$

$t-1$ 期の期末において $d_{t-1,t}^j$ が所与のときの $d_{t,t}^j$ の条件付分散は $\sigma_{j,1}^2$ となることに留意してほしい．言い換えれば，ある期間の需要予測が次々と更新されるとき，その期間の需要の分散は削減されていく．需要の不確実性の減少は，順次サプライチェーンのパフォーマンスを改良する[11]．

以上に述べた需要モデルの下で，Gullu は，デポで行われる配分に当たって需要予測が使用されるか，されないかによって異なる 2 つのシナリオを取り扱っている．デポの補充政策は S 水準回復政策，つまり，期ごとにシステム全体の在庫ポジションを一定水準 S に戻すように外部の供給業者に発注するというものである[12]．主要な解析結果は需要予測の利用によりシステム全体の費用は低減し，受注残のペナルティコ

注 [11]：ここに述べた需要予測の更新は，必ずしもそれらをより正確にするとは限らない．その経験的根拠と理論的根拠については，Cattani and Hausman (2000) を参照のこと．

注 [12]：デポの補充決定が小売業者側での需要予測を考慮すれば，サプライチェーンのパフォーマンスは改良される可能性がある．しかし，これについては研究が必要である．Eppen and Shrage (1981) の論文を知っている読者であれば，Gullu モデルが基本的には予測進化を用いた Eppen-Shrage モデルであることがわかるはずである．解析も Eppen-Shrage のものに類似した方法が用いられている．

スト率が在庫維持費用率（小売業者間で同一の費用率が仮定されている）より高い場合には、システム全体の在庫ポジションも減少するということである（後者の結果は正規分布に従う需要を条件とするニュースベンダー問題に関してよく知られたものである）。

Toktay and Wein (2001) は，MMFE 需要発生過程を条件として生産能力制約のある1品目・1段階システムの研究を行っている。期ごとにその品目のランダム需要が発生する。需要は製品在庫を出荷して満たされ，在庫は t 期における生産能力が C_t である生産システムによって補充される。つまり，システムは t 期において製品を最大 C_t まで製造できるが，期によってその上限は異なり，それは i.i.d. である平均値 μ，分散 σ_C^2 の正規分布に従うものとする。もし需要が製品在庫より大きい場合には，不足量はすべて受注残になる。I_t を t 期末の製品在庫の水準であるとしよう。t 期において（$hI_t^+ + bI_t^-$）に等しい在庫維持費用と受注残費用がシステムにおいて生じる。ここで，h と b はそれぞれ在庫維持費用率と受注残費用率である。また P_t を t 期における生産量とする。したがって，$P_t = \min\{Q_{t-1}, C_t\}$ と表される。ここで，Q_{t-1} は $t-1$ 期末に加工待ちの生産オーダーの数である。各 t 期末において，新規オーダー R_t が生産システムに対して出される。したがって，$Q_t = Q_{t-1} - P_t + R_t$ となる。目的は定常状態における在庫維持費用と受注残費用の総和の期待値を最小化する生産指示政策を決定することである[13]。

D_t を t 期における需要とする。需要発生過程は定常的であり，$E[D_t] = \lambda$（$\mu > \lambda$）である。t 期末において決定した需要 D_{t+i}（$i \geq 0$）の予測値を $D_{t,t+i}$ で表す。したがって，$D_{t,t}$ は t 期の需要の実現値である。次期以降 H 期については予測が可能であり，$i > H$ については $D_{t,t+i} = \lambda$ とする。誤差を次のように定義する。$\varepsilon_{t,t+i} = D_{t,t+i} - D_{t-1,t+i}$（$i \geq 0$）。したがって，$\varepsilon_t = (\varepsilon_{t,t}, \varepsilon_{t,t+1}, \cdots, \varepsilon_{t,t+H})$ は，t 期末に観測される予測更新ベクトルである（異なった期ごとに求められている）。それらのベクトルは i.i.d. である平均値が 0 の正規乱数である。

Toktay と Wein は，2 通りの生産指示政策について調べている。つまり，予測情報を無視するものと利用するものである。前者の場合，$R_t = D_t$ となる。$Q_0 = 0$，$I_0 = s_m$ という初期条件の下で，提案された生産指示政策はすべての t について $Q_t + I_t = s_m$ という関係が導かれる[14]。予測情報を生産指示政策に取り込むと，次式を得る。

$$R_t = \sum_{i=0}^{H} D_{t,t+i} - \sum_{i=0}^{H-1} D_{t-1,t+i} = \sum_{i=0}^{H-1} \varepsilon_{t,t+i} + D_{t,t+H} = \sum_{i=0}^{H} \varepsilon_{t,t+i} + \lambda$$

この生産指示政策の下で初期条件を適当に与えると，すべての t について次式が成立する。

注 13：待ち行列理論の研究者が用いる生産指示（release）政策という用語は，在庫管理の研究者が補充（replenishment）政策と呼ぶものに等しい。

注 14：伝統的な在庫管理の用語によると，Q_t は発注中のオーダーであり，I_t は在庫水準である。そして，両者の和が在庫ポジションである。したがって，この在庫政策は在庫ポジションを一定水準に保つ基点在庫政策に一致する。

$$Q_t + I_t - \sum_{i=0}^{H} D_{t,t+i} = s_H$$

この場合，初期条件の与え方しだいで s_H の値は変化する[15]．本論文の主要な成果は $\mu-\lambda$ によって計量化できる生産能力の余力，また需要予測に含まれている需要情報はともに R_t に影響しないということである（予測進化を取り扱った能力制限付き問題の研究として，Gullu（1996），Gallego and Tokay（1999）がある）．

Aviv（2001）は，単一の小売業者と単一の供給業者を取り扱うサプライチェーンモデルを研究している．顧客需要は小売業者において発生し，在庫補充は供給業者を通じて行う．供給業者は在庫が十分にある外部の業者にオーダーを出す．サプライチェーンのそれぞれのメンバーは，将来における顧客需要の予測を行い，定期的に新しい情報を得たとき予測値の調整を行う．小売業者と供給業者は，システム全体の費用を最小化するという共通の目的を保有しているという意味で1つのチームを形成しているとしてモデル化されるが，必ずしも顧客情報を共有していない．Aviv は，3つのシナリオを取り扱っている．最初のシナリオは，それぞれのメンバーは在庫の補充を行うに当たって需要予測を共有することもなく，独自の需要予測もしないというものである．第2のシナリオは，それぞれのメンバーは需要予測を共有することなく，独自の需要予測を在庫の補充に利用するというものである．第3のシナリオは，それぞれのメンバーは需要予測を共有し，共有した情報を用いて在庫の補充を行うというものである．

Aviv は，MMFE 需要モデルを用いている．t 期における需要 d_t は定数と一連の確率変数の和であり，後者は t 期に先行する期において行われたそれぞれの期における d_t の予測値に対する調整値を表している．すなわち，

$$d_t = \mu + \varepsilon_t + \sum_{i=0}^{\infty} (\varepsilon_{t,i}^r + \varepsilon_{t,i}^s)$$

であり，ここで μ は定数，$\{\varepsilon_t\}_{t\geq 1}$ は i.i.d. である正規乱数，ベクトル $\{\varepsilon_{t,i}^r, \varepsilon_{t,i}^s\}_{i=0}^{\infty}$ の要素は互いに独立でそれぞれは2変量正規乱数であり，ベクトルは（異なる t に関して）i.i.d.，$\{\varepsilon_t\}_{t\geq 1}$ は $\{\varepsilon_{t,i}^r, \varepsilon_{t,i}^s\}_{t\geq 1, i\geq 0}$ と独立である．すべての確率変数は平均値が0である（Aviv の論文ではここで用いるものと異なる記号が使用されている）．結果として，$\{d_t\}$ は平均値 μ の i.i.d. である正規確率変数の順列になっている．いかなる τ についても τ 期の期首において，小売業者は公開することなくベクトル $\{\varepsilon_{t,t'-\tau}^r\}_{t'\geq \tau}$ を観測し，供給業者は公開することなくベクトル $\{\varepsilon_{t,t'-\tau}^s\}_{t'\geq \tau}$ を観測する．それゆえ，$t-k$ 期（$k \geq 0$）の期首までに小売業者は $\sum_{i=k}^{\infty} \varepsilon_{t,i}^r$ の値を，供給業者

注 [15]：ここで再び，在庫理論とのつながりについて述べておく．前述したように，$Q_t + I_t$ は t 期末における在庫ポジションである．それゆえ，第2の生産指示政策は「調整された在庫ポジション」に基づく修正基点在庫政策に相当する．調整値は次の H 期における総予測需要である．在庫理論によれば，「最適な」調整値は補充「リードタイム」中の需要に基づくべきであるとされている．問題となることは，そのモデルではリードタイムはなく，生産能力のみがあるという点である．提案された第2の生産指示政策は，「リードタイム」と能力制限のある生産システムの間の等価性を示しているように思われる．能力に余裕がない場合は，「リードタイム」は長くなり，余裕が十分ある場合は，「リードタイム」は短くなるという関係が成り立つ．しかし，それは予測対象期間と何の関係もない．

は $\sum_{i=k}^{\infty} \varepsilon_{t,i}^{s}$ の値を観測している. t 期に接近するにつれて, すなわち, k が減少するにつれて, サプライチェーンのメンバーは d_t をより高い正確性をもって予測できることが容易にわかる. 第3のシナリオにおいては, サプライチェーンのメンバーは公開されていなかったそれらの情報を共有することになる. その結果, メンバーの需要予測は（それらの情報の統合により）改良される.

数値計算を通して, 在庫の補充に当たって更新された予測を使用することによりサプライチェーン全体の費用は平均して11%削減され, 小売業者とサプライヤーの情報共有によりさらに10%の費用削減ができるという結果を得た.

需要予測がさまざまな進化パターンを用いることを記しておくことは意義があろう. たとえば, 需要分布のパラメータが既知でない場合がある. 未知のパラメータを仮想した分布から出発して, 需要の観察を重ねながらパラメータの精度を上げることができる. 時間の経過とともに入手する新しい情報を動的に反映する生産/在庫の意思決定が可能である. あるいは, 異なった期の需要が相関関係をもつことがあり, 以前に得た販売データを今後の販売予測の更新に当たって利用することもできる. 以下に需要予測の調整について取り上げたその他の論文を示しておく. Scraf (1959, 1960), Iglehart (1964), Murray and Silver (1966), Hausman and Peterson (1972), Johnson and Thompson (1975), Azoury and Miller (1984), Azoury (1985), Bitran et al. (1986), Miller (1986), Bradford and Sugrue (1990), Lovejoy (1990, 1992), Matsuo (1990), Fisher and Raman (1996), Eppen and Iyer (1997a, b), Sobel (1997), Barnes-Schuster et al. (1998), Brown and Lee (1998), Lariviere and Porteus (1999), Dong and Lee (2000), Donohue (2000), Milner and Kouvelis (2001), Ding et al. (2002). 一方, 需要発生過程を外生 Markov 連鎖によって変調することができる. その場合, 外生 Markov 連鎖の状態によって現在の期の需要分布が定まる. Markov 変調需要を取り上げた在庫モデルの研究については, Song and Zipkin (1992, 1993, 1996a), Sethi and Cheng (1997), Chen and Song (2001), Muharremoglu and Tsitsiklis (2001) を参照のこと.

顧客需要の予告 サプライチェーンのメンバーが情報を共有するとき, 新しい情報が生成されず, 既存の情報がある場所から別のところへ移動するだけに終わることがある. しかしながら, 状況によっては顧客が需要を事前に通告することができ, またそれを望むことがある. この予告は, サプライチェーンにとっては新しい情報を意味する. 問題は, そのような情報をいかにして活用するかという点である.

Hariharan and Zipkin (1995) は, 顧客が需要を予告する場合の在庫モデルについて研究している. 顧客オーダーはランダムに発生する. それぞれのオーダーには顧客が注文した品物の受取を望む時期を意味する納期が定められている. 顧客オーダーが発生してから納期までの期間を需要リードタイムと呼ぶ. 顧客は納期以前の納入を望まず, 納期以後の納入は可能であるが望ましくない. 需要リードタイムはシステ

ムパフォーマンスへの影響という観点からすれば，補充リードタイムと逆の関係にあることを，研究結果は示している．

簡単なモデルを用いて基本になっている考えを説明する．顧客オーダーは，単純Poisson 過程に従って到着するものとしよう．顧客のオーダーはいつも1単位の品物を求め，需要リードタイムは一定値 l をとる．つまり，時刻 t におけるオーダーは時刻 $t+l$ における需要を意味している．需要は手持ち在庫によって満たされ，完全な受注残が認められる．在庫は十分な在庫を保有する外部の供給業者から補充できるものとする．補充リードタイムは一定値 L をとり，補充に当たって規模の経済はない．

もし $l \geq L$ であれば，在庫を保有せずにすべての顧客需要を満たすことができる．それがどのようになされるかを述べよう．顧客オーダーが生じたとき，$l-L$ 単位時間待った後，外部の供給業者に1単位の発注を行う．この場合，補充は顧客の需要を満たすべく予定どおり（時刻 $t+l$ に）行われる．

今度は，$l \leq L$ の場合を考えよう．在庫の基本理論からすれば，時刻 t における在庫ポジションは補充リードタイム中の全需要（すなわち，リードタイム需要）を「満たす」大きさでなければならない．時刻 t において，期間 $(t, t+l)$ 中の全需要は，需要の予告によりすでにわかっている．それに対して，期間 $(t+l, t+L)$ 中の全需要は未知である（それは，顧客オーダーの到着率を λ で表したとき，平均値は $\lambda(L-l)$ の Poisson 確率変数になる）．ここで，d_t をそれぞれ既知の期間の，D_t を未知の期間の需要としよう．リードタイム中の需要は $D_t^L = d_t + D_t$ である．それゆえ，時刻 t における在庫ポジションは d_t とリードタイム中の未知の期間のための安全在庫 S から構成されていなければならない．時刻 $t+L$ における在庫水準は $(d_t+S) - D_t^L = S - D_t$ である．それゆえ，時刻 $t+L$ における在庫維持費用と受注残費用の和の期待値は，次式によって表される．

$$E[h(S-D_t)^+ + b(S-D_t)^-]$$

ここで，h と b はそれぞれ在庫維持費用率と受注残費用率である．S^* をこの式を最小化する S の値としよう．時刻 t における在庫ポジションを (d_t+S^*) と設定すると，1補充リードタイム後における在庫維持費用と受注残費用の和の期待値が最小化される．この在庫ポジションがすべての t において実現できるならば，システムの長期的な平均費用は最小化され，最適政策が求められる．証明をしよう．$t=0$ において，在庫ポジションは (d_0+S^*) であることを仮定する（もし，在庫ポジションが目標水準よりも低ければ，その不足を補うだけの量を発注する．そうでなければ，在庫ポジションが $(d_\tau+S^*)$ となる時期 τ まで待てばよい）．その後は，顧客のオーダーが到着するたびに，外部の供給業者から1単位を補充する．これはちょうど事前発注が行われない従来システムで用いられる一対一補充政策と変わらず，予告がある場合は顧客需要ではなく顧客オーダーに基づいて補充オーダーを出すところが異なる．いかなる時刻においても在庫ポジションが目標水準に一致しているかどうかを調べることは簡単である．前述の簡単なモデルが示している重要な点は，需要リードタイム

l と補充リードタイム L をもつシステムは，本質的に補充リードタイム $L-l$ をもつ従来のシステムと変わるところがないということである．このように，需要リードタイムは補充リードタイムを実質的に減らすという意味で補充リードタイムと逆の関係にあり，（あるタイプの）需要情報がもっている興味深い特質を示している．

 Hariharan と Zipkin も別のモデルにおける需要の予告を取り扱っている．このモデルは，補充リードタイムが確率的であるか，補充過程が多段階からなっているという点で，前述のモデルと異なっている．ここでは，詳しい説明は省略する．

 Hariharan-Zipkin のモデル構成における1つの制約は，すべての顧客オーダーが同一の需要リードタイムをもつことを条件としている点である．この仮定は Chen (2001a) では緩和され，顧客は M グループに分けられている．グループ m に属する顧客は均一であり，共通の需要リードタイム l_m（$m=1,\cdots,M$）を条件としている．このように補充過程が多種の需要リードタイムから構成されている場合に，多段階在庫システムであっても事前発注の価値を示すことは今までと同様に簡単である．むしろ，Chen の研究目的は，需要の予告を顧客が好んで行うインセンティブとは何かを研究することにあり，予告によって示される需要情報がもたらす便益とインセンティブの間にどのようなトレードオフ関係があるかを明らかにすることにある．より詳しい説明は3.1項において行う．

 今述べた事前発注の複数顧客区分モデルの離散的な取扱いが，Gallego and Özer (2001) の論文で述べられている．時間はいくつかの期に分割され，t 期における需要を示すベクトル $\vec{D}_t=(D_{t,t},\cdots,D_{t,t+N})$ が観測される．ここで，$D_{t,s}$ は s 期において品物の納入が行われる t 期に到着した顧客のオーダーを表し，N は定数（正の整数）であって情報の広がりを示している[16]（t 期における顧客は結果として $N+1$ のグループからなっていることを示している）．この需要発生過程の場合，発注費用中に固定費用が含まれていてもいなくても，単一ロケーションモデルであれば最適政策が求められることを Gallego と Özer は示している．さらに，計画期間が有限の場合と無限の場合，費用パラメータが非定常である場合など複数のシナリオを研究している．主要な結果は，固定発注費用がある場合には，最適政策として状況依存 (s, S) 政策が求められ，そうでない場合には，状況依存基点在庫政策が求められるということである．しかし，この場合における状況とは何を指しているのか．$s \geq t$ を満たすすべての s に関して $O_{t,s}$ を次のように定義する．

$$O_{t,s}=\sum_{\tau=s-N}^{t-1} D_{\tau,s}$$

注 [16]：読者は，顧客が事前にオーダーを出すこの需要モデルは，前述したMMFEモデルに似ていることに気付くだろう．実際のところ，厳密に述べると，事前オーダーの需要モデルは予測進化モデルの特殊な場合のモデルと見なされる．唯一のおそらくは表面上の違いは，事前オーダーモデルにおいては更新されたものが現実の顧客オーダーとなることであり，MMFE においてはそうではない．さらに，事前オーダーモデルはオーダーの取消しを仮定していない（つまり，更新されたものは常に非負である）．MMFE のフレームワークの下では，そのような仮定を今まで取り扱っていない．

これは，s 期に品物を納入する需要に関して，t 期の期首においてわかっている総量を示している．

在庫モデルがどのようなものであっても，一定値 L と仮定された補充リードタイム中の需要量の総計に関心がある．そこで，O_t^L を次のように定義する．

$$O_t^L = \sum_{s=t}^{t+L} O_{t,s}$$

これは，t 期の期首において，将来の t, $t+1$, $\cdots$, $t+L$ 各期において満たす必要のある需要の総量を示している（それゆえ，リードタイム中の需要は $L+1$ 期中の需要の総計であり，その余分な期は，ある期の期首にオーダーが到着し，同じ期の期末に費用が算定されるという取り決めにより含まれている）．t 期の期首における修正在庫ポジションは，単に在庫水準（手持ち在庫－受注残）に現在出されているオーダーを加え，それより O_t^L を差し引いたものである（それゆえ，リードタイム中の需要のわかっている部分が在庫ポジションから除外されるということになる．もちろん，これは単に後で述べるとおり在庫管理の目的に合わせた措置である）．在庫システムの状態は，前述した在庫ポジションに補充リードタイム以後のわかっている需要，つまり，

$$\vec{O}_t = (O_{t,t+L+1}, \cdots, O_{t,t+N-1})$$

を合わせたものである．最適 (s, S) 政策は，$\vec{O}_t$ に依存している制御パラメータをもっており，修正在庫ポジションに基づいて運用される．つまり，t 期の期首において修正在庫ポジションが $s(\vec{O}_t)$ 以下の場合，それを $S(\vec{O}_t)$ に戻すようにオーダーを出し，そうでない場合には出さない．発注費用に固定費用が含まれない場合，期ごとに $S(\vec{O}_t)$ まで修正在庫ポジションを回復するようにオーダーが繰り返し出されるにすぎない．固定費用が含まれる場合でかつ問題が定常的であれば，基点在庫水準はもはや $\vec{O}_t$ に依存しない．これは直観的にわかることである．

これに関連した研究として，Gallego and Özer (2000)，Özer (2000)，Karaesman et al. (2001)，Özer and Wei (2001) がある．これらの論文は，能力制約の有無にかかわらず，先行需要情報はさまざまな生産/配送システムのパフォーマンスを改良しうることを示している．

顧客が先行需要情報を供給するという行為の鏡像は，顧客がオーダーするまで意思決定者が決定の時期を遅らせるということである．これは，例をあげれば，企業が見込み生産から受注生産に管理体制を切り替えるというものである．延期戦略は，意思決定者が対面する不確実性を減じ，その結果，意思決定の質とパフォーマンスを改良する．オペレーション上の決定に対する延期戦略の影響については，Benetton 社の事例 (Signorelli and Heskett, 1984)，Hewlett-Packard 社の事例 (Kopczak and Lee, 1994)，Lee and Tag (1998)，Van Mieghem and Dada (1999) などの論文，またそこに示されている参考文献を参照されたい．Lee と Swaminathan による，延期戦略の広範囲にわたる解説が本書の第 5 章で記されている．

鞭打ち現象　ブルウィップ（鞭打ち）効果は，サプライチェーンのあるステージで発生した補充オーダーがそのステージで観測された需要より大きな変動を伴って上流に伝えられる現象を指している．近年，ブルウィップ効果について一連の研究が行われており，情報共有（たとえば，顧客の需要情報の共有）がその望ましくない効果を削減するのに役立つことがよく指摘されているため，ここではそれらの文献の一部を取り上げて解説する．

これまで多数の経済学者が鞭打ち現象を研究してきた．その現象の観察結果は，在庫が生産を平準化するという従来の知見に矛盾しており，そのことが彼らの関心を呼び起こした．従来の知見によれば，在庫を保持することにより，それがバッファーとして働いて需要の山と谷を均す．これが繰り返され，生産のための比較的安定した環境が形成される．それゆえ，生産は需要よりも平坦になるはずである．あいにく，産業のデータはそうならないことを示している．なぜだろうか．一つの説明として，次のものがある．(s, S) 補充政策を用いると，需要について正の相関が情報の伝達方向に沿って生じるというものである．この説明については，Blinder (1982, 1986)，Blanchard (1983)，Caplin (1985)，Kahn (1987) を参照されたい．また別の説明としては，インダストリアルダイナミクスと組織行動（Forrester, 1961）や意思決定者側の不合理な行動（Sterman, 1989）に理由を求めるものがある．

ここでは，鞭打ち現象について新しい考察を行っているオペレーションズ・マネジメントの文献に絞って紹介する．これらの文献にみられる一般的なアプローチは，サプライチェーンのメンバーが意思決定を行う環境（たとえば，報酬/費用の構造，需要発生過程の特徴など）をまず明らかにし，次にそれぞれのパフォーマンスを最適化すると対面した需要よりも大きな変動を伴ったオーダーが出されることを示すというものである．そのメッセージが暗示しているものは，サプライチェーンのメンバーにブルウィップ効果の責任がなく，観測されるような行動をつくり出す原因はその環境にほかならないという事実である．条件しだいでは，サプライチェーンのメンバーに，あるいはサプライチェーン全体に利益をもたらすように環境を変えることができるに違いない．

Lee *et al.* (1997a, b) において，上記のアプローチが具体的に示されている．ブルウィップ効果を引き起こす4つの原因をあげている．第1の原因は，需要特性である．正の相関のある需要発生過程をもつ単一ロケーション在庫モデルにおいて，たとえば，小売業者の費用を最小化する最適政策が原因になって，変動の増幅が生じることを示している．これについて直観的な説明をする．小さい需要を観測した小売業者がそれを将来における需要低減のシグナルと理解し，さらに小さい予測値に基づいてオーダーを出す．逆に大きい需要を観測すれば，将来における需要の増加を予測し，その見通しに基づいてより大きいオーダーを出す．つまり，異なった期の間にみられる正の相関が原因となって，小売業者が出すオーダーは観測した需要よりも大きく揺れる．第2の原因は，供給が不足する可能性である．直観的な説明をするために，生

産能力が時間の経過につれて変化する単一の供給業者と複数の小売業者からなるサプライチェーンを考える．供給業者の生産能力が十分でないと思われる時期において，必要量を確保するという供給ゲームに参加している小売業者は，多めの（生産能力の不足がない場合にオーダーすると思われる量より多い）量をオーダーする．小売業者が，たとえば，期あたり 4 個という確定的な需要を観測しているとしよう．その場合，生産能力の不足が予想されない限り，小売業者は 4 個のオーダーを出し，生産能力の不足が予想されるならば，それより多くのオーダーを出すであろう．明らかに，生産能力が時間の経過とともに変動する場合，オーダーの時系列は需要の時系列（分散 0）よりも大きな分散をもつ．第 3 の原因は，オーダーにおける規模の経済である．オーダーに当たって固定費用が生じる場合，数期ごとにオーダーが行われることは明らかである．このようなオーダーのバッチ化はブルウィップ効果の原因になる．第 4 の原因は，購入価格の変動である．購入価格が安いときは，まとめて品物を購入し，在庫の山が築かれる．一方，購入価格が高いときは，購入は見合わされる．価格の高低が極端な量のオーダーを促すことは容易に想像できる．ブルウィップ効果を抑制するには根本的な原因を突き止める必要がある．Lee らは，産業においてみられるそれに役立ついくつかの新しい取り組みについて述べている．

以下において，擬似最適政策がオーダー変動の増幅を導くことを示すサプライチェーンモデルについて述べる[17]．Graves（1999）は，非定常的な需要発生過程をもつモデルを取り上げている．その需要発生過程は，次に示す自己回帰和分移動平均（autoregressive integrated moving average : ARIMA）過程である．

$$d_1 = \mu + \varepsilon_1$$
$$d_t = d_{t-1} - (1-\alpha)\varepsilon_{t-1} + \varepsilon_t, \quad t = 2, 3, \cdots$$

ここで，d_t は t 期の需要，α と μ は既知の定数，ε_t は平均値 0，分散 σ^2 の i.i.d. である正規分布の確率変数であり，$0 \leq \alpha \leq 1$ であるとする[18]．上記の需要発生過程を示す式から，次式が導かれる．

$$d_t = \varepsilon_t + \alpha\varepsilon_{t-1} + \cdots + \alpha\varepsilon_1 + \mu$$

期ごとに需要発生過程の平均値に一定のずれが生じることに留意されたい．つまり，$t+1$ 期から始まる場合にランダム変動 ε_t が需要発生過程の平均値に $\alpha\varepsilon_t$ のずれをもたらす．それゆえ，各期のランダム変動が需要発生過程に後々まで影響を及ぼすことになる．$\alpha=0$ は自己相関のない需要発生過程に相当し，$\alpha=1$ はランダムウォークに相当する．一般に，より大きな α は需要発生過程が最新の需要実現値によってより多く影響を受けることを意味する．

上記の需要発生過程に関して，1 次の指数加重移動平均は最小自乗誤差の予測を与

注 [17]：関連する他の研究としては，たとえば，Chen *et al.* (2000)，Ryan (1997)，Waston and Zheng (2001) がある．
注 [18]：上記の需要発生過程は，オーダー (0,1,1) の IMA (integrated moving average) 過程と呼ばれることもある．Box *et al.* (1994) を参照のこと．

える．予測値を以下のように定義する．
$$F_1 = \mu$$
$$F_{t+1} = \alpha d_t + (1-\alpha) F_t, \quad t=1,2,\cdots$$

ここで，F_{t+1} は t 期における需要を観測した後に求められた $t+1$ 期の需要の予測値である．次式が成立することは容易に確かめられる．
$$d_t - F_t = \varepsilon_t, \quad t=1,2,\cdots$$

それゆえ，指数加重移動平均は，最小自乗誤差をもつ歪みのない予測手法であることがわかる．次式をみてほしい．
$$F_{t+1} = d_{t+1} - \varepsilon_{t+1} = \alpha \varepsilon_t + \alpha \varepsilon_{t-1} \cdots + \alpha \varepsilon_1 + \mu$$

t 期の期末において（d_t あるいは ε_t を観測した後），すべての $i \geq 1$ について d_{t+i} の予測値は F_{t+1} に等しくなる．

今，上記の需要発生過程をもつ単一ロケーション・単一品目の在庫システムを考えよう．手持ち在庫より大きい需要が生じたときは，需要の不足分は受注残として取り扱えるものとする．さらに，補充リードタイムは既知の整数 L であるとしよう．各期における事象の処理は以下の順序で行われる．需要が確定し，発注が行われ，L 期前の注文が補充され，需要と（もしあれば）受注残が在庫によって満たされる．t 期において在庫水準を指定された水準
$$S_t = S_0 + L F_{t+1}$$

に回復する基点在庫政策を用いる．ここで，S_0 は定数である．LF_{t+1} は $t+1$ 期から $t+L$ 期までのリードタイム中の需要量の予測値である（回復する水準は，リードタイム中の需要を充足する量であることを思い出してほしい）．この政策の最適性については証明不能である．しかし，発注量が負になることを許すならば，この政策が最適であることを示せる．発注量が負の値をとりうると仮定すると，各期の在庫はちょうど目標とする水準に戻る．t 期の発注量が次式で与えられる．
$$q_t = d_t + (S_t - S_{t-1}) = d_t + L(F_{t+1} - F_t)$$

発注量 q_t は最新の需要量 d_t に次の L 期間における全需要量の予測値についての更新値を加えたものであることに留意されたい[19]．

t 期の期末における在庫水準（手持ち在庫量から受注残を差し引いたもの）を x_t で表す．Graves は，この政策の下での x_t の期待値と標準偏差を示している．
$$E[x_t] = S_0 + \mu, \quad Std[x_t] = \sigma \sqrt{\sum_{i=0}^{L-1}(1+i\alpha)^2}$$

リードタイム需要が正規分布に従うとき，システムの最小費用は $Std[x_t]$ に比例し，時には，特に σ が大きい場合には，L の凸関数になりうる．これは，i.i.d. である需要を取り扱う伝統的な設定ではみられなかった性質であり，この場合には最小費用は

注 [19]：ここでは，負の発注量について多く論じるつもりはない．もし，関心があれば，まずこの先の議論が示されている Graves (1999) を読むのがよい．それでも十分と思えないならば，自分自身で掘り下げることをすすめる．それによって得ることは少なくはない．

L の平方根に比例していた．課題は直感によってしばしば得られる．非定常の需要発生過程を取り扱っている場合はとりわけそうである．

もう一つの重要な観測は，F_t が所与の場合に q_t の分散は d_t の分散より大きくなるという点である．これを確認するには，まず $d_t = \varepsilon_t + F_t$ を思い出してほしい．したがって，$Var[d_t|F_t] = \sigma^2$ となる．一方，$F_{t+1} - F_t = \alpha \varepsilon_t$ であるから，次の等式を得る．

$$q_t = d_t + L(F_{t+1} - F_t) = (F_t + \varepsilon_t) + L\alpha\varepsilon_t = F_t + (1 + L\alpha)\varepsilon_t$$

それゆえ，$Var[q_t|F_t] = (1 + L\alpha)^2 \sigma^2$ となる．これより，発注過程の変動は需要発生過程の変動を上回ることがわかる．この増幅は，リードタイムと α の増加につれて大きくなる（より大きな α はより不安定な需要発生過程を意味する）．Gravesは，発注過程 $\{q_t\}$ が需要発生過程 $\{d_t\}$ と同じ特性をもつことを示している．この解析は多段階直列システムに容易に拡張でき，発注変動は上流でさらに増幅することが示せる．

ブルウィップ効果への関心は，時にはサプライチェーンのパフォーマンスを改良する機会を示すのに役立つが，研究の目的をブルウィップ効果の削減や除去に置くことは過ちを招きかねない．この点については，Chen and Samroengraja (1999) の論文において論じられている．そこでは，1供給業者・N 同一小売業者モデルが取り上げられ，サプライチェーン全体の費用を最小化するというセントラルプランナーの視点がとられている．供給業者の生産産設備は能力制約があり，供給業者から小売業者への輸送に要する費用は固定費用と変動費用から構成されている．小売業者側において，2通りの補充政策を取り上げられている．一つは互い違い政策であり，それぞれの小売業者は T 期ごとに一定の基点在庫水準 Y まで在庫ポジションを戻すようにオーダーし，供給業者側の需要発生過程が平準化されるように異なった小売業者の発注間隔を互い違いに設定するというものである．もう一つは (R, Q) 政策であり，それぞれの小売業者は在庫ポジションが R になるやいなや供給業者に Q 単位をオーダーするというものである．発注費用が固定費用を含む場合，これらの補充政策は実際に広く用いられているものである．供給業者は生産を経て在庫を補充するが，その場合の生産政策は能力制約によって修正された基点在庫政策である．数値実験の結果，(T, Y) 政策によって供給業者側の需要発生過程は平滑化されるが，(R, Q) 政策がしばしばより少ないシステム全体の費用をもたらすことが示されている[20]．

ブルウィップ効果に関する議論は，時にはわけのわからないものや無意味なものになりうることを記しておく．1製造業者・1小売業者のサプライチェーンを考えよう．小売業者は製造業者と販売時点情報を共有することについて合意しているとする．説明できない理由により（慣習によるものか），製造業者は発注量がまとまっている場合に単位あたりの価格を引き下げる割引政策を採用している．さらに，製造業者は所定のサービス水準が小売業者側で達成される限り，小売業者が望むままに出荷を行う．情報共有と特定の契約を前提としているこの分散的モデルにおいて，製造業者は

小売業者側で生じる正確な需要情報に基づいて生産計画を立てることができる．一方，現実にはサプライチェーンの視点に照らして，製造業者の生産量，また小売業者への出荷量は一体どうなっているのかわからない．小売業者も発注量に無頓着であり，ほとんどは会計的視点に立って決定される．小売業者のオーダーが顧客の需要より変動が激しくても何の心配もされることはない．

要するに，ブルウィップ効果が存在することは運用政策の特性にすぎず，サプライチェーンに内在する経済的な力，サプライチェーンを管理する人の経験と知識を反映したものである．これは症状であっても問題ではない[21]．

2.2 上流の情報

これまでは，需要側から受け取る情報の共有，すなわち，サプライチェーンの上流メンバーによる下流情報のアクセスについて述べてきた．次に，供給側から受け取る情報の共有について述べる．供給側の情報は，需要側の情報に比べると取り上げている文献は多くない．

注 [20]：Cachon (1999) は，彼自身がバランスのとれたあるいはスケジュールされた発注政策と呼んでいる互い違い補充政策のサプライチェーンパフォーマンスに及ぼす影響を研究している．取り上げたモデルは1倉庫・N 同一小売業者サプライチェーンであり，(T, R, Q) 政策について調べている．それぞれの小売業者は T 期ごとに在庫ポジションに基づいて (R, nQ) 政策に従って発注し，異なる小売業者の発注間隔はずらして設定されている．Cachon は (T, R, Q) 政策の下でサプライチェーンの費用を厳密に評価する方法とともに，パラメータ T と Q が変化するとサプライチェーンの費用がどのように応答するかを例証する数値実験を示している．主な結論は小売業者の発注間隔を互い違いにすることが一般に倉庫側の需要変動を削減し，また増加していく T と減少していく Q を組み合わせると，少数の小売業者と小さい顧客需要の変動を条件とするシステムにおけるサプライチェーン全体の費用を減らす効果があるというものである．Cachon (1999) の全般的な目的と，Chen and Samroengraja (1999) のそれは一致しており，ともにサプライチェーンパフォーマンスに及ぼす変動削減政策の効果を調べるものであるが，(倉庫の能力制約があるかないかという点で) それらのモデルは異なり，その結果それらのアプローチも (前者が感度解析に焦点を絞っているのに対して，後者が変動削減の程度が異なる2つの政策間での最適解の違いを比較するという点で) 異なっている．

注 [21]：ブルウィップ効果に関するいかなる議論も，ビールゲームに触れない限り不完全であるといえよう．これは Sterman (1989) の中で述べられたもので，いくつかの文献で触れられている．そのゲームは4ステージ，つまり製造業者，配送業者，卸売業者，小売業者からなるサプライチェーンをシミュレートするものである．小売業者側での需要は，はじめの数期間は期あたり4樽であるが，ゲームの残りの期間は期あたり8樽に跳ね上がる．4つのサプライチェーンのステージを分担するプレイヤーは，事前に需要発生過程について何も教えられていない．過去40年の間，ビールゲームは多くの国の数え切れないほど多くの学生にブルウィップ効果を説明する大変効果的な道具として用いられてきた．しかし，ビールゲームには欠陥がある．つまり，それはただ現象を例証するにすぎず，答えを示していない．どのようにゲームを行えばよいのか．誰もその答えを知らず，特に教室で行う場合には不手際この上ない．後でどうするべきであったかを述べることは容易であるが，それはサプライチェーンのマネージャーにとっては何の役にも立たない．事実，何か特定の方法によって過去から学び，未来を予測するという根拠のないやり方を用いるならば，ほとんどの戦略の説明は容易にできる．率直にいって，ビールゲームのモデルに類似したサプライチェーンをどのように管理するかについて，学生に教えることは何もない (少なくとも今まではなかった)．興味深いことに，i.i.d. 確率変数の時系列で需要が4樽から8樽に増大する時系列を置き換えるならば，おそらくゲームのプレイヤー全員が需要分布を理解するし，教える側はゲームがいかに行われるべきかを知っている (このゲームは2.3項で論じる予定である)．最適戦略の下でブルウィップ効果は存在しない．しかし，マネージャーによって用いられる戦略いかんによっては，ブルウィップ効果が起きる可能性がある．ここに示したのは，確信をもって望ましくないといえるブルウィップ効果を説明するために使用できるゲームである．ビールゲームの i.i.d. 確率変数時系列バージョンとそれを用いた教育上の経験については，Chen and Samroengraja (1999) を参照されたい．

費用情報 Chen（2001b）は，資材の買い手が対面するある調達問題を研究している．買い手が Q 単位の資材を調達する場合，収益 $R(Q)$ を得ることができる．ここで，$R(Q)$ は増加関数であり，かつ凹関数である．したがって，買い手の正味利益は，$R(Q)$ から資材の購入費用を差し引いたものになる．便宜上，買い手の収益関数を $R(\cdot)$ によって示す．買い手は期待（正味）利益を最大にする調達戦略を求めたい．

買い手に資材を提供できる $n(>1)$ の潜在的な供給業者を考える．Q 単位の資材を生産する費用は任意の Q に関して $c_i Q$（$i=1,\cdots,n$）である．供給業者の単位あたりの生産費用 c_i は $[c, c^-]$ に対して定義された確率関数 $F(\cdot)$ からランダムに抽出されるものであることがわかっている．ただし，供給業者 i は，c_i の値を知りうるが，他の供給業者はその値を知ることはできない．

買い手にとってその調達問題の最適解は，以下のとおりである．買い手は資材 Q 単位（いかなる量の Q についても）の調達に当たって $P(Q)$ を支払う意思があるという一種の約束を意味する量である支払スケジュール $P(\cdot)$ を告知する．買い手によって選ばれた供給業者は買い手にどれだけの量を納入するかを自由に決めることができ，事前に告知されたスケジュールに従って支払が行われる．それゆえ，買い手は潜在的な供給業者に対して無駄のない事業提案を行ったことになる．もちろん，供給業者によってこの取引に対する評価は異なり，最も低い費用の供給業者が最も大きな価値を手にする．イングリッシュ・オークションの場合は，買い手が提示した契約に対して供給業者が望む価格をそれぞれ公開の場で値を付けて，最高の額を入札した供給業者が勝者となる[22]．考えることはほとんどなく，最も低い費用の供給業者が常に契約を勝ち取り，2 番目に低い費用の供給業者が契約によって得る額に等しい価格を支払う．

今述べた問題解決をよりわかりやすくするために，買い手が小売業者であり，供給業者から製品を買った後，顧客に再販するものとしよう．顧客への販売額は単位あたり p であり，外部環境によって決まる．顧客の需要は D であり，累積分布関数 $G(\cdot)$ から無作為に抽出して求められる．需要が供給を超える場合は，不足した分の需要は消滅する．供給が需要を超える場合は，超過分は販売できず，費用をかけずに処分できるものとする．したがって，顧客への販売量は $\min\{Q, D\}$ で与えられる．買い手の期待収益は，

$$R(Q) = pE[\min\{Q,D\}] = pE[Q-(Q-D)^+] = pQ - p\int_0^Q G(y)\,dy$$

となる．この収益関数は下に凹であり，Q に関して増加することに留意されたい．より単純化するために，供給業者の費用は範囲 $[0,1]$ の一様分布から無作為に抽出

注 [22]：オークションの研究は，広範囲に行われている．Vickrey（1961）は，オークションを取り上げた最初の研究であり，Myerson（1981），Riley and Samuelson（1981）の 2 論文は，最適オークション設計の理論構成において重要な役割を果たしている．McAfee and McMillan（1987），Klemperer（1999）は，この領域の全貌を示した解説論文である．

されたものとする．この条件の下で，最適な購入量・支払スケジュールは，

$$P(Q) = \frac{1}{2}R(Q)$$

で示される．この支払スケジュールは潜在的な供給業者の数とは無関係である．さらに，これは収益の均等配分契約を意味する．つまり，買い手が提案する取引は，買い手の収益を均等に配分することをうたっている．それはまた，返品契約を意味している．つまり，買い手は選ばれた供給業者に対して，（需要が確定する前に）納入された品物に対して販売単価 p に基づいた $w=p/2$ を単価として算定した総購入価格を支払い，需要が確定して供給を下回った場合には過剰在庫を返却し，供給業者に過剰在庫の相当額を払い戻すことを示している．この契約の下では，供給業者にとって返品された在庫に価値がなくても，選ばれた供給業者は，次に示すような（生産量 Q の関数である）期待収益を得る．

$$E\left[\frac{p}{2}Q - \frac{p}{2}(Q-D)^+\right] = P(Q)$$

非対称費用情報によってもたらされた非効率性に関して検討を加えるために，$G(x)=x$，$x\in[1,0]$ および $p=2$ を仮定しよう．この場合，$R(Q)=2Q-Q^2$ となり，また最適な購入量・支払スケジュールは，$P(Q)=Q-Q^2/2$ となる．前述したとおり，最小費用の供給業者が契約を勝ち取る．ここで，C_1 が契約を勝ち取った供給業者の費用であるとする（したがって，$C_1=\min\{c_1,\cdots,c_n\}$ である）．契約をした供給業者が納入する量は，次に示す方程式を解くことによって求められる．

$$Q(C_1) = \mathrm{argmax}_Q\, P(Q) - C_1 Q = \mathrm{argmax}_Q (1-C_1)Q - \frac{Q^2}{2}$$

それゆえ，$Q(C_1)=1-C_1$ となる．サプライチェーン全体の収益（買い手の収益と契約を勝ち取った供給業者の収益の和）は，$R(Q(C_1))-C_1Q(C_1)=1-C_1$ となり，期待値は，

$$\pi = 1 - E[C_1]$$

となる．一方，サプライチェーン全体の収益を最大にする効率的な販売量は，次式によって示される．

$$Q^*(C_1) = \mathrm{argmax}_Q\, R(Q) - C_1 Q = \mathrm{argmax}_Q (2-C_1)Q - Q^2$$

したがって，$Q^*(C_1)=(2-C_1)/2$ となる．ここで，$Q^*(C_1)>Q(C_1)$ となることに留意されたい．つまり，非対称の費用情報は最適購入量を減らすことがわかる．完全な情報の下でのサプライチェーン全体の最大期待収益は，

$$\pi^* = \pi + \frac{1}{4}E[C_1^2]$$

となり，それゆえ，非対称情報がもたらすサプライチェーン非効率性の大きさは，

$$\pi^* - \pi = \frac{1}{4}E[C_1^2] = \frac{1}{2(n+1)(n+2)}$$

となって，これは n が増大するにつれて減少する．これは供給業者がそれぞれの費

用情報を公開するときにつくり出される情報の価値である.しかし,いかなる理由によってその情報公開を行うべきなのか.

リードタイム情報　もう一つの供給側から得られる重要な情報は,補充オーダーの状況である.Chen and Yu (2001a) では,以下に述べる在庫管理モデルにおけるリードタイム情報の価値が求められている.小売業者は外部の供給業者から1種類の製品を購入し,ある1つの場所で保管し,それを顧客に販売する.顧客需要は定期的に発生し,期ごとの需要量は i.i.d. 確率変数である.需要が手持ち在庫量を超える場合は,超過した需要は受注残として取り扱われる.手持ち在庫を保有すると在庫維持費用が生じ,需要を受注残として扱う場合にはペナルティコストが発生する.解析は小売業者の立場から行われる.つまり,長期的にみて平均在庫維持費用と平均ペナルティコストの和を最小化する在庫の補充決定はいかに行われるべきであるかが問題になる.

ここで,供給過程について述べる.L_t を t 期において生じたオーダーのリードタイムであるとしよう.そして,$\{L_t\}$ を有限の状態空間における Markov 連鎖であるとする.Markov 連鎖の1回目推移行列を,オーダーの交錯が生じないように定める(したがって,オーダーが生じた順に受け付けられる).供給過程は外生的である.つまり,Markov 連鎖の更新は小売業者の在庫システムの運用とは独立している[23].供給業者は Markov 連鎖 $\{L_t\}$ の状態を観測するが,小売業者とこの情報を共有する場合としない場合を考える.

2つのシナリオが取り上げられている.一つは,小売業者は補充決定に先立って各期 t において L_t の値を知っていると仮定する場合である.この場合の最適政策は,すべての t において L_t の関数である基点在庫ポジションに小売在庫を引き上げるようにオーダーするというものである.つまり,状況依存基点在庫政策が最適である.これに対するものは,小売業者がリードタイム情報を共有しないことを仮定する場合であり,この場合は,小売業者は過去の納入実績データに頼らざるをえず,現在のリードタイムを推測してそれに基づいてオーダーを行う.これらの2つの場合の解を比較すると,リードタイム情報の価値が明らかになる.数値実験の結果は,取扱い量が少なければリードタイム情報の価値は乏しく,取扱い量が多ければ顕著になるという結果を示しており,リードタイム情報による費用節約の割合は,41%にも上る.

生産能力情報　3番目の例は,生産能力情報の価値を取り扱ったものである.Chen and Yu (2001b) では,1小売業者・1供給業者のモデルが研究されている.単一の販売期間が対象になっており,小売業者は販売期間が始まる前に供給業者に対し

注　[23]:Song and Zipkin (1996b) は,そのようなリードタイム発生過程の研究を動機付けるいくつかの具体例を示している.確率的に変動するリードタイムの別のモデルが,Kaplan (1970), Nahmias (1979), Ehrhardt (1984), Zipkin (1986) の論文において述べられている.

て，時期0と時期1の2回に限りオーダーが行える．時期0では，小売業者は供給業者の能力制約を考えずに，つまり，販売期間に備えていかなる量でもオーダーできる．時期1では，供給業者の能力は不確実であり，それは $C-\varepsilon$ によって表される．「先行生産能力」と名付けられている C は，時期0において予測された時期1の供給業者の生産能力であり，ε は時期0と時期1の間の不確実性を反映したもので，外部的要因によって変化する正または負の値をとる確率変数である．時期0において，販売期間中の全需要量に関して2つの状態，つまり，多い状態か少ない状態かのいずれかがわかり，各状態に対して累積分布が示される．時期1において実現した需要が与えられ，小売業者はよりよい需要情報を入手する．これは小売業者がオーダーに関する決定を時期1まで引き伸ばすことの有利さを示唆するが，これには実施する費用として供給業者の能力制約により，(時期1において)注文した量が調達不能になるという危険性が伴う．q_0 を時期0における小売業者の発注量，q_1^s を時期1における発注量としよう．添字 s は，需要の状態，つまり多いか少ないかを表す．これらの量の最適値は需要情報から得る利益と生産能力に関するリスクがもたらす費用を釣り合わせたものになる．

時期0に先立って，所与の確率分布からの抽出結果に基づいて C が決まることはわかっている．時期0において，小売業者が q_0 の値を決定する前に，供給業者は C の値を知っている．小売業者は供給業者から報告された生産能力(C の実現値と異なっていることもありうる)を q_0 に反映した契約メニューを提示する．供給業者はその後 C の値を通知し，それは q_1^s の値の選択に効果的に利用される(これは，3.1項で取り上げるスクリーニングの考え方に対応する)．今述べた非対称情報下での解と，(q_0 の値を決定する以前に)小売業者が C の値を知る完全情報下での解が比較され，供給業者からの生産能力に関する先行情報を小売業者が取得することの価値が求められる．

2.3 情報伝達

Chen (1999a) は，情報伝達が遅れを伴う場合のサプライチェーンモデルを研究している．直列的に構成された N 部門からなる企業がある．顧客需要は部門1で生じ，部門1は部門2から在庫を補充する．同様に，部門2は部門3から補充し，最後に部門 N は外部の供給業者から補充する．異なった期の需要は同一の確率分布から独立に抽出して求められる．各部門は部門マネージャーが管理しており，補充オーダーとしての情報は下流から上流に向かって流れ，その情報に従って資材は逆方向に流れる．両方の流れには遅れが伴う[24]．

このモデルの重要な特徴は，部門マネージャーは部門固有の在庫情報しか入手でき

注 [24]：これは Sterman (1989) で述べられているビールゲームに似ていると思う読者が多いに違いない．大きな相違は，ここでは i.i.d. 需要発生過程が仮定されているという点である．
注 [25]：チームの経済理論については，Marschak and Radner (1972) を参照されたい．

ない点にある．つまり，各マネージャーは ① 手持ち在庫，② 上流の部門に出された補充オーダー，③ 上流の部門から受け取った入荷量，④ 下流の部門から受け取った補充オーダー，⑤ 下流の部門に輸送中の出荷量を知っている．しかしながら，現在上流の部門から輸送中の品物がいつ入荷するか，また，下流部門から送られてくる現在処理中のオーダーの内容については知らない．各マネージャーが下す決定は，それぞれが知っている情報のみに基づいて行われる．

　Chen が取り扱っている最初のモデルは，各部門のマネージャーがチームとして意思決定を行うものである．つまり，システム全体の費用を最小化するという共通の目的をもって行動する[25]．これは，たとえば，その企業のオーナーが各部門マネージャーにシステムの総費用の指定したある割合の範囲内で出費するように求めるコストシェアリングプランを実施している場合が考えられうる．各部門マネージャーにとっての最適決定規則はインストレーション基点在庫政策に従うというものである．部門 i のインストレーション在庫は正味在庫（手持ち在庫から受注残を差し引いた量）に現在発注しているオーダーを加えたものに等しい．マネージャー i はこれまでに（上流の部門に対して）行ったオーダーと（上流の部門から）受け取った入荷の量を知っていることを思い出してほしい．したがって，これらの 2 つの違いは現在発注しているオーダーの量ということになる．それゆえ，インストレーション在庫は固有情報である．各部門マネージャーにとっての最適決定規則は期ごとにその部門のインストレーション在庫を一定の目標在庫水準に回復するように発注するというものであり，目標在庫水準は部門固有の情報である．

　チームモデルの解は，情報リードタイム（情報流の遅延）が果たす役割を明らかにしている．部門 i の安全在庫の観点からすると，部門 i から部門 $i+1$ への情報リードタイムは部門 $i+1$ から部門 i への生産/輸送リードタイムとちょうど同じ役割を果たしている．つまり，安全在庫水準は 2 つのリードタイムの合計にのみ依存して決まる（これは，直観的に理解できるが，その最適性を証明するには精密な解析が必要である）．

　チームモデルに対する代替案は，コストセンターモデルであり，この場合には各マネージャーの評価はそれぞれの部門のパフォーマンスに基づいて行われる．それでは，部門の意思決定はどのように行われるべきか．Chen はいわゆる会計在庫水準の使用をすすめている．ある部門の会計在庫水準とは，その部門において行われたオーダーが上流の部門で受注残の取扱いを受けないという仮想的なシナリオの下での正味在庫量である．上流の部門には常に不確実性があるために，会計在庫水準は実際在庫水準と異なりうることに留意されたい．会計在庫水準が正であれば在庫維持費用が，そうでない場合はペナルティコストが部門に課せられる[26]．個々の部門マネージャーがそれぞれの（会計上の）費用を最小化するとき，システム全体の費用も最小化されるように，企業のオーナーは費用パラメータを決めることができることが示されている[27]．

企業は多くの理由により運用の分散化を行っている．一つの重要な理由は，部門マネージャーはオーナーよりも部門の運用環境についてより正しい情報をもっているというものである．それゆえ，部門マネージャーに部門の決定を任せることはもっともである．前述したサプライチェーンモデルにおいて，部門マネージャー全員が正確な需要情報をもっており，一方，企業のオーナーはもっていないものとする．以下の2つのシナリオを考えてみよう．一つは，企業のオーナーが需要分布に関する自己の（誤った）知識に基づいてチームモデルの答えを求め，従業員にオーナー自身が作成したインストレーション基点在庫政策の実施を命ずるものとする（オーナーは意思決定規則のみを示し，その実施は部門マネージャーに任せる．部門マネージャーは固有情報のみを使用し，意思決定規則はそれに基づいて行われねばならない）．これを独裁者シナリオと呼ぼう．もう一つのシナリオでは，オーナーは各部門をコストセンターとして取り扱う．オーナーが測定方式を設定し，部門マネージャーはそれぞれ1つの補充戦略を選び，正しい需要情報を利用して会計上の費用を最小化する．どちらの場合も，需要分布についての不正確なオーナーの知識にがそれらの方法において用いられるため，システム全体のパフォーマンスの部分的最適化が行われる．Chen が示した数値実験結果によれば，コストセンター下でのシステム全体のパフォーマンスは真の最適値に近いものが得られるのに対し，独裁者シナリオの場合は最適値にほど遠いものが求められる．分散化の効果は明らかである．さらに，コストセンターの測定方式は，需要分布の変化に対してむしろ頑健である．古い需要分布に基づいてつくられた測定方式は，部門マネージャーが新しい需要情報に基づいて補充戦略を更新する限り，新しい需要分布に対して適切に機能する．

最後に，部門マネージャーが間違いをおかしたら何が起きるだろうか．この点を詳しく調べるために，以下に述べるような非合理的な行動を仮定する．部門マネージャー i は正味在庫を次の規則，つまり，一定水準 Y より少なければ，その差に等しい量を発注し，そうでない場合には何もしない，という規則に従って一定水準 Y の回復に努めるものとしよう．これは，意思決定者が発注済のオーダーのことを忘れているために間違っている（最適政策はインストレーション在庫を一定水準に保持するものであることを思い出してほしい）．この間違いは，Sterman (1989) が見つけたビールゲームにおける「フィードバックの思い違い」に相当する．そのような間違いには費用が非常にかかり，特にサプライチェーンの下流での間違いは影響が大きくなることをシミュレーション結果は示している[28]．

注 [26]：会計学や経営学の文献では，部門の評価は管理可能なパフォーマンスに基づいてのみ行われるべきであると述べられている．たとえば，Horngren and Foster (1991) を参照のこと．この理由により部門における現実の在庫水準（手持ち在庫から受注残を差し引いた量）は，他の部門の決定によって左右され，部門のパフォーマンスの評価基準として不適切である．会計在庫水準は上流の影響を除去するが，下流の部門から受けた注文が及ぼす影響を避けることはできない．
 注 [27]：直列的在庫システムに関するその他の協調機構については，Lee and Whang (1999), Porteus (2000) を参照のこと．Cachon は，本書第6章においてこれらの論文について述べている．

下流のマネージャーが間違った戦略を用いる場合，上流のマネージャーは歪んだ（また遅れのある）需要情報を受け取ることになる．これこそが問題の核心である．ここで，次に述べるようなサプライチェーンにおける情報の流れに関する2つの設計を考えてみよう．部門1のマネージャーがオーダーを行うとき，前期における需要を報告することが義務付けられ，この需要情報はオーダーとともに上流のマネージャーに次々と伝達される．合理的な思考をする上流のマネージャーは正確な情報に基づいてオーダーを行い，一方，合理的な思考をしないマネージャーは前述したような「発注済のオーダーのことを忘れてしまう」戦略に従うものとしよう．この方法によれば，下流におけるオーダーの間違いは，もはや上流のオーダーの決定を乱すことはない．シミュレーション結果は，サプライチェーンの上流のマネージャーに正確な情報が提供され，システムははるかに頑健になることを示している．これが，情報共有を行うもう一つの理由である．

　情報共有に関するサプライチェーンモデルの大部分では，情報伝達は瞬間に行われ，また信頼できることを前提としている（例外は筆者の知る限り1件しかない）．さらに，情報/知識は常に伝達可能であることを暗に仮定している（すぐ後でその例外を示す予定である）．しかしながら，時には部門の運用環境に特化していてとうてい共有ができないような知識がマネージャーに提供されることがある．おそらくこれは「経験」と呼ばれており，何年にも及ぶ徒弟見習いの末に共有（むしろ獲得）するものである．それゆえ，組織のより現実的な見方をすれば，知識にはすぐに共有できるもの（たとえば，販売データ）と，共有が難しいもの，すなわち，共有に時間と労力を要するもの，ノイズがあって不完全なもの，単に不可能なものに分けられる．部門特有の特殊な知識が重要な役割を果たす場合，その知識を用いて有用な決定を下す権限をその知識を処理するマネージャーに与えることが重要である．言い換えれば，決定権はある組織における知識の分散の程度を反映して与えられるべきである．しかしながら，知識の分布はある程度は管理可能であるため，これは組織設計の課題にはなるが唯一のものではない．組織設計のもう一つの側面，すなわち，組織の情報構造（言い換えれば，「誰が何を知るか」ということ）を検討する必要がある．特定の知識と組織設計に関する掘り下げた議論については，Hayek（1945），Jensen and Meckling（1976, 1992）を参照されたい．以下において，サプライチェーンを背景として前述の問題を研究しているオペレーションズ・マネジメントの文献から，1つの論文を取り上げてその概要を紹介する．

　Anand and Mendelson（1997）は，1種類の製品を生産し，nか所の市場で販売する企業のモデルを解析している．生産は1か所で行われ，Q単位の製品を生産する総費用は次式で示されるものとする．

注 [28]：Watson and Zheng（2001）において，非合理的な行動が引き起こすSCMの問題を取り上げた，より新しい研究成果が報告されている．

$$TC(Q) = cQ + \frac{1}{2}\gamma Q^2$$

増加する限界費用を仮定した理由は,ごく普通の能力制約を考えているためである.具体的に説明すると,生産量がある閾値を超える場合に残業が行われ,残業費用の賃率は正規の賃率よりも高くなる.nか所の市場は,それぞれ独立した線形の需要関数に直面しているものとする.市場i($i=1,\cdots,n$)は2つの市況,つまり,好調あるいは低調のいずれかであり,市場が好調ならば,(減少)需要関数は,$P(q_i) = a_H - bq_i$となる.ここで,q_iは市場iに割り当てる製品の量であり,$P(q_i)$はその市場での販売価格である.一方,市場が低調ならば,需要関数は,$P(q_i) = a_L - bq_i$となる.ただし,$a_L < a_H$である(最初の割当が終わった後で,市場間の製品の移動は許されない).市況は0-1確率変数s_iによって表し,市況が好調ならば$s_i=1$,市場が低調ならば$s_i=0$で示される.

このモデルの重要な特質は,nか所の市場のそれぞれが2種類の情報を所有する支部マネージャーによって管理されているという点にある.一つは移送できないデータの存在であり,もう一つは移送できるデータの存在である.これは,$s_i = x_i y_i$なる関係を仮定すればモデル化ができる.ここで,x_iとy_iは0-1確率変数であり,x_iは移送可能な市場iのデータを,y_iは観測不能な市場iの条件を表しており,$i=1,\cdots,n$である.$\{x_i, y_i, i=1,\cdots,n\}$は$Pr(x_i=1)=t$,$Pr(x_i=0)=1-t$,$0<t<1$,および,$Pr(y_i=0)=Pr(y_i=1)=1/2$,$i=1,\cdots,n$を条件とするそれぞれ独立した確率変数であり,$t$の値は共有されている知識である.市場$i$の支部マネージャーは,確率$1-a$で$y_i=L_i$をとり,確率$a$で$y_i=1-L_i$をとる$y_i$に関する情報を保有した0あるいは1の値をもつシグナルL_iとともにx_iの値を観測する.もし$a=0$あるいは1ならば,シグナルは完全であるが,もし$a=1/2$ならば,シグナルはy_iについてこれまでのものに何かを加える新しい情報を何も提供しない.一般性を損なわずに,制約$0 \leq a \leq 1/2$が設けられる.この制約の下では,$1-a$の値はシグナルの精度を表す.支部のシグナルL_iは他の支部マネージャーに移送不能な支部マネージャーi($i=1,\cdots,n$)の固有の知識である(この手の込んだ設計の背後にある筋書きに関心のある読者は原論文を参照されたい.考えられる別の視点は,情報は常に伝達可能であるが,ある種の情報は伝達に高額の費用を要するというものである).

決定変数は供給量q_iである.(以下において指定される)意思決定者の目的関数は,支部によってつくり出される収入から総生産量によって異なる生産費用を差し引いた企業の期待利益の最大化である.

AnandとMendelsonは,決定の権限がどこに存在するか,また(たとえば,企業の情報システムを介して),情報をどのように配信するかによって異なる3つの組織設計を考えている.1番目の設計は,集中的なもので,「センター」が移送可能なすべてのデータは用いるが支部固有の知識は使用せずにすべての意思決定を行う.その企業は,各支部がそれぞれの移送可能データx_i($i=1,\cdots,n$)をセンターに報告する

ことのできる情報システムをもっている．2番目の設計は分散的なもので，各支部のマネージャー i は支部が所有する知識 L_i と移送可能なデータ x_i を用いて市場 i に割り当てる製品の量 q_i を決定する．それゆえ，この場合は，情報共有は行われず，すべての支部が所有する知識は（移送可能であってもなくても）支部にそのままとどまる．3番目の設計は，前述した2つの設計の中間的なもので，支部は支部固有の知識と（企業内情報システムによって取得可能な）すべての移送可能な情報を用いてそれぞれの支部の割当量を決定する．すなわち，支部マネージャー i は，$(x_1, x_2, \cdots, x_n)$ と L_i $(i=1, \cdots, n)$ の情報を用いて q_i の値を決定する．この設計を「配信型」構造と呼ぶ．2番目と3番目の組織構造の分析はチームモデルのものに準ずる．つまり，チームメンバー（このモデルでは支部マネージャー）が共通の目標をもっているが，異なった情報のセットを用いて決定を行う（チームモデルでは潜在的に存在するインセンティブ問題は一切ないものと仮定している．Anand と Mendelson はインセンティブ問題が無視できない場合，振替支払価格計画を取り上げることについて考察している）．

配信型設計が企業の期待利益に関して分散的設計に勝ることは直観的に理解でき，またそれは正しい．その相違は情報共有の価値を意味し，その大きさは支店の数が増えるにつれて最初は増加し，やがて減少する傾向の存在が指摘されている．言い換えれば，配信型構造は，市場の数が中程度の場合に，より大きな価値をもたらす．他方，集中的システムと分散的システムの違いは，協調，情報共有，支部固有知識のトレードオフを示している．集中的システムは，（集中的意思決定による）割当量決定のよりよい協調とすべての移送可能なデータを集中的に保有することにより，利するところが大きい．しかしながら，分散的システムは集中的システム以上に時にはより効率的に働くことがあり，これは市場固有知識の有用性を示している．

この論文の結論で，Anand と Mendelson は「組織の設計に当たって企業がいかなる種類の情報を求めているかについての分析が必要であり，そのためには情報の配分に関する代替的手段，またその情報構造に適した組織の構造化（すなわち決定権の割当）のための代替的手段の提出が欠かせない」と述べている（「　」内の説明は筆者が加筆したものである）．Anand と Mendelson がこの論文で行ったことは，情報の獲得は問題にしないで情報と決定権が同時に与えられるようにそれらを設計変数として扱うという点に集約できる．

3. 情報共有とインセンティブ

独立したプレイヤーからなるサプライチェーンにおける情報共有のモデル化は複雑である．あるプレイヤーが優越した情報をもっているとき，2つのことが生じうる．戦略的に有利な立場を得るために情報のすべての提供を見合わせるか，他のプレイヤーとの間でよい協力関係を得るためにすべてを提示するかのどちらかである．前者の

場合，(情報をすべて知らされなかった) プレイヤーは相手に対して非公開情報のすべてを提示したくなるようなインセンティブを提供する．この場合の情報提示は，スクリーニングと呼ばれている．後者の場合の情報提示は，シグナリング，つまり，相手から信頼を得るやり方の情報提示と呼ばれている．時には，情報を多くもっているとか，あまりもっていないということがいえない場合がある．互いに関心のある事柄について，それぞれが異なった情報をもっているという場合である．たとえば，ある製品需要についてのシグナルが小売業者によって異なることがある．この場合，あるプレイヤーが自分のもっている情報を他のプレイヤーと共有したいという意志は，他のプレイヤーが同じ意志をもとうとしているかどうかによって，また共有した情報をどのような目的に用いるかによって異なったものになる．本節では，分散的なサプライチェーンにおける情報交換を取り扱った論文を紹介する[29]．

3.1 スクリーニング

本項では，従業員あるいはサプライチェーンのパートナーによって保有されている消費者の好み，すなわち，非公開情報を「探り出す」ことについて企業が試みている例をいくつか取り上げる[30]．

簡単な例　通常，製品ラインとは，包括的には同一の種類に属していながら，いくつかの属性について相違がみられる製品のグループをいう．たとえば，Dell 社は2系列のノートパソコン (Inspiron と Latitude) を販売しており，それぞれの製品ラインは，速度，記憶容量その他の属性が異なったモデルから構成されている．重要な問題は，企業は製品ラインをいかに設計し，価格をどのように設定するかというものである．

注 [29]：時には情報の経済学と呼ばれる経済学の一領域においては，種々のタイプの情報の非対称性がもたらす問題を取り上げている．情報の非対称性の一つのタイプは，「道徳的危険」と呼ばれている研究でよくみられるものであり，これはあるパーティ (エージェントと呼ばれる) が別のパーティ (プリンシパルと呼ばれる) に代わってある仕事を遂行し，プリンシパルにはエージェントの努力水準がみえない状況を指している．プリンシパルはエージェントに努力を期待するのに対し，エージェントは努力を好まないために食い違いが生じる．問題の解決策はエージェントの成果に対し，報酬を支払うというインセンティブ契約をすることである．プリンシパル-エージェント理論は，経済学の分野で生まれ，会計学，マーケティング，最近はオペレーションズ・マネジメントの文献で用いられ，発展している．Kreps (1990) は，プリンシパル-エージェント理論の優れた入門書を著している．本節において後ほどこの領域のセミナー論文をいくつか紹介する予定である．オペレーションズ・マネジメントの文献のプリンシパル-エージェントモデルについては，たとえば，Porteus and Whang (1991), Chen (2000b), Plambeck and Zenios (2000, 2002) を参照されたい．プリンシパル-エージェントモデルにおいてインセンティブを与える目的は，(情報共有を容易にするためではなく) エージェントの努力を一定の水準 (あるいはパターン) に導くことにあるため，この領域の文献をここで展望するつもりはない．本節で取り上げて紹介する論文の背後にある考え方は，敵意のある選択，メカニズム設計，シグナリングというような見出しの下で研究されている経済学の領域に，その源を発している．

注 [30]：待ち行列理論を背景としてスクリーニングについて行われた研究は大変多い．たとえば，サービスの提供者が優先水準に応じて異なった価格を設定する場合がそうである．顧客は各自のオーダーに対するサービスが始まるまでの待ちの費用に基づいてどの優先クラスを選ぶかを決定する．この種の文献についての総合報告は，Hassin and Haviv (2001) を参照されたい．

製品の品質水準に応じて価格が異なる製品の系列を提供している専売業者を考える．品質によって需要の強さが異なる2人の消費者がいるものとする（ごく小規模の問題であるが，基本概念はこれで十分説明できる）．消費者 i は品質水準 q を $\theta_i q$（$0<\theta_1<\theta_2, i=1,2$）の大きさで評価する．それゆえ，2人の消費者はともによりよい品質を望んでいるが，所与の品質水準に対して支払ってもよいと考える金額には違いがある．消費者は，品物を1個購入するか，購入しないかのいずれかである．所与の水準の品質を生産するための限界費用は一定であり，品質水準 q の生産に要する限界費用は q^2 で示される．

まず，専売業者がそれぞれの消費者に対して完全に差別的な販売を行い（つまり，片方の消費者に販売する製品を他方の消費者に販売することはない），いかなる再販も認めない場合を考えよう．専売業者はそれぞれの消費者に予定している価格で販売を試みるため，専売業者に残された問題は，それぞれの消費者にいかなる水準の製品を提供するかを決めるだけである．この問題を解くには，それぞれの消費者 i に対して $\theta_i q - q^2$ を最大にする q を決定すればよい．それゆえ，最適政策は消費者 i に品質水準 $\theta_i/2$ を提供し，その価格を $\theta_i^2/2$ とすることである．両方の消費者が提供された製品を購入し，余剰品が生じることもない．企業はある場合にこの理想解を実現できよう．

たとえば，電話会社はビジネスユーザーと個人のユーザーに対し，異なったレートで料金を通常請求している（電話会社にとってユーザーがビジネスユーザーか個人のユーザーであるかを区別することは比較的容易であるが，ビジネスユーザーと個人のユーザーの間で通話の売買をする場合は非常に難しい）．それに対して，片方の消費者に購入の意志があるかどうかをたずねた製品が他方の消費者によって買い取られないようにすることは，技術的あるいは法的理由によって不可能であるという場合がある．言い換えれば，製品ラインは，それが何であろうと，すべての種類の消費者にとって利用できるモデルから構成されていなければならない．それでは，専売業者は何をすればよいのか．

まず，消費者が製品ラインからの選択ができる場合に上記の解は役に立たないことに留意してほしい．2種類の品質水準と価格の組合せ，つまり，$(\theta_i/2, \theta_i^2/2)$, $i=1,2$ が与えられたとき，消費者1は $(\theta_1/2, \theta_1^2/2)$ を選択し続けるが，消費者2は $(\theta_2/2, \theta_2^2/2)$ から $(\theta_1/2, \theta_1^2/2)$ に切り替えて，正の差額を稼ぐに違いない（以前は，差額は0であった）．消費者2による組合せの切替を防止するためには，他のすべての条件が変わらないものとすれば，品質水準の価格を引き下げねばならない．専売業者の最適政策を見つけるには，複数の尺度についての系統立ったトレードオフを考える必要がある．(q_i, p_i), $i=1,2$ を市場（つまり，2人の消費者）に提示された品質-価格の対であるとし，消費者 i が (q_i, p_i) を選択するとしよう（もし2つの対が同一であれば，製品ラインは1種類のモデルから構成されていることになる）．まず，両方の消費者が購入できる場合を考える（すなわち，それぞれが1単位を購入する）．

専売業者の問題は，下記のように表せる．

$$\max_{q_1,p_1,q_2,p_2} (p_1-q_1^2)+(p_2-q_2^2)$$

s.t.

$\theta_1 q_1 \geq p_1$ (P1)

$\theta_2 q_2 \geq p_2$ (P2)

$\theta_1 q_1 - p_1 \geq \theta_1 q_2 - p_2$ (SL1)

$\theta_2 q_2 - p_2 \geq \theta_2 q_1 - p_1$ (SL2)

ここで，目的関数は企業の総利益を表し，最初の2つの制約式（P1），（P2）は消費者がこの取引に加わるためになくてはならず，最後の2つの制約式（SL1）と（SL2）は消費者が正しい対を選択することを保証するものである．この問題は容易に解ける．まず，$\theta_2 q_1 - p_1 \geq \theta_1 q_1 - p_1$ であり，右辺は制約式（P1）により非負であることに留意されたい．この関係式と制約式（SL2）を合わせると，$\theta_2 q_2 \geq p_2$ を得る．したがって，制約式（P2）は冗長であるから，除去してよい．さらに，制約式（P1）は等式制約でなければならない．そうでないと，すべての制約式を満たしつつ，p_1 と p_2 を同時に同じ量なら増やすことができる．制約式（SL1）と（SL2）は次の制約式にまとめられることに留意されたい．

$$\theta_2(q_2-q_1) \geq p_2 - p_1 \geq \theta_1(q_2-q_1)$$

したがって，$q_2 \geq q_1$ であり，また $p_2 \geq p_1$ でなければならない．一方，制約式（SL2）は等式制約でなければならない．そうでないと，p_2 を増大することにより，専売業者は総利益を増やすことができる．それゆえ，$q_2 \geq q_1$ であるため，$p_2 - p_1 = \theta_2(q_2-q_1) \geq \theta_1(q_2-q_1)$ となる．その結果，制約式（SL1）は，式（SL2）の等式制約と $q_2 \geq q_1$ によって満たされる．結局，前述の最適化は次のものと等価である．

$$\max_{q_1,p_1,q_2,p_2} (p_1-q_1^2)+(p_2-q_2^2)$$

s.t.

$p_1 = \theta_1 q_1$

$\theta_2 q_2 - p_2 = \theta_2 q_1 - p_1$

$q_2 \geq q_1$

この問題は，次に示す閉形式の解をもっている．

$$q_1^* = \max\left\{\theta_1 - \frac{\theta_2}{2}, 0\right\}, \quad q_2^* = \frac{\theta_2}{2}$$

消費者に選択権がない場合の前述の解と比べると，より小さい需要の消費者（すなわち，消費者1）は，より低い品質の製品，より低い価格，同一の差額（0の差額）を手に入れ，それに対してより大きい需要の消費者は，同一の品質の製品，より低い価格，正の差額を手に入れる．さらに，製品ラインの幅 $q_2^* - q_1^*$ を分析すると，消費者に選択権を与えると製品の幅は拡大することがわかる．最後に，$\theta_1 < \theta_2/2$ の場合は，消費者1は製品を購入できなくなる．

今述べた簡単な例題は，スクリーニングの基本概念をよく示している．消費者の選択権を含むより複雑なモデルに関しては，たとえば，Mussa and Rosen (1978)，Maskin and Riley (1984)，Moorthy (1984) を参照されたい．

品質は，広義に解釈すれば，消費者の好みによる選択が「多くできればできるほどよい」という種類の製品属性を表している．他の製品属性として，色彩，サイズ，趣味のよさなどがあり，それぞれの消費者は属性空間中の特異な自分だけの理想点を求めようとしている[31]．これらの複数の尺度を取り上げて製品を同様の方法で識別することは可能である．この種の文献としては，Shocker and Srinivasan (1979)，Green and Krieger (1985)，Lancaster (1970, 1990)，de Groote (1994)，Dobson and Kalish (1988, 1993)，Nanda (1995)，Chen et al. (1998)，Yano and Dobson (1998) をおすすめしたい．Ho and Tang (1998) には，この論題に関する多くの文献が掲載されている．

市場の細分化と製品の納入 製品が納入されるまでの待ち時間に関して，消費者によってさまざまな反応がみられる．オーダーが直ちに満たされることを望む消費者もいれば，ある程度の遅れならば全く気にしない消費者もいる．それゆえ，製品の納入スケジュールは市場細分化の有用な尺度になりうる．そのような細分化戦略の一つの便益は，顧客が直ちに出荷する必要のないオーダーを出したとき，企業はよりよい生産・配送計画作成に役立つ先行需要情報を手に入れることになる．細分化戦略の潜在的な費用は，顧客が納入の遅れを受け入れるように価格の割引を提示する必要があるときに発生する．企業は最適な価格・納入スケジュールをどのように設計すればよいのか．

Chen (2001a) は，この問いに答えるモデルを提出している．消費者に単一の製品を提供している企業があり，企業はある非負の整数 K に関してつくられた価格・遅れスケジュール $\{(p_k, \tau_k)\}_{k=0}^{K}$ を公表している．ここで，消費者がオーダーしてから τ_k 単位時間後に出荷することに同意した場合に支払う額が p_k であり，$0=\tau_0<\tau_1<\cdots<\tau_K$ であって $p_0>p_1>\cdots>p_K$ なる関係が仮定されている．最大価格 p_0 は消費者がオーダーをすると同時に出荷を望む場合に限り支払われる．

消費者は M 個の市場［訳注：消費者のグループ］に分割されている．市場 m ($m=1,\cdots,M$) の顧客がオーダーしてから τ 単位時間後に出荷する場合に製品1単位に対して支払ってよいとする最大価格（予約価格）を $u_m(\tau)$ とする．$u_m(\cdot)$ は減少関数，微分可能，凸関数であるとともに，すべての τ に対して $u'_m(\tau)<u'_{m+1}(\tau)$ (<0) なる関係が仮定されている[32]．このように，市場1は市場2よりも，市場2は市

注 [31]：理想点モデルは，品質とは異なる尺度に照らした消費者の選みの度合いを表現するためにしばしば用いられる．たとえば，ある属性の x 水準を有する製品を購入する場合の消費者の効用を $A-(x-a)^2$ によって表すことができる．ここで，A は効用の実現可能な最大の水準であり，a はその消費者にとっての属性の理想的な水準である．それぞれの消費者によって属性の理想的な水準は異なる．

場3よりも，以下同様に待ちに対する感度が一様に高くなるように設定されている．市場 m の顧客が (p_k, τ_k) から得る差額は $u_m(\tau_k) - p_k$ である．顧客の目的は差額，つまり選択権の効用を最大にする (p_k, τ_k) の1対を公表されたスケジュールの中から選ぶことである．

製品の補充は N 段階のサプライチェーンを経て行われる．ステージ1は最終の在庫ポイントであり，顧客への製品の出荷はそこで行われる．ステージ1はステージ2から，ステージ2はステージ3から，以下同様にして補充され，ステージ N は十分な在庫を保有する外部の供給業者によって製品が補充される．顧客のオーダーはそれが出された日に基づくのではなく出荷日順に，先着順処理が行われる．ステージ1で在庫切れが生じ，顧客が選んだ日に出荷ができなければ，そのオーダーは受注残として処理され，在庫が入庫しだい直ちに出荷が行われる．この場合，企業側で善意の損失（つまり受注残費用）が発生する．それ以外に，企業側ではサプライチェーン中の在庫に対して維持費用が，また，販売された製品1単位に対して変動費用がかかる．

最適な価格・納入スケジュールの決定は，難しい問題であることが知られている．以下に，解法を簡単に説明する．

最適スケジュールは，常により高い価格とより短い遅れを選ぶ小さい番号の市場から逐次束ねられて構成される．たとえば，市場が5つに細分化されており，企業はスケジュール $\{(p_0, 0), (p_1, \tau_1), (p_2, \tau_2)\}$ を公表しているとしよう．逐次束ねるということは，以下に述べる内容を意味している．ここで，市場1と2の消費者は $(p_0, 0)$ を，市場3の消費者は (p_1, τ_1) を，市場4と5の消費者は (p_2, τ_2) を選ぶものとする．この場合，最適スケジュールの性質は，市場3の消費者にとって (p_1, τ_1) と $(p_0, 0)$ は差がなく，市場4の消費者にとって (p_2, τ_2) と (p_1, τ_1) は差がないということになる（差がない場合は，より安い費用の対を消費者は選択するものとする）．これらの差がないという関係は，最適価格・納入スケジュールはある遅れと限られた一部の市場，すなわち，この例題では，(τ_1, τ_2) と，市場3と4によって完全に規定されることを意味する．

今，価格・遅れスケジュールを固定して，その企業のサプライチェーンを考える．市場 m は l_m $(m = 1, \cdots, M)$ に等しい出荷遅れを選ぶものとする．もし，市場 m の顧客が時間 t にオーダーを行うならば，その顧客に対応する需要は $t + l_m$ に発生する．いくつかの m について，$l_m > 0$ であるとしよう．それゆえ，それらのオーダーは将来における需要を予告しているものと考えられ，問題は，この情報をいかにして企業の補充戦略に結び付けることができるかというものになる．最適戦略と，それに対応する最小サプライチェーン費用は既知の需要情報と未知の需要情報を区別し，

注 32：$u_m(0) - u_m(\tau)$ は，市場 m の顧客の待ちに対する費用であることに留意されたい．$u_m(\cdot)$ が凸関数であるという仮定は，待ちの費用が凹関数，つまり，待ちの限界費用が減少することを意味している．たとえば，その製品に対する期待がオーダーを出した後，時間の経過につれて減少するならば，このことは正しい．この場合，待ちの限界費用は最初の数日間は非常に高く，しばらく比較的高い状態が続き，時間の経過とともに減少していく．

Chen and Zheng(1994)で示した方法を用いることによって得られる。最適政策は(各ステージにおいて)変動する補充水準を用いるエシェロン基点在庫政策である。

出荷の遅れがいかにして費用の節約に置き換えられるかについての直観的な理解が得られるように，$N=2$ の場合を考えてみよう。リードタイムはステージ1で4期，ステージ2で2期であるとしよう。状況を思い切って単純化するために，l 期の出荷遅れを選択する市場のみがあるものとする。もし，$l=6$ ならば，そのサプライチェーンは全く需要の不確実性に遭遇することはなく，結果として在庫はどのステージにおいても保有する必要のないことは容易にわかる。今，$l=5$ であるとしよう。この場合，ステージ1において在庫を保有する必要はなく，ステージ2が対面する問題について考えよう。顧客のオーダーが時刻 t において(ステージ1)で発生したものとする。このオーダーに対して時刻 $t+l=t+5$ においてステージ1で出荷をする必要がある。これは時刻 $t+1$ においてステージ2で出荷の必要があることを意味している。それゆえ，ステージ2の問題は基本的には顧客が1期の出荷遅れを選択する単一ロケーション在庫問題になる。これは，ステージ2のリードタイムが2期であることを考え合わせると，ステージ2が対面する需要の不確実性は通常ならば2期の需要に相当するが，この場合は1期の需要に相当することになる［訳注：リードタイムは2期であるが，許容する出荷遅れを考える場合にはリードタイムから出荷遅れ1期が差し引かれ，1期分の需要の変動に対応すればよい］。最後に，仮に $l=3$ ならば，両方のステージで在庫を保有する必要が生じる。少し考えれば，ステージ1が対面する需要の不確実性は1（$=4-3$）期の需要に相当し，ステージ2が対面する需要の不確実性は2期の需要に相当することがわかる。

最適な価格・遅れスケジュールは，市場細分化戦略の費用と便益の両方を取り扱う問題を解くことによって求められる。この戦略の正味の便益はかなりの大きさになることが，数値計算の結果によって示されている。

スクリーニングと道徳的危険　時には，スクリーニングを受けたパーティは隠れて行動する。Chen(2000c)はそのようなモデルを研究している。企業が単一の製品を単一のエージェントを通して販売しているとする。市場の需要は，エージェントの販売努力 a，市場の状況 θ，ランダム変動 ε の和，つまり，

$$X = a + \theta + \varepsilon$$

によって示される。ここで，θ と ε はそれぞれ独立した確率変数であり，$0<\rho<1$ かつ $\theta_H>\theta_L>0$ に対して $Pr(\theta=\theta_H)=\rho$, $Pr(\theta=\theta_L)=1-\rho$, $\varepsilon \sim N(0,\sigma^2)$ である。エージェントは θ を独自に観測し，またその努力水準は企業にとって観測不能である。企業はエージェントの仕事に対する報酬（すなわち，賃金契約）をどのように定めるか，また需要が実現する以前にどれだけの量の製品を製造するかについて決定する。エージェントは，提示された契約を受け入れるかどうか，受け入れる場合にはいかなる水準の労力を費やすかについて決定する[33]。

モデルは，以下の順序に従う事象の生起を仮定している．① 企業（プリンシパル）は，（スクリーニングのために）賃金契約のメニューを示す．② エージェントは，θ の値を独自に観測する．③ エージェントは，参加する（企業のために働く）かどうかを決定し，参加する場合にはどの契約に署名するかを決定する．④ 署名した契約条件の下で，企業は生産量を決定し，エージェントは努力水準を決定する．⑤ ε が確定する．

契約メニューを提示されたエージェントの決定について考察しよう．まず，エージェントはメニューにあるそれぞれの契約を検討し，契約をした場合に獲得できる最大の期待効用を求める．$s(\cdot)$ が検討中の効用であり，たとえば，$s(X)$ は総販売量が X のときにエージェントに支払われる賃金であるとしよう．実収入 z に対するエージェントの効用が $U(z) = -e^{-rz}$ $(r>0)$ であるとしよう[34]．$U(\cdot)$ は増加関数かつ凹関数であって，これはエージェントがリスクを嫌っていることを意味する．実収入は受け取った賃金 $s(X)$ から労力の費用 $V(a) = a^2/2$ を差し引いたものである[35]．$s(\cdot)$ の下で達成できる最大期待効用を求めるには，エージェントは次の最適化問題を解けばよい．

$$\max_a E[-e^{-r(s(X)-V(a))}]$$

エージェントは契約を評価する際にすでに θ の値を観察していることを思い出してほしい．それゆえ，今述べた期待値は，観測された θ の値の下で ε を考慮したものである．もし，最大期待効用が $-U_0$ $(U_0>0)$ に等しいか大きければ，エージェントの約束された効用は本人にとって最良の外部から提供された機会を意味しており，契約 s はエージェントにとって受け入れることのできるものである[36]．メニューに示されたすべての契約の中から，エージェントは達成可能な最も高い期待効用もつ契約を選出し，この効用水準が $-U_0$ を超える場合に参加する．

ここでプリンシパルの問題に目を転じよう．企業は総販売量を観測する以前に生産に関する決定を下さなければならないことを思い出してほしい．このことは顧客がオ

注 33：Coughlan (1993) は，販売部隊の補償を取り上げた文献を展望している．共通の仮定として設定されているのは，総販売量は販売努力とランダム変動との関数であり，エージェントの努力は企業にとって観測不能であるということである．これは，道徳的危険問題であり，これは経済学のエージェンシー理論の文献において広範囲にわたって研究されている．たとえば，Shavell (1979)，Haris and Raviv (1978, 1979)，Holmstrom (1979, 1982)，Grossman and Hart (1983) を参照されたい．道徳的危険問題に加えて，企業が販売環境に関する情報について不利な状況にあるならば，たとえば，販売部門が販売応答機能（販売努力の生産性，価格変更に対する顧客の感度，販売の見通しなど）についてより多くの情報をもっているような情報の偏在があるならば，企業は逆向きの選択問題に直面する．その典型的な解決策は，契約メニューを検討することである．マーケティング分野で販売部隊の補償を取り上げている文献として，Basu et al. (1985), Lal (1986), Lal and Staelin (1986), Rao (1990), Raju and Srinivasan (1996) がある．

注 34：負の指数効用関数は，さまざまなエージェンシーモデルで利用されている．

注 35：2次形式は，分析にとって重要な意味をもつものではない．努力の費用を表す関数についてよく用いられる仮定の特徴は，努力の限界費用を増加関数とするものである．

注 36：約束された効用は，エージェントのタイプに依存したものではないという仮定は，理に適ったものである．というのは，「好調」か「低調」かを区別するものは市場の状況であって，エージェントの本来の性質と無関係であるからである．

ーダーした製品の早い納入を望み,生産リードタイムが比較的長い場合には理に適っている(このような場合には,受注生産は不可能である).Q は生産量であり,c は生産される製品の単位あたりの費用であるとしよう.もし,$X \leq Q$ ならば,過剰の供給量は単位あたり p で買い取られる.他方,$X > Q$ ならば,過剰の需要量は単位あたり c' の費用をかけて特別に生産された製品によって満たされなければならない.単位あたりの販売価格を $1+c$ としよう(単位あたりの利益は正規化されて 1 で示されている).例外的な場合を除外するために,$p < c < c' < 1+c$ を仮定する.前述したとおり,企業は期待利益を最大にする目的をもって生産上の決定を下すとともに契約を行う.もし,$s(\cdot)$ がエージェントが署名した契約であれば,企業の利益は次式によって示される.

$$(1+c)X - s(X) - cQ + p(Q-X)^+ - c'(Q-X)^-$$
$$= X - s(X) - [(c-p)(Q-X)^+ + (c-c')(Q-X)^-]$$

ここで,$w^+ = \max\{w, 0\}$ であり,また $w^- = \max\{-w, 0\}$ である.最適生産量は,

$$E[(c-p)(Q-X)^+ + (c-c')(Q-X)^-]$$

を最小化するものであり,期待値は市場の状況についてのプリンシパルの知識と契約が結ばれた後のエージェントの,(観察されたものではなくて推定された)販売努力に基づいて決まる総販売量 X に関するものである.

考えられうる市場の状況は 2 通りのみであるので,企業は多くても 2 通りの契約を提示すればよい.市場の状況は「好調」と判断したエージェントの契約を $s_H(\cdot)$,「低調」と判断したエージェントの契約を $s_L(\cdot)$ で示す.プリンシパルはエージェントの選んだ靴を覆いて,それぞれの状況の下で大きな販売努力をエージェントが払うよう期待する.a_H を市場の状況は「好調」と判断したエージェントの販売努力,a_L を市場の状況は「低調」と判断したエージェントの販売努力であるとしよう.$s_H(\cdot) \neq s_L(\cdot)$ であることを仮定する.この場合,プリンシパルはエージェントによって選択された契約をみて,市場の状況を初めて知ることになる.もし,$\theta = \theta_H$ ならば X は正規分布 $N(a_H + \theta_H, \sigma^2)$ からランダムに抽出され,$\theta = \theta_L$ ならば X は正規分布 $N(a_L + \theta_L, \sigma^2)$ からランダムに抽出される.そして,プリンシパルはその結果に応じて生産量を決定することができる.これはプリンシパルがスクリーニングを通して得る便益である.

スクリーニングを実施する一つの方法は,(2 つの)線形契約のメニューを提示するというものである.つまり,$s_H(x) = \alpha_H x + \beta_H$ が市場の状況は「好調」と判断するエージェントのための契約であり,$s_L(x) = \alpha_L x + \beta_L$ が市場の状況は「低調」と判断するエージェントのためのもので,ここで,$\alpha_H, \alpha_L \geq 0$ とする.契約パラメータの最適値は,以下のとおりになることが示せる.

$$\alpha_H = \frac{1}{1 + r\sigma^2}$$

$$\alpha_L = \frac{1}{1+r\sigma^2} \max\left\{1 - \frac{\rho}{1-\rho}(\theta_H - \theta_L), 0\right\}$$

$$\beta_L = -\frac{\ln U_0}{r} - \alpha_L \theta_L - \frac{1-r\sigma^2}{2}\alpha_L^2$$

$$\beta_H = -\frac{\ln U_0}{r} + \alpha_L(\theta_H - \theta_L) - \alpha_H \theta_H - \frac{1-r\sigma^2}{2}\alpha_H^2$$

スクリーニングを実施するもう一つの方法は，Gonik（1978）によって示唆されたものである．この計画の下では，企業は販売人に総販売量の予測を提出するよう求める．もし，予測量が F ならば，補償金として F によってパラメータ化された実際の総販売量 x の事前に定めた関数値 $s(x|F)$ がそのエージェントに支払われる．それゆえ，企業は契約のメニューを効果的に提供できる．つまり，エージェントはある予測量を提出することにより，メニューから特定の契約を選択している．Gonik の原案では，次に示す関数形式を用いている．すべての x について，

$$s(x|x) = \alpha x + \beta$$

また，すべての x と F について，

$$s(x|F) = \begin{cases} s(F|F) - u(F-x), & x \leq F \\ s(F|F) + v(x-F), & x > F \end{cases}$$

ここで，α，β，u，v は企業が定めるパラメータであり，$u > \alpha > v > 0$ が仮定されている．すべての F と x について $s(x|x) \geq s(x|F)$ であることに留意されたい．それゆえ，もしエージェントが x 単位の販売を望むならば，x に等しい予測量を提出することが最大の利益をエージェントにもたらすことになる．さらに，いかなる F についても $s(x|F)$ は x に関して増加関数となるため，これはより大きな販売量を実現するインセンティブをエージェントに提供する．

エージェントの最適努力水準は $a^* = \alpha$ となることが示せる．これは唯一の契約パラメータ α によって決まり，エージェントのタイプとは無関係である．さらに，最適な予測の決定は何らかの値 z^* に関して，$F^* = z^* + a^* + \theta = z^* + \alpha + \theta$ によって示され，α，u，v に従属するが，β とエージェントのタイプとは独立である．それゆえ，市況を「好調」とするエージェントの予測は $F_H = z^* + \alpha + \theta_H$ となり，市況を「低調」とするエージェントの予測は $F_L = z^* + \alpha + \theta_L$ となる．つまり，エージェントはふるいに掛けられている．

Gonik の方法を用いて線形契約のメニューを比較した数値計算の結果によると，企業の期待利益に関して前者が後者に勝ることが示されている．

サプライチェーンにおけるスクリーニング　　サプライチェーンにおける情報の非対称の重要な種類は，費用構造に関するものである．供給業者が買い手の費用構造に関する完全な知識をもたなかったり，また，それとは逆のことがあったりするであろう．この場合も，情報を十分にもたない側は契約メニューを用いて情報を十分もって

いる側をふるいに掛けることが試みられよう。以下において，情報の非対称が存在するサプライチェーンにおけるスクリーニングを取り扱った論文についていくつか紹介する[37]。

Ha（2001）は，供給業者が買い手の限界費用についての情報を所有しない場合のスクリーニングモデルを提出している．問題の設定は，（価格決定を取り扱う）ニュースベンダーモデルと同一である．つまり，買い手は確率的で価格に敏感な需要に対面しており，需要が確定する前に購入量とともに価格を決定する必要がある．需要モデルは加法的なもので，$D = \mu(p) + Y$ で示される．ここで，p は小売価格，μ は減少関数であるとともに凹関数であり，Y は p と独立の確率変数である．s は供給業者の製造限界費用，c は買い手の（販売とおそらくは付加的な加工を合わせた）限界費用であるとしよう．このモデルの重要な特質は，c は買い手のみが知っていて供給業者にはある限られた期間中は前もって公開された費用しか知らないという点にある．他の情報はすべて共有されているものとする．解析は供給業者の視点に立って行われており，供給業者の期待利益を最大にするには，買い手に対していかなる契約メニューを提示すればよいかというものである．

契約メニューは $\{p(\hat{c}), q(\hat{c}), R(\hat{c})\}$ の形式で与えられ，$\hat{c}$ は買い手が公表した（真の費用 c と異なりうる）限界費用である．それぞれの値は以下のようにして決められる．買い手が $\hat{c}$ を公表すると，供給業者は買い手に $q(\hat{c})$ 単位の量を納入し，総支払額 $R(\hat{c})$ が決まり，買い手は小売価格 $p(\hat{c})$ を定める．関数 $p(\cdot)$, $q(\cdot)$, $R(\cdot)$ は供給業者が選択する．メニューが示されたとき，買い手は契約書に署名するかどうかを決定し，署名をする場合は何らかの $\hat{c}$ の選択によってそれが示される．Ha はこの機構設計問題を解いている．

Ha（2001）の論文において述べられているように，この契約のメニューは価格が固定された非線形契約であり，これは再販価格維持（resale price maintenance：RPM）のような商法にかかわる問題に抵触する可能性がある（たとえば，Tirole, 1988参照）．もし，契約のメニューが $\{q(\hat{c}), R(\hat{c})\}$ に変更されるならば，これは問題にならず，小売業者は契約に署名をした後，自由に小売価格を選択できる．Ha は小売価格が外部から与えられるという特別な場合を取り扱っており，小売価格決定の問題は解いていない．

Corbett and de Groote（2000）は，小売業者の在庫維持費用パラメータ h_b が供給業者に知らされていないことを前提とした1供給業者・1小売業者のモデルを研究している．この場合の基本的な設定は，受注残が認められず需要が確定的な場合であり，供給業者と小売業者のロットサイズが等しいこと（ロット・フォア・ロット補充）を条件とする2段階経済ロットサイズ決定問題である．しかしながら供給業者は，h_b の分布についてはもともと知識をもっている．供給業者が対面する問題はダ

注 [37]：読者は，2.2項で述べたモデルのいくつかのものがこの範疇に入ることに気付くであろう．

イレクトリベレーションゲームとして定式化できる．つまり，供給業者は小売業者にh_bの値をたずね，もし知らされた値が$\hat{h}_b$ならば，ロットサイズは$Q(\hat{h}_b)$となり，単位時間あたりの一括支払額として割引額$P(\hat{h}_b)$が与えられる．供給業者の仕事は，小売業者が本当の在庫維持費用を必ず知らせたくなるようなインセンティブのある共存を導く制約の下で供給業者の期待費用を最小化する1対の関数$Q(\cdot)$と$P(\cdot)$が求められるというものである．Corbettとde Grooteは，最適な$Q(\cdot)$と$P(\cdot)$がともに減少関数となることを示しており，より大きな量がより高額の割引額をもたらすゆえ，これは量割引計画として解釈できる．

　Corbett (2001) は，確率的な需要を取り扱う供給業者・小売業者モデルを取り上げている．設定は基本的には古典的な(Q, r)モデルと同じである．つまり，小売業者の在庫ポジションが発注点r以下になったとき，小売業者はQ単位のバッチをオーダーする（また，供給業者はQ単位のバッチを製造する）．この論文では，供給業者がロットサイズ（すなわち，Qの値）を決定し，各バッチサイズの生産に当たって固定費用が発生する．また小売業者は発注点rを決定し，販売側で発生する在庫維持費用と受注残費用について責任をもつ[38]．協調が行われない限り，このサプライチェーンの非効率性は明らかである．供給業者はバッチサイズを無限大にするかもしれない．Corbettは，① 供給業者は固定費用の値を単独に観測する，② 小売業者は受注残のペナルティコストを単独に観測する，というシナリオの下でスクリーニング解を導いている．また，小売業者在庫の所有権を供給業者に与えるという委託がサプライチェーンの協調にいかに影響するかについて検討している．詳しいことはここでは省略する．非対称の費用情報を有するサプライチェーンモデルについては，Corbett et al. (2001) とその論文中で取り上げられている文献を参照されたい．

　サプライチェーンにおける情報の非対称性のもう一つのタイプは，需要情報に関するものである．たとえば，市場に近い小売業者は供給業者よりもより詳しい需要情報をもっていよう．Cachon and Lariviere (1999) は，1供給業者・N小売業者を取り上げた1期間モデルを研究している．小売業者はそれぞれの地域で独占的に販売をしており，市場についての固有のシグナルを受け取り，望ましい在庫水準を個別に決定する．供給業者は能力制約があるために小売業者のオーダーの総計がその能力を超えるときは能力の割付方法を決めねばならない（1つの割付方法は，小売業者のオーダーベクトルを能力の割付ベクトルに写像するというものである）．種々の割付方法を取り上げてサプライチェーンに及ぼす効果を調べている．その結果，いくつかの方法が小売業者をして望ましい量を正しくオーダーするように導く一方，小売業者がオー

注[38]：ここでは，重要な仮定が1つ置かれている．それは，供給業者が小売業者の発注量を決めるという点である．供給業者が生産量を決定し，小売業者が発注点を設定するという2つの量の意思決定が行われる場合において，もう一つの考えられうるモデルについて検討する価値がある．現在の費用構造の下では，生産量が発注量より大きくなることは理に適っている．したがって，供給業者において在庫維持費用が発生する．この場合にサプライチェーンの協調はどのように行われるのがよいのだろうか．同じ所見が，Corbett and de Groote (2000) のモデルについても述べられている．

ダーのインフレーション(能力不足の際に,より多くの量が割り付けられるように必要以上にオーダーすること)を引き起こすような方法を用いてもサプライチェーンはうまく運用できるという結果が示されている.言い換えれば,小売業者のオーダー情報に対する正直な割付は必ずしもサプライチェーンの適正な目標にはならないということである.Deshpande and Schwarz (2002) においても類似した問題が研究されており,供給業者の視点に立って最適な方法が導かれている.

3.2 シグナリング

まず,シグナリングの基礎を説明するのにふさわしい簡単な例を取り上げる.次に,情報をもたないパーティが固有情報の公開を望むというサプライチェーンモデルをいくつか紹介する.興味深いことに,これらのモデルはいずれも新製品の導入を背景としている.

簡単な例 1製造業者・1小売業者からなるサプライチェーンを考えよう.製造業者は単一の製品を製造し,小売業者を通してそれを販売する.小売業者は線形需要関数 $D=a-p$ に対面する.需要を示す縦軸の切片である a は2つの値,具体的には $a=8$ あるいは $a=4$ をとりうる.製造業者は a を観測し,一方,小売業者は $a=8$ が生じる確率 ρ と $a=4$ が生じる確率 $1-\rho$ ($0<\rho<1$) を査定する.製造業者はこの査定の結果を小売業者から知らされる.問題を単純化するために,製造業者の生産に要する限界費用は0であるとする.1期限りのゲームは製造業者による卸値 w の提示によって始まり,小売業者は小売価格 p を定める.最後に,市場の需要が確定し,その結果として両プレイヤーの利益が生じる.

まず,完全情報の場合,つまり,a の値を小売業者も知ることができる場合を考えよう.需要が好調である場合(つまり,$a=8$ の場合),小売業者は卸値が w ならば,$(p-w)(8-p)$ を最大にするように p を選ぶ[訳注:$(p-w)(8-p)$ は,小売業者の単位量あたりの利益と販売量の積を示している.$(p-w)(a-p)$ において $(a-p)$ が販売価格 p に対する需要の弾力性を反映した項になっていることに留意されたい].最適解は $p=(8+w)/2$ である.これが与えられると,製造業者は $w(8-(8+w)/2)$ を最大化する.この解は $w_H=4$ であり,小売価格は $p_H=6$ となる.製造業者と小売業者の利益はそれぞれ $\pi_H^M=8$,$\pi_H^R=4$ となる.一方,需要が低調である場合(つまり,$a=4$ の場合),$w_L=2$,$p_L=3$,$\pi_L^M=2$,$\pi_L^R=1$ となる.

需要が好調である場合に製造業者が低調であるかのような「ふりをする」インセンティブをもつことが考えられうる.たとえば,製造業者が卸値を $w=2$ として,小売業者は需要が低調であると考えたとしよう.小売業者は $(p-w)(4-p)$ を最大にするように p を選び,$p=3$ となる.この場合,製造業者の利益は $w(8-p)=10$ となり,完全情報下での利益額 $\pi_H^M=8$ より大きくなる.これから推測できることははっきりしている.つまり,製造業者は小売業者に需要状況が低調であると思わせ,販売

価格を低く設定してより大きな需要をつくり出させようとする．興味深いことには，この場合の小売業者の利益は $(p-w)(8-p)=5$ となり，また完全情報下での利益額 $\pi_H^R=4$ より大きくなる．他方，需要が低調ならば，製造業者は小売業者に需要状況が好調であると思わせようとはしない．このことを確かめる計算は読者にお任せする．

さて，ここで非対称情報の場合に戻る．製造業者は卸値を w に設定するとしよう．$\mu(w)$ を小売業者が $a=8$ の事象であると判断する確率とする．もし，たとえば，$\mu(w)=\rho$ ならば，小売業者は w を知った後は需要状況について新しい情報を何も得ることはない．他の極端な場合は，$w=0$ あるいは 1 の場合であり，小売業者は需要の切片について正確な情報を知る．w と $\mu(w)$ を用いて小売業者は次の期待利益を最大にする小売価格を求める．

$$(p-w)[8\mu(w)+4(1-\mu(w))-p]=(p-w)[4+4\mu(w)-p]$$

それゆえ，最適解は，

$$p(w,\mu(\cdot))=\frac{4+4\mu(w)+w}{2}=2(1+\mu(w))+\frac{w}{2}$$

となる．$\mu(\cdot)$ が所与の場合には，製造業者は小売業者がこの式を用いて，w のそれぞれの考えられる値について何をしようとするかを予想することができる．需要が好調の場合，製造業者にとって次式の解が最適な卸値になる．

$$\max_w \pi_H^M(w) \stackrel{def}{=} w(8-p(w,\mu(\cdot)))=w\left(6-2\mu(w)-\frac{w}{2}\right)$$

この解を w_H^* としよう．同様に市場が低調な場合，製造業者にとって次式の解 w_L^* が最適な卸値になる．

$$\max_w \pi_L^M(w) \stackrel{def}{=} w(4-p(w,\mu(\cdot)))=w\left(2-2\mu(w)-\frac{w}{2}\right)$$

要約すれば，$\mu(\cdot)$ が所与の場合，2人のプレイヤーは製造業者が主導者となり，小売業者が従属者になって Stackelberg のゲームを競う．しかし，話はこれで終わらない．$\mu(\cdot)$ はどこからやってくるのだろうか．その確率はこの Stackelberg ゲームを支配している価格戦略と矛盾するものであってはならない．たとえば，もし $w_H^* \neq w_L^*$ ならば，w_H^* に等しい卸値は小売業者に $a=8$ なるシグナルを送り，w_L^* に等しい卸値は小売業者に $a=4$ なるシグナルを送っていることになる．それゆえ，矛盾が生じないためには，$\mu(w_H^*)=1$, $\mu(w_L^*)=0$ でなければならない．一方，$w_H^*=w_L^*$ ならば，製造業者が好調，低調のいずれを考えているかはどちらでもよく，小売業者は卸値のみに注目しよう．この場合，矛盾が生じないためには，$\mu(w_H^*)=\rho$ でなければならない．前者の場合，製造業者の市場についての判断がどちらであるか識別できるため，分離均衡が生じる．後者の場合には，好調・低調の2つの判断が同一の結果を導いているため，プーリング均衡が生じる．一貫性のある確信の構造は均衡確信と呼ばれる．

何らかの均衡，つまり分離均衡あるいはプーリング均衡が上記のゲームにおいて生

じるかどうかを調べてみる．

　プーリング均衡の成立を仮定する．また，好調・低調の2つの判断によって選ばれた卸値を w^0 とする．さらに，小売業者は $\mu^0(\cdot)$ を確信しているとする．一貫性を得るためには，$\mu^0(w^0)=\rho$ $(0<\rho<1)$ でなければならないことを思い出してほしい．もし，$\rho<3-2\sqrt{2}\approx 0.1716$ ならば，以下に示す戦略の輪郭と確信がプーリング均衡を形成するといえる．つまり，すべての $w\leq 2-2\rho$ について $w^0=2-2\rho$，$\mu^0(w)=\rho$ となり，他のすべての w について $\mu^0(w)=1$ となる．これを検証するためにできることは，所与の確信の下で好調と低調の2つの場合に $w^0=2-2\rho$ が実際に最適な選択になっていることを確認する以外にない．まず，好調の場合について考察する．製造業者が w^0 より大きな卸値 w を提示する場合には，$\pi_H^M(w)=4w-w^2/2$ となり，これは $w=4$ のときに最大化され，$\pi_H^M(4)=8$ となる．卸値 w が w^0 に等しい場合には，$\pi_H^M(w^0)=6w^0-(w^0)^2/2-2\rho w^0$ となる．$\rho<3-2\sqrt{2}$ ならば，$\pi_H^M(w^0)>8$ となることは容易にわかる．さらに，$w<w^0$ の場合に，$\pi_H^M(w)=6w-w^2/2-2\rho w$ は，w の増大につれて増加する．これは，好調型製造業者の卸値の最適選択が w^0 であることを示している．次に，低調である場合について考察する．低調型製造業者が $w>w^0$ の卸値を提示した場合，製造業者は需要が好調であることを前提としていると小売業者は考える．このシナリオの下で，低調型製造業者の利益関数は $\pi_L^M(w)=-w^2/2$ となる．それゆえ，低調型製造業者が好調である「ふりをする」ことに関心をもつことはない．$w\leq w^0$ の範囲のすべての w に関して，$\pi_L^M(w)=2w-w^2/2-2\rho w$ となり，$w=w^0$ のときにこれは最大になる．今述べた戦略-確信の組合せは，プーリング均衡の成立を示している[39]．

　以下において，$w_H=4$，$w_L=6-\sqrt{20}\approx 1.5729$，$w<w_L$ のすべての w について $\mu(w)=0$，また $w>w_L$ のすべての w について $\mu(w)=1$ なる分離均衡が成立する例を示そう．これを検証するために，まず好調型製造業者を考える．w_L より大きいいかなる卸値 w に関しても小売業者は $a=8$ と判断し，製造業者は $w=4$ で最大化され，最大値が $\pi_H^M(4)=8$ である利益関数 $\pi_H^M(w)=4w-w^2/2$ に対面している．製造業者は需要が低調であるふりをすることを望む場合，卸値 $w\leq w_L$ を提示する必要がある．この範囲に関しては，$\pi_H^M(w)=6w-w^2/2$ であり，$w<w_L$ の範囲の w に関して増加関数である．それゆえ，好調型製造業者が小売業者を欺くと，$6w_L-w_L^2/2=8$ 以下の利益を得て，「真実を告げる」場合に比べてよくない結果に終わる．このことから，好調型製造業者にとっての最適な選択は $w_H=4$ であることがわかる．一方，低調型製造業者は，前述の検討結果からすれば好調型であるふりをしてはならない（そのようなふりをすれば，結局は損失をこうむる）ことを思い出してほしい．$w\leq w_L$ の卸値の場合に，低調型製造業者の利益関数は $\pi_L^M(w)=2w-w^2/2$ となる．この関数は $w\leq w_L$ なる範囲の w に関して増加関数になる．したがって，低調型製造業者に最大の利益をもたらす卸値は w_L である．さらに，2つの型の製造業者の選択は，前述の小売業者の確信に合致する．それゆえ，今述べた前提の問題に関しては，分離

均衡が成立する．

読者は，これとは異なる分離均衡あるいはプーリング均衡があるのではないかと考えるかもしれない．いずれかの均衡を見つけることはよい演習になると思う．シグナリングゲームに関する論文に関心があれば，Kreps（1990），Fundenberg and Tirole（1992），Kreps and Wilson（1982）を参照されたい．

新製品の導入に関する需要シグナリング　　製造業者が市場に新製品を導入するとき，その製品の潜在的需要について何らかの固有情報をその製造業者はもっている．この情報は，小売業者にとって低需要製品の諸経費の回収は難しいため，製品の在庫を保有するかどうかの決定においてきわめて重大である．同様に，製造業者の製品を

注 [39]：均衡のさまざまな洗練が可能である．たとえば，ここでは文献において「直観的基準」として知られている均衡の支配があるかどうかについて考える．直観的基準の検討と他の洗練の紹介についてはKreps（1990）を参照されたい．前述したプーリング均衡において，好調型製造業者の期待利益は $(8-p^0)w^0$ となり，ここで p^0 は均衡状態での小売業者の販売価格であって，次式によって示される．

$$p^0 = 2(1+\rho) + w^0/2 = 3+\rho$$

同様に，低調型製造業者の期待利益は $(4-p^0)w^0$ になる．テストにおける最初のステップは「支配された均衡」であるすべてのシグナル（すなわち，卸値）を確認することである．もし，w の下で製造業者にとって達成可能な最大利益が均衡状態において得る利益より小さければ，その卸値 w が支配された均衡であるといえる．好調型製造業者を考える．均衡状態での期待利益が $(8-p^0)w^0$ であることを知っている．製造業者が卸値として w を定め，小売業者が小売価格を p に設定するとき，製造業者の利益は $(8-p)w$ となる．達成可能な最大利益は $8w$ となり，それは $p=0$ のときに得る．それゆえにもし，

$$8w < (8-p^0)w^0 \quad \text{あるいは} \quad w < (1-p^0/8)w^0 = (5-\rho)(1-\rho)/4 \stackrel{def}{=} \tilde{w}_H$$

ならば，w は好調時における支配された均衡である．同様に，

$$4w < (4-p^0)w^0 \quad \text{あるいは} \quad w < (1-p^0/4)w^0 = (1-\rho)^2/2 \stackrel{def}{=} \tilde{w}_L$$

ならば，w は低調時における支配された均衡である．

直観的基準の中心になる考えは，小売業者の確信は支配された均衡である卸値にあらねばならないという関係が明白にされるべきということである．たとえば，小売業者が $w < \tilde{w}_H$ なる関係を観測する限り，好調型製造業者からそのシグナルは送られてはならず，$\mu(w)=0$ でなければならない．同様に，シグナル $w < \tilde{w}_L$ は製造業者が低調型でありえないことを告げる．しかし，この場合に製造業者が好調型であることはありうるのか．その答えは「いいえ」である．なぜならば，$\tilde{w}_L < \tilde{w}_H$ であり，$w < \tilde{w}_H$ となるからである．ここでわれわれは苦境に立たされる．つまり，理に適った仮定はそのような卸値は観測されえないというものである．この仮定の下では，直観的基準は $w < \tilde{w}_H$ に対して $\mu(w)=0$ であることを暗示している．w の同じ範囲の値について $\mu^0(w)=\rho$ であることに留意されたい（$\tilde{w}_H < w^0$ であることを確認してほしい）．$\mu(\cdot)$ が小売業者の更新された確信を示している場合，最適応答 $p(w,\mu(\cdot))$ を小売業者がもち続けることを仮定して，小売業者の確信の変更が製造業者のシグナリング戦略を変えるかどうかを調べてみよう．まず，好調型製造業者について考える．製造業者が $w < \tilde{w}_H$ を提示した場合，$\mu(w)=0$ であり，

$$\pi_H^M(w) = 6w - w^2/2 < 6\tilde{w}_H - (\tilde{w}_H)^2/2$$

となり，これは 8 より小さくなることが示せる．もし，卸値が 4 であるならば（また小売業者が製造業者を好調型と考えるならば），これは製造業者の期待利益を表しており，その額は製造業者が卸値を w^0 と定めることによって得る利益より少なくなっている．それゆえ，好調型の選択がもとのまま保存されている．次に，低調型製造業者について考える．$w < \tilde{w}_H$ なる w について，

$$\pi_L^M(w) = 2w - w^2/2 < 2\tilde{w}_H - (\tilde{w}_H)^2/2$$

となる．もし，$\rho < 0.11$ ならば，

$$2\tilde{w}_H - (\tilde{w}_H)^2/2 < (w^0)^2/2$$

であることが示せる．ここで，右辺は製造業者が卸値として w^0 を選んだ場合における低調型製造業者の期待利益を表している．結果として，$\rho < 0.11$ の場合にプーリング均衡が直観的基準によって維持されている．

生産するためにどれだけの能力を備えた製造設備を保有するかを考えている供給業者にとっては，低需要製品のために過剰な設備を構築することは不経済であるため，その情報は価値が高い．両者に対して製造業者は現実の需要の大小にかかわらず，大きな需要があると伝達をするインセンティブを所有している（このことは，前述の例で取り上げたシナリオと異なっている．その場合は，小売業者が市場は低調であると判断すれば，製造業者は利益を得る）．必然的に，詳しい説明を伴わない製造業者の通知は信用されない．信用を得るには，製造業者はシグナリングを行わねばならない．この問題を取り扱っているいくつかの論文を，以下において紹介する．

Chu (1992) は，製造業者と小売業者からなる流通チャネルを取り上げている．製造業者によって生産され，小売業者によって販売される製品の需要は，市場の状況に依存して決定される．つまり，小売価格を P，製造業者の宣伝費用を A とすると，需要は次式によって表される．

$$Q^i = a - b^i P + f(A), \quad i = H, L$$

ここで，Q^i は市場の状況が i の場合における製品需要，a は定数，b^i は価格に対する需要の感度，$f(\cdot)$ は凹の増加関数である．$b^H < b^L$ であることを仮定する．このように，所与の P と A に対して需要は市場の状況が H のときにより大きくなる．便宜上，市場の状況は好調（$i=H$）か低調（$i=L$）かのいずれかであるとする．製造業者は市場の状況を正確に知っているのに対し，小売業者は市場が好調である確率 ρ を査定する（製造業者は，それも情報として取得する）．製造に当たり，生産限界費用 C が発生し，製造業者はその額を知っている．

シグナリングゲームは，(優越的情報を有する) 製造業者が卸値 P_w と宣伝費用 A を提示することによって始められる．P_w と A が与えられたとき，小売業者は市場の状況に関する確信をすでに取得している ρ から $\bar{\rho}$ に更新し，製造業者の製品を在庫として保有するかどうかを決定し，後者の場合は小売価格を設定する．製品の在庫を保有する場合，小売業者には固定費用 F が発生する．小売業者は，(在庫維持費用を考慮しない) 期待利益が F を超える場合に製造業者の申し出を受け入れ，そうでない場合には受け入れない．

Chu は，小売業者が製造業者の申し出を受け入れるやいなや，正しい市場の状況を知ることができるという仮定をさらに加えている．それゆえ，需要曲線の勾配 b^i の値に応じて販売価格の決定ができる．

シグナリングゲームの均衡は，製造業者の戦略 $\{P_w^i, A^i\}$, $i=H, L$，小売業者の 0-1 関数である受諾・拒絶戦略 $R(x, y)$，製造業者からの提示 $(P_w, A) = (x, y)$ に基づいて市場が好調であると判断する確率である小売業者の確信 $\mu(x, y)$ から成り立っている．小売業者の価格決定は，市場の状況についての正しい情報を得てから行われることに留意されたい．したがって，小売業者が製造業者からの申し出を受け入れる場合，最適小売価格は次式で表せる．

$$P^i(x, y) = \mathrm{argmax}_P (P-x)(a - b^i P + f(y)), \quad i = H, L$$

小売業者の（固定費用 F を考慮しない）利益を $\pi_R^i(x,y)$ としよう．すなわち，$\pi_R^i(x,y)=(P^i(x,y)-x)(a-b^i P^i(x,y)+f(y))$．受諾/拒絶の決定以前においては，小売業者の期待利益は，$\pi_R(x,y) \stackrel{def}{=} \mu(x,y)\pi_R^H(x,y)+(1-\mu(x,y))\pi_R^L(x,y)$ となる．したがって，$\pi_R(x,y) \geq F$ ならば，小売業者は製造業者の申し出 (x,y) を受け入れる．すなわち，$R(x,y)=1$ である．一方，$\pi_R(x,y)<F$ ならば，小売業者は製造業者の申し出 (x,y) を断る．すなわち，$R(x,y)=0$ である．これらの対応をすべて考慮した上で，製造業者は自己のタイプ i を勘案し，利益の最大化を図る．すなわち，

$$(P_w^i, A^i) = \mathrm{argmax}_{P_w, A} R(P_w, A)(P_w-C)(a-b^i P^i(P_w, A)+f(A)),$$
$$i=H, L$$

$(P_w^H, A^H) \neq (P_w^L, A^L)$ が成立する均衡は分離均衡である．一方，$(P_w^H, A^H) = (P_w^L, A^L) \stackrel{def}{=} (\widehat{P}_w, \widehat{A})$ が成立するならば，プーリング均衡が生じる．分離均衡が生じる場合，小売業者の確信にとって必要な一貫性のある要求事項は，$\mu(P_w^H, A^H)=1$ かつ $\mu(P_w^L, A^L)=0$ である．プーリング均衡が成立する場合については，一貫性のある要求事項は，$\mu(\widehat{P}_w, \widehat{A})=\rho$ である．

　Chu は，好調型製造業者が完全情報下での水準を上回って宣伝し，価格設定を行う場合に，分離均衡が成立することを確認している．また，好調型製造業者と低調型製造業者が，好調型製造業者の完全情報下でのものと同程度にあるいはそれを上回る水準で宣伝し，価格設定を行う場合に，プーリング均衡が成立することを確認している（完全情報の場合とは，小売業者が市場の正しい状況を知っており，主導者としての製造業者が卸値を設定し，宣伝費用を定め，追従者としての小売業者が小売価格を設定し，製造業者の申し出に対して拒絶を選択できるという条件の下で，製造業者と小売業者が Stackelberg のゲームを行うことを指している）．

　Chu は，小売業者が最初に製造業者をスクリーニングする場合についてさらに考察している．これは，小売業者が製品在庫を保有するために，製造業者が在庫にかかる費用をその結果をみて支払うという販売委託を通して実現される．ゲームは以下の手順に従って進められる．製造業者が受諾するか拒絶するかにかかわらず，小売業者が製品の販売委託を提示する．製造業者が拒絶すれば，ゲームは終了し，製造業者も小売業者も利益を得ることはできない．製造業者が販売委託に同意する場合は，卸値と宣伝費用を定める．小売業者は（シグナリングの場合と同様に）市場の状況を観測して小売価格を設定する．

　製造業者が販売委託を受諾した後，ゲームの残りの部分は小売業者が価格決定をする以前に（スクリーニングを通して）市場の状況を知るため，完全情報の場合と変わらないことに留意されたい．好調型製造業者のみが受け入れる販売委託額を選択することができる．たとえば，販売委託額が完全情報の場合における好調型製造業者の最大利益に等しいとしよう（完全情報を条件とする Stackelberg のゲームにおいて製造業者が獲得するものと同額であり，この場合には製造業者が卸値 P_w と宣伝費用 A

を告知することによってゲームが始まり，小売業者が小売価格 P を設定してゲームが行われることを思い出してほしい）．そのような販売委託額を低調型製造業者が受け入れられないことは明白である．この場合は，好調型製造業者の製品に限り小売業者は在庫を保有し，チャネル利益をすべて獲得する．

それでは，シグナリングとスクリーニングの違いは何であろうか．いうまでもなく，どちらであるかはチャネルにおけるプレイヤー間のパワーバランスによって決まる．つまり，製造業者が行動を始める場合はシグナリングであり，逆に小売業者が行動を始める場合はスクリーニングである．チャネル全体の視点に立つ場合，どちらを選ぶかは宣伝効果の大きさによって変わる．

少しばかり，完全情報の場合について考察する．チャネル最適解と比較して，Stackelberg の解は製造業者の限界費用よりも大きな卸値をもたらし，その結果として小売価格はチャネル最適小売価格より大きくなる．これがよく知られている二重限界化現象である[40]．宣伝という側面に関しては，製造業者は宣伝から得る利益の一部を獲得するにすぎないため（小売業者もまたマージンを設定するため），Stackelberg の解の宣伝水準はチャネル最適宣伝水準よりも低く定められる傾向がある．要約すれば，卸値は高すぎ，宣伝費用は低すぎ，その結果として非効率が生じる．

ここで，対象を好調型製造業者に限定し，非対称情報の場合を考察しよう（低調型製造業者の製品が持続不能であれば，低調型製造業者を考慮から外しても理に適わないということはない）．今述べたとおり，シグナリングのゲームの場合，（完全情報下での）Stackelberg の解と比べて卸値と広告水準がともに高くなる．それゆえ，シグナリングは卸値の歪みを（チャネル最適化の場合からさらに）増大するが，宣伝水準の歪みを減少する．宣伝水準の効果が低い場合は，前者の効果は後者を支配し，チャネル全体の利益を Stackelberg の解のものよりもさらに小さくする．対照的に，委託販売を伴うスクリーニングは，固定費用であるためにチャネルにおける価格設定と広告の決定に影響しないので，チャネル全体利益の Stackelberg 解に比べた場合の劣勢を回復させる．それゆえ，シグナリングは無駄な出費を含み，それに対してスクリーニングはチャネル内での無駄な出費を抑えるといいうる．一方，宣伝がきわめて効果的であるならば，チャネルはシグナリングによってよりよい結果を得る．

Lariviere and Padmanabhan (1997) は，新製品の導入における委託販売の役割をさらに研究している．前述のモデルと同様に，製造業者は新製品の導入を独立した 1 小売業者を通して行うものとする．製造業者が卸値 w と委託販売費用 A からなる取引条件を提示することによってゲームは始まる．次に，小売業者はその申し出を受諾するか，あるいは拒絶する．前者の場合，小売業者は製品を在庫として保有し，小売価格を設定し，マーチャンダイジングに費用 e をかける．売上高は次式で表せるものとする．

注 [40]：Spengler (1950) は，この現象について初めて解析を試みた．

$$D(e,p) = \tau + f(e) - \beta p$$

ここで，τ は市場の規模を表すパラメータ，β は価格に対する需要の感度，$f(\cdot)$ は凹の増加関数である．マーチャンダイジングの費用は e であり，それに比例して効果が生じるものとする．小売業者にとっては在庫保有に固定費用 K がかかる．小売業者は利益が負でなければ，またその場合に限り，製造業者が示した契約を受諾する．このモデルの重要な特質は，2人のプレイヤーが市場の規模について非対称の情報を所有しているという点である．τ は $H>L$ なる関係の H と L の2通りの値のいずれかをとることが仮定されている．製造業者は τ の値を知っているのに対し，小売業者は市場が H である確率を評価する（製造業者はその評価値を知ることができる）．すべてのシグナリングゲームと同様に，小売業者は提示された取引の条件 (w, A) から τ の値について推論を行う．つまり，それによって，$\tau = H$ となる確信 $\mu(w, A)$ を得る．

Lariviere と Padmanabhan は，前述したシグナリングゲームにおいて生じる1つの分離均衡の特徴付けを行っている．その均衡は，製造業者によって提示された契約の内容である $(\hat{w}, \hat{A})$ と契約を支持する小売業者の確信である $\mu(\cdot, \cdot)$，具体的には $\mu(\hat{w}, \hat{A}) = 1$ およびすべての $(w, A) \neq (\hat{w}, \hat{A})$ についての $\mu(w, A) = 0$ から形成されている．モデルのパラメータは市場が低調である場合に製造業者と小売業者が同時に損失をこうむることは生じないというものである．それゆえ，小売業者が製造業者のタイプを正しく知っているいずれの分離均衡においても，好調型製造業者の製品に限って小売業者は受け入れることになる．

分離均衡が成立する条件を確認しよう．小売業者が市場を好調と見なすような契約条件 (w, A) を製造業者が提示するものとしよう．小売業者の（固定費用を考慮しない）利益関数は，次のものである．

$$\pi_R(e, p) = (p-w)(H + f(e) - \beta p) + A - e$$

したがって，小売業者の最適応答は $(\tilde{e}, \tilde{p}) \overset{def}{=} \mathrm{argmax}_{(e,p)} \pi_R(e, p)$ となる．委託販売費用は固定費用であるので小売業者の価格設定とマーチャンダイジングの費用には影響を及ぼさないことに留意されたい．しかし，それは小売業者が製造業者の申し出を受け入れるかどうかに間違いなく影響する．受諾は，次の条件が満たされる場合にのみ生じる．

$$\pi_R(\tilde{e}, \tilde{p}) \geq K$$

小売業者の確信が均衡状態において正しく行われるためには，好調であるふりをする低調型製造業者が利益を得ることがあってはならない．低調型製造業者が好調型製造業者と同じ契約内容 (w, A) を提示するとしよう．結果として，小売業者は $\tau = H$ という確信を得て，$(\tilde{e}, \tilde{p})$ を選択する対応を行う．その場合，製造業者の利益は次式で与えられる．

$$\pi_M^L(w, A) = (w-c)(L + f(\tilde{e}) - \beta \tilde{p}) - A$$

ここで，c は製造業者の限界製造費用である．低調型製造業者が利益を得ないためには，$\pi_M^L(w, A) \leq 0$ でなければならない．一方，好調型製造業者の利益は次式で与えられる．

$$\pi_M^H(w, A) = (w-c)(H + f(\tilde{e}) - \beta\tilde{p}) - A$$

好調型製造業者は，次に示す最適化問題を解いて利益を最大化する分離均衡を求める．

$$\max_{(w,A)} \pi_M^H(w, A)$$

s.t.

$$(\tilde{e}, \tilde{p}) = \text{argmax}_{(e,p)} \pi_R(e, p)$$

$$\pi_R(\tilde{e}, \tilde{p}) \geq K$$

$$\pi_M^L(w, A) \leq 0$$

解 $(\hat{w}, \hat{A})$ は，好調型製造業者が均衡状態において提示する契約の内容である．

以下に述べる結果が得られている．まず，固定費用 K が閾値 K^* より小さい場合は，分離均衡はいかなる委託販売も受け入れない．つまり，$\hat{A} = 0$ となり，卸値 $\hat{w}$ は（好調な市場条件に関する）完全情報下[41]の卸値より大きくなる．$K > K^*$ の場合に，分離均衡が成立するためには，正の委託販売額が必要である．つまり，$\hat{A} > 0$ となり，卸値 $\hat{w}$ はこの場合においても完全情報下の卸値より大きくなる．主要な教訓は，委託販売が，製造業者が市場に導入しようとしている製品は見込みがあることを小売業者に知らせる有用なシグナリング装置であるという点である．このことは，委託販売をスクリーニング装置としてモデル化している Chu (1992) とは対照的である．

Desai and Srinivasan (1995) は，道徳的危険が存在する場合の需要のシグナリングを研究している．プリンシパルは，独立したエージェントを使ってある製品を販売している．製品は新しく，その需要についてプリンシパルは固有情報をもっている[42]．エージェントは，プリンシパルが観測できない販売努力をを通して需要に影響を及ぼしうる．また，プリンシパルとエージェントは，リスクに関して中立の立場にある．問題は，この非対称情報下のモデルにおいてこれらのパーティ間で契約をいかに結ぶかということである．

より具体的に述べれば，需要関数は以下の等式で示す Q^H あるいは Q^L のいずれかである．

$$Q^J = T^J - p + f(a) + \varepsilon, \quad J = H, L$$

ここで，$T^H > T^L$ である．便宜上，需要関数が Q^H であれば，プリンシパルは好調

注 [41]：完全情報下とは，小売業者が τ の値を観測できる場合である．この場合には，モデルパラメータについて設定された仮定により，その唯一の問題は好調型製造業者が対面するものである．この問題は，製造業者を主導者として小売業者を追従者として取り扱う Stackelberg のモデルを用いて解かれている．
注 [42]：そのモデルについては，別の解釈も可能である．ここでは，便宜上，プリンシパルとエージェントによる新製品販売の問題として説明がなされている．

型であり，需要関数が Q^L であれば，プリンシパルは低調型であるとする．エージェントの需要に関する事前知識は，確率 ρ ($0<\rho<1$) でプリンシパルは好調型であるというものである．両タイプのプリンシパルはともに同じ限界費用 c をもっているものとする．エージェントは販売価格 p と売上への影響が凹の増加関数 $f(\cdot)$ を通して及ぶ販売努力 a を決定する．（エージェントにかかる）販売努力の費用は $w(a)$ であり，凸の増加関数である．需要は平均値0のランダム変数 ε に従う．需要の実現値は観察可能で契約に反映できるが，販売努力はそうではない．

　事象は次の順序で生じる．まず，プリンシパルがエージェントに契約条件を提示する．契約条件としてエージェントがプリンシパルに支払う実現需要の関数である金額が記されている．示された契約条件をみて，エージェントはプリンシパルのタイプについての確信の確率を，以前からもっていた ρ から新たに得た $\tilde{\rho}$ に変更する．更新した確信に基づき，期待利益を最大にするような小売価格と販売の努力水準を選択する．プリンシパルはエージェントの挙動を予測し，エージェントの期待利益は少なくともそれ以外のいくつかの機会を反映した保留効用水準 $\bar{u}$ でなくてはならないという制約の下で，自己の期待利益を最大にする契約を選択する．

　Desai と Srinivasan は，単純な線形契約は現実おいては一般的であるという Arrow（1985）の所見を引用し，実現需要が q のときにエージェントはプリンシパルに $F+rq$ を支払うような固定報酬 F と変動報酬 r からなる単純な2者間契約から考察を始め，その後で，さらに2次の項を取り扱う非線形契約について考察している．

　まず，そのモデルでは両方において固有情報の存在が想定されているが，（プリンシパルによって保有されている）需要情報が非公開であることにはとりわけ重大な意味があることに留意してほしい．これを知るために，両パーティが完全情報を所有している最良のシナリオ，つまり，エージェントは真の需要関数を知っていて，またプリンシパルはエージェントの販売努力を観測できる場合を考える．この場合，プリンシパルはエージェントに対して特定の努力水準を要求することができる．変動報酬，固定報酬，努力水準からなる契約条件 (r, F, a) が与えられ，エージェントは期待利益を最大にする小売価格を選択する．この問題を解くことは簡単である．この解において，プリンシパルは（二重限界化を避けるために）変動報酬 r を限界費用 c に等しく設定し，エージェントは保留効用の範囲内でできる限り利益を獲得し，プリンシパルは（固定報酬を通して）残存能力すべてを引き出す．最良の努力水準と固定報酬は低調型プリンシパルの場合よりも好調型プリンシパルの場合に，より高くなることが立証できる．

　今度は，プリンシパルがエージェントの販売努力を観測できない（が，エージェントは真の需要関数を知っている）場合を仮定しよう．この問題の解は，よく知られているものである．エージェンシー理論により，エージェントはリスクに関して中立であり，道徳的危険問題はエージェントに残存能力の使用が求められることにより容易

に解決できる．どちらのタイプのプリンシパルも，変動報酬を限界費用に等しく設定し，エージェントの参加制約をできる限り縛るように設定する．完全情報下での最良解に比べて劣った解が求められる．

今述べた検討から明らかなように，プリンシパルが固有の需要情報をもっていなければ，問題は取るに足りないものになる．これから，非対称情報を扱う場合に焦点を絞ることにしよう．道徳的危険が需要情報のシグナリングに及ぼす影響を理解するために，Desai と Srinivasan は，プリンシパルによるエージェントの販売努力の観察が可能であると仮定した道徳的危険の生じないシグナリングゲームをまず考察している．その場合，シグナリングの手段は (r, F, a) である．好調型プリンシパルが (r^s, F^s, a^s) を提示して分離均衡が成立することを確認している．一方，低調型プリンシパルは完全情報下での最良解を条件とする契約を提示している．好調型プリンシパルの完全情報下での最良解における変動報酬，固定報酬，努力水準をそれぞれ r_{fb}^H，F_{fb}^H，a_{fb}^H で表すと［訳注：筆者は完全情報下での最良解を first-best solution と呼んでいる］，$r^s > r_{fb}^H$，$F^s < F_{fb}^H$，$a^s = a_{fb}^H$ なる関係が成立することが示されている．直感にいくぶん反するその結果は，好調型のプリンシパルがそのタイプを確実に伝えるために努力水準を（完全情報下での最良解が示す努力水準から）歪めなくてもよい，つまり変動報酬の歪みで足りることを意味している（変動報酬が引き上げられたので，固定報酬はエージェントの参加制約を満たすために引き下げられねばならない）．

もし，両者間で非対称情報がある本来の場合，つまり，プリンシパルがエージェントの販売努力を観察することができないならば（したがって契約が結べないならば），プリンシパルのシグナリングの手段は (r, F) に引き下げられる．このゲームの場合には分離的均衡が成立することが確かめられており，好調型プリンシパルは (r^{SM}, F^{SM}) を提示し，低調型プリンシパルはやはり完全情報下での最良解を条件とする契約を提示する．それらの結果を合わせると，$r_{fb}^H < r^{SM} < r^s$ と $F^s < F^{SM} < F_{fb}^H$ なる関係が成立することが示されている．道徳的危険は固定報酬と変動報酬のシグナリングによる歪みを吸収するという，本論文の主要な結論が導かれた．さらに，好調型プリンシパルはエージェントの販売努力を観察できない場合には取得する利益が減少するという結論を得ている．

興味深いことに，非線形契約の場合に，道徳的危険があってもプリンシパルのタイプにかかわらず完全情報下での最良解が求められる．これは，エージェントのプリンシパルへの支払額が観測された需要を q で表したとき $F + r_1 q + r_2 q^2$ の3つの項からなる多項式で示される契約の下で実現される．両タイプのプリンシパルともに完全情報下での最良解によって利益を得る分離的均衡の成立が確認されている．この結論は，$\bar{u}=0$，$c=0$，$f(a)=a$，$w(a)=a^2$ という付加的な仮定の下で得られている．2つの変動報酬が $r_1 > 0$ と $r_2 < 0$ となる場合に均衡が得られていることは，記しておくに値する．言い換えれば，完全情報下での最良解はエージェントの残存能力の使用を要求することによって達成されるものではない．これは，プリンシパルが需要に関す

る情報を公開することによって完全情報下での最良解が得られるという場合と対照的である．

前述した需要シグナリングに関する3つの論文は，製造業者がサプライチェーンの下流のパートナーに固有の需要情報を伝える場合に焦点を絞っている．次に，サプライチェーンの上流のパートナーにシグナリングする問題を取り上げる．

製造業者とその供給業者の関係としてよくみられるものは，製造業者が供給業者よりも（最終製品の）需要に関して多くの需要をもっているという場合である．ここで，供給業者がサプライチェーンのボトルネックになっている，つまり，生産量は供給業者の能力のみによって制限を受けるという状況を仮定する．製造業者の視点に立てば，供給業者が能力を増加すれば状況は改善される（能力が増大すれば，生産量の制約は緩和する）．それゆえ，供給業者の能力の増大を希望して，製造業者は実際より大きい需要予測を行いたいというインセンティブに駆られる．しかし，供給業者は当然このことを知っており，製造業者の予測値を額面どおりに受け取らない．その結果，情報伝達に支障が生じて効率が損なわれる．製造業者にとって需要予測が信頼されるように示す方法はあるのだろうか．

Cachon and Lariviere (2001) は，この疑問に答える1つのモデルを提出している．製造業者は不確実な需要 D を有する単一の製品を販売し，その製品の重要なコンポーネントの供給を供給業者に頼っている．K を供給業者の能力としよう．ただし，需要が実現する前に一定能力を有する設備を建造する必要があり，その能力の大きさによっては需要の一部が失われる．つまり，$\min\{D,K\}$ なる量が満たされる需要であり，能力を上回った分の需要は失われる．供給業者は設備の建造に当たり，単位能力ごとに一定の費用を要する．モデルの重要な特質は，製造業者が需要について固有情報をもっているという点である．$D=\theta X$ を仮定する．ここで，θ と X はともに互いに独立な確率変数である．さらに，θ は2つの値，つまり，H と L のいずれかをもち，$H>L$ なる関係がそれらの間にある．パラメータ θ は市場の状況を表す指標と見なせる．製造業者が θ の値を観測できるのに対し，供給業者は $\theta=H$ が成立する確率 ρ と $\theta=L$ が成立する確率 $1-\rho$ をもちうるにすぎない（両プレイヤーは X について同じ情報，つまり，その分布を知っている）．便宜上，$\theta=H$ を観測した製造業者は好調型と呼ばれ，$\theta=L$ を観測した製造業者は低調型と呼ばれる．製造業者が供給業者に契約書を提示することにより始まり，供給業者は契約書と需要についての確信に基づいて一定能力の設備を建造する．次に，需要が実現し，最後に（供給業者によって設定された能力の制約内で）生産が行われる．より多くの情報をもっているプレイヤー（つまり，製造業者）が契約書の設計という主導的な役割を演じるゆえ，これはシグナリングゲームである．

すべての許容可能な契約の集合を Z で表すことにしよう．製造業者と供給業者の双方は集合 Z に属する契約のみを考慮することについて同意済みである（Cachon と Lariviere は誓約と選択肢からなる線形契約を取り上げている）．供給業者の能力決

第7章 情報共有とサプライチェーンの協調

定は,製造業者によって提示された契約の内容と供給業者の市場状況についての確信に基づいて行われる.提示された契約を $z \in Z$ で,供給業者の確信,つまり,θ の値についての確率分布を b で表す.b は z の関数であることに留意されたい.能力を K とした場合の供給業者の期待利益を $\pi(K, z, b)$ で表すことにしよう.そうすると,供給業者の観点に立った最適能力水準は,$K(z, b) = \mathrm{argmax}_K \pi(K, z, b)$ となる.その結果,製造業者の期待利益は製造業者のタイプ t,供給業者に提示した契約 z,供給業者の市場の状況に関する確信 b の関数,つまり,$\prod_t(z, b)$,$t = H, L$ となる.

製造業者が提示した契約をみてそのタイプがどちらであるかを供給業者が知る,分離均衡について考えよう.すなわち,ある契約 z が示されたとき,供給業者は $\theta = H$ あるいは $\theta = L$ のいずれかに確率を割り付ける.便宜上,前者の確率を $b = H$ によって,後者の確率を $b = L$ によって示すことにする.それゆえ,供給業者の確信は Z の分割,つまり,$Z = Z_H \cup Z_L$ および $Z_H \cap Z_L = \emptyset$ の条件を満たす Z_H と Z_L によって特徴付けられる.契約 $z \in Z_H$ が提示されたときに $b = H$,契約 $z \in Z_L$ が提示されたときに $b = L$ が定まる.均衡において,供給業者の確信は正しくなければならない.すなわち,以下の関係が成立する必要がある.

$$\max_{z \in Z_L} \prod_L(z, L) \geq \max_{z \in Z_H} \prod_L(z, H) \quad \text{および} \quad \max_{z \in Z_H} \prod_H(z, H) \geq \max_{z \in Z_L} \prod_H(z, L)$$

要するに,供給業者の確信(つまり,Z の分割)が示されれば,タイプ t の製造業者は供給業者にタイプ t'($t \neq t'$)であると信じさせるように振る舞うインセンティブをもつことはありえない.今述べた性質をもっている分割あるいは確信を,均衡分割あるいは均衡確信と呼ぶ.均衡分割 Z_H と Z_L に対応して,好調型と低調型の製造業者によってそれぞれ提示された1対の契約,z_H と z_L が存在している.明らかに,

$$z_t = \mathrm{argmax}_{z \in Z_t} \prod_t(z, t), \quad t = H, L$$

である.したがって,分離均衡は均衡分割 Z_H と Z_L とそれらに対応した1対の契約 z_H と z_L からなっている.

今,次の関係を仮定する.

$$\prod_t(z, H) \geq \prod_t(z, L), \quad \forall z \in Z, \quad t = H, L \tag{3.1}$$

要するに,いかなる契約に関しても製造業者のタイプにかかわらず供給業者が市場の状況を低調と考えるときよりも好調と考えるとき,製造業者はより多くの期待利益を得るというものである.このことは妥当であると思われる.市場の状況を好調と判断する確信をもった供給業者はより大きな能力の設備を計画し,それが製造業者にとって望ましいからである.以下において,今述べた条件の下で求められる分離均衡の特徴を調べる.

完全情報の場合における低調型の製造業者にとって最適な契約を z_L^* で表す.すなわち,

$$z_L^* = \mathrm{argmax}_{z \in Z} \prod_L(z, L)$$

この最適化問題は唯一の解をもつことを仮定すると，$z \neq z_L^*$ であるすべての z について $\prod_L(z_L^*, L) > \prod_L(z, L)$ となる．いかなる均衡分割 (Z_H, Z_L) に関しても $z_L^* \in Z_L$ となることは容易に示せる．帰無仮説を用いて証明しよう．$z_L^* \in Z_H$ を仮定する．したがって，$z \in Z_L$ なるすべての z について $\prod_L(z_L^*, H) \geq \prod_L(z_L^*, L) > \prod_L(z, L)$ が成立する．ここで，最初の不等式は式（3.1）から導かれる．それゆえ，低調型の製造業者は好調型のふりをすることを望む．これは，(Z_H, Z_L) が均衡分割でないことになるから，矛盾が生じる．

さて，何らかの均衡分割 (Z_H, Z_L) を考えることにしよう．(z_H, z_L) を両タイプの製造業者によって提出されたその均衡分割に対応する契約の対であるとする．前述の検討結果に基づき，$z_L = z_L^*$ である．また，均衡分割の定義により，

$$\prod_L(z_H, H) < \prod_L(z_L^*, L) \tag{3.2}$$

および，

$$\prod_H(z, H) \geq \max_{z \in Z_L} \prod_H(z, L) \tag{3.3}$$

を得る．また，z_H の定義と式（3.1）により，$z \in Z_H$ なるいかなる z についても，$\prod_H(z_H, H) \geq \prod_H(z, H) \geq \prod_H(z, L)$ が成り立つ．この不等式と式（3.3）により，

$$\prod_H(z_H, H) \geq \max_{z \in Z} \prod_H(z, L) \tag{3.4}$$

が導かれる．したがって，好調型製造業者の期待利益，つまり，$\prod_H(z_H, H)$ は以下に示す最適化問題の目的関数の最大値より大きくなることはない．

$$\max_{z \in Z} \prod_H(z, H)$$

s.t.

$$\prod_L(z_H, H) \leq \prod_L(z_L^*, L)$$

$$\prod_H(z, H) \geq \max_{z' \in Z} \prod_H(z', L)$$

ここで，1番目と2番目の制約式は，それぞれ式（3.2）と式（3.3）を示したものである．この問題には唯一の解 $z = z_H^*$ があるとする．$Z_H^* = \{z_H^*\}$ および $Z_L^* = Z \setminus Z_H^*$ を定義する．$\{Z_H^*, Z_L^*\}$ が均衡分割であることは容易に示せる．好調型製造業者と低調型製造業者によって提示された契約が z_H^*, z_L^*，そしてそれぞれに対応する期待利益が $\prod_H(z_H^*, H)$，$\prod_L(z_L^*, L)$ と求められる．したがって，$(Z_H^*, Z_L^*, z_H^*, z_L^*)$ は分離均衡である．以上の議論を通して，両タイプの製造業者は他の均衡分割を用いてこの均衡分割を用いる場合以上によい結果を獲得できないことが明らかである．

Cachon and Lariviere（2001）の研究では，製造業者への供給源はただ1つであったが，Van Mieghem（1999）は，供給源が製造業者の内部の生産設備と外部の供給業者（下請契約者）という2つの供給源を取り上げている．ゲームの開始に当たって，製造業者と下請契約者は同時かつ独立に設備投資の決定を行う．つまり，製造業者は内部の能力 K_M を決定し，下請契約者は自社の能力 K_S の決定を行う．製造業者は自社生産と下請契約者による生産のいずれによっても対応できる市場需要 D_M に直

面している．さらに，下請契約者は需要の大きさが D_S の別の市場でその製品を販売することもできる．能力決定に際して，(両プレイヤーには) D_M と D_S の同時確率分布のみがわかっている．能力決定後に需要が確定し，両社ともに生産/販売量を決定する．さらに詳しく述べると，製造業者は自社の生産量 x_M と下請契約者への発注量 x_t^M を決定し，下請契約者は自社の市場での販売量 x_S と製造業者の発注量に対してどれだけの量 x_t^S を生産するかを決定する．もちろん，$x_M \leq K_M$, $x_M + x_t^M \leq D_M$, $x_t^S \leq x_t^M$, $x_t^S + x_S \leq K_S$, $x_S \leq D_S$ である．これらの生産/販売量の決定は両者間のさまざまな契約上の取り決めによって支配されている．(価格のみの契約と呼ばれている) ある種の契約においては，振替価格 p_t が下請契約者から供給される品物1単位について前もって指定される (この価格は能力決定に先立ってわかっている)．このシナリオでは，製造業者がまず生産/販売量を決定し，引き続いて下請契約者が決定を行う．もう一つの契約の取り決めでは，前もって定められたものはなく，需要の確定後に両パーティの交渉を通して振替量とその価格が決定される．このシナリオでは，製造業者と下請契約者が両者の総利益が最大化される生産販売量を決定し，余った量 (両者間での取引がない別のシナリオとの関係でこの余剰が取り扱われている) を外部的な指標によって決まる両者の相対的な交渉力に基づいて分割する．Van Mieghem は，状態に依存する契約，つまり，設置した能力と実現した需要の関数である p_t を用いた価格のみを取り扱う契約，あるいは交渉力の指標が状態に依存している不完全情報下の契約/交渉による取り決めについても考察している．これらの契約上の取り決めのいずれについても，その結果として生じる2段階の確率的ゲームを解くことや，能力と生産/販売量の決定おける協調に及ぼす契約の影響を調べることができる．情報共有は Van Mieghem (1999) の論文の焦点ではないが (非対称情報は実際のところ取り扱われていない)，そこでは製造業者と下請契約者のサプライチェーンにおける能力と生産/販売量決定における協調に関する興味深い検討が行われている．主要な知見は，① より高い振替価格は製造業者の利益を事実上増大するということと，② 状態依存契約 (価格のみの契約あるいは不完全情報下の契約) のみが量と能力の決定における協調を可能にするというものである．(需要，能力，費用などについての) 情報の非対称性が製造業者・下請業者のサプライチェーンへ及ぼす影響に関するよく知られた興味深い問題が残されている．

3.3 競争的環境における情報共有

最初，市場の需要情報を共有する競争関係にある小売業者のような水平方向の競争相手間での情報共有を取り扱った論文について考察する．これらの論文はいずれも1980年代に経済学のジャーナルに掲載されたものである (経済学者はこの問題に飽きたのか，その後は全くみられない．サプライチェーンに拡張する試みは，新しい生命の息吹を与えるものであるが)．最近になって水平方向の情報共有を前提として，サプライチェーンでの垂直方向の情報共有を取り上げるいくつかの試みがみられる．

たとえば，競争関係にある複数の小売業者が共通の供給業者と需要情報を共有するということはありえよう．これらの論文についても後で考察する[43]．

簡単な例 2社の競争相手間で需要情報を共有することのインセンティブを説明する，簡単な例から始めよう[44]．確率的な線形需要 $p=a-Q$ に直面しているある売手複占企業を考える．ここで，p は市場価格，a はランダム変数，Q は複占企業全体の総生産量である．$a=50, 150$ であり，それぞれは同じ確率で生じるものとする．また，限界製造費用は2社とも0である．2社は生産量の決定を独立に行うという Cournot の競争関係にあるものとする．生産量の決定に先立って，企業1は a の真の値を観測するのに対し，企業2は a についていかなるシグナルも個別に受け取らないものとする．次に示す2段階ゲームを考える．段階1で企業1は a についての情報を企業2と共有するかどうかを決定する．情報共有が行われる場合，それは信頼できるものとする．引き続いて，企業1は a の値を観測する．情報伝達は最初の段階で到達した合意に従って行われる[45]．段階2で両企業は a についてそれぞれが所有する情報に基づいて生産量の決定をする．

最初に，企業1が a に関する情報を隠蔽することに決定したと仮定する．この場合，第2段階のゲームは，（不完全情報を取り扱う）Bayesのゲームになる．つまり，企業1の戦略は受け取ったシグナルに応じて一定の生産量を定めるという決定規則として表される．企業1が $a=150$ を観測するならば，企業1の生産量を q_1^h とし，$a=50$ を観測するならば，生産量を q_1^l とする．q_2 を企業2の生産量としよう．企業2の企業1の戦略に対する最適な応答は，次の問題を解くことによって得られる．

$$\max_{q_2}\left[\frac{1}{2}(50-q_1^l-q_2)q_2+\frac{1}{2}(150-q_1^h-q_2)q_2\right]$$

注 [43]：1供給業者・n 小売業者からなるサプライチェーンを取り上げている Lee and Whang (2002) の論文は，やや関連がある．これらのサプライチェーンのメンバーはそれぞれ独立した企業である．小売業者は2期にわたる販売期間に直面しており，供給業者の指示に基づき小売業者のそれぞれは最初の期の期首に在庫決定を行う．最初の期の需要が確定した後に小売業者は第2市場，つまり小売業者間の取引を通して在庫水準の調整を行うことができる．著者は，サプライチェーンへの第2市場の影響を研究している．（次の期の期首に必要な在庫量を求めるための）第2市場を最初の期に具体化した情報の共有（より正確には，統合）を容易にする装置として見なすならば，この論文も今取り上げようとしている論文の範疇に属している．この点では，Mendelson and Tunca (2001) の論文も同様である．競争的環境における情報共有に関連する他の論文として Anupindi and Bassok (1999) がある．この論文では，1製造業者・2小売業者からなる分散的サプライチェーンが取り扱われている．小売業者は製造業者にオーダーして在庫を保有するが，2小売業者の発注量の決定は，消費者の市場探索により，具体的には，どちらかの小売業者で品切れを経験した消費者が，もう一つの小売業者に在庫があるかどうかをある確率で探索するため，相互に依存している．市場探索は，一方の小売業者が在庫量を決定している場合，（需要の過剰がもたらす利益を得るために）他方の小売業者に在庫増大のインセンティブを与えることは明らかである．そして，市場探索が容易になればなるほど，そのようなインセンティブは強くなる．その結論は，市場探索が増大するにつれて製造業者は小売業者の総発注量の増加を体験するというものであり，このような状況は消費者に小売業者の在庫状況がみえるようにする情報システムの導入によって，容易に実現できる．

注 [44]：この例は，Gal-Or (1985) が示したものである．

注 [45]：企業1が a を観測し，それから企業2とその情報を共有するかどうかを決定するならば，全く異なったモデルになる．それはサブゲームとしての小売競争を伴うシグナリング問題といえよう．

つまり，

$$q_2 = \frac{200 - q_1^l - q_1^h}{4} \tag{3.5}$$

となる．同様にして，企業2の生産量に対する企業1の最良の戦略は次のようなものである．

$$q_1^l = \frac{50 - q_2}{2} \quad \text{および} \quad q_1^h = \frac{150 - q_2}{2} \tag{3.6}$$

式 (3.5)，(3.6) を解くと，Bayes の Nash 均衡解 $(q_1^l, q_1^h, q_2) = (25/3, 175/3, 100/3)$ が求められる．企業1と企業2の期待利益は，$(\pi_1^{ns}, \pi_2^{ns}) = (15625/9, 10000/9)$ である．ここで，ns は情報の非共有を表している．

今度は，企業1が a に関する情報を企業2と共有することに決定したと仮定する．$a=50$ の場合，両社の生産量はそれぞれ 50/3 となる．一方，$a=150$ の場合，両社の生産量はそれぞれ 50 となる．また，期待利益は $(\pi_1^s, \pi_2^s) = (12500/9, 12500/9)$ となる．

今述べた2つのシナリオを比較すると，情報の隠蔽が，通知する側の企業の利益になることがわかる．また，両企業が得る利益の総計も，情報共有を行わない場合の方がより大きくなることに留意されたい．これは情報共有にとってなんと悲観的な結果であろうか．

経済学分野の一連の文献が，水平方向の競争相手間での情報共有の研究に当てられている．情報共有が最適であるかどうかは多くの事柄によって異なることが示されている．それらは，競争のタイプ（Cournot 競争か Bertrand 競争か），情報のタイプ（たとえば，共通の需要情報であるか，それとも公開されていない費用情報であるか），また競争相手が販売する製品が代替品であるか，従来の不足を補ったより完全な製品であるかというような事柄である．

需要情報を取り扱う売手複占：Cournot 競争と Bertrand 競争，代替製品と補完製品　Vives (1984) は，次に示す売手複占モデルを考察している．2つの企業が違いはあるが同様の商品を生産しており，次式で与えられる逆需要関数に直面している．

$$p_i = a - \beta q_i - \gamma q_j, \quad i, j = 1, 2, j \neq i$$

ここで，q_i は商品の生産量，p_i は価格であり，$|\gamma/\beta| \leq 1$ である．$\gamma = 0$ の場合，商品は互いに独立であり，それぞれの企業は独占市場をもつ．$\gamma > 0$ の場合，商品は代替製品である．両企業は一定かつ等しい限界費用をもっており，0 に正規化される．また生産量を競う Cournot 競争，あるいは価格を競う Bertrand 競争を行っている．

企業 i の利益は，$\pi_i = p_i q_i$ によって与えられる．π_i は p_i と q_i に関して対称的であり，また需要曲線は線形であるため，代替製品を取り扱う Cournot 競争（あるいは Bertrand 競争）には補完製品を取り扱う Bertrand 競争（あるいは Cournot 競争

と類似した戦略的特徴がある．

両企業にとって共通の需要切片 a は，既知の平均値と分散をもつ正規確率変数である．両企業は a のサンプルを収集するために，ある「独立した調査エージェント」を雇うものとする．エージェントを通して，企業 i は n_i 個の観測値（$r_{i1}, \cdots, r_{in_i}$）を得ることになっている．ここで，$r_{ik} = a + u_{ik}$ であり，u_{ik} は平均値が 0，分散が σ_u^2 の i.i.d. である正規確率変数である．また，r_{ik} は a と独立である．さらに，企業 i はエージェントと契約して最初の m_i 個の観測値を他の企業に公開するように指示している．したがって，企業 i の $n_i + m_j$ 個（$i \neq j$）の観測値に基づく a の最良の（変動誤差最小の）見積り値は，

$$s_i = a + \frac{\sum_{k=1}^{n_i} u_{ik} + \sum_{k=1}^{m_j} u_{jk}}{n_i + m_j}$$

となる．$m_1 = m_2 = 0$ の場合は，情報共有は存在しない．一方，$m_1 = n_1$ かつ $m_2 = n_2$ の場合は，完全な情報共有が存在する．

両企業は 2 段階ゲームをプレイする．まず，両企業はどれだけの量の情報を共有するか，つまり，m_1 と m_2 を独立に決定する（n_1 と n_2 はこのモデルでは決定変数ではない）．n_i と m_i の数は共有する知識である．次に，エージェントは a について独立に観測を行い，最初の段階で得た合意（つまり，情報のある部分を 1 つの企業に伝達し，別の部分を共有情報として他の企業に伝達する）に従って情報を公開する．次の段階で，両企業は Cournot 競争においては生産量を，あるいは Bertrand 競争においては価格を決定する．(m_1, m_2) の各対ごとに不完全情報下のサブゲームが 1 つ定義され，Bayes の Nash 均衡の概念を用いてそれらが解かれる．

Vives によって求められた結果を示しておく．代替製品を取り扱う Cournot 競争（あるいは補完製品を取り扱う Bertrand 競争）において，企業 i の期待利益は m_i の増加につれて減少する．それゆえ，情報共有をしない場合に唯一の均衡解が求められる．代替製品を取り扱う Cournot 競争（あるいは補完製品を取り扱う Bertrand 競争）においては，企業 i の期待利益は m_i と m_j（$j \neq i$）の増加につれて増大する．それゆえ，完全な情報共有をする場合に唯一の均衡解が求められる．商品が独立であれば，企業 i の期待利益は m_j（$j \neq i$）の増加につれて増大し，m_i の影響を受けない．この場合に，(m_1, m_2) のいかなる対も 1 つの均衡解になる．

需要情報を取り扱う売手寡占：Cournot 競争，代替製品　　Gal-Or (1985) は，Cournot 競争関係を前提とする売手寡占市場における情報共有の異なったモデルを提示している．同一の製品を生産する企業が n 社あるが，生産費用はいずれの企業においても発生しないものとする．その業界の企業は，次式によって示される線形需要関数に直面している．

$$p = a - bQ + u, \quad a, b > 0$$

ここで，p は価格であって，Q は全体の生産量である．確率変数 u の事前分布は平

均値0,ある大きさの分散をもつ正規分布である.生産量を決定する以前に,各企業は u に関するノイズを受信する.企業 i が観測するシグナルは x_i である.シグナルの性質は,以下の式によって示せるものと仮定する.

$$x_i = u_i + e_i, u_i \sim N(0, \sigma), e_i \sim N(0, m)$$
$$Cov(e_i, e_j) = 0, \quad i \neq j$$
$$Cov(u_i, e_j) = 0, \quad \forall i, j$$
$$Cov(u_i, u_j) = h, \quad i \neq j$$
$$u = \sum_{i=1}^{n} \frac{u_i}{n}$$

さらに,$h \geq 0$ であること,つまり,シグナル間の相関の水準を示すパラメータは非負であることが仮定されている.

　生産量を決定する以前に,各企業はそれぞれにとっての固有のシグナルを他社に伝えるかどうか,それをどの程度徹底して行うかを決定する.これは外部のエージェントが情報伝達の責任をもつことを仮定してモデル化されている.各企業はそれらのシグナルの学習に先立って,どれだけの量の情報を正しく伝えないかを決めるように求められる.シグナルの学習に基づいて,企業 i は自社の固有シグナル x_i をエージェントに報告し,エージェントは次に,

$$\hat{x}_i = x_i + f_i, \quad f_i \sim N(0, s_i)$$

なるメッセージ $\hat{x}_i$ を他の企業に報告する.ここで,f_i は互いに独立であり,また,いかなる u_j, e_j ($j=1,\cdots,n$) とも独立である.s_i の値は情報を正しく伝えない程度を示すものであり,もしノイズの変動がすべての企業について0ならば,完全な情報共有が企業間で行われる.もし,ノイズの変動がすべての企業に関して無限大ならば,情報共有は全く行われず,ノイズの変動が有限の場合は,部分的な情報共有が企業間で行われることになる.

　Gar-Orは,以下に述べる2段階モデルにおける対称的均衡の特徴を明らかにしている(対称的均衡は多くの企業が対称的な費用/情報構造をもっているため,理に適っている).最初の段階で,企業 i はそれぞれ独立に s_i の値を選ぶ.一度選ばれると,このノイズの分散を示すベクトルは各企業にとって共通の知識になる.企業はそれから企業ごとに異なるシグナルを受け取り,外部の代理店は最初の段階で選ばれた情報の歪みの水準に基づいて報告を行う.第2段階では,企業はそれぞれの生産量を同時に決定する.企業 i の戦略は,企業ごとに異なるシグナル x_i と外部の代理店から受け取ったノイズ分散ベクトルの関数としての出力,つまり生産量の決定規則にほかならない.結論としては,情報の非共有が唯一のNash均衡解を導くということである.それゆえ,部分的な情報共有や企業固有のシグナル間の相関の程度を変えることが需要情報共有のインセンティブを高めることにはならない.同様の結果がClarke (1983) によって示されている.

費用情報を取り扱う売手複占：Cournot 競争と Betrand 競争，代替製品 情報共有のインセンティブは，Vives（1984）が示しているとおり，競争のタイプ（Cournot 競争か Betrand 競争か）や製品間の関係（代替製品か補完製品か）に依存するだけでなく，考慮している情報のタイプにも依存することが Gar-Or（1986）によって示されている．Gar-Or のモデルで企業が受け取る固有シグナルは，前述の研究におけるような未知の需要切片に関する情報ではなく，未知の固有費用に関するものである．この研究では，違いはあるが同様の製品をつくっている 2 企業からなる売手複占モデルが取り上げられている．需要は Vives（1984）の研究と同じく線形であるが，$\gamma>0$ つまり代替製品であるという仮定が付加されている．生産費用は線形であって単位あたりの費用は c_i（$i=1,2$）である．c_i の値は平均値 0，既知の分散をもつ正規分布の確率変数であり，c_1 と c_2 は独立である．各企業は自社の単位あたりの生産費用についてシグナルを受け取る．つまり，企業 i はシグナル z_i，すなわち，

$$z_i = c_i + e_i, \quad i=1,2$$

を受け取る．ここで，$e_i \sim N(0, m)$，e_i と c_j はいかなる i と j についても独立であり，また，e_1 と e_2 は独立である．

情報共有は，外部のエージェントを通して行われる．各企業がそれぞれ固有シグナルを受け取る前に，エージェントが固有情報についてのレポートを作成する際に用いる歪みの程度を，企業はそれぞれ知っている．報告されるシグナルは，次式によって表される．

$$\tilde{z}_i = z_i + f_i, \quad f_i \sim N(0, s_i), \quad i=1,2$$

ここで，f_1 と f_2 は独立であり，また，f_i はいずれの i および j についても c_j および e_j と独立である．Gar-Or（1985）の論文［訳注：需要情報を取り扱う売手寡占の論文］においてと同様に，s_i の値はゲームの最初の段階でそれぞれの企業によって独立に決定され，それらは情報共有の程度を表している．ゲームの第 2 段階で各企業は，Cournot 競争では生産水準を，Betrand 競争では価格を決定する．そこで用いられる戦略は，利用可能な情報，つまり企業 i にとっては z_i と $\tilde{z}_j$（$j \neq i$）に基づく決定規則である．

主要な知見は，完全な情報共有は Cournot 競争で，情報の非共有は Betrand 競争で，支配的な戦略になるということである．情報の種類が（需要から価格へ）変わることにより情報共有のインセンティブが逆転することに注目されたい．同様の結果が，Shapiro（1986）も示している[46]．

水平的競争が存在する場合の垂直的情報共有 複数のパーティから構成され，情報が分散しているサプライチェーンを取り上げる．インサイダーと呼ばれるこれらのパーティのサブグループ内で情報を共有することがすでに取り決められているものと

注 46：Li（1985）は，確率変数の分布についてより弱い仮説を設けて，Cournot の売手寡占需要情報あるいは費用情報の共有に関するインセンティブを取り上げた前述の論文の一般化を試みている．

する．インサイダー内のこのような合意は，アウトサイダー（つまり，情報共有を行っていないパーティ）あるいはサプライチェーン全体にどのような影響を及ぼすのか．この問いに対する答えは情報共有の流出効果にいくぶんかかわる込み入ったものになる．つまり，アウトサイダーは共有した情報の機密保持をインサイダーがし損なって直接的に価値のある情報を手に入れるか，あるいはインサイダーがとった行動の観測を通して間接的に入手するかの2つの場合がある．前者の情報は，共有データの機密を守るという契約を結ぶことによってその漏洩を防止できる可能性がある．一方，アウトサイダーにとって観測可能なインサイダーの行動に共有情報の影響が及ぶ限り，後者の場合の漏洩は防止不可能である．アウトサイダーは情報から学んだ結果，行動を変更し，インサイダーの利益に重要な影響を及ぼすかもしれないし，まず第1に情報共有をするかしないかについてのインサイダーの決定にも影響しかねない．

Li (2002) は，1 製造業者・対称的な n 小売業者（$n \geq 2$）からなるモデルを取り上げている．小売業者は製造業者が生産した同一の製品を販売している．生産と販売には一定の限界費用が必要であり，0 に正規化される．（小売業者が製品を販売する）消費者市場は，需要の減少関数，$p = a + \theta - Q$ によって特徴付けられる．すなわち，そのときの小売価格 p は既知の定数 a，確率変数 θ，それぞれの小売業者によって与えられる販売量の合計である総供給量 Q によって定まる（したがって，小売業者は Cournot 競争の関係に置かれている）．製造業者は卸値 P を決定し，小売業者は θ についての小売業者ごとに異なるシグナル Y_i を受け取る．ただし，小売業者は共通の知識として $(\theta, Y_1, \cdots, Y_n)$ の同時分布をもっているものとする．

各事象の生起する順序は次のとおりである．

① 各小売業者は，製造業者とシグナルを共有するかどうかを決定する．共有する場合，情報の通知は信頼できるという仮定が置かれている．K を製造業者との情報共有を決定した小売業者の集合としよう．小売業者は対称的であるから，集合 K の元の数，つまり，$|K| \stackrel{\text{def}}{=} k$（$k = 0, 1, \cdots, n$）のみがわかればよい．

② 各小売業者は，シグナル Y_i を受け取る．情報伝達は最初のステップで行われた取り決めに従って行われる．

③ 製造業者は，卸値を決定する．卸値 P は非公開の情報 $\{Y_j, j \in K\}$ の関数である．

④ 小売業者は，同時に販売量を決定し，製造業者に発注する．したがって，小売業者 i の戦略は，K のメンバーであるかどうか，シグナル Y_i，卸値 P，卸値 P に組み込まれている情報（すべての小売業者にとって観測可能）に依存する．

⑤ 製造業者は小売業者のオーダーに応じて生産を行う．

均衡が生じ，P が $\sum_{j \in K} Y_j$ の単調関数になるという関係が成立することを Li は示している．したがって，均衡が生じるとき，小売業者 $i \notin K$（すなわち，アウトサイダー）は $\sum_{j \in K} Y_j$ の値を推論することができる．さらに，この総計を知ることは個々のシグナル Y_j ($j \in K$) を知ることと実質的に同じである．それゆえ，インサイダー

からアウトサイダーへの固有情報の漏洩が生じている。言い換えれば，K に属する小売業者と製造業者の間の情報共有でありながら，K に属する小売業者は彼らの固有情報を公開しているといえる。

k 社（$k=0,1,\cdots,n$）の小売業者が製造業者との情報共有を決定したとしよう。$\prod_R^S(k)$ によって情報を共有する小売業者の期待利益を，$\prod_R^N(k)$ によって情報を共有しない小売業者の期待利益を表す。さらに，$\prod_M(k)$ によって製造業者の期待利益を表す。Li は $\prod_M(k)$ が k に関する増加関数であり，また凹関数となることを示している。したがって，1社でも小売業者が情報共有の決定をするならば，製造業者は利益を得る。一方，$\prod_R^N(k-1) > \prod_R^S(k)$ がすべての $k(k=1,\cdots,n)$ について成立する。つまり，小売業者は情報共有から情報非共有に切り替えることによって期待利益を改善できる。したがって，情報非共有が唯一の均衡解となる。

もし，製造業者の情報共有による利益が小売業者の損失を上回るならば，製造業者は小売業者に固有情報の代価を支払うことができる。$\prod(k)$ によって k 社（$k=0,1,\cdots,n$）の小売業者が情報を共有する場合に生じるサプライチェーン全体の利益を表すとしよう。したがって，$\prod(k) = \prod_M(k) + k\prod_R^S(k) + (n-k)\prod_R^N(k)$ である。$(n-2)(n+1) \geq 2s$ であって，その場合に限り，$\prod(n) \geq \prod(0)$ が成立することを Li は示している。ここで，s は小売業者の固有シグナルの情報価値を示す指標であり，s の値は小さいほどより高い情報価値を意味する。その結果，サプライチェーンが情報共有から利益を得る保証はないことになる。サプライチェーンが情報共有から利益を得る場合（小売業者の数が多いか，需要シグナルの情報価値が高いとき），製造業者が小売業者に情報共有の代価を支払うことによって，利益の Pareto 的改良が可能である。

Li は，小売業者がそれぞれの費用に関する固有情報を保有している場合についても考察している。これは，需要の不確実性を取り上げている前述のモデルを以下のように修正すれば行える。まず，θ を恒久的に0とすることにより，需要の不確実性が取り除かれる。$C_i(i=1,\cdots,n)$ を小売業者 i の限界費用としよう。製造業者と費用情報の共有をするかどうかを決定した後に，ただしこのモデルでは販売量の決定をする前に，それぞれの販売業者は各自の限界費用を観測する。販売業者の費用間には正の相関が存在するものとする。

想像できるように，1社でも小売業者が費用情報を共有する決定を下すならば，製造業者は利益を得ることができる。しかしながら，完全な情報共有，すなわち，すべての小売業者が製造業者と費用情報の共有を決定する場合は，常に1つの均衡が生じ，そして，時にはそれは唯一の均衡解となる。その上，完全な情報共有はサプライチェーン全体の利益を増大する[47]。

Li（2002）について，2つの拡張が行われている。一つの論文は，Li and Zhang（2001）であり，小売業者が販売量を決定する前に，製造業者が生産を行うというものである。小売業者からのオーダーを受けた後に生産することは可能であるが，費用

は高くなる．さらに，製造業者はすべての小売業者のオーダーを満たす必要が生じる．製造業者は早い時期において生産量を決定し，同時に卸値の決定を行う．全般的に，受注生産を見込み生産で置き換えても定性的な洞察を変える必要はない．第2の拡張は，Zhang（2003）において行われている．この論文では，需要情報に焦点が絞られているが，代替製品と補完製品を扱ったCournotとBertrandの2つの競争が取り上げられている．したがってそれは，Vives（1984）のモデルをサプライチェーンの設定においてそのまま一般化したものである．

4. 今後の研究課題

サプライチェーンの協調を実現する上での情報の役割は，実りの多い研究領域として今後も引き続いて取り上げられることであろう．これまでと同様，さまざまな方向に向かって発展していくに違いない．

4.1 完全情報・集中的管理

ここでは，セントラルプランナーによってすべての関連情報を用いて制御されるサプライチェーンを考える．その場合の課題は，サプライチェーン全体のパフォーマンスを最適化する戦略の決定にある．これは，オペレーションズ・マネジメントやオペレーションズ・リサーチにおいて用いられてきた伝統的な考え方であると，多くの人がいっている．しかし，その研究領域が重要でないことを意味していると解釈すべきではない．実際には，解決が求められている多くの重要な問題がある．

これらの問題を解くことがいかに難しいか，またそのことがいかに理解されていないかを示すために，複数の販売店に製品を補給をする配送センターを取り上げた2段階のサプライチェーンを少々考察しよう（この種のサプライチェーン構造には，1倉庫・複数小売業者システムという魅力的とはいえない名称が付けられている）．本当のところ，これを最適化する戦略が何であるかを知っている人はいない．多くの人がこれまでに「発見的」方策，つまり，直観的によいと思われる戦略を研究してきた．1例をあげれば，エシェロン在庫ポジションに基づく制御規則，つまり，システム中の総在庫量（手持ちと輸送中の在庫量の和）を用いる配送センターの補充戦略がそうである．品切れが生じたときに配送センターで行う在庫品の割振りに用いる方法は，往々にして近視眼的であるか，しばしば何らかの恣意的な優先規則に基づいている．この発見的なアプローチによると説明できないことが起きる．つまり，完全情報に基

注 [47]：小売業者の製造業者との費用情報の共有は，一目みて考えがたいという印象を受ける．情報を共有するかどうかの決定が固有情報を観測する前に行われるという仮定であれば，それには多くの前提が必要であろう．この仮定は費用情報に関してはとりわけ強いものになる．小売業者がある期間での仕事をしていたのであれば，情報共有の決定をする前に自社の費用について誰より正確な情報を得ることは，理に適っているように思える．結果が変わってきそうな別のシナリオは，いくつかのパーティが情報を反復的に交換し合っている場合である．

づく戦略が固有情報にのみ依存した戦略（たとえば，いわゆるインストレーション在庫政策）に劣るという結果が生じる．この場合，情報は負の価値をもつことになる．

長年にわたる研究の結果として明らかになったことは，前述のシステム（あるいは，共通の費用構造あるいはトポロジカルな構造をもっている他の多くの多階層エシェロン在庫システム）の最適政策が，もしそれがあるとしても大変複雑なものになりそうだということを，念のために述べておく．それゆえ，あらゆる実際上の目的のためには，実施が容易な発見的方策の研究に限定されることになる．しかし，われわれの得た発見的方策が最適値に十分に近い結果をもたらすものでない限り，よりよい発見的方策の探究を止めるわけにはいかない．ある発見的方策が最適値に十分に近い結果をもたらすかどうかを明らかにする最も有力な方法は，その違いをワーストケースギャップによって示すというものである．最適値は未知であるので，ワーストケース分析をする場合には，界値を用いることになる．小さいワーストケースギャップをもつ方策の発見は，多階層エシェロン在庫理論の今後も続く課題である[48]．

4.2 分散的情報・共有されたインセンティブ

ここで，セントラルプランナーをサプライチェーンの一部の管理責任を負っているローカルマネージャーに置き換えよう．これらのマネージャーは固有情報に限って用いることができるが，サプライチェーン全体のパフォーマンスを最適化する共通の目標をもっており，これはチームモデルアプローチと呼ばれている（Marschak and Radner, 1972）．また，これはサプライチェーンが同じ企業の複数の部門から構成されていて，部門に与えられたインセンティブを通してそれらが連携している場合に当たる．それは本格的な分散的システムとの間にあるシステムである．

チームモデルの重要な特質は，ローカルマネージャーによって用いられる管理規則が固有情報のみに基づいているという点にある．チームモデルの解を得るためには，ローカルマネージャーによって実施されうる戦略を制限してシステム全体の目的を最適化する（つまり，固有情報を用いるローカルマネージャーによって決定される戦略がシステム全体の目的を最適化するように導く）アナリストの見方をすることが有効である．それゆえ，それは集中的な計画モデルのようにみえるが，情報に関して加えられた制約を保有している．チームモデルと完全情報下のセントラルプランナーモデルの違いは，情報の価値に現れる．本章の2節では，この領域に属する多くの論文が

注 [48]：下界を用いる方法は，Chen and Zheng (1994) の中で一般的な確率的多階層在庫システムについて行われている．しかし，発見的方策の最適性を評価する際に下界の使用は常に散発的であって，また多くの計算を要する．確定的な需要をもっている一般的な多階層在庫システムについてなされた劇的な成功を述べたくなる誘惑には逆らいがたい．ある発見的な方策は，それは2つの方策の相乗的効果であると考えられるが，必ず最適値の2%の範囲に入るという結果が得られている．たとえば，Maxwell and Muckstadt (1985), Roundy (1985, 1986), Federgruen et al. (1992) を参照されたい．これまでのところ，確率的なシステムについてのこれに匹敵する成果は，単純な2段階直列システムについて行われた Chen (1999b) の研究のみに限られている．本書第10章において，Axsäter によって1倉庫・複数小売業者システムの発見的方策に関する研究の展望が行われている．

紹介されている．この領域は今後も多くの収穫が期待できる研究方向として研究者の関心を集めることであろう．

4.3 分散的情報・独立した企業

本格的な分散的サプライチェーンは，非対称情報を所有する独立した企業から構成されている．本章の3節では，そのようなモデルを多く取り上げた．そこで述べたように，サプライチェーンのあるメンバーがスクリーニングあるいはシグナリングによって「ステージを設定する」ためにイニシアティブをとるかもしれないし，サプライチェーンの複数のメンバーが取引上の規則を設けるために，(協力的関係あるいは非協力的関係の下で) 行動を共にするかもしれない．これはオペレーションズ・マネジメントの多くの研究領域の中では比較的新しいものである．以下において，今後発展が期待されているいくつかの方向を示そう．

一つの潜在的に実りの多い研究領域は，価格探索と企業内の最適化の統合である．2.2項において，1社の買い手と固有の費用情報をもっている複数の供給業者を取り扱う資材調達の例をすでに述べた．その場合に，解はオークションの機構と供給契約を組み合わせて求められている．オークション理論をオペレーションズ・マネジメントに融合するこの試みは耳をそばだてさせる．

もう一つの興味深い研究方向は，情報獲得である．3.1項において，企業が顧客から先行需要情報を「購入する」例を取り上げた．課題となったのは，情報獲得の費用と獲得した情報がもたらす利益を釣り合わせることであった．他の文脈において，つまり，異なった種類の情報を取り上げて，サプライチェーンのメンバーの間での情報獲得を研究することが可能である．

3.3項において，競争関係にある企業間での情報共有を取り扱っているいくつかの論文について述べたが，競争関係にあるサプライチェーン間ではどうであろうか．2つのサプライチェーン間の情報共有にはさまざまな方法がある．たとえば，①同一の階層内の異なったチャネル間（たとえば，小売業者対小売業者，供給業者対供給業者），②異なった階層間で同一のチャネル間（たとえば，小売業者対供給業者），③異なった階層かつチャネル間（サプライチェーンAの小売業者対サプライチェーンBの供給業者，またその逆）などであり，さまざまな研究の機会が数多くある[49]．

4.4 限られた合理性と頑健なサプライチェーン設計

現実の企業（および人々）には制限がある．まず，データは正確でないかもしれない．たとえば，小売業者は店舗にある特定の製品の正確な個数を知っているとは思えない．このことは，多くの場合に，売上の連続的な把握とトランザクションの自動化のために，情報技術に多額の投資をし，事業がうまくいっている小売業者においてす

注 [49]：競争関係にあるサプライチェーンの例については，たとえば，Corbett and Karmarkar (2001) とその参考文献を参照されたい．

らみられる[50]．サプライチェーンにおいて，不正確なデータは情報の不完全な伝達，つまり，ノイズがあって遅延に悩まされている状況をもたらしている．一方では，マネージャーは簡単で直観的にわかる管理規則を用いたがる．これは，単に人々の情報処理能力に限界があることから生じる．同じことが，モデルの構築者/アナリスト/研究者についてもいえる．つまり，現実の問題は多くの側面をもち，複雑であるため，1つのモデルにすべての複雑さを織り込むことが不可能である（一言でいえば，人々はマネージャーであってもそうでなくても，限られた合理性しかもっていない）．その結果として，モデルから得た「最適解」をそのまま実施することはできそうもない．せいぜい，できることはマネージャーの「洞察」あるいは「直感」を知識として提供し，最終的な決定に影響を及ぼす程度のものである．不正確なデータ，モデル構築上の制限，マネージャーの単純化への要求の下では，そのような不完全性に耐えられる頑健で単純な管理機構の開発が緊急の必要事項である．これは実質的に未知の領域である．しかし，今後の問題として考える価値がある．

謝辞：本章の一部は，筆者が2000～2001年にStanford University Graduate School of Business 訪問中に書き上げたものである．同校のOITグループから受けた厚遇に対し，御礼申し上げたい．また，本章はGérard P. Cachon, Charles J. Corbett, Ton G. de Kok, Guillermo Gallego, Constantions Magalaras, Özalp Özer, L. Beril Toktay, Jan A. Van Mieghemの同僚諸氏から教示いただいた意見と助言に負うところが少なくない．また，National Science Foundation, Columbia Business School, Stanford Global Supply Chain Management Forumから受けた研究助成に対して感謝する．

(Fangruo Chen/黒田　充)

参　考　文　献

Anand, K., H. Mendelson (1997). Information and organization for horizontal multimarket coordination. *Management Science* 43(12), 1609–1627.

Anupindi, R., Y. Bassok (1999). Centralization of stocks: retailers vs. manufacturer. *Management Science* 45(2), 178–191.

Arrow, K. (1985). The economics of agency, in: J. Pratt, R. Zeckhauser (eds.), *Principals and Agents*, Cambridge, MA, Harvard Business School Press.

Aviv, Y. (2001). The effect of collaborative forecasting on supply chain performance. *Management Science* 47(10), 1326–1343.

Aviv, Y., A. Federgruen (1997). Stochastic inventory models with limited production capacity and periodically varying parameters. *Probability in the Engineering and Informational Science* 11, 107–135.

Aviv, Y., A. Federgruen. (1998). The operational benefits of information sharing and vendor

---

注　[50]：小売業者における不正確な在庫データの規模と原因の検討に関しては，Raman *et al.* (2000) とRaman and Ton (2000) を参照されたい．

第7章　情報共有とサプライチェーンの協調　　　389

managed inventory (VMI) programs. Working paper, Washington University and Columbia University.
Axsäter, S. (1990). Simple solution procedures for a class of two-echelon inventory problems. *Operations Research* 38(1), 64–69.
Axsäter, S. (1993a). Continuous review policies for multi-level inventory systems with stochastic demand, in: S. Graves, A. Rinnooy Kan, P. Zipkin (eds.), *Handbook in Operations Research and Management Science, Vol. 4, Logistics of Production and Inventory*, North Holland.
Axsäter, S. (1993b). Exact and approximate evaluation of batch ordering policies for two-level inventory systems. *Operations Research* 41(4), 777–785.
Axsäter, S. (1997). Simple evaluation of echelon stock (R, Q) policies for two-level inventory systems. *IIE Transactions* 29, 661–669.
Axsäter, S. (1998). Evaluation of installation stock based (R, Q) policies for two-level inventory systems with Poisson demand. *Operations Research* 46 (Supp. No. 3), S135–S145.
Axsäter, S. (2000). Exact analysis of continuous review (R, Q) policies in two-echelon inventory systems with Compound Poisson demand. *Operations Research* 48(5), 686–696.
Axsäter, S., K. Rosling (1993). Installation vs. echelon stock policies for multi-level inventory control. *Management Science* 39(10), 1274–1280.
Azoury, K. (1985). Bayes solution to dynamic inventory models under unknown demand distribution. *Management Science* 31, 1150–1160.
Azoury, K., B. Miller (1984). A comparison of the optimal ordering levels of Bayesian and non-Bayesian inventory models. *Management Science* 30, 993–1003.
Barnes-Schuster, D., Y. Bassok, R. Anupindi (1998). Coordination and flexibility in supply contracts with options. Working paper, University of Chicago.
Basu, A., R. Lal, V. Srinivasan, R. Staelin (1985). Salesforce-compensation plans: An agency theoretic perspective. *Marketing Science* 4(4), 267–291.
Bitran, G., E. Haas, H. Matsuo (1986). Production planning of style goods with high setup costs and forecast revisions. *Operations Research* 34, 226–236.
Blanchard, O. (1983). The production and inventory behavior of the American automobile industry. *Journal of Political Economy* 91, 365–400.
Blinder, A. (1982). Inventories and sticky prices. *American Economic Review* 72, 334–349.
Blinder, A. (1986). Can the production smoothing model of inventory behavior be saved? *Quarterly Journal of Economics* 101, 431–454.
Bourland, K., S. Powell, D. Pyke (1996). Exploiting timely demand information to reduce inventories. *European Journal of Operational Research* 92, 239–253.
Box, G., G. Jenkins, G. Reinsel (1994). *Time Series Analysis: Forecasting and Control*, 3rd Edition, San Francisco, CA, Holden-Day, pp. 110–114.
Bradford, J., P. Sugrue (1990). A Bayesian approach to the two-period style-goods inventory problem with single replenishment and heterogeneous Poisson demands. *Journal of Operational Research Society* 41, 211–218.
Brown, A., H. Lee (1998). The win-win nature of options based capacity reservation arrangements. Working paper, Vanderbilt University.
Cachon, G. (1999). Managing supply chain demand variability with scheduled ordering policies. *Management Science* 45(6), 843–856.
Cachon, G. (2001). Exact evaluation of batch-ordering inventory policies in two-echelon supply chains with periodic review. *Operations Research* 49(1), 79–98.
Cachon, G., M. Fisher (2000). Supply chain inventory management and the value of shared information. *Management Science* 46(8), 1032–1048.
Cachon, G., M. Lariviere (1999). Capacity choice and allocation: strategic behavior and supply chain performance. *Management Science* 45(8), 1091–1108.
Cachon, G. P., M. Lariviere (2001). Contracting to assure supply: how to share demand forecasts in a supply chain. *Management Science* 47(5), 629–646.
Caplin, A. (1985). The variability of aggregate demand with (s, S) inventory policies. *Econometrica* 53, 1395–1409.
Cattani, K., W. Hausman (2000). Why are forecast updates often disappointing?. *Manufacturing &*

Service Operations Management 2(2), 119–127.
Chen, F. (1998a). Echelon reorder points, installation reorder points, and the value of centralized demand information, *Management Science* 44 (12, part 2), S221–S234.
Chen, F. (1998b). On (R,nQ) policies in serial inventory systems, in: S. Tayur, R. Ganeshan and M. Magazine (eds.) *Quantitative Models for Supply Chain Management*, Kluwer Academic Publishers, Boston/Dordrecht/London.
Chen, F. (1999a). Decentralized supply chains subject to information delays. *Management Science* 45(8), 1076–1090.
Chen, F. (1999b). 94%-effective policies for a two-stage serial inventory system with stochastic demand. *Management Science* 45(12), 1679–1696.
Chen, F. (2000a). Optimal policies for multi-echelon inventory problems with batch ordering. *Operations Research* 48(3), 376–389.
Chen, F. (2000b). Salesforce incentives and inventory management. *Manufacturing & Service Operations Management* 2(2), 186–202.
Chen, F. (2000c). Salesforce incentives, market information, and production/inventory planning. To appear in *Management Science*.
Chen, F. (2001a). Market segmentation, advanced demand information, and supply chain performance. *Manufacturing & Service Operations Management* 3(1), 53–67.
Chen, F. (2001b). Auctioning supply contracts. Working paper, Columbia University.
Chen, F., J. Eliashberg, P. Zipkin (1998). Customer preferences, supply-chain costs, and product-line design, in: T.-H. Ho, C. S. Tang (eds.), *Product Variety Management: Research Advances*, Kluwer Academic Publishers, Boston/Dordrecht/London.
Chen, F., R. Samroengraja (1999). Order volatility and supply chain costs. To appear in *Operations Research*.
Chen, F., R. Samroengraja (2000a). A staggered ordering policy for one-warehouse multi-retailer systems. *Operations Research* 48(2), 281–293.
Chen, F., R. Samroengraja (2000b). The stationary beer game. *Production and Operations Management* 9(1), 19–30.
Chen, F., J.-S. Song (2001). Optimal policies for multi-echelon inventory problems with Markov-modulated demand. *Operations Research* 49(2), 226–234.
Chen, F., B. Yu (2001a). Quantifying the value of leadtime information in a single-location inventory system. Working paper, Columbia Business School.
Chen, F., B. Yu (2001b). A supply chain model with asymmetric capacity information. Near completion.
Chen, F., Y.-S. Zheng (1994). Lower bounds for multi-echelon stochastic inventory systems. *Management Science* 40(11), 1426–1443.
Chen, F., Y.-S. Zheng (1997). One-warehouse multi-retailer systems with centralized stock information. *Operations Research* 45(2), 275–287.
Chen, Frank, Z. Drezner, J. Ryan, D. Simchi-Levi (2000). Quantifying the bullwhip effect in a simple supply chain: The impact of forecasting, lead times, and information. *Management Science* 46(3), 436–443.
Chu, W. (1992). Demand signaling and screening in channels of distribution. *Marketing Science* 11(4), 327–347.
Clark, A., H. Scarf (1960). Optimal policies for a multi-echelon inventory problem. *Management Science* 6, 475–490.
Clarke, R. N. (1983). Collusion and the incentives for information sharing. *Bell Journal of Economics* 14, 383–394.
Corbett, C. (2001). Stochastic inventory systems in a supply chain with asymmetric information: Cycle stocks, safety stocks, and consignment stock. *Operations Research* 49(4), 487–500.
Corbett, C., X. de Groote (2000). A supplier's optimal quantity discount policy under asymmetric information. *Management Science* 46(3), 444–450.
Corbett, C., U. Karmarkar (2001). Competition and structure in serial supply chains with deterministic demand. *Management Science* 47(7), 966–978.
Corbett, C., D. Zhou, C. Tang (2001). Designing supply contracts: Contract type and information asymmetry. Working paper, UCLA.

Coughlan, A. (1993). Salesforce compensation: a review of MS/OR advances, in: J. Eliashberg, G. Lilien (eds.), *Handbooks in Operations Research and Management Science: Marketing*, Vol. 5. North-Holland.
de Groote, X. (1994). Flexibility and product variety in lot-sizing models. *European Journal of Operations Research* 75, 264–274.
Desai, P. S., K. Srinivasan (1995). Demand signaling under unobservable effort in franchising: Linear and nonlinear price contracts. *Management Science* 41(10), 1608–1623.
Deshpande, V., L. Schwarz (2002). Optimal capacity allocation in decentralized supply chains. Working paper, Purdue University.
Deuermeyer, B., L. Schwarz (1981). A model for the analysis of system service level in warehouse/retailer distribution systems: the identical retailer case, in: L. Schwarz *Studies in the Management Sciences: The Multi-Level Production/Inventory Control Systems*, Vol. 16. Amsterdam, North-Holland Publishing Co., pp. 163–193.
Diks, E. B., A. G. de Kok (1998). Optimal control of a divergent multi-echelon inventory system. *European Journal of Operational Research* 111, 75–97.
Ding, X., M. L. Puterman, A. Bisi (2002). The censored newsvendor and the optimal acquisition of information. *Operations Research* 50(3), 517–527.
Dobson, G., S. Kalish (1988). Positioning and pricing a product line. *Marketing Science*, 27, 107–125.
Dobson, G., S. Kalish (1993). Heuristics for positioning and pricing a product line using conjoint and cost data. *Management Science* 39, 160–175.
Dong, L., H. Lee (2000). Optimal policies and approximations for a serial multi-echelon inventory system with time-correlated demand. Working paper, Washington University.
Donohue, K. (2000). Efficient supply contracts for fashion goods with forecast updating and two production modes. *Management Science* 46(11), 1397–1411.
Ehrhardt, R. (1984). (s, S) policies for a dynamic inventory model with stochastic leadtimes. *Operations Research* 32, 121–132.
Eppen, G., A. Iyer (1997a). Backup agreements in fashion buying-the value of upstream flexibility. *Management Science* 43(11), 1469–1484.
Eppen, G., A. Iyer (1997b). Improved fashion buying with Bayesian updates. *Operations Research* 45(6), 805–819.
Eppen, G., L. Schrage (1981). Centralized ordering policies in a multiwarehouse system with leadtimes and random demand, in: L. Schwarz (ed.) *Multi-Level Production/Inventory Control Systems: Theory and Practice*, North Holland Publishing Co., pp. 51–69.
Federgruen, A. (1993). Centralized planning models for multi-echelon inventory systems under uncertainty, in: S. Graves, A. Rinnooy Kan, P. Zipkin (eds.), *Handbook in Operations Research and Management Science, Vol. 4, Logistics of Production and Inventory*, North-Holland.
Federgruen, A., M. Queyranne, Y.-S. Zheng (1992). Simple power of two policies are close to optimal in general class of production/distribution networks with general joint setup costs. *Mathematics of Operations Research* 17, 951–963.
Federgruen, A., P. Zipkin (1984a). Approximation of dynamic, multi-location production and inventory problems. *Management Science* 30, 69–84.
Federgruen, A., P. Zipkin (1984b). Allocation policies and cost approximation for multi-location inventory systems. *Naval Research Logistics Quarterly* 31, 97–131.
Federgruen, A., P. Zipkin (1986a). An inventory model with limited production capacity and uncertain demands I. The average cost criterion. *Mathematics of Operations Research* 11, 193–207.
Federgruen, A., P. Zipkin (1986b). An inventory model with limited production capacity and uncertain demands II. The discounted-cost criterion. *Mathematics of Operations Research* 11, 208–215.
Fisher, M., A. Raman (1996). Reducing the cost of demand uncertainty through accurate response to early sales. *Operations Research* 44(1), 87–99.
Forrester, J. (1961). *Industrial Dynamics*, New York, John Wiley and Sons Inc.
Forsberg, R. (1995). Optimization of order-up-to S policies for two-level inventory systems with compound Poisson demand. *European Journal of Operational Research* 81, 143–153.
Fudenberg, D., J. Tirole (1992). *Game Theory*, Cambridge, MA, The MIT Press.

Gallego, G., Y. Huang, K. Katircioglu, Y.T. Leung (2000). When to share demand information in a simple supply chain? Working paper, Columbia University.
Gallego, G., O. Özer (2000). Optimal replenishment policies for multi-echelon inventory problems under advance demand information. Working paper, Columbia University and Stanford University.
Gallego, G., O. Özer (2001). Integrating replenishment decisions with advance demand information. *Management Science* 47(10), 1344–1360.
Gallego, G., B. Toktay (1999). All-or-nothing ordering under a capacity constraint and forecasts of stationary demand. Working paper, Columbia University.
Gal-Or, E. (1985). Information sharing in oligopoly. *Econometrica* 53(2), 329–343.
Gal-Or, E. (1986). Information transmission – Cournot and Bertrand equilibria. *Review of Economic Studies* LIII, 85–92.
Gavirneni, S., R. Kapuscinski, S. Tayur (1999). Value of information in capacitated supply chains. *Management Science* 45(1), 16–24.
Gonik, J. (1978). Tie salesmen's bonuses to their forecasts. *Harvard Business Review* May–June 1978.
Graves, S. (1985). A multi-echelon inventory model for a reparable item with one-for-one replenishment. *Management Science* 31, 1247–1256.
Graves, S. (1996). A multiechelon inventory model with fixed replenishment intervals. *Management Science* 42(1), 1–18.
Graves, S. (1999). A single-item inventory model for a nonstationary demand process. *Manufacturing & Service Operations Management* 1(1), 50–61.
Graves, S., D. Kletter, W. Hetzel (1998). A dynamic model for requirements planning with application to supply chain optimization. *Operations Research* 46, S35–S49.
Graves, S., H. Meal. S. Dasu, Y. Qiu (1986). Two-stage production planning in a dynamic environment, in: S. Axsäter, C. Schneeweiss, E. Silver (eds.), *Multi-Stage Production Planning and Control*, Lecture Notes in Economics and Mathematical Systems, Vol. 266, Springer-Verlag, Berlin, pp. 9–43.
Green, P., A. Krieger (1985). Models and heuristics for product-line selection. *Marketing Science (Winter)* 4, 1–19.
Grossman, S., O. Hart (1983). An analysis of the principal-agent problem. *Econometrica* 51(1), 7–45.
Gullu, R. (1996). On the value of information in dynamic production/inventory problems under forecast evolution. *Naval Research Logistics* 43, 289–303.
Gullu, R. (1997). A two-echelon allocation model and the value of information under correlated forecasts and demands. *European Journal of Operational Research* 99, 386–400.
Ha, A. (2001). Supplier-buyer contracting: Asymmetric cost information and cutoff level policy for buyer participation. *Naval Research Logistics* 48, 41–64.
Hariharan, R., P. Zipkin (1995). Customer order information, lead times, and inventories. *Management Science* 41(10), 1599–1607.
Harris, M., A. Raviv (1978). Some results on incentive contracts with applications to education and employment, health insurance, and law enforcement. *American Economic Review (March)* 68, 20–30.
Harris, M., A. Raviv (1979). Optimal incentive contracts with imperfect information. *Journal of Economic Theory (April)* 20, 231–259.
Hassin, R., M. Haviv (2001). *To Queue or Not to Queue: Equilibrium Behavior in Queueing Systems*, Boston/Dordrecht/London, Kluwer Academic Publishers. to be published in the International Series in Operations Research and Management Science.
Hausman, W. (1969). Sequential decision problems: A model to exploit existing forecasters. *Management Science* 16(2), B-93–B-111.
Hausman, W., R. Peterson (1972). Multiproduct production scheduling for style goods with limited capacity, forecast revisions and terminal delivery. *Management Science* 18, 370–383.
Hayek, F. (1945). The use of knowledge in society. *American Economic Review* 35(4), 519–530.
Heath, D., P. Jackson (1994). Modeling the evolution of demand forecasts with application to safety stock analysis in production/distribution systems. *IIE Transactions* 26(3), 17–30.
Ho, T., C. Tang (eds.) (1998). Product Variety Management: Research Advances, Kluwer Academic

Publishers, Boston/Dordrecht/London.
Holmstrom, B. (1979). Moral hazard and observability. *Bell Journal of Economics* 10(1), 74–91.
Holmstrom, B. (1982). Moral hazard in teams. *Bell Journal of Economics* 13(2), 324–340.
Horngren, C. T., G. Foster (1991). *Cost Accounting: A Managerial Emphasis*, 7th Edition, New Jersey, Prentice Hall, Englewood Cliffs.
Iglehart, D. (1964). The dynamic inventory model with unknown demand distribution. *Management Science* 10, 429–440.
Jackson, P. (1988). Stock allocation in a two-echelon distribution system or 'what to do until your ship comes in'. *Management Science* 34, 880–895.
Jensen, M., W. Meckling (1976). Theory of the firm: managerial behavior, agency costs and ownership structure. *Journal of Financial Economics* 3, 305–360.
Jensen, M., W. Meckling (1992). Specific and general knowledge, and organizational structure, in: L. Werin, H. Hijkander (eds.), *Contract Economics*, Cambridge, MA, Basil Blackwell.
Johnson, G., H. Thompson (1975). Optimality of myopic inventory policies for certain dependent demand processes. *Management Science* 21, 1303–1307.
Kahn, J. (1987). Inventories and the volatility of production. *American Economic Review* 77(4), 667–679.
Kaplan, R. (1970). A dynamic inventory model with stochastic lead times. *Management Science* 16, 491–507.
Kapuscinski, R., S. Tayur (1998). A capacitated production-inventory model with periodic demand. *Operations Research* 46(6), 899–911.
Karaesmen, F., J. Buzacott, Y. Dallery (2001). Integrating advance order information in make-to-stock production systems. Working paper, York University, Canada.
Klemperer, P. (1999). Auction theory: a guide to the literature. *Journal of Economic Surveys* 13(3), 227–286.
Kopczak, L., H. Lee (1994). Hewlett-Packard: Deskjet Printer Supply Chain (A). Stanford University Case.
Kreps, D. (1990). *A Course in Microeconomic Theory*, Princeton, New Jersey, Princeton University Press.
Kreps, D., R. Wilson (1982). Sequential equilibrium. *Econometrica* 50, 863–894.
Lal, R. (1986). Delegating pricing responsibility to the salesforce. *Marketing Science* 5(2), 159–168.
Lal, R., R. Staelin (1986). Salesforce-compensation plans in environments with asymmetric information. *Marketing Science* 5(3), 179–198.
Lancaster, K. (1979). *Variety, Equity and Efficiency*, New York, NY, Columbia University Press.
Lancaster, K. (1990). The economics of product variety: A survey. *Marketing Science* 9(3), 189–206.
Lariviere, M. A., V. Padmanabhan (1997). Slotting allowances and new product introductions. *Marketing Science* 16(2), 112–128.
Lariviere, M. A., E. L. Porteus (1999). Stalking information: Bayesian inventory management with unobserved lost sales. *Management Science* 45(3), 346–363.
Lee, H., K. Moinzadeh (1987a). Two-parameter approximations for multi-echelon reparable inventory models with batch ordering policy. *IIE Transactions* 19, 140–149.
Lee, H., K. Moinzadeh (1987b). Operating characteristics of a two-echelon inventory system for reparable and consumable items under batch ordering and shipment policy. *Naval Research Logistics Quarterly* 34, 365–380.
Lee, H., P. Padmanabhan, S. Whang (1997a). The bullwhip effect in supply chains. *Sloan Management Review* 38, 93–102.
Lee, H., P. Padmanabhan, S. Whang (1997b). Information distortion in a supply chain: The bullwhip effect. *Management Science* 43, 546–558.
Lee, H., K. So, C. Tang (2000). The value of information sharing in a two-level supply chain. *Management Science* 46(5), 626–643.
Lee, H., C. Tang (1998). Variability reduction through operations reversals. *Management Science* 44(2), 162–172.
Lee, H., S. Whang (1999). Decentralized multi-echelon supply chains: Incentives and Information. *Management Science* 45(5), 633–640.

Lee, H., S. Whang (2000). Information sharing in a supply chain. *Int. J. Technology Management* 20(3/4), 373–387.
Lee, H., S. Whang (2002). The impact of the secondary market on the supply chain. *Management Science* 48(6), 719–731.
Li, L. (1985). Cournot oligopoly with information sharing. *Rand Journal of Economics* 16(4), 521–536.
Li, L. (2002). Information sharing in a supply chain with horizontal competition. *Management Science* 48(9), 1196–1212.
Li, L., H. Zhang (2001). Competition, inventory, demand variability, and information sharing in a supply chain. Working paper, Yale School of Management.
Lovejoy, W. (1990). Myopic policies for some inventory models with uncertain demand. *Management Science* 36, 724–738.
Lovejoy, W. (1992). Stopped myopic policies for some inventory models with uncertain demand distributions. *Management Science* 38, 688–707.
Marschak, J., R. Radner (1972). *Economic Theory of Teams*, New Haven, Yale University Press.
Maskin, E., J. Riley (1984). Monopoly with incomplete information. *Rand Journal of Economics* 15(2), 171–196.
Matsuo, H. (1990). A stochastic sequencing problem for style goods with forecast revisions and hierarchical structure. *Management Science* 36, 332–347.
Maxwell, W., J. Muckstadt (1985). Establishing consistent and realistic reorder intervals in production-distribution systems. *Operations Research* 33, 1316–1341.
McAfee, R., J. McMillan (1987). Auctions and bidding. *Journal of Economic Literature (June)* XXV, 699–738.
Mendelson, H., T. Tunca (2001). Business to business exchanges and supply chain contracting. Working paper, Stanford Business School.
Miller, B. (1986). Scarf's state reduction method, flexibility, and a dependent demand inventory model. *Operations Research* 34, 83–90.
Milner, J., P. Kouvelis (2001). More demand information or more supply chain flexibility: what does the answer depend on? Working paper, Washington University, St. Louis.
Moinzadeh, K., H. Lee (1986). Batch size and stocking levels in multi-echelon reparable systems. *Management Science* 32, 1567–1581.
Moorthy, K. (1984). Market segmentation, self-selection, and product line design. *Marketing Science* 3, 288–307.
Muharremoglu, A., J. Tsitsiklis (2001). Echelon base stock policies in uncapacitated serial inventory systems. Working paper, MIT.
Murray, G., Jr., Silver, E. (1966). A Bayesian analysis of the style goods inventory problem. *Management Science* 12, 785–797.
Mussa, M., S. Rosen (1978). Monopoly and product quality. *Journal of Economic Theory* 18, 301–317.
Myerson, R. (1981). Optimal auction design. *Mathematics of Operations Research* 6(1), 58–73.
Nahmias, S. (1979). Simple approximations for a variety of dynamic leadtime lost-sales inventory models. *Operations Research* 27, 904–924.
Nanda, D. (1995). Strategic impact of just-in-time manufacturing on product market competitiveness. Working paper, University of Rochester, Rochester, NY.
Novshek, W., H. Sonnenschein (1982). Fulfilled expectations Cournot duopoly with information acquisition and release. *Bell Journal of Economics* 13, 214–218.
Özer, O. (2000). Replenishment strategies for distribution systems under advance demand information. Working paper, Stanford University.
Özer, O., W. Wei (2001). Inventory control with limited capacity and advance demand information. Working paper, Stanford University.
Plambeck, E., S. Zenios (2000). Performance-based incentives in a dynamic principal-agent model. *Manufacturing & Service Operations Management* 2(3), 240–263.
Plambeck, E., S. Zenios (2000b). Incentive efficient control of a make-to-stock production system, *Operational Research* 51(3), 371–386.
Porteus, E. (2000). Responsibility tokens in supply chain management. *Manufacturing & Service*

第7章 情報共有とサプライチェーンの協調   395

Operations Management 2(2), 203-219.
Porteus, E., S. Whang (1991). On manufacturing/marketing incentives. *Management Science* 37(9), 1166-1181.
Raghunathan, S. (2001). Information sharing in a supply chain: A note on its value when demand is nonstationary. *Management Science* 47(4), 605-610.
Raju, J., V. Srinivasan (1996). Quota-based compensation plans for multiterritory heterogeneous salesforces. *Management Science* 42(10), 1454-1462.
Raman, A., N. DeHoratius, Z. Ton (2000). Execution: the missing link in retail operations. Working Paper, Harvard Business School.
Raman, A., Z. Ton (2000). An empirical analysis of the magnitude and drivers of misplaced SKUs in retail stores. Working Paper, Harvard Business School.
Rao, R. (1990). Compensating heterogeneous salesforces: some explicit solutions. *Marketing Science* 9(4), 319-341.
Riley, J., W. Samuelson (1981). Optimal auctions. *American Economic Review* 71(3), 381-392.
Roundy, R. (1985). 98%-effective integer-ratio lot-sizing for one-warehouse multi-retailer systems. *Management Science* 31, 1416-1430.
Roundy, R. (1986). 98%-effective lot-sizing rule for a multi-product, multi-facility production-inventory systems. *Mathematics of Operations Research* 11, 699-727.
Ryan, J. (1997). Analysis of inventory models with limited demand information. Unpublished Ph.D. dissertation, Northwestern University.
Scarf, H. (1959). Bayes solutions of the statistical inventory problem. *Ann. Math. Statist.* 30, 490-508.
Scarf, H. (1960). Some remarks on Bayes solutions to the inventory problem. *Naval Research Logistics Quarterly* 7, 591-596.
Sethi, S., F. Cheng (1997). Optimality of (s, S) policies in inventory models with Markovian demand. *Operations Research* 45, 931-939.
Shapiro, C. (1986). Exchange of cost information in oligopoly. *Review of Economic Studies* LIII, 433-446.
Shavell, S. (1979). Risk sharing and incentives in the principal and agent relationship. *Bell Journal of Economics* 10(1), 55-73.
Sherbrooke, C. (1968). METRIC: a multi-echelon technique for recoverable item control. *Operations Research* 16, 122-141.
Shocker, A., V. Srinivasan (1979). Multiattribute approaches for product concept evaluation and generations: A critical review. *Journal of Marketing Research* XVI, 159-180.
Signorelli, S., J. Heskett (1984). Benetton (A) and (B). Harvard Business School Case (9-685-014).
Simon, R. (1971). Stationary properties of a two echelon inventory model for low demand items. *Operations Research* 19, 761-777.
Sobel, M. (1997). Lot sizes in production lines with random yield and ARMA demand. Working paper, New York State University at Stony Brook.
Song, J.-S., P. Zipkin (1992). Evaluation of base-stock policies in multi-echelon inventory systems with state-dependent demands. Part I. State-independent policies. *Naval Research Logistics* 39, 715-728.
Song, J.-S., P. Zipkin (1993). Inventory control in a fluctuating demand environment. *Operations Research* 41, 351-370.
Song, J.-S., P. Zipkin (1996a). Evaluation of base-stock policies in multi-echelon inventory systems with state-dependent demands. Part II. State-dependent policies. *Naval Research Logistics* 43, 381-396.
Song, J.-S., P. Zipkin (1996b). Inventory control with information about supply conditions. *Management Science* 42, 1409-1419.
Spengler, J. (1950). Vertical integration and antitrust policy. *Journal of Political Economy* 58, 347-352.
Sterman, J. (1989). Modeling managerial behavior: Misperceptions of feed ack in a dynamic decision making experiment. *Management Science* 35, 321-339.
Svoronos, A., P. Zipkin (1988). Estimating the performance of multi-level inventory systems. *Operations Research* 36, 57-72.
Svoronos, A., P. Zipkin (1991). Evaluation of one-for-one replenishment policies for multi-echelon inventory systems. *Management Science* 37, 68-83.

Tirole, J. (1988). *The theory of industrial organization*, Cambridge, MA, The MIT Press.
Toktay, B., L. Wein (2001). Analysis of a forecasting-production-inventory system with stationary demand. *Management Science* 47(9), 1268–1281.
Van Mieghem, J. (1999). Coordinating investment, production, and subcontracting. *Management Science* 45(7), 954–971.
Van Mieghem, J., M. Dada (1999). Price versus production postponement: capacity and competition. *Management Science* 45(12), 1631–1649.
Vickrey, W. (1961). Counterspeculation, auctions, and competitive sealed tenders. *Journal of Finance* 16(1), 8–37.
Vives, X. (1984). Duopoly information equilibrium: Cournot and Bertrand. *Journal of Economic Theory* 34, 71–94.
Watson, N., Y.-S. Zheng (2001). Adverse effects of over-reaction to demand changes and improper forecasting. Working Paper, University of Pennsylvania.
Yano, C., G. Dobson (1998). Profit optimizing product line design, selection and pricing with manufacturing cost considerations: a survey, in: T.-H. Ho, C. S. Tang (eds.), *Product Variety Management: Research Advances*, Kluwer Academic Publisher, pp. 145–176.
Zhang, H. (2003). Vertical information exchange in a supply chain with duopoly retailers. *Production and Operations Management* 11(4), 531–546.
Zheng, Y.-S. (1992). On properties of stochastic inventory systems. *Management Science* 38, 87–103.
Zheng, Y.-S., F. Chen (1992). Inventory policies with quantized ordering. *Naval Research Logistics* 39, 285–305.
Zipkin, P. (1986). Stochastic leadtimes in continuous-time inventory models. *Naval Research Logistics Quarterly* 33, 763–774.

第8章

サプライチェーンマネジメントにおける戦術的計画モデル

1. はじめに

　サプライチェーンマネジメント（SCM）は，原材料を調達し，それらを半製品または完成品になるまで加工などを行い，最終顧客へ配送することに関連した効率的な政策の実行を含んでおり，それゆえ複数のビジネス単位にまたがっている．（多くの場合にみられる）質の悪いSCMは，多くの企業にとって最大の資産である在庫を大量にもたらす．在庫は通常，経済的効率性とともに，需要，加工，供給といった異なるタイプの不確実性に対してリスク回避を行うために導入されている．前者はバッチサイズ（ロットサイズ）により，後者は（原材料や完成品の）安全在庫として管理されている．互いに影響し合うため，これらは同時に考慮する必要がある．生産現場以外では，企業が直面する主要な問題は，経済的ロットサイズの選択よりはむしろ安全在庫の管理と関係している．したがって，サプライチェーンの効率的な協調は，需要，加工，供給に関する不確実性をどれだけうまく管理するかに強く依存している．戦術的計画は，異なるビジネス単位にまたがった主要目標値（安全在庫，計画リードタイム，バッチサイズなど）を協調的に設定することである．これらの主要目標は，毎日の生産，配送，調達のいずれかに関して毎日の運用をどこまで遂行できるかの指針を与える．いくつかのソフトウェアツールが（より成熟した決定的な数理計画法を用いて）その運用の場で利用可能である一方，効果的な戦術的計画のツールはこれから開発していかなければならない．

　研究の立場からは，効果的なサプライチェーンの実践を理解していく一方で，複数の要素からなる大規模な統合モデルを開発することが理想であるが，そのようなモデルから有益な洞察を得るのは，モデルが取り扱いにくいため，しばしば非常に困難（また，たいていの場合は実現不可能）である．結果として，過去50年における経営戦略分野の研究者は，複雑で実際的なサプライチェーン研究の構成要素となる，より簡単なモデルについて洞察を展開することを試みてきた．採用されてきたアプローチは，組立あるいは配送システムのような多階層のサプライチェーンを分解し，異なった条件の下で特定の性質をもつ個々の施設を解析することである．そのようなモデル

が，本章の主要なテーマである．実際の応用の観点から，これらの個々のモデルをもとに大規模モデルが開発され，実現されてきた．このことに関する論文のいくつかは，章末で簡単に概観する（第9章や第12章でも議論されている）．

そのようなモデルの解析に関連する異なったパラメータを導入する前に，過去研究者が展開したサプライチェーンモデルを区別するため，モデル化と解析に関係する3つの重要な概念を示そう．1つ目はモデルの時間単位，2つ目は対象計画期間であり，3つ目は性能尺度に関連している．時間単位について，（単一施設または複数施設に対する）在庫システムの解析モデルは，連続観測と周期観測のいずれかに基づいている．在庫や他のパラメータを連続的に観測するモデルでは，需要は決定的または確率的な需要率（単位時間あたりの需要量）の下で連続的に発生し，費用は連続時間上の各瞬間に課せられる．周期観測の設定（すなわち離散時間モデル）では，需要は期ごとに発生する．ここで期の単位（日，週，月，四半期など）は実際の環境に依存する．多くの実際の環境では観測過程は周期的である．本章では，そのような離散時間モデルと呼ばれるものに焦点を絞ろう．離散時間モデルは単一期間，多期間あるいは無限期間に対して展開される．離散時間モデルの解析に関連する性能尺度は，単一期間費用，割り引かれた多期間または無限期間費用，無限期間上の平均費用である（これらの費用の区分は後で説明する）．これとは別に，各期間の解析において，サービス要求水準を定めることがある．サプライチェーンモデルを扱った過去の研究書として，Graves et al. (1993)，Tayur et al. (1998)，Zipkin (2000) がある．

複雑な多階層・複数製品サプライチェーンが基本構成要素に一度分解されたら，上・下流工程のパラメータを通して互いに関係する，単一製品・単一工程（施設）モデルの解析が残されている．単一製品への分解自体細心の注意が必要である．たとえば，複数の製品がある生産資源を共有している，またはある製品の集まりの発注に対し固定費用がかかるならば，複数製品間の交互作用は考慮されなければならない．一度分解されたら，サプライチェーンにおける各単一施設は3種類のパラメータに直面する．すなわち，下流パラメータ，上流パラメータ，施設パラメータである．

下流パラメータ　　下流パラメータは，次の3つに依存する．①（顧客も含めた）下流施設の動き，②下流施設から得られる情報の処理方法，③下流施設との契約関係．単一施設に対してサプライチェーンモデルを展開する際に，考慮すべき主な下流パラメータを以下に示す．

・需要過程：　任意の施設で生成される需要は，下流施設（顧客）の運用や決定に依存する．ビジネス環境における不確実さのため，需要が決定的である環境を実際にみることはほとんどない．結果として，確率的な需要をもつモデルに集中することになる．離散時間の設定では，最も簡単な確率需要に関する仮定は，各期の需要が独立かつ同一の分布に従う（independently and identically distributed：i.i.d.）ことである．これは，各期における需要は他の期の需要と独立であり，同じ分布から生成されることを意味する．もう一つの（より現実的な）関係する仮定は，異なった期の間で

独立であるが，分布が同一でない場合（非定常分布と呼ばれる）である．最後に，需要過程が，非定常であるだけでなく互いに依存するようなより複雑な過程でモデル化されることもある（自己相関をもつ需要は，第7章でより詳細に議論されている）．

・予測と情報： 多くのビジネス環境では，生成された需要に直ちに応答することは（生産能力の制約だけでなく生産，供給，配送のリードタイムにより）不可能である．そのような場合，施設は各期において需要を予測し，それを利用して需要の要求に十分適合するように生産する．需要を予測する別の方法は，（需要を生成する）下流施設の発注過程に関する情報をより多く得ることや，それまでの現実に起きた需要に関する情報を用いて需要分布の未知パラメータを予測することを試みることである．これらの予測は施設の在庫政策の開発に役に立つ．

・契約： 下流施設との契約では，主として施設が供給するべきサービスと費用を決定する．契約は，遅延・部分搬送が許されるかどうか，また在庫切れや搬送遅れに対してペナルティコストがかかるかどうかを詳述する．多期間離散時間モデルでは，需要の受注残について，存在しない，一部認める，すべて受注残となるという点でも区分される．受注残を認めない（ロストセール（lost sale）とも呼ばれる）場合は，ある期間満たされなかった需要をすべて失うのに対し，完全に受注残となる場合には，企業は残りの発注について後に配送することが許される（この場合，ペナルティをこうむらなければならない）．契約における他のパラメータとして，（充足率制約のような）サービス水準，品質，VMI（vendor managed inventory），寿命製品の返却や配送の柔軟性などである．サプライチェーンモデルは，最適な契約という基本目的に従い発展してきた．詳細については，Lariviere (1998)，Tsay et al. (1998)，Cachon (2003)，Chen (2003) を参照されたい．

上流パラメータ 上流パラメータは，生産工程に関する上流サプライヤーの決定に依存する．

・リードタイム： ほとんどの現実の生産環境では，発注された原料がサプライヤーから運ばれる前に重要なリードタイムが存在する．あるサプライヤーが，補充リードタイムが他と比べて正確で，期ごとの全ロットが常に変化しない場合には，他のサプライヤーより信用を受ける．極端な場合，サプライヤーは施設の近くにハブをもつかもしれない．この場合，リードタイムは無視できるほど小さい．サプライチェーンモデルの解析は0リードタイム，固定決定的リードタイム，確率的リードタイムのいずれかの仮定の下で発展してきた．後に示すように，0リードタイムの下での多くの研究結果は固定リードタイムの場合に拡張できる．複数のサプライヤーの存在や，同じサプライヤーからでも複数の調達手段があることから，複数のリードタイムをもつことも，今日ではよくある．

・歩留り： 歩留りは，必要な発注のうち，サプライヤーから運ばれる発注の割合を意味している．一般に，歩留りは満足される発注の割合を表す確率変数としてモデル化される．歩留りの加法的モデルも開発されてきた．明らかに，歩留りとリードタ

イムにより供給過程が決定される．たとえば，あるサプライヤーは，製品を常に2週間で配送するが，配送量に関してはふらついている．他方，そのサプライヤーは発注量どおりの製品を運ぶときには，異なったリードタイムで配送するかもしれない．

施設のパラメータ　施設の性能は，生産能力，生産量，生産に関する段取り費用や変動費用，生産過程の変動，在庫や順序付け，スケジューリングといった運用政策に依存する．

・生産能力：　ほとんどの実際の施設は，ある期間に生産できる有限の生産能力をもっており，必要に応じてアウトソーシングを通じてある程度増加させることができる．しかしながら，生産能力をサプライチェーンモデルに組み込むことは，解析をより困難にする．結果として，初期のモデルでは，過程が無限の生産能力をもつと仮定しており，最近では解析において有限の固定した生産能力をもっているものとしている．

・費用（コスト）：　施設の生産，在庫に関する4つのタイプの費用が存在する．1つ目は，単位量あたりの生産費用（すなわち，生産の変動費用）である．2つ目は，生産に関する固定費用である．この費用としては，機械の設定の変更に関する費用（段取り時間あるいは切替時間の費用換算）がある．3つ目は，各期末に施設に残る在庫にかかる単位量あたり維持費用である．最後に，計画期間末における在庫の残余財産（サルベージ）の処理に関するサルベージ費用（通常負の値をとる）である．これらの費用と前に述べた在庫切れ費用（ペナルティコスト）は，合わせて施設に課せられた費用全体を構成する．

・生産や生産工程の特性：　施設やその関連施設（補充施設や代替施設）で生産される量は，施設の性能を表している．さらに，歩留りのような工程の特性も，性能に影響を与える．より多くの製品と工程の特性が単一モデルに組み込まれるにつれ，解析的な洞察は得がたくなる．本章のほとんどの部分では，単一製品での基礎的な場合を議論し，今述べた特性は無視しているが，5節において，これらに関して拡張した結果を議論する．

・運用決定：　ほとんどすべてのサプライチェーンモデルにおける基本的な決定は，①与えられた期間にどれだけ在庫を置くかということと，②いつ生産・発注するかということである．本章で議論されるモデルは，すべてこれらの2つの基本的な問題に関する洞察を展開する．これはしばしば在庫政策，あるいは在庫発注政策と呼ばれる．在庫政策は，施設の運用能力を決定する．明らかに，複数製品の生産の場合，異なった製品のスケジューリング，ロットサイズ，生産順序が実際の性能に影響を与える．（本章で焦点を絞る）離散時間モデルのほとんどにおいて，この面は無視されている．

2節では，本章を通して使用する記号を示す．3～4節では，定常的な需要と非定常な需要をもつモデルをそれぞれ議論する．5節では，多階層在庫システム，複数製品システム，複数のサプライヤー，確率的な歩留りや製品の腐敗のしやすさといったさ

まざまな拡張について議論する．6節では産業への応用例を議論し，7節で結論を述べる．

2. 使用する記号について

本節では，参照の便宜を図るため，本章で用いられるすべての記号を示しておく．

h：1期あたり単位量あたりの在庫維持費用
s：1期あたり単位量あたりのサルベージ費用
π：1期あたり満たされない単位需要に課せられる在庫切れ費用
c：製品の単位量あたり生産・発注費用
K：生産・発注の段取り費用
ξ：ある期に発生する需要量
μ：ξの平均値
σ：ξの標準偏差
f：ξの確率密度関数
F：ξの累積分布関数
x：ある期の期首の在庫量
y：発注が行われた後の在庫水準
$J_n(x)$：x個の在庫をもち，残余期間がnであるとき，その残余期間に課せられる最小費用
$G(y)$：発注後の在庫水準がyであるときの単位期間費用の期待値
α：割引率 ($0<\alpha\leq 1$)
$\delta(x)$：閾値関数，$x>0$のとき$\delta(x)=1$をとり，$\delta(0)=0$である
C：1期あたりの生産能力
l：1期の供給に対するリードタイム
p_l：(サプライヤーからの) リードタイムがl期となる確率

下付きの添字tをもつ変数（ξ_t, x_tなど）は，t期における変数の値を示す．同様に，上付きの添字$*$をもつ変数（y^*など）は，最適値を表す．

3. 定常かつ独立な需要

定常・独立需要モデルは，各期の需要ξがi.i.d.であることを仮定している．需要のi.i.d.の仮定により，費用などの他の変数も定常ならば，時刻tの解析においてそれまでの需要の履歴を考慮する必要がなくなる．この仮定により解析は簡単になるので，まずこのモデルに焦点を絞ろう．詳細な記述とモデルの解析は，Heyman and Sobel (1984) や Graves et al. (1993) といった先行するハンドブックに述べられていることに注意する（表8.1）．

表 8.1 基本モデル（単一製品・単一工程・定常かつ独立な需要）に関する論文

年	著者	年	著者
1951	Arrow, Harris, Marschak	1971	Morton
1958	Karlin	1972	Wijngaard
1958	Karlin, Scarf	1979	Ehrhardt
1960	Scarf	1979	Nahmias
1963	Iglehart	1986a,b	Federgruen, Zipkin
1965b	Veinott	1989	De Kok
1965	Veinott, Wagner	1991	Zheng
1966b	Veinott	1991	Zheng, Federgruen
1970	Kaplan	1993	Tayur
1971	Porteus	1996	van Donselaar, de Kok, Rutten

3.1 単一期間モデル

単一期間確率在庫モデルは，需要が不確実であり需要損失に対するペナルティコストや，超過在庫維持費用が存在するとき，期首にどれだけ発注すべきかを決定する問題を扱う．この問題はまた，新聞の売り子（ニュースベンダー）が，売れると1部ごとに利益となり期末まで売れ残ると部単位で損失となる条件で，新聞を何部購入すべきかを決定する必要がある問題とよく似ていることから，新聞売り子問題と呼ばれる．以下の議論では，（失われた需要に対してペナルティコストを割り当てることで）費用最小化を目的関数と仮定する．ただし，この問題は利益最大化問題としても研究されている．

はじめに，配送リードタイムが0であり，サルベージ費用や段取り費用が0（$s=0, K=0$）である，最も単純なモデルを考えよう．x を施設の初期在庫とすると，発注後の在庫水準が $y \geq x$ まで生産（発注）することによってその期の期待費用を最小化することが目的である．さらに，$-h < c < \pi$ であると仮定する．このとき，x が与えられたときの単一期間期待費用 $L(y,x)$ は，

$$L(y,x) = c(y-x) + \pi \int_y^\infty (\xi-y) dF(\xi) + h \int_0^y (y-\xi) dF(\xi) \qquad (3.1)$$

第1項は発注費用，第2項と第3項はそれぞれペナルティコストと在庫維持費用を表している．

$G(y)$ を次の式で定義する．

$$G(y) = cy + \pi \int_y^\infty (\xi-y) dF(\xi) + h \int_0^y (y-\xi) dF(\xi) = L(y,x) + cx \qquad (3.2)$$

明らかに，$G(y)$ は y に関して凸である．結果として，$L(y,x)$ は y に関して凸である．費用最適値 L^* は，1階導関数を0とおくことによって得られ，次式で与えられる．

$$y^* = F^{-1}\left(\frac{\pi-c}{\pi+h}\right) = F^{-1}\left(\frac{\pi-c}{(\pi-c)+(c+h)}\right) \tag{3.3}$$

$(\pi-c)/(\pi+h)$ は臨界比と呼ばれ，y^* の値は基点在庫水準と呼ばれる．y^* の在庫水準まで発注・生産することが最適であるので，そのような政策は補充点政策と呼ばれる．補充点政策は，$x<y^*$ ならば y^* まで発注し，$x \geq y^*$ ならば発注を行わない．この政策について注意すべき重要なことは，補充点 y^* は初期在庫と独立であることである．式 (3.3) に関するもう一つの興味深い点は，臨界比は不足在庫費用と不足在庫費用＋余剰在庫費用の比で表されることである．ここで，余剰在庫費用とは，需要より多く在庫をもつときその余剰分1単位あたり $c+h$ 必要となることを意味し，不足在庫費用とは，需要より在庫が少ないときその不足分1単位あたり $\pi-c$ 必要となることを意味する．この y^* は，式 (3.4) で与えられるように，限界利益と限界費用を等しくすることによってもまた計算できる．

$$(\pi-c)(1-F(y)) = (c+h)F(y) \tag{3.4}$$

y^* と μ（平均需要）との差はバッファー在庫と呼ばれる．Arrow et al. (1958) が示したように，この点の最初の言及は，Edgeworth (1888) まで遡り，そこでは銀行業務における資金切れの確率をあらかじめ定めることが関係している．Arrow et al. (1951) は，余剰在庫費用，不足在庫費用をもつモデルに初めて言及している．

単位あたりのサルベージ費用 s がモデルに含まれているなら，余剰在庫費用は $c+h+s$ に等しくなり，臨界比は同様に修正される．施設がこの期に生産能力 C をもつなら，最適政策は次のようになる．

$$y^* = \begin{cases} F^{-1}\left(\dfrac{\pi-c}{\pi+h}\right), & x \leq F^{-1}\left(\dfrac{\pi-c}{\pi+h}\right) \leq x+C \text{ のとき} \\ x+C, & x+C \leq F^{-1}\left(\dfrac{\pi-c}{\pi+h}\right) \text{ のとき} \\ x, & x \geq F^{-1}\left(\dfrac{\pi-c}{\pi+h}\right) \text{ のとき} \end{cases} \tag{3.5}$$

上に示された政策は，能力制約をもつとき基点在庫水準にできるだけ近付けようとするという意味で，修正基点在庫政策と呼ばれる．

3.1.1 段取り費用

上記のモデルにおいて，発注がなされる（または生産が始まる）ごとに段取り費用 K がかかることがある．このとき，対応する費用関数は，$y \geq x$ に対して，次式で与えられる．

$$\begin{aligned} L(y,x) &= c(y-x) + K\delta(y-x) + \pi\int_y^\infty (\xi-y)\,\mathrm{d}F(\xi) + h\int_0^y (y-\xi)\,\mathrm{d}F(\xi) \\ &= G(y) + K\delta(y-x) - cx \end{aligned} \tag{3.6}$$

$G(y)$ が y について凸であるので，発注がもしなされるなら $(y>x)$，関数 $L(y,x)$ は y について凸であり，その発注量は $y^* = F^{-1}((\pi-c)/(\pi+h))$ である．このとき

の費用は $G(y^*)+K-cx$ に等しい．$G(x)-cx \leq G(y^*)+K-cx$ すなわち $G(x) \leq G(y^*)+K$ が成り立つならば，明らかに発注することは最適ではない．しかし，$G(x)>G(y^*)+K$ が成り立つならば，y^* と x の差の量を発注することが最適である．したがって，段取り費用を導入すると最適在庫政策は2つのパラメータをもち，しばしば (s,S) 政策と呼ばれる．この政策では，$x<s$ のとき在庫水準は S まで引き上げられ，$x \geq s$ のときは発注されない．ここで，$S=y^*$ であり，$s(\leq S)$ は $G(s)=G(S)+K$ となるように選ばれる．

3.1.2 一般的な費用の仮定

これまで，発注，在庫維持，在庫切れに関する費用は線形であると仮定してきた．これらの費用が非線形や，特に凹や凸であるような型の関数をもつことがある．在庫維持費用，ペナルティコスト，発注費用を，それぞれ $\bar{h}$, $\bar{\pi}$, $\bar{c}$ としよう（ここでは，サルベージ費用は無視する）．$\bar{h}$, $\bar{\pi}$ が凸ならば，明らかに式 (3.2) で定義されるような $G(y)$ は y について凸であり，最適な y^* を見つけることができる．最適な y^* はもはや単純な臨界比とはならないであろう．Porteus (1991) で示されるように，（変数が正の値で定義される）2次の在庫維持費用や在庫切れ費用をもつ場合，標準的な仮定の下で不足在庫費用と余剰在庫費用が同一であるとき最適在庫水準は平均需要 μ となるという興味深い結果となる．これは，不足在庫費用と余剰在庫費用が等しいとき，その中央値を在庫としてもつという線形の場合と異なっていることに注意する．在庫維持費用と在庫切れ費用が非線形でかつ非凸であるときにも，次の条件の下で最適値 y^* が求められる．その条件とは，$G(y)$ が，定数 A, 2次の凸関数 g, 3次の Pólya 密度関数（Pólya frequency function : P.F.F.）$f(\xi)$ を用いて $G(y)=A+\int_0^\infty g(y-\xi)f(\xi)\mathrm{d}(\xi)$ と表現されることである（Karlin, 1958）．

発注・生産費用が凸であり，ペナルティコストや在庫維持費用が線形であるならば，モデルと結果はいくらか変わる．Karlin (1958) は，もし $\bar{c}(x)$ が x について凸で $\lim_{x \to 0} \bar{c}(x)=0$ ならば，$y^*(x)$ は x について増加関数であるが，$y^*(x)-x$ (発注量) は x について減少関数であることを示した．これは，一般化された基点在庫政策と呼ばれる．区分的に線形な凸費用関数という特別な場合では，有限個の異なる基点在庫水準をもつ一般化された政策となる．たとえば，2つのサプライヤーが存在し，費用のより安いサプライヤーには生産能力に制限があるといった現実的な場合，2つの区分的線形関数をもつこととなる．

生産に関する費用が凹関数であるとき，Karlin (1958) は，一般化された (s,S) 政策が最適である条件を示した．この政策は，最適在庫水準 $y(x)$ と2つのパラメータ (s,S) によって表現される．ここで，$x \geq s$ のとき発注はなされず，また $u \leq x \leq s$ を満たす u に対し，y は $y(u) \geq y(x) \geq S \geq s$ を満足する．基本的に，この政策は在庫水準が低いとき大きな量の発注をする傾向にあるので，凹関数の費用をもつような規模の経済では適切である．Porteus (1971) は，費用が凹関数で区分的線形（段

取り費用がある場合を想像すればよい）である特別な場合を考え，ある有限個の区分点 $s_1 \leq \cdots \leq s_n \leq S_n \leq \cdots \leq S_l$ が存在し，発注政策は次のようになることを示した．$x < s_1$ ならば在庫水準が S_1 となるまで発注し，$s_1 \leq x \leq s_2$ ならば S_2 まで発注し，…，$x \geq s_n$ ならば発注しない．Porteus（1991）は，区分的に線形である凸関数や凹関数の費用をもつ詳細な例を示し，説明を加えている．

3.2 多期間動的モデル

前項で示した単一期間モデルは，季節商品，劣化商品，製品寿命末期の製品といった限定された製品にのみ適用可能である．ほとんどの場合，多期間上での在庫システムの解析が要求される．この場合，研究の対象として2つのモデルがある．有限期間モデルと，無限期間モデルである．有限期間モデルでは，対象となる期間数が固定され，目的はその期間上の割引総期待費用を最小化することである．無限期間モデルでは，目的は無限に長い期間上での総割引期待費用，あるいは平均期待費用を最小化することである．区別するもう一つの点は，満たされない需要が失われるか，受注残となるかである．

各期の需要は，i.i.d. とする．加えて，最適政策のよい構造を得るために，費用は線形で定常であると仮定する．各期の事象列は，単一期間モデルと同様に，期首に発注がなされ，期の間に需要が観測され，期末に最大需要が満たされ，その結果に対して費用が課せられる．なされた発注が，その期末に利用可能となるほどリードタイムが無視できるものと仮定する．受注残をもつ有限期間問題は，次のように定式化される．ここで，残余期間 n，手持ち在庫量を x としたときの最適費用を $J_n(x)$ とする．

$$J_n(x) = \min_{y \geq x}\left\{c(-x) + G(y) + a\int_0^\infty J_{n-1}(y-\xi)\,dF(\xi)\right\} \qquad (3.7)$$

上記の定式化において，終端費用は 0 であると仮定しているが，最終期末にサルベージ費用を加えることができることに注意する．単一期間費用関数 $G(y)$ は y について凸であるので，再帰式を用いることにより目的関数が y について凸であることを示すことができ，この結果，各期の最適基点在庫水準 y^* が存在する．満たされない需要が失われる（ロストセールの）場合，費用に関する再帰式は以下の式で与えられ，同様に解析される．

$$J_n(x) = \min_{y \geq x}\left\{c(-x) + G(y) + a\left(\int_0^y J_{n-1}(y-\xi)\,dF(\xi) + \int_y^\infty J_{n-1}(0)\,dF(\xi)\right)\right\} \qquad (3.8)$$

この問題のより簡潔な式は，次の関数 $v(y,\xi)$ を用いて表現できる．

$$v(y,\xi) = \begin{cases} a(y-\xi), & \xi \leq y \\ b(y-\xi), & \xi \geq y \end{cases} \qquad (3.9)$$

このとき，

$$J_n(x) = \min_{y \geq x}\left\{c(-x) + G(y) + a\left(\int_0^\infty J_{n-1}(v(y,\xi))\,dF(\xi)\right)\right\} \qquad (3.10)$$

明らかに，$a=1$，$b=1$ならば受注残を認める場合である．$a=1$，$b=0$ならばロストセールを表し，$a=0$，$b=0$ならば劣化する製品の例となる．ここで，$M(y)=G(y)-\int_0^\infty acv(y,\xi)\mathrm{d}F(\xi)$と定義し，$y_n$を期間$n$の最適基点在庫とする．このとき，次式を得る．

$$J_n(x)=c(-x)+G(y_n)+a\left(\int_0^\infty J_{n-1}(v(y_n,\xi))\mathrm{d}F(\xi)\right)$$
$$=-cx+\sum_{i=1}^n a^{n-i}M(y_i) \tag{3.11}$$

Veinott (1965b) は，この変換により各期の最適基点在庫水準を求める問題を簡単化することができることを示した．理由は，残余期間がnであるとき，パラメータと期待費用のみで定まる$M(y_n)$を最小化するy_nが最適基点在庫水準となるからである．この解は，現在期に対して解けばよいことから，近視眼的な解とも呼ばれている．Veinott (1965b) は，近視眼的な解が有限期間あるいは無限期間（$a<1$）割引総期待費用問題に対し最適となるための一般的な条件を与えた．最適な近視眼的解は，需要が受注残となるのを許すかどうかに依存する．受注残となる場合，最適在庫は，

$$y^*=F^{-1}\left(\frac{\pi-c+ac}{\pi+h}\right) \tag{3.12}$$

で与えられる．

3.2.1 リードタイム

動的在庫モデルにおいて，リードタイムの概念は重要である．Karlin and Scarf (1958) は，サプライヤーからのリードタイムがLと固定され，すべての需要が受注残となるならば，問題はいくつか修正することにより等価な単一期間問題に変換できることを示した．この証明において，（手持ち在庫量だけではなく）系の在庫の履歴を追っているため，受注残となるという仮定は本質的である．基本的な考え方は，手持ち在庫量に，すでになされた（しかしまだ製品を受け取っていない）すべての発注量を加え，そこから受注残量を引いた値を追跡することである．t期になされた発注は，$L+t$期になって影響を及ぼすので，次の$L+1$期分の総需要を考え，系の在庫をその水準まで引き上げることになる．臨界比は式 (3.12) と同じであり，変化するのは累積確率密度関数Fである（ここでは，$L+1$個の需要分布の畳み込みである）．定常かつ独立な正規分布についてこの分布を計算することは，結果としての分布がまた$\hat{\mu}=(L+1)\mu$，$\hat{\sigma}=\sqrt{L+1}\,\sigma$をもつ正規分布となるので容易である．受注残をもつという仮定は重要である．というのは，動的計画問題に定式化したときの状態空間が，現在の在庫水準に加え次のL期にいくつ配送されるかを示す，合わせて$L+1$個の変数からなるベクトルではなく，（系の在庫を表す）1次元状態に集約されるからである．

確率的なリードタイムをもつ問題は，これまでにも研究されてきた．この場合，発

注がいつなされたかを知ることが対応する製品がいつ来るかを知ることにつながらないため,決定的な需要をもつ場合のように,システムの在庫量を計算することが困難となる問題が発生する.また,後になされた発注に対する製品がそれより前になされた発注より先に届くということも,確率的に起こりうる.Kaplan (1970) は,2つの簡単な仮定の下で,決定的な場合に対応する結果を初めて再現した.要求される2つの仮定は,①後でなされた発注は,先に発注したものより前に配送されない,②リードタイムの分布は,未処理の受注残により変化しない,である.Nahmias (1979) は,この仮定が,以下の条件を満たすi.i.d.の確率変数列 $\{A_t\}$ によって生成される配送過程と等価になることを示した.その条件とは,$A_t = k$ ならば,k 期以前になされたすべての発注が,現在の期に配送されることである.この変換により,近視眼的政策の最適性を模倣することが許される.さらに,平均費用の解析において,リードタイムが同一分布に従うことを仮定すれば十分であり,独立性は必ずしも必要でない.

決定的なリードタイムをもつときでも,ロストセールのモデルにおいて最適政策を決定する問題はまだ解かれていない.Morton (1971) は,定常問題の割引費用関数とともに,最適発注政策に対する上下限を示した.示されている発見的解法(ヒューリスティクス)は,本質的に近視眼的(あるいはほぼ近視眼的な)政策であり,必ずしも基点在庫政策ではない.限られた数値計算による検証を通して,その発見的解法が最適にかなり近いことを示している.最近,van Donselaar et al. (1996) は,基点在庫政策と他の近視眼的な発見的解法の性能を比較し,経験的に,彼らの近視眼的方法が有意に定常な基点在庫政策より優れていることを示している.

3.2.2 段取り費用

Scarf (1960) は,単一期間期待費用の費用関数に関する(k-凸性のような)一般的な条件の下で,n 期間動的在庫問題が最適な (s, S) 政策をもつことを示した.Iglehart (1963) は,割引費用無限期間問題を考え,列 $\{s_n\}$, $\{S_n\}$ に関する上下限を与え,その極限における振る舞いを求めることで (s, S) 政策の最適性を示した.彼はまた,この結果を固定リードタイムが存在する場合に拡張している.Veinott (1966b) は,符号を変えた単一期間期待費用が単峰であり,単一期間費用の絶対的最小値が時間について増加するといった異なった費用関数の条件に対しても上記の結果が成り立つことを示した.Zheng (1991) は,割引期待費用や無限期間平均費用問題に対する (s, S) 政策の最適性について,最適性方程式に対する (s, S) または変形解を構築することによって簡単な証明を示した.(s, S) パラメータは単一期間問題については計算することが可能であるが,動的な場合に対して計算することはより困難である.Veinott and Wagner (1965) は,これらのパラメータを計算する最適化アルゴリズムを示している.Ehrhardt (1979) は,ベキ(巾)近似法を用いてこれらのパラメータを計算する発見的解法を示している.この近似は,さまざまな設定の下で非常に

正確であることが示されている．しかし，需要の分散が小さいときには（段取り費用が大きければ），これらの近似は十分ではない．Zheng and Federgruen (1991) は，これらの値を計算する効率的なアルゴリズムを与えている．

3.2.3 生産能力制約

たいていの実際の環境では，生産能力や在庫容量のため，施設は必要な量を生産することができないことがある．これは解析の際，基本的な問題をもたらす．Wijingaard (1972) は，基点在庫まで生産できなければできる限り生産しようとする修正基点在庫政策の概念を導入した．Federgruen and Zipkin (1986a, b) や Wijingaard (1972) は，制限された仮定の下で，有限・無限期間問題に対するこの政策の最適性や非最適性を示している．2 つの論文のうち，Federgruen and Zipkin (1986a, b) は，期待単一期間費用が凸で離散需要分布をもつという一般的な条件の下で，修正基点在庫政策が割引有限期間問題や無限期間割引費用，平均費用の場合について最適であることを示した．この政策の最適性は示されたが，実際のパラメータを効率的に計算することは困難であった．de Kok (1989) は，X をある D/G/1 待ち行列の待ち時間とするとき，1 期間の開始在庫位置が $S-X$ となることを用いて，修正基点在庫政策が計算可能であることを示した．彼はまた，X の 1 次および 2 次モーメントを計算する簡単なアルゴリズムと，S を計算する発見的解法を与えている．Tayur (1993) は，ダムモデルと在庫動的方程式の類似性を導き，不足高の概念を用いた．ここで不足高とは，能力制約のため最適基点在庫水準に足りない分の累積量を示している．このことは，能力制約を受けた解に収束するような非制約無限期間問題の列を構築することを可能にする．これにより，最適基点在庫水準がたやすく計算できる．能力制約をもつ在庫システムに対して，無限小摂動解析が（シミュレーションを通して）最適パラメータ値を計算する効率的なアプローチとなってきた．

4. 需要に関するその他の仮定

これまでの議論のすべてにおいて，各期の需要分布はすべて同一で既知である（すなわち定常な分布をもつ）と仮定した．しかし，実際の環境では需要分布は期ごとに異なることがある．本節では，この分野における主な発展に焦点を絞る．

4.1 非定常需要

非定常需要の場合，需要量は各期異なる分布に従うと仮定される．Karlin (1960a) は，リードタイム 0 の非定常在庫問題を研究し，時間に依存した基点在庫政策が最適であることを示した．すなわち，需要分布に基づいた，各期最適な基点在庫水準が存在する．さらに，需要分布が確率的に期について増加するならば，最適基点在庫水準も増加することを示した．Veinott (1965b) は，もし最適基点在庫水準が，各期に

おいてその水準になるよう発注しなければならないものであれば，非定常の場合でも近視眼的政策が最適であることを示した．したがって，近視眼的政策は，すべての t について $y_t^* \leq y_{t+1}^*$ であるとき最適である．さらに，需要が定常分布に従う場合は，異なる期をまたがって基点在庫水準が同一となり，その結果，初期の在庫量がその基点在庫水準未満であるとき必ず発注することになる特殊な場合となるため，近視眼的政策の最適性につながっていく．一般に，近視眼的政策が最適ではないとき，正確な最適パラメータを求めることは難しい．Morton (1978) は，無限期間問題に対し，最適な基点在庫水準の上限，下限の列を示した．ここで n 番目の上下限値を得るには，最初の n 期間の需要分布の知識が必要である．Lovejoy (1992) は，非定常在庫問題を考え，非常に一般的な設定の下で，近視眼的政策を利用する条件と停止規則を与えた．Morton and Pentico (1995) は，最適解に ε 以内となる近視眼的解を示し，これを準近視眼的解と呼び，詳細な計算を通してその効果を検証した．Gavirneni and Tayur (2001) は，直接微分推定法 (direct derivative estimation：DDE) を用いて基点在庫水準を素早く計算する方法を示した．Bollapragada and Morton (1999) は，段取り費用をもつ非定常在庫問題を研究し，各期において将来の問題を定常需要の問題によって近似し，その問題に対する解を用いてもとの問題の解を得る，非常に効率的な近視眼的な発見的解法を与えた（表8.2）．

周期的需要スケジュール

多くの施設が，しばらくした後，需要が周期的なパターンに従うような需要パターンに直面している．たとえば，伝統的な産業における4四半期の需要にみることがで

表8.2 単一製品・単一工程・非定常あるいは従属需要をもつモデルに関する論文

年	著者	年	著者
1959	Scarf	1998	Graves, Kletter, Hetzel
1960a	Scarf	1998	Kapuscinski, Tayur
1960a, b	Karlin	1999	Bollapragada, Morton
1964	Iglehart	1999	Lariviere, Porteus
1965b	Veinott	1999	Gavirneni, Tayur
1972	Hausman, Peterson	1999	Gavirneni, Kapuscinski, Tayur
1975	Johnson, Thompson	1999	Cheng, Sethi
1978	Morton	2000	Lee, So, Tang
1985	Azoury	2000	Scheller-Wolf, Tayur
1989	Zipkin	2001	Gavirneni, Tayur
1992	Lovejoy	2001	Gallego, Özer
1994	Heath, Jackson	2001	Kaminsky, Swaminthan
1995	Morton, Pentico	2001	Toktay, Wein
1997	Sethi, Cheng	2001	Huang, Scheller-Wolf, Tayur
1997	Aviv, Federgruen	2002	Aviv

きる．Karlin（1960a,b）は，割引無限期間問題について，定常的な費用と周期的な非定常需要の下で，期ごとに異なった基点在庫水準をもつ周期的な基点在庫政策の最適性を議論し，最適な在庫水準を与えるアルゴリズムを提示している．Zipkin（1989）は，この結果を，非定常費用，非定常周期需要をもつ無限期間平均費用問題に拡張した．最近では，Kapuscinski and Tayur（1998）は，この問題で生産能力に制限がある場合を考え，動的な多期間や（割引および平均費用の）無限期間問題に対して修正された周期的基点在庫政策の最適性を証明した．彼らはまた，無限小摂動解析を用いて最適な基点在庫水準を求めるアルゴリズムを示している．これとは独立に，Aviv and Federgruen（1997）は，修正された周期的基点在庫政策の最適性を証明している．Scheller-Wolf and Tayur（2000）は，発注量に下限があり，リードタイムをもつ場合にこの結果を拡張している．

4.2 Bayes 型需要更新

多くの場合，需要分布は完全に既知であるわけではなく，（需要の結果とともに）情報が得られるにつれ，需要分布の推定が更新されていく．Scarf（1959, 1960a）は，Bayes 型需要更新を導入した．需要分布は，いくつかのパラメータに依存するものとし，需要過程に関する情報が得られるとともに Bayes 型の更新を用いてパラメータが改良される．特に需要分布が未知の尺度パラメータをもつガンマ分布であると仮定し，基点在庫政策の最適性を示している．Karlin（1960b）と Iglehart（1964）は，需要分布が 0 と（未知の）ω の間の範囲を需要のとりうる値とする場合に拡張した．このアプローチの基本的な仮定は，需要分布とパラメータの事前情報が同じ型の分布族からとられることであり，これにより事後分布がたやすく計算できる形式をもつことができる．Azoury（1985）は，この結果を（既知あるいは未知の平均，分散をもつ）Weibull 分布や正規分布といった他の型の分布に拡張した．さらに，最適基点在庫水準をたやすく決定する方法を説明している．基本的には，1 に正規化された基点在庫水準が前もって計算され，その後この値を何倍かすることによって最適基点在庫水準が得られる．何倍するかは，過去の需要に基づいて生成される未知のパラメータの十分統計量の関数に依存する．最近，Lariviere and Porteus（1999）は，この結果を他の場合に拡張し，企業が需要についてより多く知ろうとするために追加在庫へ投資する条件とともに，売上が乏しいのによりよい情報を得ようと製品が蓄えられてしまう場合を示している．Huang *et al.*（2001）は，隠れ Markov 連鎖モデル（hidden Markov model：HMM）を用いて，新しい製品の未知の需要に関する状況の更新を行っている．

4.3 需要予測の進化

在庫モデルにおいて取り込む必要があるもう一つの重要な現実は，利用する予測過程である．Hausman and Peterson（1972）は，対数正規過程において最終需要の予

測誤差が改良されるような多期間モデルを展開した．生産能力が有限である環境において，最適政策は閾値型政策であることを示し，問題を解く発見的解法を示した．最近，Kaminsky and Swaminathan (2001) は，時間とともに改良される需要予測範囲（需要はその区間上で一様に散らばっているものと期待される）に依存する需要予測生成過程を考えた．最終需要量に上限がある状況の下で，閾値型政策の最適性を示し，在庫維持費用をもつとき，ならびにもたないときの非常に効率的なアルゴリズムを与えた．また，生産在庫決定とともに予測が進化するマルチンゲールモデルを研究した者もいた．Heath and Jackson (1994) と Graves et al. (1998) は，独立にこのモデルを導入し，問題を解く発見的解法を展開した．最近，Toktay and Wein (2001) はこの問題を研究し，これらの仮定の下で重負荷近似を用いて基点在庫政策の最適性を示している．より最近では，Aviv (2002) は，サプライチェーン上の複数のメンバーが，基本需要情報の一部を観測し，それに応じて予測，補充政策を適用するサプライチェーンモデルを考えた．観測者ごとに関係する需要進化モデルを定め，そのモデルに対しカルマンフィルタの技法を用いる適応型在庫補充政策を提案した．彼は，サプライチェーンのメンバー間におけるさまざまな形の情報共有の利益を評価する簡単な方法を提案している．

4.4 需要の依存性

異なった期の需要は互いに関連するような環境もある．Veinott (1965a, b) は，非定常需要に関する研究を通して，従属した需要過程であっても近視眼的な解をもつ一般的な条件を示した．Johnson and Thompson (1975) は，これらの結果を用いて，加法的な衝撃（ショック）をもつ自己回帰移動平均（autoregressive moving average：ARMA）モデルによって需要が記述されるときでも，近視眼的政策が弱い条件の下で最適であることを示した．Sobel (1988) は，近視眼的な解が最適である一般的な条件を与えている．

従属性を表現するもう一つの方法は，需要が Markov 過程から生成されると仮定することである．この結果，現在の期の状況は，次の期の需要に影響する．Karlin and Fabens (1960) は，Markov 需要モデルを導入し，状況に依存する (s, S) 政策が最適であることを主張した．しかしながら，複雑さのため定常な (s, S) 政策に限定している．Sethi and Cheng (1997) は，有限期間問題と無限期間問題の両方について，Markov 需要の下で，状況に依存した (s, S) 政策の最適性を証明している．彼らはまた，生産能力やサービス制約，発注をしない期間があるモデルに拡張している．Gavirneni and Tayur (1999) は，顧客の固定発注スケジュール"Target Reverting"により生成される，修正された Markov 過程を考えた．彼らは，修正基点在庫政策の最適性を証明し，計算結果を示した．Gallego and Özer (2001) は，顧客が前もって発注し，事前需要情報を生産側に与えるという（受注生産環境においてより一般的にみられる）状況を研究した．彼らは，固定費用をもつときともたないと

きの両方の確率在庫システムについて，状況に依存した (s, S) 政策と基点在庫政策が最適であることを示した．システムの状況には，事前需要情報の知識が反映されている．また，事前需要情報が運用上の価値をもたない条件を決定している．

需要従属性が起こる別の理由として考えられるのは，施設が (s, S) 政策のような最適政策に従う他の施設から発注を受ける場合である．Gavirneni et al. (1999) は，生産能力制限をもつ多期間モデルにおいて，この付加需要情報の価値を研究した．Lee et al. (2000) は，非定常終端需要をもつ2階層サプライチェーンにおける情報の価値を研究し，特に需要が時刻と相関がある場合にその価値が高いことを示した．

需要はまた，企業が用いる価格決定にも影響を受ける．Cheng and Sethi (1999) は，状況が販売促進の決定に依存するような Markov 過程によって顧客需要が生成される一般的なモデルを考えた．販売促進には固定費用がかかり，それにより需要は次の期に確率的により高い状況に動くと仮定している．企業は，販売促進する期間や在庫水準に関する最適販売促進スケジュールを決定したい．有限期間問題に対し，ある閾値水準 P が存在し，初期の在庫が P より大きいならば販売促進をすることが最適であることを示すとともに，線形費用の場合，基点在庫政策が最適であることも示している．

5. 一 般 化

以上で議論してきた，単一工程・単一製品のモデルを一般化した研究は，これまでにもなされている．本節では，簡単にこれらの一般化について探求しよう．

5.1 多階層在庫

サプライチェーンの設定における単一施設モデルの自然な拡張は，単一施設の下で複数の階層を考えることと関係する．Clark and Scarf (1960) は，各工程（エシェロン）が決定的な正のリードタイム以内に下流の工程に製品を供給する直列型システムを研究した．エシェロン在庫は，その工程と下流工程すべての在庫の総和と定義される．各工程のエシェロン在庫を考慮して，在庫維持費用や在庫切れ費用は独立して決定される．この仮定の下で，問題が各工程の独立した問題に分解され，各工程において，最適エシェロン基点在庫水準にできるだけ近いように生産しようとする基点在庫政策が最適であることを示した．彼らはまた，最適基点在庫を逆方向に最後の工程から順に計算するメカニズムを与えている（表 8.3）．

Federgruen and Zipkin (1984b) は，正規分布に従う需要をもつ無限期間問題において，この最適基点在庫を効率的に計算する簡単な方法を与えている．Chen and Song (2001) は，各期の需要分布が外部の Markov 連鎖の状況によって決定される Markov 変調需要をもつ多階層直列システムを考えた．彼らは，無限期間平均費用問題について，状況依存エシェロン基点在庫政策の最適性を示した．また，最適基点在庫水準を決定するアルゴリズムを与え，最終工程において固定発注費用が存在する直

第8章 サプライチェーンマネジメントにおける戦術的計画モデル

表8.3 基本モデルの一般化に関する論文

モデル	年	著者	モデル	年	著者
多階層（マルチエシェロン）在庫	1960, 1962	Clark, Scarf	複数製品	1996	Lambrecht et al.
	1981	Eppen, Schrage		1997	Lee, Tang
	1984b	Federgruen, Zipkin		1998	Swaminathan, Tayur
	1985	Roundy		1998	Eynan, Kropp
	1985	Schmidt, Nahmias		1998	Anupindi, Tayur
	1989	Rosling		1999	Bollapragada, Rao
	1994, 1995	Glasseman, Tayur		1999	Bassok, Anupindi, Akella
	1994, 1998	Chen, Zheng		2001	Rajagopalan, Swaminathan
	1999	Chen		2001	Bispo, Tayur
	2000	Parker, Kapuscinski		2003	Swaminathan, Lee
	2001	Chen, Song		2002	Rao, Swaminathan, Zhang
	2001	Muharremoglu, Tsitsiklis		2002	Van Mieghem, Rudi
複数製品	1963	Hadley, Whitin	複数のサプライヤー	1964	Fukuda
	1969	Ignall, Veinott		1966a	Veinott
	1969	Ignall		1969	Wright
	1981	Silver		1993	Anupindi, Akella
	1984	Federgruen, Gronevelt, Tijms		1999	Swaminathan, Shanthikumar
	1985a,b, 1987	Karmarkar, Kekre, Kekre		2000	Scheller-Wolf, Tayur
	1988	Atkins and Iyogun	確率的生産過程	1958	Karlin
	1990	Gallego		1990	Henig, Gerchak
	1993	Karmarkar		1991	Bassok, Akella
	1993	Lee, Billington		1994	Ciarallo, Akella, Morton
	1996	Federgruen, Catalan		1995	Lee, Yano

列システムや線形の発注費用をもつ組立システムに結果を拡張した．最近，Muharremoglu and Tsitsiklis（2001）は，問題の単一製品・単一顧客問題の系列への分解に基づく新しいアプローチをとり，エシェロン基点在庫政策の最適性に関する，より簡単な証明を行った．このアプローチにより，結果を確率的リードタイムやMarkov型需要過程を含む，変形した問題に拡張することができる．

直列システムの一つの変形モデルは，下流の組立作業に部品を供給する2つ以上の階層が存在する組立システムである．Schmidt and Nahmias（1985）は，上流の階層が異なった決定型リードタイムと固定した組立リードタイムをもつ2つのサプライヤーをもつ2階層モデルを研究した．最適政策は，組立レベルでは基点在庫政策であり，上流階層では2つのサプライヤーのリードタイムの差を考慮して2つの部品のエシェロン在庫を釣り合わせるという，興味深い構造をもっている．Rosling（1989）は，ある初期条件の下で，組立システムが修正されたリードタイムをもつ直列システムに帰着でき，Clark and Scarf（1960）の結果がこのシステムに適用できることを示した．直列システムのもう一つの変形モデルは，上流側の1つの階層が複数の下流

階層に製品を供給する分配型システムである．直列システムの結果は，分配型ネットワークに簡単には適用できない．Eppen and Schrage (1981) は，1つの倉庫と複数の販売ネットワークをもつシステムを解析し，その中に含まれるトレードオフを探求している．

この一般化に対して能力制約を付加することは，いくらか複雑な問題につながってくる．単純な基点在庫政策は最適ではないのに加え，基点在庫政策に制限しても，そのパラメータの計算は困難である．Glasserman and Tayur (1994, 1995) は，修正基点在庫政策の下で異なった階層での最適基礎在庫水準をもたらす解を調べるとともに，無限小摂動解析によるシミュレーションベースの最適化法を利用して最適パラメータを見つける効率的な解法を展開した．彼らはまた，ある条件の下で，組立ネットワークや分配型ネットワークにこの解法が適用できることを示した．Parker and Kapuscinski (2000) は，修正エシェロン基点在庫政策は，生産能力が支配的な条件の下で2階層システムにおいて最適であることを示した．彼らは，有限あるいは無限期間の割引ならびに平均費用規範の下で，定常および非定常の確率的需要をもつシステムに対してもこのことが成り立つことを示している．Clark and Scarf (1962) を起点として，直列で2階層の両方に段取り費用がかかる場合に関する多くの試みがなされてきた．Chen (1999) は，決定的なシステムについて，Roundy (1985) が展開した入れ子構造の政策の考えを利用して，Poisson需要と段取り費用をもつ2階層直列システムにおいて，最適政策の94%の利益を保証する政策を展開した．

5.2 複数製品

これらのモデルに関する別の次元の拡張として，製品の種類数があげられる．すべての製品が独立需要をもち，生産能力や制約がなければ，自然と問題は独立な単一製品の問題に分解できる．しかし，現実には施設は，(機能的には同等の) 複数の製品を生産し，それらの生産に利用される共通の生産能力をもつかもしれない．Hadley and Whitin (1963) は，次式の制約をもつ制限付きニュースベンダー問題を考える．

$$\sum_i a_i y_i \leq b$$

彼らは，制約を緩和することで問題を解き，以下のように Lagrange 乗数 λ を用いて最適発注量の式を得た．最適基点在庫水準が実現不可能ならば，

$$y_i^*(\lambda) = F^{-1}\left\{\frac{\pi_i - c_i - a_i \lambda}{\pi_i + h_i}\right\} \tag{5.1}$$

となり，λ は次式を満たすように選ばれる．

$$\sum_i a_i y_i^*(\lambda) \leq b$$

最近，Bispo and Tayur (2001) は，単一工程，直列，あるいは再到着システムにおいて，製品間での生産能力の共有に関するさまざまなシナリオの下で基点在庫政策の研究を行っている．

異なった製品間の類似性の概念や，各製品需要に対する代替物として互いに扱うことができるということが，Ignall and Veinott (1969) によって探求された．彼らは，多期間や無限計画期間の設定の下で，下方代替性（すなわち，製品1は製品2, 3, $\cdots$, n の代替品となり，製品2は製品3, 4, $\cdots$, n の代替品となるなど）をもつ問題に対して基点在庫政策が実際最適となることを示した．Bassok et al. (1999) は，同じ結果に対する別の証明を与えている．下方代替品群と段取り費用を同時に扱う問題は，理論的洞察を得ることが非常に難しい．Rao et al. (2002) は，動的計画法とシミュレーションベースの最適化を組み合わせることによって，この問題の最適生産，代替戦略を見つける非常に効率的なアルゴリズムを与えた．

複数製品に関する別の重要な概念として，リスク集積（半製品の在庫をもつことで在庫に関する危険度を低減すること）により在庫を減らすため，製品の細分化遅延を図るということがある．Lee and Billington (1993) や Lee and Tang (1997) は，製品物流に関連した延期戦略の研究をしている．Swaminathan and Tayur (1998) は，能力制約のある最終組立工場に関連した延期戦略について調べており，そこでは半製品をバニラボックスと呼んでいる．延期戦略に関する研究の詳細については，本書第5章の Swaminathan and Lee (2003) で述べられている．

複数製品を扱うときの他の複雑な問題として，結合補充計画 (joint replenishment planning：JRP) に関するものがある．JRPでは，発注ごとに（製品に関係なく）必要な主要結合段取り費用と，製品に依存した少額の段取り費用が存在する．確率的なモデルを扱うことは，実際よく現れる問題であるため，特に重要である．広く研究されてきた合理的発注政策は，can-order 政策，すなわち (s, c, S) 政策である．この政策では，製品 i の在庫が発注点 s_i 以下になったとき，再発注がなされ，can-order 点 c_j 以下の在庫をもつ他の製品 j についても同時に発注がなされる．Ignall (1969) は，can-order 政策が一般には最適ではないことを示した．しかし，Silver (1981) や Federgruen et al. (1984) は，実験を通して can-order 政策が十分役に立つことを示した．Atkins and Iyogun (1988) は，この結合補充問題の下限を与え，can-order 政策は結合段取り費用が高いときにはあまり効率的ではないことを示している．彼らは，周期的発注に基づく発見法が can-order 政策に勝っていることを示した．Eynan and Kropp (1998) は，別の周期的な発見的解法を提案し，計算実験を通して最適解に近い政策が得られることを示している．

他の重要な問題として，確率的な経済ロットサイジング問題 (economic lot-sizing problem：ELSP) がある．ELSPでは，不確実な需要や生産時間の下で，生産能力に制限がある共通の施設において複数の製品が生産される．Gallego (1990) は，同時に1つの製品のみ生産できる単一施設において複数の製品の生産スケジュールを求める問題を考えた．需要は確率的で一定の発生率をもち，受注残を認め，線形の時間に重み付けを行った在庫維持費用や受注残費用が存在すると仮定した．製品は一定の生産率で連続的に生産され，段取り時間や段取り費用は製品に依存した定数で

ある.彼は,初期のスケジュールをつくるために期待需要を利用し,それを確率的な場合に修正した,実時間スケジューリングシステムを開発した.Federgruen and Catalan (1996) は,この問題に対する周期的基点在庫政策を提案した.この方法の下では,施設がある製品をつくるよう割り当てられると,その生産はある定められた在庫水準に達するか,定められた生産ロットが完了するかのどちらかが起きるまでなされる.異なった製品がある所与の順序あるいは循環するサイクルで生産され,ある製品のロットの生産の完了と次の製品の段取りの間に仕事のない時間が発生すると仮定する.この条件の下で,在庫維持費用,受注残費用,段取り費用を最小化する最適政策が,効率的に決定され評価されている.ELSPや周期的スケジューリング問題に関するより最近の研究成果として,Bollapragada and Rao (1999) やAnupindi and Tayur (1998) がある.

生産リードタイム,発注量や生産能力の変化に関する初期の研究は,Karmarkar (1993) にまとめられている.Karmarkar *et al.* (1985a, b, 1987) は,多品目,複数機械ジョブショップやセル環境の下でロットサイズの研究を行った.Lambrecht *et al.* (1996) は,受注生産環境の待ち行列モデルに安全リードタイムの概念を導入した.彼らは,期待待ち時間,待ち時間の分散,安全リードタイムがロットサイズに関して凸であり,サービス水準がロットサイズに関して凹であることを示した.このことにより,安全リードタイムを正確に見積もり,また,関係するサービス水準を計算することができる.ロットサイズと生産能力増大とは非常に関係があるが,統合化されたモデルではほとんど研究されていなかった.最近,Rajagopalan and Swaminathan (2001) は,決定的な既知の需要をもつ複数製品環境下における生産能力の拡大とロットサイズを研究し,この問題の効率的な発見的解法とその上下限を示した.より最近では,Van Mieghem and Rudi (2002) が,確率的な生産能力の投資と在庫管理に関する多期間・複数製品問題を研究するフレームワークを開発している.最適な生産能力と在庫の決定により,余剰在庫費用と不足在庫費用は均衡化される.最適均衡条件は,多変量需要分布に関する複数の臨界比を定めることと解釈される.彼らは,製品サービス水準の適切な評価尺度とサービス水準間のトレードオフを提案している.また,ロストセールの場合について,在庫・生産能力管理政策の動的最適性を示している.

5.3 複数のサプライヤー

企業によっては,配送過程の不確実性への防御策として,また,サプライヤー(供給業者)が固定されることを避けるために,ある特定の製品について2つ以上のサプライヤーをもっている.Fukuda (1964),Veinott (1966a),Wright (1969) は,緊急の環境下で,信頼できるサプライヤーからの特急発注が通常のリードタイムより1期間短く(費用を追加することで)なされる場合を研究した.彼らは2つの基点在庫水準,すなわち緊急在庫水準と通常在庫水準があることを示した.もし在庫水準が緊

急在庫水準より低ければ，緊急在庫水準になるように，より信頼できるサプライヤーに発注がなされる．その後，通常基点在庫水準になるよう，付加的な発注が通常のサプライヤーになされる．Anupindi and Akella (1993) は，リードタイムとその単位費用が異なる問題を研究した．彼らは，最適政策が2パラメータの基点在庫水準をもつことを示した．もし在庫が大きい方の基点在庫水準より大きければ，発注は行われない．在庫が2つの水準の間にあるなら費用が安いサプライヤーにのみ発注し，在庫が低い方の水準以下なら2つのサプライヤーに発注をする．特に，発注が費用の高い方のサプライヤーに対してのみ行われることはないことを示した．Scheller-Wolf and Tayur (2000) は，この結果をより一般的なモデルに拡張した．Swaminathan and Shanthikumar (1999) は，この構造が需要の連続性の仮定によって得られることを示し，離散需要分布では一般にはこの最適性が成り立たないことを示している．サプライヤーとの契約を扱う他の論文としては，Anupindi and Bassok (1998)，Lariviere (1998), Corbett and Tang (1998) があり，この問題のレビューとしては，Tsay et al. (1998) がある．

5.4 確率的な生産過程

伝統的な在庫モデルのもう一つの重要な一般化は，確率的な生産過程，すなわち確率的歩留りと呼ばれるものと関係する．いくつかの産業，特に半導体産業は，生産過程の歩留りの管理と同時に在庫水準を決定することに関連した重大な問題に直面している．Karlin (1958) は，生産者からの製品の受取に対して確率分布を仮定し，供給における確率性の概念を探求した．決定すべきことは，歩留りに関する確率分布が与えられたときに発注するかどうかである．Bassok and Akella (1991) は，需要が確率的で，受取量が発注量に対する確率的な割合分となる環境の下で，生産と発注の同時決定を行う問題を研究した．Henig and Gerchak (1990) は，受取量が発注量のある割合となる場合を考え，最適政策の特徴を示した．多期間モデルでは，費用関数の凸性を示し，最適発注点の存在を示した．Ciarallo et al. (1994) は，総生産能力自体が確率的である問題を考え，多期間問題ならびに無限期間問題において，費用関数の凸性は失われるが，最適発注点が存在することを示した．彼らはまた，無限期間問題において拡張した近視眼的政策の概念を示した．Lee and Yano (1995) は，確率的歩留りの研究に関する包括的な文献レビューを行っている．

5.5 近　　似

複雑な在庫問題を厳密に解くことは困難なので，この問題を解く多くの近似解法が提案されてきている．一つの近似法は，離散時間モデルと連続時間モデルの両方において，生産能力が有限のシステムを研究するために用いられる大偏差近似である．このシステムの共通の特徴は，生産能力制限の代償として在庫が一部存在していることである．この近似法の基本的なアイディアは，需要分布の裾が指数的に減少する形で

上から抑えられているなら，在庫不足量の分布の裾も近似的に指数的に減少することにある．さらに，この近似式における指数部の値は容易に計算できる．この近似は，サービス水準に関する在庫システムの性能が裾分布に直接依存するので有用である．Glasserman（1998）は，このアプローチに関する詳細な概観を与えている．

研究者に用いられてきたもう一つの近似法は，規模の経済をもつ多階層在庫システムに対して最適政策を近似的に特徴付けることと関係する．Chen and Zheng（1994,1998）は，多階層在庫システムにおいて，（連続量の設定で）準最適な政策を議論している．Chen（1998）は，この分野の研究者により考えられてきた各種の近似法を詳細に述べている．

最後に，重負荷の仮定の下での結果に関連する近似もまた，在庫モデルで用いられている．システムの負荷が非常に大きく，利用率が100%に近いとき，この近似は有効である（Toktay and Wein，2001参照）．

6. 応　用

過去数年のいくつかの応用例は，SCMと関連付けて展開されてきた．これらの応用は明確に2つのカテゴリーに分類される．一つは，需要，供給，処理が決定的であるという仮定に基づく，多重結合したサプライチェーンの大規模統合モデルを構築することであり，もう一つは，大規模サプライチェーンを分解し，各々について本章で議論した詳細な戦術的サプライチェーンモデルを展開することによって，その振る舞いを近似することに基づくものである．ここでは，後者に焦点を絞る（表8.4）．

原料-生産-物流のサプライチェーンを通して決定と性能をつなぎ合わせる最初の大規模モデルのフレームワークの一つは，Cohen and Lee（1988）によって発展した．製品の費用，顧客に対するサービス水準，生産/物流システムの制御性や柔軟性に関して施設の性能を予測するためにモデルの構造が用いられた．解析は，生産される製品の特質，生産に用いられる処理技術，物流を管理するために用いられる施設ネットワークの構造，その施設が置かれている競争環境を考慮した．それ以前の研究と異なり，サプライチェーンの効果を生み出すため，分散制御を前提とし，単一地点の性能

表8.4　応用に関する論文

年	著者
1988	Cohen, Lee
1990	Cohen, Kamesam, Kleindorfer, Lee, Tekerian
1993	Lee, Billington
1998	Swaminathan, Smith, Sadeh
2000	Ettl, Feigin, Lin, Yao
2000	Rao, Scheller-Wolf, Tayur
2000	Graves, Willems

と分散制御が組み合わされた．連結された近似サブモデルと発見的最適化法が展開された．モデルのフレームワークにおいて，各サブモデルでは扱いやすい確率モデルが用いられた．その構造を支援するソフトウェアパッケージも導入された．もう一つ，実現された大規模モデルとして，Optimizer という，補修部品の在庫を管理する IBM 社の多階層在庫システムに対する意思決定支援の発展があった（Cohen et al., 1990）．この研究のモデルと解析は，多階層在庫システムをいくつかの単一在庫システムに分解し，各単一在庫システムに対して最適な（または準最適な）パラメータを決定することを基本としている．顧客に最も近い階層から開始し，在庫パラメータ，すなわち (s, S) の値について，サプライチェーンの顧客に近い階層の決定とそれより上位の階層での需要を組み合わせることによって，反復的にパラメータを決定している．

Lee and Billington (1993) は，周期的な観測と確率需要をもつ，分散制御されたサプライチェーンのモデルを考えた．アイディアは以前と同様であり，個々の要素の性能を解析し，その後組み合わせて効果を生み出すという考えに基づく．このモデルは Hewlett-Packard (HP) 社のサプライチェーン計画に対するさまざまな洞察を与えた．Ettl et al. (2000) は，待ち行列理論の近似法を用いて，サプライチェーン上の各地点における最適在庫水準を求めるために，多重結合したネットワークにおけるサービス水準を決定した．彼らの方法では，各地点は基礎点在庫政策に従い，生産，配送について周知されたリードタイムが存在すると仮定した．実際のリードタイムは，在庫不足により増加するかもしれない．彼らは，(Buzacott and Shanthikumar, 1993 のように) 各々のバッファーを基点在庫政策に従う $M/G/\infty$ 待ち行列として考えた．需要は Poisson 到着過程に従うと仮定した．この仮定の下で，選択された基点在庫水準とサプライチェーンにまたがるサービス尺度を組み合わせ，発見的解法により，最適な基点在庫量を見つけた．このモデルと近似法は，Swaminathan et al. (1998) で発展したサプライチェーンライブラリの強化版に基づいた詳細なシミュレーション解析を通して，サプライチェーン管理者により正当化され，改良された．このモデルとその実現により，IBM 社の在庫を推定で 7 億 5000 万ドル分減少させることができ，1999 年の Franz Edelman 賞を受けた．

最近，Rao et al. (2000) は，Caterpillar 社における動的サプライチェーンモデルの成功例を述べている．彼らは，急配送や部分受注残が存在し，サービスに敏感な販売をもつような新しい生産ラインに対する 2 つのサプライチェーン構成を解析した．ネットワーク理論とモデルを組み合わせ，在庫管理とシミュレーションを用いることにより，2 つのサプライチェーン構成からの選択法を解析した．Graves and Willems (2000) は，需要や予測の不確実性が存在するサプライチェーンにおいて戦略的な在庫配置のフレームワークを開発した．彼らは，サプライチェーンを，個々の要素は基点在庫政策に従って運営し，有限の需要をもち，工程間で保証された配送リードタイムをもつネットワークとしてモデル化した．また，全域木の概念を利用して，安全在

庫を求める決定性の最適化問題として定式化した．このモデルは，Eastman Kodak 社の製品フロー班によって利用された．多階層・多品目モデルの近似法は，本書の第 12 章 (de Kok and Fransoo, 2003) において，より詳細に述べられている．

7. 結論と今後の方向

企業がその運営を完全に統合化しようとするインターネット時代において，サプライチェーン統合化のための戦略的計画モデルは，非常に重要になってきている．本章では，過去の研究者が行ってきたこの広い範囲の話題に関する研究のうち，いくつかの潮流を概観してきた．明らかに，研究のこの流れは，学術的だけではなく実際にも非常に大きな影響を与えた．しかしながら，新しい研究について豊富な話題を提供するインターネットの出現により，ある変化が起きている（詳細は，Swaminathan and Tayur, 2003 参照）．一つには，より多くの企業が生産の決定と製品の価格設定を統合化しようと試みており，このことは，協調と競争の環境下においてサプライチェーンと価格設定の協調を図るための研究課題をいくつか生み出している．Cachon (2003) は，この点で発展したモデルのいくつかを探求している．2つ目に，多くの企業における運営の焦点は，単体の最適化モデルからより協調的な意思決定過程に移行している．情報とサプライチェーンにおける決定を統合化するモデルの解析が必要となっている．Chen (2003) は，本書の他章でそのモデルを探求している．最後に，戦術的サプライチェーン問題に対して解をリアルタイムで与えることができる意思決定支援システム（decision support system : DSS）の必要性がますます増加していることを記して，本章を終える．

謝辞：初稿段階における Ton de Kok 氏と Srinagesh Gavirneni 氏の詳細なコメントに謝意を表する．

(Jayashankar M. Swaminathan and Sridhar R. Tayur/中出康一)

参 考 文 献

Anupindi, R., R. Akella (1993). Diversification under supply uncertainty. *Management Science* 39(8), 944–963.

Anupindi, R., Y. Bassok (1998). Supply contracts with quantity commitments and stochastic demand, in: Tayur, Ganeshan, Magazine (eds.), *Quantitative Models for Supply Chain Management*, Kluwer Publishing, Norwell, MA, pp. 197–232.

Anupindi, R., S. Tayur (1998). Managing stochastic multi product systems: model, measures and analysis. *Operations Research*, S98–S111.

Arrow, K., T. Harris, J. Marschak (1951). Optimal inventory policy. *Econometrica* 19, 250–272.

Arrow, K., S. Karlin, H. Scarf (1958). *Studies in the Mathematical Theory of Inventory and Production*,

第8章 サプライチェーンマネジメントにおける戦術的計画モデル   421

Stanford, CA, Stanford University Press.
Atkins, D., P. O. Iyogun (1988). Periodic versus 'can-order' policies for coordinated multi-item inventory systems. *Management Science* 34(6), 791–796.
Aviv, Y. (2002). A time series framework for supply chain inventory management. To appear, *Operations Research*.
Aviv, Y., A. Federgruen (1997). Stochastic inventory models with limited production capacity and periodically varying parameters. *Probability of Engineering Information Sciences* 11, 107–135.
Azoury, K. (1985). Bayes solution to dynamic inventory models under unknown demand distribution. *Management Science* 31, 1150–1160.
Bassok, Y., R. Akella (1991). Ordering and production decisions with supply quantity and demand uncertainty. *Management Science* 37, 1556–1574.
Bassok, Y., R. Anupindi, R. Akella (1999). Single period multiproduct inventory models with substitution. *Operations Research* 47(4), 632–642.
Bispo, C., S. Tayur (2001). Managing simple re-entrant flow lines: theoretical foundation and experimental results. *IIE Transactions* 33(8), 609–623.
Bollapragada, S., T. E. Morton (1999). A simple heuristic for computing nonstationary (s,S) policies. *Operations Research* 47(4), 576–584. July–August.
Bollapragada, R., U. S. Rao (1999). Single stage resource allocation and economic lot sizing. *Management Science* 45(6), 889–904.
Buzzacott, J., J. G. Shanthikumar (1993). *Stochastic Models of Manufacturing Systems*, Englewood Cliffs, NJ, Prentice Hall.
Cachon, G. (2003). Supply chain coordination: pricing tactics for coordinating the supply chain, to appear, in: Graves, de Tok (eds.), *Supply Chain Management – Handbook in OR/MS*, North-Holland, Amsterdam.
Chen, F. (1998). On (R, NQ) policies serial inventory systems, in: Tayur, Ganeshan, Magazine (eds.), *Quantitative Models for Supply Chain Management*, Kluwer Publishing, Norwell, MA, pp. 71–110.
Chen, F. (1999). 94% Effective policies for two stage serial inventory system with stochastic demand. *Management Science* 12, 1679–1696.
Chen, F. (2003). Information sharing and supply chain coordination, to appear, in: Graves, de Tok (eds.), *Supply Chain Management – Handbook in OR/MS*, North-Holland, Amsterdam.
Chen, F., J. Song (2001). Optimal policies for multiechelon inventory problems with Markov-modulated demand. *Operations Research* 49(2), 226–234.
Chen, F., Y. Zheng (1994). Lower bounds for multi-echelon stochastic inventory systems. *Management Science* 40, 1426–1443.
Chen, F., Y. Zheng (1998). Near optimal echelon stock (R,Q) policies in multi-stage serial systems. *Operations Research* 46(4), 592–602.
Cheng, F., S. P. Sethi (1999). A periodic review inventory model with demand influenced by promotion decisions. *Management Science* 45, 1510–1523.
Ciarallo, F., R. Akella, T. E. Morton (1994). A periodic review production planning model with uncertain capacity. *Management Science* 40, 320–332.
Clark, A., H. Scarf (1960). Optimal policies for a multi-echelon inventory problem. *Management Science* 6, 475–490.
Clark, A., H. Scarf (1962). Approximate solutions to a simple multi-echelon inventory problem, in: Arrow, Scarf (eds.), *Studies in Applied Probability and Management Science*, Stanford University Press, Stanford, CA, pp. 88–110.
Cohen, M. A., H. L. Lee (1988). Strategic analysis of integrated production distribution systems. *Operations Research* 34(4), 482–499.
Cohen, M. A., P. V. Kamesam, P. Kleindorfer, H. L. Lee, A. Tekerian (1990). Optimizer: IBM's multi-echelon inventory system for managing service logistics. *Interfaces* 20(1), 65–82.
Corbett, C.J., C.S. Tang (1998). Designing supply contracts: contract type and information asymmetry, in: Tayur, Ganeshan, Magazine (eds.), *Quantitative Models for Supply Chain Management*, Kluwer Publishing, Norwell, MA, pp. 269–298.
Debodt, M., S. C. Graves (1985). Continuous review policies for a multi-echelon inventory problem with stochastic demand. *Management Science* 31, 1286–1299.

de Kok, T. (1989). A moment-iteration method for approximating the waiting time characteristics of the GI/G/1 queue. *Probability of Engineering and Information Sciences* 3, 273–287.
de Kok, T., J. Fransoo (2003). Supply chain operations: comparing planning concepts, to appear, in: Graves, de Tok (eds.), *Supply Chain Management – Handbook in OR/MS*, North-Holland, Amsterdam.
Edgeworth, F. (1888). The mathematical theory of banking. *Journal of Royal Statistics Society* 51, 113–127.
Ehrhardt, R. (1979). The power approximation for computing (s,S) inventory policies. *Management Science* 25, 777–786.
Ehrhardt, F. (1984). (s,S) policies for a dynamic inventory model with stochastic lead times. *Operations Research* 32, 121–132.
Eppen, G., L. Schrage (1981). Centralized ordering policies in a multi-warehouse system with lead times and random demand, in: L. B. Schwartz *Multi-Level Production Inventory Control Systems: Theory and Practice*, Amsterdam, North Holland, pp. 51–58.
Ettl, M., G. Feigin, G. Lin, D. D. Yao (2000). A supply network model with base-stock control and service requirements. *Operations Research* 48(2), 216–232.
Eynan, A., D. Kropp (1998). Periodic review and joint replenishment in stochastic demand environments. *IIE Transactions* 30(11), 1025–1033.
Federgruen, A., Z. Catalan (1996). Stochastic economic lot scheduling problem: cyclical base stock policies with idle times. *Management Science* 42(6), 783–796.
Federgruen, A., P. Zipkin (1984a). An efficient algorithm for computing optimal (s,S) policies. *Operations Research* 32, 818–832.
Federgruen, A., P. Zipkin (1984b). Approximation of dynamic multi-location production inventory problem. *Management Science* 30, 69–84.
Federgruen, A., P. Zipkin (1986a). An inventory model with limited production capacity and uncertain demands I: the average cost criterion. *Mathematics of Operations Research* 11, 193–207.
Federgruen, A., P. Zipkin (1986b). An inventory model with limited production capacity and uncertain demands II: the discounted cost criterion. *Mathematics of Operations Research* 11, 208–215.
Federgruen, A., H. Groenevelt, H. C. Tijms (1984). Coordinated replenishment in a multi-item inventory system with compound Poisson demand. *Management Science* 30, 344–357.
Fukuda, Y. (1964). Optimal policies for inventory problems with negotiable lead time. *Management Science* 10, 690–708.
Gallego, G. (1990). Scheduling the production of several items with random demands in a single facility. *Management Science* 36, 1579–1592.
Gallego, G., O. Özer (2001). Integrating replenishment decisions with advance demand information. *Management Science* 47, 1344–1360.
Gavirneni, S., S. Tayur (1999). Managing a customer following a target reverting policy. *Manufacturing and Service Operations Management* 1, 157–173.
Gavirneni, S., S. Tayur (2001). An efficient procedure for non-stationary inventory control. *IIE Transactions* 33(2), 83–89.
Gavirneni, S., R. Kapuscinski, S. Tayur (1999). Value of information in capacitated supply chains. *Management Science* 45, 16–24.
Glasserman, P. (1998). Service levels and tail probabilities in multistage capacitated production inventory systems, in: Tayur, Ganeshan, Magazine (eds.), *Quantitative Models for Supply Chain Management*, Kluwer Publishing, Norwell, MA, pp. 41–70.
Glasserman, P., S. Tayur (1994). The stability of a capacitated multi-echelon production inventory system under a base stock policy. *Operations Research* 42, 913–925.
Glasserman, P., S. Tayur (1995). Sensitivity analysis for base stock levels in multi-echelon production inventory system. *Management Science* 41, 263–281.
Graves, S., S. Willems (2000). Optimizing strategic safety stock placement in supply chains. *Manufacturing and Service Operations Management* 2(1).
Graves, S., A. H. G. Rinnoy Kan, P. Zipkin (1993). *Handbook in OR/MS on Logistics of Production and Inventory*, Vol. 4. Amsterdam, Netherlands, North-Holland.
Graves, S., D. B. Kletter, W. B. Hetzel (1998). A dynamic model for requirements planning with

第8章 サプライチェーンマネジメントにおける戦術的計画モデル   423

application to supply chain optimization. *Operations Research* 46, S35–S49.
Hadley, G., T. Whitin (1963). *Analysis of Inventory Systems*, Englewood Cliffs, NJ, Prentice-Hall.
Hausman, W. H. (1969). Sequential decision problems: a model to exploit existing forecasters. *Management Science* 16(2), B93–B110.
Hausman, W. H., R. Peterson (1972). Multiproduct production scheduling for style goods with limited capacity, forecast revisions and terminal delivery. *Management Science* 18(7), 370–383.
Heath, D. C., P. L. Jackson (1994). Modeling the evolution of demand forecasts with application to safety stock analysis in production/distribution systems. *IIE Transactions* 26(3), 17–30.
Henig, M., Y. Gerchak (1990). The structure of periodic review policies in the presence of random yield. *Operations Research* 38, 634–643.
Heyman, D., M. Sobel (1984). *Stochastic Models in Operations Research*, Vol. II. New York, McGraw-Hill.
Huang, P., A. Scheller-Wolf, S. Tayur (2001). Dynamic capacity partitioning during new product introduction. GSIA Working Paper, Carnegie Mellon University.
Iglehart, D. (1963). Optimality of (s,S) policies in the infinite horizon dynamic inventory problem. *Management Science* 9, 259–267.
Iglehart, D. (1964). The dynamic inventory model with unknown demand distribution. *Management Science* 10, 429–440.
Ignall, E. (1969). Optimal continuous review policies for two product inventory systems with joint setup costs. *Management Science* 15, 277–279.
Ignall, E., A. Veinott (1969). Optimality of myopic inventory policies for several substitute products. *Management Science* 15, 284–304.
Johnson, G., H. Thompson (1975). Optimality of myopic inventory policies for certain dependent demand process. *Management Science* 21, 103–1307.
Kaminsky, P., J. M. Swaminathan (2001). Utilizing forecast band refinement for capacitated production planning. *Manufacturing and Service Operations Management* 3(1), 68–81.
Kaplan, R. (1970). A dynamic inventory model with stochastic lead times. *Management Science* 16, 491–507.
Kapuscinski, R., S. Tayur (1998). A capacitated production inventory model with periodic demand. *Operations Research*.
Karlin, S. (1958). One-stage inventory models with uncertainty, in: K. Arrow, S. Karlin, H. Scarf (eds.), *Studies in the Mathematical Theory of Inventory and Production*, Stanford, CA, Stanford University Press.
Karlin, S. (1960a). Dynamic inventory policy with varying stochastic demands. *Management Science* 6, 231–258.
Karlin, S. (1960b). Optimal policy for dynamic inventory process with stochastic demands subject to seasonal variations. *Journal of Society of Industrial Applied Mathematics* 8, 611–629.
Karlin, S., A. Fabens (1960). The (s,S) inventory model under Markovian demand process, in: Arrow, Karlin, Suppes (eds.), *Mathematical Methods in the Social Sciences*, Stanford University Press, Stanford, CA, pp. 159–175.
Karlin, S., H. Scarf (1958). Inventory models of the Aroow-Harris-Marschak type with time lag, in: Arrow, Karlin, Scarf (eds.), *Studies in the Mathematical Theory of Inventory and Production*, Stanford University Press, Stanford, CA.
Karmarkar, U.S. (1993). Manufacturing lead times, in: S. Graves, A.H.G. Rinnoy Kan, P.H. Zipkin (eds.), *Handbook in OR/MS on Logistics of Production and Inventory*, pp. 287–321.
Karmarkar, U. S., S. Kekre, S. Kekre (1985a). Lot sizing in multi-item multi-machine job shops. *IIE Transactions* 17, 290–292.
Karmarkar, U. S., S. Kekre, S. Kekre (1985b). Lot sizing and lead time performance in a manufacturing cell. *Interfaces* 15, 1–9.
Karmarkar, U. S., S. Kekre, S. Kekre (1987). The dynamic lot sizing problem with startup and reservation costs. *Operations Research* 35(3), 389–398.
Lambrecht, S. Chen, N.J. Vandaele (1996). A lot sizing model with queuing delays: the issue of safety time. *European Journal of Operational Research* 89, 269–276.

Lariviere, M.A. (1998). Supply chain contracting and coordination with stochastic demand, in: Tayur, Ganeshan, Magazine (eds.), *Quantitative Models for Supply Chain Management*, Kluwer Publishing, Norwell, MA, pp. 233–268.
Lariviere, M. A., E. Porteus (1999). Stalking information: Bayesian inventory management with unobserved lost sales. *Management Science* 45(3), 346–353.
Lee, H. L., C. Billington (1993). Materials management in decentralized supply chains. *Operations Research* 41(5), 835–847.
Lee, H. L., C. Tang (1997). Modelling the costs and benefits of delayed product differentiation. *Management Science* 43(1), 40–53.
Lee, H. L., R. So, C. S. Tang (2000). The value of information in a two level supply chain. *Management Science* 46(5), 626–643.
Lee, H. L., C. A. Yano (1995). Lot sizing with random yields: a review. *Operations Research* 43(2), 311–334.
Lovejoy, W. (1992). Stopped myopic policies in some inventory models with generalized demand processes. *Management Science* 38, 688–707.
Morton, T. (1971). The near-myopic nature of the lagged proportional cost inventory problem with lost sales. *Operations Research* 19, 1708–1716.
Morton, T. (1978). The non-stationary infinite horizon inventory problem. *Management Science* 24, 1474–1482.
Morton, T., D. Pentico (1995). The finite horizon non-stationary stochastic inventory problem. *Management Science* 41, 334–343.
Muharremoglu, A., J. Tsitsiklis (2001). Echelon base stock policies in uncapacitated serial inventory systems. Working Paper, MIT.
Nahmias, S. (1979). Simple approximations for a variety of dynamic lead time lost sales inventory models. *Operations Research* 27, 904–924.
Parker, R., R. Kapuscinski (2000). Optimal inventory policies for a capacitated two echelon system. Working Paper, University of Michgan.
Porteus, E. (1971). On the optimality of generalized (s,S) policies. *Management Science* 17, 411–427.
Porteus, E. (1972). The optimality of generalized (s,S) policies under uniform demand densities. *Management Science* 18, 644–646.
Porteus, E. (1991). In: Heyman, Sobel (eds.), *Stochastic Inventory Theory, Stochastic Models – Handbook in OR/MS*, North-Holland, Amsterdam, pp. 605–652.
Rajagopalan, S., J. M. Swaminathan (2001). A coordinated production planning model with capacity expansion and inventory management. *Management Science* 47(11), 1562–1580.
Rao, U. S., A. Scheller-Wolf, S. Tayur (2000). Development of a rapid response supply chain at caterpillar. *Operations Research* 48(2), 189–204.
Rao, U.S., J.M. Swaminathan, J. Zhang (2002). Multi-product inventory planning with downward substitution, stochastic demand and setup costs. To appear, *IIE Transactions*.
Rosling, K. (1989). Optimal inventory policies for assembly systems under random demands. *Operations Research* 37, 565–579.
Roundy, R. (1985). 98% effective integer ratio lot sizing for one warehouse multi retailer systems. *Management Science* 31, 1416–1430.
Scarf, H. (1959). Bayes solution of the statistical inventory problem. *Annals of Mathematical Statistics* 30, 490–508.
Scarf, H. (1960a). The optimality of (s,S) policies in dynamic inventory problem, in: K. Arrow, S. Karlin, P. Suppes (eds.), *Mathematical Methods in the Social Sciences*, Stanford, CA, Stanford University Press.
Scarf, H. (1960b). Some remarks on the Bayes solution to the inventory problem. *Naval Research Logistics Quarterly* 7, 591–596.
Scheller-Wolf A., S. Tayur (2000). A Markovian dual source production-inventory system with order bands. GSIA Working Paper, Carnegie Mellon University.
Schmidt, C., S. Nahmias (1985). Optimal policy for a two stage assembly system under random demand. *Operations Research* 33, 1130–1145.
Sethi, S. P., F. Cheng (1997). Optimality of (s,S) policies in inventory models with Markovian demand.

Operations Research 45, 931–939.
Silver, E. (1981). Establishing reorder points in the (S,c,s) coordinated control system under compound Poisson demand. *International Journal of Production Research* 9, 743–750.
Sobel M. (1988). Dynamic affine logistics models. Technical Report, SUNY, Stony Brook.
Swaminathan, J.M., H.L. Lee (2003). Design for postponement, to appear, in: Graves, de Kok (eds.), *Supply Chain Management – Handbook in OR/MS*, North-Holland, Amsterdam.
Swaminathan, J. M., J. G. Shanthikumar (1999). Supplier diversification: the effect of discrete demand. *Operations Research Letters* 24(5), 213–221.
Swaminathan, J. M., S. Tayur (1998). Managing broader product lines through delayed differentiation using vanilla boxes. *Management Science* 44, S161–S172.
Swaminathan, J.M., S. Tayur (2003). Models for supply chains in e-business. Working Paper, The Kenan-Flagler Business School, University of North Carolina, Chapel Hill, To appear, *Management Science*.
Swaminathan, J. M., S. F. Smith, N. Sadeh (1998). Modelling supply chain dynamics: a multi-agent approach. *Decision Sciences* 29(3), 607–632.
Tayur, S. (1993). Computing the optimal policy in capacitated inventory models. *Stochastic Models* 9, 585–598.
Tayur, S., R. Ganeshan, M. Magazine (1998). *Quantitative Models for Supply Chain Management*, Norwell, MA, Kluwer Academic Publishers.
Toktay, L. B., L. M. Wein (2001). Analysis of a forecasting production inventory system with stationary demand. *Management Science* 47(9), 1268–1281.
Tsay, A.A., S. Nahmias, N. Agarwal (1998). Modeling supply chain contracts: a review, in: Tayur, Ganeshan, Magazine (eds.), *Quantitative Models for Supply Chain Management*, Kluwer Publishing, Norwell MA, pp. 299–336.
van Donselaar, K., T. de Kok, W. Rutten (1996). Two replenishment strategies for the lost sales inventory model: a comparison. *International Journal of Production Economics* 46–47, 285–295.
Van Mieghem, J., N. Rudi (2002). Newsvendor networks: inventory management and capacity investments with discretionary activities. To appear, *Manufacturing and Service Operations Management*.
Veinott, A., Jr. (1965a). Optimal policy for a multi-product dynamic non-stationary inventory problem. *Management Science* 12, 206–222.
Veinott, A., Jr. (1965b). Optimal policy in a dynamic single product non-stationary inventory model with several demand classes. *Operations Research* 13, 776–778.
Veinott, A., Jr. (1966a). The status of mathematical inventory theory. *Management Science* 12, 745–777.
Veinott, A., Jr. (1966b). On the optimality of the (s,S) inventory policies: new conditions and a new proof. *SIAM Journal of Applied Mathematics* 14, 1067–1083.
Veinott, A., Jr., Wagner, H. (1965). Computing optimal (s,S) inventory policies. *Management Science* 11, 525–552.
Wijngaard, J. (1972). An inventory problem with constrained order capacity. TH-Report 72-WSK-63, Eindhoven University of Technology.
Wright, G. (1969). Optimal ordering policies for inventories with emergency ordering. *Operations Research Quarterly* 20, 111–123.
Zheng, Y. (1991). A simple proof for optimality of (s,S) policies in infinite horizon inventory systems. *Journal of Applied Probability* 28, 802–810.
Zheng, Y., A. Federgruen (1991). Finding optimal (s, S) policies is about as simple as evaluating a single policy. *Operations Research* 39(4), 654–665.
Zipkin, P. (1989). Critical number policies for inventory models with periodic data. *Management Science* 35, 71–80.
Zipkin, P. (2000). *Foundations of Inventory Management*, Boston, McGraw Hill.

III. サプライチェーンの運用

第9章

階層的計画・モデル化・先進的計画システム

　サプライチェーン上では，さまざまな意思決定が繰り返しなされる．それは，ある機械で次にどの仕事を処理するべきかというような比較的単純なものから，新規工場建設を行うべきか，既存工場を使い続けるべきかというような，高度な意思決定を要求するものまで多岐にわたっている．本章では，サプライチェーン計画（supply chain planning：SCP）という言葉は，サプライチェーンの設計に関するこれら意思決定のすべてを包含する総称として使用する．すなわち，サプライチェーン上の中期的な協調作業から，短期的なスケジューリングまでを含んでいる．この定義は，ロジスティクスの伝統的な定義にも用いられている．しかしながら，サプライチェーンマネジメント（SCM）では，近年，計画に関する次のような2つの側面に焦点が絞られている．

　① サプライチェーン全体の統合計画：　その計画過程では，1つの企業，少なくともサプライヤーから顧客までのサプライチェーン全体を考えるべきで，さまざまな活動における相互関係が対象となる．

　② 意思決定の真の最適化：　その計画過程は，代替案，目的関数，制約条件の適切な定義に基づき，厳密もしくは近似の最適化アルゴリズムを用いる．

　後者の観点は，オペレーションズ・リサーチ（OR）ではよく用いられるアプローチであるが，実務の世界では長い間敬遠されてきた．幅広く普及したERP（enterprise resource planning）ソフトと，それに含まれているMRP（material requirement planning）のロジックでは，名称の中に計画（planning）という言葉が含まれているにもかかわらず，前述の意味での計画機能を提供していない（Drexl *et al.*, 1994）．

　統合計画と真の最適化の前提条件は，めったに両立しない．両者の前提条件間の現実的な妥協点は，問題全体を部分問題に分割し，それらの相互関係を考慮し，それらの解を調整する階層的計画（hierarchical planning：HP）概念の利用である．HPはORにおいても長い歴史があり，1975年にHaxとMealによって創始され，さまざまな計画業務に対して多くのアルゴリズムが開発された．

　「先進的計画」とは何か．この名称は，今述べたアイディアに基づいた先進的計画システム（advanced planning system：APS）という新しい計画ソフトのためにソ

フトウェア業者によって用いられたものである．APS のアーキテクチャーに基づいた階層的計画の概念，あるいは 1 つのモジュールで使われているアルゴリズムが特に先進的というわけでもない．しかし，先進の本当の意味は，標準的なソフトウェアでこれらの概念を実行し，妥当な計画概念と OR に基づくアルゴリズムの普及を可能にしたことであろう．これが実際に伝統的な ERP システムと比べ大きな進歩となった．さらに，APS のアーキテクチャーは新規モデルや新規アルゴリズムの導入を可能にしている．実用的な解法が存在しない SCP においては，さまざまな部分問題が存在するので，このような柔軟性は特に有効である．結果として，APS は OR で開発された専門知識を活用するためのフレームワークを提供している．

しかしながら，学界と産業界の両者において，APS とは何かということについて混乱があるようである．すなわち，どのようなモジュールと解法が導入されるのか，目的は何か，それらはどのように取り入れられているのかなどについての混乱である．それゆえに，本章の目的は，最初にさまざまな SCP とその階層関係，そして APS のアーキテクチャーと機能について分析することである．

すでに Fisher（1997）は，経営戦略の適合性を引き出すためにサプライチェーンのタイプを識別することが重要であることを示している．このようにして，これらの戦略が有効に実施されるように，計画システムは，あるタイプのサプライチェーンの特定の要求に対応できるようにつくられていなければならない．サプライチェーンのタイプを記述し分析するプロセスを支援するために，1 節ではサプライチェーンの分類法［訳注：原著では typology と表現されている］を示す．ここでは，消費財の生産とコンピュータの組立という対照的な例を比較することによって，その分類を考える．2 節では，個々のサプライチェーンの計画業務への対応方法を引き出すための一般的なフレームワークを示す．このフレームワークはまたそれらの 2 つの例に応用される．Fleischmann et al.（2002：Chap. 4.3）に示されているように，これら計画上の要求に適合する計画概念は，HP によって設計される．それゆえ，2 節末では，最近の発展を含む HP の概念がまとめられている．

3 節では，HP に沿った共通のモジュラーアーキテクチャーがすべての APS の基礎となっていることを示し，典型的なモジュールの機能について述べる．最後に，4 節では，5 つの APS の現状［訳注：2003 年 1 月現在のもの］を取り上げ，可能な限り，それらのモジュールで使われている OR の方法と，文献に公表された実際の APS 実施例を紹介する．

1. サプライチェーンのタイプ

生産計画管理システムの過去の経験から，MRP-II のような単一の生産計画概念では，異なる工場レイアウトや市場の要求に対して発生する多様な計画問題への対応ができないことが知られている（Drexl et al., 1994）．生産工程は，そのタイプによっ

て，たとえば，ジョブショップ，バッチフロー，組立，連続工程のいずれであるかによって，計画に対する要求が異なってくる．よって計画概念はこれらの特別な要求に対応して構成されなければならない（Silver et al., 1998：36）．比較的小さな生産工程についていえることは，サプライチェーン全体に対しても成り立つ．

しかし，共通する重要な特徴と類似した計画業務をもっているサプライチェーンのタイプを定義することができる．そのようなサプライチェーンタイプを確認するために，所与のサプライチェーンを特徴付ける最も重要な属性に基づいて分類をすることが有用であろう．そのような分類法の使用例が，Meyr et al.（2002b）と Silver et al.（1998：Chap. 3.5.3）に示されている．

1.1 サプライチェーンの属性

ここでは，Meyr et al.（2002b）の分類法を簡単に説明する．分類法は，常に包括的ではありえないので，計画機能に関する属性に集中する．2.2項におけるサプライチェーンタイプは，あるサプライチェーンタイプの特定の計画に対する要求がどのようにそのタイプが保有する性質から導き出されるかを示している．

Meyr らは，機能と構造という2つの属性を識別している．機能的属性はサプライチェーン上の生産者，流通者，販売者などの個々のメンバー（パートナー）に対して割り当てられ，構造的属性はサプライチェーン上のすべてのメンバー間の関係を述べるときに用いられる．すべての属性は6つのカテゴリーに分類される．それらの構造的属性は，「サプライチェーンの形態」と「統合と協調」という2つのカテゴリーを構成する．個々のメンバーのサプライチェーンプロセスに従って，機能的属性は「調達タイプ」，「生産タイプ」，「配送タイプ」，「販売タイプ」に分類される．今述べたカテゴリーと属性の全体像は，表9.1に示されている．

SCOR モデル（Meyr et al., 2002b：Chap. 3.1）は，サプライチェーン分析に非常に類似した方法を用いて，原材料調達，生産，配送などのプロセス間の区別をしている．図9.1に示されているが，ちょうど機能的属性と同じように，これらのプロセスはサプライチェーンのメンバーごとに個別に定義されなければならない．しかしながら，SCOR モデルがサプライチェーンを分析し，冗長性や弱点を明らかにするツールとして優れているのに対して，次に示す分類法はあるタイプのサプライチェーンに共通な計画業務を明らかにし，計画作成に必要な事項を引き出し，特定の要求に適合する計画概念の設計を支援するのに役立つ（Meyr et al., 2002b：Chap. 3.2）．

調達タイプのカテゴリーは，サプライチェーンの個々のメンバーに対する原材料の流入を特徴付けるすべての属性を含む．たとえば，調達される製品のタイプに関する属性は，市場で容易に調達できる標準品から，非常に限られたサプライヤーからのみ供給可能な特注品までさまざまなものが存在する．さらに重要な属性として，たとえば，実際に使っている代替サプライヤーの数を示す購買先のタイプ，発注から納品までの時間を示すサプライヤーリードタイム，調達される原材料の種類数，原材料のラ

表9.1 サプライチェーンの分類法によるカテゴリーと属性の全体像

		機能的属性 (サプライチェーンの個々の メンバーに関するもの)		構造的属性 (サプライチェーン全体に 関するもの)
調達タイプ		調達される製品のタイプ 購買先のタイプ 供給リードタイム 原材料の量（数） 原材料のライフサイクル	サプライチェーンの形態	ネットワークの構造 デカップリングポイントの位置 主要な制約
生産タイプ		生産プロセスの組織 作業の繰返し性 段取り替えの特徴 ボトルネックのタイプ 作業時間の柔軟性	統合と協調	法的な位置付け 権限の分散
配送タイプ		配送の構造		
販売タイプ		販売される製品 製品寿命 棚寿命 部品表（BOM） 需要の季節性		

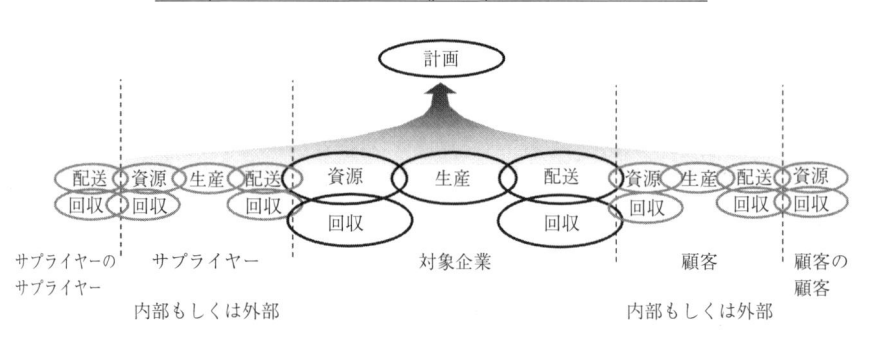

図9.1 SCORモデル（バージョン5.0a）のマネジメントプロセス（Stephens, 2001：11）

イフサイクルの長さなどである．

　生産タイプは，生産プロセス自体を特徴付ける属性で構成される（このタイプは，運送会社のようなサービス業にとってはあまり重要ではないかもしれない）．生産プロセスの組織（たとえば，ジョブショップやフローショップ）は仕掛品の流れを定義する．作業の繰返し性とは，同一の製品を生産する頻度を意味しており，大量生産（連続繰返し）から個別生産（繰返しなし）までの範囲が存在する．もしもこのように極端な状況でなければ，同種の製品がまとめられ，バッチやロットと呼ばれるグル

ープにまとめて生産される．新たなロットを生産するために，機械の準備に要する時間や費用は段取り替えの特徴によって示される．生産タイプに関するさまざまな属性があり，文献に述べられている．たとえば，生産におけるボトルネックのタイプ（絶えず変化するもの，恒常的に生じるもの，あまり問題にならないもの），作業時間の延長や短縮の柔軟性（第4章参照）などである．

配送タイプは，工場から出ていく資材の流れに関するものである．たとえば，サプライチェーンのあるメンバーから隣接する下流のメンバーへの製品の納入である．配送の構造は，このメンバーの配送システムの種類と段階数を記している．たとえば，隣接するメンバーへの直送，（2段階の）中央倉庫もしくは中央と地域の両方の倉庫を経由した間接配送などである．

販売タイプは，サプライチェーンメンバーの製品と市場の特徴を示している．販売される製品は，特定の仕様の標準品から，自由に仕様を設定できる特注品まで存在する．製品寿命は，ある製品が市場で販売されている時間であり，製品の棚寿命は，その製品が消費されるまでに在庫として保有できる限界の時間である．部品表（製品構造：bill of materials, BOM）には，純粋な組立構造（多くの原材料もしくは部品から1つの最終製品への組立）と，純粋な分岐構造（1つの物質もしくは原材料からいくつかの製品への分岐）の場合がある．後者の場合，化学プロセスあるいは単に大きさと形状が異なる包装の工程がその例である．製品の需要は季節変動の程度に影響を受ける．

サプライチェーン全体の構造的属性は，「サプライチェーンの形態」と「統合と協調」という2つの大きなカテゴリーに分類される．前者は，サプライチェーン全体としての特徴を示すすべての属性を含む．ネットワーク構造は，直列，合流，分岐，もしくはそれらの混合形態を示す．

後ほど述べるが，デカップリングポイントの位置（Hoekstra and Romme, 1991：Chap. 1.5, 4.2）は，計画に関して大きな影響力をもっている．サプライチェーンの各メンバーの（物理的）プロセスは細分化され，予測可能，反応可能なものに分けられる．反応可能なプロセスは，サプライチェーンの下流の隣接するメンバーの注文（最終顧客）によって引き金を引かれ，予測可能なプロセスは，注文の代わりに予測によって引き金を引かれる．つまり，まだ出されていない注文を予想する．デカップリングポイントは，上流の予測（見込み）プロセスと下流の反応的（受注）プロセスをつなぐインターフェイスである．「見込み」（to-stock）は，予測誤差を避けるためにデカップリングポイントに在庫を保有することを意味する用語である．たとえば，受注組立生産（assemle-to-order：ATO）デカップリングポイントでは，在庫の保有を目的として，原材料を調達し部品を生産する上流工程と，個別の注文が到着したときのみ最終製品を組み立てる下流工程をつなぎ，さらに注文に基づいて配送を行う下流工程がそれに続く．反応的プロセスのみからなるサプライチェーン（特注品を生産する場合），予測プロセスのみのサプライチェーン VMI（vendor managed inventory）

におけるベンダーの場合もありうる（Meyr *et al.*, 2002b）．

設備，作業者，資材のような資源の利用可能性が影響する場合，設備能力，作業者数，資材量などがサプライチェーンの主要な制約となる．

最後の分類は，サプライチェーンにおけるメンバー間の統合と協調の側面に焦点を絞ったものである．同一企業のいくつかの部門がサプライチェーンを構成する場合，組織内サプライチェーンが形成される．組織間のサプライチェーンでは，いくつかの法的に独立した企業，すなわち，異なる法的位置付けの企業がサプライチェーンのメンバーとなる．このような場合には，メンバー間の権力の分散がとりわけ重要である．資材制約のあるサプライチェーンでは，サプライヤーが支配的な役割を演じることが多い．

前述したように，この分類法は決して網羅的であるとはいえない．異なるサプライチェーンタイプとそれらが計画に与える影響の特性を明らかにすることを助けるために，限られた数の属性が選ばれているにすぎない．

1.2 例

ここでは，2つのタイプのサプライチェーン，すなわち「消費財の生産」と「コンピュータの組立」について詳しく述べる．解説は基本的に2つのケーススタディ（Wagner and Meyr, 2002；Kilger and Schneeweiss, 2002a）に基づいており，それぞれの産業における代表的なものと思われる．説明のためには，各サプライチェーンの1つのメンバー（製造業者）の機能的属性を取り上げるだけで十分であろう．構造的属性は，他のメンバーに対する関係と同様に各サプライチェーン全体を理解するのに役立つヒントを与える．

機能的属性を紹介するに当たり，調達，生産，配送，販売という「自然な」順序は，上流から下流への流れ，すなわち，物の流れに沿ったものである．しかしながら，「最終顧客へ販売する製品」があらゆるサプライチェーンにとって決定的に重要な部分なので，2つの事例を説明するに当たり，販売タイプの分類から始め，その他の機能的属性を情報の流れに沿って逐次説明する．これは，下流から上流へという流れに沿うものであり，物の流れとは逆の流れになる．

1.2.1 消費財の生産

① 販売タイプ： 以下では，「消費財」とは標準品で，1品目あたりの需要量が少なく，軽量で価値が低いもの（たとえば，食品や電球・蛍光灯などのローテク電気製品）を意味し，食料雑貨店や電気店などの小売店を通して最終顧客に販売される．一般にそのような製品は長い製品寿命（1～数年）を有するが，棚寿命は数日（たとえば，新鮮な牛乳）～数年（たとえば，缶詰食品や電気製品）のものまで，さまざまである．消費財メーカーはいくつかの関連した製品タイプを生産しており，それらは生産工程における多少の変化（たとえば，色の変化），包装の大きさや形状の変化によ

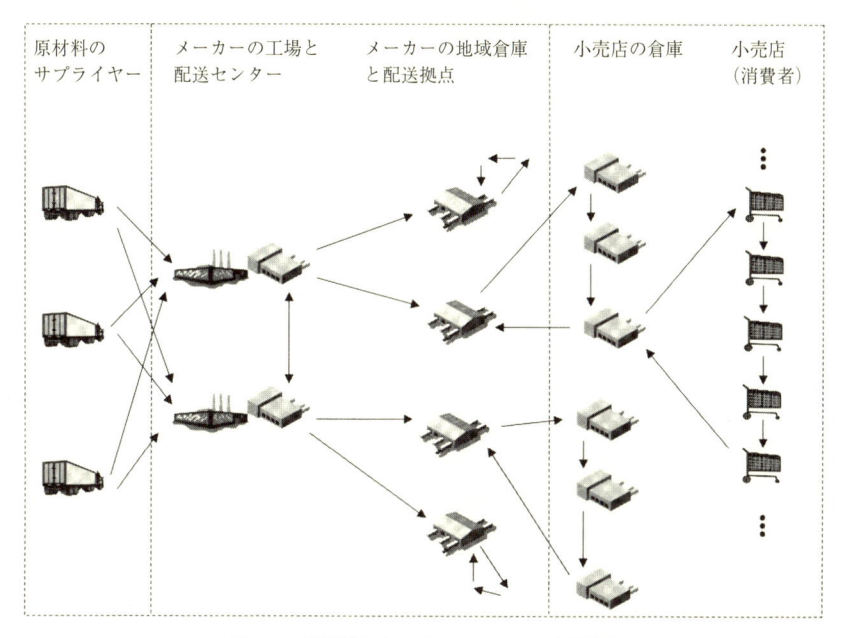

図 9.2 消費財生産サプライチェーンの概略図

り，さまざまなものが商品として販売されている．この意味において，BOM は多様である．需要予測をしなければならないが，季節変動と価格変動のために，きわめて不安定なものとならざるをえない．しかしながら，製品寿命が長いために過去の販売データの利用により，信頼できる予測をすることが可能である．製品の相違が少ないので，欠品の場合は，外部のサプライヤーから最終製品を調達し，自社のブランドで販売することが行われる．

② 配送タイプ： 最終製品は1か所もしくは数か所の工場から，最終顧客に販売される前に，卸売業者，小売店や百貨店などサプライチェーン上の数多くのメンバーに対して運ばれるため，消費財の配送（図 9.2）は，注意深く行われなければならない．小売店は多頻度小口納入を要求する．このような場合，3 段階の配送システムが構築され，商品は一時的にさまざまな配送センター（distribution center：DC）に保管され，地域倉庫（regional warehouse：RW）や在庫をもたない積替拠点（trans-shipment point：TP）に運ばれる．そこから，製造業者の顧客に対して動的に経路が選ばれて運ばれる（3.2.5 参照）．たいていは，サードパーティの運送会社が用いられるので，通常，無限の運搬能力が仮定できる．

③ 生産タイプ： 消費財は，1 本か数本のフローショップ型の並列型生産ラインで生産されることが多い．時折，同一製品がいくつかの生産拠点で代替的に生産されることがある．消費財は大量生産であるために，高速生産が要求され，常に自動化が高

度に行われている．フローショップ工程では一般にそうであるように，仕掛品は少なく，生産リードタイムは短い．たいていの場合，2段階か3段階で生産（たとえば，加工と包装）が行われ，そのうちのどこかが定常的なボトルネックとなっている．異なる製品間の段取りは人手で行われ，長い段取り時間と少なくない段取り費用を要する．段取り時間や段取り費用が順序依存でないことはほとんどない（たとえば，白色から黒色へ変更することは，黒色から白色へ変更するよりも容易である）．すべての製品が毎日生産されるわけではなく，それぞれのロットサイズで数日〜数か月の需要を対応するため，最終製品の在庫が必要である．生産ラインを操作するために高度な技能をもった作業者が必要であり，シフトパターンの作成は中期的な時間の範囲で考えなければならないし，資本集約的設備は高い稼働率を維持しなければならない．

④ 調達タイプ： BOMは，階層が少なく単純であるので，調達にはあまり問題がない．低価値のいくつかの標準的な原材料が少数のサプライヤーから調達できる．中長期の契約により，製造業者とサプライヤーの関係は安定的である．サプライヤーのリードタイムは非常に短く信頼性が高い．

⑤ サプライチェーンの形態： サプライチェーン全体は，原材料のサプライヤー，DCをもっている生産拠点，いくつかのRWやTP，製品を販売するその他の多数の下流メンバーから構成される．このため，混合タイプのネットワーク構造となる．デカップリングポイントは，（仕掛品の状況を別にすれば）小売の百貨店や製造業者のDCとなる．生産ラインの能力はサプライチェーンにおける主要な制約である．

⑥ 統合と協調： この結果，消費財メーカーの異なる計画単位間の内部的な組織の統合は重要な役割を果たし，その協調は難しい．それにもかかわらず，組織間の統合と消費財製造業者と小売業者間の情報の流れはECR（efficient consumer response），CR（continuous replenishment），仕掛品などの概念によって注目を集めるようになった．この主要な理由は，鞭打ち（ブルウィップ）効果（Lee *et al.*, 1997）と，サプライチェーン上のこれらのメンバー間の情報の流れの改善により，在庫の削減をできることが示されたためである．

1.2.2 コンピュータの組立

一方，コンピュータ組立のサプライチェーン（概要を図9.3に示す）には，かなり異なる特徴がある．

① 販売タイプ： コンピュータは典型的な組立構造である．コンピュータメーカーに入ってくる注文は，異なる製品群（一般消費者向けや専門家向けのパソコンやサーバーなど）から選ばれたいくつかの注文とプリンタやモニタなどの外部ユニットで構成される．コンピュータはそのメーカーで生産されるが，外部ユニットは外部サプライヤーから購入され，それらをまとめて顧客へ届ける．コンピュータはシステムユニット（筐体，システムボード，プロセッサ（演算処理装置），ディスクドライブ）とキーボード，マウス，ソフトウェア，マニュアルなどの付属品から構成される．い

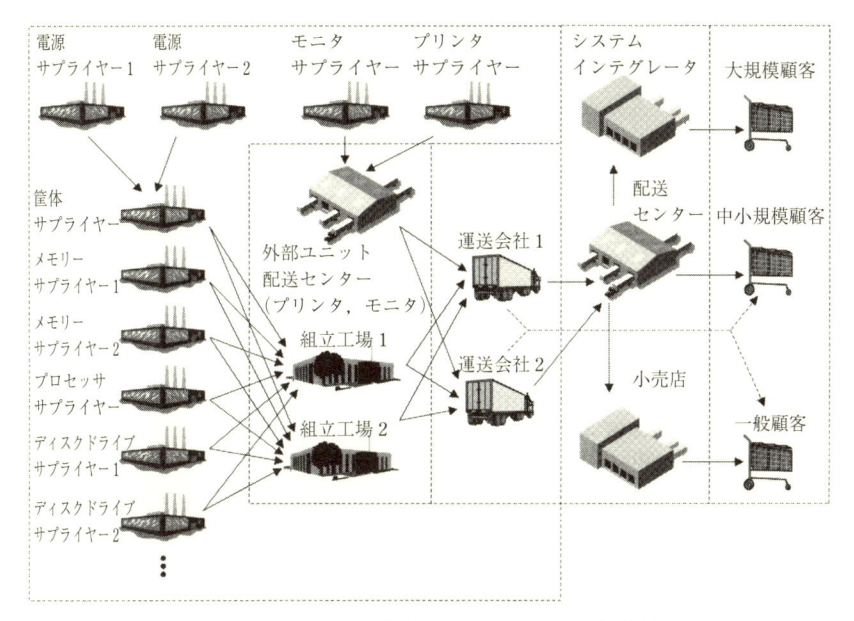

第9章　階層的計画・モデル化・先進的計画システム　　　437

図9.3　コンピュータ組立サプライチェーンの概略図
(Kilger and Schneeweiss, 2002a：Fig. 20.1)

くつかの階層からなる複雑なBOMが与えられる．メーカーが固定した構成を扱う場合，BOMはあらかじめ定められたものに限られ，顧客がBOMを書き換えることはできない．しかしながら，メーカーは材料が不足したときに同じ性能の部品で代替することがある．たとえば，複数のサプライヤーから供給されるハードディスクは，同一の性能をもち，製品の違いは小さい．技術の進歩と価格破壊のために，製品寿命は非常に短い（せいぜい数か月）．この理由と季節変動（たとえば，クリスマス商品）により，最終製品の需要予測は非常に難しい．

②配送タイプ：　コンピュータメーカーの典型的な顧客は，銀行や保険会社のような大企業，その他，中小企業や百貨店などのソリューションを提供するシステムインテグレータである．少数のメーカーだけが個々の消費者を対象にして直接販売を行っている．しばしば2段階の配送システムが使われ，コンピュータと外部ユニットは，中間のDCで統合されている．

③生産タイプ：　生産プロセスは，「システムユニットの組立」，「ソフトウェアのインストール」，「検査」，「梱包」の段階から構成される．そのメーカーがシステムボードの組立を行う場合は，別の生産拠点でのそれらより上流の段階が必要である．生産ロットの大きさに依存して，ジョブショップ型（小さいロット用）とフローショップ型（大きいロット用）がある．生産スピードは（ジョブショップでさえも）非常に

速く，生産リードタイムは短い（1日〜数日）．段取りにはそれほど時間や費用がかかっていない．また，生産のボトルネックはほとんど存在しない．

④ 調達タイプ： 組立の構造が所与であるため，流入する資材の流れがサプライチェーンを支配する．数百〜数千点の部品（電子的部品，機械的部品，外部ユニット，付属品）を購入する必要がある．しかしながら，調達される価値の主たる部分は限られた数（20〜40）のサプライヤーから提供される．同一の部品（たとえば，ハードディスクやCD-ROMなど）をいくつかの他サプライヤーから調達することも可能であるし，現在もしばしばそのような調達がなされている．それにもかかわらず，いくつかの重要な部品（たとえば，プロセッサ）は，1社かたかだか2社のサプライヤーから供給される．このような場合，配送の権限はサプライヤー側に移る．供給リードタイムは均質ではなく，長く，信頼性が置けない．それらは1週間〜数か月のバラツキがある．多くの部品（プロセッサやハードディスクなど）は，技術的進歩の速さのために，製品寿命は非常に短い．そのため，在庫の陳腐化リスクが高い．

⑤ サプライチェーンの形態： サプライチェーンは，混合タイプで5〜6階層のサプライヤー，すなわち，（システムボードメーカー，）コンピュータメーカー，配送サービス会社，転売業者，最終顧客で構成される．標準品の場合，注文を受けて組み立てるというデカップリングポイントが普通である．顧客サービスを改善するため，注文を受けてすぐに配送するという形態に変わりつつあり，在庫は部品から製品へと変化しつつある．消費財のサプライチェーンとは異なり，コンピュータ組立のサプライチェーンに関する主要な制約は，資材である．したがって，ますます多くのパートナーがサプライチェーンのパフォーマンスに影響を及ぼすようになっている．

前述のコンピュータ組立のシナリオは，標準品のコンピュータによく当てはまる．製品構成が自由にできる（open configuration の）場合には，サプライチェーンの特徴がいくらか変化する．この場合，顧客は自分の好みに応じてコンピュータをカスタマイズできる．したがって，静的なBOMの考え方は成り立たず，顧客の要求はいくつかの（決して厳格なものではないが）仕様チェックを受けなければならず，その顧客専用のBOMがつくられる．デカップリングポイントは，注文を受けて組み立てるという時点から，注文を受けて仕様を決定するという時点へ変化する．このような仕様のチェックのために，受注から納品までのリードタイムは長くなる．ロットサイズと繰返しの頻度が減少し，ジョブショップ工程が使用されるようになる．

両サプライチェーンタイプにとって，（われわれの形態学によれば）最も重要な属性は，表9.2に要約され，両者の相違点が強調されている．もちろん，サプライチェーンのタイプは，ほかにもいろいろなものが存在する．たとえば，化学産業は消費財の生産に関連しているが，より複雑な生産工程（接続が限定された数段階の生産，反応装置内での化学的なバッチ処理，製品の品質と量の確率的な変動）を有し，結合生産のために多様なBOMが存在する．自動車産業は組立工程が支配的なサプライチェーンとなっている．しかし，力の分布は自動車メーカーに移りつつある．生産の主た

表9.2 消費財生産とコンピュータ組立におけるサプライチェーンタイプ

分類		属性	消費財	コンピュータ組立 (標準品/注文品)
機能的	調達タイプ	調達される製品 購買先 供給リードタイム 原材料の種類 資材のライフサイクル	標準 複数 短期かつ安定 少ない 数年	標準,明確 複数 長期かつ不安定 多い 数か月
	生産タイプ	生産プロセスの組織 作業の繰返し性 段取り替えの特徴 生産のボトルネック 作業時間の柔軟性	フローショップ 頻繁 順序依存の段取り時間と段取り費用 ボトルネック既知, 影響が大きい 低い	フローショップ/ ジョブショップ 頻繁/繰返しなし 重要ではない 影響が小さい 低い
	配送タイプ	配送の構造	3段階	2段階
	販売タイプ	販売される製品 製品寿命 棚寿命 部品表(BOM) 需要の季節変動	標準品 数年 陳腐化しやすい/安定的 多様 季節変動が大きい	標準品/注文品 数か月 安定的 組立 週内での変動が大きい
構造的	サプライチェーンの形態	ネットワークの構造 デカップリングポイントの位置 主要な制約	混合 配送時 生産能力	混合 組立時/製品構成時 資材
	統合と協調	法的な位置付け サプライヤーに対する管理	組織内 高い	組織間と組織内 低い

る焦点は,モデルミックスの釣合である.たとえば,車種を適切に混合することにより,連続する組立ステーションでの異なった車種の生産速度をうまく釣り合わせることが可能となる.大部分の運搬作業はジャストインタイム(just-in-time:JIT)の思想あるいは地域の運送会社が利用されており,受け入れる資材の流れを組立に同期化するようにしている.少なくとも高額の車種に関しては,マスカスタマイゼーションとオンラインの受注確約が今後重要になっていくことであろう.

2. サプライチェーン計画

前述の2つのサプライチェーンの例について,その属性から特定の計画要求を引き出す前に,いくつかの一般的な計画業務(あらゆるサプライチェーンで起こる)を紹

介し，サプライチェーン計画（SCP）という用語について比較的詳細に述べる．最後に2.3項で，階層的計画（HP）の原理をまとめる．HPは，先進的計画システム（APS）を用いて計画業務を統合する際に実用的で有用な方法を提供する．

2.1 サプライチェーンにおける計画業務

Anthony（1965）の基礎的な研究が行われて以来，3段階の経営的意思決定がよく用いられる（Bitran and Tirupati, 1993；Miller, 2001；Silver et al., 1998 参照）．決定がサプライチェーンあるいは企業の将来の展開に影響及ぼす時間の長さに関して主にそれらは異なる．この分類とそれぞれの計画期間に従って，計画業務は3つの計画，つまり「長期計画」・「中期計画」・「短期計画」のうちのどれかに一般に割り当てられる．

長期計画は，サプライチェーンへの影響が数年に及ぶような意思決定にかかわるものである．この決定は，サプライチェーンの物理的構造を基本的に決定し，企業の経営戦略を直接反映するものでなければならない．中期計画は長期の「戦略的」計画によって設定された構造基盤を効果的に利用し，それを前提に行動するものでなければならない．中期計画の妥当な期間は半年〜2年程度である（Silver et al., 1998）．短期計画の計画期間は，数週間か長くても数か月である．短期計画は，上位2つの計画によって与えられた指針を具体化し，業務の当面の実行と管理のための詳細な指示を準備するものでなければならない．Fleischmann et al.（2002）によると，中期計画と短期計画は，以下，「業務計画」とも呼ばれる．

SCP 行列（Fleischmann et al., 2002：図9.4）は，1.1項のサプライチェーンの形

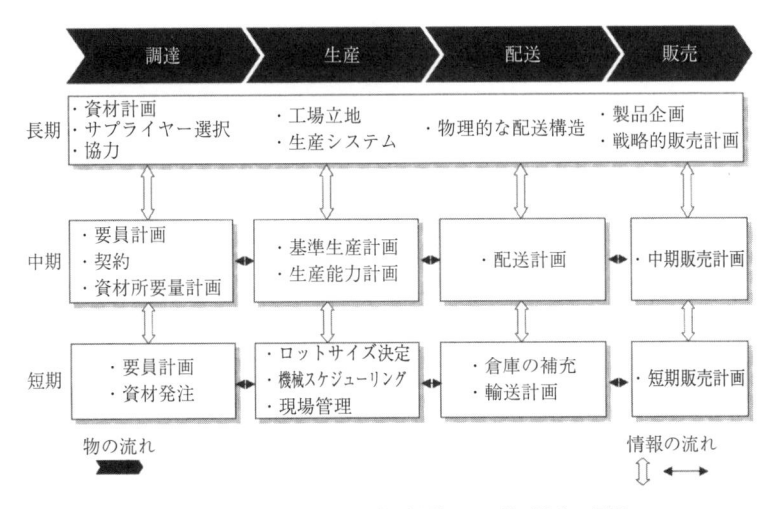

図9.4 サプライチェーン計画行列による計画業務の展開
(Fleischmann et al., 2002：Fig. 4.3)

態で触れたとおり，調達，生産，配送，販売というサプライチェーンプロセスを利用し，サプライチェーンの各メンバーが対処する典型的な計画業務を分類するのに役立つ．SCP行列の構造は，3節でも述べるが，SCPにおけるAPSの果たす役割を特徴付ける．いくつかの典型的な計画業務がわかりやすく関係付けられている．もちろん，すべての業務が示されているわけではない．より詳しい調査結果については，Miller（2001：Chap. 1.1）を参照されたい．

調達に関する長期計画では，「どの資材をどのサプライヤーから購入すべきか」，「戦略的協力が有効か」，「どのようなタイプの協力体制とするべきか」といったことが取り上げられる．工場の立地や規模，生産プロセスの構成，生産システムの能力などの決定は，生産に関する典型的な長期計画の具体例である．配送に関しては，配送システムの構造，倉庫の位置，貨物の積替拠点（TP）が決定されなければならない．サプライチェーンは主に販売する製品によって特徴付けられるので，製品計画や「どの製品をどの市場で販売するべきか」というような戦略的販売計画には特別な配慮を要する．

中期計画のレベルでは，たとえば，次のようなことを決定する．
・サプライヤー（代替的なサプライヤーも含めて）から供給を受ける資材や部品のおおよその量
・必要な作業員の数と最終製品の外部調達の割合
・工場や倉庫に対する生産量や季節在庫の割当
・異なる物流チャネルの利用

これらの決定は，製品グループや販売地域に対する中期の販売予測に基づいてなされなければならない．さらに，サプライヤー（そして顧客）との契約は多くの場合，1～2年後に再考される．多段階の法律的には別組織で構成されるサプライチェーンの場合，契約に上流・下流のメンバー間で取り決めたリードタイムが含まれるが，それらは慎重に決定されるべきである．

短期の調達は，資材のスケジュールや必要量を計算する．また，短期の人員配置も考慮されなければならない．生産に関しては，適切なロットサイズを決定し，生産ロットが生産現場でスケジューリングされ，生産の進捗が納期に間に合うように管理されなければならない．そして，機械故障などの予期せぬ事態に対して素早く対応する必要がある．製品は倉庫や顧客に対して割り当てられ，輸送手段が選択され，配送経路が決定される．短期の販売計画は需要を満たすべく配送期日の見積り，見込み生産（make-to-stock：MTS）製品の顧客注文への割付など，種々の計画を立案することが含まれる．

SCP行列は，さまざまなサプライチェーンにおける計画業務の概観を与えてくれる．しかしながら，特定のサプライチェーンのタイプを想定すると，1つの計画業務の重要性はかなり異なる．さらに，各計画業務の計画レベルについてとサプライチェーンプロセスに対する割当は，図9.4に示されているが，これはここに示されたもの

表 9.3 計画に関するサプライチェーンタイプの影響

属性	計画への影響	
	消費財	コンピュータ組立
供給リードタイム		中期の基準計画が購買と受注契約の基本となる
段取りの特徴	ロットサイズとスケジュールの同時決定	
ボトルネックのタイプ	詳細な能力計画	大まかな能力計画
勤務時間の柔軟性	勤務時間の中期計画	
配送構造	配送チャネルの選択 安全在庫の配置	
販売される製品		顧客による仕様決定,仕様のチェック 部品表(BOM)の生成
棚寿命	生鮮食料品:有限期間の在庫	
デカップリングポイントの位置	最終製品の安全在庫 配置・展開	コンポーネントの安全在庫 納期見積り 配置計画
主要な制約	最終製品の予測 基準計画の主たる焦点 (生産能力に関する実行可能性)	部品の所要量予測 (資材の同期化)

に限らない.というのは,各々の位置は検討しているサプライチェーンによって変わるからである.たとえば,Bertrand *et al.* (1990) は,中期計画ですでにロットサイズが決定されている状況下で,電子部品の製造に関する事例を紹介している.

2.2 例

次に,消費財とコンピュータ組立を取り上げて,サプライチェーンタイプの計画に対する要求が,それぞれの属性に応じて異なることを示す(表 9.3).この表の内容はすべてではなく,最も重要な業務のみが示されている.

2.2.1 消費財の生産

複数のサプライヤーから部品を調達するのであれば,各サプライヤーからの調達の割合や量を中期計画で決めなければならない.

見込み生産環境では,「ロットサイズ」,すなわち,生産するロットの大きさの決定は,注文が生産(計画)時点では未定であっても行わなければならない.消費財のサプライチェーンにおける段取りの時間と費用は非常に大きいので,近い将来の(予測された)需要を超えるロットサイズによって引き起こされる在庫維持費用と段取り費用との釣合が重要である.

段取りの費用や時間が順序依存である場合には,ロットサイズと順序の計画は一緒にされなければならない.すなわち,ロットサイズとスケジュールの決定は同時に行う必要がある.そしてこの決定は,生産における最たるボトルネックとなっている生産ラインの限定された利用可能時間を考慮してなされなければならない.勤務時間の柔軟性が低いと,超過勤務時間を利用した生産能力の短期的な増加は難しい.

この低い柔軟性と生産能力の有限性,需要変動の季節性によって,生産量,季節変動在庫,作業時間に関する統合化された中期計画(基準計画:master planning, MP)は,あらゆる費用(と利益)を考慮してなされなければならない.このような計画を立てるためには需要予測が欠かせず,この予測は,長期間の販売データに基づいてなされる.それは製品寿命が長期間にわたるためである.複数の工場が同一製品を生産しているのであれば,どの工場から供給を受けるべきであるかということも考慮する必要がある.3段階の配送システムの場合,顧客への配送経路(配送センター(DC),地域倉庫(RW),積替拠点(TP))が何通りも考えられる.それゆえ,配送システムの利用方法と結果としての輸送費用は基準計画に組み込まれなければならない.しかし,中期計画の主たる焦点は,生産能力の有限性を考慮した実行可能性を保証することある.

デカップリングポイントの位置(Hoekstra and Romme, 1991)(受注配送,すなわち見込み生産の場合)は,計画に最も大きな影響を与える.受けた注文は,製品在庫によってすぐに対応しなければならない.受けた注文を製品在庫に割り当て,それに続いて出荷するという展開を除き,すべての計画業務は需要の見積りに基づいてなされる.避けられない予測誤差を回避するため,最終製品の安全在庫をもたなければならない.安全在庫量だけではなくDCやRWなどの配送システム上の拠点への割当を計画する必要がある.

さまざまなタイプの在庫(ロットサイズ在庫,季節変動在庫,安全在庫)があり,それぞれを保有する自由度は,製品の棚寿命によって制限され,生鮮食料品の場合にはその自由度がきわめて低いことに留意する必要がある.

2.2.2 コンピュータの組立

長い供給リードタイムと資材の限られた調達可能性により,資材の購入は中期計画が立案される.中期(基準)計画の出力として資材の納入予定が作成されるため,コンポーネントの需要が入力として必要である.製品もしくは製品グループの販売予測を用いて直接もしくは間接にコンポーネントの需要を予測することは,過去のデータの欠落,資材やコンポーネントの代替可能性,カスタマイズされたBOMなどの理由により,困難な問題である.このような理由により,消費財生産(Fisher, 1997)の場合に90%に達するのに対し,コンピュータの組立(Kilger and Schneeweiss, 2002a)における予測の正確性は65%にとどまる.中期基準計画では総機械能力は考慮されるが,消費財のサプライチェーンほど生産におけるボトルネックは注目されない.

受注組立生産デカップリングポイントが与えられる場合には，製品の代わりにコンポーネントの安全在庫をもつことになる．長期にわたり，その上，不安定な供給リードタイム，短い製品寿命の影響による製品陳腐化の高いリスク，予測正確性の低さなどのために，安全在庫計画（safety stock planning：SSP）は，きわめて難しい．

製品の差別化が困難であって，受注リードタイム期間中にすべての生産/組立工程が実行されなければならないので，「納期見積り」，すなわち，信頼できる（そしてできればなるべく早い）顧客への配送日の見積りを行うことが非常に重要である．受注仕様デカップリングポイントの場合，その上，仕様チェックが必要であれば，納期見積りはさらに難しくなる．長い受注リードタイム（消費財のサプライチェーンと比べて）のために，実際の供給をほとんど考慮せず，主に供給計画に基づいた納期見積りとなる．このようにして中期の基準計画は見積り納期に基づいて立案される．コンピュータ組立における納期見積りは通常，オンライン業務なので，（低い利益の引き合いを処理した後に）より大きな利益が見込める注文が到着するという高いリスクがある．資材制約の強いサプライチェーンでは，そのようにあまり望ましくない注文に対して資材を割り当てることが生じる．したがって，異なる受注クラス別に計画在庫を用意する必要があるのかもしれない（ATP 割当）(Kilger and Schneeweiss, 2002b)．

納期見積りに加えて，需給の短期的なマッチング，すなわち，手元にある資材やコンポーネントの顧客オーダーへの引き当ては，組立工程のすべての段階で（たとえば，システムユニットの組立，コンピュータの組立，外部調達ユニットを含む完成品の出荷に当たって）必要である．消費財のサプライチェーンにおいてもこれと同様の業務が行われる．需要量が供給量を超えて欠品が発生したときにはやっかいなことが生じる．この場合，供給プロセスの進捗を人手によって（たとえば，いくつかの主要な部品製造業者と交渉するなどして）行う必要がある．これに失敗すると，顧客オーダーの中から納期に遅れるものを選択しなければならない（その結果，納期順守率は低下する）．この問題は，不足ゲームあるいは配給ゲームとして知られている．中間製品と仕様が変更できない製品にとって，個別の顧客オーダーへの割当は一時的なものであり，短期間に変更されることがある（たとえそれが望ましくはないとしても）．

これら 2 つの対照的な例は，サプライチェーンのタイプが異なると，その（中短期のオペレーショナルな）計画に対する要求はかなり異なることを示している．サプライチェーンタイプそれぞれの要求に合わせて計画概念はつくられなければならない．次項では，そのような計画概念を設計する際に，HP が有用であること，APS も HP に基づいていることを示す．2 つのサプライチェーンタイプ，「消費財生産」と「コンピュータ組立」の HP 概念を示すことは，本章では適当ではない．興味のある読者は，Fleischmann et al. (2002：Chap. 4.3) を参照されたい．そこでは，両サプライチェーンタイプに対する HP 概念が論じられている．さらに，Meyr et al.(2002a：Chap. 17.2.2) では，APS プロバイダである J. D. Edwards 社のワークフローが描かれ，市販の APS モジュールが消費財タイプのサプライチェーンにおける HP 概念

をどのようにインプリントするかを示している．

2.3 階層的計画

SCP行列をみていると，1つの網羅的・全体的計画モデルを用いてすべての計画業務を同時に取り扱いたいという気持ちになる．明らかに，そのようなアプローチは，数学的な複雑さのために実行できるはずがない．しかし，解法やOR手法の能力と無関係に，そのようなアプローチは，次に述べるような理由により実用的ではないであろう．

(1) 計画期間が長くなればなるほど，計画の不確実性が高まっていく．よってオペレーショナルな計画モデルは，戦略的モデルと比べれば現実をより正確に表したモデルを扱うことになる．もしもこうしたらどうなるかという分析（what-if分析）とリスクシナリオは，戦略的計画においてのみ大きな役割を演じる．

(2) さまざまな長さの計画期間があることは，計画頻度が異なることを意味している．戦略的決定は1回のみ行われるか，きわめて低い頻度でしか行われないのに対して，短期のオペレーショナルな計画は，毎週か場合によっては毎日繰り返される．

主に，(1)と(2)の理由により，ローリング計画（Silver et al., 1998：Chap. 14.3）が一般に用いられている．この場合，計画期間はいくつかのタイムバケットに分けられ，最初のタイムバケットだけが実際に使用される．この「凍結期間」（frozen horizon）が経過すると，新しい情報，また，多くの場合により信頼性の高い情報を考慮して計画が再構築される．計画サイクルが短くなればなるほど，決定はそれらが本当になされなければならない時点まで延期される．極端な場合には，再計画は特定の時期に行われるものではなく，機械故障や予測された需要の大幅な変更などの重要な「イベント」が生じるたびに行われる．最近数年間に達成された通信技術の進化は，このような事象駆動型の計画を支えている．しかしながら，この場合には「凍結された処置」（frozen action）（凍結期間ではなく）は，計画の深刻な神経症を防ぐためにも注意深く，そして一貫して定義されなければならない．情報の信頼性と計画の頻度の最もよいトレードオフをどのように探したらよいかについては，現在も研究中である．たとえば，再計画の頻度や凍結された処置をどのように決定するかなどである．確率的モデルに基づいた計画概念と比較したときのローリング計画の有効性は，第12章で議論される．

(3) 異なる計画期間の計画業務は，次の事項に関して計画期間に応じたまとめ方が必要である．
・時間（例：時間，日，週，月，年単位のタイムバケット）
・場所（例：個々の顧客，郵便番号，国，販売地域）
・製品（例：最終製品，製品群（同一の段取り作業を要する製品の集合））
・資源（例：個々の機械，代替機械群，全体としての工場）

数年間という計画期間を対象とする戦略的な決定をオペレーショナルな決定と同様

の詳細な情報に基づいて行うことはできないし，詳細な情報を指示することもできない．

（4）決定にはそれぞれ異なる重要さがある．したがって，大きな責任や影響を伴うものとそうではないものがある．一般に，決定の影響が長引くものほど，意思決定者が組織内の階層において高い地位についており，決定は組織の中心から外れた部署ではなく中心に近い部署によって実行されることが多い．

・長期の戦略的決定は，上層管理者によってなされる．しかし，中間管理者によってしばしば構成された部門にまたがる（生産・配送）計画立案部署によって準備される．

・しかしながら，上層管理者は，サプライチェーン上のいくつかの組織の中心から外れた計画部署間の協調を図る中期の決定には参画しない（せいぜい報告を受ける程度である）．ここでは，中間管理者がさまざまな決定に対して責任をもつ．

・機械スケジューリングのような短期のオペレーショナルな性格の「日常的」決定は，組織の中心から外れた部署によって，つまり分散的に行われる．たとえば，工場の生産計画の担当者，場合によっては機械の管理者によって行われる．

これらの理由により，一連の「計画モジュール」は，ある計画立案部署の責任範囲内にあるすべての決定を考慮して構築されなければならないし，同一の計画期間（すなわち，Anthonyのフレームワークによると計画レベル）を共有し，それらの密接な相互関係のゆえに同時に作成される必要がある．

これらの計画モジュールは，（サプライチェーンタイプと）その企業特有の計画業務から直接導かれるものでなければならない．たとえば，ロットサイズとスケジュールを同時に決定する必要性は，消費財業界（2.2.1参照）の計画業務の特徴であり，このことは，短期的・非集中的計画モジュール「ロットサイズ決定とスケジュール決定」の存在をもたらしている．

一方，計画モジュールそれら自体は互いに影響し合っている．以下に述べるすべての方向に沿って計画モジュール間で情報とガイドラインが交換されている（図9.5）．

①トップダウン：　上位の計画レベルが下位の計画レベルに限界を設定する．たとえば，戦略的計画はオペレーショナルな決定がなされるフレームワークを準備する．

②ボトムアップ：　下位の計画レベルからのフィードバック情報が上位の計画レベルにおける意思決定を左右する．たとえば，短期のショップフロアスケジューリングによって決定された段取り時間が，中期能力計画の入力情報になる．

③下流へ：　（物の流れに関して）上流のサプライチェーンプロセスが次につながるプロセスのフレームワークを設定する．たとえば，短期の生産量がその期における顧客へ出荷可能な最終製品の量を制限する．しかしながら，これは計画の同一レベルにおいてなされる決定に対してのみ生じるのではなく，サプライチェーンにおける下流メンバーの中・長期的決定が，上流メンバーの短期的決定によって影響されること

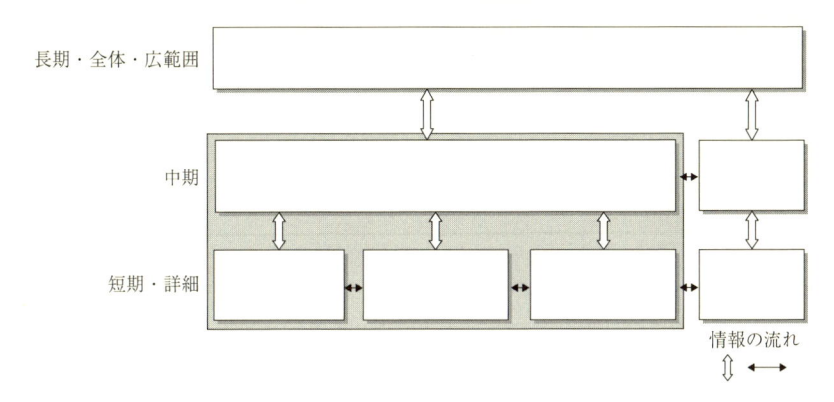

第9章 階層的計画・モデル化・先進的計画システム　　　447

図9.5　計画モジュール間の関係（Fleischmann *et al*., 2002）

を意味している．

④上流へ：　上流に伝えられる需要情報（しばしば顧客オーダーという意味で用いられるが）によって，（サプライチェーンにおける物の流れと逆方向に向かって）次々と前方にある計画プロセスが動かされる．

HPは，計画モジュールを調整し，（サプライチェーンのタイプに応じた）統合の適切な度合いを実現する．また，HPにはいくつかの計画モジュールが関連する少なくとも2つの計画レベルが存在する．下位レベル，つまり，ベースレベルの1つもしくは複数の計画モジュールは，上位レベル，つまり，トップレベルの1つの計画モジュールによって，指示という形態を通して調整される（後述のSchneeweissのフレームワークの説明を参照）．逆に，単純な連続する計画とは反対に，下位レベルからのフィードバック情報が上位レベルの計画と指示を導く（図9.5の灰色部分）．

HPのその他の特徴は，階層内において計画モジュールが低位にあればあるほど，詳細のレベルが増え，計画期間が短縮し，計画頻度が増加する点である．容易にわかるように，これらの特徴は（1）〜（4）で述べたサプライチェーン計画の要求に完全に適合する．

HPは，数十年前から知られているが（包括的な展望は，第12章とBitran and Tirupati, 1993参照），多くの実用的アプリケーションは，サプライチェーンの生産部分に集中している（階層的生産計画（hierarchical production planning：HPP）として知られている）．情報通信技術の進化は，すべてのサプライチェーンプロセスを含むようなHPの拡張を促している．最初の試みは，Miller（2001），Stadtler and Kilger（2002）によって示された．後述するように，APSはそのようなアプローチに沿っている．Schneeweiss（1999）は，それをさらに進めて，分散的意思決定において現れる階層のすべてのタイプを調査した．その中には，数学的な分割法，プリンシパル-エージェント関係，交渉プロセスなどが含まれている．ここでは，

Schneeweissのフレームワークを紹介するが，APSの利用によってどのようにHPが実行されうるかという点に絞って説明する．

Schneeweiss（1999：9）は，階層をいくつかのクラスに分けた．本章の内容として特に興味深いそのうちの2つを下記に示す．

① 構成的階層： たとえば，複雑なシステムの巨大なモデルを単一ステップで解くための方法が存在しない場合に，複雑性のために，複雑なシステムを単純化したいくつかのサブシステムに分解すること．その決定はある時点において（すべての情報を有している）1人の意思決定者によってなされなければならない．

② 組織的階層： 非対称の情報状態によって特徴付けられる．1人の人が時間的に異なる時点でトップレベルとベースレベルにおいて決定を行う（決定時点の階層性）．たとえば，中期の決定が最初になされ，更新された需要情報に基づいていくつかの短期の決定が後からなされる．あるいは，異なる状態の情報を有する異なる計画レベルの何人かの人が（たとえ同一時点であるとしても）意思決定プロセスにかかわる．たとえば，企業の中心にあるSCP担当部署と，工場もしくは地域の販売事務所の何人かの代表者が中期の決定に合意する必要がある．

図9.6の一般的フレームワークは，トップレベルとベースレベルの間で考えられる関係を示している．図中のトップレベル（1）は，ベースレベル（7）に与える指示IN*（6）を意味する（最適と思われる）決定を行う．ベースレベルはこの指示に対して反発（8）するかもしれない．たとえば，深刻な問題がある場合や部分的最適化が行われる場合などに，トップレベルでの再計画が開始される．何回かのやりとりの

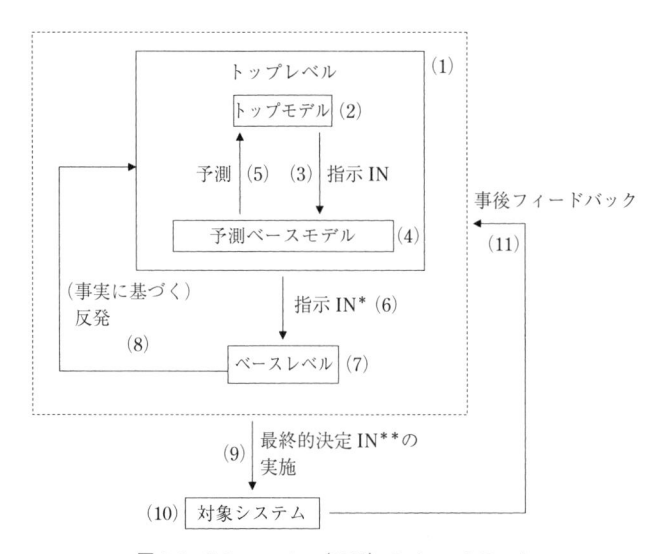

図9.6 Schneeweiss（1999）のフレームワーク

後に得られた最終的決定 IN** (9) が現実世界で実施された後，対象システム (10) でトップレベルの次の決定に影響する結果が観測される（事後フィードバック (11) は，決定が実施された後，初めて可能となる）．

実際の計画サイクル (1)，(6)〜(8) を短縮するためと，両計画レベルを統合してより一体化するために，トップレベルで予測ベースモデルを用いることによってベースレベルの振る舞いを予測するという方法を用いることができる．このようにして，トップレベル (1) は，トップモデル (2)，予測ベースモデル (4)，予測指示 (3)，予測 (5) を用いて，この計画サイクルを前もって予測し，シミュレートできるようになる．

予測のタイプは，いろいろ考えられる (Schneeweiss, 1999：42)．反発なしの予測では，ベースレベルの明らかな反発 (5)，(8) は考慮されず，フィードバックの影響 (11) だけが取り上げられる．たとえば，過去に観測された段取り時間の影響を考えるというものである．そうでない場合は，ベースレベルの実際の反発 (8) は厳密に，近似的に，もしくは観念的に取り上げられよう．予測に関する掘り下げた説明は，第 12 章で行われる．

HP のさらに重要な特徴は，ベースレベルの目的関数を表現する程度がトップモデルに内包されていることである．トップモデルの目的関数がベースレベルの目的関数を全く考慮しない場合は，トップダウン階層という形態をとる．戦術的・オペレーショナル階層は，逆にトップモデルを解き，指示 IN* を決定するとき，トップレベルとベースレベルの目的関数の両者を付加的に考慮する．構成的階層では，トップモデルがその目的関数を考慮せずベースモデルの目的関数を最適化することが実用的観点から選ばれよう．

最後に，Bertrand *et al.* (1990) の生産管理フレームワークを参照する．このフレームワークは，前述の要求 (1)〜(4) に合致した基本原理を示している．自己管理生産ユニットとそれらのユニット間の物の流れを制御する（集中的な）場合を分離することによって，生産ネットワーク全体がモデル化される．生産と販売の調整が考慮されると，対象範囲はサプライチェーン全体の計画にまで広げられる．詳細な品目別の管理と統合的な能力管理の間の区別をしているところが，HP 概念とこのフレームワークの類似性を示している．

3. 先進的計画システム①：一般的構造

20 年以上前，Baan 社や SAP 社などの企業は，ERP（enterprise resource planning）システムを導入し始めた．そのシステムは，管理，財務，人事，生産，販売のようなすべての主要なビジネスユニットのデータを統合するものである．ERP は名称が示すような計画システムではなく，むしろ業務処理システムである．その主たる目的はビジネスユニットに対して，あるいはビジネスユニット間で一貫性のあるデー

タを提供・交換することである.

ERPシステムの生産計画と管理の機能モジュールは,限られた方法でその計画業務支援する(Drexl et al., 1994).この計画能力の欠如,通信や情報技術における最近の発展(インターネット技術,ギガバイトクラスの主記憶装置など),ERPシステムの普及が,先進的計画システム(APS)を生み出すきっかけをつくった.

3.1 共通の構造

APSはERPに置き換わるものではない.サプライチェーンを計画し,最適化するために補助的に使われるものである.i2 Technologies社,J. D. Edwards社,SAP社のようなソフトウェアベンダーによって提供されているERPあるいはe-Businessやサプライチェーン計画(SCP)ソフトなどの大規模ソフトウェアの一部分として利用されている.

APSは,ERPシステムからデータを得て意思決定を支援し(ここで,支援とは,管理され,修正され,最終的には意思決定担当者によって提出される「最適化された」提案を準備することをいう),最終的な実行のためにERPに対して決定結果を送り返す.多くのベンダーが市場で製品を提出しているが,たいていのAPSは,ある共通の構造をもっている.図9.7(Meyr et al., 2002c)が示すように,2.1項で紹介したSCP行列(図9.4参照)のすべての機能領域をカバーするいくつかのソフトウェアモジュールで構成されている.Meyr et al.(2002c)によれば,ソフトウェアモジュールの名称は個々のソフトウェアベンダーごとに独立に選択されたものである.4節では,広く知られているAPSサプライヤーが提供している実際のモジュールをいくつか取り上げて紹介する.

ソフトウェアモジュール自体は,オペレーションズ・リサーチ(OR)手法,予測

図9.7 サプライチェーン計画行列をカバーするソフトウェアモジュール(Meyr et al., 2002c)

第9章　階層的計画・モデル化・先進的計画システム　　　　　　　　　　　451

手法，シミュレーションツールのような計画手法を備えている．しかしながら，SCP行列のすべての計画業務がAPSによって支援されているわけではない．そこで，以下の項では，個々のソフトウェアモジュールについて，どの計画業務が扱われ，SCP行列の個々の項目がどのようにモデル化され，どのような解法があって，APSではその中のどれを利用すべきかについて詳しく述べる．ここで，それらのソフトウェアモジュールの概要について簡単にまとめておく．

①　戦略的ネットワーク計画（strategic network planning：SNP）は，戦略的計画の定量的部分を取り扱う．工場の立地位置，在庫置場面積，生産能力，調達先や配送チャネルの選定のようなネットワーク設計の問題に対して，定量的な観点から回答を与える．提示されたいくつかのサプライチェーンのシナリオの中から最適な物の流れを選ぶために線形計画法（linear programming：LP）や混合整数計画法（mixed integer programming：MIP）が頻繁に用いられる．

②　需要計画（demand planning：DP）は，中期と短期の両方の場合に対して見込み生産環境の下で将来の需要予測を主として行う．一般に知られている統計的予測手法に加えて，たとえば要因分析図のような補足的な手法が提供されることが多い．きわめてまれに，安全在庫の設定法が利用できる場合がある．

③　基準計画（master planning：MP）は，中期的な計画期間に関してサプライチェーンの物の流れを調整するものであり，LPやMIPが多くの場合に用いられる．さらには，中期的な欠品や季節性を考慮した近似的な能力計画や資材計画も可能である．顧客の需要情報は，通常，DPモジュールから受け取る．

④　生産計画とスケジューリング（production planning and scheduling：PP＆S）モジュールは，ロットサイズ決定，機械割当，スケジューリング，投入順序決定を扱う．これらの短期的業務はサプライチェーンタイプによって異なる．したがって，いくつかのベンダーが特定のビジネス形態の要求に合わせて選べるモジュールを提供している．逆に，これらのすべての業務を1つのソフトウェアモジュールで処理できるものもある．

⑤　配送計画と輸送計画に関しても，同じことがいえる．配送計画は，通常の輸送経路，倉庫の配送担当領域，資源に対する顧客の割当，サービスプロバイダの利用などのような，配送システムにおける中期的な戦術的制約に関係する．このモジュールは，配送ネットワークの詳細設計を支援するというSNPと重複するかもしれない．輸送計画は，配送における短期的な出荷割当を取り扱うものであり，受取側が管理できる場合は，調達についても同様に利用できるものである．

⑥　需要実現と納期確約（available to promise：ATP）は，到着した顧客オーダーの処理を行う．資材の入手可能性の検討，納期設定，さらに，品切れが生じる場合の対象の検討が，オーダーの重要な部分を占める．

⑦　短期と中期の調達は，その重要性にもかかわらず，APSモジュールである購買と資材所要量計画によってめったに支援されることはない．この項目の主な内容

（BOM の展開と資材の発注）は，ERP システムのソフトウェアコンポーネントであるか，付加的な e-Business のソリューションソフトウェア（現実に要求されるこの機能を通常は持ち合わせていない）を用いて行われる．このソフトウェアモジュールは，ほとんど使用されず，資材の発注と調整の問題は第 12 章で述べるため，ここでは扱わない．

普通，異なるソフトウェアサプライヤーの ERP と APS は，標準的なインターフェイスによって統合することができる．ペナルティコストや集約的なデータは，計画目的のために限って生成されるので，APS は独自のデータベースを保持する必要がある（Shapiro, 1999）．

通常，図 9.7 のソフトウェアモジュールの一部が個々の企業に導入される．集中型であるか分散型であるかにより，それらのモジュールは異なる場所に設置されることがある．それゆえ，それら以外のソフトウェアコンポーネント（特に図 9.7 に示されてはいない）を用いてソフトウェアモジュールを統合し，インターネット上での連携がとれるようになっている．それらのコンポーネントは，サプライチェーン上で重大な問題が発生した場合に互いに伝達できる警告マネジメントシステムの機能を有している．

簡単に述べたように，特定のビジネスの特定の要求を満たすために設計された代替ソフトウェアモジュールが次々と利用できるようになっている．その結果，APS は 2.1 項でも記したように，個々のサプライチェーンタイプの特定の計画業務を考慮したものへと変わりつつある．それゆえ，APS の一般的構造は SCP 行列によく適合しているといえる．このことは HP でもいえることであり，以下において（Schneeweiss のフレームワークに関して）APS と HP がどのように合致するのかについて論じる（2.3 項参照）．

計画モジュールとその個々の計画業務を明らかにした後に，計画モデルが構築され，適切な解法が求められる．言い換えれば，APS の個々のソフトウェアモジュールのツールは，その計画モデルを（少なくとも近似的に）解けるように選択されなければならない．しかしながら，しばしば，計画問題は複雑すぎて，解法の処理能力を超える．このような場合，問題を分割して解くとよい．この結果，構築的構造が与えられ，ある時点において完全な情報を有する各々の意思決定者が個々の計画問題の最終解に関心を注ぐことができる．Dantzig-Wolfe の方法（Dantzig and Wolfe, 1961）は，階層的な分割の洗練された例である．Dantzig と Wolfe が使用した LP は，多くの APS における多くの総合中期計画（MP）モジュールで使われている．

一方，SCP 行列の異なるレベルにある機能を対象とするいくつかの計画モジュールは，階層的に結び付けられ，調整されなければならない．このような場合，1 つの組織階層がその仕事にかかわり，多くは何人かの人員あるいはいくつかの計画ユニットが異なる時点で決定を行う（月次の中期的決定と日次の短期的決定が階層的に実施される）．これらの決定は，計画の頻度がさまざまであるために，多かれ少なかれ，

個別の知識に基づいて行われる．Schneeweissのフレームワーク（図9.6）は，次の4つのシナリオはどのように階層的計画（HP）がAPSを用いて実行されるかを理解するのに役立つ．

① Hax and Meal（1975）によって示されたような階層的生産計画（HPP）システムは，単純なトップダウン基準に基づくリアクティブではない予測関数を採用している．たとえば，トップレベルの拘束力のある指示（図9.6のプロセス（6）を参照）がベースレベルに送られ，直接的に実行される．もしも短期的な重大問題が生じた場合，ベースレベルはトップレベルの再計画の開始を促すことはできない．これらの問題は，消火活動のように短期に解決されなければならない．トップレベルはベースレベルの目的関数を明示的には考慮しない．ベースレベルからトップレベルへのフィードバックは，対象計画期間を1単位期間ずらして行われる．たとえば，最後の計画期間中に観測された段取り時間は，トップレベルの次期における通常の計画の入力情報になる．

② この計画サイクル（1），（6），（7），（9）～（11）に合わせて，APSを実行できるが，これはAPSにとって典型的なものではない．ベースレベルで意思決定支援システム（decision support system：DSS）も利用される場合は，トップレベルの指示を伝達し，指示がなされると直ちにその結果をシミュレーションすることが可能となる．重大な問題が見つかったときには，APSの警告管理システムによって警告が発せられ，トップレベル（8）へ回帰する．トップレベルはその警告を評価し，必要に応じてトップレベルで生成した計画を変更する．

③ このリアクティブプロセスが，トップレベルの計画アクティビティの後だけではなく，ベースレベルの個々の計画アクティビティの後に実行されるのであれば，真の事象駆動型計画が伝統的な対象計画期間を更新するローリング計画の方法を補強することになる．

④ しかしながら，②と③では，依然としてトップダウン基準を使っており，直接にベースの目的を考慮していない．②の場合は，トップレベルの決定に対するオンラインのリアクションが可能であるが，多頻度の（物理的な）コミュニケーションが2つのレベル間でなされなければならない．この頻度を減らし，計画プロセスを加速するために，明示的にリアクティブな予測を実施することができる．すなわち，トップレベルが，ベースレベルの振る舞い（2）～（5）をシミュレーションするためにベースレベルの計画システム（ソフトウェアモジュール）を利用する．この場合は，トップレベルが，ベースレベルの目的関数をどの程度満たしているかについて評価できる．このようにして戦術的オペレーションの階層が組み込まれる．トップレベルのシミュレーションツールとして，また，ベースレベルに関するオペレーションツールとしての，ベースレベルにおける計画システムの2通りの利用法は，Miller（2001）によって提案され，APSによってサポートされている．他の理由による時間のおびただしい消費と必要な労力のために，シナリオ②，③が通常用いられることが多い．

3.2 典型的なモジュール

本項では，図9.7で示されたようなAPSを構成する各モジュールについて，より詳しく述べる．すべてのモジュールについて，サプライチェーンのタイプによって異なる業務の内容と他のモジュールとのつながりが示される．また，個々の業務に役立つモデルと解法を要約しておく．これらは現在APSで利用できるモデルと方法にほぼ限られるが，APSで利用できないが推奨に値するいくつかの重要なモデルについても取り上げる．

3.2.1 戦略的ネットワーク計画

戦略的ネットワーク計画（strategic network planning：SNP）の業務は，サプライチェーンにおける主要な施設である工場，サプライヤー，配送センター（DC）の位置の決定である（図9.8）．これらの位置の決定は，施設間と施設から顧客への物の流れ，すなわち，供給されるべき量，生産されるべき量，出荷されるべき量を決定することでもある．目的関数は市場期待需要を満たす変動費用と固定施設費用を最小化するか，利益もしくは正味現在価値（net present value：NPV）を最大化することである．しかしながら，これらの定量的な財務データに加えて，政治的安定性，インフラストラクチャー，政府と地方政府の経済政策などの質的な「位置に関する要因」が，決定に影響を及ぼすと考えられている．

この種の問題の基本モデルは，ネットワークフロー問題である．ネットワークのノードが既存のもしくは候補となる施設を表し，それらの施設に0-1決定変数を与える

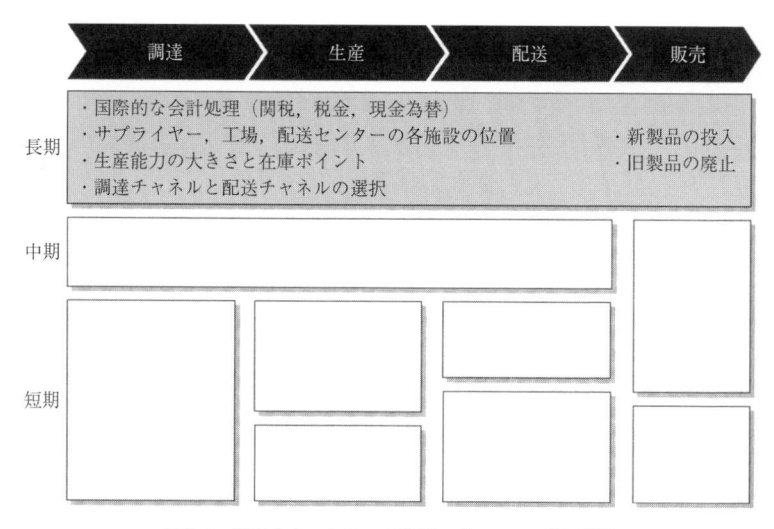

図9.8 戦略的ネットワーク計画モジュールの計画業務

ことにより問題は定式化できる．このモデルを洗練する上で必要なことは，計画の状況によって変化する．最も広範囲な問題は，グローバル供給ネットワークの設計であり，急激に変化するグローバル経済において非常に重要な問題になっている．その計画の状況下は，国際的な金融取引に関する考慮が不可欠であり，物理的な物の流れはそれほど重要ではない．しかしながら，配送ネットワークのような国内に限られたサプライチェーンの設計においては，位置の決定によって変化する物の流れや運用に焦点が絞られることになる．以下では，文献において示唆されている基本的モデルの拡張について論じる．このようなモデルを概説した近年の論文としては，Vidal and Goetschalckx (1997) と Goetschalckx (2002) がある．

① 複数の製品： 製品と資材のグループの区別は多くのSNPの状況において非常に重要である．工場の位置のみを決定しても，そこで何を生産するかを決定しなければほとんど意味がないからである．製品を特定の工場に割り当てる場合は固定費用がかかわり，その決定は生産費用に大きな影響を与える．さらに，BOMを考慮することができ，サプライヤーと工場の間の依存関係が取り扱われ，多段階の生産ネットワークにおける物の流れを定義することが可能になる．製品と工場の組合せに関する決定には 0-1 変数が用いられる（Arntzen *et al.*, 1995；Cohen and Moon, 1991 参照）．

② 財務に関する変数： グローバルネットワークにおいて，費用と収入は，関税，為替相場，その国の税制に影響され，さらに多国籍企業では価格の振替によって影響を受ける．目的関数は，すべての国において税引き後の利益に基づくべきであり，投資決定や付加的な投資の見込みによって生じる減価償却を含むこともある（Canel and Khumawala, 1997；Popp, 1983；Vidal and Goetschalckx, 2001 参照）．

③ 複数の期間： 戦略的計画期間のいくつかの期間への分割（一般には年単位）は，次の3つの理由のために非常に重要である．第1に，現在の供給ネットワークを将来のものへ発展させる上で必要なモデルが具体化できる．すなわち，すべての施設の位置に関する決定は，全体の計画期間中の特定の期間に割り振ることができる．第2に，計画されている減価償却が投資の時期に応じて複数の期間にわたって予定できる．意外なことに，この効果は最近の供給ネットワークモデルにおいて考慮されていないが，Popp (1983) の論文において精巧なものが示されている．第3に，多期間モデルの使用により，重要な戦略的目的関数であるキャッシュフローの正味現在価値と施設の最終価値の合計を考えることができる．しかしながら，通常MPで考慮されているような複数の期間にわたって維持される在庫の考慮は，Arntzen *et al.* (1995) や Goetschalckx (2002) の提言とは異なるけれども，多期間のSNPでは重要ではない．多期間モデルにおける期末在庫は，一時的な能力不足を補うための季節在庫であり，その年間にわたる在庫の保有は戦略的問題の核心ではないからである．

④ リードタイムの観点： ネットワークのさまざまなアークにおける処置時間の合計であるサプライチェーンのリードタイムは，サプライチェーンを評価する際の重要な指標である．Arntzen *et al.* (1995) は，特に出荷時間に焦点を絞って重み付き

平均作業時間を目的関数に組み込んでいる．Vidal and Goetschalckx（2000，2001）は，輸送中の在庫，輸送によって生じる周期在庫，出荷の時間と頻度の関数としての安全在庫を取り上げ，これらに対応する在庫費用を目的関数としている．

⑤ 不確実性の扱い：　市場における需要，価格，為替相場，長期計画における費用要素の取扱いには，不確実性が伴う．しかし，確率的最適化モデルにこれらの要素を含めるためには，これらの値の確率分布についてのさらに不確実な仮定を必要とする．そのような仮定に基づいた「最適解」の有効性は疑わしい．代わりに，いくつかのシナリオを利用してネットワーク構成の頑健性と柔軟性を評価することができる．しかしながら，リードタイムのようなオペレーショナルな要素の確率的変動は，その結果としての費用を，特に目的関数中に安全在庫を含めることによって考慮できる．たとえば，今述べた安全在庫の計算（Vidal and Goetschalckx，2000）は，決定的（ただし，総合的）な消費量と確率的移動時間に基づいている．必要な安全在庫は，消費量を表す変数に移動時間の分布と移動モードの特徴に依存する安全在庫係数を掛けることによって算出することができる．短期的な確率変動を考慮する他の方法は，確率制約モデリングである．Vidal and Goetschalckx（2000）は，以下の条件によってサプライヤーの選択を行っている．その条件とは，全工場の全製品について，個々のサプライヤーが納期どおりに調達できる確率が既知であるとして，すべてのコンポーネントのある時刻での調達可能性が最小になるサプライヤーを除くというものである．

⑥ 配送規模の経済：　前述したとおり，配送規模の経済は，施設や製品と施設の組合せについての固定費用によってモデル化できる．特に，国内の配送システムの設計においてその焦点がオペレーションに関する詳細なものであれば，生産，マテリアルハンドリング（マテハン），輸送の凹型の費用関数からなるより精密なモデルは興味深い（本書の第2章とFleischmann，1998a 参照）．しかし，グローバルSNPについては，多くの場合，精密なモデル化をすることはあまり意味がない．というのは，輸送ネットワークにおける末端ノードは，国や地域の市場を表していて高度に集約化されているからである．

　以上に述べたすべての拡張は，混合整数計画法（MIP）を用いれば容易にモデル化できる．0-1変数の数は期間数と，製品と工場の組合せの候補の数の積に等しい．非線形の費用関数は，0-1変数を追加すれば，多くの場合に区分的に線形化できる．主要な解法は分枝限定法を用いた標準的なMIPの手法であり，通常，MIPのソフトウェアにおいてインプリントされている．しかしながら，それらの解法は0-1変数の多くない場合でないと，実用的な時間内に最適解を求めることができない．より複雑なモデルについては，ベンダーの分解法やLagrange緩和法（Nemhauser and Wolsey，1998），または線形計画（LP）緩和を反復する方法や，局所探索法などのヒューリスティック（発見的）手法のような特殊な最適化手法が用いられる．

　大半のAPSは，LP/MIPソルバーを用いた戦略的ネットワーク計画（SNP）モジ

ュールを提供している．その MIP モデルは，ユーザーが直接定式化するのではなく，問題指向のモデリングインターフェイスによってその定式化が行われる．インターフェイスによって専門家でなくとも扱いやすくなっている反面，そのためにモデル化の柔軟性は低くなっている．したがって，前述の SNP の機能がシステムにおいて実施されるかどうかは，そのインターフェイスしだいである．解法に関しては，APS は標準的な MIP ソルバーと問題指向のヒューリスティクス（発見的解法）を提供している．施設の位置決定に関して特殊な最適化手法が用いられることはほとんどない．しかし，多くの著者によって強調された「最適施設」の概念は，少なくともグローバル SNP に関しては誤解を招きやすい．多数の，一部は定性的な評価尺度と非常に不確実性の高いデータを用いた決定問題に関しては，最適解は存在しない．SNP ソフトウェアの役割は，むしろ所与のネットワーク構成を財務的な基準で評価し，意思決定者に対して価値のある情報を提供することである．この評価はグローバルなオペレーションの最適化を要求し，SNP ソフトウェアがもっている力はグローバル物流の最適化を通じて迅速な評価を提供することにある．Arntzen et al. (1995) は，SNP モデルの利用に関する詳細なレポートにおいて，「1 つの大きな調査の期間中にモデルが数百回利用されるのが一般的である」と述べている．

3.2.2 需要計画

計画におけるデカップリングポイントの中心的な役割については，2.1 項ですでに述べた．デカップリングポイントの下流にあるすべてのプロセスは注文に基づき，その上流にあるすべてのプロセスは予測に基づいている．避けられない予測誤差を補うため，デカップリングポイントには，安全在庫が必要である．その予測誤差は，最適な安全在庫水準を決定する主要なパラメータである．予測と安全在庫計画（SSP）の間にある密接な関係は，それらの 2 つが需要計画（DP）と呼ばれるモジュールでともに取り扱われることを正当化する（図 9.9）．Wagner (2002) の DP のフレームワークでは，2 つの計画業務は what-if 分析やシミュレーションによって補強されている．単純に需要を予測するのではなく，顧客の需要に影響を及ぼし，さらに需要を導くように計画を立てる場合に，これらの方法の価値は高い．

以下では，APS で取り上げられる主要な計画である予測に焦点を絞ろう．DP は，需要達成および ATP（3.2.6 参照）と密接な関係をもっている．予測された ATP の量から実際の顧客オーダーへの変換が行われるのはこのプロセスを通してである．

予測業務とは，未知の将来における出来事を予測することである．「何を予測するべきか」は予測が何らかの入力情報を与える計画業務によって決まる．たとえば，製品設計について考えるとき，その会社にとって製品ラインごとの年間売上の予測が適切であろう．APS を考えると，サプライチェーンのシナリオベースの設計入力として，長期の SNP ならば製品ライン，年，市場ごとの売上予測が必要である．しかしながら，中期の MP ならば，製品タイプと販売地域別の月次レベルの予測が必要で

	調達	生産	配送	販売

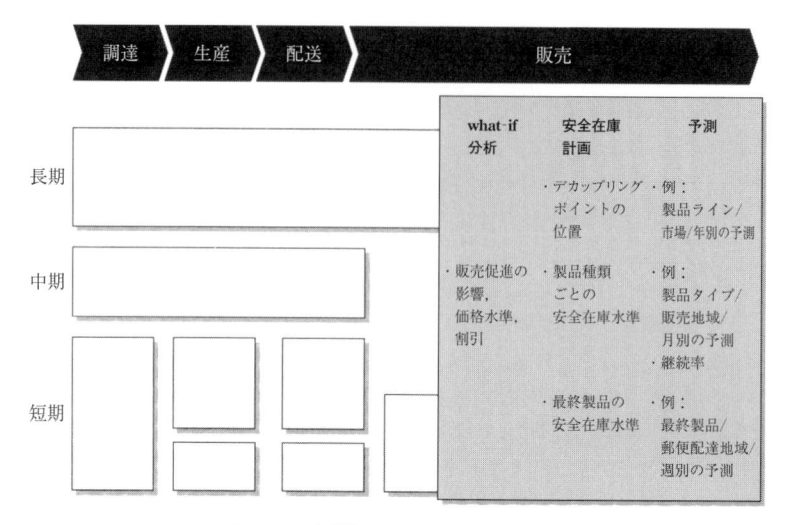

	what-if 分析	安全在庫計画	予測
長期		・デカップリングポイントの位置	・例：製品ライン/市場/年別の予測
中期	・販売促進の影響，価格水準，割引	・製品種類ごとの安全在庫水準	・例：製品タイプ/販売地域/月別の予測 ・継続率
短期		・最終製品の安全在庫水準	・例：最終製品/郵便配達地域/週別の予測

図 9.9 需要計画モジュールの計画業務

ある．受注納品型のサプライチェーンについては，郵便配達地域の最終製品に対する週次もしくは日次レベルの販売予測が短期の生産・配送計画のために欠かせない．さらに，最終製品，部品，原材料の予測が必要であるかどうかを検討しなければならない．2.2項で述べたように，この点については主としてデカップリングポイントの位置と対象となっているサプライチェーンのタイプによって異なる．

これらの業務を支援するために，少なくとも，製品（ライン，タイプ，品目），地理（市場，地方，郵便配達地域），時間（年，月，週）の次元に関して階層が定義されなければならない．また，会社や販売組織に基づく代替的な集約も便利であるかもしれない（Miller, 2001：Chap. 4.6）．

そのような階層的なデータを予測する方法はいくつかある．たとえば，階層の各レベルが個々のレベルの過去の観測値に関して互いに独立に見積もることができる場合がある．しかしながら，この場合，たとえ同一時点での予測であっても，異なるレベルの予測は一貫性がないかもしれない．この現象を避けるために，ボトムアップ，トップダウン，ミドルアウト［訳注：ミドルアップ＋ミドルダウンの意］のアプローチを併用し（Miller, 2001：Chap. 6.4），階層内での一貫性を保証できる．予測をチェックし改善するために，時にはこれらのアプローチのいくつかが別々に適用される．もしも結果があまりにも異なる場合には，なんらかの合意形成の方法（たとえば，調整法や重み付け法）を用いる必要がある（Vollmann et al., 1997：Chap. 8；Miller, 2001：Chap. 6.4 参照）．

さらに，製品の構造が予測に役立つかもしれない．もしも長期的に用いられている安定した BOM があれば，最終製品の予測から構成部品の予測を直接引き出すことが

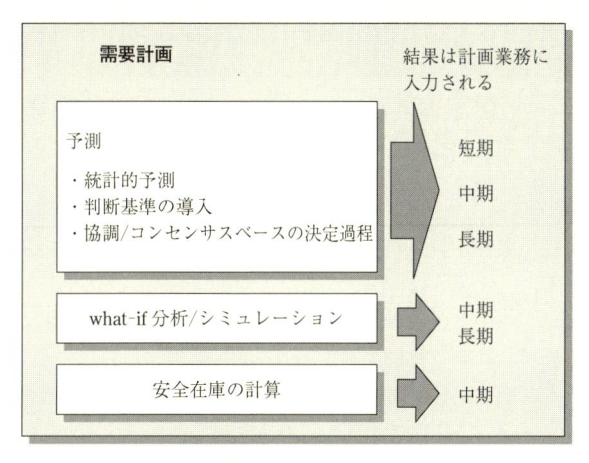

図9.10 需要計画の方法（Wagner, 2002）

できる．たとえ安定したBOMがなくても，製品と部品の「対応」が定義されるか製品と部品の「対応割合」が見積もられるならば，安定したBOMの代用にできるかもしれない（Kilger and Schneeweiss, 2002a）．

単一レベルの独立した予測は，さまざまな方法でなされうる．これらのモデルと方法について簡単な（もちろん，完全ではないが）レビューを行う．この目的のために，Wagner（2002）とSilver et al.（1998：Fig. 4.1）のフレームワーク（図9.10）を利用し，予測をするに当たって実行されるべき手順を示す．

① 統計的[1]（定量的）予測： 時系列モデルは，予測する必要のある現象（この場合は「需要」）の過去の観測値のみを用いる．移動平均法と指数平滑法は需要の系統的なパターン（安定レベル，傾向，季節性）を過去の観測値に基づいて見積もる．これらの方法が異なる期間で観測された需要の独立性を仮定するのに対し，Box-Jenkinsモデルと ARIMAモデル（Hanke and Reitsch, 1995：Chap. 10）はより一般的ではあるがかなり複雑であり，経験のあるユーザーでなければ簡単には使えないという欠点がある．

因果モデル（決定的モデル，説明のためのモデル）は，予測される時系列データ以外の情報を使う．1つかいくつかの主要な要因（気温や販売促進のようないわゆる「独立変数」）と予測の対象になる，（たとえば，需要のような）従属変数の間の系統的な従属関係を求める．考慮される主要な要因の数によって，単回帰と重回帰に分けられる．

注 [1]：「統計的予測」という用語は，各文献において同じ意味で用いられているわけではない．Hanke and Reitsch（1995）は因果モデルを統計的予測から除いているのに対し，Wagner（2002）とSilver et al.（1998：Chap. 4）は統計的予測を一般に定量的予測方法の同義語として用いている．

定量的な予測に関する文献は，たとえば，Hanke and Reitsch (1995), Makridakis et al. (1998), Nahmias (2001:Chap. 2) を参照されたい．

②判断： 統計的予測を単独で用いる場合に，販売促進活動や価格割引のような例外的活動が行われるために，しばしば満足のいく結果にはつながらない．これらの情報は，計画立案者にはわかっているものであり，構造的な方法で予測プロセスに組み込まれる必要がある (Wagner, 2002:Chap. 7.3)．これを実行する一つの方法は，「Bayes 予測」(Silver et al., 1998:Chap. 4.8.1 ; Pole et al., 1994 とその参考文献を参照) である．

技術的な進歩，グローバル経済，政治上のトレンドを考慮しなければならないような長期予測において，判断は特に重要である．この目的のために，そして過去のデータが完全に失われた場合には，シナリオ記述や人間の知識のみに依存した類似の定性的予測方法 (たとえば，デルファイ法) が適切であるといえよう (Hanke and Reitsch, 1995:Chap. 11)．

③協調： 判断による方法は，可能であれば偽りのない方法を用いて異なる情報元から人間の知識を得てそれらを合わせると，利するところが大きい．協調という過程は，予測に限らず，一般に，新しい通信技術とインターネットの幅広い利用可能性によって重要性が増してきている．予測と APS に焦点を絞る場合，協調は，企業内と企業間のものに分けられる．

企業内協調の必要性を示す簡単な例をあげる．通常，最終顧客に近接する機会が多いために，地域の営業所は顧客が本当に何を望んでいるかを知っている．一方，価格割引と販売促進活動は，本社の営業部門が調整を行っている．よい予測を行うためには，本社と営業所の情報をともに考慮して両パーティが協調する必要がある．

営業，生産，調達のような企業の異なる機能ユニットを一緒にすることで利益がもたらされることがある．しかしながら，この場合に，「どの情報が各ユニットにとって最も重要であるのか」という問いを繰り返して考慮しなければならない．予測に焦点を絞るとき，計画の結果ではなく，計画プロセスに必要な入力情報をそのようなチームは決定しなければならない．たとえば，MP (3.2.3 参照) を支援するために，チームは将来の需要と将来の生産能力もしくは資材の供給量の限界を見積もらなければならない．望まれる実際の生産量と在庫水準は MP プロセスの出力であり，それにもかかわらず協調チームによってチェックされることはない．しかしながら，このチェックは予測や DP の業務，あるいはそれら以外のものではない．しばしば，主に販売部門と作業計画部門 (Miller, 2001:Chap. 6.5) において，DP と MP の計画業務は，互いに明確に分離されていない．このことにより，「制限された需要予測」というような混乱と誤解を招く用語を現場で用いるという結果が生じている．

鞭打ち効果と情報共有の利益についての議論 (Lee et al., 1997) も，法律上分離した企業間の組織間協調の必要性を支えている．予測はおそらく最も有望かつ実際に実行される協調機能である．需要予測は，たとえば資源の利用や費用データと比べてそ

れらの情報交換があまり問題にならないからである．それにもかかわらず，上流のパートナーは互いに競合している同様の顧客に資材を供給しているため，需要予測の機密は可能な限り守られるべきである．情報プライバシーの100％保証はできないため，長期の関係と信頼は，サプライチェーンマネジメント（SCM）やあらゆる企業間連携の基本的な前提になる．協調的需要予測の最もよく知られた例は，CPFR構想の標準化されたプロセスにおける製造業と小売業の統合である（CPFR，2003）．このプロセスは，いくつかのAPSパッケージで取り扱われている．

予測に関する説明を終えるに当たり，時系列モデルと因果モデルは短期と中期の計画業務に主として使われているのに対し，定性的方法は長期的な計画に向いている．より詳しい情報について興味のある読者は，Hanke and Reitsch（1995：Table 4.6，11.3）を参照されたい．通常，APSは前述したほとんどの方法を提供している．

・what-if分析／シミュレーション：　予測は現象を事実に基づいて予言するが，現象に能動的に影響を及ぼすことはない．たとえば，因果モデルは，販売促進活動，価格割引，新製品投入のような，ある方策の顧客需要への影響を見積もるために使われる．また，その製品以外の関連する製品の売上への影響を予測する．中期計画業務では，「どの製品をいつ販売促進するか」，「どの価格帯を選択するべきか」，「新製品をいつ導入するべきか」など，一歩先へ進むための決定問題が取り上げられる．

SNPと同様に，シナリオ法，what-if分析，シミュレーションなどがこれらの問題を考える際に使われ，需要に対してどのように能動的に影響を及ぼすかを定める．MPモデルとその方法は，ここでも，シナリオを評価する場合や売上（MPの入力情報）だけではなく在庫水準，生産量と輸送量（MPの結果）への影響を予測する際に役立つものと思われる．

・安全在庫：　DPとSSPの関係はすでに説明した．SSPにおける長期計画業務は「サプライチェーンのどこに在庫ポイントを置くか」，特に「デカップリングポイントをどこにするか」という問題が取り上げられる．MPでは，全製品種の集約した安全在庫についての期末における下界値が必要である（3.2.3参照）．これらの在庫水準の大きさは，サプライチェーンの構造，予測システムの信頼性（予測誤差），在庫ポイント間のリードタイム，使用が予定された在庫管理システム（在庫量確認と発注の政策），望まれる顧客満足度などを考慮して前もって決定しなければならない．この計画業務は，品目別の中短期計画においても必要である．中期と短期の安全在庫の一貫性が，たとえば，ボトムアップアプローチなどを用いることによって，保証しなければならないことに留意すべきである．

APSは，文献（Silver et al., 1998：Chap. 7.4）で示されている標準的な発注点方式や補充点政策を採用することはあまりない．そのような方式は，安全在庫の短期補充を前提としたものであり，生産能力の上限を考慮していない．この場合には，安全在庫の点検と補充のための方式を決定しなければならない．

残念ながら，上記の計画業務（上記文献とAPSパッケージの双方ともに）につい

ての系統的な説明とサポートはあまりなされてない．よく知られている安全在庫モデルは生産能力の限界を考慮せず，前述した要求に関して問題のある前提を置くことが多い．戦略的SSPの現状は，第3章とMinner（2000）においてレビューされ，中短期の安全在庫設定は，第8，第10～第12章で取り上げられる．

3.2.3 基準計画

基準計画（MP）は，中期計画期間におけるサプライチェーン全体の資材の流れの同期化を図るものである（3.1項およびRohde and Wagner, 2002参照）．戦略的計画のフレームワーク内（たとえば，所与のネットワーク構造，機械の技術的特性など）での意思決定とはなるが，戦略的計画によって構築された基盤情報を効果的に活用しなければならない．したがって純収益の最大化もしくはサプライチェーンの総費用の最小化がMPの典型的な目的となる．一方，MPは適切な統合を調整するための調達，生産，配送のような，分散化され局所的なオペレーション計画単位の適切な統合を調整するための短期のオペレーション計画の目標を設定するものでなければならない．Anthony（1965）によると，MPは「戦術的計画」(Miller, 2001：1.1.2)あるいは「戦術的最適化モデル」(Shapiro, 1999) を意味している．

中期計画の性質（2.1項参照）とサプライチェーン全体の最適化をするという目的からすると，MPではハイレベルの集約化が必要になる．サプライチェーンの構成要素については，主要なサプライヤー，工場全体（もしくは，ボトルネックとなる生産部門，ボトルネック生産ライン），配送センター（積替拠点），販売部門のみをモデル化すればよい．計画期間は少なくとも1つの季節サイクルを含み，一般には1年間である．この計画期間は多くの場合に，週，月，四半期のタイムバケットに区切られる．また，製品は製品グループに集約される．中期の計画問題に対しては，Hax and Meal（1975）が製品のタイプ別に，たとえば，類似の（季節）需要パターン，在庫維持費用，生産速度を共有する製品ファミリーに分けて管理することを提案している．

取り扱う問題の概観を示すために（図9.11），LPによって定式化した小さな「基本モデル」を用いる（表9.4）（同様に単純化されたものではあるが，より一般的なモデルが第12章に示されている）．ここで，p, w, sが2段階の配送システム中の生産工場，倉庫，販売地域を表している．tは1年間の計画期間における月次のタイムバケットを表している．期間tに倉庫wへ出荷される工場pにおける1種類の製品タイプの生産量x_{pwt}を決定する必要がある．その他の決定変数として月tの期末在庫I_{wt}と，（倉庫wから販売地域sへの）輸送量と，販売量y_{wst}がある．

$$\max \sum_{w,s,t} r_{st} y_{wst} - \sum_{p,w,t} c^p_{pw} x_{pwt} - \sum_{w,t} c^h_w I_{wt} - \sum_{w,s,t} c^d_{w,s} y_{wst} \qquad (3.1)$$

s.t.

$$I_{wt} = I_{w,t-1} + \sum_p x_{pwt} - \sum_s y_{wst}, \quad \forall w, t \qquad (3.2)$$

$$a_p \sum_w x_{pwt} \leq K_{pt}, \quad \forall p, t \qquad (3.3)$$

第 9 章 階層的計画・モデル化・先進的計画システム

調達 > 生産 > 配送 > 販売

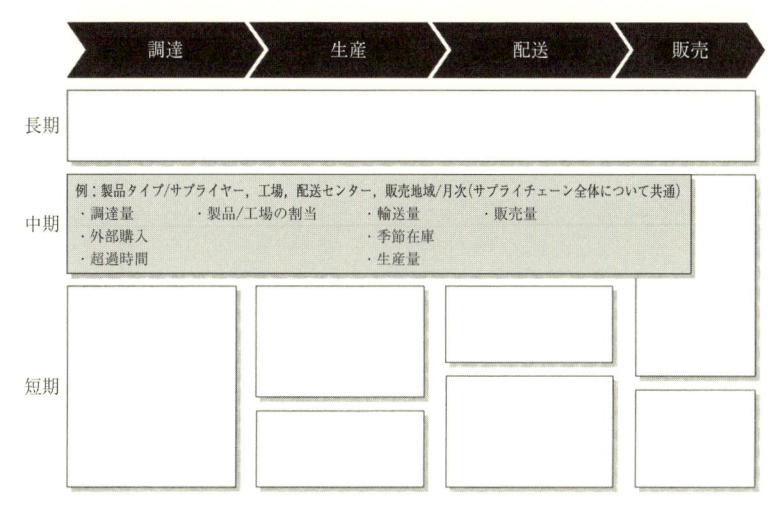

長期

中期
例：製品タイプ/サプライヤー，工場，配送センター，販売地域/月次（サプライチェーン全体について共通）
・調達量　　・製品/工場の割当　　・輸送量　　・販売量
・外部購入　　　　　　　　　　　　・季節在庫
・超過時間　　　　　　　　　　　　・生産量

短期

図 9.11　基準計画モジュールの計画業務

表 9.4　基本モデルのデータ

r_{st}	販売地域 s における単位あたりの収入（時期に応じて変動）
c_{pw}^{p}	（工場 p における）生産費用と（倉庫 w への）輸送費用
c_{w}^{h}	（単位あたりの，月次の）在庫維持費用
c_{ws}^{d}	（倉庫 w から販売地域 s への）配送費用
I_{w_0}	倉庫 w の初期在庫量
a_p	製品群 1 単位あたりの生産所要時間
K_{pt}	工場 p の月 t における生産能力（時間）
$\min_{st}, \max_{st}$	販売量の最小値と最大値（月次，地域ごとの予測値）

$$\min_{st} \leq \sum_{w} y_{wst} \leq \max_{st}, \quad \forall s, t \tag{3.4}$$

$$x_{pwt}, y_{wst}, I_{wt} \geq 0, \quad \forall p, w, s, t \tag{3.5}$$

目的関数 (3.1) は，サプライチェーンで生じる総利益の最大化である．在庫維持制約 (3.2) は，倉庫への入庫と出庫を釣り合わせ，その結果として在庫量を求めている．工場における生産能力の制約は，式 (3.3) で考慮されている．最後に式 (3.4) によって，販売地域が予測した販売量の上限と下限の範囲内で最大の収入を確保できるように市場の自由度が与えられている．もしも，すべての s と t について，$\min_{st} = \max_{st}$ であるならば，事前に決定した需要（予測値）は必ず満たされねばならず，利益最大化の代わりに，費用最小化が追求される．

このモデルは，単純なネットワークフロー問題として再定式化することができる．しかしながら，基本モデルが拡張されたり，より現実的な特徴が取り入れられたりすると，この好ましい性質は失われてしまう．LP（変数が連続値）の特徴を維持した

まま容易にできる拡張は，次のようなものである．

① 指標： （最終）製品，中間製品，原材料について，いくつかの種類を取り扱うことは，指標を増すことにより導入，また，生産システムと配送システムの段階数の増加や複数のサプライヤーや供給箇所の取扱いについては，定式化は容易である．より詳しいモデルが必要であれば，工場の生産部門あるいは（並列の）生産ラインを区別したり，異なった輸送手段を取り扱ったり，違った生産の様式を考慮することなどができる．

② 決定： 生産量に加えて，在庫（特に季節在庫），輸送量，販売量は，基本モデルにすでに含まれている．受注残，供給量，原材料在庫，部品在庫を決定することができる．さらに重要な決定は，雇用と解雇，最終製品の外部調達，残業などに関するものである．

③ 制約条件： 式 (3.3)，(3.4) と同様に，供給，資源，輸送の容量上の限界をモデル化することができる．最小購入量（中期契約による），最小在庫水準（安全在庫とロットサイズ在庫），最大在庫水準（棚寿命制限あるいは在庫置場の制限）の考慮が可能である．LP問題を定式化するとき，リードタイムは通常一定の値をとるタイムバケットの倍数として取り扱われる（しかし，これは必ずしもそうする必要はない：Hackman and Leachman，1989）．

残念ながら，しばしば他の特性のモデル化も必要である．それらは，0-1変数と整数変数あるいは非線形制約の使用の必要性であり，その場合は通常，ヒューリスティクスが用いられる．ロットサイズ決定は短期計画において検討されるが，時折，段取り時間や段取り費用，最小ロットサイズもしくは最小バッチ生産量が中期計画で考慮される（Vercellis，1999；Wagner and Meyr，2002 参照）．また，製品の種類を複数の工場へ割り当てる際に，従来のものから新しい製品に切り替えることになる工場において固定費用が生じることが多い（たとえば，Hax and Meal，1975 参照）．生産能力の拡張がシフトの追加によって行われる場合には，整数変数が要求される．配送に関しては，トラックを満載にする必要性（Özdamar and Yazgac，1999）や単一業者の使用が問題を難しくする．

グローバルサプライチェーン（戦略的観点を扱った 3.2.1 ですでに紹介した）の特性は，生産量あるいは輸送量のような中期の決定に強い影響をもつことがある．Mohamed (1999) は，たとえば為替相場を変動させてこのことを実証している．中期の特徴をもつその他の計画業務として，振替価格の決定がある（Vidal and Goetschalckx，2001）．

MP について今述べた特徴の重要性は，サプライチェーンのタイプによって異なる．コンピュータの組立のような資材制約の強いサプライチェーンでは，供給側（Kilger and Schneeweiss，2002a）に力点が置かれ，工場や輸送の能力は詳細にモデル化されない．一方，消費財のサプライチェーンでは，生産ラインが主要なボトルネックになり，その注意深いモデル化が必要である（Vercellis，1999；Wagner and

Meyr, 2002参照).

　しかしながら,その「モデリングの要訣(ようけつ)」は,短期計画プロセスとの連結の仕方にある.MPの出力は,いくつかの分散した計画ユニットを同期化するものでなければならないが,計画期間が長期間にわたることによる不確実性から守るための十分な自由度を残しておかなければならない.可能であれば,実際に決定されなければならない時点まで決定を延期するべきである(De Kok, 1990；Zijm, 1992).たとえば,絶対的な生産量よりはむしろ季節在庫の下限が短期生産計画のターゲットとしてふさわしい(Fleischmann, 1998b).そうすれば,それぞれの工場は需要の短期的な変動に対して素早く対応することができる.

　実際上,MPは生産能力の限界を考慮せずに単純な表計算によって作成されている.しかしながら,実務家もサプライチェーンのすべての主要な制約条件を同時に考えることの必要性に気付いてきている.それゆえ,APSの主要なサプライヤーの多くが,LPやMIPのような数理的最適化法に基づいたMPモジュールを提供していることは驚くべきことではない.一方,CPLEX(ILOG, 2003)のような市販の最適化ツールですら非常に強力になってきており,MPにおける(構成的)階層がやはり用いられており,問題の分割処理はほとんどサポートしていない.集約の正しい程度の選択と,いくつかの計画ユニット間の適切な連結をどのように行うかは,今後の課題である.

　MPと短期のオペレーション計画あるいは戦略的計画の間のはっきりとした境界は,文献に見出すことができない.それゆえ,以下に述べるMPのまとめでは,緩やかな定義を用いる.つまり,MPは1つ以上の生産工場からなる供給ネットワークを対象とし,MPにおける決定は中期計画の特徴を備えている.しばしば,3.2.4で扱われるような工場全体を対象とする,中期の統合生産計画として用いられることもある(Silver et al., 1998：Chap. 14).

　基準計画(MP)という用語が文献で用いられることはほとんどなく,計画業務としてのMPは,長い間にわたって階層計画(HP)のフレームワークの中で用いられてきた.Hax and Meal(1975), Glover et al.(1979), Liberatore and Miller(1985)のような初期の論文でさえ,戦術的計画のレベルにおいて,中期的で集約ベースの統合生産・配送計画を取り扱っている.Miller(2001)は,これらの論文と個々の計画業務に関して優れたまとめを行っている.

　MPの例は,HPだけではなく,(中期の)統合生産・配送計画についての文献にも見出される.たとえば,Özdamar and Yazgac(1999)は,トルコにおける合成洗剤の生産と配送の実例について述べている.Wagner and Meyr(2002)とVercellis(1999)は,おおまかなロットサイズ決定が中期レベルでなされる必要のある消費財業界における2つの類似した事例研究の結果を報告している.Barbarosoglu and Özgür(1999)の論文では,組織的構造と数学的な解法間の密接な関係が,統合生産・配送計画を例として取り上げて示されている.Zuo et al.(1991)は,MPが工

業におけるサプライチェーンに関係するだけでなく，農業システムにも必要であることを述べている．Mohamed (1999) と Vidal and Goetschalckx (2001) は，MP をグローバルサプライチェーンに適用している．

協調 SCM に関する Thomas and Griffin (1996) の展望においては，「バイヤー (買い手) とベンダーの連携」，「生産と配送の協調」，「在庫と配送の協調」などの分離した連結についての，オペレーション計画の項目が設けられているが，MP の項目は見当たらない．Shapiro (1999, 2001：45) は，「戦術的最適化モデル」のシステムは MP に該当するが，そのようなモデルと方法は実際には使われていないと述べている．たとえば，4.6項で取り上げるケーススタディ (Wagner and Meyr, 2002) はこの意見に対する反証となっている．また，APS の中での MP とその実行のきわめて網羅的な記述が，Rohde and Wagner (2002) によって行われている．

3.2.4 生産計画とスケジューリング

MP とは反対に，生産計画とスケジューリング (PP&S) モジュールは，主として単一の工場を対象にする．全般的な目的は，日別の，場合によっては分刻みの詳細なスケジュールを工場の各資源について行うことである．しかしながら，通常これは1段階で作成されず，従来から行われていたように，少なくとも，集約的な生産計画 (PP) と詳細スケジューリングの2つのレベルに分けてつくられる．

集約的 PP の主要部分は MP と類似しており，中期計画を取り扱う．しかしながら，サプライチェーン全体ではなく単一の工場の生産プロセスのみを対象として，製品，生産プロセス，時間に関してより詳細な扱いをする点で異なっている．やはりタイムバケットが使われるが，その大きさは小さくなる．取り上げられる計画業務 (図 9.12) は，たとえば，(製品グループ別の) 生産量を生産部門もしくは資源グループへ割り当てること，残業，外注，季節在庫，受注残，外部調達によって生産の平準化を行うこと，最終製品グループのロットサイズ決定などである．MP とよく似ているために同一の解法が適用され，LP と MIP が利用されることが多い．Thomas and McClain (1993) は，集約的な PP と LP/MIP に対する定式化の適用例について優れた展望を行っている．PP に関するこのほかの文献には，たとえば，Silver *et al.* (1998：Chap. 14) や Vollmann *et al.* (1997：Chap. 6, 7, 14, 15) がある．なお，集約的 PP は詳細さの程度が異なるいくつかの計画レベルからなっている点に留意されたい．

短期のスケジューリングは，最終的 PP と対象的に，すでに定義された「ジョブ」 (最終品目の生産ロット) の機械への最終的な割当と，ジョブの個々の機械への順序付けやスケジューリングを行う．この詳細な計画の作成においては通常，金銭的な目標は考慮せず，納期に間に合わせることと，資源の高い稼働率を実現することが目標となる．タイムバケットの大きさは十分に小さくなり，連続時間のスケジュールが作成される．(生産) スケジューリングに関しては多くの文献がある．Blazewicz *et al.*

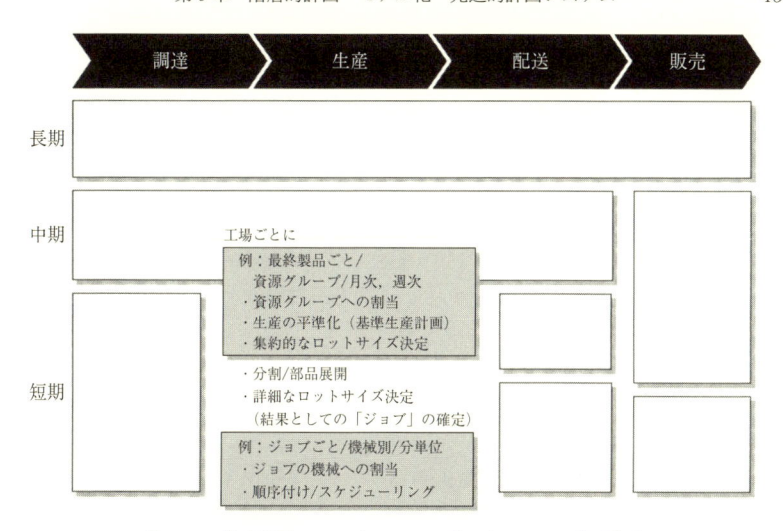

第9章 階層的計画・モデル化・先進的計画システム

図9.12 生産計画とスケジューリングモジュールの計画業務

(2001), Brucker (1995), Lawler *et al.* (1993), Morton and Pentico (1993), Silver *et al.* (1998：Chap. 17), Vollman *et al.* (1997：Chap. 13) などはそのほんの一部の文献である．すでに計画が存在する場合に（たとえば，短期間の機械の故障などの）変化に対応して迅速で信頼性のあるオンラインリスケジューリングを行うこと（Morton and Pentico, 1993：Chap. 1.3.6；Smith, 1995）は，PP&S と APS の（capable to promise (CTP)：3.2.6 参照）モジュールにとって重要性が増してきている．

PP&S の間でなされるべき，個別の最終品目や構成部品への分解，BOM 展開，詳細なロットサイズ決定のような重要な計画業務については，これまで述べなかった．実際，これらの2つをどのように結び付けるかについては多くの文献がある．PP と生産管理の概念に関する展望は，たとえば，Zäpfel and Missbauer (1993) や Zijm (2000) によって行われている．PP&S のフレームワークは，Drexl *et al.* (1994), Orlicky (1975), Silver *et al.* (1998：Chap. 13), Vollman *et al.* (1997：Chap. 1), そしてより広範囲に，つまりサプライチェーン全体にわたるものとしては，Miller (2001) と Shapiro (1999) の文献がある．それらの一部について簡単に述べておく．

おそらく，PP と生産管理のよく知られた概念は，MRP（manufacturing requirement planning）(Orlicky, 1975) とその拡張概念である MRP-II (Wight, 1981) である．MRP は主に基準生産計画（master production scheduling：MPS）（最終製品の生産量をタイムバケットごとに示した計画の生成）と，BOM 展開（事前に定めたリードタイムを用いて部品と原材料の内部需要を計算すること）から構成される．MRP では生産能力が考慮されていないために，MRP-II に拡張された．さらに

集約的計画の機能（経営計画と集約的生産計画），生産能力確認（資源所要量計画，ラフカット生産能力計画，能力所要量計画）と短期のスケジューリングが閉ループのフィードバック機構とともに加えられた．しかしながら，生産能力と資材（第12章参照）の不足は，発見されるだけで，自動的には解決できない．したがって，実際には有限の負荷計画がなく，これらの計画機能の統合が実現されていない．Voss and Woodruff (2000, 2003) は，数理的な最適化モデルを定式化することにより，MRPとMRP-IIの関係とMRP-IIの今述べた欠点について説明している．

PPと詳細スケジューリングは，すべての階層生産計画（HPP）実行の一部として実行される．すでに，HaxとMealが示した初期の概念の中で，季節計画モデルと製品ファミリー/品目別スケジューリングサブシステム，有限の生産能力考慮に関する階層的統合化が取り上げられていた．そのような（工場全体にわたる）HPPモデルを適用した事例研究は，さまざまな産業に関して数多く報告されている．たとえば，Günther (1986)（粉石鹸），Stadtler (1986)（食品産業），Fleischmann (1998b)（放電灯），Negenman (2000)（家電産業）などがある．Miller (2001：Chap. 3) は，工場レベルにおけるHPPとスケジューリングに対象を限定して論じている．

Drexl et al. (1994) は，MRP（-II）の欠点に触発され，計画のすべての段階を含む生産能力指向のHPのフレームワークを提案した．このフレームワークでは，工場内のさまざまな生産部門の計画上の特別な要求や特性が考慮され，生産部門はそれらの組織的な構造のために異なっている．提案されたコンセプトは，「サプライチェーン全体にわたるMP」，「工場固有の能力制約付きMPS」，「詳細なロットサイズ決定と資源割当」(detailed lot-sizing and resources allocation：DLRA)，「部門別のショップフロアのスケジューリングと管理」(segment specific shop floor scheduling and control：SFSC) 各段階からなっている．有限の生産能力に関して工場のすべての生産部門を調整する役割をもっている．短期計画は，基準生産計画が示す目標と個々の生産部門の特別な要求を考慮する役割を担う．たとえば，1種類の製品をつくる生産部門では資源制約付きプロジェクトスケジューリングの方法が提案されている（たとえば，Kolisch, 1995参照）．ジョブショップでは，2つの分離した計画レベルであるDLRAとSFSCにおいてそれぞれ，多段階の能力制約付きロットサイズ決定の方法（Tempelmeier and Derstroff, 1996）とジョブショップスケジューリングが利用され，それらは階層的に統合化される．しかしながら，並列型のフローラインから構成される生産部門ではロットサイズ決定とスケジューリングがロットサイズ決定法を能力制約の厳しいラインに適用し，順序依存の段取り時間を考えるために，1段階の計画によって同時に行われる（Drexl and Kimms, 1997；Meyr, 2000参照）．

Zijm (2000) のフレームワークは，技術的な計画と安全在庫の重要性を強調している．Zijmはまた，異なる製品/市場，組織の構造の特性に注意する必要があることを重視している．PP&Sは「需要管理と集約的生産能力計画」，「ジョブの計画と資源グループ別の負荷計画」，「ショップフロアスケジューリングとショップフロア管

理」の3つのモジュールに見出される．

APSでは，通常PP&Sの業務に1つあるいは2つのモジュールを選んで適用する．1つのモジュールだけが利用される場合には，しばしばスケジューリングが用いられる．このとき集約的PPはMPモジュールによって実行される．すでに述べたように，LPとMIPの解法（MPモジュールで通常用いられる）がPPにも適用できるため，これは当然のことである．

3.2.5 配送計画と輸送計画

ここでは，サプライチェーンにおける外部輸送計画について取り上げる．輸送計画は主に配送機能の一部として位置付けられる．外部サプライヤーもしくは自社の遠方にある工場から生産拠点への資材の輸送は，配送業務として，多くの場合に供給側の手によって管理されている．しかし，重要な例外がある．それは，受け手が供給輸送を管理する場合で，たとえば，自動車業界でみられるようなものであり，この場合には，輸送計画は調達機能として発生する．以下ではこれら2つの場合を区別して述べる．

APSでは，配送計画と輸送計画がMP下位のレベルに位置付けられる．それゆえに，配送における立地選択，戦略的ネットワーク計画（SNP）からは配送ネットワークや調達ネットワーク拠点の位置，候補経路，輸送方式に関する情報と制約を受け取り，MPからはすべての輸送ルート間の集約的な出荷数量や倉庫における季節在庫量の変動などに関する情報を受け取る．加えて，このモジュールはDPからの情報を活用する．たとえば，配送先の顧客，需要予測，各配送センター（DC）における必要な安全在庫量などである．APSが配送計画や輸送計画のための別々のモジュールをもっている場合は，後者は短期（日ごと）の配送計画を取り扱い，配送計画モジュールは長期間の決定を取り扱う．この決定はSNPの決定と，たとえば配送ネットワークの詳しい構造などについて重複するかもしれない．

輸送システムの適切な構造は，主として荷物のサイズに依存する．そのサイズが大きい場合には，トラックやコンテナなどで生産地点から目的地へすべての荷物が直接運ばれる．一方，そのサイズが小さい場合には，ネットワークを効果的に利用する方法が検討される．典型的な配送ネットワーク（Fleischmann, 1998a：56 ff. 参照）においては，いくつかの工場から製品が1つあるいはいくつかのDCへ運ばれ，そこで小規模需要の顧客への配送の出発地点となる地域倉庫（RW）や積替拠点（TP）まで長距離を輸送するために輸送量がまとめられる．典型的な調達ネットワークにおいて，すべてのサプライヤーからの資材がまず収集され，TPで統合され，そこから工場へ出荷される．その他の概念は工場近くの倉庫を使うものであり，サプライヤーからの補充がなされ，そこがジャストインタイム（JIT）供給の出発点となる．

TPと倉庫のほかに，輸送機関はしばしばロジスティクスサービスプロバイダ（logistics service provider：LSP）によって維持管理される．LSPは複数のサプラ

イチェーン上の物の流れを束ねることが可能である.

① 短期計画業務： 短期の輸送計画は，多くの場合に数日の計画期間を対象とし，毎日行われている．この業務は，展開とも呼ばれ，以下の決定を行わなければならない（図 9.13）.

製品の補充のために，DC において，製品の出荷量を決定しなければならない．また，調達の場合は資材の供給量を決定する必要がある．顧客への出荷量は顧客の注文によって決まる．ただし，VMI の考えに従って供給される場合は，サプライヤーが決定する．この場合は，DC の補充と全く同様に扱われる．出荷量は以下に述べるように，出荷頻度を考慮した中期計画の影響を受けて決定される．

工場，DC，TP を経由して直接納品する配送システムにおいて，または地域の TP，倉庫から直接供給する調達システムにおいて，輸送経路の選択が行われなければならない．同一の製品や資材について複数の工場が選択できる場合，MP の全体的な割当を考慮して各工場に出荷量の割当が行われる．これらの決定はすべて単純なルールに従い，主として単一工場の割当は，長期計画によって製品の種類と出荷量が定められる（後述）．不足が生じる場合には，これらルールの変更が検討される．

見込み生産製品に関しては，顧客へ製品を納入するに当たって，利用可能な在庫と現在受けている顧客の注文量を釣り合わせなければならない．これは，3.2.6 で取り上げる ATP の業務の一部である．

車両の積荷計画は，同一輸送経路のさまざまな品目の出荷量の合計を，1 台のトラックの積載可能量に合わせるか，それとも複数台のトラックを利用するかという調整

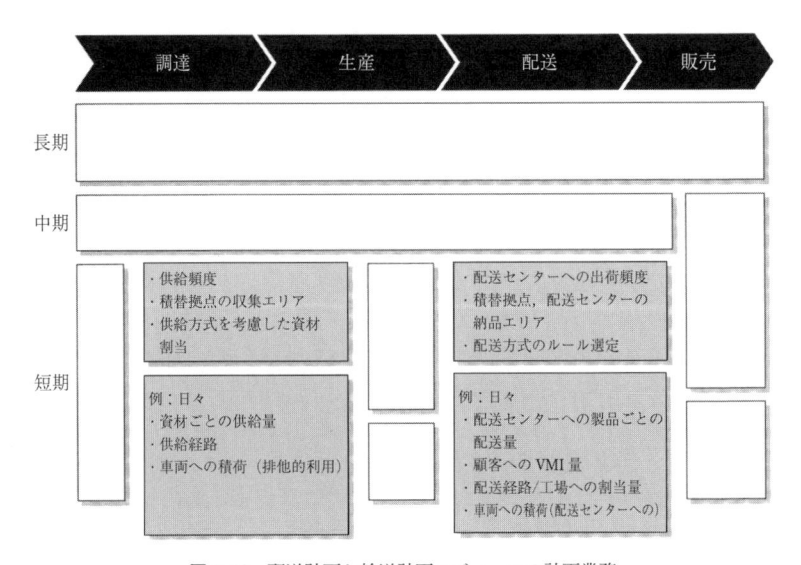

図 9.13　配送計画と輸送計画モジュールの計画業務

が必要である．トラックが検討中のサプライチェーンで排他的に使われるのであれば，それは配送における倉庫の補充と資材の供給にとって重要な業務である．

輸送経路計画は，主にTPから顧客への小規模注文に応じて納品する場合や，資材をサプライヤーから調達する場合に生じる．しかしながら，そのような経路計画は通常，LSPによってなされている．LSPは輸送プロセスの効率を増すために，対象とするサプライチェーン外の品物の輸送を同時に考慮して車両を利用している．それゆえに，輸送経路計画はLSPの業務でなければならない．したがって，APSで輸送経路計画を統合化することは，実際にいくつかのAPSプロバイダはその機能を提供しているが，多くの場合は無意味である．このことと輸送経路について述べた多くの文献（第2，第13章参照）があるので，以下においてはこれ以上触れない．

②中期計画業務： 同一関係の反復的な輸送に関しては，輸送頻度が費用の主たる要因である．配送側における倉庫の補充，調達側における資材の供給，出荷量に関する短期の決定のための目標値の設定などは，中期の決定変数である．

・出荷経路の短期的な計画は，以下の中期の決定によって導かれる．そのうちのいくつかは，SNPによって決定される．

・配送（調達）におけるTPとDCの配送（収集）エリアは，工場やDCなどの一つを（郵便番号に基づいて）TPへ割り当てることやTPのDCへの割当によって形成される．

・配送方式のルールは，出荷量の限界に基づいて行われる．たとえば，30 kgまでは小荷物として，1000 kgまではDCからTPを経由して配送され，3000 kgまではDCから直接，さらに大きなものは工場から直接配送される（Fleischmann, 2002：199）．

・供給施設の資材の割当は，地域のTPもしくはLSP倉庫を経由して直接行われ，供給の頻度と密接に関係している．

モデルと解法

①出荷頻度： 始点から終点，たとえば工場からDC，あるいはサプライヤーから工場への反復的な輸送の頻度計画は，輸送費用と両地点におけるサイクル在庫費用を考慮したロットサイズ決定問題である．輸送中の平均在庫は頻度とは独立であることに留意されたい（Fleischmann, 2002：201 f.参照）．次に述べる単一リンクモデルが基本モデルになる．

いく種類かの製品iが始点で供給され，目的地で必要とされている．需要の速度は安定していてd_iであり，両地点における在庫維持費用はh_iである．積載制限量がQの車両を用いて1回の出荷に要する費用はFである．この場合，出荷量$q_i = d_i t$とすべての製品についてまとめてt単位時間ごとに輸送するのが最適である（Fleischmann, 1999）．最適なサイクルタイムt^*は，EOQの公式を少し修正することによって求められる（Blumenfeld et al., 1991）．

$$t^* = \min\left\{\frac{Q}{\sum_i d_i} : \sqrt{\frac{F}{\sum_i h_i d_i}}\right\}$$

一般に,始点における複数の製品の生産は,安定的には行われない.しかし,異なる製品のロットが一定の順序に従って連続的に生産され,いくつかの目的地に出荷される.生産ロットと出荷量の同期化をすれば,サイクル在庫は減少するが(Blumenfeld et al., 1991),品種数が多い場合は非常に難しく,実用的ではない.しかしながら,輸送計画が生産計画と独立に作成されるのであれば,前述した単一リンクモデルが利用できる.

次のような場合には,出荷頻度,輸送費用,サイクル在庫の間に,さらに複雑な関係が生じる.つまり,輸送が巡回路を用いて行われ,特にサプライヤーから地域のLSPによって資材が集められ,いくつかのVMIを実施している顧客に対して配送される場合である.出荷頻度はサプライヤーによって異なるかもしれないし,その頻度はサイクル在庫だけではなく,特定の日に配送が予定されている顧客にも影響を与え,その結果として巡回費用が変化する.巡回経路の決定と在庫計画を統合したモデルが最近提案されている(Baita et al., 1998 参照).

しかしながら,現在のAPSでは,出荷頻度についての中期レベルの最適化はサポートされておらず,その頻度は短期の輸送モジュールの入力情報として利用されているにすぎない.

TPとDCの配送(収集)エリアは,単一ソースのネットワークフローモデル,あるいはAPSにおける大部分の配送計画モジュールによって提供されている一般的なMIPモデルを用いてその計画が自動的につくられる.TPを経由した出荷では規模の経済が特に重要であるにもかかわらず,これらのモジュールは通常,線形の輸送費用を前提としている.非線形の費用をもつ単一ソースモデルは,Simchi-Leviによって第2章で取り上げられている.この種のモデルでは,パラメトリック変動を用いて配送方式の配送量の上限の設定に使用されている.これまでの経験では,その配送量の上限が費用削減に敏感であることを示している(Fleischmann, 1998a).

②出荷量: ある製品の特定のDCへの出荷量(もしくは特定のサプライヤーからの出荷量)に関する短期の決定は,配送頻度に基づいており,これは,輸送サイクル,次の輸送サイクルの予測,安全在庫量,目的地の現在の在庫量を暗に示している.目的地側からすると,最近の在庫管理の理論は,いわゆる「単一倉庫・複数小売店」システムの最適な補充政策を提供する(第10章参照).これは,製造業者のサプライチェーンでは,1つの工場と複数のDCシステムと置き換えられる.しかしながら,在庫管理の理論では1種類の製品モデルが取り扱われる.一方,現実の生産では一般に複数品種が連続的に各サイクルにおいてつくられる.それゆえに,周期的な点検モデルが生産サイクルと等しい点検間隔を条件として定めて工場レベルにおいて使われる必要がある.

APSでは単純なルールが用いられる.引っ張り型の政策を用いる場合,出荷量は

次に示す一般式で与えられる．
　　　　　出荷量＝輸送サイクル中の目的地における需要予測量
　　　　　　　　＋目的地における安全在庫量
　　　　　　　　－目的地における利用可能在庫量
　この量は，以下において説明するように，車両への積荷の手順に従って修正される．工場あるいはサプライヤーにおける在庫が目的地の需要量の総計より少ない場合には，すべての目的地における在庫状況を考慮する「公平な取り分」ルールを使って在庫は目的地に割り振られる．押出し型政策では，工場で生産されているすべての生産ロットが公平な取り分に応じて直ちにDCへ配送される．しかしながら，安全在庫と公平な取り分に関する重要な決定は，APSにおいて十分にサポートされていない（詳細は第10～第12章を参照）．
　車両の積荷計画は，ある工場あるいはサプライヤーからすべての目的地へ出荷されるすべての製品を考慮し，次のステップから構成される．
　・輸送単位のすべてについて，全製品の全目的地への輸送目標量の端数を切り上げるか切り下げる．
　・一緒に出荷する場合の目的地別あるいは製品別の量を調整する．たとえば，単一製品のすべての目的地への出荷量の合計を車両の積載量の上限 Q に合わせる（あるいは複数の車両を利用する）．
　その両ステップが，製品 i の目的地 k への出荷量 q_{ik} の最小値 $q_{ik}^{\min}$ と工場あるいはサプライヤーにおける利用可能在庫量 s_i によって制約を受ける．その問題は，整数変数
　　　　　q_{ik}＝目的地 k への製品 i の出荷量
を有するLPを用いて，以下のように定式化できる．

$$\max \sum_{i,k} q_{ik} \tag{3.6}$$

s.t.

$$\sum_i q_{ik} \leq \left\lceil \frac{\sum_i q_{ik}^{\min}}{Q} \right\rceil Q, \quad \forall k \tag{3.7}$$

$$\sum_k q_{ik} \leq s_i, \quad \forall i \tag{3.8}$$

$$q_{ik} \geq q_{ik}^{\min}, \quad 整数 \ \forall i,k \tag{3.9}$$

ここで，$\lceil a \rceil$ は実数 a より小さくない最小の整数を表す．目的関数は，目標量からの q_{ik} の偏差を表す目標計画法の項の追加により拡張が可能である．しかしながら，APSでは単純な丸め方策が利用されている．

3.2.6　需要達成と納期確約

　需要達成（demand fulfillment：DF）は，到着した顧客オーダーの処理を意味する．注文の受理を決定し，顧客に約束する納入日を設定する．注文を約束するこの業

務は，最初に資材，つまり，納期確約（available to promise：ATP），完成品在庫，生産能力の利用可能性の確認を行う．厳密には，ATPは在庫や発注済の生産指示量と購買指示量の両方あるいはその一方が顧客オーダーに引き当て可能かどうかを検討することであり，一方，将来の供給可能量を確認するのがCTP（capable to promise）である．しかし，通常，ATPはCTPを含めた広い意味で使われている．もしもATP量が現在検討中の顧客オーダーにとって十分でないならば，発注済の生産・購買指示についての不足計画あるいは場合によっては確約した顧客オーダーの再検討が必要になる．

顧客オーダーの確約は，非常に重要な業務で，顧客サービスにとって大きな影響力をもっている．納期を遅くしすぎると不必要に長い注文リードタイムを設定することになり，逆に，早くしすぎると納期が非現実的となり，納入の信頼性が損なわれる．

より詳細に業務（図9.14）を説明する前に，デカップリングポイント（Hoekstra and Romme, 1991）と区別しなければならない．これは，利用可能な在庫が保管されているサプライチェーンの位置を指すからである（1.1項を参照）．

受注納入（見込み生産）システムでは，顧客は注文が即座に満たされることを期待している．つまり，注文リードタイムは納入リードタイムと等しい．典型的には，24〜72時間程度である．この場合，ATPは完成品在庫を対象とすることになり，注文処理はむしろyesかnoの決定であり，最も重要なステップは不足計画，つまり，現在の注文に対して余裕のない在庫を割り当てることである．このステップはある在庫位置から顧客オーダーへ割り当てられる量がちょうど出荷量と同一になるため，短期の輸送計画業務（3.2.5参照）と重複する．

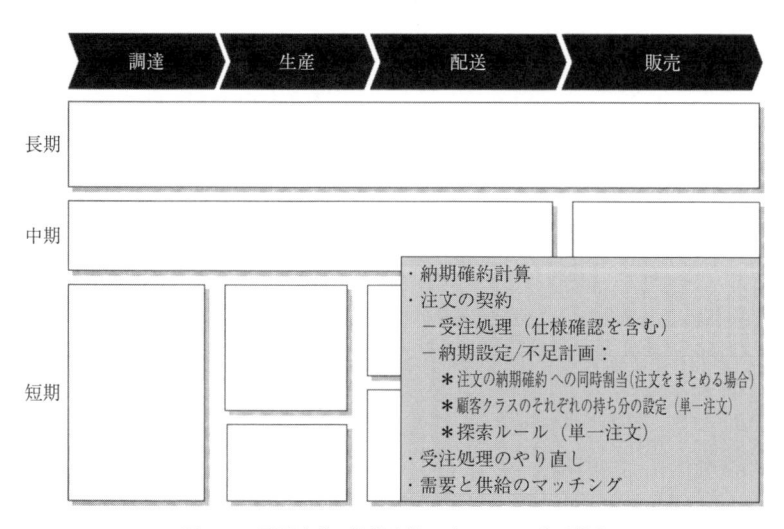

図9.14 需要達成と納期確約モジュールの計画業務

受注組立システムでは，ATPはコンポーネントの在庫が対象であり，通常の注文リードタイムは組立と納入のリードタイムを含み，典型的には5〜15営業日である．一方，コンポーネントの供給リードタイムははるかに長い．この場合は，CTPの機能のない純粋なATPは危険である．というのも，コンポーネントの在庫で対応できない場合，ATPによって充足できないすべての注文は供給リードタイムの後，つまり，新規の供給オーダーが到着する最も早い時期まで納期がずれ込む．組立能力（もしくは供給能力）が同日にそれほど多くの注文を処理できなければ，この納期は非現実的なものになる．それゆえに，このような場合はATPとCTPの両機能が欠かせない．

さらに複雑な「生産」プロセスからなる受注生産の状況では，受注処理の焦点は資材よりはむしろ生産能力の利用可能性となる．この場合，受注処理はPP&Sの機能に包括されなければならない．これについては，ここでは取り上げない．

① 業務： ATPの計算は，即座に利用可能性についての情報，たとえば，ある時点における製品もしくはコンポーネントの利用可能量を提供しなければならない．供給リードタイム中の折々には，利用可能な在庫と発行された生産指示や販売指示に基づく情報が，より長期の期間においてそれ以外の情報が要求される．APSでは，通常，その目的のために基準計画（MP）が使われる（Kilger and Schneeweiss, 2002b）．生産能力の制限を考慮するので，実行可能なCTP量を保証する．しかしながら，もしもMPが利用可能な生産能力に余力を残し，そして現在の需要が予測量よりも多ければ，必要というより制限的なCTP量が求められる．利用可能な生産能力算定することは望ましい．Kilger and Schneeweiss（2002b）は，ATPの更新と一緒に，現在の需要に対するMPの頻繁な（普通は週ごとの）調整を行うことを提案している．

注文の処理に当たって，現在の注文に対して顧客の要求納期を守れるのか守れないのか，注文を断るのかという決定を行うために，ATPの情報を利用する．その業務の重要な要素は注文到着後の回答時間である．多くの場合，たとえば，電話による営業の場合や，もちろん，急速に成長しているインターネット販売などの場合のように，その回答は即座になされることが期待されている．結果として，受注処理のプロセスは，未来の注文についての情報をもたずに，個々に到着する注文ごとに分離してなされなければならない．そのために，ATP量の洗練されていない利用は到着順の処理となるが，通常，それは望ましくない．異なる顧客のクラスに対しての特定の優先度を考慮するには，それぞれのクラスの割合が定義され，この情報を使うルールが必要である．長い回答時間が許されるならば，到着した注文を溜めて，たとえば，毎日1回など，一定間隔をあけて契約条件を探る．この場合は，複数の注文が同時に検討され，欠品が生じる場合には，以下に示すようなATP量の割当を行う．

要望期日のATP量が十分ではない場合，単一注文の不足計画は代替案の探索からなっている．可能性のある代替案は，次のATP量の提示である．

・要望日より早い納期を提示する．顧客側で在庫が生じる．
・要望日より遅い期日を提示する．納期遅れとなる．
・別の供給元から出荷する．余分な費用がかかる．
・代替品を出荷する．顧客が受け入れる場合，通常，高額品の値引きが行われる．
最も望ましくない代替案は，次のものであり，一般的には完全に避けられない．
・顧客の注文量を減らして納入する．納期に遅れる，注文を断る．

注文処理に当たって注文がまとめられる場合，これらの代替案の割当がそれらの注文に対して同時に行われることが望ましい．ATP量を負の値に減少させるような予定していた供給量やMPの変更が生じた場合，同様の業務が発生する．そのとき，すでに契約した注文すべてについて納期どおり出荷することができない．したがって，すべて，もしくは一部の注文は減少したATP量の再割当をしなければならず，いくつかの注文の受注処理のやり直しが必要になる．受注処理とその注文の生産開始の間にはいくらかの時間の経過があるので，日々の生産指示を出す前に，利用可能なコンポーネント在庫に注文を短期的に割り当てることが推奨され，これを需要と供給のマッチング（Kilger and Schneeweiss, 2002a）と呼ぶ．需要達成のさまざまな計画業務については，Fleischmann and Meyr（2003）において詳しく述べられている．この論文では，受注処理と再受注処理のモデルとして，LPとMIPが提案されている．

②モデルと方法： ある品目のATP量 ATP_t は，計画期間 $t=1, \cdots, T$（週もしくは日）について，以下のデータを用いて計算される．

I_0：初期の手持ち在庫量
S_t：t 期の予定供給量（発行済の供給指示とMP）
C_t：t 期に契約が行われた顧客の注文

ここで，すべての量と時間はデカップリングポイントにおける水準についてのものである．予定された手持ち在庫量は，

$$I_t = I_{t-1} + S_t - C_t, \quad t=1, \cdots, T$$

であり，$I_t<0$ は，後で述べるように不足計画が必要となる欠品の発生を表している．$I_t \geq 0 (t=1, \cdots, T)$ であれば，ATP量は時間と逆向きに以下のように計算して求められる．

$$I_T^* = I_T$$
$$\left. \begin{array}{l} I_{T-1}^* = \min\{I_{t-1}, I_t^*\} \\ ATP_t = I_t^* - I_{t-1}^* \end{array} \right\} t=T, \cdots, 1$$

ATP_t は，将来の手持ち在庫が負にならない範囲で S_t から差し引くことのできる最大量で，$C_t>S_t$ であれば，$ATP_t=0$ となる．つまり，累積ATPは，次式で定義される．

$$CATP_t = \sum_{s=1}^{t} ATP_s$$

これは，t 期に受注処理に利用可能な最大の ATP 量を示している．ただし，供給と消費の間で生じうる時間のずれは無視されている．残念なことに，ATP 計算は大部分の教科書で述べられておらず，取り上げていても正しく説明されていない．

受注処理については，ERP の伝統的な ATP ロジックは注文の到着順処理を基本とした ATP 量を用いている．一方，APS ではより洗練されたルールが提供されている．まず，それぞれの ATP_i あるいは一定期間中の ATP_t の合計は，分割されて販売チャネル，販売数量，地域などの違いによって分類された顧客グループに割り当てられる．Kilger and Schneeweiss (2002b) は，顧客グループの階層的なシステムとあるルールに従って持ち分を上層の顧客グループから順次割り当てる方法を提案している．さらに，持ち分を使い果たした場合のルールが示されており，それは，優先度の高い顧客グループに優先度の低いグループの持ち分を用いることを許すが，その逆はできないというものである (Fischer, 2001)．これらの持ち分を設定する際には，各グループの予測値が用いられる．

また，単一注文の不足計画については，APS は単純なルールを用いている．それは，ある順序に従って前述の代替案の適用を検討するというものである (Kilger and Schneeweiss, 2002b：173 f. 参照)．複数の注文に対する不足割当については，顧客グループ別持ち分のルールが使われる．後者の場合には，注文サイズに比例した割当は，鞭打ち効果の原因として知られる「配給ゲーム」効果を引き起こすために，避ける必要がある (Lee et al., 1997)．

複数の注文を対象とした注文処理と不足計画のはモデル化と LP による最適化が可能であるとする (Fischer, 2001；Fleischmann and Meyr, 2003)．注文量 q_i，希望納期 d_i を条件とする注文 i と，利用可能量 a_j，期日 t_j を条件とする ATP 代替案 j が与えられたとき，その変数を，

x_{ij}：代替案 j によって対応する注文 i の量

とする．1 つの代替案は，たとえば j_0 は，注文量の削減あるいは注文の取消しを表し，十分に大きな利用可能性をもっているものとする．モデルは以下のようにネットワークフロー型になる．

$$\min \sum_{ij} c_{ij} x_{ij} \tag{3.10}$$

s.t.

$$\sum_i x_{ij} \leq a_j, \quad \forall j \tag{3.11}$$

$$\sum_j x_{ij} = q_i, \quad \forall i \tag{3.12}$$

$$x_{ij} \geq 0, \quad \forall i, j \tag{3.13}$$

この場合，目的関数の係数 c_{ij} の定義が難しい．それは，代替案によって生じる注文 i の優先度に依存する偏差 $d_i - t_j$ に関するペナルティコスト，$j = j_0$ の場合には機会損失によって構成されるからである．納期遅れや発注量の削減を受け入れる顧客を受け入れない顧客を見分けることはできるかもしれない．後者の注文 i は，$t_j \leq d_i$ とい

う条件の代替案 j や場合によっては j_0 に割り当てられる．そのような注文について 0-1 変数を用いる．また，そのような注文 i の分割を禁止するために，(i,j) のすべての組合せに対しても 0-1 変数を用いる．受注組立の場合，コンポーネントの共通性を考慮した需要と供給のマッチングが必要であり，BOM を使ったモデルの拡張が行われる．この拡張では，すべてのコンポーネントと処理の対象になっているすべての注文を同時に取り扱わねばならない．

そのタイプのモデルは，いくつかの APS において展開機能として利用可能である．この場合，代替案として複数の供給源を取り扱えるようになっているものが多い．

4. 先進的計画システム②：特定のシステム

本節では，3.1 項で述べた先進的計画システム（APS）の一般的構造と関連付けて，いくつかのサプライヤーから提供されている APS の特色を紹介する．さらに，個々のソフトウェアモジュールで使われている数理的な方法について，できる限り詳しく述べる．最後に，文献で紹介されている（いくつかの）事例報告についてまとめておく．

はじめに注意しておかなければならないことは，本節の記述は 2003 年 1 月までに公表されている状況について述べているという点である．4.1～4.5 項で記述される APS の記述が，本書が出版されるころには時代遅れになっていることが懸念される．ソフトウェアモジュールの名称や APS ベンダーの製品全体における位置付けは，しばしば変化する（時には，半年で変化することもある）．しかしながら，本節は APS の一般的構造を正当化するための貴重な情報を含んでいる（何もないよりは古い説明でもあった方がよい）．APS がそれほど急に変化する理由は，たとえば，さらなる APS モジュールの追加，ソフトウェア会社の合併，新しいマーケティング戦略，e-Business などの協働手段を提供するための，製品系列の拡張などがなされるためである．しかしながら，以下では，これまでに紹介してきた計画業務を支援する「先進的計画」モジュールに焦点を絞って説明する．

4.1～4.5 項は，まずソフトウェアサプライヤーが提供している製品説明書（2003 年 1 月までにインターネットに掲載された情報），次にユーザーによるレポートや文献（たとえば，Stadtler and Kilger, 2002）として出版されたもの，さらにいくつかのソフトウェアモジュールについての筆者ら自身の経験に基づいている．ここで紹介する APS とソフトウェアモジュールは，さまざまな企業から提供されているもののうちのほんの一部にすぎず，この選定は，筆者らが入手できた情報の水準に応じて行われている．

APS のパンフレットを読んでいると，以下の事実に気付く．すなわち，「最適化」という用語がしばしばマーケティング目的のために数理的モデルの定式化もなく，計

画の目的も定義されずに不正解に用いられているという点である．しかし，真の最適化がなされるとしても，顧客からすると望ましい事項であっても，ソフトウェアベンダーは，計画や最適化の方法を明らかにすることに関心を示さないであろう．それゆえ，以下で述べられている数理的な方法について詳しく説明することはできないし，さらに調査を進めることも困難である．

4.1 Baan

Baan 社（Baan, 2003）は，もともとは ERP システムのサプライヤーである．同社は，"iBaan for Supply Chain Management" という APS も提供している．そのソフトウェアモジュールは，図 9.15 に示されている．太字で示されたモジュールは，CAPS Logistics 社（CAPS, 2003）との合併によって現れたものである．そのとき以来，"iBaan for Supply Chain Manegement" は，輸送と配送の両プロセスに重点を置いてきた．

"SC Designer" と "Coordinator" はともに，中長期それぞれの問題を解くに当たって，LP と MIP（CPLEX：ILOG, 2003），そして独自仕様のアルゴリズムを用いる．"Coordinator" と "SC Planner" という名称の 2 つのソフトウェアモジュールは，基準計画（MP）に使用できる．"Coordinator" は，"SC Designer" と密接な関係にあり，戦術的計画のツールとして推奨される．一方，"SC Planner" は，短期のオペレーショナルな計画問題と需要達成に使われる．"TransPro" は，貨物運送の統合，輸送方法と運送業者の選択，プーリングなどを支援する．これは比較的珍しいツールで，「自社保有/専用の輸送設備」と「サードパーティの運送会社」という代替案の比較が可能なものである．

"RoutePro" は，戦略的な経路決定（"RoutePro Designer"）からオペレーショナルな経路決定（"RoutePro Dispatcher"）までを含むさまざまなソフトウェアで構成

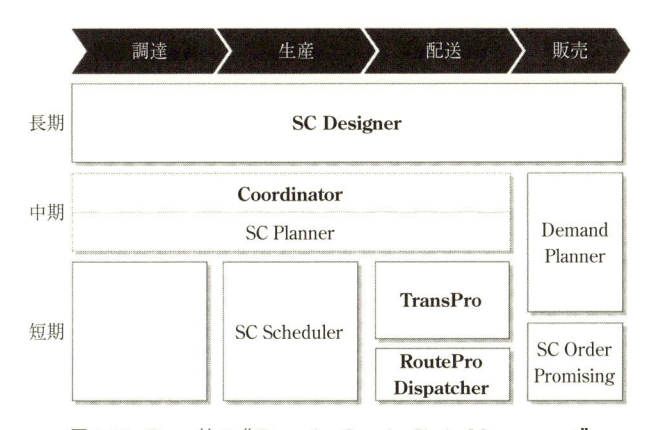

図 9.15 Baan 社の "iBaan for Supply Chain Management"

されている．したがって，輸送設備を保有している会社にも向いている．CAPS Logistics 社から入手したすべてのモジュールは，階層化構造によるサプライチェーンのカスタマイズした最適化モデルを構築するための開発環境である"iBaan Logistics Toolkit"に基づいている（Ratliff and Nulty, 1997）．

4.2 i2 Technologies

i2 Technologies 社（i2 Technologies, 2003a）は，先進的計画分野における市場のリーダーで，「2005 年までに顧客の成長と節約において，750 億ドルの価値を生み出す」というビジョンを宣伝している（2001 年 6 月までに 299 億ドルが達成されている）(Miller-Williams, Inc. and i2 Technologies, 2000；Miller-Williams, Inc., 2003)．図 9.16 に i2 Technologies 社の最も重要な先進的計画に関するソフトウェアが示されている．それは "i2 Supplier Relationship Management"，"i2 Supply Chain Management"，"i2 Demand Chain Management" の 3 つの範疇に分類され，これらは，"Five. Two"（i2 Technologies, 2003c）に適している i2 のソフトウェア全体における部分としての役割を担っている．したがって，先進的計画のソフトウェアは，i2 の製品範囲全体における一部にすぎず，図 9.16 が示すようにそれらの単体としての利用は推奨できない．

"Supply Chain Strategies" は，ネットワーク設計を提案するために，「数理的最適化の方法」を使っている（どの手法が使われているかについては触れていない）．この設計に引き続いて，"Supply Chain Strategist & Simulator"（以前は IBM 社のツール "Supply Chain Analyzer" であった）を用いてシミュレーションを行って確率的条件の下でのその振る舞いの有効性が評価される．

"Supply Chain Planner"（"Master Planner" とも呼ばれる）は，資材と生産能力を考慮して実行可能な基準計画（MP）を作成する．i2 のメタヒューリスティックな

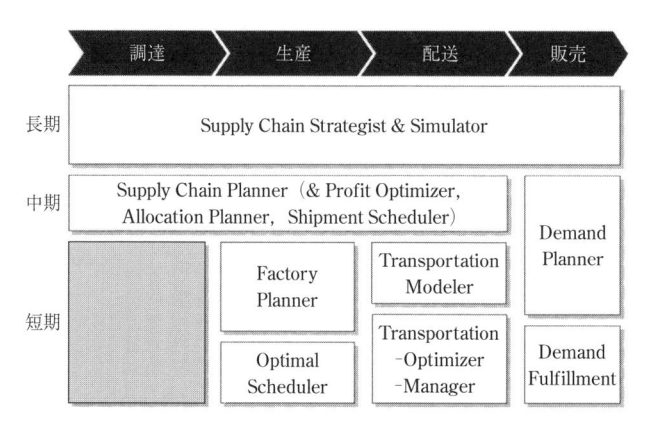

図 9.16　i2 Technologies 社の "Five. Two"（Meyr et al., 2002a：Fig. 17.1）

"Strategy Driven Planning"を用いて，現在の計画が抱えている（納期遅れや，負の在庫などの）さまざまな種類の問題が定義される．さらに，単一問題を局所的に解決するための「戦略」が決定されなければならない（多くの場合に，「ロットを前倒しにする」というような単純なルールを用いるが，線形計画法（LP），遺伝的アルゴリズムあるいは他の最適化ヒューリスティクスのような複雑なアルゴリズムの利用が可能である）．個々の戦略はたとえば，納期遅れ，費用，認識される問題数の最小化，もしくは取り組まれている問題の実行可能性など，特定の目的の実現に向けて利する．所与の計画において，問題のリストが生成され，ユーザーはどの戦略を選出された問題に適用するかにつき判断するか，戦略が自動的に適用される順序を定義するかの選択を委ねられる．

さらに詳しく収入あるいは費用の側面を取り扱うために，"Profit Optimizer"の拡張が"Supply Chain Planner"モデルに適用できる．このモデルを用いると，LP（CPLEX）と組み合わせた階層的最適化が行える．"Allocation Planner"は，MPの結果を注文処理に利用できるように，より詳細なレベルに分割する．このために，Kilger and Schneeweiss（2002b：Chap. 9.2.2）で述べられているような，割当ルールを適用する．

"Factory Planner"は，資材と生産能力の制約に関して需要と供給をマッチングさせ，生産スケジュールを作成するために使われる．第1段階では，"Factory Planner"は生産能力を無視し，（おそらくは実行不可能な）計画が要求された納期からバックワードスケジューリングを行って求められる．第2段階では，生産能力違反が発見され，計画担当者が手作業で修正するか，i2独自の"Constraint Anchored Optimization"（CAO）を利用して自動的に修正される．CAOはルールベースを利用した最適化法であり，他の生産資源に与える影響を考慮しながら生産能力制約違反に優先順位を付け（同時に違反を排除して），反復的に解決する．計画の変更はすべての生産資源に伝播する．生産能力制約の問題を解決するルールは，稼働率最大化や仕掛在庫最小化のような短期の目的関数を設定し，最大化あるいは最小化をすることである．もし未解決の問題があれば，計画担当者は生産能力を増やす（たとえばシフトを増やす）か資材の供給を加速する（たとえばサプライヤーとの交渉を行う）．最後のスケジューリングの段階では，今までタイムバケットで定義されていた計画を，ジョブショップスケジューリングの文献などでよく知られている優先ルールが用いられる連続時間の計画に置き換えることが行われる．

"Factory Planner"に組み込まれているスケジューリングツールに加えて，遺伝的アルゴリズムに基づいた"Optimal Scheduler"と呼ばれる単独の解法が提供されている．"Demand Fulfillment"はATP量とCTP量の消費に基づいた受注処理をサポートしている（Kilger and Schneeweiss, 2002b：Chap. 9.3）．

"Supply Chain Strategist"と"Transportation Modeler"，"Optimizer"と"Manager"は，1998年にi2社とInter Trans社の合併の際に加えられた．"Transportation Modeler"と"Optimizer"は独自のヒューリスティクスと混合整数計画法（MIP）を使っている．

4.3 J. D. Edwards

J. D. Edwards社（J. D. Edwards, 2003）は，ERPシステムのもう一つの主要なサプライヤーであり，1999年にNumetrix社のAPSを買い取った．このシステムは，受注処理モジュールを補完し，"J. D. Edwards 5 Supply Chain Planning"として提供されている（図9.17参照）．もともとは，連続型の生産プロセス用に設計され，現在は，特に生産スケジューリングモジュールが加えられて離散型の部品生産にも使われている．

"Strategic Network Optimization"（SNO）（以前は"Linx"と"Enterprise Planning"であった）は，ネットワーク構造を決定するためのもので，特別な専用ヒューリスティクスと組み合わせてLPとMIPを使用し，その費用を，シミュレーションを行ってチェックする．その特別な専用ヒューリスティクスは，施設を開設するか閉鎖するかの決定（固定資産管理）や大小いずれかのロットサイズ決定というような0-1変数を必要とする種類の問題に適している．専用ヒューリスティクスは単一の決定問題を取り扱うときに，非常によい結果を導くが，いくつかの決定問題が組み合わさったときには問題を引き起こすことがある．SNOの最も重要な特徴は，視覚化にある．サプライチェーンモデルは完全にグラフで描くことができる（それだけではない．たとえば，Günther et al., 1998；Wagner and Meyr, 2002 参照）．したがって，SNOはORの知識のない実務家でも容易に使える．もちろん，そのようなモデルには，AMPL（Fourer et al., 1993）やILOG OPL Studio（ILOG, 2003）のようなモデリング言語のような柔軟性はない．そのようなモデリング言語を備えたAPSを著

	調達	生産	配送	販売
長期	Strategic Network Optimization			
中期	Production & Distribution Planning (P & DP)			Demand Planning (& Consensus)
短期		Production Scheduling Process (discrete & process)	P & DP	Order Promising

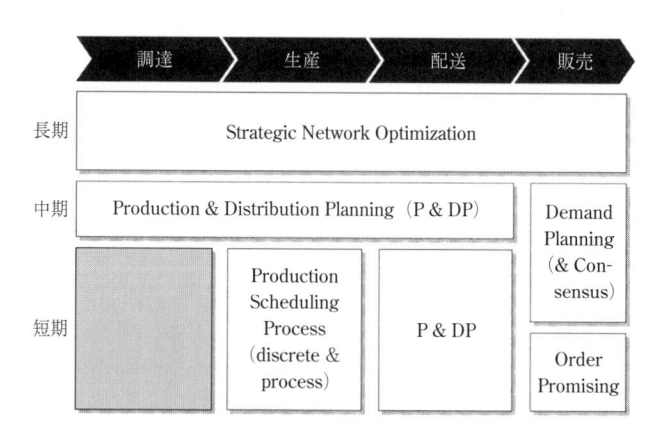

図9.17 J. D. Edwards 社の "J. D. Edwards 5 Supply Chain Planning" (Meyr et al., 2002a：Fig. 17.2)

者は知らないので，この点は SNO の特に問題にはならない．MP のすべての主要な計画業務は，SNO を用いてモデル化できる．それゆえ，SNO がこの目的で多用されることは驚くに値しない．

しかしながら，MP の複数ユーザー構造と相互理解，警告管理的特徴のために，"Production and Distribution Planning"（P&DP：生産・配送計画の意）が基準生産計画のためには推奨される．次の4つの手法が，これらの計画業務を支援する．"Linear Programming"は，積荷の満載を実現するために整数化ヒューリスティクスを用いれば拡張できる．さらに，サプライチェーン全体にわたる需要と供給のマッチングと顧客オーダーの割当がルールベースを用いたヒューリスティクス（"connect"）によって支援されており，単一の供給源を考慮することができる．もう一つのヒューリスティクスは，distribution requirement planning（DRP）のような需要の上流への伝播と，手持ち在庫の下流への伝播を補う．この場合は，巡回のないネットワークのみが取り扱える．

"Production Scheduling Process"（PSP）は，連続的な（並列）生産ラインの短期計画に適用できる．最初は1〜2段階の生産システムを対象として設計されたが，いくつかの段階を扱えるように拡張された．アルゴリズムは傾斜法に近傍探索を取り入れたものである．「ロットの移動」や「在庫の増加」のような基本操作は手作業で行うことができるが，前もってつくられたアルゴリズムに組み込んで行うこともできる（Kolish et al., 2000）．これらの操作のペナルティコストが評価され，費用の改善ができた場合に計画が変更される．スクリプト言語である TCL（Ousterhout, 1994）を利用し，実用的な問題の特性を考慮した，きわめて柔軟なアルゴリズムの構築ができる．

4.4 Manugistics

ソフトウェアパッケージ "Supply Chain Management"（図9.18）は，Manugistics 社の NetWORKS ソフトの一部分である（Manugistics, 2003）．同社は，i2 社に次ぐ古い APS ベンダーであるが，ERP のソリューションは提供していない．同社製品のソフトウェアと方法については，ごく限られた情報しかない．

"Strategy"では，LP と MIP を利用している．"Sequencing"では，資源に関するジョブのスケジューリングを基本的に2段階を経て行う．最初に初期解が素早くつくられ，引き続いて再最適化と改善が行われる．計画作成者が定義した目的関数（サイクルタイムの最小化，稼働率の最大化）に基づいて，両段階においてあらかじめ用意されたヒューリスティクスの中から，特化されたアルゴリズムが自動的に選ばれて用いられる．

2001年の初頭，Manugistics 社は，Eli Goldratt によって創設された生産計画（PP）のソフトウェア会社である Creative Output 社の継承者，STG Holding 社を買収した．STG 時代には "Advance Planner Opt21" と "ST Point Planner and Scheduler"

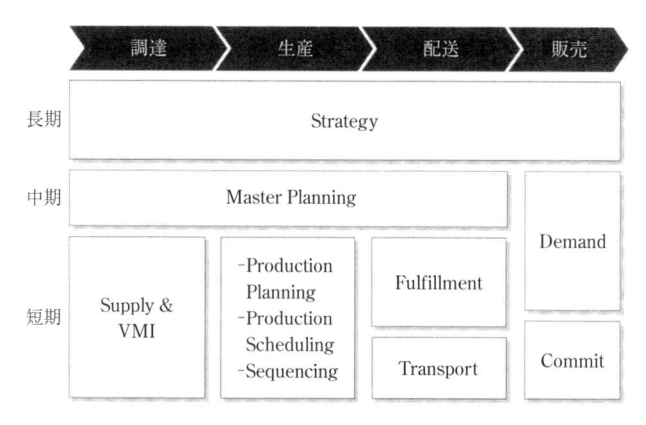

図9.18 Manugistics社の "NetWORKS-Supply Chain Manegement"

で知られていた2つのソフトウェアモジュールが，この買収によって "Production Planning" と "Production Scheduling" となった．両モジュールは "Optimized Production Technology"（OPT）（Silver *et al*., 1998：Chap. 16.2）で使用されていたもので，"Theory of Constraints"（TOC：制約条件の理論の意）と「ドラムバッファーロープのスケジューリング概念」（Fogarty *et al*., 1991：Chap. 19）がもとになっている．Goldrattの2冊の著書（いずれも共著），"The Goal"（Goldratt and Cox，1986）と "The Race"（Goldratt and Fox，1986）によって，最初は1980年代の中ごろに，その次にはAPSの内容として，これらの原理は非常に好評を博した．それゆえ，短期のPP&Sのための3つのモジュールが，Manugistics社から提供されているということになる．

"Demand" モジュールは，FORSYS（Lewandowski，1982）に基づいており，需要予測のための最適パラメータの設定を自動的に行うためにLewandowski法（OPS：optimal parameter setting）を適用している（Lewandowski，1969）．

4.5 SAP

"SAP Advance Planner and Optimizer"（APO）は，"mySAP Supply Chain Management" パッケージの一部を構成している．SAP AG（2003）は，ERPソフトの主要なサプライヤーで，1998年以来，先進的計画のソリューションを提供している．APS市場への参入が遅かったので，最新の最適化手法を導入することが可能であった．ERPソフト "SAP/R3" が広範囲に普及しているので，APOもそれに支えられて容易に受け入れられるであろう．しかしながら，開発は現在も進行中である．APOソフトウェアモジュール（バージョン3.1）の概要は，図9.19に示されているとおりである．

第9章　階層的計画・モデル化・先進的計画システム　　　485

```
          調達  >  生産  >  配送  >  販売

長期   ┌─────────────────────────────────┐
       │          Network Design          │
       └─────────────────────────────────┘

中期   ┌──────────────────────┐   ┌──────────┐
       │ Supply Network Planning │   │  Demand  │
       └──────────────────────┘   │ Planning │
                                  │          │
短期   ┌────────┐┌──────────┐┌─────────┐└──────────┘
       │Purchasing││ Production ││Deployment│
       │Workbench ││ Planning  ││  & TLB   │
       │          ││    &      │└─────────┘┌──────────┐
       │          ││ Detailed  │┌─────────┐│  Global  │
       │          ││Scheduling ││Transp. Pl.&││   ATP    │
       └────────┘└──────────┘│  Vehicle  │└──────────┘
                              │Scheduling │
                              └─────────┘
```

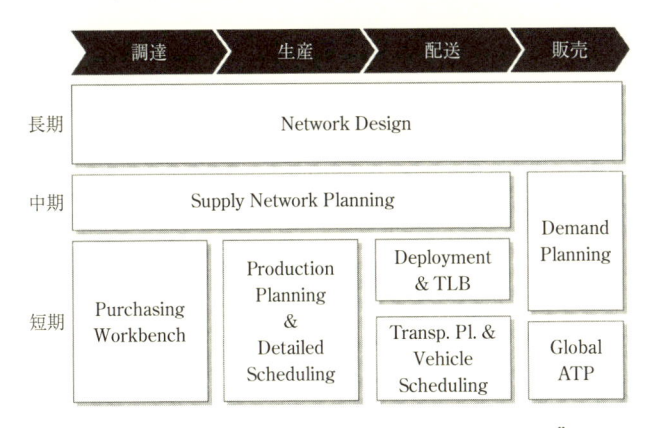

図9.19 SAP社の"Advanced Planner and Optimizer"
(Meyr *et al.*, 2002a：Fig. 17.3)

"Network Design"は，施設の位置決定のための連続型と離散型の両モデルが取り扱える．既存の配送システムを分析し，新規施設の候補地を提案するために Voronoi 図と Weber の問題が使われる．MIP モデルを使えば，より詳細な分析ができる（Kalcsics *et al.*, 2000）．解決に用いるソフトウェアとして，CPLEX の最適化ライブラリが使われる．

"Supply Network Planning"（SNP）モジュールは，主に LP や MIP（分枝限定法，CPLEX）を使用して基準計画の作成を支援する．さらに，解空間を減少させるために制約プログラミング（ILOG, 2003）が使われている．DRP や MRP と同様の方法を用いて基準計画を作成するために，ヒューリスティクスが提供されている．つまり，顧客の需要が上流に伝播され，さまざまな場所における中間製品の正味需要が計算される．このようにして，無限山積み計画が作成された後に，生産能力の制限が確認され，生産能力と正味需要が需要の種類（注文，予測，安全在庫補充など）に応じて定められた優先規則に従い，手作業で釣り合わされる．さらに，リードタイム，需要予測精度，望まれるサービス水準に基づいた中期の安全在庫量の設定が支援される．

大規模モデルに関しては，（期間，製品，部分問題に割り当てられる優先度などの）集約と，（時間枠ごとの逐次解法の使用，製品もしくは優先度のグループ化などの）分割によって，解の精度を少々犠牲にして計算の複雑性を減少させるメタヒューリスティクスにごく基礎的な最適化手法が組み込まれている．SNP の需要と供給のマッチングエンジンである"Capable to Match"では，制約伝播技術と目標計画法が用いられているといわれている．

配送センター（DC）への生産量の展開では，単純なプッシュとプルのルールが使われる．不足する場合には，「DC の要求量に比例した在庫の出荷」のような公平な

取り分ルールが適用される．さらに，"Transport Load Builder"（TLB）に加えて，やや短期の"Transport Planning & Vehicle Scheduling"モジュールが導入された．これは ILOG のソフトウェアによって導かれ，所有権のある遺伝的アルゴリズムとヒューリスティクスが用いられている（Meyr et al., 2002a）．

"Production Planning & Detailed Scheduling"（PP/DS）は，現実の複雑な問題を解くために，遺伝的アルゴリズム，制約伝播法（ILOG），キャンペーン最適化（ILOG）のような基本的な解法の集合をメタヒューリスティクスに織り込んで使用する．多段階の生産システムにおいて，たとえば，「ボトルネックヒューリスティクス」がキャンペーン最適化の助けを借りて所与のボトルネック資源のスケジューリングに用いられ，次に，そのスケジューリング結果を下流と上流の資源に伝播する．もう一つのメタヒューリスティクスは，マルチエージェント戦略を用いて多目的最適化を行うというものである．この場合，エージェント間で調整が行われ，個々のエージェントは各々の目的に焦点を絞り，異なった最適化戦略を利用することができる．

"Purchasing Workbench"モジュールは，局所探索法に基づいた2段階のヒューリスティクスを用いてサプライヤー選択と購買サイズ決定問題を取り扱う（Tempelmeier, 2000）．

4.6 ケーススタディ

インターネット上には，APS ソフトの導入と実際の適用を推進するのに役立つ「成功事例」が非常に多く掲載されている．また，幸いなことに，APS 履行の利益も述べられている．きわめて頻繁に需要計画モジュール（協調的計画を含む）について記載されているが，売れ筋のソフトウェアモジュールのタイプは個々の APS ベンダーによって異なっている．しかしながら，APS が実務でどのように使われ，APS を使っていかにしてモデル化が行われたかについて，詳しくは述べられていない．

文献に記載されている以下の例は，インターネットよりも多くの情報を提供する．Hoffman（2000）では，SynQuest 社（APS ベンダー）（SynQuest Inc., 2003）と Ford 社間の自動車産業に関する2つのプロジェクトについて述べられている．1つ目のプロジェクトとして，SynQuest 社の戦略的ネットワーク設計ツールである"Supply Chain Designer"が Ford 社の北アメリカの組立工場のネットワーク設計に適用されている．そのネットワークは，21 の組立工場，1500 のサプライヤー，4600 の車両部品とコンポーネントを取り扱っている．元データは，194 のサプライヤー地域に集約されている．クロスドッキングポイントとして，45 か所の候補地が考慮されなければならなかった．40～50 の異なるシナリオがテストされ，15 か所のクロスドッキングポイントが最良案として選定された．この解は，最初に提示された案に比べて多大な費用削減をもたらしたと報告されている．2つ目のプロジェクトとして，SynQuest 社と Ford 社が，"Inbound Planning Engine"と呼ばれる短期と中期の入庫ロジスティクス計画ツールを共同で開発した．これは工場の搬入ドックにおけるト

ラックの経路決定とスケジューリングを行うために使われている．これにより，全体の費用を増加させずに，組立工場への部品の納入頻度を増加させることができる．

Tappe and Mussäus (1999) と Rodens-Friedrich and Friedrich (2002) では，ドイツにおける消費財メーカー Reckitt & Colman 社とドラッグストアチェーン dm 社の間で行われた連続的な在庫補完と VMI のプロジェクトについて述べられている．Manugistics 社の 2 つの APS モジュールが需要計画 (DP) と発注プロセスを支援している．しかし，これは数理的な（予測）手法を使うというよりは，協調的な計画作成によって行われる．得られた成果は，計画作成時間と発注時間の短縮による柔軟性の増加と在庫の低減，それに補充サイクルの減少である．

APS のモデル化が論じられることは少ない．Zoryk-Schalla (2001) は，ヨーロッパの複数箇所における上場をもつアルミニウム製造業における i2 モジュールの "Demand Planner"，"Master Planner"，"Factory Planner" の適用について述べている．Zoryk-Schalla は，i2 システムの階層的性質を強調し，階層的な予測 (Schneeweiss, 1999) がどのように APS に持ち込まれるかについて詳述している (Zoryk-Schalla, 2001：Chap. 4)．

Henrich (2002) は，J. D. Edwards 社の "SNO" がドイツの自動車メーカー BMW 社のグローバルサプライチェーン計画をどう支援しているかについて述べている．BMW 社が新車モデルをどの組立工場に割り当てるかについて決定する際に，全世界のサプライチェーンにおける物の流れのシミュレーションと最適化が SNO を用いて行われている．この戦略的計画業務は，12 年の計画期間を年単位のタイムバケットに分けて検討されている．集約化されたグローバルサプライチェーンには，16 のサプライヤー，9 つの組立工場，7 つの顧客市場，42 製品が含まれている．需要構造，将来の為替相場，潜在的な生産能力の拡張などを変えたいくつかのシナリオが評価されている．LP モジュール（35 万の連続変数，23 万の制約条件）は，収入から原材料調達，生産，輸送などの費用を差し引いたものの最大化を行う．制約条件として，サプライヤー，工場，輸送能力，法的規制，為替が考慮される．もしあるシナリオで在庫が必要であれば，LP を解いた後に，最適 LP 解のキャッシュフローと投資費用を比較して投資利益率がチェックされる．

筆者の知る限りでは，モデリングに関する他のケーススタディの多くは，Stadtler and Kilger (2002) に示されている．Richter and Stockrahm (2002) は，装置産業における実際の例を取り上げて，SAP 社 APO の PP/DS のモデリングについて述べている．合成粉末の生産には，4 段階のハイブリッドフローショップを対象としたスケジューリングが必要である．非常に大きな順序依存の段取りの時間と費用がかかる．輸送のためのコンテナと人員は，ボトルネックの資源になる可能性が高いので，明示的に取り上げなければならない．製品体系は 2000 種類の異なる製品から構成されており，しかも急速に変化する．計画では約 240 のジョブがアクティブである．パッケージの利用により計画時間が（数日から 1 時間へ）減少し，計画期間が（1 週間

から2日間へ）短縮され，メイクスパンとバッファー時間も減少した．

Schneeweiss and Wetterauer (2002) では，半導体産業における i2 ソフトウェアの実際の応用が示されている．プロジェクト全体としては，DP，長期の生産計画と配送計画，中期の MP，短期の生産スケジューリングの計画業務に取り組んでいる．最初の業務は，i2 社の "Demand Planner" モジュールを，その他の業務については i2 社の "Supply Chain Planner" が使用されている．このケーススタディでは，短期の生産スケジューリングのモデリングに，"Factory Planner" モジュールも適用され，有効であるかどうかが検証されている．

Kilger and Schneeweiss (2002a) と Kilger and Stahuber (2002) は，大きな国際的コンピュータメーカー（1.2.2 と 2.2.2 におけるコンピュータ組立のサプライチェーンタイプを参照）における，いくつかの i2 モジュールの適用例を述べている．DP，MP，需要と供給のマッチング，需要達成などの計画業務が，"Demand Planner"，"Supply Chain Planner"，"Factory Planner"，"Demand Fulfillment" モジュールによって支援されている．Zoryk-Schalla (2001) の論文と同様，これらの論文で取り上げている内容は1つのソフトウェアモジュールの使用した詳細なモデリングについてではなく，モジュールの協調や統合に重点を置いている．論文が書かれた時点では，プロジェクトの全体はまだ終わっていなかったが，APS 導入により期待された効果は，予測精度の向上，納期厳守，在庫回転率の 10～20% 向上であることが記されている．

Wagner and Meyr (2002) では，大きなヨーロッパの消費財メーカーにおける食品飲料部門における，J. D. Edwards 社のいくつかの APS モジュールの実施例が述べられている（1.2.1，1.2.2 参照）．SNO と PSP のモジュールが導入され，長期の生産計画と配送計画（いずれも SNO），短期の生産スケジューリングに適用されている．DP のみは，Manugistics 社のモジュール DP/EE（現 NetWORKS Demand）が数年間使われ，成功をおさめており，取り換えの必要がなかった．この論文の焦点は，SNO を用いた MP プロセスの（図式化された）モデリングに絞られている．サプライチェーンモデルは，3つの工場（1工場あたり最大20種類の最終製品を生産），3つの DC，ボトルネックになる可能性のある2つの生産工程，4つの異なる製品タイプを取り扱っている．最小ロットサイズが異なるために，それぞれの生産ラインは別々に考慮されなければならない．半年の計画期間が26週のタイムバケットに分割されている．決定事項は週ごとの輸送量，資材所要量，DC の在庫水準，生産ラインへの製品の割当，必要な残業時間である．計画の目的は，関連する全費用の最小化である．計画時間（30%減少），在庫水準，残業時間，緊急輸送の減少が，APS 導入の主たる成果として報告されている．

(Bernhard Fleischmann and Herbert Meyr/伊呂原　隆)

第9章 階層的計画・モデル化・先進的計画システム

参 考 文 献

Anthony, R.N. (1965). *Planning and Control Systems: A Framework for Analysis*, Division of Research, Harvard Business School, Boston, Mass.

Arntzen, B. C., G. G. Brown, T. P. Harrison, L. L. Trafton (1995). Global supply chain management at Digital Equipment Corporation. *Interfaces* 25(1), 69–93.

Baan. Homepage. URL: http://www.baan.com, Jan. 2003.

Baita, F., W. Ukovich, R. Pesenti, D. Favaretto (1998). Dynamic routing-and-inventory problems: A review. *Transportation Research A* 32(8), 585–598.

Barbarosoglu, G., D. Özgür (1999). Hierarchical design of an integrated production and 2-echelon distribution system. *European Journal of Operational Research* 118, 464–484.

Bertrand, J. W. M., J. C. Wortmann, J. Wijngaard (1990). *Production Control: A Structural and Design Oriented Approach*, Elsevier, Amsterdam.

Bitran, G.R., D. Tirupati (1993). Hierarchical production planning, in: S.C. Graves, A.H.G. Rinnooy Kan (eds.), *Logistics of Production and Inventory*, volume 4 of *Handbooks in OR and MS*, North-Holland, Amsterdam, pp. 523–568, Chapter 10.

Blazewicz, J., K. H. Ecker, E. Pesch, G. Schmidt, J. Weglarz (2001). *Scheduling Computer and Manufacturing Processes*, 2nd edn., Springer, Berlin.

Blumenfeld, D. E., L. D. Burns, C. F. Daganzo (1991). Synchronizing production and transportation schedules. *Transportation Research B* 25B(1), 23–37.

Brucker, P. (1995). *Scheduling Algorithms*, Springer, Berlin.

Canel, C., B. M. Khumawala (1997). Multi-period international facilities location: an algorithm and application. *International Journal of Production Research* 35(7), 1891–1910.

CAPS. Homepage. URL: http://www.caps.com, Jan. 2003.

Cohen, M. A., S. Moon (1991). An integrated plant loading model with economies of scale and scope. *European Journal of Operational Research* 50, 266–279.

CPFR (Collaborative Planning Forecasting and Replenishment Committee). Homepage. URL: http://www.cpfr.org, Jan. 2003.

Dantzig, G. B., P. Wolfe (1961). The decomposition algorithm for linear programs. *Econometrica* 29, 767–778.

De Kok, A. G. (1990). Hierarchical production planning for consumer goods. *European Journal of Operational Research* 45, 55–69.

Drexl, A., B. Fleischmann, H.-O. Günther, H. Stadtler, H. Tempelmeier (1994). Konzeptionelle Grundlagen kapazitätsorientierter PPS-Systeme. *Zeitschrift für betriebswirtschaftliche Forschung* 46(12), 1022–1045.

Drexl, A., A. Kimms (1997). Lot sizing and scheduling – survey and extensions. *European Journal of Operational Research* 99, 221–235.

Fischer, M.E. (2001). *"Available-to-Promise": Aufgaben und Verfahren im Rahmen des Supply Chain Management*, S. Roderer Verlag, Regensburg.

Fisher, M. L. (1997). What is the right supply chain for your product?. *Harvard Business Review* Mar.–Apr., 105–116.

Fleischmann, B. (1998a). Design of freight traffic networks, in: B. Fleischmann, J.A.E.E. van Nunen, M.G. Speranza, P. Stahly (eds.), *Advances in Distribution Logistics*, volume 460 of *Lecture Notes in Economics and Mathematical Systems*, Springer, Berlin, pp. 55–81.

Fleischmann, B. (1998b). Produktionsplanung bei kontinuierlicher Fließfertigung, in: H. Wildemann *Innovationen in der Produktionswirtschaft – Produkte, Prozesse, Planung und Steuerung*, Kommission Produktionswirtschaft, TCW Transfer-Centrum-Verlag, München, pp. 217–245.

Fleischmann, B. (1999). Transport and inventory planning with discrete shipment times, in: B. Fleischmann, J.A.E.E. van Nunen, M.G. Speranza, and P. Stähly (eds.), *New Trends in*

Distribution Logistics, volume 480 of Lecture Notes in Economics and Mathematical Systems, Springer, Berlin, pp. 159–178.

Fleischmann, B. (2002). Distribution and transport planning, in: H. Stadtler, C. Kilger (eds.), *Supply Chain Management and Advanced Planning*, 2nd edn., Springer, Berlin, pp. 195–210. Chapter 11.

Fleischmann, B., H. Meyr (2003). Customer orientation in Advanced Planning Systems. To appear in H. Dyckhoff, R. Lackes, J. Reese (eds.), *Supply Chain Management and Reverse Logistics*, Springer, Berlin.

Fleischmann, B., H. Meyr, M. Wagner (2002). Advanced planning, in: H. Stadtler, C. Kilger (eds.), *Supply Chain Management and Advanced Planning*, 2nd edn., Springer, Berlin, pp. 71–95. Chapter 4.

Fogarty, D. W., J. H., Jr., Hoffmann, T. R. Blackstone (1991). *Production and Inventory Management*, 2nd edn., South-Western Publishing Co., Cincinnati Ohio.

Fourer, R., D. M. Gay, B. W. Kernighan (1993). *AMPL – A Modeling Language for Mathematical Programming*, Boyd & Fraser Publishing Company, Danvers, MA.

Glover, F., G. Jones, D. Karney, D. Klingman, J. Mote (1979). An integrated production, distribution, and inventory planning system. *Interfaces* 9(5), 21–35.

Goetschalckx, M. (2002). Strategic network planning, in: H. Stadtler, C. Kilger (eds.), *Supply Chain Management and Advanced Planning*, 2nd edn., Springer, Berlin, pp. 105–121. Chapter 6.

Goldratt, E.M., J. Cox (1986). *The Goal: A Process of Ongoing Improvement*, North River Press, Croton-on-Hudson, N.Y., rev. ed.

Goldratt, E. M., R. E. Fox (1986). *The Race*, North River Press, Croton-on-Hudson, N.Y.

Günther, H.O. (1986). The design of an hierarchical model for production planning and scheduling, in: S. Axsäter, C. Schneeweiss, E. Silver (eds.), *Multi-Stage Production Planning and Inventory Control*, volume 266 of *Lecture Notes in Economics and Mathematical Systems*, Springer, Berlin, pp. 227–260.

Günther, H. O., F. Blömer, M. Grunow (1998). Moderne Softwaretools für das Supply Chain Management. *Zeitschrift für wirtschaftlichen Fabrikbetrieb* 93, 7–8.

Hackman, S. T., R. C. Leachman (1989). A general framework for modeling production. *Management Science* 35(4), 478–495.

Hanke, J. E., A. G. Reitsch (1995). *Business Forecasting*, 5th edn., Prentice Hall, Englewood Cliffs, NJ.

Hax, A.C., H.C. Meal (1975). Hierarchical integration of production planning and scheduling, in: M.A. Geisler (eds.), *Logistics*, volume 1 of *TIMS Studies in Management Science*, North-Holland, Amsterdam, pp. 53–69.

Henrich, P. (2002). *Strategische Gestaltung von Produktionssystemen in der Automobilindustrie*, Shaker Verlag, Aachen.

Hoekstra, S., J. Romme (eds.) (1991). *Integral Logistic Structures: Developing Customer-oriented Goods Flow*, Industrial Press Inc., New York.

Hoffman, K.C. (2000). Ford develops different kind of engine – one that powers the supply chain. *Global Logistics & Supply Chain Strategies*, pp. 42–50, Nov.

i2 Technologies. Homepage. URL: http://www.i2.com, Jan. 2003a.

i2 Technologies. i2 five.two: The complete platform for dynamic value chain management. URL: http://www.i2.com/web505/media/B6636301-3318-4DEA-8B7E6EBDD0CBE681.pdf, Jan. 2003c.

ILOG. Homepage. URL: http://www.ilog.com, Jan. 2003.

J.D. Edwards, Homepage. URL: http://www.jdedwards.com, Jan. 2003.

Kalcsics, J., T. Melo, S. Nickel, V. Schmid-Lutz (2000). Facility location decisions in supply chain management: *Operations Research Proceedings 1999*, Springer, Berlin, pp. 467–472.

Kilger, C., L. Schneeweiss (2002a). Computer assembly, in: H. Stadtler, C. Kilger (eds.), *Supply Chain Management and Advanced Planning*, 2nd edn., Springer, Berlin, pp. 335–352. Chapter 20.

Kilger, C., L. Schneeweiss (2002b). Demand fulfilment and ATP, in: H. Stadtler, C. Kilger (eds.), *Supply Chain Management and Advanced Planning*, 2nd edn., Springer, Berlin, pp. 161–175. Chapter 9.

Kilger, C., A. Stahuber (2002). Integrierte Logistiknetzwerke in der High Tech Industrie – Case Study i2 Technologies, in: H. Baumgarten, H. Stabenau, J. Weber, J. Zentes (eds.), *Management*

integrierter logistischer Netzwerke, Verlag Paul Haupt, Bern, pp. 477–505.
Kolisch, R. (1995). *Project Scheduling under Resource Constraints*, Physica-Verlag, Heidelberg.
Kolisch, R., M. Brandenburg, C. Krüger (2000). Numetrix/3 Production Scheduling. *OR Spektrum* 22, 307–312.
Lawler, E.L., J.K. Lenstra, A.H.G. Rinnooy Kan, D.B. Shmoys (1993). Sequencing and scheduling: Algorithms and complexity, in: S.C. Graves, A.H.G. Rinnooy Kan (eds.), *Logistics of Production and Inventory*, volume 4 of *Handbooks in OR and MS*. North-Holland, Amsterdam, pp. 445–522, Chapter 9.
Lee, H., V. Padmanabhan, S. Whang (1997). Information distortion in a supply chain: The bullwhip effect. *Management Science* 43(4), 546–558.
Lewandowski, R. (1969). *Ein voll adaptionsfähiges Modell zur kurzfristigen Prognose*, AKOR-Tagung, Aachen.
Lewandowski, R. (1982). Sales forecasting by FORSYS. *Journal of Forecasting* 1, 205–214.
Liberatore, M. J., T. C. Miller (1985). A hierarchical production planning system. *Interfaces* 15(4), 1–11.
Makridakis, S., S. C. Wheelwright, R. Hyndman (1998). *Forecasting*, 3rd edn., John Wiley and Sons, New York.
Manugistics. Homepage. URL: http://www.manugistics.com, Jan. 2003.
Meal, H. C. (1984). Putting production decisions where they belong. *Harvard Business Review* 2(Mar.–Apr.), 102–111.
Meyr, H. (2000). Simultaneous lotsizing and scheduling by combining local search with dual reoptimization. *European Journal of Operational Research* 120(2), 311–326.
Meyr, H., J. Rohde, L. Schneeweiss, M. Wagner (2002a). Architecture of selected APS, in: H. Stadtler, C. Kilger (eds.), *Supply Chain Management and Advanced Planning*, 2nd edn., Springer, Berlin, pp. 293–304. Chapter 17.
Meyr, H., J. Rohde, H. Stadtler (2002b). Basics for modelling, in: H. Stadtler, C. Kilger (eds.), *Supply Chain Management and Advanced Planning*, 2nd edn., Springer, Berlin, pp. 45–70. Chapter 3.
Meyr, H., M. Wagner, J. Rohde (2002c). Structure of Advanced Planning Systems, in: H. Stadtler, C. Kilger (eds.), *Supply Chain Management and Advanced Planning*, 2nd edn., Springer, Berlin, pp. 99–104. Chapter 5.
Miller, T. C. (2001). *Hierarchical Operations and Supply Chain Planning*, Springer, Berlin.
Miller-Williams, Inc. Miller-Williams Estimates i2 Customers Have Received $ 29.9B in Value. URL: http://www.millwill.com/news/pr-201338.htm, Jan. 2003.
Miller-Williams, Inc., i2 Technologies. i2 Technologies customer value report. Technical report, Oct. 2000.
Minner, S. (2000). *Strategic Safety Stocks in Supply Chains*. Volume 490 of *Lecture Notes in Economics and Mathematical Systems*, Springer, Berlin.
Mohamed, Z. M. (1999). An integrated production–distribution model for a multi-national company operating under varying exchange rates. *International Journal of Production Economics* 58, 81–92.
Morton, T.E., D.W. Pentico (1993). *Heuristic Scheduling Systems*. Wiley series in engineering and technology management. John Wiley and Sons, New York.
Nahmias, S. (2001). *Production and Operations Analysis*, 4th edn., McGraw-Hill/Irwin, Boston.
Negenman, E.G. (2000) *Material Coordination under Capacity Constraints*. PhD thesis, Technische Universiteit Eindhoven, Eindhoven, Netherlands.
Nemhauser, G.L., L.A. Wolsey (1988). *Integer and Combinatorial Optimization*. Wiley-Interscience series in discrete mathematics and optimization. John Wiley and Sons, New York.
Orlicky, J. (1975). *Material Requirements Planning: The New Way of Life in Production and Inventory Management*, McGraw-Hill, Hamburg.
Ousterhout, J. K. (1994). *TCL and the TK Toolkit*, Addison-Wesley, Bonn.
Özdamar, L., T. Yazgac (1999). A hierarchical planning approach for a production–distribution system. *International Journal of Production Research* 37(16), 3759–3772.
Pole, A., M. West, J. Harrison (1994). *Applied Bayesian Forecasting and Time Series Analysis*, Chapman and Hall, New York.
Popp, W. (1983). Strategische Planung für eine multinationale Unternehmung mit gemischt-

ganzzahliger Programmierung. Eine Fallstudie. *OR Spektrum* 5(1), 45–57.
Ratliff, H. D., W. G. Nulty (1997). Logistics composite modeling, in: A. Artiba, S. E. Elmaghraby (eds.), *The Planning and Scheduling of Production Systems*, Chapman and Hall, London, pp. 10–53.
Richter, M., V. Stockrahm (2002). Scheduling of synthetic granulate, in: H. Stadtler, C. Kilger (eds.), *Supply Chain Management and Advanced Planning*, 2nd edn., Springer, Berlin, pp. 305–319. Chapter 18.
Rodens-Friedrich, B., S. A. Friedrich (2002). dm-drogerie markt: Vendor Managed Inventory, in: D. Corsten, C. Gabriel (eds.), *Supply Chain Management erfolgreich umsetzen*, Springer, Berlin, pp. 165–185.
Rohde, J., M. Wagner (2002). Master planning, in: H. Stadtler, C. Kilger (eds.), *Supply Chain Management and Advanced Planning*, 2nd edn., Springer, Berlin, pp. 143–160. Chapter 8.
SAP AG. Homepage. URL: http://www.sap.com, Jan. 2003.
Schneeweiss, C. (1999). *Hierarchies in Distributed Decision Making*, Springer, Berlin.
Schneeweiss, L., U. Wetterauer (2002). Semiconductor manufacturing, in: H. Stadtler, C. Kilger (eds.), *Supply Chain Management and Advanced Planning*, 2nd edn., Springer, Berlin, pp. 321–334. Chapter 19.
Shapiro, J. F. (1999). Bottom-up vs. top-down approaches to supply chain modeling, in: S. R. Tayur, R. Ganeshan (eds.), *Quantitative Models for Supply Chain Management*, Kluwer Academic Publishers, Boston, MA, pp. 737–759. Chapter 7.
Shapiro, J. F. (2001). *Modeling the Supply Chain*, Duxbury, Pacific Grove CA.
Silver, E. A., D. F. Pyke, R. Peterson (1998). *Inventory Management and Production Planning and Scheduling*, 3rd edn., John Wiley and Sons, New York.
Smith, S. F. (1995). Reactive scheduling systems, in: D. E. Brown, W. T. Scherer (eds.), *Intelligent Scheduling Systems*, Kluwer Academic Publishers, Boston, MA, pp. 155–192.
Stadtler, H. (1986). Hierarchical production planning: Tuning aggregate planning with sequencing and scheduling, in: S. Axsäter, C. Schneeweiss, E. Silver (eds.), *Multi-Stage Production Planning and Inventory Control*, volume 266 of *Lecture Notes in Economics and Mathematical Systems*, Springer, Berlin, pp. 197–226.
Stadtler, H., C. Kilger (eds.) (2002). *Supply Chain Management and Advanced Planning*, 2nd edn., Springer, Berlin.
Stephens, S. (2001). Supply chain council and supply chain operations reference (SCOR) model overview. Supply Chain Council, 303 Freeport Road, Pittsburgh, PA 15215, USA, URL: http://www.supplychainworld.org/WebCast/SCOR50_overview.ppt, Apr. 2001.
SynQuest Inc. Homepage. URL: http://www.synquest.com, Jan. 2003.
Tappe, D., K. Mussäus (1999). Efficient Consumer Response als Baustein im Supply Chain Management, in: S. Meinhardt, K. Hildebrand (eds.), *Supply Chain Management*, HMD – Praxis der Wirtschaftsinformatik 36/207, Hüthig, pp. 47–57.
Tempelmeier, H. (2000). A simple heuristic for dynamic order sizing and supplier selection with time-varying data. Technical report, Department of Production Management, University of Cologne, Germany (to appear in *Production and Operations Management*).
Tempelmeier, H., M. Derstroff (1996). A lagrangean-based heuristic for dynamic mulitlevel multiitem constrained lotsizing with setup times. *Management Science* 42(5), 738–757.
Thomas, D. J., P. M. Griffin (1996). Coordinated supply chain management. *European Journal of Operational Research* 94, 1–15.
Thomas, L.J., J.O. McClain (1993). An overview of production planning, in: S.C. Graves, A.H.G. Rinnooy Kan (eds.), *Logistics of Production and Inventory*, volume 4 of *Handbooks in OR and MS*, North-Holland, Amsterdam, pp. 333–370, Chapter 7.
Vercellis, C. (1999). Multi-plant production planning in capacitated self-configuring two-stage serial systems. *European Journal of Operational Research* 119, 451–460.
Vidal, C. J., M. Goetschalckx (1997). Strategic production–distribution models: A critical review with emphasis on global supply chain models. *European Journal of Operational Research* 98(1), 1–18.
Vidal, C. J., M. Goetschalckx (2000). Modeling the effect of uncertainties on global logistics systems. *Journal of Business Logistics* 21(1), 95–120.
Vidal, C. J., M. Goetschalckx (2001). A globl supply chain model with transfer pricing and

transportation cost allocation. *European Journal of Operational Research* 129(1), 134–158.
Vollmann, T. E., W. L. Berry, D. C. Whybark (1997). *Manufacturing Planning and Control Systems*, 4th edn., McGraw-Hill/Irwin, Boston.
Voss, S., D. L. Woodruff (2000). Supply chain planning: Is mrp a good starting point?, in: H. Wildemann (ed.), *Supply Chain Management*, TCW Transfer-Centrum-Verlag, München, pp. 177–203.
Voss, S., D. L. Woodruff (2003). *Introduction to Computational Optimization Models for Production*, Springer, Berlin.
Wagner, M. (2002). Demand planning, in: H. Stadtler, C. Kilger (eds.), *Supply Chain Management and Advanced Planning*, 2nd edn., Springer, Berlin, pp. 123–141. Chapter 7.
Wagner, M., H. Meyr (2002). Food and beverages, in: H. Stadtler, C. Kilger (eds.), *Supply Chain Management and Advanced Planning*, 2nd edn., Springer, Berlin, pp. 353–370. Chapter 21.
Wight, O. (1981). *MRPII: Unlocking America's Productivity Potential*, CBI Publishing, Boston.
Zäpfel, G., H. Missbauer (1993). New concepts for production planning and control. *European Journal of Operational Research* 67, 297–320.
Zijm, W. H. M. (1992). Hierarchical production planning and multi-echelon inventory management. *International Journal of Production Economics* 26, 257–264.
Zijm, W. H. M. (2000). Towards intelligent manufacturing planning and control systems. *OR Spektrum* 22, 313–345.
Zoryk-Schalla, A.J. (2001). *Modeling of Decision Making Processes in Supply Chain Planning Software*. PhD thesis, Eindhoven University of Technology, Eindhoven, NL.
Zuo, M., W. Kuo, K. L. McRoberts (1991). Application of mathematical programming to a large-scale agricultural production and distribution system. *Journal of the Operational Research Society* 42(8), 639–648.

第10章

サプライチェーンの運用①：
直列および分配在庫システム

1. はじめに

1.1 多階層在庫システム

　多階層（multi-echelon）在庫システムは，物流および生産の両面で，サプライチェーンにおいて一般的なものである．物流においては，製品が広範な地域へ配送されるとき，そのようなシステムに直面する．優れたサービスを提供するためには，さまざまな地域の顧客に対応した，地元の倉庫が必要である．これら地元の倉庫へは，生産拠点に近い中央の倉庫から補充される．一方，生産においては，原材料，部品，完成品の在庫が同様な意味で結び付いている．

　多階層在庫システムの管理は，サプライチェーン運用の核心部分である．その総合的な目的は一般的に，発注費用，サプライチェーンへ投資された資本費用，顧客に十分なサービスが提供できないことへのペナルティを最小化することである．本章では，その目的に使用できるさまざまな手法を取り扱う．そのような手法は，サプライチェーンの運用上の管理に役立つだけでなく，代替となるサプライチェーンの構造の有効性を評価する際にも必要である．

　多階層在庫システムの効率的な管理の実現可能性は，過去20数年間にわたってかなり高まってきた．一つの理由は研究の進展であり，より普遍的でより有効な新しい手法の開発である．他の理由は新しい情報技術の進展であり，サプライチェーンの協調のための技術的可能性を劇的に増大させた．第9章と第12章も参照されたい．サプライチェーンは，必ずしも単一の企業の一部分ではない．したがって，異なった企業が物の流れを改善するために，互いに協力することが求められる．

1.2 さまざまなシステム構造

　本章の主要な関心事は，確率需要をもつ分岐型あるいは分配型の在庫システムである．そのようなシステムは，物流分野において最もありふれたものである．図10.1は，中央倉庫と多くの小売店をもつ2階層分配システムを示している．このようなシ

第10章 サプライチェーンの運用①：直列および分配在庫システム

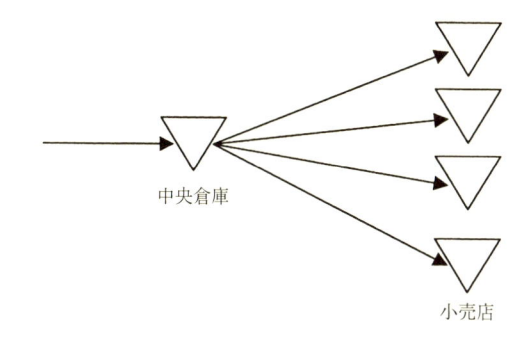

図 10.1 2 階層分配在庫システム

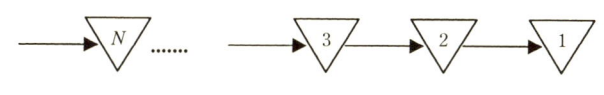

図 10.2 直列システム

ステムは，生産においても生じる．そのとき，中央倉庫はサブ組立の在庫に対応し，多くの異なった最終製品を生産する際に使用される．図中の小売店在庫は，これら最終製品の在庫に対応している．

分岐システムにおいては，各拠点（installation）は，最大 1 つの上流拠点をもっている．各拠点が最大 1 つの下流拠点をもつ逆の場合が，組立システムである．そのようなシステムは第 11 章で論じられるが，生産においてよく見かけるものである．直列システム（図 10.2）は，明らかに，分配システムと組立システムの両者の特別な場合である．

実際，われわれはかなり頻繁に，ある拠点が複数の上流拠点のみならず複数の下流拠点をもつ，一般システムに遭遇する．そのようなシステムを科学的手法で取り扱うのは非常に困難である．第 12 章も参照されたい．

1.3 目　　的

本章の目的は，確率需要をもつ直列および分配在庫システムを解析するためのモデルと技法を示し，論議することである．主要な関心事は政策の評価であるが，発注点の最適化をも論じ，いくつかの広く知られた発注システムを比較する．本章を通じてバッチ量は所与のものと仮定する．それらは，たとえば決定論的なモデルにおいてはあらかじめ定められていたものである．単一階層モデルに対する結果は，これが非常によい近似を与えることを示している．Zheng（1992）と Axsäter（1996）を参照されたい．決定的なロットサイジングのための効率的な手法は，Roundy（1985, 1986）と Muckstadt and Roundy（1993）に示されている．さらに，サプライチェーン全体を最適化したいと思っているただ 1 人の意思決定者が存在するものと仮定す

る．

　本章は，直列および分配在庫システムを取り扱う最初の解説ではない．Axsäter (1993b)，Federgruen (1993)，Diks et al. (1996)，Van Houtum et al. (1996) による関連した解説も参照されたい．また，数冊の最近の教科書でもこの分野は取り上げられている．Sherbrooke (1992b)，Silver et al. (1998)，Axsäter (2000a)，Zipkin (2000) を参照されたい．安全在庫の保持と設定に対する他のアプローチは，第3，第8，第12章で論じられている．

1.4 消費可能な品目と修理可能な品目

　本章は，消費可能な品目を取り扱う．しかし，修理可能な品目も全く同様な方法で取り扱うことができることに注意したい．この分野における初期の重要な業績（たとえば，Sherbrooke, 1968）には，修理可能な品目を扱うシステムに焦点を絞ったものがあり，それらは特に多くの軍事的な応用で一般的なものである．

　消費可能な品目と修理可能な品目間の関係を理解するために，再度，図10.1における分配在庫システムを考える．在庫は，故障した部品と交換できる補修部品を含んでいるものと仮定する．ある部品が故障したとき，それは地域サイト（小売店）にある部品と取り替えられる．もしその部品が直ちに取替できないときには，それは受注残となる．同時に，地域サイトは中央サイトから新しい部品を補充し，故障した部品は修理のために中央サイトへ送られ，中央サイトに在庫される．ここで，全拠点が一対一発注政策を適用する，消費可能品目に対する同じ分配システムを考える．地域サイトから中央サイトへの輸送時間と修理時間の和が，消費可能品目を扱うシステムにおける倉庫リードタイムと同じであれば，2つのシステムは同等であることがわかる．修理可能品目のより詳しい研究は，Nahmias (1981) と Sherbrooke (1992b) を参照されたい．

1.5 本章の概要

　2節では，多階層在庫管理との関連で共通しているさまざまな発注政策を比較し，論じる．それから，直列在庫システムの評価と最適化を3節で考える．4節では，分配システムにおける補充点 S まで補充する政策，すなわち補充点 S 政策を評価し，最適化するモデルを取り扱う．さらに5節では，分配システムにおける一般的なバッチ発注政策を論じる．結論として6節で，いくつかの所見を述べる．

2. さまざまな発注政策

　まず最初に2.1項で，連続観測と周期観測の利点と不利な点を論じる．2.2項では，最適発注政策の構造について知られていることに注釈を加える．拠点在庫と階層 (echelon) 在庫の発注点政策を2.3項で比較し，最後にMRP (material requirement planning) とかんばん (kanban) 政策を 2.4 項で論じる．第 12 章の発注政策に関する議論も参照されたい．

2.1 連続観測と周期観測

もし在庫システムが連続的に観測されており，管理行動が任意の時点で可能であれば，連続観測在庫システムである．もう一つのシステムは，在庫システムの状態を周期的にチェックし，管理行動をこれら離散的な点検時に限定する，周期観測システムと呼ばれるものである．連続観測システムは，一般的に周期観測システムよりいくぶん効率的ではあるが，運用により費用を要する．少ない需要の場合には相対的に少ない発注となり，連続観測システムが経済的に実行可能であり，しばしば使用に適している．大量需要の品目に対しては，一般的に周期観測がより実際的である．非常に短い観測周期をもつ周期観測システムは，本質的に対応する連続観測システムのコピーになるであろう．

多階層在庫モデルを取り扱うとき，一般的に連続観測モデルを対応する周期観測モデルに変換することが可能であり，逆もまた可能である．本章では両タイプのモデルを取り扱う．連続観測か周期観測かの選択は，一般的に各タイプのモデルに対して，従来の文献で最も多いものを反映する．

周期観測システムの運転費用が連続観測システムより低いことは，すでに述べた．しかし，周期観測は他の理由からも，ある状況で有利となることを注意すべきである．たとえば，もし設備能力の円滑な利用を進めるために，複数の品目への発注を調整したいならば，周期観測システムが適合する．その際，同じ機械で生産される複数の品目が同時に発注されることのないように観測時点を選択することができる．さらに，最も簡単な発注システムである，いわゆる基点在庫政策，すなわち補充点 S 政策を用いるとき，連続観測システムは顧客需要と等しい補充量を指示することになる．このとき，相対的に長い観測周期をもつ周期観測システムを用いれば，複雑なバッチ発注政策を避けながら，システムにバッチ単位での発注を実行させることができる．連続観測の場合には，上流サイトで先着順サービス（first come first served：FCFS）規則を適用するのが自然であることが多い．他の割当規則を適用するときには，周期観測環境がより取り扱いやすい．

2.2 最適政策

ある評価基準（たとえば，在庫維持費用と受注残費用の最小化）が確率需要をもつ多階層在庫システムに対して定められたものと仮定する．最適政策はどのようになるであろうか．単一階層システムに対しては，いわゆる (s, S) 政策，すなわち，在庫位置（＝手持ち在庫量＋発注残－受注残）が s 以下に低下すれば S まで発注する政策が，非常に一般的な条件の下で最適であることが知られている．直列多階層在庫システムに対しても最適性に関する対応した結果が若干存在する（Clark and Scarf,

1960；Chen, 2000；Muharremoglu and Tsitsiklis, 2001 参照). しかしながら,一般的に最適政策は,かなり複雑になるものと思われる. あるサイトから他のサイトへあるバッチを送る最適決定は,すべてのサイトにおける在庫状態に依存するであろう. したがって簡単のために,管理政策の構造を制限するのが普通である. たとえば,すべての拠点で単純な発注点政策を適用するのが一般的である. 最適化とは,通常そのような単純な決定ルールを調整して,可能な最善のやり方で運用することを意味している. 本章では,そのような最適化が中央集権的な決定モデルで実行できるものと仮定する. サプライチェーンにおける拠点が異なった企業に属するとき,最適に近い全体的性能を保持しながらも,その決定が地域的に分散化された企業によって行われることを要求する. そのような問題は第6,第7章で論じられている.

2.3 拠点在庫政策 vs 階層在庫政策

単一階層在庫管理との関連で最もありふれた管理政策は,いわゆる (R, Q) 政策である. ここで, R は発注点であり, Q はバッチサイズである. 在庫位置が R を下回れば,サイズ Q の何倍かのバッチ (通常1バッチ) を発注し,その結果,在庫位置は R より必ず大きくなり, $R+Q$ 以下となる. 連続観測で連続需要あるいは1個ずつの単位需要の場合には,発注するときには常に発注点であり,この政策は $s=R$, $S=R+Q$ とした (s, S) 政策と一致する. 基点在庫政策, すなわち,補充点 S 政策 (S 政策) は,常に在庫位置 S まで補充するように発注することを意味している. 整数値をとる需要の場合には,そのような政策は,(R, Q) 政策で $R=S-1$, $Q=1$ としたもの,および (s, S) 政策で $s=S-1$ とした特殊な場合になる. この政策は,しばしば $(S-1, S)$ 政策とも表される.

(R, Q) 政策は,多階層在庫管理との関連においても,各拠点がその政策を採用するという意味でありふれた政策である. しかしながら,発注点とバッチサイズは各拠点ごとに異なるのが普通である. 多階層在庫システムを取り扱う際,この政策は通常,拠点在庫 (R, Q) 政策と表され, R は拠点在庫発注点である. この理由は,その政策を関連した政策,いわゆる階層在庫 (R, Q) 政策と区別したいためである.

ある拠点の階層在庫位置は,その拠点の在庫位置＋下流にあるすべての拠点の拠点在庫位置の和である. 再び,図10.1,10.2を考える. 下流に拠点をもたない拠点 (図10.1の小売店と図10.2の拠点1) では,階層在庫位置は拠点在庫位置と同じである. 図10.1における倉庫の階層在庫位置は,倉庫の拠点在庫位置とすべての小売店の拠点在庫位置の和である. 同様に,図10.2における拠点 n の階層在庫位置は,拠点1, 2, …, N に対する各拠点の拠点在庫位置の総和である.

階層在庫 (R, Q) 政策は,拠点在庫位置の代わりに階層在庫位置を考える点を除けば,拠点在庫 (R, Q) 政策と全く同等に機能する. 通常,階層在庫位置は対応する拠点在庫位置よりも大きくなる. したがって,階層在庫発注点は拠点在庫発注点よりも一般的に大きくなる. 階層在庫発注点政策の基本的な考え方は,ある拠点におけ

る補充の必要性は，その拠点における局所的な在庫だけに影響されないことである．というのは，もし下流の拠点の在庫水準が低ければ，近い将来に発注が行われ，考察している拠点ではより多くの在庫をもつ必要があるからである．

多階層発注点政策を取り扱うとき，在庫位置が発注点を下回ったときに常に発注が行われることを仮定する．これは，たとえ上流拠点が手持ち在庫をもたなくてもそうである．そしてその発注は，その上流拠点で受注残となる．文献において時々，発注は上流拠点から納入できるまで遅延されるという同等な取り決めを見かける．これは在庫位置に影響を与えるが，システム管理上，何ら影響はない．

拠点在庫政策と階層在庫政策をより詳しく比較する．図10.2における直列在庫システムを考える．拠点1は，顧客需要に直面している．ここでは，拠点在庫 (R, Q) 政策と階層在庫 (R, Q) 政策の関係を解析する．バッチサイズが次式のように与えられているものとする．

$\quad\quad Q_n =$ 拠点 n $(n=1, 2, \cdots, N)$ のバッチサイズ

拠点 n のバッチサイズは，拠点 $n-1$ のバッチサイズの整数倍と仮定する．

$$Q_n = j_n Q_{n-1} \tag{2.1}$$

ここで，j_n は正整数である．この仮定は，文献では普通であるが，拠点における配分政策が発注をすべて納入するかしないかである場合には，自然なものである．そのとき，各拠点における拠点在庫は，常に次の下流拠点のロットサイズの整数倍でなければならない．

次の記号を導入する．

$\quad IP_n^i$：拠点 n の拠点在庫位置

$\quad IP_n^e : IP_n^i + IP_{n-1}^i + \cdots + IP_1^i =$ 拠点 n の階層在庫位置

$\quad R_n^i$：拠点 n の拠点在庫発注点

$\quad R_n^e$：拠点 n の階層在庫発注点

システムは，次式を満たす初期在庫位置 IP_n^{i0} と IP_n^{e0} で始まるものと仮定する．

$$R_n^i < IP_n^{i0} \leq R_n^i + Q_n, \quad R_n^e < IP_n^{e0} \leq R_n^e + Q_n \tag{2.2}$$

これらの条件は，各拠点が少なくとも1回発注すれば，常に成立することは，容易にわかる．

まず，最初の考察を始める．連続観測あるいはすべてのサイトが同じ周期をもつ周期観測を仮定する．はじめに拠点在庫政策を考える．拠点 $n>0$ の発注は，常に拠点 $n-1$ の発注により引き起こされる．したがって，もし拠点 n が発注すれば，同時に拠点 $n-1, n-2, \cdots, 1$ も発注していなければならない．このような政策を入れ子構造と呼ぶ．次に，階層在庫政策を考え，拠点 $n-1$ が発注するものと仮定する．これは，拠点 $n-1$ の拠点在庫位置が発注量だけ増加することを意味するが，同時に拠点 n の拠点在庫位置が同じ量だけ減少することも意味する．したがって，拠点 n の階層在庫位置は変化しない．階層在庫位置が減少するのは，拠点1における最終需要によるものだけである．結局，階層在庫政策は必ずしも入れ子構造ではないと結論で

きる.

 簡単のために,連続観測で1個ずつの需要を考える.しかし,これから導く結果は,周期観測や任意のタイプの需要に対しても有効である.Axsäter and Rosling (1993) を参照されたい.まず,拠点在庫発注点が $IP_n^{i0} - R_n^i$ が Q_{n-1} の整数倍となるように選ばれているものと仮定する.拠点 n におけるすべての需要は Q_{n-1} ずつであり,すべての補充は式 (2.1) より Q_{n-1} の倍数である.したがって,この仮定は単に,在庫位置が注文するときにちょうど発注点になっていることを意味している.代わりに,$1 \le y < Q_{n-1}$ となる y を用いた発注点 $R_n^i + y$ は,同じ時点と同じ在庫位置で発注を引き起こす.ただ1つの違いは,発注点が y だけ高くなっているため,発注時に在庫位置がその発注点より y だけ下回ることだけである.したがって,この仮定は何ら一般性を失わない.

 拠点在庫発注点政策が与えられているものと仮定し,次を証明する.

命題1 与えられた拠点在庫発注点政策は,同等な階層在庫発注点政策で置き換えることができる.

証明 拠点 n を考える.拠点在庫政策は入れ子構造であることを思い出そう.さらに $IP_n^{i0} - R_n^i$ が Q_{n-1} の整数倍であるという仮定から,注文が引き起こされるときにちょうど発注点になっている.したがって,拠点 n の発注直後,階層在庫位置は次のようになる.

$$IP_n^e = \sum_{k=1}^{n} (R_k^i + Q_k) \qquad (2.3)$$

拠点 n での発注直前における階層在庫位置は,Q_n だけ低くなっている.したがって,明らかに拠点 n における拠点在庫政策を発注点が,次式で与えられる階層在庫政策で置き換えることができる.

$$R_n^e = R_n^i + \sum_{k=1}^{n-1} (R_k^i + Q_k) \qquad (2.4)$$

これは,任意の拠点で成立する. ∎

 命題1がどのように応用されるかを,簡単な例で示そう.

例題1 $N=2$ 拠点でバッチサイズ $Q_1=10$,$Q_2=20$ を考える.式 (2.1) が満たされていることに注意する.拠点在庫発注点が $R_1^i=22$,$R_2^i=35$ であり,初期の拠点在庫位置が $IP_1^{i0}=27$,$IP_2^{i0}=50$ であると仮定する.$IP_2^{i0} - R_2^i = 50 - 35 = 15$ は,Q_1 の倍数になっていないことに注意する.したがって,仮定から $IP_2^{i0} - R_2^i$ が Q_1 の倍数になるように $R_2^i = 30$ と変更すれば,以後同一の発注パターンが得られる.そのとき,式 (2.4) より同等な階層在庫発注点政策,$R_1^e = R_1^i = 22$,$R_2^e = R_2^i + R_1^i + Q_1 =$

$30+22+10=62$ を得る.$IP_1^{eo}=27$,$IP_2^{eo}=50+27=77$ であることから,得られた階層在庫発注点政策は拠点在庫政策と同じ発注パターンを引き起こすことが容易にわかる.その発注パターンは,もし R_2^i を少し,たとえば 30 から 35 へ増加させたとしても変化しないことを思い出そう.しかし,R_2^e を 62 から 67 へ変化させれば,拠点 2 における発注はより早く起こり,その政策はもはや入れ子構造ではない.

命題 1 は,在庫位置だけにかかわっていた.したがって,その結果はリードタイムには影響を受けない.さらにその結果は,需要が決定的であろうが確率的であろうが,任意のタイプの需要に対して成立する.

例題 1 は,入れ子構造でない階層在庫発注点政策が存在することを示している.そのような政策は,明らかに同等な拠点在庫政策で置き換えることはできない.しかしながら,次の命題を証明することができる.ここでも,連続観測で 1 個ずつの需要に対して証明するが,その結果はより一般的な状況でも成立する.

命題 2　入れ子構造階層在庫発注点政策は,同等な拠点在庫発注点政策で置き換えることができる.

証明　入れ子構造階層在庫政策が,所与のものとする.まず,$R_1^i=R_1^e$ を用いれば,拠点 1 での発注は階層在庫政策と同時に引き起こされることがわかる.その階層在庫政策をもつ拠点 $n>1$ での発注を考える.入れ子構造から,その発注直後に次式が成り立つ.

$$IP_n^i = IP_n^e - IP_{n-1}^e = R_n^e + Q_n - R_{n-1}^e - Q_{n-1} \qquad (2.5)$$

したがって,発注点

$$R_1^i = R_1^e, \quad R_n^i = IP_n^i - Q_n = R_n^e - R_{n-1}^e - Q_{n-1}, \quad n>1 \qquad (2.6)$$

をもつ拠点在庫政策は,階層在庫政策と同時に発注を引き起こす.　∎

簡単に留意点を補足する.命題 1, 2 は単純に,拠点在庫 (R, Q) 政策がより広い階層在庫 (R, Q) 政策の部分集合であることを意味している.したがって,ある評価基準が与えられれば,階層在庫発注点政策のクラスでの最適化は,常に拠点在庫発注点政策上での最適化で達成できるものに比べ,少なくとも同等の結果を与える.その差が無視できないものとなることを説明するために,Axsäter (2000a) からの簡単な例を考える.

例題 2　$N=2$ 拠点でバッチサイズが $Q_1=50$,$Q_2=100$ の直列システム(図 10.2 参照)を考える.拠点 1 における最終需要は,一定で連続であり,単位時間あたり 50 単位である.拠点 1 では受注残は許されず,拠点 1 での在庫維持費用は拠点 2 での在庫維持費用より高い.拠点 1 でのリードタイム(拠点 2 で起こりうる遅れは除く)は 1 単位時間であり,拠点 2 では 0.5 単位時間である.

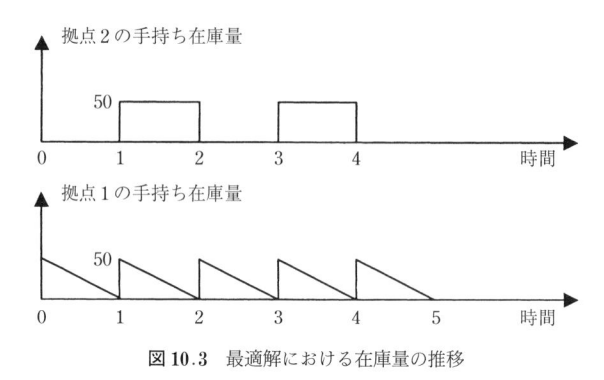

図 10.3 最適解における在庫量の推移

このシステムの最適発注パターンは，図 10.3 に示されている．拠点 2 へのバッチの配送はジャストインタイムに行われる．その配送直後，50 単位が拠点 1 へ送られる．しかし，これは入れ子構造ではないため，拠点在庫 (R, Q) 政策では達成できない．拠点 2 は，拠点 1 が発注するとき，すなわち時刻 0, 1, 2, … でのみ発注することができる．しかしここでは，拠点 2 でのリードタイムが 0.5 であるから，拠点 2 では時刻 0.5, 2.5, … に発注する方がよい．そのとき，もし拠点在庫政策を用いるのであれば，2 つの可能性がある．拠点 2 で早すぎる発注を行うか，遅すぎる発注を行うかである．もし遅すぎる発注を行えば，受注残を避けるために拠点 1 での発注点を上げる必要がある．いずれにせよ，これは余分な費用を発生させる（Axsäter and Juntti, 1996 参照）．最適発注パターンは，$R_1^e = 50$, $R_2^e = 75$ の階層在庫政策で達成される．時刻 0.5 の直前まで拠点在庫位置は拠点 2 では 0 であり，バッチサイズ 50 が拠点 1 へ輸送中であるので，拠点 1 では時刻 0.5 に 75 になる．

もしすべての $Q_n = 1$ であれば，考慮中の (R, Q) 政策は S 政策に帰着する．しかし，拠点在庫 S 政策同様，階層在庫 S 政策も常に入れ子構造となる．命題 1，2 の結果から，次の条件を満たす階層在庫 S 政策と拠点在庫 S 政策は同値である．

$$S_n^e = \sum_{j=1}^{n} S_j^i \tag{2.7}$$

この同値性は，一般的な多階層在庫システム，たとえば図 10.1 における分配システムでも成立する．

命題 1，2 は組立システムに対しても成立するが，分配システムに対しては成立しない．分配システムに対しては，最良の階層在庫発注点政策は最良の拠点在庫発注点政策より優れているかもしれないが，逆の可能性もあるかもしれない．詳細については，Axsäter and Juntti（1996）と Axsäter（1997a）を参照されたい．

2.4 その他の発注政策

拠点在庫あるいは階層在庫に基づく発注点政策は，比較的定常な確率需要を取り扱

う際には最もありふれたものである．需要が凹凸な生産環境においては，MRP を用いるのが普通である．この形の発注システムが配送システムに用いられるとき，しばしば DRP（distribution requirements planning）と呼ばれる．MRP は，通常，周期観測の設定で用いられるが，最初に標準的な MRP 手順をまとめておく．

計画はローリング期間の設定で実行され，以下のパラメータに基づいている．

T：計画期間（期）
L_n：拠点 n の一定のリードタイム（期）
SS_n：拠点 n の安全在庫量
Q_n：拠点 n の発注量
$D_{n,t}$：t 期における拠点 n の外部所要量

外部所要量は予測であり，実際の確率需要量とは通常違ってくる．ある期の実際の需要量は，次の期のはじめの在庫状況に影響を与える．ここでは，最終の顧客による需要にのみ直面している拠点レベルから始まる，レベルごとのアプローチにより生産計画を立てる．これら拠点がレベル 0 と呼ばれる．いわゆる基準生産計画（master production schedule：MPS）が，レベル 0 における所要量を与える．ある期における生産指示は，拠点在庫量―リードタイム所要量が，安全在庫量を切れば発令される．このようにして，計画期間全般にわたってのすべての生産・発注指示に対するスケジュールを得るが，現在の期における生産・発注指示のみがこの期で実行される．次に，レベル 1，すなわちレベル 0 からの直接所要量に直面している拠点を考える．これらの拠点はまた，外部需要にも直面している．レベル 0 における発注指示は，1 リードタイム前のレベル 1 における対応する所要量を意味する．レベル 1 における生産を計画した後で，残されたレベルの計画を全く同様に行うことができる．

MRP は，全く一般的な発注システムである．Axsäter and Rosling（1994）は，一般システム（1.2 項参照）に対する次の優越結果を述べている．

命題3　一般在庫システムに対して任意の拠点在庫（R_n^i, Q_n）政策は，パラメータ $L_n = 0$，$SS_n = R_n^i + 1$ と設定した MRP システムにより，模擬することができる．

命題3が成立することをみるためには，$L_n = 0$ のときにはリードタイム所要量が存在せず，拠点在庫位置が安全在庫量より下回れば，すなわち，もし $IP_n^i < SS_n = R_n^i + 1$，整理して，もし $IP_n^i \leq R_n^i$ ならば，発注が発令されることに注意すればよい．

単純ではあるが，命題3はいくつかの興味ある結果，たとえばプッシュとプル政策の概念に関する結果を導く．拠点在庫発注点政策は一般的にプル政策と見なされ，MRP はプッシュ政策と見なされている．多階層システムを対象とするとき，プル政策はプッシュ政策より有利であるとしばしば示唆されている．命題3におけるパラメータ設定は，標準的なものではない．たとえば，システムリードタイムは一般的に，経験したリードタイムの平均に近付けて選ばれる．それにもかかわらず，考慮中のパ

ラメータは実行可能であり，これらパラメータ設定の下でプッシュ政策はプル政策であるかのように振る舞う．結局，プッシュとプルという概念は誤解を招きやすく，発注政策を比較できるほど十分正確なものではない．

階層在庫発注点政策とMRPに関する次の結果を示すことができる．

命題4 直列・組立システムに対しては，任意の階層在庫発注点政策は同等なMRPシステムで置き換えることができる．

命題4の証明とMRPシステムにおけるパラメータ選択は，この場合かなり複雑であり，詳細はAxsäter and Rosling (1994) を参照されたい．

拠点在庫 (R, Q) 政策に非常によく似た発注政策は，いわゆるかんばん (kanban) 政策である．ある拠点でかんばん政策を使用するとき，各々に Q 単位が入った，底にカード，すなわちかんばんを置いた N 個のコンテナを用いる．コンテナがカラになれば，そのカードは上流の拠点へ新しいコンテナを発注するために使われる．したがって，かんばん政策は，$R=(N-1)Q$ とした拠点在庫政策と非常によく似ている．しかしながら，もしすでに N 回の発注が未納で発注残となっていれば，すなわち手持ち在庫がなければ，利用できるかんばんは0であり，それ以上の発注は行われない．したがって，かんばん政策は，未納となっている発注数に制約がある拠点在庫発注点政策と見なすことができる．このような制約は，仕掛品を制限するので，時に有利である．Veatch and Wein (1994) と Spearman et al. (1990) を参照のこと．かんばんタイプの制約をもつ異なった多段階発注政策は，Axsäter and Rosling (1999) により比較されている．

2.3項で指摘したように，階層在庫発注点政策は，分配システム（図10.1）に対して拠点在庫発注点政策より，時に優れている．しかし，逆も起こりうる．結論は，階層在庫政策を用いることが，小売店における在庫状況に関する情報を考慮する最善の方法ではないということであろう．この情報を異なった方法で利用する政策は，Marklund (2002) と Cachon and Fisher (2000) によって評価されている．

3. 直列システム

3.1項では，よく知られたClark-Scarfモデルの無限計画期間版を考える．その後，3.2項では，バッチ発注政策の一般化を論ずる．

3.1 Clark-Scarf モデル

多階層在庫理論におけるよく知られた初期の成果は，Clark and Scarf (1960) による分解手法である．これはまた，階層在庫基準の原点でもあった．ここではこの手法を2階層直列システム（$N=2$ とした図10.2）に対して述べる．外部需要に直面し

ている拠点1は，拠点2から補給され，拠点2は無限の供給能力をもつ外部のサプライヤーから補給される．ある条件の下で，最適な階層在庫補充点を逐次求めることができることを示す．拠点1から始める．拠点1に対する最適な基点在庫政策が与えられれば，同様な方法で拠点2に対する政策を最適化できる．Clark and Scarf（1960）は，有限計画期間を考えた．しかしながら，われわれは，Federgruen and Zipkin（1984b）同様，無限計画期間を考える．

各拠点が階層在庫補充点 S 政策を用いる周期観測システムを考える．リードタイム（輸送時間）は，期間の整数倍であると仮定する．拠点1における連続な期間需要は，期ごとに独立であり，在庫が品切れとなった需要は受注残になるものとする．

すべての事象は，期首に次に示す順序で生起する．
① 拠点2が発注する．
② 外部サプライヤーからのその期の納品が拠点2へ到着する．
③ 拠点1が拠点2に注文する．
④ 拠点2からその期の納品が拠点1へ到着する．
⑤ その期の確率需要が拠点1で発生する．
⑥ 在庫維持費用と品切れ費用が評価される．

以下の記号を導入する．

L_j：拠点 j への補給に対するリードタイム（輸送時間）
$D(n)$：n 期間にわたる拠点1の確率需要
$f^n(v)$：n 期間にわたる拠点1の需要の確率密度関数
$F^n(v)$：n 期間にわたる拠点1の需要の累積分布関数
μ：拠点1における期あたり平均需要量
IL_j^e：拠点 j における確率階層在庫水準
IL_j^i：拠点 j における確率拠点在庫水準
e_j：拠点 j における期・単位量あたり階層在庫維持費用，$e_j \geq 0$
h_j：拠点 j における期・単位量あたり在庫維持費用，$h_1 = e_1 + e_2$，$h_2 = e_2$
b_1：期・単位量あたり受注残費用
S_j^e：拠点 j における階層在庫補充点

$IL_1^i = IL_1^e$ を思い出そう．すなわち，拠点1では拠点在庫と階層在庫に差がない．同様に，$S_1^e = S_1^i =$ 拠点1の拠点在庫補充点である．

ここでの目的は，在庫維持・受注残費用の総期待値を最小化することである．拠点における手持ち在庫に対する維持費用を考える．すなわち，$h_1 E(IL_1^i)^+ + h_2 E(IL_2^i)^+$ である．ここで，E は期待値を表し，記号 $x^+ = \max(x, 0)$，$x^- = -\min(x, 0)$ を用いる．$x^+ - x^- = x$ である．もう一つの方法は，階層在庫維持費用を用いることである．すなわち，$e_1 E(IL_1^e)^+ + e_2 E(IL_2^e)^+ = e_1 E(IL_1^i)^+ + e_2 (E(IL_2^i)^+ + E(IL_1^i)^+ + \mu L_1)$
$= h_1 E(IL_1^i)^+ + h_2 (E(IL_2^i)^+ + \mu L_1)$．この一定の差 $h_2 \mu L_1$ は，拠点2から拠点1への輸送中にかかる在庫維持費用である（$e_1 = h_1 - h_2$ は，拠点2から拠点1へ行くとき付

加される価値に対する在庫維持費用と解釈することができる).

任意の期 t における発注後の拠点 2 の階層在庫位置は常に S_2^e である．外部サプライヤーは十分な供給能力をもっており，発注されたものは直ちに拠点 2 へ送られる．ここで，$(t+L_2)$ 期の納入直後における拠点 2 の階層在庫水準 IL_2^e を考える．標準的な議論により，IL_2^e は $IL_2^e = S_2^e - D(L_2)$，すなわち $S_2^e - L_2$ 期間 $(t, t+1, \cdots, t+L_2-1)$ の需要，と表すことができる．拠点 1 の在庫位置は発注時に S_1^e へ上昇する．しかし，発注の一部が供給不足により拠点 2 で受注残となる可能性がある．次の記号を用いる．

$\hat{S}_1$：発注後に実現した在庫位置

拠点 1 からの発注直後における拠点 2 の拠点在庫水準は，
$$IL_2^i = IL_2^e - \hat{S}_1 = S_2^e - D(L_2) - \hat{S}_1$$
である．これは，その期を通して拠点 2 の拠点在庫水準となる．

次に，拠点 1 を考える．$(t+L_2)$ 期における発注後の在庫位置は S_1^e となり，拠点 2 の拠点在庫受注残は $(IL_2^i)^- = (S_2^e - D(L_2) - S_1^e)^-$ となる．その差，すなわち拠点 1 へ輸送中あるいは到着したものは，実現された在庫位置であり，
$$\hat{S}_1 = S_1^e - (S_2^e - D(L_2) - S_1^e)^- = \min(S_1^e, S_2^e - D(L_2)) \tag{3.1}$$
を得る．拠点 2 における期あたりの平均在庫維持費用は，
$$C_2(S_1^e, S_2^e) = h_2 E(S_2^e - D(L_2) - \hat{S}_1)^+$$
$$= h_2(S_2^e - \mu_2' - \hat{S}_1) + h_2 E(S_2^e - D(L_2) - \hat{S}_1)^-$$
$$= h_2(S_2^e - \mu_2') - h_2 E(\hat{S}_1) \tag{3.2}$$
となる．ここで，$\mu_2' = L_2 \mu$ である．$(t+L_1+L_2)$ 期における需要の後の拠点 1 の在庫水準 $IL_1^i(t+L_1+L_2)$ は，$\hat{S}_1 - (t+L_2, t+L_2+1, \cdots, t+L_2+L_1$ 期の需要，すなわち L_1+1 期間の需要 $D(L_1+1))$ として得られる．$\mu_1'' = (L_1+1)\mu$ とおく．$\hat{S}_1$ がこの需要に独立であることに注意する．今や拠点 1 における平均期間費用は，
$$C_1(S_1^e, S_2^e) = h_1 E(\hat{S}_1 - D(L_1+1))^+ + b_1 E(\hat{S}_1 - D(L_1+1))^-$$
$$= h_1(E(\hat{S}_1) - \mu_1'') + (h_1+b_1) E(\hat{S}_1 - D(L_1+1))^- \tag{3.3}$$
と表される．

費用を若干再配分する．式 (3.2) の最後の項 $-h_2 E(\hat{S}_1)$ は，$\hat{S}_1$ にのみ依存するので，拠点 1 へ移動すれば，
$$\hat{C}_2(S_2^e) = h_2(S_2^e - \mu_2') \tag{3.4}$$
および，
$$\hat{C}_1(S_1^e, S_2^e) = e_1 E(\hat{S}_1) - h_1 \mu_1'' + (h_1+b_1) E(\hat{S}_1 - D(L_1+1))^- \tag{3.5}$$
を得る．

この再配分は，もちろん総費用に影響しない．また，式 (3.4) は S_1^e に依存しない．拠点 1 における費用 (3.5) は，確率変数である $\hat{S}_1$ を通して S_2^e に依存するが，最適な S_1^e は S_2^e に独立であることがわかる．この興味深い事実を示すために，しばらくは，実現された在庫位置 $\hat{S}_1$ が確率変数であり，S_1^e と S_2^e に依存していることを

忘れよう．簡単のため，$\hat{S}_1$ の任意の値を選べるものと仮定する．これは，式 (3.5) を次式で置き換えることを意味している．

$$\hat{C}_1(\hat{S}_1) = e_1\hat{S}_1 - h_1\mu_1'' + (h_1+b_1)E(\hat{S}_1 - D(L_1+1))^-$$
$$= e_1\hat{S}_1 - h_1\mu_1'' + (h_1+b_1)\int_{\hat{S}_1}^{\infty}(u-\hat{S}_1)f^{L_1+1}(u)\mathrm{d}u \quad (3.6)$$

式 (3.6) が凸であることは容易に示される．そして，次式で示す第1次新聞売り子（ニュースベンダー）型条件から，最良の $\hat{S}_1$ を決定することができる．

$$F^{L_1+1}(\hat{S}_1^*) = \frac{h_2+b_1}{h_1+b_1} \quad (3.7)$$

さて，式 (3.1) を考える．もし $S_2^e - D(L_2) \geq \hat{S}_1^*$ ならば，$S_1^e = \hat{S}_1^*$ とおけば最適解を得る．しかし，$S_2^e - D(L_2) < \hat{S}_1^*$ ならば，$\hat{S}_1$ の最良の可能な値は式 (3.6) の凸性から，$\hat{S}_1 = S_2^e - D(L_2)$ である．にもかかわらず，$S_1^e = \hat{S}_1^*$ は最適解を与える．したがって，$S_1^{e*} = \hat{S}_1^*$ が拠点1における最適な補充点であると結論でき，この解は式 (3.7) から容易に得られる．このことは任意の S_2^e に対して成り立つから，拠点2における任意の政策に対して，またバッチ発注政策に対しても成立する．

もし $e_1 = 0$，すなわち $h_1 = h_2$ ならば，式 (3.7) は $S_1^{e*} = \hat{S}_1^* \to \infty$ を意味する．このことは，拠点2が在庫をもたないことを意味する．というのは，直列システムにおいてすべての消費は拠点1で起こり，もし在庫維持費用に差がなければ，すべての在庫をできるだけ早く拠点1へ移す方がよいからである．分配システムではこのようなことは成立しない．というのは，在庫をより低い在庫水準のサイトへなお配分することができ，上流拠点で在庫を保持することが有利となりうるからである．

最適な S_2^e を決定しよう．最適な S_1^{e*} を用いることを仮定して総費用を考えるが，これらの費用は S_2^e にのみ依存するので，費用を $\hat{C}_2(S_2^e)$ と表す．式 (3.1), (3.4), (3.6) から，費用を得る．もし $D(L_2) \leq S_2^e - S_1^{e*}$ ならば $\hat{S}_1 = S_1^{e*}$ であり，さもなければ $\hat{S}_1 = S_2^e - D(L_2)$ であるから，次式が成り立つ．

$$\hat{C}_2(S_2^e) = h_2(S_2^e - \mu_2') + \hat{C}_1(S_1^{e*}) + \int_{S_2^e - S_1^{e*}}^{\infty}[\hat{C}_1(S_2^e - u) - \hat{C}_1(S_1^{e*})]f^{L_2}(u)\mathrm{d}u \quad (3.8)$$

式 (3.8) の最後の項は，拠点1への納入が間に合わなかったことによる，拠点2における品切れ費用と解釈できる．$\hat{C}_2(S_2^e)$ が凸であることは容易に示すことができ，S_2^{e*} を決定する際に局所最小値を求めればよい．発注費用は考慮していないので，得られた政策は最適である．

以上に述べた技法は，2階層以上へ容易に一般化することができる．不十分な供給による拠点2での付加的な費用は，拠点3などにおける品切れ費用として用いられる．考慮したアプローチは，最下流の拠点から始めれば，一度に1つの補充点在庫位置を最適化できる．すなわち，各最適化は1変数についてのみである．

Clark と Scarf は，彼らのモデルにおいて，階層在庫の概念を導入した．われわれは階層在庫政策を，導出が簡単になるため仮定した．しかし，このことは重要ではな

い．2.3 項で示されたように，階層在庫 S 政策は同等な拠点在庫 S 政策で置き換えることができる．対応する最適な拠点在庫位置は，$S_2^{i*} = S_2^{e*} - S_1^{e*}$，$S_1^{i*} = S_1^{e*}$ である．しかしながら，もし最適補充点位置より上の初期階層在庫位置から始まれば，階層在庫政策はなお最適であるものの，拠点在庫政策はそうでないかもしれない．

2 階層で正規分布に従う需要に対する最適解は，比較的容易に得られる．Federgruen and Zipkin (1984a, b) を参照されたい．しかしながら一般の場合には，計算に非常に長時間を要する．Van Houtum and Zijm (1991) は，近似手法を開発している．1 つの近似は混合 Erlang 型の需要分布に対しては正確であり，他の近似は Seidel and de Kok (1990) で示唆された 2 モーメント当てはめを用いている．別々の単一階層問題に基づいた，異なったタイプの近似は，Shang and Song (2001) によって示唆されている．最上流拠点（われわれの例では拠点 2）におけるバッチ発注政策への一般化は容易である．5.1 項を参照されたい．Clark-Scarf アプローチは，組立システムにも使用できることを示すことができる．Rosling (1989) は，計算を実行する際，組立システムが同等な直列システムで置き換えられることを示している．Chen and Song (2001) は，Clark-Scarf モデルを，異なった期間における需要が相関をもつ需要過程へ一般化している．Svoronos and Zipkin (1991) は，外部の確率的リードタイムをどのように処理するかを示している．

3.2 バッチ発注政策

もし最上流の拠点だけでなく，すべての拠点がバッチで発注すれば，考察しているモデルはより複雑になる．しかしながら，直列システムに対してはバッチ発注政策を非常に効率的に取り扱うことができる．

ある拠点のすべての発注が，所与のバッチサイズの整数倍でなければならないものと仮定する．Chen (2000) は，在庫維持費用と受注残費用の総計を最小化する目的に対して，かなり一般的な仮定の下で多段階階層在庫 (R, Q) 政策が最適であることを示している．2.3 項から，階層在庫 (R, Q) 政策のクラスが拠点在庫 (R, Q) 政策のクラスを部分集合として含むことを思い出そう．一般的に，最良の拠点在庫 (R, Q) 政策は最適ではない．

Cheng and Zheng (1994) は，階層在庫 (R, Q) 政策をいかに効率的に評価するかを示している．彼らは，階層在庫水準の正確な確率分布を決定する帰納的手順を与えている．この手順は，最上流拠点から出発し，下流方向へ Clark-Scarf 技法を適用する際の方向とは違った方向で進行していく．バッチ発注を採用した直列システムにおける，他の正確な政策評価アプローチは，Axsäter (1993a, b) に示されている．

所与のバッチサイズに対する階層在庫発注点の最適化は，3.1 項の補充点水準の最適化同様，1 階層ずつ漸次的に実行することができる．Chen (2000) を参照されたい．

4. 分配システムにおける補充点 S 政策

4.1項では，Clark-Scarf アプローチがどのように分配在庫システムの近似最適化に用いられるかを示す．4.2～4.4項では，連続観測で Poisson 需要のモデルを考える．古典的な METRIC 近似を4.2項で，2つの厳密手法を4.3, 4.4項で示す．

4.1 分配システムに対する Clark-Scarf アプローチ

図10.1 の分配システムを考え，3.1項のアプローチがいわゆる釣合 (balance) 仮定を用いることによりどのように近似として利用できるかを示す．この技法は Clark and Scarf (1960) の原論文では簡単に触れられているだけであったが，Eppen and Schrage (1981) は，中央倉庫が在庫をもつことを許されない，同一の小売店で正規分布に従う需要をもつモデルにそのアプローチを適用している．Federgruen and Zipkin (1984a, c) は，Eppen-Schrage モデルを，異なる小売店で倉庫に在庫を許す点を含め，多くの点で拡張している．Federgruen (1993) と Diks and de Kok (1998) も参照されたい．

以下の記号を導入する．

N：小売店の数
L_0：倉庫による発注のリードタイム（期の整数倍）
L_j：倉庫から小売店 j への納品の輸送時間（期の整数倍）
$D_j(n)$：小売店 j での n 期間にわたる確率需要
$f_j^n(v)$：小売店 j での n 期間にわたる需要の確率密度関数
$F_j^n(v)$：小売店 j での n 期間にわたる需要の累積分布関数
$f_0^n(v)$：n 期間にわたる総システム需要の確率密度関数（$f_j^n(v)$, $j=1,2,\cdots,N$ の畳み込み）
μ_j：小売店 j の期あたり平均需要量
e_j：倉庫（$j=0$）および小売店 j の単位量・期あたり階層在庫維持費用，$e_j \geq 0$
h_j：倉庫（$j=0$）および小売店 j の単位量・期あたり在庫維持費用，$h_0=e_0$, かつ，$j>0$ に対して $h_j=e_0+e_j$
b_j：小売店 j の単位量・期あたり受注残費用
S_j^e：倉庫（$j=0$）および小売店 j の階層在庫補充点位置

3.1項との主要な相違点は，下流レベルに多くの並列拠点をもつことである．ここでも，周期観測で，すべての事象が3.1項に述べた順番に起こるものと仮定する．再度，任意の t 期を考え，倉庫からの注文の納品直後である時間 $t+L_0$ における倉庫の階層在庫水準を考えれば，それは $S_0^e - (L_0$ 期間にわたる総システム需要，すなわち $D_0(L_0)$) である．N か所の並列小売店があるため，在庫を小売店へ配分するのはより複雑になる．ここで，

$\hat{S}_j$：小売店 j における $(t+L_0)$ 期に発注した後の実現した在庫位置

とおく．$(t+L_0+L_j)$ 期における小売店 j の費用を考える．3.1項と同様に費用を移項すれば，式（3.4）と式（3.6）との完全な類似性から，倉庫と小売店 j における費用を，

$$\hat{C}_0(S_0^e) = h_0(S_0^e - \mu_0') \tag{4.1}$$

および

$$\hat{C}_j(\hat{S}_j) = e_j\hat{S}_j - h_j\mu_j'' + (h_j + b_j)E(\hat{S}_j - D_j(L_j+1))^- \tag{4.2}$$

と得る．

式（4.1）において $\mu_0' = L_0\sum_{j=1}^{N}\mu_j$ であり，式（4.2）において $\mu_j'' = (L_j+1)\mu_j$ である．また，式（3.7）との類似性から，式（4.2）を最小化する $\hat{S}_j$ の値を，次式から決定できる．

$$F_j^{L_j+1}(\hat{S}_j^*) = \frac{h_0 + b_j}{h_j + b_j} \tag{4.3}$$

もしすべての $\hat{S}_j^*$ の和が倉庫における階層在庫水準を超えなければ，各小売店へ $\hat{S}_j^*$ を配分するのが合理的なように思われる．これは，これから行おうとしていることではあるが，これが近似にすぎないことを理解することが重要である．

たとえば，ただ 2 か所の同一の小売店だけがあるものとし，ある期に各々に $\hat{S}_1^* = \hat{S}_2^*$ を配分できるものと仮定する．この配分の後で，小売店 2 へは大量の需要があり，小売店 1 では全く需要がないものとすれば，次期に小売店 2 へ $\hat{S}_2^*$ まで配分したくなる．しかし，これは倉庫への供給が十分でないため，不可能となるかもしれない．その場合，2 か所の小売店へ不平等な在庫位置を与えることになるであろう．しかし，同一の小売店に同等な在庫位置を配分する方がよいことは自明なことである．もし前の期に倉庫により多くの在庫を蓄えていれば，すなわち，両方の小売店へ $\hat{S}_1^* = \hat{S}_2^*$ を配分していなかったならば，このことは可能であったかもしれない．この釣合問題のために，直列システムで最適であった決定則がただの近似になるのである．

考察している近似は，それが小売店の不釣合いな在庫位置の可能性を無視することを意味するため，しばしば釣合近似と表される．他の解釈は，倉庫から小売店への負の配分を許すことである．その意味は，2 階層システムにおいてこの近似が与えられ，もし在庫維持費用が等しければ，倉庫に在庫を蓄える理由がないことである．

この釣合近似を受け入れ，必ずしもすべての小売店へ $\hat{S}_j^*$ を配分できない場合を考える．利用可能な量が $v \leq S_r^{e*} = \sum_{j=1}^{N}\hat{S}_j^*$ であると仮定する．負の配分が可能であるとすれば，次の近視眼的配分問題の解が最適である．

$$\hat{C}_r(v) = \min\left\{\sum_{j=1}^{N}\hat{C}_j(\hat{S}_j) \middle| \sum_{j=1}^{N}\hat{S}_j \leq v\right\} \tag{4.4}$$

ここで，$\hat{C}_r(v)$ は対応する小売店費用である．もし制約条件 $\sum_{j=1}^{N}\hat{S}_j \leq v$ を Lagrange 乗数 $\lambda \geq 0$ によって緩和すれば，式（4.4）の解は，式（4.3）を少し変形した，

$$F_j^{L_j+1}(\hat{S}_j^*) = \frac{h_0 + b_j - \lambda}{h_j + b_j} \tag{4.5}$$

から得ることができる．最後に S_0^{e*} は，

$$\hat{C}_0(S_0^e) = h_0(S_0^e - \mu_0') + \hat{C}_r(S_r^{e*}) + \int_{S_0^e - S_r^{e*}}^{\infty} [\hat{C}_r(S_0^e - u) - \hat{C}_r(S_r^{e*})] f_0^{L_0}(u) \mathrm{d}u \tag{4.6}$$

を最小化して得られる（式 (3.8) と比較のこと）．

この釣合仮定は，倉庫在庫が現実に可能な以上に，より効率的に利用できることを仮定することを意味している．したがって，$\hat{C}_0(S_0^{e*})$ は現実の費用の下限であり，S_0^{e*} は最適な S_0^e より小さくなる．その解を実行するとき，負の量を小売店へ配分することはできない．したがって，現実の配分は近視眼的配分問題 (4.4) の修正版を解いて決定される．配分直前の小売店 j の在庫位置を x_j で表す．

$$\hat{C}_r'(v) = \min \left\{ \sum_{j=1}^{N} \hat{C}_j(\hat{S}_j) \middle| \sum_{j=1}^{N} \hat{S}_j \leq v, \hat{S}_j \geq x_j \right\} \tag{4.7}$$

ここで，$\hat{C}_r'(v) \geq \hat{C}_r(v)$ である．

この釣合仮定は，在庫理論において広く用いられ，多くの異なった状況において非常によい解を生み出すことが示されてきた．たとえば，Eppen and Schrage (1981)，Federgruen and Zipkin (1984a, b, c)，de Kok (1996) [訳注：章末の文献リストには掲載されていない]，Federgruen (1993)，Van Houtum et al. (1996)，Diks and de Kok (1998, 1999) とそれらの参考文献を参照されたい．しかしながら，釣合仮定は，サービス要求と需要特性に関して小売店間に大きな格差がある状況では，それほど適切ではない．釣合仮定に基づかない他の配分アプローチは，たとえば，Erkip (1984)，Jackson (1988)，Jackson and Muckstadt (1989)，McGavin et al. (1993)，Graves (1996)，Axsäter et al. (2002) によって示唆されてきた．

4.2 METRIC アプローチ

さて，確率需要をもつ分配在庫システムをモデル化する，初期の非常によく知られた手法をもう一つ述べる．この手法もまた近似である．4.1 項と異なり，連続観測で各小売店での需要が独立な Poisson 過程に従うものを考える．一対一発注政策により，倉庫における需要もまた Poisson 過程である．倉庫における受注残は，先着順サービス（FCFS）規則で満たされる．ここでは，拠点在庫補充点 S 政策，すなわち，連続観測で Poisson 需要との関連ではより標準的である，同等な $(S-1, S)$ 政策により，解を表すことを選択する．Poisson 需要，連続観測，一対一補充というこの仮定は，比較的小さな需要で高い在庫維持費用をもつ品目に対しては，しばしば合理的なものである．そのような品目は，たとえば補修部品では一般的である．この最初の研究は Sherbrooke (1968) により行われた．

次の記号を追加する．

λ_j：小売店 j における Poisson 需要強度

$\lambda_0:\sum_{j=1}^{N}\lambda_j=$ 倉庫の Poisson 需要強度

S_j^i：倉庫（$j=0$）および小売店 j の拠点在庫補充点位置

IL_j^i：定常状態における倉庫（$j=0$）および小売店 j の確率拠点在庫水準

W_0：定常状態における在庫不足による倉庫での確率的遅れ

METRIC 近似を適用するに際し，倉庫から始める．倉庫在庫水準の分布を正確に決定するのは簡単である．在庫位置は常に S_0^i である．ここでは，標準的なアプローチを用い，任意の時点 t を考える．時間 $t+L_0$ には，t において在庫位置に含まれていたものはすべて倉庫へ届いており，在庫水準は $S_0^i-(t,t+L_0]$ における需要，と表すことができる．すなわち，

$$IL_0^i(t+L_0)=S_0^i-D_0(L_0) \tag{4.8}$$

区間 $(t,t+L_0]$ における需要は，平均 $\lambda_0 L_0$ の Poisson 分布に従い，したがって正確な定常状態分布として，次式が成り立つ．

$$P(IL_0^i=k)=P(D_0(L_0)=S_0^i-k)=\frac{(\lambda_0 L_0)^{S_0^i-k}}{(S_0^i-k)!}e^{-\lambda_0 L_0}, \quad k\le S_0^i \tag{4.9}$$

平均手持ち在庫量は，

$$E(IL_0^i)^+=\sum_{k=1}^{S_0^i}k\cdot P(IL_0^i=k) \tag{4.10}$$

として定められ，平均受注残は，

$$E(IL_0^i)^-=E(IL_0^i)^+-E(IL_0^i)=E(IL_0^i)^+-(S_0^i-\lambda_0 L_0) \tag{4.11}$$

となる．倉庫は M/D/∞ 待ち行列システムとしてモデル化でき，受注残は待っている顧客である．これから，倉庫における平均遅れが，Little の公式により次式で与えられる．

$$E(W_0)=\frac{E(IL_0^i)^-}{\lambda_0} \tag{4.12}$$

倉庫の Poisson 需要と FCFS 規則から，平均遅れはすべての小売店に対して同じである．

次に，小売店 j を考える．小売店のリードタイムは倉庫における遅れのために確率的である．しかしながら平均リードタイム $\bar{L}_j$ は，輸送時間＋倉庫での平均遅れであるから，

$$\bar{L}_j=L_j+E(W_0) \tag{4.13}$$

である．METRIC 近似は単純に，実際の確率的リードタイムを式（4.13）で与えられるその平均で置き換えることを意味する．この近似が与えられれば，小売店に対する既知で一定のリードタイムをもち，小売店在庫水準の分布を，倉庫に対して式（4.9）で行ったように，次式として正確に定めることができる．

$$P(IL_j^i=k)=P(D_i(\bar{L}_j)=S_j^i-k)=\frac{(\lambda_j\bar{L}_j)^{S_j^i-k}}{(S_j^i-k)!}e^{-\lambda_j\bar{L}_j}, \quad k\le S_j^i \tag{4.14}$$

したがって，この近似は問題を，すべての拠点を単一階層システムとして扱えるように分解することを可能にする．式 (4.14) が与えられれば，各小売店の平均手持ち在庫量 $E(IL_j^i)^+$ と平均受注残 $E(IL_j^i)^-$ を，式 (4.10)，(4.11) と全く同様にして容易に定めることができる．このようにすれば，平均在庫維持費用と平均受注残費用が得られる．

倉庫における単位時間あたり平均在庫維持費用：
$$C_0(S_0^i) = h_0 E(IL_0^i)^+$$

小売店における単位時間あたり平均在庫維持費用と受注残費用：
$$C_j(S_0^i, S_j^i) = h_j E(IL_j^i)^+ + b_j E(IL_j^i)^-$$

単位時間あたり平均システム費用：
$$C = C_0(S_0^i) + \sum_{j=1}^{N} C_j(S_0^i, S_j^i)$$

とおく．倉庫における在庫維持費用は，小売店の在庫位置に影響されず，小売店 j の費用は S_0^i と S_j^i にのみ依存する．

最適な補充点が非負でなければならないことを示すことができる．さらに，$C_j(S_0^i, S_j^i)$ が S_j^i に関して凸であることが容易に示される．また，最適な S_j^i に対する下限と上限を見つけることも容易である．下限 S_j^{il} は，最短の可能な決定的リードタイム L_j に対して S_j^i を最適化することにより求められ，上限 S_j^{iu} は，最長の可能なリードタイム $L_0 + L_j$ に対して S_j^i を最適化することで求められる．

以上から，所与の S_0^i に対して，$S_j^i = S_j^{il}$ から出発し，単純な局所探索により $C_j(S_0^i, S_j^i)$ の局所最小値が求まるまで1単位ずつ S_j^i を逐次増加させ，対応する最適な $S_j^{i*}(S_0^i)$ を求めることができる．この最適化は，各小売店別に行うことができる．しかしながら，平均システム費用 C の S_0^i に関する最適化は簡単ではない．というのは，
$$C(S_0^i) = C_0(S_0^i) + \sum C_j(S_0^i, S_j^{i*}(S_0^i)) \tag{4.15}$$
が S_0^i に関して必ずしも凸ではないからである．しかしながら，$S_j^i = S_j^{il}$ とおいて S_0^i に関する最適化を行うことにより，下限 S_0^{il} を求めることができ，同様に $S_j^i = S_j^{iu}$ とおいて S_0^i に関する最適化により，上限 S_0^{iu} を求めることができる．最適な S_0^i を決定するためには，結局これら上下限の間にある S_0^i のすべての値に対する費用 (4.15) を評価する必要がある．

METRIC 近似は，多くの利点をもっている．まず第1に，簡単で，計算上効率的である．2階層以上への一般化や複合 Poisson 需要への一般化も容易である．この段階で，実際上最も広く応用されてきたのは，多階層に対する手法のように思われる．特に，高価格な修理可能品目を含む多くの軍事応用がある．もともとの METRIC アプローチはさまざまな方向への拡張を促進してきた．バッチ注文政策への METRIC に関連したアプローチは，5.2項で扱われる．

Muckstadt (1973) によるもう一つの拡張である MOD-METRIC は，階層的なあるいは契約された部品構造に関係する．たとえば，組立品を修理する際，使用されている多くのモジュールと一緒に，組立品を考える．ただ1つのモジュールを交換する

ことで組立品が修理されるものと仮定する．MOD-METRIC技法を用いて，組立品の修理時間内にモジュールに対する待ち時間を含めることができる．これにより組立品とモジュールに対するさまざまな在庫政策がどのようにその組立品のアベイラビリティに影響を与えるかを解析することができる．

METRICのフレームワークによって引き起こされた，在庫システムにおける水平積替えを扱っているいくつかの論文がある．たとえば，Lee (1987), Axsäter (1990b), Sherbrooke (1992a), Alfredsson and Verrijdt (1999), Grahovac and Chakravarty (2001) を参照されたい．

4.3　倉庫における受注残の分解

本項と次項では，4.2項と同じ問題を考察し，厳密解を得る2つの手法を説明する．4.2項同様，倉庫ではFCFS規則を仮定する．したがって，最適な政策はこの制約の下でのみ最適である．正確な定常状態分布の最初の導出は，Simon (1971) によって行われた．本項における導出は，本質的に Graves (1985) によるものである．

式 (4.9) から，$k>0$ に対して，

$$P((IL_0^i)^- = k) = P(IL_0^i = -k) = P(D_0(L_0) = S_0^i + k) = \frac{(\lambda_0 L_0)^{S_0^i+k}}{(S_0^i+k)!} e^{-\lambda_0 L_0} \tag{4.16}$$

である．ここで，

B_j：定常状態における倉庫での小売店 j からの受注残，確率変数

とおく．$\sum_{j=1}^N B_j = (IL_0^i)^-$ が成り立つことは明らかである．新しい受注残が発生したとき，それが小売店 j からのものである確率は，Poisson需要の性質から，常に λ_j/λ_0 である．したがって，所与の $(IL_0^i)^-$ に対して B_j の条件付き分布が二項分布となり，以下のように倉庫受注残を分解することができる．

$$\begin{cases} P(B_j = n) = \sum_{k=n}^{\infty} P((IL_0^i)^- = k) \binom{k}{n} \left(\frac{\lambda_j}{\lambda_0}\right)^n \left(\frac{\lambda_0 - \lambda_j}{\lambda_0}\right)^{k-n}, & n>0 \\ P(B_j = 0) = 1 - \sum_{n=1}^{\infty} P(B_j = n) \end{cases} \tag{4.17}$$

単一階層在庫システムに対する標準的なアプローチに非常によく似たアプローチを，小売店に対して適用することができる．システムが定常状態にある任意の時間 t における小売店 j を考える．$S_j^i - B_j$ 単位が，小売店 j への輸送途中にあるか，すでに到着している．時間 $t+L_j$ においては，これらはすべて小売店に届いているが，時間 t において倉庫で受注残になっていたものと，時間 t の後に発注されたものすべてが，まだ小売店 j に届いていない．したがって，

$$IL_j^i(t+L_j) = S_j^i - B_j - D_j(L_j) \tag{4.18}$$

である．すなわち，時間 $t+L_j$ における在庫水準を求めるためには，t において輸送中あるいはすでに到着しているものから，小売店 j における時間区間 $(t, t+L_j)$ 間

の需要を引けばよい．需要 $D_j(L_j)$ は B_j に独立であるから，小売店 j における在庫水準の正確な分布が，

$$P(IL_j^i = n) = P(B_j + D_j(L_j) = S_j^i - n)$$
$$= \sum_{k=0}^{S_j^i - n} P(B_j = k) \frac{(\lambda_j L_j)^{S_j^i - n - k}}{(S_j^i - n - k)!} e^{-\lambda_j L_j}, \quad n \leq S_j^i \quad (4.19)$$

として求められる．在庫水準の分布が得られれば，費用を評価でき，4.2項と同様に政策を最適化できる．

Graves (1985) は，METRIC 近似よりも正確な近似手法を提案している．彼は，小売店における発注残の平均と分散を決定し，これらの2つのパラメータを用いて負の二項分布を当てはめている．関連した周期観測技法が，Graves (1996) に示されている．

4.4 反復手順

前の2項で考察された問題の厳密解を与える，他の手順を述べる．それは，拠点在庫 (R, Q) 政策と小売店における独立な複合 Poisson 過程の需要に対する，より一般的な技法の特殊な場合である．Axsäter (2000b) を参照されたい．

小売店 j と注文された品目に対する確率的リードタイムを考える．

J：確率的リードタイムの間の小売店 j における需要，確率変数

とする．注文された品目に対する確率的リードタイムは，その注文が発令された後の確率需要とは独立である．さらに，注文は FCFS 規則から，順番が入れ替わることはない．これは，関係式

$$P(IL_j^i = n) = P(J = S_j^i - n) \quad (4.20)$$

を用いることができることを意味する．したがって，J の分布を決定することだけが残されている．

各システム需要が，ある品目の小売店の発注を引き起こし，順にその品目の倉庫の発注を引き起こすことを思い出そう．ある時刻 t におけるある品目の倉庫の発注を考える．FCFS 規則から，注文された品目は，その発注後に倉庫で S_0^i 番目の小売店の注文を満たす（もし $S_0^i = 0$ ならば，注文された品目は倉庫の注文を引き起こした小売店の注文を満たす）．これは，考慮中の注文された品目が，倉庫の発注後の S_0^i 番目のシステム需要によって引き起こされる，小売店の発注に割り当てられることを意味している．たとえば，$S_0^i = 2$ を仮定し，倉庫の発注を考える．発注された品目のほかに，まだ小売店へ割り当てられていない，以前に発注された品目が1個存在し，倉庫へ輸送中であるか倉庫の在庫になっている．次のシステム需要が，このもう1個の品目に対する発注を引き起こす．そして，2番目のシステム需要がちょうど倉庫によって注文された考慮中の品目の小売店の発注を引き起こす．われわれは，小売店 j からの発注に対するリードタイム需要に興味をもっている．したがって，この S_0^i 番目のシステム需要が小売店 j で起こる状況を考える．このシステム需要が，考慮中の小売

店の発注を引き起こす.

倉庫の発注が引き起こされた時刻 t 以後 S_0^i 番目のシステム需要は, 注文された品目が倉庫に届く前と後のどちらでも起こりうる. もし注文された品目がすでに倉庫に届いているならば, 小売店のリードタイムは L_j であり, さもなければより長くなる. ここで,

$u(S_0^i, k)$: S_0^i 番目のシステム需要が, その発注が倉庫に届く前に起こり, $J \leq k$ となる確率

$v(S_0^i, k)$: S_0^i 番目のシステム需要が, その発注が倉庫に届いた後に起こり, $J \leq k$ となる確率

を表すものとする. このとき, J に対する分布関数を,

$$P(J \leq k) = u(S_0^i, k) + v(S_0^i, k) \tag{4.21}$$

と表すことができる.

確率 $u(S_0^i, k)$ と $v(S_0^i, k)$ を導こう. 確率 $v(S_0^i, k)$ を決定することは容易である. もし時間 L_0 の間にたかだか $S_0^i - 1$ 個のシステム需要が起こり, その後, L_j の間に小売店 j でたかだか k 個の需要が起これば, 対応する事象が生起する. これらの確率は独立であり, したがって,

$$v(S_0^i, k) = \left(\sum_{n=0}^{s_0^i-1} \frac{(\lambda_0 L_0)^n}{n!} e^{-\lambda_0 L_0} \right) \left(\sum_{n=0}^{k} \frac{(\lambda_j L_j)^n}{n!} e^{-\lambda_j L_j} \right) \tag{4.22}$$

である. 次に, $u(S_0^i, k)$ の反復的な計算法を示す. まず, S_0^i 番目の需要が時間 $t + L_0$ より前に起こり, $J \leq k$ となる事象を3つの排反する部分事象に分割する. これら3つの部分事象のすべてにおいて, 小売店 j によって発注された品目は時間 $t + L_0 + L_j$ には小売店に届いている. すなわち, その品目が倉庫に止まっていることはない. 最初の可能性は, L_0 の間にちょうど S_0^i 個のシステム需要があり, L_j の間に小売店 j でたかだか k 個の需要が起こることである. この確率は, 下記の式 (4.23) の第1項で与えられている. 2番目の可能性は, L_0 の間に少なくとも $S_0^i + 1$ 個のシステム需要があり, $(S_0^i + 1)$ 番目のシステム需要もまた小売店 j によるものであり, 時間 $t + L_0 + L_j$ 以前に小売店 j にたかだか $k - 1$ 個の追加需要が起こることである. この事象の確率は, $(\lambda_j/\lambda_0) u(S_0^i + 1, k - 1)$ で与えられる. 3番目の可能性は, L_0 の間に少なくとも $S_0^i + 1$ 個のシステム需要があり, $(S_0^i + 1)$ 番目のシステム需要が小売店 j によるものではなく, 時間 $t + L_0 + L_j$ までに小売店 j でたかだか k 個の需要が起こることである. この確率は $((\lambda_0 - \lambda_j)/\lambda_0) u(S_0^i + 1, k)$ で与えられる. したがって, $k > 0$ に対して,

$$u(S_0^i, k) = \left(\frac{(\lambda_0 L_0)^{S_0^i}}{S_0^i!} e^{-\lambda_0 L_0} \right) \left(\sum_{n=0}^{k} \frac{(\lambda_j L_j)^n}{n!} e^{-\lambda_j L_j} \right) + \frac{\lambda_j}{\lambda_0} u(S_0^i + 1, k - 1)$$
$$+ \frac{\lambda_0 - \lambda_j}{\lambda_0} u(S_0^i + 1, k) \tag{4.23}$$

が成り立つ. $k = 0$ に対して式 (4.23) は,

第10章 サプライチェーンの運用①:直列および分配在庫システム 517

$$u(S_0^i,0) = \left(\frac{(\lambda_0 L_0)^{S_0^i}}{S_0^i!}e^{-\lambda_0 L_0}\right)e^{-\lambda_j L_j} + \frac{\lambda_0-\lambda_j}{\lambda_0}u(S_0^i+1,0) \qquad (4.24)$$

に帰着される.

任意の k に対して,$S_0^i \to \infty$ ならば $u(S_0^i,k) \to 0$ となることに注意する.したがって,最初にある大きな S' とすべての k の値に対して $u(S'+1,k)=0$ とおくことができる.そして,$k=0$ に対して式 (4.24) を適用し,次いで $k>0$ に対して $S_0^i=S',S'-1,\cdots,0$ と順次反復的に式 (4.23) を適用することができる.式 (4.23),(4.24) における係数 λ_j/λ_0 と $(\lambda_0-\lambda_j)/\lambda_0$ はともに 1 より小さく,提案された計算手順は常に安定である.

$u(S_0^i,k)$ と $v(S_0^i,k)$ が与えられれば,式 (4.20),(4.21) より在庫水準の分布を決定することができ,4.2項同様に政策を最適化することができる.

説明した手順の一般的なアイディアは,各々の供給される品目をシステム内の動きにつれて追跡することである.Poisson 需要で $(S-1,S)$ 政策の場合における費用に対する関連した反復手順が,Axsäter (1990a) に示されている.Forsberg (1995) と Axsäter and Zhang (1996) は,この手順を複合 Poisson 需要に一般化している.Axsäter (1993c) は,対応する周期観測モデルを取り扱っている.

5. 分配システムにおけるバッチ発注

分配システムにおけるバッチ発注・発注点政策に対する基本的な結果を,5.1項で示す.その後,5.2〜5.4項において,一対一発注政策に対するさまざまなアプローチがバッチ発注政策へどのように拡張できるかを論じる.

5.1 基本的事実

4節では,分配在庫システムにおける補充点 S 政策の評価と最適化のためのさまざまな手法を述べた.一般的に,バッチ発注政策を評価するのは相当に困難である.しかしながら,若干の例外がある.その一つは,直列システムにおけるバッチ発注である (3.2項参照).もう一つは,最上流レベルでのみバッチ発注を採用しているときである.図10.1における分配システムを再度考える.すべての小売店が S 政策を適用するものと仮定する.これは,それらの在庫位置が一定に保たれ,したがって倉庫における階層在庫 (R,Q) 政策と拠点在庫 (R,Q) 政策に違いがないことを意味する.以下では拠点在庫政策を論じるが,ここで述べることは,階層在庫政策に対しても成立する.

まず,倉庫も拠点 S 政策を適用する場合を考える.

$C(S_0^i,S_1^i,\cdots,S_N^i)$:所与の拠点 S 政策に対する単位時間あたりシステム総費用

これらの費用を,4節における手法を用いて異なった政策に対して評価できるものと仮定する.それから次に,倉庫における (R_0^i,Q_0) 政策を考える.整数値をとる需

要に対して，倉庫の在庫位置は $[R_0^i+1, R_0^i+2, \cdots, R_0^i+Q_0]$ 上で一様に分布し，これら在庫位置上で単に平均をとることで，倉庫における (R_0^i, Q_0) 政策に対する総費用を得ることができる．すなわち，

$$C(R_0^i, Q_0, S_1^i, \cdots, S_N^i) = \frac{1}{Q_0} \sum_{k=R_0^i+1}^{R_0^i+Q_0} C(k, S_1^i, \cdots, S_N^i) \tag{5.1}$$

さらに，2.1項で論じたように，もし適当に長い観測周期をもつ周期観測を採用するならば，単純な S 政策を用いながら，発注をバッチに強制することができる．しかし，より長い観測周期は，より多くの安全在庫を必要とすることを意味する．

一般的なバッチ発注政策を採用する多階層在庫システムの解析は，困難である．しかし，多階層システムへ適用できる単一階層在庫システムのいくつかの重要な性質がある．そのような性質の一つは，(R, Q) 政策を用いるときの在庫位置の一様分布に関するものである．すべての拠点が拠点在庫 (R, Q) 政策を採用する，離散需要をもつ分配システムを考える．q ですべてのバッチ量 $Q_0, Q_1, \cdots, Q_N$ の最大公約数を表すものとする．倉庫におけるすべての補充と需要が q の倍数になることは明らかである．したがって，倉庫における発注点 R_0^i のみならず初期在庫位置も q の倍数であると仮定することは自然である．さらに，すべての客の需要が，1以上のある単位の倍数とは限らないものと仮定する．これらの仮定の下で次の命題が成立する（たとえば，Axsäter, 1998 参照）．

命題 5 定常状態において，拠点在庫位置は独立である．倉庫拠点在庫位置は，$[R_0^i+q, R_0^i+2q, \cdots, R_0^i+Q_0]$ 上で一様に分布し，小売店 j の拠点在庫位置は，$[R_j^i+1, R_j^i+2, \cdots, R_j^i+Q_j]$ 上で一様に分布する．

階層在庫 (R, Q) 政策の場合は，すべての拠点は $[R_j^e+1, R_j^e+2, \cdots, R_j^e+Q_j]$ 上で一様に分布する階層在庫位置をもち，倉庫もそうである．小売店在庫位置はなお独立ではあるが，倉庫の階層在庫位置は小売店在庫位置と相関をもっている．そのカップリングは，倉庫における初期在庫に依存している（Axsäter, 1997b；Chen and Zheng, 1997 参照）．

バッチ発注政策を取り扱うときの標準的なアプローチは，初期ステップで決定論的モデルからバッチ量を決定することであることを思い出そう．残された主要な困難は，政策評価である．適当な評価法が与えられれば，S 政策を取り扱うときの補充点在庫位置と全く同様に，発注点を通常どおりに最適化することができる（4.2項参照）．

本節の残りの部分では，さまざまな研究者がどのように一般的なバッチ発注政策をもつ分配システムに対する政策評価問題に取り組んだかを概観する．あまりに多くの専門的な詳細に深入りするのを避けるために，ここでは異なったアプローチの背後にある基本的な考えの概要だけを述べるにとどめる．

5.2 METRIC タイプの近似

分配システムにおいて，バッチ発注政策を評価する際の共通のアプローチは，分解技法を用いることである．これは，4.2項において論じた一対一発注政策に対するMETRICアプローチと考え方が似通ったものである．ここで，METRICアプローチが，倉庫における受注残による，小売店発注の平均遅れを評価していることを思い出そう．この平均遅れは，小売店に対する正確な平均リードタイムを得るために，小売店への輸送時間に加えられる．小売店での費用を評価するとき，これらの平均は，近似として，実際の確率的リードタイムの代わりに用いられている．

異なったバッチ発注を行う小売店を扱うとき，倉庫における平均受注残を決定し，Littleの公式を適用して倉庫における平均遅れを得ることは容易である．しかしながら，この遅れはすべての小売店に関する平均である．このアプローチに関連した問題は，平均遅れが小売店間で本質的に変動するかもしれないことである．もちろん，平均遅れは同一タイプの小売店という特別な場合には同一である．

バッチ発注を行う小売店に対する最初のMETRICタイプのアプローチは，Deuermeyer and Schwarz (1981) によるものである．彼らはまず，倉庫のリードタイム需要の平均と分散を近似し，正規分布をこれらパラメータに当てはめている．次に，倉庫における在庫維持費用と平均遅れを推定している．小売店リードタイムは，METRICにおけるように，倉庫における平均遅れを加えた輸送時間として求められる．Svoronos and Zipkin (1988) は，異なったタイプの2次モーメント近似を用いている．平均倉庫遅れを除いて，彼らは遅れの分散の近似的な推定値を導いている．そして，これらのパラメータを用いて，小売店リードタイム需要に負の二項分布を当てはめている．他の関連した技法が，Axsäter (2002) に示唆されている．

5.3 倉庫における受注残の分解

もう一つ可能性があるのは，4.3項のアプローチを用いることである．これは，ある小売店から生じた受注残の分布を得るために，総受注残を分解する必要があることを意味する．Poisson需要で一対一補充の場合には二項分解が正確であり，政策を正確に評価することは比較的簡単である．バッチ発注小売店の場合には，正確な分解はかなり複雑である．このようにして，Chen and Zheng (1997) は，階層在庫 (R, Q) 政策とPoisson需要に対して，なお正確な解を導くことができた．Lee and Moinzadeh (1987a, b) と Moinzadeh and Lee (1986) は，倉庫における需要過程をPoisson過程で近似している．彼らはこの近似を用いて，すべての小売店における総発注残数の分布を決定している．次に，1つの小売店における発注残数の平均と分散が近似的な分解手順によって得られている．それから彼らは，小売店における発注残の分布の異なった2次モーメント近似を用いている．Axsäter (1995) は，もう一つの関連したアプローチである．

5.4 供給品目のシステム内の追跡

3番目に可能性のあるアプローチは，各供給品目がシステム内を動くときにそれらの追跡を試みることである．1つのバッチはそのとき個々の品目のパッケージとしてみられる．このアプローチは，4.4項で述べた一対一発注政策に対する手法に関連している．Axsäter (2000b) は，この手法を用いて，バッチ発注小売店が複合 Poisson 需要に直面するという状況で，かなり一般的な連続観測多階層在庫システムにおける在庫水準に対する正確な確率分布を導いている．同じくバッチ発注政策を論じた関連した論文には，Axsäter (1993a, b, 1997b, 1998)，Forsberg (1997a, b)，Andersson (1997)，Marklund (2002)，Cachon (2001)，Cachon and Fisher (2000) がある．

このタイプの手法を用いれば，低い需要と対応する小さなバッチ量によって特徴付けられる比較的小さな問題を取り扱う限り，正確な政策評価は可能である．より大きな問題に対しては，計算上の負荷が急激に増大するために，近似的な手法に頼る方がより現実的である．

6. 結 論

はじめに6.1項で，現在の知識がどのように産業界のサプライチェーンに実用化されているかを論じる．その後，6.2項で，今後可能性のある研究テーマについて述べる．

6.1 最適解はどのようにみえ，どのように実用化されるか

この20数年間で，確率的な需要をもつ分配在庫システムの評価と最適化に関する研究は，疑いもなく，飛躍的な発展を成し遂げた．われわれは，より広い範囲のシステムを正確に取り扱うことができ，正確に解析できないシステムに対してはより精度の高い近似技法を開発している．多くの研究論文におけるさまざまなテスト問題での数値実験は，典型的な最適解がどのようにみえるかを示している（たとえば，Muckstadt and Thomas, 1980；Axsäter, 1993b, 2000c；Hausman and Erkip, 1994；Andersson, 1997；Gallego and Zipkin, 1999 参照）．特定の問題の最適解は，もちろん，在庫維持費用，受注残費用（あるいはサービス制約），輸送時間と需要過程のような問題パラメータに依存するであろう．たとえ一般化することが危険であるとしても，最適解が非常にしばしばある意味で同じようにみえることは，注目すべきことである．典型的なことは，上流の拠点が下流の拠点と比較して非常に低い在庫をもつべきであるということである．たとえば，中央倉庫とおよそ5軒の小売店からなる分配在庫システムを考える．小売店は，最終の顧客に対して95％の充足率を保証するように要求されているものと仮定する．そのとき，通常のこととして最適解は，倉庫

に負の安全在庫をもつべきであり，小売店からの注文に対する倉庫の充足率は50%を若干上回る程度であるべきことを意味する．まず最初の重要な疑問は，この知識が現実のサプライチェーンのより効率的な管理にどのように生かされるかである．

実際には，サプライチェーンにおけるさまざまな在庫を，単一階層の手法によって処理することがごく普通のことである．実務家は非常にしばしば，上流と下流の在庫点を同じように取り扱う．これは一般的に上・下流拠点間の総在庫の分布が最適にほど遠いことを意味する．よりよい管理を実現する一つの方法は，もちろん，多階層在庫システムに対する厳密あるいは近似手法を実行することである．しかしながら，既存の単純な管理システムを相対的に進歩した多階層手法で置き換えることは難しいかもしれない．計算負荷もまた，急激に増大するであろう．少なくともさしあたりは，新しい知識を以下の手順で実用化することが，より現実的である．① 多階層手法によって少数の代表的な品目を解析する．② 既存の管理システムのサービス水準を，大まかに最適解に対応するように調整する（第12章における議論を参照のこと）．

6.2 今後の研究方向

6.1項では，現在の知識がどのように実際に実用化できるかを論じた．もう一つの疑問は，発展しつつある現状においてどのような新しい知識が最も必要とされるかということである．本章で論じてきた手法が改善でき，また，改善されるであろうことに疑いはない．このような研究は歓迎され，そして必要とされている．しかしながら，異なった分野の研究もまた必要とされている．

多階層在庫システムに関する他の研究分野も，すでに多くの研究者を引き付けてきた．一つの重要な例は，同じサプライチェーンに属する異なった企業間の協調である．それほど古くない昔，この分野の知識は非常に限られたものであった．しかし現在この分野は非常に活発な研究領域である（たとえば，第6，第7章を参照されたい）．

しかしながら，確かにより一層の研究が必要な重要な研究領域が存在する．たとえば，現在の結果のほとんどは，上流拠点から下流拠点へという伝統的な階層的流れパターンに完全に基づいている．実際には同じ階層レベルの拠点間，たとえば隣接した小売店間に物の流れがあることは普通である．多階層在庫システムにおいて，このような水平積替えの効果に関する結果が少しは存在するが，これらの結果は，伝統的な階層的流れパターンに対する結果よりも，一般にかなり弱いものである．もう一つの非常に開かれた研究領域は，新しい，そして改善された情報構造の利用に関連するものである．今日，多かれ少なかれ，物の流れに関するどんなタイプの情報も低コストで利用でき，また入手可能である．たとえば，われわれは単に発注残がいつ発注されたかを知っているだけでなく，それらが供給過程のどこにあるかをいつでも正確に知っている．このような付加的な情報が，多階層在庫システムの管理に大いに影響を与えるべきであると信じることは，合理的なことである．

謝辞:Steve Graves, Ton de Kok, Jing-Sheng Song, Paul Zipkin の各氏から受けた貴重なコメントと示唆に感謝する. (Sven Axsäter/大野勝久)

参 考 文 献

Alfredsson, P., J. Verrijdt (1999). Modeling emergency supply flexibility in a two-echelon inventory system. *Management Science* 45, 1416–1431.
Andersson, J. (1997). Exact evaluation of general performance measures in multi-echelon inventory systems, Lund University.
Axsäter, S. (1990a). Simple solution procedures for a class of two-echelon inventory problems. *Operations Research* 38, 64–69.
Axsäter, S. (1990b). Modelling emergency lateral transshipments in inventory systems. *Management Science* 36, 1329–1338.
Axsäter, S. (1993a). Exact and approximate evaluation of batch-ordering policies for two-level inventory systems. *Operations Research* 41, 777–785.
Axsäter, S. (1993b). Continuous review policies for multi-level inventory systems with stochastic demand, in S. C. Graves et al. (eds.). *Handbooks in OR & MS Vol. 4*, North Holland Amsterdam, pp. 175–197.
Axsäter, S. (1993c). Optimization of order-up-to-S policies in 2-echelon inventory systems with periodic review. *Naval Research Logistics* 40, 245–253.
Axsäter, S. (1995). Approximate evaluation of batch-ordering policies for a one-warehouse, N nonidentical retailer system under compound Poisson demand. *Naval Research Logistics* 42, 807–819.
Axsäter, S. (1996). Using the deterministic EOQ formula in stochastic inventory control. *Management Science* 42, 830–834.
Axsäter, S. (1997a). On deficiencies of common ordering policies for multi-level inventory control. *OR Spektrum* 19, 109–110.
Axsäter, S. (1997b). Simple evaluation of echelon stock (R, Q) policies for two-level inventory systems. *IIE Transactions* 29, 661–669.
Axsäter, S. (1998). Evaluation of installation stock based (R, Q)-policies for two-level inventory systems with Poisson demand. *Operations Research* 46, S135–S145.
Axsäter, S. (2000a). *Inventory Control*, Boston, Kluwer Academic Publishers.
Axsäter, S. (2000b). Exact analysis of continuous review (R, Q) policies in two-echelon inventory systems with compound Poisson demand. *Operations Research* 48, 686–696.
Axsäter, S. (2002). Approximate optimization of a two-level distribution inventory system, *International Journal of Production Economics* 81-2, 545–553.
Axsäter, S., L. Juntti (1996). Comparison of echelon stock and installation stock policies for two-level inventory systems. *International Journal of Production Economics* 45, 303–310.
Axsäter, S., J. Marklund, E.A. Silver (2002). Heuristic methods for centralized control of one-warehouse N-retailer inventory systems. *Manufacturing & Service Operations Management* 4, 75–97.
Axsäter, S., K. Rosling (1993). Installation vs. echelon stock policies for multilevel inventory control. *Management Science* 39, 1274–1280.
Axsäter, S., K. Rosling (1994). Multi-level production-inventory control: Material requirements planning or reorder point policies?. *EJOR* 75, 405–412.
Axsäter, S., K. Rosling (1999). Ranking of generalised multi-stage KANBAN policies. *EJOR* 113, 560–567.
Axsäter, S., W.F. Zhang (1996). Recursive evaluation of order-up-to-S policies for two-echelon inventory systems with compound Poisson demand. *Naval Research Logistics* 43, 151–157.
Cachon, G.P. (2001). Exact evaluation of batch-ordering inventory policies in two-echelon supply

第10章　サプライチェーンの運用①：直列および分配在庫システム

chains with periodic review. *Operations Research* 49, 79–98.
Cachon, G.P., M. Fisher (2000). Supply chain inventory management and the value of shared information. *Management Science* 46, 1032–1048.
Chen, F. (2000). Optimal policies for multi-echelon inventory problems with batch ordering. *Operations Research* 48, 376–389.
Chen, F., J. Song (2001). Optimal policies for multi-echelon inventory problems with Markov-modulated demand. *Operations Research* 49, 226–234.
Chen, F., Y.S. Zheng (1994). Evaluating echelon stock (R, nQ) policies in serial production/inventory systems with stochastic demand. *Management Science* 40, 1262–1275.
Chen, F., Y.S. Zheng (1997). One-warehouse multi-retailer systems with centralized stock information. *Operations Research* 45, 275–287.
Clark, A.J., H. Scarf (1960). Optimal policies for a multi-echelon inventory problem. *Management Science* 5, 475–490.
Deuermeyer, B., L. B. Schwarz (1981). A model for the analysis of system service level in warehouse/retailer distribution systems: The identical retailer case, in: L. B. Schwarz. (ed.). *Multi-Level Production/Inventory Control Systems: Theory and Practice*, North Holland Amsterdam, 163–193.
Diks, E.B., A.G. de Kok (1998). Optimal control of a divergent multi-echelon inventory system. *EJOR* 111, 75–97.
Diks, E.B., A.G. de Kok (1999). Computational results for the control of a divergent N-echelon Inventory System. *International Journal of Production Economics* 59, 327–336.
Diks, E.B., A.G. de Kok, A.G. Lagodimos (1996). Multi-echelon systems: A service measure perspective. *EJOR* 95, 241–263.
Eppen, G. D., L. Schrage (1981). Centralized ordering policies in a multi-warehouse system with leadtimes and random demand, in: L. B. Schwarz. (ed.). *Multi-Level Production/Inventory Control Systems: Theory and Practice*, North Holland Amsterdam, 51–69.
Erkip N. (1984). Approximate Policies in Multi-Echelon Inventory Systems, unpublished Ph.D. dissertation, Department of Industrial Engineering and Engineering Management, Stanford University.
Federgruen, A. (1993). Centralized planning models for multi-echelon inventory systems under uncertainty, in: S. C. Graves et al. (eds.). *Handbooks in OR & MS Vol. 4*, North Holland Amsterdam, 133–173.
Federgruen, A., P.H. Zipkin (1984a). Approximations of dynamic multilocation production and inventory problems. *Management Science* 30, 69–84.
Federgruen, A., P.H. Zipkin (1984b). Computational issues in an infinite-horizon multiechelon inventory model. *Operations Research* 32, 818–836.
Federgruen, A., P.H. Zipkin (1984c). Allocation policies and cost approximations for multilocation inventory systems. *Naval Research Logistics Quarterly* 31, 97–129.
Forsberg, R. (1995). Optimization of order-up-to-S policies for two-level inventory systems with compound Poisson demand. *EJOR* 81, 143–153.
Forsberg, R. (1997a). Exact evaluation of (R, Q)-policies for two-level inventory systems with Poisson demand. *EJOR* 96, 130–138.
Forsberg, R. (1997b). Evaluation of (R, Q)-policies for two-level inventory systems with generally distributed customer inter-arrival times. *EJOR* 99, 401–411.
Gallego, G., P.H. Zipkin (1999). Stock positioning and performance estimation in serial production-transportation systems. *Manufacturing & Service Operations Management* 1, 77–88.
Grahovac, J., A. Chakravarty (2001). Sharing and lateral transshipment of inventory in a supply chain with expensive, low-demand items. *Management Science* 47, 579–594.
Graves, S.C. (1985). A multi-echelon inventory model for a repairable item with one-for-one replenishment. *Management Science* 31, 1247–1256.
Graves, S.C. (1996). A multiechelon inventory model with fixed replenishment intervals. *Management Science* 42, 1–18.
Hausman, W.H., N.K. Erkip (1994). Multi-echelon vs. single-echelon inventory control policies for low-demand items. *Management Science* 40, 597–602.

Jackson, P.L. (1988). Stock allocation in a two-echelon distribution system or what to do until your ship comes in. *Management Science* 34, 880–895.
Jackson, P.L., J.A. Muckstadt (1989). Risk pooling in a two-period, two-echelon inventory stocking and allocation problem. *Naval Research Logistics* 36, 1–26.
Lee, H.L. (1987). A multi-echelon inventory model for repairable items with emergency lateral transshipments. *Management Science* 33, 1302–1316.
Lee, H.L., K. Moinzadeh (1987a). Two-parameter approximations for multi-echelon repairable inventory models with batch ordering policy. *IIE Transactions* 19, 140–149.
Lee, H.L., K. Moinzadeh (1987b). Operating characteristics of a two-echelon inventory system for repairable and consumable items under batch ordering and shipment policy. *Naval Research Logistics Quarterly* 34, 365–380.
Marklund, J. (2002). Centralized inventory control in a two-level distribution system with Poisson demand. *Naval Research Logistics* 49, 798–822.
McGavin, E.J., L.B. Schwarz, J.E. Ward (1993). Two-interval inventory-allocation policies in a one-warehouse N-identical-retailer distribution system. *Management Science* 39, 1092–1107.
Moinzadeh, K., H.L. Lee (1986). Batch size and stocking levels in multi-echelon repairable systems. *Management Science* 32, 1567–1581.
Muckstadt, J.A. (1973). A model for a multi-item, multi-echelon, multi-indenture inventory system. *Management Science* 20, 472–481.
Muckstadt, J. A., R. Roundy (1993). Analysis of multistage production systems, in: S. C. Graves et al. (eds.). *Handbooks in OR & MS Vol. 4*, North Holland Amsterdam, 59–131.
Muckstadt, J.A., L.J. Thomas (1980). Are multi-echelon inventory models worth implementing in systems with low-demand-rate items?. *Management Science* 26, 483–494.
Muharremoglu, A., J. N. Tsitsiklis (2001). Echelon base stock policies in uncapacitated serial inventory systems, Operations Research Center, MIT.
Nahmias, S. (1981). Managing repairable item inventory systems: A review, in: L. B. Schwarz (ed.). *Multi-Level Production/Inventory Control Systems: Theory and Practice*, North Holland Amsterdam, 253–277.
Rosling, K. (1989). Optimal inventory policies for assembly systems under random demands. *Operations Research* 37, 565–579.
Roundy, R. (1985). 98%-effective integer-ratio lot-sizing for one-warehouse multi-retailer systems. *Management Science* 31, 1416–1430.
Roundy, R. (1986). 98%-effective lot-sizing rule for a multi-product multi-stage production/inventory system. *Mathematics of Operations Research* 11, 699–729.
Seidel, H.P., A.G. de Kok (1990). Analysis of stock allocation in a 2-echelon distribution system, Technical Report 098, CQM, Philips Electronics.
Shang, K. H., J. Song (2001). Newsvendor bounds and heuristic for optimal policies in serial supply chains, Graduate School of Management, University of California, Irvine.
Sherbrooke, C.C. (1968). METRIC: A multi-echelon technique for recoverable item control. *Operations Research* 16, 122–141.
Sherbrooke, C.C. (1992a). Multiechelon inventory systems with lateral supply. *Naval Research Logistics* 39, 29–40.
Sherbrooke, C.C. (1992b). *Optimal Inventory Modeling of Systems, Multi-Echelon Techniques*, New York, Wiley.
Silver, E.A., D.F. Pyke, R. Peterson (1998). *Inventory Management and Production Planning and Scheduling*, 3rd edition, New York, Wiley.
Simon, R.M. (1971). Stationary properties of a two-echelon inventory model for low demand items. *Operations Research* 19, 761–777.
Spearman, M.L., D.L. Woodruff, D.L. Hopp (1990). CONWIP: A pull alternative to KANBAN. *International Journal of Production Research* 28, 879–894.
Svoronos, A., P.H. Zipkin (1988). Estimating the performance of multi-level inventory systems. *Operations Research* 36, 57–72.
Svoronos, A., P.H. Zipkin (1991). Evaluation of one-for-one replenishment policies for multiechelon inventory systems. *Management Science* 37, 68–83.

Van der Heijden, M.C., E.B. Diks, A.G. de Kok (1997). Stock allocation in general multi-echelon distribution systems with (R, S) order-up-to-policies. *International Journal of Production Economics* 49, 157–174.

Van Houtum, G.J., W.H.M. Zijm (1991). Computational procedures for stochastic multi-echelon production systems. *International Journal of Production Economics* 23, 223–237.

Van Houtum, G.J., K. Inderfurth, W.H.M. Zijm (1996). Materials coordination in stochastic multi-echelon systems. *EJOR* 95, 1–23.

Veatch, M.H., L.M. Wein (1994). Optimal control of a two-station tandem production/inventory system. *Operations Research* 42, 337–350.

Verrijdt, J.H.C.M., A.G. de Kok (1996). Distribution planning for divergent depotless two-echelon network under service constraints. *EJOR* 89, 341–354.

Zheng, Y.S. (1992). On properties of stochastic inventory systems. *Management Science* 38, 87–103.

Zipkin, P.H. (2000). *Foundations of Inventory Management*, New York, McGraw-Hill.

第11章

サプライチェーンの運用②：

受注組立生産システム

1. はじめに

　受注組立生産（assemble-to-order：ATO）システムは，複数の部品（コンポーネント）と複数の製品からなっている．需要は製品に対してのみ発生する一方，システムは部品のみを在庫としてもっている．各製品を生産するには，部品全体のある一部分である，特定の部品を必要とする．ただし，選ばれた部品は複数個必要となることがある．部品のいくつか，あるいはすべてが，複数の製品に対し共有して使用される．その部品から製品を組み立てるのに必要な時間は無視できる．しかし，部品を調達，または生産するのに必要な時間は重要である．製品は需要が発生したときのみに対応して生産される（図11.1）．

　受注仕様生産（configure-to-order：CTO）システムは，特殊な場合である．部品はいくつかの種目に分割され，顧客は各種目について部品を選択する．たとえば計算機なら，いくつかのオプションからプロセッサを選び，いくつかのオプションからモニタを選び，などの選択を通して構成される．CTOシステムとATOシステムの違いは潜在的な需要を導き出す際には重要である．しかしながら，運用段階ではその違いは軽微である．ここでは，一般のATOシステムに焦点を絞る．

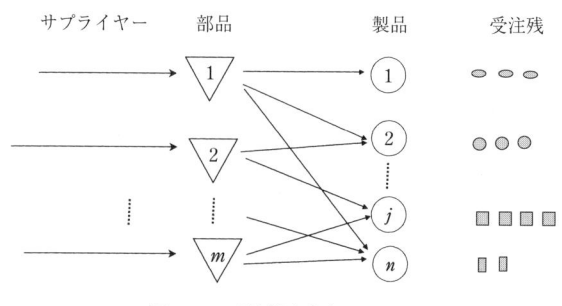

図11.1　受注組立生産システム

第11章　サプライチェーンの運用②：受注組立生産システム　　　527

　そのようなシステムは，さまざまな産業でかなり長い間採用されてきた．しかし最近，この評価はさらに高まってきた．ATO システムは，顧客に対する高い水準の製品の多様性をもたらしつつ，顧客に満足のいく納期や費用を維持することができる．

　よく知られた ATO システム（実際には CTO システム）の一つが，Dell 社のシステムである．Dell 社は顧客に複数の CPU，モニタ，ディスクドライブなどを選択させる（そしてこれらが部品となる）．したがって，製品の種類（オプションの組合せ）の数は膨大となる．この手法は成功し，パソコン（PC）を生産する他のメーカーも，同様のシステムを採用している．実際，ATO のアプローチは電機業界から広がってきている．アメリカの主要な自動車会社は，自動車組立生産に関する野心的な ATO システムを研究している（Kerwin, 2000）（現実のシステムでは，製品組立にはいくらか時間がかかるが，喜んで待つ顧客は多くはない）．

　他の分野のシステムにも同じ構造のものがある．カタログに掲載された商品を在庫としてもつ通信販売や電子商取引を考えよう．商品は部品に対応し，その組合せが製品に該当する．製品の組立に当たるものは，顧客の発注に応じて商品を取り出し，それらを梱包することである．別の例として，機器の修理のための補修部品を在庫にもつ問題を考える．補修部品は部品そのものであり，製品は特定の部品を必要とする修理の仕事と対応する．部品はある中央倉庫に存在し，（自動車のように）そこにサービスを必要とする機器が到着するか，（コンピュータや，コピー機，工作機械のように）据え付けられた機器に部品が配送される．どちらの場合でも，その仕事に必要な部品は，通常前もって知らされていない．

　本章では，ATO システムに関する今日までの研究を概観する．モデル化の問題や解析手法を包括し，また，その研究から得られる経営的な洞察をまとめる．最後に，将来の研究の方向を示す（その他の関連した文献については，Song and Yao, 2001 参照）．

　2つの特別な場合があることを明示しておくことは重要である．組立システムは，ただ1つの製品をもち，分配システムはただ1つの部品をもつ．組立システムの主要な問題は，部品の調整であり，分配システムの主要な問題は，製品間での部品の割当である（ここでの組立システムは，組立時間が無視できるという特殊な場合であり，このことは需要の発生前に製品を組み立てる必要がないことを意味している．分配システムも同様の意味で特殊である）．ATO システムは，組立と分配の要素を両方もっており，したがって，部品の調整と割当の両方を解決する必要がある．このことが ATO システムの解析，設計，管理を困難なものにしている．図11.2 を参照されたい．

　この分野の研究には，2つの主要な目的がある．一つは，効率的な運用である．特定の設計されたシステム，すなわち製品の品揃えと部品の集合が与えられたときに，さまざまな条件の下で，部品の在庫水準を含む性能を評価することを目的とする．費用と顧客サービスのバランスをとる在庫水準の決定を含めた，よい運用政策を見つけ

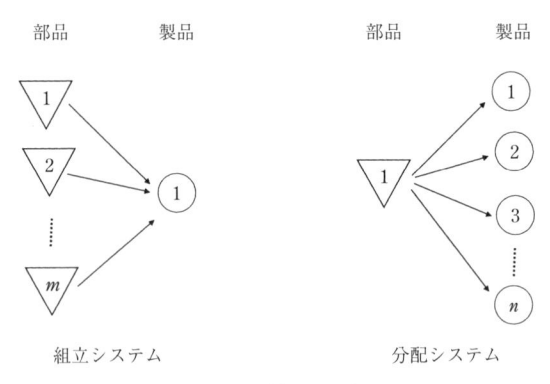

図 11.2 特別な場合

ることも目的となる．2番目の目的は，共通部品を共有するような複数の製品を設計することから生じる効果といった，候補となるいくつかのシステム設計の影響を理解することである．

2節では，単一期間モデルを議論する．3節では，多期間・離散時間モデルに焦点を絞り，4節では，連続時間モデルを扱う．5節では，システム設計に関する研究をまとめる．6節では，今後の研究の方向をいくつか示す．

2. 単一期間モデル

本節では，単一期間モデルに焦点を絞る．いくつかのシステムは，静的なフレームワークの中で十分理解される．各期を単独で取り扱うことができるか，より複雑な内容のものについて近視眼的な発見的解法としてモデルが役立つかのどちらかである．古典的な新聞売り子（ニュースベンダー）モデル（単一部品，単一製品）におけるように，受注残とロストセール（lost sale）を区別する必要はない，したがって，調達リードタイムがないとしている．問題の一般的な定式化を示し，過去の研究成果をいくつか議論する．

各期間に起こる事象列は，次のとおりである．① 部品を生産または要求する．② 製品の需要が発生する．③ 部品が製品に割り当てられ，費用が期末に発生する．基本的な手法は，単純なリコース（償還請求）が存在する確率線形計画法（linear programming：LP）である．この逆の順に，これらの事象を検討する．

③ の問題は以下のように定式化される．次の記号を用いる．

m：総部品数
n：総製品数
i：部品を表す記号（下付き添字）
j：製品を表す記号（上付き添字）

a_i^j：製品jを1単位生産するのに必要となる部品iの部品数，$\boldsymbol{A}=(a_i^j)$（行列）
d^j：製品jの需要量，$\mathbf{d}=(d^j)$（ベクトル）
y_i：部品iの供給量，$\mathbf{y}=(y_i)$（ベクトル）
p^j：製品jの不足分1単位あたりのペナルティコスト，$\mathbf{p}=(p^j)$（ベクトル）
h_i：部品iの余剰分1単位あたりの費用，$\mathbf{h}=(h_i)$（ベクトル）
z^j：製品jの生産量，$\mathbf{z}=(z^j)$（ベクトル）
w^j：製品jの不足量，$\mathbf{w}=(w^j)$（ベクトル）
x_i：部品iの余剰量，$\mathbf{x}=(x_i)$（ベクトル）

パラメータ a_i^j，d^j，y_i は非負の実数であり，p^j は正の実数，h_i は実数である．h_i が負であるとき，残余財産（サルベージ）を表す．問題はこのとき次式となる．

(P 3) $\hat{G}(\mathbf{y},\mathbf{d}) = \text{minimize } \mathbf{hx} + \mathbf{pw}$

s.t.

$\boldsymbol{A}\mathbf{z} + \mathbf{x} = \mathbf{y}$

$\mathbf{z} + \mathbf{w} = \mathbf{d}$

$\mathbf{w}, \mathbf{x}, \mathbf{z} \geq 0$

この問題は，線形計画問題である（製品数が多いとき，この問題は非常に大きなサイズとなる）．最小費用関数 $\hat{G}(\mathbf{y},\mathbf{d})$ は凸である．

モデル化において留意すべき点をいくつか記しておく．この定式化では需要，供給などが連続であるとしている．ある状況では，これらは離散的であるだろう．モデルがこれに従って修正されるならば，整数線形計画問題となる．このモデルは，もとの問題より解くのが著しく困難となる．

また，この定式化では，各製品の在庫切れペナルティコストは在庫切れの量に関して線形である．もう一つの定式化として，目的関数における $\mathbf{pw}$ の代わりに $\mathbf{pl}(\mathbf{w})$ とすることがある．ここで，$\mathbf{l}(\mathbf{w})=(\mathbf{l}(w^j))$ は w^j が正かどうかを表す0-1ベクトルである．したがって，量に関係なく，製品jが在庫切れとなれば費用 p^j が発生する．このモデルもまた，もとの問題より解くことが困難となる．さらに他の定式化では，目的関数に $p \max_j[\mathbf{l}(\mathbf{w})]$ なる項が存在することがある．このとき，いずれかの製品に在庫切れが発生したならば費用 p が必要となる．また別の定式化として，これらのサービス水準のいくつかが，ペナルティコストとしてではなく制約となることがある（われわれの考えでは，はじめの線形費用の定式化の方が，計算上取り扱いやすいことに加え，顧客に対するサービスをうまく表現していると思われる）．

最後に，この定式化において，製品の各需要は完全に満たされるか，または全く満たされないかのどちらかであると仮定している．その製品が実際に製品である，すなわち，部品が1つでも足りなければ不完全で製品ではないときには，この仮定は意味がある．しかし，販売においては，必ずこの状況になるとは限らない．顧客は，部品の供給でもいくらか利益を得るかもしれない．

これから2つの特殊な場合を調べる．はじめに，分配システム（部品が1種類であ

るため，添字 i を省略する）を考えよう．モデルは連続型ナップサック問題に帰着され，この問題は簡単に解くことができる．各製品について，部品単位あたりの在庫切れ費用 p^j/a^j を計算する．この比が最大となる製品を選び，できるだけ多くその需要を満たすようにする，すなわち，$z^j=\min\{y/a^j, d^j\}$ とする．まだ部品が残っていれば，比が 2 番目に大きい製品についてできるだけ多くその需要を満たすようにする．このことを，部品がなくなるか，需要がすべて満たされるまで繰り返す（ここでは，$h \geq 0$ と仮定している．$h<0$，すなわち正のサルベージ値 $-h$ をもつならば，$p^j/a^j < -h$ となる製品はすべて候補から外す．したがって，解は，満たされない需要と余った部品を両方もつこともある）．したがって，この場合，部品の最適割当は，製品の優先順位によって決定される．ここで，優先順位は費用と部品利用によっており，需要の条件には関係しない．

次に，組立システムを考える（単一製品であるので，添字 j を省略する）．このときも，モデルは簡単に解ける．生産水準を可能な限りすべての需要を満たすようにするか，または最も限られた数の部品に対応する製品数まで生産するかである．すなわち，$z=\min\{\min\{y_i/a_i\}, d\}$ である．

では，これから段階 ① に進む．d は確率変数である．$\mathbf{x}_0$ を初期の部品在庫ベクトルとする．$\mathbf{y}$ が与えられたとき，段階 ③ での期待費用は $G(\mathbf{y})=E_d[\hat{G}(\mathbf{y}, \mathbf{d})]$ である．$c(\mathbf{y}-\mathbf{x}_0)$ を，部品を獲得するのに必要な費用を表すとする．このとき，問題は以下のようになる．

(P1) minimize $c(\mathbf{y}-\mathbf{x}_0)+G(\mathbf{y})$
  s.t. $\mathbf{y} \geq \mathbf{x}_0$

関数 $G(\mathbf{y})$ は凸である．$c(\cdot)$ も凸であるならば，目的関数全体も凸となり，モデルは比較的容易に解くことができる．

特に $c(\cdot)$ が費用係数ベクトル $\mathbf{c}$ をもつ線形関数であるとする．$\mathbf{y}^*$ を $\mathbf{c}\mathbf{y}+G(\mathbf{y})$ の大域的最小解とする．このとき，最適発注政策は，基点在庫水準 $\mathbf{y}^*$ をもつ基点在庫政策である．すなわち，$\mathbf{x}_0 \leq \mathbf{y}^*$ ならば $\mathbf{y}^*$ の水準まで発注する．標準的な確率線形計画法により，G と $\mathbf{y}^*$ を計算することができる．

上で述べたもう一つの定式化，すなわち (P3) の目的関数が，$\mathbf{pl}(\mathbf{w})$ または同様の他のものを含むならば，対応する G は在庫切れの確率を表す項を含む．特殊な場合を除き，関数 G は凸ではない．

この定式化のいくつかの原理は，Gerchak and Henig (1986) による．彼らは $\mathbf{x}_0 = \mathbf{0}$ を仮定して，需要が発生する前に組立を行う見込み生産 (make-to-stock：MTS) システムと ATO システムを比較した．MTS では，問題 (P3) を解く必要はなく，$\mathbf{y}=A\mathbf{z}$ となる．$\mathbf{z}$ の最適値は $\mathbf{y}$ を $A\mathbf{z}$ と置き換えたときの問題 (P1) の解である．問題 (P1) はこのとき n 個の分離した新聞売り子問題に帰着される．$\mathbf{z}^s$，$\mathbf{y}^s$，C^s をそれぞれ MTS の問題に対する最適解とその費用とし，$\mathbf{z}^o$，$\mathbf{y}^o$，C^o をそれぞれ，((P3) と (P1) を解くことによって得られる) もとの ATO に問題に対する

同様のものとする．このとき，
- (a) $C^s \geq C^o$ である（需要が発生するまで組立が延期されるとき，費用は低くなる）．
- (b) $z^o \geq z^s$ である（より多くの需要が ATO システムで満たされる）．
- (c) 部品 i が製品固有（1 製品のみに対し使用される）ならば，$y_i^o \geq y_i^s$ である．
- (d) 他方，i が共通の（複数の製品に対し使用される）部品であるならば，y_i^o と y_i^s の関係を予測することはできない．

共通部品の最適在庫量は，置換可能な特定部品に関する最適な在庫量の組より高いことも低いこともある．したがって，ATO システムにすることが在庫を減らすことになるとは限らない．全体の性能は改善するが，その改善とは在庫切れの減少という点で現れることもある．

Gerchak and Henig (1986) の研究は，製品間に共通部品が存在する場合としない場合について単純なシステムを比較した初期の研究をもとになされた．Baker et al. (1986) や Gerchak et al. (1988) とその参考文献を参照のこと．彼らは，全体の在庫切れ確率に関する唯一の制約を仮定している．われわれの記号を用いれば，問題は次のとおりである．

minimize $\mathbf{cy}$

s.t. $P(\mathbf{Ad} \leq \mathbf{y}) \geq \beta$

ここで，$\mathbf{A}$ は 0-1 行列，β はあらかじめ定められたサービス水準である．共通部品をもたないシステムでは，$\mathbf{A}$ の各行は 0 でない要素は 1 つのみである．共通部品をもつシステムでは，$\mathbf{A}$ はより少ない個数の行をもち，各行は 0 でない要素を複数もつことがある．これはもとの行列 $\mathbf{A}$ の行のいくつかを加えることによって，すなわち，いくつかの部品を共通部品にまとめることによって得ることができる．

制約を満たすために必要となる総在庫投資額は，共通部品をもたないときと比べ，もつときの方が少なくなることが示される．しかし，Baker et al. (1986) で導かれたある定性的性質は特殊な場合についてのみ成り立つことが Gerchak et al. (1988) において示されている．したがって，共通部品化は確かによいことではあるが，その効果の詳細を予測することは困難である．これらの研究の変形や同様の結論については，Bagchi and Gutierrez (1992)，Eynan (1996)，Eynan and Rosenblatt (1996) も参照のこと．Eynan (1996) は，この分野の研究の概要と追加文献を示している．

修理キット問題もこの問題と関係している．修理人により運ばれる修理キットは多品目在庫である．需要は修理ジョブであり，キットの中のいくつかの異なった部品を必要とする．例として，各ジョブは各部品を 1 個必要とするか，または必要としない，したがって，行列 $\mathbf{A}$ は 0 か 1 の要素のみをもつものとしよう．問題は期待在庫維持費用＋ペナルティコスト，またはジョブ完了率に関する制約下での在庫維持費用のいずれかを最小化するように最適なキットを決定することである．いくつかのモデルでは，ジョブを終えるたびにキットが補充されると仮定している．したがって，決

定変数は 0-1 型，すなわち，各キットを 1 個もっていくかどうかである．たとえば，Smith et al. (1980) や Graves (1982) を参照のこと．その他のモデルとして，各部品につき複数個の在庫を考える．性能尺度は，在庫切れ前に完了するジョブの期待数，あるいはある固定期間に到着するすべてのジョブを完了する確率である．その期間内は，在庫補充はなされない．このモデルと単一期間モデル (P 1), (P 3) との違いは，その期間内において，割当が需要とともに動的に発生し，それが先着順サービス (first come first served : FCFS) 規則に従うことである．この最適化問題を解くため，ネットワークフローや組合せ最適化の技法が発展してきた．たとえば，Mamer and Smith (1982, 1985), Brumelle and Granot (1993) を参照のこと．Mamer and Smith (2001) では，この分野の研究の概要を示している．

Swaminathan and Tayur (1999) は，これまで述べた基本モデルの拡張を考えている．部品と完成品の間に，組立半製品（サブ組立）の層がある．組立半製品は，需要が発生する前，段階 ① において部品から生産される．そのモデルは，段階 ③ において部品や組立半製品から完成品を生産するのに用いられる，生産資源（たとえば生産能力，時間）を含んでいる．半製品から完成品を生産するのは，部品から直接生産するより資源の消費が少なくてすむ．詳細は，本書の第 8 章を参照のこと．

3. 多期間・離散時間モデル

本節では多期間・離散時間モデルに焦点を絞る．単位期間内では，決定と事象列は単一期間問題と同じである．しかし，異なる期をつなぐとき，各期末の状態が次の期首の状態となるので，新たな複雑な問題が発生する．その一つは，部品補充のためのリードタイムによるものである．異なった部品のリードタイムが異なっているとき，ある期の補充の決定が将来の他の期における在庫水準に影響する．リードタイムが不確実になるとき，問題はさらに複雑になる．もう一つの複雑になることは，どのように在庫切れを扱うか，つまり，ある期に満たされなかった需要が受注残となるか，失われるか，どちらで扱うかである．受注残となる場合，部品の一部搬送あるいは在庫予約（コミットメント）の問題も存在する．すなわち，需要が要求する部品の一部のみ存在するならば，この顧客に予約された部品として現在手持ちの部品を送るべきか，それともまだ手元にない部品が来るまでの間手元に残しておくかである．その在庫を手元に残すならば，満たされない需要に対する納期遅れ費用と予約済在庫に対する維持費用の両方を支払う．さらに複雑な問題は，受注残需要と現在の需要の間の優先順位である．このことは，2 つの特別な場合（単一品種，または単一部品のとき）には発生しない．異なった製品が共通の部品集合をもつときのみ問題となる．

まず，最適政策の特徴に関する結果をまとめ，それから，所与の政策に対する性能評価と最適化技法に関する結果を述べる．

3.1 最適政策の特徴付け

上に述べた複雑さをすべて考慮すると，状態空間はきわめて大きくなる．部品在庫ベクトル $\mathbf{x}$ だけでなく，繰り越しとなった製品のベクトル $\mathbf{w}$ や各部品の未納入発注ベクトルも追跡していかなければならない．結果として，過去の研究では，リードタイムが 0 か，正のリードタイムをもっても単一製品であるかといった特殊な場合に対してのみ，一部結果を与えている．

部品補充リードタイムがなく，予約済在庫をもたない場合を考える．受注残は，現在の需要と統合される，すなわち，受注残は優先権をもたないとする．簡単のため，費用や各製品の部品利用は時刻によらない，すなわち定常であると仮定する．T を計画期間とし，$t(t=0,\cdots,T)$ は期を表す記号とする．変数に時刻を関係させるために下付き添字 t を用いる．各期の中で起きる事象の列は，以前の単一期間のモデルのときと同じである．

このとき，問題は以下のようになる．

$$\text{(P)} \quad \text{minimize} \ \mathbf{E}\left\{\sum_{t=0}^{T}[c(\mathbf{y}_t-\mathbf{x}_t)+\mathbf{h}\mathbf{x}_{t+1}+\mathbf{p}\mathbf{w}_{t+1}]\right\}$$

s.t.

$$\mathbf{x}_{t+1}=\mathbf{y}_t-A\mathbf{z}_t$$
$$\mathbf{w}_{t+1}=\mathbf{w}_t+\mathbf{d}_t-\mathbf{z}_t$$
$$\mathbf{w}_t,\mathbf{x}_t,\mathbf{z}_t \geq 0, \quad \mathbf{y}_t \geq \mathbf{x}_t, \quad t=0,\cdots,T$$

$c(\cdot)$ が線形であるとき，各期の最適費用関数は凸である．したがって，基点在庫政策がここでも最適となる．すなわち，$\mathbf{x}_t \leq \mathbf{y}_t^*(\mathbf{w}_t)$ のとき $\mathbf{y}_t^*(\mathbf{w}_t)$ まで発注するというようなベクトル $\mathbf{y}_t^*(\mathbf{w})$ が存在する．$c(\cdot)$ が線形でないときには，一般の場合に対する最適政策を特徴付ける結果は得られていない（しかし，このモデルを変形したものについていくつか結果が得られている．Veinott (1965) 参照）．

(P) の厳密解を求めることは困難であるので，さまざまな計算手法による発見的（ヒューリスティック）アプローチが発展してきた．一つのアプローチは，近視眼的方法である．各期において，その期の需要が認識された後，(P 3) にあるように，埋め込まれた割当問題を解く（すなわち，将来の期を無視し，$\mathbf{d}_t$ を観測した後，$\mathbf{z}_t$ を解く）．(P 1) と同様に，全体の計画期間に対する最適発注量を決定するために確率計画の技法が用いられる．問題は，入れ子型の確率計画として再定式化される．Swaminathan and Tayur (1999) を参照のこと．

Gerchak and Henig (1989) は，定常データ，線形発注費用をもつロストセール型のモデルを研究した（この論文は，この結果が受注残となるときも成り立つと主張しているが，その定式化はこの場合について完全なものではない．受注残に対する状態変数や費用が存在していない）．特に，$\mathbf{p}=0$，かつ $\mathbf{d}_t$ はどの t でも同じ分布に従うとしよう．r^j を製品 j の単位あたりの利益であるとし，$\mathbf{r}=(r^j)$ とする．このとき，

問題は以下のように表現できる．

（ロストセール） minimize $\mathbf{E}\left\{\sum_{t=0}^{T}[c(\mathbf{y}_t-\mathbf{x}_t)+\mathbf{h}\mathbf{x}_{t+1}-\mathbf{r}\mathbf{z}_t]\right\}$

s.t.
$\mathbf{x}_{t+1}=\mathbf{y}_t-A\mathbf{z}_t$
$\mathbf{z}_t\leq\mathbf{d}_t$
$\mathbf{x}_t,\mathbf{z}_t\geq 0,\quad \mathbf{y}_t\geq\mathbf{x}_t,\quad t=0,\cdots,T$

彼らもまた，この問題に対する近視眼的割当政策を採用している．すなわち，各期において，需要 $\mathbf{d}_t$ が認識された後，線形計画問題を解くことにより制約を満たしながら $\mathbf{rz}_t$ を最大化する $\mathbf{z}_t$ を見つける．定常データであることから，この近視眼的政策が最適であり，多期間における解が単一期間における解と同じであることを示した．言い換えると，基点在庫発注政策とこの近視眼的割当政策は最適である．Van Mieghem and Rudi (2001) は，関連する結果を得るとともに，近視眼的な方法で得られる結果がなぜ受注残となる場合に拡張されないのかを，詳細に説明している．

Hiller (2000) は，1つの共通部品がすべての製品によって共有されており，各製品が製品特有の唯一の部品をもつモデルを研究した．$n+1$ が共通部品であるとしよう．したがって，行列 A は $n+1$ 個の行と n 個の列をもち，$i,j=1,\cdots,n$ および $j\neq i$ に対し，$a_i^i=1$, $a_i^j=0$ であり，$j=1,\cdots,n$ に対し，$a_{n+1}^j=1$ である．上で述べた近視眼的割当政策が用いられる．購入費用，在庫維持費用，受注残費用に関する特別な仮定と，リードタイムが0であるという仮定の下で，共通部品が取替できる部品より高価なときには部品の共通化は利益を生まないと結論付けている．

3.1.1 分配システム

次に，分配システムの特別な場合，すなわち単一部品と複数製品（または需要のクラス）を考える．Topkis (1968) は，ある固定された時刻においてのみ発注の決定がなされるモデルを解析した．そのような決定時間間隔の値は，以後，在庫サイクルと呼ぶが，リードタイムと等しい．したがって，いつでも唯一の未納入発注が存在し，発注は在庫サイクルの終わりにのみ受け取られる．また，それまでのすべての受注残は各再発注時刻で消えるとする．このことから，問題は本質的に単一サイクルの問題となる．ある条件の下で，基点在庫政策が発注に関して最適であり，以下で述べる配給政策がサイクル内の各期の割当について最適であることが示される．

1サイクルに注目してみよう．サイクルの長さが $L+1$ であると仮定する．サイクル内での問題は，(P) において $T=L$ とおき，y_0 を固定し，$y_t=0$ $(t=1,\cdots,L)$ とした特別な場合である．この問題は動的計画問題として定式化できる．2つの状態変数がある．一つは，時刻 t のはじめにおける在庫水準を表す x_t である．もう一つは，未納入製品需要のベクトル（それまでの受注残とその期の需要の和）を表す $\mathbf{u}_t=\mathbf{w}_t+\mathbf{d}_t$ である．t 期の期首在庫水準が $x_t=x$, 未納入需要が $\mathbf{u}_t=\mathbf{u}$ であるとしたとき

の，$t, t+1, \cdots, L$ 期における最小期待費用を $V_t(x, \mathbf{u})$ とする．このとき，
$$V_t(x, \mathbf{u}) = \min\{h_t x_{t+1} + \mathbf{p}_t \mathbf{u}_{t+1} + \mathbf{E}[V_{t+1}(x_{t+1}, \mathbf{u}_{t+1})]\}$$
s.t.
$$x_{t+1} = x - \mathbf{A} \mathbf{z}_t$$
$$\mathbf{u}_{t+1} = \mathbf{u} + \mathbf{d}_{t+1} - \mathbf{z}_t$$
$$\mathbf{u}_{t+1}, x_{t+1}, \mathbf{z}_t \geq \mathbf{0}, \quad t = 0, \cdots, T$$

すべての j について $a^j = 1$ であると仮定する．製品の番号を $p_t^1 \leq p_t^2 \leq \cdots \leq p_t^n$ となるように付け替える．Topkis は，$\tilde{z}_t^1 \geq \tilde{z}_t^2 \geq \cdots \geq \tilde{z}_t^n$ を満たす非負の配分限界 $\{\tilde{z}_t^j, j = 1, \cdots, n\}$ により，最適割当政策が決定されることを示した．規則は次のように適用される．製品 n から始める．部品在庫水準が配分限界 $\tilde{z}_t^n$ 以下にならないように，できる限り製品 n に部品を割り当てる．もし満たされない需要が存在するときには，ここで停止する．そうでなければ，同じ規則を製品 $n-1$ に適用し，その次に製品 $n-2, \cdots$ と，順に適用する．この規則は実現が簡単であるが，配分限界の計算は困難である（前節で議論した単一期間問題に対する解は，すべての j について $\tilde{z}^j = 0$ であることに注意する．この場合には，将来の需要を考慮する必要がないからである）．

Sobel and Zhang (2001) は，リードタイムが存在せず，2つの需要源があり，その一方は決定的（$\bar{d}_t$），他方は確率的（$\hat{d}_t$）であるモデルを研究した．これらを2つの異なった製品と考えよう．各期において決定的な需要は即時に満たさなければならないが，確率的な需要は受注残となることができる．したがって，各期の割当政策は固定される．すべての決定的需要を満たし，その後，前の期からの受注残分を含む確率的需要をできる限り満たす．各期の発注費用は，固定費用 k と，率 c の線形費用の和である．問題 (P) は，このとき次のようになる．

$$\text{minimize } \mathbf{E}\left\{\sum_{t=0}^{T} [k\delta(y_t - x_t) + c(y_t - x_t) + hx_{t+1} + pw_{t+1}]\right\}$$
s.t.
$$x_{t+1} = y_t - \bar{d}_t - z_t$$
$$w_{t+1} = w_t + \hat{d}_t - z_t$$
$$x_t, w_t \geq 0, \quad y_t \geq \max\{x_t, \bar{d}_t\}, \quad t = 0, \cdots, T$$

ここで，$x > 0$ のとき $\delta(x) = 1$，$x = 0$ のとき $\delta(x) = 0$ である．

h, p が正であるとすると，明らかに，最適解において，$z_t = \min\{y_t - \bar{d}_t, w_t + \hat{d}_t\}$ である．また，x_{t+1}, w_{t+1} は両方とも正の値をとるということはない．$\tilde{x}_t$ を t 期の期首における純在庫量とする，すなわち $\tilde{x}_t = x_t - w_t$ とし，$\tilde{y}_t$ を発注後の純在庫量とする．この問題は，以下のとおり書き替えられる．

$$\text{minimize } \mathbf{E}\left\{\sum_{t=0}^{T} [k\delta(\tilde{y}_t - \tilde{x}_t) + c(\tilde{y}_t - \tilde{x}_t) + h(\tilde{y}_t - d_t)^+ + p(d_t - \tilde{y}_t)^+]\right\}$$
s.t.
$$\tilde{y}_t \geq \tilde{x}_t + \bar{d}_t$$

$$\tilde{x}_{t+1} = \tilde{y}_t - d_t, \quad t = 0, \cdots, T$$

ここで，$d_t = \bar{d}_t + \hat{d}_t$ である．特別な制約を除き，モデルは標準的である．実際，修正された (s, S) 政策が最適である．パラメータ (s_t, S_t) は，通常と同様に定義される．t 期における最適政策は，$x_t < \max\{s_t, \bar{d}_t\}$ のとき S_t まで発注し（$y_t = S_t$ とする），さもなければ発注しない政策である（リードタイムが正のとき，この解析は成り立たない）．

3.1.2 組立システム

次に，一般のモデル（P）に戻り，特別な組立システム（単一製品）の場合を考える．最適割当政策は単純である．できる限り受注残と現在の需要を満たすようにするだけである．部品補充政策を決定することが残されている．すべての部品が同じリードタイムをもつとき，すべての部品在庫（使用後に調整される）はすべての時刻において等しくなるべきであり，問題は単一部品問題に帰着される．しかし，異なったリードタイムをもつときは，問題が難しくなる．

Schmidt and Nahmias (1985) の研究に基づき，Rosling (1989) は，決定的なリードタイムをもつ多階層組立システムを研究している．彼は，初期在庫に関する弱い条件の下で，組立システムが直列システムと等価であることを示した．したがって，Clark and Scarf (1960) に従い，エシェロン基点在庫政策が最適となる．この結果をここで考えている ATO システム（すなわち，組立半製品や最終組立時間をもたない）に適用すると，最適政策は均衡基点在庫政策となる．これは，基点在庫政策と似ているが，部品は次のように組み合わされる．L_i を部品 i のリードタイムとする．一般性を失うことなく，$L_m > \cdots > L_1$ と仮定する．必要ならばすべての i に対し $a_i = 1$ となるように製品単位を再定義する．部品 m の発注は，あたかも部品 m が唯一の部品であるような，標準的基点在庫政策に従う．部品 $i < m$ に対しては，$L_m - L_i$ 期前に発注された部品 m と同じ量を発注する．したがって，すべての部品は同じ時刻に同じ量到着する．Zhang (1995) を参照のこと．

以下では，異なったリードタイムをもつこの問題を，定式化（P）と関係付け，最適政策の証明を与える．正のリードタイムをもつとき，t 期における部品 i の発注の決定は，$t + L_i$ 期になるまでシステムの費用に影響を与えない．したがって，（P）における変数 y_{it} はもはや決定変数として意味をもたない．その代わり，直接制御可能な変数は在庫位置，すなわち，純在庫量と発注済在庫量の和である．以下のように記号を定義する．

$\hat{x}_{it}$：発注前の t 期の期首における部品 i の在庫位置，$\mathbf{\hat{x}}_t = (\hat{x}_{it})$（ベクトル）

$\hat{y}_{it}$：発注後の t 期の期首における部品 i の在庫位置，$\mathbf{\hat{y}}_t = (\hat{y}_{it})$（ベクトル）

$\tilde{x}_{it}$：t 期の期首における部品 i の純在庫量

$d[t, s)$：$t, t+1, \cdots, s-1$ 期の累積需要量（$s > t$）

$d[t, s]$：$t, t+1, \cdots, s$ 期の累積需要量（$s > t$）

このとき，$x_{it}=[\tilde{x}_{it}]^+$, $w_t=\max_i[\tilde{x}_{it}]^-$ である．したがって，在庫・受注残費用は $\tilde{x}_{it}$ を用いて表現される．次の式がよく知られている．

$$\tilde{x}_{i,t+1}=\hat{y}_{i,t-L_i}-d[t-L_i,t] \tag{3.1}$$

単一製品であるため，最適政策は，ある初期の期間後，各期末におけるすべての部品の純在庫量が等しいことを保証しなければならない．式 (3.1) を適用して，すべての $i<m$ に対し，

$$\hat{y}_{i,t-L_i}-d[t-L_i,t]=\hat{y}_{m,t-L_m}-d[t-L_m,t] \tag{3.2}$$

を得る．この式は，すべての $i<m$ に対し，

$$\hat{y}_{i,t-L_i}=\hat{y}_{m,t-L_m}-d[t-L_m,t-L_i] \tag{3.3}$$

であることと等価である．したがって，最適政策は上で述べた均衡政策であり，問題は決定変数 $\hat{y}_{m,t}$ をもつ単一製品問題に帰着する．特に，部品 m の最適政策は基点在庫水準 s_m^* をもつ基点在庫政策である．ここで，$F_m(\cdot)$ を $d[1,L_m]$ の累積分布関数とするとき，s_m^* は，

$$F_m(s)=\frac{p}{p+h_m}$$

の解である．部品 m を発注する各期において，部品 i ($i<m$) についても同じ量を L_m-L_i 期遅れて発注する（Zhang (1995) は，Rosling の結果を ATO の設定として解釈することにより，同じ結果を導いている）．

リードタイムが確率的なとき，上記のアプローチはうまくいかない．差 L_m-L_i が常に非負であるように m を定義することはもはや不可能である．Song et al. (2000) は，1期間確率需要という特殊な場合を考えた．問題は，総期待費用を最小化するために，各部品をいつどの程度発注するかを決定することである．各部品の最適発注量は，組立構造やリードタイムの不確実性をもたない標準的な新聞売り子問題のときと比べ，一般的に小さくなる．いくつかの単純だが信頼できる発見的解法が開発されている．数値例において，この設定ではリードタイムの変動がしばしば需要の変動よりも大きく影響することを示した．さらに，リードタイムの不確実性を無視するより近似する方がより好ましいことがわかった．

3.2 性能評価

正のリードタイムをもつ一般的なシステムに対する最適政策は，知られていない．一つの魅力的な発見的解法は，ある割当規則に沿った基点在庫発注政策である．各期の需要が多変量正規分布に従うとして，そのような政策に対する性能評価と最適化技法に焦点を絞った研究者もいる．ここでの最大の問題は，そのような分布の数値評価である．

Hausman et al. (1998) は，FCFS 規則を仮定した．すなわち，受注残となった需要は到着順に満たされるとしたのである．このことは，すべての利用可能な在庫は，それらが後の需要を満たすために用いられるときでさえ，最も早く受注残となった需

要に対し,予約がなされる.興味のあるサービス尺度は,時間幅 τ をもつ充足率,すなわち期間 τ の間に需要を満たす確率である,ここで,τ は与えられた非負整数である.この尺度を正確に計算することは困難である.この論文は下限,すなわちある期のすべての需要を期間 τ 内に満たす確率 R_τ に注目した.

各部品 i に対し,s_i を基点在庫水準,$d_i(L_i-\tau+1)$ を $L_i-\tau+1$ 期間の需要とする.このとき,

$$R_\tau = P(d_i(L_i-\tau+1) \leq s_i, \quad \forall i) \tag{3.4}$$

となることが示される.$\tilde{R}_0$ を,打ち切られたリードタイム $\tilde{L}_i=[L_i-\tau]^+$ をもつように改訂されたシステムにおける R_0 とするとき,$R_\tau=\tilde{R}_0$ となることがわかる.この論文は,線形の資源制約をもつとき,多変量正規分布に従う R_0 を最大化する問題を考えた.この目的も,評価するのは一般には難しいので,発見的解法を展開した.この中で最もよい政策は,等充足率法,すなわち,部品の充足率を等しくするように基点在庫水準を選択する政策であると思われる.

Agrawal and Cohen (2001) では,発注充足率に関する制約の下で,総期待部品在庫費用を最小化するモデルを扱った.この制約がないときには,問題は部品ごとに分割される.割当政策は,次のものを考えた.

① 部分 FCFS 政策: 利用可能な部品在庫をある完成品の発注に割り当て,部品全体が利用可能ではないときでも発送する(しかし,製品発注は部品全体が配送されたときのみ完了すると考える).

② 公平共有政策: 部品が不足したとき,利用可能な在庫はその期の実際の需要に基づき,発注に割り当てられる.明確にいえば,各部品 i に対し,製品 j は,全体の部品需要に対するその製品の部品需要の割合分の在庫を受け取る.

Agrawal と Cohen は,この政策の下で発注充足率の式を展開した.これには,多変量正規分布の評価を再度必要とする.彼らは,目的関数が凸であり,制約が準凸であることを示した.その結果,最適化問題に対する大域的最適解が存在し,Kuhn-Tucker 条件によって特徴付けられる.この方法は,Hausman らの等充足率法とは全く異なる解に導く.

Zhang (1997) は,異なった割当規則を用いて同様の問題の研究を行った.彼は,異なった期の需要は FCFS 規則に従って満たされると仮定した.しかし,同じ期における需要については,製品優先権規則が適用された.また,次の在庫予約政策が用いられた,すなわち,いったん部品ユニットが上記のように製品に割り当てられたら,仮にその需要が他の部品の在庫不足のために満たされないときでも,このユニットはその製品に割り当てられたままとなる.多変量正規分布の性質に基づき,発注充足率に関する2つの簡便な下限値が提案され,その性能が数値実験を通して比較された.結果はどちらの下限値も他より優位であるとは示されなかった.

Cheng et al. (2002) は,独立で同一分布に従う (independently and identically distributed: i.i.d.) 補充リードタイムと FCFS 規則を仮定した.製品群に依存した

充足率制約の下で，平均部品在庫維持費用を最小化する問題を研究した．彼らは各製品群の充足率について，制約関数が部品充足率の線形関数となるような近似を用いた，厳密なアルゴリズムと貪欲アルゴリズムを展開した．その解法と IBM 社における適用例から得た実データを用いて，リスク集積に関する ATO 運用の主な利点に焦点を絞る数値実験を行った．数値例ではまた，MTS モデルと比較して，ATO が本質的に在庫を減らし，需要予測の正確さを改善することにつながることを示した．

de Kok and Visschers（1999）は，純粋な組立システムに対する Rosling の手法を，より一般的な ATO システムに適用した，修正基点在庫政策を提案した．この手法の特徴は，部品が在庫置場に実際に到着する前に，製品間の部品割当を固定することである．その結果，直列システムではなく，多階層分配システムとなる．詳細は，本書の第 12 章を参照されたい．

要約すると，今日までの研究は，もっともらしい，理に適った効率的な発見的解法をいくつか発展させてきた．しかし，これらの方法は，詳細な点でも，また考え方においても全く異なっている．実際に最も信頼できる方法が何であるかということについては，結論はまだ導き出されていない．

4. 連続時間モデル

本節では，連続時間モデルを概観する．ここでまず，最適政策の特徴付けを議論し，その後，ある型の政策に対する性能評価と最適化に関する結果を議論する．

4.1 最適政策の特徴付け

一般の場合には最適政策についてやはりほとんど知られていないので，特別な場合に議論を絞る．

組立システムについて，Chen and Zheng（1994）は，先に議論した Rosling（1989）の結果をいくつかの方向で拡張した．特に，離散時間のとき成り立つ結果が連続時間のときも成り立つことが示された．したがって，連続時間・単一製品 ATO システムは，単一部品の問題に帰着する．

Ha（1997）は，複数の需要クラスでロストセールの単一部品 M/M/1 MTS 待ち行列を研究した（これまでの定義では，これは分配システムの一種である）．彼の結果は，Topkis（1968）と同様のフレーバーをもつ．各需要クラスは配分限界をもつ．在庫がある限界以下となったとき，より高い優先権をもつ需要を見越してこのクラスの需要を受け入れないことが最適である．de Véricourt et al.（1999）は，受注残をもつ同様の問題を研究した．最適政策は同じ形式をもっている．

4.2 性能評価

連続時間観測・複数製品システムについては,今日までのすべての研究は,製品需要に関し独立な複合Poisson過程を仮定している.このことは,各部品の需要もまた複合Poisson過程となることを意味している.この仮定をしない研究は,部品供給のモデル化や解析手法の点で,ここで扱う問題と異なっている.

研究成果をまとめる前に,まず,需要過程,在庫割当政策,在庫制御政策の定式化を,Song(1998)に沿って導く.

$\mathcal{I}=\{1,2,\cdots,m\}$ を,部品記号の集合とする.製品需要の発生時刻は,率 λ のPoisson過程を形成し,$\{A(t); t\geq 0\}$ と表記する.各需要は,異なった量の部品を同時に要求する.部品の部分集合 $K \subseteq \mathcal{I}$ に対し,ある需要が部品 $i \in K$ について Z_i^K 単位要求し,$\mathcal{I}-K$ に属する部品については必要としないならば,この需要はタイプ K であるという.確率変数 $Z^K=(Z_i^K, i \in K)$ は,既知の離散確率分布 ψ^K をもつ.各発注のタイプは,他の発注タイプや他のすべての事象と独立であると仮定する.また,ある発注がタイプ K である確率は,q^K で固定されている(ここで,$\sum_K q^K=1$).したがって,タイプ K の発注流は,率 $\lambda^K=q^K\lambda$ の Poisson 過程を形成する(上記で用いた用語からわかるように,発注のタイプは製品とは少し異なる.製品は,部品を固定した数ずつ組み合わせたものである.発注のタイプは部品集合について固定されているが,量は確率的である).

$\mathcal{K}$ をすべての需要タイプの集合とする,すなわち $\mathcal{K}=\{K\subset\mathcal{I}:q^K>0\}$ である.$\mathcal{K}$ は必ずしも $\mathcal{I}$ のすべての部分集合の集合ではないことに注意する.各部品 i に対し,i を含む $\mathcal{K}$ の部分集合の族を $\mathcal{K}_i$ とする.部品 i に対する需要過程は率 $\lambda_i=\sum_{K \in \mathcal{K}_i}\lambda^K=q_i\lambda$ と集団サイズ Z_i をもつ複合 Poisson 過程を形成する.ここで,Z_i は Z_i^K の $K \in \mathcal{K}_i$ に関する混合分布に従う.

一般に需要モデルは,集団 Z_i^K には $i \in K$ 間において制約を課していない.しかし,次の3つの重要な特殊な場合について述べておくことは意味がある.

① 単位需要: すべての $i \in K$ に対し $Z_i^K=1$.すなわち,タイプ K の需要は,K に属する部品についてそれぞれただ1つ必要とする.そのような需要過程は,製品が比較的高価で長持ちするときにはよく発生する.たとえば,書店に来る客はいくつかの本をそれぞれ1部ずつ購入する.通信販売を行うPCビジネスの消費者市場では,1つの需要は通常,1つのマザーボード,1つのキーボード,1つのモニタ,そしてせいぜい1枚のビデオカードを必要とする.この場合,ψ^K は1点のみ正の値をとる.

② 複数ユニットの組立: $Z_i^K=a_i^K\xi^K$.ここで,a_i^K は正の整定数であり,ξ^K は正の整数値をとる確率変数である.この場合,タイプ K の需要は製品 K を ξ^K 個必要とし,1つの製品は各 $i \in K$ の部品を,固定した a_i^K 個必要とする.このとき,ψ^K は結局,1次元分布,すなわち ξ^K の分布となる.

③ 取出しと梱包: Z_i^K は $i \in K$ 間で互いに独立である.通信販売,特に K に属

する製品が，たとえば女性用セーターと男性用スラックスといったようにそれほど関連性がないときには，この仮定は分配システムの需要に対して理に適った近似である．このとき，ψ^K は Z_i^K の周辺分布の積となる．

需要は，FCFS 規則に基づいて満たされる．即時に満たされない需要は受注残となる．需要が到着してその必要となる部品の一部は在庫にあり，残りは品切れとなっているとき，在庫している部品を配送するか，予約済在庫として残しておく．しかしながら，需要は完全に満たされるまで受注残となるものとする．

各部品の在庫は，基点在庫政策によって制御されている．ここで，

s_i：部品 i の基点在庫レベル

である．

$t \geq 0$ を連続時間変数とし，各 t に対して次の記号を定義する．

$IN_i(t)$：部品 i の純在庫量

$A^K(t)$：時刻 t までのタイプ K の需要量

$D_i(t)$：時刻 t までの部品 i の累積需要量

$B^K(t)$：時刻 t におけるタイプ K の受注残（時刻 t までにまだ完全に満たされていないタイプ K の発注量）

$B_i(t)$：時刻 t における部品 i の受注残

D_i を，製品 i のリードタイム需要量 $D_i(t-L_i, t) = D_i(t) - D_i(t-L_i)$ の定常状態における確率変数とする．IN_i を $IN_i(t)$ の定常状態における確率変数とし，B^K，B_i も同様の確率変数とする．また，

W^K：タイプ K の受注残の定常状態における待ち時間を表す確率変数

と定義する．

関心のある性能尺度は，任意の需要タイプ K に対する以下のものである．

$f^{K,w}$：時間枠 w 内に満たされるタイプ K の発注充足率，時間枠 w 内にタイプ K の発注を満たす確率 $P(W^K \leq w)$

f^K：タイプ K の需要に対する充足率 $= f^{K,0}$

$E[B^K]$：タイプ K の平均受注残

これらの発注に関する性能尺度を用いて，以下のシステムに関する性能尺度を容易に得ることができる．

f：すべての需要タイプの平均即時充足率 $= \sum_K q^K f^K$

$E[B]$：発注ベース総平均受注残 $= \sum_K E[B^K]$

発注ベースの性能尺度を次の部品ベースの尺度と関連付けることも興味深い．

f_i：部品 i の即時充足率

$E[B_i]$：部品 i の平均受注残

4.3 一定のリードタイム

L_i を部品 i のリードタイムとし，これが定数であるとする．このとき，

$$IN_i = s_i - D_i$$

である．したがって，性能評価はリードタイムにおける需要（$D_1, \cdots, D_m$）の結合分布と関係する．たとえば，

$$f^K = P(D_i + Z_i^K \leq s_i, \quad i \in K)$$

となる．

$f^{K,w}(\mathbf{s}|\mathbf{L})$ を基点在庫水準 $\mathbf{s} = (s_i)_i$，リードタイム $\mathbf{L} = (L_i)_i$ をもつシステムにおける $f^{K,w}$ とする．すべての i について $L_i = L$ であるとき，$f^{K,w}(\mathbf{s}|\mathbf{L})$ を $f^{K,w}(\mathbf{s}|L)$ と書く．固定した K と $0 \leq w < \max_{i \in K}\{L_i\}$ に対し次式が成り立つことが，Song (1998) によって示されている．

$$f^{K,w}(\mathbf{s}|\mathbf{L}) = f^{K,0}(\mathbf{s}|(L_1-w)^+, \cdots, (L_n-w)^+) \tag{4.1}$$

したがって，$f^{K,w}$ は，リードタイムを w だけ短縮した変換後のシステムにおける即時充足率 f^K と等しい．したがって，この後は f^K に焦点を絞ればよい（この結果は，以前議論した離散時間システムに対する結果と同様である）．

Song (1998) は，リードタイム需要ベクトル $(D_i)_i$ の要素によって共有されるいくつかの独立な確率変数が存在し，これらの変数が Poisson 分布に従うことを観測した．したがって，このベクトルの分布の次元は，これらの共通要素に関して条件付けることによって減らすことができる．結果として，発注充足率は１次元分布の畳み込みを用いて得ることができる．Song は，その条件付けの段階について，順序付けるアルゴリズムを開発している．この手順により，純在庫量の結合分布を用いる直接的な方法よりも簡単に，また，速く計算することができる．

この結果を例示するため，2部品・単位需要型のシステムを考える．次の３つのタイプの需要がある．タイプ１は部品１のみを１単位必要とする．タイプ２は部品２のみを１単位必要とする．タイプ12（タイプ $\{1, 2\}$ を略してこのように表記する）は各部品を１単位ずつ必要とする．この需要の場合，$D_i(L_i)$ と同じ分布をもつ D_i は，パラメータ $\lambda_i L_i$ の Poisson 分布をもつ．便宜上，$p(\cdot|a)$，$P(\cdot|a)$，$P^c(\cdot|a)$ を，それぞれ，パラメータ a をもつ Poisson 分布の確率分布，分布関数，残余分布関数とする．

タイプ i の充足率は，ちょうど部品 i の充足率

$$f_i = P(IN_i > 0) = P(D_i < s_i) = P(s_i - 1|\lambda_i L_i), \quad i=1,2$$

となる．タイプ 12 の充足率は，

$$f^{12} = P(IN_1 > 0, IN_2 > 0) = P(D_1 < s_1, D_2 < s_2)$$

となる．$L_1 = L_2 = L$ と仮定しよう．このとき，

$$D_i = D_i(L) = D^i(L) + D^{12}(L), \quad i=1,2$$

となる．ここで，$D^K(L)$ はパラメータ $\lambda^K L$ の Poisson 分布に従う．さらに，$D^K(L)$ は互いに独立である．$D^{12}(L)$ について条件付けをして，さらに条件を外すことにより，次の式を得る．

第 11 章　サプライチェーンの運用②：受注組立生産システム

$$f^{12}(s|L) = \sum_{k=0}^{\min\{s_1,s_2\}-1} p(k|\lambda^{12}L) P(s_1-k-1|\lambda^1 L) P(s_2-k-1|\lambda^2 L)$$

$L_1 \neq L_2$ のとき，さらにいくつか計算することで，同様の結果を得る．

ここで，一般の問題に戻そう．Song (1998) はまた，発注充足率に関するより簡単な上下限値を示した．この限界値は，より低次元の同時分布を必要とするか，あるいは周辺分布のみを用いている．より明確に述べれば，任意の K に対し，

$$f^K \geq \prod_{l=1}^k f^{S_l} \tag{4.2}$$

である．ここで $\{S_1, \cdots, S_k\}$ は K の任意の分割である．特に，

$$f^K \geq \prod_{i \in K} f_i \tag{4.3}$$

である．また，

$$f^K \leq \min_{i \in K} f_i$$

である．

タイプ $\{i,j\}$ の需要の充足率 f^{ij} は，任意の i,j に対して簡単に得ることができる．上で示した f^{12} と同様である．したがって，式 (4.2) により，それほど大きな計算負荷なしに $\prod_{i \in K} f_i$ よりよい f^K に関する下限値を与える．この下限値を最大化することにより最もよい分割を見つけることは，非2部グラフ重み付きマッチング問題と等価であり，この問題は組合せ最適化の文献にみられる既存のアルゴリズムによって解くことができる．

Song (2002) は，同じモデルについて，注文ベースの受注残の評価を研究した．$B_i^K(t)$ を，需要タイプ K ($K \in \mathcal{K}_i$) による時刻 t における部品 i の受注残とし，B_i^K を $B_i^K(t)$ の定常状態における確率変数とする．このとき，

$$\mathrm{E}[B^K] = \mathrm{E}\left[\max_{i \in K} B_i^K\right] \tag{4.4}$$

を得る．$B_i = n$ が与えられたとき，B_i^K は n 回の試行と各試行の成功確率 λ^K/λ_i をもつ二項分布に従う確率変数である．しかし，これらの B_i は互いに相関のある確率変数であるので，条件付き二項分布や期待値の中に最大化作用素があることに言及するまでもなく，その結合分布を単独で計算することは困難である．Song は，より簡単なアプローチを示した．その結果を示すために，前に示した，等しいリードタイムをもつ，2部品・単位需要型のシステムを考えよう．$\mathrm{E}[B^K(\mathbf{s}|\mathbf{L})]$ を基点在庫水準 s_i，共通のリードタイム L の条件下におけるタイプ K の平均受注残を表すとする．まず，部品 i の要求は確率 λ^i/λ_i でタイプ i の発注によることに注意すると，タイプ i の平均受注残は，

$$\bar{B}^i(s_i|L) = \frac{\lambda^i}{\lambda_i} \mathrm{E}[B_i(s_i|L)]$$

となる．ここで，

$$\mathrm{E}[B_i(s_i|L)] = \lambda_i L - \sum_{k=0}^{s_i-1} P^c(k|\lambda_i L)$$

である.また,

$$E[B^{12}(s|L)] = \lambda^{12}L - q^{12}\sum_{l=0}^{\min\{s_1,s_2\}-1}\sum_{m=0}^{s_1-l-1}\sum_{j=0}^{s_2-l-1}\frac{(l+m+j)!}{l!m!j!}$$
$$\times (q^{12})^l(q^1)^m(q^2)^j P^c(l+m+j|\lambda L)$$

となる.

これらの式を用いて,Song は,経営上の洞察を得るためにいくつかの例を議論している.たとえば,ある水準の在庫投資において,共通部品を用いることや,より少ない製品群にすることが,必ずしも受注残を減らさないことが示されている.このことは,これまでの研究における,より制約のある単一期間モデルから導かれた結論とは対照的である.

厳密な結果は,シミュレーションを上回る計算上の大きな利益をもたらすが,大規模なシステムに対しては,なお計算上過大な要求となっている.Song は,計算が容易な上下限値を示している.特に,次式が成り立つ.

$$LB^K := \lambda^K \max_{i\in K}\frac{E[B_i]}{\lambda_i} \leq E[B^K] \leq \lambda^K \sum_{i\in K}\frac{E[B_i]}{\lambda_i} := UB^K$$

これらの不等式の和をとることで,注文ベースの総平均受注残に関する上下限値を得る.

$$LB := \sum_K LB^K \leq E[B] \leq \sum_K UB_K := UB$$

以下の式が確かめられる.

$$UB = \sum_{i=1}^J E[B_i] = 部品に関する総平均受注残 := E[B_I]$$

したがって,総部品受注残は,常に総注文ベースの総受注残よりも大きくなる.

$E[B^K]$ に対する自然な近似式は,LB^K と UB^K の単純平均である.数値実験の結果,この近似は非常によいことを示している.

Song (2000) は,この結果をより一般的な政策である (R, nQ) 政策に拡張した(この政策では,各部品 i に対し,正の整数である基本ロットサイズ Q_i が存在し,部品 i の在庫位置が発注点 R_i 以下となったとき,大きさ nQ_i の発注がなされる.ここで,n は発注後の在庫位置が R_i+1 と R_i+Q_i の間になるような整数である.すべての Q_i が 1 であるとき,政策は基点在庫政策に帰着する).常識的な条件の下で,サービス尺度は基点在庫政策の下での同様の尺度の単純平均として計算できる.

4.4 能力制約のない確率的リードタイム

次に,各部品の供給システムが多くの並列したプロセッサからなる場合を考える,したがって,そのリードタイムは,i.i.d. の確率変数となる.一定のリードタイムをもつモデルは,特別な場合である.

$X_i(t)$:時刻 t における部品 i の未処理発注数

とする.このとき(基点在庫政策に戻ると),

$$IN_i(t) = s_i - X_i(t)$$

となる．したがって，性能評価には未処理発注量ベクトル $X(t) = (X_1(t), \cdots, X_m(t))$ とその定常状態における確率変数 $X = (X_1, \cdots, X_m)$ の分布を含む．

i.i.d. のリードタイムは，動的な製品基準の性能に関する初期の研究のうち，多階層（マルチエシェロン）在庫システムの多重契約モデルを扱った文献の中で仮定されている．ここで，最終部品（製品）は，いくつかの修理可能なモジュール（部品）からなっている．製品の故障は，1つの部品の故障により発生する．興味のある性能尺度は，受注残となった製品の数である．部品入替が許される，すなわち故障した製品の中にある正常な部品が，別の故障した製品の中にある故障した部品と取り替えて用いることができるものである．したがって，受注残となる製品の数は部品の受注残の最大値となる．すなわち，

$$B = \max_i B_i = \max_i [(X_i - s_i)^+] \tag{4.5}$$

製品は，Poisson 過程に従って故障すると仮定する．このとき，B の累積分布関数を計算できる．他の到着過程に対しては，B の期待値が計算できる．Nahmias (1981) に，文献レビューがある．

Cheung and Hausman (1995) は，多変数 Poisson 需要過程を考えた．したがって，いくつかの部品が同時に故障することがある．ここでも完全部品入替を仮定し，式 (4.5) が成り立つとした．彼らは，X_i の結合分布に関する以下の分解アプローチを提案した．Y^K を，1個以上の未処理部品をもつタイプ K のジョブ数とする．このとき，M/G/∞ 待ち行列に関する Palm の結果に従うと，Y^K は平均 $\lambda^K \mathrm{E}[\max_{i \in K} L_i]$ の Poisson 分布をもち，Y^K が K に関して独立となる．X_i^K を，需要タイプ K から発生した部品 i の未処理発注数とする．したがって，$X_i = \sum_{i \in K} X_i^K$ である．このとき，$\mathrm{E}[B]$ は，$(\mathbf{Y} = \mathbf{y}) = (Y^K = y^K, \forall K)$ に関する条件付けによって評価できる．条件付き確率 $P[X_1 \leq x_1, \cdots, X_m \leq x_m | \mathbf{Y} = \mathbf{y}]$ は，計算により求める必要がある．この確率は，すべての K について $y^K = 0$ か 1 であるときは簡単である．より大きな値をとる y^K に対しては，計算は困難である．

大きな m に対し，$\mathrm{E}[B]$ の計算を簡単にする2つの近似法が提案された．しかし，その近似はなお上で述べた条件付き確率を必要としている．また，Jensen の不等式により，簡単な下限値を導くことができる．

$$\mathrm{E}[B] \geq \max_i \{(\lambda_i \mathrm{E}[L_i] - s_i)^+\}$$

あいにく，論文が示すように，この下限値は近似としてはよくない．

Gallien and Wein (2001) は，単一品種組立システムにおいて，i.i.d. の部品リードタイムを仮定している．需要は，率 λ の Poisson 過程である．決定性のリードタイムに対する Rosling の結果をもとに，以下の政策のクラスが考察されている．すべての部品在庫を共通の基点在庫水準 s から始める．各需要は，部品に依存した遅れ $\delta_i \geq 0$ の後に各部品の発注を引き起こす．数値実験の結果，この政策は基点在庫水準

$s_i = s - \lambda \delta_i$ をもつ標準的な基点在庫政策とほぼ同等な性能を達成することが示されている.

解析を扱いやすくするために,彼らは同期化の仮定を課した.すなわち,部品は発注されるのと同じ順序で組み立てられる.したがって,完全な1組の部品を補充するのに必要な時間は $\max_i(L_i+\delta_i)$ である. Y を,完全な1組の部品に対する補充注文数の定常状態における確率変数とする.補充注文とは,m 個の個々の部品の発注のうち少なくとも1つがまだ到着していないものを指す.このとき,Palm の結果を適用すると,Y は,平均 $\rho = \lambda \mathrm{E}[\max_i(L_i+\delta_i)]$ の Poisson 分布に従う.また,$I = (s-Y)^+$ であり,$B = (Y-s)^+$ である.直列型待ち行列ネットワークの考えを用いて,以下の式が示される.

$$\mathrm{E}[I_i] = \lambda\Big(\mathrm{E}\Big[\max_i(L_i+\delta_i)\Big] - \mathrm{E}[L_i] - \delta_i\Big)$$

今,L_i が累積分布関数 $\exp(-\alpha_i e^{-mx})$ ($m>0$) をもつ Gumbel 分布に従うとしよう.これは,すべての L_i が同じ分散 σ^2 をもつことを意味する.このとき,任意の δ_i に対して閉じた形で $\mathrm{E}[\max_i(L_i+\delta_i)]$ を記述することができる.このことにより,h_i, b を,それぞれ,単位時間あたりの在庫維持費用と受注残費用とするときの,無限期間平均費用

$$\sum_{i=1}^m h_i \mathrm{E}[I_i] + \Big(\sum_{i=1}^m h_i\Big)\mathrm{E}[I] + b\mathrm{E}[B]$$

を最小化する δ_i と s の最適値を閉じた形で定めることができる.すなわち,

$$\delta_i^* = \max_j\Big(\mathrm{E}[L_j] - \frac{\sqrt{6}}{\pi}\sigma \ln h_j\Big) - \Big(\mathrm{E}[L_i] - \frac{\sqrt{6}}{\pi}\sigma \ln h_i\Big), \quad i=1,\cdots,m$$

$$\rho^* = \frac{\lambda\sqrt{6}\sigma}{\pi}\ln\Big[\sum_{i=1}^m \exp\Big(\frac{\pi(\mathrm{E}[L_i]+\delta_i^*)}{\sqrt{6}\sigma}\Big)\Big]$$

s^* は,$P(s^*|\rho^*) \geq \dfrac{b}{b+h}$ を満たす最小整数

11個の部品をもつシステムに対する数値結果は,共通のリードタイムの分散をもつすべての場合において,この近似解が(シミュレーションにより求めた)このクラスのすべての政策の中で最適なものの2%以内となることを示している.また,部品依存性やリードタイムの分散を無視した政策よりも明らかに優れている.加えて,さまざまなモデルの仮定に関して頑健である.しかし,発注の同期化の近似は,この結果に影響を与え,必要な在庫量を大きく見積もってしまう.

Song and Yao (2002) は,Poisson 需要,i.i.d. のリードタイムをもつ単一品種システムも研究した.発注の同期化を行わない標準的な基点在庫政策を採用している.任意の基点在庫政策の下で,未処理発注量ベクトル $X(t)$ は,共通の到着流をもつ m 個の M/G/∞ 待ち行列におけるジョブ数になる.この $X(t)$ は,定常状態における確率変数 X をもつ.$G_i(x)$ を L_i の累積分布関数とし,$G_i^c = 1 - G_i$ とする.$N(a)$ を平均 a の Poisson 分布に従う確率変数とする.このとき,X は以下の 2^{m-1}

個の独立 Poisson 確率変数の部分和として表現できる．

$$X_i = \sum_{S, i \in S} N(\lambda \theta_S), \quad \text{ただし，} \quad \theta_S = \int_0^\infty \left[\prod_{k \in S} G_k^c(x)\right]\left[\prod_{j \in \mathcal{I}/S} G_j(x)\right] dx \quad (4.6)$$

ここで，$\mathcal{I}$ の任意の部分集合 S に対し，$N(\lambda \theta_S)$ は待ち行列 $k \in S$ で処理中であり，かつ他の待ち行列によって完了されている（定常状態における）ジョブの数である．

原理的には，すべての性能尺度は式 (4.6) を用いて正確に評価される．しかし，2^m-1 個の独立な Poisson 確率変数が存在する．部品数に関する指数的増大は，この方法が大規模なシステムには実際的ではないことを意味する．

Song と Yao は，2つのシステム，すなわちリードタイム L_i をもつ本来のシステムと，$\tilde{L}_i$ をもつ別のシステムとを比較することによって，リードタイムの変動の効果を調べている．$\mathrm{E}[L_i] = \mathrm{E}[\tilde{L}_i] = l_i$ を仮定し，L_i が「増加凸順序」の意味で $\tilde{L}_i$ より変動する（$L_i \geq_{icx} \tilde{L}_i$ と表す）とする．すなわち，$x \geq 0$ に対し，

$$\int_x^\infty G_i^c(u) du \geq \int_x^\infty \tilde{G}_i^c(u) du$$

とする（ここで，$\tilde{G}_i^c$ は $\tilde{L}_i$ の残余分布関数とする）．このことは，$\mathrm{Var}[L_i] \geq \mathrm{Var}[\tilde{L}_i]$ を意味することに注意する．$\tilde{f}, \tilde{B}$ をそれぞれ新しいシステムの充足率と受注残数とする．このとき，

$$f \leq \tilde{f}, \quad B \geq_{st} \tilde{B}$$

となる．したがって，標準的な単一 M/G/∞ 待ち行列システムとは対照的に，リードタイムの変動性により性能が劣化する．

$\mathrm{E}[B]$ を評価することは困難であるが，彼らは $\mathrm{E}[B]$ の簡単な上下限を展開し，これらを次の最適化問題の目的関数の代用として用いている．

$$\text{minimize } \mathrm{E}[B(s_1, \cdots, s_m)]$$
$$\text{s.t. } c_1 s_1 + \cdots + c_m s_m \leq C \quad (4.7)$$

貪欲アルゴリズムが開発され，数値結果は，これらの解法が非常に効果的であることを示している．

また，彼らは，要求される充足率の下で平均部品在庫維持費用を最小化する別の最適化問題を考えた．式 (4.3) を用いて制約を近似することによって，分離可能な凸計画問題となり，この問題は貪欲アルゴリズムによって解くことができる．数値結果は，この下限値アプローチが，要求サービス水準よりかなり高い（もとのシステムの）発注充足率をもたらすことを示している．しかし，この貪欲アルゴリズムは，計算時間の点で非常に利点がある．それゆえ，初期解を素早く生成するために用いられ，この後，最善解を求めるために近傍探索がなされる．

この解析の多品種問題への拡張は，単純なものではないことが知られている．Lu et al. (2003a) は，X の結合分布母関数を導いた．

$$\psi(z_1, \cdots, z_m) := \mathrm{E}\left[\prod_{j=1}^m z_j^{X_j}\right]$$

$$= \exp\Bigl[\sum_{K\in\mathcal{K}}\lambda^K\int_0^\infty(\psi^{Z^K}(G_1(u)+z_1G_1^c(u),\cdots,G_m(u)$$
$$+z_mG_m^c(u))-1)\mathrm{d}u\Bigr]$$

単位需要の特殊な場合（すべての $Z_i\equiv 1$），母関数は次の形をとる．
$$\psi(z_1,\cdots,z_m):=\exp\Bigl[\sum_{K\in\mathcal{K}}\lambda^K\int_0^\infty\Bigl(\prod_{j\in K}[G_j(u)+z_jG_j^c(u)]-1\Bigr)\mathrm{d}u\Bigr]$$

これは，多変数 Poisson 分布に対応する．したがって，式 (4.6) を一般化した次式を得る．
$$X_i = \sum_{K\in\mathcal{K}_i}\sum_{i\in S, S\subseteq K}N(\lambda^K\theta_S^K)$$

ここで，すべての Poisson 確率変数は独立であり，K の任意の部分集合 S に対して，
$$\theta_S^K = \int_0^\infty\Bigl[\prod_{j\in S}G_j^c(u)\Bigr]\Bigl[\prod_{j\in K-S}G_j(u)\Bigr]\mathrm{d}u$$

となる．

性能尺度を評価するために要求される計算量は，製品数に関して線形である．あいにく，部品数に関しては指数的である．他方，母関数を用いて平均，分散，共分散に対する単純な式を得ることができる．$\mathcal{K}_{ij}$ を i,j の両方を含む部分集合族としよう．このとき，
$$\mu_j := \mathrm{E}[X_j] = \mathrm{E}[L_j]\sum_{K\in\mathcal{K}_j}\lambda^K\mathrm{E}[Z_j^K]$$
$$\sigma_j^2 := \mathrm{Var}[X_j] = \mathrm{E}[X_j] + \sum_{K\in\mathcal{K}_j}\lambda^K[\mathrm{E}[(Z_j^K)^2] - \mathrm{E}[Z_j^K]]\int_0^\infty[G_j^c(\mu)]^2\mathrm{d}u$$
$$\sigma_{ij} := \mathrm{Cov}[X_i, X_j] = \sum_{K\in\mathcal{K}_{ij}}\lambda^K\mathrm{E}[Z_i^K Z_j^K]\int_0^\infty G_i^c(u)G_j^c(u)\mathrm{d}u, \quad i\neq j$$

となる．

このことは，これらのモーメントを用いた多変量正規分布を用いて X を近似することを提示している．これ自体まだ困難な計算であり，Lu らは，いくつかのさらなる近似法を示唆している．

1つの近似法は，共分散の上限に基づいている．
$$\sigma_{ij}\leq\eta_i\eta_j$$
ここで，
$$\eta_i := \Bigl[\sum_{K\in\mathcal{K}_i}\lambda^K\mathrm{E}[(Z_i^K)^2]\Bigr]^{1/2}\Bigl[\int_0^\infty(G_i^c(u))^2\mathrm{d}u\Bigr]^{1/2}$$

である．正規分布の計算は，各 σ_{ij} を $\eta_i\eta_j$ に置き換えることによって容易になることがわかる．これは分解正規近似と呼ばれる．

第2の近似は，式 (4.2) を $\mathcal{I}$ の組分割に適用することである．これにより計算は2変量正規分布の評価に帰着される．

数値計算により，分解正規近似，組分割近似，周辺分布下限値 (4.3) が比較された．組分割近似が最も正確であるが，他の2つの方法は計算時間がより少なくてす

み，正確さにおいてもかなり優れていた．

Lu et al. (2003b) は，同じ複数製品モデルに対する次の最適化問題に焦点を絞った．

$$\underset{\mathbf{s}}{\text{minimize}} \sum_K w^K \mathrm{E}[B^K(s)]$$
$$\text{s.t.} \quad c_1 s_1 + \cdots + c_m s_m \leq C \tag{4.8}$$

ここで，$\mathbf{s} = (s_1, \cdots, s_m)$ であり，$w^K \geq 0$ はタイプ K の平均受注残に対する重み付け要素である．最適解を見つけるために，彼らは目的関数を近似する上下限値アプローチに基づいた 2 つの代替問題を研究した．2 つの問題は同じ構造をもっている．n を需要タイプ（あるいは製品）の数とする．このとき，最適基点在庫水準は，次の形式をもつ $n!$ 個の最小化問題を解くことによって決定される．

$$\underset{\mathbf{y}}{\text{minimize}} \sum_{l=1}^{n} v_l y_l$$
$$\text{s.t.} \sum_{l=1}^{n} \tau_l (y_1 + \cdots + y_l) \leq C, \quad \mathbf{y} \geq \mathbf{0}$$

これらの問題は，貪欲解法によって解くことができる．計算の速度を上げるために，発見的アルゴリズムも開発された．数値結果は，これらの解法が非常に効果的であることを示している．

Lu and Song (2002) は，複数製品・単位需要型システムに対する制約なしの費用最小化問題を定式化した．b^K はタイプ K の受注残となった顧客の発注に対する受注残費用率とする．J_i を，他の部品の不足のため受注残となった需要のために置かれている部品 i の定常状態における単位量とする．基点在庫政策 $\mathbf{s} = (s_1, \cdots, s_m)$ の下での総期待平均費用は，以下のとおりである．

$$C(\mathbf{s}) = \sum_i h_i \mathrm{E}[I_i(s_i) + J_i(\mathbf{s})] + \sum_K b^K \mathrm{E}[B^K(\mathbf{s})]$$
$$= \sum_i h_i s_i + \sum_K \tilde{b}^K \mathrm{E}[B^K(\mathbf{s})] - \sum_i h_i \mathrm{E}[X_i]$$

ここで，

$$\tilde{b}^K = b^K + \sum_{i \in K} h_i$$

である．

彼らは，部品ベースの定式化（すなわち，独立な単一部品システムの集合として扱われた定式化）と，上で述べた定式化を比較した．受注残となった部品 i に対する単位量あたりの受注残費用を b_i と表すことにする．部品ベースの最適化問題は，次式のとおりである．

$$\underset{\mathbf{s}}{\text{minimize}} \sum_{i=1}^{m} (h_i \mathrm{E}[I_i(s_i)] + b_i \mathrm{E}[B_i(s_i)])$$
$$= \sum_{i=1}^{m} (h_i s_i + (h_i + b_i) \mathrm{E}[B_i(s_i)]) - \sum_i h_i \mathrm{E}[X_i]$$

この問題は，i に関して分離可能である．各 i に対する問題は新聞売り子問題であり，解は簡単に得られる．

Lu と Song は，

$$b_i = \sum_{K \in \mathcal{K}_i} \frac{\lambda^K}{\lambda_i} \left(b^K + \sum_{j \in K, j \neq i} h_j \right)$$

とおいたとき，この部品ベースの計算結果が $\mathbf{s}^*$ の上限となることを示した．b_i の異なった選択は，この上限値に対応した下限値を与える．さらに，上限値を初期値として，離散凸関数に対して最近開発された最適化技法を用いることにより，$\mathbf{s}^*$ が貪欲なやり方で得られる．

4.5 能力制約付き確率的リードタイム

Song et al. (1999) は，多品種製品・単位需要型モデルを考えた．各部品 i の供給システムは，率 μ_i の指数分布に従う処理時間をもつ単一プロセッサとバッファー容量 $b_i \geq 0$ の有限受注残バッファーをもつシステムとしてモデル化される．有限バッファーは，以下のように機能する．すぐに満たされない部品 i の需要は，空きがある限り受注残待ち行列 i に行く．この需要は，部品 i が1単位利用可能になるとすぐ満たされる（あるいは，予約済部品として残しておく）．需要が到着したとき関係する部品のうち，1つでも受注残待ち行列が満杯であるならば，顧客に長い待ちとなることを示し，顧客は去ることを決める．したがって，バッファー容量は顧客の忍耐度を計る尺度とみることができる（$b_i = \infty$ がすべての i について成り立つとき，満たされない需要は受注残となる．$b_i = 0$ がすべての i について成り立つとき，満たされない需要は失われる）．

システムに入る需要に対し，対応する部品の少なくとも1つの受注残待ち行列に空きがないとき，2種類のブロッキングが考えられる．

① 全発注サービス（total order service：TOS）： もしタイプ K の発注の到着時に少なくとも1つの部品の受注残待ち行列に空きがないとき，発注そのものが失われる．言い換えると，タイプ K の発注は全体として受け入れられなければならない．このモデルは，ATO の環境や，ある MTS システムに対し，妥当である．

② 部分発注サービス（partial order service：POS）： タイプ K が到着し，$i \in K' \subset K$ に対し受注残待ち行列 i に空きがないとき，K' に属する部品の発注が失われるが，$K - K'$ に属する部品の発注は，即時あるいは将来のどちらかで満たされる．このモデルは，顧客が完成品の一部の発送品を受け取るような，多くの分配システムに適合する．

したがって，顧客の忍耐度は，POS モデルにおいては個々の部品と関係しており，TOS モデルにおいては発注全体と関係している．

Song らは，未処理発注ベクトル $X(t)$ は，有限状態空間をもつ既約な連続時間 Markov 連鎖を形成することを示している．その唯一の定常分布が，準出生死滅（quasi birth-and-death：QBD）過程の行列幾何形式解により得られる（Neuts, 1981：Chap. 3）．Song らは，この解を用いて $f^{K,w}$ や $\mathrm{E}[B^K]$ の正確な式を導いている．

数値実験は，POS モデルから得られる結果が，TOS モデルの対応部分に対する信

頼できる見積りを与えることを示している．したがって，1つの発注サービス規範に焦点を絞れば十分である．また，通常の需要の到着では，有限バッファーモデルは無限バッファーモデルに対する正確な近似を与えている．

Iravani et al. (2000) は，同様のモデルのフレームワークと技法を用いて，柔軟な顧客をもつシステムを研究した．各 K は2つの部分集合 K^1 および K^2 に分割される．K^1 はタイプ K 需要の「カギ」となる部品からなっている．K^1 の部品のどれか1つが利用できないとき，タイプ K の需要は失われる．他方，カギではない部品（K^2 の部品ではあるが）が利用できないときには，タイプ K の顧客は代替品を受け入れるか，あるいはその部品なしですませてもよい．より明確に，各 $i \in K$ に対し，部品 i が利用可能でないときタイプ K の顧客が（代替物として）部品 j を受け取る確率 p_{ij}^K が存在する．すべての $j \in \mathscr{S} - \{i\}$ に対し $p_{ij}^K = 0$ ならば，タイプ K の顧客は部品 i の代替品を受け取らない．

Glasserman and Wang (1998) は，供給システムを M/G/1 待ち行列の集合として（単一製品のときは G/G/1 待ち行列として），モデル化した．充足率 $f^{K,w}$ が高い状態を保持すると仮定して，彼らは配送時間枠 w と総基点在庫量 $s = s_1 + s_2 + \cdots + s_m$ の間のトレードオフを探求した．充足率を固定したとき，w が減少するにつれて s が増加することは直観的に明らかである．主要な結果は，$k_i = s_i / s$ を一定に保ちながら s が増加するとき，w と s の関係は漸近的に線形となるということである．この線形関係を表す2つのパラメータは，（到着とサービス時間のキュムラント母関数の解析を通して）厳密に，また（そのモーメントを通して）近似的に決定される．

U_i を部品 i の確率的な処理時間を表すとし，V_i を部品 i に対する需要到着時間間隔とする．大きな s または w に対して，ある定数 C_i, γ_i, β_i を用いて部品充足率が，
$$1 - f_i^w \approx C_i e^{-\gamma_i w - \beta_i s_i}$$
によって近似できる．（複数製品の場合に必要となる）Poisson 需要過程に対して，
$$C_i = \lambda_i^{-1} (\lambda_i + \gamma_i)(1 - \lambda_i \mathrm{E}[Z_i] \mathrm{E}[U_i])(\psi'_{Z_i}(\beta_i) \psi_{U_i}(\gamma_i)(\lambda_i + \gamma_i) - 1)^{-1}$$
となる．Z_i は部品 i の需要集団サイズであったことに注意する．定数 γ_i と β_i は入力確率変数のキュムラント母関数を含むある方程式を解くことによって得られる（確率変数 Y のキュムラント母関数は，$\psi_Y(\theta) = \log \mathrm{E}[e^{\theta Y}]$ により定義される）．これらの定数はまた，以下のように，これらの確率変数の1次，2次のモーメントにより近似される．
$$\gamma_i \approx -\frac{2\mathrm{E}[U_i]\mathrm{E}[Z_i] - \mathrm{E}[V_i]}{\mathrm{E}[Z_i] \mathrm{Var}[U_i] + \mathrm{Var}[Z_i] (\mathrm{E}[U_i])^2}$$
$$\beta_i \approx \mathrm{E}[U_i] \gamma_i + \frac{1}{2} \mathrm{Var}[U_i] \gamma_i^2$$

以下の記号を定義する．
$$\gamma^K = \min_{i \in K} \{\gamma_i\}, \quad \mathscr{U}^K = \{i \in K : \gamma_i = \gamma^K\}$$
$\alpha_i = k_i \beta_i$ と定義し，

$$\alpha^K = \min_{i \in K}\{\alpha_i\}, \quad \mathscr{I}^K = \{i \in K : \alpha_i = \alpha^K\}$$

とおく．このとき，時間枠 w が長いときには，発注充足率は次式で近似できる．

$$1 - f^{K,w} \approx \sum_{j \in \mathscr{G}^K} C_i e^{-\gamma^K w - \alpha_i s}$$

総基点在庫量 s が高いときには，

$$1 - f^{K,w} \approx \sum_{j \in \mathscr{I}^K} C_i e^{-\gamma_i w - \alpha^K s}$$

すべての製品の充足率が同じでかつ高く，かつその部品の基礎在庫水準が一定の比率で変化するとき，この近似は以下のことを示唆している．時間枠 w が変化するとき，同じ発注充足率を保つために基点在庫水準は部品レベルでのトレードオフ規則

$$\Delta s_i = -\frac{\gamma_i}{\beta_i} \Delta w$$

に従って変更すべきである．数値実験により，この線形規則はある条件の下で満足のいく結果となることを示している．

しかし，この結果は有限バッファーの仮定に強く依存している（一定のリードタイムをもつ単純な単一部品システムにおいて，この関係が非線形となることを示すのは容易である）．

Wang (1999) は，この結果を充足率制約の下で平均在庫費用を最小化する最適化問題に適用している．単一製品システムに焦点を絞り，閉じた形式の解をもつ代替問題を解いている．特に，次の解が効率的となる添字 k が存在することを示している．

$$\tilde{s}_i = \frac{1}{\beta_i} \log \frac{\theta_k C_i e^{-\gamma_i w}}{\dfrac{h_i}{\beta_i}}, \quad \text{for } i \leq k$$

$$\tilde{s}_i = 0, \quad \text{for } i > k$$

ここで，

$$\theta_j = \frac{\sum_{i=1}^{j} \dfrac{h_i}{\beta_i}}{\delta - \sum_{i=j+1}^{m} C_i e^{-\gamma_i x}}$$

であり，h_i は部品 i の在庫維持費用である．

Dayanik et al. (2001) は，多変量確率分布の近似に関するさまざまな文献にみられるいくつかの考え方を調査し，どのアプローチが能力制約のある ATO システムにおける性能を評価するのに最も効果的かを決定した．ATO の設定に対し，異なった近似のアイディアを適合させることで，システムの依存構造に基づくタイプ別の限界，多変量分布を限界付けるのによく用いられる分布の型によらない Bonferroni 型の限界，Frechet 型の限界，これらを組み合わせた限界といったいくつかの性能限界値を導いた．Dayanik らは，これらの限界値を解析的に，また数値的に比較した．一般的な結論として，タイプ別の限界値が最も効果があることがわかった．

Xu (2001) は，確率比較の技法に基づき，ATO システムに対するいくつかの性能

限界値をまとめている．

　要約すると，連続時間モデルに関する研究は，ATO システムの設計と制御に対する頑健な解析の道具が発展したここ数年の間に大きく進歩した．境界や近似とともに厳密な，あるいは漸近的な結果が展開されてきた．しかし，それらの方法は，詳細なモデルの仮定に強く依存している．したがって，これらの方法を適用するときには，特定の応用についてどのモデルのフレームワークが最も適合しているかを注意深く検討すべきである．

5. システム設計に関する研究

　研究のもう一つの方向は，製品設計とプロセス設計に含まれる幅広い問題を理解することを目指している．総論は，Nevis and Whitney (1989) や Krishnan and Ulrich (2001) による研究文献レビューにおいて記されている．この研究は，もちろん ATO システムのみでなく，幅広い生産方式を考えている．ここでは，ATO システムにおいて課せられる製品や部品の多様性による問題を明確に扱っている研究に焦点を絞ることにする．

　この研究は，これまで議論してきた運用モデルの詳細のほとんどを省略する傾向にある．その代わり，単純な関数を用いてシステムの運用費用を近似することを目指している．

　Fisher et al. (1999) は，自動車のブレーキという特定の産業におけるシステム設計についてモデルを展開し，実験的にそのモデルを検証している．このモデルでは，需要のアフィン関数を用いて総運用費用（と設計費用）を表現した．ブレーキは，ローターの直径という臨界次元について自動車ごとに異なっている．自動車は主に，その重さによって，少なくともある直径のローターを要求する．モデルは，ある自動車の集合に対して最適なブレーキの数を決定することを目的とする．ある単純化の仮定により，ブレーキの最適数は，「総需要と車重のとりうる範囲の積」の平方根という単純な指標に比例する．Fisher らは，アメリカ 3 社，日本 3 社の計 6 つの会社のデータを用いてそのモデルを検証し，その指標が正確に実際のブレーキの種類を予測していることを示している．

　Ramdas and Sawhney (2001) は，製造ラインの再設計を行うモデルを開発している．まず，生産ラインの拡張による利益への影響を見積もる方法を開発している．次に，運用費用への効果を見積もる方法を示している．この方法では，新しい製品の部品共通化による規模の経済を反映した項を含んでいる．最後に，これらの方法を整数計画モデルに組み込んで，最適なラインの拡張方法を選択している．腕時計の製造会社からのデータに基づくケーススタディを報告している．

　Krishnan et al. (1999) は，別の生産ライン設計モデルを開発している．モデルでは製造開発費用に焦点を絞っているが，運用費用に対する部品共通化の効果を表現す

る関数を含んでいる．最終的には同様に，最適化モデルとなっている．Krishnan and Gupta（2001）は，同様のモデルを用いて，製品群全体にわたって共有される部品や半製品の集合である「製品プラットフォーム」を評価している．彼らはそのようなプラットフォームが利益を生むか生まないかの条件を定めている．

部品共通化の問題は，より広いモジュラー設計の問題と関係する．Baldwin and Clark（2000）は，この概念の全体像を示し，Thonemann and Brandeau（2000）は，部品共通化の水準を最適化する詳細なモデルを展開している．

これらの数少ない研究は，広大な図面のない領域に踏み込む第1歩と見なすのが適切であると筆者らは考える．設計過程は，運用費用に加え，多くの要因を含んでいる．「製造のための設計」という言葉は，そのような費用の重要性を認識することを表しているが，他の重要な要因と合わせてその費用を考慮することにより，設計のための資源をどのように組織化するのが最善なのか，まだ理解されてはいない．今後の研究では，この問題により光が当てられることを期待したい．

6. 要約と今後の方向

これまで述べてきたように，近年の研究によりATOシステムに対する解析手法の開発に対する目覚ましい進展がなされてきた．われわれは，少なくともいくつかのシステムについては，性能を見積もり改善するための，扱いやすい方法をすでに身につけている．これらの方法は，ある興味深い，役に立つ経営上の洞察に導いてくれる．にもかかわらず，多くの課題が残されている．ここで，今後研究が必要となるいくつかの分野を示しておく．

6.1 最適政策

これまで示してきたように，多期間モデルに対する最適政策の形については，ほとんど知られていない．今日までの研究は，ほとんどある特定の型の政策をとると仮定している．真の最適政策についてより研究することには意味がある．部分的な特徴付けでも興味深い．また，よりよい発見的な政策も役に立つであろう．

6.2 大規模システムに対する扱いやすい方法

多くの実際のATOシステムは，数百の部品と数千の製品から成り立っている．たとえば，Hewlett-Packard社のある部門では，PCを製造するのに100以上の部品を8つの部品族に分類して用いている．そのようなシステムでは，存在するモデルや解法では非常に多くの計算負荷が課せられる．データの見積りでさえ簡単なことではない．

多くのアプローチにより，問題が改善できるかもしれない．一つのアプローチは，性能尺度が効率的に評価できる特殊な構造をもつモデルの定式化を探求することであ

る．もう一つのアプローチは，大量のデータに対してアルゴリズムが計算可能となるような分解・近似法を開発することである．3節と4節では，最近の開発に関するいくつかのアイディアを概説した．今もなお，この種のよりよい方法の開発が必要とされている．

6.3 需要分布

本章のほとんどすべてのモデルは，定常データを仮定している．しかし，短期間の製品寿命では，時間とともに変化し，状態に依存する需要過程となる．将来の実際的なモデルにおいては，そのような複雑な需要モデルを許容することが望まれる．

6.4 サプライチェーンの構造と費用に関する変化

サプライチェーンの流れをスムーズにし，効率性を増すことで費用を低減するという圧力により，多くの生産者は組立工程の一部（あるいはすべて）の段階（特に最終製品組立や個別仕様化）を，通常は流通業者に，外注化することとなった．さらにその流通業者は，最終組立の一部を販売者に委託することがある．したがって，同じサプライチェーンにおいて，複数のプレイヤーがATOシステムの問題に出くわすことになる（本書第6，第7章では，複数プレイヤーからなるサプライチェーンにおける問題が議論されている）．

加えて，新しい課題や実際の経営問題が出現してきている．かつて生産者に所有され，集中されていた組立に関する生産能力は，今ではサプライチェーンの下流に移動しており，プレイヤー間で分散化し，より柔軟に，かつ，より費用を安くを，同時に展開するようになった．そのため，一時的な製品需要変動や製品の組合せの変化に適うような短期的に柔軟な生産能力のスケジューリングや，システムの異なる段階での生産能力の調和といったことは，重要な研究対象であり続けるであろう．

サプライチェーンのプレイヤーが資産のリスクや費用を共有する方法も変化している．ある特別な例として，生産者・流通業者間の「価格保護」の契約がある．急速な価格下落から流通業者を守り，価格低下のリスクを生産者にシフトするために設計されており，価格保護政策の下では在庫維持費用の伝統的な定義が変わり，在庫維持費用の多くが供給者あるいは顧客にシフトすることになる．さらに，供給者と購入者の間の費用関係は，VMI（vendor managed inventory）により，さらに複雑になってきている．在庫維持費用は，ATOモデルの重要なパラメータであるので，費用構造の変化により，その解や推奨政策に大きな影響を与えるであろう（第7，第8章では，複数プレイヤーからなるサプライチェーンにおけるこの種の問題が議論されている）．

6.5 製品設計の意味

製品設計に関するモデルに基づく研究は，5節で述べたように，まだ初期の段階である．簡単で，経験的に確認でき，役に立つ費用モデルから十分な詳細運用モデルを

導くことは，あいにくまだ十分理解されていない．したがって，しばらくの間，経験的なモデルは，理論的な基礎をほとんどもたない，その場限りの費用関数に依存することになるだろう．今後，このギャップの橋渡しをする研究の機会が数多く訪れるだろう．

謝辞：このテーマに関する役に立つ議論をしてくださった Alex Zhang 氏に感謝したい．　　　　　　　　　　（Jing-Sheng Song and Paul Zipkin/中出康一）

参 考 文 献

Agrawal, M., M. Cohen (2001). Optimal material control and performance evaluation in an assembly environment with component commonality. *Naval Research Logistics* 48, 409–429.
Bagchi, U., G. Gutierrez (1992). Effect of increasing component commonality on service level and holding cost. *Naval Research Logistics* 39, 815–832.
Baker, K., M. Magazine, H. Nuttle (1986). The effect of commonality of safety stock in a simple inventory model. *Management Science* 32, 982–988.
Baldwin, C., K. Clark (2000). *The Power of Modularity*, Cambridge, MA, MIT Press.
Brumelle, S., D. Granot (1993). The repair kit problem revisited. *Operations Research* 41, 994–1006.
Chen, F., Y.-S. Zheng (1994). Lower bounds for multi-echelon stochastic inventory systems. *Management Science* 40, 1426–1443.
Cheng, F., M. Ettl, G. Y. Lin, D. D. Yao (2002). Inventory-service optimization in configure-to-order systems. *Manufacturing & Service Operations Management* 4, 114–132.
Cheung, K. L., W. Hausman (1995). Multiple failures in a multi-item spare inventory model. *IIE Transactions* 27, 171–180.
Clark, A., H. Scarf (1960). Optimal policies for a multi-echelon inventory problem. *Management Science* 6, 475–490.
Dayanik, S., J.-S. Song, S.H. Xu (2001). The Effectiveness of Several Performance Bounds for Capacitated Assemble-to-Order Systems, working paper, Graduate School of Management, University of California, Irvine, CA 92697.
de Kok, A., J. Visschers (1999). Analysis of assembly systems with service level constraints. *International Journal of Production Economics* 59, 313–326.
de Véricourt, F., Karaesmen, F., Dallery, Y. (1999). Optimal stock rationing for a capacitated make-to-stock production system, working paper, Laboratoire Productique et Logistique, Ecole Centrale de Paris. Forthcoming. *Management Science*.
Eynan, A. (1996). The impact of demand's correlation on the effectiveness of component commonality. *Int. J. Prod. Res.* 34, 1581–1602.
Eynan, A., M. Rosenblatt (1996). Component commonality effects on inventory costs. *IIE Transactions* 28, 93–104.
Fisher M., K. Ramdas, K. Ulrich (1999). Component sharing in the management of product variety: A study of automotive braking systems. *Management Science* 45, 297–315.
Gallien, J., L. Wein (2001). A simple and effective component procurement policy for stochastic assembly systems. *Queueing Systems* 38, 221–248.
Gerchak, Y., M. Henig (1986). An inventory model with component commonality. *Operations Research Letters* 36, 61–68.
Gerchak, Y., M. Henig (1989). Component commonality in assemble-to-order systems: models and properties. *Naval Research Logistics* 36, 61–68.
Gerchak, Y., M. Magazine, A. Gamble (1988). Component commonality with service level

第11章 サプライチェーンの運用②：受注組立生産システム   557

requirements. *Management Science* 34, 753–760.
Glasserman, P., Y. Wang (1998). Leadtime-inventory tradeoffs in assemble-to-order systems. *Operations Research* 46, 858–871.
Graves, S. (1982). A multi-item inventory model with a job completion criterion. *Management Science* 28, 1334–1336.
Ha, A. (1997). Inventory rationing in a make-to-stock production system with several demand classes and lost sales. *Management Science* 43, 1093–1103.
Hausman, W. H., H. L. Lee, A. X. Zhang (1998). Joint demand fulfillment probability in a multi-item inventory system with independent order-up-to policies. *European Journal of Operational Research* 109, 646–659.
Hillier, M. (1999). Component commonality in a multi-period inventory model with service level constraints. *International Journal of Production Research* 37, 2665–2683.
Hillier, M. (2000). Component commonality in multi-period assemble-to-order systems. *IIE Transactions* 32, 755–766.
Iravani, S., K. Luangkesorn, D. Simchi-Levi, On assemble-to-order systems with flexible customers. Working paper, Northwestern University, 2000. Forthcoming, *IIE Transactions*.
Kerwin, K. (2000). At Ford, E-commerce Is Job 1, *Business Week*, February 28, 74–78.
Krishnan, V., S. Gupta (2001). Appropriateness and impact of platform-based product development. *Management Science* 47, 52–68.
Krishnan, V., R. Singh, D. Tirupati (1999). A model-based approach for planning and developing a set of technology-based products. *Manufacturing & Service Operations Management* 1, 132–156.
Krishnan, V., K. Ulrich (2001). Product development decisions: A review of the literature. *Management Science* 47, 1–21.
Lu, Y., J.-S. Song, (2002). Order-based cost optimization in assemble-to-order systems. Working paper, IBM Watson Research Center, Yorktown Hights, NY 10598.
Lu, Y., J.-S. Song, D.D. Yao (2003a). Order fill rate, leadtime variability, and advance demand information in an assemble-to-order system. *Operations Research* 51, March–April.
Lu, Y., J.-S. Song, D.D. Yao (2003b). Backorder minimization in multiproduct assemble-to-order systems. Working paper, IBM Watson Research Center, Yorktown Hights, NY 10598.
Mamer, J., S. Smith (1982). Optimizing field repair kits based on job completion rate. *Management Science* 28, 1328–1333.
Mamer, J., S. Smith (1985). Job completion based inventory systems: optimal policies for repair kits and spare machines. *Management Science* 31, 703–718.
Mamer, J., S. Smith (2001). Inventories for sequences of multi-item demands, in: J. S. Song, D. D. Yao (eds.), *Supply Chain Structures: Coordination, Information and Optimization*, Norwell, MA, Kluwer Academic Publishers, pp. 415–437. Chapter 12.
Nahmias, S. (1981). Managing reparable item inventory systems: A review, in: L. B. Schwarz (ed.), *Multi-level Production/Inventory Control Systems: Theory and Practice*, Amsterdam, North Holland, 253–277.
Neuts, M. (1981). *Matrix Geometric Solutions in Stochastic Models*, Baltimore, MD, Johns Hopkins University Press.
Nevins, J., D. Whitney (1989). *Concurrent Design of Products and Processes*, New York, McGraw-Hill.
Ramdas, K., M. Sawhney (2001). A cross-functional approach to evaluating multiple line extensions for assembled products. *Management Science* 47, 22–36.
Rosling, K. (1989). Optimal inventory policies for assembly systems under random demands. *Operations Research* 37, 565–579.
Schmidt, C., S. Nahmias (1985). Optimal policy for a two-stage assembly system under random demand. *Operations Research* 33, 1130–1145.
Sherbrooke, C. (1992). *Optimal Inventory Modeling of Systems*, New York, Wiley.
Smith, S., J. Chambers, E. Shlifer (1980). Optimal inventories based on job completion rate for repairs requiring multiple items. *Management Science* 26, 849–852.
Sobel, M. J., R.Q. Zhang (2001). Inventory policies for systems with stochastic and deterministic demand. *Operations Research*, 49, 157–162.

Song, J.-S. (1998). On the order fill rate in a multi-item, base-stock inventory system. *Operations Research* 46, 831–845.

Song, J.-S. (2000). A note on assemble-to-order systems with batch ordering. *Management Science* 46, 739–743.

Song, J.-S. (2002). Order-based backorders and their implications in multi-item inventory systems. *Management Science* 48, 499–516.

Song, J.-S., S. H. Xu, B. Liu (1999). Order fulfillment performance measures in an assembly-to-order system with stochastic leadtimes. *Operations Research* 47, 131–149.

Song, J.-S., C. Yano, P. Lerssrisuriya (2000). Contract assembly: dealing with combined supply leadtime and demand quantity uncertainty. *Manufacturing & Service Operations Management* 2, 287–296.

Song, J.-S., D.D. Yao (eds.) (2001). *Supply Chain Structures: Coordination, Information and Optimization*, Kluwer Academic Publishers, Norwell, MA.

Song, J.-S., D. D. Yao (2002). Performance analysis and optimization in assemble-to-order systems with random leadtimes. *Operations Research* 50, 889–903.

Swaminathan, J., S. Tayur (1998). Managing broader product lines through delayed differentiation using vanilla boxes. *Management Science* 44, S161–S172.

Swaminathan, J., S. Tayur (1999). Stochastic programming models for managing product variety, in: S. Tayur, R. Ganeshan, M. Magazine (eds.), *Quantitative Models for Supply Chain Management*, Boston, Kluwer. Chapter 19.

Thonemann, U., M. Brandeau (2000). Optimal commonality in component design. *Operations Research* 48, 1–19.

Topkis, D. (1968). Optimal ordering and rationing policies in a nonstationary dynamic inventory model with n demand classes. *Management Science* 15, 160–176.

Van Mieghem, J., N. Rudi (2001). Newsvendor networks: inventory management and capacity investment with discretionary activities, working paper, Northwestern University. Forthcoming, *Manufacturing & Service Operations Management*.

Veinott, A. (1965). The optimal policy for a multi-product, dynamic, nonstationary inventory problem. *Management Science* 12, 206–222.

Wang, Y. (1999). Near-optimal base-stock policies in assemble-to-order systems under service levels requirements, working paper, MIT Sloan School.

Wemmerlov, U. (1984). Assembly-to-order manufacturing: Implications for materials planning. *Journal of Operations Management* 4, 347–368.

Xu, S.H. (2001). Dependence analysis of assemble-to-order systems, in: J. Song, D. Yao (eds.) *Supply Chain Structures: Coordination, Information and Optimization*, Kluwer Academic Publishers, Norwell, MA, pp. 359–324, Chapter 11.

Zhang, A.X. (1995) Optimal order-up-to policies in an assemble-to-order system with a single product, Working paper, School of Business Administration, University of Southern California.

Zhang, A. X. (1997). Demand fulfillment rates in an assemble-to-order system with multiple products and dependent demands. *Production and Operations Management* 6, 309–324.

第12章

サプライチェーン運用計画：

計画概念の定義と比較

1. はじめに

　本章では，サプライチェーン運用計画（supply chain operations planning：SCOP）問題を論ずる．サプライチェーンマネジメント（SCM）の文脈の中でSCOPを位置付ければ，SCOPの目的は，**顧客サービス制約が最小費用で満たされる**ように，考察の対象となる**サプライネットワーク**における**資材と資源の発令を調整すること**である．

　「資材と資源の発令の調整」は，本書で論じられる他のSCM決定過程とSCOPを区別するものであり，太字で示している．最初に，資材と資源の両方の発令を決定することにより，資材と資源に関する制約を同時に考慮する．次に，多品目・多期間の設定の下ですべての発令決定の調整，すなわち時間軸上での運用上の調整を直接的に考える．特にこの時間軸上での運用調整は，統合された供給需要バランスに基づいた季節在庫水準の設定や一般的な資源の利用可能性の計画といった，他のサプライチェーン計画（supply chain planning：SCP）活動とSCOPを区別するものである．SCOP問題は，初期の計画決定の結果を具体化し，ショップフロア進捗管理によって実行される資材と資源の発令決定を生成する．Stadtler and Kilger（2000）に示されたSCP行列の文脈の中で，SCOPは，中期計画と短期計画の両者と重なり合う．すなわち，SCOPは中期計画の決定を短期の実行決定へと変換する．

　運用上の調整に焦点を絞ったもう一つの結果は，本章で議論されるモデルにおける需要の不確実性と処理時間の不確実性を，現状で可能な限り組み入れることである．この意味で本章のアプローチは，特定のSCP問題の決定論的な例を定式化し，その例を解く発見的手法や最適化手法を開発するといったSCPの文脈における通常のアプローチとは異なっている．4節と6節で，より詳細にこれら2つのアプローチ間の相違を議論する．

　本章では，一般的なサプライネットワーク構造に対するSCOP問題を議論するので，「サプライネットワーク」を太字で表している．これは，SCOP問題で考慮される品目が，他の多くの品目から組み立てられ，そして他の多くの品目へと組み付けら

れていくことを仮定することを意味する．この点について，ここでは，本書の第10章と第11章で示された解析を，提示される問題の一般性のために，同様には簡潔な解析ができないとしても，拡張を試みる．

近年，サプライネットワークが多数の組織，たとえば，OEM（original equipment manufacturers）や1次，2次サプライヤーを含んでいることに注意する．さらに，SCOP問題はその組織内の多くの部門，たとえば，販売，マーケティング，生産と購買，あるいはさまざまな製造部門や倉庫の配置を含んでいる．この事実は，SCOP問題を形式化する定量的モデルの定式化にとって重要な結果を招くものである．ここでの定式化においては，中心的な目的関数が存在し，情報はサプライチェーンを通じて共有されているものと仮定する．さらに，サプライチェーンにおける各階層は，SCOPの職務分担とは考えられていないことではあるが，あるリードタイムを維持する責任をもつものと仮定する．次節でこの分解をさらに論じるが，そこでは計画決定のこの階層的分解と命令が，理論的にも実際的な観点からも唯一の可能なやり方であることを議論する．したがって，SCPにおけるマルチエージェントな状況を考慮するつもりはないし，またゲーム的な状況（これまでサプライチェーンにおける契約状況においてのみ研究されてきたもの，本書の第6，第7章を参照）も考慮しない．しかしながら何らかの形の中央での調整が，本章で議論されるモデルを用いた限定された情報交換の下でさえ可能であることを指摘したい（Fransoo et al., 2001参照）．

「最小費用での顧客サービス水準制約の達成」という目的を太字で表したのは，われわれの目的が，可能な場合に適切な事例状況を選択することによって，これまでに文献で提案されてきたさまざまなSCOP概念を比較することにあるからである．われわれが知る限りそのような比較はこれまでに行われたことがなく，われわれはそれがSCOP問題の性質へのより深い洞察を生み出すことを発見した．驚くべきことに，比較研究はサプライネットワークの設計，特に所与のサプライチェーン構造における在庫資本の配置への一層の洞察をも生み出した．

本節の概要は，以下のとおりである．1.1項では，実際的な観点からより詳細にSCOP問題を紹介する．その後，SCOP問題を定量的な最適化問題として定式化することを可能にする変数と概念を定義する．これらの変数と概念は，本章を通じて用いられる．1.2項では，SCOP問題の資材に関する局面を論じるのに対して，1.3項では，資源に関する局面を論じる．1.4項では，いわゆる計画されたリードタイムの概念を簡単に論じる．1.5項では，異なったSCP概念間の比較の基礎として用いられる2つの最適化問題を示す．1.6項では，顧客注文デカップリングポイント（customer order decoupling point：CODP）の概念と，SCOP問題に対するその関連を取り扱う．

1.1 サプライチェーン運用計画問題

SCOP 機能は，資材と資源の発令の量と時間に関する決定を行うことで，サプライチェーンに沿った活動の調整に対する責任をもつ．本章で，サプライチェーンをネットワークとして明示的にモデル化する．すなわち，利用可能な資源を用いて入力を出力に変換する活動は，多くの変換活動に先行され，また多くの変換活動によって後続される．変換活動は，サプライチェーンにおける 2 つの品目間の任意のタイプの関係の一般的名称であり，製造や組立活動のような物理的変換活動と，ある地点から他の地点への輸送のような非物理的変換活動の両者を意味することに注意する．考慮される典型的な活動は，以下の 3 つである．

① 製造活動： 物理的な入力を物理的な出力に物理的に変換する活動．
② 輸送活動： 物理的な出力をある場所から他の場所まで移動させる活動．
③ 計画活動： プロセス計画，輸送契約，購入注文書の作成などのような，製造や輸送活動を可能にするすべての管理上の活動．

SCP の観点から，すべての関連した活動とそれらの相互関係を認識することは，きわめて重要である．特に計画活動は，製造や輸送活動と並行して実行できる．一方，計画活動が全体的なサプライチェーンのスループット時間の主要な部分を決定することは十分にありうることである．たとえば，価格の交渉が経済的実現可能性に欠くことができないのはいつか，あるいは将来の需要についての情報の獲得が最高に興味をもたれるのはいつか，あるいは実際の生産を始めることができる前に，製造許可を得る必要があるのはいつかである．

それぞれの SCOP の状況で，これら 3 つのタイプの活動の定義は，それらの特徴を含めて，SCOP 問題を定義する出発点である．ここでは，SCOP 問題との関係で製造活動と輸送活動の説明に集中する．その理由は，以下の 2 つである．

① 製造活動と輸送活動は，処理時間，資源要求とプロセス産出量のような主たる特徴が比較的容易に決定できる明瞭に定義されたプロセスである．
② SCP は，それ自体が特定の階層レベルにおける計画活動である．これは特定の SCP 概念の選択が上位と下位の両方の階層レベルにおける計画活動に影響を与えることを意味する．詳細な論議は 2 節に述べる．

物理的な変換活動とそれらの相互関係を考慮すれば，次の 2 つの一般的状況がこれらの関係を決定することがわかる．

① ある変換活動の出力は，他の変換活動の入力になる．
② ある変換活動は，他の変換活動と 1 つ以上の資源を共有する．

1.2 項では，部品表（bill of materials：BOM）構造とすべての関連する変数を定義する第 1 局面に集中する．1.3 項では，工程表（bill of process：BOP）構造とすべての関連した変数を定義する第 2 局面を論じる．

1.2 部品表構造

物理的なサプライネットワーク構造は，品目間の親子関係によって定義される．品目は，変換活動への入力および変換活動からの出力に対する一般的な用語である．製造作業の場合には，品目のある集合が1つ以上の品目に変換される．本章における変換過程は，複数の他の変換過程で順に使用可能なただ1つの品目だけを出力するものに限定される．この仮定は多くの状況，たとえば，離散的部品の製造においては妥当なものである．しかし，プロセス産業と再生工業においては，1つの品目の製造が同時に他の品目の生産をも意味する状況がある．このような品目は副産物と呼ばれる．この現象と結果として生じる複雑さの議論については，Spengler et al. (1997) を参照されたい．輸送活動が，関係する資材の場所を移動することで1つの品目を他の品目に変換することに注意することが重要である．一般的にいって，品目は資材-場所の組合せと同等である．ここでは品目の時間的側面を無視する．すなわち，品目は，たとえば工学的変化のために，時間とともに変わらないものと仮定する．

N 品目からなるサプライネットワークを考える．各品目 i ($i=1,2,\cdots,N$) に対して，品目 j ($j=1,2,\cdots,N$) を1個生産するために要求される品目 i の個数を a_{ij} と定義する．

行列 a_{ij} は，部品表（BOM）と呼ばれる．MRP (material requirements planning) 文献の文脈でいえば，BOM は通常単一の最終品目，あるいはいわゆる基準生産計画（master production schedule : MPS）の品目に結び付けられている（Orlicky, 1975 参照）．BOM のこの定義は，もしサプライネットワークが市場のために1つの最終品目を生産しているならば，BOM の両方の定義が一致するという意味でその定義を含んでいる．

最終品目は，他のいかなる品目にも使用されない品目である．このような最終品目が，サプライネットワークの顧客に配達される．ここで，最終品目の集合を E で表す．すなわち，

$E : \{i | a_{ij}=0,\ i=1,2,\cdots,N,\ j=1,2,\cdots,N\}$

また，中間品目の集合 I を以下のように定義する．

$I : \{i | a_{ij}>0\ となる\ 1\leq j\leq N\ が存在する,\ i=1,2,\cdots,N\}$

表記のために，各品目に付随した次の集合を導入するのが便利である．

$V_i : \{j | a_{ij}>0,\ j=1,2,\cdots,N\}$
$W_i : \{j | a_{ji}>0,\ j=1,2,\cdots,N\}$

すなわち，V_i は品目 i ($i=1,\cdots,N$) の親部品であり，W_i は品目 i の子部品である．上記の定義で，サプライチェーンの資材構造は完全に特徴付けられる．

SCOP 問題を解いて得られる決定の集合は，資材発令決定の集合である．これらの決定を正確に記述するために，いくつかの記号を導入しなければならない．定義される変数は，ある特定の時点における SCOP 問題の解に関係したものである．ここで

は，SCOP 問題が等間隔な時点で周期的に解かれるものと仮定する．実際に用いられている代表的な周期は，日と週と月である．

時間区間 $(t-1, t]$ を t 期と定義しよう．時間 t $(t=0,1,2,\cdots)$ に発令決定が行われる．$i=1,2,\cdots,N$ に対して以下を定義する．

$D_i(t)$：t 期における品目 i の独立需要．すなわち，$I \cup E$ に属する品目の需要からは導かれない品目 i に対する t 期の需要．

$G_i(t)$：t 期における品目 i の従属需要．すなわち，$I \cup E$ に属する品目の需要から導かれる品目 i に対する t 期の需要．

$p_i(t)$：品目 i を生成する変換活動により t 期のはじめ（以後，t 期首と呼ぶ）に利用可能となる品目 i の量．

$r_i(t)$：$p_i(t)$ の受取直後の t 期首に発令される品目 i の量．

$I_i(t)$：$p_i(t)$ の受取直前の t 期首における品目 i の在庫量．

$B_i(t)$：$p_i(t)$ の受取直前の t 期首における品目 i の受注残．

$J_i(t)$：$p_i(t)$ の受取直前の t 期首における品目 i の純在庫量．すなわち，在庫量－受注残．

独立需要は，サプライネットワークの顧客により生み出される需要であることに注意する．そのような需要は通常，前もって知らされておらず，予測しなければならない．品目の集合 P を次で定義する．

P：ある $t>0$ で $D_i(t)>0$ となる品目 i の集合．

さらに，$\{r_i(t)\}$ は SCOP 問題の中核となる出力の一部を構成する決定変数の集合，すなわち資材発令決定であることを注意する．

1.3 工程表構造

製造活動と輸送活動は資源によって実行される．資源における活動の実行は何らかの処理時間を必要とする．一般的にそのような処理時間は，そのほとんどが制御できない多くのさまざまな要因によって時々刻々変化している．したがって，ここでは処理時間を確率変数として表す．

資源の処理時間は，変換活動の出力である品目に依存するものと仮定する．この仮定が一般性を失わないことは容易にわかる．さらに，資源は一度にただ１つの変換過程だけを実行できるものと仮定する．この仮定は制約になりうる．たとえば，プロセス産業において１つの変換活動が複数品目（たとえば副産物）を生み出すことはごく普通のことである．これは，複数の変換活動が同じ資源に関して並行に実行されることを意味している．ここでの定義においては，これは利用可能な資源能力の特定の部分を特定の品目にあらかじめ配分することによって解決されなければならない．

上記のように，SCP 過程は周期的に，たとえば，毎日あるいは毎週実行されるものと仮定する．したがって，資源の利用可能性をある期間における時間単位での利用可能な能力として定義する．すなわち，

C_{kt}：t期における資源kの時間単位での利用可能な能力（$k=1,\cdots,K$, $t\geq 1$）.

ここで，Kは利用可能な資源数である．資源利用に付随した以下の変数を定義する．

U_k：資源kで処理できる品目の集合．

c_i：その資源に関して品目iを1単位処理するのに要する時間．

簡単のために，品目はただ1つの資源で処理できるものと仮定する．多くの場合に，解析を品目iが複数の資源で処理できる状況へ拡張することができる．しかしそれは，付加的な変数と制約の定義を必要とする．

任意の期首における資源の発令に関連した決定変数は，集合$\{q_i(t)\}$で与えられる．ここで，$q_i(t)$は次のように定義される．

$q_i(t)$：t期に処理される品目iの量（$t\geq 1$）.

ここで，t期に処理された品目iの量は，$t+1$期首に利用可能となるものと仮定する．したがって，

$$p_i(t)=q_i(t-1), \quad t\geq 1$$

このことは，歩留りが確率的に変動する可能性を考慮しないことを意味している．確率的歩留りに関した徹底的な議論については，Yano and Lee（1995）を参照されたい．確率的歩留りを伴う非常に不安定な環境におけるSCOP問題でのわれわれの経験に基づいていえば，この分野での現在の最先端の研究も多品目・多階層ネットワークへは適用可能ではない．とりあえずの解としてわれわれは，実際の歩留りを考慮したサプライネットワークの状態の周期的な更新と安全在庫の準備により確率的歩留りを組み込むことを提案する．

1.4　計画されたリードタイム概念

上に述べたように，SCPは資材と資源の発令を調整する．資材の調整は，変換活動に要する時間が無視できるならば，程度の差はあれ自明なものである．しかしながら，資源に関する変換活動は処理時間が必要である．需要の不確かさや確率的処理時間といったさまざまな不確実性の発生のために，資材と資源の干渉が品目の発注にリードタイムを引き起こしている．製造におけるリードタイムという事象は，これまでに徹底的に研究されてきた．待ち行列ネットワーク理論に基礎を置くこの分野の概説としては，Suri et al.（1993）とBuzacott and Shantikumar（1993）をあげておく．これら文献から，リードタイムは処理時間と待ち時間から構成され，待ち時間がその主要部分を占めるのが一般的であることがわかる．この待ち時間は，変換過程の実行に同じ資源を使用する，複数の品目の発注間の干渉によって引き起こされる．ある品目の待ちは，実際の変換活動の前でも後でも起こりうる．

したがって，資材と資源の発令を適切に調整するためには，そのSCOPレベルがリードタイムを考慮しなければならない．各品目に対して，そのリードタイムL_iを次のように定義する．

L_i：品目iに対する注文の発令時間から，その品目が他の品目に利用可能となる

か顧客に納品されるかまたはその両方が起こる時間までのスループット時間．

SCP過程の周期的な性質が与えられているので，L_iを単位時間の整数倍と仮定する．t期首に発令された品目iは$t+L_i$期首，すなわち，$(t+L_i-1, t+L_i]$に利用可能となるものと仮定する．

SCPの文脈において，次の核心となる疑問に直面する．

「L_iはSCP概念にとって内生的か外生的か？」

この論点は，2節で徹底的に議論する．そこでは，リードタイムL_iはSCOP問題にとって外生的なものであると結論している．上に述べたように，リードタイムが資源の利用に関係してくるという事実が与えられれば，L_iの実際の選択はBOPと外部需要の特性から導かれる，資源利用可能性と資源要求量と矛盾のないものでなければならない．そのような両立性は，実験データからかあるいは待ち行列（ネットワーク）モデルからの，上に述べた結果の応用から導かれるべきである．

1.5 比較の基礎としての性能尺度

本章の主要な目的は，文献で提案されているさまざまなSCP概念の適用可能性に洞察を与えることである．一般的に，この領域における科学的な成果は，それ自体の事例を選択して管理上の洞察を生み出している．組合せ最適化における常識とは逆に，普遍的に受け入れられるテスト問題の集合が存在しない．さらに，必ずしも成立しない仮定に基づいて解析結果が導かれることが行われている．この典型的な例は，上流における利用可能性が保証されるという仮定であり，これによりサプライチェーンモデルの分解が得られている．この仮定の上に築き上げられた解析が，その解析に必要とされた仮定を強く破る「最適」解を最終的に導く例をみたことがある．そのような例は，5節で論じられる．

異なったSCP概念の適切な比較を行うために，費用構造と性能規範を定義する．$C(t)$をt期末にかかる費用と定義する（$t \geq 0$）．

$$C(t) = \sum_{i=1}^{N} h_i I_i(t)$$

ここで，h_iは品目iの価値である．

$C(t)$は，実際には費用関数ではなく，t期首におけるサプライチェーンの総在庫資本投資を表している．われわれは，$C(t)$の長期にわたる平均値に興味がある．

$$\overline{C} = \lim_{t \to \infty} \frac{1}{t} \sum_{s=1}^{t} C(s)$$

ここでは，$\overline{C}$の存在を仮定するが，それは定常な確率需要では一般に成立する．5節と6節におけるSCOP概念の比較は，このような状況に制限される．

長期にわたる平均のサプライチェーン在庫維持費用は，$\overline{C}$に利子率を掛けて求められる．$\overline{C}$を比較の基礎として採用することで，サプライネットワークにおいて付加される価値に関する議論は迂回できないものの，適切な利子率に関する議論を迂回する．

資本投資を比較するのは，ロットサイズ制約が重要でないときだけで十分である．より正確には，毎期，全品目に対して正の量が発令されていると仮定すれば，一定の段取り費用や発注費用を考慮する必要はない．多くの現実の応用では，ロットサイズは SCOP レベルの問題ではない．十分に高い製造の柔軟性（SCM 分野における柔軟性に関する包括的な議論については，Bertrand（2003）による本書第4章を参照）のため，あるいは週や月のバケットへ時間をまとめるために，ロットサイズの決定は，SCOP レベルより下位のレベルで行われる．ロットサイズは資源の必要度に影響を与えるため，ほとんどの場合にロットサイズ制約は SCOP レベルの上位のレベルで決定されてきた．それにもかかわらず，ロットサイズ決定が SCOP レベルで行われなければならない状況が存在する．しかし，需要の不確実性とロットサイズ制約を考慮した一般的な組立ネットワークの解析に関する利用できる文献が現在までのところ実質上存在しないため，その状況を取り扱わないであろう．計画階層におけるロットサイズとその位置付けに関する綿密な議論については，Fleischmann and Meyr (2003) による本書第9章を参照されたい．

資本投資は，十分な顧客サービスを確保するために必要である．ここで，独立需要をもつすべての品目，すなわち P のすべての品目に対して顧客サービスを定義しなければならないことに注意する．性能規範としては次に定義される α_i と β_i ($\forall i \in P$) を選択する．

$$\alpha_i : \lim_{t \to \infty} P\{I_i(t) > 0\}, \quad \forall i \in P \text{ (品切れを起こさない確率)}$$

$$\beta_i : \lim_{t \to \infty} 1 - \frac{E[(I_i(t) + p_i(t) - D_i(t))^+] - E[I_i(t) + p_i(t) - D_i(t)]}{E[D_i(t)]},$$

$$\forall i \in P \text{ (充足率)}$$

$\overline{C}$ と同様，ここでは α_i と β_i の存在を仮定する．ここで，α_i は Silver et al. (1998) で定義された P_1 測度と同じであり，β_i はそこで定義された P_2 測度と同一である．各々の SCOP 概念 $\mathcal{P}$ に対する以下の問題を解きたい．

問題 P_α：　最小化　$\overline{C}(\mathcal{P})$
　　　　　　　制約条件　$\alpha_i(\mathcal{P}) \geq \alpha_i^*, \quad i \in P$
問題 P_β：　最小化　$\overline{C}(\mathcal{P})$
　　　　　　　制約条件　$\beta_i(\mathcal{P}) \geq \beta_i^*, \quad i \in P$

SCOP 概念 $\mathcal{P}$ は，3節で導かれる資材制約および資源制約の集合を満たしていることを暗黙のうちに仮定している．これら問題において，$\overline{C}$，α_i，β_i が $\mathcal{P}$ に依存していることを明示している．したがって，問題はサービス水準制約 α_i^* あるいは β_i^* ($i \in P$) の下で総在庫資本投資を最小化することである．サービス水準制約の使用に代わるものは，ペナルティコストの導入である．ペナルティコストは実際には決めにくいという点を別にして，適切なトレードオフを行うためには資本投資を在庫維持費用で置き換えざるをえない．上に述べたように，在庫維持費用の議論は迂回したい．ペナルティコストとサービス水準制約の同等性に関する結果については，Silver et al.

(1998),Diks et al.(1996),Diks (1997),Janssen (1998),Van Houtum and Zijm (2000) を参照されたい.

SCP概念の比較から離れて,文献で報告されている特別なSCP概念の解析における違いを論じる.特に,5節で議論する確率需要を仮定するSCP概念については,解析を可能にするさまざまな単純化仮定を見つけてきた.これらの仮定のいくつかが,そのモデルの結果の妥当性をシミュレーションや厳密な解析で確認する際に,準最適あるいは間違った結果を生み出すことを示そう.

ここで示す比較によるアプローチが,われわれが知る限りこの種の最初のものであることを強調したい.さらに,確率需要を考慮したSCOP問題は複雑であり,現在に至るも,一般的なサプライチェーン構造に対する最適政策の性質について何らの洞察も存在しない.2要素と2最終品目をもつ単一期間問題に対して,Rosenblatt and Eynan (1996) は,最適政策の構造を導くことができた.Hillier (2000) による最近の論文は,サプライチェーン構造が複数要素と複数最終品目からなる,受注組立生産の状況を論じている.在庫は要素レベルでのみ保持される.Hillierは,確率動的計画法を用いて,多期間問題と無限期間問題に対する最適政策を導いている.より複雑なサプライチェーン構造に対しては,現在,文献では何らの結果も得られていない.

これらはすべて,この最先端の比較研究が解答よりもむしろ,より多くの疑問を生み出すことを暗示している.これらの疑問は,上に述べたように,7節で論じられる今後の研究のルーツになるものである.

1.6 顧客注文デカップリングポイント概念

序論となる本節において,SCMの文献から適切なSCOPモデルの発展にとって重要なある概念を論じることは妥当なことである.この概念は,顧客注文デカップリングポイント (CODP) として知られている (デカップリングポイントの概念は,Bertrand et al. (1990),Silver et al. (1998),Hoekstra and Romme (1991) から始まっている).CODPは,顧客の注文がサプライチェーンへどの程度まで深く入り込むかを示す点である.それは特別な製品と市場の組合せに対するサプライチェーンの注文起動と予測起動の違いである.CODPにおいて在庫に保管されている品目は,それらの品目の発令時点からそれらの品目の受取時点までの将来需要が(部分的に)未知であることから,需要が予測されなければならない品目である.というのは,その品目を供給するリードタイムが,顧客によって要求されるリードタイムよりも長くなるからである.CODPの下流では品目は在庫に保持されない.なぜならば,その品目をCODPから顧客へ供給するリードタイムは,顧客によって要求されるリードタイムよりも短くなり,発令時点から受取時点までのその品目の将来需要は知られているからである.われわれのモデルでは,CODPから上流の需要だけを考慮している.そのときCODPにおける需要は,最終品目の需要予測(見込み生産:make-to-stock, MTS),あるいはモジュールの需要予測(受注組立生産:assemble-to-order，ATO)，あるいは要素の需要予測（受注生産：make-to-order，MTO）から直接発生する独立需要である．CODP の下流におけるすべての発令は実際の顧客注文に基づいており，需要の不確実性の下で計画されたものではない（最終組立スケジュール：Orlicky，1975 参照）．CODP の上流におけるすべての発令は，従属需要に基づいて計画されたものである．

ここで，CODP 概念がもともと単一の組織へ適用されてきたものであることに気付くのは，興味あることである．サプライチェーンの観点，すなわち複数の組織から構成されるという観点をとれば，もともと独立と考えられ，したがって予測を要求していた需要が従属需要となることから，多くの CODP は消滅してしまう．以下にみるように，この事実は，サプライネットワークの性能に大きな影響を与えている．一般的に，CODP に貯蔵されている品目は，高い確率で独立需要を満たすために利用されるものと仮定されている．独立需要向けのこれら品目を従属需要専用に転換したとき，そのような要求はもはや適切ではない．トレードオフは，サプライチェーンの観点が不必要な在庫資本投資を予防するために，これら品目の低い利用率を必要とすることを明らかにしている．

本章では，CODP における在庫に保管されている品目とこれら CODP 品目の BOM の部品となっている品目の発令だけを考える．したがって，一般性を失うことなく，ここでは CODP 品目を最終品目と表す．これら最終品目が販売可能な製品でなく，モジュールや要素（の集合）である場合には，これら最終品目に対する独立需要は，販売可能な製品（の集合）の予測から導くことができる．言い換えれば，最終品目の予測を直接導くために，史料と市況情報を利用することができる．

1.7 本章の概要

SCOP 問題を定量的モデルとして定義するために必要な基本概念の議論を，ここで締めくくる．本章は以下，次のように構成されている．2 節では，統合的計画と SCOP と詳細スケジューリングから構成される階層的計画のフレームワークの文脈における SCOP 問題の位置付けを論じる．2 節における議論の重要な観点は，SCOP 問題の定式化に，いわゆる計画されたリードタイムを組み込む動機付けである．というのは，本章の以下の節では，確定的な品目リードタイムをもつサプライネットワークモデルに対象を制限するからである．3 節では，一般 SCOP 制約と以下で呼ぶ，一般的な資材と資源の発令制約を導く．これは，以下の節で文献に提案されているさまざまな SCOP 概念の妥当性を試験するために用いられる．4 節では，資材発令に関するロットサイズ制約がない SCOP 問題に対する線形計画法（linear programming：LP）による定式化を，一般 SCOP 制約を用いて導く．この LP 定式化は，ローリングスケジュールの文脈で確定的な外部需要に基づいた他の SCOP 概念の議論におけるベンチマークとなるものである．外部需要は，予測あるいは営業計画の過程から導かれる（Fleischmann and Meyr（2003）による本書第 9 章を参照）．5 節では，確率

的需要を直接組み込んだ定量的モデルに基づいた SCOP 概念を論じる．可能な限り，さまざまな概念を，サプライネットワーク構造と定量的解析のための品目利用可能性に関して設けられた仮定について比較を行う．6 節では，LP に基づく SCOP 概念を，無限の資源利用可能性の下で De Kok and Visschers（1999）によって開発された，いわゆる同期化基点在庫（synchronized base stock：SBS）政策と比較する．これら 2 つの概念を選択した理由は，それらが一般的なサプライネットワークに対する SCOP 問題についての 2 つの異なったモデル化概念を代表しており，ともにあらかじめ定義された顧客サービス水準制約を高い精度で満たすことを保証する解を導くことができるからである．LP に基づく概念は，第 9 章において Fleischmann and Meyr（2003）によって論じられているように，SCOP に対する標準的なソフトウェアで広く利用可能な，ローリングスケジュールの文脈における決定的モデルに基づいた SCOP 概念のクラスを代表している．現在までのところ，SBS 概念は，一般的なサプライネットワークに対する SCOP 問題から得られる一般的な多品目・多階層モデルを処理できる，確率需要を SCOP モデルに直接組み込んだ SCOP 概念を表す唯一の概念のように思われる．これら 2 つの概念の比較は，広く論じられている SCOP 問題に対する重要な洞察をもたらす．最後に 7 節で，これら研究成果をまとめ，今後の SCOP 研究の挑戦について論じる．

2. サプライチェーン計画の階層的性質

本節では，階層的フレームワークの中にサプライチェーン運用計画（SCOP）問題を位置付ける．階層的計画のフレームワークは，製造組織において行われている継続的計画とスケジューリング決定を正確にモデル化することができる．SCOP 問題は，製造組織（のグループ）が，顧客サービス，売上高，利益，投資利益率（return on investment：ROI）などに関する目的を実現させるべく解かなければならない，一連の計画問題とスケジューリング問題における一つにすぎない．まず，過去に開発された階層的計画概念の発展の背後にあるさまざまな研究展望の議論から始める．

2.1 計画における階層

SCOP におけるさまざまな要素に関する決定は，これまで研究者によって伝統的に，互いに独立に解析されてきた．スケジューリング問題や（多階層）在庫問題や統合能力計画問題を扱う研究は，それら自身の特性を維持しながらも，ほとんど相互に連携することはなかった．逆に，1960 年代末から 1970 年代初頭にかけて，これら分野の各々から研究範囲を広げて，自身の利用可能な固有の手法をサプライチェーン計画（SCP）問題の他の要素に適用する試みが行われてきた．しかし，これらのアプローチでは，各要素の固有の特性が無視され，問題は概念的に巨大なモデルへと展開されてきた．その例としては，ロットサイジングとスケジューリングを結合した研究

（たとえば，Dauzère-Pérès and Lasserre, 1994 参照）がある．そこでは，2つのモデルが存続しており，最終的な解は2つのモデル間を反復することによって得られている．

管理者はしかし，SCP領域における多くの異なった問題に直面していた．彼らはこれらの問題を，その決定を階層的に組織化することで解決した．Meal（1984）はこれらの階層を解析し，記述し，そして Hax and Meal（1975）と Bitran and Hax（1977）によって導入された階層的計画における階層に結び付けている．

階層的生産計画の考え方は，Anthony（1965）によって正式に表現されている．彼は，階層的制御の3レベル（戦略的計画，管理制御，運用制御）を導入している．この計画の階層をこれらのレベルにおける調和した意思決定を支援する正式なモデルの集まりへと発展させる基本的アイディアは，1970年代初期に Bitran, Hax, Meal（BHM）によって展開された（Winter, 1989）．彼らの著作では，一般的に3つの意思決定レベルを支援するモデルに対して，統合計画，族分解，品目分解といった術語が用いられている．BHM階層は，生産能力の調整だけに基づいており，資材の調整は考慮されておらず，BOMも含まれていない．このことが，SCPにおける彼らの手法の利用を妨げている．元来，彼らの仕事は離散的部品のバッチ製造に動機付けられ，そのモデルはそのバッチ製造に基づいていた．その後，連続製造とジョブショップに応用されている（概説については Bitran and Tirupati（1993）を，歴史的展望については McKay et al.（1995）を参照されたい）．これらの環境はすべて，基本的に生産能力指向であることに注意する（Bertrand et al., 1990 参照）．BHM定式化の各レベルには，本質的に2つのタイプの制約が存在する．

①基本プロセス制約： 資源のように，プロセスにおける物理的制約から導かれる硬い制約である．

②決定プロセス制約： 決定階層におけるその直接上位のレベルによってもたらされる軟らかい制約である．

最上位のレベルにおいては，もともとの HMMS モデル（Holt, Modigliani, Muth and Simon, 1960）の考え方に沿った，勤務時間および残業にどれだけの時間を配分するかという決定に関する統合資源制約が資源階層の基礎となっている．ただし，BHMモデルにおける費用は線形であり，HMMSにおけるように2次ではない．また，基本プロセス制約と決定プロセス制約間の区別は，モデルの定式化では行われていない．そして，それがより下位のレベルでより詳細な計画がいったんスタートすれば，よりよい実行可能解があるにもかかわらず，ある製品族のある量を生産する決定が設定される事実を示している．

複数階層がBHM定式化に導入されるとき，完全な統合は非常に困難となり（Bitran and Tirupati（1993）による Axsäter の研究紹介を参照されたい），階層的計画手法を工夫する唯一のやり方は，非常に緩い結合によるものである．Graves et al.（1986）は，統合レベルでは生産能力を計画し，詳細レベルでは生産の諸段階を

調整させるために基点在庫アプローチを用いる，2レベルモデルを提案している．Bitran and Tirupati（1993）と Meal et al.（1987）は，階層的計画の BHM 定式化と MRP の関係を論じている．彼らは，階層的計画が基本的に生産能力の水準とその平滑化を決定することに焦点を絞るのに対し，MRP は製造プロセスにおけるさまざまな点で要求される資材量を決定することから，階層的計画と MRP は相補的であると結論付けている．以下の節で議論される SCOP モデルで定式化されるように，資材発令と資源発令の決定間の干渉のため，この議論が SCOP へ拡張できないこと，また，実際もし BHM の階層的計画モデルにおいて考慮されている時間期間が MRP モデルにおける時間期間よりも長いオーダーであり，もし資源が柔軟であれば，容認できることを主張できる．

　SCOP に関する決定は，伝統的に運用レベルで行われてきた．Meal（1984）は，これが有効な情報処理技術の欠如のために，必然的に分権化されたことを論じている．彼が伝統的アプローチと名付けたこのアプローチでは，運用計画の決定は，その組織のすべての部門とレベルにおいて，ライン管理者の意思決定権限の主要部分であった．決定は確かに組織的ではなく，ただ部分的に調整されただけであった．1970年代における大規模情報処理技術の出現により，計画運用の大規模な包括的モデルの出現が主導権を握った．Meal（1984）はこれを中央集権的アプローチと呼んでいるが，それは組織のすべての部門における運用プロセスの計画決定を詳細に管理する権限が与えられた中央決定機関を創設する流れに基づいている．

　これら中央集権化された巨大な意思決定モデルには，多くの難点が付随する（Fleischmann and Meyr（2003）による本書第9章も参照）．そのモデルは，非常に大きく，複雑になりがちである．したがって，そのモデルの解析と最適解の発見が非常に困難となり，解くためにはそのモデルの分解が必要となる．モデルの分解は最適化問題を解く際に広く採用されている戦略である．数学的な意味での複雑さを別にして，中央集権的アプローチに付随する，組織上および人間関連の多くの難点が存在する．最も重大な難点は，その巨大モデルのオーナーが存在しないように思われることである．組織内部での責任は，多くの人々に消散される傾向がある．巨大モデルは，それが全組織を横断する多くの詳細について決定する唯一の組織単位であることを仮定する．もし上位レベルの管理が実際にそのモデルのオーナーとなり，これらの決定を行うものと仮定すれば，多くの人々とモデルに関連した次のような難点が発生する．

　① 詳細な数字は，上位レベルの管理者にとってたいした意味をもたない．
　② 詳細な数字は，間違った安心感を与える．というのは，それらがシステムのある未来の状態（たとえば，外部データの予測）に言及するだけでなく，システムの現在の状態（たとえば，データの品質問題）についても言及するならば，全く信頼できないからである．
　③ 中央集権的計画は，階層の下位にあるローカル（局所的）な管理者から権限を奪い，責任感を失わせる．これは，自己完結的で自律的なグループという支配的な管

理哲学とは相容れないものである．これ以外にもそれは，責任と決定権は制御する機会と調和すべきであるという，制御理論の原理にも矛盾するものである．この後半部分は，McPherson and White (1994) によって徹底的に議論されている．彼らは，「上位レベルにおける計画は下位レベルにおける管理能力と両立しなければならず，下位レベルにおける計画は階層の上位の目標達成と両立しなければならない」と述べている．

④ モデルは，状況の豊かさを完全には把握できない．したがって，階層の下位にいるローカルな計画者は，（上位レベルの）モデルより常に現実のプロセスについてより豊かな情報をもち，より詳細に説明できる．

これらはすべて，組織内で実行できる計画問題の解を見つけることができるためには，問題の分解が要求されるという事実を導く．もし決定問題が分解され，階層が構成されれば，階層の上位レベルは下位レベルのモデルを統合することが必要となる．この統合は，上に述べた難点を克服するのに必要である．さらに，この分解はそのサプライチェーンに沿った多かれ少なかれ独立な部署を導く．それはその部署内での管理に関して自己完結的ではあるが，統合され中央集権化した管理機能から考慮すべき目的と制約を受け取っている．これは，Bertrand and Wortmann (1981) によって開発され，Bertrand et al. (1990) によって練り上げられた，商品流通の管理と生産部署の管理を分離する考え方に沿ったものである．このアプローチの結果は，さまざまな生産部署のリードタイムが固定化され，システムの出力となるよりもむしろ入力となることである．これらリードタイムは本質的に，MRP と全く同じようにモデル化される (Orlicky, 1975 参照)．この問題は，2.4 項でさらに議論される．ここで論じている固定したリードタイムは，サプライチェーンの管理対象の内部リードタイムであり，このサプライチェーンのすべての顧客に約束している外部リードタイムと区別されなければならないことを注意しておく．外部リードタイムは，時間的な負荷変動を反映して変化しなければならないからである．このアプローチの結果として，負荷の制御はサプライチェーン全体で実行される．まとめれば，SCP 問題の階層的分解は，2つの本質的特性をもつと述べることができる．すなわち，

・統合： 上位レベルのモデルを構成するのに必要である．
・固定したリードタイム： 管理機能として必要である．

次の2項では，計画されたリードタイムを用いることでサプライチェーンの管理を獲得するという考え方の基礎となる，実施リードタイムと情報の非対称性の概念について論じる．この管理の概念は，2.4 項でさらに詳しく説明される．

2.2 実施リードタイム

意思決定階層と予想の必要性における非対称性は，基本的に，決定を実行するのに時間がかかることによって引き起こされる．本章の残りの部分では，この時間を実施リードタイムと呼ぶことにする．実施リードタイムは，決定が行われた瞬間から，こ

の決定の結果がサプライチェーンの運用において観測できる瞬間までに経過した時間である．SCP決定における実施リードタイムの長さは，生産とプロセスの構造，すなわち部品表（BOM）と工程表（BOP）に基づいて決めることができる．

実施リードタイムの例は，品目の調達時間である．もし品目iの調達リードタイムがL_iならば，t期首に発注された量$r_i(t)$は，$t+L_i$期首にはさらなる組立あるいは販売に利用可能であるものとされている．直接の決定$\{r_i(t)\}$は，以下に定義される外部需要予測$\{\hat{D}_i(t,t+s)\}$，$s \geq 0$ に依存している．

$\hat{D}_i(t,t+s)$：t期首に定められた，$t+s$期における品目iの外部需要の予測（$t \geq 0$，$s \geq 0$，$\forall i$）．

供給は信頼でき，L_iが実現されるものとすれば，サプライヤーの決定ができるだけ遅く積み込むことであることを考慮すれば，次式が成り立つものと期待される．

$$\hat{p}_i(t,t+L_i) = r_i(t)$$

ここで，$\hat{p}_i(t,t+s)$は次のように定義される．

$\hat{p}_i(t,t+s)$：t期首に定められた，$t+s$期首に利用可能となる品目iの量の予測（$t \geq 0$，$s \geq 0$，$\forall i$）．

ここで，$\hat{p}_i(t,t+L_i)$は，その品目を発注する組織の観点からの計画された決定にすぎない．これはサプライヤーにとって，直ちに品目iの発注の加工と輸送を始めなければならない場合には確定した決定となり，実施リードタイムが何らかの余裕時間を含む場合には計画された決定となる．

時間tに上記の式に従って計画された決定が行われるものとする．$t+1$期首に新しい予測$\{\hat{D}_i(t+1,t+s)\}$，$s \geq 1$を作成する．このとき，品目iの需要の減少のために以前に行われた決定の変更が決められることも十分に起こりうることである．すなわち，次式が成り立つ．

$$\hat{p}_i(t+1,t+L_i) \neq \hat{p}_i(t,t+L_i)$$

計画された決定と確定した決定の議論に従えば，調達時間に余裕時間を含むかどうかによって，以前の決定を変更できるかどうかがわかる．柔軟性はさらに（時間に依存した）資源制約の選択によってモデル化できる．

情報の非対称性は，以下の例を用いて述べることができる．再び計画されたリードタイム，すなわち資材注文発令の決定の実施リードタイムL_iをもつ品目iを考える．サプライヤーはしばしば，たとえば生産設備の購入や人員の採用と訓練や資材の調達に関する一貫した決定を行うために，将来のある期tにおける発注の予測値を何回も受け取る．上で述べたように，$t-s$期首に行われたt期の予測$\{\hat{D}_i(t-s,t)\}$は，sが変われば変化する．したがって，これら予測に基づいて計画された調達注文は時間とともに変化し，したがって生産設備を購入するサプライヤーの決定は異なった情報に基づき，さらに資材を調達するサプライヤーの決定もそうである．この情報の非対称性は，決定階層あるいはサプライチェーン管理構造を設計する際には考慮されなければならない．かくして実施リードタイムは，ある決定が行わなければならない時

点間に相違をもたらす．また，物理的プロセスで実際の行動がとられる十分前に，しばしば決定がなされることを意味している．したがって，意思決定者は実際，階層的生産計画の分野でしばしば指示されるようなフィードバックよりもむしろ制御理論でいうところのフィードフォワードを採用している．フィードフォワードを行うためには，意思決定者は本質的に，彼の決定が実施されるまでの期間に発生する出来事を予想している．

実施リードタイムは，BOMとBOPのみならずSCPと管理システムの特性にも関連していることを認識すべきである．多くの場合，意思決定の上位レベルにおける決定周期は，下位レベルにおけるものよりも長くなる（Meal, 1984）．さらに，決定が行われ，改訂され，あるいは処理される頻度は，意思決定の上位レベルでより少なくなる（Gershwin（1994）の階層的構造は，この前提に基づいている）．これは，現実の（物理的）プロセスにおける変化（たとえば需要の変化）がおそらく直接観測されないことを意味している．さらに，たとえそれらが観測されたとしても，その観測結果を処理するために遅れが生じるであろう．上位レベルにおける意思決定の頻度の減少によるこの処理時間は，実施リードタイムに含められるべきである．

2.3 サプライチェーン計画における非対称性

階層的計画構造を構築した後，しばしば生じる計画状況は，情報の非対称性によって特徴付けられる．異なる組織部署によって所有されるさまざまなレベルの管理は，本質的にさまざまな情報状況を生み出すことになる．

この予想される決定サイクルを記述する有用なフレームワークがSchneeweiss（1999）によって提示され，Fleischmann and Meyr（2003）によって論じられている．Schneeweissのモデルでは，組織内の決定構造は一連の決定タンデム，すなわち2レベルの最初のもの（トップレベル）が2番目のもの（ベースレベル）へ指示を出し，ベースレベルがそれに応じてトップレベルへ反応を返すことにより，互いに影響し合う2つの意思決定レベルとして表すことができる．その指示を出す前に，トップレベルはベースレベルの反応を，トップレベルのモデルにおいてベースレベルの行動を直接的あるいは間接的にモデル化することにより予想している．これは，予想されるベースモデルと呼ばれている．Schalla *et al.*（2001）は，存在しうる予想のさまざまなタイプを分析している．一般に，予想されるベースモデルは，情報を統合し，そして/あるいはベースレベルモデルそれ自体を統合することに基づいて構築することができる．

まず最初に，ベースモデルそれ自体の統合を論じる．そのモデルの部分を引用する統合は，直接的に複雑度の低減を取り扱う．トップレベルにおける意思決定過程は，複雑度を低減し，詳細な決定を下位の計画レベルへ割り振るために，統合された単純なモデルで表される．したがって，そのモデルに関して次の予想タイプを区別することができる．

・直接的モデル： トップレベルでみたときのベースレベルモデルが，正確にもとのベースレベルモデルと同じである．

・間接的モデル： トップレベルでみたときのベースレベルモデルが，もとのベースレベルモデルと異なっている．

したがって，予想に関する「直接的」と「間接的」という形容詞は，(目的関数を含んだ) トップレベルのベースモデルが正確にベースレベルのベースモデルと同じであるかどうかに関係している．もしそうであればこれを「直接的予想」と呼び，そうでなければ「間接的予想」と呼ぶことにする．このように，直接的予想はベースレベルの詳細なモデルを活用し，一方，間接的予想はベースレベルの統合モデルを利用する．

予想モデルを構築するための統合の第2タイプは，情報の統合である．このタイプの統合は，不確実性と実施時間に関係している．予想機能に関連した問題としては，情報の非対称性の概念に特別な注意が払われる．情報の非対称性は基本的に，上位レベルにおいて意思決定を行う際の情報の量と質が，下位レベルでの決定が (後で) 行われるときと異なっており，さらにその決定が実行されるときと違っているかもしれないという事実に基づいている．情報の非対称性が存在するという事実は，下位レベルの決定で起こるかもしれないことを上位レベルで予想する必然性を導く．したがって，情報に関する以下の予想タイプを区別することができる．

・正確な情報： トップレベルでみたときのベースレベルの情報が，正確にもとのベースレベルの情報と同じである．

・近似的情報： トップレベルでみたときのベースレベルの情報が，もとのベースレベルの情報と異なっている．

したがって，「正確な」と「近似的」という形容詞は，トップレベルモデルがベースレベルの状態の正確な情報をもっているかどうかに関係している．ほとんどの場合，トップレベルが決定 (指示) を行ってから，ベースレベルがその (最終) 決定を行うまでに何らかの時間が経過していることに注意する．トップレベルの決定とベースレベルの決定の実施リードタイム間のこの差が，通常トップレベルとベースレベル間の情報格差を生み出し，情報の非対称性と，したがって自動的に，近似的予想をもたらしている．

モデル部分に関連した予想タイプと情報部分に関連した予想タイプ間のすべての組合せを考慮し，上に述べた予想機能を構築するために用いられるさまざまなタイプの統合に基づいて，3タイプの予想を次のように区別することができる．

・直接的 (explicit) モデル・正確な (exact) 情報 (EE)

・直接的モデル・近似的な (approximate) 情報 (EA)

・間接的 (implicit) モデル・近似的な情報 (IA)

正確な情報と間接的モデルの組合せは全く意味をなさない．というのは，もし正確な情報が利用できるのであれば，間接的モデル (すなわち詳細なモデルよりもより統

合されたモデル）を構築する明白な理由はありそうにないからである．さらに，情報の非対称性はほとんど常に，近似的な情報が上位レベルにおける予想モデルで利用できる唯一の情報であるという状況を引き起こす．近似的な情報だけが利用できることが与えられたとき，直接的で詳細なモデルの利用が間接的モデルの利用よりもよいかどうかは，論理的には明らかでない．

Schneeweiss (1999) によって指摘されたように，BHM 階層モデルが上位レベルによる下位レベルの予想をほとんど含んでいない点は，興味深いことである．BHM モデルはまた，実施リードタイムの概念も含んでいない．しかし，この概念はその多くを BHM モデルに基づいている書籍（Miller (2001) の p.8 で，形成期間と名付けられている）において，階層的計画に対する理論的根拠として述べられている．

2.4 管理の必要性

予想モデルでは，ベースレベルの行動を十分正確に把握する必要がある．この意味で，「正確に」というのは，予想モデルの予言の質に関係している．決定構造を設計するとき，予想機能を構築する際にとることができる2つの異なったアプローチがある．第1のアプローチは，ベースレベルについて知られているできるだけ多くの詳細を集め，予想機能を豊富にすることで，可能な限り完全にベースレベルの行動を把握しようと試みることである．第2のアプローチは，現実の予想が簡単になるようにベースレベルにおける決定関数を設計することである．この場合，ベースレベルにおける目的は，トップレベルによって設定された一群の目標集合を実現することである（この問題については，McPherson and White (1994) も参照のこと）．ここではこの状況を，管理状態と呼ぶことにする．そのような設計の例は，負荷管理手法によって維持されている計画されたリードタイムへの信頼である（Bertrand and Wortmann, 1981；Bertrand et al., 1990；Wiendahl, 1987, 1995；Van Ooijen, 1991 参照）．

計画されたリードタイムに基づく作業が正しいアプローチであるかどうかは，明白なわけでもないし，結論付けられているわけでもない．というのは，研究の現状は最終的なものではなく，変動するリードタイムの採用を主張する研究者が存在するからである．Kanet and Sridharan (1998) は，資材調達において詳細なスケジューリング情報を利用することにより，MRP によって管理されている部品在庫が低減する結果を示している．Tardiff (1995) と Hopp and Spearman (2000) は，生産能力を考慮した MRP（capacitated MRP：MRP-C）システムにおいて，平均仕掛量を計算し，高い仕掛品レベルから生じる長いリードタイムのために遅れる品目を前もってつくることで，製品のリードタイムを調整している．Buzacott (1989) の研究に基づいた，いわゆる一般化かんばんシステム（Frein et al., 1995；5.8項も参照）を用いて，生産能力と資材計画の観点を完全に統合する研究の流れが展開されてきた．しかし，品目の発注が Poisson 到着であり，資源レベルにおいて先着順割当を仮定す

るなど，その仮定は非常に限定されたものである．これらの仮定は，調整された発令決定へ導く SCP プロセスの周期観測性のために，ほとんど成立しない．

広範囲なサプライチェーンに詳細なスケジューリングを適用することの数学的複雑さを別にして，サプライチェーン計画を改訂するために詳細なスケジューリング情報を利用するアプローチは，これまでに概説してきた 2 つの基本原理，すなわち，組織の階層問題と情報の非対称性を避けている．スケジューリングの決定は，一般に SCP の決定よりもいくぶん下位レベルの組織機能の領域であるから，上位レベルでスケジューリングの決定を行うことは，この組織の設計を侵害するかもしれない（Meal, 1984）．情報の非対称性に関しても，実際のスケジュールがより多くの情報が利用可能となるより後の段階で立てられることに注意する．したがって，実際のスケジュールは，サプライチェーン計画を作成するために立てられた計画段階での詳細スケジュールと全く異なったものとなるかもしれない．実際，より詳細な資材スケジューリングは，運用スケジュールに関する付加的な制約を引き起こすであろう．この問題は，上に述べた Kanet and Sridharan (1998) では取り上げられていない．たとえば，運用時間にささいな変動が生じたとき，さまざまな環境におけるスケジュールへの影響は重大なものになるかもしれない（たとえば，ジョブショップにおける例として，Lawrence (1997) を参照されたい）．あいにく，SCP レベルと詳細なスケジューリングレベル間のこの干渉は，非対称情報の条件の下では研究されたことがなかった．したがって，この効果の運用上の性能への影響については何も知られていない．

工場現場の統合された状態（負荷）の情報に基づいて情報を動的に調整することに関していえば，その影響はなお明白ではない．多くは，SCP 決定がとられたときから実際に実行されるまでの負荷予測の現実の安定性，すなわち，実際のリードタイムの予測としての平均負荷の品質に依存している．もしこの品質がよければ，設計された製造環境の下でその手法はうまく機能するはずである．しかしながら，多品目で多資源な状況においては，リードタイムを正確に予測し，それに応じてサプライチェーン計画を調整することは非常に困難である．これは非常に複雑なモデルとなり，性能と精度の問題を引き起こしている（Hopp and Spearman, 2000）．しかしながら，その状況は，複数の関係者がサプライチェーン内の独立な企業を横断する，協同した計画行動を指揮するときには，非常に異なってくる．その場合，計画されたリードタイムは，サプライチェーン内のさまざまな関係者間の協同補助者として行動し，計画されたリードタイムは，サプライチェーンの各部分の独立な計画を考慮している．

2.5 階層におけるサプライチェーン運用計画の位置付け

上記の議論から，SCOP は階層的に，サプライチェーンの特別なユニット内のリードタイムを管理する責任をもつ，ユニット管理機能の上位に位置付けられる必要があることを結論付けることができる（Bertrand et al., 1990 参照）．ほとんどの企業における SCOP は，典型的には週ごとの決定周期をもつ数か月にわたる計画期間を取

り扱う．いくつかの産業，たとえば大量生産化学産業において，この機能は日ごとの決定周期をもつ2～3週程度の計画期間を取り扱うのに対し，他の産業，たとえば製薬業界では，計画期間は月ごとの決定周期をもつ2～3年にわたる長期間である．すべてのことは，その産業の代表的な実施リードタイムと，顧客が喜んで受け入れるリードタイムによって決定される．SCOP機能の次に，受注決定機能（現在の計画ソフトウェアではしばしば納期確約（available to promise：ATP）エンジンと呼ばれている）は，サプライチェーンによって受注された総仕事量を管理するために管理ループの内部に導入される必要があり，固定され，管理されたリードタイム内では加工できない需要変動による顧客受容リードタイムの一部を外注化する必要がある．最後に，サプライチェーンの安全在庫，リードタイム，負荷パラメータを調整するパラメータ設定機能が，必要である．このシステムは，図12.1に示されている．

ここで議論する諸機能は，運用の計画，すなわち，下流における現実の需要によって引き起こされる資材と資源の発令だけに関係している．この議論では，サプライチェーン設計，季節在庫などの管理される在庫計画，ロットサイジング，輸送計画などのような他の機能は避けている．この階層制度のすべての記述については，Fleischmann and Meyr（2003）を参照されたい．さまざまなSCOP決定は，予定表に沿ったサプライチェーンのリードタイム特性，すなわち物理的リードタイムと情報処理リードタイムの両者を考慮して時間が決められる必要があることがわかる．これは図12.2に示されており，2.2項で詳細に議論されたことである．

次節では，SCOP問題をさらに詳細にモデル化し，SCOP問題を決定する制約を定式化する．

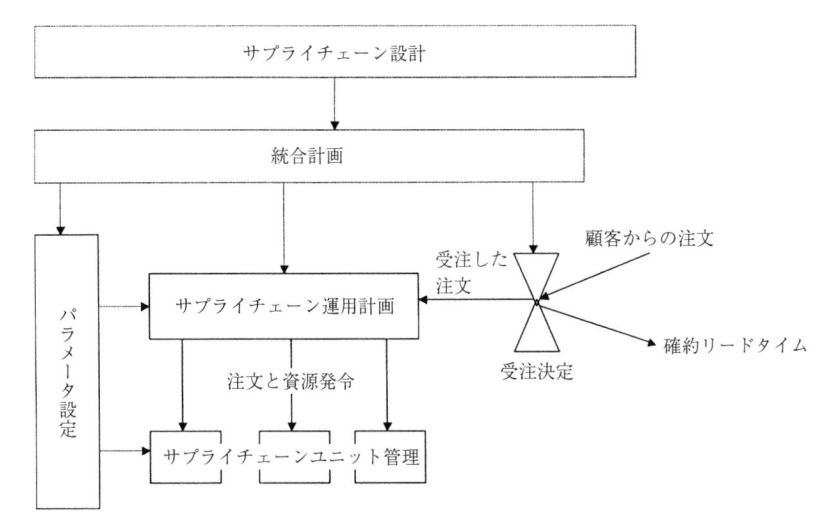

図12.1 計画階層におけるサプライチェーン運用計画の位置付け

第12章 サプライチェーン運用計画：計画概念の定義と比較

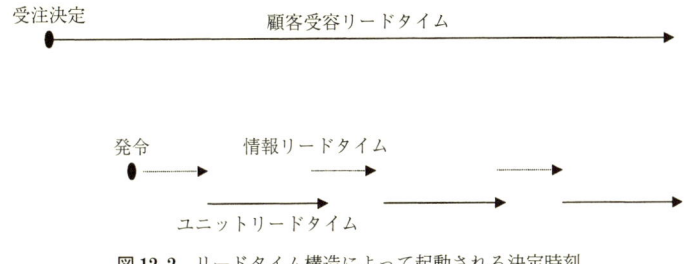

図 12.2 リードタイム構造によって起動される決定時刻

3. サプライチェーン運用計画の制約条件

本節では，現在存在するサプライチェーン運用計画（SCOP）概念を包含するモデル化のフレームワークを提案する．3.1項では資材構造（BOM）から導かれる制約条件式の集合を導出し，3.2項では資源構造（BOP）から従う制約条件式の集合を導く．ここで，導かれた制約条件は，基礎となる BOM と BOP によって引き起こされ，SCOP 概念に関する任意の選択に対して成り立つことを強調しておきたい．サプライチェーン計画（SCP）プロセスの結果が実行不能となる場合には，特別な制約条件を不適切なものとして無視することを選ぶことがある．特別な制約条件を無視する決定は，制約条件式が決して等号とならない（これは証明できるかもしれないが）か，得られた実行不能性の影響が無視できる（これを証明するのはずっと困難なように思われるが）かのどちらかを必要としている．

3.1 資材制約とその表現

1.1項における定義は，サプライチェーンの資材構造を完全に特徴付けている．この構造を利用して，任意の SCOP 概念が満たすべき1組の制約条件式を同定する．これらの制約条件は，非公式には以下のように述べられる．すなわち，任意の SCOP 概念は，もし発令の瞬間に品目が物理的に利用可能であれば，変換活動での使用のためにそれを発令できるだけである．これは自明な宣言のようにみえるが，発令の定義に落とし穴が存在する．本章では，t 期首での発令決定とは，t 期首に変換プロセスのために資材と資源の利用を許可する決定である．その発令決定は，資材所要量計画 (material requirements planning：MRP-I)，製造資源計画 (manufacturing resource planning：MRP-II)，統計的在庫管理 (statistical inventory control：SIC)，ジャストインタイム (just-in-time：JIT) と任意の他の計画・管理概念における中核となる決定である．そのような発令決定は相互に従属しており，協調して行われるものと仮定する．上述の概念において，発令決定は資源と資材の利用可能性に関する何らのチェックもなしに行われる．たとえば，SIC（Silver *et al.*, 1998 参照）

における発令決定は，入力品目状態ではなく，変換プロセスに付随する出力品目状態（この場合，在庫位置である）にのみ基づいている．このことは，発令決定がそれが認可された時点では実行できないことを意味している．したがって，決定を調整する際に考慮されるべき実行遅れが発生する．同様に，MRP-Iのトップダウン型部品展開は，品目の利用可能性チェックを組み込んでいない．単に例外メッセージが生成されるが，部品展開はBOMにおける下位レベルでの実行不能性が解消されていることを暗に仮定している．そのような誤った推論は，何ロットもの品目が複数の他の品目へと組み立てられている状況では大きな悪影響を生み出し，量販家電サプライチェーンにおける人手による督促という，現在の悪習を説明できる．

SCOPは組織の異なった部署間，さらには異なった組織間の発令決定を調整するから，そのような発令決定は通常周期的に行われる．この周期的な発令決定の間には，需要予測，資源利用可能性のチェックなどの工程計画の準備的な活動が行われる．したがって以下では，周期的なSCOP概念に議論を限定する．しかし必要なところでは，連続的なSCOP概念への拡張を論じる．

さて，資材発令制約を正式に導く．在庫量 $I_i(t)$ と受注残 $B_i(t)$ の定義が与えられれば，以下は自明である．

$$I_i(t), \; B_i(t) \geq 0, \quad t \geq 1, \; \forall i$$

在庫量が0であり，またそのときに限り受注残が存在することも明らかである．すなわち，

$$I_i(t) B_i(t) = 0, \quad t \geq 1, \; \forall i$$

純在庫量は，在庫量−受注残として定義される．すなわち，

$$J_i(t) = I_i(t) - B_i(t), \quad t \geq 1, \; \forall i$$

独立需要はサプライネットワークの顧客によって，顧客注文デカップリングポイント（CODP）において直接的に，あるいは最終製品の予測から最終組立へのリードタイム分を相殺して間接的に，生成される需要である．そのような需要は通常，前もって知らされていないので，予測されなければならない．最終品目は独立需要だけをもつから，$E \subset P$ であることに注意する．しかしながら，I の中の品目で独立需要をもつものも存在する．たとえば，ハードディスクを生産している会社は，個々の顧客だけでなくOEM（original equipment manufacturers）へも販売しているかもしれない．個々の顧客へ売られる製品は，サブ組立としてOEMへ売られた製品も含んでいる．サブ組立は I に属する品目であり，一方，サブ組立に対するOEMの需要は独立需要である．

独立需要をもつ品目に対しては，毎期の需要に対する上限が知られていない限り，受注残を前もって排除するのは不可能である．本章では，そのような上限は存在しないものと仮定するか，あるいはその上限が期あたりの平均需要に対してあまりに大きいため，外部需要の品目に対して受注残を起こさないことを保証するのは経済的に引き合わないものと仮定する．しかしながら，従属需要をもつ品目に対しては，需要は

計画プロセスの中で決定されるから，定義から需要は知られていることになる．したがって，従属需要の受注残は意味がないことになる．ある期において，利用できる以上の資材を発令する決定を行うことで，受注残を引き起こす決定を下したものと仮定する．その場合，物理的に利用できるすべての資材を発令するだけである．その受注残状態を解消できる最早時期は，次期の期首である．しかしながら，期首には，その期の需要の正確な情報と将来の需要についてのより正確な情報が利用可能となる．よって，利用できる以上の資材を発令することで（論理的な）受注残を発生させる決定は，利用できるすべての資材を正確に発令する決定よりよくなることはありえないことが容易にわかる．

ここでの議論は，サプライチェーンにおけるすべての品目が将来の外部需要についての情報を，間接的にあるいは直接的に知っているSCOP概念に対して成り立つだけである．これは，すべての現在の状態情報と予測情報をもつある中央集権的なデータベースを組み込んだ，すべてのSCOP概念へ適用される．SICやMRP-Iのようなトップダウン型SCOP概念は，不正確な注文発令決定のために実行できなくなる問題を解消するために人手による介入を必要とする犠牲を払って，外部需要情報を変換する部品展開を用いている．

上に述べたことから，すべての品目に対して成り立つ，受注残の時間的な展開に関する以下の制約を課する．

$$B_i(t+1) - B_i(t) \leq D_i(t), \quad \forall i, t \geq 1 \tag{3.1}$$

上式は，受注残の増加量は外部需要を超えられないことを表している．独立需要をもたない中間品目 i，すなわちすべての $t \geq 1$ に対して $D_i(t)=0$ となる中間品目 i に対しては，上式より，

$$B_i(1)=0 \Rightarrow B_i(t)=0, \quad t \geq 1$$

である．品目 i に対する従属需要 $G_i(t)$ は，V_i に属する品目によって生成される．t 期首における品目 i に対する従属需要は，t 期首における V_i の品目のすべての発令された量の和から構成される．すなわち，次式が成り立つ．

$$G_i(t) = \sum_{j \in V_i} a_{ij} r_j(t), \quad \forall i \in I$$

明らかに，発令決定に含まれる変換活動を直ちに実行することを保証するためには，品目 i の十分な在庫がなければならない．t 期首における開始在庫量は，$p_i(t) + \max(0, I_i(t) - B_i(t))$ である．したがって，$G_i(t)$ は次式を満たさなければならない．

$$G_i(t) \leq p_i(t) + \max(0, I_i(t) - B_i(t)), \quad \forall i, t \geq 1, \cdots, T$$

式 (3.1) は，ある期から次期への受注残は，その期における外部需要を超えては増大しないことを表しており，一方，上式は，計画概念は物理的に利用可能なもの以上を発令してはならないことを述べている．次の補題は，両方の式が等価であることを示している．

補題1
$$G_i(t) \leq p_i(t) + \max(0, I_i(t) - B_i(t)) \Leftrightarrow B_i(t+1) - B_i(t) \leq D_i(t)$$

証明は簡単であり，以下で定式化される在庫釣合方程式と，そこに現れる変数の定義から導かれる．

さらに，すべての発令される量は非負と仮定する．すなわち，戻り荷は許されないので，次式が成り立つ．

$$r_i(t) \geq 0, \quad \forall i, t = 1, \cdots, T \tag{3.2}$$

これは，発令された量が実行可能な計画になることを意味している．式(3.1)は，ただ単に物理的に利用できるもの以上を発令することは許されないことを示している．$i \in P$ の場合には，外部需要に対する利用可能性を確保するように決定するかもしれない．この状況はSCOP概念に依存し，4節以降で議論される．

計画概念としてのMRP/DRP (distribution requirements planning) 概念 (Silver et al., 1998参照) が制約条件(3.1)を満たさないことは，これまでに述べてきたトップダウン型計画論理から容易に示すことができる．4節では，MRP/DRP概念の拡張としてかなり計算負荷を増加させることになるが，実行可能性制約を組み込んだ数理計画モデルを論じる．

採用する発令決定が与えられれば，いわゆる在庫釣合方程式が次のように成り立つ．

$$J_i(t+1) = J_i(t) - G_i(t) - D_i(t) + p_i(t), \quad \forall i, t = 1, \cdots, T \tag{3.3}$$

純在庫量の定義を用いれば，次式のように書き直すことができる．

$$I_i(t+1) - B_i(t+1) = I_i(t) - B_i(t) - G_i(t) - D_i(t) + p_i(t),$$
$$\forall i, t = 1, \cdots, T \tag{3.3'}$$

$I_i(t)$ と $B_i(t)$ のダイナミクスがサプライネットワークの性能を決定する．ここで，品目 i の計画されたリードタイムの影響だけでなく，過去にとられた発令決定の影響が $p_i(t)$ に累積してくることを強調しておきたい．このことは，3.2, 3.3項で詳しく議論される．

要約すれば，行列 a_{ij} で表される品目間のgozinto関係を定義することにより，サプライネットワークの資材構造が定義された．これらの関係から，SCOP概念が満足すべき（発令）制約条件集合が導かれた．さまざまなSCOP概念を論じるとき，これら制約を満たすことに注意を払うことになる．

3.2 資源制約とその表現

本項では，資源利用可能性と資源使用に関する上記情報が与えられたとき，SCOP概念が満たすべき生産能力使用に関する必要条件を導く．そのような制約の導出は，前項で導いた資材制約ほど簡単ではない．以下にそれを示す．

発令された量 $r_i(t)$ と品目 i の発注に対するリードタイム L_i が与えられたとき，

以下の制約条件の集合を定式化できる．
$$\sum_{i \in U_k} c_i r_i(t) \leq C_{kt+L_i-1}, \quad k=1,\cdots,K, t \geq 1$$
上式は，t 期首に発令された品目の発注に付随する資源 k に対する総生産能力要求量は，$t+L_i-1$ 期における資源 k の利用可能な時間単位での生産能力を超えられないことを意味している．これらの条件は，t 期首に発令された品目 i の発注が $t+L_i$ 期首に利用可能となることを保証するための十分条件ではあるが，必要条件ではない．上記の制約は，t 期首に発令された品目が $t+L_i-1$ 期に処理されることを要求するならば，そのときのみ必要条件となる．これは，リードタイム L_i に合わせてできるだけ遅く生産する決定規則に等価である．一般的に，品目 i の発注の計画されたリードタイム L_i から，t 期，すなわち時間区間 $(t-1, t]$ の期首に発令される品目の発注が，$t+L_i$ 期の期首に利用できることを保証するためには，時間区間 $(t-1, t+L_i-1]$ に関連した資源で処理されなければならない．品目 i の発注を処理するために必要となる資材は，それ以前に発令されていなければならないから，次式が成り立つ．
$$\sum_{s=1}^{t} r_i(s) \geq \sum_{s=1}^{t} q_i(s) \tag{3.4a}$$

式（3.4a）の右辺は，期間 t を含みそれまでに処理された品目 i の累積量を表している．一方，左辺は，期間 t を含みそれまでに発令された品目 i の累積量を表している．ここで，一般性を失うことなく，期間 1 の期首にはシステムはカラであると仮定している．すなわち，時間 0 以前に発令された注文はなく，在庫も存在しない．

t 期首に発令された注文が $t+L_i$ 期に利用できることを保証するためには，$r_i(t)$ に付随する資材を期間 $t, \cdots, t+L_i-1$ で処理しなければならない．したがって，
$$\sum_{s=1}^{t} r_i(s) \leq \sum_{s=1}^{t+L_i-1} q_i(s) \tag{3.4b}$$
である．$q_i(s)$ の定義から，次式が成り立つ．
$$\sum_{i \in U_k} c_i q_i(t) \leq C_{kt} \tag{3.5}$$
これらを結び付ければ，次式が成り立つ．
$$\sum_{s=1}^{t} \sum_{i \in U_k} c_i r_i(s) \leq \sum_{s=1}^{t+L_i-1} C_{kt}, \quad k=1,\cdots,K, t \geq 1 \tag{3.5'}$$
条件（3.5'）の必要性は明らかである．十分性は，生産能力の先着順割当を仮定することにより，発令された注文をできるだけ早く資源に配分することで実行可能な割当を作成することができる．ローリングスケジュールの文脈では，t 期以前に消費された生産能力は，式（3.5'）の左辺から差し引かれ，t 期以前に利用できる生産能力は，式（3.5'）の右辺から差し引かれるように，その必要十分条件を書き直すことができる．以下では，式（3.4a），（3.4b），（3.5）を用いる．というのは，それらが資材発令量 $\{r_i(t)\}$ と資材処理量 $\{q_i(t)\}$ を直接的に関係付けているからである．後者は生産能力使用について有用な情報を提供する．

品目 i が複数の資源によって処理できる場合への拡張には，t 期首に発令された注

文のうちどれだけの量が特定の資源で処理されるかを示す変数を導入する必要がある．さまざまなSCP概念のさらなる比較においては，各品目は単一の資源で処理される場合に限定する．

3.3 計画されたリードタイムと $\{r_i(t)\}$, $\{q_i(t)\}$, $\{p_i(t)\}$ 間の関係

在庫釣合方程式 (3.3′) では，t 期首に使用可能となる資材の量を表す変数 $\{p_i(t)\}$ を用いている．明らかに，これらの変数は資材発令量 $\{r_i(t)\}$ と資材処理量 $\{q_i(t)\}$ に関連している．というのは，これらがそれらの量が使用可能となる前に決めなければならない決定だからである．ここで，われわれに広範な自由度が与えられていることがわかる．1.3項で述べたように，

$$p_i(t) = q_i(t-1), \quad t \geq 1$$

であり，この式は，$t-1$ 期で処理される品目 i の量が t 期首に利用可能となることを仮定しているからである．これは，制約条件 (3.4a)，(3.4b)，(3.5) によって制限された決定空間における最大の柔軟性を与えている．しかしながら，これは注文の発令時点と計画されたリードタイムに従えば，資材が計画されたよりも早く利用可能となることを意味している．これは，都合のよいことのようにみえるが，資材があまりにも早く利用可能となることも意味している．SCOPモデルは，SCOPレベルでモデル化されていない資材は，計画されたリードタイムから導かれる納期にのみ利用可能となることを想定しており，現実の一部の表現にすぎないことに注意しなければならない．そして，たとえそれがすべての資材をモデル化していたとしても，なお処理と将来の需要の不確実性に直面している．

計画されたリードタイムの概念は，将来の資材の利用可能性に確実性をつくり出す手段である．われわれの考えでは，計画されたリードタイム概念の裏にある，抽象的思考を反映したようなSCOP制約条件を定式化すべきである．これは，$\{p_i(t)\}$ を以下の式として定義することで保証される．

$$p_i(t) = r_i(t-L_i), \quad t \geq 0$$

計画されたリードタイムが実際的であり，納期が現場レベルで高い確率で守られるものと仮定すれば，この定義は制約条件 (3.4a)，(3.4b) の流れに沿ったものである．これは，古典的な在庫管理理論（たとえば，Silver *et al.*, 1998）と同様に，生産能力制約のないシステムを論じる際の典型的な仮定であることに注意しておく．

上記の $\{p_i(t)\}$ の定義から，在庫釣合方程式は，以下のように再定式化される．

$$I_i(t+1) - B_i(t+1) = I_i(t) - B_i(t) - G_i(t) - D_i(t) + r_i(t-L_i),$$
$$\forall i, t = 1, \cdots, T \tag{3.3}$$

3.4 要約

本節では，SCOP問題を詳細に定義し，資材と資源に関する必要十分な制約条件を導いた．

資材制約必要十分条件：

$$B_i(t+1) - B_i(t) \leq D_i(t), \quad \forall i, t \geq 1 \tag{3.1}$$

$$r_i(t) \geq 0, \quad \forall i, t = 1, \cdots, T \tag{3.2}$$

$$I_i(t+1) - B_i(t+1) = I_i(t) - B_i(t) - G_i(t) - D_i(t) + r_i(t-L_i),$$
$$\forall i, t = 1, \cdots, T \tag{3.3}$$

資源制約必要十分条件：

$$\sum_{s=1}^{t} r_i(s) \geq \sum_{s=1}^{t} q_i(s), \quad \forall i, t = 1, \cdots, T \tag{3.4a}$$

$$\sum_{s=1}^{t} r_i(s) \leq \sum_{s=1}^{t+L_i-1} q_i(s), \quad \forall i, t = 1, \cdots, T \tag{3.4b}$$

$$\sum_{i \in U_k} c_i q_i(t) \leq C_{kt}, \quad \forall k, t = 1, \cdots, T \tag{3.5}$$

$$q_i(t) \geq 0, \quad \forall i, t = 1, \cdots, T \tag{3.6}$$

制約条件 (3.4a), (3.4b), (3.5) は，各品目が単一の資源で処理される特殊な場合に導出された．しかしなお，上記の制約はさまざまなサプライチェーン概念の比較のための基盤を提供している．特にそれらは，どのような仮定が資材と資源の利用可能性と使用に対して行われているかを認識することを可能にしている．

次節では，ローリングスケジュールのフレームワークにおける決定論的な SCOP モデルの最適化に基づく SCOP 概念を開発するために，一般的な SCOP 制約条件を利用する．

4. サプライチェーン計画に対する数理計画モデル

本節では，ローリングスケジュールの文脈におけるサプライチェーン運用計画 (SCOP) モデルの，基本的な数理計画問題への定式化を導く．3節において示された製品構造と資源制約を，計画される基本プロセスの表現として採用する．問題の賢明な定式化を導くためには，外部需要が予測されなければならないことに注意すべきである．まず，3節で導かれた一般的なサプライチェーン計画 (SCP) 制約が，数理計画問題の定式化にどのように組み込まれるかを示す．SCOP 問題は本質的に確率的問題であるから，次に安全在庫，すなわち最終製品需要の不確実性を処理するために要求される緩衝在庫の問題を論じる．特に，顧客のサービス水準制約を維持するための長期にわたる平均費用が決定できるように，ローリングスケジュールの文脈において数理計画モデルが適用可能になる定理を示す．その後で，過去10年間にわたる SCP への数理計画モデルに関する文献の主要な成果を概説する．

4.1 ローリングスケジュール文脈

実際，計画概念は直接の発令決定を下すのみならず，将来の発令決定に関する情報をも提供する．これら将来の発令決定は，将来の未知の事象によって影響を受けるた

め，暫定的なものである．特に，われわれは将来の需要を知らない．これを処理するためには，将来の需要を予測しなければならない．この予測を組み込むために，一般的な SCP 制約を再定式化する．そのために，以下の変数を定義する．

$\hat{D}_i(t,t+s)$：t 期首に決定された，$t+s$ 期における品目 i の外部需要（$t≥1, s≥-t, \forall i$）．

$\hat{G}_i(t,t+s)$：t 期首に決定された，$t+s$ 期における品目 i の内部需要（$t≥1, s≥-t, \forall i$）．

$\hat{B}_i(t,t+s)$：t 期首に決定された，$t+s$ 期首における品目 i の受注残（$t≥1, s≥-t, \forall i$）．

$\hat{r}_i(t,t+s)$：t 期首に決定された，$t+s$ 期首に発令される品目 i の量（$t≥1, s≥-t, \forall i$）．

$\hat{q}_i(t,t+s)$：t 期首に決定された，$t+s$ 期において処理される品目 i の量（$t≥1, s≥-t, \forall i$）．

$-t<s<0$ に対してこれら変数は現実を表している．すなわち，過去のデータと問題の外部から決められる実現した量である．$s≥0$ に対してこれら変数は予測を表している．すなわち，t 期首に行われた将来の量の予測である．$s≥0$ に対して，$\hat{r}_i(t,t+s)$，$\hat{q}_i(t,t+s)$ は t 期首における SCOP 問題の決定変数であることに注意する．以下では，SCOP 問題が最初に解かれる時間原点 0 が存在し，時間 0 におけるシステムの初期状態が知られているものと仮定する．このことは，以下で定式化されるいくつかの式が時間 0 以降，すなわち 1 期以降にとられた決定によって定式化されているので重要である．

4.2 サプライチェーン計画問題の線形計画法による定式化

3 節では，各々の SCOP 概念が，現在の需要予測に関して実行可能解を生成するために満たさなければならない，資材と資源の制約条件を導いた．このことは，$s>0$ に対する決定変数 $\hat{r}_i(t,t+s)$，$\hat{q}_i(t,t+s)$ がこれら一般的な SCOP 制約を満たすことを求めている．したがって，時間 t で解かなければならない計画問題は，以下の式を満たさなければならない．

線形計画法（LP）制約条件：

$$\hat{I}_i(t,t+s+1) - \hat{B}_i(t,t+s+1)$$
$$= \hat{I}_i(t,t+s) - \hat{B}_i(t,t+s) - \sum_{j=1}^{N} a_{ij}\hat{r}_j(t,t+s) - \hat{D}_i(t,t+s) + \hat{r}_i(t,t+s-L_i),$$
$$\forall i, s=0,\cdots,T-1$$

$$\hat{B}_i(t,t+s+1) - \hat{B}_i(t,t+s) \leq \hat{D}_i(t,t+s), \quad \forall i, s=0,\cdots,T-1$$

$$\sum_{w=1-t}^{s} \hat{r}_i(t,t+w) \geq \sum_{w=1-t}^{s} \hat{q}_i(t,t+w), \quad \forall i, s=0,\cdots,T-1$$

$$\sum_{w=1-t}^{s} \hat{r}_i(t,t+w) \leq \sum_{w=1-t}^{s+L_i} \hat{q}_i(t,t+w), \quad \forall i, s=0,\cdots,T-1$$

$$\sum_{i \in U_k} c_i \hat{q}_i(t, t+s) \leq C_{k,t+s}, \quad k=1,\cdots,K, s=0,\cdots,T-1$$
$$\hat{r}_i(t, t+s) \geq 0, \quad \forall i, s=0,\cdots,T-1$$
$$\hat{q}_i(t, t+s) \geq 0, \quad \forall i, s=0,\cdots,T-1$$
$$\hat{I}_i(t, t+s) \geq 0, \quad \forall i, s=0,\cdots,T-1$$
$$\hat{B}_i(t, t+s) \geq 0, \quad \forall i, s=0,\cdots,T-1$$

上に注意したように,このモデルの定式化は,t 期以前にとられた決定と等しい決定変数を含んでいる.明らかに次式が成り立つ.
$$\hat{r}_i(t, t+s) = r_i(t+s), \quad s<0, \forall i, t \geq 1$$
$$\hat{q}_i(t, t+s) = q_i(t+s), \quad s<0, \forall i, t \geq 1$$

t 期首に実行される決定は,$\{r_i(t)\}$ と $\{q_i(t)\}$ によって与えられ,それらは次式から導かれる.
$$r_i(t) = \hat{r}_i(t, t), \quad \forall i, t \geq 1$$
$$q_i(t) = \hat{q}_i(t, t), \quad \forall i, t \geq 1$$

以下では,計画決定($\{r_i(t)\}, \{q_i(t)\}$)は計画に従って実行されることを仮定する.

上記の線形方程式系は,数理計画モデルの定式化の基盤となるものである.実際,単体法のような標準的なアルゴリズムで解くことができるLPモデルを定式化できる.LP定式化は,線形な目的関数の定義を必要とする.確率的な外部需要の下でのSCPの文脈においてそのような線形目的関数の導出を論じる.以下では,$P=E$ を仮定する.すなわち,最終品目だけが外部需要をもつ.以下の結果は,直接的に $P \neq E$ となる場合にも拡張できる.

最初に,サービス水準制約の概念がローリングスケジュール概念に埋め込まれた確定的なモデル例の文脈においては意味をもたないことに注意する.問題の確定的な設定の範囲で優先権が外部需要の満足にあることをなお保証するために,線形の受注残費用を導入する.高価な品目は安い品目よりも重要であると仮定すれば,ある期の期末に受注残となった品目 i 1 個あたりの費用は,h_i に比例するものと仮定する.ここで,h_i は期末に在庫として保持される品目 1 個あたりの費用である.したがって,次の目的関数が導かれる.

$$\sum_{i=1}^{N} \left(\sum_{s=1}^{T} h_i \hat{I}_i(t,t+s) + \sum_{s=1}^{T} \theta h_i \hat{B}_i(t,t+s) \right) \tag{O_1}$$

ここで,$\theta \gg 1$ を仮定する.

上で定式化した目的関数は,われわれの問題を完全には解いていない.というのは,上記問題は,容易にわかるように,ある値 θ_0 以上のすべての θ に対して同一の解を与えるからである.われわれが求めているのは,安い費用で最終品目のサービス水準制約を満たす実行可能な計画を決定することであり,上記目的関数では,われわれの目的を満たさない顧客サービス水準にとどまるかもしれないことを意味している.

明らかに，顧客サービス水準の制限は，決定変数の追加を必要とする．在庫管理理論 (Silver et al., 1998 参照) に従い，短期の需要の不確実性を処理するために，安全在庫の概念を導入する．

v_i：品目 i の安全在庫パラメータ $(i=1,2,\cdots,N)$．

ここで，需要予測は季節変動と傾向変動をもつため，一般的に安全在庫は t と $t+s$ に依存することに注意する．ここでの目的は，さまざまな SCOP 概念を直接的に比較することにあるので，一定の安全在庫を伴う定常な需要環境に限定しなければならない．

顧客サービス水準を管理するために，目的関数を以下のように修正する．

$$\sum_{i=1}^{N}\Bigl(\sum_{s=1}^{T}h_i(\hat{J}_i(t,t+s)-v_i)^+ + \sum_{s=1}^{T}\theta h_i(v_i-\hat{J}_i(t,t+s))^+\Bigr) \quad (O_2)$$

一見したところ，目的関数 O_2 は実際の在庫維持費用と品切れ費用を表していないように思われる．しかし，MP (mathematical programming：数理計画法) 問題への定式化は，確率外部需要の下での SCOP 問題をモデル化する 1 つの試みにすぎないことに留意すべきである．この意味で，そのような定式化はすべて，もとの最適化問題に関する発見的解法を生み出す．なお，O_2 は在庫維持費用と受注残費用間のトレードオフを反映している．それに加えて，安全在庫パラメータがサービス水準を管理する．このことは，次の補題からより明白となる．

標本路補題 需要過程の標本路 $\{D_i(t)\}$ と予測過程の標本路 $\{\hat{D}_i(t,t+s)\}$ が与えられているものとする．さらに，すべての最終品目に対して，

$$I_i(0)=v_i, \quad i\in E$$

を仮定する．このとき，LP 制約条件の下で目的関数 O_2 をもつ資材発注発令 $\{\hat{r}_i(t,t+s)\}$ と処理量 $\{\hat{q}_i(t,t+s)\}$ を変数とする問題の解は，すべての $t\geq 1$ と $s\geq 0$ において $v_i(i\in E)$ の各値に対して同じである．

標本路補題の証明は，数学的帰納法に基づく．初期在庫水準が与えられれば，目的関数 O_2 が v_i の任意の値に対して同一の最適解 $(\{\hat{r}_i(1,1+s)\},\{\hat{q}_i(1,1+s)\})$ を導くのは明らかである．これは，$(\{r_i(1)\},\{q_i(1)\})$ が v_i の任意の値に対して同じであることを意味している．しかしそのとき $I_i(1)-B_i(1)-v_i$ は v_i の任意の値に対して同じである．この議論を t の任意の値に対して繰り返すことができる．正式な証明については，Køhler-Gudum and De Kok (2002) を引用する．

標本路補題の系 LP 制約条件と目的関数 O_2 によって定義された SCOP 概念に対する問題 P_α と P_β は，唯一解 $\{v_i\}_{i\in E}$ をもつ．ここで，各 $v_i(i\in E)$ は他のすべての $v_j(j\in E, j\neq i)$ と独立に決定できる．

目的関数 O_1 は，$v_i=0$（$i\in E$）とおいた O_2 と同じであることに注意すれば，標本路補題に対する系は，以下の手順を正当化する．

① $v_i=0$ とおいたシステムの離散事象シミュレーションを実行する．ここで各期 $t=1,2,\cdots$ の期首に，予測 $\{\hat{D}_i(t,t+s)\}$ と上に与えられた線形制約条件の集合および線形目的関数 O_2 から導かれる LP 問題を解く．
② 離散事象シミュレーションから $J_i(t)-v_i$ の経験分布関数を計算する．
③ この経験分布関数が与えられたとき，要求される最終品目のサービス水準が達成されるような v_i^* を計算する．
④ $\overline{C}(\mathcal{P})$ を計算するために，v_i^* とおいてシミュレーションを実行する．

ここで，ステップ③は，期末における品切れを起こさない確率，充足率，平均受注残のようなほとんどのよく知られた性能尺度に対して実行することができることに注意する（Køhler-Gudum and De Kok, 2002 参照）．6 節の SCOP 概念の比較においては，サービス基準 α（任意の期の期末に品切れを起こさない確率）とおいて，この手順を適用する．

サービス水準制約は，安全在庫 $v_i(i\in E)$ を決定するが，すべての $i\in I$ に対して最適な安全在庫 v_i を求めることは，非常に複雑な非線形最適化問題を構成する．6 節では，すべての品目 $i\in E$ に対して $v_i=0$ を選択することが有効な発見的解を与えるが，この発見的手法を検証するためには，より一層の研究が必要なことを議論する．

上記のアプローチが，多くの他の MP 問題へ適用できることに注意する．したがって，特定の確率計画とスケジューリング問題に対する代替となるローリングスケジュールアプローチを比較することができる．このアプローチでの現時点での主要課題は，それが存在するものとして，$J_i(t)$ の定常分布を正確に計算するために必要となる CPU 時間である．生産能力制約が厳しいときには特に，高負荷の待ち行列（ネットワーク）システムのシミュレーションで典型的な同様な問題に直面する．たとえば，比較を目的とする十分な精度を得るためには，数百万期間（顧客）のシミュレーションが必要となる．各期における LP 問題の解と組み合わせれば，極端に長い計算時間（問題あたり数時間〜数日）が必要となる．6 節で述べる比較研究においては，生産能力に制約のないシステムに解析を限定することで，この問題を回避している．

4.3 サプライチェーン運用計画問題に対する数理計画問題のもう一つの定式化

SCOP 問題は，多品目・多段階生産能力制約付きロットサイジング問題（multi-item multi-level capacitated lot sizing problem：MLCLSP）とみることができる．生産計画と SCP に関する数理計画アプローチの文献は，Shapiro (1993)，Baker (1993)，Erenguc et al. (1999) に紹介されている．本項では，MLCLSP に対するアプローチを代表していると思われるいくつかの論文を紹介する．

MLCLSP の定式化は，SCOP 問題よりは一般的な定式化である．実際，MLCLSP

の文献では計画問題といったものへの直接的な引用は行われていない．これは，その定式化が SCP 階層における多様な計画問題に対して適用できることを意味している．もし MLCLSP 定式化が SCOP 問題に適用されるならば，計画される量はまた発令される量であることが仮定される．すなわち，MLCLSP 定式化は，$\hat{r}_i(t,t+s)$ と $\hat{q}_i(t,t+s)$ を区別しない．したがって，ほとんどの場合，上位のレベルの計画では SCOP より MLCLSP 定式化を用いる方がより理屈に合っている．この上位レベルの計画において，決定される量は実際，後の段階で詳細にされる統合された量である．

もしロットサイズ制約が考慮中の SCP レベルで論じられないならば，MLCLSP 定式化は一般に，上で述べた LP 定式化に帰着する．しかしながら，Billington et al. (1983) において，本節のはじめに示した定式化と異なる SCP 問題の LP 定式化が示されている．Billington et al. (1983) は，周期的計画問題を定式化している．ここで，周期は大体，時間や直（シフト）といった短い時間区間である．さらに，彼らは計画されたリードタイムを考慮していない．代わりに，いわゆる最小リードタイムを導入している．それは，ある品目を使用可能にするために変換過程に含まれる最小の時間として解釈されるべきものである．この時間は遅れを表し，この時間の間は資源は使用されない．妥当な解釈は，最初に品目がある資源を用いて生産され，その後，在庫点へ移されることである．その移動時間が最小リードタイムに等しい．Billington et al. (1983) は，待ち時間と処理時間と最小リードタイムから構成される，品目リードタイムをモデルの外部として考えている．一見，そのようなアプローチはわれわれのものより優れているように思われるが，2 節における議論は，それを今後の研究課題として定式化した．

Erenguc et al. (1999) は，SCOP 問題の MP 定式化の非常に優れた概説を述べ，サプライヤー段階の問題，製造段階の問題，物流段階の問題を区別することで，多様な課題を論じている．彼らの概説に基づけば，彼らは計画されたリードタイムの概念を含む SCP 問題に対する多くの MP モデルを定式化しているが，資材注文発令変数と資材処理変数は区別されていない．われわれの見解では，これは，計画されたリードタイム概念に従って製造の柔軟性をモデル化する重要な相違である．3 節の議論から導かれるように，$\{q_i(t)\}$ に代わる $\{r_i(t)\}$ に関する生産能力チェックは，利用可能な資源の非効率な使用を生み出す．

Özdamar and Barbarosoglu (2000) は，生産能力制約 (3.5) か，在庫釣合方程式 (3.3) か，あるいは両方の Lagrange 緩和に基づく一群の発見的手法を示している．生産能力制約を緩和し，それら制約に付随する Lagrange 乗数を導入することで，MLCLSP は，多くの独立な生産能力制約のない問題に帰着される．もし在庫釣合方程式が緩和されるならば，たとえば Wagner-Whitin アルゴリズム（Silver et al., 1998 参照）によって解くことができる多くの単一品目ロットサイジング問題が得られる．これら相互に関連のない問題に対する解は，劣勾配の計算に基づく Lagrange 乗数に対する更新手順の反復によって結び付けられる．Özdamar and Barbarosoglu

(2000) は，緩和された生産能力制約のないロットサイジング問題を解くアニーリング法を提案している．彼らは，さまざまな Lagrange 緩和とアニーリング法の多くの組合せを提案している．計算実験は最善の組合せを明らかにし，この手法の実用可能性を示している．Özdamar and Barbarosoglu (2000) に示されたモデルは，Billington et al. (1983) に示されたモデルとよく似ている．すなわち，計画されたリードタイムは考慮されていないが，資材発注のリードタイムは時間に依存した，アルゴリズムの出力である．原理的に，Özdamar and Barbarosoglu (2000) における解析を修正すれば，計画されたリードタイムを考慮することができる．Barbarosoğlu and Özgür (1999) は，問題の分解が Lagrange 乗数法に基づいて提案されている点で，Özdamar and Barbarosoglu (2000) と類似している．分解は，組織の特定の部門が品目の特定の集合に責任をもつような組織の分解と関連している，という彼らの観察を述べることは興味深いことである．この分解からもたらされる分散化した意思決定は，組織の異なる部門間の適切な情報交換を確保する中央部門によって支えられている．この観察は，組織的考察に強く基礎を置く問題の分解と，アルゴリズムの効率性の考察に強く基礎を置くモデルの分解の間の違いに関する2節での議論にも関係している．明らかに，これら両者の見解は連携されている．

Belvaux and Wolsey (2001) は，CPLEX や XPRESS のような商用の混合整数計画ソフトウェアを用いて相対的に効率的な解をもたらす MLCLSP の MP 定式化を提案している．彼らの論文の眼目は，混合整数計画法 (mixed integer programming：MIP) ソルバーの性能を飛躍的に改善する，問題に特化した（しかしながら MLCLSP にとっては一般的な）必要な不等式，たとえば切除平面集合の導出である．彼らはまた，多段階問題における階層在庫の概念（5節参照）の有用性を強調している．階層概念は，多段階・多品目問題を，MIP 解法手順の一層の効率化に利用できる付加的な制約を提供する緩和された単一品目問題の集合として，再定式化することができる．Belvaux and Wolsey (2001) は，計画がめったに起こらない SCP 問題と計画が頻繁に起こる SCP 問題，すなわち，長い決定周期問題と短い決定周期問題を区別すべきであると述べている．前者の場合には一般に，考慮中の単一計画期間中に多くの異なる品目に対する多くの段取りが発生する．一方，後者の場合には，限られた品目に対する少数の段取りが発生するだけであるが，複数の計画期間を考慮しなければならない．この2つの異なる場合に適用されるモデルも異なったものになる．本章で考察される SCOP 問題は，短い決定周期問題として考慮されるべきである．Belvaux and Wolsey (2001) によって提案された SCP モデルの定式化は，計画されたリードタイムを考えていないし，資材注文発令変数と資材処理変数を区別もしていない．なお，提案された技法のみならず導かれた方程式は，容易にこれら2つの問題を考察するように修正できる．

ここで，SCOP 問題に対する MP 定式化の簡単な概説を締めくくる．次節では，一般のサプライネットワークにおける SCOP 問題に対する確率モデルに関する最近

の文献を議論する．6節では，MPモデルのクラスの代表としてSCOP問題のLP定式化を，目標となる顧客サービス水準を達成するために要求されるサプライネットワーク在庫資本に基づく特定の確率モデルと比較する．

5. サプライチェーン計画に対する確率需要モデル

本節では，文献に提案されている確率需要モデルに対するさまざまなサプライチェーン運用計画（SCOP）概念を議論する．ここではこれらの概念を，3節で導いたSCOP制約に基づいて評価する．議論は生産能力制約のないサプライチェーンに限定される．というのは，生産能力制約のあるシステムに対する結果が，単一品目・単一段階システム（たとえば，De Kok，1989），直列システム（Tayur，1993），あるいは最も上流の段階だけが生産能力制約のある分岐システム（De Kok，2000）に対して得られているだけだからである．現在の文献における確率需要をもつ一般サプライネットワークの解析は，単純化するための仮定に基づいており，われわれはこれら仮定の妥当性を論じる．確率需要の下でのSCOPの文脈において，安全在庫の決定に焦点を絞る．というのは，これらパラメータが，サプライネットワーク在庫資本の重要部分を決定するからである．

式表現を簡単にするため，a_{ij}は0か1であると仮定する．ほとんどの政策に対して，一般のa_{ij}の値への拡張は容易である．また，一般性を失うことなく$P=E$と仮定する．

5.1 階層概念

確率多階層モデルは，品目の発注を導くために用いられる状態変数によって区別できる．本書の第10章において，Axsäter（2003）は，拠点（installation）在庫政策と階層（echelon）在庫政策の違いを詳細に述べている．本章では，階層在庫政策に限定する．この主たる理由は，SCOP文脈では従属需要が受注残となるため，拠点在庫政策が通常，SCOP制約条件（3.1）を満たさないからである．一般のサプライネットワークに対して，正式に品目注文発令政策を定義するために，階層在庫，階層在庫位置と関連する概念を定義する．

はじめに次を定義する．

$O_i(t)$：t期首に発注残となっている注文の累積値．

このとき，品目iの階層在庫$X_i(t)$と階層在庫位置$Y_i(t)$を，各々以下のように定義できる．

$$X_i(t) = J_i(t), \quad \forall i \in E$$
$$Y_i(t) = X_i(t) + O_i(t), \quad \forall i \in E$$
$$X_i(t) = J_i(t) + \sum_{j \in V_i} Y_j(t), \quad \forall i \in I$$

$$Y_i(t) = X_i(t) + O_i(t), \quad \forall i \in I$$

階層在庫位置は，次の重要な解釈をもつ．品目 i の階層在庫位置は，品目 i に対する最後の注文が実際に顧客へ販売可能となる期までの品目 i に対する将来需要の補償を表している．典型的には，ある品目は販売可能な品目（すなわち，E に属する品目）の部品として顧客へ実際に販売可能となる．また，その意味で品目は将来の異なる期で販売可能となることを強調したい．というのは，その期は考察している販売可能な品目とその品目をこの販売可能な品目につくり上げるために必要な組立工程に依存するからである．階層在庫位置の販売可能な品目に対する将来需要の補償としての解釈は，同じ販売可能な品目に組み付けられる品目に対する注文発令の同期化にとって重要である．すぐわかるように，一般のサプライネットワークに対する注文発令政策の開発にこの解釈を用いることができる．純粋の組立システムの特別な場合に対して，将来需要の補償の概念は，文献にみられる最適政策と合致することがわかる．最初に，Magee（1958）によって提案された純粋基点在庫（pure base stock：PBS）政策のクラスを議論する．

5.2 純粋基点在庫政策

第 11 章で Song and Zipkin（2003）は，組立システムに対する確率モデルを論じている．特に彼らは，純粋基点在庫（PBS）政策に焦点を絞っている．本章を自己完結的にするために，以下で PBS 政策を定義する．

S_i：品目 i の基点在庫水準．

PBS 政策は，以下のように運用される．

$$r_i(t) = S_i - Y_i(t) \tag{5.1}$$

Song and Zipkin（2003）は，議論をいわゆる受注組立生産（ATO）システムに限定している．すなわちこの一般的な組立システムは，有限個の製品レベルと部品レベルの 2 レベルだけからなるものとしている．部品だけが在庫として保管できる．この制限により PBS 政策は実行可能である．もしその一般システムを 2 レベル以上かあるいは有限個の製品が在庫として保管できる場合に一般化すれば，もはや PBS 政策は，無限の生産能力をもつ場合でさえ実行可能でない．

PBS 政策が，受注残の増加が外部需要を超えないという制約条件（3.1）を一般に満たさないことは容易にわかる．これは，式（5.1）が上流の利用可能性によって制約されないことによる．したがって，従属需要も受注残になることができる．この意味で MRP-I 論理と同じ問題に苦しめられる．上流の利用可能性制約の組込みは，Agrawal and Cohen（2001），Hausman et al.（1998）らの解析からわかるように，自明なことではない．というのは，ATO 状況における最終製品への部品の配分でさえ，他の部品の欠品のために残った部品在庫の解析を扱いにくいものにしている．5.3 項と 5.5 項では，この問題を部品の共通性の不十分な追求の犠牲の下で回避することができる，同期化基点在庫（SBS）政策を論じる．

この問題を論じたすべての研究者によって導かれた，PBS 政策の下での ATO システムに対する主要結果は，以下のとおりである（Agrawal and Cohen, 2001; Hausman et al., 1998 参照）．

ATO 主定理 α_j を t 期における品目 $j \in E$ に対する需要が直ちに満たされる確率とする．さらに，もし品目 i が t 期の期末に品切れとなれば，すべての品目 $j \in V_i$ が品目 i の不足の割当部分になるものと仮定する．そのとき，

$$\alpha_j = P\left\{\sum_{s=t-L_i+1}^{t} D_i(s) \leq S_i, \quad \forall i \in W_j\right\}$$

となる．

この結果は，t 期における品目 $j \in E$ に対する需要が直ちに満たされる必要十分条件が，品目 $i \in W_j$ のすべての部品在庫が t 期の期末に正となることから導かれる．α_j の計算は，確率変数 $\sum_{s=t-L_i+1}^{t} D_i(s)$，$i \in W_j$ の間の相関のために複雑になる．Hausman et al. (1998) と Agrawal and Cohen (2001) は，多変量正規分布の性質を適用できるように，最終製品の需要が正規分布に従うものと仮定している．Song (1998) は，連続観測（複合）Poisson 需要の場合の α_j に対する確率的表現の組合せ的性質を探究し，効率的に計算できる上下限を導いている（Song and Zipkin (2003) による本書の第 11 章を参照）．

ATO 主定理から，PBS 政策の次のような性質を導くことができる．

PBS 政策の性質 j_1，j_2 を 2 つの異なる最終品目とする．そのとき，
$$W_{j_1} \subset W_{j_2} \text{ ならば } \alpha_{j_1} \geq \alpha_{j_2}$$
である．

この性質は自明であり，多段階システムへ拡張できるが，実行可能解が得られる状況でさえ，PBS 政策の重要な欠点を示している．この性質は，もしある最終品目が他の最終品目の部品の部分集合を含むならば，前者の品切れを起こさない確率は後者の品切れを起こさない確率を下回ることはないことを述べている．典型的な ATO 状況を考えれば，高級な最終品目は低級な最終品目に比較して付加的な機能をもっている．したがって，高級最終品目のサービス水準は，低級最終品目のサービス水準よりも低くならなければならない．これは，経済的に通常望ましいことではない．結果として，

「PBS 政策の下では，異なる最終品目に対して任意に選ばれた顧客のサービス水準が等式で満たされることはない」

ということがわかる．

これは，4 節で SCOP 問題の MP 定式化に対して示すことができた結果と異なっ

ており，必要と思われる以上のサプライチェーン資本投資を引き起こしそうである．5.5項では，この問題を回避する，De Kok and Visschers (1999) によって提案された一般的アプローチを議論する．5.6項では，この2つの一般的アプローチを，ある小規模なATOの例に基づいて比較する．ここで，De Kok and Visschers (1999) によるアプローチは，任意のネットワーク構造へも，ATOと見込み生産（MTS）の組合せへも適用可能であることを注意しておく．

5.3 純粋組立システムに対する修正基点在庫政策

PBS政策の下では，上に示したように，発令された量が資材不足のために満たされない可能性がある．Rosling (1989) と Langenhof and Zijm (1990) により示されているように，各品目がたかだか1つの親品目をもつ，純粋組立システムに対する階層補充点政策は，容易に子品目の利用可能性を考慮するように修正することができる．

純粋組立システムに対するこの修正基点在庫（modified base stock）政策を導こう．最初に，純粋組立システムに対してはただ1つの最終品目があり，各品目 i はただ1つの親品目 $suc(i)$ をもつことに注意する．したがって，品目 i の累積リードタイム L_i^c を一意に定義することができる．

$L_i^c = L_i, \quad i \in E$

$L_i^c = L_i + L_{suc(i)}, \quad i \in I$

L_i^c の定義が与えられれば，$Y_i(t)$ は，t 期首から t 期首に注文された品目を納品する直前の，$t+L_i^c$ 期首までの最終品目需要の，品目 i による補償を表すということができる．今や，より長い累積リードタイムをもつ全品目に対して，t 期首から $t+L_i^c$ 期首までの最終品目需要の補償を，t 期首に正確に知っていることに注意する．ここで，

$Z_{ij}(t)$：t 期首から $t+L_i^c$ 期首までの品目 j による最終品目需要の補償（$L_j^c > L_i^c$）

を定義する．

状態情報（$Y_i(t), \{Z_{ij}(t)\}$）が与えられれば，修正基点在庫政策を以下のように定義できる．

$$r_i(t) = \max\left(0, \min\left\{S_i, \min_{\{j | L_j^c > L_i^c\}} \{Z_{ij}(t)\}\right\} - Y_i(t)\right)$$

Rosling (1989) と Langenhof and Zijm (1990) には，上式によって表された政策は費用最適であることが示されている．De Kok and Seidel (1990) と Van Houtum and Zijm (1991) には，最適な階層補充点水準を決定する簡単な計算手順が与えられている．

このように，純粋組立システムに対しては，容易に実行できる最適注文発令政策を得ることができる．これは，製造設備や航空機のような複雑で高価な製品の製造におけるSCOP問題に対しては適切なように思われる．そのような製品は，通常，予測

駆動型活動がすべての変種に共通した品目に関係し，注文駆動型活動が変種特定品目に関係する，モジュール構造をもつことを認識すれば，確率需要に直面するサプライネットワークは，純粋組立システムとしてみてよいものと思われる．そのようなシステムに対して，Dellaert et al. (2000) は，純粋組立システムに対する非最適な基点在庫政策を研究している．この非最適政策は，受注生産（MTO）環境（たとえば，公衆電話交換機の組立）に刺激を受けたものである．そこでは，最終の組立リードタイムは部品購買リードタイムよりも短く，したがって，部品は在庫として保管されている．基点在庫政策は主組立に対する生産指示を発令し，その後，この主組立は多くの組立段階を通してプッシュされる．各部品に対する各組立段階での計画スループット時間が与えられれば，購買指示は主組立に対する生産指示に従い，見積もられた需要に基づいて発令される．これは，明らかに在庫管理の観点からは非最適である．というのは，部品に対する注文は，上に与えた最適政策の場合のように，最新の顧客需要情報に基づくべきだからである．しかしながら，実際には雇用計画のような他の考慮が行われなければならない．プッシュ政策は資源所要量についての早期情報を供給し，最適政策は各組立段階で，最新の需要情報を得た直後にどれだけを発令するかを決定する．Dellaert et al. (2000) には，プッシュ政策が近似最適な在庫維持費用を達成する環境についての洞察が与えられている．

5.4 分岐システムに対する最適および近似最適基点在庫政策

もう一つの特別なサプライチェーン構造は，各品目が正確に1つの子をもち，複数の親をもつ，分岐構造である．最上流品目，すなわち根品目は，無限の資材利用可能性をもつ単一のサプライヤーをもつ．Diks and de Kok (1998) では，分岐システムに対する平均費用最適政策の構造が，釣合仮定の下で導かれている．考慮されている費用は，期末にかかる線形の在庫維持費用とペナルティコストである．ここで，ペナルティコストは各最終品目の品切れに課せられる．釣合仮定は，親品目からの累積発注がその品目の利用可能な在庫を超えた場合，最適配分政策は各親品目に非負の量の利用可能な在庫が割り当てられることを保証するものである．離散事象シミュレーションによって，同一の最終品目をもつ2階層分岐システムでさえ，釣合仮定は，最適配分政策である等割合政策によって破られることが容易に示される（Eppen and Schrage, 1981；Axsäter, 2003 参照）．以下，この不釣合問題を，より詳細に論じる．

釣合仮定の下での最適政策は基点在庫政策であり，いわゆる一般化された新聞売り子（ニュースベンダー）方程式を満たしている．釣合仮定の下での基点在庫政策に対する必要十分条件を定式化するために，以下の記号を導入する．

各品目に対して，それに付随する最終品目を定義する．

p_i：品目 i の各単位不足量に対し，期末にかかるペナルティコスト（$i \in E$）．
U_i：根品目を含み，そこから品目 i へ至るパス上の品目 i を除いたすべての品目

$(i=1,2,\cdots,N)$.

E_i：品目 i の下流の最終品目の集合.
α_k^i：品目 i を根品目としてもつ分岐システムの部分木に対して，釣合仮定の下での最適政策において，品目 $k \in E_i$ が品切れを起こさない確率 $(i=1,2,\cdots,N)$.
E_i の定義から，次が成り立つ.

$$E_i = \{i\}, \quad i \in E$$
$$E_i = \bigcup_{j \in V_i} E_j, \quad i \in I$$

Diks and de Kok (1998) は，以下の定理を証明している.

一般化新聞売り子方程式定理　釣合仮定の下で，最適基点在庫水準 S_i と最適配分政策は，次式を満たす.

$$\alpha_k^i = \frac{\sum_{m \in U_i} h_m + p_k}{h_k + \sum_{m \in U_k} h_m + p_k}, \quad k \in E_i, i=1,2,\cdots,N$$

理論的には，この一般化新聞売り子方程式定理から，再帰的に最適基点在庫水準 S_i と最適配分政策を計算することができる．しかしながら，現実の問題例では計算上実行不能になることがわかる．この主な問題点は，最適配分関数の非線形性である．Diks and de Kok (1999) は，線形配分関数を仮定することを提案している．この線形配分関数を定義するために，次の変数を導入する.

q_j：品目 j へ配分される品切れの割合.
$X_{t,i}$：配分直前の時間 t における品目 i の階層在庫.
$I_{t,i}$：配分直後の時間 t における品目 i の階層在庫位置.
品目 i とその親品目 $j \in V_i$ に付随する線形配分規則は，次式で定義される.

$$I_{t,j} = S_j - q_j \left(\sum_{m \in V_i} S_m - X_{t,i} \right)^+$$

$(\sum_{m \in V_i} S_m - X_{t,i})^+$ は，時間 t における品切れであることを注意する．というのは，それが品目 i のすべての親品目の累積基点在庫水準と i の階層在庫の差を示しているからである．

Diks and de Kok (1999) は，暗に再帰的手順の各段階で，これら一般化新聞売り子方程式を解く線形配分政策が見つけられるものと仮定して，最適線形配分政策に対する一般化新聞売り子方程式定理を導いている．しかし，この仮定は一般に成り立たないが，線形配分政策に対する一般化新聞売り子方程式定理は，効率的にすべての $i=1,2,\cdots,N$ に対して (S_i, q_i) を計算する再帰的な発見的手法を生み出している．Diks and de Kok (1999) は，その発見的手法が一般化新聞売り子方程式の再帰的集合をほとんど解く政策を生み出すことを示し，それにより得られた政策が最適に近いことを示唆している．

最適配分政策と同様に，線形配分政策が釣合仮定を満たすことは保証できない．こ

れに動機付けられて，Van der Heijden (1997) は，不釣合確率を最小化する線形配分政策を決定している．彼は，不釣合確率に代わる量を導入し，配分割合 q_i ($i=1,2,\cdots,N$) に対する驚くほど簡単な式を導いている．

D_k := 品目 $k \in E$ の期あたり需要

$\mu_j := \sum_{k \in E_j} E[D_k]$

$\sigma_j := \sigma\left(\sum_{k \in E_j} D_k\right)$

と定義すれば，次式を得る．

$$q_j = \frac{\mu_j^2}{2\sum_{m \in V_i} \mu_m^2} + \frac{\sigma_j^2}{2\sum_{m \in V_i} \sigma_m^2}, \quad j \in V, i=1,2,\cdots,N$$

上式において，Van der Heijden (1997) における解析の間違いが修正されている．すなわち，親への負の配分の確率の和を最小化する代わりに，彼の式 (22) から親への負の配分の平均の分散を別々に最小化している．上の公式は，すべての $j \in V_i$ に対して $\mu_j = \mu$ と仮定したときの Van der Heijden (1997) に導かれている式と一致している．ここで，異なる最終品目 $k \in E$ に対する需要は独立であると仮定している．大規模な離散事象シミュレーション実験は実際，q_j に対する上式に基づいた線形配分政策 (Van der Heijden (1997) は，釣合在庫配分と名付けている) が，不釣合が無視できるほど低い不釣合確率を与えることを示している．これは，解析結果と Diks and de Kok (1999) で得られた政策が適用できる，すなわち，平均費用と顧客サービス水準が正確に計算されることを意味し，きわめて重要である．さらに，基点在庫政策と釣合在庫配分の組合せが，文献に提案されている競合する政策と比較して費用効果の高い政策を生み出すかどうかを明らかにする数値的な研究が求められている．不釣合問題のさらなる議論については，Axsäter (2003) を参照されたい．ここでは，基点在庫政策と線形配分政策の組合せに対して，基点在庫水準と配分割合を効率的に計算できることを述べて終わりにしたい．計算された政策は最適に近いように思われ，費用とか顧客サービス水準といった性能特性は，正確に計算される．分岐システムの解析は，一般の組立ネットワークへ適用できる政策のクラスの基礎となるものである．

5.5 一般サプライネットワークに対する同期化基点在庫政策

純粋組立システムに対して導かれた5.3項の最適政策は，品目が複数の親品目をもつ組立システムへ適用できない．このことの根本原因を2つあげることができる．

① 品切れが起こった場合に，上に述べた政策は，この品切れの親品目への配分手順を定義していない．

② 複数の親品目がある場合に L_i^c を一意的に定義できないため，状態変数 $Z_{ij}(t)$ を定義できない．

De Kok and Visschers (1999) には，$Z_{ij}(t)$ に類似した一意に定義できる状態変

数と分岐システムの解析から導かれた配分手順を導入した政策のクラスが提案されている（Van der Heijden et al., 1997 参照）．したがって，簡単に実行可能な品目注文発令を生成することができる．さらにその政策のクラスの中で，独立で同一分布に従う外部需要の下での最適政策を特徴付けることができ，近似最適政策を数値的に求めることができる．純粋組立システムに対しては，この政策のクラスは，上に述べた修正基点在庫政策と一致する．一般組立システムに対して提案されたこのクラスの政策の背後にある考え方を理解するために，資材調整問題をより詳しく以下で論じる．

　リードタイム構造は，各品目が t 期首における最終品目の生産に必要となる（部分）組立活動に利用可能となるためには，その品目の注文がいつ発令されなければならないかを明らかにする．時間軸上でなされる決定の自然な順序が生じる．最初に発令されるべき品目が規定でき，次にどの品目を，…といったことが明らかになる．ある品目が発注されるとすぐ，この発注決定は将来満たされる需要を限定してしまうことを理解すべきである．実際，その発注決定は特定の階層在庫位置を導き，上に述べたように，この階層在庫位置は将来の最終品目の需要に備えたものになる．しかしながら，問題は，この補償がさまざまな最終品目に対して時間とともにどのように用いられるかが明らかでないことである．これは，将来需要の不確実性によるのみならず，利用可能性を欠くことによって引き起こされる品目間の干渉によるものでもある．もしある品目が組立作業で見つからなければ，他の品目はもはや必要とされない．ある意味で人々は現実に，資材調整問題を，ある特定の品目の問題が解決されると他の品目の問題が発生することの繰返しとして処理していることに気付いている．

　この複雑さの主な原因は，一般サプライネットワークにおいては，純粋組立システムの場合に存在した，注文発令の意思決定に明確な階層が存在しないことにある．そのような明確な階層は，サプライネットワークが純粋分岐システム，すなわち，各品目が他の品目の必要性なしに複数の品目に変換されるならば，存在するであろう．De Kok and Visschers (1999) で提案されているアプローチは，一般サプライネットワークの構造から導かれた人為的階層に基づいている．この構造は，BOM と計画されたリードタイムによって決定される．以下では，この階層的計画概念の背後にある主な考え方に議論を限定する．その人為的階層により，品目注文発令を明快に規定する状態変数を定義することができる．

　ある品目の累積リードタイムを，以下のように定義する．

$$L_i^c = L_i, \quad i \in E$$
$$L_i^c = L_i + \max_{j \in V_i} L_j, \quad i \in I$$

根節点 s を次のように定義する．

$$s = \arg\left(\max_i L_i^c\right)$$

すなわち，

$$L_s^c \geq L_i^c, \quad i \in I \cup E$$

一般性を失うことなく，s はただ1つであり，すべての累積リードタイムは異なっているものと仮定する．E_s における最終品目に関連したすべての品目の注文発令を決定する階層的手順を考える．その階層は累積リードタイム L_i^c から導かれる．品目の集合 $\hat{C}_i$ を，以下のように定義する．

$$\hat{C}_i = \{j | L_j^c > L_i^c, \ E_j \cap E_i \neq \phi\}$$

一般性を失うことなく，次を仮定する．

$$E_j \cap E_i = E_i, \quad \forall j \in \hat{C}_i$$

すなわち，品目 i と同じ最終品目で用いられるが，品目 i よりも早く注文されるすべての品目は，E_i における最終品目と共通している．この仮定が成り立たない場合には，E_i の分割と $\hat{C}_i$ の部分集合で上式が部分集合の一対一に関係付けられた対で成立するような集まりを見つけ，その部分集合の各々に以下の議論を適用することができる．最後に，次を定義する．

$$E(\hat{C}_i) = \bigcap_{j \in \hat{C}_i} E_j$$

その階層における最初の決定は，t 期首に品目 s を PBS 政策，すなわち，

$$r_s(t) = S_s - Y_s(t)$$

に従って発注することである．

t 期首に発注される品目 i を考える．原理的にここでは基点在庫政策に従って，すなわち，将来の最終品目需要に備えて階層在庫位置を S_i へ引き上げるように発注したい．この決定に影響を与える品目 $j \in \hat{C}_i$ に対する決定が，過去にすでにとられていることに注意する．実際，ここでの決定階層は，過去に，次の量を決定したものと仮定している．

$Z_{\hat{C}_i}(t)$：t 期首の $E(\hat{C}_i)$ に属するすべての品目に対する期間 $t, t+1, \cdots, t+L_i^c$ における将来の最終品目需要の補償．

上に述べた仮定が与えられれば，E_i は $E(\hat{C}_i)$ の部分集合である．したがって，次の2つの場合を区別する．

① $E_i = E(\hat{C}_i)$
② $E_i \neq E(\hat{C}_i)$

場合①においては，$Z_{\hat{C}_i}(t)$ は E_i の中の最終品目の将来需要に完全にささげられる．ここで目標となる補償は S_i に等しく，その補償を $Z_{\hat{C}_i}(t)$ 以上に増やすことは無意味である．したがって，品目 i への注文は，以下のように発令される．

$$r_i(t) = \max(0, \min(S_i, Z_{\hat{C}_i}(t)) - Y_i(t))$$

場合②においては，$Z_{\hat{C}_i}(t)$ は E_i 以外の他の最終品目に対する将来需要にも備えることを期待される．問題は，品目 i に対してどれだけ発注するかを，$\hat{C}_i$ の中の部品の量を品目 i へ配分して決定しなければならないことであり，一方，$E(\hat{C}_i) \setminus E_i$，すなわち，$E(\hat{C}_i)$ から E_i の品目を除いた品目に関係した他のどんな品目もまだ発注する必要がないように思われる．この場合，意思決定における階層を，$E(\hat{C}_i) \setminus E_i$ の

中の最終品目に関係している人為的基点在庫水準 $S_{E(\hat{C}_i)\backslash E_i}$ を導入することによって維持している．これは，$E(\hat{C}_i)$ におけるすべての最終品目に対する将来需要の目標補償が $S_i+S_{E(\hat{C}_i)\backslash E_i}$ に等しくなることを意味している．$Z_{\hat{C}_i}(t)$ がこの目標水準より低ければ，その不足分の埋合せを決定しなければならない．これは品目 i に対する以下の注文発令政策を導く．

$$r_i(t)=\max(0, S_i - q_i(S_i + S_{E(\hat{C}_i)\backslash E_i} - Z_{\hat{C}_i}(t)))^+ - Y_i(t))$$

ここでは，線形配分政策を用いており，q_i は E_i の最終品目に配分された不足分の割合である．場合①は場合②で $q_i=1$, $S_{E(\hat{C}_i)\backslash E_i}=0$ とおいた特別な場合であることに注意する．

場合②では，E_i と $E(\hat{C}_i)\backslash E_i$ の中の最終品目に関連した将来需要に対する品目の集合による補償をつくり出している．E_i に付随する品目の集合は $\hat{C}_i \cup \{i\}$ であり，$E(\hat{C}_i)\backslash E_i$ に付随する品目の集合は $\hat{C}_i$ である．これは，$\hat{C}_i$ がここでも，後で発注されるべき品目に対する注文発令決定を制限する役割を果たしていることを示している．実際，人為的補充点 $S_{E(\hat{C}_i)\backslash E_i}$ の創出は，常にそのような状況を意味している．各々の補充点は，かくして決定ノードに関係し，それは品目の集合と最終品目の集合の組合せによって一意に決定される．品目の集合は複数の決定ノード，すなわち（人為的）補充点に関連付けることができ，最終品目の集合もまた，複数の決定ノードに関連付けることができる．

$Z_{\hat{C}_i}(t)>S_i+S_{E(\hat{C}_i)\backslash E_i}$ が成り立つ場合，期間 $t, t+1, \cdots, t+L_i^c$ における将来の最終品目需要に関する超過補償 $Z_{\hat{C}_i}(t)-(S_i+S_{E(\hat{C}_i)\backslash E_i})$ は，この将来需要に応じるためには使われず，$t+L_i^c$ 期以後の最終品目需要をまかなうのに利用される．したがって，この超過補償は，$t+L_i^c$ 期の期末における $\hat{C}_i$ のすべての品目の将来の過剰在庫を生み出す．このように，決定ノードは在庫点と見なすことができ，在庫量はこの決定ノードに付随する品目の超過将来在庫に一対一で関連付けられる．

上述の手順が任意のサプライネットワークで成り立つことを述べた．非公式的にいえば，上述のアプローチは，決定ノードの多くの分岐システムをつくり出す．上に与えられた集合 E_i に関する仮定は，品目集合と最終品目集合の可能な組合せに関する仮定である．この考え方を理解すれば，これら仮定を取り除くことはかなり容易である．5.6項と6節で，決定ノードの分岐システムを導くいくつかの例を示す．

上述の政策は，Rosling (1989) に述べられた純粋組立システムに対する最適政策を一般組立システム，すなわち多品目・多階層システムに対する（非最適な）政策へ拡張するものである．このアプローチの背後にある主な考え方は，時間軸上での注文発令決定の同期化を可能にする人為的階層である．したがって，これらの政策を，同期化基点在庫（synchronized base stock：SBS）政策と定義する．

PBS 政策と，ここで定義された SBS 政策の，重要な相違点は，前者の場合は各品目が一意的に定義された基点在庫水準をもつのに対し，後者の場合は各々が決定ノードに関連した複数の基点在庫水準が単一品目に付随することである．さらに，上に定

義した配分割合がもう一つの決定変数を構成する．したがって，SBS政策は，より多くの自由度を与える．このことが，PBS政策が目標となる顧客サービス水準の任意の組合せを許さない理由であり，顧客サービス水準制約の任意の集合を等号で満たす，SBS政策を見つけ出すことができる理由である．

ここで，早すぎる決定による将来補償に関する制限がわかっている最終品目に含まれていない，品目に対する注文を発令しなければならないとき，複数の分岐システムが現れてくることに注意する．この場合，この品目は決定ノードの他の分岐木の根節点となり，この品目に対してはPBS政策を適用することができる．

SBS政策が費用最適ではないことに注意するのは，重要である．実際，場合②においては，将来補償 $Z_{\bar{C}_i}(t)$ の一部を配分する実際的な必要性のない品目 i に配分する．この配分は，その品目が（部分）組立や最終品目に物理的に組み付けられる時点まで延期することができたものである．De Kok and Visschers (1999) には，製品とリードタイム構造に関する特別な制約を満たす製品群に対して，この発注と配分の同時決定が費用と顧客サービス水準に関連したシステムの性能にほとんど影響を与えそうにないことが示されている．5.6項における比較は，SBS政策の効率性を明らかにしているように思われる．6節における比較は，上に述べたSCOP概念への強力な支持を提供する．しかしながら，結論的な宣言を下すためには，より一層の研究が必要なことは明らかである．

一般組立ネットワークが分岐システムの集合に変換されることから，サービス水準制約を満たす補充点と配分割合を決定するために，Diks and de Kok (1999) によって提案されたアルゴリズムを適用することができる（5.4項参照）．したがって，上に定義したように，SBS政策という概念が与えられれば，大規模システムであってもこの概念に対する近似最適政策を導くことができる．De Kok (2002a) には，一般化新聞売り子方程式と有限期間破産確率の間の関係に基づいた，これら近似最適政策を決定するための効率的なアルゴリズムが提案されている．

5.6 純粋基点在庫政策と同期化基点在庫政策の比較

文献に論じられているPBS政策モデルとSBS政策モデル間の相違に洞察を与えるために，例題を議論する．3個の最終品目と3個のモジュールからなるATOシステムを考えよう．図12.3は，製品構造を示している．最終品目1は，モジュール6だけからなる基本仕様である．最終品目2と3は，各々モジュール4と5によって表される付加的な機能を有している．品目4，5，6の費用は，各々1，1，8である．

SBS政策は，上記の構造の分岐構造（の集合）への論理的写像に関連している．この簡単な例の場合，図12.4に示される単一の分岐構造を得る．

ここで，E_k は決定ノード k に付随する最終品目の集合を表し，C_k は決定ノード k に付随する品目の集合を表している．E_k と C_k に付随する三角形は，決定ノード k の親部品に関してとられた発令決定が，決定ノード k に付随する品目による最終品

目に対する将来需要の超過補償を生み出す事実を表している（5.5項参照）．この超過は，決定ノード k に付随する発令決定がとられた時点で計画されたものであるが，結局その超過は，決定ノード k に付随した品目の在庫量を生み出す．よって，各品目 i の長期間の平均在庫量は，この付随した分岐多階層在庫システムから，$i \in C_k$ をもつすべての決定ノード k の長期間の平均在庫量を加えることによって計算できる．

この分岐構造から，以下の決定階層が得られる．

・最初，時間 0 にすべての最終品目 1，2，3 において使用される品目 6 を発注する．

・2単位時間後，すなわち時間 2 に，品目 6 に付随する階層在庫の配分について最初に決定し，それにより品目 6 の将来の利用可能性のどれだけが最終品目 1 へ配分され，どれだけが最終品目 2 と 3 を合わせたものに配分されるかが決定された後，品目 5 を発注する．

・さらに 2 単位時間後，すなわち時間 4 に，品目 2 と 3 に割り当てられていた品目 5 と 6 に付随する階層在庫の配分について最初に決定し，それにより品目 5 と 6 の将来の利用可能性のどれだけが最終品目 2 へ配分され，どれだけが最終品目 3 へ配分さ

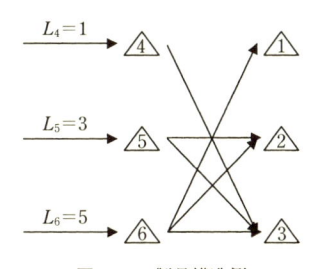

図12.3　製品構造例

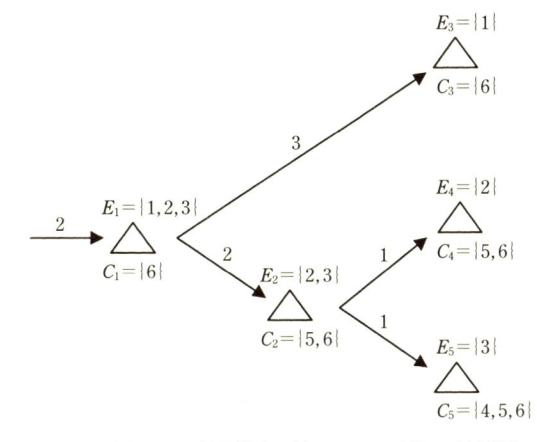

図12.4　図12.3の製品構造に対するSBS政策の分岐構造

れるかが決定された後，品目4を発注する．この時点で，すべての品目が6期における需要を満たすように配分されており，それが時間5でスタートする．

表12.1は，すべてのモジュールを用いる高級最終品目である品目3が目標 $\alpha=99$%をもち，品目2が $\alpha=95$%，品目1が $\alpha=90$%をもつ場合の結果を示している．それら最終品目に対する期あたり需要は平均 $E(D)$，標準偏差 $\sigma(D)$ をもつ同一分布に従い，互いに独立である．

基点在庫水準を S で，モジュールの平均在庫投資を X で表す．添字 PBS は純粋基点在庫政策を，SBS は同期化基点在庫政策を表している．SBS 政策は Diks and de Kok（1999）に示されている一般化新聞売り子方程式から計算され，PBS 政策は De Kok（2002b）の結果に基づく腕ずくの費用最小化から導かれた．

その結果は，一見したところ，PBS 政策に否定的である．というのは，必要な在庫投資額 X_{PBS} が SBS 政策の場合の在庫投資額 X_{SBS} より4%多くなるからである．じっくりみてみると，なぜそうなるかが明らかになる．すなわち，品目3の99%サービス水準を保証するために，品目1と2もまた99%サービス水準を保持している．これらの高いサービス水準は，すべての品目の大量の在庫に支えられている．以下のことを認識すれば，さらなる洞察が得られる．すなわち，在庫要求量の極端な差異の主な要因は，PBS 政策の場合の α 尺度の定義と，ATO 定理に与えられた明示的な式の背後にある仮定によって引き起こされたものである．その仮定とは，特定の品目が品切れを起こした場合，すべての最終品目がその品切れを分担することである．

一見するとこれは明らかなように思われるが，ある品目の部品（あるいはモジュール）集合が他の品目の部品集合の部分集合となる場合には，それが最終品目に対する α 値を順序付け，ワーストケースシナリオを導く．現実には，極端な場合としてある部品の品切れがその部品を用いるすべての最終品目に対する受注残を引き起こすほどではないにしろ，一般に品切れを分担することをいとわない．品切れを起こさない確

表12.1　高級最終品目が高いサービス水準をもつ場合の基点在庫政策の性能

品目	$E[D]$	$\sigma(D)$	α^*	α_{PBS}	α_{SBS}
1	100	25	0.9	0.99	0.9
2	100	25	0.95	0.99	0.95
3	100	25	0.99	0.99	0.99

（部品の特性）

品目	S_{PBS}	S_{SBS}	X_{PBS}	X_{SBS}
4	200	192	100	83
5	810	800	210	166
6	1740	1733	1923	1891
システム			2233	2140

率に対する適切な式を導く全く自然な仮定と思われるものが，上に示したように大きなサプライチェーン資本投資を生み出している．明らかに，より少ないサプライチェーン投資要求を保証する部品の品切れ配分の仕組みを定義することが重要である．大きなサプライチェーン投資の主要な原因が，高級最終品目が最高のサービスを受けることで引き起こされるから，高級最終品目が低級最終品目よりも低いサービス水準を望むことで，より都合のよい状況を期待できる．表12.2における結果がこのことを裏付けている．この場合，PBS政策は，SBS政策より在庫投資額を2.4%低減している．これは，図12.4に示される論理的決定階層からわかるように，SBS政策が共通部品をあまりに早く配分してしまうことで引き起こされるように思われる．

実際，αサービス水準制約が，サプライチェーン在庫資本投資と品切れに対するペナルティコストの（間接的な）トレードオフに基づいて設定されていることを認識すべきである．高級なサービス水準が低級なサービス水準よりも高くなることはもっともなことである．上に述べた議論は，PBS政策にはαサービス水準をそれ相応に設定するための十分な自由度（あるいは管理手段）が考慮されていないことを意味している．サプライチェーン費用の節減可能性は，今後の興味ある研究課題である．これで，SCOPに対する基礎としてのPBS政策の議論を終わりにする．

5.7 一般ネットワーク構造の発見的解析

5.2項では，PBS政策は資材利用可能性制約（3.1）を満たさないため，SCOPでは採用できないことを論じた．その制約（3.1）は，無限の資源能力をもつ場合でさえ，非常に複雑なため，それらを需要（および供給）の不確実性を考慮したSCOP概念にどのように組み込むかが全く明らかでないことに留意しなければならない．再びここで，このことがローリングスケジュールの文脈における，数理計画法に基づくSCP概念に頼る最も重要な理由となっていることを強調しておく．しかしながら，

表12.2 高級最終品目が低いサービス水準をもつ場合の基点在庫政策の性能

品目	$E[D]$	$\sigma(D)$	α^*	α_{PBS}	α_{SBS}
1	100	25	0.99	0.99	0.99
2	100	25	0.95	0.95	0.95
3	100	25	0.9	0.9	0.9

(部品の特性)

品目	S_{PBS}	S_{SBS}	X_{PBS}	X_{SBS}
4	142	162	43	47
5	708	770	109	126
6	1740	1741	1923	1952
システム			2075	2125

そのような概念は，以下のような重要な質問には答えない．
 ・安全在庫はどこでどれだけ保管すべきか．
 ・要求される顧客サービス水準を達成するために，需要の不確実性がサプライチェーン資本所要量へ与える影響は何か．
 このような質問はより戦略的で戦術的な性格をもち，その答えはサプライチェーンの運用性能に直接的な影響を与える．
 文献には，安全在庫の位置決め問題を論ずるいくつかのアプローチがみられる．これらアプローチに関する徹底的な議論については，本書の Axsäter（2003）による第 10 章と Song and Zipkin（2003）による第 11 章を参照されたい．一般的な組立構造の文脈で，これらアプローチを簡単に議論するのが適切かと思われる．そのような構造に対しては，そのようなシステムの発見的解析の基礎をなす，次の 2 つの一般的な仮定が存在するように思われる．

分解仮定 安全在庫パラメータは，発令されたすべての資材発注を上流の利用可能性を検査することなく，手持ち在庫量から満たすことができるような高い水準に設定される．

 分解仮定は，一般組立システムの解析を可能にする．ここで，費用は品目ごとの単一品目・単一階層モデルから導かれた費用を加算して計算され，顧客サービス水準は E の品目に対する単一品目・単一階層モデルから導かれる．

組立仮定 もし組立命令が資材を待たなければならないならば，これは組立に必要な正確に 1 つの品目の品切れにより引き起こされる．

 組立仮定は，組立システムを直列システムの加重和に変換できることにより，解析を大幅に単純化している．その重み付けは，特定品目が品切れとなる確率に依存している．
 分解仮定は，組立仮定よりも厳しいように思われる．I の品目に対する品目サービス水準が 95%以上であるときには，費用とサービスに関するサプライチェーン性能の（発見的）解析が満足しうる精度を生み出すことを，離散事象シミュレーションにより示すことができる．95%サービス水準は，組立仮定が成立する前提条件となっていることを認識すれば，組立仮定が成立するならば分解仮定もまた，両者が多かれ少なかれ同一結果を生み出すという意味で，同様に成立することがわかる．しかしながら，この考え方を立証するためには一層の研究が必要である．

分解仮定の下での解析 分解仮定の下での発見的解析の主要な関心事は，あるサービス水準制約の下でのサプライネットワーク費用関数の解析と最適政策の性質の導

出である(たとえば,Lee and Tang, 1996参照).しかしながら,分解仮定によりそれとなく見つけられた最適政策は,すべての上流段階で大きな在庫を保持し続けることである.Whybark and Yang (1996)(と6節の結果)によれば,真に最適な政策は,高い価値が最下流段階で付加されない限り,複数の下流段階に在庫資本を集中させる傾向がある.われわれは,この事実から品目の多様性を後回しにすることが利益に関して重大な影響を与えるものと信じている.品目の多様性は,その品目が下流の品目にとってより共通になるようになっていれば後回しにされる.したがってこの延期戦略は,最終顧客のサービス水準を維持しながら,上流品目の在庫投資の減少を見込んでいる.そして,分解仮定は延期による利益を誇張しているように思われる.というのは,これら利益が中間段階の高いサービス水準を保証する上流の安全在庫の削減から得られるからである.サプライチェーンマネジメント(SCM)における延期による利益についてのより深い考察については,Lee and Swaminathan (2003)による本書第5章を参照されたい.

延期戦略は,顧客注文デカップリングポイント(CODP)の上流シフトを考慮した戦略と混同すべきでないことに注意する(1節参照).その場合,変換と輸送過程における変化は,最終品目の代わりに,たとえばモジュールを保持することを認めている.CODPの上流シフトは一般的に,高いサービス要求をもつ(特定の)最終品目の在庫点が完全に消滅することから,在庫投資に重大な影響を与える.

Graves and Willems (2003) による第3章には,Simpson (1958) に基づくInderfurth (1994) と Graves and Willems (2000) によって提案された分解アプローチが徹底的に議論されている.Minner (2000) は,全遅れモデルと遅れなしモデルの相違を論じている.全遅れモデルは,もしある品目が利用可能でなければ,その品目が利用可能になるまで,注文発令を待たなければならないことを仮定する.これは,3節における議論と同じ立場であり,実際,制約条件 (3.1) の集合と同等である.遅れなしモデルでは,もし下流の発注からの従属需要が利用可能な在庫を上回れば,その資材を供給する外部供給源(費用についてはそのモデルでは考慮されない)が存在するものと仮定されている.実際,これは Simpson (1958) が提案し,複雑なサプライネットワークの簡潔な解析を可能にした仮定である.Graves and Willems (2000) は,もし安全在庫量がいわゆる補償時間内の最大需要を上回るように設定されていれば,この仮定が合理的なものであることを論じている.その補償時間は,考察している品目の直接上流にある品目のリードタイムの和である.

遅れなしモデルの解析は,最適な補償時間の決定に帰着される.実際,補償時間の概念は,もしある品目の補償時間が複数の上流段階を補償しているならば,これらの段階では安全在庫は存在せず,安全在庫は考察している品目に対してだけ保管されているという点で,分解仮定の一般化を可能にしている.ここでは,遅れなし仮定が確率需要モデルの解析を,決定変数として補償時間をもつ決定論モデルの解析に変換していることを注意しておく.

上述の論文の解析から，在庫を全く保持しない品目と，在庫がその品目の需要の不確実性から導かれた補償時間に付随した安全在庫に等しい品目とが存在する．Minner (2000) は，動的計画法を用いて，一般的なサプライチェーン構造を解析することができた．彼は，直列サプライチェーンの例を用い，全遅れモデルと遅れなしモデルに対する最適政策が全く違っていることを示し，全遅れモデルと遅れなしモデルの間の谷間に橋を架ける，発見的手法を論じている．しかしながら，遅れなしモデルの応用可能性をより深く理解するためには一層の研究が必要である．このようにわれわれは，全遅れモデルが SCOP の文脈でモデル化された現実をよりよく表していることを暗々裡に仮定している．ここで，主な問題は，両アプローチの外部妥当性であることを強調しておく．実際に，需要が利用可能性を上回る状況では人間が介入してくるから，本章で論じているようなモデルの応用可能性を検証する唯一の方法は実験である．実験によってのみ，全遅れモデルと遅れなしモデルとどちらが最善の性能を示す状況かを認識できるのである．

分解仮定に基づく SCOP 問題の解析への興味深い貢献が，Graves et al. (1998) に与えられている．彼らは，動的な需要の下での一般サプライネットワークを考察している．その論文の主たる成果は，いわゆる予測の修正 $\Delta F(t, t+s)$ の導入である．ここで，

$$\Delta F(t,t+s) = \hat{D}(t,t+s) - \hat{D}(t-1,t+s), \quad s \geq 0$$

である．

従来同様，$\hat{D}(t,t+s)$ は，t 期首における $t+s$ 期の需要の予測を表しており，確率変数 $\Delta F(t,t+s)$ は，t に関して独立で同一分布に従うものと仮定されている．任意の t に対して予測の修正は相関をもつかもしれないが，これらの仮定は全く合理的なものに思われる．Graves et al. (1998) は，単一段階モデルの詳細な解析を行っている．そこでは，品目の注文発令の修正 $\tilde{r}_i(t,t+s) - \tilde{r}_i(t-1,t+s)$ が予測の発令の線形関数として表すことができるものと仮定されている．この仮定は，最適化問題の定式化を，顧客サービス水準に関係している純在庫の分散に関する制約条件の下で，品目の注文発令の分散を最小化することに焦点を絞ることを可能にしている．決定変数は，品目注文発令の修正と予測の修正の間の線形関係を決定する重み付けである．分解仮定を適用すれば，単一段階システムに対する結果が，一般組立システムの解析に結合される．このアプローチは，実社会の事例研究に応用され，成功をおさめている．

Graves et al. (1998) に述べられたアプローチは，統合計画の文脈における線形決定モデルを研究している Holt et al. (1960) による独創的な成果と非常に類似している．両者のアプローチにおいて，生産スケジュールの修正と予測の修正間の線形関係が，間接的に有限の生産能力をモデル化する手段として用いられている．

たとえ Graves et al. (1998) がサプライネットワークの設計を中心課題にしていたとしても，需要過程の彼らの革新的なモデル化は，SCOP 問題の文脈においてより

一層の研究を続ける価値があるものと思われる（7節参照）．

組立仮定の下での解析 組立仮定は，文献において広範囲に採用されてきた．それは，部品の故障のために故障するモジュールなどから構成されている，最終品目の補修部品ネットワークの正確な解析を可能にしている．この文脈において組立仮定は，もし製品が故障するならば，それはただ1つのモジュールの故障によるものであることを主張する．順繰りに，そのモジュールはただ1つの部品のせいで故障し，その部品は…，などである．適切な文献の広範囲な概説として，Sherbrooke（1992）と Axsäter（2000）をあげておく．

一般サプライネットワークにおける安全在庫の位置決めに関連して，Ettl et al.(2000) は，組立仮定の上に築かれた解析のフレームワークを開発した．彼らは全品目に対して，連続観測拠点基点在庫政策を仮定している．1～2節における議論の線上でいえば，本章で仮定している計画されたリードタイムと同等な，いわゆる名目リードタイムを仮定している．需要は，複合 Poisson 過程としてモデル化されている．彼らは，複合 Poisson 過程が現実の需要過程を近似する一手段であり，よい適合度を達成する自由度をもつことを強調している．

Ettl et al.（2000）の目的は，顧客サービス水準制約の下で費用を最小化する最適基点在庫水準を見つけることである．Ettl らの解析は，ほぼ以下のとおりである．まず最初に，外部需要過程と拠点基点在庫政策が，その親品目の基点在庫水準にかかわらず，各品目に対する需要過程を決定することは容易にわかる．これは，その基点在庫政策が与えられれば，その品目に対する任意の注文の待ち時間分布を品目ごとに計算することを可能にする．この待ち時間は，$M^{[X]}/G/\infty$ 待ち行列の解析から導かれる，発注残数の解析から導かれる．その解析は各品目に対して，その品目の任意の注文の待ち時間分布の平均と分散を与える．次に組立仮定は，多品目・多段階問題を一群の相互に関連し合った，次々と解析できる単一段階問題に変換する．かくして，在庫維持費用とサービス水準を表す式を導くことができ，総目的関数が得られる．これは，基点在庫水準を決定変数として，共役勾配法を用いて最適化される．

Ettl et al.（2000）に報告され，さらに Feigin（1998）でより広範囲に報告されている数値結果を慎重に調べることで，最適解は極端に低い上流の充足率（0.1～0.7）を与えることが明らかにされている．これは基本的な問題を提示している．このアプローチは組立仮定に基づいているが，それでも最適化手順は近似解析の背後にある主な仮定を大きく破った最適解を示唆している．発見的手法の実際の性能は非常に良好であり，近似最適でさえあるが，数学的厳密性の観点からは，得られた解は実行不能であり，その最適化問題は，組立仮定の順守を保証する制約を含めて再定式化されるべきである．この問題は，Ettl et al.（2000）では，得られた解を正当化するために離散事象シミュレーションを適用していることで間接的に扱われている．したがって，解の品質は，そのアプローチの解析的特性によっては支持されることができな

い．われわれの見解では，この根源的な問題は，なお一層の研究を必要とする．

これで，SCOP問題の文脈における基点在庫政策の議論を終わることにするが，結論をまとめる前に，簡単に，他の興味ある管理政策のクラスについて述べたい．

5.8 サプライチェーン計画に対する結合されたかんばん政策と基点在庫政策

製造システムの管理に対するこのクラスの政策は，Buzacott and Shantikumar (1993)，Frein et al. (1995) らによって提案されてきた．すなわち，基点在庫政策とかんばん政策の結合である．著者によって提案された概念間に相違はあるが，その政策の背後にある考え方は，本質的に同じである．以下では，このタイプの政策について非公式な議論を行い，SCOPに対するそれらの妥当性に焦点を絞る．われわれは，この分野の文献に新しい術語を追加する野望はもたないが，提案する仕組みの詳細を記述するために，この概念を結合されたかんばん基点在庫（combined kanban base stock control：CKBSC）政策と表す．

まず最初に，標準的なかんばん政策を考える．標準的なかんばん政策は，2つのパラメータで規定される．すなわち，2段階間を循環するかんばん枚数と，かんばん1枚あたりの収容数である．より明確にするために，任意の品目iを考える．品目iは資源k_iで処理され，その後資源k_jで処理される品目$j \in V_i$で使用される．次のように定義する．

K_{ij}：資源k_iとk_j間を循環する品目iとjに付随するかんばん枚数．
Q_{ij}：品目jのために発令される品目iの各かんばんに付随する収容数．
S_i：品目iの基点在庫水準．

すでにみたように，基点在庫水準は品目iに付随する目標在庫水準と見なすべきである．しかしながら，在庫水準を定義する状態変数は，さまざまな定義をとりうる．われわれはすでに，階層在庫位置や拠点在庫位置といった例を知っているが，原理的に他の定義も存在する．一般的には，品目iの下流のサプライチェーンから多かれ少なかれ構成される，品目iの階層の定義を変えることは可能である．

原則としてCKBSC政策は，以下のように機能する．もし品目jの在庫水準がその目標水準S_jを下回っており，品目iとjに付随する少なくとも1枚のかんばんが利用可能ならば，品目iの量Q_{ij}を発令する1枚のかんばんが資源k_jから資源k_iへ送られる．このことから，基点在庫水準S_iは品目iの利用可能性を保証し，一方，パラメータK_{ij}とQ_{ij}は品目iの仕掛品の最大量，すなわち品目iの発注残の総量が$\sum_{j \in V_i} K_{ij} Q_{ij}$を超えることはないことを保証していることがわかる．

CKBSC政策は，在庫状態変数の定義とパラメータS_i，K_{ij}，Q_{ij}の値を適当に選ぶことで，現在知られているすべての在庫管理政策をまねることができることを示すことができる．Buzacott and Shantikumar (1993) と Frein et al. (1995) における議論は，連続観測システムに限定されているが，われわれの観点では，CKBSC政策の原理は，サプライチェーン計画（SCP）の周期観測設定へ移植することができる．

CKBSC政策をわれわれの一般的SCP制約に対して検査すれば，実行可能性制約(3.1)が成り立たないことがわかる．この理由は，要求される資材の利用可能性をチェックすることなしに，かんばんが資源 k_j から送られる点にある．この問題に対する一つの解決法は，常に在庫が利用可能となるように，発注残が決して基点在庫水準を超えないことを保証することである．これは，$\sum_{j \in V_i} K_{ij} Q_{ij} \leq S_i$ を意味している．文献に提案されているCKBSCシステムにおいては，この逆が仮定されている．すなわち，発注中の最大量は少なくとも基点在庫水準に等しいことである．もしこれが成り立つならば，実行可能性制約(3.1)を課す手順を開発しなければならない．そのような修正は，CKBSCシステムの性能解析を大いに複雑化させるように思われる．現在，この解析は待ち行列ネットワークの性能解析と強く結び付いている．詳細については，Frein et al. (1995) と Buzacott and Shantikumar (1993) を参照されたい．ここで，そのような解析は，連続観測の仮定と資源不足の場合の優先権である先着順サービス (first come first served: FCFS) 規律に強く依存していることを注意すべきである．SCOP問題が本質的に周期的であり，優先権は費用構造に基づくべきであることが与えられれば，SCPに対するCKBSC政策のフレームワークを開発する一層の研究が要求されることは明らかである．そのような豊富な枠組みが与えられれば，この方向での研究を前途有望なものと見なすことができる．しかしながら，CKBSC政策の解析の現状は，6節で扱うことにしている他のSCP概念との比較を許すまでに至っていない．

5.9 結　　論

本節では，需要の不確実性を直接取り入れた，生産能力制約のないSCOP問題に対する定量的モデルを議論した．PBS政策が実行可能性制約(3.1)を満たさないことを示した．そして，実行可能性制約を満たし，厳密な解析とこのクラスの中での準最適政策の数値計算を可能にする，De Kok and Visschers (1999) によって導入されたSBS政策を詳細に議論した．今後のSCOP研究の興味深い候補として，かんばん政策と基点在庫政策を結合した政策を明らかにした．さらに，サービス水準制約の下で費用を最小化する管理政策を計算するさまざまな発見的手法を議論した．分解仮定に基づく発見的手法は，安全在庫の最適配置に関する Whybark and Yang (1996) による，安全在庫は下流に集中させるべきであるという知見と矛盾する解を生成した（6節も参照）．Ettl et al. (2000) の組立仮定に基づく発見的手法は，組立仮定を満たさないように思われるが，近似最適解を生成している．

次節では，すべてのSCOP制約を考慮することができた2つの管理概念，すなわち，4節で論じた線形計画法(LP)に基づく管理概念と，本節で論じたSBS政策を比較する．そこでは，確率需要の下での生産能力制約付きのSCOP問題に対する結果が知られていないため，生産能力制約のないSCOP問題に限定して比較を行う．

6. 一般サプライチェーンに対するサプライチェーン計画概念の比較

本節では，サプライチェーン運用計画（SCOP）概念を2つの主なサプライチェーン計画（SCP）概念のクラスから比較する．すなわち，4節で論じたローリングスケジュールの文脈における数理計画法（MP）に基づく概念と，5節で論じた一般サプライチェーン構造へ応用可能な確率モデルに基づく概念である．6.1項では，最初に，この2種類の概念によって生成された発令決定への（動的な）予測過程の影響を簡単に議論する．その後，SCOP問題のさまざまな観点への洞察を与える数値的研究を示す．この数値比較は，無限の資源利用可能性をもつ状況に限定される．この限定の主たる理由は，確率モデルに基づく概念が有限能力の資源を組み入れていないことである．さらに，ここでは定常な確率需要を仮定する．われわれは，得られた結果が定常な予測誤差をもつ状況へ適用できることを期待している．しかしながら，これにはより一層の研究が必要である．

ここでは，SCOP問題への管理面と2つの異なるSCOP概念の特徴に焦点を絞っているため，比較を，どちらかといえば簡単な事例状況に限定している．本章で議論されるSCOP問題の構造的な複雑さ，すなわち，多品目，多階層，一般的部品表（BOM）関係，が巨大なものであることに気付くべきである．注意深く事例状況を選ぶことで，有益な洞察を導く．これらの知見は，実社会の事例に基づく比較研究からの結果によって確証された（De Kok, 2001参照）．

6.2項では事例状況を示し，6.3項では比較研究の結果を述べる．6.4項ではわれわれの結論を，多くの管理側面と問題に対して要約している．

6.1 サプライチェーン計画概念と予測

4節で明らかにしたように，SCOP概念への最重要な動的入力は，以前 $P=E$ と仮定したように E の品目に対する外部需要の予測である．明らかに肯定的な答えが得られるものと思われる，実際と関連の深い質問は，「目前の発令決定は，外部最終品目需要の予測に影響されるか？」というものである．4節における方程式系が与えられれば，これはもちろん真であるが，答えは採用される計画概念に依存することを結論付けた．簡単に示されることは，固定した基点在庫水準をもつ基点在庫政策に基づく計画概念は，与えられた予測に依存しない目前の注文発令決定を生成することである．同様に，もし基点在庫水準が予測に依存すれば，たとえば，基点在庫水準が固定した何週間かの将来需要の補償を表していれば，目前の注文発令決定は予測に依存することを示すことができる．また，4節で述べた線形計画法（LP）に基づくSCOP概念は，外部需要の予測に依存した目前の注文発令決定を生成することを示すこともできる．SCOP概念は，予測に依存した目前の注文発令決定を生成することを仮定するのが自然なように思われる．この文脈において，近年，固定した発注点および/あ

るいは補充点をもつ古典的な最終品目在庫管理政策に頼る小売店と製造業者が増えつつあるように思われることは、興味深いことである。現在の予測（あるいは販売計画）過程が、これらの決定を正当化する予測精度を達成していることを実証する根拠も、存在するように思われる。この問題に対する興味深い議論は、Aviv（2001）を参照されたい。

6.2 線形計画法に基づくサプライチェーン運用計画概念と同期化基点在庫概念の比較

本項では、4節で述べたLP（に基づくSCOP）概念を、5節で述べた同期化基点在庫（SBS）概念と比較する。LP概念はローリングスケジュール設定における決定的最適化モデルのクラスを表し、SBS概念はSCOPに対する確率モデルのクラスを表している。まず最初に、取り上げる事例について詳細に記述する。

〔事例について〕

本項では、比較研究に用いる事例を記述する。以下で比較に用いる、BOM構造、需要過程、費用構造、性能尺度を述べる。

製品構造例　2つのSCOP概念を比較するための試験例を設定する。まず、図12.5に与えられる11品目からなる特定の製品構造を考える。上に述べたように、この試験例で得られた結果は典型的なものであった。

4つの最終品目1〜4をもつ11品目からなる製品構造を考える。全製品は共通部品11をもち、製品1と2は部品9を共通に、製品3と4は部品10を共通にもっている。さらに、各製品は各々固有の部品をもっている。

上に述べたように、有限資源は考えない。そのような有限資源は計画されたリードタイムを通じて、間接的にそのBOMに組み込むことができる。高い資源利用は長い計画されたリードタイムを導き、低い資源利用は短い計画されたリードタイムを生み出す。計画階層に関する2節の議論の文脈では、計画されたリードタイムの選択は、SCOPレベルで生成された注文発令決定が現場レベルで高い確率で実現できるようなものであると述べられている。すなわち、その発令時点から導かれる注文の納期と計画されたリードタイムは、高い確率で一致させることができる。

したがって、さまざまな品目のリードタイムを変化させることは、興味あることである。最終品目1〜4のリードタイムは、組立工程が関係してくる。品目5〜11のリードタイムは、調達リードタイムと考えられる。したがって、長い調達リードタイムは、遠距離にある生産能力に余裕のないサプライヤーに関係している。計画されたリードタイム構造は、以下の変数で与えられる。

L_f：最終品目の計画されたリードタイム。
L_s：固有の部品の計画されたリードタイム。

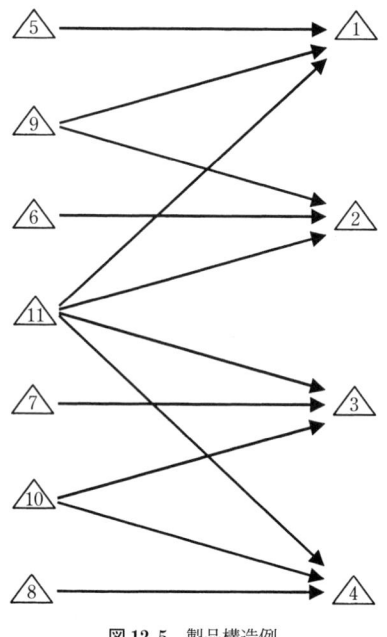

図 12.5 製品構造例

L_{sc}：半共通部品の計画されたリードタイム．
L_c：共通部品の計画されたリードタイム．
したがって，以下の式が成り立つ．

$$L_i = L_f, \quad i=1,2,3,4$$
$$L_i = L_s, \quad i=5,6,7,8$$
$$L_i = L_{sc}, \quad i=9,10$$
$$L_i = L_c, \quad i=11$$

サプライチェーン構造の影響を調べるために，計画されたリードタイム (L_s, L_{sc}, L_c) を以下のように変化させる．

(1,2,4)：共通部品が長いリードタイム，固有部品が短いリードタイム．
(4,2,1)：共通部品が短いリードタイム，固有部品が長いリードタイム．
(1,4,2)：半共通部品が長いリードタイム，固有部品が短いリードタイム．

ここで，計画されたリードタイム構造は，SBS 概念を適用する際に生じる分岐構造に影響することに注意する．以下で，この3つの計画されたリードタイム構造の各々に付随する分岐構造を示す．

需要過程 上に述べたように，最終品目に対する需要は，定常であるものと仮定

する.より厳密に述べれば,相続く期における最終品目 i の需要は,独立で同一分布に従う.また,異なる最終品目に対する需要過程は相関がないことも仮定する.以下を定義する.

$E(D_i)$:品目 i に対する期あたり平均需要量 ($i=1,2,3,4$).
cv_i^2:品目 i に対する期あたり需要の変動係数(=標準偏差/平均)の2乗 ($i=1,2,3,4$).

すべての最終品目に対して $E(D_i)=100$ とおく.SCOP 概念の選択への需要変動の影響を調べるために,cv_i^2 を,0.25, 0.5, 1, 2 と 4 通りに変化させる.特に述べない限り,すべての最終品目に対して同一の需要パラメータを設定する.

費用構造 1節に述べたように,あらかじめ規定された顧客サービス水準を達成するために必要となる,サプライチェーン在庫投資をもとに,異なった SCOP 概念を比較したい.量販家電サプライチェーンにおける費用構造に基づいて,基礎となる費用構造を以下のように設定した.計画されたリードタイムの定義と同様に,以下を定義する.

h_f:最終品目の付加価値.
h_s:固有部品の付加価値.
h_{sc}:半共通部品の付加価値.
h_c:共通部品の付加価値.

したがって,以下の式が成り立つ.

$h_i=h_f,\quad i=1,2,3,4$
$h_i=h_s,\quad i=5,6,7,8$
$h_i=h_{sc},\quad i=9,10$
$h_i=h_c,\quad i=11$

基礎となる場合として,$(h_f, h_s, h_{sc}, h_c)=(\$10,\$10,\$30,\$50)$ とおく.したがって,共通部品は高価であり,組立の付加価値は最終製品の総価格の 10% にすぎない.そのような状況の例としては,テレビの製造がある.一般にブラウン管が総費用の 50% であり,プリント基板は 30% 程度であり,外形容器などの付加的資材は総費用の 10% を計上するだけである.

顧客サービス水準 1節で,実際に最も広く使われている2つの顧客サービス水準,すなわち品切れを起こさない確率 α と充足率 β を定義した.この比較研究では,α サービス尺度だけの結果を論じる.基礎となる場合の比較として,顧客サービスの目的は品切れを起こさない確率 95% を達成することである.すなわち,

$\alpha^*=0.95$

となる.

〔SCOP 概念の評価〕

上記の記述は，離散事象シミュレーションが 2 つの SCOP 概念の性能を計算するために用いられる数値的研究の基礎である．その数値結果を導くステップをより詳細に述べる．

5 節で述べた SBS 概念に対しては，基点在庫水準と配分政策を解析的に決定した．この目的のために，De Kok and Visschers（1999）の手順（5.5 項参照）に従い，図 12.6（a）～（c）に示される分岐構造を導いた．これらの分岐構造が与えられれば，Diks and de Kok（1999）に与えられたアルゴリズムに基づき，近似最適線形配分政策と基点在庫水準を計算できる．その後でこれらの解析結果を離散事象シミュレーションで検証した．すべての実験においてシミュレーションの実行長さは 10 万期であった．得られた点推定は，より長いシミュレーションと変わらなかった．

LP 概念の解析に対しては，離散事象シミュレーションに完全に頼らなければならなかった．シミュレーションの各期で，4 節で述べた LP 問題を CPLEX（http://www.ilog.com 参照）を用いて解いた．4 節で述べたように，各最終品目に対する純在庫と安全在庫の差の実験分布を計算するために，最終品目の安全在庫を 0 とおいた初期シミュレーションを実行した．その分布から要求されたサービス水準を保証する安全在庫を決定した．この要求された安全在庫の下での 2 回目のシミュレーション実行が LP 概念の性能を与えた．この両方のシミュレーション実行に対して 25000 期の実行長さを用いた．この実行長さは，すべての実験において，95％サービス水準を保

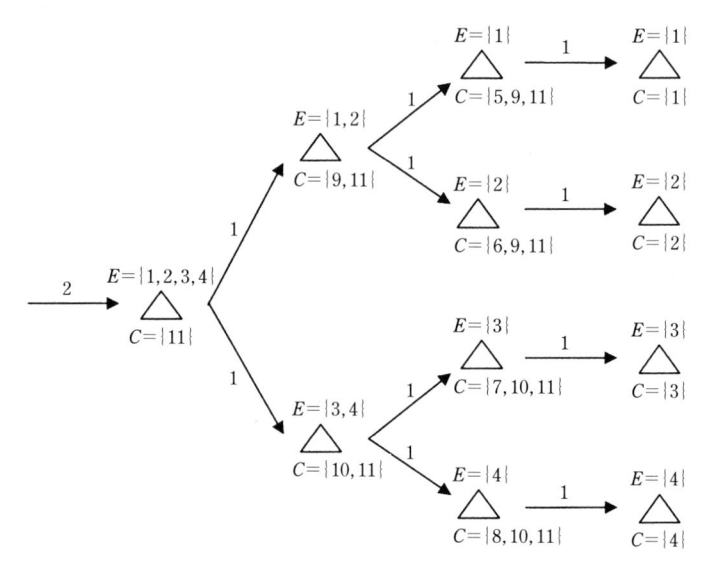

（a） $(L_f, L_s, L_{sc}, L_c) = (1, 1, 2, 4)$ に対する決定ノードネットワーク

図 12.6

証する最終品目安全在庫の決定に関する必要な精度を得るためには，十分な長さであることが示された．

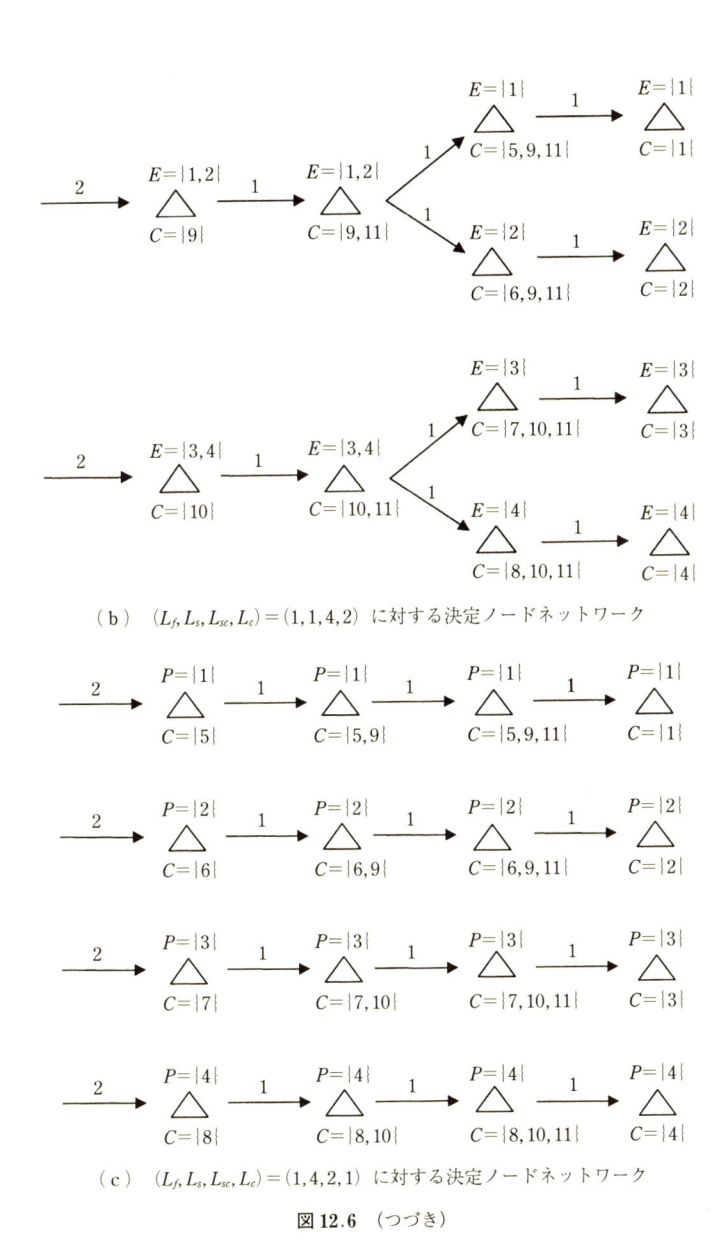

（b）$(L_f, L_s, L_{sc}, L_c) = (1, 1, 4, 2)$ に対する決定ノードネットワーク

（c）$(L_f, L_s, L_{sc}, L_c) = (1, 4, 2, 1)$ に対する決定ノードネットワーク

図 12.6 （つづき）

6.3 線形計画法と同期化基点在庫の定量的比較

基礎となる場合として，3つの計画されたリードタイム構造と4つの2乗変動係数を組み合わせて，12の異なったSCOPシナリオを生成した．結果は表12.3に示されている．

表12.3から，SBS概念で得られたサプライチェーン在庫資本に対する解析結果は，SBS_{ana}列に与えられており，SBS_{sim}列に与えられている離散事象シミュレーションの結果と一致している．期待されるように，LP概念に対して上に述べた手順は，目標α水準α_{LP}を与えている．同様に，計算されたSBS政策は，要求される顧客サービス水準α_{SBS}を与えている．

さらに，SBS概念は，LPに基づく概念を性能的に大幅に上回っていることがわかる．これはそれだけで，重要かつ際立った結果である．SCPに対する現在利用可能なほとんどの商用ソフトウェアは，最善のもので4節のLPに基づく概念を採用しているものであり，おそらくLPは4節で述べた決定的SCOPモデルに対する実行可能解を生成する一群の発見的手法に組み込まれていることを認識するべきである．この見解は，Stadtler and Kilger（2000）と，本書のFleischmann and Meyr（2003）による第9章の知見と一致するものである．

興味深いことは，2つの概念間の差が需要の変動性にあまり敏感でないことである．もし需要の変動性が低くなれば，LPがよりよい性能を発揮することを期待するであろう．しかし，2つの概念間の差は，主にリードタイム構造によって決定される．その差は，共通部品に対する長いリードタイムをもつ場合に最大となり，固有部品に対する長いリードタイムをもつ場合に最小となる．明らかに，SBS概念は前者

表12.3 サプライチェーン在庫資本の比較，同一最終品目需要

cv_i^2	(L_f, L_s, L_{sc}, L_c)	サプライチェーン在庫資本				顧客サービス	
		SBS_{ana}	SBS_{sim}	LP	Δ (%)*	α_{SBS} (%)	α_{LP} (%)
0.25	(1,1,2,4)	72188	71682	83225	16	95	95
0.25	(1,4,2,1)	76154	76476	83762	10	95	95
0.25	(1,1,4,2)	74162	73550	84424	15	95	95
0.5	(1,1,2,4)	105114	104448	119645	15	95	95
0.5	(1,4,2,1)	112226	112316	121586	8	95	95
0.5	(1,1,4,2)	108079	107616	122916	14	95	95
1	(1,1,2,4)	152583	152203	173056	14	95	95
1	(1,4,2,1)	165264	165328	180211	9	95	95
1	(1,1,4,2)	157294	157034	177166	13	95	95
2	(1,1,2,4)	217664	218551	258651	18	94	95
2	(1,4,2,1)	246637	245998	265952	8	95	95
2	(1,1,4,2)	228967	228789	261499	14	94	95

*訳注：$\Delta = 100(LP - SBS_{sim})/SBS_{sim}$

の状況で共通性をよりよく活用する．

上記の驚くべき報告に対する洞察を得るために，両方の概念に対する，共通部品，半共通部品，固有部品，最終品目の各在庫へのサプライチェーン在庫資本の配分を示す．

表12.4における結果は，LPに基づく概念は，異なる品目間に在庫を配分する点で適切なバランスを見つけていないように思われることを示している．共通性が活用できる場合，すなわち，(半)共通部品が固有部品よりも長いリードタイムをもつときには，LPに基づく概念は長いリードタイムの部品に多くの在庫を保持する傾向がある．このもっともらしい説明は，LPに基づく概念が最終品目の需要予測を満たすことを目指すことである．この予測を満たした後に残された部品在庫は，最終品目の組立には使用されない．というのは，部品在庫は組み立てられた最終品目の在庫よりも安いからである．特に，外部需要が多くの連続した期で低ければ，LP概念は在庫を上流に積み上げる傾向がある．SBS概念の下で計算された基点在庫水準は，一般に，低い需要期間においても在庫資本は顧客需要を満たさなければならない拠点に向かって押し出されていくようなものである．非公式的にいえば，基点在庫政策はjust-in-case特性をもち，LPに基づく概念はjust-too-late特性をもっている．

広範囲にわたる数値研究は，SBS概念の下では，その基礎をなす決定ノードの分岐構造における各階層の基点在庫水準の和が，上流でいくぶん増加傾向にあることを示している．もしこれらの和がすべての階層で等しければ，すべての上流段階では在庫を保持しないことになる．表12.4における結果は，実際この状況に近いことを示している．これは共通性が活用されうるとき，その恩恵を受けるためには，ほんの一握りの共通の上流在庫が要求されるだけのように思われる．

表12.4 サプライチェーンに沿った在庫資本の配分

cv_i^2	(L_f, L_s, L_{sc}, L_c)	最終品目		固有部品		半共通部品		共通部品	
		SBS (%)	LP (%)	SBS (%)	LP (%)	SBS (%)	LP (%)	SBS (%)	LP (%)
0.25	(1,1,2,4)	95	86	0	1	1	4	3	10
0.50	(1,1,2,4)	97	86	0	1	1	4	2	10
1.00	(1,1,2,4)	99	87	0	1	0	3	1	9
2.00	(1,1,2,4)	100	88	0	1	0	3	0	8
0.25	(1,1,4,2)	93	87	0	1	5	7	2	6
0.50	(1,1,4,2)	94	88	0	1	5	6	1	5
1.00	(1,1,4,2)	96	89	0	1	4	6	0	5
2.00	(1,1,4,2)	97	89	0	1	3	6	0	5
0.25	(1,4,2,1)	88	91	6	3	5	3	1	2
0.50	(1,4,2,1)	90	93	6	2	4	3	0	2
1.00	(1,4,2,1)	90	93	7	2	4	3	0	2
2.00	(1,4,2,1)	91	94	6	2	3	2	0	2

固有部品が最長のリードタイムをもつ場合，共通性は活用できず，LP概念は多量の最終品目を在庫するように思われる．その場合，SBS概念は実際，共通性が活用できないことを認識し，より多くの（安い）部品を保管することを好むようである．

両方の概念，特に基点在庫政策に対して，極端に低い部品在庫水準の背後にある根拠は，部品レベルで在庫を控えることが，直接顧客サービスへ貢献しないことである．明らかにこれは，共通部品在庫に対するいわゆるポートフォリオ効果より重要である．すなわち，共通部品に対する需要は，個々の製品に対する需要よりも相対的により安定である．

この計算研究からのもう一つの興味ある事実は，LP概念の下では，同一分布に従う最終品目に対する安全在庫が大きく異なることである．この理由は，すべての最終品目に対して同一の付加価値をもつ場合を考えており，各期に解かれるLP問題は強く縮退していることである．したがってそれは，アルゴリズムの特別なステップ（たとえばタイ・ブレーキング規則の選択），すなわち，品目の配分に関してどちらの最終品目が他の品目よりも好ましいかを決める規則に依存する．明らかに，使用したCPLEXソルバーは，最終品目間で時間にわたって公平にこれらミスマッチを配分することはしない．もちろん，基点在庫政策は，すべての最終品目に対して同じである．在庫配分に関するこの事実が与えられれば，最終品目の付加価値が異なる場合における平均在庫水準を比較するのは，興味深いことである．表12.5は，LP概念が部品の品切れを適切に処置できないという，われわれの結論を支持する結果を与えている．表12.5で Δ_1 は最終品目1〜3に対する3つの異なった安全在庫の標準偏差を平均で正規化した数値（%）であり，Δ_2 は製品1〜3に対する平均安全在庫より付加価値の低い最終品目4の安全在庫量の相対差である．

表12.5から，SBS概念は同一製品に対して同一の安全在庫を与え（$\Delta_1=0$），一方，LP概念は大きく異なる安全在庫を与えている（$\Delta_1>0$）．異なる最終品目に対して，そのΔ_2，すなわち，低付加価値の最終品目の安全在庫と高付加価値の最終品目の安全在庫との差は，SBS概念よりもLP概念でずっと大きくなることがわかる．

表12.3〜12.5における結果は，LPに基づく概念が品切れを品目間に不適切に配分することを示している．同一製品が，付随するSCOP問題の縮退を処理するタイ・ブレーキング規則のために，同じようには配分されない．異なった製品の場合には，LPは在庫維持費用とペナルティコストに基づく優先リストに従って，品切れを配分する．優先リストは，リスト上の最初の品目が可能であれば最初に満たされ，その後でリストの2番目の品目が満たされ，などと在庫がなくなるまで反復される．Lagodimos (1992) は，そのような優先配分の仕組みが準最適であることを示している．SBS概念で用いられる線形配分規則は，品切れがすべての製品に均等に分けられることを保証している．明らかにこちらの方が優れている．大ざっぱにいって，LPはバランスのとれたSBSアプローチより劣った，貪欲アプローチである．資材不足の注意深い配分の重要性が，われわれの知る限りでは，SCOP問題のMPを用

表 12.5 異なる最終品目に対する安全在庫の差

$(cv_1^2, cv_2^2, cv_3^2, cv_4^2)$	(h_1, h_2, h_3, h_4)	(L_f, L_s, L_{sc}, L_c)	LP		SBS	
			$\Delta_1(\%)$	$\Delta_2(\%)$	$\Delta_1(\%)$	$\Delta_2(\%)$
$(0.25, 0.25, 0.25, 0.25)$	$(20, 20, 20, \mathbf{10})$	$(1, 1, 4, 2)$	23	48	0	14
$(0.25, 0.25, 0.25, 0.25)$	$(20, 20, 20, \mathbf{10})$	$(1, 1, 2, 4)$	11	73	0	14
$(0.50, 0.50, 0.50, 0.50)$	$(20, 20, 20, \mathbf{10})$	$(1, 1, 2, 4)$	9	58	0	14
$(0.50, 0.50, 0.50, 0.50)$	$(20, 20, 20, \mathbf{10})$	$(1, 1, 4, 2)$	17	39	0	14
$(1, 1, 1, 1)$	$(20, 20, 20, \mathbf{10})$	$(1, 1, 2, 4)$	11	39	0	13
$(1, 1, 1, 1)$	$(20, 20, 20, \mathbf{10})$	$(1, 1, 4, 2)$	16	29	0	14

いた文献では認識されていない．この説明は，この問題自体が確率需要の下でのローリングスケジュールの文脈において，MP に基づく概念がいつ適用されるかを明らかにするもののようである．ここで，同様な配分問題は，資源が注文の発令を制約しているときに取り組むべきであることを予想する．

われわれは，より複雑な製品構造をも考えたが，SBS 概念の優越性がなお一層強くなるように思われる．すなわち，構造が複雑になればなるほど，在庫資本投資の差異がより大きくなることである．57 品目からなる現実問題の事例のより詳細な議論は，De Kok (2001) を参照されたい．

6.4 管理上の洞察

LP 概念と SBS 概念の比較から，管理上の洞察へ導く多くの結論を得る．まず最初に，論じた両 SCOP 概念に対して成り立つ，ある一般的な洞察をまとめる．その後で，2 つの概念間の主要な違いをまとめる．

顧客注文デカップリングポイントへの製品の流れ 1 節で与えられた顧客注文デカップリングポイント（CODP）の定義から，われわれの比較で考慮しているネットワークにおける CODP が，最終品目レベルであることを導く．上に述べた結果から，在庫資本は最終品目レベルに集中していると結論する．管理される中間在庫点にほとんど在庫資本がないので，最適解は CODP へ向かうサプライネットワークに流れ込む品目によって特徴付けられると結論する．直観的にはこれは，その目的が完全な流れを創出するという JIT の考え方と同じものである．しかしながら，JIT，より正確にはかんばん政策は，実行指向の管理概念であり，高度な実行安定性を要求する．さもなければ，そのようなプル概念は少ない在庫で高い顧客サービスを保証できない．最適な SCOP 概念は，非常に不安定な需要をもつ状況において品目の流れを滑らかにする．というのは，少ない上流在庫が保証されるようなパラメータに設定できるからである．たとえば，ある品目の基点在庫水準をその親部品の基点在庫水準の和に近付けるように設定することで，SBS 政策に対して，親部品の観点からほとんど永続的な「品不足」を創出し，すべての利用可能な品目在庫が親部品間に配分される．

考慮した概念の範囲内であるが，最適政策のこの特徴付けに対する直観的な説明は，以下のとおりである．サプライネットワーク内のすべての品目に在庫資本を配分する際，顧客サービスと在庫資本費用間のトレードオフがなされなければならない．定義により顧客サービスは，CODP における利用可能性によってのみ具体化される．在庫資本を CODP と上流品目レベル間でバランスをとるとき，ポートフォリオ効果により，(共通の) 上流品目レベルでの在庫資本の増加が CODP レベルでの在庫資本の減少を可能にする．しかしながら，そのような減少が顧客サービスの目標水準以下への低下を導いてはならない．上に述べた結果は明らかに，高い水準のサービスを確実にする CODP への在庫のプルは，ポートフォリオ効果の成果を受け取る上流品目への在庫のプルよりも強力であることを示している．

確率管理概念は MP に基づく管理概念より優れている　　示された結果は，SBS 概念が LP に基づくローリングスケジュール概念より優れていることを明白に示している．これはかなり先を見通した結果の意見である．現在のところ，すべての商用の利用可能な SCP ソフトウェアは，数理計画分野での目的関数と制約条件に基づいている．明らかに，確率需要が平均値のみで表現される，決定的モデルの最適化に基づいた管理政策は，時間軸上での準最適な発令決定を生成する．再びこれは，確率モデルになじみのないほとんどの人々にとって，直感に反することである．

吉報は，SBS 政策が計算上の観点から驚くほど簡単だということである．SBS 概念が現実世界へ拡張できるものとすれば，これは対話型の SCOP を可能にするかもしれない．そのようなことは，現在のところ MP に基づくソフトウェアの計算時間のために実現不可能である (Schalla et al., 2001 参照)．

SBS 政策のもう一つの特徴は，それが MP モデル化アプローチからは導出できない SCOP 問題への洞察を与える (ある程度人為的な) 決定階層に基づいていることである．その階層は，部品と最終品目の集合に付随する決定ノードの分岐システムを通して表現され，将来需要の予測が必要とされるさまざまな統合レベルに対する指針を与えている．将来需要の時間上での適切な統合を選択することにより，より高精度の統合された予測を利用することが可能になる．

MP モデルの外部で不確実性を処理するということは，安全在庫や安全リードタイムを人手で入力することである．サプライネットワークにおける (安全) 在庫の位置決めに関する上述の議論は，品目間の複雑な相互干渉を把握する確率モデルの決定支援なしに安全在庫を設定することは，人間の能力を超えるものであることを示している．

得られた結果は明らかに，定常な需要に対してのみ導かれてきた．われわれの見解では，定常な需要過程が得られた結果の主要な原因ではない．両方の政策ともに，非定常な需要を考慮するように容易に修正可能である．その場合は，現実の制限にない定常な予測誤差を仮定しなければならない．Graves et al. (1998) によって提案され

た予測修正過程は，非定常な需要をモデル化する興味深い試みのように思われる．一層の研究が，われわれの主張を支えるために必要である．

ハイブリッドアプローチ　これまでの比較は，生産能力に制約のない問題に限定されていた．この理由は，一般的な能力制約のあるネットワークへ適用できる確率的な管理概念が文献にないことである．LPに基づくローリングスケジュールは，生産能力制約のある問題へ適用可能である．上で議論した洞察は，ハイブリッドなアプローチを開発する必要性を示しているように思われる．もしSBS概念における配分規則が，その優越性の主要な要因の一つであれば，その線形配分規則を，付加的な制約条件の形でLPに基づく概念に実装することは，筋が通ったことのように思われる．さらに，線形配分規則は，拘束力をもつ資源制約の場合へも適用可能のように思われる．これらは今後の研究課題である．

これで，SCOP概念の解析を終わりにする．次節では，これらの研究から明らかになった，今後の研究課題を論ずる．

7.　要約と今後の研究課題

本章では，文献に定義されたさまざまなサプライチェーン運用計画（SCOP）概念を議論してきた．決定変数と状態変数を定義することで，SCOP問題に対する一般的な設定を与えた．階層的計画アプローチによって導かれたSCOP問題の一般的定式化を動機付けした．そして，計画されたリードタイムの概念が，情報の非対称性のモデル化を正当化するさまざまな計画レベル間にはっきりした区別を付ける基本構成要素であることを論じた．情報の非対称性は，関連した計画決定が時間的に異なった時点で行われ，システムの状態の異なった観点で，組織のさまざまな部分で行われるため，避けることができないものである．

われわれは，これらSCOP概念の査定の基礎として用いられてきた資材と資源の発令に関する一群の制約条件を定式化してきた．われわれは，2つの異なったモデル化の展望から開発されてきたSCOP概念の2つの主要なクラスを，次のように認識した．

・ローリングスケジュールアプローチに埋め込まれたMP（数理計画法）モデル
・確率需要を組み込んだ確率モデル

SCOP問題についてのわれわれの展望に基づき，利用可能な商用のソフトウェアを用いた，直接的な最適化に適した生産能力制約のある多品目・多段階のLP（線形計画法）モデルを定式化した．そして，ロットサイズ制限をもつ問題への拡張を簡単に論じた．

確率モデルの詳細な議論から，生産能力制約のない一般サプライネットワークに関する文献がないことが判明し，能力制約のないモデルに対するさまざまなアプローチ

を示した．文献においてはほとんどで，拠点在庫か階層在庫に基づいた基点在庫政策が提案されてきたことがわかった．われわれは，一般サプライネットワークに対するSCOP問題に対して，純粋基点在庫（PBS）政策の実行不可能性を論じた．この理由は，資材利用可能性制約を満たさないこと，すなわち，PBS政策は，上流の在庫の利用可能性をチェックすることなしに，資材発注を生成してしまうことである．準最適ではあるが，この問題を解決する，同期化基点在庫（SBS）政策についても論じた．この準最適性は，上流品目の在庫の利用可能性が，品切れの場合にこれら上流品目の親品目への配分決定がとられた後でチェックされるという意味で，資材配分と資材発注決定の統合によって引き起こされる．SBS政策は，一般サプライネットワークの正確な解析を許し，定常需要の仮定の下でサプライチェーンの設計と計画の連携を認めている．

確率需要の下での一般サプライネットワークに対するSCOP問題の高度な複雑性は，なぜ現在利用可能な文献がほとんど直観的解析を提案するかを説明している．われわれは，100%上流の利用可能性を仮定する（分解仮定）発見的手法と，利用可能性を欠く場合には，これを引き起こすただ1つの品目があると仮定する（組立仮定）発見的手法を区別する．分解仮定は，サプライネットワークのすべての階層において相対的に高い在庫水準を伴い，それは上流階層における在庫水準は低くあるべきだとする分岐ネットワークに対する近似最適解の特徴と対比をなすものである．ここで，この叙述は，Inderfurth and Minner（1998）とGraves and Willems（2000）の解析には適用されないことを注意しておく．というのは，彼らの解析は，下流と上流の在庫点によって，ある在庫点での潜在的な品切れの可能性を補填することを認めているからである．Ettl *et al.*（2000）による組立仮定に基づいて開発された発見的手法は，組立仮定を破る最適解を生み出す．というのは，それが上流での低い充足率をもつ解を見つけるからである．Ettl *et al.*（2000）は，興味深いことに，その発見された解が離散事象シミュレーションに基づく方法では改善できなかったことを報告している．

一群の例題に対して，SBS概念をLPに基づく概念と比較した．驚くべきことに，SBS概念は，LPに基づく概念を大幅に上回った．これは，SCOP問題に対する確率モデルの一層の研究が重要であることを示している．SBS概念の優越性に対する説明は，LPは上流の利用可能性を欠く場合に，この上流の利用可能性を，必要とする品目間に配分する代わりに，それら品目を優先させる傾向がある点に求められた．またLPは，決定的な目的関数が累積付加価値が低いために上流段階を魅力的と見なし，上流に大量の在庫資本を保持する傾向がある．

これまでの議論から，今後の研究分野としていくつかの領域を明らかにした．以下で，SCOPモデルの実証的妥当性，一般ネットワークにおけるSCOPに対する生産能力制約付き確率需要モデル，SBS概念への非定常需要の組込み，SCOP概念とSCOPとショップフロアスケジュールの統合概念との比較を議論する．

7.1 サプライチェーン運用計画モデルの実証的妥当性

さまざまなSCOPモデルが，主に数学的観点に基づいて議論された．これは，SCOPモデルの定義を議論し，モデルの解析を簡単にするような仮定の妥当性を査定したことを意味している．可能ならばどこでも，われわれは数学的に厳密なアプローチを採用してきた．可能でなければ，その妥当性を査定するために離散事象シミュレーションを採用した．これは，科学的には正統なアプローチではあるが，根本的な次のような質問には答えられない．すなわち，このモデル解析の結果は，実社会のSCOP問題からの実証データと合うのか，ということである．理論的には，SCOP問題の数学的に正統な解析が，同じ問題の直観的な解析よりも悪い結果を与えることは，ありうることである．もしそのような場合には，モデル化に関する新しい，科学的に適切な研究課題が生み出される．一般的に，一般サプライネットワークにおけるSCOPに関するほとんどの研究は，得られた経営上の洞察が実証的妥当性によって支持されているという根拠を欠いている．たとえ成功した事例が報告されていても，SCOPに対するそのモデルの使用と成功との間に因果関係が存在するかどうか，疑問である．われわれは，そのような因果関係が検証できる，科学的に正しい実証研究の慎重な設計を主張する．ERP（enterprise resource planning）システムの存在は，時間軸上での取引データの解析を可能にする．そこから，需要や在庫，リードタイムの挙動への洞察を引き出すことができる．そのような研究は，実験の設定が完全には管理できないため，時間がかかり，また困難でもあろう．しかしそのような研究は，現実世界のSCOP問題へのより深い洞察と，その解への定量的モデル化の貢献の観点から，価値あるものとなるであろう．

7.2 非定常需要の組込み

現実社会のSCOP問題の経験から，多くの状況で非定常な需要に直面することが結論付けられている．その例が，需要の季節性，新製品の導入，旧製品の撤退である．Graves et al. (1998) は，そのような非定常性に対する興味深いモデルを提案している．それは，予測情報を改訂する人間の能力（ソフトウェアの助けを借りたとしても）が，ある期の未来への予測の修正が各期，独立で同一分布に従うものとして仮定されている．非定常需要のそのようなモデル化は，なおSCOP問題の数学的に厳密な解析を可能にするかもしれない．

もし需要が時間的に相関をもてば，直列サプライチェーンにおいてさえ，基点在庫政策が最適であるかどうかという疑問が生じ，もしそうならば，最適政策がDiks and de Kok (1998) において導かれたように，一般化新聞売り子方程式を解いて得られるかという疑問が生じる．需要の時間的な相関という問題は，全く妥当なものである．というのは，単純指数平滑法を含めてほとんどの標準的な予測手法は，時間的に相関のある予測誤差を含んでいるからである．

7.3 確率需要をもつ生産能力制約付きモデル

　実証的妥当性に関する上記の論点は，生産能力制約のあるサプライネットワークに対するモデルの開発においても，全く正当なものである．5.8項で論じられた一般化かんばん政策は，製造システムの管理に対して提案されてきた．一般的に資源は，待ち行列としてモデル化される．したがって，そのような政策の解析は，資材管理と資源利用を統合したものである．しかしながらSCOPは，計画されたリードタイムによって設定された納期を守りながら，生産能力要求量が平準化するように資源の利用を計画する．これは，連続観測と資源における先着順サービス（FCFS）規律に基づく待ち行列ネットワーク解析が，SCOPの計画特性と周期的性格を適切に表していないことを意味している．

　依然として，待ち行列ネットワーク解析は，計画されたリードタイムの決定と確率需要の下での生産能力制約付きSCOP問題の発見的解析の出発点である．この主要な考え方は，ほとんどの実社会の状況では生産能力の定義が困難だということである．必要ならば，工程はスピードアップ可能であり，資源は特定の能力要求に合わせた能力を供給するように再配分可能である．この事実が，SCOP問題と短期のスケジューリング問題を分解する理由の一つである．したがって，生産能力制約付きSCOPモデルは，資材注文発令と資源発令の管理について，同様な分解に基づいてもよいように思われる．このことが，現実的な計画されたリードタイムを与える，資源の待ち行列ネットワーク解析になっている．この議論の正当性を示すためには，上に述べた実験的で実証的な証明が必要である．

　需要の非定常性について論じた．同様に，資源の利用可能性も，予防保全や休日のために非定常である．この資源の非定常性は，一般的な待ち行列（ネットワーク）解析には不向きなものである．この問題は，確率モデルに関する文献における空白地帯のように思われる．

7.4 サプライチェーン運用計画概念の比較

　SCOPに対するAPS（advanced planning and scheduling）システムのような商用ソフトウェアの急増が，実装されたさまざまなSCOP概念の科学的な査定を動機付けている．筆者らの経験からいって，APSシステムの実装にかかわった多くの人々は，決定的最適化からの最適性の概念と，確率モデルからの最適性の概念の不整合性を，あまり理解していない．6節における議論は，線形計画法（LP），混合整数計画法（MIP），ルールベース最適化に基づくソフトウェアに対する批判的な査定の確固たる基盤を提供している．というのは，これらアプローチの共通の基準は，ローリングスケジュール概念内部での決定的世界観にあるからである．筆者らの意見では，比較の結果は商用ソフトウェアに実装されるいくつかの計画原理を明らかにしただけであり，一層の研究が6節で述べたハイブリッドSCOP概念を検証するのに必

要である.

　本章では,リードタイムがSCOP概念にとって外因的である必要があり,システムはリードタイムが多かれ少なかれ固定されるよう,管理に気を遣う必要があることを論じた.サプライチェーンの文脈では,このことが変動するリードタイムのままで作業したときよりも実際によい結果をもたらすかどうかは,今のところ研究されていない.

　最後に,紹介してきた研究のいずれも,動的条件の下でのSCOP概念の性能を研究していないことに注意する.ここで動的条件とは,需要(あるいは予測誤差)と資源の利用可能性の非定常性だけでなく,計画プロセスの動力学をも意味している.2節の論説では,未来の事象を予測することの重要性を論じた.予想は決して完全には正しくないことは,誰でも知っている.さらに,システムダイナミクスの分野における研究(Sterman, 2000参照)から,変数の予想される値,感知される値,実際の値の間の小さな違いが,非常に不安定なシステムや管理不能な計画状況を引き起こすことも知られている.本章で論じられ,提案された概念のこの動的な振る舞いは,今後研究される必要があろう.

　謝辞:本章は,筆者らの多くの同僚(と友人)の助力なしにはできなかったであろう.まず最初に,Eindhoven工科大学におけるOperations Planning and Controlグループ諸氏:Henk Akkermans, Will Bertrand, Rob Broekmeulen, Nico Dellaert, Karel van Donselaar, Simme Douwe Flapper, Geert-Jan van Houturn, Gudrun Kiesmüller, Henny van Ooijen, Graham Sharman, Vincent Wiersに感謝する.次いで,1990年代にサプライチェーンマネジメント(SCM)の研究に知的才能を発揮した博士課程の学生諸君:Jos Verrijdt, Erik Diks, Jannet van Zante-De Fokkert, Fred Janssen, Wenny Raaymakers, Ebbe Negenman, Mark Euwe, Anastasia Schalla, Sanne Smitsに感謝する.次いで,本章を執筆中に議論し,今後5年間の研究指針を設定する助けとなってくれたドイツの同僚諸氏:Bernhard Fleischmann, Herbert Meyr, Hartmut Stadtler, Horst Tempelmeierに感謝の意を表したい.そして,最後に,しかし決して少なからず,妥当性の実証的検証を行うよう筆者らの考えを実行することを可能にした,産業界で出会った以下の方々の評価しきれない助力に対する想像力に富んだ精神に,感謝の意を表したい:Wim Vrijland, Steve Martin, Fred Janssen(再掲), Jan van Doremalen, Mynt Zijlstra, Han Langereis, Erik van Wachem, Jeroen Bordewijk, Dave Grandt, Alessandro de LucaとEuropean Supply Chain Forumのメンバー.

(Ton G. de Kok and Jan C. Fransoo/大野勝久)

参 考 文 献

Agrawal, N, M. Cohen (2001). Optimal material control in an assembly system with component commonality. *Naval Research Logistics* 48, 408–429.
Anthony, R.N. (1965). Planning and control systems; *A framework for analysis*, Graduate School of Business Administration, Harvard University, Boston.
Aviv, Y. (2001). The effect of collaborative forecasting on supply chain performance. *Management Science* 47, 1326–1343.
Axsäter, S. (2000). *Inventory Control*, Boston, Kluwer.
Axsäter, S. (2003). Supply chain operations: Serial and distribution inventory systems, in: A. G. de Kok, S. C. Graves, (eds). *Handbooks in Oper. Res. And Management Sci*, Vol. 11, *Supply Chain Management: Design, Coordination and Operation*, Chapter 10, North-Holland Publishing Company, Amsterdam, The Netherlands.
Baker, K.R. (1993). Requirements planning, in: S.C. Graves, A.H.G. Rinnooy Kan, P.H. Zipkin (eds.), *Logistics of Production and Inventory*, Amsterdam, North-Holland Publishing Company Amsterdam, The Netherlands, pp. 571–628.
Barbarosoğlu, G., D. Özgür (1999). Hierarchical design of an integrated production and 2-echelon distribution system. *European Journal of Operational Research* 118, 464–484.
Belvaux, G., L.A. Wolsey (2001). Modeling practical lot-sizing problems as mixed integer programs. *Management Science* 47, 993–1007.
Bertrand, J.W.M. (2003). Supply Chain Design: Flexibility Considerations, in: A. G. de Kok S. C. Graves (eds.), *Handbooks in Oper. Res. And Management Sci*, Vol. 11, *Supply Chain Management: Design, Coordination and Operation*, Chapter 4, North-Holland Publishing Company, Amsterdam, The Netherlands.
Bertrand, J.W.M., J. C. Wortmann (1981). *Production control and information systems for component manufacturing shops*, Amsterdam, Elsevier.
Bertrand, J.W.M., J.C. Wortmann, J. Wijngaard (1990). *Production control: a structural and design oriented approach*, Amsterdam, Elsevier.
Billington, P.J., J.O. McClain, L.J. Thomas (1983). Mathematical programming approaches to capacity constrained MRP systems: review, formulation and problem reduction. *Management Science* 29, 1126–1141.
Bitran, G.R., D. Tirupati (1993). Hierarchical production planning, in: S.C. Graves, A.H.G. Rinnooy Kan, P.H. Zipkin (eds.), *Logistics of Production and Inventory*, Amsterdam, North-Holland, pp. 523–568.
Bitran, G.R., A.C. Hax (1977). On the design of hierarchical production planning systems. *Decision Sciences* 8(1), 28–55.
Buzacott, J.A. (1989). Queuing models of Kanban and MRP controlled production systems. *Engineering Costs and Production Economics* 17, 3–20.
Buzacott, J.A. J.G. Shantikumar, (1993). *Stochastic Models of Manufacturing Systems*, Prentice-Hall, Englewoods Cliffs, N.J.
Dauzére-Pérés, S., J.B. Lasserre (1994). Integration of lotsizing and scheduling decisions in a job-shop. *European Journal of Operational Research* 75, 413–426.
De Kok, A.G. (1989). A moment-iteration method for approximating the waiting-time characteristics of the GI/G/1 queue. *Prob. Eng. and Inf. Sc.* 3, 273–287.
De Kok, A.G. (2000). Capacity allocation and outsourcing in a process industry. *International Journal Of Production Economics* 68, 229–239.
De Kok, A.G. (2001). Comparison of Supply Chain Planning concepts, Working Paper TUE/TM/LBS/101-03. Eindhoven: Technische Universiteit Eindhoven.
De Kok, A.G. (2002a). Ruin probabilities with compounding assets for discrete time finite horizon

第12章 サプライチェーン運用計画：計画概念の定義と比較

problems, independent period claim sizes and general premium structure, BETA Working Paper 82. Eindhoven: Technische Universiteit Eindhoven accepted for publication in: Insurance, Mathametics and Economics.

De Kok, A.G. (2002b). Evaluation And Optimization Of Strongly Ideal Assemble-To-Order Systems, in: Shanthikumar, J.G., Yao, D.D. and Zijm, W.H.M. (eds), Stochastic Modeling and Optimization of Manufacturing Systems and Supply chains, Kluwer, International series in Operations Research and Management Science, 66, 2003.

De Kok, A.G. and Seidel, H.P. (1990). Analysis of Stock Allocation in a 2-echelon Distribution System, Technical Report 098, Eindhoven: CQM.

De Kok, A.G., J.W.C.H. Visschers (1999). Analysis of assembly systems with service level constraints. *International Journal of Production Economics* 59, 313–326.

Dellaert, N.P., A.G. de Kok, W. Wang (2000). Push and pull strategies in multi-stage assembly systems. *Statistica Neerlandica* 54, 175–189.

Diks, E.B. (1997). Controlling Divergent Multi-echelon Systems, Ph.D. thesis, Eindhoven University of Technology, The Netherlands.

Diks, E.B., A.G. de Kok (1998). Optimal control of a divergent N-echelon inventory system. *European Journal of Operational Research* 111, 75–97.

Diks, E.B., A.G. de Kok (1999). Computational results for the control of a divergent N-echelon inventory system. *International Journal of Production Economics* 59, 327–336.

Diks, E.B., A.G. de Kok, A.G. Lagodimos (1996). Multi-echelon systems: A service measure perspective. *European Journal Operational Research* 95, 241–263.

Eppen, G., L. Schrage (1981) Centralized ordering policies in a multi-warehouse system with lead times and random demand, in: L.B. Schwarz, (eds.), Multi-level Production-Inventory Control Systems: theory and Practice, North-Holland, Amsterdam.

Erenguc, S.S., N.C. Simpson, A.J. Vakharia (1999). Integrated production/distribution planning in supply chains: an invited review. *European Journal of Operational Research* 115, 219–236.

Ettl, M., G.E. Feigin, G.Y. Lin, D.D. Yao (2000). A supply network model with base-stock control and service requirements. *Operations Research* 48, 216–232.

Feigin, G.E. (1998). Inventory planning in large assembly supply chains, in: S. Tayur, R. Ganeshan, M. Magazine (eds.), *Quantitative Methods for Supply Chain Management*, Boston, Kluwer Academic Publishers, pp. 760–788.

Fleischmann, B., H. Meyr (2003) Planning hierarchy, modeling, and advanced planning systems, in: A. G. de Kok, S. C. Graves, (eds.), *Handbooks in Oper. Res. And Management Sci,.* Vol. 11, *Supply Chain Management: Design, Coordination and Operation*, Chapter 9, North-Holland Publishing Company, Amsterdam, The Netherlands.

Fransoo, J.C., M.J.F. Wouters, A.G. de Kok (2001). Mufti-echelon multi-company inventory planning with limited information exchange. *Journal of the Operational Research Society* 52, 830–838.

Frein, Y., M. Di Mascola, Y. Dallery (1995). On the design of generalized kanban control systems. *International Journal of Operations and Production Management* 15(9), 158–184.

Gershwin, S.B. (1994). *Manufacturing Systems Engineering*, Prentice Hall, Englewood Cliffs.

Graves, S.C., S.P. Willems (2000). Optimizing strategic safety stock placement in supply chains. *Manufacturing and Service Operations Management* 2, 68–83.

Graves, S.C., Willems, S.P. (2003). Supply Chain Design – safety stock placement, inventory hedges for buffering against demand and supply uncertainty, in: A. G. de Kok, S. C. Graves, (eds.), *Handbooks in Oper Res. And Management Sci.*, Vol. 11, *Supply Chain Management: Design, Coordination and Operation*, Chapter 3, North-Holland Publishing Company, Amsterdam, The Netherlands.

Graves, S.C., D.B. Kletter, W.B. Hetzel (1998). A dynamic model for requirements planning with application to supply chain optimization. *Operations Research* 46, S35–S49.

Graves, S.C., H.C. Meal, S. Dasu, Y. Qui (1986). Two-stage production planning in a dynamic environment, in: S. Axsater, Ch. Schneeweiss, E. Silver (eds.), *Multi-stage production planning and inventory control*, Berlin, Springer, pp. 9–43.

Hausman, W.H., H.L. Lee, A.X. Zhang (1998). Order response time reliability in multi-item inventory systems. *European Journal of Operational Research* 109, 646–659.

Hax, A.C., H.C. Meal (1975). Hierarchical integration of production planning and scheduling, in: M.A. Geisler (ed.), *Logistics*, Amsterdam, North Holland Publishing Company, Amsterdam, The Netherlands pp. 53–69.

Hillier, M.S. (2000). Component commonality in multiple-period assemble-to-order systems. *IIE Transactions* 32, 755–766.

Hoekstra, S. and J.H.J.M. Romme (eds.)(1991). *Integral logistic structures: developing customer-oriented goods flow*, London, McGraw-Hill.

Holt, C.C., F. Modigliani, J.F. Muth, H.A. Simon (1960). *Planning, Production, Inventories and Workforce*, Prentice Hall, Englewood Cliffs.

Hopp, W., M. Spearman (2000). *Factory Physics*, 2nd ed., Irwin McGraw-Hil Bostonl.

Inderfurth, K. (1994). Safety stocks in multistage divergent inventory systems: a survey. *International Journal of Production Economics* 35, 321–329.

Inderfurth, K., S. Minner (1998). Safety stocks in mufti-stage inventory systems under different service measures. *European Journal of Operational Research* 106, 57–73.

Janssen, F.B.L.S.P. (1998). Inventory Management Systems, unpublished PhD. Thesis, Tilburg University, Tilburg.

Kanet, J.J., S.V. Sridharan (1998). The value of using scheduling information in planning material requirements. *Decision Sciences* 29(2), 479–497.

Køhler-Gudum, C.K., and A.G. De Kok (2002). A safety stock adjustment procedure to enable target service levels in simulation of generic inventory systems, BETA Working Paper 71. Eindhoven: Technische Universiteit Eindhoven.

Lagodimos, A.G. (1992). Multi-echelon service models for inventory systems under different rationing policies. *International Journal of Production Research* 30, 939–958.

Lagodimos, A.G. (1993). Models for evaluating the performance of serial and assembly MRP systems. *European Journal of Operational Research* 68, 49–68.

Langenhof, L.J.G., W.H.M. Zijm (1990). An analytical theory of multi-echelon production/distribution systems. *Statistica Neerlandica* 44, 149–174.

Lawrence, S.R. (1997). Heuristic, optimal, static and dynamic schedules when processing times are uncertain. *Journal of Operations Management* 15(1), 71–82.

Lee, H.L., C. S. Tang (1996). Modelling the costs and benefits of delayed product differentiation. *Management Science* 43, 40–53.

Lee, H.L., J.M. Swaminathan (2003). Design for postponement, A.G. de Kok, S. C. Graves (eds.),. *Handbooks in Oper. Res And Management Sci.*, Vol. 11, *Supply Chain Management: Design, Coordination and Operation*, Chapter 5, North-Holland Publishing Company, Amsterdam, The Netherlands.

Magee, J.F. (1958). *Production Planning and Inventory Control*, New York, McGraw-Hill.

McKay, K.N., F.R. Safayeni, J.A. Buzacott (1995). A review of hierarchical production planning and its applicability for modern manufacturing. *Production Planning & Control* 6(5), 384–394.

McPherson, R.F., White, K.P., Jr. (1994). Management control and the manufacturing hierarchy: Managing integrated manufacturing organizations. *International Journal of Human Factors in Manufacturing* 4(2), 121–144.

Meal, H.C. (1984). Putting production decisions where they belong. *Harvard Business Review* 62(2), 102–111.

Meal, H.C., M.H. Wachter, D.C. Whybark (1987). Material requirements planning in hierarchical production planning systems. *International Journal of Production Research* 25(7), 947–956.

Miller, T. (2001). *Hierarchical Operations and Supply Chain Planning*, London, Springer.

Minner, S. (2000). *Strategic Safety Stocks in Supply Chains*, Berlin, Springer.

Orlicky, J.A. (1975). *Material Requirements Planning*, New York, McGraw-Hill.

Özdamar, L., G. Barbarosoglu (2000). An integrated Lagrangean relaxation-simulated annealing approach to the multi-level multi-item capacitated lot sizing problem. *International Journal of Production Economics* 68, 319–331.

Rosenblatt, M.J., A. Eynan (1996). Component commonality effects on inventory costs. *IIE Transactions* 28, 93–104.

Rosling, K. (1989). Optimal inventory policies for assembly systems under random demands. *Operations Research* 37, 565–579.

Schalla, A.J., J.C. Fransoo, and A.G. de Kok (2001). Hierarchical anticipation in Advanced Planning and Scheduling Systems. Working Paper TUE/TM/LBS/01-02. Eindhoven: Technische Universiteit Eindhoven.

Schneeweiss, C. (1999). *Hierarchies in Distributed Decision Making*, Berlin, Springer.

Shapiro. J.F. (1993). Mathematical Programming Models and Methods for Production Planning and Scheduling, in: Graves, S.C., A.H.G. Rinnooy Kan, and P.H. Zipkin (eds.), *Logistics of Production and Inventory*. Amsterdam: North-Holland, 371–444.

Sherbrooke, C. C. (1992). *Optimal Inventory Modeling of Systems, New Dimensions in Engineering*, New York, Wiley.

Silver, E.A., D.F. Pyke, R. Peterson (1998). *Inventory Management and Production Planning and Scheduling*, New York, Wiley.

Simpson, K.F. (1958). In-process inventories. *Operations Research* 6, 863–873.

Song, J.S. (1998). On the order fill rate in a multi-item, base-stock inventory system. *Operations Research* 46, 831–845.

Song, J.S. and P.H. Zipkin (2003). Supply Chain Operations: Assemble-to-Order Systems. A. G. de Kok, S. C. Graves, (eds.) *Handbooks in Oper. Res. And Management Sci.* Vol. 11, *Supply Chain Management: Design, Coordination and Operation*, Ch. 11. North-Holland Publishing Company, Amsterdam, The Netherlands.

Spengler, Th., H. Puchert, T. Penkuhn, O. Rentz (1997). Environmental integrated production and recycling management. *European Journal of Operational Research* 97, 308–326.

Stadtler, H. and C. Kilger (eds.)(2000). *Supply Chain Management and Advanced Planning: Concepts, Models, Software and Case Studies*, Berlin, Springer.

Sterman, J.D. (2000). *Business Dynamics: Systems Thinking and Modeling for a Complex World*, Boston, Irwin McGraw-Hill.

Suri, R., J.L. Sanders and M. Kamath (1993). Performance evaluation of production networks, in: Graves, S.C., A.H.G. Rinnooy Kan, and P.H. Zipkin (eds.), *Logistics of Production and Inventory*. Amsterdam: North-Holland, 199–286.

Tardiff, V. (1995). Detecting Scheduling Infeasibilities in Multi-Stage Finite Capacity Production Environments. Unpublished PhD Dissertation, Evanston: Northwestern University.

Tayur, S.R. (1993). Computing the optimal policy for capacitated inventory models. *Communications in Statistics-Stochastic Models* 9, 585–598.

Van der Heijden, M.C. (1997). Supply rationing in multi-echelon divergent systems. *European Journal of Operational Research* 101, 532–549.

Van der Heijden, M.C., E.B. Diks, A.G. de Kok (1997). Stock allocation in general multi-echelon distribution systems with (RS) order-up-to-policies. *International Journal of Production Economics* 49, 157–174.

Van Houtum, G.J., W.H.M. Zijm (1991). Computational procedures for stochastic multi-echelon production systems. *International Journal of Production Economics* 23, 223–237.

Van Houtum, G.J., W.H.M. Zijm (2000). On the relation between cost and service models for general inventory systems. *Statistica Neerlandica* 54, 127–147.

Van Ooijen, H.P.G. (1991). Controlling different flow rates in job-shop like production departments. *International Journal of Production Economics* 23, 239–249.

Whybark, D.C., S. Yang (1996). Positioning inventory in distribution systems. *International Journal of Production Economics* 45, 271–278.

Wiendahl H.-P.(1987). Belastungsorientierte Fertigigungssteuerung Grundlagen, Verfahrensaufbau, Realisierung. Muenchen: Hanser (in German).

Wiendahl, H.-P. (1995). *Load-Oriented Manufacturing Control*, Berlin, Springer.

Winter, R. (1989). Der Ansatz des Massachusetts Institute of Technology zur Mehrstufigen Produktionsplanung. Arbeitsbericht 89-01. Frankfurt: Institut für Wirtschaftsinformatik, Johann Wolfgang Goethe Universitat (in German).

Yano, C., H. Lee (1995). Lot sizing with random yields: a review. *Operations Research* 43, 311–334.

第13章

輸送作業の動的モデル

　生産サプライチェーンは，ある場所における資源の変形（生産）とその製品の空間上での移動（輸送）からなる一連のステップとして見なすことができる．輸送は，資源や技術の集合や，顧客が空間的に配置していることから生じる．われわれの直面する問題は，サプライチェーンのこれらの要素を効率的に，かつ確実に，そしてコモンキャリアにおいては，利益が出るように完了させることである．

　「輸送計画」を，人を輸送する場合と貨物を輸送する場合とで対比して考えることは有用である．航空会社，旅客鉄道やバス会社は，1年前とはいかないまでも数か月前には計画された路線を，決められたスケジュールどおりに運行する．人々は定められたスケジュールに沿って旅行プランを調整することができ，きわめて重要なことは，輸送サービスの準備をほとんど完全に予測できることである．これに対して，市場の需要やこの市場に対応する生産プロセスに応じるため，貨物輸送作業は非常に動的である．これは，その計画問題が重要でないといっているわけではない．貨物輸送会社は，ターミナルの場所を計画しなければならず，日ごとに修正される傾向がある作業を，ある程度計画しなければならない．

　本章では，実時間作業の動的特性において生じる問題に焦点を絞る．それは，動的情報プロセスが貨物輸送システムの重要な特徴であり，また静的モデルに関する研究が比較にならないほど充実しているためでもある．貨物輸送とロジスティクスの計画モデルに対する最近の詳細なレビューとして優れた参考文献は，Crainic and Laporte (1997) である．他の重要な参考文献として，配送計画については Bodin et al. (1983), Fisher (1995), Desrosiers et al. (1995)，鉄道輸送については Haghani (1989), Glickman and Sherali (1985), Crainic et al. (1984) がある．海上輸送については Brown et al. (1987)，小口扱いトラック輸送（less-than-truckload：LTL）については Crainic and Roy (1992) と Powell (1986) がある．貨物輸送システムのモデル化に関する全般的議論は，Crainic and Roy (1988) と Crainic and Rousseau (1988) に述べられている．

　3つの重要なクラスの決定が運送会社を支配する．すなわち，物理面（どのように製品を移動するか），財政面（どのように価格設定するか），情報面（どのような情報がシステム管理のために与えられるべきか）である．もちろん輸送とロジスティクス

における最大の複雑性は物理的プロセスの複雑性であり，それは結果としてわれわれの注意の大部分を占めている．輸送問題を困難にする特性を簡潔に要約するために，以下の3つの次元を使うことができる．

① 物理面： 管理の対象．
・再利用可能な資源： 荷主の観点からみて輸送機能の古典的モデルは，ある場所から他の場所へ製品を移動するのにかかるコストを考えている．運送会社の観点からみると，たとえばドライバーやトラクタ，トレーラなど，再利用可能な資源により，輸送活動はなされている．このように，顧客の要求（ある場所から次の場所への輸送）に応えることは，システムの状態を変化させる効果をもっている．
・資源の階層化： 顧客の要求に応えることは，仕事を行うために組み合わされる1つ，もしくはいくつかの資源クラスを必要とする．たとえば貨物輸送に対しては，ドライバー，トラクタ，トレーラを要求する．異なった資源クラスを結合することは階層化と呼ばれており，これは資源間の複雑な相互作用をつくり出す効果を生み出している．

② 財政面： この次元においては，価格設定に純粋に焦点を絞っている．
・価格設定契約： 物理的プロセスの問題が与えられたとき，輸送サービスに正しく価格設定することが必要となる．輸送サービスの価格設定はネットワークの影響（異なった市場間の資源を共有すること）や，混載（同じ車両のスペースを共有すること），需要に対して有効な資源を常に期待する一方，受けたサービスに対してのみ支払うという慣習によって複雑なものになる．
・静的価格設定： これは2つの地域間（時に規定路線と呼ばれる）の貨物輸送の際に運送会社が使う，標準的な価格設定であるかもしれない．これはまた，前もって設定された市場料金である（契約に規定されない）．一般的には運送会社が引き合いに出す最も高い価格である．
・スポット価格設定： いくつかの場合において，顧客は要求されたとき，サービスに対して進んで支払いを行う．この要求に対し，運送会社は正当な価格を見積もることができなければならない．スポット価格設定は，あるがままのシステムの状態と，その活動がシステムに与える影響（意思決定のコスト）を説明する必要がある．

③ 情報面： 近代の輸送システムにおける重要な次元は，情報の流れである．
・顧客需要： 先行情報の程度を変化させながら，顧客はシステム上で時間に関してランダムに需要を与えている．
・資源の利用可能性： 人員（ドライバーや乗務員），複雑な設備（機関車，飛行機，トラクタ），コンテナ（トレーラ，ボックスカー，複合一貫コンテナ）の利用可能性は，部分的に，外因性の要因により，しばしば支配される．
・空間的に分散した情報： しばしば（今日の情報化時代においては事情が変わりつつあるが），中央では入手できないシステムに関する多くの情報がある．その結果，多くの決定は，一般に，地方あるいは地域の管理者や作業手配者の上層部の知識に基

づいて局所的になされている．

　このような短い章で，輸送作業におけるすべての異なるバリエーションを議論すること，あるいは完全を目指す中で最も興味あるバリエーションを議論することは不可能である．そのような内容の豊かさに直面して，次の疑問が生じる．どのように一連の逸話に頼ることなくそのような幅広い問題クラスを議論できるか．一つの答えは，われわれがカバーできない範囲にも読者が取り組めるように，十分な事例や説明を含んだ基礎に焦点を絞ることである．

　動的システムのモデル化は長い歴史をもつが，それでも多くの点で極端に未熟な分野も残っている．初期の貨物輸送問題の動的モデルは，鉄道や海上輸送に対するコンテナ管理問題への取り組みである（Leddon and Wrathall, 1967；White, 1972；Misra, 1972；Herren, 1977；Turnquist, 1986；Mendiratta and Turnquist, 1982；Crainic et al., 1993）．これらの初期モデルは，物理的活動における時間段階をとらえている．しかし，情報の時間段階はとらえていない（言い換えれば，それらは決定的モデルである）．鉄道における車両割当問題の最初の明白な確率的モデルはJordan and Turnquist (1983) である．そこでは，①車両はいったんカラで動かされた場合，再びカラで動かされることはなく，②需要に割り当てられた車両は再び現れないと仮定されている．この研究の流れは，トラック輸送の背景の下，Powell(1986, 1987, 1996)，Frantzeskakis and Powell (1990)，Cheung and Powell (1996) に引き継がれた．重要な研究の成果は，適応型推定法の導入によって与えられた．Powell and Carvalho (1998) は，将来に向けて，今なされる決定の未来への影響をとらえるため，線形関数近似を導入した．これらの方法はその後，非線形関数近似の使用に至っており，やや使用が困難であるが安定な解のみならず，より質の高い解（Godfrey and Powell, 2002a, b 参照）を生み出している．

　輸送とロジスティクスの最も古い問題の一つに，配送計画問題がある．この問題の動的版は，長年にわたって知られていたが（たとえば，Wilson, 1969 参照），研究論文ではほとんど注目を浴びなかった（初期の文献には Stein (1978)；Jaw et al. (1986) などがある）．Psaraftis (1988) は，動的配送計画問題（この議論の最新版については，Psaraftis (1995) 参照）から生じるいくつかの問題を議論した重要な初期の文献である．大多数の動的配送計画問題の文献は，この執筆時点で，近視眼的な発見的解法のシミュレーションおよび，この設定において生じる計算上の問題に焦点を絞っている（Gendreau et al., 1999；Regan et al., 1998）．それらの研究は，いわゆる確率的な配送計画問題を派生した．それは現実には静的な配送計画問題であり，巡回路は車両が容量を超えた荷物を集荷し，その巡回路を続ける前に，いったんデポに戻ってカラにしなければならない場合に生じる「中断」を予期して計画されなければならない（Stewart and Golden, 1983；Laporte and Louveaux, 1990；Dror, 1993；Dror et al., 1989 参照）．

　今なされた決定の将来への影響を明確にとらえた配送計画やスケジューリングアル

ゴリズムの研究は，かなり新しい分野である．1995年以前の文献のほぼ完全なレビューが Powell et al. (1995) に示されており，確率的配送計画と確率的車両管理の文献レビューを含んでいる．Powell (1996) は，将来事象の明確な確率的モデルを使った動的配送とスケジューリング問題を定式化して解いた，最初の研究論文と思われる．その問題は，荷物をトラックで運ぶ運送会社に対するドライバーと荷物のマッチングを含んでいる．それは複数の集荷と配送を含む問題よりかなり単純である．Secomandi (2000, 2001) は，ニューロ動的計画法を使って1台の車を動的に配送する場合を考えている (Bertsekas and Tsitsiklis, 1996 参照)．1台の車の場合は，ニューロ動的計画法でさえ注意を要する状態空間の爆発的な増大を避けている．

　動的情報プロセスの存在を前提に，輸送とロジスティクスにおける問題のモデル化に際して最も重要な進歩が，車両管理の分野で行われてきた（単一あるいは複数商品の移動問題）．この成果は，資源割当問題を解くために近似動的計画法を使用する一般的アプローチを導いている．動的資源管理問題に対するこれらの手法の利用において生じる最も重要な技術的難問の一つは，単一資源の属性を記述する状態空間の大きさである．単一および複数商品流動問題の両方が，相対的に小さな属性空間をもっている．さらに多くの複雑な資源（人員，機関車，船）を含む流動問題は，異種資源の割当問題 (Powell et al., 2000a) としてモデル化されている．それはあまりに多すぎて数えきれない属性空間を典型的に含んでいる．複数停止集荷と配送問題は，さらに難しくなり，大きな状態空間だけでなく，既知と未知の情報の難解な混在によって特徴付けられる（最も簡単な問題は，われわれがすべてを知っているか，あるいは全く何も知らないというものであり，最も難しいものはそれらの中間にある）．

　取り組もうとしている問題の広さと複雑さを考慮して，本章は以下の目的に焦点を絞ることになる．

① 輸送とロジスティクスにおいて生じるさまざまな問題を概観し，動的な情報過程が重要な役割を果たす運用上の問題に焦点を絞る．別の表現として，これらの問題は3つの立場から取り組まれる．つまり，物理面，財政面，情報面の立場である．物理面では管理される対象に着目し，財政面では価格設定に注目し，情報面では運用システムを実行するために使われる情報アーキテクチャーを設計する観点から問題を議論している．

② われわれは最も一般的な表記上のフレームワークを与える．それは，たとえば多属性資源，資源階層，複雑なシステムダイナミクス，情報と意思決定の組織と流れなどを含んでいる．このフレームワークにより，輸送とロジスティクスにおける広い範囲の問題に取り組むことができ，各々，新しい問題クラスにおいて新しい表記法を導入しなくてもすむことになる．

③ 動的問題を解くために使われる4つの主な情報クラスを導入し，その異なるクラスの情報利用から生じたアルゴリズムの種類を記述する．これらのクラスは今日利用されているすべての主なアルゴリズム戦略を含んでいるが，一般的には使われてい

ない，いくつかの新しいアイディアを含んでいる．

④相対的に新しいクラスの近似戦略が動的計画法に基づき概説される．これらの戦略により，近視眼的あるいはローリング計画手順以上の実践的なアルゴリズムを設計することができる．

⑤一連の基本的な問題は，表記上のフレームワークを使うことにより記述される．それは複雑性の増す問題を扱うことにより，輸送とロジスティクスにおける問題がどのように解かれるかを示している．

輸送役目を果たす産業領域で生じる運用上の問題に関する議論を，1節から始める．この概説は，モデルの定式化のレベルを設定することを助ける，重要点をまとめている．次に2節では，ある範囲の問題クラスに取り組めるようモデリング用語を与えることにより，動的問題における一般的モデル化のフレームワークを示している．3節では動的システムにおいて生じる一般的アルゴリズム戦略をまとめており，それは物理面および情報面の両方のモデル化に特に焦点を絞っている．4節は，いくつかの主要な問題クラスに対する特別なモデルを示す．5節では，運用モデルを実施する際のデータ品質の問題に関する簡潔な注意を与えており，6節ではいくつかの結論を述べている．

紙面の都合上，ここでの数学的モデルは，動的情報プロセスの存在を前提に物理的プロセスを説明することに焦点を絞っている．われわれは単一および複数企業の制御構造を考えており，それによって，情報の流れと同様にその構成についてもとらえている．紙面の制約から，価格設定問題（荷主の観点からの価格設定の扱いについてはMuriel and Simchi-Levi（掲載予定）を参照）を取り扱うことはできないが，それは貨物輸送で驚くほど未熟な分野のままである．情報基盤施設の明白なモデル化は，かなり未熟であるが，それは，大部分のシステムが管理される本質的な手段である．それらの問題における表現において，価格設定と情報利用の両方を明確にモデル化することにより，この分野の研究における新たな発展段階に対する局面が開けることを期待する．

1. 輸送における運用面の課題

以下の各項では，輸送機能をサービスする異なった産業領域について述べる．これらの産業は，それらがサービスする市場の特性に対応して形成されている．これらの特徴は，以下のものを含む．

・混載： 市場は，小包（150ポンド以下），小口扱いトラック輸送（LTL：150〜1万ポンド），トラック満載の積荷，車両もしくはコンテナによる積荷，バラ積みの積荷（多くの貨車とタンカーを必要とするもの）に分けることができる．

・距離： 地域の倉庫からその地域の顧客への配送は，最も短い距離の代表である．それは集荷，もしくは配送車両によって典型的に扱われる仕事である．中間距離

は，100〜750マイル（約150〜1200 km）であり，地域の小口扱い輸送会社，もしくは短い距離のトラック運送会社により扱われるかもしれない．長距離は，大陸内または大陸間における750マイル（約1200 km）以上の移動を含んでいる．

・管理： 自家用車両は，顧客により所有され運用されている．コモンキャリアは同盟外の船社を象徴している．鉄道においては，貨車は鉄道会社，もしくは顧客により所有されている．所有権は基本的にサービスが問題となるときに生じるが，混載の機会も主要な要因である．会社は効果的にトラックを使いたいと感じたときには，それらも所有したいであろう．また，会社所有のトラックの側面における広告も，1つの要因である．

・コスト： 日用品は最も低い可能な価格を要求する．より高い利幅の製品は，よりよいサービスに対する高額な輸送コストを吸収できる．輸送される製品の性質を反映させ，トラック運送会社は同じサービスに対して同じ市場における異なった顧客へ，異なった価格を請求するだろう．自家用車両は，要求に応じた多くのサービスを供給するが，利用率は低くなっている．このサービスはコストをカバーするマージンがとれる製品に対してのみ正当化される．

・サービス： サービスはスピードと信頼性の関数として，一般に評価される．もちろん，これは運送会社が供給する多くの他のサービス側面（梱包，段取り，追跡，宣伝）を無視している．誰もが迅速で信頼できるサービスを欲するが，誰もがそれに対する対価を支払うことができるわけではない．

以下にみられる各産業は，上記の少なくとも，いくつかの側面に沿って特徴付けられる顧客にサービスを行う．多くの産業がさらに市場を区分する会社を特定化する．したがって，鉄道と水路は低いコストとバラ積みの商品で優位に立つが，商品輸送に対しては，トラック運送会社と激しく（勝敗相半ばして）競争している．

異なったサービスタイプに関する議論は，非常に明確にまとめられる．産業の簡潔な概要をまとめた上で，何をどのように管理しているのかを考えるべく，資源のクラスと意思決定のクラスを検討する．アクティブな資源クラス，すなわち，積極的に管理している資源に焦点を絞る．動的システムに重点が置かれた場合，資源は，固定された施設に関する人や道具からなる傾向がある（より長期の計画期間にわたって動的である）．ここでの資源の定義（Powell et al., 2001による）は，一般的なものであり，「資源クラス」として顧客需要自体を含んでいる．これは慣例的ではないかもしれないが，より多くの複雑な作業へ展開するにつれ，運送会社に属する「資源」（ドライバー，トラクタ，機関車など）を管理するのと全く同様に，顧客の注文を管理しなければならない．

ここで，3つの重要なクラスからなる意思決定を要約する．①物理面（物的資源に関して行う決定），②財政面（価格設定とインセンティブ），③情報面（情報の利用可能性と流れを決める決定）．これらのクラスのそれぞれは，2つのタイプにまとめられる．すなわち，動的なもの（システムにおける物理的状態に依存する）と，静的な

もの（そうでないもの）である．物的資源の管理にまず焦点を絞る古典的説明に対し，ここでの説明は，3つの次元すべての重要性を強調している．

1.1 トラック輸送

表面上，トラック輸送は，簡単そうにみえる．ある顧客は，ある場所から他の場所への貨物輸送にトレーラ1台を求める．その顧客はその日に集荷を要求するかもしれない．しかし，多くの要求は，前もって1～3日間前になされる（週末を含むとさらに長くなる）．トラック運送会社は，どのドライバーがいつ荷物を受け取るのかを決めなければならない．いったん荷物が積まれるとドライバーは目的地に荷物を直接もっていくかもしれないし，他のドライバーが配達を完了できるように中間の経由地で荷物を降ろすかもしれない．1万を超える会社が1台のトラックをもち，いくつかの会社は，1万を超えるトラックを所有している．

1.1.1 資源クラス

トラック輸送にかかわる，次の4つの主要な資源クラスがある．ドライバー，トラクタ，トレーラ，荷物である．それぞれの資源クラスと結び付いた問題は，次の内容を含んでいる．

①ドライバー： 荷物を処理するドライバーの選択は，たとえば荷物の目的地やドライバーの居住地などのさまざまな要因を考慮しなければならない．荷物はカナダあるいはメキシコとの国境を縦断しなければならないかもしれない．そして，すべてのドライバーがこれを経験するわけではない．約束の配達時間に目的地へ着くためには，夜間輸送チームを使うことを求められるかもしれない．ドライバーは典型的に2週間以上にわたる連続した出張を行う．そのため，ドライバーを家に帰らせることは，トラック運送会社がサービスすべき非常にランダムな需要が存在する中で，彼らにとっては重要な問題である．

②トラクタ： トラクタは，燃料の補給や日常的点検，時に整備工場での重点整備が必要である．これらの重点整備期間がきたとき，その工場へトラクタを送ることが必要になる．

③トレーラ： トレーラはバン（ボックス）もしくは平床がある．バンは冷凍もしくは「ドライ」である．大部分の貨物はドライバンにおいて行われる．ドライバンは，45，48，53フィートのいずれかの長さである（48フィートが最も一般的）．後ろに1対の車輪をもつトレーラは，一般に「セミトレーラ」と呼ばれる（トレーラの前方半分をトラクタが支えているため）．

④荷物： 基本的な顧客の要求は，集荷と配達の明確な条件の下で，ある出発地から目的地への貨物の輸送を行うことである．集荷と配達の間の時間が非常に短い荷物もあるかもしれない．もしかすると夜間輸送チームを使う要求があるかもしれない（途切れることなく運転できる）．もう一つの極端な例は，集荷と配達の間にかなり長

い時間がある荷物であり，約束の配達日時より前に着くのを避けるために何日間かトレーラを駐車する必要がある．ある場合には，荷物を小刻みに配達するための一連の停止要求を含むことがあるかもしれない（しばしばではないが，1つの目的地をもつ一連の集荷要求が含まれるかもしれない）．

他の資源クラスには，燃料と整備施設が含まれる．

1.1.2 決定

トラック運送会社を管理する決定は，次のものを含む．

物理面 物理的資源に影響する決定を大まかに分けることは有用である．一つは日ごとの作業に影響を与える運用上の決定であり，もう一つは長期間にわたって作業に影響する，設計上の決定をとらえる計画の決定である．

①運用面

・集荷： 荷主が電話したとき，運送会社は荷物を移動する上での責任を引き受けるべきか．

・ドライバーの割当： どのドライバーが集荷に割り当てられるべきか．

・荷物の輸送： 荷物を目的地に直接運ぶべきか．もしくは途中のポイントで中継すべきか．もしそうなら，どこで，どのドライバーが最終配達として荷物を運ぶべきか．途中の中継は，最初の集荷と最終配達とでドライバーが異なってもよいとしている．

・トレーラ共同利用管理： 特定の荷主においては，トレーラの共同利用管理が必要となる場合もある．この結果，彼らは必要なときに必要なトレーラの容量を得ることができる．荷物を運ぶ問題の一つは，トレーラを，共同利用管理の内外に出し入れする必要があることである．仕事の割当を待っている手の空いたドライバーは，通常これらの活動に従事している．

②計画

・車両数と組合せ

・ドライバーの人数と彼らの居住地

・ターミナル： トラック運送会社は，トラクタやトレーラの整備と保管のために，ターミナルを使う．どのようなサイズでどのような場所のターミナルがいくつ必要かを決める必要がある．

・顧客： 運送会社は，どの顧客にサービスをすべきで，荷主に対して何を（たとえば荷物の数の点で）受託すべきか．運送会社は特定の路線（出発地と目的地の組）において荷主に対して荷物の移動を受託するかもしれないのである．

財政面 ここでは，「財政面」での決定は，たとえば借入や投資のような財政面の決定の他のクラスとは対照的に，価格設定に焦点を絞っている．

・契約価格設定： どれくらいの価格（通常トレーラが移動しなければならないマイルもしくは km あたりのコストとして設定されている）が，それぞれの路線の貨物

のために請求されるべきであるか．典型的な契約においては，荷主はそれぞれの路線でどれだけの量の貨物が運ばれるかを見積もる．しかし，荷主はこれらの見積りに固執しない．貨物レベルの不均衡のため，価格は路線に依存している．

・スポット価格設定： 荷主はスポット価格で特別な荷物を依頼するかもしれない．運送会社は，その場で，その価格での集荷をするかどうか決めなければならない．

情報面 ここでは，具体的な情報技術に投資することで，情報獲得するための決定に焦点を絞る．

・経営情報システム（management information system：MIS）： 大部分のトラック運送会社は，1人のトラックドライバーから始める．会社が成長すると，紙切れやノートから洗練され，コンピュータ化されたシステムに移行しなければならない．いくつかの会社がMISを市場に出している．しかし，たいていの会社はこれらを出発点として使い，カスタマイズしている．MISの選択は，通常ハードウェアとソフトウェアの両方を含んでいる．

・通信： トラック運送会社が直面する重要な決定は，車内通信に投資するかどうかであり，それはドライバーと彼のユニットとの2方向通信（データや可能ならば音声）を可能にする．他の通信システムは，トラクタとトレーラの状態の追跡を可能にする．

・リアルタイム通信： 通信にはコストがかかる．したがって，与えられた任意の時点でドライバーと通信するかどうかを決定しなければならない．

・ドライバー割当モデル： この技術は，10年以上前から利用できるようになっているが，ごく少数の会社がそれを利用しているのみである．同時に一握りの会社がリアルタイムドライバー割当パッケージにより劇的な成功をおさめてきた．今日，この技術の採用は重要な決定である．

・需要管理システム： 需要予測とどの貨物を予約するかを決定することは，トラック運送会社にとって重要な決定である．

1.2 集荷と配送のための自家用車両の運用

大多数の自家用車両は，第1に地域の配送（そして時々は集荷）のためにある．しかし，施設間の移動のために荷主自身が所有するトラックを使う場合もあろう．自家用車両は，地域の配送のために，最も一般的に使われる．そのプロセスの要素は，他の客と共同利用する少ない機会を提案し，また顧客に高い可能性で接することを提案しているためである（それゆえトラックの側面で広告する）．自家用車両は，その地域への配送量が，効率よく車両を使うのに十分なときに利用される．そうでない場合は，小口扱い輸送会社や小包を運ぶ会社に頼ることとなる．

地域の配送に対して自家用車両が直面する最も基本的な作業は，中央ターミナルもしくは倉庫で荷物を積み，一群の顧客へ配達することである．これらの仕事は，日常のサイクル（ビジネスアワーに拘束される）の典型的なものである．巡回は，定期的

(特に販売店へ多量の商品を配送するとき)あるいは,顧客の注文を運ぶときに起こるような非常に動的なものかもしれない.

1.2.1 資源クラス

基本的な集荷・配送問題のモデル化には,さまざまな方法がある.最も古典的な観点は,配送計画問題であり,そこで管理される資源は車両であり,それはドライバーとトラック(トラクタとトレーラで構成されてもよい)からなると理解される.この簡単な問題に対して,次のことを管理する.
- 車両: これは根源的なアクティブ資源である.車両は同種もしくは異種かもしれない.しかし,普通は個々のドライバーの特徴を反映しないとする.
- 顧客需要: 集荷もしくは配送されるための製品.

他の極端な場合は,極低温貯蔵の化学製品の配送で直面する状況である.これらの会社は,タンクが尽きる前にそのタンクに製品を配送しなければならない.顧客は,毎月1回あるいは2回の配送,あるいは毎日数回の配送を要求するかもしれない.いつ配送が必要とされるかを推定することは,しばしばその会社の責任である(VMI (vendor managed inventory)の例である).この複雑な問題に対して,資源クラスは以下のものを含む.

① ドライバー: ドライバーは,居住地,1日の総運転時間,経験,家から離れる日数,言語能力により特徴付けられる.

② トラクタ: 2つのタイプのトラクタ(たとえば,後部に2本の車軸をもつ長いトラクタと,1本の車軸をもつ短いトラクタ)があり,それらはまた,整備を必要とする.

③ トレーラ: トレーラは,あるタイプの化学製品を貯蔵できる.また,異なるサイズのトレーラがあり,それらはどれぐらいで満たされるかという属性をもつ.

④ 製品: いくつかのタイプの製品があり,トラックは製品を受け取るために,あるターミナルから他のターミナルへ行く必要がある.

⑤ カスタマータンク: カスタマータンクとは,ドライバー,トラクタ,トレーラのような再利用できる資源である.タンクへ製品を配送することは,単純にその特性(在庫水準)を変え,いつ再び補充しなければならないか(数時間先かもしれないし,数週間後かもしれない)を決定する.

1.2.2 決 定

自家用車両の運用を支配する決定は,以下のものを含む.
物理面
① 運用面
- 混載: どの顧客の注文が特定のトラックに混載されるべきか.
- ドライバーの割当: どのドライバーが特定の配送巡回路を担当すべきか.これ

らの決定は静的あるいは動的になるかもしれない．

② 計画
- 配送施設： 規模と場所．
- 車両数と種類．
- 配送地域： いくつかの作業で，特定のドライバーが特定の地域での配送を担当する．
- 顧客の委託： これらの決定は，運送会社が年間サービスをどの顧客と委託するかを決める．

財政面
- 契約価格設定： 集荷・配送のために，会社はどれくらい請求すべきか．価格は，サイズや重さだけでなく場所（ターミナルからの距離としてとらえる）の関数として変化する．
- ゾーン価格設定： ある契約の下でサービスを受けていない注文は，積荷の特徴（サイズと重さ）と地理ゾーンに基づいた価格を通常請求される．

情報面
- 通信： 会社は，ドライバーとリアルタイムで通信するために，無線技術を使うべきか．バーコードスキャニングシステムは使われるべきか．集荷の場合に，出発地から電話があったときに，集荷についての情報を中央に集めるべきか．
- データベース： 多くの作業は，まだ紙切れと人手により行われている．この作業のコンピュータへの移行は，重要な決定である．
- 意思決定支援システム（decision support system：DSS）： GISシステム，地図データベース，配送計画アルゴリズムは急速に成熟しているが，未だ不完全である．自動化システムへ移行する決定は，今日の重要な決定事項である．

1.3 小口扱いトラック輸送

小口扱いトラック輸送（LTL）は，典型的に150～1万ポンドの積荷を移送する．積荷は密度と形状（積荷をどれだけ積み重ねられるかに影響する）で大きく変化する．アメリカでは，積荷は28フィートトレーラもしくは48フィートバンに載せられる．大部分の時間，1人のドライバーが1台の48フィートバン，あるいは2台の28フィートトレーラを運転する．しかし3台は，インターステートハイウェイネットワークの，選ばれた区域のいくつかの州でしか許されていない．28フィートトレーラは，ドライバーが56フィートトレーラを運転できるため一般的である．また，小口扱い輸送会社は，しばしば異なった目的地への貨物輸送にトレーラを使うからでもある．小口扱い輸送会社は，いくつかの場所に向かうトレーラを満杯にするよう努力している．48フィートトレーラより28フィートトレーラを満杯にする方が容易である．

2台の28フィートトレーラを引く1台のトラクタの積荷は，平均3万～3.5万ポン

ド（約 14000～16000 kg）である．小口扱い出荷は，平均約 1000 ポンド（約 450 kg）であり，ドライバーは1回の輸送で 30～35 単位の積荷を運ぶことになる．この混載を実現するには，非常に大きな基盤施設が必要となる．小口扱い輸送会社は，地域の集荷と配送作業や，貨物輸送の混載を扱うためのターミナルネットワークをもたなければならない．

　小口扱い輸送会社は，大きく2つのクラスに分けられる．地域の運送会社は，1000 マイルまで積荷を輸送し，典型的には翌日配送，あるいは2日間でサービスを行っている．これらの運送会社は，非常に高い信頼性の下でそのサービスを行わなければならない．その結果，しばしばサービスを遂行するために，満載でないトレーラを動かさなければならない．長距離運送会社は，運送距離の長いもの（後述するように地域輸送と長距離輸送との境界は曖昧である）に焦点を絞っており，典型的に2～5日間の市場（国際輸送ではより長い時間が必要となるが）としている．サービスの信頼性はかなり高いが，これらの運送会社は特に価格に敏感な貨物輸送を行っている．その結果，平均積載量（それぞれのトレーラのポンド数）を最大化し，総運行距離を最小化し，貨物輸送請求が転送される回数を最小化することに焦点を絞らなければならない．このとき，機会が生じるごとに異なった目的地へのトレーラを満たすための日ごとの変動を利用せざるをえなくなっている．加えて，彼らは積載量が 1/3 以下となるトレーラは動かさないであろう．しかしながら運送会社は，実際にどの積荷に高いサービスが要求されているかを特定するための能力において，ますます洗練されてきた．

　小口扱い輸送の代表的な経路は，運送会社が集荷・配送トラックで積荷を集荷する荷主のドックから始まる．これらのトラックは，その日のはじめに配送をほとんど終わらせ，それから集荷に専念する．その日の終わりにこれらのトラックは路線のターミナルに入る．そこで，積荷はたいてい（いつもではない）さまざまなターミナル間の輸送を扱う路線トラックに降ろされる．地域の運送会社において，このトラックは次の日に目的地へ直接貨物輸送するかもしれないし，あるいは，仕分け場，もしくは配送センターを通して配送するかもしれない．長距離運送会社にとって，標準的経路は，はじめにバラの積荷を出発地へ運び，それを目的地へもっていくトレーラの上に移すことである．そして目的地への配送の前に2回移される．過去において，いくつかの運送会社は，すべての荷物を2段階で輸送する厳密な政策をとっていた．それは積替率 200%（荷物の積替えが平均2回を意味する）となっていた．しかし，高効率な経営を行う国内の小口扱い輸送会社は，実際には 100% 以下の積替率を達成している（平均1回以下の荷物の積替え）．仕分け場は典型的に主要都市の近くにあり，多くの荷物は1つの仕分け場で始まり，もう一つの場所で終わる（積替率 0% を達成する）ためにこの率が生じている．100% の積替率は，2つの荷物を降ろすポイントを通るごく少数の移動が依然として存在することを意味する．

　アメリカにおける最大の小口扱い輸送会社は，基本的に組合を結成している．それ

は，どのようにドライバーは管理されなければならないか，働き手は何をしてよくて何をしてはならないのかというような，さまざまなルールに影響を与えている．たとえば，ドライバーをタイムリーに家に帰さなければならないという現実的な課題に直面するトラック運送会社と異なり，長距離の小口扱い輸送会社は時折2泊する場合もあるが，毎晩もしくは1泊おきに帰宅できることを保証して，1人の（チームではない）ドライバーを管理している．長距離を貨物輸送するための夜行チームは3～4日間家から離れていることもあるかもしれない．しかし，毎週家に帰ることは保証されている．

小口扱い輸送会社は例外的に競争が激しく，1980年にその産業が規制廃止されて以来，大部分が撤退した．生き残った会社は，特有な市場の集合へのサービスとコストの間の微妙なバランスのとり方を学んできた．長距離運送会社が重視する点は，非常に高いサービスを提供する上でのコストに関してである．地域の運送会社に対してはサービスへの期待はさらに高い．地域の運送会社が直面する最も大きな問題は，短い時間で積荷を運ぶので，素早く決定しなければならないことである．そして，満載時の半分以下のトレーラを動かさざるをえないこともしばしばである．長距離運送会社は，積荷の仕事に多くの時間を割けるが，彼らの広いネットワークは考えられるたくさんの選択肢を提示している．

小口扱い輸送会社の集荷と配送のプロセスは，自家用車両での集荷・配送作業における内容と共通の多くの要素がある．最も大きな相違点は，自家用車両は集荷のみないし配送のみを行うのに対し，小口扱い輸送会社は両方をしなければならないことである．さらに，小口扱い輸送に対する集荷と配送の作業計画は，路線輸送（ターミナル間輸送）から分離することが普通である．

これに密接に関係する部分は宅配産業であり，アメリカではこの執筆時点で，UPSとFedExが優位を占めている．小口扱いの貨物輸送（150ポンド以上）と宅配（150ポンド以下）の間には，多くの微妙な，しかし重要な相違点がある．たとえば，あるトレーラは20～30の小口扱いの積荷を保持するのに対し，あるトレーラは何百もの宅配小包を保持するかもしれない．小さな出荷サイズのもたらす一つの影響は，日ごとの流れにおいては，変動がほとんどないことである．もう一つの影響は，小規模な積荷は分類施設における自動化に非常に対応しやすいことである．

1.3.1 資源クラス

主な資源クラスは，次のとおりである．

① ドライバー： 居住地，運転時間，1人のドライバーであるか夜行チームの一員か，入札単価，家から離れている日数により特徴付けられる．

② トラクタ： 運送会社は主なターミナルに置いたトラクタの置き場を適切に管理せねばならない一方で，トラクタの整備要求を管理しなければならない．

③ トレーラ： 典型的には28フィートの小型トレーラと48フィートのバンがあ

る．
④ 積荷： 150～1万ポンドのサイズがあり，100～3000マイルの移動距離がある．
⑤ ターミナル： ターミナルの数，規模，タイプ，位置を決めなければならない．
⑥ ドック労働者： トレーラに荷物を積んだり，降ろしたりする人員のことである．これは，実際に使用されるターミナルの物理的容量の一部を決定している．

多資源クラスを含むほとんどの問題にみられるように，一度に1つあるいは2つのクラスを考慮することが一般的である．このモデル化戦略は，4節で説明する．

1.3.2 決定
重要な決定は，次のとおりである．

物理面
① 運用面
・サービスネットワークデザイン： ターミナルから直接どの目的地へトレーラを送るべきか．これらの決定はタイムリーなやり方で，積荷を混載するための能力を確保しておかなければならない．
・交通の割当： 特定のトレーラへは，どの貨物輸送請求書が行くべきか．これは多くの選択肢をもつ長距離運送会社にとって難しい問題のはずである．地域の小口扱い輸送会社にとっては，それは通常明白である．
・小型トレーラの組合せ： 1台のトラクタはたいてい2台，時に3台の28フィートの小型トレーラを引く．小型トレーラの出発地や目的地は，必ずしも同じではない．小型トレーラは結合された重さが，法律の制限内になるように組み合わせなければならない．もし目的地が異なる小型トレーラが一緒になっているならば，できるだけ長い間フックで連結されていることが望ましい．最後に，もし2台の小型トレーラが類似したサービス要求をもつ貨物輸送であればベストである．
・積荷輸送にどのドライバーが使われるか： ドライバーの選択は，居住地，何時間運転してきたか，何日家を離れているか，1人なのかチームなのか，入札のタイプ（組合のドライバーに対する）による．
・トレーラの管理： ドライバーをバランスさせる必要性から，トレーラはたいていバランスがとれた状態である（もし積載荷物がなければドライバーは通常，カラのトレーラを引く）．しかし，時々ドライバーは「短縮」（トレーラなしのトラクタの移動）が必要で，これがトレーラの流れのアンバランスを生み出している．
・いつ積荷は移動するべきか： これは最も難しい問題の一つである．というのも，この決定は，トレーラ上の積荷のサービス要求と，ドライバーを動かし彼を家に帰らせる制約とのバランスをとらねばならないからである．

② 計画
・ターミナル： 規模，タイプ，位置．
・ドックの労働者： それぞれのターミナルに何人の人員を置くか．

- 装備（トラクタとトレーラ）の置き場： 置き場はどれくらいの規模であるべきか．
- 物理的輸送リンク： 小口扱い輸送会社は「レギュラールート」運送会社と呼ばれる．2つのターミナルをつなぐ特定のルートに関してトラックを移動させる決定は，計画的決定である．
- 契約： これは主要な得意先に対して，典型的に1年間サービスする契約をカバーしている．これらの受託は得意先に対して移動される貨物輸送量の期待値（典型的には路線による）を反映する．

財政面

- 契約価格設定： 特別な得意先に対する貨物輸送に支払われるべき価格はいくらか．これらの価格は個々の積荷の重さと移動の路線（出発地と目的地）の関数になるであろう．小口扱い輸送にとって，これは例外的に難しい問題である．それは集荷と配送（自家用車両によるこの運用解説を参照）や，ターミナルでの積替えや配送路線，ネットワーク上での輸送のコストを反映しなければならない．輸送コスト（配送路線コスト）は貨物輸送の密度と「積付能力」（同じ路線の積荷の上に他の積荷を積み付ける能力）が反映されなければならない．
- 一般的価格設定： 契約価格設定と同じであるが，契約をしていない運送会社に対して申し入れた貨物輸送である．通常これらの価格は，契約価格よりかなり高いものとなる．
- スポット価格設定： 小口扱い輸送会社は，特定の日の特定の積荷がネットワークバランスを改善するために，いくらの価格を提案すべきか．スポット価格は，トラック輸送の積荷に対してほとんど独占的に適用される．

情報面

① コミュニケーション技術： 小口扱い輸送会社は，コミュニケーション技術に関する決定に直面している．これらのいくつかは以下のものである．

- 積荷集荷のための積荷バーコードスキャン装置： これを使うと，運送会社は，集荷のときに積荷の特性についてより多くの情報を把握することができる．
- 車中のドライバーとの通信： 運送会社が電話を受けてすぐに荷物を受け取るため，移動中のドライバーを集荷に向かわせることができる．
- ターミナルでのバーコードスキャン： 積荷がいつ1台のトレーラから別のトレーラへ移されたかを正確に運送会社に知らせることができる．
- 輸送車両の追跡： これはトラック運送会社により使われるものと同じ技術になるであろう．小口扱いトラックは典型的に固定線路に従うため，あまり適用されないかもしれない．

② データベースとスクリーン： 意思決定支援のためのデータの収集，蓄積と表示をすることは，すべての会社で直面する主要な問題である．これらのシステムは高価である．しかしながら，正当にコスト化されなければならない．

③ 計画モデル： モデルの範囲は，集荷・配送トラックのルート作成から，サービスネットワーク設計，小型トレーラの組合せ，ドライバーの管理に至るまで，小口扱い輸送会社支援をするため進化している．この執筆時点で，これらのモデルは，まだ新しく最もはじめの適用段階である．

1.4 鉄　　　道

鉄道は依然，乾固体（穀物，石炭など）と液体（ここでは，パイプラインが競合相手であるが）の両方を含むバラ積みの荷物を輸送する重要な手段である．いくつかの地域においては，バージがバラ積みの荷物の移動を扱うが，地上の移動に対して鉄道は，ほとんど唯一の選択肢である．しかしながら貨物輸送は，鉄道ビジネスの一部にすぎない．多量の商品輸送が，国際的施設またはそこからのコンテナ移動と同様に鉄道により行われている．実際，トラック運送会社と鉄道間で多くの競争はあるが，すべての主要なトラック運送会社（トラック輸送と小口扱い輸送）は，長距離輸送に対して，広範囲で列車を使う．特に，トラック運送会社にとっては，北アメリカの中西部と西海岸の間の貨物輸送が時間的に難しい問題である．すなわち，距離が長い移動に対し，これを引き受けるドライバーを見つけ，管理することは難しい．荷物を載せたトレーラをフラットカーに積んで鉄道で輸送する方が，安価でより便利であるといえる．

しかしながら，鉄道は，その性質に基づくある運用上の特徴と戦っている．最初の問題は，限られた基盤施設である．大多数のバラ積みでない荷物の移動は，トラックに載せて開始および（または）終了しなければならない．貨物を集荷し，それを列車ヤードへもっていく，あるいは鉄道からの貨物を配送するプロセスは，横持ち（このステップを扱うドライバーは横持ち人と呼ばれる）として知られている．ほとんどの横持ち作業は相対的に非効率的であり，そのプロセスに多額のコストを付加することとなる．

鉄道が直面する2番目の問題は，貨物が極端に広いブロックを移動することである．1つの列車は典型的に2000〜5000 tの重さであるが，いくつかのバラ積み貨物の列車は15000 tの重さである．これと比較すると典型的なトラックは約15 tの貨物を動かし，総重量30 tである．したがって1つの列車は500台のトラック輸送と同じくらいのことができる．これらの大きなブロックを形成するために十分な貨物をひとまとめにするプロセスは，そのプロセスにおいて多大な雑音を持ち込むことになる．列車は，もし運行するのに十分な貨物がないときには，キャンセルされるかもしれない（乗務員と燃料のコストを節約するための列車キャンセル政策は，産業界において熱く討論されており，それは頻繁ではなくなってきている）．あるいは，十分な動力と，十分な休憩をとっている乗務員を見つける問題のためキャンセルされるかもしれない．列車が（何らかの理由で）遅延あるいはキャンセルされたとき，ネットワークへの影響はかなり深刻である．

3番目の問題は，線路の収容量である．高い優先度を有する列車は，バラ積み貨物列車より速く移動する．同じ方向へ行く列車を追い越すことは，遅い列車を止めて退避させることを必要とする．これらの退避場所は線路に沿った，決められたポイントにだけ設置されているので，追い越しが完了するまで，何時間か列車をそこに停止させる必要があるかもしれない．同じ問題は，列車が単線区間で逆向きに運行しなければならないときにも生じる．一方の列車は，適当な避難場所を見つけなければならない．退避する際の複合的問題は，乗務員の業務が完了するための時間が不足するかもしれないことである．したがって，8時間の業務が11時間の業務になり，乗務員の最大労働時間のルールを破ることになる．鉄道会社は，その業務を完遂するために新しい乗務員をその列車に派遣しなければならない．

主要な鉄道はすべて，トラック運送会社と競争しようとして，あるクラスの貨物に対し，高い優先サービスを提供している．基盤施設の制約と鉄道業務の性質が与えられたとき，列車がトラックより高水準のサービスを提供することは，ほとんど不可能となる．一方，他の地上輸送形態は，鉄道の効率性と競争できない．

1.4.1 資源クラス

列車のサービスを提供するために管理されなければならない幅広い資源は，鉄道を特徴付ける．これらのいくつかは以下のものである．

① 貨車： ボックスカー，フラットカー，タンカー車を含むさまざまなスタイルからなる．しかし，それぞれのタイプには多くのバリエーションがある．

② 貨物： 貨物は，満たされていない顧客需要としてそれ自身で，あるいはボックスカーと組み合わされて（荷積みされた貨車として）存在する．貨物は，出発地，目的地，サイズ，サービス特性により特徴付けられる．

③ 機関車： 約1ダースもの主要な機関車のクラスがある．しかし，よくみるとこれらの機関車は，ほとんどただ1つである．機関車の特徴は，高いもしくは低い摩擦抵抗（停止から動き出すための能力を決定する特性），列車を引くための構成単位としてそれを分類するために要求される特徴（乗務員がどこで乗るか），整備の状態，現在結び付けるべきほかの機関車（1つの列車を引くため多数の機関車を連結するプロセスは，列車を動かす前にテストされなければならない，かなり入念な連結群を含んでいる）などである．

④ オペレーター： 乗務員を移動させるルールは，連邦政府の規則と多くの困惑するような組合のルールにより管理されている．

⑤ 線路： 線路は列車の移動能力を制限している．新しい線路を敷設する，もしくは存在する線路を整備する決定は，鉄道が行ういくつかの最も重要な基盤施設における決定である．

⑥ 操車場： 線路と同様に，操車場は容量をもち，列車の処理率を制限する．

⑦ 整備施設： 機関車は複雑な装備を有しており，連邦政府の求める整備の間隔

が必要となる（加えて，機関車が正常に動くように維持することが要求される）．ある整備部品に数百万ドルが費やされることもある．

1.4.2 決　定
資源同様に，これらの資源を管理するために要求される複雑な決定の列がある．
物理面
① 運用面
・移動の計画：　荷物を積み込まれた貨車は，ネットワークを通してどのような経路をとるべきか．貨車は列車によって運ばれるブロック（共通の区分上を配送される貨車のグループ）に割り当てられる．列車もブロックも両方収容能力があり，それぞれの能力に問題がない範囲で，一連のブロックを通して経路を計画することが必要である．
・ブロッキング：　どのようなブロックが形成されるべきか．ブロックはネットワークを通してどのような経路をとるべきか．
・貨車の割当：　どの操車場あるいは顧客に対してカラの貨車を割り当てるべきか．
・機関車の管理：　列車を引くのにどの機関車が使われるべきか．動力を余っている場所から不足している場所へどのように再配置すべきか．
・乗務員計画：　どの乗務員が列車を動かすべきか．
・路線容量の計画：　列車は線路（退避場所）上をどのように順序付けられるべきか，列車はいつ出発するようスケジュールされるべきか．

② 計画
・線路数や退避場所数や位置はどのくらいにすべきか．また，それらはどのように整備されるべきか（その線路上を列車が走行できる速度に影響を与える）．
・新しい操車場，地域の駅，整備施設の位置と大きさ．
・貨車と機関車に対する各々の車両数とその構成．
・顧客が提出する貨物の期待量を設定する顧客の委託（それゆえに顧客にサービスするために要求される資源）．

財政面
・契約に支払うべき価格はいくらか．これらの価格は出発地と目的地，荷物のサイズ，貨車の要求，他のサービスの制約の関数になるであろう．
・鉄道はどのようなスポット価格を受け入れるべきか．

情報面
・鉄道は，列車の追跡技術（線路上の列車の位置を知らせる）へ投資すべきか．
・鉄道は，機関車あるいは貨車の存在を検知する自動送受信機へ投資すべきか．
・列車は運行中に音声通信を行うべきか．
・情報を表示したり保存したりするにはどのようなデータベースを開発すべきか．
・鉄道は，どの計画モデルに投資すべきか．この執筆時点で，主要な鉄道は計画モ

デルの利用に対し，ずいぶん異なったアプローチをとっている．あるものは長期間の計画モデルに焦点を絞っている．他のものはモデルの使用を制限しているが，短期間のものに焦点を絞っている．

1.5 複合一貫コンテナの運用

複合一貫コンテナは，代表的には20フィートまたは40フィートの長さで，トラック，列車，海上コンテナ船により運ばれる．トレーラと異なりコンテナは，列車のフラットカーの上で，2層に積み重ねることができ，加えて，互いに押し合っている（車輪付きのトレーラは，フラットカー上で転がらないようにするために，特別なパネルを必要とする）．結果として，道路と鉄道の両方において，より生産性が高くなる．一方，それらは48フィートバンと同じ大きさではない．20フィートコンテナは小口扱い輸送会社で使用される28フィート小型トレーラよりも小さい．違いは，1人のドライバーが2台の28フィート小型トレーラを引くことができることであり，容量は2台の20フィートコンテナよりもかなり大きい．1台のトラクタで2台の40フィートコンテナを引くことは不可能である．

もし，船により貨物輸送しなければならないとすれば，コンテナは商品を運ぶための唯一の手段である．トレーラを積み重ねることは不可能であり，積み重ねることにより，最も大きなコンテナ船に，数千のコンテナを保持することができる．

これまでの例と比較すると，複合一貫コンテナの管理は，コンテナのみからなる．コンテナは船舶会社，もしくは他のロジスティクスの組織に所有されるかもしれない．このため，ここでは原動力（トラクタ，機関車，船）や，オペレーター（ドライバー，乗務員）の次元について述べることはない．

1.5.1 資源クラス

① コンテナ： 2つの基準の長さ（20フィートと40フィート）からなるが，さまざまな他の特徴が，コンテナを互いに区別するであろう．それらは冷蔵，高さ，積み重ねの能力を含む．

② 顧客の注文： 出発地からの目的地への貨物移動（複数の停止は決して許されない）であり，特有のサービス要求である．

1.5.2 決　定

物理面
① 運用面
・ある注文に対してどの種類のコンテナを割り当てるべきか．
・予測した注文に応じてコンテナをどのように割り当てるべきか．指定された日に応じ，それぞれのタイプのコンテナをいくつ共用置場に置くべきか．
・出発地から目的地まで，荷積みされたコンテナはどのような経路で運ばれるべき

か（これは船，列車，トラックの組合せを含むかもしれない）．
・港と船上のコンテナの積み重ねと保管：総処理量を最小化するためにコンテナはどこに積み重ね，保管すべきか（船上と同様に港においても）．
② 計画
・どのタイプのコンテナを，いくつ所有すべきか．
・共用のコンテナ置場は，どれくらいの規模でどの場所に設置すべきか．
・どのような輸送契約を取り交わすべきか．コンテナ輸送は，一般にコンテナを運ぶための他の運送会社との取り決めを必要とする．

財政面
・契約はどのように価格設定されるべきか．
・路線での契約していない輸送は，どれくらいの標準価格であるべきか．
・運送会社は，個別輸送のスポット価格設定をどのように行うべきか．

情報面
・会社はどのようなタイプの追跡技術を使うべきか（特に港において）．個別のトレーラ（トラック輸送）やコンテナ（船舶輸送）に対して衛星追跡を利用する動きがある．これらの技術をどの程度まで採用すべきか．
・会社は予測と最適化技術に投資すべきか．

2. 一般的なモデル化のフレームワーク

　前節の例は，貨物輸送市場の各部門に適合して進化してきた，異なった産業の範囲を示している．それぞれ取り扱われている市場の性質を反映して，コストとサービスに関する特定の質を示している．
　次なる挑戦は，これらの問題をモデル化することである．幸運にも，ある物理的プロセスは，これらの問題のすべてを特徴付けている．これらの問題を特徴付ける基本的プロセスに対するモデルを開発することができるなら，それらの基本的なものを積み上げることにより，より複雑なモデルを構築することができる．
　はじめに，ここで取り扱う問題を記述するための記号が必要となる．ここで使用する記号（Powell et $al.$ (2001) に基づいている）は，標準的な記号の慣例に従っている．しかし，ロジスティクスにおける標準的研究の大部分は，実際の応用において起こるいくつかの主要な問題を避けている．たとえば，多属性資源，資源の層化，動的情報プロセス，マルチエージェント管理である．
　その表現のためにいくつかの一般的な記号が必要となる．ここで問題の地勢を次のものを使って示す．すなわち，輸送の応用に対して，地理的な位置の集合を定義することは有用である．

$\mathcal{I}$ ＝地点の集合

離散時間期間の集合に関する問題を，一般にモデル化する．

$$\mathscr{C} = (0, 1, \cdots, T)$$

時間でのローリング期間問題を表したい．ここで，時間 $t \in \mathscr{C}$ で始まる期間集合に関して最適化を行い，以下で与えられる計画期間上へ拡張する．

$$\mathscr{C}_t^{ph} = (t, t+1, t+2, \cdots, t+T^{\text{planning horizon}})$$

われわれの表現は，3つの主要な次元に分かれる．それは，資源，プロセス，管理である．

2.1 資　　源

資源は，3つの部分次元から成り立つ．
① 資源クラス．
② それぞれの資源クラスの属性．
③ 資源の層化，すなわち層化とは，仕事をするためにどう資源を連結することができるかを表す．

これに対して，次のことを定義する．

$\mathscr{C}^R =$ 資源クラスの集合（例：ドライバー，トラクタ，トレーラ，機関車，荷物）

$\mathscr{R}_t^c =$ 時間 t でのクラス c における資源の集合

$a_r =$ 資源 r の属性

$\mathscr{A}^c =$ クラス c $(r \in \mathscr{R}^c$ に対する $a_r \in \mathscr{A}^c)$ における，資源に対する属性空間

いくつかの場合において，個々の資源を追跡するのは非常に簡単である．つまり，$a_r, r \in \mathscr{R}_t^c$ は時間 t でのクラス c の資源の状態を得ることを意味する．資源が人や，航空機や，機関車などのように比較的複雑であるときに，この表現はしばしば最も有効となる．資源が単純なものであればあるほど，ベクトル表記を使用することが，より有用である．

$R_{ta} =$ 時間 t において新しい到着が付加される前の，時間 t における属性 a をもつ資源数

$R_t = (R_{ta})_{a \in \mathscr{A}}$

動的問題の文脈で純粋に生じる，重要ではあるがきわめて微妙な問題は，情報の時間遅れとして言及される．とりわけ，時間 t では認識しているが，時間 t' まで活用されることができない資源があるかもしれない．この設定で，t は資源が認識される時間を参照しているのに対して，t' はそれが使用可能になる時間である．したがって，今，顧客注文に関して認識しているかもしれないが，後になるまでそれを満たす必要はない．または，将来利用可能になるボックスカーに関して知ることになるかもしれない．この概念を以下を定義することによって取り扱う．

$R_{t, at'} =$ 時間 t' まで使用可能にはならないが，時間 t において認識している属性 a をもつ資源の数

$R_{tt'} = (R_{t, at'})_{a \in \mathscr{A}}$

$$R_t = (R_{tt'})_{t' \geq t}$$

ここでは，R_t を資源状態ベクトルと呼ぶ．しばしば，このベクトルは統合関数として定義される．

$$G : \mathcal{A} \mapsto \mathcal{A}^G$$

$\mathcal{A}^G$ は，よりコンパクトな属性空間となる．われわれの目的に対しては，R_t を資源状態ベクトルとして使い，離散表現 R_t が複雑な資源に対してより適切であることを認識している．

属性ベクトル a を使用すると，非常に便利である．最も簡単な問題として，地点 $i \in \mathcal{I}$ の間で，一般的なトレーラの流れをモデル化するものとする．この場合，地点 i は資源の状態を表し，$a = (i)$ となる．また，多品種フロー問題において一般的に生じるかもしれない，異なったタイプのトレーラやコンテナ $k \in \mathcal{K}$ を得るかもしれない．この場合，k は商品であり，そして i は資源の状態である．したがって，属性ベクトルは $a = (k, i)$ となるだろう．より複雑な資源に取り組むにつれて，属性ベクトルは進展していくだろう．一般的な属性ベクトル a を使用することによって，われわれの記号は異なったタイプの資源に容易に対応する．

資源管理の最も難しい次元の一つは，資源の層化が存在する場合に生じる．たとえば，トラック輸送で積荷を移動するという問題を考えてみよう．貨物の積荷を引くためにはドライバーとトレーラを必要とする．まず，仕事をしていないドライバー（トラクタ内にいる）から始める．最初のステップは，カラのトレーラを見つけることであり，このときカラのトレーラと一緒になったドライバーを得る．次に，顧客のもとへ移動し，貨物の積荷を受け取らなければならない．今や，トレーラと積荷と一緒になったドライバーがいる．ここで，ドライバーが積荷を目的地へ直接届けるか，彼がトレーラを降りる（もちろん貨物の積荷は満載のままで）中継点にトレーラを届けるかを決めなければならない．ドライバー｜トレーラ，ドライバー｜トレーラ｜荷物，トレーラ｜荷物は，層化された資源の例を表す．

最初に層 $\mathcal{L}$ を定義することによって層化された資源を表す．これは例を用いて最も容易に説明される．3つの資源のクラスを $\mathcal{C} = (D, T, L)$ と表す．ここでの例に関して，ある階層は以下のようになるだろう．

$$\mathcal{L} = (D|T|L, T|L)$$

もしこれを層として使用するなら，初層をドライバー層と呼ぶ．それはドライバー，トレーラ，荷物からなる．ドライバー層の属性は，ドライバーの属性，トレーラの属性，ドライバーと結合されるかもしれない荷物の属性からなる．一般に，$l \in \mathcal{L}$ が特定の層を表すなら，ここでは $a^{(l)}$ を層 l の属性として表す．一方で a^c は，特定の資源クラス $c \in \mathcal{C}^R$ の属性を表すために使用される．ドライバー層のような特定の層について，以下のように与える．

$$a^{(D)} = \text{ドライバー層の属性}$$
$$= a^D | a^T | a^L$$

ドライバーがトレーラか荷物に結び付けられないなら,その基本的な属性ベクトルは a^D となる.しかし,その階層化された属性ベクトルは,$a^D = a^D|\phi^T|\phi^L$ となり,ϕ^T と ϕ^L は,それぞれ a^T と a^L と同じ次元をもつゼロベクトルとなる.したがって,どの資源(トレーラと荷物)がドライバーと結合するかを決めるまで,ドライバー層の属性は決定されない.また同様に,単一のトレーラや,トレーラと荷物で構成することができるトレーラ層をもつ.先頭の資源クラスによって層を特定するのである.

層は,より複雑な作業をモデル化するための重要な概念である.しかし,それは,時々避けることができる.たとえば,積荷のトラック輸送に関するケースを考える.ここでは,いったんドライバーが集荷をすれば,彼がいつも直接目的地までそれを運ぶと仮定する.このように,荷物にドライバーを割り当てるという決定は,荷物の目的地にいるドライバーと(おそらく)幸運な顧客(正確に荷物が運ばれる)を生み出す.いかなるときも,ドライバーが荷物をもっているという状態を明白に知る必要はない.層化された資源の所与の属性から,選び出さなければならない明確な決定の集合があるときに層化は生じる.

連結された2つの資源の状態を得なければならないとき,資源の層化は重要であり,その時点で層化された資源の特性に適用する新しい決定の集合が存在する.資源の層化に関するより多くの例を,4節で与える.

2.2 プロセス

プロセスには,次の3つの次元がある.
① 動的な情報プロセス.
② システムダイナミクス.
③ 制約条件.

情報プロセスには,2つのタイプがある.それは,外部の情報(われわれの管理外)と決定としてより一般的に知られている内部の情報である(決定のよりよい定義は,システムの状態を変える内部的に制御可能な内部の情報クラスである).この段階では,両方の一般的なモデルを使用する(特別な説明は,4節で与える).外部の情報プロセスに対して,以下のようにおく.

W_t = 時間 t に到着する新しい情報について説明している族を表す確率変数

複雑な問題においては,多くの外部の情報プロセスが存在しうる.これらをすべて表すため,ここでは W_t を使用する.系列 $(W_t)_t \in \mathcal{C}$ の基本的な結果を $\omega \in \Omega$ で表す.そして,$\omega_t = W_t(\omega)$ を,期間 t に到着する情報の実現値とする.確率論における標準的な慣例に従って,$(W_t)_{t'=0}^t$ によって生成された σ 代数を,$\mathcal{F}_t$ であるとする.ここでの問題に対して,到着する情報に関して2つの特別なタイプがある.1番目は,新たな顧客需要や外部からくる新しいユニット能力(たとえば,ネットワークにおいてカラの状態となる貨物車)のような到着する新しい資源についての情報である.これらを以下のように表す.

$\widehat{R}_{t,a't'}$＝時間 t で知られて，時間 t' で初めて使用することができる属性 a' をもつ資源の数

$\widehat{R}_t = (\widehat{R}_{t,a't'})_{a' \in \mathcal{A}, t' \geq t}$

2 番目の情報クラスは，システムダイナミクス（後述）を支配するパラメータを表す．たとえば，列車のスピード，活動のコスト，燃料の価格に関する新しい情報を得るかもしれない．ここでは，以下を用いてこれらのパラメータをとらえる．

ρ_t＝システムダイナミクスに影響を与えるパラメータのベクトル

$\hat{\rho}_t$＝時間 t に到着するこれらのパラメータに関する新しい情報

ρ_t の要素は，2 地点間の通過時間の見積り，または通常トレーラが保持する積載量の平均値であるかもしれない．

内部の情報プロセスは，われわれの決定を表す．今後，以下のことを定義する．

$\mathcal{D}$＝資源に影響を及ぼす可能な決定の集合

x_{tad}＝時間 t において決定 $d \in \mathcal{D}$ が適用される属性 a をもつ資源数

システムダイナミクスは，システムがどう新しい情報に対応して変化するかを支配する．新しい資源の影響は，単に以下のことを使用することによってとらえられる．

R_t^+＝期間 t における新しい到着を含む時間 t での資源の集合
$= R_t + \widehat{R}_t$

3 節では，R_t と R_t^+ の特別な役割（そしてこの特別な表記法の理由）を示す．

ここでは，一般的な記号を使用してシステムパラメータの更新を示す．

$\rho_t \leftarrow U^\rho(\rho_{t-1}, \hat{\rho}_t)$

たとえば，ρ_t が移動時間の見積りであり，$\hat{\rho}_t$ が最近の移動時間の観測であるとすれば，指数平滑を実行する方程式として $U^\rho(\rho_{t-1}, \hat{\rho}_t)$ を $\rho_t = (1-\alpha)\rho_{t-1} + \alpha\hat{\rho}_t$ と考えればよい．ここで $0 < \alpha < 1$ は，平滑化係数である．

より興味深いのは，システムに関する決定の影響をモデル化することである．ここでは，修正関数の概念を使用する．つまり，以下の写像を実行する．

$$M(t, a, d) \rightarrow (a', c, \tau) \tag{2.1}$$

ここで，a は決定 d で影響を受ける資源（または，資源層）の属性である．t は決定がいつなされたか（あるいは，実行されたか）をわれわれが知っていることを表し，a' は変更された資源の属性，c は決定によって生成された寄与（もし最小化問題を考えているならば，コスト）である．そして τ は，決定を完了するために必要とされる時間である．修正関数は，概念的にそしてソフトウェアにおいて役に立つ．しかし，代数的な目的のためには，以下を定義することが有用である．

$$\delta_{t'a'}(t, a, d) = \begin{cases} 1, & M(t, a, d) = (a', c, t'-t) \text{ のとき} \\ 0, & \text{それ以外のとき} \end{cases}$$

修正関数は，システムダイナミクスにおいて，伝達関数の役割をする．しかし，それは，単一の（タイプの）資源に関して影響を及ぼす単一の決定レベルによって表現される．時々，変換された資源の属性，または決定を完了するために必要とされるコス

トや時間について，特別に参照することが有用である．このため，ここで以下の記号を導入する．

$$M(t,a,d) \to (a^M(t,a,d), c^M(t,a,d), \tau^M(t,a,d)) \tag{2.2}$$

a_{tad}^M を端末属性関数と呼ぶ．ここで，上付き添字の M は，属性ベクトル a と端末属性関数 a_{tad}^M の間の違いを特定するものとして使用される．しばしば，コストと時間を表すのにベクトル記号 $c_{tad} = c^M(t,a,d)$ と $\tau_{tad} = \tau^M(t,a,d)$ を使用する．ここでの表現は，(a', c, τ) が (t,a,d) のすべての決定論的な関数であると仮定する．この仮定は，われわれの表現のために役に立つ．しかし，読者は動的問題の奥深さを理解するべきである．たとえば，推移時間が (t,a,d) の決定的な関数でないことは，非常に一般的である．つまり，いくつかの領域（統合化されたコンテナ輸送，鉄道輸送，大きな積荷や小口扱い輸送会社でさえ）において，推移時間のランダム性は，正確な納品日が不可欠な，何人かの荷主にとっては中心的な関心事となる．

最初に以下のデルタ関数を用いるのは，資源ベクトルの進化を表現するためである．

$$R_{t+1,a't'} = R_{t,a't'} + \hat{R}_{t,a't'} + \sum_{a \in \mathcal{A}} \sum_{d \in \mathcal{D}} \delta_{t'a'}(t,a,d) x_{tad}, \quad \forall a' \in \mathcal{A}, \quad t' \geq t \tag{2.3}$$

最終的に，システムの進化は，制約条件によって制限される．われわれの目的に対し，以下のような流れ保存の制約を表すことは十分である．

$$\sum_{d \in \mathcal{D}} x_{tad} = R_{ta}$$

そして，プロセスの変化率の制約は，次のようになる．

$$x_{tad} \leq u_{tad}$$

ここで u_{tad} は，流れに関する上限（通常，ある種の物理的な制約）である．実際には，上限は流れの統合に適用される．

2.3 管　　理

次の5つの次元が管理を特徴付ける．
① 管理のタイプ．
② 管理組織．
③ 意思決定者が利用できる情報．
④ 意思決定関数．
⑤ 測定と評価．

ここでは，以下のことを用いて管理のタイプについて説明する．

$\mathcal{C}^D$＝決定クラスの集合
$\mathcal{D}^c$＝クラス $c \in \mathcal{C}^D$ での決定集合

多くの問題において，単一の一般的な決定集合を定義することは意味がない．たとえば，マイアミにトラックがあるなら，「シカゴにカラのトラックを送る」という決定

は，意味をなさない．あらゆる実務的な実施は，作用される資源の属性が与えられた決定集合を特定することができる（典型的には，属性ベクトルの統合を使用するだろう）．それゆえ，以下を定義する．

$\mathcal{D}_a$＝属性ベクトル a をもつ資源に，適用できる決定集合

実際，ここで扱っている決定のクラスは，決定のクラスの明白なモデル化をしなくてもよい（あるいは，ただ1つのクラスしかない）ものと理解される．全く同様に，複数の決定クラスの存在を認識することは重要である．学術的な文献によると，運送会社が行う唯一のことは，ある位置から別の位置まで何かを動かすことであると，容易に理解することができる．会社は，売買して，保持して，色を塗って，掃除して，給油しなければならない．ここで示す記号により，後で決定のクラスを加えても有効なままである問題の基本的な定式化を行うことができる．

ここでの議論に関しては，直接資源に影響を与える決定のクラスに焦点を絞る．それゆえ，これらは，新しい設備を購入ないし販売するか，新しいドライバーを雇うか，またはスポット市場においてサービスするためどの顧客需要を選ぶかと同様に，ドライバーと貨物の経路に関する古典的な決定となる．他のクラスの決定は，価格付け（契約とスポットの両方）と情報インフラストラクチャーに関する決定を含んでいる．

決定クラスは，結合，分離，修正の3つに大別することができる．結合と分離は，資源層をモデル化するときにしか起こらない．結合の決定は，2つ（またはそれ以上）の資源を同時にもたらす．たとえば荷物を引くドライバー，または航空機を操縦するパイロットなどである．この場合，a はアクティブな資源の属性である．一方で d は，2次資源の属性に伴って a を増大させるという決定である．修正の決定に対しては，d は単に属性ベクトル a を修正する．大部分の問題は「一対一」結合が特徴となっている（1人のドライバーに1つの荷物，1人のパイロットに1機の航空機，1台のボックスカーに1つの需要）．1台以上の機関車が，単一の列車を動かすのに必要である．これは「複数対一」結合の例である．単一のトラックは何十（または，パッケージの場合は数百）もの積荷を動かすかもしれない．そして，これは「多対一」結合の例である．

原始的な決定だけを記載することから始めることは，有用である．それらは，単一で原始的な決定である．たとえば，トラック輸送において「ドライバーを荷物に割り当てる」という決定は，原始的なことからなる．つまり，荷物まで動いて，荷物と結合して，荷物を動かして，荷物から離れるということである．いったん原始的なものがきちんとすれば，この「ドライバーを荷物に割り当てる」例にあるように，決定の系列を表す戦術を生成することが，しばしば有用となる．純粋に原始的な点から問題を定式化したなら，「荷物と結合されたドライバー」という層化された状態をとらえなければならないだろう．ドライバー交替をモデル化しないなら，純粋に原始的な決定に基づいたモデルは，不必要に複雑になるであろう．しかし，ドライバー交替を計

画することは重要であるかもしれない．ドライバー交替の計画をする場合，原始的な決定により機能させることが有用である．

複雑な作業（鉄道とトラック運送会社）に対して，情報の組織をモデル化することは重要である．大企業は一連の意思決定者によって経営されており，彼らをモデル化の分野では，エージェントと呼ぶ．以下のことを定義する．

$Q=$システムを制御するエージェント集合

$\mathcal{D}_q=$決定が実行されるとき，暗黙的に含まれるエージェント $q \in Q$ により制御される決定集合

$\mathcal{A}_q=$エージェント q によって制御される資源の属性．また，資源が活動することができる時間を含んでいると仮定する

$\mathcal{E}_q=\mathcal{D}_q$ における決定が適用される時間期間の集合

$x_q=(x_{tad})_{t \in \mathcal{E}_q}, a \in \mathcal{A}_q, d \in \mathcal{D}_q$

記号の簡略化のために，あるエージェントが時間区間を意味すると仮定する．しばしば，時間内にある時点で単一の管理者をモデル化していることに気が付くだろう．その場合，単に，q を時間を示す t に置き換えることができる．ここでの「エージェント」記号（時間はエージェントの定義で暗黙的に示されている）は，記号における複雑さを加えることなく，より一般的な情報分解をモデル化する，簡単な記号のメカニズムを与えてくれる．

集合 Q, $\mathcal{D}_q$, $\mathcal{A}_q$, $\mathcal{E}_q$ は，作業における制御組織を定義する．エージェント q は，調整された $\mathcal{D}_q$ 内で決定を行うものと仮定する（たとえば，意思決定者がドライバーを荷物に割り当てるとすると，彼は同時に2つの荷物を同じドライバーに割り当てない）．また他のエージェント（同じ組織内に存在するかもしれないし，他の組織内かもしれない）に与えるエージェント q の影響を理解することも必要である．この目的のために，以下を定義する必要がある．

$\vec{\mathcal{M}}_q=$エージェント q によってなされた決定により直接的に影響を受けるエージェント $q' \in Q$ の集合

$R_{q,aq'}=$エージェント q から q' に送られる属性 a の資源数

$R_{qq'}=(R_{q,aq'})_{a \in \mathcal{A}_q}$

次に，情報の組織をモデル化しなければならない．以下を定義する．

$I_q=$意思決定者 q にとって有効な情報要素

集合 I_q の中で使用される4つの情報クラスがある．

$K_q=$知識（すなわち，q が利用可能な外部のデータである．「頭の中の知識」として表現される他の非公式な資源と同様に，データベースのデータを含んでいる）

$\Omega_q=K_q$ を更新する際の外部情報の予測（通常，集合 Ω_q は，点予測を表す単一の要素からなるだろう．しかし，それは将来モデル化したい異なったシナリオを表す異なった要素を含むだろう）

x_q^p＝将来計画（すなわち，今後の決定の予測として考えることができる）

$V_{qq'}(R_{qq'})=q$ による $q'\in M_q$ への決定の影響をとらえる値関数

値関数は，双対変数の予測として考えることができる．供給業者から部品を購入するときに，これらの関数の簡単な例が生じる．注文をするという決定には，供給業者から部品を要求する影響力がある（$R_{qq'}$ は，q が q' へと移行する注文の数となる）．次に，供給業者が価格を請求するので（$p_{q'}$ とすると），ここでの値関数は，単に $p_{q'}R_{qq'}$ となる．値関数が線形であるとき，$V_{qq'}(R_{qq'})=V_{q'}(R_{q'})$ となることを示すことができる．

集合 I_q を設計するときの目標は，究極の情報集合をつくり上げることではなく，むしろ実際に利用可能な情報をモデル化するということを理解することが重要である．多くの決定は，単に K_q を使用することによって行われる（かなり大多数のシミュレーションモデルは，このカテゴリーに入る）．決定論的な予測を使用する最適化モデルは，集合 $I_q=(K_q,\Omega_q)$ を使用するだろう．ここで集合 Ω_q は，通常ただ 1 つの点予測から成り立つ．この情報集合に基づくモデルは，ローリング期間手順と呼ばれる．

情報集合が所与のとき，次の問題は実際に意思決定を行うことである．

x_q＝エージェント q に対する実行可能領域

実際に決定を行うプロセスは，以下によって与えられる．

$X_q^\pi(I_q)$＝情報集合 I_q によって生成される決定ベクトル

したがって，ここでは $x_q=X_q^\pi(I_q)$ を用いて決定を計算する．以下を定義する．

Π＝政策の族（文字どおり，異なった決定関数であり，それぞれが情報を決定に変換するための方法を構成している）

政策は，状態が与えられたときに決定を求める何らかの方法を表しており，これを決定関数と呼ぶ．ここでの問題は，最もよい決定関数を求めることである．しかし，それはまた，実際に利用可能な情報を使用する関数を構成することが重要なものとなるであろう．このようにして，物的資源の流れをモデル化したように，情報の組織と流れをモデル化しようとしているのである．

最後に，測定と評価と呼ばれる次元について考える．われわれの目的において，これは目的関数である．寄与関数を次のように定義できると仮定する．

$C_q(x_q,K_q)$＝知識 K_q が与えられた決定 x_q から得られる寄与

各エージェント q は，暗に，その人の決定が適用される時間の間隔を定義していることを想起されたい．このとき，われわれの目的関数は，以下のように表すことができる．

$$\max_{\pi\in\Pi} E\left\{\sum_{q\in\Pi} C_q(X_q^\pi(I_q),K_q)\right\}$$

特定のクラスの関数 X_q^π を定義するとき，この最適化問題は，より多くの意味をもつ．

3. アルゴリズム的戦略

今やわれわれは，特定のモデル化のフレームワークをもっており，アルゴリズム的戦略を設計する問題に取り組まなければならない．3.1項において，不確実性の下で新しいクラスの動的計画法近似を使用することで時系列問題を解決するための戦略を示すことから始める．多期間の移動時間と非線形の値関数を結合する際に生じる問題については，3.2項で論じる．このとき，その概念は，同じフレームワークを使用することによって，マルチエージェント問題を解決するために，3.3項において拡張される．これら2項では，情報が時間の経過とともに公開され，そして異なった意思決定者の間で情報が組織化されるときに，その問題を解く基本を確立する．このとき，これらの表現は，3.4項に対する基礎となる．それはさまざまな複雑な問題に対する異なったクラスの決定関数を構築するための一般的なフレームワークを提供している．

本節の終わりまでには，かなり広範囲の複雑な作業問題に取り組むために必要となる基礎を築くであろう．

3.1 動的問題に対する戦略

最初の課題は，情報が時間の経過とともに公開されていくときに，問題を解いていくことである．これは確率的な動的問題の古典的問題である．これらの問題は，3.4項で議論するさまざまな方法で近似的に解くことができる．ここでは，時間展開された問題を解決するために，どのようにして動的計画法近似を有効に使用するかを示す．

ここでの説明は，2段階に分けられる．最初に，状態変数の定義と時間に関する情報の進展をどのようにモデル化するかに関して，微妙かつ重要な問題に取り組まねばならない．特に，動的計画法で示されるような，状態変数の古典的な定義を使用しない．その代わりに，不完全な状態変数の概念を導入する．それは，計算上，はるかに扱いやすいと立証されるだろう．3.1.1におけるこの議論の後で，3.1.2では，動的計画法における値関数を近似するための特別な戦略について議論する．

3.1.1 最適性再帰式の展示

システムにおける情報の進展を説明することから始める．先述のように，以下の系列を用いて表される外部と内部の情報プロセスを考える．

$$(W_0, X_0^\pi, W_1, X_1^\pi, \cdots, W_t, X_t^\pi, \cdots)$$

各時点で知っていることを把握する必要がある．これは，新しい外部情報を得た直後と，決定を行った後に測定することができる．新しい情報が到着した後の状態を S_t^i とする．そして，決定を行った後の状態を S_t として，以下の系列を与える．

$$(W_0, S_0^+, X_0^\pi, S_1, W_1, S_1^+, X_1^\pi, S_2, \cdots, S_t, W_t, S_t^+, X_t^\pi, S_{t+1}, \cdots)$$

完全な状態変数として S_t^+ を参照する．なぜなら，時間 t で決定するために必要な情報すべてを含んでいるからである．S_t は不完全な状態変数と呼ばれる．特にそれは，決定するために必要なすべての情報を含んでいるわけではないからである．この区別の重要性は，まもなく明確になる．

われわれの目的は，以下の問題を解くことである．

$$\max_{\pi \in \Pi} E\left\{\sum_{t \in \mathscr{C}} C_t(X_t^\pi, S_t^+)\right\} \tag{3.1}$$

一般的に，次の最適性再帰式を使用することで，式 (3.1) は定式化される．

$$V_t^+(S_t^+) = \max_{x \in \mathscr{X}} C_t(x, S_t^+) + E\{V_{t+1}^+(S_{t+1}^+) | S_t^+\} \tag{3.2}$$

本節を通して，最適化する変数として x を使用する．そして，式 (3.2) の解を x_t で表すものとする．

動的計画法の分野は，典型的には離散状態とアクション（決定）により表現され，すべての可能な状態とアクションに関して，ループを描いて進行できると仮定したアルゴリズムをもっている．このアプローチには，状態変数が多次元であるときに，状態空間が手に負えないぐらい大きくなるという意味の，古典的な「次元の呪い」がある．このために，動的計画法は，輸送とロジスティクスへの応用においては，わずかな例しかみられない．当然ながら，これは輸送においてみられる近視眼的モデルや決定的な近似への依存の部分的な原因となっている．

呪いの状況は，われわれの考えているよりもさらに悪いことがわかる．式 (3.2) では，実際には，3 つの「次元の呪い」が問題となる．状態空間，結果空間，決定空間である．この問題を避けるために，動的計画法を近似する新しいアプローチを採用する．第 1 歩として，値関数を近似で置き換え，次の再帰式を得る．

$$\tilde{V}_t^+(S_t^+) = \max_{x \in \mathscr{X}} C_t(x, S_t^+) + E\{\hat{V}_{t+1}^+(S_{t+1}^+) | S_t^+\} \tag{3.3}$$

式 (3.3) の右辺には，近似 $\hat{V}_{t+1}^+(S_{t+1}^+)$ がある．この式の左辺では，$\tilde{V}_t^+(S_t^+)$ を使用する．

次のステップとして，$\hat{V}_t^+(S_t^+) = \hat{V}_t^+(R_t)$ を仮定する．これは，ここでの近似が単に資源状態変数の関数であり，完全情報状態ではないことを意味する．実際に，資源状態変数の統合された形での関数を書くことは時折重要となる．これを $\hat{V}_t^{G+}(G(R_t))$ と書くことがある．残りの議論では，明らかに統合関数 $G(\cdot)$ は含まれないが，読者は，いつでもこの記号を使用することができることを理解しておくべきである．今，次式が与えられる．

$$\tilde{V}_t^+(S_t^+) = \max_{x \in \mathscr{X}} C_t(x, S_t^+) + E\{\hat{V}_{t+1}^+(R_{t+1}^+) | R_t^+\} \tag{3.4}$$

次の問題は，期待値である．実際の問題において，これは計算的に手に負えない．以

下のように，サンプルを使用することで，期待値を近似できる．

$$\tilde{V}_t^+(S_t^+) = \max_{x \in \mathcal{X}} C_t(x, S_t^+) + \sum_{\omega \in \hat{\Omega}} \hat{p}(\omega) \, \hat{V}_{t+1}^+(R_{t+1}^+(\omega)) \tag{3.5}$$

ここで $\hat{\Omega}$ は，Ω からのサンプルであり，$\hat{p}(\omega)$ は，結果 $\omega \in \hat{\Omega}$ の確率である．

サンプル $\hat{\Omega}$ が比較的小さいときでさえ，式 (3.5) は，非常に難解である．輸送問題においては，基本的な単一期間最適化モデルが，何千もの変数をもつ資源割当問題，または配送計画やネットワーク設計で生じる難しい整数計画問題を表すことになるであろう．1つの例を以下で用いたい．

$$\tilde{V}_t^+(S_t^+, \omega) = \max_{x \in \mathcal{X}} C_t(x, S_t^+, \omega) + \hat{V}_{t+1}^+(R_{t+1}^+(\omega)) \tag{3.6}$$

今，決定関数を創出した．ここで x は基本情報制約に違反する $R_{t+1}^+(\omega)$ をみることを許されている．以下のような不完全な状態変数に関して再帰式を定式化することによって，この問題を避ける．

$$V_t(S_t) = E\left\{\max_{x \in \mathcal{X}} C_t(x, S_t^+) + V_{t+1}(S_{t+1}) \big| S_t \right\} \tag{3.7}$$

S_t が不完全であるので，決定関数 x は確率変数である．そして，その結果，最大化作用素関数の外に期待値を引き出さなければならない．前と同じように，以下の近似を得る．

$$\tilde{V}_t(S_t, \omega) = \max_{x \in \mathcal{X}} C_t(x, S_t, \omega) + \hat{V}_t(R_t(\omega)) \tag{3.8}$$

$t+1$ の代わりに t で $\hat{V}_t(R_t(\omega))$ を記述していることに注意しなければならない．というのは，時間 t での情報の関数となっているためである．ある反復から次の反復へ推定値を改訂する更新戦略を工夫しなければならない．n が反復回数であるなら，以下の表現を使用することができる．

$$\hat{V}_t^n \leftarrow U^V(\hat{V}_t^{n-1}, \tilde{V}_t^n, R_t^n) \tag{3.9}$$

更新関数 $U^V(\cdot)$ は，定数に関する指数平滑法の使用（線形近似を使用している場合に相当する），または非線形の近似を更新するための戦略（3.1.2 で特別な例を与える）にほかならない．

今，われわれは，動的計画に対する一般的な近似戦略をもち（図 13.1 に示されている），それは2つの重要な課題をもつ．1つ目は，近似計画 $\hat{V}_t(R_t)$ を工夫しなければならないことである．そして2つ目は，通常，整数計画となるものを解くために得られる近似の構造を開発しなければならないことである．

3.1.2 値関数の近似

$\hat{V}_t$ に対して，2つのクラスの近似を使用することを提案する．線形と非線形・可分である．整数解が要求される問題（ロジスティクス問題では一般的である）に対しては，連続的微分可能関数の代わりに，区分的線形関数を使用する（このことは，そ

第13章 輸送作業の動的モデル

Step 1: すべての t に対してすべての $\hat{V}_t(R_t)$ を初期化する。$n=1$ とおく。
Step 2: 実現値 $\omega=(\omega_0,\omega_1,\cdots,\omega_{T-1})$ を生成する。
Step 3: $t=0,1,\cdots,T-1$ に対して、以下を求める。
$$x_t^n(S_t,\omega)=\underset{x\in\mathscr{X}}{\mathrm{argmax}}\{C_t(S_t,\omega_t,x)+\hat{V}_t^{n-1}(S_{t+1}(\omega,x))\}$$
システムダイナミクスを用いて S_t を更新する。
Step 4: $T-1,T-2,\cdots,1,0$ に対して、$\hat{V}_t^n$ をすべての t について、以下の更新関数を用いて更新する。
$$\hat{V}_t^n=U^V(\hat{V}_t^{n-1},\tilde{V}_t^n(R_t^n),R_t^n)$$
ここで、
$$\tilde{V}_t^n(R_t)=\underset{x\in\mathscr{X}}{\max}\{C_t(S_t,\omega,x)+\hat{V}_t^n(S_t(\omega,x))\}$$
である。
Step 5: $n=n+1$ として、Step 2 へ。

図 13.1 適応型動的計画法アルゴリズムの基本型

れを特徴付けるのに必要とされるパラメータの数が少ないために魅力的なものであるかもしれない)。

線形関数はいつも、最も実行しやすく、使用しやすいものである。しかし、それらは不安定となりうる。それらは、説明をする際にも役に立つ。基本的な問題 $\max_{x\in\mathscr{X}} C_t(x,S_t)$ が計算上扱うことができると仮定する。このとき、以下の式もまた計算可能となるべきである。

$$\tilde{V}_t^n(S_t,\omega_t)=\max_{x\in\mathscr{X}} C_t(x,S_t)+\tilde{v}_{t+1}^n R_{t+1} \tag{3.10}$$

s.t.

$$\sum_{d\in\mathscr{D}} x_{tad}=R_{ta} \tag{3.11}$$

$$x_{tad}\leq u_{tad} \tag{3.12}$$

もし問題が連続した線形計画であるなら、線形近似を推定するために制約式 (3.11) に対する双対変数を使用することができる。$\tilde{v}_{ta}^n$ を反復 n での式 (3.11) の双対変数とする。このとき、線形近似を次式により推定できるかもしれない。

$$\hat{v}_{ta}^n=(1-\alpha^n)\hat{v}_{ta}^{n-1}+\alpha^n\tilde{v}_{ta}^n \tag{3.13}$$

線形近似は、うまく行えるが、車両管理で生じる資源割当問題のタイプに対しては、(可分な) 非線形近似が最もうまくいくことが証明されてきた。非線形関数を推定するのに多くの戦略を使用することができるが、整数解を得ることへの関心は、区分的線形近似の開発につながった。したがって、以下のように非線形近似を表記することができる。

$$\hat{V}_t(R_t)=\sum_{a\in\mathscr{A}} \hat{V}_{ta}(R_{ta})$$

輸送とロジスティクスにおける多くの問題は、整数解を要求する。この場合、区分的線形近似を形成することは非常に簡単である。区分的線形凹な値関数近似の要素は、

一連の区分点 $\{u_0, u_1, u_2, \cdots, u_n\}$ と $v_0 \geq v_1 \geq \cdots \geq v_n$ をもつ区間 $[u_l, u_{l+1}]$ 上の傾き v_p とによって特徴付けられる．このとき，状態と時間に対する添字を省略して，以下の式が得られる．

$$\hat{V}(R) = \sum_{l=0}^{m-1} \hat{v}_l(u_{l+1} - u_l) + \hat{v}_m(R - u_m) \tag{3.14}$$

ここで，$m = \max\{l : u_l \leq R\}$ である．サンプル勾配を使用することにより $\hat{V}(R)$ を更新することができる．$\tilde{v}^n$ を資源制約 (3.11) の双対変数のサンプル推定値とする．基本的な問題がネットワークであるとき，Powell (1989) におけるフロー増大経路を使用することにより左右の勾配を得ることが可能となる．これが可能であるとき，$\tilde{v}^+$ と $\tilde{v}^-$ をそれぞれ右と左の勾配であるとする（以下の議論の中で，もしこれらが利用可能でないなら，単に $\tilde{v}^+ = \tilde{v}^- = v$ とする）．今，$\hat{V}$ の傾きを更新するために，これらの勾配を使用したい．その考えは，局所的に関数を更新するために，すべての時刻において関数の基本的な凹性を保持しながら，この情報を使用することである．

このプロセスは，図 13.2 で示されている．同図 (a) は，特定の点で，新しい傾きを伴う値関数の凹推定値があることを示す．同図 (b) は，推定値の隣接領域へ新しい推定値の傾きを伸ばしたとき，非凹形の近似を得ることを示す．同図 (c) は，傾きを整えている範囲を広げるようとするなら，それにより結果として起こる更新された関数は凹のままであることを示している．

より形式的に，反復 n における分岐点と関数の傾きを u_l^n と $\hat{v}_l^n$ で表すものとする．凹性を維持するために，以下の式で与えられた範囲 (l^-, l^+) に関して関数を更新する．

$$l^+ = \min\{l : u_l \geq R_{ta}^n, (1-\alpha^n)\hat{v}_l^n + \alpha^n \tilde{v}^{n+} \geq \hat{v}_{l+1}^n\}$$
$$l^- = \max\{l : u_l \leq R_{ta}^n, (1-\alpha^n)\hat{v}_l^n + \alpha^n \tilde{v}^{n-} \leq \hat{v}_{l-1}^n\}$$

すべての $l \in [l^-, l^+]$ に対して，傾きを，

$$v_l^{n+1} = \begin{cases} (1-\alpha^n)v_l^n + \alpha^n \tilde{v}^{n-}, & l < R^n \\ (1-\alpha^n)v_l^n + \alpha^n \tilde{v}^{n+}, & l \geq R^n \end{cases}$$

のように更新して，反復 $n+1$ で値関数の近似を得ることができる．

非線形関数を推定するいくぶん簡単な方法は，SHAPE アルゴリズム（Cheung and Powell, 2000）である．ここで，基本的な更新式は以下の式で与えられる．

$$\hat{V}^n(R) = \hat{V}^{n-1}(R) + \alpha^n(\tilde{v}^n - \nabla \hat{V}^{n-1}(R^n))R, \quad R \geq 0 \tag{3.15}$$

初期近似 $\hat{V}^0$ から開始し，それから，線形の傾き項 $(\tilde{v}^n - \nabla \hat{V}^{n-1}(R^n))R$ を使用することにより，継続的に関数を「傾け」，その傾き項は，現在の傾きの推定値と実際の傾き近似との違いを付加することにより，相関項として扱われているというのが基本的な概念である．ここでは凹性を維持したいので，以下のような凹関数を使用するべきである．

第13章 輸送作業の動的モデル

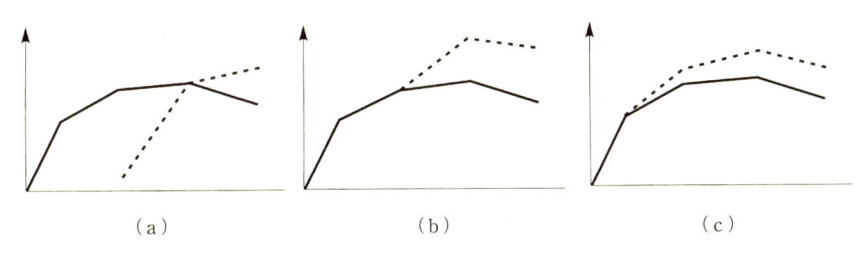

図13.2 凹性を維持するための平滑化間隔上の更新
(a) 非平滑化された更新での初期関数，(b) 平滑化による非凹面な関数近似，(c) 平滑化範囲を広げて凹性を維持．

$$\widehat{V}^0(R) = \rho_0(1 - e^{-\rho_1 R})$$
$$\widehat{V}^0(R) = \ln(R+1)$$
$$\widehat{V}^0(R) = -\rho_0(x - \rho_1)^2$$

区分的線形関数を必要とするなら，これらの例はすべて，各整数で区分点をもつ区分的線形としてモデル化することができる．SHAPEアルゴリズムはおそらく連続的微分可能関数に対して収束する．もし区分的線形関数が使用されているなら，実験的テストに基づく非常によい結果を提供する．もし一連のネットワーク問題を解いて，左右の勾配に近付く手段があるなら，以下によって与えられる2面的SHAPEアルゴリズムを使用することができる．

$$\widehat{V}^{n+1}(R) = \begin{cases} \widehat{V}^n(R) + \alpha^n(\hat{v}^{n-} - \widehat{V}^n(R^n))R, & R \leq R^n \\ \widehat{V}^n(R) + \alpha^n(\hat{v}^{n+} - \widehat{V}^n(R^n))R, & R \geq R^n \end{cases}$$

3.2 非線形値関数と多期間移動時間

　非線形の関数を採用するときには，特別な注意が必要である．多期間の移動時間に関する内容で1つの問題が起こる．車両を位置 k に送る，2つの位置 i と j を考える（図13.3）．j から k までの移動時間 t_{jk} が，i から k までの時間よりも大きいと仮定する．非線形の値関数近似を使用するなら，i からの到着が計画される前に，位置 j は最初にこの関数を「考える」だろう．その結果，位置 j はその位置へのトータルフローを過小評価するだろう．それゆえ，関数の傾きより高い推定値を使用する（図13.3の関数の立体部分）．この位置で資源の値を過大評価することによって，そのモデルは，必要となるかもしれない距離よりも，より長い距離でそれらを動かすことがすすめられる．

　線形的な値関数の近似を使用するなら，線形関数の傾きが，その位置への流れと独立しているので，i と j の両方とも下流で同じ値の車両をみる．おそらく，戦略を更新することにより，最後には，将来における資源に対する適正価格（または傾き）を見つけられるであろう．それは i よりむしろ j からの資源を使用する解をもたらすが，非線形の値関数を使用すれば，一般的な場合とならないであろう．位置 j は最初

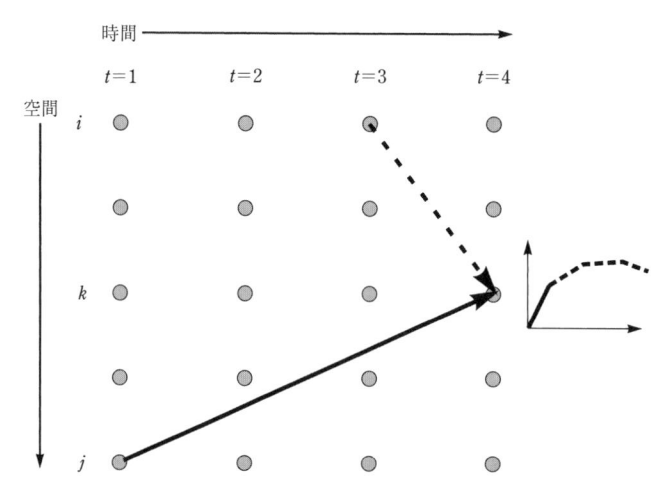

図13.3 多期間の移動時間をもつ非線形の値関数を使用する問題

に関数をみて，そして，カーブの最も急な部分で資源に価格の決定をするだろう（凹面であるので）．もし位置 j で車両を k に送るなら，位置 i は，この決定（時間 t' ですでになされている）をみて，より小さい傾きで追加資源を考えるだろう．

この問題に対するわれわれの解は，比較的簡単である．まずはじめに，以下を定義する．

$\qquad R_{tt'}=$ 時間 t' に使用できる（作用できる），時間 t において把握している資源数

特定の部分問題において，$R_{tt'}$，$t'>t$ までに得られる資源が，作業途中で将来のある地点まで到着しないのに対して，R_{tt} にある資源を扱うことがあるかもしれない．

ここで，時間に関して可分な値関数近似を使用する．

$$\hat{V}_t(R_t)=\sum_{t'\geq t}\hat{V}_{tt'}(R_{tt'})$$

以下を仮定する．

$\qquad x_{tt'}=$ 時間 t' で利用可能になる資源を生成することを，時間 t で決定した決定のベクトル

$\qquad x_t=(x_{tt'})_{t'\geq t}$

$\qquad \bar{R}_{tt'}(x_t)=A_{tt'}x_t$ （$A_{tto'}$ は，時間 t' 内に位置に到着する x_t における要素をまとめたマトリクス）

最後に，われわれが時間 t で把握している，時間 t' における資源の累積数を定義したい．それらは時間 t の前になされた決定を含んでいる．

$\qquad R_{tt'}=$ 時間 t の前にもたらされた，時間 t' で利用可能となる資源の累積数
$\qquad\quad =\sum_{\bar{t}<t}A_{\bar{t}t'}x_{\bar{t}t'}$
$\qquad\quad =R_{tt'}+\bar{R}_{tt'}$

したがって，$R_{tt'} + \bar{R}_{tt'}(x_{tt'})$ は，われわれが時間 t で把握していて，時間 t' に利用可能となる資源の総数である．それらは時間 t でなされた決定の効果を含んでいる．

ここでの基本的な近似戦略は，以下の形式の問題を解くことを意味する．

$$\tilde{V}_t(R_t, \omega_t) = \max_{x \in \mathcal{X}} C_t(x, S_t) + \sum_{t' > t} \hat{V}_{tt'}(R_{tt'} + \bar{R}_{tt'}(x_t, \omega_t)) \tag{3.16}$$

上式は，以下の制約条件の下で解かれる．

$$\sum_{d \in \mathcal{D}} x_{tad} = R_{t,at} + \hat{R}_{t,at} \tag{3.17}$$

$$\sum_{a \in \mathcal{A}} \sum_{d \in \mathcal{D}} x_{tad} \delta_{t'a'}(t, a, d) - R_{t,a',t'} = \hat{R}_{t,a',t'} \tag{3.18}$$

式 (3.17) に関して，$\tilde{v}_{t,at}$ は双対変数とする．そして式 (3.18) に対して $\tilde{v}_{t,a't'}$ を双対変数とする．このとき式 (3.18) は，時間 t' で実行可能になる資源を生成することによって，時間 t 以前になされた決定の影響を把握する．この問題は，単一期間の移動時間をもつ場合，あるいは線形近似がある場合には起こらなかった．われわれはできれば，1つ多くの資源と1つ少ない資源の値を見つけようとするであろう．この場合，その2つは，それぞれ $\tilde{v}^+$ と $\tilde{v}^-$ で表される．

更新戦略は，基本的には以前と同様にして以下のようになる．

$$\hat{V}_{tt'}^{t+1} \leftarrow U^V(\hat{V}_{tt'}^n, \hat{v}_{tt'}^{n-}, \hat{v}_{tt'}^{n+}, (R_{tt'}^n + \bar{R}_{tt'}^n)) \tag{3.19}$$

時間 t でわれわれが知っている資源数の関数として，実際には値関数を近似しているため，$(R_{tt'}^n + \bar{R}_{tt'}^n)$ あたりの傾きを更新しているのである．

時間 t で単一問題を解くだけということに注意したい．ただし，$\hat{V}_{tt'}$ の関数は，すでに近似している．多段階の線形計画法として定式化される問題（この設定において起こる問題の大部分をカバーしている）の場合，資源制約に対して双対変数を使用する．すなわち $\hat{v}_{tt'}^n$ は，SHAPE アルゴリズムか CAVE アルゴリズムのどちらかを使用することにより，可分な非線形の近似を更新している．

収束速度を劇的に促進する1つのステップは（特にいくつかの移動時間がかなり長く，単位期間で測られるとき），次のようになる．双対変数 $\tilde{v}_{tt'}$ の代わりに以下の式を用いる．

$$\bar{v}_{t,at'}^- = \min_{t \leq \bar{t} \leq t'} \{\tilde{v}_{\bar{t},at'}^-\} \tag{3.20}$$

$$\bar{v}_{t,at'}^+ = \max_{t \leq \bar{t} \leq t'} \{\tilde{v}_{\bar{t},at'}^+\} \tag{3.21}$$

式 (3.20) は，時間 t' において状態 a に対して資源を送るという，すべての部分問題の最もよい双対変数を使用している．これは，時間 t' で到着する資源を送るべき最もよい場所を素早く見つけ，時間 t に対する値関数近似へとこの地点の値を組み込むことに効果をもっている．このとき，$\tilde{v}^-$ と $\tilde{v}^+$ の代わりに $\bar{v}^-$ と $\bar{v}^+$ を使う．

3.3 マルチエージェント問題に対するアルゴリズム的メタ戦略

トラック運送会社や，鉄道や，複合一貫作業のような大規模で複雑なシステムは，それぞれ自身の情報をもって問題のそれぞれの部分を解決している，多くの意思決定者（すなわち，エージェント）によってほとんどいつも特徴付けられる．2.3項では，マルチエージェントの考え方を取り扱う際に必要となる基本的な記号を導入した．

もちろん，マルチエージェント問題への挑戦は，各エージェントが独自に行動することを認めながら，情報を活用して，連携して行動することを推奨する戦略を工夫しようとしている．ここでは，基本的な動的計画法の再帰式に，比較的わずかな調整をすることで，これらを達成するつもりである．実際，3.1，3.2項における説明が，われわれの必要としている大部分を占めているということがわかるだろう．複数エージェントの取扱いは，全く新しいクラスの技法よりも，より変化に富んでいる．

マルチエージェントの考え方への移行は，時間を通しての段階から，時間同様，制御の範囲への推移を意味する．時間経過により進展した環境において，各期間 $t \in \mathscr{C}$ で決定を行う．これら決定時間の各々を，異なった情報集合をもつ決定として，考えることができる．以下の式により動的計画法の再帰式を定式化することができる．

$$\tilde{V}_{qq}(R_{qq}) = \max_{x_q} C_q(x_q) + \sum_{q' \in \mathscr{M}_q} \hat{V}_{qq'}(R_{qq'} + \bar{R}_{qq'}(x_{qq'})) \tag{3.22}$$

式（3.19）と式（3.22）の間の類似性に注意されたい．実際，もしエージェント部分問題が逐次解かれるものとすれば，時間変数として単に q を使用する時間段階定式化と同様なやり方でマルチエージェント問題をみることができる．もちろん，そのような系列が起こると断言できるわけではない．

時間段階問題に使用したのと同じ近似技法，そして同じ更新計画を使用することにより，式（3.22）を解くことができる．実際，多期間移動時間において生じるような非線形値関数の使用を決めるとき，同じ問題が起こる．

$$\hat{v}_{q,aq'}^{-} = \min_{q \leq \bar{q} \leq q'} \{\tilde{v}_{\bar{q},aq'}^{-}\} \tag{3.23}$$

$$\hat{v}_{q,aq'}^{+} = \max_{q \leq \bar{q} \leq q'} \{\tilde{v}_{\bar{q},aq'}^{+}\} \tag{3.24}$$

このとき，$\hat{V}_{q,aq'}$ を更新するために $\hat{v}_{q,aq'}^{-}$ と $\hat{v}_{q,aq'}^{+}$ を用いる．

$\hat{V}$ に対して線形近似を使用するなら，二重添字（qq'）を必要としない．実際，線形近似は，マルチエージェントシステムにおける価格設定方式の一般的な戦略になる．非線形近似は，これまで考慮されていないようにみえる．しかし，これまで議論してきたように（基本的には多期間移動時間に関する文脈で主に），それらは，取り組まれるべき特別な問題であるといえる．

3.4 決定関数のクラス

今,非常に一般的なクラスの決定関数を導入するため,基礎的事項を述べる.4つのクラスの情報,すなわち,知識 K_q,外部プロセスの予測 Ω_q,計画 x^p,値 $V_{qq'}$ に戻ろう.知識のみ,あるいは他の3つのクラスの情報と結び付いた知識に基づく決定関数を簡単に記述して,表13.1で示される4つの組合せの情報集合を生成する.これらの組合せは各々,主要なクラスのアルゴリズムにおける決定関数をつくり出す.

この議論では,動的なシステムを最適化するには,さまざまな形態が可能であることを強調している.近視眼的政策,あるいは将来の活動の決定的予測に基づいたローリング期間政策の使用を仮定することは,輸送とロジスティクスにおいて非常に一般的である.両者とも有効な近似であり,ある状況においては,うまく機能する.しかしそれらは,他の2つのクラスの決定関数,あるいは,ハイブリッド戦略を形成するための混合情報の可能性を見落としている.

これから,それぞれのクラスの決定関数について議論する.

3.4.1 近視眼的政策（Π^M）

知識のみのクラスから考える.これらの決定関数は,システムの状態を知っているが,将来の予測はしない.これらは,近視眼的政策を表し,Π^M と表現する.近視眼的政策に対する情報集合は,$I_q^M = (K_q)$ によって表される.

近視眼的政策は,実際,最も広く使用されている（圧倒的に近視眼的政策が使用される）.小口扱い輸送会社は,いつトラックを割当すべきかや,ネットワーク上での貨物経路を決定するために,近視眼的政策を使用する.最も基本的な割当規則は,管理限界政策である.もしトラックが時間 t で i から j へ割り当てられるべきなら,$X_{tij} = 1$ とし,それ以外は0とする.割り当てられるべき貨物の重さの合計を R_t とする.このとき,基本的な割当規則は,単に以下のとおりである.

$$X_t^{\pi} = \begin{cases} 1, & R_t \geq \bar{d}_t \text{ のとき} \\ 0, & \text{それ以外のとき} \end{cases}$$

ここで,$\bar{d}_t$ は,割当規則である.もし貨物の量が少なくとも $\bar{d}_t$ なら,そのトラックを割り当てる.そうでなければ,そのままとする.小口扱い輸送会社においては,基本的な規則は,一般に「もし輸送サイクルの終わりまで最大限詰まっているならばト

表13.1 決定関数の基本的クラス

情報集合	関数クラス	名称
K_q	近視眼的政策	Π^M
K_q, Ω_q	ローリング期間政策	Π^{RH}
K_q, x^p	近接点アルゴリズム	Π^{PP}
$K_q, V_{\mathcal{M}_q}$	動的計画法	Π^V

ラックを送り,もしそれがその夜の最後の割当ならば,少なくともある量の貨物が確保されているときにそのトラックを送る」ということになるだろう.もし貨物が通りを離れて都市のトラックから届くことがあっても,貨物のためのしっかりとした日常のサイクルがあれば,そのような政策が使用されるだろう.作業手配者は,いつ彼らがその夜の最後のトラックを満杯にしているかを知っている.もしトラック上にわずかな積荷しかないなら,会社は,その積荷を通常翌日まで保持するだろう.その結果サービスは滞る(ある見識で,会社はあまり重要でない積荷表を棚上げしている).

近視眼的政策のもう一つの例は,ドライバーを荷物に割り当てる動的割当問題である.時間 t で割当可能なドライバーの集合を $\mathcal{R}_t$ とし,荷物の集合を $\mathcal{L}_t$ とする.以下の簡単な割当問題を用いて,ドライバーの荷物への割当を最適化する.[訳注:$x_{0rt}=1$, $r \to l$ のとき;0,それ以外のときとすれば,]

$$\min_x \sum_{r \in \mathcal{R}_0} \sum_{l \in \mathcal{L}_0} c_{0rt} x_{0rt} \tag{3.25}$$

s.t.

$$\sum_{r \in \mathcal{R}_0} x_{0rt} \geq 1, \quad \forall l \in \mathcal{L}_0 \tag{3.26}$$

$$\sum_{l \in \mathcal{L}_0} x_{0rt} \leq 1, \quad \forall r \in \mathcal{R}_0 \tag{3.27}$$

ここでも,時間 t で知っている情報だけを使用している.

3.4.2 ローリング期間政策 (Π^{RH})

ローリング期間政策では,われわれが今知っていること(基礎知識)を計画期間に関する将来の予測に結合させる.時間 t でシステムを計画することが与えられたとき,計画期間上における時間集合を $\mathcal{T}_t^{ph}$ とする.ローリング期間政策に対するわれわれの情報集合は,次式によって表される.

$$I_t = (K_t, \Omega_t)$$

ここで,$\Omega_t = (\Omega_{tt'})_{t' \in \mathcal{T}_t^{ph}}$ は,時間 t でわかっていることが与えられたときの,将来において予測される事象の集合である.実際に,Ω_t は点予測を表す単一の結果を含んでいる.そして,ここでは,点予測を使用していると仮定する.たとえば,将来の需要を満たすようにコンテナを割り当てようとするなら,通常,起こってほしいと思っていることを予測するだろう.ばらついた予測 ($|\Omega_t|>1$) を使用する際の最も大きな問題は,複数のシナリオの下で問題を解くための有効なツールが不足していることである(対照的に,値関数を使用するときには,ばらついた予測を用いるのに何ら問題はない).

たとえば,式 (3.25)〜(3.27) で定式化した基本的な割当問題を考えてみる.将来の資源と仕事の予測を生成することができると仮定する.このとき $\omega \in \Omega$ は,$(\hat{\mathcal{R}}_t, \hat{\mathcal{L}}_t)_{t \in \mathcal{T}_t^{ph}}$ に対応している.時間 t における資源を時間 $t'>t$ における仕事に割り当てたいかもしれない.そのため,以下のように仮定する.

$\mathcal{R}_t$＝時間 t または将来のある時間で利用可能なすべての資源の累積集合
$\quad(\mathcal{R}_t \cup_{t' \geq t} \hat{\mathcal{R}}_{t'})$

$\mathcal{L}_t$＝時間 t または将来のある時間で利用可能なすべての仕事の累積集合
$\quad(\mathcal{L}_t \cup_{t' \geq t} \hat{\mathcal{L}}_{t'})$

この予測の下で，次の問題を解くことになる．

$$\min_x \sum_{t \in \mathcal{C}^{ph}} c_t x_t$$

s.t.

$$\sum_{l \in \mathcal{R}_t} x_{trl} \geq 1, \quad \forall l \in \mathcal{L}_t$$

$$\sum_{l \in \mathcal{L}_t} x_{trl} \leq 1, \quad \forall r \in \mathcal{R}_t$$

割当問題の近視眼的バージョンは，批判されることがある．それは後でもっと貴重な荷物にドライバーを使用する可能性があったかもしれないのに，今，ドライバーをそれほど貴重でない荷物に割り当てるからである．対照的に，決定論的な予測を使用するとき，ローリング期間手順は，今，利用可能な荷物があるにもかかわらず，将来必ずしも具体化するとは限らない荷物のためにドライバーを保持させることがあるかもしれない．

近視眼的政策とローリング期間手順は，輸送とロジスティクスの動的問題を解くために，実際，最も広く使用される技法である．近視眼的政策は，非常に動的な状況においてよく機能する傾向があり，将来起こりうる結果を反映する規則を工夫することができるときにうまくいく傾向がある．たとえば，ここでの割当問題においては，輸送距離が 500 マイルより短い荷物にはドライバーを割り当てない（おそらく，ごくわずかな利益にしかならないため）という基本的な規則をもつかもしれない．それゆえ利用可能な唯一の荷物の輸送距離が 200 マイルであったとき，より長距離の荷物がまもなく利用可能になるというよい見込みがあることを知っていれば，割当を拒否するであろう．それゆえに，よい近視眼的政策は，かなりうまく機能することがある．

3.4.3 近接点アルゴリズム（Π^{PP}）

アルゴリズムの設計でしばしば見落とされているものは，将来を見据えた計画か，過去の挙動パターンのどちらかを反映した決定の重要性である．われわれは，これらの両方が，計画の実例を表し，現在なされる決定に反映されるべきであると考える．

世界的なレベルでの複合一貫コンテナの流れを管理していると仮定する．そして，別の計画プロセスが，次の 10 週間に対して週単位で移動するコンテナ数の予想を行ったとする．以下の基本的式によりこの計画を表すことができる．

$\quad x_{tad}^p$＝時間 t で決定 d を適用する属性 a をもったコンテナ数

計画は，あるレベルの統合で，ほとんどいつも表現される．したがって，30 種類のコンテナをもっているかもしれないが，5 つの主要なグループだけ計画を立てればよ

い．同様に，コンテナをある特定の場所に送ることが必要になってくるかもしれないが，計画は，地域レベルに関する決定のみを表現すればよい．簡単のために，属性ベクトルの統合を $\hat{a}$，決定の統合を $\hat{d}$ と表すことにする（特定の位置の代わりに，地域に送るという決定のように）．同様に，時間を統合するかもしれない（特定の日の代わりに，1週間の流れを合計する）．このとき，ベクトル x^p は，適当な統合レベルで表される．

多くの作業において，明白な計画はないが，活動のパターンが存在する．この設定において，パターン (a,d) を満たす平均フローとして x^p_{tad} を定義するかもしれない．過去の歴史をみたとき，週のある1日のようにある期間に，時間を統合するであろう．計画の際と同様に，通常，過去の歴史を平均化することは，より統合化されたレベルでなされる．

今，以下のような問題を解きたい．

$$\min_{x \in \mathscr{X}} \sum_t c_t x_t \tag{3.28}$$

ここで $\mathscr{C}$ は，計画期間中の期間の集合である．計画からあまりに離れすぎない決定を行うことは直観的に妥当なものである．同時に，もし x^p が過去の行動パターンの要約を表すなら，最適化モデルは過去のパターンからあまりに離れすぎるべきでないということを主張できる．基本的な最適化問題 (3.28) を次のように修正することによって，これを達成できる．

$$\min_{x \in \mathscr{X}} \sum_{t \in \mathscr{C}} c_t x_t + \rho \| G(x) - x^p \| \tag{3.29}$$

ここで，$G(x)$ は，決定変数 x（おそらく，かなり詳しく述べられている）を計画の際に使用するより統合化された空間へ写像する統合関数である．項 $\rho\|G(x)-x^p\|$ は，まさに Rockafeller 近接点アルゴリズムで使用されている項である．それは，以下の問題系列を解く．

$$x^{n+1} = \operatorname*{argmin}_{x \in \mathscr{X}} \sum_{t \in \mathscr{C}} c_t x_t + \rho \| x - \bar{x}^n \|$$

ここで，

$$\bar{x}^{n+1} = (1-\alpha^n)\bar{x}^n + \alpha^n x^{n+1}$$

である．

3.4.4 動的計画法（Π^V）

最後の情報クラスは，$I_q^{DP} = (K_q, V_q)$ である．ここでは，われわれが知っていることと，問題の一部分に与える決定の影響を反映した意思決定を行いたい．概念的フレームワークは，まさに動的計画法そのものであり，すでに解説したことである．われわれの説明に使っている割当問題に戻って，将来における複数の潜在的結果とともに，時間に関してそれを解いてみよう．これは，以下のように定式化することができる．

$$\min_{\pi \in \Pi} E \left\{ \sum_{t \in \mathcal{E}} c_t X_t^\pi \right\}$$

以下の基本的な動的計画問題を使用することで，これを定式化することができる．

$$V_t^+(S_t^+) = \max_{x \in \mathcal{X}} C_t(x, S_t^+) + E\{V_{t+1}^+(S_{t+1}^+)|S_t^+\}$$

しかし，これらはほとんど解けない．代わりに，以下の近似戦略に頼る．

$$\tilde{V}_t(S_t, \omega_t) = \max_{x \in \mathcal{X}} C_t(x, S_t^+) + \hat{V}_{t+1}(R_{t+1}(\omega_t))$$

ここで，目的は近似最適解を生成する $\hat{V}$ について工夫することである．以下の関数としてこれを考えることができる．

$$X_t^\pi(S_t, \hat{V}_{t+1}) = \operatorname*{argmax}_{x \in \mathcal{X}} C_t(x, S_t^+) + \hat{V}_{t+1}(R_{t+1}(\omega_t))$$

この式は，情報理論的な用語における，知識ベースを表す状態変数を使用している．

動的計画法に基づいたアプローチは，今なされた決定の，将来への影響を得るために値関数を使用しているが，それは比較的容易に不確実性を取り入れていることが，非常に重要である．異なった起こりうる結果の影響は，値関数 $\hat{V}$ においてとらえられる．それは Ω における複数のシナリオの明らかな集合をもつ，時間 t での問題を解くよりは，はるかに簡単である．関数 $\hat{V}$ は，多くの反復により推定されるので，値関数 $\hat{V}$ において獲得される情報量を表すのに記号 $V(\Omega)$ を使用することは有用である．特に，値関数を使用する決定関数は，暗に値関数を通して表現された外部の結果の予測を使用している．

決定関数に値関数を加えることは，他のエージェントへの決定の影響の予測を使用することと同じである．決定が資材を購入するときはいつも，会社はこれを行い，そしてエージェントは供給業者である．このとき，通常，値関数は，製品の時間と量の価格となる線形関数である．鉄道における車両割当マネージャーは，ある地域を眺め，過剰（追加設備の限界価値が小さい）あるいは不足（追加設備の限界価値が大きい）の存在に気づいたとき，暗に値関数を使用するかもしれない．もし割当マネージャーが「この地域には，あと20台の追加車両を必要とする」と考えているなら，彼は暗に非線形の値関数を使用していることになる．

原則として，値関数ではとかく苦労するものである．決定を行うためにコストを使うことが明らかに要求されているからである．人間の意思決定は，状態-決定の対の概念に基づいている．すなわち，もしシステムがこの状態にあるなら，この決定をとるということである．この事実の認識が人工知能（artificial intelligence：AI）の基礎である．複雑な問題に対する AI の適用は，一般に失敗してしまう．なぜなら，状態変数があまりに複雑すぎるからである．パターンを通した分類により，状態変数の適切な部分を特定するという脳の能力は，これまでコンピュータとは調和してこなかった．一方，コストに基づく最適化モデルは，非常に複雑な状態変数でもほとんど困難さはない．コンピュータは，決定を行うためにコストを合計するのが得手である．

このことが，数理計画法に基づくモデルがかなり普及してきたことを示す理由となっている．いうまでもなく，値関数は，コンピュータに基づくモデルとアルゴリズムに最も役に立つようにみえる．もし，意思決定に直面した人を手助けするために，値関数を与えると伝えても，反応は一般的に期待外れなものとなるだろう．

3.5 ハイブリッドモデル

4つの情報クラスの各々が，幅広く研究された異なったクラスのアルゴリズムを生成することをみてきた．ここで，4つのクラスをすべて結合させることができるかどうかという自然な疑問が湧いてくる．われわれは，動的計画法で行ったように値関数を通して予測 Ω を取り入れることによって，これを行うことを提案する．それゆえに，情報集合は，以下のように与えられる．

$$I_t = (K_t, x_t^p, V_{n+1}(\Omega))$$

そのような決定関数は，以下のようになる．

$$X_t^\pi(S_t, \widehat{V}_{t+1}) = \underset{x_q \in \mathcal{X}_q}{\operatorname{argmax}} C_q(x_q, S_t^+) - \rho \|G(x) - x^p\|$$
$$+ \sum_{q' \in \mathcal{M}_q} \widehat{V}_{qq'}(R_{qq'} + \bar{R}_{qq'}(x_{qq'}, \omega)) \tag{3.30}$$

ここで，鉄道やトラック運送会社などの非常に大きい問題において対応できる比較的一般的な関数として，式（3.30）を提案する．それは，4つの情報クラスすべてを取り入れているだけでなく，複雑な作業に対する共通のマルチエージェント構造をも取り扱っている．同時に，必ずしも最終的な決定関数を使用する必要がないことを認識することが重要である．というのは，より簡単な関数を使用することにより，値を得ることができ，近視眼的政策を含むすべてのより基本的な決定関数が非常に効果的となりうるからである．

4. 運用問題のモデル化

次の段階として，輸送とロジスティクスにおける具体的な運用問題へ，われわれのフレームワークを適用する．運用問題を分類する有効な方法は，まず資源がどのように相互作用しているかに基づき，それらを組織化することから始まる．次のような，資源を変化させる3つの基本的な方法がある．

① 結合： 2つの資源を組み合わせて，2つ以上の資源からなる層化された資源をつくる．

② 分離： 複合資源を基本要素に分離すること（または層化された資源の集合から1つの資源を分離すること）．

③ 修正： 大きく分けると，(a) 移動させる（1つの位置からほかの位置へ），(b) 入る（資源を購入する），(c) 出る（資源がシステムを離れる），(d) 何もしない，

の4つである．別の例として，エンジンを整備すること，トレーラを掃除すること，ドライバーに休暇をとらせることなどが含まれる．

結合のタイプに基づき，しばしば異種の問題クラスを生成することができる．輸送における興味ある特別なクラスは，以下のものである．

① 一対一： たとえば，1台のトラックと1人のドライバー，1人のパイロットと1機の航空機，1台の貨車と1つの顧客需要．

② 複数対一： 複数の機関車が1つの列車を引いたり，2人のドライバーが1台のトラクタを運転するため夜行チームを組んだり，数人の顧客が1台の車に乗り込むこと．

③ 多対一： 多数の荷物や小包が1台のトレーラに積み込まれること，多数の貨車が1つの列車を構成すること．

複数対一のクラスでは，輸送においていくつかの重要なバリエーションがある．1つ目は，共通の場所で複数の資源を束ねていることである（たとえば，ある場所で複数の機関車が同じ列車に割り当てられることや，2人のドライバーが同じトラクタを運転するように割り当てることである）．2つ目は，さまざまな場所で資源を束ねていること（クラスタリング）である．たとえば，配送計画問題において起こるものなどである．

議論を，次の段階に進める．資源割当問題から始めよう．問題はすべて，一対一結合問題である．単一階層問題（4.1項）から始まり，2階層問題（4.2節），多階層問題（4.3節）と述べられていく．最後に，貨物集約を含む問題（4.4節）を扱う．

4.1　単一階層資源割当

運用問題の基本は，2つの階層を結合することである（製品と顧客，ドライバーと荷物，車両と配送）．その2つの資源階層を結び付けることから導かれる「エネルギー」が，プロセスを動かし続けるものである．それではどのように単一階層問題は起こるのか．答えは簡単で，ある時点で満たされなければならない需要をもつときはいつでもである．生産問題において，これは受注残を起こさないことを意味する．輸送とロジスティクスにおいては，「厳しい時間枠」を意味する．たとえば機関車を列車に結合させるならば，単一階層問題となる．ここで列車はある時点で時間内に動かされなければならない．同様に，ある特定の時点でその時間に間に合うよう顧客の要求に応じて貨車を動かす場合，同じことがいえる．

われわれは，再利用できる資源を管理することに興味がある．これらの問題はコンテナ（トレーラ，貨車，複合一貫コンテナなど），車両（トラクタ，航空機など）と人員（ドライバー，パイロット，乗務員など）の集合を管理するときに起こる．本節では，管理している資源の数が比較的多数の場合の問題に焦点を絞る．それは，個々の資源を追跡することが役に立たないことを意味する．

ほとんどの場合，単一階層の資源割当問題としてこれらの問題を表現することは，

実際の問題の単純化としてのみ正当化される．しかし，「単一階層問題」は有用な教育的道具として役に立つだけでなく，いくつかの問題クラスに対しては，実践的である．

議論を通じて，われわれの解決方法は，3節で述べられたフレームワークのとおりと仮定する．最初に次のような基本的な問題の解法について考えてみる．

$$\max_{x \in \mathcal{X}} c_t x_t$$

これは，「時刻 t にどのような作業を行うか」を意味している．時刻 t で行うことは，将来に至るまでの連続的な作業から成り立つことに注意したい．$x_t = (x_{tt'})_{t' \geq t}$ を想起されたい．それは，時刻 t でわれわれが知っている情報を使うことによる，時間に関する決定ベクトルを意味している．よって $c_t x_t$ は $\sum_{t' \geq t} c_t x_{tt'}$ と等しい．さらに「厳密に時刻 t で決定をとる，t における問題を解いているかどうか，あるいは時点 t の情報を使うことにより，決定が将来へ引き伸ばされるかどうか」を明らかにすることは重要である．

ここでは，計画や値関数を含めることが，基本的な構造を破壊しないことを期待して議論を進める．計画の影響を含む異なる方法があり，それらのうち1つのみ，項 $\|G(x) - x^p\|$ を利用する．もし，値関数を含めたら，線形関数は，決して構造を壊さないが，非線形関数は（可分な非線形関数でさえ）注意深く扱わねばならないことに，注意すべきである．

資源割当についての議論は，単一商品（4.1.1）から多品種商品（4.1.2）と異種資源（4.1.3）にまで進む．これら3項目すべてにおいて，部分問題は，時間 t で初期化された決定の単一集合からなる．

4.1.1 単一商品

①属性ベクトル a がスカラーの状態変数（輸送問題においては通常地理的な位置を表す）のみからなる場合と，②1つの資源は作業を行うためのタスクと同じ状態になければならないという場合に，単一商品の問題が起こる．輸送において，資源の状態が地理的な位置であることは一般的である．1つのタイプの資源のみをもっているならば，$a = (i)$ を用いるであろう．ここでは，問題の構造を強調するため，属性ベクトル a の代わりに指標 i を用いる．別の記号に変える目的は，単一商品問題の文脈でのみ起こる構造を開発したいからである．特殊な構造をもつ複数商品問題について論議するとき，この特別な記号をまた用い続けることとなる．

この問題クラスに対し，われわれは，2つのタイプの決定をもつ．

$\mathcal{D}^s =$ タスクを実行するための決定（集合 $\mathcal{D}^s$ が特別なタスクの集合，またはタスクタイプの集合となる．ここでは，$\mathcal{D}_i^s$ を状態 i においてある資源により実行できるタスクの集合とする）

$\mathcal{D}^r =$ 資源をある状態から他の状態に変える決定

u_{tid}＝決定 $d \in \mathcal{D}_i$ が実行される回数の上限（u_{tid} は $d \in \mathcal{D}^s$ に対して有界であり，$d \in \mathcal{D}^r$ に対して非有界と仮定する）

同様に，
$$M_t(t,i,d) = (i^M_{tid}, c_{tid}, \tau_{tid})$$
を仮定する．単一商品フロー問題において，より一般的な属性ベクトル表示 a の代わりに簡単な状態の指標 i を使うことと同じように，a^M_{tid} の代わりに端末属性関数として i^M_{tid} を使う．問題の近視眼的バージョン（時間 t で）は次のようになる．

$$\max \sum_{i,j \in \mathcal{I}} \sum_{d \in \mathcal{D}} c_{tid} x_{tid} \tag{4.1}$$

s.t.

$$\sum_{d \in \mathcal{D}_i} x_{tid} = R_{ti} + \hat{R}_{ti} \tag{4.2}$$

$$x_{tid} \leq u_{tid} \tag{4.3}$$

このような定式化は，決してうまくいかないであろう．なぜなら必要とする場所から望む場所へと資源を再配置することがないからである．仮想的には，資源割当問題を解くすべての運送会社は，ある種のメカニズム（典型的には，中央計画グループ）を要求する．これは将来を見据え，再配置についての決定を行うものである．将来を見据える最も簡単なモデルは，計画期間にわたる決定的予測に基づいたものである．新しい資源の予測 $(\hat{R}_t)c$，上限 u_t，時間 τ_{tid}，コスト c_{tid} を使い，以下で示される．

$$\max \sum_{t' \in \mathcal{T}^{ph}_t} \sum_{i \in \mathcal{I}} \sum_{d \in \mathcal{D}} c_{t'id} x_{t'id} \tag{4.4}$$

s.t. $t' \in \mathcal{T}^{ph}_t$ に対して，

$$\sum_{d \in \mathcal{D}_i} x_{t'id} = R_{t'i} + \hat{R}_{t'i}, \quad \forall j \in \mathcal{I} \tag{4.5}$$

$$\sum_{i \in \mathcal{I}} \sum_{d \in \mathcal{D}_i} x_{t'-\tau_{tid},id\delta_{t'j}}(t'-\tau_{tid},i,d) = R_{t'j}, \quad \forall j \in \mathcal{I} \tag{4.6}$$

$$x_{t'id} \leq u_{t'id} \tag{4.7}$$

$$x_{t'id} \geq 0 \tag{4.8}$$

式 (4.5)，(4.6) は，古典的なフロー保存制約を生成するため組み合わされている．確率的なモデルとともに，より自然な推移をつくっているので，この形を保持している．問題 (4.4)〜(4.8) は，純粋ネットワークであり，一般の線形計画問題として，あるいはより特殊化されたソルバーにより容易に解かれる．

決定的予測を使ったローリング期間問題を解くことは一般的であり，効果的である．しかしいくつかの制限がある．すなわち，それは需要の点予測を使っていること（それは，高水準のサービスを提供する，十分な能力をもっていないかもしれないことを意味する）であり，すぐにすべきことを決めることが問題であるととらえること（情報は将来において変わるため），そして拡張された計画期間に関するより難しい意思決定問題を定式化することである．

これらの制約を克服するために，動的計画法近似を用いて問題を解決する．

$$\tilde{V}_t(R_t,\omega_t) = \max_{x \in \mathcal{X}} \sum_{i \in \mathcal{I}} \sum_{d \in \mathcal{D}} c_{tid} x_{tid} + \sum_{t'>t} \sum_{j \in \mathcal{I}} \hat{V}_{t+1,jt'}(R_{t+1,jt'} + \bar{R}_{t+1,jt'}(x_t,\omega_t)) \quad (4.9)$$

$\hat{V}$ に対して線形近似を使うと，式 (4.9) は以下のようになる．

$$\tilde{V}_t(R_t,\omega_t) = \max_{x \in \mathcal{X}} \sum_{i \in \mathcal{I}} \sum_{d \in \mathcal{D}} c_{tid} x_{tid} + \sum_{t'>t} \sum_{j \in \mathcal{I}} \hat{v}_{t+1,jt'}(R_{t+1,jt'} + \bar{R}_{t+1,jt'}(x_t,\omega_t)) \quad (4.10)$$

$$= \max_{x \in \mathcal{X}} \left\{ \sum_{i,j \in \mathcal{I}} \sum_{d \in \mathcal{D}} c_{tid} x_{tid} \right\} + \left\{ \sum_{t'>t} \sum_{j \in \mathcal{I}} \hat{v}_{t+1,jt},(\bar{R}_{t+1,jt'}) \right\}$$

$$+ \left\{ \sum_{t'>t} \sum_{j \in \mathcal{I}} \hat{v}_{t+1,jt} \bar{R}_{t+1,jt'}(x_t,\omega_t) \right\} \quad (4.11)$$

式 (4.11) の右辺 { } 内の第2項は，x_t の関数ではないから，無視する．第3項は，以下のように簡単化される．

$$\bar{R}_{t+1,jt'} = \sum_{i \in \mathcal{I}} \sum_{d \in \mathcal{D}_i} \delta_{t'j}(t,i,d) x_{tid} \quad (4.12)$$

式 (4.11) の第2項を落として，式 (4.12) を式 (4.11) に代入すると，

$$\tilde{V}_t(R_t,\omega_t) = \max_{x \in \mathcal{X}} \left\{ \sum_{i \in \mathcal{I}} \sum_{d \in \mathcal{D}} c_{tid} x_{tid} \right\} + \left\{ \sum_{t'>t} \sum_{j \in \mathcal{I}} \hat{v}_{t+1,jt'} \sum_{i \in \mathcal{I}} \sum_{d \in \mathcal{D}} \delta_{t'j}(t,i,d) x_{tid} \right\} \quad (4.13)$$

$$= \max_{x \in \mathcal{X}} \left\{ \sum_{i \in \mathcal{I}} \sum_{d \in \mathcal{D}} c_{tid} x_{tid} \right\} + \left\{ \sum_{i \in \mathcal{I}} \sum_{d \in \mathcal{D}} \left(\sum_{t'>t} \sum_{j \in \mathcal{I}} \delta_{t'j}(t,i,d) \hat{v}_{t+1,jt'} x_{tid} \right) \right\} \quad (4.14)$$

が成り立つ．また，以下の関係に注意する．

$$\sum_{t'>t} \sum_{j \in \mathcal{I}} \delta_{t'j}(t,i,d) \hat{v}_{t+1,jt'} x_{tid} = \hat{v}_{t+1,i_{tid}^M,t+\tau_{tid}} x_{tid} \quad (4.15)$$

式 (4.15) は，もし時刻 t で状態 i である資源が決定 d をもち，時間 t' で状態 $j = i_{tid}^M$ の資源となると，その資源の値を得ることができる．したがって，式 (4.14) は，

$$\tilde{V}_t(R_t,\omega_t) = \max_{x \in \mathcal{X}} \sum_{i \in \mathcal{I}} \sum_{d \in \mathcal{D}} (c_{tid} + \hat{v}_{t+1,i_{tid}^M,t+\tau_{tid}}) x_{tid} \quad (4.16)$$

に帰着される．式 (4.16) は値関数の線形近似を使うことが，将来における資源の限界価値である価格を各割当に付加することに等しいことを示している．実際，線形近似の更新式をみると，直ちに $\hat{v}_{tt'} = \hat{v}_{t'}$ がわかり，式 (4.16) をさらに簡単化できて次式を得る．

$$\tilde{V}_t(R_t,\omega_t) = \max_{x \in \mathcal{X}} \sum_{i \in \mathcal{I}} \sum_{d \in \mathcal{D}} (c_{tid} + \hat{v}_{i_{tid}^M,t+\tau_{tid}}) x_{tid} \quad (4.17)$$

線形近似は付加的な簡単化を導入する．すなわち問題 (4.16) を場所ごとに分解する．ゆえに，次のような問題の系列を解くことにより，式 (4.17) を解くことができる．

$$\tilde{V}_{ti}(R_{ti},\omega_t)=\max\sum_{x\in\mathcal{X}}\sum_{d\in\mathcal{D}_i}(c_{tid}+\hat{v}_{iM_d,t+\tau_{tid}})x_{tid} \tag{4.18}$$

さらに，式 (4.18) の解は，$(c_{tid}+\hat{v}_{iM_d,t+\tau_{tid}})$ の大きい順に決定を整列させることにほかならない．

線形近似は簡単なため，特に好まれている．実際にはそれらは安定ではない．もし，項 $(c_{tid}+\hat{v}_{iM_d,t+\tau_{tid}})$ が魅力的なものであれば，x_{tid} の大きな順で締めくくられる．もし $d\in\mathcal{D}^s$ ならばそれはタスクを行っていることを意味するが，このとき，タスク数が自然な上限として使われ，解を安定化させている．$d\in\mathcal{D}^r$ の場合には，典型的に u_{dt} は非有界であり，かなりのフローを得ることとなる．

この挙動に対し，3 つの解がある．1 つ目は，人為的に上限を入れることである（y_{tid} として入れ，y は決定変数）．したがって加えられた制約 $x_{tid}\leq y_{tid}$ をもつ同じ問題を解くこととなる．このとき，人為的な制御変数 y を変える手順を導入しなければならない．このアプローチは Powell and Carvalho (1998) で使われていて，効果的な結果を得ている．しかし，多品種商品と異種資源に対して，簡単には一般化できない（下記参照）．

2 つ目のアプローチは，非線形の安定化項を含むことである．そのような項を含む 1 つのフレームワークは，近接点アルゴリズムを使うことである．ここで，n 回目の反復で以下の式を解く．

$$x^n=\operatorname{argmax}\sum_{x\in\mathcal{X}}\sum_{i\in\mathcal{I}}\sum_{d\in\mathcal{D}}(c_{tid}+\hat{v}_{t+1,j,t+\tau_{tid}})x_{tid}+\theta\sum_{i\in\mathcal{I}}\sum_{d\in\mathcal{D}}(x_{tid}-\bar{x}_{tid}^n)^2 \tag{4.19}$$

ここで，更新法として以下の式を使う．

$$\bar{x}^n=(1-\alpha^n)\bar{x}^{n-1}+\alpha^n x^n$$

近接項 $(x_{tid}-\bar{x}_{tid}^n)^2$ は，解を安定化させる．そして，追加の項が可分なので，深刻なアルゴリズムの問題は一般的に発生しない．もし整数解を探しているなら，区分的な線形ペナルティ項が使われるべきである．

3 つ目のアプローチは，非線形の値関数近似を用いることである．次の可分関数

$$\hat{V}_{tt'}(R_{tt'})=\sum_{i\in\mathcal{I}}\hat{V}_{t,it'}(R_{t,it'}) \tag{4.20}$$

は，一般に比較的簡単に解くことができる．しかし式 (4.9) を直接解かなければならないことがわかる．ここでは，整数解に興味があると仮定する．それは式 (3.14) で与えられているように，$\hat{V}$ に対して区分線形式を使用することとなる．これは，図 13.4 におけるネットワークを生成する．この問題は線形ネットワークとして簡単に解かれ，整数解が得られる．

この問題クラスでは，非線形関数はかなり効果的に機能するように思われる．それらは 3.1 項の技法を用いて，容易に推定できる．計算は簡単であり（純粋なネットワークの系列），質のよい結果を出す．表 13.2 では決定的ネットワーク（専用のアルゴリズムが非常によいので，実際には望まないのかもしれない）に適用された手法を比較しており，準最適な結果を示している．ローリング期間手順と比較したとき，表

13.3の結果を得た．この表は，地点数と資源数の関数としての結果を与える（作業の数は固定されたままである）．さらに多い配置数の問題は，簡単に解けない．その1つの理由は，問題が可分でないものが増えるためである．この問題では資源の数が減らされるにつれ，問題がより難しくなるので，資源の数が重要である．その結果は，非線形値関数近似がローリング期間シミュレーションに基づく決定的近似よりも明らかに良好な結果を示している．

ある特別な値を使えば，この一般的な戦略をとり，それをより一般的な問題に応用できるようになる．最初に多品種商品問題に対するその応用例を示し，次に異種資源の割当問題を示す．それから，2階層問題に対してどのように適用されるかを示す．

4.1.2 多品種商品

さまざまな異なるタイプのタスクと資源が存在すれば，多品種フロー問題が発生する．そして，違う資源で代用することもできるが，資源の種類によってタスクを実行するコストが異なる．たとえば，トレーラの車両群を管理するときこれは起こり，いくつかの代替車両を用いた違ったタイプのトレーラが存在する．貨車とコンテナ群を管理するときや，顧客にさまざまな種類の製品を配送するときにも，その問題が発生する．

資源属性が $a=(k,i)$ として記述されるとき，多品種商品フロー問題が生じる．ここで k は商品クラス（あるいは単に商品），i は状態変数を表す．すべての推移において，

$$M(t,a,d) \to (a',c,\tau)$$

ここで，もし $a=(k,i)$ ならば $a'=(k,i')$ と仮定している．以下のようにおく．

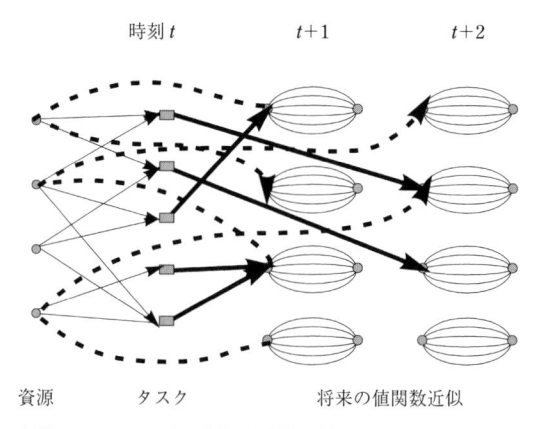

図 13.4 時刻 t における可分な非線形値関数近似をもつ，単一商品フロー問題図
細い実線矢印は資源のタスクへの割当を，太い実線矢印は時間におけるタスクの移動を，点線矢印は将来の値関数近似に対応した再配置を，それぞれ表す．

表 13.2 単一期間時間枠制約をもつ決定的実験の 2 番目の集合（ネットワーク問題）に対して CAVE を用いて得られた近似整数最適値の精度（%）（詳細は Godfrey and Powell, 2002a 参照）

地点数	計画期間		
	15	30	60
20	100.00	100.00	100.00
40	100.00	99.99	100.00
80	99.99	100.00	99.99

表 13.3 異なる地点数と資源数をもつ確率問題に対する決定的ローリング期間手順に対する CAVE を用いた非線形近似の比較（詳細は Godfrey and Powell, 2002a 参照）

事後評価精度は，すべての情報を知っていると仮定して計算された最適解と比較した精度（%）であり，100×近似最適解/最適解である．

地点数	資源数	事後評価精度（%）	
		ローリング期間	CAVE を使用した確率問題
20	100	92.2	96.3
20	200	96.3	97.8
20	400	96.6	98.1
40	100	81.0	90.5
40	200	90.7	96.2
40	400	92.6	96.8
80	100	66.3	82.1
80	200	81.4	93.3
80	400	84.8	94.5

$\mathcal{K}$ = 商品クラスの集合

R_{it}^k = 状態 i におけるタイプ k の資源の数

x_{tid}^k = 状態 i で決定 d をもつタイプ k の資源への実行回数

標準的な表記法どおり，商品クラスを上付き添字としている．これは，本章における，すべての添字は下付きとする表記法と異なる．研究論文との一貫性を保つため，本章における記号に従わなかった．読者はより複雑な問題や異種資源問題の議論とこの表現の比較をしてみてほしい．そこでは，われわれの表記法の方が，実際には簡単であろう．

単一商品同様，多品種商品バージョンの問題を設定し，解くことができる．ローリ

ング期間手順は，以下のように簡単に示される．

$$\max \sum_{t' \in \mathcal{T}_t^{ph}} \sum_{k \in \mathcal{K}} \sum_{i \in \mathcal{I}} \sum_{d \in \mathcal{D}} c_{t'id}^k x_{t'id}^k \tag{4.21}$$

s.t. $t' \in \mathcal{T}_t^{ph}$ に対して，

$$\sum_{d \in \mathcal{D}_i} x_{t'id} = R_{t'i}^k + \hat{R}_{t'i}^k, \quad \forall i \in \mathcal{I}, \ k \in \mathcal{K} \tag{4.22}$$

$$\sum_{i \in \mathcal{I}} \sum_{d \in \mathcal{D}_i} x_{id,t'-\tau_{tid}}^k \delta_{jt'}(t'-\tau_{tid}, i, d) = R_{jt'}^k, \quad \forall j \in \mathcal{I}, \ k \in \mathcal{K} \tag{4.23}$$

$$\sum_{k \in \mathcal{K}} x_{t'id}^k \leq u_{t'id} \tag{4.24}$$

$$x_{t'id}^k \geq 0 \tag{4.25}$$

もし $d \in \mathcal{D}^s$ ならば，コスト c_{tid}^k はタイプ k の資源を特定のタイプのタスクへ割り当てるコストを含んでいるかもしれない．たとえば，集合 $\mathcal{D}^s$（需要に対応するための決定を表す）を部分集合 $\mathcal{D}_k^s$ に分けることもできる．

この定式化における複雑な制約は，式（4.24）で示される．もし問題がそれほど大きくなければ，そして整数解に興味がなければ（あるいは準最適解を求めるだけで満足する），そのとき，商用のLPソルバーがうまく解いてくれる．さらに未来を完全に知ることを仮定することは，より疑わしいといえる．また，多期間・多品種商品のフロー問題は，相対的に解くのが難しい．

単一商品の定式化において述べられた，同じタイプの動的計画法近似を用いることにより，不確実性を予測に組み込むこともできる．計算式を繰り返すまでもなく，式（4.16）の多品種商品の場合が以下の式であることを示すことは難しくない．

$$\tilde{V}_t(R_t, \omega_t) = \max_{x \in \mathcal{X}} \sum_{k \in \mathcal{K}} \sum_{i \in \mathcal{I}} \sum_{d \in \mathcal{D}} (c_{tid}^k + \tilde{v}_{t+\tau_{tid}, i^M_{td}}^k) x_{tid}^k \tag{4.26}$$

部分問題 t を解くとき，勾配 $\tilde{v}^k$ は，資源制約（4.22）のサンプル勾配を使って更新される．

前述の単一商品問題に対しては，線形近似の使用が簡単な整列にほかならない部分問題を生成することを示した．しかし多品種商品問題は少し複雑である．ここでは，状態 i におけるある資源が，$\mathcal{D}_i$ における決定により動かされることを要求している．しかし，状態 i における異なるタイプの資源が $\mathcal{D}_i$ での決定により動かされるという挙動ももっている．その問題は，図13.5に示されるネットワークにまとめられる．線形近似を用いるとき，値関数近似の勾配を利用することができ，分離弧上に存在する任意のコストに加えて，連結弧上のコストへもこれらを加えていることに注意したい．結果的に問題は純粋なネットワークとなる．

これはごく簡単に解けるが，しかし線形近似で先に述べられた問題に苦しめられる．さらに，フローを制御（特に決定を変更）するために上限を使うことは，かなり扱いにくくなる．人為的な上限 y_t は決定的であり，異なる標本の実現の下でうまく使えなければならないということを理解しておくことが重要である．多品種商品の問

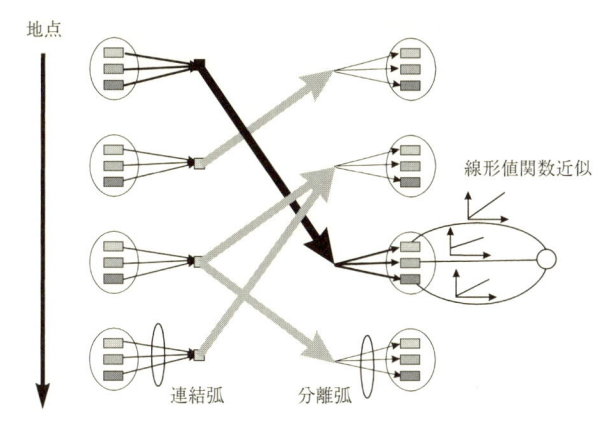

第 13 章 輸送作業の動的モデル　　　　　　　　　　　　　　　　　　　683

図 13.5　線形値関数近似をもつ多品種商品フロー問題により生成されるネットワーク問題

題にこれらの変数を用いる問題点は，資源をまたがる代替品に対する機会をあまりうまく扱えないことである．たとえば，商品を分ける上限を設けることは望ましいが，そうすると，よくできたネットワーク構造を壊すこととなる．

その代わりに，単一商品問題同様，可分な非線形近似を用いることができる．これは以下の形式の部分問題を解くことである．

$$\tilde{V}_t(R_t, \omega_t) = \max \sum_{x \in \mathcal{X}} \sum_{k \in \mathcal{K}} \sum_{i \in \mathcal{I}} \sum_{d \in \mathcal{D}} c_{tid}^k x_{tid}^k$$
$$+ \sum_{t' > t} \sum_{k \in \mathcal{K}} \sum_{j \in \mathcal{J}} \hat{V}_{t+1,jt'}^k (R_{t+1,jt'}^k + \bar{R}_{t+1,jt'}^k (x_t, \omega_t)) \qquad (4.27)$$

この問題は図 13.3 のように示されている．しかしながら，単一商品問題と違って，この部分問題は少し複雑である．非線形値関数が単一商品の場合において，よいネットワーク部分問題を形成する一方で，非線形値関数の使用は，多品種商品ネットワークフロー問題（おそらく整数）を与えている．多品種商品フローの問題がなぜ生じるかを理解するためには，式 (4.24) の決定に関する制約をみればよい．これらの制約は，異なるタイプの商品フローを束ねている．なぜ線形近似を使ったら，このような問題が生じなかったのか．その理由は，線形関数近似によって，$R_{t+1,jt'}^k(x_t, \omega_t)$ を x_{tid} で直接書けたためであり，線形近似の可分性を用いているためである．非線形近似を使う場合，その関数は x_{tid} に関して可分でなくなり，構造を破壊してしまう．

よい点としては，解決しなければならない多品種商品の問題は，それほど大きくはないこと（すなわち，単一期間）である．そして，もし整数解に興味があるなら，LP 緩和はほとんどいつも整数解を与えてくれる．これは動的定式化が式 (4.21)～(4.24) のローリング期間問題を解くよりかなり容易であることを意味する．単一期間問題は，適当な計画期間の時間段階問題よりもずっと解きやすい．

これらの技法は，決定的および確率的な多品種商品フロー問題に関して，かなり役

に立つ．単一商品問題の場合のように，区分的な線形値関数近似を使う間は，整数解を得ることができる．表13.4は決定的な問題（LPソルバーの結果に対する比較）と（決定的ローリング期間近似に対する比較）の技法の効果を表している．再び，その技法は決定的な問題に対する準最適解を与え，ローリング期間モデルより明らかに優れた結果を示している．

多品種商品フロー問題に対して値関数近似の使用に付随したこつと技法がある．興味をもたれた読者は，Topaloglu and Powell（2000）を参照されたい．

4.1.3 異種資源

資源が比較的複雑な場合，この異種資源割当問題が発生する．たとえば資源が人間である場合にはほぼいつも生じ，相対的に複雑な機器（機関車，航空機など）の場合にも，時々生じる．たとえば，ドライバーの管理問題において，その資源の属性は以下のようになる．

$$a = \begin{pmatrix} a_1 \\ a_2 \\ a_3 \\ a_4 \\ a_5 \\ a_6 \end{pmatrix} = \begin{pmatrix} \text{ドライバーの居住地} \\ \text{夜行チームであれば1，なければ0} \\ \text{ドライバーの現在/次のターミナル} \\ \text{ドライバーの現在/次のターミナルへの到着時間} \\ \text{ドライバーの累積運転時間} \\ \text{家から離れている日数} \end{pmatrix}$$

各ドライバーの経路やスケジュールを決めたりするときには，属性ベクトルは，これよりもっと複雑になる．しかしながら一般に，これらの問題は完全情報の仮定（決定的モデル）の下で解かれ，各ドライバーに対する完全なスケジュールをつくらなければならない．

表13.4 決定的ローリング期間手順に対する線形と非線形値関数近似の性能（詳細はTopaloglu and Powell, 2000参照）事後評価精度（％）を示す．

	問題	線形	非線形	ローリング期間
地点数を変化させた確率的実行の結果	10	86.14	96.96	93.17
	20	78.65	93.28	86.84
	40	74.13	92.21	86.89
コンパティビリティパターンを変化させた確率的実行の結果	部分行列I	78.65	93.28	86.84
	部分行列II	80.59	95.40	90.87
	部分行列III	74.83	91.51	82.66
	部分行列IV	84.23	97.12	
資源数を変化させた確率的実行の結果	100	74.19	84.87	76.81
	200	78.65	93.28	86.84
	400	84.41	96.51	91.67

機関車の管理に関しては，次のような属性ベクトルが必要となる．

$$a = \begin{pmatrix} a_1 \\ a_2 \\ a_3 \\ a_4 \\ a_5 \\ a_6 \\ a_7 \end{pmatrix} = \begin{pmatrix} \text{車軸の数} \\ \text{高い摩擦抵抗の機関車なら }H\text{，それ以外なら }L \\ \text{機関車の馬力のクラス} \\ \text{機関車の牽引力のレベル} \\ \text{次の整備までに残っている日数} \\ \text{機関車を整備する場所} \\ \text{機関車と連結した車両の識別} \end{pmatrix}$$

このような属性ベクトルは，現実の資源割当問題を解くときに生じる複雑性のヒントを与える．

属性ベクトルが単一クラスと状態よりも複雑になるとき，その問題を異種資源割当問題と呼ぶ．これらの問題は，次のような観測を行うことにより多品種商品フロー問題の文脈に置くことができる．$a=(a^s,a^d)$ とおく．ここで a^s は属性ベクトルの静的な成分とし（決定がなされたとき，変化しない要素），a^d は動的な成分とする．たとえば，ドライバーの例の場合には，$a^s=(a_1,a_2)$ であり，$a^d=(a_3,a_4,a_5,a_6)$ である．これらの静的な成分は連接され，単一資源クラス（または商品）と見なされる．また，残り4つの動的成分は連接されており，状態変数と見なされる．しかし，これらの問題は，多品種商品フロー問題の構造を満たしていない．ここで，上限 u_{tid} は，資源の状態に対して固定されている．

この構造的違いは別として，異種資源割当問題と多品種商品フロー問題間の現実的違いは，属性空間の大きさである．多品種商品問題では，$a=(k,i)$ であり，可能な属性の数はおそらく $|\mathcal{K}|\times|\mathcal{I}|$ に近い．複合一貫コンテナを管理しているなら，$|\mathcal{K}|$ の値は10と50の間で，地点数 $|\mathcal{I}|$ は，100と1000の間にあるかもしれないとわかる．これは属性空間の総数がせいぜい50000であり，通常は5000前後であることを意味する．それと比べて，多次元属性ベクトルは，数百万の可能な組合せを簡単にもつこととなる．この場合でも，実際に生じる属性ベクトル数は，一般にずっと小さい．しかし，前もってどちらを適用するかは，はっきりとはわからない．

異種資源割当問題の決定的定式化は，次のように与えられる．

$$\max \sum_{t'\in\mathcal{T}_t^{ph}} \sum_{a\in\mathcal{A}} \sum_{d\in\mathcal{D}} c_{t'ad} x_{t'ad} \tag{4.28}$$

s.t. $t'\in\mathcal{T}_t^{ph}$ に対して，

$$\sum_{d\in\mathcal{D}_a} x_{t'ad} = R_{t'a} + \hat{R}_{t'a}, \quad \forall a\in\mathcal{A} \tag{4.29}$$

$$\sum_{a\in\mathcal{A}} \sum_{d\in\mathcal{D}_a} x_{t'-\tau_{tad},ad}\delta_{t'a'}(t'-\tau_{tad},a,d) = R_{t'a'}, \quad \forall a'\in\mathcal{A} \tag{4.30}$$

$$\sum_{a\in\mathcal{A}} x_{t'ad} \leq u_{t'd} \tag{4.31}$$

$$x_{t'ad} \geq 0 \tag{4.32}$$

ここでもし $t'' < 0$ ならば $x_{t''ad} = 0$ とする慣例に従う．この問題の規模の大きさから，これは解くのが困難な問題となる．実際の問題においては，単一期間でさえ，完全な属性空間を生成することは事実上不可能であり，いうまでもなく，適当な計画期間におけるすべての時間に関しては不可能である．

興味深いことであるが，これは，確率的技法を用いるならば，より簡単そうにみえる問題の一つのように思われる．これまでわれわれは，確率的技法が決定的問題に対して，うまくいくことをみてきた．以前用いた同じ技法を適用すれば，単一期間問題は次のようになる．

$$\tilde{V}_t(R_t, \omega_t) = \max_{x \in \mathcal{X}} \sum_{a \in \mathcal{A}} \sum_{d \in \mathcal{D}_a} c_{tad} x_{tad}$$
$$+ \sum_{t' > t} \sum_{a \in \mathcal{A}} \hat{V}_{t+1, a't'}, (\bar{R}_{t+1, a't'} + R_{t+1, a't'}(x_t, \omega_t)) \qquad (4.33)$$

制約条件は単一期間問題に対する式 (4.29)，(4.32) である．

線形あるいは非線形値関数近似を使って，多品種商品問題と同じ基本部分問題構造にたどりつく．たとえば，線形近似は図 13.5 に示されるようなネットワークに帰着され，一方，非線形近似は，図 13.3 のような部分問題を生成する．属性空間サイズのため，大きな差が生じる．多品種商品問題を解いているとき，前もって $\mathcal{K} \times \mathcal{I}$ のすべての可能な値を列挙しておくのが普通である．これは，k と i のすべての組合せに対して，資源制約条件をもつことを意味する．結果として，可能なすべての組合せに対する双対変数をもち，各可能な組合せに対して，各反復で更新される値関数近似をつくり出す．

異種の場合には，$\mathcal{A}$ にすべての要素を生成することができない．その代わりに，属性を動的に生成しなければならない．

$\mathcal{A}^n$：反復 n で生成されたアクティブ属性空間

とする．以下，増加系列 $\mathcal{A}^n \subseteq \mathcal{A}^{n+1}$ を用いることにする．しかしながら，これは与えられた属性 a と決定 d に対して，属性 $a_{t,a,d}^M$ はまだ生成されていないかもしれないことを意味する．属性 $a' \notin \mathcal{A}^n$ に対する $\hat{V}_{t'a'}$ の近似を必要とする．このため，次のように定義する．

$\mathcal{A}_i$：共通の地理的な位置 $i \in \mathcal{I}$ をもつ属性ベクトルの集合

$\bar{a}_i$：地点 $i \in \mathcal{I}$ において最善の行動をとるであろう地点 i における人為的資源の属性

$\bar{a}_i$ に任意の実際の資源と少なくとも同じくらいの資源の行動をもたせたい．そのため，以下を仮定する．

$$c(\bar{a}_i, d) > \max_{a \in \mathcal{A}, d \in \mathcal{D}_a} c(a, d) \qquad (4.34)$$

ここで，属性ベクトル $\bar{a}_i$ を地点 i における「最もよい属性」と呼ぶことにする．もちろん，システム範囲に適用する単一の最もよい属性を単に定義することもありう

る．しかし，地点を特定することにより限界値を厳しくするなら，よりよい結果を得ることは明らかなように思える．必ずしも $\bar{a}_i \in \mathcal{A}$ である必要はなく，もし $\bar{a}_i \notin \mathcal{A}$ であれば，$\bar{a}_i$ はカラの資源になる．重要なことは，いつも存在する1つの属性をもっていることであり，それは上限である値関数近似をつくることを可能とする．これは決定により生成された資源の下流の価値を過小評価しているからといって，決定を人為的に避けないことを保証している．

その属性からの寄与が，他の属性に対する上限となることを保証する属性ベクトルを生成することは，属性の値（直接コストのみでなく下流コストも含む）もまた，上限であることを必ずしも保証していないように思われる．

次の命題がこの結果を示している．

命題 4.1（Powell *et al.*, 2000a） 式（4.34）が成り立ち，$a \in \mathcal{A}_i$ に対して $\bar{v}_{a,t}^0 \geq \bar{v}_{ta}^0$ であれば，次式が成り立つ．

$$\bar{v}_{a,t}^n \geq \bar{v}_{ta}^n, \quad \forall a \in A_i$$

言い換えれば，「最もよい属性」の値の推定は，他の属性（同じ地点において）をもつ資源の値よりよいと保証することができる．

これは，これら推定値のすべてが，その値があるべき実際の上限値とはならないことを意味している．しかし決定は相対的であり，そしてこれは重要な特性である．

このとき，実際の属性空間は，アルゴリズムが新しい状態を訪問するにつれて大きくなる．次の記号を用いてプロセスを記述する．

$A_t^n =$ 反復 n において，時間 t に対して生成された属性ベクトルの集合

$\bar{A}_{tt'}^n =$ 時間 t での部分問題を解いたとき，時間 t' に対して生成された属性ベクトルの集合

もちろん，集合 $\bar{A}_{tt'}^n$ はすでに $A_{t'}^n$ にある要素を含んでいるかもしれない．実際の属性空間は，次式によって更新される．

$$A_{t'}^{n+1} : A_{t'}^n \bigcup_{t<t'} A_{tt'}^n \tag{4.35}$$

このアルゴリズムは主要な小口扱いトラック輸送会社のドライバー管理に適用されている．これは，数百の異なる地点間で，数万の積荷を動かす，数千人のドライバーの管理を含む問題を容易に取り扱えるようにしている．

4.2　2階層資源割当

前節では，市場需要，タスク，要求，外部顧客を扱うための他の表現は，上限としてすべてモデル化された．それは，利益や正の寄与を生成するわれわれの能力を制限している．これらの上限は，$d \in \mathcal{D}^s$ に対して u_{tid} で表現される．それは時間 t において，タスクを扱うための決定を実行する能力の限界を表している．一般的に需要を

扱うための決定 $d \in \mathcal{D}^s$ に対して，通常は $c_{tid} > 0$ を仮定する．一方，$d \in \mathcal{D}^r$ のとき，別の状態に地点を移動させる決定は，負の寄与を受ける．このモデルでは，暗黙的に時間 t で仕事をしていなければ，正の寄与は失われる．どのようなときでも，タスクについてのすべての決定を行うのである．

2階層問題はしばしば生じている．ルールとして，どのように需要が満たされるかについての決定をしばしば行わなければならないからである．最も簡単な場合は，今あるいは将来のいずれで仕事を行うべきかを判断しなければならないというときである．これは需要の繰り越しの基本的なケースである．トラック輸送において，いったん1人の顧客にサービスをすると決めたとき，単に積荷を出発地から目的地に移すだけという場合がしばしばある．いつ積荷のサービスを行うかの判断をするだけである．さらに複雑な場合として，顧客の需要にどのように応じるかを決めなければならないかもしれない．それは仕事が終わるまでの，一連のステップを通して行わなければならないかもしれない．

2つあるいはそれ以上の層をもつ問題を考えるとき，資源層の重要なクラスを識別し始めることが必要である．まずは，それらが永続的か過度的かということである．永続的資源を保持する決定がなされたとき，システムには永続的資源が残っていて，過度的資源の場合はなくなる．再利用可能な資源は，使用した後，システム内にとどまっている．もしそれがなくなったら，再利用可能ではなく劣化するものとなる（劣化する（perishable）という用語は，輸送とロジスティクスの分野において知られており，消費財に対して使用する方がより適切にみえる）．

2つ目の重要な次元は，その資源が能動的か受動的かである．能動的な層は決定の集合を使って修正される．受動的な層ならば，別の資源クラスを連結することにより機能するのみである．「何もしない」という決定がなされたとき，最小の場合に永続的・受動的層は，そのシステムで（おそらく）滞在している特性をもっている．しかし，より興味あるクラスは，それが結合したり，修正された後でさえシステムに残っているものである．

これらの概念の例は，ドライバーと積荷のケースにおいて生じる．ドライバーはある地点から別の地点へ積荷なしで再配置することができるし，あるいは積荷を移動することもできる．積荷を移すことで，ドライバーは賃金を得るが，その積荷のみで移動することはできない．しかし，積荷を動かさなかったら，そのままとなる（システムもそのままである）．もし，積荷を動かしたら，それはシステムからなくなる．積荷は永続的であるが，再利用不可能なクラスではない．もしドライバーが積荷を中継点まで動かして降ろし，別のドライバーが受け取るのを待っていれば，積荷は再利用可能なクラスになる．

この同じ例を2つの能動的層からなる問題に適用する．もし1人のドライバーを動かすとしたら，社内のドライバーを動かすということを意味すると仮定する．もしドライバーの数が足りなかったら，別の会社と契約を結び，積荷を動かす．その後，ド

ライバーは外部の会社の責任となる．自社が管理している資源（自社所有のドライバー）の観点からみると，われわれはドライバーなしに積荷を動かせるということである．これは，2つの能動的層をもつ問題である．

4.2.1から，最も基本的な2つの階層問題の簡単なバージョンについての説明を始める．4.2.1では，1つの層のみ再利用可能（実際にその状態を変える決定をなすことができる）で，もう一つは受動的（需要はサービスされるまでそのまま）である．4.2.2では，2つ目の層が再利用可能な問題について示す．

4.2.1　1つの再利用可能層

すでに，記号 $\mathcal{R}^c$ がクラス c における（離散的）資源の集合を表すもの（すなわち $\mathcal{R}^c$ はクラス c における資源ベクトル）として導入した．この記号は3つあるいはそれ以上の資源クラスで特に役に立つ（いくつかの複雑な問題では，4～5つの資源クラスをもっているかもしれない）．なぜなら異なる資源を記述するための変数をつくることを省いてくれるからである．しかし，2つのクラスしかない場合では，各層において，異なる変数を用いることが便利である．この目的に対して，以下を定義する．

L_{tb}＝任意の新たな到着前に，時間 t で有効な属性ベクトル b をもつタスクの数

$\mathcal{B}$＝要素 $b \in \mathcal{B}$ をもつ可能なタスク属性の空間

L_t＝任意の新たな到着前に，時間 t において，われわれが把握しているタスクベクトル

この表現は，資源のある対称表現を与えている．しかしながら，以下のことを定義することもまた有用である．

$\mathcal{L}$＝タスクタイプの集合（たとえば，各タスクタイプは，出発地・目的地の組合せを表すかもしれない）

L_{tl}＝タイプ $l \in \mathcal{L}$ のタスクの数

$\mathcal{L}$ はタスク属性空間 $\mathcal{B}$ の指標と見なされる．われわれの目的にとっては，後者の表現はより便利である．

もし，タスクをサービスするための決定を行いたいなら，$\mathcal{D}^s = \mathcal{L}$ を可能なタスクタイプの集合とする．L_{tl} は時間 t において，タイプ l のタスク数である（この変数が後で上限として使われるので，タイプ l のタスク数として u_{tl} を使うことを好む読者もいるであろう）．$\mathcal{L}$ における各タスクタイプに対し，そのタイプのタスクを遂行するために，$\mathcal{D}^s$ 上に対応する決定が存在する．決定 $d \in \mathcal{D}^s$ に対して，タスクタイプ $l_d \in \mathcal{L}$ があり，それは，$d \in \mathcal{D}^s$ に対して，$L_{ld^t} = L_{dt}$ と書くことができる．タスクに割り付けられる資源数は，このとき，次のように制限される．

$$x_{tad} \leq L_{dt} \tag{4.36}$$

一方で資源は，フロー保存制約により次のように与えられる．

$$\sum_{d \in \mathcal{D}} x_{tad} = R_{ta} \tag{4.37}$$

式 (4.36), (4.37) は，決定に影響を与える資源とタスクを表す．決定 d を実行するとき，その資源に与える影響は修正関数で表される．一方で，タスクに関する影響は，システムを離れることである．資源状態変数の進化は，式 (2.3) で与えられる．原理的にそのタスクに対して，同じ式を使えるが，タスクの簡略化により，さらに簡単な記号を使うようになる．もし需要に応じて作業を行うなら，それはシステムを離れると仮定する．需要に応じない場合（顧客の断り）もまたシステムを離れるかもしれない．このため，次のように定義する．

$L_{tt'}^h =$ 時間 t においてわれわれが把握しているタスク数（時間 t で保有されていて時間 t' で実行可能なものとする）．保有されていないタスクは，サービスされた，あるいはそのシステムを独立に離れたタスクを含む

通常，$t' > t$ に対して $L_{t+1,t'}^h = L_{tt'}^h$ を仮定し，時間 t においてタスクが利用できない場合は，それが時間 t' においてシステムで存在するべきである．しかしここでの表現は，注文の取消しを許している．この記号は，次のようなタスクのダイナミクスを表している．

$$L_{t+1,t'} = L_{tt'} + \hat{L}_{tt'} + L_{tt'}^h \tag{4.38}$$

ここで，$\hat{L}_{tt'}$ は，$\hat{R}_{tt'}$ と同様に，時間 t で最初に知られるようになったタスクを表現しており，それは時間 t' において利用できる．

この対 (R_t, L_t) は，システムの資源状態を表している．これは不十分な資源ベクトルであることを強調しておく．なぜなら R_t と L_t は時刻 t でシステムに到着する新しい資源とタスクを含んでいないからである．R_t を (R_t, L_t) に単に置き換えることにより，先に示した単一資源層で使用したものと同じ動的計画法再帰式と近似を使うことができる．動的計画法近似を使うことにより，以下の式を解かなければならない．

$$\tilde{V}_t(R_t, L_t, \omega_t) = \max_{x \in \mathcal{X}} C_t(x, R_t, L_t) + \hat{V}_{t+1}(R_{t+1}(\omega_t), L_{t+1}(\omega_t)) \tag{4.39}$$

システムダイナミクス式 (2.3)（資源数の更新）および式 (4.38)（タスク数の更新）と同様に，制約式 (4.36), (4.37) の下で，この式を解くこととなる．

式 (4.39) を解くために，単一層問題で使われる解法を用いる．たとえば，線形近似で求めると仮定すると，以下のようになる．

$$\tilde{V}_t(R_t, L_t, \omega_t) = \max_{x \in \mathcal{X}} C_t(x, R_t, L_t) + \bar{v}_{t+1}^R R_{t+1}(\omega_t) + \bar{v}_{t+1}^L L_{t+1}(\omega_t) \tag{4.40}$$

制約式 (4.37), (4.36) に関する双対変数を使うことにより，$\bar{v}^R$ と $\bar{v}^L$ を推定し，標準的な平滑化法を適用する．

タスクが受動的階層である場合は，近似 $\bar{v}^L = 0$ を使うことは，不適当とはいえない．つまり時間 t においてタスクをカバーしようとすることを意味する．しかし，も

しできなかったら，時間 $t+1$ まで保有してそれからカバーしようとする．表13.5では，資源割当問題に関する非線形近似を用いた2つの実験結果を示している．一つは各タスクには「時間枠制約」があり（ただし，ここでは $\hat{v}^L=0$ を用いる），もう一つはある時点で各タスクはサービスを完了しなければならない問題である．いずれの実験も不確実性なし（LPソルバーを使ってきっちりした上限を得る）のデータセット上で行われた．これらの結果は（これらの決定的データセットにおいて），時間枠制約のない場合に実質的な最適解を得ており，一方，$\hat{v}^L=0$ を用いるとき，最適レベルより1〜2%最適解より低くなっている．

　資源とタスクの勾配を用いた値をテストするため，ある問題を扱う．ここで，資源タスクのいずれもが割当前に保有される．また少なくとも事後評価精度の形で，すぐに最適解を得ることができる（事後評価精度はすべての情報が把握された後で最適解を得ることにより計算される）．このテストに対する問題は，動的割当問題となる．動的割当問題は時間に関して資源とタスクの割当を含む．しかし，いったん，資源がタスクに割り当てられたら，それらはいずれもシステムから消えることになる．逆に，もし資源かタスクが t 期で割り当てられなければ，それらは $t+1$ 期で利用可能である．資源あるいはタスクを今割り当てる決定は，将来における資源あるいはタスクの価値を考慮しなければならない．

　動的割当問題は，2階層問題の特別な場合である．そこでは，タスクが受動的層である一方，資源を能動的層として示している．重要な応用例は，トラック輸送における負荷マッチング問題である．ここでは，ドライバーを荷物に割り当てる．時間に関して，ドライバーが利用可能であり，積荷は要求される．ドライバーが積荷に割り当てられた後，両者はシステムから消える．

　動的割当問題を特別にすることは，すべての資源とタスクがきっちりとした上限を得られた後には，問題を解くことが容易であるということである．先に述べた資源割当問題とは対照的に，これは通常，実際に行われている近視眼的解に興味をもたない問題である．20の決定的および20の確率的データセットに関して実験を行った．近視眼的解 $\hat{v}^R=\hat{v}^L=0$ を資源勾配 $\hat{v}^L=0$ をもつアルゴリズムと，資源とタスクの傾きの両方を用いたアルゴリズムに対して比較している．その結果は表13.6に示されている．これはタスクの勾配を追加することにより，3〜4%の改善がなされたことを示

表13.5　異なる時間枠制約問題における非線形近似の性能評価

時間枠制約	有			無		
計画期間 地点数	15	30	60	15	30	60
20	99.0%	99.2%	99.5%	100.00%	100.00%	100.00%
40	98.2%	98.4%	98.9%	100.00%	99.99%	100.00%
80	97.5%	97.0%	97.6%	99.99%	100.00%	99.99%

表 13.6 事後評価精度で示される決定的および確率的
な実験データに対する値関数近似結果
統計量は 20 データセットの平均.

実験のタイプ	近視眼的	資源勾配	資源と負荷勾配
決定的	88.4	93.4	97.5
確率的	86.6	89.2	92.8

している．劇的な改善ではないにせよ，それはある程度，意味をもつものと結論付けられる．

4.2.2 2つの再利用可能層

積荷を載せた貨車を，出発地から顧客の要求する目的地まで移動させる問題を考える．このプロセスは一連のステップで発生する．貨車が荷主のドックから引かれたとき，それは操車場に引かれていき，ブロックに追加される．ブロックとは1つあるいは多くの列車に関して一緒に動かす貨車の集団である．列車が動いたとき，それは共通区域（共通の中間目的地）を共有するブロックを引いている．ブロックがその目的地に到着したとき，おそらくいくつかの貨車はそれぞれの目的地に到着している．しかし，いくつかのものは移動を続けることとなる．これらの貨車は引き離され，新しいブロックに追加される．そして再び1つあるいは複数の貨車として，新たな中間目的地へ移動することとなる．

機関車はもちろん列車を引くが，1群の貨車をある地点から別の地点に移動させるには，その貨車を連結しなければならない．また，中間目的地（ブロックの目的地）に到着し，連結を外す必要がある．機関車と箱型貨車は両方ともシステム内に残す．機関車に対して新しい列車を割り当て，その貨車のルートに関して判断しなければならない．そのように，両方とも能動的資源である．

他の状況においては，2階層問題が起こる．運送会社は，ドライバーとトレーラを管理しなければならない．ドライバーがいったん荷物を積み込むと，荷物をターミナルに運ぶことが必要になる．そこでは，最終的な目的地への配送を待って2〜3日の間，荷物は保管される．そのドライバーは新しい積荷に割り当てられ，また新たなドライバーは，別の地点で新たな荷物を積み込むであろう．貨車同様に，最初の移動の終了時には，積荷とドライバーは両方ともシステム内に残る．

サードパーティロジスティクス（3PL）会社が，もしドライバー管理だけでなく，製品の移動と保管にも責任をもっているなら，彼らも2階層問題に直面する．ドライバーの乗り物に積載したり，製品を移動したり保管したり，ドライバーの管理をすることが必要である．

2階層問題のモデル化は，単一の再利用可能階層をもつ2階層問題のモデル化（両方の階層は永続的である）と同じような仕組みである．2つの階層を同じ取扱いとな

るよう，システムのダイナミクスを変えることが必要である．式 (4.38) の簡単なタスクのダイナミクスの代わりに，式 (2.3) を使ってタスクをモデル化する．基本的には 2 階層問題に直面した場合，いわゆる資源階層に対して行うことは，タスク階層に対するものと同じであるということを読者は理解しなければならない．将来の資源の価値をとらえるだけでなく，そのタスクの価値もまたとらえるべきである．

4.3 多 階 層

現実の問題は，これまで取り組んできた問題よりかなり難しくなるのが常である．たとえば，ドライバーは，貨物を積み込むトレーラを引くためのトラクタを使わなければならない．さらにまた，荷物の取扱いを補助するため，パレットや特別な積載装置を必要とするかもしれない．機関車は，貨物輸送で貨車を引くために，燃料と乗務員の両方を必要とする．化学製品の会社は，ドライバー，トラクタ，トレーラ，化学製品，顧客のタンクを特別に管理しなければならない（5 階層問題）．

多階層問題は本質的に複雑であり，洗練されて，簡潔な記号を採用することが特に重要である．以前に述べたモデル化のフレームワークでは，資源クラス C^R の概念を導入した．ここで R_i^c がクラス c の中の資源ベクトルであり，そして，A^c はクラス c に対する属性空間である．一緒に結合する資源に対して決定がなされなければならないとき，資源の階層化は，問題を取り扱うのに役立つ．たとえば，市内行き列車に付けられる機関車は，市内行き列車には付けられない同じ型の機関車とは，全く異なる．特定のドライバー，トラクタ，トレーラによって行うことができる配送は，すべての 3 つの特徴に依存する．

多階層問題が直面する 1 つの問題は，単一期間の部分問題を解く場合と同じである．2 階層問題には，輸送問題と割当問題の基本的な構造がある．また 3 階層問題を解くことは，非常に難しくなる．

多階層問題が 2 階層問題の系列として，しばしば（常にではないが）解かれることは，おそらく驚くべきことでない．小口扱い輸送会社においては，一人がドライバーを管理し，もう一人はトレーラの積載を計画する．そして，もう一人は，トラクタ置き場が適当であるかを確認する．鉄道においては，明確に異なるグループが，すべての機関車，貨車，乗務員を管理する．しかし，トラック配車係は，ドライバー（および彼らのトラクタ），トレーラ，積荷を管理しなければならない．

4.4 貨 物 集 約

これまでは，タスクごとに 1 つの資源という暗黙の仮定の下でタスクに資源を割り当ててきた．これらはいわゆる「一対一」問題と呼ばれており，荷物を引くドライバーや，顧客の注文に対する貨車の割当を行わなければならない場合に，この問題が生じてくる．しかし，貨物を 1 つのコンテナに混載することが，しばしば必要となる．ここでは，2 つの特別な場合を考える．最初は，2 点間で行き来する，1 台のトレー

ラへの1ダースあるいは数百個の積荷のとりまとめである．2番目は，異なる特性をもつタスクのクラスタリング問題に取り組む．これは異なる配送日，あるいは異なる最終目的地をもつ注文を寄せ集めるときに，生じてくる（そうでない場合は配送計画問題として知られている）．

4.4.1 バッチ割当

最も単純なバッチ割当問題は，小口扱いトラック輸送において起こる．ここで積荷は，トラックの輸送基準を満たすまでターミナルに溜められる．大部分の問題では，積荷の到着率は，時間に関して一定ではない．たとえば，その日の間に市内にいたトラックから積荷は降ろされるので，貨物便のターミナルでは，到着が基本的には夕方となる．ほとんどの場合，割当ルールは，かなり簡単である．それは「トラックが一杯になったとき出発する」あるいは，「トラックが一杯になったときに出発するが，打切り時間までである」のような形態となる．ここで，打切り時間とは，運送会社がサービスできることを保証する時間のことである．貨物がほとんどなく，トラックが部分的にしか満たされていないとき，いつも問題が発生する．すべての運送会社がサービスに重点を置く一方で，トラックの積載率が20％のときには，長距離便を出発させることが困難となる．

地域の運送会社に対して，貨物輸送の選択肢は一般にきわめて少ない．あるトラックは，ある都市から他の都市へ直行し，それら2都市間だけの貨物輸送を行う．もっぱらこのように動いている運送会社も少数存在する．しかし，この運用概念では，ほぼ1ダースかそれを超えるターミナルを扱うまでに発展することは不可能である．通例，大部分の貨物輸送は，1つの配送施設を通して取り扱われなければならない．トラックが施設から出発できるくらい十分の積載量でないなら，運送会社は部分的に積載されたトラックを出発させるか，あるいは次のサイクルまで貨物を保持しなければならない．

長距離運送会社には，より多くの選択肢がある．ボストンのような出発地において，トレーラが，テキサスのような目的地における配送センター（または積荷を中継する地点）へ運ぶ積荷を積み込んでいるものとする．トレーラを満たすのに十分な貨物がなければ，運送会社はトレーラ（満杯であれ一部積載であれ）を北東地域にある最も近い配送センター（出発地中継点とも呼ばれる）へ移動させ，トレーラを荷物で満たすという選択肢をもつ．そこで，積荷は多くの他のターミナルへ出るトレーラ上へ，完全にまたは部分的に仕分けされる．

トラックをどこへ送るかを決定するという問題を整数計画法モデルとして定式化する取り組みが行われてきた．地域の運送会社の静的モデルでさえ，手に負えないほど大規模となり，最適アルゴリズムが効果的であるかは示されていない．静的ネットワークを最適化するための局所探索の発見的手法は効果的であり，そして特に，計画者と相互に仕事を進める局所探索の発見的手法が広く採用されてきた．しかし，動的な

場合に対しては発見的最適化モデルでさえ,効果的ではない.トラックをいつ出発させるかを決める簡単な政策を用いたシミュレーションモデルは,工学的応用における唯一の効果的ツールである.そしてわれわれは,動的問題を最適化することへの重大な進歩に気づいていない.

ここでは,再び動的問題に焦点を絞り,以前に資源割当問題に対して示した技法が,この設定の下でいかに効果的であるかを説明する.先述のとおり,われわれの解法アプローチは,時間を通して段階的に一連の比較的単純な問題を解くものである.単純な近視眼的規則を使うか,われわれの適応型動的計画法を適用する(Papadaki and Powell,掲載予定).ここでは1つのリンク上にトラックを割り当てる場合だけを考えるが,異なるタイプの顧客がある場合も許す.これは特に小口扱い輸送において重要である.ここでは,異なった時間の長さを待っている顧客だけでなく,優先度の高い顧客と低い顧客が存在している.最後に,定常状態での挙動は仮定しない.

- モデルのパラメータ:

    $\mathcal{K}$ = 顧客クラスの集合

    c^d = 車両割当コスト

    c_i^h = 1期間における単位製品あたりのクラス i の在庫維持費用

    $c^h = (c_1^h, c_2^h, \cdots, c_K^h)$

    K = 車両サービス能力.1回の割当でサービスできる顧客の総数を与える

- 活動変数:

    R_{tk} = 新しい到着が加えられる前に時間 t で待っているクラス k の顧客数

    $R_t = (R_{tk})_{k \in \mathcal{K}}$

    $\hat{R}_t$ = 各タイプの顧客の時間 t に到着する数を与えるベクトル確率変数

    $R_t^+ = R_t + \hat{R}_t$

- 決定変数:

    x_{tk} = 時間 t でサービスされるクラス k の顧客数

    $X_t^\pi(R_t^+)$ = 完全な資源ベクトル R_t^+ の関数として,ベクトル x_t を与える決定関数

ここで,決定関数族 $(X_t^\pi)_{\pi \in \Pi}$ を定義する.もし車両が割り当てられていれば $z_t = 1$,そうでなければ 0 である,定義変数 z_t を定めることは,有用である.決定関数を $Z_t(x_t)$ とする.ここで,もし $\sum_{k \in \mathcal{K}} x_{tk} > 0$ ならば $Z_t = 1$,そうでなければ 0 である.期間あたりにたかだか1つの割当を仮定している点に注意されたい(期間はより短くすることができるので,これは重大な制限とはならない).

1期間あたりのコスト関数を,以下のように与える.

$$C_t(R_t, \hat{R}_t, x_t) = c^d Z_t(x_t) + c^h(R_t^+ - x_t)$$

このとき,目的関数は以下のように与えられる.

$$F(S_0) = \min_{\pi \in \Pi} E\left\{\sum_{t=0}^{T-1} C_t(R_t^+, X_t^\pi(R_t^+))\right\}$$

標準的な方法に従って,動的計画法近似を解くことを提案する.

$$\tilde{V}_t(R_t,\omega_t) = \min_{x_t} C_t(R_t^+, x_t) + \hat{V}_{t+1}^n(R_t^+(\omega_t), \; x_t) \qquad (4.41)$$

最も単純な近似は,驚くほど効果的であるが,線形近似を使うことである.

$$\hat{V}_t(R_t) = \hat{v}_t R_t \qquad (4.42)$$

これらのバッチプロセスは,線形計画ではないので,双対変数を利用することはない.しかし,有限差分を用いることができる.

$$\tilde{v}_{kt} = \tilde{V}_t(R_t + e_k, \omega) - \tilde{V}_t(R_t, \omega)$$

ここで,e_k は k 番目の要素に1をもった $|\mathcal{K}|$ 次元ベクトルである(製品クラスが多いとき,ほんの少しの製品クラスだけに対する導関数を使って,近似 $\tilde{v}_{kt}$ を求めることは,かなり簡単である).以前同様,$\tilde{v}_{tk}$ は統計的推定量であり,近似 $\hat{v}_{tk}$ を得るために平滑化を行う.

線形値関数の近似を用いて,式 (4.41) を解くことはかなり簡単である.もし $z_t=1$(車両割当を行おうとしていることを意味する)を仮定すれば,最適な x_t は,通常,単純整列法により求められる.実際,最も価値ある製品をトラックに積むといった単純な規則が最善であることを示すことができる.これは,$z_t=(0,1)$ で式 (4.41) を計算し,最適な値を決定しなければならないことを意味している.

アルゴリズムのステップは,図13.6に与えられている.

表13.7は,1つの顧客クラスの問題に関して線形近似がテストされた一連の実験結果をまとめたものである.この特別な場合に対して,標準的な後ろ向きの動的計画法を使って,最適性再帰式を解くことが可能である.表13.7は,25〜200回の反復を使用した最適値との相対誤差を示したものである.また,近視眼的政策「打切り時間 τ をもつ,一杯になれば出発」(DWF-TC)の性能も示されており,トラックは打切り時間 τ より長く待たされない(ここで,τ は各データセットに対して最適化された).3つの種類のデータセットがテストされ,在庫維持費用 c^h と顧客あたりの割当コスト c^d/K の違いを反映している.その結果,発見的手法が近似最適な性能を与えていることを示唆している.最も重要なこととして,多くの顧客クラスをもつ問題への拡張は困難ではない.

ほとんどの会社では,近視眼的規則を用いてトラックを割り当てているので,しっかりと設計された近視眼的政策は,現実世界を模倣する素晴らしい仕事をすることができる.これらの政策は,表13.7で示されるような最適化された DWF-TC 戦略より,より洗練されている.モデル化の観点から,動的計画法近似が近視眼的な発見的手法の性能を上回るかどうかということは問題ではない.より重要なことは,そのモデルがしっかりとした設計がなくても,現実的なよい結果を与えるかどうかである.

4.4.2 クラスタリング

バッチ処理の2つ目のタイプは,資源を一緒にクラスタリングすることである.ある列車を引くいくつかの機関車や,1台のトラクタで引かれる2〜3台の小型トレー

> **Step 1**: R_0 が所与で，すべての t に対して $\bar{V}_t=0$ を設定．すべての n に対して $R_0^n=R_0$ を設定し，$n=1$, $t=0$ とする．
> **Step 2**: ランダムなサンプル $\omega=(\omega_0\omega_1\cdots\omega_{T-1})$ を生成する．
> **Step 3**: 以下を計算する．
> $$z_t^n = \underset{z_t\in\{0,1\}}{\arg\min}\ \{cz_t + c^h(R_t^n + \hat{R}_t^n - z_tX(R_t^n + \hat{R}_t^n)) + \bar{v}_t^n(R_t^n + \hat{R}_t^n - z_tX(R_t^n + \hat{R}_t^n))\}$$
> $$R_{t+1}^n = R_t^n + \hat{R}_t^n - z_tX(R_t^n + \hat{R}_t^n)$$
> そして，以下のように定義する．
> $$\tilde{V}^n(R_t^n) = \min_{z_t\in\{0,1\}}\ \{c^dz_t + c^h(R_t^n + \hat{R}_t^n - z_tX(R_t^n + \hat{R}_t^n)) + \bar{v}_t^n(R_t^n + \hat{R}_t^n - z_tX(R_t^n + \hat{R}_t^n))\}$$
> **Step 4**: 各 $k=1,\cdots,m$ に対して，以下のように近似を更新する．
> $$\hat{v}_{kt}^n = \tilde{V}_t^n(R_t^n + e_k) - \tilde{V}_t^n(R_t^n)$$
> ここで，e_k は第 k 要素が 1 で，残りが 0 の $|\mathcal{H}|$ 次元ベクトルである．

図 13.6 バッチ割当問題に対する適応型動的計画法アルゴリズム

表 13.7 最適コストに関する総コストの相対誤差
(Papadaki and Powell, 掲載予定)

方法	線形	線形	線形	線形	DWF-TC
在庫維持費用/割当コスト	反復回数				
	25	50	100	200	
$c^h>c^d/K$	0.077	0.060	0.052	0.050	0.774
$c^h\cong c^d/K$	0.048	0.033	0.023	0.024	0.232
$c^h<c^d/K$	0.030	0.022	0.017	0.016	0.063
平均	0.052	0.038	0.031	0.030	0.356

ラをグループ化したり，いくつかの配送を1台の配送トラックにまとめたりしなければならない．これらの問題はすべて，一緒にまとめられる資源の集合に関して可分でない関数を含んでいる．機関車は一緒に連結されるかもしれない．そして，もし1台の機関車を1つの列車に割り当てるなら，一般的には最初の機関車がすでに連結されている他の機関車を割り当てる必要がある．小型トレーラは重さとサービスの要求に基づいて組み合わせる必要がある．効率的な配送経路を構成するように，配送はグループ化されるべきである．

一般的なクラスタリング問題は，ある寄与関数 $C_t(x_t)$ で表現される．それは決定ベクトル x_t の非線形で可分でない関数である．幸いにも，大部分の問題はこのように一般的ではない．R_t を能動的な資源（トラック）のベクトルとし，$\mathcal{L}$ を結合すべき受動的資源（配送またはタスク）の階層とする．R_{ta} を属性 a をもつ資源数とし，u_t を資源と同じ単位で表されるタスクのサイズとする（R_{ta} を車両の容量とし，u_t を各タスクのサイズとする）のである．多くの配送とスケジューリング問題で，個々の車両 $r\in\mathcal{R}$ は，それ自身の唯一属性ベクトル a_r をもっている．この場合において，R_{ta} は，単一車両として参照される（しかしこれは常にというわけではない）．

x_{tal} をタスク l に結合しているタイプ a の資源数とする．したがって，以下の資源フロー保存制約

$$\sum_{l\in\mathcal{L}} x_{tal} = R_{ta}, \quad \forall a\in\mathcal{A} \tag{4.43}$$

と，以下の結合制約

$$\sum_{a\in\mathcal{A}} x_{tal} \leq u_{tl}, \quad \forall l\in\mathcal{L} \tag{4.44}$$

が成り立っている．$x_{tl}=(x_{tal})_{a\in\mathcal{A}}$ を属性 a をもつ資源のタスク $l\in\mathcal{L}$ への割当を表す決定ベクトルとする．今，$c_{tl}(x_{tl})$ をタスク l へ資源ベクトル x_{tl} を割り当てたコストとする．このとき，

$$C_t(x_t) = \sum_{l\in\mathcal{L}_t} c_{tl}(x_{tl}) \tag{4.45}$$

である．いわゆる資源に関する可分な関数 $c_{tl}(x_{tl}) = \sum_{l\in\mathcal{L}} c_{tal}(x_{tal})$ と表すことができるとき，もちろんそれは，よい単純化である．いくつかの機関車を列車に割り当てたり，2〜3台の小型トレーラを同じトラクタに割り当てたりするときに当てはまる．しかし，複数の配送（集荷）を同じ車両に割り当てるときは，そうはならないであろう．なぜなら，総コストが，集荷を完了するために形成する配送経路に依存するからである（ちょうど同じように，可分な近似は，一般的な配送計画問題アルゴリズムの基礎となっている．Bramel and Simchi-Levi（1995）の経路の研究のほか，Fisher and Jaikumar（1981）参照）．この理由に対して，研究者らは，新しい情報が到着するにつれ，それが変わったとしても，実際の配送経路を動的に見つけなければならないことに気付いている（Gendreau *et al.*, 1999；Regan *et al.*, 1998）．これらの問題は，多くの配送計画アルゴリズム（Laporte, 1992；Fisher, 1995）のどれを使っても解くことができる．この執筆時点においては，需要が高度に動的な場合，正確な配送とスケジューリングが，よい近似に勝っているかどうか知られていない．たとえば，Powell *et al.*（2000b）は，トラック輸送（動的割当問題の形式）の負荷マッチング問題に対して，割引された将来の近似を使った解（それは，最適な近視眼的解でも全期間における最適化の試みでもない）が，動的な設定における最適な近視眼的解より勝っていることを示している．

　文献における大部分の努力は，近視眼的に問題を解決することに焦点を絞ってきた．それは，時間 t で把握されている車両と顧客の需要を使って，配送計画を構築することを意味している（たとえば，Gendreau *et al.*, 1999；Regan *et al.*, 1998）．これは配送計画アルゴリズムを用いて，$\min_x C_t(x_t)$ の形の一連の問題を解くことを意味する．この設定における重要な挑戦は，時間段階の需要の圧力の下で，配送計画問題を解く計算上の問題である．これは，実際に問題を解決しなければならない時間を制限する．われわれは，将来の需要の決定的予測を使って配送計画問題を解くための努力に気付いていない．それは問題をより大きくするだけではなくて，他の実際的な問題もつくり出すこととなる（もし予想が期待値ならば，顧客需要の期待値を集荷

するための整数車両の配送計画問題に直面する．これは一般的には実行可能あるいは現実的ではないものとなる）．

他の資源割当問題においてみてきたような同じ戦略を用いることで，動的配送計画問題に取り組むことができる．近視眼的に問題を解くことができ，値関数近似を取り入れることができる．これは適応型学習を通して推定される．ニューロ動的計画法を使用した最近の研究（Secomadi, 2000, 2001）があるが，この研究は1台の車両だけを考慮している．動的配送計画問題に対する値関数近似を設計する際の問題は，大規模な属性空間と真の値関数の複雑さの両方である．以前に導入した単純な線形か，可分な非線形関数近似がうまくいくかどうかは，明らかではない．また，多くの問題は事前情報をある程度もっている．どの点で事前情報を用いた近視眼的モデルが，適応型動的計画モデルに勝るのかは知られていない．これらはすべて未知の研究課題である．

動的配送計画問題は，問題のクラスに独特な他の特性を示している．多くの（しかし，すべてではない）配送計画問題は，ドライバーがその日の終わりにデポで終了する完全な巡回路を形成することを要求している．動的な設定では，どんな巡回路も常にデポで終わることを要求することは可能であり，新しい需要が発生すれば対応するため，完了していない（時間 t で）巡回路を生成することとなる．さらにまた，時間 t ですべての顧客を扱えない巡回路を形成することが必要かもしれない．たとえば，ある顧客から，今のところほかに取り扱うべき要求のない町はずれから1つの荷物を集荷してほしいとの要求が入ったとしても，それにすぐに対応しないのももっともであり，その街で同時に何人もの顧客からサービスを要求をする電話が来て，それに対応できるかもしれないということである．

したがって，時間 t に配送計画を決めるという決定は，一部の顧客をサービスせずそのままにしているかもしれない（上記の動的割当問題を考慮すると）．そして，1日のある時点で，ホームデポ以外の場所に車両を残す巡回路を計画するかもしれない（後で巡回路を完成させることを要求している）．時間 t で必ずしもすべての顧客にサービスをしなくてもよいが，その日の後までいくつかの配送を遅らせる影響については考える必要がある．わかっている車両だけを使用して，わかっている配送だけをカバーしようとする近視眼的モデルを使用することができる．このモデルでは常にデポで終了する巡回路によりすべての配送をカバーするか，あるいはデポでは終わらないがいくつかの配送のみをカバーすることを要求する．簡単な規則の使用で，近視眼的モデルを拡張することができる．たとえば，「少なくとも3つの注文がない限り，あるいは，午後3時以後でない限り，町はずれには配送しない」といった規則である．既知の需要と予測された需要の混合を用いて問題を最適化することによるローリング期間モデルを使うことができる．あるいは，適応型動的計画法に頼ることもできる．最後のアプローチは，効果的な近似戦略とその関数を推定して更新するための方法を工夫することを求めている．

5. 運用モデルに対する実施上の課題

　貨物輸送をモデル化する際に重要な課題は，まだ知られていない情報を考慮したモデルとアルゴリズムを設計することであるという説明から，結論を導き出すことは容易である．実際の実施において，現実的な問題は悪いデータの形態にある傾向をもつ．それはあるいは，知られているべきなのに知られていないデータとして記述されている．問題はどんなデータが悪いかを前もって知らず，好ましくない解のときにそれがわかるということである．

　組織と情報の流れをとらえることの副産物は，原問題が多くの部分に分解されるモデルを生成することである．時間に関する情報の進展をモデル化することは，時間に関して逐次解かれるモデルを（時間に関する１つの大きなモデルよりむしろ）生成していることである．情報と決定の組織をモデル化することは，その問題を部分問題へ分解するマルチエージェント構造を生み出す．これらの部分問題は，かなり簡単に解けるだけではなく，間違いの究明を行いやすい．すなわち，もしモデルが作業手配者の意図しない決定を推薦したら，問題はデータ，モデル，アルゴリズム，あるいはソフトウェアのどれに問題があるかを決定することは簡単である．

　悪いデータを取り扱うモデル化とアルゴリズムに関する問題を論じている，公表された研究は知られていない．しかし，これは計画モデルと著しく異なった運用モデル特性の一つである．計画の設定においては，一般的にデータはよいものと仮定され，解を批判する人の肩ごしにのぞき込むような人々がいる運用はめったにない．厳密な解（貨物がどのように動くか）は，統合化された性能統計ほど重要ではない．

　運用上の設定において，作業手配者は一般的に自らが何をすべきかをすでに知っている．もしモデルが一致しないならば，その矛盾の理由が問題にあるのかどうか，モデルが情報を表しているかどうかを調べなければならない．

6. 要　　　約

　貨物輸送とロジスティクスにおける問題は，幅広い問題のクラスをカバーしている．そのうちの大部分は動的情報プロセスにより特徴付けられる．本章においては，最も重要な運用上の設定の概要を与え，これらの問題の大部分を表す記号のフレームワークを与えた．ここでは，主要な４つのクラスのアルゴリズムを要約している．各クラスはこれらの問題を解くために使われる異なるクラスの情報に基づいている．最後に，これらのアルゴリズムをいくつかの主要な問題クラスの文脈で説明している．特別なモード（鉄道におけるブロッキング問題や複合一貫輸送港におけるクレーンのスケジューリングの問題）に固有なモデルの詳細な記述は避けることとした．それよりもむしろ異なった設定に適応可能な基本的モデルの説明を行った．

動的問題に対するモデルとアルゴリズムの設計は，決定的問題に関する研究の広範な内容と比較して，相対的に未熟である．物理的運用モデルが，かなり初期段階のものとなっているだけでなく，コストモデルに関する正式な研究は驚くほど少ない．そして実質的には情報システム設計を支配する研究は（それは究極的には作業を事実上制御するものである），われわれが知る限り存在しない．

謝辞：本研究の一部は，補助金 AFOSR-F 49620-93-1-0098 の支援を受けている．

（Warren B. Powell／中島健一）

参 考 文 献

Bertsekas, D., J. Tsitsiklis (1996). *Neuro-Dynamic Programming*, Belmont, MA, Athena Scientific.
Bodin, L., B. Golden, A. Assad, M. Ball (1983). Routing and scheduling of vehicles and crews. *Computers and Operations Research* 10(2), 63–211.
Bramel, J., D. Simchi-Levi (1995). A location-based heuristic for general routing problems. *Operations Research* 43, 649–660.
Brown, G., G. Graves, D. Ronen (1987). Scheduling ocean transportation of crude oil. *Management Science* 33, 335–346.
Cheung, R., W. B. Powell (1996). An algorithm for multistage dynamic networks with random arc capacities, with an application to dynamic fleet management. *Operations Research* 44(6), 951–963.
Cheung, R.K.-M., W. B. Powell (2000). SHAPE: A stochastic hybrid approximation procedure for two-stage stochastic programs. *Operations Research* 48(1), 73–79.
Crainic, T., G. Laporte (1997). *Design and Operation of Civil and Environmental Engineering Systems*, Wiley-Interscience, New York, pp. 343–394, Chapter Planning Models for Freight Transportation.
Crainic, T., J.-M. Rousseau (1988). Multicommodity, multimode freight transportation: A general modeling and algorithmic framework for the service network design problem. *Transportation Research B* 20B, 290–297.
Crainic, T., J. Roy (1988). OR tools for the tactical planning of freight transportation. *European Journal of Operations Research* 33, 290–297.
Crainic, T., J. Roy (1992). Design of regular intercity driver routes for the LTL motor carrier industry. *Transportation Science* 26, 280–295.
Crainic, T., J. Ferland, J.-M. Rousseau (1984). A tactical planning model for rail freight transportation. *Transportation Science* 18(2), 165–184.
Crainic, T., M. Gendreau, P. Dejax (1993). Dynamic stochastic models for the allocation of empty containers. *Operations Research* 41, 102–126.
Desrosiers, J., M. Solomon, F. Soumis (1995). Time constrained routing and scheduling, in: C. Monma, T. Magnanti, M. Ball (eds.), *Handbook in Operations Research and Management Science*, Volume on *Networks*, North Holland, Amsterdam, pp. 35–139.
Dror, M. (1993). Modeling vehicle routing with uncertain demands as a stochastic program: Properties of the corresponding solution. *European Journal of Operations Research* 64(3), 432–441.
Dror, M., G. Laporte, P. Trudeau (1989). Vehicle routing with stochastic demands: Properties and solution frameworks. *Transportation Science* 23, 166–176.
Fisher, M. (1995). Vehicle routing, in: C. Monma, T. Magnanti, M. Ball (eds.), *Handbook in Operations Research and Management Science*, Volume on *Networks*, North Holland, Amsterdam, pp. 1–33.
Fisher, M. L., R. Jaikumar (1981). A generalized assignment heuristic for vehicle routing. *Networks*

11(2), 109–124.
Frantzeskakis, L., W. B. Powell (1990). A successive linear approximation procedure for stochastic dynamic vehicle allocation problems. *Transportation Science* 24(1), 40–57.
Gendreau, M., F. Guertin, J. Potvin, E. Taillard (1999). Parallel tabu search for real-time vehicle routing and dispatching. *Transportation Science* 33, 381–390.
Glickman, T., H. Sherali (1985). Large-scale network distribution of pooled empty freight cars over time, with limited substitution and equitable benefits. *Trans. Res.* 19, 85–94.
Godfrey, G., W. B. Powell (2002a). An adaptive, dynamic programming algorithm for stochastic resource allocation problems I: Single period travel times. *Transportation Science* 36(1), 21–39.
Godfrey, G., W. B. Powell (2002b). An adaptive, dynamic programming algorithm for stochastic resource allocation problems II: Multi-period travel times. *Transportation Science* 36(1), 40–54.
Haghani, A. (1989). Formulation and solution of a combined train routing and makeup, and empty car distribution model. *Transportation Research* 23B(6), 433–452.
Herren, H. (1977). Computer controlled empty wagon distribution on the SSB. *Rail International* 8(1), 25–32.
Jaw, J., A. Odoni, H. Psaraftis, N. Wilson (1986). A heuristic algorithm for the multivehicle many-to-many advanced request dial-a-ride problem with time windows. *Transportation Research* 20B, 243–257.
Jordan, W., M. Turnquist (1983). A stochastic dynamic network model for railroad car distribution. *Transportation Science* 17, 123–145.
Laporte, G. (1992). The vehicle routing problem: An overview of exact and approximate algorithms. *European Journal of Operations Research* 59, 345–358.
Laporte, G., F. Louveaux (1990). Formulations and bounds for the stochastic capacitated vehicle routing problem with uncertain supplies, in: J. Gabzewicz, J. Richard, L. Wolsey (eds.), *Economic Decision-Making: Games, Econometrics and Optimization*, Amsterdam, North Holland.
Leddon, C., E. Wrathall (1967). Scheduling empty freight car fleets on the Louisville and Nashville railroad, in: *Second International Symposium on the Use of Cybernetics on the Railways*, October, Montreal, Canada, pp. 1–6.
Mendiratta, V., M. Turnquist (1982). A model for the management of empty freight cars. *Trans. Res. Rec.* 838, 50–55.
Misra, S. (1972). Linear programming of empty wagon disposition. *Rail International* 3, 151–158.
Muriel, A., Simchi-Levi, D. (to appear). Supply chain design and planning-applications of optimization techniques for strategic and tactical models, in: S. Graves (ed.), *Handbook in Operations Research and Management Science*, Volume on *Supply Chain Management*, North Holland, Amsterdam.
Misra, S. (1972). Linear programming of empty wagon disposition. *Rail International* 3, 151–158.
Papadiki, K., Powell, W.B. (to appear). An adaptive dynamic programming algorithm for a stochastic multiproduct batch dispatch problem. *Naval Research Logistics*.
Powell, W. B. (1986b). A stochastic model of the dynamic vehicle allocation problem. *Transportation Science* 20, 117–129.
Powell, W. B. (1987). An operational planning model for the dynamic vehicle allocation problem with uncertain demands. *Transportation Research* 21B, 217–232.
Powell, W. B. (1989). A review of sensitivity results for linear networks and a new approximation to reduce the effects of degeneracy. *Transportation Science* 23(4), 231–243.
Powell, W. B. (1996). A stochastic formulation of the dynamic assignment problem, with an application to truckload motor carriers. *Transportation Science* 30(3), 195–219.
Powell, W. B., T. A. Carvalho (1998). Dynamic control of logistics queueing network for large-scale fleet management. *Transportation Science* 32(2), 90–109.
Powell, W. B., Jaillet, P., Odoni, A. (1995). Stochastic and dynamic networks and routing, in: C. Monma, T. Magnanti, M. Ball (eds.), *Handbook in Operations Research and Management Science*, Volume on *Networks*, North Holland, Amsterdam, pp. 141–295.
Powell, W. B., J. A. Shapiro, H. P. Simão (2000a). An adaptive dynamic programming algorithm for the heterogeneous resource allocation problem, Technical Report CL-00-06, Department of

Operations Research and Financial Engineering, Princeton University.
Powell, W., M. T. Towns, A. Marar (2000b). On the value of globally optimal solutions for dynamic routing and scheduling problems. *Transportation Science* 34(1), 50–66.
Powell, W. B., J. A. Shapiro, H. P. Simão (2001). A representational paradigm for dynamic resource transformation problems, in: R. F. C. Coullard, J. H. Owens (eds.), *Annals of Operations Research*, J.C. Baltzer AG, pp. 231–279.
Psaraftis, H. (1988). Dynamic vehicle routing problems, in: B. Golden, A. Assad (eds.), *Vehicle Routing: Methods and Studies*, Amsterdam, North Holland, pp. 223–248.
Psaraftis, H. (1995). Dynamic vehicle routing: Status and prospects. *Annals of Operations Research* 61, 143–164.
Regan, A., H. S. Mahmassani, P. Jaillet (1998). Evaluation of dynamic fleet management systems-simulation framework. *Transportation Research Record* 1648, 176–184.
Secomandi, N. (2000). Comparing neuro-dynamic programming algorithms for the vehicle routing problem with stochastic demands. *Computers and Operations Research* 27(11), 1201–1225.
Secomandi, N. (2001). A rollout policy for the vehicle routing problem with stochastic demands. *Operations Research* 49(5), 796–802.
Stein, D. (1978). Scheduling dial-a-ride transportation systems. *Transportation Science* 12, 232–249.
Stewart, W., B. Golden (1983). Stochastic vehicle routing: A comprehensive approach. *Eur. J. Oper. Res.* 14(3), 371–385.
Topaloglu, H., W.B. Powell (2000) Dynamic programming approximations for stochastic, time-staged integer multicommodity flow problems, Technical Report CL-00-02, Department of Operations Research and Financial Engineering, Princeton University.
Turnquist, M. (1986), Mov-em: A network optimization model for empty freight car distribution, School of Civil and Environmental Engineering, Cornell University.
White, W. (1972). Dynamic transshipment networks: An algorithm and its application to the distribution of empty containers. *Networks* 2(3), 211–236.
Wilson, N. (1969). Dynamic routing: A study of assignment algorithms, Ph.d. thesis, Department of Civil Engineering, MIT, Cambridge, MA.

索　引

ア

i.i.d. ⟶ 独立で同一分布に従う
IGFR 需要分布 IGFR demand distribution *224*
IT のインフラストラクチャー IT infrastructure *11*
アウトソーシング outsourcing *2, 7, 157*
アウトバウンドサービス時間（流出サービス時間）outbound service time, outgoing service time *94, 98*
アクション action *661*
値関数近似 value function approximation *667*
アニーリング法 simulated annealing *591*
アプリケーションサービスプロバイダ（ASP）application service provider *12*
(R, nQ) インストレーション在庫政策 installation-stock (R, nQ) policy *321*
(R, nQ) エシェロン在庫政策 echelon-stock (R, nQ) policy *321*
(R, nQ) 政策 (R, nQ) policy *320, 544*
ROI ⟶ 投資利益率
(R, Q) 政策 (R, Q) policy *321, 498, 502*
安全在庫 safety stock *588, 606, 609, 616*
　　──の戦略的配置 tactical issues of safety stock positioning *5*
安全在庫維持費用 inventory holding cost for the safety stock *112, 113*
安全在庫配置 safety stock placement *88, 121*
安全リードタイム safety lead time *622*

イ

ERP (enterprise resourse planning) *2, 8, 625*
ERP システム ERP system *8*
ERP ベンダー ERP software vendor *10*
EMS ⟶ 電子製造サービス

閾値関数 threshold function *401*
意思決定過程 decision-making process *420*
意思決定支援システム（DSS）decision support system *9, 17, 420, 642*
異種資源割当問題 heterogeneous resource allocation problem *680, 685*
委託在庫 consignment stock *305*
委託販売 slotting allowance *369, 371*
1 期間モデル one-period model *362*
1 供給業者・1 小売業者モデル model with one supplier and one retailer *361*
1 供給業者・N 小売業者モデル model with one supplier and N retailers *362*
1 供給業者・N 同一小売業者モデル model with one supplier and N identical retailers *341*
1 製造業者・1 小売業者サプライチェーン supply chain with one manufacturer and one retailer *363*
1 倉庫・N 同一小売業者サプライチェーン one-warehouse N-identical-retailer supply chain *342*
1 倉庫・複数小売業者システム one-warehouse multiretailer system *326*
一様分布 uniform distribution *518*
一対一発注政策 one for one ordering policy *511*
一対一補充政策 one to one replenishment policy *335, 519*
一般化かんばんシステム generalized kanban system *576*
一般化かんばん政策 generalized kanban control policy *626*
一般化新聞売り子方程式 generalized newsboy equations *602, 604, 625*
一般化新聞売り子方程式定理 generalized newsboy equations theorem *597*
一般組立システム general assembly system *606*

一般組立ネットワーク general assembly network　602
一般在庫システム general inventory system　503
一般サブ組立（GSA）generic subassembly　202
一般サプライネットワーク general supply network　598, 608, 609, 625
一般的需要関数 generalized demand function　67
入れ子構造 nested policy　499-502
陰関数の定理 implicit function theorem　280
インストレーション在庫 installation stock　321, 348
インストレーション在庫政策（拠点在庫政策）installation stock policy　499, 592
インストレーション発注点 installation reorder point　321
インセンティブ incentive　12, 215, 241, 251, 265, 270, 273, 317, 352
インターネット Internet　11
インバウンドサービス時間（流入サービス時間）inbound service time, outgoing service time　94, 98, 114, 116

ウ

VMI（vendor managed inventory）　5, 20, 218, 265, 328, 399, 555
——の価値 value of ——　330
VMIプログラム VMI program　330
売上割戻し契約 sales-rebate contact　236, 241, 243, 249, 276
売手寡占 oligopoly　380
売手複占 duopoly　379, 382

エ

ARIMA過程 —→ 自己回帰和分移動平均過程
AR（1）過程 AR（1）process　323
AR（1）需要 AR（1）demand　288
HP社 Hewlett-Packard　3, 19, 554
ASP —→ アプリケーションサービスプロバイダ
エシェロン基点在庫政策 echelon base-stock policy　357, 536
エシェロン在庫 echelon stock　288, 320, 412
エシェロン在庫政策（階層在庫政策）echelon stock policy　320
エシェロン発注点 echelon reorder point　320
エージェンシー理論 agency theory　358
エージェント agent　357, 371, 373, 658, 668

——の販売努力 selling effort of the agent　357
SIC —→ 統計的在庫管理
(s, S, A, p) 政策 (s, S, A, p) policy　68
(s, S) 政策 (s, S, A, p) policy　407, 497
SKU —→ 保管単位
(s, c, S) 政策 (s, c, S) policy　415
SCM —→ サプライチェーンマネジメント
SCORモデル SCOR model　431
SCOP —→ サプライチェーン運用計画
SCP —→ サプライチェーン計画
S 政策 S policy　498, 502
SBS政策 —→ 同期化基点在庫政策
ATO —→ 受注組立生産
ATP —→ 納期確約
N 段階のサプライチェーン N-stage supply chain　356
APS（advanced planning and scheduling）　9, 626
APS（advanced planning system）　9, 429
APSソフトウェアベンダー APS software vendor　10
FAS（flexible assembly system）　152
FMS（flexible manufacturing system）　131, 152
FCFS —→ 先着順サービス
MIS —→ 経営情報システム
MIP —→ 混合整数計画法
MRP（material requirement(s) planning）　146, 496, 562, 579
MRP-I —→ 資材所要量計画
MRP-II —→ 製造資源計画
MRP-C —→ 生産能力を考慮したMRP
M/M/1型待ち行列モデル M/M/I queue　198
MLCLSP —→ 多品目・多段階生産能力制約付きロットサイジング問題
MGSA（maximal generic assembly）　202
MP —→ 数理計画法
MPS —→ 基準生産計画
LTL —→ 小口扱いトラック輸送
LTL荷主問題 —→ 小口扱いトラック輸送荷主問題
LP —→ 線形計画法
延期戦略 postponement strategy　4, 88, 209, 337, 607
——のイネーブラ enabler of ——　209

オ

OR —→ オペレーションズ・リサーチ

索　引　　707

OEM（original equipment manufacturers）7, 560, 580
応答関数 reply function　280
オークション auction　11, 21
オークション理論 auction theory　387
遅れなしモデル no-delay model　607
オーダーのバッチ化 order batching　339
オペレーションズ・マネジメント operations management　204, 338, 352
オペレーションズ・リサーチ（OR）operations research　1
重み付きマッチング問題 weighted matching problem　543
親子関係 parent-child relationship　562
卸売価格契約 wholesale-price contract　223, 243, 253, 297

カ

会計在庫水準 accounting inventory level　347
会計上の在庫アプローチ accounting inventory approach　286
階層 hierarchy　569, 600, 622
階層在庫 echelon stock　591, 592
階層在庫 (R,Q) 政策 echelon stock (R,Q) policy　498, 501, 508, 517
階層在庫維持費用 echelon holding cost　505, 509
階層在庫位置 echelon inventory position　498, 500, 506, 592, 599
階層在庫 S 政策 echelon stock S policy　502, 508
階層在庫水準 echelon stock inventory level　505, 508, 510
階層在庫政策 ── エシェロン在庫政策
階層在庫発注点政策 echelon stock reorder point policy　498, 500, 501, 504, 508
階層在庫補充点 echelon stock order-up-to-level　505
階層在庫補充点位置 echelon stock order-up-to-position　509
階層在庫補充点 S 政策 echelon stock order-up-to-S policy　505
階層的計画 hierarchical planning　569, 571, 576
階層的生産計画 hierarchical production planning　570, 574
買い手 buyer　231, 252, 253
買取引受契約 capacity reservation contract　303
外部需要 exogenous demand　581

──の予測 forecast of ──　612
買戻し契約 buyback contract　159, 227, 231, 241, 253, 255, 275, 297
買戻しレート buyback rate　229, 231, 257
価格依存需要 price-dependent demand　244, 262
価格・遅れスケジュール price-delay schedule　356
価格設定 pricing　6, 12, 18, 246
──の延期 price postponement　208
価格設定契約 contract pricing　633
価格設定戦略 pricing strategy　61
価格調整 price adjustment　242
価格適合買戻し契約 price contingent buyback contract　245
価格適合契約 price contingent contract　241
価格・納入スケジュール price-delivery schedule　355
価格割引契約 price-discount contract　241, 245
確定需要 deterministic demand　254, 263
確率サービスモデル stochastic-service model　89, 91, 105, 109
確率需要 stochastic demand　219, 494, 495, 509, 511, 626
確率需要モデル stochastic demand model　592
確率線形計画法 stochastic linear programming　528
確率的整数計画問題 stochastic integer program　196
確率的歩留り random yield　564
確率的リードタイム stochastic lead time　515, 519
確率動的計画法 stochastic dynamic programming　567
確率モデル stochastic model　612, 613, 623
過剰在庫 excess inventory　264
過剰需要 excess demand　264
寡占的競争 oligopolistic competition　263
稼働率 capacity utilization　13
下方代替性 downward substitution　415
加法的需要関数 additive demand function　63
下流パラメータ downstream parameters　398
間接的予想 implicit anticipation　575
完全競争 perfect competition　258
完全情報 complete information　221, 369, 373
かんばん1枚あたりの収容数 quantity per card　610

かんばん政策 kanban policy *497*,*504*,*610*,*621*
かんばん枚数 number of cards *610*

キ

機会費用 opportunity cost *225*
機構設計問題 mechanism design problem *361*
基準計画 master planning *451*,*462*
基準生産計画（MPS）master production schedule *503*,*562*
期待販売量 expected sales *222*,*242*,*248*
期待補充時間 expected replenishment time *103*
期待利益 expected profit *221*
基点在庫・カタログ記載価格政策 base-stock list pricing policy *69*
基点在庫水準 base-stock level *93*,*272*,*604*,*616*
基点在庫政策 base-stock policy *157*,*193*,*272*,*407*,*412*,*414*,*497*,*498*,*596*,*610*,*620*
基点在庫モデル base-stock model *321*
規模の経済 economies of scale *7*,*339*
(Q, r) モデル (Q, r) model *362*
キュムラント母関数 cumulant generating function *551*
供給過程 supply process *345*
供給業者 supplier *215*,*220*
供給契約 supply contract *158*
供給品目 supply unit *520*
胸懸モデル ⟶ マルチンゲールモデル
強制的コンプライアンス forced compliance *221*,*233*,*235*,*240*,*295*
競争の環境 competitive environment *377*
競争ペナルティ competitive penalty *277*
共存制約 compatibility constraint *362*
協調 coordination *12*,*216*,*317*,*362*
共通化費用 costs of commonality *205*
共通コンポーネント common component *205*
共通部品 commonality *531*
共同補充問題 joint replenishment problem *50*
共役勾配法 conjugate gradient method *609*
協力的ゲーム理論 cooperative game theory *265*
巨大な意思決定モデル monolithic decision model *571*
拠点在庫 (R, Q) 政策 installation stock (R, Q) policy *498*,*501*,*515*,*517*
拠点在庫位置 installation inventory position *498*,*500*,*518*

拠点在庫 S 政策 installation stock S policy *502*,*508*
拠点在庫水準 installation stock inventory level *505*,*506*
拠点在庫政策 ⟶ インストレーション在庫政策
拠点在庫発注点政策 installation stock reorder point policy *500*,*501*,*504*
拠点在庫補充点位置 installation stock order-up-to position *512*
均衡確信 equilibrium belief *364*
近視眼的規則 myopic rule *695*,*696*
近視眼的政策 myopic policy *409*,*669*,*696*
近視眼的配分問題 myopic allocation problem *510*,*511*
近視眼的方法 myopic approach *533*
近視眼的割当政策 myopic allocation policy *534*
近似値関数 approximate value function *13*
近接点アルゴリズム proximal point algorithm *671*,*679*

ク

区分的線形関数 piecewise linear approximation *662*,*665*
組合せ最適化 combinatorial optimization *565*
組立延期戦略 assembly postponement *188*
組立仮定 assembly assumption *606*,*609*,*624*
組立システム assembly system *495*,*502*,*508*,*527*,*530*,*595*,*599*,*606*
組立順序設計問題 assembly sequence design problem *202*
組立設計順序問題 assembly design sequence problem *201*
組立リードタイム assembly lead time *596*
組分割近似 pairwise approximation *548*
クラスタリング clustering *675*,*696*
クラスタリング問題 problem of clustering *694*
Cournot 競争 Cournot competition *378*,*380*,*381*
グローバル企業 globally operating company *8*

ケ

経営情報システム（MIS）management information system *640*
計画活動 planning activity *561*

計画されたリードタイム planned lead time *564,576,584,590,613,623,626*
経済ロットサイジング問題 economic lot-sizing problem *40,415*
継続発注契約 standing order contract *218*
契約 contract *215,220*
　——の強制承諾 forced compliance to —— *158,159*
　——の自由承諾 voluntary compliance to —— *159,160*
　——のチャネル最適性 channel optimality of —— *159*
契約価格設定 contract pricing *639*
契約条件 contract's term *222*
契約設計 design of contract, designing contract *5,12,122*
契約タイプ type of contract, contract type *218,219,223*
契約パラメータ contract parameter *229*
結合価値オークション combined value auction *21*
結合されたかんばん基点在庫政策（CKBSC政策）combined kanban base stock control policy *610*
結合分布 joint distribution *197*
結合分布母関数 joint generating function *547*
決定 decision *690*
決定関数 decision function *659,669,695*
決定集合 set of decisions *656*
決定タンデム decision tandem *574*
欠品率 stock-out probability *93*
ゲーム game *220*
ゲーム理論 game theory *255*
限界需要 demand bound *101,104,105*
限界需要プロセス bounded demand process *94,97*
限界投資費用 marginal investment cost *139*
限界比方程式 critical ratio equation *274*
限界費用 marginal cost *223,249*
限界費用曲線 marginal cost curve *239*

コ

コアコンピタンス戦略 core-competency strategy *2,3*
交叉結合戦略 cross-docking strategy *31*
高需要状況 high-demand state *258*
交渉過程 negotiation process *221*
構成の非効率性 configuration inefficiency *176*
工程表（BOP）bill of process *561,563,573*

購入価格の変動 fluctuating-purchase cost *339*
購買リードタイム purchasing lead time *596*
公平共有政策 fair-share allocation *538*
小売業者 retailer *215,220*
小売店拠点在庫位置 retailer installation stock inventory position *518*
顧客需要の発生過程 customer demand process *320*
顧客需要の予告 advance warnings of customer demands *320*
顧客注文デカップリングポイント（CODP）customer order decoupling point *567,568,580,607,621*
小口扱いトラック輸送（LTL）less-than-track-load *19,632,636,642*
小口扱いトラック輸送荷主問題（LTL荷主問題）LTL shipper model *24,27*
コストセンターモデル cost-centers model *347*
固定したリードタイム fixed lead time *572*
固定的先行関係 fixed precedence relationship *203*
固定費用 fixed cost *339,362*
固定報酬（固定料金）fixed fee *302,373,398*
固有情報 local information *319,374,384*
混合整数計画法（MIP）mixed integer programming *10,591,626*
混合整数線形計画問題 mixed integer linear program *112*
根節点 root node *599*
コンプライアンス支配 compliance regime *219,221,224*
コンポーネントの共通化 component commonarity *204*
コンポーネントの標準化 component standardization *189,204,206*

サ

在庫維持費用 holding cost *205,272,324,401,505,508,509,565*
在庫維持費用率 holding cost rate *107,115*
在庫位置 —→ 在庫ポジション
在庫過剰 excess inventory *254*
在庫切れ費用 stock-out cost *400*
在庫資本投資 inventory capital investment *565,605*
在庫水準 inventory level *274,515*
在庫釣合方程式 inventory balance equations *582,584*

在庫配分 allocation of the supply inventory 217
在庫プーリング inventory pooling 5
在庫ポジション（在庫位置）inventory position 272, 320, 322, 327, 335, 362, 497, 499
在庫補充政策 replenishment policy 328
在庫量 physical inventory 563, 580
在庫割付 stock allocation 327
最終品目 end-item 562, 567, 600
最終品目需要の補償 coverage of end-item demand 595, 600
最小リードタイム minimum lead time 590
最大閾値 maximum threshold 306
最大サービス時間 maximum service time 116
最低数量責任契約 minimum quantity-commitment contract 218
最適 (s, S) 政策 optimal (s, S) policy 337
最適化ベースの意思決定支援システム optimization based decision support system 17
最適基点在庫水準 optimal base-stock level 597
最適在庫量政策 optimal inventory policy 226
最適性再帰式 optimal recursion 660, 696
最適生産量 optimal production quantity 231
最適努力水準 optimal effort level 360
最適配分政策 optimal allocation policy 597
最適バッチサイズ optimal setting of batchsizes 148
最適発注量 optimal order quantity 223, 231, 248, 250, 255, 268
最適無在庫発注政策 optimal zero-inventory-ordering policy 53
再販価格維持 resale price maintenance 260, 263, 304, 361
再販価格維持契約 resale price maintenance contract 253, 261
先物契約 options-futures contract 305
サードパーティ third parties 157
サードパーティロジスティクスサービスプロバイダ third party logistics (3PL) service provider 7
サービス時間 service time 98, 116
サービス時間保証 service-time guarantee 91
サービス尺度 service measure 191
サービス水準 service level 560, 566, 587, 594, 602, 615
サービス水準目標 service target 93
サービス中心 service-oriented 209
サプライチェーン supply chain 1, 632
——の頑健性 robustness of the —— 228
——の期待収益 supply chain's expected revenue 267
——の協調 supply chain coordination 12, 217-219, 226, 229, 232-236, 242, 262, 266, 269, 362
——の構造的複雑性 structural complexity of a —— 13
——の効率 supply chain efficiency 241
——の最適価格 supply chain optimal price 242
——の最適利益 supply chain optimal profit 225, 235, 258
——の収益 supply chain's revenue 248
サプライチェーン運用 supply chain operations 494
サプライチェーン運用計画（SCOP）supply chain operations planning 13, 559, 569, 579, 585, 592, 612, 623
サプライチェーン運用計画モデルの実証的妥当性 empirical valiation of SCOP model 625
サプライチェーン協調問題 supply chain coordination problem 158
サプライチェーン計画（SCP）supply chain planning 429, 440, 559, 569, 579, 585, 612
サプライチェーン契約 supply chain contracting 239
サプライチェーン構成問題 supply chain configuration problem 121
サプライチェーン在庫資本の配分 allocation of supply chain inventory capital 619
サプライチェーン在庫投資 supply chain inventory capital 615
サプライチェーン設計 supply chain design 6, 88, 163
サプライチェーン設計問題 supply chain design problem 163
サプライチェーン全体のパフォーマンス performance of the entire supply chain, supply chain-wide performance 317, 385, 386
サプライチェーン投資決定問題 supply chain investment decision problem 175
サプライチェーンマネジメント（SCM）supply chain management 1, 607
サプライネットワーク supply network 559, 624
サプライヤーの選択問題 issue of supplier selection 12
差別価格 differential price 159
サルベージ費用 salvage cost 400

索引　　　711

シ

GSA → 一般サブ組立
COGS → 販売製品費用
CODP → 顧客注文デカップリングポイント
時間延期戦略 time postponement *188*
時間枠制約 time windows *691*
シグナリング signaling *304,317,352*
シグナリング均衡 signaling equilibrium *300*
シグナリングゲーム signaling game *367*
シグナリング装置 signaling device *371*
CKBSC 政策 → 結合されたかんばん基点在庫政策
資源クラス resource class *637*
資源制約 resource constraint *582,623*
　——の双対変数 dual variable of —— *664*
次元の呪い curse of dimensionality *661*
資源割当問題 resource allocation problem *635,663,675,677,691,695*
自己回帰和分移動平均過程（ARIMA 過程）autoregressive integrated moving average process *339*
資材所要量計画（MRP-I）material requirement planning *579*
　——と BHM の定式化 MRP and BHM formulation *571*
資材処理量 material processing quantity *583*
資材制約 material constraints *579,585*
資材発令決定 material release decision *562*
資材発令量 material release quantity *583*
市場売りつくし価格 market-clearing price *253,258,260,262*
市場細分化 market segmentation *355*
市場の状況 market condition *357*
市場要因 market factor *188*
指数平滑法の使用 use of exponential smoothing *662*
システム全体の費用 system-wide cost *330, 332,341*
システム費用 system cost *513*
事前需要情報（先行需要情報）feasibility constraints *355,412*
実証的妥当性 empirical validation *624*
実施リードタイム effectuation lead time *572,574,576*
JIT（ジット）→ ジャストインタイム
CTO → 受注仕様生産
品切れを起こさない確率 non-stockout probability *566,594*

自発的コンプライアンス voluntary compliance *221,223,228,235,238,240,267,268, 295*
シミュレーションベースアルゴリズム simulation based algorithm *197*
ジャストインタイム（JIT）just-in time *579, 621*
収益分与 revenue share *290*
収益分与契約 revenue-sharing contract *159, 231,240,241,244*
周期観測 periodic review *398,497,499,505, 509,610*
集合被覆問題 set covering problem *51*
集合分割問題 set partitioning problem *24,27*
習熟 learning *147*
修正基点在庫政策 modified base-stock policy *322,329,333,403,539,595,599*
修正在庫ポジション modified inventory position *337*
修正された全量割引費用関数 modified all-unit discount cost function *39*
従属者 follower *364*
従属需要 dependent demand *580*
充足率 fill rate *191,520,566*
集中的運用（管理）centralized operation *269,270*
集中（的）システム centralized system *195, 351*
集中的な計画問題 centralized planning problem *330*
集中的な需要情報 centralized demand information *322*
柔軟性（フレキシビリティ）flexibility *124, 187*
　——の次元 flexibility dimension *128*
柔軟な資源の経済的価値 dollar value of flexible resource *133*
柔軟な生産能力 flexible capacity *133*
修理可能な品目 repairable item *496*
修理キット問題 repair-kit problem *531*
受注組立生産（ATO）assemble-to-order *4, 196,204,526,567,593,595,602*
受注決定 order acceptance *578*
受注残 backlogging, back order *191,272, 320,324,541,563,580,581*
　——の分解 disaggregation of back orders *514,519*
　——のペナルティコスト back order penalty cost *272,362*

受注残費用 back order cost 324, 505, 508, 509, 513, 587
受注仕様生産（CTO）configure-to-order 526
受注生産 make-to-order 568
主導者 leader 364
需要 demand
 ――の不確実性 demand uncertainty 331
 ――の分布関数 distribution function of ―― 219
 ――の密度関数 density distribution function of ―― 219
需要過剰 excess demand 254
需要関数 demand function 258
需要計画 demand planning 451, 457
需要更新 demand updating 226, 266
需要シグナリング demand signaling 366
需要シグナル demand signal 233, 250, 266, 267, 271
重要弾力性 demand elasticity 291
需要（発生）過程 demand process 321, 323, 332, 341, 398, 588, 613, 614
需要分布 demand distribution 240, 248
需要変動 demand variability 615, 618
需要予測 demand forecast 217, 235, 240, 266, 586
需要リードタイム demand leadtime 334
需要割当 demand allocation 254
純在庫量 net inventory 563, 580, 582
準出生死滅過程 quasi birth-and-death process 550
純粋基点在庫政策（PBS 政策）pure base stock policy 593, 602, 624
状況依存 (s, S) 政策 state-dependent (s, S) policy 336
状況依存基点在庫政策 state-dependent base-stock policy 336, 345
詳細スケジュール detailed schedule 577
状態変数 state variable 660, 676, 685
消費可能な品目 consumable item 496
消費者の個人情報 consumer profile 11
情報共有 information sharing 11, 217, 317, 351
 ――の価値 value of shared information 13
情報交換 information exchange 13, 352
乗法的需要関数 multiplicative demand function 64
情報の価値 value of information 319
情報の経済学 information economics 352
情報の非対称性 information asymmetry 572, 576, 623

情報リードタイム information lead time 347
情報流の遅延 delays in the information flow 347
正味残存価値 net salvage value 219, 228
正味補充時間 net replenishment time 94, 116
上流パラメータ upstream parameters 399
ジョブショップ job shop 570
処理時間 processing time 563
人為的階層 artificial hierarchy 599
人為的補充点 artificial order-up-to-level 601
人工知能 artificial intelligence 673
新製品の導入 product introduction 366
新聞売り子モデル（ニュースベンダーモデル）newsvendor model 216, 241, 251, 272, 324
新聞売り子問題（ニュースベンダー問題）newsvendor problem 215, 219, 223, 250, 255, 402
信用ペナルティ goodwill penalty 241
信用ペナルティコスト goodwill penalty cost 219

ス

垂直統合 vertical integration 308
垂直統合企業 vertical integrated companies 3
垂直方向の情報共有 vertical information sharing 378
水平積替え lateral transsshipment 514, 521
水平方向の情報共有 horizontal information sharing 377
数理計画法（MP）mathematical programming 605, 612
数量柔軟契約 quantity-flexibility contract 240-242, 248, 276
数量割引 quantity discount 218, 238, 290
数量割引契約 quantity discount contract 240, 241, 245-247, 249, 251
スクリーニング screening 304, 317, 352, 357
スクリーニング装置 screening device 371
スケージュリング scheduling 569
スケーリングアルゴリズム scaling algorithm 49
ステージ連結ボトルネック stage-spanning bottleneck 176
スーパーモジュラーゲーム supermodular game 289
スプレッドシートプログラム spreadsheet program 10
スポット価格設定 spot pricing 633, 640

スループット時間 throughput time　*142*, *143*, *565*

せ

生産意思決定 production decision　*237*
生産計画とスケジューリング production planning and scheduling　*451*, *466*
生産/在庫の意思決定 production/inventory decision　*334*
生産指示政策 release policy　*332*
生産システム manufacturing system　*167*
　——の機動性 mobility of ——　*169*, *171*
　——の範囲 range of ——　*169*, *171*
生産能力 capacity　*231*, *270*, *271*, *400*, *570*, *571*, *611*, *626*
　——の最適設定 optimal setting of ——　*148*
　——の最適利用 optimal setting of capacity use　*148*
　——の不足 capacity shortage　*339*
　——の平滑化 capacity smoothing　*571*
　——を考慮した MRP (MRP-C) capacitated MRP　*576*
生産能力情報 capacity information　*345*
生産能力制約付き確率需要モデル capacitated stochastic demand model　*624*
生産能力制約付きモデル capacitated model　*626*
生産・配送計画 production-distribution planning　*355*
生産費用 production cost　*219*, *267*, *400*
生産/物流システム production/distribution system　*18*
整数線形計画問題 integer linear program　*529*
製造延期戦略 manufacturing postponement　*188*
製造活動 manufacturing activity　*561*
製造資源計画 (MRP-II) manufacturing resource planning　*579*
製造における柔軟性 flexibility in manufacturing　*126*
静的価格設定 static pricing　*633*
性能解析 performance analysis　*611*
性能尺度 performance measure　*565*, *613*
正の相関のある需要発生過程 positively correlated demand process　*338*
製品延期 product postponement　*189*
製品混合問題 product mix problem　*139*
製品使用確定の遅延 postponement of product specificity　*170*
製品設計プロセス product design process　*162*

製品属性 product attribute　*355*
製品多様化 product variety　*187*
製品導入期 product introduction phase　*205*
製品の共通化 commonality to the product　*209*
製品の差別化 product differentiation　*195*
製品要因 product factor　*188*
製品ライフサイクル product life cycle　*205*
　——の最終期 end-of-life phase　*205*
製品ライン product line　*352*
製薬業界 pharmaceuticals　*578*
ZIO 政策　→　無在庫発注政策
ゼロサムゲーム zero sum game　*307*
全遅れモデル full delay model　*607*, *608*
全額返品方針 full returns policy　*263*
線形緩和問題 linear programming relaxation　*54*
線形計画法 (LP) linear programming　*10*, *528*, *568*, *586*, *612*, *618*, *624*, *626*
線形需要関数 linear demand function　*363*
線形配分関数 linear allocation function　*597*
線形配分規則 linear allocation rule　*597*, *620*, *623*
線形配分政策 linear allocation policy　*598*, *601*
先行関係 precedence relationship　*202*
選好構造 preference structure　*273*
先行需要情報　→　事前需要情報
戦術的な計画パラメータ tactical planning parameter　*13*
戦術的問題 tactical problem　*17*
先着順サービス (FCFS) first come first served　*497*, *511*, *611*, *626*
セントラルプランナー central planner　*317*, *326*, *341*
セントラルプランナーモデル central-planner model　*386*
全発注サービス total order service　*550*
戦略空間 strategy space　*279*
戦略的柔軟性 strategy flexibility　*153*
戦略的ネットワーク計画 strategic network planning　*451*, *454*

そ

総安全在庫維持費用 total holding cost for safety stock　*99*
増加凸順序 increasing convex ordering　*547*
倉庫拠点在庫位置 warehouse installation stock inventory position　*518*

倉庫と工場の最適立地 optimal location of warehouses and factories *12*
倉庫配置問題 warehouse location problem *73*
双対変数 dual variable *659,667*
総年間安全在庫維持費用 total annual holding cost for safety stock *104*
総販売量の予測 forecast of the total sales *360*
属性空間 attribute space, space of attributes *355,653,685,689*
属性空間サイズ size of attribute space *686*
属性ベクトル attribute vector *653,657,676,685*
族分解 family disaggregation *570*
組織設計 organizaional design *349,350*
組織の情報構造 organization's information structure *349*

タ

第1次新聞売り子型条件 first order newsboy type condition *507*
対象計画期間 time horizon of the study *398*
対称 k-凹関数 symmetric k-concave function *66,68*
対称 k-凸関数 symmetric k-convex function *18,63,67*
代替製品 substitute *379,380,382*
大偏差近似 large deviation approximation *417*
大量生産化学産業 bulk chemicals *578*
ダイレクトリベレーションゲーム direct revelation game *361*
多階層エシェロン在庫理論 multi-echelon inventory theory *386*
多階層構造の直列および分岐型在庫システム multi-echelon serial and divergent inventory system *13*
多階層在庫 multi-echelon inventory *412*
多階層在庫管理問題 multi-echelon inventory management problem *6*
多階層在庫システム（マルチエシェロン在庫システム）multi-echelon inventory system *89,494,502,521*
多階層問題 multi-echelon problem, multilayer problem *95,693*
互い違い補充政策 staggered policy *341,342*
多国籍「サービス企業」multinational 'service company' *3*
多国籍ブランド企業 multinational brand-owner *3*

多次元新聞売り子問題（多次元ニュースベンダー問題）multi-dimensional newsvendor problem *139*
多対多の市場 many-to-many market *11*
多品種ネットワークフロー問題 multicommodity network flow problem *22,24*
多品目・多段階生産能力制約付きロットサイジング問題（MLCLSP）multi-item multi-level capacitated lot sizing problem *589*
多変数 Poisson 需要過程 multivariable Poisson demand problem *545*
多変量正規分布 multivariate normal distribution *201,331*
単一期間費用 single-period cost *398*
単一期間モデル single period model *226,235*
単一供給業者・複数小売業者モデル a supplier and multiple retailers model *328*
単一倉庫・多小売店問題 single-warehouse multi-retailer problem *50*
短期計画 short-term planning *559*
単純指数平滑法 simple exponent smoothing *625*
単純 Poisson 分布 simple Poisson distribution *321*

チ

遅延価格設定戦略 delayed pricing strategy *69*
遅延生産戦略 delayed production strategy *69*
チェーンによる連結 chaining *137*
置換戦略 substitution *209*
知識の実用化 implication of knowledge *521*
知識の分散 dispersion of knowledge *349*
知識の分布 distribution of knowledge *349*
チームモデル team model *347,351,386*
チームモデルアプローチ team-model approach *386*
チャネル間の調整 channel coordination *255*
チャネル最適解 channel-optimal solution, channel optimum *369*
チャネル最適小売価格 channel-optimal retail price *369*
チャネル最適宣伝水準 channel-optimal advertising level *369*
中央集権的計画 centralized planning *571*
中央集権的制御 centralized control *144*
中央倉庫をもつモデル model with central stock *60*
中期計画 mid-term planning *559*
注文発令 order release *599-601*
超過補償 excess coverage *601,603*

索引　715

調整買戻し契約 coordinating buyback contract 257
調整価格 adjusted price　222
調整契約 coordinating contract　216, 218, 241, 247, 257, 270
調整利益関数 adjusted profit function　222
調達時間 procurement time　573
調達問題 procurement problem　343
直接的予想 explicit anticipation　575
直列型待ち行列ネットワーク tandem queueing network　546
直列・組立システム serial and assembly system　504
直列在庫システム serial inventory system　496, 499
直列サプライチェーン serial supply chain　608
直列システム serial system　495, 504, 507, 508, 606
直観的基準 intutive criterion　366
賃金契約 wage contract　357
　──のメニュー menu of ──　358

ツ

通常基点在庫水準 normal base stock level　417
釣合仮定 balance assumption　509, 511, 596, 597
釣合近似 balance approximation　510
釣合在庫配分 balanced srock rationing　598

テ

DRP（distribution requirements planning）503, 582
DSS ── 意思決定支援システム
低需要状況 low-demand state　259, 260, 262
(T, Y) 政策 (T, Y) policy　341
デカップリング安全在庫 decoupling safety stock　94
デカップリングポイント decoupling point　109
デカップリング方策 decoupling policy　102
適応型学習 adaptive learning　699
適応型動的計画法 adaptive dynamic programming　13, 695, 699
手順計画 processing routine　129
テスト問題 test problem　565
データウェアハウス data warehouse　11
データの質 data quality　14
データベース database　11
手持ち在庫量 on-hand inventory　272
Dell 社 Dell　4, 527

電子製造サービス（EMS）electronics manufacturing services　3

ト

同期化基点在庫政策（SBS 政策）synchronized base stock policy　569, 598, 601, 602, 624
統計的在庫管理（SIC）statistical inventory control　579
統合計画 aggregate planning　570, 608
統合サプライチェーン integrated supply chain　255
統合能力計画問題 aggregate capacity planning　569
同時確率分布 joint probability distribution　377
投資決定問題 investment decision problem　149
投資モデル investment model　133
投資利益率（ROI）return on investment　569
動的価格設定 dynamic pricing　11, 18
動的計画法 dynamic programming　608, 660, 661, 672, 696
動的計画法近似 dynamic programming approximation　678, 682
動的計画問題 dynamic program　534
動的な多期間在庫問題 dynamic multi-period inventory problem　205
動的配送計画問題 dynamic vehicle routine problem　699
動的割当問題 assignment problem　670, 691
道徳的危険 moral hazard　352, 358, 371, 373
等分位割当規則 equal fractile allocation rule　191
等割合政策 equal fractile policy　596
独立需要 independent demand　563, 580, 581
独立的先行関係 independent precedence relationship　203
独立で同一分布に従う（i.i.d.）independently and identically distributed　322, 340, 398
取引条件 terms of trade　215
努力依存需要 effort-dependent demand　246, 251
努力水準 effort level　247, 373
トレードオフ関係 trade-off　227

ナ

Nash 均衡 Nash equilibrium　216, 228, 255, 256, 277
Nash 均衡解 Nash equilibrium　381
ナップサック問題 knapsack problem　530

ニ

2期間モデル two-period model　*272*
二重限界化現象 double-marginalization phenomenon　*369*
荷主問題 shipper problem　*20*
2部品・単位需要型システム two component, unit-demand system　*542*
ニュースベンダーモデル → 新聞売り子モデル
ニュースベンダー問題 → 新聞売り子問題
ニューロ動的計画法 neuro-dynamic programming　*635, 699*

ノ

納期確約（ATP）available to promise　*451, 578*
納入リードタイム delivery lead time　*324*
能力 capacity　*563*
──の割付方法 capacity allocation mechanism　*362*

ハ

配信型設計 distributed design　*351*
配送計画 distribution planning　*451, 469*
配送計画問題 vehicle routine problem　*634, 698, 699*
配送センター distribution center　*198, 385*
配置問題 location problem　*73*
パイプライン在庫 pipeline stock　*112*
パイプライン在庫維持費用 holding costs for pipeline stock　*113*
配分限界 rationing limit　*535*
配分政策 allocation policy　*616*
ハザード率 hazard ratio　*299*
パスフローベクトル vector of path flows　*56*
パスフロー変数 path flow variable　*27*
バックアップ契約 backup agreement　*233*
発見的アプローチ heuristic approach　*533*
発見的解析 heuristic analysis　*605, 606*
発見的方策 heuristic policy, heuristics　*385, 386*
バッチサイズ batch quantity　*498*
バッチ製造 batch manufacturing　*570*
バッチ発注政策 batch-ordering policy　*508, 517-519*
発注過程 order process　*341*
発注残 outstanding order　*521*
発注システム ordering system　*495*
発注充足率 order fill rate　*541*
発注済在庫量 on order inventory　*272*
発注点 reorder point　*498*
発注量 order quantity　*221, 236*
発令 release　*579*
バニラ組立プロセス vanilla assembly process　*199*
バニラボックス vanilla box　*195*
バニラボックスアプローチ vanilla box approach　*197*
Pareto改善 Pareto improving (trade), Pareto improvement　*264, 307*
反直観的な振る舞い counter-intuitive behaviour　*13*
販売委託 slotting allowance　*368*
販売製品費用（COGS）cost of good sold　*112, 113*
販売損失関数 lost-sales function　*222*
販売努力 selling effort　*359*

ヒ

BOM → 部品表
BOP → 工程表
非協調的ゲーム noncooperative game　*329*
非協力的ゲーム理論 noncooperative game theory　*265*
非公開情報 private information　*217*
非効率性 inefficiency　*344*
非柔軟性の尺度 measure for inflexibility　*137*
非線形契約 nonlinear contract　*361*
非対称情報 asymmetric information　*344, 364, 373*
非対称の費用情報 asymmetric cost information　*362*
引っ張り方式 pull system　*198*
非定常需要 non-stationary demand　*408, 624*
非定常的確率過程 non-stationary stochastic process　*6*
非定常的需要発生過程 non-stationary demand process　*339*
B to C企業 business-to-consumer company　*4, 11*
B to B企業 business-to-business company　*4, 11*
非Pareto最適 non-Pareto optimal　*229*
PBS政策 → 純粋基点在庫政策
費用構造 cost structure　*360, 613, 615*
費用最適 cost-optimal　*602*
標準化戦略 standardization strategy　*207*
標準輸送評価エンジン standard transportation rating engine　*20, 39*
費用情報 cost information　*343*

費用分担 sharing the cost（of effort） 247
標本路補題 sample path lemma 588
品質水準 quality level 353
　　——と価格の組合せ two variety（with quality level）-price combinations 353
品質費用 quality cost 113
品目 item 562
品目分解 item disaggregation 570

フ

ファミリー family 208
　　——の差別化 family differentiation 195
不確実需要 stochastic demand 217
不完全情報 incomplete information 380
複合一貫コンテナ intermodal container 650
複合 Poisson 過程 compound Poisson process 540
複合 Poisson 分布 compound Poisson distribution 320
副産物 by-product 562
複数期間モデル multiple-period model 235
負担トークン responsibility token 288
プッシュ 'push' 227
プッシュ政策 push policy 503, 596
不釣合問題 issue of imbalance 596
物流機能 physical distribution function 7
浮動ボトルネック floating bottleneck 176
歩留り yield 399
負の配分 negative allocation 510, 598
部品表（BOM）bill of materials 561, 562, 570, 573, 580, 613
部品補充リードタイム component replenishment lead time 533
部分 FCFS 政策 partial FCFS policy 538
部分的最適化の結果 suboptinality 324
部分発注サービス partial order service 550
フランチャイズ契約 franchising 308
振替価格 transfer price 215, 217
振替支払 transfer payment 12, 233, 275, 291
プーリング均衡 pooling equilibrium 300, 364
プリンシパル principal 358, 371, 373
プリンシパル-エージェント理論 principal-agent theory 352
プル 'pull' 227
ブルウィップ効果（鞭打ち効果）bullwhip effect 5, 19, 319, 338
プル政策 pull policy 503
フレキシビリティ → 柔軟性
プロセス延期 process postponement 189
プロセス計画 process plan 131

プロセス順序変更 process resequencing 189, 200, 203, 204
プロセスのモジュール化 process modularity 209
プロセス標準化 process srandardization 189, 198
プロセス要因 process factor 188
分解アプローチ decomposition approach 545, 607
分解仮定 decomposition assumption 606, 608, 624
分解技法 decomposition technique 519
分解正規近似 factorized normal approximation 548
分岐構造 divergent structure 616
分岐システム divergent system 495, 596
分散ゲーム decentralized game 277
分散的管理（制御）decentralized control 90, 144
分散（的）システム decentralized system 195, 230, 255, 351, 386
分散的設計 decentralized design 351
分配在庫システム distribution inventory system 496, 511
　　——の最適化 optimization of —— 520
分配システム distribution system 495, 502, 507, 509, 517-519, 527
分離均衡 separating equilibrium 300, 364

ヘ

平滑化係数 smoothing factor 655
平均在庫投資 average stock investment 604
平均バッファー在庫 average buffer inventory 193
平均費用 average cost 398
Bayes 型需要更新 Bayesian demand update 410
Bayes のゲーム Bayesian game 378
Bayes の Nash 均衡解 Bayesian Nash equilibrium 379
ペナルティコスト penalty cost 205, 566, 596, 605
Bertrand 競争 Bertrand competition 380, 381
変換活動 transformation activity 561
変動係数 coefficient of variation 615
変動するリードタイム variable lead time 576
変動報酬 variable fee 373
返品方策 returns policy 228

ホ

Poisson 確率変数 Poisson random variable　335
Poisson 過程 Poisson process　540
Poisson 需要 Poisson demand　511, 514, 519
忘却 forgetting　147
包装延期戦略 packaging postponement　188
補完製品 complement　379, 380, 382
保管単位（SKU）stock-keeping unit　90
補充点 S 政策 order-up-to-S policy　496, 498, 509
補修部品 spare parts　511, 609
補充リードタイム replenishment time, replenishment lead time, supply lead time　91, 273, 324, 335
補充/割付政策 replenishment/allocation policy　330
保証サービス時間 guaranteed service time　114
保証サービスモデル guaranteed-service model　89, 91, 101, 104, 105
'what-if' 問題 'what-if' problem　203

マ

マーケットメーカー market marker　293
マスカスタマイゼーション mass customization　11, 187
待ち行列ネットワーク queueing network　611, 626
待ち行列ネットワークモデル queueing network model　204
待ち時間 waiting time　564, 609
Markov 変調需要 Markov-modulated demand　334
Markov 連鎖 Markov chain　334, 345
マルチエシェロン在庫システム ─→ 多階層在庫システム
マルチエージェント multiagent　668
マルチサイト生産計画問題 multi-site production planning problem　6
マルチンゲールモデル（胸懸モデル）martingale model　330

ミ

見込み生産 make-to-stock　196, 204, 530, 567, 595

ム

無限期間費用 infinite-horizon cost　398
無限小摂動解析 infinitesimal perturbation analysis　408
無在庫発注政策（ZIO 政策）zero-inventory-ordering policy　41
鞭打ち現象 bullwhip phenomenon　338
鞭打ち効果 ─→ ブルウィップ効果

メ

名目リードタイム nominal lead-time　92, 101, 609

モ

目標安全在庫水準 target safety level　198
目標サービス水準 service level target　91
モジュラーコンポーネント modular component　208
モジュラープロセス modular process　190
モジュール化 modularity　208
モジュール構造 modular structure　596
モデリング概念 modeling concept　12
モデリングのフレームワーク modeling framework　12
モデルの統合 aggregation of models　572
モデルの分解 decomposition of models　571
問題の分解 decomposition of problem　572, 591

ユ

有効在庫ポジション effective inventory position　274
優先配分 priority rationing　620
遊牧民的経済活動 nomadic activity　7
輸送活動 transportation activity　561
輸送計画 transportation time　451, 469
輸送中の在庫量 in-transit inventory　272
輸送・分割法 send-and-split method　22

ヨ

容量有限の施設配置問題 capacitated facility location problem　74
余剰在庫費用 overage cost　403
予想機能 anticipation function　575, 576
予想されるベースモデル anticipation base model　574
予想タイプ anticipation type　574
予測 forecast, anticipation　503, 568
　──の精度 forecast accuracy　13
予測過程 forecasting process　588
予測共有 forecast sharing　235
予測更新 forecast update　266, 270, 271

予測修正 forecast revision 608
予測修正過程 forecast revision process 623
予測情報 forecast information 272, 332
預託オプション consignment option 117
予約契約 reservation contract 297
予約済在庫 committed inventory 533

ラ

Lagrange 緩和 Lagrangian relaxation 591
Lagrange 緩和法 Lagrangian relaxation technique 75, 79
Lagrange 乗数 Lagrange multiplier 510
ラベル貼り延期戦略 labeling postponement 188
ランダムウォーク需要 random walk demand model 192

リ

利益配分 profit allocation 218, 230, 232, 237, 239, 250
離散事象シミュレーション discrete event simulation 589, 596, 598, 606, 616, 625
離散需要 discrete demand 518
離散状態 discrete state 661
利子率 interest rate 565
リスク中立 risk neutral 274
リスクの共有 risk sharing 5
リードタイム lead time 217, 266, 399, 406, 509, 564
──の平均と分散 mean and variance (of lead time) 13
リードタイム構造 lead time structure 613, 618
リードタイム需要 lead time demand 335
リードタイム情報 lead time information 345
Little の公式 Little's formula 512
リバランス在庫 rebalance inventory 230
流出サービス時間 ─→ アウトバウンドサービス時間

流入サービス時間 ─→ インバウンドサービス時間
留保水準 save-up-to level 70, 71
リンク link 137

ル

ルールベース最適化 rule-based optimization 626

レ

連続観測 continuous review 398, 497, 499, 511, 610, 626
連続製造 continuous manufacturing 570

ロ

ロジスティクスサービスプロバイダ logistics service provider 13
ロジスティクスの機能 logistics funcition 7
ロストセール lost sales 399
ロットサイジング lot-sizing 569
ロットサイジング問題 lot-sizing problem 41
ローリング期間 rolling horizon 503
ローリング期間政策 rolling horizon policy 670
ローリング期間手順 rolling horizon procedure 679
ローリング期間問題 rolling horizon formulation 652, 677, 683
ローリングスケジュール rolling schedule 6, 585, 605, 613, 623

ワ

ワーストケース分析 worst-case analysis 386
割付政策 allocation policy 327
割り引かれた多期間費用 discounted multiperiod cost 398
割引費用 discounted cost 285
割引率 discounted rate 401
ワールドワイドウェブ World Wide Web 11

監訳者略歴

黒田　充（くろだ　みつる）
1937年　京都府に生まれる
1966年　早稲田大学大学院理工学研究科博士課程修了
現　在　青山学院大学名誉教授・工学博士

大野勝久（おおの　かつひさ）
1941年　福井県に生まれる
1966年　京都大学大学院工学研究科修士課程修了
現　在　愛知工業大学経営情報科学部教授・工学博士

サプライチェーンハンドブック　　　定価は外函に表示

2008年11月25日　初版第1刷

監訳者　黒　田　　　充
　　　　大　野　勝　久
発行者　朝　倉　邦　造
発行所　株式会社　朝　倉　書　店
　　　　東京都新宿区新小川町　6-29
　　　　郵便番号　　162-8707
　　　　電　話　03(3260)0141
　　　　FAX　03(3260)0180
　　　　http://www.asakura.co.jp

〈検印省略〉

© 2008〈無断複写・転載を禁ず〉　　　新日本印刷・渡辺製本

ISBN 978-4-254-27013-6　C 3050　　　Printed in Japan

東京海洋大 久保幹雄著

サプライ・チェイン最適化ハンドブック

27015-0　C3050　　　　A5判　520頁　本体17000円

工学的なアプローチの必要性から実務界において大きな注目を浴びている，サプライ・チェイン最適化に関する数学的基礎から理論と応用をまとめた書。〔内容〕数理計画入門／線形計画／整数計画／区分的線形関数／グラフとネットワーク／経済発注量モデル／動的ロットサイズ決定モデル／確率的在庫モデル／鞭効果／安全在庫配置モデル／施設配置モデル／ロジスティックネットワーク設計モデル／収益管理／動的価値付けモデル／配送計画モデル／運搬スケジューリングモデル／他

P.M.スワミダス編
前青学大 黒田　充・目白大 門田安弘・早大 森戸　晋監訳

生産管理大辞典

27007-5　C3550　　　　B5判　880頁　本体38000円

世界的な研究者・製造業者が一体となって造り上げた105用語からなる中項目大辞典。実際面を尊重し，定義・歴史的視点・戦略的視点・技術的視点・実施・効果・事例・結果・統括的知見につき平易に解説。950用語の小項目を補完収載。〔主な項目〕SCM／MRP／活動基準原価／環境問題／業績評価指標／グローバルな製造合理化／在庫フロー分析／資材計画／施設配置問題／JIT生産に対するかんばん制御／生産戦略／製品開発／総合的品質管理／段取り時間の短縮／プロジェクト管理／他

D.スミチ-レビ・P.カミンスキー・
E.スミチ-レビ著　東京海洋大 久保幹雄監修

サプライ・チェインの設計と管理
―コンセプト・戦略・事例―

27005-1　C3050　　　　A5判　408頁　本体6800円

米国IE協会のBook-of-the-Yearなど数々の賞に輝くテキスト。〔内容〕ロジスティクス・ネットワークの構成／在庫管理／情報の価値／物流戦略／戦略的提携／国際的なSCM／製品設計とSCM／顧客価値／情報技術／意思決定支援システム

D.スミチ-レビ他著　東京海洋大 久保幹雄監修
斉藤佳鶴子・構造計画研 斉藤　努訳

マネージング・ザ・サプライ・チェイン

27012-9　C3050　　　　A5判　176頁　本体3200円

スミチ-レビの「設計と管理」を補完する書。システムの設計・操作・管理での重要なモデル・解決法・洞察につき，数学的記述を避け，平易に記述。〔内容〕サプライ・チェインの統合／ネットワーク計画／外部委託・調達・供給契約／顧客価値

D.J.パワーソクス他著
神奈川大 松浦春樹・専修大 島津　誠訳者代表

サプライチェーン・ロジスティクス

27010-5　C3050　　　　A5判　292頁　本体4800円

SCMフレームワークとその実務，ITによる支援までを詳説した世界標準テキスト。〔内容〕リーン生産／顧客対応／市場流通戦略／調達製造戦略／オペレーション統合／情報ネットワーク／ERPと実行システム／APS／変革の方向性

東京海洋大 久保幹雄著

実務家のためのサプライ・チェイン最適化入門

27011-2　C3050　　　　A5判　136頁　本体2600円

著者らの開発した最適化のための意思決定支援システムを解説したもの。明示された具体例は，実際に「動く」実感をWebサイトで体験できる。安全在庫，スケジューリング，配送計画，収益管理，ロットサイズ等の最適化に携わる実務家向け

前青学大 黒田　充編著

サプライチェーン・マネジメント
―企業間連携の理論と実際―

27009-9　C3050　　　　A5判　216頁　本体3000円

SCMの考え方・理論から実際までを具体的に解説。〔内容〕全体最適／消費財流通変化／SCM在庫モデル／ITと業務改革／システム間連携技術／プランニング・スケジューリング統合技術／戦略的品質経営／アパレル流通／実例

慶大 曹　徳弼・大阪工大 中島健一・青学大 竹田　賢・松本大 田中正敏著

サプライチェーンマネジメント入門
―QCDE戦略と手法―

27016-7　C3050　　　　A5判　208頁　本体2800円

サプライチェーンマネジメント（SCM）を体系的にまとめ，ケーススタディを豊富に収録したテキスト。〔内容〕SCM／最適マネジメント／ポジショメント戦略／需要予測／調達マネジメント／CSR／循環型社会／環境マネジメント他

上記価格（税別）は2008年10月現在